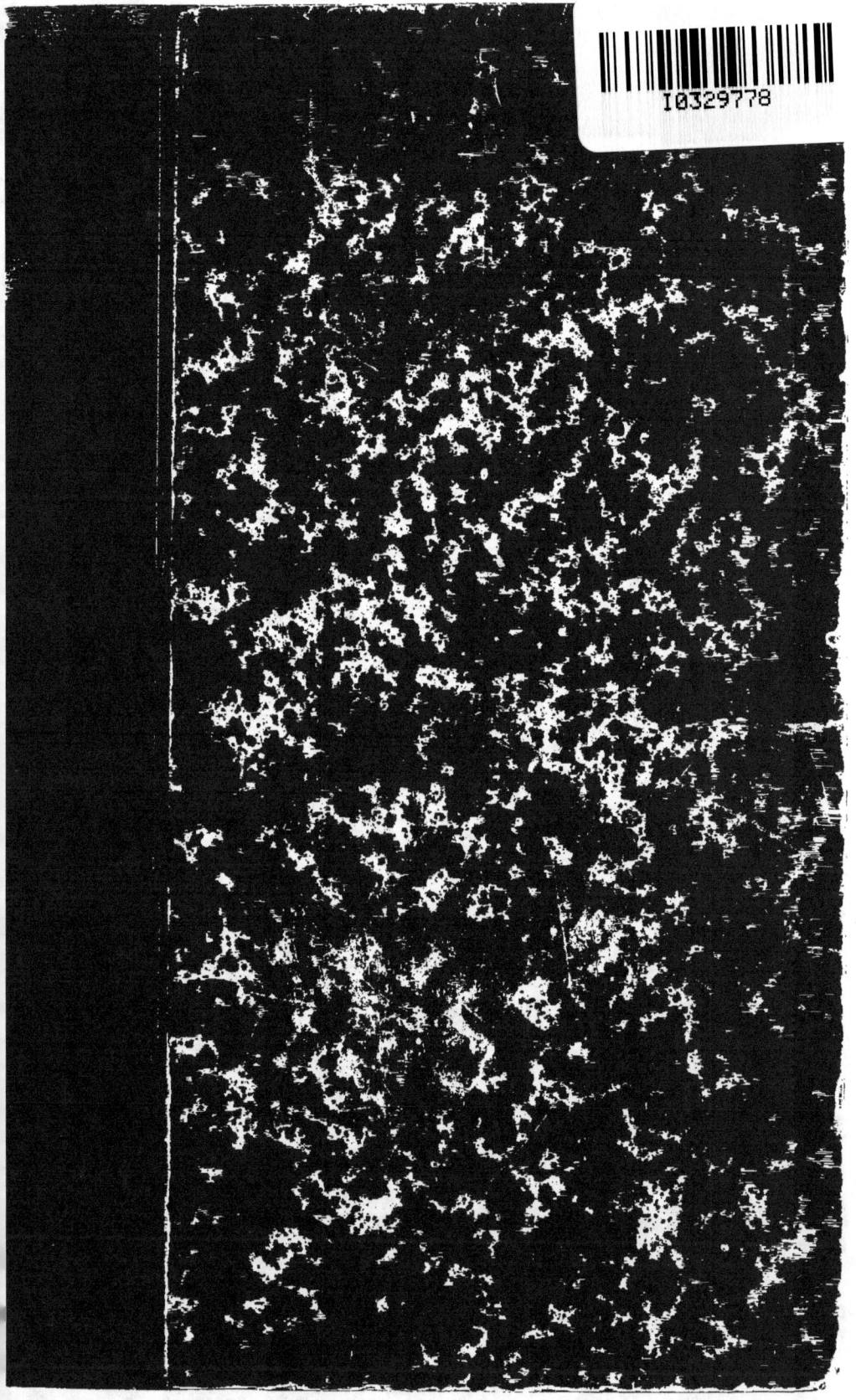

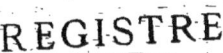

REGISTRE
DU
SECRÉTARIAT GÉNÉRAL
DES SECTIONS
DE LA VILLE DE LYON

2 Août-11 Octobre 1793

SUIVI DES

Délibérations de la section de Porte-Froc

26 Mai-10 Octobre 1793

Publié d'après les manuscrits originaux

POUR

LE CONSEIL GÉNÉRAL DU RHÔNE

PAR

GEORGES GUIGUE

Ancien élève de l'École des Chartes
Archiviste en chef du département du Rhône

LYON
LIBRAIRIE GÉNÉRALE, HENRI GEORG
36, PASSAGE DE L'HÔTEL-DIEU, 38

1907

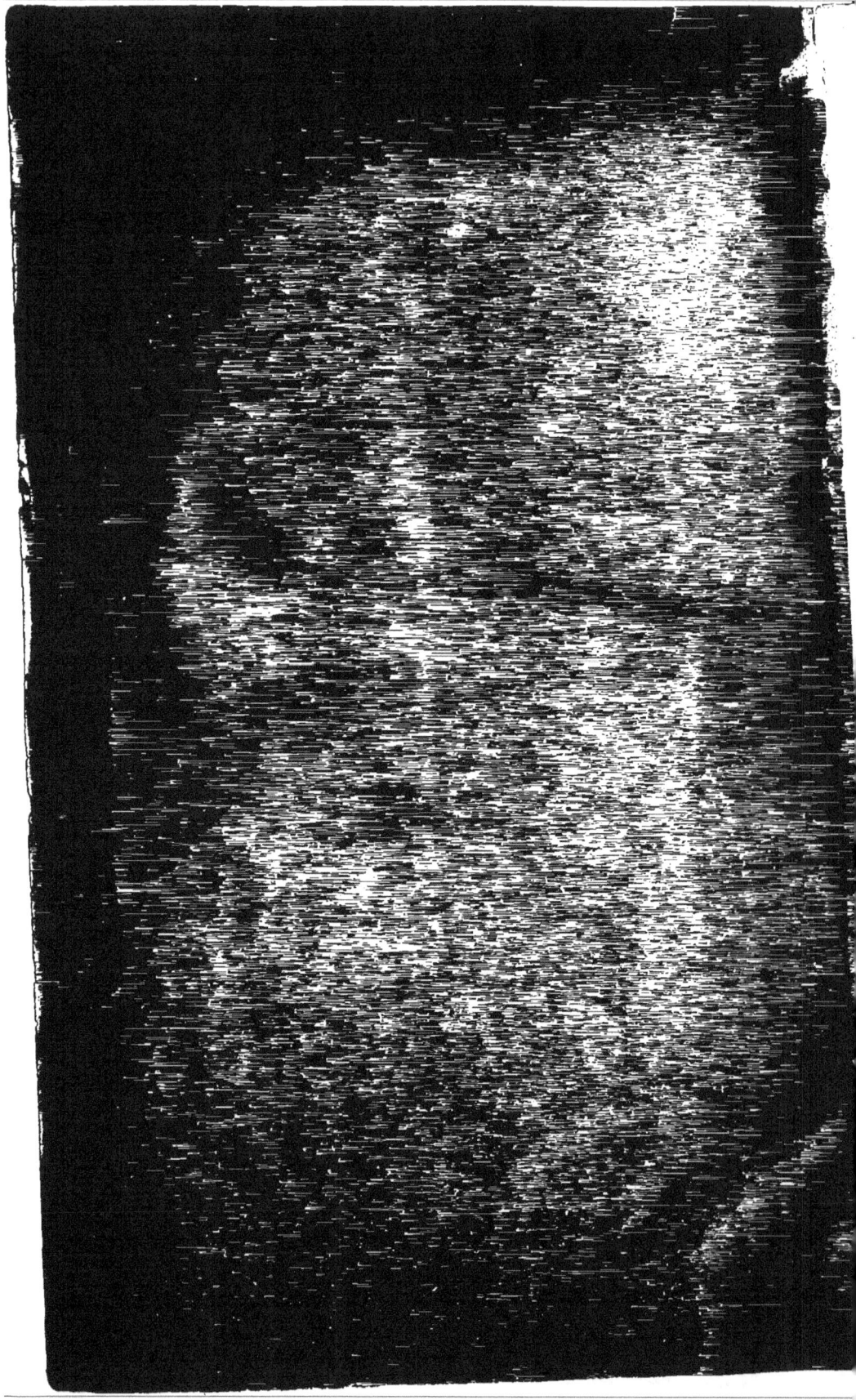

REGISTRE

DU

SECRÉTARIAT GÉNÉRAL DES SECTIONS DE LYON

REGISTRE
DU
SECRÉTARIAT GÉNÉRAL
DES SECTIONS
DE LA VILLE DE LYON

2 Août-11 Octobre 1793

SUIVI DES

Délibérations de la section de Porte-Froc

26 Mai-10 Octobre 1793

Publié d'après les manuscrits originaux

POUR

LE CONSEIL GÉNÉRAL DU RHÔNE

PAR

GEORGES GUIGUE

Ancien élève de l'École des Chartes
Archiviste en chef du département du Rhône

LYON

LIBRAIRIE GÉNÉRALE, HENRI GEORG

36, PASSAGE DE L'HÔTEL-DIEU, 38

1907

AVERTISSEMENT

Au lendemain de la sanglante journée du 29 mai, les sections de Lyon, constituant en quelque sorte elles-mêmes la municipalité provisoire, composée uniquement de leurs présidents et de leurs secrétaires, pouvaient, semble-t-il, attendre sans agir la justice de la Convention.

Ce fut sans doute l'idée de quelques-uns, mais on mit en avant la nécessité d'instruire le peuple, « cette classe que tous « les grands scélérats, soit couronnés, soit revêtus de la tiare, « soit décorés de l'écharpe, ont fait mouvoir au profit de leurs « passions; cette classe qui, opprimée par tous, s'opprime « encore elle-même (1) ». Il était d'ailleurs difficile d'écarter du pouvoir des collèges populaires dont l'action venait de le constituer et, d'autre part, leur permanence couvrant la responsabilité des corps administratifs, il était d'habile politique de la maintenir.

Sans attributions strictement limitées, ces assemblées des sections, mues par les grandes idées de réformes et de liberté, ne pouvaient éviter les fautes politiques dans lesquelles devaient fatalement les entraîner, soit l'excès de zèle pour la chose publique, soit les menées adroites d'agents royalistes.

Mais grouper les sections, produire des vœux et des décisions émanant d'elles, c'était pouvoir parler au nom du Peuple

---

(1) Discours de J.-J. Momigny de la section de Brutus. Cf. GONON, *Bibliographie historique*, p. 222, n° 1197, et ci-après, p. 187.

de Lyon, comme un peu plus tard, la Commission populaire républicaine et de salut public constituée, on parlerait au nom de la section du Peuple français de Rhône et Loire.

Aussi, dès le 3 juin, un membre de Porte-Froc proposait la création d'un comité central des sections pour assurer l'uniformité du travail et des principes. Le bon sens lyonnais répondit qu'on ne pouvait concevoir la constitution d'une nouvelle assemblée dont l'action ne pourrait s'exercer que pour entraver ou influencer les autorités constituées (1).

Le 7, Rue-Buisson revenait à la charge sous une forme quelque peu modifiée : il ne s'agissait plus que de nommer un député par section pour aviser, le lendemain, en une seule séance, aux moyens de se communiquer promptement les délibérations de toutes les sections (2).

C'était établir en fait ce qu'on ne pouvait obtenir en droit, rien n'empêchant les sections en contact permanent de constituer une assemblée de délégués dont les pouvoirs seraient maintenus par tacite reconduction.

Les questions posées le 8 par la municipalité provisoire (à savoir si la représentation nationale n'étant plus entière, la Convention n'ayant plus sa liberté, les droits du peuple n'étaient pas violés ; si, dans ces conditions, on pouvait reconnaître et vérifier les pouvoirs du représentant Robert Lindet, pouvoirs datés du 3 juin, après l'arrestation des Girondins) devaient provoquer logiquement, le 9, la réponse : non, la représentation nationale n'étant pas entière, la Convention, sous le coup des menaces populaires, n'étant pas libre, les droits du peuple étant violés, on ne peut ni reconnaître ni vérifier les pouvoirs du représentant Robert Lindet (3).

On savait pourtant, ou du moins on pouvait savoir que ce représentant d'un tout autre caractère que les Gauthier, les Nioche, les Albitte, les Dubois-Crancé, était homme à applanir les difficultés et à mettre fin à la crise lyonnaise.

C'est peut-être parce qu'on redoutait une solution que fut lancée cette *Adresse aux Français*, qui, au nom des sections,

---

(1) V. ci-après, p. 156, 157. Le comité des sections en fonctions le 29 mai, avait fait remise de ses pouvoirs le 30, à midi, V. ci-après, p. 437.

(2) P. 168.

(3) *Corps municipaux IV*, p. 299, 300 ; ci-après, p. 170 ; cf. les expéditions des procès-verbaux des sections, 9 juin, *Arch. du Rhône, série L*.

proclamant Lyon en état de résistance à l'oppression (1), allait rendre plus significatif encore ce refus de vérification des pouvoirs.

Le Comité central n'existait pas, et pourtant, le 15 juin, la Fraternité envoyait des commissaires pour faire part de ses réflexions contre son établissement (2), et, le 21, la municipalité provisoire recevait une députation du Comité central de toutes les sections de la ville qui lui présentait *un arrêté* dudit Comité relatif aux mesures à prendre pour la surveillance des prisons (3) ; le 24, le citoyen Janvier venait lire un arrêté des trente-quatre sections qui, en réponse au décret de la Convention mandant à sa barre le procureur de la commune, le procureur syndic du district et le procureur général syndic, portait invitation aux membres du département et ordre à ceux du district et de la municipalité de ne point quitter leur poste (4).

Extrait du procès-verbal de la séance de l'assemblée de la section de Simoneau, ci-devant Rue-Terraille, du 21 juin 1793, l'an 2 de la République (5).

Un membre observe que, dans ce moment où la patrie est menacée des plus grands dangers, tous les bons citoyens doivent s'unir plus que jamais et redoubler d'efforts pour parvenir à la sauver ; en conséquence, il demande qu'invitation soit faite aux trois corps administratifs de ne point abandonner le poste auquel le vœu de leurs concitoyens les a appelés.

L'Assemblée applaudit aux vues qui viennent de lui être proposées et, après une mûre délibération, elle arrête : Qu'invitation sera faite aux

---

(1) Voir ci-après p. 170.

(2) P. 177. — Le 16, Robert Lindet, écrivait au Comité de Salut Public :
« Le gouvernement des Trente est puissant et terrible ; je ne puis vous rendre aucun compte des arrestations ; je n'ai voulu compromettre personne..... La domination passagère des Trente disparaîtra ; j'apprends que trois ou quatre sections ont refusé d'obéir à cette puissance et ont déclaré répondre de l'ordre et de la tranquillité publique dans leur arrondissement. » Cf. A. AULARD. *Recueil des actes du Comité de Salut public*, t. IV, p. 584.

(3) *Corps municipaux, IV*, p. 338. — Ce nom de Comité central des sections a été donné, par erreur, par quelques historiens à la Municipalité provisoire. La distinction s'impose par le texte même de cette délibération. De même la Commission populaire républicaine et de salut public élue par les cantons du département de Rhône et Loire, en exécution de l'arrêté pris, le 18 juin, par le Conseil général du département, a été parfois, par erreur, désignée comme Commission des sections de la ville de Lyon.

(4) Ibid. p. 344.

(5) *Archives du Rhône, série L*. Il n'a pu être retrouvé que trois expéditions de ce procès-verbal, ce qui explique l'absence de l'adhésion d'un certain nombre de sections, si toutefois cette adhésion a été unanime.

membres du Département, et qu'ordre sera donné à ceux du District de la ville et du Conseil général de la commune provisoire, de ne pas abandonner leurs postes sous quel prétexte que ce puisse être.

Le présent arrêté sera porté à l'adhésion de toutes les sections.

Pour extrait conforme à l'original :

BADGER, vice-président ; DUVERNEY, secrétaire-adjoint.

La section de Scevola a adhéré à l'unanimité à l'adresse cy-dessus, fait céance tenante, le 22 juin 1793, et de la République le 2e.

DRIVET cadet, vice-secrétaire ; BOUCHET, vice-président.

La section de Saint-Vincent adhère à l'adresse ci-dessus fait scéance tenante, le 22e juin 1793, l'an 2e de la République française.

ALBERT, vice-président ; AUDRAS, secrétaire suppléant.

La section de la Concorde adhère à l'arrêté ci-dessus, fait séance tenante, le 22 juin 1793, l'an 2e de la République.

MONDET, secrétaire ; C. JUBIN, vice-président.

La section de Portefroc a adhéré à l'arrêté cy dessus, ce 23 juin 1793, l'an 2e de la République.

PRIVAT, président ; COINDE, secrétaire.

La section de l'Union adhère à l'arrêté cy-derrière, ce 21 juin 1793, l'an 2 de la République française.

GAIET-LANCIN, vice-président, MURE ? secrétaire-adjoint.

La section du Change a adhéré aud. arrêté, 23 juin 1793, l'an 2e de la République.

ROGNIAT, vice-président ; SIMON, secrétaire en l'absence.

La section de la Paix a adhéré au présent arrêté, an et jour que dessus.

CHAPPUIS, secrétaire ; MONTELLIER.

La section de Saint-George, après avoir oui la lecture de l'arrêté ci-derrière, y a donné son adhésion fondée sur ce que led. arrêté ne contient que les mêmes principes qu'elle a développé dans le sien du 21 courant. Lyon, le 23 juin 93, l'an 2e de la République française.

VIALLE, secrétaire ; LAVAURE, président.

La section de Rue-Neuve ayant lu et discuté un arrêté de la section Simoneau conçu en ces termes :

« Il a été arrêté qu'invitation sera faite aux membres du Département et
« qu'ordre sera donné à ceux du District de la ville et du Conseil général
« de la commune provisoire de ne pas abandonner leurs postes sous quel-
« que prétexte que ce puisse être. »

y a donné son adhésion, mais elle fait observer à la section de Simoneau qu'il seroit peut-être convenable qu'elle fît avertir confidentiellement le district et le Conseil de la commune de l'intention qu'on a eue en employant d'une part le mot *invitation* et d'autre part le mot *ordre*.

Lyon, 23 juin 1793, l'an 2e de la République.

P^{ro} COSTE, président en l'absence ; T. IMBERT, secrétaire-adjoint.

La section de Marseille a adhéré au présent arrêté.

O. NERVO, vice-président ; PRUDON, vice-secrétaire.

La section de Thionville adhère à l'arrêté cy-dessus.

F. RAY, vice-président.

La section de la Guillotière 1ʳᵉ adhère à l'arrêté cy dessus.
GROGNIER, président.

La section de la Plaine, 2ᵉ division, adhère à l'arrêté ci-dessus.
MATHIEU, vice-président; VAUDREY, vice-secrétaire.

La section de la Liberté adhère à l'arrêté ci-dessus.
LACOSTAT le jeune, secrétaire. ESTANSSANT.

La section de Rue Buisson adhère à l'unanimité. Lyon, le 23 juin 1793, l'an 2ᵉ de la République.
JANTET, vice-président. LEQUIN, vice-secrétaire.

La section des Amis des Loix adhère à l'unanimité. Lyon, ce 23 juin 1793.
GALLOT, vice-président; TERRAT fils, secrétaire provisoire.

La section de la Fraternité a adhéré à l'unanimité à l'arrêté ci-dessus, avec l'amendement que les corps seroient invités et non point ordonnés.
SENTERRE? président; DOMBEY, secrétaire.

La section de la Réunion adhère à l'unanimité à l'arrêté ci-dessus, le 23 juin 1793, avec l'amendement de la section de la Fraternité.
ROGER, vice-secrétaire; CLUGIER, vice-président.

L'assemblée de la section de Bourdaux adhère aux présent arrêté avec l'amendement de la section de l'Égalité. Lyon, le 24 juin 1793, l'an 2ᵉ de la République françoise.
PROST, vice-président; CORNU, secrétaire.

La section de Thomassin a entendu avec plaisir l'arrêté de la section Simoneau, ci-devant Rue Terraille, et c'est avec une aprobation génералle qu'elle y adhère. A Lyon, ce 24 juin 1793, au 2ᵉ de la République.
A. FIGUET, secrétaire; DELCAIRE, président par intérim.

Cette grave décision avait été, il est vrai, présentée à l'approbation de toutes ses sœurs, comme on disait alors, par la section Simoneau, ci-devant Rue Terraille ; mais, averti, on est amené à considérer comme auteur responsable le comité dirigeant.

Dans ces conditions, la municipalité provisoire n'était qu'une formule ; après avoir vainement tenté, le 9 juillet, de faire remise de ses pouvoirs (1), elle provoquait elle-même, le 10, la création d'un conseil des sections, qui, composé d'un membre de chaque comité de surveillance, se réunirait tous les mercredis à l'Hôtel-de-Ville, pour traiter de tous les objets pouvant intéresser la cité et la sûreté générale (2).

Le 11, Port du Temple (3) reprenait les propositions de Rue Buisson (4) pour faciliter les communications de la

(1) *Commission populaire*, p. 60.
(2) *Corps municipaux IV*, p. 387.
(3) V. ci-après, p. 214.
(4) Pp. 168, 194.

municipalité avec les sections et des sections entre elles, et les 12 et 13, on élaborait le projet de la création d'un Secrétariat général des sections (5).

Sous ce titre, on constituait un bureau composé de deux membres de chaque section, élus et renouvelables tous les quinze jours par moitié. Les attributions de ce bureau consistaient uniquement à recevoir les pétitions ou délibérations de chaque section, à les faire connaître le plus promptement possible, à centraliser, pour en donner communication, les adhésions ou les refus et les soumettre à la décision des corps administratifs, enfin, à tenir registre exact de toutes les délibérations transmises et mentionner à la suite les décisions intervenues.

Il y avait loin de cette organisation à celle d'un Comité directeur chargé d'assurer l'uniformité des principes. La création du Secrétariat général n'en rencontra pas moins une certaine opposition (1), et il ne put ouvrir ses bureaux que le 2 août, au Grand Collège, où ils furent installés jusqu'au 13 septembre, date de leur transfert à la Manécanterie (2).

De cette date du 2 août au 11 octobre, le Secrétariat général a tenu registre au jour le jour de toutes les communications des corps administratifs aux sections; de toutes les délibérations des sections soumises à l'approbation des autorités, à l'adhésion des électeurs. Son registre, ou plus exactement les deux registres qu'il nous a laissés (3) sont donc d'autant plus

---

(1) Pp. 1, 214. Le projet fut soumis le 15 à l'approbation de 17 commissaires des sections, v. ci-après p. 222.

(2) *Corps municipaux IV*, p. 404, 427. D'après les procès-verbaux de la Commission populaire républicaine, p. 164, 165, à la date du 2 août, 24 sections seulement étaient d'accord pour l'organisation du Secrétariat général.

(3) V. ci-après, p. 81, 82.

(4) Le premier registre du Secrétariat général des sections, de format petit in-folio, porte sur la couverture le titre : « Registre du Secrétariat général des sections n° 1, 13 juillet 1793 jusques au 17 septembre suivant » ; au-dessous, d'une autre écriture : « De la ci-devant section de Portefroc contre révolutionnaire »; enfin, au-dessous : « caze n° 23, à gauche ». Il comprend 200 pages, dont les six dernières en blanc. Sur la couverture inférieure, au recto, on lit : « Dancenel ? chef ; Perrodier, Perin ? adjoints ; Levieux, Jacob, Allard, secrétaires ; ..... Michoud, Mallard, Bernard ».

Le second, du même format, comprend 100 feuillets, dont les 35 derniers blancs ; sur la couverture on lit le titre : « Registre du Secrétariat général des sections n° 2 du 14 septembre 1793, l'an 2ᵈ de la République française », et en dessous : « Caze, n° 23, à gauche ».

importants qu'ils comblent en partie les lacunes des délibérations de la Municipalité provisoire et de la Commission populaire républicaine et de salut public.

Suivis des délibérations de la section de Porte-Froc du 26 mai au 10 octobre (1), celle-là qui, le 9 juin, lançait cette *Adresse aux Français* qui déclarait Lyon en état de résistance à l'oppression, et qui, un peu plus tard, allait publier l'*Histoire de la Révolution de Lyon*, on peut dire qu'ils constituent au jour le jour une mine utile pour l'histoire du siège de Lyon et d'autant plus utile que jusqu'à ces dernières années les historiens n'en pouvaient connaître que des fragments (2).

Mais ni dans les registres du Secrétariat général, ni dans les délibérations de Porte-Froc, ni dans les documents qui constituent les annexes du présent volume (3) on ne trouvera la justification de l'accusation de royalisme et d'entente avec l'étranger qui pèse encore sur les Lyonnais de 1793. La vérité est que, pressentant l'anarchie, la dictature, devançant l'opinion, ils ont fait, le 29 mai, le 9 thermidor. Plus tard, marchant au

(1) Ces délibérations de Porte-Froc sont inscrites sur quatre registres in 4°, de 92, 73, 72, 120 pages ; les pages 55-120 du dernier en blanc. Ces registres portent sur les couvertures les titres : « Regitre de la section permanente de Portefroc, commencé le 26 may 1793, l'an 2ᵈ de la République Françoise et fini le 27 juin suivant 1793, 1ʳ Rᵉ .Caze n° 22, à gauche ; 1793 ... de nomination et arrêtés ; — Délibérations, commencé le 28 juin et fini le 20 juillet 1793. Registre de la section permanente de Porte-Froc, IIᵉ Rᵉ. Caze n° 22, à gauche ; — Commencé le 21 juillet, fini le 28 août 1793. Délibérations de la section de Portefroc, IIIᵉ Rᵉ. Caze n° ; — Commencé le 29 août et fini le 10 octobre 1793. Délibérations de la section permanante de Porte-Froc, 4ᵉ Registre. Caze n° 22, à gauche.

Sur le feuillet de garde du premier registre on lit : « L'étendue de la section se termine par la rue des Prêtres, à droite, au n° 130, et à gauche au n° 131 ; dans la rue St-George au n° 88, à droite : la gauche est d'une autre section ». Sur le plat inférieur de la reliure de ce registre une liste de 21 noms a été soigneusement bâtonnée.

Les cotes Caze n° , sont celles du classement dans les archives du comité révolutionnaire de Riard. En marge des délibérations on trouve quelques notes mises peut-être par le comité, reproduction des noms cités dans le texte, dont quelques uns suivis de mentions d'une autre écriture : absent, guillotiné, fusillé......

(2) Les registres du Secrétariat général et ceux de Porte-Froc ne sont rentrés qu'en 1894 aux Archives départementales, par le don gracieux qu'en a fait Madame Honoré Pérouse.

(3) En tête de ces annexes on trouvera l'*Histoire de la Révolution de Lyon*, due à l'avocat Guerre et à la section de Porte-Froc, dont la rareté et le rapport étroit qui la lie aux documents précédents justifient la réimpression. Il n'a malheureusement pas été possible de comprendre dans les annexes la totalité des pièces publiées par les sections du 29 mai au 10 octobre, on trouvera l'indication d'un assez grand nombre de ces pièces dans la *Bibliographie historique* de Gonon, dans les délibérations des corps municipaux et dans celles de Porte-Froc.

combat, chantant le *Réveil des Lyonnais* (1), sur l'air de la Marseillaise, de bonne foi, ils faisaient le sacrifice de leur vie, pour la République de concorde et d'équité.

De bonne foi aussi la Convention pouvait croire faire marcher ses troupes contre des royalistes contre-révolutionnaires alliés de l'étranger.

L'explication de cette contradiction se trouve dans ce fait que les Lyonnais, et pour justifier leur conduite, et pour contribuer à sauver la République qu'ils estimaient en danger, avaient envoyé, tant à Paris que dans les départements, des députés de la Commission populaire, du district, de la municipalité provisoire, de chacune des sections, que quelques-uns de ces députés, royalistes déguisés en républicains, avaient fait de la propagande contre révolutionnaire, noué des intrigues avec les royalistes militants et engagé, au nom de Lyon, des négociations avec l'étranger. L'un d'eux, Fréminville, devait s'en vanter en 1814 (2).

N'y aurait-il qu'une partie de vérité dans son récit, c'en est assez pour faire peser justement sur les agents royalistes une lourde part de la responsabilité du siège de Lyon et de la sanglante répression qui l'a suivi.

G. G.

---

(1) V. le texte ci-après, p. 562.
(2) Cf. [P.-M. GONON], *Lyon en 1793. Procès-verbaux du comité de surveillance de la section des Droits de l'Homme*, p. 192, Lyon, 1847.

LISTE DES SECTIONS DE LA VILLE DE LYON

Les sections de la ville de Lyon, pendant la période révolutionnaire, correspondent à l'ancienne division en 28 quartiers, à cela près que les quartiers du Griffon, de Saint-Vincent, de la Grande-Côte, de la Place Louis-le-Grand ayant été divisés chacun en deux circonscriptions électorales, le nombre des sections s'est trouvé porté à trente-deux, auxquelles il faut joindre les deux sections de La Guillotière et les communes de Cuires-la-Croix-Rousse et Vaise.

Les noms des sections ayant été modifiés à différentes reprises, il était utile de dresser un tableau de concordance, ce travail a été tenté ici. Sous les noms des 28 quartiers relevés, avec l'indication de leurs enseignes, dans l'almanach de 1789, on trouvera ceux des sections correspondantes. Pour situer plus exactement chacune d'elles, les bureaux provisoires et salles d'assemblées en 1790 ont été notés d'après les Délibérations des corps municipaux, tome I, pp. 230, 253.

Toutefois, à raison des nombreuses lacunes que présentent les archives de la période révolutionnaire et des confusions possibles, cette liste ne peut être donnée comme définitive (1).

Il est à noter que les sections sont indifféremment désignées, dans les documents, sous les noms de quartiers, cantons, arrondissements, districts.

---

(1) L'*Histoire de la Révolution de Lyon*, ci-après, p. 396, mentionne une section *St-Vincent, Rue-Neyret*, ce nom de rue désigne sans doute simplement le lieu de l'assemblée. Dans le registre de la Société populaire des Amis de la constitution de la section de Bellecordière, on trouve, sous les dates des 19, 23 octobre et 13 novembre 1791, une section de la *Rue-de-la-Plume* (la Rue de la Plume se trouvait entre les rues Grenette et Tupin); il ne s'agit ici vraisemblablement que d'un club siégeant dans cette rue. Une lettre du 21 germinal an II, est adressée par le Directoire du district de Saint-Hippolyte au président de la section de la *Grande-Rue-Longue*. Un ordre de la Commission temporaire de surveillance républicaine, du 8 pluviôse an II, est adressé aux membres du comité révolutionnaire de la section de *Rue-Grenette*.

Les noms des bataillons des troupes lyonnaises correspondent aux noms de leurs sections, sauf pour la Rue-Terraille ou Simoneau, dont le bataillon porta le nom de *Washington*. Aux 32 bataillons des sections s'ajoutaient ceux de Cuires-la-Croix-Rousse et Serin, de Vaise, des détachements de communes formant vraisemblablement le bataillon du district de la campagne, un bataillon dit de Lille ou de L'Isle, et des troupes d'artillerie et de gendarmerie à pied et à cheval.

1. Place-Confort

Drapeau blanc, de même que les cocardes et plumets.

Section de *Place-Confort*, 1790-30 mai 1793 (1) ; de la *Fraternité*, 2 juin-22 septembre 1793 ; des *Jacobins*, 15 octobre 1793-brumaire an II ; de *Place-Confort*, brumaire frimaire an II ; de *Sautemouche*, frimaire-ventôse an II.

Lieu des séances : chez M. Perrodon, notaire, maison Bagnon, rue Saint-Dominique (bureau provisoire, 1790) ; réfectoire des Jacobins (assemblée, 1790).

2. Le Change

Drapeau blanc, avec une croix d'or et ces mots : *Lieutenance-colonelle*. Les cocardes et les plumets blancs et jaunes.

Section du *Change*, 1790-frimaire an II ; *Marat*, frimaire-ventôse an II.

Lieu des séances : dans une salle de la Loge des Changes (bureau provisoire et assemblée, 1790).

3. Le Griffon

Drapeau amaranthe et blanc, avec trois griffons d'or. La devise est : *Quis consurgeret adversus eos*, les cocardes sont blanches et ponceau.

Section du *Griffon* 1re *division*, comprenant la rue du Puits-Gaillot, le quay du Rhône, depuis la maison Jordan jusqu'à la maison Tolozan, la petite rue des Feuillans du côté de ladite maison Tolozan, la place Saint-Claude, la montée du Griffon, la rue Terraille, la rue Désirée et la rue et montée de la Glacière, 1790-29 avril 1793 ; de *Rue-Terraille*, 1-20 juin 1793 ; de *Simoneau*, 21 juin-octobre 1793.

Lieu des séances : dans une salle des Pénitents de Lorette, place Romarin (bureau provisoire et assemblée, 1790).

Section du *Griffon* 2e *division*, comprenant l'isle des maisons Auriol, Sain et Clavière, toute l'isle des Feuillans, le quay Saint-Clair, depuis la maison Millanois jusqu'à la maison Rater inclusivement, la rue Royale et rues adjacentes dépendant du quartier du Griffon, 1790-29 avril 1793 ; de la *Convention*, 2 juin-octobre 1793.

Lieu des séances : dans une salle des R.-P. Feuillants (bureau provisoire et assemblée, 1790).

Sections de *Rue-Terraille et Convention réunies*, ou de la *Montagne et Convention réunies*, 17 octobre 1793-ventôse, an II.

4. Rue Thomassin

Les cocardes et le drapeau sont jaunes, noirs et blancs ; le drapeau est traversé d'une croix blanche, au milieu on voit un vaisseau éclairé par un soleil ; dans les deux coins supérieurs est une L couronnée, dans l'un des coins inférieurs est un lion rampant et à l'autre coin est une tour. La devise est : *Terra marique lucet*.

Section de *Rue-Thomassin*, 1790-29 avril 1793 ; de *Bonne-Foi*, Tho-

---

(1) Le 9 mai, la section avait demandé à prendre le nom de *Jacobins*, demande repoussée par la municipalité. *Corps municipaux IV*, p. 244. — Les dates indiquées à la suite de chaque nom sont celles qui ont pu être actuellement trouvées ; elles ne peuvent être données comme définitives. Il est à remarquer, d'ailleurs, que parfois les anciens et les nouveaux noms ont été employés simultanément.

massin, 9 juin-octobre 1793 ; de *Rue-Thomassin*, 11 octobre 1793-ventôse an II.

Lieu des séances : dans la maison Rousselon et Fléchet, n° 24, grande rue Ferrandière (bureau provisoire, 1790) ; dans l'église de Saint-Charles (assemblée, 1790).

5. Rue-Belle-Cordière

Drapeau bleu semé de fleurs de lis d'or avec une croix blanche au milieu, sans devise. Les cocardes sont blanches et bleues.

Section de *Rue-Belle-Cordière*, 1790-29 avril 1793 ; de la *Réunion*, 5 juin-octobre 1793 ; de *Belle-Cordière*, 10 octobre 1793-ventôse an II.

Lieu des séances : chez M. Rolet, rue Bourgchanin (bureau provisoire, 1790) ; dans l'église Sainte-Marie-de-Bellecour, (assemblée, 1790).

6. La Juiverie

Drapeau bleu, blanc et noir ; la devise est une tour couronnée d'étoiles avec ces mots : *Turris mea Deus*. Les cocardes sont blanches.

Section de la *Juiverie*, 1790-29 avril 1793 ; de la *Paix*, 8 juin-octobre 1793 ; de la *Juiverie*, 13 frimaire-25 nivôse an II ; de l'*Arrondissement démocratique*, 27 nivôse-27 ventôse an II.

Lieu des séances : chez M. Bergeon, cadet, place de la Boucherie Saint-Paul, n° 97 (bureau provisoire, 1790) ; dans une salle des R.-P. Recollets (assemblée, 1790).

7. Saint-Georges

Drapeau blanc et verd semé de fleurs de lis d'or avec l'image de Saint-George, relevée en broderie d'or et d'argent. Les cocardes sont blanches et vertes.

Section de *Saint-Georges*, 1790-frimaire an II ; d'*Hydins*, frimaire-ventôse an II.

Lieu des séances : dans la salle de la fabrique de l'église, place Saint-Georges (bureau provisoire et assemblée, 1790).

8. Rue Neuve

Drapeau blanc et amaranthe, a pour devise le mont Vésuse avec cette inscription : *Usque novis ignibus ardet*, qui fait allusion à la rue Neuve.

Section de *Rue-Neuve*, 1079-brumaire an II ; de *Chalier*, 2 frimaire-ventôse an II.

Lieu des séances : dans la salle des thèses au Grand collège (bureau provisoire et assemblée, 1790).

9. La Croizette

Drapeau verd, cramoisi et blanc, avec de petites croix d'or, pour devise un trophée d'armes.

Section de la *Croisette*, 1790, frimaire an II ; *Lepelletier*, frimaire-ventôse an II.

Lieu des séances : chez M. Maurier, rue Tupin, maison de l'Empereur (bureau provisoire, 1790) ; dans le réfectoire des R.-P. Cordeliers (assemblée, 1790).

10. Saint-Vincent

Drapeau verd avec une croix blanche et ces mots : *Conjuncta forti non displicent Palladi*. Les cocardes vertes et blanches.

Section de *Saint-Vincent 1ʳᵉ division*, comprenant les maisons depuis le n° 1 jusques et compris le n° 104, 1790-frimaire an II ; de l'*Abondance*, frimaire-ventôse an II.

Lieu des séances : chez M. Floret aîné, quai Saint-Vincent, maison n° 202 (bureau provisoire, 1790); dans l'église de Saint-Benoît, (assemblée, 1790).

Section de *Saint-Vincent 2ᵉ division*, comprenant les maisons depuis et compris le n° 105, jusques et compris le n° 207, dernière maison du quartier, 1790-29 avril 1793 ; de *Scevola*, 5 juin-octobre 1793 ; de *Saint-Vincent 2ᵉ division*, octobre 1793-nivôse an II, de *Gasparin*, 21 nivôse-ventôse an II.

Lieu des séances : chez M. Porte, dans sa maison n° 133, au bas de la côte des Carmélites, (bureau provisoire, 1790) ; dans une salle de la Déserte, (assemblée, 1790).

11. La Grande-Côte

Drapeau blanc et verd, sur lequel est peint Saint-Sébastien, avec ces mots : *Victori perpetuo*. Les cocardes sont vertes et blanches.

Section de la *Grande-Côte 1ʳᵉ division*, comprenant les maisons depuis le n° 1 jusques et compris le n° 64, 1790-juillet 1793 ; *Unité*, 5 juin 93 ; du *Jura*, septembre-octobre 1793 ; de la *Côte 1ʳᵉ division*, brumaire-ventôse an II.

Lieu des séances : dans une salle des prêtres de l'Oratoire, rue Vieille-Monnaie (bureau provisoire et assemblée, 1790).

Section de la *Grande-Côte 2ᵉ division*, comprenant les maisons depuis et compris le n° 65 jusques et compris le n° 195, dernière maison du quartier, 1790-juillet 1793 ; de la *Côte 2ᵉ division*, septembre 1793-ventôse an II.

Lieu des séances : dans une salle des Capucins du Petit-Forêt, (bureau provisoire, 1790); dans une salle des Pénitents de Saint-Marcel (assemblée, 1790).

12. Port-Saint-Paul

Son drapeau, sur lequel est peint le bras de saint Paul tenant le sabre nu à la main, est bleu et blanc, de même que les cocardes et plumets.

Section de *Port-Saint-Paul*, 1790-3 juin 1793 ; de la *Concorde*, 3 juin-9 octobre 1793 ; de *Port-Saint-Paul*, 24 octobre 1793-23 frimaire an II ; des *Sans-Culottes*, 26 frimaire-ventôse an II.

Lieu des séances : chez M. Brunet, rue Peyrolerie (bureau provisoire, 1790); dans l'église de Saint-Laurent (assemblée, 1790).

13. Bon-Rencontre

Drapeau blanc et cramoisi, de même que les cocardes. La devise est : *Patriæ devotus et aris*.

Section de *Bon-Rencontre*, 1790-16 juin 1793 ; des *Amis-des-lois*, 17 juin-octobre 1793 ; de *Bon-Rencontre*, octobre 1793-ventôse an II.

Lieu des séances : dans une salle des Pénitents du Confalon, bureau provisoire et assemblée, 1790).

14. Place-Neuve

Les cocardes sont bleues et blanches, le drapeau de même, au milieu duquel sont une main de justice et un sceptre en sautoir surmontés d'une couronne, le surplus parsemé de fleurs de lis, avec cette devise : *Juri et armis ministrat*.

Section de *Place-Neuve*, 1790-29 avril 1793 ; de la *Fraternité*, mai 1793 (1) ; de l'*Union*, 1er juin-octobre 1793 ; de *Place-Neuve*, brumaire-ventôse an II.

Lieu des séances : dans une salle du collège de Notre-Dame, (bureau provisoire et assemblée, 1790).

15. Rue-Buisson

Drapeau blanc, rouge et cramoisi, les cocardes de même. Au milieu du drapeau est Moïse devant un buisson ardent, avec ces mots : *Excitat ardorem quamvis non ardeat*. Ses armes sont deux rangonds (2) en sautoir surmontés d'un buisson.

Section de *Rue-Buisson*, 1790-ventôse an II.
Lieu des séances : chez M. Dupré, capitaine du quartier, place du Concert (bureau provisoire, 1790) ; dans la salle du Concert (assemblée, 1790).

16. Port-du-Temple

Les cocardes sont vertes et blanches, le drapeau de même, sur lequel est peint le péristile d'un temple au bas duquel repose une nymphe tenant des cornes d'abondance, avec ces mots : *In portu temploque quies*.

Section de *Port-du-Temple*, 1790-octobre 1793 ; de *Port-Affranchi* ou *Section-Affranchie*, brumaire-ventôse an II.

Lieu des séances : dans une salle du bureau de confiance, maison et quay Saint-Antoine (bureau provisoire, 1790) ; dans l'église de Sainte-Claire (assemblée, 1790).

17. Saint-Jean, ci-devant Porte-Froc

Drapeau blanc et cramoisi, devise : *Mars Themidis auxilium*. Cocardes blanches et cramoisies.

Section de *Porte-Froc*, 1790-21 nivôse an II ; de *Riard*, 22 nivôse-ventôse an II.

Lieu des séances : dans une salle de l'hôtel Fléchères, place Saint-Alban (bureau provisoire, 1790) ; dans une salle du Palais de justice, (assemblée, 1790).

18. La Pêcherie

Drapeau blanc et cramoisi, sa devise est l'allégorie du mariage de Mgr le dauphin. Elle représente un dauphin dans la mer sur lequel repose un amour qui le retient dans ses filets, avec ces mots : *Amicus hominis, piscatorum protector, Urbis et Galliæ spes*. Les cocardes sont blanches et les plumets blancs et cramoisis.

Section de la *Pêcherie*, 1790-29 avril 1793 ; de *Brutus*, 30 avril-octobre 1793 ; de la *Pêcherie*, brumaire-ventôse an II.

Lieu des séances : dans une salle des Pénitents de la Miséricorde, (bureau provisoire et assemblée, 1790).

---

(1) Gonon, *Bibliographie*, n° 1190, page 22.
(2) *Probablement pour* rancons.

19. Place-Saint-Pierre

Drapeau cramoisi, traversé d'une croix blanche ; au milieu, un lion qui tient sous une patte les armes de saint Pierre et, de l'autre, un sabre pour garantir la couronne royale qui repose sur le carreau, sa devise est : *Sub Roma clypeo lilia servat*. Les cocardes sont blanches.

Section de *Place-Saint-Pierre*, 1790-19 janvier 1793 ; de *Guillaume-Tell*, 20 janvier-octobre 1793 : de *Saint-Pierre*, octobre 1793, nivôse an II ; d'*Onize*, nivôse-ventôse an II.

Lieu des séances : chez M. Borel de Varissan, place des Terreaux (bureau provisoire, 1790) ; dans une salle des R.-P. Carmes (assemblée, 1790).

20. Rue-Tupin

Drapeau verd et blanc, avec des urnes aux quatre coins et un Hercule au milieu avec sa massue tenant un dragon sous ses pieds et pour devise : *Opes et jura tuetur*.

Section de *Rue-Tupin*, 1790-mai 1793 ; de *Jean-Bart*, juin 1793 ; des *Droits-de-l'homme*, juin-octobre 1793 ; de *Jean-Bart*, 14-19 octobre 1793 ; de *Rue-Tupin*, 20 octobre 1793-ventôse an II.

Lieu des séances : dans la salle du foyer des Pénitents du Confalon (bureau provisoire, 1790) ; dans la chapelle de la Congrégation dépendant du Grand-Collège, quay de Retz (assemblée, 1790).

21. Rue-de-l'Hôpital

Drapeau cramoisi et blanc, au milieu un lion couché fixant le soleil. Sa devise est : *Sol evigilat, patria vocat*. Les cocardes sont aussi cramoisies et blanches.

Section de *Rue-de-l'Hôpital*, 1790 ; de l'*Hôtel-Dieu*, 1791-1er juin 1793 ; de *Bordeaux* (1), 2 juin-10 octobre 1793 ; de l'*Hôtel-Dieu*, 11 octobre 1793 ; de l'*Hôpital*, brumaire-ventôse an II.

Lieu des séances : chez M. Durand, notaire, rue de l'Hôpital, (bureau provisoire, 1790) ; dans la salle de Lorette, dépendant de l'Hôtel-Dieu (assemblée, 1790).

22. Le Gourguillon

Drapeau cramoisi et blanc, sur lequel est peint un cimeterre ensanglanté environné de palmes et couronné de lauriers faisant allusion aux martyrs dont le sang a coulé, dans ce quartier pour le soutien de la foi. La devise est : *Dat sanguine palmas*.

Section du *Gourguillon*, 1790-9 juin 1792 ; de *Jemmapes*, 22 mars, 2 juin 1793 ; de l'*Ancienne-Ville*, 10 juin-octobre 1793 ; de *Vieille-Ville*, 15 juin 1793 (2) ; du *Gourguillon*, brumaire-ventôse an II.

Lieu des séances : chez M. Berthelot, rue des Farges, n° 122, (bureau provisoire, 1790) ; dans une salle des R.-P. Minimes (assemblée, 1790).

23. Place-de-Louis-le-Grand (Bellecour)

Drapeau blanc, les armes du roi au milieu, les quatre coins sont en fleurs

---

(1) D'après le registre de la section de Port-St-Paul (p. 89), la section de l'Hôtel-Dieu, aurait porté, avant le 2 juin, le nom de Saint-Antoine.

(2) Délibérations de Porte-Froc, p. 178.

de lis, le tout en or. La devise est : *Ardore crescens*. Les cocardes sont blanches et vertes.

Section de la *Place-Louis-le-Grand* 1re *division*, comprenant toute la partie méridionale du quartier jusques et compris le côté méridional de la rue Sala, 1790-1791 ; de la *Fédération* 1re *division*, 1791-1793 ; *Fédération-de-Saône*, 30 mars-mai 1793 ; de *Saône*, 5 juin de la 1793, ventôse an II.

Lieu des séances : dans la salle du chapitre d'Ainay, cloître d'Ainay, (bureau provisoire, 1790) ; dans la chapelle des Pénitents de Saint-Charles (assemblée, 1790).

Section de la *Place-Louis-le-Grand* 2e *division*, comprenant toute l'autre partie du même quartier du côté de la place Louis-le-Grand jusques et compris le côté septentrional de la rue Sala, 1790-1791 ; de la *Fédération* 2e *division*, 1791-1793 ; de la *Fédération-du-Rhône*, 30 mars-mai 1793 ; de *Marseille*, 7 juin-octobre 1793 ; du *Rhône*, brumaire-ventôse an II.

Lieu des séances : dans une salle de l'hôtel de l'Intendance (bureau provisoire et assemblée, 1790).

24. LE PLATRE

Drapeau blanc, sur lequel est peint un Saint-Esprit sous la forme d'une colombe et pour sa devise : *Spiritus intus agit*. Les cocardes sont blanches et aurore.

Section du *Plâtre*, 1790-1792 ; de l'*Egalité*, février 1793-ventôse an II.

Lieu des séances : dans une salle des Missionnaires de Saint-Joseph, (bureau provisoire et assemblée, 1790).

25. LES TERREAUX

Drapeau coupé de violet et de blanc, sa devise est une croix blanche gardée par un lion avec ces mots : *Pro hostibus ferox, pro amicis mitis*.

Section des *Terreaux*, 1790-1792 ; de la *Liberté*, 1er janvier 1793-ventôse an II.

Lieu des séances : chez M. de Chastelus, notaire, place des Carmes (bureau provisoire, 1790) ; dans une salle des R.-P. Capucins (assemblée, 1790).

26. PIERRE-SCIZE

Drapeau verd et blanc, sur lequel est peint le château de Pierre-Scize et un lion rampant, avec ces mots : *Inexpugnabilis quidem robori hostili*. Les cocardes sont vertes et blanches.

Section de *Pierre-Scize*, 1790-3 juin 1793 ; de *Paris*, 9 juin-octobre 1793 ; de *Pierre-Scize*, brumaire-ventôse an II ; des *Ruines de la Bastille*, ventôse an II.

Lieu des séances : dans une salle des Cordeliers de l'Observance (bureau provisoire et assemblée, 1790).

27. PLAT-D'ARGENT

Drapeau fond blanc avec une croix cramoisie, des trophées d'armes aux quatre coins. La devise est un lion tenant avec ses pattes un plat long, bosselé autour, ressemblant à un bouclier avec lequel il se garantit des flèches qui sortent en confusion d'un carquois renversé, avec ces mots : *De lance fit clypeus*.

Section de *Plat-d'Argent*, 1790-1ᵉʳ juin 1793 ; de *Rue-Plat-d'Argent*, 1ᵉʳ juin 1793 ; de *Thionville*, 1ᵉʳ juin-octobre 1793 ; de *Plat-d'Argent*, brumaire-ventôse an II.

Lieu des séances : dans une salle des R.-P. Cordeliers de Saint-Bonaventure (bureau provisoire et assemblée, 1790).

28. Saint-Nizier

Le drapeau et les cocardes sont blanches et cramoisies, la devise un lion tenant avec ses griffes une toison suspendue, avec ces mots : *Non alter vincat Jason*.

Section de *Saint-Nizier*, 1790-mai 1793 ; de *Rousseau*, 25 mai 1793-ventôse an II.

Lieu des séances : dans la salle de la bibliothèque du Séminaire de Saint-Charles (bureau provisoire, 1790); dans la salle dite des Jeux, dépendant du Grand-Collège, rue du Pas-Etrois (assemblée, 1790).

Cuires-la-Croix-Rousse

Commune de *Cuires-la-Croix-Rousse*, la *Croix-Rousse*, 1790-1793 ; *Chalier*, 1793-an II ; la *Croix-Rousse*.

La Guillotière

Section de la *Guillotière* 1ʳᵉ *division* ; *Grande-Rue de la Guillotière*.
Section de la *Guillotière* 2ᵉ *division* ; la *Plaine* (1).

Vaise

Commune de *Vaise*, 1790-27 fructidor an II.

---

(1) En juillet 1791, les délibérations des *Corps municipaux* (tome II, p. 516), mentionnent les sections suivantes pour la répartition de la cote mobilière. A des Brotteaux, B des Passants, C de la Buire, D des Feuillants, E de la Thibaudière, F. de Bechevelin, G de Gerland, H de la Motte, I de Combe-Blanche, J de la Chassagne.

Table alphabétique des Sections

Abondance	N° 10	Pêcherie	18
Amis-des-Lois	13	Pierre-Scize	26
Ancienne-Ville	22	Place-Confort	1
Arrondissement démocratique	6	Place-Louis-le-Grand	23
Belle-Cordière	5	Place-Neuve	14
Bonne-Foi	4	Place-Saint-Pierre	19
Bon-Rencontre	13	Plaine, v. Guillotière.	
Bordeaux	21	Plat-d'Argent	27
Brutus	18	Plâtre	24
Chalier	8	Port-Affranchi	16
Chalier, v. Croix-Rousse.		Port-du-Temple	16
Change	2	Port-Saint-Paul	12
Concorde	12	Porte-Froc	17
Convention	3	Réunion	5
Côte	11	Rhône	23
Croix-Rousse	p. xx	Riard	17
Croizette	n° 9	Rousseau	28
Cuires-la-Croix-Rousse	p. xx	Rue-Belle-Cordière	5
Droits-de-l'homme	n° 20	Rue-Buisson	15
Egalité	24	Rue-de-l'Hôpital	21
Fédération	23	Rue-Neuve	8
Fraternité	1	Rue-Plat-d'Argent	27
Fraternité	14	Rue-Terraille	3
Gasparin	10	Rue-Terraille et Convention	3
Gourguillon	22	Rue-Thomassin	4
Grande-Côte	11	Rue-Tupin	20
Griffon	3	Ruines de la Bastille	26
Guillaume-Tell	19	Saint-Antoine	21
Guillotière	p. xx	Saint-Georges	7
Hôpital	n° 21	Saint-Jean	17
Hôtel-Dieu	21	Saint-Nizier	28
Hydins	7	Saint-Pierre	19
Jacobins	1	Saint-Vincent	10
Jean-Bart	20	Sans-Culottes	12
Jemmapes	22	Saône	23
Juiverie	6	Sautemouche	1
Jura	11	Scevola	10
Lepelletier	9	Section-Affranchie	16
Liberté	25	Simoneau	3
Marat	2	Terreaux	25
Marseille	23	Thionville	27
Montagne et Convention	3	Union	14
Ovize	19	Unité	11
Paix	6	Vaise	p. xx
Paris	26	Vieille-Ville	n° 22

REGISTRE

DU

SECRÉTARIAT GÉNÉRAL

DES SECTIONS

DE LA VILLE DE LYON

2 Août - 10 Octobre

1793

Au nom de la liberté, [de] l'égalité, de la République Française une et indivisible. Les commissaires réunis de différentes sections de Lyon, considérant que, dans les circonstances où se trouve la ville de Lyon, il est important de rendre promptes et faciles les communications de section à section et celles des sections aux corps administratifs et à la Commission populaire républicaine et de salut public du département de Rhône-et-Loire, proposent l'établissement d'un bureau appelé Secrétariat Général des sections qui se conformera aux règlements cy-après.

ARTICLE 1er. — Il sera formé sous le titre de Secrétariat Général des sections un bureau composé de deux commissaires, élus dans chaque section convoquée particulièrement à cet effet et à la majorité absolue des suffrages, par la voye du scrutin ; le Secrétariat qui, pour accélérer ses travaux, pourra se diviser en bureaux particuliers, sera sous la surveillance immédiate des sections et authorités constituées.

ARTICLE 2mo. — Tous les quinze jours la moitié des membres du secrétariat sera renouvellée et ceux qui seront remplacés à l'expiration de la première quinzaine sortiront par la voye du sort, tirés entre les deux commissaires de chaque section, et aucun membre ne pourra être réélu qu'après un intervalle de deux mois.

ARTICLE 3me. — Les fonctions du Secrétariat Général des sections consisteront uniquement à recevoir les pétitions ou délibérations de chaque section et à en donner la plus prompte connoissance aux autres sections, en les invitant à y délibérer et à transmettre au Secrétariat Général leur adhésion ou leur refus. Lorsqu'il aura fait le ressensement des vœux de touttes les sections, il en communiquera le résultat à chaqune d'elles et deux membres du Secrétariat le porteront aux corps administratif et le soumetront à leur décision, il y portera aussy le vœu de la minorité lorsque l'opinion des sections n'aura pas été unanime.

ARTICLE 4ᵐᵒ. — Le Secrétariat Général tiendra un registre exact et ouvert à touts les citoyens des pétitions et délibérations qui lui seront transmises, de leur envoie aux sections, du vœu général ou partie qu'elles auront émis, des démarches du Secrétariat Général pour en obtenir l'exécution auprès des corps administratifs et des avis et arrêtés que ceux-cy pourroient lui faire passer pour les communiquer plus promptement aux sections.

ARTICLE 5ᵐᵉ. — Le Secrétariat Général ne pourra délibérer en aucun cas. Les sections en formant cet établissement n'entendent en aucune manière [renoncer] à leurs communication immédiate et fraternelle ny au droit de présenter directement leurs pétitions aux corps administratifs ; et dans le cas où une section proposeroit la dissolution du Secrétariat général il sera dissous sy la majorité des sections y adhère.

ARTICLE 6ᵐᵉ. — Chaque section pourra, dans tous les temps, retirer ses députés du Secrétariat Général en les remplaçant par d'autres élus conformément à l'article 1ᵉʳ.

Le présent réglement sera proposé à la délibération de toutes les sections et, après l'adhésion de la majorité, communiqué aux authorités constituées qui seront priées d'indiquer un local pour l'exercice du Secrétariat Général. Lyon, le 13 juillet 1793, l'an 2 de la République Française.

LE 2 AOUT 1793, L'AN 2 DE LA RÉPUBLIQUE FRANÇAISE. OBJETS COMMUNIQUÉS AU SECRÉTARIAT DES SECTIONS RÉUNIES, POUR ÊTRE ADRESSÉS AUX SECTIONS ;

N° 1. — Extrait des délibérations de la Commission populaire de salut public. — Sur la proposition faite dans la séance d'hier 1ᵉʳ aoust, au nom de différentes sections qui demandent sy elles peuvent remplacer les députés qui ont donné leur démission, la Commission populaire a passé à l'ordre du jour, sur ce que les sections ayant le droit d'avoir un représentant ou délégué pourroient procéder à de nouvelles élections pour remplacer les démissions. Ce 2 aoust 1793, l'an 2 de la République Françoise. Signé Favre et Roche.

N° 2. — 2° Le président de la Commission populaire a chargé les commissaires qui sont allés faire part de l'établissement du Secrétariat d'inviter leurs sections à engager leurs commissaires à être plus exacts aux séances de la Commission et à remplacer ceux qui ont donné leurs démission.

N° 3. — 3° Le comité de salut public les a engagés à inviter toutes les sections à recommander à leurs comités de surveillance d'avoir l'œil sur des étrangers malveillants qui se disséminent dans les atteliers et les lieux publics pour y corrompre l'esprit public. Signé Mathon Lacour, commissaire.

N° 4. — Au nom de la liberté, etc. Cejourd'hui 2 aoust 1793, l'an 2 de la République Française, la section de Rue Buisson, sur la motion qui luy a été faite par un citoyen que beaucoup de citoyens sortoient de la ville soit par crainte, soit par insouciance, que ces sortes d'émigrations pour la campagne indisposent les autres citoyens et principalement les ouvriers laborieux qui commencent à murmurer, et qu'il n'est pas juste que les autres citoyens soyent seuls exposés aux peines et aux dangers, a arrêté qu'invitation sera faite aux citoyens qui se sont retirés à la campagne de revenir de suite, et que les municipalités voisines seront même priées de les renvoyer, a arrêté en outre que sa délibération sera envoyée au Secrétariat Général par le citoyen Roé nommé à cet effet, pour être communiquée aux autres sections nos sœurs, sans perte de temps, pour leur demander leur adhésion. Ce jourdhuy et an que dessus. Signé J. Eynard, président; Molinard, secrétaire, Perrier.

Port du Temple adhère avec amendement, signé Morenas. — Id. Rue Neuve avec amendement, signé Bruyère et Roussel, v. p. — Id. la Paix, signé Rayat. — Marseille adhère, signé Rambaud, v. p. — L'Union adopte avec amendement, signé Gaiet-Lancin. — Rue Buisson adhère à l'arrêté de la section Simoneau du jour d'hier raportant et modifiant celui par elle pris cy contre 3 août 1793, signé Aynard, président. — Jura adhère, signé Robert.

N° 5. — Le Comité particulier de surveillance et sureté publique instruit les sections de Lyon de nommer chacune un commissaire pour se rendre ce soir à huit heures au lieu du Comité, afin de choisir entre eux quatre commissaires pour se rendre demain de grand matin à 3 lieux de Lyon. Lyon, le 3 aoust 1793, l'an 2 de la République Française. Signé Burtin, président, Rousseau, secrétaire.

N° 6. — L'assemblée populaire de la section de l'Égalité, considérant combien il est intéressant que nos frères trouvent facilement touts les secours qui pourront luy devenir nécessaires en cas d'accident, considérant qu'il est instant de prendre des mesures pour indiquer ses secours, arrête que le dépost de linge et autres objets nécessaires au pansement des blessés sera placé chez un citoyen domicilié dans le centre de la section ; qu'invitation sera faite aux chirurgiens demeurant dans la section de donner leurs soins aux citoyens qui pourroient en avoir besoin ; que le nom de citoyen ou citoyenne chargé du dépôt ainsi que les noms des chirurgiens qui voudront prêter leurs secours seront désignés avec indication de leurs domicile dans un tableau qui sera placé en lieu aparent dans la salle de l'assemblée; qu'invitation sera faite aux assemblées populaires d'accepter la même mesure. Lyon, le 3 août 1793, l'an 2 de la République Française. Signé Sibert, vice-président; Boussuge (?), secrétaire.

Rue Buisson adhère, signé Aynard. — Id. Marseille, signé Rambaud. — Id. l'Union, signé Lamareuilhe. — La Paix adhère, signé Rayat. — Id. la Réunion, signé Clergier, v. p. ; Rondellet, v. s. — Id. Port du Temple, signé Morenas, p.; Clavier. — Id. Rue Neuve, signé Dian. — Marseille adhère, signé Guilliaud.

N° 7. — Ce 5 aoust 1793, l'an 2 de la République. — Extrait de la délibération de la section de Marseille, 4 aoust 1793, l'an deux de la République Françoise. Un membre a observé qu'une délibération de la section de l'Ancienne Ville du 31 juillet, affichée aujourd'hui 4, n'est point encore parvenue à la section, quoiqu'elle annonce que communication en sera faite à toutes les sections. Pour parer à ces retards qui peuvent nuire essentiellement à la chose publique, il a proposé d'inviter toutes les sections nos sœurs à faire remettre au secrétariat des sections 34 exemplaires de touts leurs imprimés et affiches, pour les faire parvenir à l'instant aux sections. L'assemblée ayant adopté cette mesure, a arrêté que communication en sera donnée par le Secrétariat Général à toutes les sections, qui seront priées d'y adhérer. Signé à l'original Cadier, président, et Prudhom, secrétaire.

Porte-Froc adopte les mesures du n° 7, signé Valois, s^{re}. — La Fraternité adhère, signé Dunand, s^{re}. — Id. Port-du-Temple, signé Morenas. — L'Union adhère, signé D.

N° 8. — Extrait des registres de la section de Saône. — Le citoyen St-Robert, député de la section de Saône, est prié de se transporter au Secrétariat Général pour l'engager à témoigner la reconnoissance de ladite section à la municipalité et sections de la Croix-Rousse et Guillotière, qui ont des droits à son attachement par leurs bons procédés à l'égard de la cité. Donné en assemblée de section, le 4 aoust 1793, l'an deux de la République Françoise. Signé Sain, président; Gevry, secrétaire.

La Fraternité adhère, signé Dunand, s^{re}. — L'Union ne délibère quant à présent, attend de mieux connaître les dispositions des sections de la Guillotière, signé .... — Marseille adhère, signé Rambaud.

N° 9. — Le citoyen Desgrange, chirurgien-major général, [demande] que touts les dépots de secours dans les diverses sections soyent à ses ordres (1).

La Fraternité adhère, signé Dunand, s^{re}. — L'Union, ayant dans son sein un.... chirurgien major de son bataillon, laisse exclusivement les secours à sa disposition. — Marseille adhère, signé Rambaud.

N° 10. — Le Comité de sûreté générale prie touttes les sections de donner leurs adhézion sur l'imprimé de la présente adresse « A touts les français » et de renvoyer, ce soir, avant 8 heures, à l'imprimerie Milanais, à la Grenette, l'exemplaire avec l'adhézion au bas.

La Fraternité adhère, signé Dunand, s^{re}. — L'Union adhère, signé ... — Porte-Froc adhère, signé Valois, s^{re}. — Marseille a envoyé son adhézion à l'imprimerie, signé Rambaud, p.

N° 11. — Dans l'assemblée populaire de la section de la Réunion du 4 aoust, un membre ayant observé que des malveillants, pour mettre la cité dans son tord, ont menacé de couper les arbres de la Liberté, a requis qu'il fut requis des fonctionnaires à chacun d'eux. La motion apuyée et mise aux voix, on a adhéré à cette mesure et demandé qu'elle seroit communiquée au Secrétariat Général pour la

---

(1) *Une expédition de cet article porte* : « Le citoyen Desgranges, chirurgien major général, demande que tous les dépots de linges de sections, destinés aux blessés, soient à ses ordres, si le cas échoit. »

faire connoître aux sections nos sœurs. Pour extrait conforme. Signé Rondelet, secrétaire. Le 6 aoust 1793, l'an deux de la République Françoise.

Porte-Froc renvoye au comité militaire. — Thionville adhère. — Rue Thomassin renvoye à la municipalité provisoire. — Jura passe à l'ordre du jour. — La Croizette adhère. — Rue Neuve adhère. — L'Egalité adhère. — Les Droits de l'Homme s'en raporte au Comité militaire. — La Concorde adhère. — Id. la Fraternité avec l'amendemant que les postes voisins feront de fréquentes patrouilles aux environs, signé Dunand, secrétaire.

N° 12. — La section de Marseille a chargé le Secrétariat de présenter à l'adhézion des sections une adresse relative au citoyen Martin ; elle prie les sections de faire parvenir leurs adhézions au Secrétariat, demain à 10 heures du matin, par la voie de leur commissaire. Signé Mathon-Lacour, président.

La Réunion adhère. — Porte-Froc adhère. — Union adhère. — La Fraternité idem. — La Croizette id. — Id. Scevola. — Id. Rue Buisson. — Id. Rue Neuve. — Id. de Saône. — Id. Port du Temple. — Id. Thionville. — Id. Les Droits de l'Homme. — Id. la Concorde. — Id. Thomassin. — Id. Rousseau. — Id. Bordeaux. — Id. Jura. — Id. la Paix.

N° 13. — La section de l'Union propose aux sections ses sœurs d'enjoindre à ceux de leurs membres qui font partie des autorités constituées, de se rendre constamment à leur poste, pour y remplir leur fonction. La même section propose aux sections de nommer de suite, chacune dans leur sein, des commissaires pour surveiller les travaux entrepris pour la défense de la cité. Lesquels à cet effet prendront les ordres du Comité militaire. Lyon le 7 aoust 1793, l'an 2 de la République. Signé Gayet-Lancin, président.

Porte-Froc adhère, signé Baron.

N° 14. — Le Comité particulier de surveillance et de sûreté publique, invite la municipalité provisoire de prendre, sans délai, toutes les mesures possibles pour faire fournir de suite par tous les épiciers et marchands de laine toutes les balles de coton et laine qui sont à leur disposition, pour servir de retranchement à nos défenseurs, et en même temps de requérir tous les chevaux nécessaires pour le plus prompt transport. Le Général le demande, point de prétexte ni délai. Ce 8 août 1793, l'an 2 de la République. Signé : Burtin, président provisoire, Loir, Pecolet et Richard. — Renvoyé au Secrétariat Général des sections pour être mis à prompte exécution. Signé Dury et Bertaud, officiers municipaux provisoires.

Les présidents et secrétaires des sections, de même que les vieillards hors d'état d'aller combattre, voudront bien rester en permanence dans leur section d'une manière toujours invariable et active jusqu'à nouvel ordre. Signé Privat, officier municipal provisoire.

Nous, officiers municipaux provisoires de la ville de Lyon, requérons le citoyen Privat, sous inspecteur des vivres et fourrages, de fournir ou faire fournir le nombre de voitures qui lui seront demandées par le président du Secrétariat Général des sections, à l'effet de faire transporter, sur les divers points d'attaque, des balles de laine et cotton que les sections sont chargées de recueillir chez les divers citoyens. Au Comité de sûreté générale, le 8 aoust 1793, l'an 2 de la République Françoise. Signé Privat et Ripond.

Le Secrétariat Général invite les sections à lui faire passer de suite la notte des balles de laine et coton qui se trouvent dans leur arrondissement, avec les noms des propriétaires, leurs numéros de maison et la rue, 8 aoust 1793, l'an 2 de la République.

La Fraternité adhère. — Id. Porte-Froc, signé Baron. — Id. la Réunion, signé Rondelet.

N° 15. — Le Comité de Secrétariat des sections voudra bien rester complet auttant que faire se pourra ; la chose publique, l'intérêt de tous les citoyens exige que les sections s'occupent dans l'instant à envoyer, le plutôt possible, tous les ouvriers maçons et charpentiers pour être employés aux différents travaux, et particulièrement dans ceux établis à la porte Saint-Clair. Donné à l'hôtel commun, le 8 aoust 1793, l'an 2 de la République Française. Signé Privat, officier municipal.

La Fraternité adhère, signé Milliet, président. — Id. la Réunion, signé Rondelet.

N° 16. — Nous, maire et officiers municipaux de la ville de Lyon, enjoignons à chaque section de nommer de suite un commissaire pris dans son sein qui sera chargé de se rendre de suite au comité des subsistances séant aux cazernes de Saint-Pierre, pour être adjoint audit comité. Enjoignons pareillement aux sections d'ordonner aux citoyens qui auraient du pain cuit en excédent de leur nécessaire de ce jour de l'envoyer de suite au comité militaire. En l'hôtel commun, le 8 aoust 1793, l'an 2 de la République Française. Signé Dérion et Péricaud, officiers municipaux provisoires.

La Fraternité adhère, signé Milliet, président. — Id. la Réunion, signé Rondelet.

N° 17. — Les corps constitués, réunis à l'hôtel commun, requièrent les sections d'envoyer de suite un citoyen ou deux, pour aider aux travaux de l'arsenal. Lyon le 8 août 1793, l'an 2 de la République Française. Signé Loras, officier municipal, président.

N° 18. — Le Secrétariat Général a décidé d'envoyer au comité militaire, pour le prier de donner ordre aux officiers commandant les différents postes de cette ville de donner la consigne aux sentinelles de laisser passer les commissaires du Secrétariat munis de la carte de laisser-passer du citoyen maire et du pouvoir du Secrétariat Général.

N° 19. — Nous, officiers municipaux provisoires de la ville de Lyon, ordonnons que toutes les églises soient fermées à l'instant et ne soient ouvertes que par un nouvel ordre de notre part. Lyon, le 9 aoust 1793, l'an 2 de la République Française. Signé Monssigny, Belay (?), Alhmbuger, officiers municipaux provisoires. Le Secrétariat Général des sections est autorisé à faire exécuter la susdite réquision. Signé Monssigny, officier municipal.

Porte-Froc a mis à exécution, signé Baron.

N° 20. — Le Secrétariat Général des sections proposeroit de choisir parmi les habitans des campagnes, qui se sont rendus dans nos murs pour nous secourir, quelques citoyens connus, pour aller, dans leur canton respectif, détromper les municipalités voisines sur l'assertion fausse répandue par les émissaires de Kellerman, que nous n'avons pas besoin des secours de nos frères de campagne et que nous les invitions à ne point venir. On pourroit inviter ces bons citoyens à faire circuler ces avis de proche en proche, et même engager les municipalités à faire arrêter ces malveillants qui se répandent dans les campagnes pour noircir la ville de Lyon. Le 9 août.

N° 21. — Le Secrétariat Général observe au Comité de sûreté publique qu'il seroit très essentiel de donner des ordres pour que les ballots de laine pussent en cas de pluye être mis à couvert, parce qu'il est reconnu que des laines mouillées s'échauffent et prennent feu à la longue. En conséquence, il faut avoir soin de mettre les ballots de laine entre les ballots de coton et de se pourvoir de tentes et de pailles pour couvrir les ballots de laine.

N° 22. — Nous, maire et officiers municipaux provisoires de la ville de Lyon, requérons les citoyens de toutes les sections de cette ville et faisant seulement le service de l'intérieur de se procurer pour faire ce service des fusils simples, pour pouvoir mettre sur-le-champ au Comité militaire de la municipalité provisoire séant en l'hôtel commun, les fusils de munition qui leur ont été confiés et qui sont nécessaires pour armer les citoyens des campagnes arrivant pour notre déffense. On donnera des piques en remplacement des fusils. A Lyon, ce 9 août 1793, l'an 2 de la République Française. Signé Descizier, Larevolière, Dupeuble, Desrious, tous officiers municipaux provisoires.

N° 23. — Le comité de subsistances communique au Secrétariat Général des sections qu'il se chargera de fournir les viandes nécessaires aux troupes et qu'il invite toutes les sections d'envoyer à ce comité le pain et le vin qu'elles destinent aux défenseurs de la ville, et que chaque poste pourra s'y adresser pour demander ce qui lui sera nécessaire, aux conditions que le réclamant seroit porteur d'un ordre ou demande du commandant principal du poste. Lyon, le 9 août 1793, l'an 2 de la République Française. Signé Chirat, président.

N° 24. — Le Comité particulier de sûreté générale et de salut public du département de Rhône-et-Loire requiert le Secrétariat Général des sections de faire ordonner une prompte visite chez touts les citoyens de cette ville qui ont été considérés comme suspect et qui, comme tels, ont été désarmés et, pour cet effet, de se concerter avec le commandant général provisoire, pour avoir de luy une force armée dont le nombre ny le moment auquel elle sera employée ne puisse nuire à l'intérêt et à la chose publique. Il mettra la plus grande diligence pour faire passer la présente réquisition à chaque comité de surveillance qui sont requis de luy donner la plus prompte exécution. Lyon, le 9 aoust 1793, l'an 2 de la République Française. Signé Pecollet, Bellevile, Genet-Bronse, officiers municipaux provisoires (1).

N° 24. — Le Comité militaire des subsistances, considérant que selon les apparences, l'affluence de nos frères des campagnes sera grande aujourd'hui dans cette ville, qu'il importe de pourvoir à leurs

---

(1) *En marge de ce paragraphe, on lit le mot* Nul.

subsistances, arrête : 1° que tous les boulangers seront requis de cuire de suite et autant de fois qu'ils le pourront jusqu'à midi sans discontinuer et d'apporter au comité militaire des subsistances, scéant à la cazerne de Saint-Pierre, tout le pain qu'ils auront fait en sus du service ordinaire de leurs pratiques et du besoin de leur canton. 2° pour la promptitude de la bonne exécution du présent arrêté, le Secrétariat Général des sections sera prié de le communiquer aux comités de surveillance en les engageant d'envoyer quelques uns de leurs membres chez les boulangers, pour leur faire part de la présente réquisition et vouloir veiller eux-mêmes à son exécution. Fait au Comité militaire des subsistances, Lyon, le 10 aoust 1793, l'an 2me de la République Françoise. Signé Berchoux, Morel, Grognier, officier municipal adjoint. Malchard ; adjoint audit comité, Delcaire ; commissaire.

N° 25. — Ordre du Comité particulier de salut public. — Le Comité particulier de salut public prévient le Secrétariat Général des sections qu'il faudroit qu'on choisit vingt citoyens parmi les plus recommandables de la cité pour être adjoint sur-le-champ au Comité militaire et de subsistances séant à la cazerne St-Pierre ; ils auront une marque distinctive pour être reconnus et qui leur sera désignée par leur collègue. Salut et fraternité. Lyon, ce 10 aoust 1793, l'an 2° de la République Française. Signé Pecollet, Bemany, président, Combry. Les citoyens Basset et Duvignau. En conséquence le Secrétariat a envoyé à vingt sections l'avis suivant :

Conformément à un ordre envoyé au Secrétariat Général des sections par le Comité particulier de salut public, la section de....... est invitée de choisir de suite un citoyen des plus recommandables pour être adjoint sur le champ au Comité militaire et de subsistance séant à la caserne de St-Pierre ; il aura une marque distinctive pour être reconnu, qui lui sera désignée par ses collègues, etc.

N° 26. — Ordre du Comité de sûreté générale et de salut public du département de Rhône-et-Loire. — Requiert le Comité de surveillance des sections de Lyon de faire une prompte visite chez tous les citoyens de cette ville qui ont été considérés comme suspects et qui, comme tels, ont été désarmés et, pour cet effet, de se faire accompagner par la force armée que chaque section a à sa disposition. La présente réquisition sera sur-le-champ envoyée au Secrétariat Général des sections pour qu'il le leur fasse passer de suite. A Lyon, le 9 août 1793, l'an 2° de la République Française. Signé Jantet, Pecollet, Favre, Pecollet, Manis (?).

N° 27. — Le Comité de sûreté particulière de surveillance et de salut public invite les sections à faire prendre les précautions de garnir de paille et fumier le bas des maisons donnant sur la rue, de tenir dans les rues et dans le haut des maisons des sceaux, tonneaux, cuves, cuviers, etc., plein d'eau, pour remédier aux incendies en cas d'évènement, et d'après cette précaution de laisser le cours des ruisseaux libre, en conséquence de relever contre les maisons et les soupireaux des caves, les terres, fumiers et paille qui gèneroient le cour des eaux, attendu que la mesure de remplir d'eau les rues à une certaine élévation gène la circulation des patrouilles, peut altérer la salubrité de l'air. Le Secrétariat des sections faira parvenir le présent arrêté à toutes les sections. Lyon, le 10 aoust 1793, l'an 2º de la République Française. Signé Pelin, Cambry, Favre, Pecollet, Forest, Couturier, officiers municipaux.

Nº 28. — Le Comité de sûreté particulière de surveillance et de salut public authorise les sections de la ville à faire les diligences les plus actives pour découvrir tous les bois disponibles, et les faire transporter dans l'intérieur de la ville et dans un lieu sûr, en ayant le soin de se concilier avec l'état major du citoyen général pour les mesures de sûreté à prendre pour l'entrée des bois qui sont en dehors des murs de la ville. Le Secrétariat des assemblées populaires des sections est chargé de transmettre de suite la présente authorisation à touttes les sections. Au Comité, le 10 août 1793, l'an 2ᵉ de la République Française. Signé Richard, Pecollet, Couturier, Montviol.
Le Secrétariat Général invite chaque section de nommer de suite un commissaire qui se rendra le plus tost possible au Secrétariat Général séant au Grand Collège, maison du pensionnat. Les commissaires réunis aviseront au moyen d'exécuter promptement l'ordre cy-dessus.

Nº 29. — Le Comité général de salut public prévient le Secrétariat Général des sections que la section de Simoneau a donné un exemple de surveillance en formant un poste de police composé des vieillards de cette section qui, conjointement avec le comité de surveillance et le président de la section, tiennent une police et une surveillance active dans son arrondissement, par des patrouilles continuelles, et contiennent de la sorte les malveillants. Cette mesure doit être adoptée par toutes les autres sections, et nous vous prions de la leur communiquer, et de les inviter à la suivre. Lyon, le 10 aoust 1793, l'an 2ᵉ de la République Française. Signé Combry, secrétaire; Demany, président.

Nº 30. — Avis sur l'effet des pompes. — On a publié depuis peu à Leipsik l'instructions suivante : pour rendre l'effet des pompes plus prompt et plus efficace sur toutes les constructions en bois attaquées par le feu, il faut jeter dans l'eau dont on veut se servir 5 à 6 livres de potasse, ou plus, suivant la quantité d'eau qu'on employe. L'eau ainsi préparée est ensuite lancée sur les parties embrasées de l'édifice ; la flame s'arrette ; le bois imbibé résiste au feu. Sy le temps le permet, il faut faire dissoudre cette matière dans une chaudière d'eau bouillante et verser, de temps en temps, quelque sceau de cette eau bouillante encore dans le réservoir de la pompe, on peut supléer à la potasse par le sel de cuisine.
Le Secrétariat Général donne avis à toutes les sections que celle de Rousseau a nommé deux commissaires qui sont espécialement chargés de monter le plus souvent possible sur le toit des maisons pour veiller aux incendies.

Nº 31. — L'assemblée de la section de l'Egalité, considérant combien il est instant dans ces moments de calamité et de troubles, de pourvoir au soulagement des infirmes et vieillards, et surtout des femmes et enfans dont les pères ou maris sont sous les armes pour la sûreté de la cité, pour celle des personnes et des propriétés, enfin de tous ceux que le défaut de travail journalier met dans le cas d'avoir besoin de secours, émet son vœu pour que chaque citoyen et citoyenne de la section soit invité à faire des dons, que ces dons soient, sous l'agrément de la municipalité provisoire, versés dans les mains du trésorier de l'œuvre fraternelle, ainsi que les sommes à accorder pour l'indemnité du pain, pour être lesdites sommes, distribuées par les commissaires de la société fraternelle de la section, selon les besoins de chaque individu ; par ce moyen l'on simplifie l'œuvre, l'on évite les doubles employs et l'on diminue le nombre des commissaires. La section de l'Egalité invite les autres sections, ses sœurs, à adopter cette mesure. Lyon, ce 11 aout 1793, an 2 de la République Française. Signé Sibert, vice-président ; Guyot, secrétaire.

La section Rousseau renvoye à statuer à la fin du mois sur ce numéro, signé Virel, p. — Le dépouillement fait, le 13 aoust, des réponses au n° 31, sur 7 seulement qui sont parvenues au Secrétariat, il se trouve 3 adhésions, un ajournement, 3 refus, dont un avec amendement.

N° 32. — La section de Marseille s'étant occupée de l'effet causé par le tocsin sonné hier au soir, a chargé le citoyen Mathon, l'un de ses commissaires au Secrétariat Général, de faire présenter aux autorités constituées ou au comité militaire son vœu : 1° pour qu'on ne multiplie pas les mesures de ce genre qui deviendroient dès lors de nul effet ; 2° pour que le signal et l'exemple du tocsin et des autres signeaux ne parte jamais que de l'hôtel commun, point central où sont réunies toutes les autorités et qu'il soit ensuite répété par la métropole avant tout autre cloche ; 3° pour que la générale ne soit jamais battue partiellement, ce qui est contre l'usage, mais à la fois par tous les bataillons. Lyon, le 11 aout, etc. Signé Reynard, président d'âge ; Vasselier, secrétaire.

Renvoyé au comité militaire par le citoyen Clerc, chef, porteur le citoyen Mathon. Le citoyen Mathon a présenté ce 11 aout, à 1 heure 1/2, les propositions ci-contre au citoyen général qui a paru les approuver et donnera les ordres nécessaires. Il se charge d'en rendre compte à sa section.

N° 33. — L'assemblée de la section de l'Egalité, considérant que nous sommes dans le cas de soutenir une guerre dispendieuse, que les dépenses forcées sont extraordinaires, que les dangers sont grands et que le temps presse ; considérant que l'argent est le nerf de la guerre, que chaque citoyen doit chercher à se soustraire au joug auquel on veut l'asservir, au coup qu'on veut lui porter, considérant qu'il faut employer les plus grands moyens et que les citoyens doivent tout sacrifier pour assurer et leurs vies et leurs propriétés, invite touts les citoyens et citoyennes qui résident dans l'étendue de leurs sections à payer de suite la somme entière de leur imposition pour la guerre. La section de l'Egalité émet son vœu pour que les autres sections émettent le même vœu, vu l'urgence. Lyon, le 11 aout 1793, l'an 2 de la République Françoise. Signé Sibert, vice-président ; Guyot, secrétaire.

La Section de la Réunion adhère avec l'amendement qu'il sera imprimé et affiché au nom de toutes les sections. — Le Change adhère. — La Paix adhère. — Porte-Froc id., signé Baron.

N° 34. — Le Comité particulier de sûreté générale, d'après différens avis qu'il a reçus et d'après des motifs pressants, invite par mesure de sûreté publique le Secrétariat des sections à tenir continuellement aux prisons de Roanne quatre commissaires choisis et sûrs qui surveillent en tout point la police intérieure desdites prisons. Signé Richard aîné, Bergeon, Chartelle? Julliard. Lyon, le 11 août 1793, l'an 2 de la République Française.

N° 35. — Le Comité militaire des subsistances prie le Secrétariat des sections de faire avertir les comités de surveillance de chaque section pour suspendre tout envoi de pain de la part des boulangers, en ayant assez de pain pour le service de ce jour 12 août, et ce jusques à nouvel ordre. Lyon, 12 août 1793, l'an 2 de la République Française. Signé Chirat, président.

N° 36. — Secrétariat Général. — Le Comité particulier de surveillance et de sûreté publique du département de Rhône-et-Loire, invite le Secrétariat général des sections de prendre tous les moyens possibles pour se procurer les fonds nécessaires au service de la cité et les faire parvenir de suite, par le moyen des receveurs, au comité des finances, et crois même que les receveurs pourraient faire des avances, par raport aux citoyens qui étant sous les armes ne peuvent payer. Signé Pecolet, v. p., Richard aîné, Bergeon, Genet-Bronze. Lyon, le 11 août 1793, l'an 2 de la République Française. Le Secrétariat Général des sections, pour remplir les vues dudit comité, invite les trésoriers de la contribution pour la guerre de chaque section de vouloir bien se rendre exactement demain, 10 heures du matin, 13 du courant, audit Secrétariat, maison du pensionnat du Grand Collège, pour aviser entr'eux aux moyens de procurer la rentrée la plus prompte des fonds destinés aux frais de la guerre et d'aporter leurs bordereaux de recette et de taxation. Les comités de surveillance sont engagés à faire renouveller tous les 2 jours l'eau qui est dans les baquets, cuves, etc. de la part des officiers de santé.

N° 37. — La section de la Réunion en permanence instruite qu'une infinité de gens, sous prétexte d'aller prendre du repos, boire et manger chez eux, fatiguent les postes qui veulent s'assurer de la vérité des dittes assertions, propose pour éviter ces inconvéniens extraordinairement pénibles de recommander aux chefs des bataillons ou commendant des postes de ne laisser sortir des différents postes, aucun des citoyens sans leur donner une carte avec un signe convenu, laquelle carte ainsi que le mot sera raporté tout les soirs et changé touts les jours à l'ordre. Invite le Secrétariat Général à faire proposer ce moyen aux sections ses sœurs, et à en solliciter l'adhésion pour en obtenir ensuite l'exécution du comité militaire. Lyon le 12 aoust 1793, l'an 2 de la République française. Extrait conforme au registre, signé Rondelet, vice-secrétaire.

Le Port du Temple renvoye au Comité militaire. — *L'Union considérant qu'il s'agit de discipline de l'armée arrette qu'il n'y a lieu à délibérer.* — *Les Droits de l'Homme s'en rapporte au Comité militaire,* signé Tournachon, v. p. — *L'Egalité adhère,* signé Sibert, v. p. — Id. *Rue Buisson,* signé Aynard, p.

N° 38. — Le Comité particulier de sûreté générale après avoir examiné la liste des citoyens devant servir alternativement et journellement par quatre pour la surveillance, en tout point, de la police intérieure des prisons, ensuite de l'invitation qu'il a fait hier au Secrétariat général de tenir continuellement aux prisons de Roane 4 commissaires choisis et sûrs qui surveillent en tout point la police intérieure desdittes prisons, charge et requiert le Secrétariat Général d'envoyer touts les jours à 4 commissaires la réquisition de se rendre à midi précis jusqu'au lendemain midi dans les prisons pour y remplir la surveillance de la police intérieure en tout point, ayant attention de prendre un commissaire par quatre section, suivant l'ordre de la liste qui restera à cet effet déposé au bureau du Secrétariat Général, de manière qu'il ne se trouve qu'un commissaire par chaque section. Signé Genêt Bronze, Loir, Richard aîné, Richard, Favre, Bergeon (1).

N° 39. — Le Secrétariat Général invite les sections à faire metre de suite à exécution l'arrêté cy-joint du Comité militaire des subsistances (2).

N° 39. — Le Secrétariat Général envoye aux sections l'arrêté du Comité militaire des subsistances pour le faire metre de suite à exécution ; il observe que le membre dudit comité député au Secrétariat a dit qu'il falloit que les sections envoyassent au commandant de leur bataillon ledit arrêté, en l'avertissant que la nomination du sergent-major doit être faite sans... des postes et que, dans le cas que le bataillon fut divisé, le commandant ne s'adjoindroit que des députations des divisions. Lyon, le 14 aoust 1793, l'an 2 de la République Française.
La Concorde adhère.

N° 40. — L'assemblée populaire de la section Rousseau, considérant que dans le moment présent où les besoins de la cité se multiplient, il est urgent d'aviser aux moyens les plus efficaces, pour opérer avec célérité les recouvrements des taxes faites ; considérant, en outre, que les citoyens qui ont eu la lâcheté d'abandonner leur poste et leur demeure dans les circonstances critiques où nous nous trouvons, doivent supporter une taxe plus forte que les citoyens qui exposent leur vie et leur fortune pour la défense générale, arrête que les sections nos sœurs seroient invitées à nommer chacune dans leur sein un commissaire qui se réunira avec ceux des autres sections dans l'endroit indiqué par le secrétariat des sections, à l'effet de délibérer entr'eux qu'elle doit être la taxe des citoyens absents, relative à leur fortune et quels moyens l'on doit employer pour percevoir ces sommes, d'autant plus que les représentants desdits citoyens absents ne peuvent payer que forcés. Lyon, ce 13 août 1793, l'an 2 de la République. Signé Viret, présid. ; Donnet, secrétaire.
La Convention attend le résultat des opinions de l'assemblée préposée pour émettre son vœu, signé Belz, v. p. — La Concorde adhère. — Amis des Loix adhère. — La Paix déclare avoir rempli l'objet de la pétition cy contre 40. — Scevola adhère. — Le Change id. — Le Port du Temple id. — La Fraternité id. — L'Union a émis son vœu au comité des finances. — Thomassin se conformera au vœu du n° 40. — Porte-Froc a nommé un commissaire, signé Baron.

(1) *En tête de cet article on lit :* N° 38, nul — Le Comité particulier de sûreté générale charge et requiert le Secrétariat Général des sections d'envoyer tous les j...
(2) *En marge :* Nul.

N° 41. — Sur les plaintes qui ont été portées à la section du Port du Temple par divers officiers au poste de Saint-Just que les femmes de campagne, en apportant des denrées de toutes espèces à la ville pour son approvisionnement étaient arrêttées au poste, qu'on achetoit leurs denrées et qu'on les taxoit à volonté, la section considérant que ces arrestations et ces taxations sont du plus grand danger parce qu'alors rien ne viendroit sur nos places et que les habitans des campagnes s'éloigneraient de nous d'autant plus facilement qu'ils disent hautement que nos ennemis payent bien les danrées et même la moitié en espèces, arrêtte que le comité de surveillance sera invité à faire défendre que rien ne sera arrêté ni acheté aux postes des portes d'aucun côté ; que les officier des postes auront les noms des places de marchés pour les indiquer aux gens de campagne pour y venir vendre et que, sous aucun prétexte, personne n'aura le droit de taxer les danrées, pour éviter la disette; que le présent sera porté au Secrétariat Général pour être communiqué aux sections nos sœurs, pour avoir leur adhésion et être ensuite remis au Comité de surveillance pour y être fait droit. Lyon, ce 14 août 1793, l'an 2 de la République Française. Signé Gleize, président, Morenas, secrétaire.

La Convention renvoye ces plaintes au comandant général, signé Belz, v. p. — *La section de l'Égalité adhère, signé Sibert, v. p., Guyot, secrétaire.* — *Id. la Concorde.* — *Amis des Lois adhère.* — *La Paix refuse son adhésion et le motive.* — *Marseille adhère.* — *Id. le Jura.* — *Id. le Change avec un amendement.* — *La Fraternité adhère.* — *Id. l'Union.* — *Id. Thomassin.* — *Porte-Froc adhère, signé Baron.*

N° 42. — Les comités de surveillance des sections donnent des *laisser passer* pour sortir de la ville, suivant la consigne donnée aux portes de la ville. Les comandants des portes ne devaient faire droit qu'à ceux revêtu du cachet de notre comité, il est à notre connaissance qu'une grande quantité de femmes se rendent aux camps ennemis, elles ont été occupées aux travaux de leurs redoutes. Nous vous invitons à faire de suite passer cet avis aux sections et sommes, avec fraternité, les membres du Comité de sûreté générale. Signé Bertaud, Bouquera, Desmartinot, 14 août 1793, an 2 de la République Française.

Le Jura adhère. — *Id. le Change.* — *Id. l'Union.* — *Guillaume Tell arrête qu'il sera fait une pétition au comité militaire pour cet objet, signé Roche et Barret, secrétaire.* — *Porte-Froc qu'elle prend la plus grande précaution à cet égard, signé Baron.*

N° 43. — Nous, officiers municipaux provisoires de la ville de Lyon, autorisons les curés et vicaires de remplir leurs fonctions dans leurs églises respectives, les dimanches et fêtes jusqu'à 10 heures du matin, heure à laquelle les églises doivent être fermées. Fait au Comité de sûreté générale. Lyon, ce 14 août 1793, l'an 2 de la République Française. Signé Perricaud, La Revolière et Royer, officiers municipaux. — Celui qui dira la première messe du matin aura soin d'avertir que la dernière messe se dira à 10 heures précises. Signé Bouquerot, président. — Le Secrétariat Général des sections communiquera le présent arrêté aux sections de Lyon. Signé Péricaud, officier municipal.

La section de Marseille a chargé son comité de surveillance de l'exécution. — *Le Jura adhère.* — *Le Change id.* — *Id. l'Union.* — *Porte-Froc a fait exécuter, signé Baron.*

N° 44. — Projet présenté aux sections par les receveurs réunis à l'hôtel commun le 14 août 1793 :

Article 1ᵉʳ. — Ceux qui n'auront pas fourni leur contingent pour la déffense de la patrie, ou n'auront pas payé la somme à laquelle ils auront été taxés seront avertis sans délai par une circulaire, et leurs noms seront ensuitte rendus publics, après deux jours, dans la totalité de la section.

Article 2ᵐᵉ. — Dans le cas où ils ne se rendront pas à ce premier avertissement, il sera de suitte envoyé garnison nombreuse chez eux et trois jours après, il sera procédé à la vente de leurs meubles et effets jusqu'à concurrence du contingent auquel ils auront été taxés et dans le cas où ils seroient insuffisants, les capitaux qui leur seront dus pourront être saisis.

Art. 3ᵐᵒ. — A l'égard de ceux qui se seroient éloignés par crainte et auroient privé leurs concitoiens ou du secours de leur personnes ou de l'aide de leurs conseils, ainsi que de tous absents sans motifs légitimes, la taxe de leur contingent sera triplée et le recouvrement en sera fait comme cidessus par saisie des meubles ou des biens qui seroient entre les mains des débiteurs.

Article 4ᵐᵒ. — A l'égard des réclamations, il sera passé outre et l'on forcera à payer provisoirement, sauf aux sections à faire droit dans un tems plus heureux.

Les sections augurent trop bien du patriotisme de leurs concitoiens pour croire que jamais elles soient obligées d'employer les mesures coercitives qui viennent d'être arrêtées. Citoiens, le danger est pressant, vos vies, vos propriétés sont menacées vous avez tous juré de les déffendre, de résister à l'opression, les autorités constituées en qui vous avez remis votre confiance ont constament manifesté les sentiments du plus pur républicanisme, unissons nos moyens à leur vigilance et la république sera sauvée, le monstre hideux de l'anarchie que nous avions terrassé cherche en vain à secouer les torches de l'incendie, du meutre et du pillage, les républicains lionnais seront indomptables, s'ils présentent à l'ennemi ce redoutable rempart, l'union dans les moiens de deffense. La section de Rue Neuve invite le Secrétariat Général d'envoyer de suitte à toutes les sections copie du présent projet, pour qu'elles puissent le recevoir à 5 heures, le 14 août 1793. Signé Lambert, président ; Burlat, secrétaire.

Scevola adhère. — Id. le Change. — Amis des Loix refuse son adhésion. — Id. la Convention avec un amendement à l'article 4. — Marseille accuse la réception. — Le Jura adhère. — Id. la rue Buisson, à l'exception de la responsabilité des trésoriers. — Porte-Froc fera exécuter, signé Baron.

N° 45. — Copie d'une lettre aux Secrétariat Général des sections. Lyon, le 14 août 1793, l'an 2 de la République Française. Citoyens, le Comité général de sûreté publique vous adresse cy-joint 34 expéditions, d'une lettre destinée aux sections y compris Vaise et La Croix-Rousse, vous voudrez bien y ajouter deux exemplaires imprimés de l'arrêté d'hier. Reccomandez aux sections la plus grande célérité, de sorte que dès après demain l'épurement de la force armée soit exécuté et le résultat connu aux authorités constituées. Les sections auront soin de faire transporter les armes à l'hôtel-de-ville. Salut et fraternité. Signé Bemany, président ; Roubiès, secrétaire.

Porte-Froc fera exécuter, signé Baron.

N° 46. — Copie d'une lettre au Secrétariat Général. — Lyon, le 14 aoust 1793, l'an 2 de la République Française. Citoyens, vous êtes invité par la municipalité provisoire de prier les comités de surveillance des sections de luy faire parvenir le plus tôt possible la liste des chevaux qui sonten réquisition dans leurs sections respectives. Salut et fraternité. Signé Coindre, président. Les adresser au bureau de la mairie.

La section de Marseille accuse la réception du n° cy contre, 14 août 1793, signé Vasselier, secrétaire par intérim. — La Paix a rempli l'objet du n° cy contre. — Ami des Loix adhère. — Porte-Froc remplira l'objet, signé Baron.

N° 47. — Le Comité militaire et des subsistances prient les membres composant le secrétariat des sections de faire nommer par chaque section deux commissaires à l'effet de s'enquérir de touts les chevaux de main qui peuvent exister chez tout particulier desdittes sections, de vouloir bien en donner connoissance au comité militaire qui, par rapport à l'urgence, les mettra en réquisition et les fera enlever pour le service de l'état major de l'armée. Signé Grandval. Lyon, 14 aoust 1793. Signé Bemany, vice-président.

La section de Marseille accuse la réception du n° cy-contre, 14 août 1793, signé Vasselier, secrétaire par intérim. — La section de la Paix a rempli l'objet du n° cy-contre. — Porte-Froc a nommé pour commissaires Guy et Vernot (?), signé Baron.

N° 48. — Les citoyens présidens et secrétaires de toutes les sections de Lyon sont invités à se trouver demain, sept heures du matin, dans la grand'salle du conseil général de Lyon, hôtel commun, pour une affaire de la dernière urgence. Lyon, le 14 août 1793, l'an 2 de la République Française. Signé Lafont, président nommé d'âge, et Burellier, secrétaire des citoyens réunis ensuite de la convocation des autorités constituées pour prendre communication de la lettre adressée au peuple de Lyon par les représentant du peuple. Reçu au Secrétariat Général, le 15 août 1793, à 3 heures 1/4 du matin.

La section Porte-Froc adhère à l'arrêté cy contre, le 15 août 1793, à 6 heures du matin, signé Baron, secrétaire.

N° 49. — Le Comité des subsistances uni au comité de police et de sûreté de la municipalité provisoire de Lyon aux sections. — Citoyens, La cité étant en état de siège, l'introduction des subsistances ne peut plus se faire qu'avec la protection de la force armée et les difficultés se multipliant en proportion des hostilités, l'administration a besoin de connoître exactement la quantité des froments, seigle, orge, avoine, ris et légumes qui sont dans nos murs. Nous invitons les sections à nommer chacune le nombre de commissaires nécessaires pour faire le recensement de tous lesdits grains tant chez les boulangers, fariniers, brasseurs de bierre, épiciers, que chez tous les autres citoiens quelconques, de commencer cette opération aujourdhuy, pour, s'il est possible, envoyer dans demain, au Comité des subsistances de la municipalité, l'état de toutes les espèces de grains existants en cette cité, avec l'indication des noms et domicile de tous les citoiens chez qui on aura trouvé des provisions. Fait à Lyon, en l'hôtel commun, ce 15 août 1793, l'an 2 de la République Française. Signé : Loras, Maisonneuve, Ripond, Dury, Brunel, officiers municipaux provisoires, et Simon, secrétaire par intérim.

La section Porte-Froc adhère à l'arrêté cy contre et a nommé, en conséquence, 12 commissaires à l'effet de faire le recensement dont il s'agit, signé Baron, s^{re}, 15 août 1793, l'an 2 de la République Française. — La section de Rue Neuve a chargé son comité de surveillance de l'exécution, le 15 août 1793, signé Piron, v. p. — La section de la Réunion a reçu et mis à exécution le n^o cy contre, signé Bancenel, commissaire au secrétariat. La Paix a fait un relevé des grains de son arrondissement.

N° 50. — Le Comité militaire et des subsistances requiert le Secrétariat Général des sociétés populaires des sections de la ville de Lyon, de faire fournir par ces derniers des matelas et couvertures nécessaires à nos différents frères d'armes campés. Lyon, le 15 août 1793, l'an 2 de la République Française. Signé Cagnon, membre dudit comité.

La section Porte-Froc adhère à l'arrêté cy contre et a délibéré qu'il convient de proposer aux sections de faire, en présence d'un membre du comité de surveillance, ouvrir par un serrurier le domicile des citoyens absens, à l'effet d'en extraire les matelats et couvertures, les marquer aux noms, etc., et les faire porter aux frais des citoyens propriétaires aux endroits où il en manque, et, si cette mesure est adoptée par les sections, de demander aux autorités constituées qu'elles veuillent bien l'homologuer, signé Baron, s^{re}. — La Paix refuse d'adhérer au n° 50 et motive son refus, signé Rayal. — La Concorde adhère. — Amis des Loix refuse.

N° 51. — Extrait des délibérations de la section de Rue Buisson, du 15 août 1793, l'an 2 de la République. L'assemblée populaire de la section de Rue Buisson, désirant encourager les deffenseurs de la cité et pourvoir au soulagement des blessés et des veuves de ceux qui pourroient périr dans le combat, arrête à l'unanimité ce qui suit : 1° Que tout citoyen qui sera grièvement blessé et non estropié pour la vie, recevra une gratification de 400 l., et celui qui sera estropié pour sa vie recevra une indemnité proportionnée à son infirmité ; 2° Que les veuves de ceux qui périront les armes à la main recevront une indemnité de 1.000 l. et que leurs enfants seront entretenus, nourris et éduqués aux frais des sections réunies ; 3° Que le présent arrêté sera communiqué aux autres sections par le secrétariat général, pour leur demander leur adhésion. Lyon, le 15 août 1793, l'an 2 de la République Française. Signé Joseph Aynard, p. ; Molinaud, s^{re}.

Rue Thomassin adhère, signé Faucheux, s. — Jura adhère, signé Robert, v. p. — La section de Rousseau adhère, signé Viret, p., et Schutz, s. — Id. St-Vincent, signé Chataigné, p. — La section du Port du Temple, sur l'arrêté cy contre, arrête que jusqu'à des moments plus tranquilles et plus heureux, elle passait à l'ordre du jour, mais qu'elle adoptait le principe. 15 août 1793, l'an 2 de la République, signé Morenas, p., Clavière, s^{re}. — La Convention adhère, signé Moyse Chédel.

N° 52. — Section des Droits de l'Homme. Un membre a dit qu'un de nos comestibles essentiels est le fromage, de gruyère et autres, qui est le seul aliment employé par les citoyens peu aisés et qui ne peuvent pas facilement se procurer de la viande, cette denrée est fort chère, les marchands soit en gros, soit en détail, en disant que les fromages sont rares, les tiennent fort chers et privent par là la portion mère(?) du peuple de cette nourriture, attendu qu'il ne peut se procurer de la viande dont la plus grande partie est gâtée, cependant il est constant qu'il y a dans différentes sections des dépôts considérables de fromage, et qu'il est inhumain de la part des propriétaires de ces dépôts de profiter de cette circonstance malheureuse pour opprimer le peuple par l'augmentation de cette denrée utile. D'après cette considération, la section arrête qu'il soit fait, au nom de toutes sections de la ville, une pétition aux administratifs, à l'effet de les inviter à mettre en usage pour cette partie, le décret sur les accaparemens ou d'autoriser les comités de surveillance de chaque section à faire faire des visites chez tous les marchands de fromages qui sont dans leur arrondissement, pour connaître la quantité de fromages qu'ils ont ou chez eux ou dans leur dépôt, pour après le recensement raporté à la commune être pris par elle tel parti qu'il conviendra pour en diminuer et fixer le prix; et que la présente délibération sera portée au Secrétariat général des sections pour être communiquée aux sections nos sœurs et les inviter à y adhérer. A Lyon, le 16 août 1793, l'an 2 de la République Française. signé I. Tournachon, v. p.; Joseph Ronin et Roux, secrétaires.

La section du Port du Temple adhère à l'unanimité à l'arretté cy contre, le 16 août 1793, l'an 2 de la République française, signé Morenas et Gleize. — La section de Rue Neuve adhère seulement à la mesure proposée, d'autoriser son comité de surveillance à faire des visites dans son arrondissement pour connaître la quantité de fromages qui s'y trouve, et que le recensement sera porté à la commune. Lyon, le 16 août 1793, l'an 2ᵉ de la République, en séance permanente, signé Lambert, président par intérim, signé Bony, secrétaire par intérim. — La section de Bordeaux a adhéré purement et simplement. Lyon, le 16 août 1793, l'an 2 de la République Française, signé Blanc, président, Cabuchet, s. prov.— La Convention ne croit pas devoir adhérer au nᵒ cy-contre, mais considérant l'urgence, émet son vœu pour la nomination de 2 commissaires par section pour inviter à faire les déclarations au comité de subsistances, comme pour les bleds, farines, etc., afin que la municipalité provisoire puisse en faire usage et avise aux moyens de rendre en nature aux particuliers s'ils le jugent convenable, signé Durand et Froment, p, et s. — Simoneau adhère, signé Menu, Pleney. — Id. la Fraternité, signé, Millieu, p. et Dunand, s.— Id. la Croizette, signé Crépu et Champeaux. — La section de l'Égalité émet son vœu pour qu'on cherche à connaître la quantité de fromages qui peut se trouver dans son arrondissement et en donner connaissance au comité de subsistances, signé Sibert, v. p.; Lacostat, secrétaire. — Porte Froc adhère, signé Baron, secrétaire. — Scevola adhère, signé Genet Bronze, p. — La section St-Vincent s'en raporte à la sagesse de la municipalité provisoire, sur le nᵒ cy-contre, signé Chataigner, p., Nuguillon (?), s. au comité de surveillance. — Guillaume Tell adhère, signé Riche et Parret, s. p.— Jura adhère, signé Billiemaz, p. et Curtil, s. — Rue Thomassin adhère, signé Faucheux, p. — Rue Buisson adhère, signé Aynard, p. — La section de St-George adhère. — La section du Change adhère en ce qui touche l'état à fournir des fromages de Gruyère existants dans cette ville, quant à la taxe elle s'en réfère à la sagesse des autorités constituées, signé Simon. — La section de l'Ancienne, Ville adhère.— La section de l'Union estime qu'il n'y a lieu à délibérer, croyant que la pétition doit être déférée aux corps administratifs direc-

tement. — *Marseille adhère à la seconde proposition du n° cy contre tendante à autoriser les comités de surveillance à faire faire les visites, et a ajouté à sa pétition l'objet de toutes les salaisons.* — *La Paix adhère et demande par amendement que la municipalité se fasse représenter les factures auxquelles seront ajoutés les frais de voiture et autres, pour sur le tout être accordé un bénéfice raisonnable qui, joint au prix d'achat, détermine le prix à fixer entr'eux et les citoyens, signé Rayat, pr., Merlinos (?) secrétaire.* — *La Liberté adhère pour être exécuté après l'aprobation des corps administratifs, signé Lafabrègue, secrétaire.* — *Amis des Loix refuse.* — *L'Union estime qu'il n'y a lieu à délibérer, croyant qu'elle doit être déférée aux corps administratifs directement, signé Gayet Lancin.*

L'an mil sept cent quatre-vingt-treize, l'an 2 de la République Française et le 16 août, sur l'heure de onze au matin, le Secrétariat Général des sections assemblé dans le lieu ordinaire de ses séances pour le renouvellement du bureau, à la forme de l'article 2 du règlement, il a été procédé à la nomination d'un chef et de deux adjoints, et ce par la voye du scrutin. Dépouillement fait d'icelui, les suffrages se sont réunis en faveur du citoyen Basset, pour chef du bureau et des citoyens Petit et Duvigneau, pour adjoints. Il a été procédé incontinent et par la même voye à la nomination de trois secrétaires, et les suffrages se sont réunis en faveur des citoyens Levieux, Hodieu et Bernard. Les citoyens Basset, Petit et Duvigneau, ainsi que les trois secrétaires, ont accepté leur nomination et ont promis d'en remplir les fonctions avec zèle. Il a été fait ensuite des remercimens au citoyen Leclerc, pour le zèle et l'activité qu'il a apporté pendant son exercice, en qualité de chef du bureau. Clos à une heure de relevée, lesdits jour et an que dessus et ont les membres de l'ancien et du nouveau bureau signé le tout pour la... du bureau. C. CLERC, BASSET, BERNARD, FLORENTIN-PETIT, HODIEU fils, LEVIEUX, DUVIGNEAU.

N° 53(1). — Les membres composant le comité de surveillance réunis aux citoyens vieillards, formant tous ensemble la section de Bordeaux, considérant que, dans ce moment où les chaleurs sont excessives, les immondices qui sont dans les cours, étages et rues, peuvent, en altérant la pureté de l'air, occasionner aux habitants de cette ville un nouveau mal plus dangereux encore que tous les autres maux qui nous accablent ; considérant qu'il importe de prendre toutes les précautions pour parer à cet inconvénient, émet son vœu pour que le comité de police fasse passer un tombereau avec son conducteur, qui sera chargé d'enlever, à l'aide des habitants des maisons, toutes les immondices qui sont dans les étages, cours et rues. Charge son commissaire au Secrétariat Général de vous remettre le présent extrait, pour le faire parvenir à toutes les sections, ainsi qu'au comité de police. Lyon, le 15 août 1793, l'an 2 de la République Française une et indivisible. Signé Naud, Laboré, Minoya ?, F. Commoy ?, Pinet, Delorme, Debeaune, Raud, Feuga.

La section Rousseau en assemblée populaire adhère à l'arrêté cy contre, signé Viret ?, président, et Bonnet ?, secrétaire. — *La Convention adhère, signé Durand, président, Froment, secrétaire.* — *Id. Rue Tho-*

---

(1) *En marge* : Expédié, déposé à la municipalité le 19 août.

massin, *signé Mariet, secrétaire. — Id. le Jura, signé Bedor, v. p.
— Simoneau id. signé Meino ? et autres.— Droits de l'Homme id. signé
Tournachon et autres.— La Fraternité idem, signé Millieu, président,
Dunand, secrétaire.— Guillaume Tell adhère, signé Roche et Barral,
s. — Id. l'Égalité, signé Sibert, v. p., Lacostat ainé. — Rue Neuve
adhère et invite le Secrétariat Général à le faire exécuter par le comité
de police, signé Lambert, p. et Burlat, secrétaire. — La section de
St-George adhère. — L'Ancienne Ville adhère. — Id. le Port du Temple, signé Morenas. — Id. Porte-Froc. — Id. la Concorde. — Id.
Scevola. — Id. la Paix. — Marseille adhère, signé Vasselier. —
Amis des Loix adhère. — L'Union, refus motivé sur ce que les citoiens
doivent eux-même faire le transport à la rivière à l'aide des chevaux
qui sont en réquisition, signé Gaiet Lancin, v. p. — La section de la
Réunion adhère, signé Bancenel. — Id. la Croizette, signé Crépu et
Champeaux ?. — La Liberté a reçu... signé D... — Scevola adhère,
signé Genet-Bronze.*

N° 54 (1). — La société populaire de la section des Droits de l'Homme, revenant et raportant la pétition qu'elle a envoyé ce matin au Secrétariat Général des sections concernant les fromages. se borne à demander purement et simplement que les autorités constituées autorisent les comités de surveillance des sections à faire faire le recensement des fromages qui sont chez les marchands en gros et en détail, et qu'elles invitent lesdits marchands à vendre cette denrée au prix le plus médiocre qu'ils pourront. Lyon, le 16 août 1793, l'an 2 de la République. Signé Tournachon, Ronin, Caminet, Veillard, Thiery, président de la section.

*L'assemblée populaire de la section Rousseau adhère au n° 54, signé
Viret, p. ; Bonnet, s^{re}.— Id. Rue Neuve, signé Lambert, p., et Bourbon.
— L'Egalité adhère, signé Sibert, p. ; Guyot, s^{ro}. — Id. Rue Buisson,
signé J. Aynard, p. ; Molinard, s^{re}. — Simoneau dit qu'une invitation fraternelle et véhémente lui paroit suffisante, elle dirigera
l'opinion publique et l'opinion fait tout, signé Menio ?, Petit, Maupetit,
Bissuel, Gauget l'ainé. — Guillaume Tell adhère, signé Roche. — Id.
le Port-du-Temple, signé Morenas. — Id. Porte-Froc. — Id. La Concorde. — Id. Le Jura. — Id. Scevola. — La Paix n'émet aucun vœu
sur ce n°, motivé sur ce qu'elle a émis son vœu avec l'amendement au n° 52
qui se raporte au présent, signé Rayat. — La Rue Thomassin adhère.
— Amis des Lois adhère. — Saône déclare qu'il n'existe aucun marchand
en gros d'huile et fromages dans l'étendue de sa section. — L'Union
adhère. — La Réunion adhère. — La Fraternité adhère. — Id. Le
Change, signé L..., v. p.*

N° 55. — Les receveurs des sections sont invités à fournir les bordereaux des sommes qu'ils ont en caisse, dans le délai de ce jour, ils obligeront. Signé Gleyse. Au bureau des finances, 17 août 1793.
*La section et le comité de surveillance de la Croisette adhèrent au
n° 55. — Id. Porte-Froc. — Amis des Lois adhère. — L'Union demande
un retard pour les receveurs qui sont sous les armes. — La Fraterniét
adhère, signé Millieu, p.*

---

(1) Expédié, déposé à la municipalité le 18 août 1793.

N° 56. — Les sections de Lyon sont priées, par l'organe de leur Secrétariat Général, de vouloir bien envoyer audit Secrétariat la note des citoyens marchands en gros de fromages et d'huile, et de tous ceux qui en fournissent aux détaillants. Cet objet est de la plus haute importance, il exige la plus grande célérité. Leur secrétariat nous fera parvenir la note dont il s'agit, aussitôt qu'il l'aura reçue. Lyon, le 17 août 1793, l'an 2 de la République Française. Signé Beraud, procureur de la commune provisoire.

La Croisette adhère. — La Concorde adhère. — L'Union adhère. — Réunion adhère. — Porte-Froc adhère. — La Paix déclare qu'elle n'a point de marchands de fromage en gros. — Saint-George promet de se conformer au n° 56, signé Pupier. — La Paix adhère aux mesures présentées sous le n° 56, signé Rayal, p. — La Fraternité adhère, signé Millieu, p.

N° 57(1). — Extrait des délibérations de la section de Marseille, canton de la Fédération, du 16 août 1793, l'an 2 de la République Française. D'après les plaintes qui lui ont été portées sur la mauvaise qualité du pain, la section de Maseille a nommé des commissaires pour faire chaque jour des visites chez les boulangers, dans l'étendue de la section et les a autorisé à acheter une livre de pain qui leur paraîtroit douteux, aux frais de la section, pour reconnaître la bonne ou mauvaise qualité. A cette occasion le citoyen président a ouvert l'avis de proposer aux corps administratifs d'ordonner à tous les boulangers de se munir d'une marque contenant les deux lettres initiales de leur nom, laquelle serait apposée sur chaque pain en pâte, à l'effet de reconnaître à la première plainte le boulanger qui aurait fabriqué du mauvais pain, ce qui a été arrêté à l'unanimité, avec d'autant plus de raison que cette mesure était pratiquée à Lyon, il y a quarante ans, l'assemblée a délibéré que le présent arrêté sera communiqué aux autres sections, nos sœurs, par le Secrétariat Général, pour leur demander leur adhésion. Lyon, le 17 août 1793, l'an 2 de la République Française. Signé Baron, p.; Vasselier, s^{re}.

Rue Neuve adhère. — Amis des Loix adhère. — Jura adhère. — Rue Thomassin adhère. — La Croisette adhère. — Rue Buisson adhère — La Liberté adhère. — Rue Thomassin adhère. — Rousseau refuse, motivé sur ce qu'il y a des commissaires nommés pour surveiller les boulangers. — L'Egalité adhère. — La Concorde adhère. — L'Union adhère. — Port-du-Temple adhère. — Porte-Froc adhère. — La section de la Paix adhère et demande que les boulangers ne puissent faire aucun pain au dessus de 4 livres. — Saint-George adhère, signé Mugnier, p. — Id. La Fraternité, signé Millieu, p.

N° 58. — Le comité de surveillance de la section de la Convention prévient le Secrétariat général de ce qui se passe chez les boulangers de laditte section. Plusieurs citoiens ou citoiennes la plupart inconnus viennent enlever le pain au sortir du four, de sorte qu'il résulte que quoique lesdits boulangers fassent leur fournée beaucoup plus forte, le pain leur manque. Le comité de surveillance invite le Secrétariat Général de s'informer si le même abus existe dans les autres sections. Lyon, le 18 août 1793, l'an 2 de la République Française. Signé Duport, v. p., et Vachon.

(1) *En marge :* Expédié. Déposé à la municipalité le 18 août 1793.

L'Egalité adhère. — Amis des Loix id. — Le Jura id. — Simoneau a reçu ledit n°. — Id. la section de Marseille. — Id. l'assemblée populaire de Guillaume Tell, signé Roche, p. et Barral, s^{re}. — Rue Buisson adhère, avec amendement, signé Lacour, v. p., et Mariotte s^{re}. — Port du-Temple a envoyé un commissaire chez les boulangers, etc. — Thomassin a reçu ledit n°, signé Faucheux, p., et Ayre, et observe qu'il en est arrivé de même chez divers boulangers de cette section. — Le comité de surveillance de Brutus a répondu à la municipalité en son comité de subsistances, signé Biscarrat, Ravoir et Charrasson. — Droits de l'Homme répond que jusqu'à présent on ne s'est pas apperçu que cet abus existât, dil qu'elle apportera le plus grand soin a ce qu'il n'ait jamais lieu, signé Tournachon, v. p.; Valien? et autres. — Le comité de surveillance de la Réunion a nommé de suite deux de ses membres pour aller chez les boulangers qui ont raporté que le pain y est enlevé de suite par des gens qu'on ne connaît pas et invite d'en surveiller la cause dans les autres sections, signé Prost, p. et Manteville. — La section de Saône envoye une lettre contenant diverses réflexions, laquelle a été annexée à l'expédition. — Guillaume Tell déclare que beaucoup de boulangers avaient fait aujourd'hui une cuite de plus et que des femmes de la rue de l'Hôpital en ont enlevé la plus grande partie, signé Roche, p. et Barrel? s^{re}. — Porte-Froc adhère, Baron s^{re}. — Saint-George promet de surveiller, signé Pupier, — Marseille adhère, signé Baron, p. — Id. l'Union, signé Gaïet Lancin. — Scevola adhère et annonce que le même inconvénient existe dans sa section, signé Genet-Bronze. — La Fraternité adhère, signé Millieu.

N° 59. — Liberté, Egalité, République une et indivisible. Le comité particulier de surveillance et de sûreté public du département de Rhône-et-Loire, requiert les sections de Lyon de hâter le plus qu'il est possible la rentrée des fonds répartis pour les frais de la guerre, il y a des besoins urgents, le salut public tient à la promptitude de cette mesure. Lyon, le 18 août 1793, l'an 2 de la République Française. Signé Bemany, p., et Combry.

Le comité de surveillance des Droits de l'Homme répond qu'il a pourvu aux diligences à faire pour le recouvrement de sa section et qu'il tiendra la main à ce que le payement soit fait. Signé Tournachon, v. p.; Valioud et autres. — La section de Rue Neuve hâte autant qu'il est possible l'exécution dudit n°. — La Concorde adhère, Repellier v. p.; Jusserand. — Porte-Froc adhère, Baron s°. — Le Jura adhère. — Id. Rue Buisson. — Id. Amis des Loix. — Thomassin a reçu le n° 59. — Saint-George assure que son trésorier fait toutes les diligences, signé Pupier, p. — L'Union adhère, signé Gaïet Lancin. — Id. La Croisette, signé Crépu. — La Fraternité adhère, signé Millieu, p.

N° 60. — L'assemblée de la section de l'Egalité considérant, que dans les moments fâcheux dans lesquels nous nous trouvons, l'on doit veiller avec le plus grand soin à ce que les subsistances soient ménagées et qu'elles ne soient pas diverties à un usage qui préjudicieroit à la société, considérant qu'il existe dans la ville une quantité de chiens inutiles qui partagent avec les maîtres les secours qu'on leur donne et diminuent d'autant les secours qu'on pourroit fournir aux autres, émet son vœu pour qu'on prenne les mesures les plus promptes et les plus efficaces pour les détruire et, pour ce, demande qu'on fasse jetter du poison dans les rues et qu'on prive même de secours les personnes peu aisées qui s'obstineroient à les garder. La section de l'Egalité invite les autres sections, ses sœurs, à prendre ces observations en considération, à émettre, si elles le jugent convenable, le même vœu. Lyon le 18 août 1793, l'an 2 de la R. F. Signé Sibert, v. p. ; Guiot, s.

La section de la Liberté adhère, signé Lafabrègue, p. ; Goiffon, s^{re}. — Rousseau passe à l'ordre du jour, Viret, p. ; Bonnet, s^{re}. — Le comité de surveillance de Brutus émet son vœu pour l'exécution des ordonnances de police, signé Biscarrat, Ravier?, Charrassin. — Le comité de surveillance des Droits de l'Homme s'en réfère au comité de police municipale, signé Tournachon, Valioud et autres. — La section de Rue Neuve engage la section de l'Egalité d'envoyer un commissaire à la municipalité pour la prier de renouveler l'ordonnance concernant les chiens, signé Lambert, v. p., et Burlat, s^{re}. — Guillaume Tell adhère en se conformant toutefois aux anciennes ordonnances de police, signé Roche, p., et Barret, s^{re}. — La Concorde adhère, Repellier, v. p. ; Josserand, s^{re}. — Paris demande que la municipalité fasse afficher l'ordonnance sur les chiens, Dantigny, s^{re}. — Porte-Froc adhère, Baron, s^{re}. — Le Jura adhère. — Id. Amis des Loix. — Thomassin adhère. — Id. Port-du-Temple. — Id. Saint-George, signé Pupier. — Id. la Paix, signé Raval. — Id. Marseille, signé Baron, p. — L'Union adhère, signé Gavel Lancin. — Scevola adhère, signé Genet-Bronze. — Id. La Croisette, signé Crépu. — La Fraternité adhère, signé Millieu, p.— La Réunion adhère, observant qu'on doit s'adresser au comité de police de la municipalité pour demander qu'on fasse jetter du poison dans les rues ; 2° on doit priver des secours de la société fraternelle ceux qui s'obstineraient à garder leurs chiens, signé Rondelet.

N° 61. — La section de la Réunion, prenant en considération la position de la portion du peuple qui doit fixer particulièrement l'attention, invite les officiers municipaux à employer les moyens qui sont en leur pouvoir, pour que le petit salé et le savon n'éprouve pas une progression dans le prix de la vente, et qu'ils fassent sentir aux marchands qu'ils démériteroient et se rendroient même en quelque sorte coupables, s'ils profitoient de la position cruelle où se trouvent les citoiens pour s'enrichir aux dépens de leurs sueurs. Invite les sections à se réunir à elle pour appuyer la présente motion. En assemblée générale populaire de la section de la Réunion, le 17 août 1793, l'an 2 de la République Française. Signé Clerjier, v. p. ; Rondelet, v. s^{re}.

La section de la Liberté adhère, le 18 août, signé Lafabrègue, p. ; Bonnet, s^{re}. — Id. l'Egalité, Sibert, v. p., Degraix, s^{re}. — Rousseau observe que la taxe est dangereuse, l'invitation inutile, Viret p., Bonnet, s^{re}. — Port-du-Temple adhère ave l'amendement que l'attention doit se fixer sur tous les comestibles de première et absolue nécessité, signé Morenas et Clavière, s^{res}. — Amis des Loix adhère, signé Millieu p., et Charein?, s^{re}. — Marseille a reçu ledit n°, signé Vasselier. — Id. Simoneau, signé Pleney, commissaire. — Id. Guill. Tell, signé Rodié. — Le comité de surveillance de la section du Jura adhère, signé Billiemaz, v. p., Curtil, com^{re}., Pas..., s^{re}. — La section de la Rue Thomassin adhère, signé Faucheux, p., et Ay... — Les Droits de l'Homme se borne à prier les officiers municipaux d'inviter par affiche les marchands à réduire le prix et à se borner au plus petit bénéfice, *signé Thiéry, p. — La section de Rue Neuve renvoye la copie dudit n°, sans adhésion, ni refus. — Guillaume Tell adhère, signé Roche, p., et Barrot, s^{re}. — La Concorde adhère, signé Repellier, v. p., Jusserand?, s^{re}. — Porte-Froc adhère, Baron, s^{re}. — Id. Saint-George, signé Pupier. — Id. la Paix, signé Rayat. — Id. Marseille, signé Barou. — L'Union estime qu'il y a lieu à délibérer, signé Gaiet-Lancin. — Scevola adhère, signé Genet-Bronze. — Id. La Croisette, signé Crépu. — Id. La Fraternité, signé Millieu, p. — Brutus adhère, Tamen, s^{re}.*

N° 62. — Les corps administratifs séants à Lyon et les délégués de la section du peuple français dans le département de Rhône-et-Loire, formant le comité général de salut public, séance du 18 août 1793, l'an 2 de la République Française.

Extrait du procès-verbal. — Arrêttent qu'il sera écris aux comités de surveillance de chaque section, de faire au plutôt un rencensement exact (V. *Procès-verbaux des séances de la Commission populaire républicaine et de salut public de Rhône-et-Loire*, p. 189), dans le plus bref délay et s'il est possible dans les 24 heures. Extrait collationné, signé Roubiès.

Porte-Froc adhère, signé Baron, s^{e}. — Id. Marseille, signé Lempérière, v. s. — Le Change fera exécuter, signé Louet. — La Croizette adhère, signé Crepu.

N° 63. — La section de Marseille, sur la motion d'un de ses membres, a arrêté qu'elle présentera à toutes les sections, ses sœurs, par la voie du Secrétariat Général, à la municipalité provisoire, l'invitation expresse de faire veiller que les anciennes ordonnances qui fixent la fabrication du pain de 4 livres, pour la plus grande commodité des citoiens soient exécutées. Délibéré en séance publique le 18 août 1793, l'an 2 de la République Française. Signé Barou, président, Guillot, secrétaire.

Rue Neuve se borne à engager les boulangers à faire des pains de 4 livres, mais sans contrainte, ayant observé que les pains ronds coûtent moins de fraix que les longs, signé Lambert, v. p. — La Paix a nommé un commissaire, signé Dubouthel. — Simoneau adhère, signé Pleney. — Rue Buisson arrette de se conformer à l'arreté du conseil général de la commune de ce jour, 18 août. Quant aux pains de 4 livres, dont elle demande l'unique formation, on a passé à l'ordre du jour motivé sur ce que l'on doit laisser aux boulangers la liberté de faire toutes sortes de pains et de différens prix, signé Aynard, p. — La Paix adhère, signé Rajat, p., Chapuis, s^{re}. — Saint-George adhère, signé Henry. — Le Change adhère, signé Louet. — Porte-Froc adhère, signé Baron. — Guillaume Tell adhère, signé Martin, v. p. — Scevola adhère, signé Genet-Bronze. — Saint-Vincent adhère, signé Châtaignier. — Id. La Concorde, signé Repelin. — Id. l'Union, signé Gaiet-Lancin. — La Réunion adhère, signé Rondelet. — Brutus adhère, Tamen, s^{re}.

N° 64. — Le Secrétariat Général des sections est prié, de la part du comité militaire des subsistances, de vouloir bien inviter les comités de surveillance des différentes sections, d'envoyer dans la journée en tout 40 ou 50 matelas qui devront être porté aux casernes de St-Pierre, à la disposition dudit comité militaire des subsistances, il est absolument essentiel que ces matelas soient rendus de bonne heure. Lyon, le 19, août 1793, l'an 2 de la République Française. Signé Chenaud, v. p.

Le Comité demande au lieu de 50 matelas 73 en tout.

Simoneau adhère, signé Pléney. — Saint-George déclare que son comité de surveillance s'occupe de cet objet, signé Henry. — Le Change fera exécuter, signé Louet. — Porte-Froc adhère, signé Baron. — Guillaume Tell adhère, signé Martin, v. p. — Scévola adhère, signé Genet-Bronze. — Saint-Vincent adhère, signé Chalagnier. — Id. la Croisette, signé Crepu. — Id. l'Union, signé Gaïet-Lancin.

N° 65. — Nous, officiers municipaux provisoires de la ville de Lyon, considérant que les malveillans s'agitent dans ce moment pour exciter des troubles en voulant priver les citoiens paisibles du pain nécessaire à leur subsistance, que les précautions qu'on a prises pour l'aprovisionement de la généralité des citoiens de cette cité doivent détruire toutes espèces de crainte à cet égard, que cependant l'on est informé que des perturbateurs vendus sans doute aux ennemis que nous avons à combattre, se portent en foule à la porte des différents boulangers, pour y enlever le pain et répandre des bruits allarmants qui inspirent la terreur d'une disette prochaine et comme il est important de détruire ces bruits mensongers et d'arrêter les agitateurs, les sections et les comités de surveillance réunis, sont invités, au nom de la sûreté et de la tranquilité publique de veiller par tous les moyens à ce que l'arretté du Conseil Général de la commune, du 18 du présent, soit exécuté dans tout son contenu, comme aussi de veiller à l'exécution d'un précédent arretté qui obligeoit les boulangers à ne faire par fournée qu'un tiers au plus de pain blanc et les deux tiers au moins de pain ordinaire et très bon. Donné au comité de sûreté générale, le 19 août 1793, l'an 2 de la République Française. Signé Bouquerot président du Comité de sûreté générale.

Simoneau adhère, signé Pleney. — Saint-George a nommé deux commissaires pour l'exécution, signé Henry. — Le Change fera exécuter, signé Louet. — Porte-Froc adhère, signé Baron. — Id. Guillaume Tell, signé Martin, v. p. — Scevola adhère, signé Genet-Bronze. — Saint-Vincent adhère, signé Chataignier. — Id. la Croisette, signé Crepu. — Id. l'Union, signé Gaïet-Lancin. — Brutus adhère, Tamen, s^{re} (1).

Envoyé aux sections une lettre du Comité de sûreté générale, pour demander les noms de tous les étrangers.

N° 66. — La section de Rue Neuve invite la municipalité provisoire, par la voie du Secrétariat Général, de vouloir bien convoquer les marchands de fromage et de salé, pour arrêter avec eux un prix raisonnable sur ces denrées de première nécessité, elle invite les autres sections, ses sœurs, à donner leur adhésion à cette invitation. Lyon, le 19 août, l'an 2 de la République Française. Signé Lambert, v. p., Burlat, s^{re}.

L'Egalité adhère, signé Sibert, v. p., et Scherer s^{re}. — Id Simoneau, signé Pleney. — Guillaume Tell s'en raporte à la sagesse de la municipalité. — La Convention adhère, signé Durand, président. — Saône adhère, Morand Joufrey, Charent?, s^{re}. — Marseille adhère, signé

---

(1) *Au dessous une ligne biffée:* La Liberté adhère, signé Lafabrègue, Allier, Boissonnat.

Barou p., Guillioux, s^re. — Id. la Fraternité, signé Millieu. — Id. la Concorde, signé Repelin. — Id. la Croisette, signé Crepu. — La Paix adhère, signé Rayat. — Id. Thomassin, signé Garel. — Id. Scevola, signé Genet-Bronze. — Id. Port-du-Temple, signé Morenas. — Id. Porte-Froc, signé Baron, s. — Saint-George adhère quant aux fromages, mais quant au salé il représente qu'il n'y en a point ou fort peu de vieux et que cette subsistance doit suivre le cours de la vente des cochons, signé Mugnier. — La Liberté adhère, signé Lafabrègue, Allier, Boissonat. — La Réunion adhère, signé Rondelet, s^re. — Brutus adhère, Tamen, s^re.

N° 67. — Le comité de surveillance de la section de l'Egalité instruit qu'il a été projetté de faire moudre de l'avoine pour faire de l'essai de pain, estime que l'avoine, contenant peu de substances farineuses, offriroit peu de profit et que l'on tireroit un plus grand avantage en la faisant gruer, que gruée l'on en feroit une soupe qui seroit bonne nourrissante et donneroit une diminution de consommation de bled. Le Comité pense de plus que le fagot propre à la boulangerie pouvant venir à manquer, on pouroit facilement parer à cela en faisant éclaper du bois de moule, qu'en mettant en usage de suitte cette mesure l'on préviendroit toute crainte et le service public n'éprouveroit aucun retard. Pour cet objet, l'on pouroit encore prendre le bois qui se trouve dans les greniers des citoyens absens. Sur ces deux objets, le comité s'en raporte à la sagesse des sections. Signé Liébaux, Pupel, Corderier, Buit, Devillas, Chibout et Degeaix. L'assemblée populaire de la section de l'Egalité a approuvé unanimement le projet cy-derrière de son comité de surveillance. — Pour extrait conforme au procès-verbal de la séance du 18 août 1793, l'an 2 de la République Française. Signé Sibert, v. p., Lacostat ainé, s^re.

Rue Neuve aprouve le gruement pour faire de la soupe et non du pain et de prendre le bois de moule des absents pour servir aux boulangers, en le payant à la section, et invite la municipalité à prendre de suite ces deux mesures, signé Lambert, p., et Burlat, s^re. — La Convention émet son vœu pour que les deux tiers soient moulus en farine pour être mêlés avec le froment et de gruer le tiers restant pour l'usage des personnes qui voudroient en user volontairement, et adhère aux mesures prises pour le bois, signé Durand, p. — Saône adhère seulement au premier article, signé Morand, Joufrey p., Charens?, s^re. — Rousseau adhère au premier article, quand au 2e, observe qu'il est possible de s'en procurer dans les villages de Dardilly, Lentilly, St-Genis-Laval, signé Viret, p., Schutz, s^re. — Marseille propose de mélanger la farine d'avoine à celle du bled et adhère au 2e article, signé Barou, p., Guillioux, s^re. — Droits de l'Homme adhère et s'en raporte à la sagesse du Comité de subsistance, signé Simon, Candy, Desjardin et autres. — La Fraternité adhère, signé Millieu, p. — Id. La Concorde, signé Repellin. — Id. la Concorde, signé Crepu. — Id. Scevola, signé Genet-Bronze. — Id. Thomassin, signé Garel. — Id. Port-du-Temple, signé Morenas. — La Paix estime que l'avoine ne peut être convertie avantageusement en pain et que son emploi ne sauroit être plus profitable que gruée et mangée en soupe; qu'on pourroit mêler de la farine de fève avec le froment, le pain qui en provient, quoique pesant est sain et bon, cet amalgame procurerait un surcroît de subsistances, ce légume abondant dans les magasins de l'armée ici, signé Rayat. — Porte-Froc adhère, signé Baron, s. — Saint-George adhère, signé Mugnier, p. — La Liberté, il sera fait une estimation de tout le bois qui sera pris chez les citoyens absens, estimant que la valeur doit en être remboursée à ceux qui justifieront qu'ils se sont absentés pour cause légitime. Le 1er objet de ce numéro concernant l'avoine a été fortement appuyé. — La Réunion adhère, signé Rondelet, s^ro. — Brutus adhère, signé Tumen, s^ro.

N° 68. — Les autorités constituées enjoignent et ordonnent expressément à tous les citoiens de tenir à chaque étage et devant chaque maison le plus de vases plein d'eau qu'ils pourront se procurer, il y va de la sûreté publique et particulière. Il est enjoint pareillement à chaque citoyen pouvant se procurer de la cendre, terre et fumier, de la répandre devant leurs maisons. Chaque comité de surveillance reste obligé de faire d'exactes patrouilles depuis 7 heures, pour s'assurer de l'exécution des présentes. Les Comités, qui pour proclamer les présentes, ne pourront avoir leurs tambours, seront tenus de former de suite une patrouille avec les citoiens de leur section et de nommer l'un d'eux pour faire la présente proclamation. Il est enjoint pareillement à tous les comités de surveillance de rester toute la nuit en permanence. Au comité de sûreté générale, Lyon, le 19 août 1793, l'an 2 de la République Française. Signé Dury, Derrion, Mazard et Martel, officiers municipaux provisoires.

Marseille s'occupe de l'exécution du présent arrêtté, signé Barou, p., Guillioux, s^ro. — Droits de l'Homme a mis à exécution, signé Simon, Candy, Desjardin et autres. — La Fraternité adhère, signé Millieu, p. — Id. la Croizette, signé Crépu. — Saône adhère, signé Morand Jouffrey, p. — Id. Porte Froc, signé Baron, s. — Saint-George se conformera, signé Mugnier p.

N° 69. — Copie d'une lettre adressée au Secrétariat Général : Citoiens, Nous vous adressons expédition d'un arrêté pris ce jourd'huy par le comité général de sûreté publique, l'intention de l'assemblée est que les commissaires qui seront nommés pour être à la tête des patrouilles portent au bras un ruban tricolore qui leur donne un caractère ostensible. L'ordre est donné par le commandant général de donner main-forte auxdits commissaires lorsqu'ils la demanderont aux piquets intérieurs, même à la gendarmerie. L'assemblée est assez convaincue du zèle et de la prudence des comités de surveillance des sections, pour compter sur une prompte et continuelle exécution tant que la cité sera menacée. L'assemblée vous invite de transmettre sans délai copie de l'arrêté cy-joint et de la lettre présente. Salut et fraternité. Signé Bemany, président ; Roubiès, secrétaire général. Suit la teneur de l'arrêté: Les corps administratifs séants à Lyon et les délégués de la section du peuple français dans le département de Rhône-et-Loire formant le comité général de Salut public, séance du 19 août 1793, l'an 2 de la R. F., extrait du procès-verbal : Arrettent qu'il sera nommé dans chaque section un ou plusieurs commissaires civils... (V. *Commission populaire, p. 189.*) Les dits commissaires civils seront distingués par un ruban tricolore attaché au bras. Signé Bemany, p. ; Roubiès, secrétaire général.

La Fraternité adhère, signé Millieu, p. — Id. la Croizette, signé Crépu. — La Concorde adhère, signé Jusserand. — Id. Porte-Froc, signé Baron, s^ro. — Saint-George se conformera, signé Mugnier, p.

N° 70. — En conséquence d'une lettre d'envoy de ce jour, du Comité de sûreté publique, le Secrétariat Général transmet aux sections l'invitation dont la teneur suit : Liberté, Egalité, République une et indivisible. Le comité particulier de surveillance et de sûreté publique du département de Rhône-et Loire, sur la demande du général en chef de la force de sûreté publique, invite les sections de Lyon à faire avertir tous les citoyens de leur arrondissement qui ont l'habitude du service de l'arcquebuse, soit qu'ils servent dans la garde nationale, ou qu'ils se trouvent employé ailleurs, de se présenter le plutôt possible, au bureau de l'état-major du général, pour s'y inscrire et concourir à la formation d'un corps d'arquebusiers qui a été jugé nécessaire. Fait au comité le 20 août 1793, l'an 2 de la République Française. Signé Chasseriaud, Masset, Richard aîné, Favre, Amiot, s^{re}.

La Fraternité adhère, signé Millieu, p. — Id. la Croisette, signé Crépu. — Simoneau adhère, signé Menu. — Marseille promet de faire mettre une affiche tendante à connaître les meilleurs tireurs de la section. — Saint-George se conformera, signé Mugnier, p. — Saône se conformera, signé Charens ?. — Porte-Froc, adhère, signé Baron, s^{re}. — Droits de l'Homme a communiqué au commandant de bataillon, signé Ronin, Roux, etc. — La Paix déclare qu'elle n'a point d'arquebusiers, Rajat, p. — La Liberté adhère, signé Lafabrègue.

N° 71. — Copie d'une lettre adressée au Secrétariat Général. Lyon, le 20 août 1793, l'an 2 de la République Française. Citoyens, des précautions plus que nécessaires ont nécessité les mesures de faire étendre dans les rues du fumier, de la paille et autres matières capables d'amortir et atténuer l'effet des bombes, s'il en étoit lancée ; mais, en voulant éviter un inconvénient, il ne faut pas tomber dans un autre et c'est ce qui arriveroit, si l'on répandoit dans les rues de la terre prise dans les caves, comme on l'a fait dans quelques rues ; ces terres sont mêlées de verres cassés qui ne paroissent pas toujours au premier coup d'œil, mais qui se découvrent et peuvent faire beaucoup de mal, tant aux citoyens qu'aux chevaux. Nous vous invitons, en conséquence, de prévenir les comités de surveillance des sections, qu'ils aient à faire enlever ces terres et veiller à ce qu'il n'en soit pas étendu de ce genre dans les rues. Salut et fraternité Le président du comité général de sûreté public, signé Pecolet, v. p., Roubiès, secrétaire général.

Rue Buisson adhère et fera exécuter, signé Villermoz, p. — La Croizette adhère, signé Crépu. — Saint Vincent adhère, signé Chataigner. — Scevola id. signé Genet-Bronze. — Port-du-Temple adhère, signé Morenas. — Simoneau adhère, signé Gauget. — Id. Thomassin, signé Faucheux. — Saint George fera exécuter, signé Mugnier, p. — Porte-Froc adhère, signé Baron, s^{re}. — Marseille a recommandé l'exécution du présent à son comité de surveillance, Baron, p., Guillot, s^{re}. — Amis des Loix adhère, Brochet, p. par intérim. — Droits de l'Homme veillera à l'exécution des présentes, signé Ronin, Roux, etc.

N° 72. — Sur la motion d'un membre, l'assemblée populaire de la section de Guillaume Tell a décidé que les sections de la cité seraient invitées par le Secrétariat Général à nomer dans leur sein un ou deux commissaires pour se transporter auprès de leurs comandants de bataillons respectifs, afin de les prier de faire exécuter strictement la consigne qui doit leur avoir été donnée par le commandant général de visiter scrupuleusement toutes les femmes des campagnes et autres qui sortent de la ville, afin d'éviter qu'il ne soit porté des provisions de bouche ou munition de guerre aux ennemis, soit dans les poches, soit dans les pots au lait ou autres vases. Cette mesure est d'autant plus urgente, qu'il a été reconnu que cette manœuvre a été mise en pratique. Fait en l'assemblée de la section de Guillaume Tell, à Lyon, le 20 août 1793, l'an 2 de la République Française. Signé Grégoire, v. p., et Barrot, s^{re}.

Rue Neuve adhère et nomme des commissaires pour l'exécution, signé Lambert, v. p. — L'Egalité adhère, signé Sibert, v. p. — Id. La Croizette, signé Crepu. — Saint-Vincent adhère, signé Chastegnier. — Id. Scevola, signé Genet-Bronze. — Id. Guill. Tell, signé Morand-Joffrey. — Simoneau renvoye au comité militaire, signé Gauget. — Thomassin adhère, signé Faucheux. — Saint-George fera part à leur commandant de bataillon pour le renouvellement de la consigne, signé Mugnier, p. — Porte-Froc adhère, signé Baron, s^{re}. — La Convention passe à l'ordre du jour motivé sur ce que les commandants de bataillon doivent exécuter les ordres du commandant général, Durand, p., Foment, s^{re}. — Les Droits de l'Homme adhère et s'en raporte aux mesures à prendre par le comité militaire, Tournachon, p., Martin, s^{ro}. — Marseille adhère, Baron, p., Guilloud, s^{re}. — Amis des Loix adhère, Brochet, p., par intérim. — Droits de l'Homme en approuvant cette mesure s'en raporte au comité militaire, Ronin, Roux, etc. — La Paix a pourvu de suite à l'exécution du présent, Rajat. — La Réunion adhère à l'unanimité, signé Rondelet, s^{ro}. — La Liberté adhère, signé Lafabrègue.

N° 73. — La section du Change, considérant qu'il y a une batterie établie sur la terrasse de la Bibliothèque de la ville, qui attirera nécessairement le feu de l'ennemi et qui expose évidemment la bibliothèque, monument trop précieux pour négliger aucuns moyens de le conserver, propose aux autorités constituées de faire choix, sans délai, d'un local suffisant pour y entasser tous les livres qui composent ladite bibliotèque. La ditte section du Change invite toutes les autres sections et assemblées populaires à se réunir à elle pour le succès de la mesure proposée. Fait à Lyon, le 20 août 1793, l'an 2 de la République Françoise. Signé Simond, président, Louette, s^{re}.

Rue Neuve s'en raporte aux autorités constituées, Lambert, v. p., Burlat, s^{ro}. — La Convention observe qu'il faudroit trop du tems pour le transport et qu'on employeroit des bras trop utiles à la défense de la patrie, elle est d'avis qu'on emploie des balles de coton, matelas, etc., pour les garantir des boulets, signé Durand, p., Foment, s^{ro}. — Rousseau adhère et demande qu'on place les livres dans la maison de l'Oratoire, signé Virel, p., Bonnet, s^{re}. — Marseille s'en raporte à la prudence des corps administratifs, Barou, p., Guillioud, s^{re}. — Guillaume Tell s'en raporte à la municipalité, Martin, p., Barrot, s^{re}. — Jura refuse son adhésion, attendu la difficulté du transport et l'impossibilité de l'exécution, Pary, p. — Simoneau regarde cette mesure comme impraticable, B° Pleney. — Brutus passe à l'ordre du jour, signé Tamen, s^{re}. — Rue Buisson adhère, Ainard, p. — La Paix observe que le dommage qu'occasionneroit le déplacement seroit plus *considérable que celui qu'on cherche à prévenir*, signé *Rajat, p*. — *Port du Temple s'en raporte à la sagesse des corps administratifs*, *Morenas, p.* — *L'Union estime qu'il n'y a lieu à délibérer*, *Deschamps*, *Gayet-Lancin.* — *Porte-Froc passe à l'ordre du jour*, *Baron*. — *La Réunion rejette et passe à l'ordre du jour*, signé *Rondelet*. — *Brutus passe à l'ordre du jour*, signé *Tamen, s*.

N° 74. — Le comité de surveillance de Rue Neuve préviennent les autres comités que pour l'exécution de l'arrêté de la municipalité provisoire, relatif aux boulangers, il a nommé autant de commissaires qu'il y a de boulangers dans la section, ces commissaires se trouvent chez ces derniers avant qu'ils retirent les pains du four, et ils tiennent note des personnes à qui l'on les délivre, la quantité d'individus que les personnes ont à nourrir, leur demeure, les numéros des maisons et la quantité de pain qu'on leur délivre; cette mesure prévient les accaparements, éloigne les gens des autres sections qui sont dans le cas d'en faire. Un de nos commissaires a rapporté qu'un boulanger d'une autre section étoit venu chez un de la nôtre et qu'il s'étoit plaint de ce que ce mode n'étoit pas pratiqué dans toute la cité. Le comité a eu le soin de nommer des citoyens notables, reconnus par leur sagesse et leur prudence. Le Secrétariat Général est prié de communiquer cet avis. Lyon, le 20 août 1793, l'an 2 de la République Française une et indivisible. Signé : Favel aîné, Prenand, Guoiran, Turin, Brette, Chazal.

La section de Rue Neuve invite le Secrétariat Général de communiquer le présent avis aux autres sections, nos sœurs, et à leur comité de surveillance. Lyon, le 20 août 1793, l'an 2^d de la République Française. Signé Lambert, vice-président, Burlat, secrétaire.

Jura se conformera, Bedor aîné, Desfargues, v. s^{re}. — *Simoneau, a déjà été exécuté*, Pleney. — *La Convention adhère et demande que les autorités constituées délèguent des pouvoirs et une marque auxdits commissaires, et qu'ils prennent en considération les boulangers qui sont près des postes nombreux pour qu'ils puissent recevoir une plus grande quantité de farine*, signé Durand, p. — *Droits de l'Homme a nommé des commissaires ad hoc.* Tournachon, v. p., Luc Candy. — *La Croizette adhère*, signé Crépu. — *Porte-Froc adhère et prend les mêmes mesures*, signé Baron, s^{re}. — *Saint-Vincent adhère*, signé Chatagnier. — *Saint-George prendra les mêmes précautions*, signé Mugnier, p. — *Thomassin a exécuté*, signé Faucheux. — *L'Union déclare que la mesure indiquée se pratique chez elle*, signé Gaet-Lancin, v. p. — *Marseille se propose de lui envoyer un plan qu'elle a arrêté qui paraît remédier à tous les inconvéniens*, signé Barou, p. — *Brutus adhère*, signé Tumen. — *La Paix prenant en considération cet objet déclare qu'elle avoit déjà arrêté l'exécution de la même mesure chés les boulangers de son arrondissement*, signé Rayat. Lad. section fait faire la distribution du pain à la même heure chez tous les boulangers.

N° 75. — Le Secrétariat Général des sections est invité par le comité des subsistances militaires à faire fournir huit garçons boulangers pour le service de la boulangerie en Serin. Fait au comité militaire des subsistances, le 21 août 1793, l'an 2 de la République Française. Signé Durand, v. p.

Nota. — Pour remplir la mesure proposée le Secrétariat Général invite les comités de surveillance de chaque section de s'assurer des garçons boulangers dont on pourroit disposer pour l'objet ci-dessus et d'envoyer de suitte la note au Secrétariat Général qui la fera passer au comité militaire des subsistances

Guillaume Tell ne peut fournir aucun boulanger, Raimond, s^{re}. — *Simoneau ne peut disposer d'aucun boulanger*, B^c Pleney. — *Rousseau donne avis de s'adresser au citoyen Tabard, rue de la Vieille, c'est chez lui que logent les garçons boulangers sans ouvrage*, Montanier, v. p. — *Droits de l'Homme n'a point de garçons boulangers disponible, même avis que Rousseau*, Tournachon, v. p. — *Le comité de surveillance de la Liberté s'est occupé de suite à chercher des garçons boulangers dans son arrondissement et n'en a point trouvé*, signé Feurnieu?, s^{re} — *La Croizette adhère*, signé Crépu. — *Jura va s'occuper de suite de l'objet*, signé Bedor, p. — *Brutus observe que le nombre des boulangers de ladite section ne s'élève qu'à 8 parmi lesquels plusieurs n'ont point de garçons, que d'autres sont allés acheter des grains, et qu'il n'y a que le citoyen Caillot cadet qui fournit de sa personne à la boulangerie des cazernes, même parfois ses garçons vont lui aider à la manipulation. En conséquence, le comité des subsistances militaires voudra se procurer dans les autres sections les garçons nécessaires, jusqu'à ce que les boulangers de la section Brutus qui sont absents, pour les causes susd. soyent rentrés. Remis pour être communiqué au comité de subsistances militaires*, signé Charrassin, Molinet, Ravoir?, Pallet, Gache, Biscarrat. — *Porte-Froc adhère*, signé Baron, *ne peut envoyer de garçons boulangers*, signé Baron, s^{ro}. — *La Paix assure qu'il n'existe point de garçons boulangers*, Chavane, p. — *L'Union n'a point de garçons à envoyer*, Gayet-Lancin. — Id. Saint-George, Mugnier, p. — Thomassin id., signé Faucheux. — *Le comité de surveillance de Marseille propose le même moyen que celui de la section Rousseau*, signé Vachon aîné. — *Paris n'a trouvé dans sa section que le nommé Duport, rue Pierre-Scize, 131, qui est maître et qui, à défaut de moyens, ne faisait que faire cuire des pains particuliers, que ne trouvant plus de farine à acheter, il est sans rien faire, il serait content s'il pouvait être employé pour nourrir sa famille. La section de Paris a adressé au Secrétariat le citoyen Duport qui se charge de former le complément des garçons demandé par le comité des subsistances militaires pour la boulangerie de Serin*, signé Revol, p., et Dantigny, s^{ro}. Cette adresse est restée entre les mains dudit Duport pour lui servir de pouvoir.

N° 76. — L'assemblée et société populaire de la section de la Paix, justement allarmée du silence apparent et de la privation de toutes nouvelles de son député, à la Fédération du 10 août à Paris, lequel est porteur du procès-verbal d'acceptation de la constitution, dépose ses inquiétudes dans le sein des autres sections de la cité et les invite à lui faire connoître, par l'entremise du Secrétariat Général, si elles sont dans le même cas par rapport aux députés qu'elles ont chargées de la même mission, sauf, en cas de violation de leur liberté, à demander qu'il soit pris par les authorités constituées les mesures convenables pour la réclamation et la sûreté de leurs personnes. A Lyon, le 21 août 1793, l'an 2^d de la République Française une et indivisible. Signé Rajat, président, Chaix, secrétaire.

La Liberté n'a reçu aucune nouvelle du citoyen Pelzin, son commissaire député à la Fédération du 10 août, signé Allier Boissonat. — Marseille fait la même réponse et adhère au surplus de la demande de la Paix, signé Barou. — La Saône vient de recevoir des nouvelles du citoyen Barret, son député à Paris, en pleine liberté, et attend une lettre de son épouse pour savoir s'il doit se rendre à Lyon, signé Charent?, s^{re}. — La Convention n'a point de nouvelle, et croit ne devoir pas adhérer dans la crainte que les autorités constituées en réclamant, vu la position où la cité se trouve, ne nuisent à leur liberté, elle se persuade qu'une partie est en route, signé Durand, président. — Rousseau adhère, signé Viret, p. — Id. Guillaume Tell, signé Barrot, s^{re}. — La Croizette adhère, signé Crépu. — Rue Buisson adhère en observant que le citoyen Loir, administrateur, l'a prévenu qu'il avait été envoyé un courrier extraordinaire qui a été arrêté et dévalisé à Moulins, sign^{é} Aynard, p. — Porte-Froc adhère et dit avoir reçu des nouvelles indirectes du citoyen Petit, son député..., il doit être rendu bientôt dans son sein, signé Baron. — Simoneau n'a point de nouvelle, signé Pleney. — Id. la Concorde, signé Jusserand... Port du Temple a dit que son commissaire est de retour de Paris depuis hier et qu'il n'a pu donner des nouvelles de celui de la Paix, 22 août 1793, signé Morenas. — Scevola adhère et déclare qu'elle n'a point reçu de nouvelles, signé Genet-Bronze, Saint-Vincent id., signé Chataignier, s^{re}. — Saint-George, id., signé Mugnier. — L'Union, instruite de l'arrivée de plusieurs députés, estime qu'il n'y a pas lieu à délibérer, signé Deschamps. — Brutus n'a reçu aucune nouvelle.

N° 77. — Extrait du registre des délibérations de la section de Marseille. Sur le raport de son comité de surveillance la section a arrêté un plan pour prévenir tout accaparement de pain au-delà du besoin journalier de chaque famille, elle le soumet à toutes les sections par la voye du Secrétariat Général des sections, pour, avec leur agrément, solliciter de la municipalité provisoire une proclamation portant que chaque citoyen, ne pourra se procurer du pain qu'en représentant une feuille dont il est joint trente-six exemplaires à la présente délibération pour en être joint un aux notes envoyées à toutes les sections et que chaque boulanger ne puisse vendre du pain le même jour à un citoyen, qui en auroit acheté le même jour chez un autre boulanger.

La section de Marseille a arrêté, en outre, que pour épargner la perte du temps aux citoyens pour se procurer ses feuilles, elles seroient portées dans tous les domiciles, par les commissaires de la société fraternelle. A Lyon, le 21 août 1793, l'an 2 de la République Française. Signé Barou, p., Guillioud, v. s.

Rue Neuve adhère, signé Lambert, v. p. — Droits de l'Homme refuse son adhésion s'en raportant à la sagesse du comité de subsistances, signé Tournachon, Vallioud. — Porte-Froc adhère, signé Baron, s. — Rue Buisson adhère avec cet amendement, que cette manière sera uniforme à toutes les sections et que l'on mettra en tête du billet les nombres des citoyens qui auront besoin du pain, signé Aynard. — Saône regarde comme impraticable ce numéro, cependant elle y délibérera, signé Charen?, s^{re}. — Simoneau croit qu'il serait dangereux d'adopter ce projet à moins d'une nécessité démontrée, signé Pleney. — La Concorde adhère en ajoutant qu'aucun citoyen ne pourra prendre du pain que dans sa section et qu'il soit ordonné aux boulangers de se tenir du pain toute la journée, au surplus que les commissaires de la société fraternelle, en remettant la feuille, ayent soin de mettre le nombre de personnes qui sont dans la maison, afin qu'une juste répartition soit faite, signé Jusserand. — *Port du Temple* a pris des mesures qui remplissent l'objet, signé Morenas. — *Scévola* adhère, signé Genet-Bronze. — *Saint-George* adhère, signé Mugnier. — *L'Union* estime que les difficultées que l'arrêté présente ne permettent pas de délibérer, signé Deschamp. — *La Liberté* refuse son adhésion, signé Lafabrègue. — *Brutus* passe à l'ordre du jour, signé Tamen. — *La Paix* refuse son adhésion en adoptant la mesure proposée par la section de Rue Neuve, numéro 74, signé Rajat.

N° 78. — L'assemblée populaire de la section Rousseau, instruite que les gens de la campagne emportent en sortant de la ville différens comestibles et notamment du pain et de la viande, a arrêté qu'invitation serait faite à la municipalité provisoire de donner les ordres nécessaires aux commandants des postes à toutes les portes de la ville, pour qu'il n'en sorte aucun comestible, et surtout ni pain ni viande et que la présente invitation soit communiquée par l'entremise du Secrétariat Général à toutes les sections nos sœurs pour y donner leur adhesion. Lyon, le 21 août 1793, l'an 2 de la République Française. Signé Viret, p., et Martin, s^{re}.
Rue Neuve adhère, signé Lambert, v. p., Gonin, s^{re}. — *Egalité* adhère, signé Sibert, v. p., Lacostat aîné, s^{ro}. — *La Croizette* adhère, signé Crépu. — *Id. Simoneau*, signé Gaugel. — *Port du Temple* adhère, signé Morenas. — *Scévola* adhère, signé Genet-Bronze. — *La Convention* adhère, signé Durand, président. — *Idem Jura*, signé Defarge. — *Idem Marseille*, signé Guilliaud. — *Saône* adhère, signé Charent?. — *Idem Porte-Froc*, signé Baron. — *Saint-Georges* adhère, signé Mugnier. — *La Paix* annonce que ce n'est qu'une répétition de celle de Guillaume Tell, numéro 77, recommandé aux bataillons, signé Rajat. — *La Concorde* adhère, signé Repellin. — *Rue Buisson* adhère et demande que l'on visite soigneusement les citoiens et femmes qui portent des cartouches et lettres, signé Lacour, v. p., et Molinard, s^{ro}.

N° 79. — La section de la Liberté, considérant qu'il résulte une cherté excessive dans toutes les denrées qui nous arrivent de la campagne, par l'espèce d'accaparement qui s'en est fait par les revendeuses avant l'heure à laquelle les citoyens sont censés avoir fait leurs provisions de ce genre, invite les sections ses sœurs à se réunir à elle dans le vœu qu'elle émet pour que les anciennes ordonnances de police concernant les marchés soient exécutées. Fait en séance permanente, le 21 août 1793, l'an 2^d de la République Française. Signé Lafabreque, président, Allier, Boissonat, s^{re}.
Simoneau adhère, signé Gaugel. — *Port du Temple* adhère, signé Morenas. — *Rue Neuve* aprouve à l'unanimité et invite la municipalité provisoire à renouveller les ordonnances de police à l'effet d'empêcher les accaparements, signé Lambert, v. p., Burlat, s^{re}. — *Scévola* adhère, signé Genet-Bronze. — *La Convention* se réunit à la Liberté et émet son vœu pour que les anciennes ordonnances de police concernant les marchés soyent exécutées, signé Durand, président. — *L'Egalité* adhère, signé Sibert, vice-président, Lacostat aîné, s^{re}. — *Amis des Loix* adhère, signé Richard aîné. — *Idem Jura*, signé Desfarges. —

Idem Saône, signé Charent?, s^{re}. — *Idem Marseille, signé Guilliaud,* s^{ro}. — *Idem Porte-Froc, signé Baron.* — *Saint-George adhère, signé Mugnier.* — *Rousseau adhère et a nommé des commissaires pour exécuter, signé Virel, p.* — *L'Union adhère, signé Deschamps.* — *La Croizette adhère, signé Crépu.* — *La Paix adhère avec d'autant plus de fond qu'elle porte elle-même à l'adhésion une délibération beaucoup plus étendue, signé Rajat.* — *La Concorde adhère, signé Repelin.* — *Droits de l'Homme adhère, Tournachon.*

N° 80. — Extrait des délibérations de la section de Rue Buisson, du 22 aoust 1793, de la République Françoise. Un membre a observé que les commissaires de police, nommés par chaque canton, sont impuissants (1) ou négligens dans le service des marchés; en conséquence, il a fait la motion, qui a été adoptée à l'unanimité par la section, de faire nommer un commissaire pris dans le comité de surveillance de la section pour, conjointement avec les autres commissaires de police, se concerter pour faire exécuter rigoureusement les ordonnances de police pour les marchés, en outre de nommer un second commissaire pris également dans le comité de surveillance, dont les fonctions se borneroient (2) à faire le service intérieur des marchés dans le canton seulement. La section de rue Buisson charge ses commissaires au Secrétariat Général de communiquer son arresté aux autres sections ses sœurs pour, après leur adhésion, être renvoié aux corps administratifs pour en faire un règlement particulier de police, lesdits jour et an que dessus. Signé Lacour, président, Molinard, secrétaire.

Rue Neuve adhère, signé Lambert, v. p. — *Convention passe à l'ordre du jour, attendu la nomination qu'elle a fait de deux commissaires civils, Durand, p., Malafosse,* s^{re}. — *Rousseau a pris la même mesure, Viret, p., Servant,* s^{re}. — *La Liberté adhère et nomme un commissaire, signé Lafabregue.* — *Marseille pense qu'attendu la nomination des commissaires civils, le vœu de Rue Buisson est rempli, signé Barou.* — *Porte-Froc adhère, signé Baron.* — *La Côte 2e division adhère, signé Guillot, secrétaire.* — *L'Egalité observe que les commissaires civils nommés dans chaque section doivent remplir l'objet proposé, signé Sibert, v. p.* — *L'Union répond que les précautions indiquées étaient déjà en usage dans la section, signé Deschamps.* — *Saône adhère, au numéro 80 et nomme un commissaire, signé Charen.* — *Scévola adhère, Genet-Bronze.* — *Droits de l'Homme adhère à ces nominations, Tournachon, p.*

N° 81. — Extrait des délibérations de la section de rue Buisson, le 22 aoust 1793, l'an deux de la République Françoise. Un membre a fait observer que les pâtissiers, confiseurs et traiteurs, consommoient une grande quantité de bœurre, œufs et farinne fine, ce qui avoit fait monter ces denrées à un prix excessif, et comme les circonstances actuelles ont empesché et empesche journellement l'entrée des denrées de première nécessité, que les objets de pâtisserie et confiture ne regarde que le luxe et la gourmandise, a fait la motion qui a été adoptée de deffendre aux pâtissiers, confiseurs et traiteurs de faire aucune espèce de pâtisserie et biscuit, et de leur permettre de faire du pain comme les

---

(1) *Une expédition porte au lieu de impuissants:* sont ou insuffisants.
(2) *Al.:* réduiroient.

boulangers de la cité, que le présent arresté sera communiqué aux autres sections pour y donner leur adhésion et de suite être présenté aux Corps administratifs, pour le faire imprimer et afficher comme règlement extraordinaire de police, jugé nécessaire par les circonstances, lesdits jours et ans que dessus. Signé Lacour, vice-président, Molinard, secrétaire.

Simoneau déclare qu'il n'y a pas lieu à délibérer, signé Pleney, p. — Rue Neuve refuse son adhésion, motivé sur les circonstances qui ne permettent pas des achats conséquents de ces denrées, signé Lambert, v. p. — Convention passe à l'ordre du jour, motivé sur ce qu'il est libre aux pâtissiers de faire du pain et que l'emploi du beurre est de peu de conséquence, chacun se tenant dans la plus exacte économie, Durand, p., Malafosse, s^{re}*. — La Liberté a refusé son adhésion, signé Lafabrègue. — Marseille adhère, signé Barou, p. — Porte-Froc a passé à l'ordre du jour, signé Baron. — La Côte adhère, signé Guillot. — Idem La Paix, mais non quant aux pâtissiers, parce que la manipulation du pain est absolument différente de celle de la pâtisserie, signé Rayat. — La Concorde passe à l'ordre du jour, signé Repellin. — L'Egalité s'en raporte à ce qui sera statué par les autorités constituées, signé Sibert, v. p. — L'Union déclare qu'il n'y a lieu à délibérer, signé Deschamps. — Saône passe à l'ordre du jour, signé Charens? — St-Vincent adhère, signé Chatagnier, p. — Scévola rejette, signé Genet-Bronze. — Droit de l'Homme refuse son adhésion, cette mesure étant contraire à la justice et à la liberté des marchands, signé Tournachon, p.*

N° 82. — La section de l'Union, instruite qu'il n'a pas été possible de se procurer des garçons pour la boulangerie que le comité militaire de subsistances veut établir pour l'armée, propose d'inviter les sections à engager les femmes qui exerçoient la boulangerie dans les ci-devant communautés de filles, à se présenter pour être emploiées et salariées au service de cette boulangerie ; on ne doute pas qu'étant averties, elles ne s'empressent de concourir à une œuvre aussi utile à l'humanité, et qui ne peut être que momentanée. Le Secrétariat Général est prié de communiquer cet avis à toutes les sections. Lyon, le 22 aoust 1793, l'an 2 de la République Françoise. Signé Gayet-Lancin, v. p., Blanchon, p., de Boissieux, secrétaire en l'absence.

Simoneau adhère, vu que tout le Midy n'a presque que des femmes pour la boulangerie, signé Audiffret, Pleney, p. — Rue Neuve adhère et croit que par le moyen de l'affiche, on parviendrait plus promptement à son exécution, signé Lambert, v. p. — Convention demande que la municipalité provisoire invite tous les hommes, femmes et filles sachant faire le pain à se présenter au comité pour être emploié. Durand, p., Malafosse, s. — Port du Temple adhère, signé Morenas. — La Liberté adhère, signé Lafabregue, président. — L'Egalité adhère en invitant même toutes les personnes qui entendent la panification à vouloir se prêter dans les circonstances présentes, signé Sibert, v. p. — Idem Marseille, signé Guilliaud et Barou. — Idem Porte-Froc, signé Baron. — La Côte 2de *adhère, signé Guillot. — Idem La Concorde en ajoutant que la municipalité provisoire fut invitée à faire afficher que toutes les femmes exercées à la boulangerie ayent à se présenter à elle, signé Repelin. — Saône adhère, a nommé un commissaire, signé Charens?. — Saint-Vincent adhère, signé Chatagnier. — Adopté pour Scévola, Genet-Bronze.*

N° 83. — Nous, officiers municipaux provisoires de la ville de Lyon, requérons et invitons le Secrétariat Général de faire passer aux comités de surveillance de toutes les sections, l'ordre de faire ouvrir tous les appartements dont les citoyens sont absents, en présence du juge de paix, pour y faire enlever tous les matelats, comestibles et combustibles que ce juge de paix croira nécessaire au besoin urgent où se trouve la cité, d'en user de même pour les greniers et d'en dresser procès-verbal, ainsi que des vins en cave qui se trouveroient chez les propriétaires dont les portes seraient fermées ; lesdits procès-verbaux nous être communiqués par duplicata dans les 24 heures. Fait au comité de sûreté générale, à Lyon, le 22 août 1793, l'an 2 de la République Française. Signé Hamon, officier, A. Halmburger, officier, Corset, off. m. p.

Jura exécutera, signé.... — Simoneau adhère, signé Pleney. — Id. Amis des Loix, signé Richard. — Porte-Froc adhère, signé Baron. — Union a mis à exécution, signé Deschamps. — La Croizette adhère, signé Crépu. — Saint-George fera faire des visites pour l'exécution de l'arrêté de la municipalité, signé Rochand, p. par intérim.

N° 84. — Nous, officiers municipaux de la ville de Lyon, invitons, au nom du salut et de la tranquilité publique, le comité du Secrétariat des sections de solliciter tous les bons citoyens à continuer à se tenir avec plus d'exactitude que jamais dans leurs sections respectives afin de veiller aux besoins des familles allarmées, de leur fournir et faire fournir par les boulangers le pain nécessaires à leur subsistance, de faire enfin tout ce que leur zelle et l'humanité exige dans les circonstances. Donné à l'hôtel commun, le 23 août 1793, l'an 2 de la République Françoise. Privat, Royer, Bressan, officiers municipaux provisoires.

Jura exécutera, signé Redon?. — Simoneau adhère, signé Pleney. — Amis des Loix adhère, signé Richard. — Porte-Froc adhère, signé Baron. — L'Union répond qu'elle l'avoit prévenu en retirant la nuit dernière les femmes allarmées et leur donnant du secours, signé Deschamps. — La Croizette adhère, signé Crépu. — Saint-George remontre qu'il y a très peu de moyens pour secourir les malheureux qui sont en grand nombre, signé Rochand. — La Concorde adhère, Repellier, v. p. — Liberté adhère, signé Estassant.

N° 85. — Lettre adressée au Secrétariat Général des sections. Lyon, le 23 aoust 1793, l'an 2 de la République Françoise. Citoyens, plusieurs sections nous ont représenté qu'il importoit de prévenir les inconvénients qui résultent de la quantité de chiens qui vaguent dans les rues. Le service des patrouilles, les accidents particuliers qui résultent fréquemment de ce nombre de chiens sans maître qui, manquant d'aliments, peuvent occasionner la rage à laquelle leur espèce est sujette, tout nécessite une prompte mesure. En conséquence, vous voudrez bien, citoyens, prévenir les sections de la cité qu'elles ayent à charger un citoyen de préparer et répandre dans les rues, quays et places publiques, du poison pour empoisonner les chiens. Il paroit que l'opinion à cet égard est unanime. Salut et fraternité. Signé Beraud, Jouvene, Dupeuble, Forest, Lemeletier, tous officiers municipaux provisoire.

Amis des Loix adhère, signé Richard. — Idem Porte-Froc, signé Baron. — La Croizette adhère, signé Crépu. — Simoneau adhère, signé Gauget. — Saint-George veillera à l'exécution, signé Rochard, p. — Concorde adhère, Repellier, v. p. — Liberté adhère, signé Estanssant.

N° 86. — Liberté, Egalité, République une et indivisible. Le comité particulier de surveillance et de sûreté publique du département de Rhône-et-Loire invite, par la voye du Secrétariat Général, les comités de surveillance de cette ville, à veiller exactement à ce que les ruisseaux des rues, dans leurs arrondissements respectifs, soyent soigneusement et constamment netoyés, afin que les eaux ayent un écoulement libre. Fait en l'hôtel commun, à Lyon, le 23 août 1793, l'an 2 de la République Françoise. Signé Pecolet, Musset, Favre et Amiot, s^{res}.

Amis des Loix adhère, signé Richard l'ainé. — Jura adhère, signé Bedor?, p. — Idem Simoneau, signé Gauget. — Saint-George veillera à l'exécution, signé Rochand, p. — La Croizette adhère, Crépu, s^{re}. — Idem Porte-Froc, signé Baron.

N° 87. — Le comité particulier de surveillance et de sûreté publique du département de Rhône-et-Loire, requiert, au nom du salut de la cité et de la République, le Secrétariat Général d'écrire sur le champ aux comités respectifs des sections d'exercer la plus scrupuleuse surveillance sur tous les individus suspects de la ville. L'on est désigné suspect par les notes qui peuvent se trouver dans les comités et particulièrement pour avoir été du parti de l'ancienne municipalité, affidé du club central, etc. Nous prévenons le Secrétariat Général que nous avons la connoissance positive et certaine que nos ennemis intérieurs doivent se réunir, former de fausses patrouilles, s'offrir pour prêter secours dans le cas d'incendie, chercher à faciliter l'entrée aux ennemis du côté du pont de pierre ou de la Guillotière, entrer dans les maisons, poignarder, voler, assassiner, soit avec des armes cachées, soit par les fenêtres, soit par des armes ostensibles ; il faut donc surveiller et même arrêter indistinctement tous les suspects, les fouiller exactement, principalement dans les souliers et endroits cachés, parce que l'on nous prévient qu'ils colportent des nottes et des correspondances. Salut et fraternité. Lyon, ce 23 août 1793, l'an 2^d de la République Française. Signé Bemani, président, Gilibert, Pécollet.

Jura adhère, signé Redor?, p. — Idem Simoneau, signé Gauget. — Idem Amis des Loix, signé Richard. — Saint-George veillera et fera les recherches nécessaires, signé Rochard, p. — Saône tiendra la main à l'exécution, Charens, s^{re}. La Croizette adhère, signé Crépu, s^{re}. — Idem Porte-Froc, signé Baron.

N° 88. — Les corps administratis séants à Lyon, et les délégués de la section du peuple françois dans le département de Rhône-et-Loire formant le comité général de salut public, séance du 23 août 1793, l'an 2 de la République Française. Extrait du procès-verbal. Arrêtent que les sections à elles réuni le comité de surveillance sont invités de nommer un commissaire (V. *Commission populaire, p. 204*), pourvoir à tous leurs besoins et leur sûreté individuelle et à maintenir l'ordre, signé Bemani ; Roubiès, secrétaire général.

Jura adhère, signé Bedor, p. — Idem Simoneau, signé Gaujet. — Amis des Loix adhère, signé Richard. — Saint-George observe qu'il lui est impossible de donner des secours aux familles incendiées, étant surchargé d'un très grand nombre de malheureux, signé Rochard, p. — Saône adhère, signé Charens, s^{ro}. — La Concorde a nommé un commissaire, Repellier, v. p. — La Croizette adhère, signé Crépu, s^{ro}. — Porte-Froc adhère, signé Baron. — Brutus adhère, signé Tamen.

N° 89. — Copie d'une lettre adressée au Secrétariat Général. Lyon, le 23 août 1793, l'an 2 de la République Françoise. Citoiens, d'après les circonstances les plus impérieuses et sur les instances du général en chef de la force de sûreté, l'administration de Rhône-et-Loire vient de procéder à la création d'une Commission militaire, chargée de poursuivre et punir dans les 24 heures tous délits contre la sûreté publique ; comme il est du plus grand intérêt pour la cité que cette commission entre au plutôt en exercice, les administrateurs ont nommés un président provisoire, en attendant que le président définitif soit nommé par les sections ; en conséquence, citoyens, vous estes puissamment sollicités de convoquer au plutôt les sections pour cet objet, qu'elles se hâtent de réunir, si ce moyen leur paroit plus expéditif, des commissaires pour cette nomination si essentielle à l'exécution d'une mesure qui devient à chaque instant plus nécessaire au salut de la cité et des individus. Salut et Fraternité. Signé Roubiès, secrétaire général du comité de salut public.

La section de Scévola a nommé le citoien Glas pour son commissaire, à l'effet de concourir à la formation de la commission militaire, signé Genet-Bronze. — Rue Thomassin s'y conformera, Faucheux, p. — Simoneau adhère, Pleney. — Guillaume Tell adhère et demande combien elle doit nommer de commissaires, signé Barrot. — La Concorde adhère, Repellier. — Guillaume Tell a nommé les citoiens Hutte et Guérin pour commissaires, Martin, p., Barrot, s^{ro}. — La Concorde a nommé les citoiens Colombier et Paillasson, p., Repellier, Jusserand. — Porte-Froc adhère, signé Baron. — Saint-George a envoyé son commissaire, signé Mugnier. — Brutus adhère, signé F. Tamen. — Paris annonce qu'elle ne peut nommer de commissaire, attendu la difficulté d'assembler les citoyens, signé Revol. — La Croizette adhère, signé Crépu. — Liberté adhère, signé Estaussant.

N° 90. — La section populaire de la section de Guillaume Tell a arrêté par la motion d'un membre qu'il seroit nommé 4 citoyens pris dans la classe des architecte, maître maçon et charpentier, que ces 4 citoyens seroient adjoints au comité de surveillance et seroient appelés commissaires civils pour les incendies, ces commissaires seroient chargé spécialement de se transporter de suite dans les endroits où le feu se manifesteroit et de surveiller la parfaite extinction, elle a arrêté que ces 4 citoyens seroient exempts de piquet et seroient tous ou en partie en permanence au bureau de surveillance. La section invite les autres sections ses sœurs à adhérer au présent arrêté pour être ensuite communiqué aux authorité constituée qni authoriseront les comité de surveillance à reconnoître les 4 adjoints. Lyon, le 24 aoust 1793, l'an 2 de la République Françoise.

Simoneau adhère, Pleney. — Amis des Loix adhère, Rousset. —

Droit de l'Hôme adhère, signé Roux et Pellegrin. — Rousseau adhère et a nommé quatre commissaires, Viret, p., Bonnet, s^{re}*. — La Concorde adhère, Repellier. — Jura adhère, Billemas, p. — Idem Thomassin, signé Simon. — Idem Convention, signé Durand, p. — Port-du-Temple renvoye aux corps administratifs l'exécution du projet, signé Morenas. — Scevola adhère, signé Genet-Bronze. — Idem S*^{t}*-Vincent, signé Chattaigne. — Idem Union, signé Gaïet-Lancin. — Idem Porte-Froc, signé Baron. — Saône adhère, signé Morand-Joffrey. — Marseille adhère, signé Guilliaud. — Brutus adhère, signé Tamen. — La Croizette adhère, signé Crepu. — Liberté adhère, signé Estassant.*

N° 91. — L'assemblée populaire de la section des Droits de l'homme, vivement allarmée de la légereté avec laquelle l'on renvoie et l'on se desaisit des gens arretés et conduits comme suspects au comité de sûreté générale, considérant que les mal intentionnés s'enhardissent par l'impunité, commencent déjà à se rassembler pour coopérer de leur coté aux projets destructeurs de nos ennemis, par lesquels ils sont salariés ; que, cette nuit même, une quantité considérable de ces malveillans étoient réunis du coté de St-Just et sont rentrés ce matin dans le cœur de la ville, pour espionner les mesures que nous pouvons prendre pour nous garantir des maux dont nous menacent nos ennemis, arrête que le comité de sûreté générale sera de suitte invité de concert avec les autorités constituées et par la voie du Secrétariat Général, à ordonner que tous citoiens déclarés suspects et convaincus d'avoir tenu des propos inciviques, soient traduits à la diligence du comité de surveillance et des officiers de la force armée dans tel lieu qu'il sera estimé, pour y être détenus, jusqu'au moment où la cité, délivrée de la présence de nos ennemis, ne sera plus dans le cas d'user de moyens rigoureux. Arrette en outre que toutes mesures soient prises pour arretter les espions et de suitte les livrer au tribunal militaire, à l'effet d'être punis suivant que ledit tribunal le jugera convenable, le présent arretté sera communiqué aux autres sections nos sœurs, par la voie du Secrétariat Général, pour avoir leur adhésion. Fait en l'assemblée populaire de la section des Droits de l'homme, le 24 août 1793, l'an 2 de la République Françoise. Signé Roux, Ronin, Desjardin, Vallioud, Pellegrin et Caminet.

Scevola adhère, signé Genet-Bronze. — Idem Convention, signé Fromental. — Idem Port-du-Temple, signé Morenas. — Idem La Paix, signé Rayat. — Idem Rue Neure, signé Lambert — Idem Simoneau, signé Pleney. — Id. Amis des Loix, signé Richard. — Id. Thomassin, signé Faucheux. — Id. Porte-Froc, signé Baron. — Guillaume Tell adhère, signé Barrot. — Id. Saône, signé Morand-Joffrey. — Rousseau adhère, signé Bonnet-Viret. — Saint-George adhère, signé Mugnier. — Brutus adhère, signé Tamen. — Id. La Croizette, signé Crepu. — Adhésion de la Liberté, signé Estanssant.

N° 92. — La section de Marseille, après avoir pris lecture du n° 89, pense que pour hâter l'exécution de la mesure proposée, il conviendroit que toutes les sections ses sœurs, nommassent chacune un commissaire qui se rendroit, dans l'après midy, sur les trois heures, dans une des salles de l'hôtel de ville pour procéder au choix du président du tribunal militaire proposé et le présent sera communiqué aux autres sections nos sœurs. Lyon, le 24 août 1793, l'an 2 de la République. Signé Baron, p., Guilliaud, s^re.

Scevola a nommé son commissaire, signé Genet-Bronze. — Rue Neuve adhère, signé Lambert. — Idem Simoneau, signé Pleney. — Id. Amis des Loix, signé Richard. — Id. Thomassin, signé Faucheux. — Porte-Froc adhère, signé Baron. — Saône adhère, signé Morand-Joffrey. — Saint-George adhère, signé Mugnier. — Brutus adhère, signé Tamen. — La Croizette adhère, signé Crépu. — Liberté adhère, signé Estaussant. — Droit de l'Homme y a pourvu, signé Thevenet.

N° 93. — Le comité particulier de surveillance et de sûreté publique invite le Secrétariat Général des sections à engager les comités de surveillance à faire prendre chez le citoyen Jars, cirier, demeurant place du Plâtre, chacun quatre torches et les garder pour s'en servir pour le service de la chose publique. Le citoyen Jars les délivrera sur le chargé de chaque comité de surveillance. Donné audit Comité le 24 août 1793, l'an 2 de la République Française. Signé Genet-Bronze, Chasseriaux et Richard aîné.

Scevola adhère, signé Genet-Bronze. — Id. Amis des Loix, signé Richard. — Id. Thomassin, signé Faucheux. — Porte-Froc adhère, signé Baron. — Saône adhère, signé Morand-Joffrey. — Saint-George adhère, signé Mugnier. — La Croizette adhère, signé Crepu. — Droits de l'Homme s'y conformera, signé Tournachon.

N° 94. — La section du Change, à elle réuni son comité de surveillance, arrête, comme mesure de seureté, que passé six heures du soir et avant sept heures du matin, aucun batelier ni autre personne ne pourront, sous aucun prétexte, aller ou venir en bateau sur la Saône; que, pour l'exécution du présent, les sections de la cité et notamment celles qui avoisinent la Saône, seront invitées, par la voye du Secrétariat Général, à faire placer des sentinelles sur les quais et ports et près de tous les ponts, dont la consigne sera de ne laisser personne sur la rivière, ni sur les bords des quais et ports et près desdits ponts, avant et passé lesdites heures, à peine d'être arrêtées comme suspectes, comme aussi de surveiller constamment, même hors desdits heures tous ceux qui, pendant le jour, s'arrêteront près des arches desdits ponts. Fait à Lyon, le 24 août 1793, l'an 2° de la République Françoise. Signé Simon, président, Louet, secrétaire.

Marseille adhère, signé Guilliaud. — Id. La Concorde, signé Repellin. — Porte-Froc adhère, signé Baron. — Saint-George adhère, signé Mugnier. — La Paix adhère, signé Rayat. — Guillaume Tell adhère, signé Martin. — Simoneau adhère, signé Gauget. — L'Union adhère et exécute, signé Deschamps. — La Croisette adhère, signé Crepu. — Liberté adhère, signé Estaussant. — Droits de l'Homme adhère, signé Thévenet.

N° 95. — La section de l'Egalité, considérant qu'il est essentiel que les pompes soyent en état; qu'à défaut de l'avoir été, elles n'ont pas eu tout le succès qu'on devoit s'en promettre et que les incendies qui viennent d'avoir lieu ont pris une nouvelle force par le défaut de leur jeu, émet son vœu pour qu'il soit choisi dans chaque comité de surveillance, un membre chargé de surveiller les pompiers et examiner les pompes et de veiller qu'elles soyent tenues en état. Lyon, le 24 aoust 1793, l'an 2 de la République Françoise. Signé Sibert, vice-président; Guyot, secrétaire.

Marseille adhère, signé Guilliaud. — Porte-Froc adhère, signé Baron. — Saint-George avoit prévenu la section de l'Egalité sur cet objet, signé Mugnier. — Guillaume Tell adhère, signé Martin, p. — Simoneau adhère, signé Gauget. — L'Union adhère et exécute, signé Deschamps. — Croizette adhère, signé Crepu. — Jura adhère, signé Genet-Bronze. — Droit de l'Homme y pourvoira dans le jour, signé Thevenet.

N° 96. — Le comité militaire et de subsistance prie le Secrétariat des sections d'inviter toutes les sections à donner le denombrement de toutes les voitures de transport qui peuvent exister sur le territoire de chacune, et d'en faire la notte dans le jour s'il est possible, comme objet de la plus grande urgence, et de l'envoyer de suite au Secrétariat Général, qui voudra bien la communiquer au comité militaire. Lyon, le 24 aoust 1793. Signé Durand, président.

La Concorde n'a qu'une seule voiture à un cheval appartenante au citoyen Clavel, employé à voiturer les vins de son piquet à la caserne de Saint-Pierre, signé Monnet. — Thomassin ne connaît aucune voiture, signé Faucheux. — Porte-Froc adhère, signé Baron. — Saint-George déclare qu'elle n'a aucune voiture, signé Mugnier. — La Paix déclare n'avoir aucune voiture, signé Rayat. — Rousseau n'a point de voitures, signé Viret. — Guillaume Tell adhère, signé Martin. — Simoneau adhère, signé Gauget. — Paris déclare qu'il n'y a dans la section que la voiture du citoyen Pipy, rue Pierre-Scize n° 121, signé Revol. — L'Union déclare n'avoir point de voiture, signé Deschamps. — La Croizette adhère, signé Crepu. — Liberté adhère, signé Estaussant. — Scevola déclare qu'elle n'a que quelques trêneaux chés la veuve .... Carme, Renaud, veuve Vernay, Côte des Carmélites, signé Genet-Bronze. — Droits de l'Homme n'y a pas de voiture, signé Thevenet.

N° 97. — Le comité de surveillance de la section de Brutus s'étant aperçu que depuis que le comité militaire avoit rendu un arrêté portant que les citoyens qui feroient le service dans l'intérieur de cette ville seroient payé à raison de 40 sols par piquet ; que depuis cet arrêté il s'est présenté au piquet Brutus quantité de personnes qui n'y paroissent que pour recevoir la paye qui est accordée ; que dans le nombre des citoyens âgés qui sont destinés pour le service de l'intérieur, la majeure partie de ceux aisé ne sy présentoient point, ce qui a déterminé le susd. comité à faire faire un rolle de ceux qui ne peuvent être au bataillon et de les faire commander chacun à leur tour et rang de manière qu'à chaque piquet il s'en trouve une bonne partie, à qui les facultés ne les mettent pas dans le cas d'exiger une réclamation (1) qui diminueroit d'autant les dépenses extraordinaires que les circonstances actuelles nécessitent, et que ceux aisés qui absentent le piquet soyent remplacés par les gens sans ouvrage et payés par les premiers. A arrêté que par l'entremise du Secrétariat Général, il seroit communiqué aux comités de surveillance de toutes

(1) *Une expédition porte :* rétribution.

les sections. Fait au comité, le 24 aoust 1793, l'an 2 de la République Françoise. Signé Charrasson, Buhner, Cayre, Biscara. La section de Brutus a donné son adhésion au présent arrêté et charge le Secrétariat Général d'en donner connoissance à toutes les sections nos sœurs et porter leur vœu au comité de sûreté publique. Le 24 aoust 1793, l'an deux de la République Françoise. Signé Davin, président, et Tamen, secrétaire.

La Concorde adhère, signé Repelein. — Marseille id., signé Guilliaud. — Porte-Froc adhère, signé Baron. — Saint-George adhère, signé Mugnier. — La Paix adhère, signé Rayal. — Guillaume Tell adhère, signé Martin. — Simoneau ajourne, signé Gauget. — L'Union adhère, signé Deschamps. — La Croizette adhère, signé Crepu. — Liberté adhère, signé Estaussant. — Scevola a rempli l'objet, signé Genet-Bronze. — Rue Buisson suspend sa délibération jusqu'à ce qu'elle ait eu connaissance de l'arretté du comité militaire qui accorde 40 s. à ceux qui monteraient le piquet, elle prie ledit comité de vouloir bien le lui faire parvenir, signé Aynard.

N° 98. — Le comité de surveillance de la section de Brutus, pour se mettre à portée de connoître ceux de leur section à qui ils payent l'indemnité du pain, accordée par la municipalité provisoire, soit pour connaître la nécessité de ceux qui la réclament, ainsi que celles dont les maris pourroient être absents, a arrêté qu'il s'occuperoit de suite à faire le tableau par ordre des numéros des maisons, de ceux qui réclament lad. indemnité, et que dimanche prochain et jours suivants des membres dudit comité se diviseront de deux en deux les numéros des maisons où résident les réclamants pour leur porter ladite indemnité, et ne la payer qu'aux femmes et enfans de ceux dont les maris seroient en cette ville ou au service de la cité, et qu'en outre elle ne seroit payée qu'à ceux reconnus être dans la nécessité. Le présent arrêté sera comuniqué aux comités de surveillance de toutes les sections par le Secrétariat Général. Fait au comité, le 22 août 1793, l'an 2 de la République Françoise. Signé Charrasson, Bunher, Biscarrat, Caire, Ravoir et Molinos. La section de Brutus a donné son adhésion au présent arrêté et charge le Secrétariat Général d'en donner comunication à toutes les sections nos sœurs. Lyon, le 23 août 1793, l'an 2 de la République Française. Signé Davin, v. p., et Tamen, s^{re}.

La Concorde adhère, signé Repelin. — Id. Marseille, signé Guilliaud. — Porte-Froc adhère, signé Baron. — Saint-George adhère, signé Mugnier. — La Paix adhère, signé Rayal. — Guillaume Tell adhère, mais avec l'amendement que l'indemnité du pain ne sera point accordée aux femmes dont les maris ont déserté la ville, signé Martin. — Simoneau ajourne, signé Gauget. — L'Union adhère, signé Deschamps. — La Croizette adhère, signé Crepu. — Scevola adhère, signé Genet-Bronze.

N° 99. — Les commissaires des sections chargés de la nomination du président et du commissaire raporteur du tribunal militaire sont priés de se rendre demain, à 7 heures au lieu de dix, à la salle Rousseau, le 24 août 1793, l'an 2me de la République Française. Signé Dodieu, secrétaire de l'assemblée.

Porte froc adhère, signé Baron. — Id. Croizette, signé Crépu.

N° 100. — Nous, maire et officiers municipaux provisoires de la ville de Lyon, invitons le Secrétariat Général des sections de donner avis à tous les comités de surveillance, que les prisonniers de Saint-Joseph se sont évadés ; qu'en conséquence il leur convient d'être en permanence et d'apporter la plus grande célérité à faire arrêter à nouveau non-seulement ceux de ces prisonniers dont ils pourraient avoir connoissance, mais encore tous les gens suspects. En la maison commune, le 25 août 1793, l'an 2 de la République Françoise. Signé Genet-Bronze, Placy, officier municipal. Pour le commandant général, Baille, chef de la 4° légion.
Porte-Froc adhère, signé Baron. — Id. Croizette, signé Crépu.

N° 101. — Les corps administratifs séants à Lyon et les délégués de la section du Peuple français dans le département de Rhône-et-Loire, formant le comité général de salut public. Séance du 25 août 1793, l'an 2 de la République Françoise. Extrait du procès-verbal. Invite les commissaires actuellement réunis à l'hôtel commun de requérir (*Voir Commission, p. 204*), les commissaires surveillants voudront bien se munir des registres des déclarations. A Lyon, le 25 août 1793, l'an 2 de la République Françoise. Signé Bemani, président, Blanc, Matteron. Nota. Les susdits commissaires, vu l'urgence, ont renvoyé ladite réquisition au Secrétariat Général.
La Croizette adhère, signé Crepu. — Saint-George nommera un commissaire pour les gens suspects, signé Mugnier. — Porte-Froc adhère, signé Baron.

N° 102. — Nous, maire et officiers municipaux provisoires de la ville de Lyon, invitons les sections, par l'organe du Secrétariat Général, de requérir les comités de surveillance de chaque section de donner un certificat d'incendie à toutes les personnes incendiées qui se présenteront à eux et qui, pour la plupart, sont déjà logées à Saint-Lazare avec désignation si leur sort exige qu'on les nourrisse, ou seulement qu'on les loge. Celles qui ne réclameront qu'un logement porteront ces mots, *pour les Chazots*. Celles qui devront être logées et nourries, ces mots, *pour la maison des Lazaristes*. Signé Monsigny, officier municipal provisoire. Lyon, le 25 août 1793, l'an 2 de la République Françoise.
La Croizette adhère, signé Crepu. — Saint-George adhère, signé Mugnier. — Porte-Froc adhère, signé Baron.

N° 103. — Les corps administratifs, séants à Lyon, etc. Séance du 25 août 1793, l'an 2ᵐᵉ de la République Françoise. Extrait du procès-verbal. L'assemblée arrette que les sections de Lyon seront invités (*V. Commission populaire, p. 204*), par les représentants du peuple actuellement résidant au quartier général de la Pape. Extrait collationné, signé Bemany, présid., Roubiès, sᵉ général.

N° 104. — Nous, maire et officiers municipaux de la ville de Lyon, requérons le Secrétariat Général des sections, d'inviter toutes les sections à fournir touts les ouvriers maçons et charpentiers contenus dans leur section respective, avec ordre de les faire escorter jusqu'au lieu de l'incendie vers l'Arsenal, et cela sans aucun délai, et d'être aux ordres du citoyen Combe, adjudant général, qu'ils trouveront à l'hôtel

du Midi ci-devant, nouvel hôtel de Provence. A Lyon, le 25 août 1793, l'an 2 de la République Françoise. Signé Bouquerot, Combry et Privat, officiers municipaux.
    Liberté adhère, signé Estaussant. — Id. Porte-Froc, signé Baron.

    N° 105. — Prévenir les sections qui n'ont pas envoyé des commissaires, signé Gilibert, sans datte.
    Porte-Froc, adhère, signé Baron.

    N° 106. — La section de rue Buisson, séance tenante ce lundy 26 août 1793, à 3 heures de relevée, l'an 2 de la République Françoise, arrette qu'à l'avenir les cartes de sections demandées par les citoyens, qui sont en retard d'en être pourvus, soit par cause de maladie, insouciance, négligence ou autre motif vicieux, ne seront délivrées qu'après que trois citoyens auront attesté de leurs bonnes mœurs. Arrette que toute carte de section sera contresignée par le commandant du bataillon, si les citoyens qui les ont obtenues sont enregistrés au bataillon ; que pour celles dont les citoyens ne feroient aucun service, soit par âge ou infirmité, elles seront signées par le président, vice-président ou secrétaires de la section, toujours accompagnés de trois témoins connus. Sur la motion de quelques citoyens qu'il seroit très urgent de faire de fréquentes patrouilles, et de visiter de nouveau les greniers où il y auroit du bois à brûler et fagots, surtout dans les maisons des absents, et de faire sortir de suite tous les bois qui seroient dans lesd. greniers. Que les susdits arrettés seront communiqués de suite aux autres sections, pour, en y donnant une adhésion, suivre la même marche. La section de rue Buisson observe aux autres sections de faire visiter les maisons des absents et d'en faire sortir les seaux, pour ensuite les faire mettre dans un endroit de sûreté et connu, pour les trouver au moment d'un incendie, signé Aynard, président, et Molinard, s^{re}.
    Rue Neuve adhère, signé Lambert, p. — Id. Droits de l'Homme, signé Tournachon. — Id. La Paix, signé Rayal. — Id. Porte-Froc, signé Baron. — Id. Marseille, signé Guilliaud, s.

    N° 107. — Liberté, Egalité, République une et indivisible. Le comité particulier de surveillance et de sûreté publique du département de Rhône-et-Loire arrette que tous les particuliers réputés suspects dans ce moment de crise seront arrettés par tous les dépositaires de la force armée et transportés hors des murs de cette ville, par la barrière du pont Saint-Clair, et que ceux qui seront notoirement reconnus comme malveillans seront sur le champ arrettés pour être traduits à la commission militaire, si le cas le requiert. Les comités de surveillance de chaque section de cette ville demeurent chargés de l'exécution du présent arrêté. Fait en comité, le 26 août 1793, l'an deux de la République, signé Pecollet, Gilibert, Chaspoul, Forest, Combry, Richard aîné, Amiot, s^{re}.
    Liberté adhère, signé Estaussant. — Id. Porte-Froc, signé Baron. - Id. La Croizette, signé Crépu. — L'Union adhère, signé Gayet-Lancin.

    N° 108. — Le comité particulier de surveillance et de sûreté publique du département de Rhône-et-Loire arrette que tous les charpentiers, maçons et pompiers qui ne se rendront pas sur le champ à l'hôtel commun et, de là, dans les lieux qu'on leur indiquera, seront livrés au tribunal militaire, pour être jugés dans les vingt-quatre heures. Les comités de surveillance de chaque section de cette ville demeurent chargés de l'exécution du présent arrêté. Fait aud. comité, le 26 août 1793, l'an 2 de la République Françoise, signé Genet-Bronze, Favre, Gilibert, Il. Faidy, officier municipal provisoire.

 Liberté adhère, signé Estaussant. — Id. La Croizette, signé Crepu. — L'Union a adhéré, signé Gayet-Lancin.

 N° 109. — Le comité de surveillance des Droits de l'Homme invite tous les concitoiens de la cité, de faire défoncer leurs tonneaux, les faire remplir d'eau dans leurs greniers, seul moyen le plus efficace pour l'incendie que pourroit occasioner l'explosion de la bombe. Au comité, le 27 août 1793, l'an 2 de la République, signé Pellegrin et Jh. Ronin. Le comité particulier de surveillance et de sûreté publique du département de Rhône-et-Loire aprouve la mesure adoptée par le comité de surveillance des Droits de l'Homme et arrette qu'elle sera communiquée à toutes les sections avec invitation de l'exécuter et de veiller à ce que les citoyens propriétaires ou locataires généraux s'y conforment. Fait au comité, le 27 août 1793, l'an 2 de la République Françoise. Signé Peccollet, Genet-Bronze, Mœnis et Masset.

 Liberté adhère, signé Estaussant. — Id. Porte-Froc, signé Baron. — La Croizette adhère, signe Crepu. — L'Union adhère, signé Gayet-Lancin.

 N° 110. — Le bureau des secours pour les incendiés, établi dans la maison de Saint-Lazare prie les citoiens maire et municipalité provisoire, ainsi que les citoiens composant le comité de surveillance générale, de faire connoittre aux sections de la cité par l'organe du Secrétariat Général, l'avis et invitation suivante. Pour éviter l'affluence des citoiens qui se présentent à Saint-Lazare, local désigné pour y recevoir seulement les incendiés, il convient que les comités de surveillance délivrent aux citoyens qui auroient eu ce malheur un certificat contenant le nom de l'incendié, le nombre des personnes qui composent sa famille, le nom de la section, celui de la rue et le numéro de la maison, précaution nécessaire pour ne pas multiplier les secours qui ne doivent être accordés qu'aux seuls incendiés, soit pour éloigner ceux que la crainte a fait réfugier dans lad. maison et leur désigner un autre azile. Le nombre des incendiés devenant de jour en jour plus considérable, les sections sont invitées à contribuer au soulagement de ces malheureux et à faire parvenir le plutôt possible, au trésorier du comité de salut public, les sommes pour lesquelles elles voudront concourir à la bonne œuvre. Les sections de Saint-George, Concorde, Scevola, Grande-Côte, Réunion, Bordeaux, Droit de l'Homme, Thionville, Brutus, Paris et la Fraternité, n'ayant point envoyé de commissaires pour la formation du bureau sont invitées à procéder à cette nomination. Les commissaires des autres sections sont également invités à se rendre tous les jours exactement au bureau des secours suivant l'arrêté émané du comité de sûreté générale. Au bureau des secours, à Saint-Lazare, le 26 août 1793, l'an 2 de la République Françoise, signé Colomb, Morel, s^{re}.

Le Secrétariat Général des sections est prié de prendre les mesures nécessaires relatives aux objets ci-dessus, dont le détail ne peut regarder le comité des subsistances qui ne peut qu'ajouter aux premiers secours que doivent fournir les sections. Fait au comité militaire des subsistances. Lyon, le 27 août 1793. Signé Orcel, p. en l'absence.

Porte-Froc adhère, signé Baron. — Id. La Croizette, signé Crepu.

Le comité de surveillance des Droits de l'homme, en séance permanente, arrete que les corps administratifs seront invités, par la voie du Secrétariat Général, à donner des ordres pour empêcher à nombre de citoiens de monter au Chemin Neuf à Saint-Just et ailleurs et priver par ce moyen leurs concitoiens des secours personnels qu'ils doivent à la chose publique. Le comité ayant été informé que ces mêmes citoyens, par une criminelle lâcheté, sortent à six heures du soir de leur domiciles et vont cacher leur infâme pusillanimité, propose de placer deux fusiliers au bas du Chemin Neuf, ainsi qu'à l'entrée du Gourguillon, pour les forcer à se retirer dans leurs domicile et piquets respectifs, pour coopérer avec leur concitoiens à arrêter les progrès des incendies. Arrete en outre que le présent arrêté sera en outre communiqué à toutes les autres sections pour y donner leur adhésion et y faire conformer leur concitoiens prévenus de semblables abus. Au comité, le 27 août 1793, l'an 2 de la République Françoise, signé Roux et Pellegrin.

Le Secrétariat Général, vu l'urgence, a renvoyé la présente aux corps constitués pour être statué ce qu'il appartiendra.

La section de l'Egalité réunie à son comité de surveillance, instruit le Comité de sûreté générale, que dans toutes les sections on se plaint du mauvais service des pompes à feu, la cause en est aux boyaux de cuir qui se trouvent vieux, c'est en vain qu'on les fait réparer, le cuir est pourri et par conséquent hors de service, l'état en est tel que l'on ne peut se flatter d'en faire usage en cas d'autres attaques. La section estime qu'il est de toute urgence et de toute possibilité de faire faire, d'ici à ce soir, trente boyaux de cuir neuf, et pour ce, il faudroit requérir tous les citoyens qui travaillent au cuir, tel que sellier et cordonnier, en leur donnant une forte paye. Ces trente boyaux suffiroient; tout ce qui concerne les pompes étant en très mauvais état. La section insiste sur cette mesure qu'elle propose, le 25 août 1793, l'an 2 de la République Françoise. Sibert, v. p. ; Guiot, s^e.

Le Secrétariat Général, vu l'urgence, renvoye immédiatement au comité de salut public la présente.

N° 111. — Les corps administratifs séants à Lyon et les délégués de la section du peuple françois, etc., formant le comité général de salut public. Séance du 27 août, l'an 2me de la République Françoise. Extrait du procès-verbal. Arrettent 1° que des visites seront faites dans toutes les sections (*V. Commission populaire, p. 205*), au bénéfice des pauvres incendiés, signé Favre, président par intérim, Roubiès, secrétaire général.

Porte-Froc adhère, signé Baron. — Id. La Croizette, signé Crepu. — L'Union adhère, signé Gayet-Lancin.

N° 112. — Les Corps administratifs, etc. Arrêttent que tous les architectes, charpentiers (*V. Commission populaire, p. 205*), sont à la réquisition du comité des travaux publics. Signé Richard, p. en l'absence ; Roubiès, secrétaire-général.

Ordonnance du citoyen général. Au quartier général le 27 août 1793, l'an 2 de la République. Il est ordonné aux citoyens commandants des bataillons de fournir pour les incendies les charpentiers, pompiers, architectes, maçons qui sont dans leur bataillon, conformément à l'arrêté du comité de salut public de ce jour. Signé : Le général Précy. Certifié conforme à l'original, signé Roubiès, secrétaire-général.

Proc-Froc adhère, signé Baron. — Id. La Croizette, signé Baron. — L'Union adhère, signé Gayet-Lancin.

N° 113. — Le comité des travaux publics et des incendies, invite le Secrétariat des sections de vouloir inviter, par tous les moyens possibles, les propriétaires et locataires à rester ou faire rester quelqu'un dans leur maison, pour surveiller et avertir les postes les plus prochains de la chute des bombes et boulets. Donné à la maison commune, le 27 août 1793, l'an 2 de la République. Signé Piéron, Placy, Lemelletier et Foiret, officiers municipaux provisoires.

Liberté adhère avec cet amendement que tous les citoyens de toutes les sections seroient invités à faire ôter tous les rideaux des fenêtres qui par leur facilité à s'enflammer, aggravent les dangers de l'incendie, signé Estaussant. — Porte-Froc adhère, signé Baron. — L'Union adhère, signé Gayet-Lancin.

N° 114. — Circulaire aux sections. — Lyon, le 27 août 1793, l'an 2 de la République. Citoyen président, nous vous remettons cy-joint un arrêté du comité général de salut public relativement aux nouveaux secours qu'exige la défense de la cité, et nous vous prévenons qu'en conformité dudit arrêté, l'assemblée des commissaires des sections est fixée au 29 de ce mois, 3 heures de relevée, dans la salle Rousseau. La plus grande exactitude est recommandée aux députés, vous en sentez l'importance.

Nous nous proposons, citoyens, de rendre compte à cette assemblée de la situation de la caisse des sections, d'établir le montant des dépenses effectuées, de présenter un apperçu de celles qui paraissent indispensables, de soumettre le tableau du restant à recevoir sur le contingent, respectivement assigné à chaque section, et enfin de nous aider des lumières des députés pour fixer le montant de ce second appel et en assurer la répartition de la manière la plus équitable ; nous désirons que vous dirigiez votre choix sur un citoyen parfaitement instruit de la force de votre section et également sur celle des autres sections, les trésoriers nous paroissent les mieux à portée de remplir ces différens objets.

Veuillés mettre sous les yeux de votre section les grands motifs d'intérêt général qui ne permettent plus à l'intérêt particulier de calculer les sacrifices ; l'ardeur avec laquelle vous vous êtes voués à la défense de vos foyers, nous garantit votre constance et votre disposition à tout sacrifier pour notre salut commun.

Le tems presse, nos besoins sont grands, à peine pouvons-nous nous flatter de soutenir l'activité des payemens de la caisse pendant

4 à 5 jours ; ces considérations impérieuses vous détermineront sans doute à investir votre comissaire de pouvoirs suffisans pour déterminer la quotité de l'appel, établir les bazes générales de la répartition et arrêter en un mot toutes les mesures relatives à cet objet commandées par les circonstances. Les membres du comité des finances, signé C.-M. Roze, Péricaud et Bregnier. .

Suit la teneur de l'arretté des corps administratifs. Ext. du procès-verbal.

Sur le raport de son comité des finances, sur la nécessité de faire un second appel aux sections de Lyon (*Commission populaire, p. 204*), et à l'assemblée desquels commissaires assisteront des membres dudit comité, signé Bemani, président, et plus bas, Bourdeau, secrétaire général commis. Séance du 24 août 1793, l'an 2 de la République Françoise. Pour copie collationnée, les membres du comité des finances, signé Roze, Péricaud et Bregnier.

Lettre adressée au secrétariat général. Lyon, 27 août 1793, l'an 2 de la République Françoise. Citoyens, vous estes invités de la part de la municipalité provisoire à prévenir les sections ou comités de surveillance des sections de la Paix, de Paris et partie de celle de Saint-Vincent, de fournir les seaux qui seront déposés à l'hôtel commun pour être employé à l'extinction des incendies dans les cantons exposés au feu de la bombe et des boulets. Salut et Fraternité, signé Béraud, faisant fonction de procureur de la commune provisoire.

Liberté adhère, signé Estaussant. — Porte-Froc adhère, signé Baron.

N° 115. — Liberté, Egalité, République une et indivisible. Le comité particulier de surveillance et de sureté publique du département de Rhône-et-Loire, enjoint à tous ceux qui occupent les premiers étages sur les places et les rues, autres que celles qui sont en face de l'ennemi, ou les quais du Rhône, de les tenir constament illuminés depuis huit heures du soir jusqu'à quatre heures du mattin. Fait deffenses d'éclairer les étages supérieurs à celui premier, ordonne de tenir exactement fermées les croisées et les volets. Fait les plus rigoureuses déffenses à toutes personnes de tenir ou de présenter aux étages supérieurs, greniers, tours ou sur les toits, aucune lumière, sous peine d'être traités comme mauvais citoyens. Autorise la force armée à faire feu sur ceux qui donneraient des signaux au-dessus des maisons. Charge le comité de surveillance des sections, les comandants et préposés de la force armée de veiller à l'exécution du présent arrêté. Lyon, le 27 août 1793, l'an 2 de la République Françoise. Signé Gilibert, Richard aîné, Roche, Amiot, s^{re}.

L'Union adhère, signé Gayet-Lancin. — Idem Porte-Froc adhère, signé Baron.

N° 116. — Liberté, Egalité, etc. Le comité particulier de surveillance et de sureté publique du département de Rhône-et-Loire considérant que les ouvriers charpentiers et maçons requis pour donner des secours aux incendies ne se sont pas exactement présentés pour être distribués dans chaque section, arrête que le comité du secrétariat des sections, voudra bien inviter les sections de faire prévenir les citoyens ouvriers charpentiers et maçons de leur arrondissement respectif, de se rendre à 3 heures à la grand sale de la maison commune, pour se faire enregistrer, à peine d'être poursuivis comme suspects contraires à la sureté publique. Lyon, le 28 août 1793, l'an 2 de la République. Signé Privat, Forest, Amiot, secrétaire.

L'Union adhère, signé Gayet-Lancin. — Id. Porte-Froc, signé Baron.

N° 117. — Le Secrétariat Général avertit les sections que, réduit depuis plusieurs jours à un très petit nombre de membres, il lui devient impossible de remplir le vœu de son institution, il prie donc les sections d'inviter ceux des citoyens nommés au Secrétariat Général, de s'y rendre avec exactitude ; il prie aussi celles qui n'auroient pas de commissaires au secrétariat d'en nommer. Si les sections n'adoptent ses mesures, elles ne peuvent compter sur une communication prompte des ordres émanés des autorités constituées et des pétitions des sections. Fait au Secrétariat Général, le 28 aoust l'an 2° de la République Françoise.

L'Union adhère, signé Gayet-Lancin. — Id. Porte-Froc, signé Baron.

N° 118. — Nous, officiers municipaux provisoires de la ville de Lyon, invitons le Secrétariat de prévenir les sections de veiller à ce que les ouvriers charpentiers et maçons qu'on y distribue pour donner des secours aux maisons incendiées, soyent exacts dans leur section respective, d'être présents à l'appel et de le certiffier. Donné à Lyon, le 28 août 1793, l'an 2 de la République Françoise. Signé Privat, Péricaud, F[leury] Roux.

S'il étoit possible d'avoir quelqu'un sur les toits dominants pour veiller aux guides ou signaux que des malveillants font à nos ennemis, de leur tirer dessus si on ne peut les arreter ; cette mesure est on ne peut pas plus essentielle, signé Privat, Péricaud et F. Roux.

Amis des Loix adhère, signé Richard. — Croizette adhère, signé Crepu. — Id. L'Union, signé Gayet-Lancin. — Id. Porte-Froc, signé Baron.

N° 119. — Nous, officiers municipaux provisoires de la ville de Lyon, requérons tous les commissaires civils des sections de faire une visite chez tous les marchands de poudre à tirer, pour qu'ils ayent à la remettre sur un récépissé qui leur sera donné, pour que la poudre qu'ils auront donnée, leur soit rendue en nature ou payée. Lyon, le 28 août 1793, l'an 2 de la République Françoise. Signé A. Figuet, officier municipal, Genet-Bronze et la Revollière, officier municipal.

Les poudres retirées seront portées à l'hôtel commun.

Amis des Loix adhère, signé Richard. — Id. La Croizette, signé Crepu. — Id. L'Union, signé Gayet-Lancin. — Paris, d'après la visite, n'a trouvé aucune poudre chez les marchands, signé Revol. — Id. Porte-Froc, signé Baron.

N° 120. — L'assemblée de la section de la Convention, après avoir mûrement réfléchi sur l'exposé des corps administratifs qui convoquent l'assemblée des commissaires de chaque section, le 29 du courant à 3 heures de relevée, dans la salle commune, à l'effet de leur communiquer leurs lumières, pour fixer le montant d'un second appel, pour frais de la force départementale, sur l'exposé du comité des finances qui dit que le tems presse, que les besoins de la cité sont grands, qu'à peine peut-on se flatter de soutenir l'activité du payement de sa caisse pendant quatre à cinq jours, ces considérations impérieuses ont déterminé l'assemblée à émettre son vœu, qui est que pour parer à l'inconvénient de tout retard à ce second appel, chaque section soit autorisée, par les corps administratifs, à faire un emprunt de la somme à laquelle elle sera taxée suivant ses moyens qui seront représentés par notre commissaire, qui doit se rendre, demain 29, à l'assemblée générale, lequel commissaire sera revêtu de pouvoirs suffisans, tant pour discuter les intérêts de la section que pour convenir du mode de solidarité de toutes les sections aux prêteurs tant individuellement que collectivement. La section de la Convention prie le Secrétariat Général de donner connoissance à toutes les sections, nos sœurs, de l'émission de son vœu, pour qu'elles y mettent leur adhésion, si elles le jugent convenable. A Lyon, le 28 août 1793, l'an 2 de la République Françoise. Signé Durand, président, Selon, secrétaire par intérim.

Amis des Loix adhère, signé Richard l'aîné. — Id. La Croizette, signé Crepu. — Id. l'Egalité, signé Sibert. — Id. Marseille, signé Baron. — Id. l'Union, signé Gayet-Lancin. — Id. Porte-Froc, signé Baron.

N° 121. — Le comité de surveillance et de sureté publique arrette que le comité du secrétariat des sections, voudra bien, toutes affaires cessantes, inviter les sections d'envoyer à l'instant, à la maison commune, tous les ouvriers et autres travailleurs à la terre, et tous ceux ayant pêle et pioche et sachant s'en servir, pour travailler à un ouvrage intéressant la sureté publique. Lyon, le 28 août 1793, l'an 2 de la République Françoise. Signé Privat, F. Roux.

Amis des Loix adhère, signé Richard. — Id. La Croizette, signé Crepu. — Id. l'Union, signé Gayet-Lancin. — Id. Porte-Froc, signé Baron.

N° 122. — La section de Marseille vient d'être instruite que les malveillans employent des enfans pour boucher les pompes ; elle s'empresse de donner cet avis à toutes les autres sections par la voye du Secrétariat Général. Lyon, le 28 août 1793, l'an 2 de la République Françoise. Signé Renard, président d'âge, et Guillioud, secrétaire.

Amis des Loix, adhère. — Id. l'Union, signé Gayet-Lancin. — Id. Porte-Froc, signé Baron.

N° 123. — Le comité particulier de surveillance et de sureté publique, etc., arrette que les lieux où sont déposés les pompes destinées à éteindre les incendies seront éclairés par un pot à feu et que le comité de surveillance de chaque section soit invité à procéder à l'exécution du présent arrêté. Fait au comité, à Lyon, le 28 août 1793, l'an 2 de la République Françoise. Signé Bemani, Roubiès, secrétaire général.

N° 124. — Le comité militaire des subsistances remontre, au Secrétariat général des sections, que les adjoints qui lui ont été envoyés par les sections négligent de se rendre aux assemblées ; que, dans ce moment-ci, à peine dix, sur une totalité de plus de quarante, viennent seconder ses travaux ; de sorte que le service public en souffre. Il requiert qu'itératives invitations soient faites aux sections d'enjoindre à leurs députés de se rendre assidument à leur poste et de choisir, autant que faire se pourra, des hommes exercés dans les affaires. Fait à Lyon, en comité, ce 28 août 1793, l'an 2ᵉ de la République Françoise. Signé Orsel, vice-président.

L'Union adhère, signé Gayet-Lancin. — Id. Jura, signé Defarges. — La Convention s'est assurée que ses deux commissaires font le service avec la plus grande exactitude, signé Durand. — Id. La Croizette, signé Crepu. — Id. Porte-Froc, signé Baron. — Thomassin fera exécuter, signé Faucheux. — Amis des Loix adhère, signé Richard. — Simoneau adhère, signé Pleney.

Nº 125. — Extrait des délibérations de la section de la Liberté, en séance permanente. Un membre a proposé et l'assemblée a délibéré qu'invitation serait faite à toutes les sections de faire ouvrir les boutiques d'épicerie en détail et d'autres objets comestibles, depuis 7 heures du matin jusqu'à midi, pour l'approvisionement des citoyens. Ce 28 août 1793, l'an 2 de la République Françoise, Signé Estaussant, président; Allier, Boissonnat, secrétaire.

L'Union adhère, signé Gayet-Lancin. — Id. Jura, signé Defarges. — La Convention adhère, signé Durand, p. — Id. Rue Neuve, signé Lambert. — Id. La Croizette, signé Crepu. — Id. Porte-Froc, signé Baron. — Thomassin fera exécuter, signé Faucheux. — Amis des Loix adhère, signé Richard (1).

Nº 126. — Nous, officiers municipaux provisoires de la ville de Lyon, invitons d'une *manière pressante* le comité du secrétariat des sections de vouloir bien prier les sections d'envoyer à la maison commune, un charpentier et un maçon, pour former un point central, à l'effet de se porter partout où besoin sera, pour arrêter le progrès des incendies et veiller à ce qu'ils apportent leurs outils. — L'endroit de la réunion des ouvriers sera dans la grande salle du balcon. Fait à Lyon, le 29 août 1793, l'an 2 de la République Françoise. Signé Piéron, Privat et Péricaud.

Jura a fait le nécessaire, signé Defarges. — Id. Porte-Froc, signé Baron. — Thomassin fera exécuter, signé Faucheux. — L'Union adhère, signé Gayet-Lancin. — Amis des Loix adhère, signé Richard.

Nº 127. — Les corps administratifs, etc., formant le comité général du salut public, arrêtent qu'attendu la quantité d'ouvriers qu'on occupe, (*V. Commission populaire, p. 205*) . . . . aura à la liste exacte des ouvriers sur laquelle seront inscrits le nombre des travailleurs et le tems de leurs travaux. Séance du 29 août 1793, l'an 2 de la République Françoise. Signé Bémani, président, et Roubiès, s. gén.

Saône l'a reçu et s'y conformera, signé Charens, s. — Marseille idem signé Vasselier, v. s. — Bordeaux id., signé Cabuchet, s. — L'Union adhère, signé Gayet. — Amis des Loix adhère, Richard. — Porte-Froc adhère, signé Baron.

(1) *A la suite un article biffé* : nº 126. Le comité de sûreté générale aux citoyens propriétaires de Lyon. Les membres dud. comité, considérant qu'ils doivent apporter les mesures les plus grandes pour faire échouer les projets barbares médités contre cette cité; arrêtent : 1º que tous les propriétaires sont tenus de aire évacuer avant deux heures......

SECRÉTARIAT GÉNÉRAL, 29 AOUT

Ce jourd'hui trentième du mois d'août mil sept cent quatre-vingt-treize, l'an 2 de la République Françoise, sur l'heure de huit au matin, les membres du Secrétariat Général des sections assemblés au lieu ordinaire de leur séance, pour le renouvellement du bureau, à la forme du règlement, ont procédé à la nomination d'un chef, de deux adjoints et de trois secrétaires par la voye de 2 scrutins. Dépouillement fait du premier, les suffrages se sont réunis en faveur du citoyen Bancenel, pour chef du bureau, et des citoyens Perrodier et Piron pour adjoints. Dépouillement fait du second, les suffrages ont été réunis en faveur des citoyens Levieux, Jacob et Allard pour secrétaires, le citoyen Jacob, ayant refusé, le citoyen Michoud a été élu à sa place. Ces cinq nouveaux membres ont accepté la mission à laquelle ils ont été appelés et ont promis de la remplir avec zèle et exactitude. Il a été fait des remerciments aux membres de l'ancien bureau pour l'activité et le zèle avec lesquels ils l'ont géré. Et à l'instant le citoyen Basset a remis aux nouveaux membres, soit les pétitions des sections, soit les réquisitions des autorités constituées, depuis le numéro 52 jusqu'au numéro 127 inclus, qui ont été expédiés pendant son exercice, soit enfin les reçus et adhésions des sections concernant ces mêmes numéros. (Les numéros qui ont précédés ceux cy dessus énoncés seront restés entre les mains du citoyen Clerc, ancien chef, pour être remis avec ceux qui leur auront succédés, dans des archives, lorsque les circonstances permettront d'en établir), desquels numéros et autres papiers, il a été fait décharge au citoyen Basset. Fait et clos à Lyon, les jour et an. Le tout pour la police du bureau. Et ont les membres de l'ancien et du nouveau bureau, signé BASSET, BANCENEL, ALLARD, Antoine PIRON, HODIEU fils, BERNARD, MICHOUD, PARAUDIER.

N° 128. — Vû la réquisition faite, de procéder à une nouvelle imposition pour subvenir aux frais de la défense de la cité, la section de la Réunion, considérant les lenteurs que cette perception pouvoit apporter à la chose publique, propose de puiser dans les caisses publiques et de laisser un bon ou reçu des sommes qui en seront retirées pour lesdittes sommes être restituées en temps et lieu ; la section se rendant caution desdits emprunts. La section invite le Secrétariat Général de faire connoître son vœu et de solliciter l'adhésion des autres sections. Délibéré à Lyon, le 29 août 1793, l'an 2 de la République. Signé Clergier, président, Rolichon, vice-secrétaire (1).

Rue Neuve adhère, signé Burlat. — *L'Ancienne Ville adhère, signé F. Toulieux, s^{re}.* — *La section de l'Union adhère avec l'amendement que l'emprunt sera fait chez des capitalistes particuliers et non aux caisses publiques. Signé Gayet-Lancin, p.* — *La Croisette adhère, signé Ayen, s^e.* — *Porte-Froc renvoie aux autorités constituées, signé Baron.* — *Guillaume Tell a passé à l'ordre du jour, parce qu'elle répugne à toute sorte d'emprunt, signé Barrot, s^e.* — *La Paix adhère, avec l'amendement que le cautionement des sections n'aura pas lieu pour le remboursement des sommes qui seront prises dans les caisses publiques. Signé Fulchiron, p., Fromage, s^{re}.* — *Rousseau adhère, signé Viret, p. ; Schutz, s^{re}.*

---

(1) *En marge :* Expédié à la section le 3 septembre.

Nº 129. — Nous, officiers municipaux provisoires de la ville de Lyon, invitons le Secrétariat Général des sections, de prier et requérir au besoin tous les ouvriers maçons, charpentiers, qui doivent être en permanence dans leur section, de se trouver sur le champ, sur la place des Cordeliers, afin d'aider aux transports des effets des incendiés, qui se sont placés, soit sur le quai du Rhône, soit dans la rue Grolée, cette précaution étant utile comme tenant à l'humanité et à la sureté publique. Lyon, le 30 août 1793, l'an 2º de la République Françoise, signé Rater fils, commissaire aux travaux, Privat et Lemelletier (1).

Saône s'y conformera, signé Morand. — Simoneau adhère, signé Memo. — Porte-Froc adhère, signé Baron.

Nº 130. — Nous, officiers municipaux provisoires de la ville de Lyon, invitons, au nom de l'humanité et de la sûreté publique, le Secrétariat Général des sections d'inviter, par tous les moyens possibles, les sections de s'occuper à procéder à la nomination d'un commissaire, lequel se réunira dans la salle de l'expérience de physique, maison de l'Oratoire, afin de se rendre dans les différens quartiers incendiés, pour aider les malheureuses familles aux transports de leurs effets dans des lieux surs, tels que ceux qui sont sous la direction du comité des secours, et autres endroits qu'ils croiront convenables ; en les prévenans que le comité des convois a été requis de fournir toutes les voitures qui ne seroient pas employées à des objets d'utilité générale, déclarer aux sections que toutes les avances particulières qu'elles feront pour cet objet leur seront remboursées par des mandats sur la caisse publique et sur l'état qui en sera fourni par le nouveau comité. Invitons également le Secrétariat Général des sections de vouloir avertir les comités de surveillance des sections qui commandent le quai du Rhône, pour prévenir et contraindre les propriétaires ou locataires des maisons de ce lieu, de faire enlever dans le jour les abajours de toute espèce. A Lyon, au comité des travaux publics, le 30 août 1793, l'an 2º de la République. Signé Pieron, officier municipal provisoire, Privat, Le Melletier, officiers municipaux provisoires.

Simoneau adhère, signé Memo. — Amis des Loix, signé Richard, adhère. — Ancienne Ville adhère, signé Toulieux. — Union adhère, amendement que les capitalistes seront seuls appellés à la dépense, signé Gayet. — La Croizette adhère, signé Crépu. — Amis des Lois adhère, Mollière. — Droits de l'Homme refuse, signé Tournachon.

Nº 131. — Extrait de la délibération du comité de surveillance réuni à la section de rue Buisson, dans la séance du 30 août 1793, l'an 2 de la République. Le résultat de la délibération prise dans l'assemblée du comité des secours publics, relativement à la réquisition de la municipalité provisoire, pour pourvoir aux moyens de faire transporter les effets qui encombrent les places et quais, a été que chaque section se chargea de les faire transporter tant à Chazots qu'aux Bernardines et aux Capucins du Petit Forest ou autre local qu'elles estimeront convenable, la section de rue Buisson ayant fait choix de celui des Capucins, vu

(1) *A la suite 4 lignes biffées* : Nous, officiers municipaux provisoires de la ville de Lyon, invitons au nom de l'humanité et de la sûreté publique, le Secrétariat général des sections de prier les sections de s'occuper à l'instant de la nomination d'un commissaire qui se réunira dans notre......

la quantité considérable d'effets qu'elle est dans le cas de faire transporter, invite les autres sections ses sœurs à se conformer incontinent à la disposition du présent arrêté et à le faire exécuter respectivement dans l'étendue de leur arrondissement comme objet de la plus grande urgence. Pour copie, collationé sur les registres, signé A° Lacour, vice-président, Molinard, secrétaire, Dassat, secrétaire-adjoint, Daniel, commissaire, Fressinet.

Amis des Loix adhère, signé Mollière. — La Croizette adhère, signé Crepu. — Simoneau refuse, signé Gauget. — Port-du-Temple adhère, signé Morenas. — La Convention adhère. — Porte-Froc adhère, signé Baron. — La Concorde adhère, signé Repellin. — La Liberté adhère, signé Estaussant, p.

N° 132. — La section du Change réunie au comité de surveillance, sur la motion de plusieurs membres qui pensent que la sureté publique est compromise par l'inaction inconcevable dans laquelle est restée la commission militaire à l'égard des détenus pour l'affaire du 29 mai, notamment des individus composant la ci-devant municipalité, complices et adhérents, considérant que l'intrigue des ennemis de l'intérieur se soutient et s'étaye de l'impunité desdits détenus ; considérant, que l'intérêt général de la cité doit exciter l'activité de la commission militaire et que chaque instant de retard est autant d'enlevé à la tranquilité et à la sécurité de tous les citoyens, arrête que laditte commission militaire connaitra des délits dont sont prévenus tous les détenus pour la journée du 29 mai, notamment lesdits officiers municipaux, et que toutes autres affaires cessantes, elle s'occupera de leur jugement. Arrête que la présente délibération sera communiquée aux autres sections par la voye du Secrétariat Général, avec invitation d'émettre leur vœu et de donner leur adhésion. Lyon, le 30 août 1793, l'an 2 de la République Françoise. Signé Denys Delorme, Louet, Simond, Regny, Renaud, Basset, Broé, Souligné (1).

Jura adhère, signé Pavy. — Amis des Loix adhère, signé Mollière. — Tell adhère, signé Martin. — Réunion refuse, le tribunal étant saisi, signé Clergier. — Ancienne Ville adhère, signé Coulet, Derieux. — La Croizette adhère, signé Crepu. — Rue Neuve adhère, signé Lambert. — L'Union adhère, signé Gayet. — Simoneau, n'y a pas lieu à délibérer, signé Gauget. — Port-du-Temple refuse, attendu que la commission ne peut connoître un délit antérieur à son existence, signé Morenas. — La Convention passe à l'ordre du jour, signé Durand, président. — Porte-Froc adhère, signé Baron. — Concorde passe à l'ordre du jour, signé Repelin, vice-président. — Guillaume Tell adhère, signé Barrot, secrétaire. — La Concorde passe à l'ordre du jour, signé Reppelin. — La Liberté passe à l'ordre du jour, signé Estaussant, président. — Rue Buisson passe à l'ordre du jour, motivé sur ce que la commission militaire n'est établie que pour les criminels arrêtés depuis que la cité est en état de siège, signé Aynard, président, Molinard, secrétaire. — La Paix s'en rapporte aux autorités constituées, signé Fulchiron, président, Fromage, secrétaire.

N° 133. — Nous, officiers municipaux provisoires de la ville de Lyon, invitons le Secrétariat Général des sections de vouloir rappeler aux sec-

(1) *En marge* : Expédié aux corps administratifs et à la section le 3 septembre.

tions la disposition de l'arrêté du comité de salut public qui porte que les sections feront les avances du jour la journée des ouvriers, à la charge par le comité des travaux publics de rembourser dès le lendemain. Cette précaution est utile afin d'éviter que les ouvriers ne reçoivent un double salaire et que d'autre part ils soyent exacts, chacun dans leur section, qui par ledit arrêté est chargée de les controler et d'en faire faire l'appel nominal. Lyon, le 31 août 1793, l'an 2 de la République. Signé Privat, Ponson et Péricaud.

Amis des Loix adhère, signé Mollière. — Refuse par défaut de fond libre (la Croizette), signé Crepu. — L'Union adhère, observe que cette dépense peut se faire par un membre de chaque comité, qui sur le compte qu'il en rendra sera remboursé, signé Gayet. — Simoneau est en activité, signé Gouget. — Porte-Froc adhère, signé Baron, secrétaire. — La Concorde adhère, signé Reppellin. — La Liberté adhère, signé Estaussant, président

N° 134. — L'assemblée de la section de la Réunion, en permanence, vu la pétition présentée par les sections et par le comité des finances, tendante à procéder à un nouvel impôt pour subvenir aux dépenses du moment; considérant que le contingent de vingt mille livres fourni par la section, l'une des moins fortunées, a paru exorbitant ; mais un excès de zèle et d'attachement au bien public a fait faire des efforts au petit nombre de citoyens aisés qui ont supporté cette taxe ; considérant les malheurs et les pertes qui viennent de ruiner les propriétaires et citoyens aisés, il est de toute impossibilité que la section puisse plus rien fournir ; à peine restera-t-il aux plus riches de quoi satisfaire le vœu de leur cœur, la douce consolation de verser du baume sur les plaies des victimes de la barbarie de nos cruels ennemis. Pour se convaincre de cette pénible vérité, il suffira de visiter les rues Bourg-Chanain, Belle-Cordière, Confort, place Leviste et tout le quartier ; on y verra partout des décombres et la désolation. Ce posé, la section pense qu'on ne peut se refuser à faire droit sur sa réclamation, et elle aime à se persuader qu'on ne lui fera rien supporter de la nouvelle taxe, et que les sections ses sœurs, touchées de son piteux état, voteront plutôt des secours en faveur des affligés sans nombre qu'elle renferme, que de faire comprendre la section dans la nouvelle répartition d'impots. Lyon, le 30 août 1793, l'an 2 de la République Françoise. Signé Clergier, président, Rollichon, secretaire (1).

Tell adhère, renvoie aux autorités constituées, signé Berruyer. — La Croizette adhère, signé Crepu. — Amis des Loix adhère, signé Richard, aîné. — La Convention passe à l'ordre du jour, vu que le mal est trop général pour toute la cité, signé Durand, président. — Rue Neuve, les citoyens qui ont perdu leur fortune doivent être déchargés de l'imposition, signé Lambert, président. — Porte-Froc adhère, signé Baron, s^{re}. — Rue Buisson passe à l'ordre du jour, motivé sur ce que ceux qui ont perdu leur fortune ne sont pas dans le cas d'être taxés, signé Aynard, président, Molinard, secrétaire. — La Paix s'en rapporte aux autorités constituées, signé Fulchiron, président, Fromage, secrétaire. — Port-du-Temple, ne connaissant pas les facultés de la section de la Réunion, s'en rapporte à leur zèle et à leur patriotisme et renvoye la pétition au comité des finances, signé Morenas. — Ancienne Ville

---

(1) *En marge :* Expédié, envoyé à la section qui l'a renvoyé au comité des finances.

adhère, signé Reverchon. — Brutus passe à l'ordre du jour, signé Tamen, secrétaire.

N° 135. — Nous officier [municipaux] provisoires de la ville de Lyon, invitons le Secrétariat Général des sections, d'inviter les sections de faire faire, dans l'étendue de leur arrondissement respectif, la recherche la plus exacte et la plus sévère, de tous les seaux à incendie et de faire porter sur le champ à l'hotel commmun tous ceuxqui sont en état de servir, et ceux qui auraient besoin de réparation dans l'église de Saint-Nizier, où il y a un atelier pour les réparer. Nous observons qu'il en reste beaucoup dans le voisinage des maisons incendiées et surtout au bord du Rhône dans le quartier de Bon Rencontre, comme aussi dans celles qui ne sont brulées qu'en partie. Fait au comité des Travaux publics, le 31 août 1793, l'an 2 de la République. Signé Pleney, officier municipal.
La Croizette adhère, signé Crepu. — Porte-Froc adhère, signé Baron, s^{re}. — La Liberté adhère, signé Estaussant, p. — Jura fera faire le nécessaire, signé Defarges, vice-secrétaire.

N° 136. — Les corps administratifs, etc. Extrait du procès-verbal. Invite le Secrétariat Général des sections de convoquer (V. *Commission populaire*, p. 207), qui ont un droit incontestable à ces secours. — Lyon, le 31 août 1793, l'an 2 de la République. Signé Peyron, président, Roubiès, secrétaire général.
Porte-Froc adhère, signé Baron, s^{ro}. — La Liberté adhère, signé Estaussant, p.

N° 137. — Le 31 août 1793, au Secrétariat Général des sections. Citoyens, nous vous prévenons de la distribution que nous avons faite à l'hôtel commun des secours d'incendie. (Cet écrit n'est que pour servir d'exemple aux sections.) Nous avons divisé les ouvriers en compagnie de 4, 6, 8 et même 12 hommes, portion de charpentiers, une autre de maçons, une autre de serruriers et manœuvres, chaque compagnie a un chef, et pour instrument de secour une pompe à main, 4 seaux, une torche, 4 hachons, dès qu'une bombe ou un boulet rouge tombe dans les alantours une compagnie va à la découverte et si le feu se montre quelque part, la compagnie aussitôt y porte des secours, nous invitons les sections à acheter des pompes à mains et à nous imiter. Salut et Fraternité, signé Privat, officier municipal, Prost. — P. S. Les sections sont priées d'envoyer à l'hôtel commun encore chacune deux ouvriers massons ou charpentiers munic de haches ou de pailes.
Porte-Froc adhère, signé Baron. — Jura adhère, signé Defarge, vice-président. — La Concorde adhère, signé Reppellin. — La Liberté adhère, signé Estaussant, p.

N° 138. — Extrait de la délibération des registres de la section du Change, réunie au comité de surveillance, prise dans la séance du mattin du 31 août 1793, l'an 2 de la République. La section du Change, considérant de quelle utilité peuvent être les adjoints donnés dans plusieurs sections aux membres du comité des secours pour les incendiés, arrête qu'invitation sera faite à toutes les sections ses sœurs, par la voye du Secrétariat Général, pour que celles qui n'ont point encore nommé d'adjoints à leurs commissaires, veuillent s'occuper de le faire et que celles qui en ont nommé veuillent bien les requérir de se rendre à leur poste avec le zèle que demande un établissement de cette importance. Lyon, ledit jour, signé Simond, président, et Louet, secrétaire.

Amis des Loix adhère, signé Richard l'aîné. — 2ᵉ La Croizette id., signé Crépu, sʳᵒ. — 3ᵉ Rue Neuve id., signé Burlat. — Porte-Froc adhère, signé Baron. — La Concorde adhère, signé Reppellin. — La Liberté adhère, signé Estaussant, p. — Ancienne Ville adhère, signé Reverchon.

N° 139. — Copie d'une lettre des membres du comité des subsistances adressée au Secrétariat Général des sections. Lyon le 31 août 1793. Citoyens, nous vous faisons passer un avis de la section de Marseille concernant la sortie des subsistances de cette ville, la consigne était déjà donnée depuis plusieurs jours à toutes les portes pour que toutes les voitures fussent exactement visitées à leur sortie. Nous avons communiqué au citoyen général les plaintes de la section de Marseille, il pense qu'on pourrait, pour assurer cette surveillance, établir à chaque porte 2 commissaires, veuillez, nous vous prions, faire connaitre cet avis aux sections, afin qu'elles puissent nous aider à empêcher la sortie desdittes subsistances. Les membres du comité de subsistances, signé Maison-Neuve et Condantia, officiers municipaux provisoires.

Guillaume Tell passe à l'ordre du jour, cependant arrête que les postes des portes seront invités à surveiller à la sortie des subsistances. — Porte-Froc adhère, signé Baron.

N° 140. — Nous, officiers municipaux provisoires de la ville de Lyon, ensuite de la réquisition du général Précy au comité des travaux publics, pour que, demain matin à 8 heures, au plus tard, deux cents ouvriers soient à l'entrée du pont Morand, requérons la section de concourir à l'exécution de ladite réquisition, en conséquence, de faire, audit lieu et heure, trouver les ouvriers qui sont dans leur arrondissement, qui porteront les pelles et pioches qu'ils pourront avoir. Lyon, au comité des travaux publics, le 31 août 1793, l'an 2 de la République Françoise. Signé Fleury, Roux, Matheron, Péricaud.

La Liberté adhère, signé Estaussant, p. — Porte-Froc adhère, signé Baron.

N° 141. — Liberté, Egalité, etc. Le Comité particulier de surveillance et de sûreté publique, dit des cinq, arrête que, dans le jour, les comités de surveillance des 34 sections de la ville de Lyon feront, par la voye des commissaires, procéder à une visite domiciliaire générale et exacte dans toutes les maisons, pour reconnoitre et vérifier, premièrement, si chacune des maisons est habitée de gens surs et en quantité suffisante pour surveiller la chute des bombes et arrêter l'effet des boulets rouges ; 2° si les clefs des appartements non habités sont déposées dans les mains de quelqu'un actuellement résidant dans le corps de logis, soit au comité de surveillance de la section, et, dans le cas où les clefs ne seroient pas déposées, les commissaires prendront des précautions sures pour que les appartements puissent être ouverts commodément à tout instant ; 3° s'il ne se trouve pas de gens suspects réfugiés dans les appartements et, dans le cas où il en seroit trouvé, les commissaires les feront mettre en état d'arrestation et traduire au comité de police séant à la maison commune ; 4° s'il se trouve des fusils, pistolets ou autres armes cachées dans les maisons ou étant entre les mains des gens désarmés, et s'il en est trouvé, les commissaires s'en empareront et les feront transporter au comité militaire et de distribution des armes ; 5° enfin vérifieront s'il n'existe aucune matière combustible, munition, gargousses ou cartouches et qui soyent cachées dans les maisons ou entre les mains des gens suspects. Pour l'exécution du présent arrêté, les commissaires des sections sont autorisés à requérir la force armée de surveillance attachée à chaque section. Le présent arrêté sera envoyé au Secrétariat Général des sections, qui est chargé de le transmettre aux comités de surveillance sans perdre un seul instant. Au comité, le 1ᵉʳ septembre 1793, l'an 2 de la République. Signé Bemani, Favre, Richard, Combry, Amiot, secrétaire.

Porte-Froc adhère, signé Baron.

N° 142. — La section de Port-du-Temple, jointe au comité de surveillance, toujours pénétrée des principes qui l'on animée pour la sureté publique, considérant, que dans une circonstance comme celle où nous nous trouvons, il ne doit y avoir ny infirmes, ny invalides, ny aveugles, qui se tiennent ou dans les rues, ny sur les ponts, ny sur les hauteurs, que souvent, sous le masque de l'infirmité, il peut se trouver des malveillants qui s'introduisent dans les cours, allées et escaliers, et qu'ils peuvent jetter des matières combustibles ou causer d'autres domages, principalement dans les maisons qui sont presque abandonnées ; considérant que, dans un tems où toutes les boutiques se trouvent fermées, ainsi que les magazins et les ateliers, les mendiants, valides ou invalides, sont hors d'état de trouver les secours qui leur sont nécessaires, à moins de s'introduire dans les maisons, ce qui tire aux plus grandes conséquences, la section propose aux autres sections ses sœurs, comme mesure de sureté générale, de faire adopter à la municipalité celle de donner ordre à tous les officiers des postes de l'intérieur, de faire arrêter tous les mandiants mâles et femelles, pour être placés dans des maisons de sureté, dans lesquelles il leur sera fourni la nourriture nécessaire jusqu'à la fin de la guerre. A Lyon, le premier septembre 1793, l'an 2 de la République Françoise. Signé Morenas et Gleyse (1).

Rue Thomassin fera son possible pour faire exécuter, signé Faucheux. — Rue Neuve adhère, signé Bourbon. — La Convention adhère, signé Durand, président, Sellon, secrétaire. — Marseille adhère, signé Vassellier. — La Paix adhère, signé Fulchiron, président, Fromage, secrétaire. — Simoneau adhère, signé Pleney, président. — Droits de l'Homme adhère, signé Caminet, Thévenet, secrétaire. — Réunion adhère, signé Clergier. — L'Union adhère, signé Gayet. — Ancienne Ville s'en rapporte à la municipalité, signé Fléchet, secrétaire. — L'Égalité adhère, signé Vibert, vice-président, Corderier, secrétaire. — Rousseau adhère, signé Virel, président, Marlin fˢ, secrétaire.— La Côte, 2ᵉ divⁿ adhère, signé Tuchar. — Saint-George s'en rapporte

(1) *En marge :* Pétition Expédié, envoyé à la section le 6 septembre et à la municipalité.

aux soins de la municipalité. — La Liberté adhère, signé Boissonnet, secrétaire, Estaussant, président. — L'Ancienne Ville adhère, signé Reverchon. — Brutus adhère, signé Tamen, secrétaire.

N° 143. — Nous, officiers municipaux provisoires de la ville de Lyon, invitons le Secrétariat Général des sections de prévenir les sections que la cellerité des travaux publics, tels que les fortifications, exige qu'elles nous envoyent tous les jours, à six heures du mattin, deux ouvriers massons ou manœuvres avec leurs outils, lesquels formeront le complet des différents ateliers qui sont journellement demandés des divers points de la ville, leur réunion sera dans la grand-salle de l'hôtel commun, où ils seront enregistrés par désignation de section et renvoyés tous les soirs s'ils ne sont plus occupés. Lyon, le 2 septembre, l'an 2 de la République Françoise. Signé Privat.

Rue Thomassin fera exécuter, signé Faucheux. — Marseille adhère, signé Vasselier. — Simoneau adhère, signé Pleney, président. — Droits de l'Homme s'est conformée à la réquisition, signé Caminet, Thevenel, s^{re}. — Réunion adhère, signé Clergier. — Ancienne Ville s'empressera de répondre aux vœux de la municipalité, signé Fléchel, vice-secrétaire. — Jura s'y conforme, signé Savy. — Porte-Froc adhère, signé Baron. — L'Egalité adhère, signé Sibert, v., p., Lacostat ainé, secrétaire. — La Côte 2e division, adhère, signé Uchar. — Saint-George s'empressera de répondre au vœu de la municipalité. — La Liberté adhère, signé Allier, Boissonel, p., Estaussant, s^{re}.

N° 144. — Extrait des délibérations de la section de la Liberté dans la séance du 1er septembre 1793. Sur la demande des membres du comité des subsistances n° 139, l'assemblée est d'avis qu'au lieu de placer à chaque porte de la ville 2 commissaires, chargés d'empêcher l'exportation des subsistances, ce qui multiplie les êtres mal à propos, l'on donne la consigne aux commandants des postes situés aux différentes portes de la ville de faire visiter exactement toutes les voitures qui sortent, et de veiller à ce qu'il ne s'exporte aucune subsistance. Toutes les sections sont invitées à émettre leur vœu à cet égard. Fait en séance permanente lesdits jour et an que dessus. Signé Estaussant, président, Boissonnat, secrétaire (1).

Rue Thomassin fera exécuter, signé Faucheux. — Rue Neuve adhère, signé Bourbon. — Rue Buisson a passé à l'ordre du jour, motivé sur la nécessité de faire faire les visites par des commissaires et non par des militaires, signé Aynard, président, Molinard, secrétaire. — La Convention adhère, signé Durand, p., Sellon, s^{re}. — La Paix adhère, signé Fulchiron, président, Fromage, secrétaire. — Port-du-Temple adhère, mais que la consigne de faire fouiller absolument toutes les voitures soit donnée et suivie par les sentinelles, signé Morenas. — Simoneau adhère, signé Pleney, p. — Droits de l'Homme adhère, signé Caminet, Thevenel, s^{re}. — Réunion adhère, signé Clergier. — L'Union adhère, signé Gavet. — Porte-Froc adhère, signé Baron. — L'Egalité adhère, signé Sibert, v. p., Lacostat, l'ainé, secrétaire. — Rousseau adhère et demande la confiscation des subsistances saisies, signé Viret, p., Martin f^s, s^{re}. — La Côte 2e division adhère, signé Ruchar. — Saint-George adhère,

(1) *En marge :* Pétition. Expédié. Envoyé à la section le 6 septembre et au comité militaire des subsistances.

signé Flechet, vice-secrétaire. — *Ancienne Ville adhère, signé Reverchon.* — *Brutus adhère, signé Tamen,* s^{re}.

N° 145. — Le comité particulier de surveillance et de sureté publique du département de Rhône-et-Loire, dit des cinq, ayant eu connoissance d'un projet du général Précy pour établir des ouvrages qui assurent les Brotteaux et de la lettre qu'il a adressé à tous les bataillons pour avoir des ouvriers et travailleurs, arrête que les sections seront invitées à envoyer aux Brotteaux tous les ouvriers qu'elles pourront se procurer, armés de pailes et de pioches qui trouveront à la maison Neyrat des préposés pour les conduire et diriger dans les travaux projettés. Les dits ouvriers seront payés comme à l'ordinaire. Lyon, le 2 septembre 1793. Signé Bemani, Mugu, Combry, Amiot, secrétaire.

Le Secrétariat Général est prié de faire parvenir aux sections au plutôt le présent arrêté, signé Bemani.

Porte-Froc adhère, signé Baron. — *La Liberté adhère, signé Allier-Boissonet, p., Estaussant,* s^{re}.

N° 146. — Les officiers municipaux provisoires de la ville de Lyon invitent de nouveau les sections, au nom de leur tranquilité particulière et de la sureté générale, de vouloir prendre en très grande considération la prière qui leur fut faite, le 30 août dans le n° 130, de nommer un commissaire par chaque section, pour former un comité de secours propre à faire enlever les meubles et effets des citoyens incendiés, lesquels effets se trouvent en garene sur les places, les quais et les rues, de manière à faire craindre qu'un boulet ou l'explosion d'une bombe ne les enflame subitement, et que ce feu ne se communique avec la même promptitude aux maisons qui seroient en ce cas privées de toute espèce de secours, par l'impossibilité d'y faire parvenir les pompes. La présente invitation n'étant que la réitération de celle faite sous le n° 130. — Lyon, le 2 septembre 1793, l'an 2 de la République Françoise, signé Privat, Lemelletier, Fleury Roux, adjoint.

La Liberté adhère, signé Allier-Boissonet, p., Estaussant, s^{re}. — *Saint-George se rendra au vœu de la municipalité, signé Mugnier, v. p.* — *La Convention id., signé Durand, p.* — *Porte-Froc adhère, signé Baron,* s^{re}.

N° 147. — Nous, officiers municipaux provisoires de la ville de Lyon, invitons les sections de prendre en très grande considération la conservation des domaines nationaux qui sont dans leur arrondissement et qui sont presque tous sous le feu de l'ennemi et abbandonnés par les locataires, de vouloir bien y placer des surveillants dont le zèle et l'intelligence leur sera connues, lesquels seront payés sur les deniers des caisses publiques et, sur la demande des sections, il sera délivré à ces surveillants des pompes à main. Fait à Lyon, le 2 septembre 1793, l'an 2 de la République Françoise. Signé Privat, Lemelletier, Fleury Roux, adjoint.

La Liberté adhère, signé Allier-Boissonnet, p., Estaussant, s^{re}. — *Saint-George exécutera, signé Mugnier, vice-président.* — *Porte-Froc adhère, signé Baron,* s^{re}.

N° 148. — Le comité de surveillance, à lui réuni la section de Scevola, considérant que les citoyens propriétaires et locataires des maisons ont placé des citoyens pour veiller à ce qu'on n'introduise pas le feu aux maisons, considérant que les malveillants pourraient s'introduire dans les allées et faire le mal, a arrêté que les personnes préposées à la garde des allées et maisons seroient tenues d'avoir une carte signée du président de la section ou de celui du comité de surveillance et munie du cachet de la section, à deffaut de l'avoir arretées et conduites au comité de surveillance. Le comité de la section de Scevola, qui vient de mettre cette mesure en usage, charge le comité du Secrétariat Général de comuniquer le présent aux autres sections pour prendre les mêmes mesures jugées nécessaires. Lyon, le 2 septembre 1793, l'an 2 de la République Françoise. Signé Genet-Bronze, président, Chauffard, Guillon, Jarnieux.

Le Jura adhère, signé Pavy. — L'Egalité adhère, signé Sibert, v. p., Lacostal l'aîné, s^{re}. — L'Union adhère, signé Gaiet-Ancien, p. — La Liberté propose un autre moyen, trop long pour être transcrit. — Saint-George adhère, Mugnier, vice-président. — Porte-Froc adhère, signé Baron, s. — Ancienne Ville adhère, signé Reverchon, v. p. — L'Union adhère, signé Gaiet A., p. — Brutus adhère, signé Tamen, secrétaire.

N° 149. — Le Secrétariat Général des sections prévient le comité de surveillance de la section de...................... que d'après l'arrêté des corps administratifs du 2 septembre 1793, signé Gilibert, président, Richard, aîné, Adam, adjoint-secrétaire, qui ordonne de verser entre les mains de chaque comité de surveillance une somme, pour être distribué aux malheureux, il a été ordonné qu'il seroit compté à la section de.................. la somme de.................. En conséquence, le comité de surveillance de la section de................. voudra bien envoyer le plutôt possible, au comité des finances, son commissaire revêtu de pouvoirs pour toucher ladite somme de............. Pour extrait conforme à l'arrêté cy-dessus. Lyon, le 3 septembre 1793, l'an 2 de la République Françoise (1).

Jura se conformera à l'arrêté cy contre. — La Côte 2e division, id.

N° 150. — Le comité particulier de surveillance et de sureté publique du département de Rhône-et-Loire, invite le Secrétariat Général des sections à prévenir les comités particuliers de surveillance, qu'il existe, dans la plus part des rues et places, des chiens et des chats morts qui répandent l'infection, et qu'il seroit convenable de les faire enlever et jetter dans la rivière. Lyon, le 3 septembre 1793, l'an 2 de la République. Signé Bertaud-Dury. J^n-B^{ie} Faye.

Simoneau adhère, signé Pleney, président. — La Réunion adhère, signé Clergier, s^{re}.

N° 151. — Nous, officiers municipaux provisoires de la ville de Lyon, invitons de nouveau et pour la 3me fois, le Secrétariat Général, de prier les sections de former le comité aux transports et déblais qui

---

(1) Une expédition pour la section des Amis des Lois porte la somme de dix-huit cents livres.

encombrent les rues et places, cet établissement tient essentiellement à la sureté générale de la cité. Lyon, le 3 septembre 1793, l'an 2 de la République. Signé Privat. Conformément aux présent arrêté et aux numéros 130 et 146, les commissaires choisis à cet effet sont invités de se rendre demain mercredy 4 septembre, à 8 heures du mattin, dans la salle des expériences de phisique à l'Oratoire, place du Collège.

Simoneau adhère, signé Pleney, président. — La Réunion adhère, signé Clergier, s^{re}. — Rue Thomassin adhère, signé Faucheux. — Porte-Froc adhère, signé Baron.

N° 152. — Nous, officiers municipaux provisoires de la ville de Lyon, invitons le Secrétariat Général de faire prévenir les sections qui n'ont point nommé de commissaire pour la formation du comité de secours établi à Saint Lazare, de procéder dans le jour à cette nomination qui devient, dans ces circonstances, indispensable pour la tranquillité générale, car la situation et le défaut d'inspection des malheureuses familles, réunies aux Récollets, qui, n'étant surveillées d'aucune autorité, font leur besoin, jettent des eaux croupies dans les chambres et colidors de cette maison, de manière qu'il s'élève des miasmes qui font craindre une maladie épidémique. Ces commissaires voudront bien se réunir demain, 4 septembre, à 8 heures du matin, aux autres leur collègues étans à Saint-Lazare. A Lyon, le 3 septembre 1793, l'an 2me de la République Françoise. Signé Fleury Roux, Prost et Privas.

La Réunion adhère, signé Clergier, p. — La Convention id., signé Durand, p. — Paris a nommé un commissaire, signé Revol, p., Dantigni, s^{re}. — Porte-Froc adhère, signé Baron.

N° 153. — La section de l'Egalité, considérant que l'hôpital ambulant établi dans la cy-devant église des Missionnaires, devient chaque jour par sa situation plus intéressant, et doit en conséquence fixer particulièrement l'attention de toutes les sections, les invite, par l'entremise du Secrétariat Général, d'envoyer de suite quelques paires de drapts de lit, en prenant la peine de les faire marquer au nom du particulier qui les remettra ainsi que sa demeure, la section de l'Egalité en ayant déja fourni pour son contingent. Cet hôpital n'était dans le principe qu'un lieu de dépot pour les blessé et devient aujourd'hui nécessaire et utile plus que jamais par la destruction de l'Hotel-Dieu, surtout étant placé dans le voisinage de la Croix-Rousse, et à la descente du Pont-Saint-Clair. La section de l'Egalité prie les sections ses sœurs, de prendre sa demande en très grande considération, vu l'urgence. — Lyon, le 3 septembre 1793, signé Sibert, vice-président, Lambert, secrétaire.

La Réunion adhère, signé Clergier, p. — La Convention adhère, signé J.-B. Durand, Fromental, s^{re}. — Porte-Froc adhère, signé Baron. — La Concorde adhère, signé Reppelin, p. — La Croizette adhère, signé Crepu, s^{re}. — Marseille adhère, signé Guillaud. — L'Ancienne Ville adhère, signé Fauchet. — Saint-George adhère, signé Mugnier. — Liberté adhère, signé Allier-Boissonet, s^{re}. — Amis des Loix adhère, signé Brachet, Richard ainé.

N° 154. — Le comité militaire des subsistances de la force armée, invite les sections de la ville et les comités de surveillance, de leur faire parvenir le plutôt possible les procès-verbaux qu'ils ont du faire chez les citoyens absents, ainsi que chez les épiciers, et pour y parvenir il s'adresse au Secrétariat Général des sections, pour le leur faire savoir. Salut et Fraternité. Lyon, le 3 septembre 1793, l'an 2 de la République Françoise. Signé Orsel, président.

N° 155. — Les sections de Rue Buisson et de Rue Neuve, sur l'invitation du comité des finances, chargent les membres du Secrétariat Général, d'inviter les trésoriers de chaque section de se rendre à l'assemblée générale à trois heures précises de relevée, demain mercredy 4 septembre 1793, l'an 2 de la République Françoise. Lyon, le 3 septembre 1793, signé Lambert, président, Orsel, trésorier de la section de Rue Buisson. Ordonnance du payement des frais du bureau, du 3 septembre 1793, l'an 2° de la République Françoise.

N° 155 bis. — Le comité des finances est requis de payer aux membres du Secrétariat Général, la somme de cent cinquante-sept livres dix sols, pour les dépenses faittes par ce Secrétariat, dans le mois d'août dernier. Lyon, le trois septembre 1793, l'an 2° de la République Françoise. Signé Gilibert, président, Loyer, Adam, secrétaire-adjoint.

N° 156. — Extrait du procès-verbal de la section de Guillaume Tell, séance reprise à 4 heures de relevée, le 3 septembre 1793, l'an 2° de la République Françoise. — Un membre a représenté que la plupart des citoyens soldats abandonnoient leur poste, il a demandé que les comités de surveillance, de concert avec le comité de sureté publique, s'occupâssent de cet objet et qu'il fut pris une notte des individus qui abandonnent leur poste ; et si l'on ne peut les retrouver dans la ville pour les ramener à leur poste, que les scellés fussent mis sur leurs effets, et de suite en faire part aux sections, nos sœurs, par la voye du Secrétariat Général. — Signé Berruyer, président, Personaz, secrétaire.
Marseille adhère, signé Guillaud. — Jura adhère, signé Defarges. — L'Egalité adhère, signé Sibert, vice-président. — L'Union [la Réunion] adhère, signé Gayel. — L'Union renvoye au comité général, signé Clergier, p. — Convention adhère, signé Durand, p. — Saint George adhère, signé Mugnier. Amis des Loix adhère, signé Bochet. — Saône adhère, signé Charens, s^re. — Ancienne Ville adhère, signé Desrieux. — La Liberté renvoye au comité militaire, signé Allier-Boissonet.

N° 157. — D'après la pétition de divers membres, la susdite section de Guillaume Tell a arrêtté que les administrateurs de la caisse patriotique sont priés de rendre leur compte et verser les bénéfices, s'il y en a, dans la caisse des pauvres, d'après leur arrêtté, et en faire part aux autres sections nos sœurs, par la voye du Secrétariat Général. Signé Berruyer, président, Personaz, secrétaire.
Simoneau adhère, signé Gayel L. — Marseille adhère, signé Guillaud. — Jura adhère, signé Defarges. — L'Union adhère, signé Gayel. — L'Union [la Réunion] adhère, signé Clergier. — La Convention pense que cette mesure n'est pas praticable en ce moment, signé Durand. — St-George adhère, signé Mugnier. — Amis des Loix adhère, signé Brochet. — Saône adhère, signé Charens, secrétaire. — Porte-Froc adhère, signé Baron. — Ancienne Ville adhère, signé Desvieux. —

Liberté adhère, signé Allier-Boissonnet, secrétaire. — *Rue Neuve adhère aux deux pétitions et les adresse au comité de surveillance, signé Lambert, v. p. ; Bourbon, s^{re} par intérim.*

N° 158. — Liberté, égalité etc. Le comité particulier de surveillance et de sureté publique du département de Rhône-et-Loire, dit des cinq, autorise tous les comités de surveillance de la ville de Lyon à saisir, chez les citoyens absents, tous les matelats, comestibles et combustibles, à en tenir registre ou procès-verbal, et à s'en servir, soit pour les divers auspices des incendiés, soit pour les divers postes de la force armée ; néanmoins les comestibles ne pourront être employés que suivant l'avis du comité des subsistances. Lyon, le 4 septembre 1793, l'an 2 de la République. Signé Bemani, Richard, Combry, Mugue, Amiot, secrétaire.
Saint-George adhère, signé Mugnier.

N° 159. — L'assemblée des commissaires des sections pour le transport des effets déposés sur les quais, arrête : 1° Que tous les citoyens qui auront des carrioles et charriots à bras seront tenus d'en faire la déclaration le plutôt possible au comité de surveillance de chaque section ; 2° Chaque comité de surveillance sera tenu de faire rassembler à midi les carrioles et charriots à bras de leurs sections respectives. 3° Le commissaire de chaque section composant cette assemblée sera chargé d'employer tous les ouvriers requis par sa section, de leur assigner les travaux auxquels ils les destineront pour le transport des effets qui sont sur les quais, dans les lieux les plus favorables de Perrache. 4° Les comités de surveillance des sections, d'accord avec les commissaires des sections qui composent cette assemblée, seront chargés du détail de cette opération de transport, et de rendre compte au comité des travaux publics des besoins des propriétaires d'effets transportés, indigents ou incendiés, pour la sûreté de leurs effets. 5° Les comités de surveillance et commissaires de cette assemblée, feront évaluer les débris de bois restants des maisons incendiées pour être de suite vendus aux boulangers. 6° Lesdits comités de surveillance veilleront avec diligence aux intérêts des propriétaires incendiés pour la vente des débris des maisons. 7° Les frais de ces opérations seront faits par les comités de surveillance, qui en seront remboursés sur les notes qu'ils produiront aux comités des travaux publics. Le bureau sera composé des citoyens Daniel, Bouvard, Lemyre ; commissaires pour se transporter à Perache, les citoyens Varra, Bruyas, Billiet, Martin, Ferlat. Nous prions le Secrétaire Général d'avoir la complaisance de faire passer de suite au comité de surveillance de chaque section, la copie de la présente délibération. Lyon, le 4 septembre 1793. Signé Daniel, prés., Lemyre, s^{re} (1).

N° 160. — Copie d'une lettre adressée au Secrétariat Général, le 4 septembre 1793. Citoyens, sur les observations du citoyen général de la force de sureté, le comité particulier dits des cinq vous invite à

---

(1) *Au dos d'une expédition on lit :* Notte essentielle. Les Corps administratifs vous prient instamment de faire exécuter de suite et rigoureusement leurs arrêtés du 31 août et 2 septembre concernant la visite, la taxe des deniers et autres objets de subsistance, deux administrateurs étant venus au Secrétariat se plaindre de l'inéxécution desdits arrêtés.

transmettre sur le champ, aux comités de surveillance des sections, l'avis portant nécessité indispensable de faire illuminer tous les premiers étages de l'intérieur de la ville, et de toutes les rues et quais qui ne sont pas en vue de l'armée assiégeante. Les membres du comité des cinq. Signé Bemani, et Loyer, adjoint.

N° 161. — Extrait du procès-verbal de la section de Brutus, du 3 septembre 1793, l'an 2 de la République. L'assemblée délibérant sur l'invitation de la section de l'Egalité aux autres sections, tendant à envoyer des drapts de lits dans l'hopital établi à la cy-devant église des Missionnaires, considérant l'urgence. Considérant qu'une partie des citoyens aisés de la section à qui cette offrande ne couterait aucune privation, sont absents, soit par crainte, insouciance ou tout autre motif; considérant que ces citoyens ne concourent aucunement de leur corps à la defense de la cité, le doivent plus particulièrement de leurs moyens, a arrêté. 1° qu'invitation fut faite aux corps administratifs pour faire transporter audit hopital établi aux Missionaires (1) ou tous autres, les draps nécessaires qui se trouveroient chez les citoyens absents. 2° Que les comités de surveillance, assistés de juges de paix, fussent chargés de l'exécution. 3° Que le présent sera comûniqué aux sections nos sœurs par la voye du Secretariat Général. Lyon, lesdits jour et an. Signé Davin, vice-président, Tamen, secrétaire.

Simoneau adhère, signé Maupetit, c^{ro}*. — Port-du-Temple renvoye aux corps administratifs, signé Clavière. — Guillaume Tell adhère, signé Berruyer, p. — Simoneau adhère, signé Maupetit, com*^{re}*. — Marseille adhère, signé Girard. — Rousseau adhère, signé Viret, p., Martin f*^{s}*, s*^{re}*, — La Croizette adhère, signé Crepu, s*^{re}*. — Amis des Loix adhère, signé Richard, l*^{r}*. — Brutus adhère. — La Convention adhère, signé Durand, p. — Ancienne Ville adhère, signé Desrieux. — Porte-Froc adhère, signé Baron, s*^{re}*.

N° 162. — Les corps administratifs etc. formant le comité général de salut public. Séance du 4 septembre 1793. Extrait du procès-verbal. Considérant qu'il est on ne peut plus intéressant que les prisons..... (V. *Commission populaire, p. 210*)..... par la voye du secrétariat général.

Noms des commissaires només par les sections pour la surveillance des prisons. Rousseau, le citoyen Dainval ; Port-du-Temple, Martin ; La Croisette, Grégoire Verrier ; rue St-Georges, Reverony ; la Liberté, Grd J^h Chabrier.

N° 163. — La section de la Concorde, réunie en assemblée populaire dans le lieu acoutumé de ses séances, considérant qu'il résulte de grands inconvénients de la facilité qu'ont les boulangers d'altérer les farines qui leur sont distribuées et de tromper le public en ce qu'ils en extraisent la fleur pour en fabriquer du pain blanc qu'ils vendent à un prix exhorbitant et que par là il arrive que le pain qu'ils font sur le reste de la farine est d'une qualité non seulement très-inférieure à celle qu'ils devraient livrer, mais encore nuisible à la santé, arrête et prie les sections ses sœurs d'y donner leur adhésion. 1° Que pendant toute la durée du siège il ne sera fait qu'une seule qualité de pain.

---

(1) *Une expédition porte* : établi à St-Joseph.

2° Que chaque boulanger sera tenu de mettre sur son pain une empreinte désignant les noms et prénoms par les lettres initiales. 3° Que leurs moulins, ou blutoirs, seront scellés. Lyon, le 4 septembre 1793, l'an 2 de la République Françoise. Signé Reppelin, président, Benevant, secrétaire.

Jura adhère, signé Defarges, s^{re}. — L'Union passe à l'ordre du jour, signé Gayet. — La Convention refuse, signé Durand. — Droits de l'Homme ajourne à un tems plus tranquile, signé Tournachon, v. p., et 3 autres membres. — Marseille adhère, signé Guillaud, s^{re}. — La Réunion passe à l'ordre du jour, signé Rollichon, s^{re}. — Rue Buisson renvoye au comité des subsistances, signé Aynard, p. — Portefroc adhère, signé Baron, s^{re}. — La Liberté passe à l'ordre du jour, signé Boissonnet, p. — L'Egalité s'en rapporte aux autorités constituées, signé Sibert, v. p. — Saint-George adhère, signé Mugnier, p. — Brutus adhère, signé Tamen, s^{re}.

N° 164. — L'assemblée populaire de la section de Guillaume Tell a arrêté qu'il serait fait une nouvelle cueillette, pour soulager les femmes et les enfants des citoyens qui deffendent la ville, et que cet arrêté sera communiqué aux autres sections nos sœurs par la voye du Secrétariat Général. Lyon, le 4 septembre 1793, l'an 2 de la République Françoise. Signé Berruyer, président, Barrol, s^{re}. A Lyon, le 4 septembre 1793, l'an 2 de la République Française. Signé Berruyer, président, Barrol, s^{re}.

La Côte 2e dⁿ adhère, signé Rouchois. — Jura adhère, signé Defarges, v. s. — L'Union passe à l'ordre du jour, signé Gayet. — Amis des Loix adhère, signé Brochet. — La Convention déclare que l'objet est rempli par l'arrêté des corps administratifs du 2 septembre, signé Durand, p. — Droits de l'homme y aura égard en tems et lieu, signé Tournachon, v. p. — Réunion adhère, signé Rollichon, s^{re}. — Portefroc adhère, signé Baron, s^{re}. — Rue Buisson passe à l'ordre du jour, signé Aynard, p. — Ancienne ville adhère, signé Desrioux, p. — La Liberté passe à l'ordre du jour, signé Allier Boissonet, s^{re}. — Saint-George adhère, signé Mugnier, v. p. — La Concorde adhère.

N° 165. — Extrait du procès-verbal de la section de Guillaume-Tell, séante le 5 septembre 1793, l'an 2 de la République Française. D'après la représentation d'un de ses membres, que le nombre des officiers municipaux devant être de soixante-six, il s'en trouve à peine trente, et que les affaires publiques peuvent souffrir de cette négligence, la section a arrêté, que les sections nos sœurs seraient invitées à veiller à ce qu'ils [se] rendent à leur poste, et que cet arretté leur sera communiqué, ainsi qu'à la municipalité provisoire, par la voye du Secrétariat Général. Signé Berruyer, présid., Court, s^{re} (1).

L'Egalité adhère, signé Sibert, v. p., Lacostal l'ainé, s^{re}. — Grande Côte adhère, signé Rouchois. — Jura adhère, signé Defarges. — Amis des Loix adhère, Brochet. — La Convention adhère. — Droits de l'Homme adhère, signé Tournachon, v. p. — Marseille adhère, signé Guillaud, s^{re}. — Portefroc adhère, signé Baron, s^{re}. — Ancienne Ville adhère, signé Desrioux, p. — La Liberté passe à l'ordre du jour, signé Allier-Boissonet, s^{re}. — Saint-George adhère, signé Mugnier, v. p.

(1) *En marge :* Expédié, envoyé à la section, le 9 septembre.

N° 166. — Les membres du comité des travaux publics avertissent le Secrétariat Général des sections, qu'il leur est fait à tout instant des plaintes sur le manque d'assiduité des brigades d'ouvriers réparties dans les sections ; ils les invitent de requérir les sections à veiller avec exactitude à ce que les ouvriers fassent leur devoir et ne s'absentent ni jour ni nuit du lieu qui leur est fixé, afin que l'ouvrage ne souffre aucun retard, de recommander d'en faire l'appel toutes les deux heures et ceux qui ne justifieront pas leur absence par quelques travaux, leur payement doit leur être refusé et, après plusieurs appels où ils auront manqué, il conviendrait de les renvoyer entièrement. Lyon, le 5 septembre 1793, l'an 2 de la République une et indivisible. Signé F. Roux, Rater fils, commissaire aux travaux publics, Pieron, officier municipal provisoire.

Amis des Loix adhère, signé Brochet. — Réunion adhère, signé Rollichon, s^{re}.

N° 167. — Nous, officiers municipaux provisoires de la ville de Lyon, invitons le Secrétariat Général des sections de requérir de suite aux sections la quantité de 60 hommes, maçons, charpentiers ou autres pour se transporter aux Cordeliers de l'Observance, à l'effet de transporter des meubles et autres effets aux Carmes Déchaussés. Lyon, le 5 septembre 1793, l'an 2 de la République une et indivisible, Signé F. Roux, adjoint [off. mun. provisoire], Pieron, officier municipal, et Rater fils, adjoint.

N° 168. — Le comité de surveillance de la section de Guillaume Tell, considérant que, depuis les hostilités, il n'entre pas des farines fines dans la ville. Considérant qu'il importe que les farines données aux boulangers soyent employées sans en extraire aucune portion. Considérant que la pâtisserie n'est point un objet de première nécessité et que, pendant les hostilités, il importe au salut public que toutes les farines soient employées à faire du pain, ledit comité demande que tant que durera le siège de la cité, il soit deffendu à tous pâtissiers, hôteliers, aubergistes, de faire aucun genre de patisserie, sous peine d'être regardés comme citoyens suspects et en cette qualité être emprisonés ou exilés de la ville. La présente demande portée au comité militaire des subsistances et au comité des subsistances, qui l'ont accueillie pour la participer au comité de salut public et ensamble y faire droit, et le comité de Guillaume Tell la présente à la section aux fins qu'elle y adhère et de suite nomme un nombre suffisant de commissaires pour se transporter ce mattin, soit dans les sections, soit dans les comités de surveillance recevoir leur adhésion et le tout être porté dans le jour au comité de salut public. Lyon, le 5 septembre 1793, l'an 2 de la République Françoise. Signé Vincent Perrelle, Gagneur l'ainé, Bouvard, J. Raymond, pr., Landoz. La section de Guillaume Tell adhère, dans tout son entier, à la pétition cy dessus, le 5 septembre 1793, l'an 2 de la République Françoise, et au lieu de nomer des comissaires, envoyer la présente pétition au Secrétariat Général avec réquisition de la communiquer soit aux sections, soit aux comités et absolument sans retard. Signé Raymond.

Jura adhère, signé Bernard. — Le Port du Temple adhère, signé Morenas. — Rue Neuve passe à l'ordre du jour, signé Lambert, p., Bourbon, s^{re}. — Marseille adhère, signé Guillaud, s^{re}. — Réunion *passe à l'ordre du jour. — La Concorde passe à l'ordre du jour*, signé *Reppellin, p. — Saint-George adhère,* signé *Mugnier, p. — Portefroc adhère,* signé *Baron,* s^re. *— La Croisette répond que la pétition n'est pas proposable,* signé *Crepu. — L'ancienne Ville adhère,* signé *Desrioux, p. — Rue Buisson adhère,* signé *Aynard, p., Molinard,* s^re. *— La Liberté passe à l'ordre du jour,* signé *Allier-Boissonet,* s^re. *— L'Union passe à l'ordre du jour,* signé *Gayet. — Brutus adhère,* signé *Tamen,* s^re.

N° 169. — L'assemblée populaire de la section de Guillaume Tell a arrêté qu'il serait fait, à la municipalité provisoire, une pétition à l'effet de nommer 4 ou 6 commissaires par section, pour se transporter chez les citoyens qui refusent ou retardent de payer la taxe déterminée par les taxateurs et que ces commissaires portent la même décoration que les commissaires civils, et que le présent arrêté sera communiqué aux autres sections nos sœurs, par l'entremise du Secrétariat Général. — Lyon, le 5 septembre 1793. — Signé Berruyer, p., Personat, s^ro.

Jura adhère, signé *Renard,* c^re. *— La Convention, refus motivé,* signé *Durand, p. — La Convention adhère,* signé *Durand, p. — La Réunion adhère, Rollichon,* s^re. *— La Concorde passe à l'ordre du jour,* signé *Reppellin, p. — Simoneau adhère, Gauget l'ainé. — Saint-George, refus motivé,* signé *Mugnier, v. p. — Portefroc passe à l'ordre du jour,* signé *Baron, p. — Anciene ville adhère,* signé *Desrioux. — La Liberté adhère,* signé *Allier-Boissonet,* s^re. *— L'Union adhère,* signé *Gayet, p. — Brutus adhère,* signé *Tamen,* s^re.

N° 170. — Le comité des équipages de sûreté publique de Rhône-et-Loire, instruit qu'il y avait quantité de chevaux enlevés à différents particuliers, d'après des réquisitions dont on n'avait pas connaissance, que quantité de ces mêmes chevaux avaient passé en différentes mains ; le comité a cru qu'il était de sa sagesse d'en conférer avec le citoyen Durand, premier aide-de-camp chargé de cette partie pour l'inspection, pour qu'il ait à nous donner ses ordres, en conséquence et après la communication cy-dessus, il nous a autorisé à inviter le Secrétariat Général d'écrire à toutes les sections pour inviter tous les particuliers à qui l'on a pris des chevaux en vertu de quelque réquisition, à l'effet d'être enregistrés et connaître ceux qui peuvent établir des prétentions. Le Secrétariat voudra bien faire en sorte que cette notte soit portée dans le plus court délai au comité des équipages, situé aux cazernes de St-Pierre, pour être communiquée ensuite au citoyen Durand, à l'effet d'y faire droit, et à datter de 3 jours de la présente instruction toute réclamation deviendra inutile, à moins de raisons légitimes. Lyon, le 5 septembre 1793, l'an 2 de la République. Signé Durand, 1er aide de camp du général en chef; Arnaud, inspecteur général des convois, et Hesmayer, membre du comité des équipages.

La Convention adhère, signé *Durand, p. — La Rue Neuve invite Guillaume Tell à faire rentrer ses arriérés et s'en rapporte à la commission de l'arriéré,* signé *Lambert, p., Bourbon,* s^re. *— Simoneau, adhère,* signé *Gauget l'ainé. — Saint-George répond qu'il n'y a point eu de chevaux enlevés dans son arrondissement,* signé *Mugnier, v. p. — Portefroc adhère,* signé *Baron, p. — Ancienne Ville adhère,* signé *Desrioux. — L'Égalité demande qu'il soit nommé des adjoints,* signé

Bignon, s^{ro}. — L'Egalité adhère, signé Sibert, p., Big? s^{ro}. La Liberté adhère, signé Allier-Boissonet. — Brutus adhère, signé Tamen, s^{ro}.

N° 171. — La section du Port du Temple, réunie au comité de surveillance, vivement affectée des plaintes réitérées qui lui sont parvenues de la part des boulangers de la section, comme de celles qui ont été faites dans les autres sections, ses sœurs, contre le citoyen Verne, chargé de la distribution des farines. Considérant que le citoyen Verne, infirme et presque impotent, est peu propre à cet employ par lui-même, qu'il n'est secondé que par un sourd hors d'état d'y pouvoir être utile, qu'il n'y a qu'une seule romaine pour faire une distribution aussi considérable, qu'il y a dans la ville, et surtout à l'ancien poids de Saint-Pierre, une quantité de personnes en état de remplir cet objet précieux et surtout le citoyen Bellemain, connu pour son activité; considérant enfin qu'il n'y a que la faveur ou la bienfaisance qui ait pu faire placer à ce poste le citoyen Verne, qui ne peut absolument pas le remplir par son déffaut de forces au phisique, arrête que sa destitution sera prononcée dans le jour et qu'il sera établi au moins trois romaines et qu'elles seront servies par des chefs actifs et intelligents, que la présente sera communiquée aux sections nos sœurs et aux comités des subsistances et de salut public. A Lyon, le 5 septembre 1793, l'an 2 de la République Françoise. Signé Glaise, p., Morenas, Martin, Adrian, Challiou, Ferlat, Saunier, Nouvelet, Pessoneau, Laroque.

La Paix adhère, signé Fulchiron, p. — Rue Buisson adhère, signé Aynard, p. — Rousseau adhère, signé Viret, p. — Guillaume Tell demande qu'il soit nommé des adjoints, signé Berruyer, p. — L'Union adhère pour des adjoints, signé Gayet. — Saint-George demande plusieurs romaines, signé Mugnier. — Simoneau adhère, signé Pleney, p. — Portefroc, réfère aux autorités constituées, signé Baron, s^{re}. — Rue Neuve adhère, signé Lambert, p. — La Convention adhère, signé Durand, p. — Réunion adhère, signé Rollichon, s^{ro}. — Jura adhère, signé Bedor, aîné. — Paris adhère, signé Niogret, p. — Droits de l'homme adhère, signé Tournachon, v. p. — La Paix adhère, signé Fulchiron, p. — La Concorde adhère, signé Reppellin, p.

N° 172. — Nous, officiers municipaux provisoires de la ville de Lyon, invitons le Secrétariat Général des sections de vouloir prévenir les comités de surveillance et les commissaires civils et adjoints, qu'il est instant de donner l'écoulement aux eaux des rues et places, à fin d'entretenir la salubrité de l'air. Lyon, le 6 septembre 1793, l'an 2 de la République française, une et indivisible. Signé F. Roux, adj., Privat, Lemelletier.

N° 173. — L'assemblée populaire de la section Rousseau, sur la proposition faite par celle de Guillaume Tell, de recourir à une nouvelle cueillette pour le soulagement des femmes et des enfans des citoyens qui défendent la ville, observe que les autorités constituées s'occupent avec la plus vive sollicitude de leurs besoins, qu'il y a même une administration particulière, chargée de les connaître et d'y subvenir. La section Rousseau représente en outre qu'elle ne serait point d'avis de faire une cueillette, qui pourait être insuffisante, qu'elle préférerait qu'on ajouta 5 ou 10 o/o sur la nouvelle imposition de trois millions et que la société fraternelle ou le comité de surveillance de chaque section, puisa dans la caisse publique, de cette manière les malheureux ne se ressentiraient de l'épuisement des caisses particulières et seraient secourus sans relâche et avec plus d'assurance. Arrette que la présente délibération sera communiquée à toutes les sections nos sœurs par la voye du Secrétariat Général. Lyon, le 5 septembre 1793, l'an 2 de la République. Signé Viret, président, et Schutz, s^{re}.

Port du Temple s'en rapporte aux autorités constituées, signé Morenas. — Guillaume Tell passe à l'ordre du jour, signé Berruyer, p. — L'Union adhère, signé Gayet. — Saint-George adhère, signé Mugnier, p. — Simoneau adhère, signé Pleney, s. — Portefroc adhère, signé Baron, s^{re}. — La Réunion adhère, signé Clergier. — Jura adhère, signé Bedor, aîné. — Paris adhère, signé Niogret, p. — Droits de l'Homme dit que les 3 millions remplissent tous les secours à accorder aux nécessiteux, signé Tournachon, p. — Rue Buisson passe à l'ordre du jour, y ayant des administrateurs chargés de cet objet, signé Molinas, s^{re}. — La Paix adhère, signé Fulchiron, p. — La Concorde adhère, signé Reppellin, p.

N° 174. — L'assemblée populaire de la section de Guillaume Tell, d'après les observations de son comité de surveillance, que les prisonniers détenus à Roanne, pour l'affaire du 29 may dernier, étaient nourris avec une délicatesse et une abondance qui insultaient à la misère publique, que d'ailleurs ils jouissent d'une trop grande liberté en communiquant soit entreux, soit avec les étrangers, la section a arrêté que les prisonniers ne seraient nourris que d'une manière uniforme, sans luxe et en se renfermant dans les bornes du pur nécessaire et que d'ailleurs toute communication, soit entr'eux, soit avec les étrangers, leur serait interdite. Et que cet arrêté serait communiqué aux sections nos sœurs, pour y donner leur adhésion. Et ce, par l'entremise du Secrétariat Général. Lyon, ce 5 septembre 1793, l'an 2 de la République Française. Signé Donnet, vice-président, et Apprin, secrétaire.

Rue Neuve adhère, signé Bourbon, s^{re}. — Rousseau adhère, signé Viret, p. — L'Egalité adhère, signé Sibert, v. p. — Réunion adhère, signé Gayet. — Simoneau s'en rapporte aux autorités constituées, signé Pleney, p. — Jura de même, signé Defarge, v. s^{re}. — Portefroc adhère et applaudit, signé Baron, s^{re}. — Droits de l'Homme adhère, signé Tournachon, v. p. — La Croizette adhère, signé Crepu. — Rue Buisson adhère, signé Aynard, p. — La Concorde adhère, signé Reppellin, p. — La Réunion a adhéré, signé Clergier, p., Rondeau, s^{re}.

N° 175. — Les corps administratifs réunis, etc. Séance du 6 septembre 1793, l'an 2 de la République Françoise. Extrait du procès-verbal. Considérant que, par des manœuvres criminelles, les citoyens de Lyon.... (V. *Commission populaire, p. 213 et note*)....., sans qu'aucune considération particulière en puisse suspendre la marche et les heureux effets. Extrait collationé, signé Favre, président en l'absence, Bourdeaux, secrétaire.

N° 176. — Les corps administratifs réunis. — Séance du 6 septembre 1793, l'an 2 de la République Françoise. Extrait du procès-verbal. Instruits que plusieurs locataires des chambres et hotels garnis.... (V. *Commission populaire, p. 215*).... 3° Le présent arrêté sera imprimé et affiché à la forme ordinaire. Signé Gilibert, président, Adam, secrétaire adjoint. Extrait collationé.

N° 177. — Les corps administratifs réunis, etc. Séance du 6 septembre 1793, l'an 2 de la République. Extrait du procès-verbal. Considérant que les comités de surveillance ont délivré des cartes..... (V. *Commission populaire, p. 215*)....., afin qu'ils se conforment au présent arrêté. Extrait collationé, signé Gilibert, président, Adam secrétaire-adjoint.

N° 178. — Le comité particulier de surveillance et de sureté publique du département de Rhône-et-Loire prévient le Secrétariat Général des sections que sur différentes réclamations, il a cru devoir prendre sur lui de faire suspendre provisoirement l'exécution de l'arrêté de ce jour en ce qui regarde seulement l'enlèvement et le dépôt des farines ou graines quelconques, le surplus dudit arrêté devant être exécuté ponctuellement surtout le ressensement. Ce 6 septembre 1793, l'an 2 de la République Françoise. Signé Bertaud, Dury, Roche, président, J.-B. Faye.

N° 179. — Nous, officiers municipaux de la ville de Lyon, invitons le Secrétariat Général des sections de requérir dans les sections la quantité de quarante massons pour travailler aux fortifications de la Croix-Rousse, sous la conduite du citoyen Michau, chef d'atelier. Il faut observer qu'il ne faut point d'enfants et il les faut à la pointe du jour demain, ils se rendront à la maison Carret, près des Pères. Lyon, le 6 septembre 1793, l'an 2 de la République Françoise. Signé Fleury Roux et Combry.

Reçu l'ordre cy dessus à 9 heures du soir.

N° 180. — Les corps administratifs séants à Lyon et les délégués de la section du peuple françois dans le département de Rhône-et-Loire formant le comité général de salut public. Séance du 4 septembre 1793, l'an 2 de la République Françoise. Sur une pétition de la section du Change... (V. *Commission populaire, p. 211*), ... le présent arrêté et les réflexions qui l'ont motivé seront imprimés et affichés et envoyés au Secrétariat des sections. Signé Gilibert, président ; Adam, secrétaire-adjoint.

N° le Secrétariat Général invite les sections à émettre leur vœu sur l'arrêté du comité général de salut public du 4 septembre 1773, dans le plus bref délai possible et de le faire parvenir de suite audit Secrétariat Général, attendu qu'il est chargé de remettre audit comité lesdits vœux. Ci-joint est un exemplaire de l'arrêté dudit comité du 4 septembre.

La Convention est d'avis d'attendre le moment où l'on pourra rappeller les jurés légalement choisis, signé Durand, p., Sellon, srd*. — L'Union attribue à la commission militaire la connaissance de tous les délits nommés le 29 may, signé Gayet Lancien. — Rousseau est d'avis qu'il ne faut pas enfreindre les lois établies, qu'il faut surveiller exactement les* *prisons jusqu'à ce que le tribunal criminel puisse reprendre ses fonctions, signé Viret, p., Schutz, s^{ro}. — La Liberté a délibéré que les choses resteraient in statu quo, jusqu'à ce que les circonstances permettent l'instruction de la procédure commencée, signé Estaussant, p., Allier-Boissonet, s^{re}. — La Réunion est d'avis de remplacer les jurés absents, et cela fait, de forcer le tribunal saisi de prononcer deffinitivement, signé Clergier, p., Rollichon, s^{ro}. — La Croizette se conformera aux vœux de la pluralité des sections, signé Cheyssac, commissaire au Secrétariat Général. — L'Ancienne Ville arrête qu'il sera choisi dans cette ville un nombre suffisant de membres pour remplacer ceux qui ne pourront pas se rendre à leur poste, à l'effet de procéder au jugement dont il s'agit, signé Desrioux, p., Tonlieux, s^{ro}. — La Concorde arrête que le juré de jugement sera pris dans le district de la ville de Lyon et continuerait la procédure des détenus, signé Reppellin, p., Bénevent, s^{ro}. — Port-du-Temple observe que les citoyens sont en très petit nombre et ne se croyent pas compétents pour délibérer et pense qu'il faut donner l'exemple de la plus inviolable soumission à la loi, signé Morenas, Clavière, s^{re}. — Simoneau passe à l'ordre du jour, motivé sur ce que aucune circonstance ne peut permettre de transgresser la loi. — Saint-George délibèrent qu'ils ne pouvaient pas aller contre les autorités constituées, et renvoye cette affaire pardevant qui de droit, signé Piegay, membre du comité de surveillance, Parrin, s^{ro}. — La Liberté passe à l'ordre du jour. Estaussant, p., Allier, Boissonet, s^{ro}. — La Saône a émis son vœu et ne le fera connaitre qu'après que les autres sections auront émis le leur, signé Morand, p., Charens, s^{re}. — Portefroc a délibéré d'ajourner la discussion sur cet objet qui mérite d'être traité avec la plus scrupuleuse attention, signé Baron, s^{re}. — Marseille arrête que les détenus ne seront jugés que conformément à la loi, qu'ils seront mis à la ration et au plus rigoureux secret, signé Matlon-Lacour, v. p., Guillaud, s^{re}. — La Paix s'en rapporte à la prudence et à la sagesse des corps administratifs et des autres sections, signé Fulchiron, p., Fromage, s^{re}.*

N° 181. — Les corps administratifs séants à Lyon, etc. Séance du 6 septembre 1793, l'an 2 de la République Française. Extrait du procès-verbal. Considérant que tous les citoyens doivent participer indistinctement aux inconvénients passagers... (*V. Commission populaire, p. 212*), puisse en suspendre la marche et les heureux effets. Fait audit comité, le 6 septembre 1793, l'an 2 de la République française. Sera le présent imprimé et affiché par tout où besoin sera. Signé Gilibert, p., Adam, secrétaire-adjoint. — Pour extrait collationé.

N° 182. — Les corps administratifs, etc. Séance du 7 septembre 1793, l'an 2 de la République française. Extrait du procès-verbal. Les débitants, propriétaires et dépositaires de poudres.... (*V. Commission populaire, p. 216*)...., pour en recevoir la valeur au prix qui sera déterminé de concert avec eux. Extrait collationné. Signé Gilibert, président, Roubiès, secrétaire général.

N° 183. — Liberté. Egalité. République une indivisible. Le comité particulier de surveillance de sûreté publique du département de Rhône-et-Loire, dit le comité des cinq, réuni au comité des subsistances par arrêté de ce jour, Enjoint au comité de surveillance de chaque section de se transporter, dans le jour, chez les boulangers de leur arrondissement et de mettre leurs cachets par forme de scellés sur les blutoirs dit barilets ou tamis longs. Charge en outre les comités de surveillance de nommer un commissaire qui vérifiera chaque jour l'intégrité dudit cachet, et en cas d'infraction dénoncer le contrevenant qui sera renvoyé pardevant la commission militaire. Fait audit comité le 7 septembre 1793, l'an 2 de la République française. Signé Jantet, Favre, Genet Bronze, Reverony, Valleton, David, Couderc, adjoint au comité des subsistances.

N° 184. — Lyon, le 7 septembre 1793, l'an 2 de la République. Les membres composant le comité des subsistances réuni au comité des cinq. Citoyens, Nous vous adressons un modèle de carte que les sections pourront employer pour éviter les doubles emplois dans la délivrance du pain chez les boulangers. On inscrirait jour par jour la quantité de pain levée, le citoyen peut à son choix aller se fournir chez tel boulanger qu'il voudra, mais il ne peut prendre du pain que chez un pour le même jour. Il sera nécessaire que les sections établissent des commissaires chez les boulangers pour inscrire les livraisons qui seront faites à chaque citoyen ; il nous paraît qu'avec cette précaution et de l'exactitude on préviendra tous les abus et tous les citoyens seront servis. Agréez, citoyens, nos salutations fraternelles. Signé Valleton, officier municipal, Reverony, Grognard, Terret, Combry, Genet-Bronze, Coste.

MODELLE DE CARTES

Section de....... Rue........ N°.......
Le citoyen.......... pour son ménage composé
de........ personnes, recevra par
jour.......... livres de pain.
  Pour le huit septembre donné......
  Pour le 9............
  Pour le 10..........
  Etc................

Rue Buisson adhère, signé Sacono ?, *v. p.*, Molinas, s^{re}.

N° 185. — La section de Saint-Vincent, unie au comité de surveillance de la même section, sur l'observation des corps administratifs que les moulins n'étaient pas suffisants pour fournir la quantité de farine nécessaire, prie la municipalité de faire construire le plutôt possible, la plus grande quantité possible de moulins à bras, d'autant qu'un nombre considérable de citoyens, soit par impossibilité de faire les mouvements de l'armée et d'y faire le service ou par quelqu'autre raison que ce soit, sont sans travail et dans le plus grand besoin, ces mêmes personnes pourraient être occupées à la mouture, ce qui procurerait deux grands biens en procurant la subsistance à nos citoyens et détruisant l'oisiveté, le plus dangereux fléau de la société. La section de Saint-Vincent, unie au comité de surveillance, requiert le secrétariat général de communiquer le présent aux autres sections ses sœurs pour avoir leur adhésion. Lyon, le 7 septembre 1793, l'an 2 de la République Française. Signé Derguillon, président, Chataignier, président, Molard, secrétaire.

Rue Neuve adhère, signé Lambert, *p.* — *Jura adhère, signé* Defarges, v. s^{re}. — Simoneau adhère, signé Gauget, s^{re}. — La Convention adhère, signé Rose, v. p., Sellon, s^{re}. — Guillaume Tell adhère, signé Berruyer, p. — Portefroc adhère, signé Baron, s^{re}. — Saint-George adhère, signé Perrin, s^{re}. — Port du Temple adhère, signé Morenas. — Marseille adhère, signé Guillaud, s^{re}. — Rousseau adhère, signé Viret, p. — Le Change adhère, signé Simond, p. — La Paix adhère, signé Fulchiron, p. — La Liberté adhère, signé Estausant, p., Allier-Boissonet, s^{re}. — Réunion adhère, signé Rondelet, p., Clergier. — Paris adhère, signé Dantigny, s^{re}. — Saône adhère, signé Charens, s^{re}. — La Concorde adhère, signé Reppellin, p.

N° 186. — Le comité particulier de surveillance et de sûreté publique du département de Rhône-et-Loire, invite les sections et les comités de surveillance des sections par l'entremise du Secrétariat Général, à faire illuminer exactement depuis 9 heures du soir jusqu'à 4 heures du mattin les premiers étages seulement des rues et places de cette ville autres néanmoins que celles qui, par leur position, peuvent être apperçeues des postes de l'armée assiégeante. Défenses sont faites d'illuminer les lieux et hauteurs de la Grande Côte, rue Neyret, rue Masson et aux environs, la montée des Carmélites, Fourvière et les rues qui l'environent, le Gourguillon et Saint-Just, sous peine d'amande contre les contrevenants, même d'être selon les circonstances traduits à la commission militaire. Recommande aux sections et aux comités de surveillance de prendre toutes les précautions pour qu'en cas de feu l'incendie soit promptement arrêtée et ne devienne pas dangereux, les invite à faire tenir dans un rendez-vous au lieu assigné dans chaque section un certain nombre d'hommes et ouvriers toujours prêts à se porter où se manifesterait le feu ou autre malheureux évènement. A Lyon, au comité, le 7 septembre 1793, l'an 2 de la République Française. Signé Roche, président, Bertaud, Dury, J.-B. Faye. Reçu au Secrétariat Général à 6 h. 3/4 de relevée.

N° 187. — Extrait du procès-verbal de la section de la Convention du 7 septembre 1793. La section de la Convention, considérant que la plus part des bureaux de l'hôtel de ville, sont ocupés par des jeunes gens qui serviraient avantageusement la patrie en portant les armes dans leur bataillon respectif, tandis que des citoyens âgés de 45 à 50 ans ne peuvent rendre d'autres services que ceux qui n'exigent qu'un travail de bureau, émet son vœu pour que lesdits bureaux soyent occupés par des gens d'un âge mûr, qui ne pouvant porter les armes, seront reconnus avoir la capacité nécessaire, et que les jeunes gens qui remplissent ces places aillent servir la patrie, chacun dans leur bataillon respectif. Le présent sera communiqué aux autres sections nos sœurs par l'entremise du Secrétariat Général. Lyon, ledit jour et an. Signé Durand, p., Sellon, s^{re}.

Rue Neuve adhère, signé Lambert, p., Finiels, s^{re}. — Simoneau adhère, signé Gauget, s^{re}. — Jura adhère, signé Larguier, c^{re}. — Saint-George adhère, signé Mugnier, v. p. — Port du Temple adhère, signé Morenas. — Guillaume Tell renvoye à la municipalité provisoire, signé Berruyer, p. — La Paix adhère, signé Fulchiron, p. — Portefroc arrête qu'il n'y a lieu à délibérer, cependant il en sera référé aux autorités constituées, signé Baron, s^{re}. — Marseille adhère, signé Guillaud, s^{re}. — Saint-Vincent adhère, signé Molard, s^{re}. — Paris adhère, signé Dantigny, s^ro. — Saône passe à l'ordre du jour, s'en rapportant aux autorités constituées. — Saint-George adhère, signé Mugnier, v. p. — La Liberté adhère, signé Boissonat. — La Liberté adhère, pourvu que les bureaux ne souffrent pas, signé Estansant, p.

N° 188. — Le comité militaire des subsistances arrête que dans toutes les sections il sera fait des recherches des garçons ou maitres boulangers non occupés, et qu'il leur sera enjoint d'aller travailler à la munitionaire de Serin sous la direction du citoyen Caillot, moyenant salaire. Fait en comité à Lyon, le 8 septembre 1793, l'an 2 de la République Française. Signé Berchoud, Josserand et Orsel.

N° 189. — Ce jourd'hui 7 septembre 1793, l'an 2 de la République, le comité des équipages et convoys militaires assemblé, le citoyen Durand, premier aide-de-camp du général Précy, nous a exposé que le service de la cité souffrait par la retenue de différents particuliers qui avoient des chevaux propres aux chasseurs, qui se refusent à les prêter. Le comité, considérant qu'un pareil refus était une atteinte portée à la sureté et tranquilité de cette cité, a arrêté qu'à compter de ce jour 8 septembre, tout citoyen qui, dans l'espace de trois jours, n'aurait pas fait sa déclaration au comité des équipages de sureté publique et de la force armée de Rhône-et-Loire, seront répréhensibles et que de suite il sera procédé à des visites domiciliaires pour que, s'il se trouvait des chevaux de cachés, ils soyent confisqués au profit de la cité. Arrête que le présent sera envoyé au Secrétariat Général pour être communiqué à toutes les sections le même jour et an que dessus. Par ordre du général Precy, signé Durand, aide-de-camp, Spolina, p., Arnaud, inspecteur général des convois.

N° 190. — La section de la Convention a arrêté que pour réunir plus souvent, dans les circonstances actuelles, les citoyens qui ne sont pas de service journalier dans leurs bataillons, il en serait fait un appel nominal à 10 heures du mattin et à 4 heures après midy, que l'on dénoncerait ceux qui négligeraient de s'y rendre, elle propose aux sections ses sœurs de mettre en faveur des pauvres de la section respective une amande au moins de cinq livres sur ceux qui manqueraient 3 fois de suite audit appel, d'en référer aux autres sections pour être autorisée des corps administratifs pour ladite amande, la section ignorant si par elle-même elle peut avoir ce droit. Lyon, le 8 septembre 1793, l'an 2 de la République. Signé Rose, v. p.
Jura adhère, signé Defarge, v. s^ro. — La Côte 2 d^on, adhère, signé Degrieux, p. — Rousseau adhère, signé Viret, p., Bonnet, s^ro. — Réunion adhère, signé Clergier, p., Rondelet, s^ro. — Le Change adhère, signé Simond, p. — Portefroc a délibéré qu'il en seroit référé au comité militaire, signé Baron, s^ro. — Port du Temple passe à l'ordre du jour, signé Clavière, s^ro. — Guillaume Tell adhère et porte l'amande au huitième de l'imposition foncière et mobiliaire et ceux qui n'en payent pas à 3 liv. d'amande, signé Berruyer, p. — Paris adhère, signé Dantiny, s^ro. — Saint-George adhère, signé Mugnier, v. p. — La Liberté adhère, signé Boissonat. — Simoneau adhère et demande que l'amande soit supportée par ceux qui auront absenté trois jours de suite, signé Grognard, s^ro. — La Liberté adhère, signé Estansssant, p.

N° 191. — La section de Saône en permanence. Un de ses membres ayant représenté qu'il était bien étonant que dans un moment où l'on s'ocupait essentiellement de prévenir la disette des comestibles dans l'étendue de la cité, l'on y vit vaguer dans les rues, quais, places et carrefours, une multitude de chiens dont la nourriture absorbait des danrées nécessaires à celle des citoyens et qu'une ordonance récemment rendue pour en diminuer le nombre ayant demeuré sans exécution, il était bien intéressant que les sections prissent cet objet important dans la plus exacte considération. La matière mise en délibération, la section de Saône, convaincue de la nécessité de remédier à cet abus et persuadée que tout bon citoyen ne peut, dans un moment aussi critique, balancer entre la privation d'un chien et une mesure qui tend à assurer la subsistance d'un homme, a arrêté qu'elle émet son vœu pour que tous les chiens vagues soyent assommés et que tous les citoyens (les bouchers exceptés) qui auront des chiens ayent à les faire sortir de la ville dans les 24 heures, qu'à défaut de satisfaire à cette réquisition leurs chiens soyent traités comme les chiens vagues ; que les sections, ses sœurs, soyent invitées par la voye du Secrétariat Général, à donner leur adhésion à la présente délibération, qu'enfin, en cas qu'elles y adhèrent, le Secrétariat Général engage les autorités constituées à en ordonner et assurer l'exécution. Lyon, le 8 septembre 1793, l'an 2 de la République Française. Signé Charrens, s^{ro}, Morand-Jouffray, p.

Rousseau adhère, signé Viret, Bonnet, s^{ro}. — Portefroc adhère, signé Baron, p. — Le Change adhère, signé Simond, p. — Port du Temple adhère, signé Clavière. — La Côte adhère, signé Gayet cadet, s. — Guillaume Tell adhère, signé Berruyer, p. — Paris adhère, signé Datigny, s^{re}. — Saint-George adhère, signé Mugnier, v. p. — Concorde adhère, signé Benevent, s^{ro}. — La Convention adhère, signé Durand, p. — Simoneau adhère, signé Grognard, s^{ro}. — Marseille adhère, signé Guillaud, s^{ro}.

N° 192. — Les corps administratifs, etc. Séance du 8 septembre 1793. Extrait du procès-verbal. Considérant qu'il est on ne peut plus intéressant que le public boive de l'eau pure.... (*V. Commission populaire, p. 216*).... à ne boire que l'eau des pompes. Sera la présente communiquée à toutes les sections, signé Gilibert, p., Adam, s^{re}.

N° 193. — Les corps administratifs, etc. Séance du 8 septembre 1793. Extrait du procès-verbal. Sur le rapport du comité des finances et conformément.... (*V. Commission populaire, p. 217*).... elles auront donné leur confiance pour y avoir recours. Signé Gilibert, p., Adam, s^{re}.

N° 194. — Les corps administratifs, etc. Séance du 9 septembre 1793, l'an 2 de la République. Extrait du procès-verbal. Considérant que dans un état de siège il est important de se ménager.... (*V. Commission populaire, p. 217*)....., comme coupable de conspiration.

MODÈLE DES CARTES.

Le citoyen.......... section de rue.......... N°
       Individus.
10 septembre
11   id.
12   id.
Etc.
Fait et arrêté audit comité, le 9 septembre 1793, l'an 2 de la République. Sera le présent imprimé et affiché, signé Gilibert, p. Extrait collationé, Adam, secrétaire-adjoint.

N° 195. — Nous officiers municipaux provisoires de la ville de Lyon, invitons le Secrétariat Général des sections, de requérir dans les sections la quantité de 30 ouvriers, manœuvres ou autres, pour travailler de suite à former une redoute en face de la rue Moricaud ou maison Paradis, ils travailleront sous les ordres du citoyen Chmitt, lieutenant-colonel. A Lyon, le 9 septembre 1793, l'an 2 de la République Françoise, signé Fleury Roux, Forest, officiers municipaux.

N° 196. — Les corps administratifs, etc. Séance du 9 septembre, l'an 2 de la République Françoise. Extrait du procès-verbal. Considérant que les nuits deviennent froides.... (V. *Commission populaire, p. 218*).... qui sont aux avants-postes. Sera le présent envoyé aux sections. Extrait collationé. Signé Gilibert, président, Adam, secrétaire-adjoint.

N° 197. — Les corps administratifs séans à Lyon, etc. Séance du 9 septembre 1793. Extrait du procès-verbal. Considérant que la taxe sur les danrées de première nécessité.... (V. *Commission populaire, p. 218*).... qu'il y soit apporté aucune contravention. Ce 9 septembre 1793. Signé Gilibert, p., Adam, secrétaire-adjoint.

N° 198. — Les corps administratifs séans à Lyon, etc. Séance du 9 septembre 1793, l'an 2 de la R. F. Extrait. Considérant que plusieurs citoyens domiciliés à Lyon.... (V. *Commission populaire, p. 218*)...., pour assurer la rentrée de la contribution pécuniaire sur tous les absents. Ce 9 septembre 1793. Signé Gilibert, p., Adam, sec.-adj.

N° 199. — Extrait des délibérations de la section de l'Union. Appert par la délibération du 9 septembre 1793, l'an 2 de la République Françoise. Sur l'observation d'un citoyen membre de la section, il a été délibéré et considéré que l'état de siège où se trouve cette ville, et les nuits passées si longtemps au bivuac, occasionent des maladies dont les soldats citoyens sont attaqués, indépendamment de ceux à qui leurs blessures nécessite de fournir des médicaments, soit extérieurs, soit intérieurs, ce qui donne lieu d'employer beaucoup de drogues médicinales dont le prix a augmenté d'une manière excessive, quoique l'achat en ait été fait antérieurement à l'époque où tout est monté au prix énorme où sont parvenues toutes les choses nécessaires à la vie et à la santé. Considérant qu'il est dans ce moment de la plus haute importance d'empêcher le renchérissement des drogues, puisque tous les officiers de santé s'empressent de traiter avec le plus grand désintéressement les braves deffenseurs de la cité, arrête que les autorités constituées sont invitées à faire faire des visites chez tous les épiciers droguistes, pour constater la quantité de drogues les plus usuelles qui s'y trouvent enmagazinées, tel que la mane, la casse, la rubarbe, le séné et le quinquina, et ensuite de la vérification qui en aura été faite d'en fixer le prix sur le même pied qu'elles se vendaient au commencement de juillet dernier, estimant qu'il est de la sagesse des citoyens administrateurs de porter leur attention sur cet objet. Le vœu que la section de l'Union vient d'émettre sera communiqué aux autres sections par la voye du Secrétariat Général, à l'effet d'avoir leur adhésion. — Signé Gayet-Lancin, p.

Simoneau adhère, signé J.-B. Pleney, com^{re}. — Saint-George adhère, signé Fuchet, s^{re}. — Rousseau adhère, signé Viret, p. — Port du Temple adhère, signé Morenas. — Jura adhère, signé Defarges. — Rue Neuve s'en rapporte aux corps administratifs, signé Lambert, p., Bourbon père, s^{re}. — Grande-Côte adhère, signé Guillon. — Portefroc adhère, signé Baron, s^{re}. — La Convention passe à l'ordre du jour, vû la multiplicité des articles et l'injustice de la taxe dans les circonstances actuelles et l'augmentation des denrées depuis le 1er juillet, signé Durand, p., et Sellon, s^{re}.

N° 200. — Nous, officiers municipaux provisoires de la ville de Lyon, invitons le Secrétariat Général des sections de prévenir les comités de surveillance, qu'en introduisant des femmes dans les ateliers de l'extérieur de la ville et particulièrement dans ceux des Brotteaux, il a été reconnu que quelques-unes d'elles se sont échapées, pour donner sans doute des renseignements à nos ennemis ; que d'une autre part, il est vérifié que ces citoyennes donnent de la distraction aux ouvriers des différents ateliers et comme il importe à la cellerité de la deffense de cette ville et à la tranquilité publique de parer à ces deux inconvéniens, les comités de surveillance sont priés de ne vouloir plus enrôler des femmes pour travailler dans les ateliers extérieurs, cette précaution étant de l'avis du général qui a donné l'ordre de ne plus en laisser passer sur le pont Saint-Clair. Lyon, le 10 septembre 1793, l'an 2 de la République Françoise. Signé Privat, Péricaud, Pierron.

L'Ancienne Ville adhère.

N° 201. — Copie d'une lettre écrite aux comités de surveillance des sections par les corps administratifs. Lyon, le 10 septembre 1793, l'an 2 de la République. Le comité des subsistances, réuni au comité dit des cinq, estime que dans les circonstances il serait à désirer que chaque individu put se contenter d'une livre de pain par jour, mais il a pensé aussi que cette quotité serait trop modique pour la classe précieuse des citoyens peu aisés, des artistes et ouvriers occupés à des travaux pénibles. Balancé entre ces considérations, il s'est déterminé à fixer le maximum de la distribution du pain à une livre et demi pour chaque individu par jour. Il réclame votre zèle et s'en rapporte à votre sagesse pour, d'après vos lumières, n'accorder qu'une livre par jour aux ménages où il y aura plusieurs enfants en bas âge, aux citoyens riches qui peuvent se procurer des nourritures substantielles et vous invitant à avoir égard à leurs remontrances si cette taxe étoit insuffisante à leur consommation, il ne sera innové à la ration de la force armée qui la recevra comme par le passé à raison d'une livre et demie par jour pour chaque soldat. Vous dirés à tous que ces mesures de prévoyance et de rigueur sont impérieusement prescrites par la position où se trouve la cité et que notre espoir, comme le leur, est d'en prévoir bientôt le terme. Recevés, citoyens, les salutations fraternelles des membres composant les deux comités. Signé Favre, Péricaud, Genet-Bronze, Valleton.

1° Les pères de famille casernés qui ne sont pas dans les postes avancés doivent recevoir du pain ; 2° Les abrités à Saint-Lazare sont nourris avec des légumes ; 3° Toute la force armée qui n'est pas dans les postes avancés ou casernée, doit être nourrie comme les autres citoyens. Pour instruction explicative. Signé Péricaud, officier municipal provisoire, membre du comité des subsistances.

L'Ancienne Ville adhère.

N° 202. — Le comité particulier de surveillance et de sûreté publique du département de Rhône-et-Loire dit des cinq, réuni au comité des subsistances, arrête que les commissaires des comités de surveillance de chaque section, restent chargés de déterminer la somme totale qu'il revient à chacun d'eux, pour la ditte somme être distribuée par eux à chaque citoyen, le prix qui lui revient en raison de la quantité des bleds ou farines déposés, et d'après les prix déterminés cy-après. Farine fine, à cinquante-six livres le quintal, farine bluttée à quarante livres, farine à tout, à trente-six livres, froment, le bichet à vingt livres, seigle, le bichet à quinze livres. Fait au comité le 10 septembre 1793, l'an 2 de la République Françoise. Signé Péricaud, Genet-Bronze, Couderc, Combry, Jantet.

N° 203. — Avis aux sections, relatifs aux blessés de chacune d'elles de la part du chirurgien-major général de l'armée. Pour venir utilement au secours de nos frères d'armes blessés, j'ai établi sept hôpitaux ambulants sur la voye que je présumais devoir être tenue par les diverses colonnes de l'armée républicaine de Lyon, dans ses mouvements pour notre deffense commune, ainsi que je l'ai annoncé par affiche le 12 août. Dès lors ces braves deffenseurs ont été assurés de trouver sous leurs pas des moyens de soulagement de toute espèce, et c'est à leur administration active et raisonnée que nous devons la conservation du plus grand nombre ; mais nos autres concitoyens sont également exposés à de grands dangers, ils sont assaillis sans cesse par des boulets et des éclats de bombes, et la mort va les frapper jusqu'au sein de leurs foyers, au milieu des ténèbres de la nuit. Les blessés qui ont résulté de cette cause sont plus nombreux que ceux qu'ont produit les diverses attaques dans lesquelles on a pu se mesurer avec l'ennemi, il convient donc d'assurer à ces blessés des secours du moment, et de disséminer dans la cité des officiers de santé pour les appliquer. La chirurgie de l'armée continuera à recevoir tous les blessés dans les hôpitaux ambulants, pour de là les faire transporter dans leur domicile ou dans l'un de nos hôpitaux fixes ; mais j'invite, de concert avec le citoyen Pellin, mon coadjuteur, les sections à mettre en permanence, surtout pour les nuits, les chirurgiens-majors de leur bataillon, à l'effet de se tenir dans le lieu de leur assemblée ou dans tel autre qu'elles indiqueront, avec une provision suffisante de linge, charpie et autres moyens semblables, etc. Alors nos concitoyens seront assurés de trouver dans un lieu fixe des officiers de santé pour leur apporter des moyens de soulagement. Dans les cas malheureux que toute la prudence humaine ne sauroit ny prévoir, ny éviter, la pluspart des sections ont gardé à leur disposition des linges et charpies, et j'offre d'en fournir aux autres sur l'entrepôt général. Lyon, le 10 septembre 1793, l'an 2 de la République Françoise, le chirurgien-major de l'armée, signé Desgranges.

N° 204. — Le comité des subsistances militaires requiert le Secrétariat d'enjoindre aux comités de surveillance des différentes sections à ce que les commissaires visitant les boulangers soyent tenus de tenir la main à ce que la panification soit faite avec plus de soin, et la cuisson plus forte qu'elle ne l'a été jusqu'à présent, et de veiller à ce que la fleur de la farine n'en soit point enlevée. A Lyon, le 11 septembre 1793, l'an 2 de la République. Signé Berchoud, Josserand, Orcel, administrateurs.

La section de la Croizette adhère, signé Crepu, s^{re}.

N° 205. — Copie d'une lettre adressée au Secrétariat Général des sections par les membres composant le comité de police et sûreté générale. Lyon, le 11 septembre 1793, l'an 2 de la République. Citoyens, l'on vient de nous avertir que, ce mattin, il y a eu de la rumeur chez plusieurs boulangers, dans différents cantons, et notamment dans la rue de Bourgneuf, et ce, parce qu'il ne s'y est trouvé aucun commissaire des sections pour y faire faire la distribution ; veuillés, citoyens, faire prévenir les différents comités de surveillance de cet évènement, pour qu'ils prennent toutes les précautions que leur sagesse leur suggérera, à l'effet de prévenir tout désordre et assurer la tranquilité nécessaire au salut de la cité. Agréez l'assurance de nos sentiments fraternels. Les membres composant le comité de police et de sûreté générale. Signé Roche, p., Bertaud et Dury.

La section de la Croizette adhère, signé Crépu, s^{re}.

N° 206. — La section de Marseille, instruite des services que les bons citoyens mariniers préposés à la rive du Rhône ont rendu à la cité dans la nuit dernière, a arrêté qu'elle ouvrait une souscription, pour le produit en être adressé au comité des Travaux, pour être distribué dans sa sagesse, soit à ces citoyens, soit aux citoyens qui se conduiront dans la suite avec le même civisme, et que le présent arrêté sera communiqué aux autres sections nos sœurs, par la voye du Secrétaire Général des sections. Délibéré en séance publique le 11 septembre 1793, l'an 2 de la République Françoise. Signé Coson, président, Guillaud, secrétaire.

Saint-George adhère, signé Perrin, s^{re}. — Portefroc adhère, signé Baron, s^{re}. — Rue Neuve est d'avis que les gratifications soyent prises dans la caisse obsidionale, signé Lambert, p. — La Convention passe à l'ordre du jour, quoique pénétrée de la plus vive reconnoissance, motivé sur ce que la récompense due au service des mariniers doit être payée généreusement par la municipalité provisoire. Les besoins sans cesse renaissants des familles ruinées par les évènements du siège imposent à chaque section l'obligation d'y pourvoir sans retard : quant aux mariniers, leur civisme nous fait penser qu'ils seront plus sensibles aux témoignages de reconnoissance de la cité entière qu'à des récompenses pécuniaires. Signé Durand, s^{re}. — La section de la Croizette adhère, signé Crépu. — La Fraternité adhère, signé Millien, p., Gayet, s^{re}.

N° 207. — Le comité particulier de surveillance et de sûreté publique du département de Rhône-et-Loire dit des cinq, réuni au comité des subsistances. Sans rien préjuger sur les démarcations des deux sections de l'Anciene Ville et de St-George, le comité de surveillance provisoire du dédoublement de l'Ancienne Ville et Gourguillon, présidé par les citoyens Halmburger, Bellet et autres, le dit comité est autorisé à délivrer aux citoyens dudit arrondissement des cartes pour la délivrance du pain. Lyon, le 11 septembre 1793, l'an 2 de la République Françoise. Signé Combry, Reverony et Terrel.

N° 208. — Les citoyens commissaires des sections pour le second appel de trois millions et pour l'établissement de la caisse patriotique sont invités à se réunir aujourd'hui 12 septembre, à 4 heures précises, à l'hôtel commun, dans la salle ordinaire de leurs assemblées pour affaire très importante. Signé Millanois, président.

L'assemblée de la section de la Convention prie le Secrétariat Général de vouloir bien faire passer le présent avis dans les 32 sections. Lyon, le 12 septembre 1793. Signé Rose, vice-président.

La section de la Croizette adhère, signé Crépu.

N° 209. — Le Secrétariat Général des sections est prié par le comité des subsistances de faire savoir aux comités de surveillance qu'il sera remis une some de 500 livres à chaque section pour commencer à payer les citoyens pressés, de recevoir le prix de leurs farines, en attendant que les comités de surveillance puissent présenter leur facture générale. Lyon, le 12 septembre 1793, l'an 2 de la République Françoise. Signé Pericaud, Genet-Bronze et Reverony.

N° 210. — Le comité particulier de surveillance de Rhône-et-Loire, dit des cinq, réuni au comité des subsistances, arrête que tous les comités de surveillance sont requis expressément de faire exécuter dans le jour, l'arrêté par lequel les autorités constituées ont ordonné que les scellés seroient aposés sur les blutoirs de tous les boulangers. 2° Les commissaires de police seront requis de faire enlever sur le champ, d'une part, toutes les farines fines et, de l'autre, tous les sons qui peuvent se trouver dans les boulangeries, afin qu'aucun boulanger ne puisse faire de mélange pernicieux. 3° Il est défendu à tout boulanger de cuire du pain pour des particuliers sous peine de 500 livres d'amende, dont la moitié applicable au dénonciateur. 4° Les comités de surveillance sont autorisés à requérir la force armée, s'il y échet pour faire chez les particuliers l'enlèvement des grains et farines, tel qu'il a été prescrit. Fait à Lyon, le 11 septembre 1793. Signé Favre, Genet-Bronze, Terret, Jantet, Rayre, Couderc et Péricaud.

N° 211. — Le comité particulier de surveillance et de sûreté publique du département de Rhône-et-Loire dit des cinq, réuni au comité des subsistances, sur la représentation qui a été faite par plusieurs comités de surveillance que les cartes relatives à la distribution du pain peuvent donner lieu à des doubles emplois continuels, si on y comprend les citoyens armés qui, quand ils sont sédentaires dans les postes avancés, reçoivent de l'administration les fournitures de pain qui leur sont nécessaires, arrête : 1° Que tous les citoyens armés, même les cazernés, se pourvoiront individuellement d'une carte qui leur sera délivrée par les commandants de bataillons, à l'effet de pouvoir acheter du pain chez tous les boulangers indistinctement. 2° Au moyen de cette carte individuelle qui sera délivrée à chacun des citoyens armés par leur commandant de bataillon, ils ne pourront se faire comprendre sur la carte qui sera délivrée à leur famille par les comités de surveillance. 3° Les comités de surveillance sont requis de vérifier d'une manière très scrupuleuse, si le nombre des individus mentionnés sur les cartes qui ont dû être délivrées à chaque chef de famille est bien le nombre réel des individus qui composent la famille. Toute personne qui sera convaincue d'avoir fait à ce sujet une fausse déclaration, sera condamnée à cinquante livres d'amende, applicable au dénonciateur, et en 8 jours de détention. Sera le présent arrêté communiqué dans le jour par l'entremise du Secrétariat Général, aux comités de surveillance, qui, à leur tour, sont respectivement chargés de le communiquer sans délai au commandant de bataillon. Fait à Lyon, le 11 septembre 1793, signé Favre, Genet-Bronze, Rayre, Péricaud, Terret, Jantet et Couderc.

Ce jourd'huy, douze septembre mil sept cent quatre-vingt-treize, l'an 2 de la République Françoise, sur l'heure de 10 au matin, les membres du Secrétariat des sections, assemblés au lieu ordinaire de leur séance, pour le renouvellement du bureau à la forme du règlement, ont procédé à la nomination d'un chef et de deux adjoints et de trois secrétaires par la voie de deux scrutins. Dépouillement fait du premier les suffrages se sont réunis en faveur du citoyen Basset pour chef de bureau et des citoyens Petit et Duvignau pour adjoints. Dépouillement fait du second, les suffrages se sont réunis en faveur des citoyens Bernard, Phelips et Sage cinq nouveaux secrétaires. Ces cinq nouveaux membres ont accepté la mission à laquelle ils ont été appellés et ont promis de la remplir avec zèle et exactitude. Sur la motion d'un membre, dans laquelle il a observé que le dépôt des arrêtés des corps administratifs et des sections exigeoit une grande surveillance de la part du Secrétariat Général, afin de pouvoir toujours représenter le résultat de ses opérations, l'assemblée a arrêté qu'il seroit nommé un archiviste à qui seroit confié la copie originale de tous les arrêtés qui sont communiqués au Secrétariat des sections, et à l'instant le citoyen Le Vieux a été nommé par acclamation et a accepté avec reconnoissance. Après quoi le citoyen Bancenet a remis aux nouveaux membres, soit les pétitions des sections, soit les réquisitions des autorités constituées depuis le n° 128 jusqu'au n° 211 inclusivement, qui ont été expédiés pendant ses fonctions de chef du bureau, soit les reçus et adhésions des sections concernans ces mêmes numéros, desquels numéros et autres papiers il a été fait décharge au citoyen Bancenel. Fait et clos à Lyon, les jours et ans que dessus ; le tout pour la police de l'assemblée et ont, les membres de l'ancien et du nouveau bureau, signé : BANCENEL, ex-chef, ALLARD, secrétaire, MICHOUD, secrétaire, PHÉLIP, PARAUDIER, LE VIEUX, DUVIGNEAUX, SAGE, BASSET.

N° 211 *bis*. — Copie de la lettre écrite par le Secrétariat Général aux citoyens composant le comité de sureté publique. Les citoyens composant le Secrétariat Général vous exposent que la salle du collège, dans laquelle ils tiennent leur séance, est exposée au feu des assaillans, l'édifice a été déjà percé de plusieurs boulets, plusieurs bombes sont tombées dans les environs, et les rues adjacentes sont exposées en ligne directe aux batteries, de manière qu'on y a ramassé plusieurs boulets. S'exposer sans utilité aux bombes et aux boulets est un danger qui ne tourne pas à l'avantage de la chose publique, puisqu'il n'en peut résulter pour l'ennemi aucun détriment. Dans cet état, le Secrétariat Général requiert qu'il lui soit de suitte assigné une autre localité, soit à la Manécanterie, soit au collège de Notre-Dame. Lyon, 11 septembre 1793, l'an 2 de la République Françoise. Signé les commissaires députés par le Secrétariat Général, Paraudier, chef du Secrétariat, Levieux, secrétaire, Bancenet, chef du bureau, Dervieu-Varey, commissaire, Florentin Petit.

Soit montré à la section et au comité de surveillance réunis et en permanence, soit de la section de Porte-Froc, soit de l'Union, pour y délibérer et donner le plus promptement leur avis. Lyon, 12 septembre 1793, l'an 2 de la République Françoise. Signé Roches, président.

Adhéré à l'unanimité par la section de Portefroc et, sur le champ, il a été fait choix d'une pièce aggrée par les citoyens commissaires du Secrétariat Général. Ce 12 septembre 1793. Signé Chazottier, président, Baron, secrétaire.

Le comité particulier de police, surveillance et de sûreté publique approuve et autorise la translation provisoire, pendant la durée du siège, du Secrétariat Général des sections à la Manécanterie. A Lyon, en comité, le 13 septembre 1793, l'an 2 de la République Françoise. Signé Roches, président, A. Figuet, Larivollière. En conséquence, le Secrétariat Général a transféré ses séances à la Manécanterie, le 13 septembre 1793.

N° 212. — Les corps administratifs, etc., formant le comité général de salut public. Séance du 12e septembre 1793, l'an 2 de la République Françoise. Extrait du procès-verbal. Sur la consigne que les commissaires aux prisons. (*V. Commission populaire, p. 219*), à l'exécution de tous les articles cy-dessus. Signé Gilibert, président. Extrait collationné, Adam, secrétaire-adjoint.

La section de la Fraternité adhère, signé Millien, président, Gayet, secrétaire.

N° 213. — Copie d'une lettre adressée à toutes les sections. Lyon, le 13 septembre 1793, l'an 2 de la République Françoise. Citoyen président, le comité des sept commissaires trésoriers des sections vient d'être informé par M^{rs} du comité des finances, que la caisse de la force de sûreté étant sans fonds et qu'en ayant demandé à divers trésoriers, ils n'en ont point trouvé. Plusieurs de ces trésoriers ont répondu que leur recouvrement n'étoit pas encore en activité et même que leurs nouvelles taxes n'étoient pas encore faites. Mais comment concevoir une pareille négligence, après que dix jours se sont écoulés depuis le nouvel appel des secours ; et comment l'excuser d'après la célérité recommandée à tous. Citoyen, il seroit dangereux de vous cacher notre situation et il faut vous la faire connoître, quelque triste qu'elle soit. Elle est telle que si les fonds n'arrivent au plutôt, il devient, dès ce moment, impossible de continuer à nous déffendre. Toutes les ressources particulières sont épuisées et il n'en reste absolument que dans les sections. Que chaque section s'anime donc d'un zèle infatigable pour effectuer, dans le plus bref délai, le recouvrement de son contingent, différemment la chose publique est perdue. Nous sommes fraternellement les commissaires trésoriers des sections composant le comité des sept, signé Orsel, Laurencet, Jaques de Villar, Costes. P. S. Chaque trésorier de sections voudra bien, à fur et mesure de rentrées, verser les fonds dans la caisse de la force de sûreté.

Suit une lettre du comité des finances dont la teneur est : Aux citoyens composant le Secrétariat Général des sections, Lyon, le 13 septembre 1793, 2° de la République Françoise. Nous vous remettons, citoyens, ci-joint une lettre adressée à toutes les sections de la ville par les commissaires trésoriers des sections composant le comité des sept, chargé de veiller à la célérité des recouvremens du second appel de trois millions. Vous jugerez cette communication de la plus grande urgence et votre zèle pour la chose publique nous assûre que vous ne perdrez pas un instant à son exécution. Les membres du comité des finances des délégués du peuple de Rhône-et-Loire, signé Amboise, Girod, Peyron.

Ce jourd'hui treize septembre, l'an deux de la République Françoise, le Secrétariat Général ayant repris ses séances dans une des salles de la Manécanterie, un membre a observé qu'il faudroit pour les chefs du bureau, un secrétaire pour fermer tous les papiers, le citoyen Jal, un des membres du Secrétariat, a offert d'en prêter un, l'assemblée a accepté avec reconnoissance cette offre, et de suite le citoyen Jal a fait transférer dans la salle un bureau long, bois noir, à trois tiroirs garni en cuivre, ayant trois serrures et une seule clef, ledit bureau garni en peau, l'assemblée a arrêté que mention seroit faitte sur ses registres de la ditte remise faitte par le citoyen Jal, et qu'extrait du présent procès-verbal lui seroit délivré par le chef du bureau, pour lui servir de reconnoissance afin qu'il put le retirer quand bon lui semblera. Fait et clos lesdits jour et an et ont, les membres du bureau, signé : LEVIEUX, archiviste, SACE, secrétaire du bureau, PHÉLIP, secrétaire, BASSET.

Le présent registre a été clos au folio 194, le 14 septembre [l'an] 2° de la République Françoise, le surplus du blanc a été laissé pour une table. SAGE, secrétaire au bureau, PHÉLIP, secrétaire du bureau, BASSET, chef du bureau, DUVIGNEAUX, s. chef du bureau.

N° 214. — Du 14 septembre 1793, 2ᵈ de la République. Pétition de la section de Scévola relative au bois pour chauffer les fours, du 13, expédié. La section de Scévola, réunie au comité de surveillance, considérant que les demandes réitérées des boulangers pour avoir du bois pour chauffer leur four, que les sections feront bien tous leurs efforts pour leur en procurer, mais les provisions de ce genre qui peuvent être chez les citoyens peuvent manquer, la section émet son vœu pour que les ouvriers soient employés, sans perdre de temps, à abbattre tous les bois, tels que dans les travaux Perraches, les Brotteaux, près des Carmes déchaussés et autres endroits, le bois qui en proviendra servira au besoin des boulangers. La section invite le Secrétariat à communiquer son vœu aux autres sections. Fait en assemblée générale, le 13 septembre 1793, 2ᵈ de la République. Signé Glas, président, Guilloud, secrétaire, Genet-Bronze, président.

Porte-Froc adhère, signé Baron, secrétaire. — Saint-George adhère, signé Mugnier, président, Perrin, secrétaire. — Simoneau adhère, signé Gauget l'aîné. — Jura adhère, signé Desfarges, v. secrétaire-adjoint. — Paris adhère, observant qu'il y a plusieurs milliers de fagots entreposés au bord de la Saône, vis-à-vis la poudrière, le propriétaire désireroit les vendre, signé Revol, président, Merest, secrétaire-provisoire. — Grand Côte 2° division adhère, signé Rauchard. — La Convention adhère, signé Durand, président, Tracol, secrétaire. — Marseille ajourne, signé Guillard, secrétaire. — La Paix adhère, pourvu qu'on ne coupe pas les arbres de la place de la Fédération, signé Fulchiron, président, Fromage, secrétaire. — Simoneau adhère, signé Gaujet l'aîné, secrétaire. — L'Union adhère, signé Gayet-Lancin, président. — La Croizette adhère, signé Crépu, secrétaire. — Réunion adhère, excepté les arbres fruitiers, signé Clerjier, président, Rondelet, secrétaire. — Port-du-Temple s'en réfère aux corps administratifs, signé Morénas. — Guillaume Tell adhère, signé Baraut, secrétaire. — L'Ancienne Ville adhère au cas que les fagots qui existent dans les villages de Saint-Genis, Marcy, Craponne, etc., vinssent à manquer. — Droits de l'Homme adhère, signé Tournachon, Valioud. — Le Change adhère, signé Louel, secrétaire. — Rue Buisson passe à l'ordre du jour, motivé sur ce que celle mesure ne doit avoir lieu qu'à la dernière extrémité. — La Fraternité adhère, signé Milien, président, Gayet, secrétaire par intérim.

N° 214 bis. — Ce jourd'hui quatorze septembre, l'an deux de la République Françoise, le citoyen Margotton, attaché au service du culte de la Métropole, ayant remis au Secrétariat Général un bureau garni en cuivre, à huit tiroirs sans clef, et quatre chaises couvertes de peau, pour le service dudit Secrétariat, a demandé un récépissé pour sa décharge. L'Assemblée a arrêté qu'il lui en seroit fourni un par les membres du bureau au nom du Secrétariat. Fait et clos les jour et an que dessus. SAGE, secrétaire au bureau, PHELIP, secrétaire du bureau. Basset, chef du bureau. Florentin PETIT. Duvigneau, v. chef du bureau. BERNARD, LEVIEUX, archiviste.

Je soussigné archiviste du bureau de l'état civil, déclare avoir reçu du comité du Secrétariat Général des sections, séant à la Manécanterie de St-Jean, un grand bureau à dix tiroirs et garni en cuivre, que j'ai pris provisoirement, pour l'usage dudit bureau et que je m'engage à rendre à la réquisition du comité cy-dessus nommé, à Lyon, le 20 septembre 1793, l'an deux de la République Françoise. Signé J. J. Amand, archiviste du bureau de l'état civil.

N° 215. — Adresse aux sections (1). Citoyens, je ne dois point vous dissimuler, ni vous taire que le nombre de la force armée diminue chaque jour, j'en trouve la cause dans les maladies occasionnées par les fatigues et dans les différentes pertes, suites malheureuses de l'effet des bombes et des boulets. Comment se peut-il, d'après ces considérations et les dangers qui menacent cette cité, qu'il puisse encore exister des insouciants qui, par divers subterfuges, se sont soustraits jusqu'à ce jour à la défense générale ? Je m'adresse donc de nouveau à tous les comités de surveillance, pour faire les plus exactes recherches et engager le citoyen honnête qui n'auroit point encore pris les

(1) En marge on lit : Addresse du général aux sections pour rappeler les insouciants dans leurs bataillons, du 14 septembre.

armes à s'incorporer de suite dans son bataillon ou dans les compagnies cazernées. Dans ces nouvelles visites on aura le plus grand soin de faire un choix d'hommes en état de porter les armes et de les présenter aux bataillons pour les faire agréer. D'après cette dernière invitation, ceux qui ne s'y rendront pas ne pouvant plus être regardés que comme traitres ou lâches, doivent s'attendre à être traités comme tels, sans avoir égard à aucune réclamation. La ville, dans ce moment, n'a besoin que de gens utiles, elle est en danger, il ne doit exister qu'un seul cri : Sauvons-la, ou périssons tous. Signé le citoyen général, Précy.

N° 216. — La section du Jura prie le Secrétariat Général de faire prévenir toutes les sections d'envoyer un commissaire demain quinze du courant, à dix heures du matin, dans la salle de Rousseau, pour terminer l'objet concernant les ouvriers sans travail. Lyon, ce 14 septembre 1793, l'an 2° de la République Françoise. Signé Billiémaz, vice-président. Desfarges, v.-secrétaire-adjoint.

Du 15 septembre 1793.

N° 217. — Extrait des registres des délibérations de la section de Rue Buisson, le 14 septembre 1793, l'an 2° de la République Françoise. La section, considérant que les visites faites chez les différens particuliers, épiciers et marchands de fromage, pour connoître les dépôts des comestibles comme huile, riz, fromage et autres objets, ont été infructueuses, parce que ces marchands ont caché ces marchandises dans des lieux éloignés de leur domicile et inconnus aux commissaires ; que par ce moyen ils sont parvenus à échapper aux recherches en privant les citoyens peu aisés des subsistances nécessaires, a arrêté qu'invitation seroit faite par affiche à tous citoyens qui connoîtroient des dépôts cachés de comestible de les venir dénoncer de suite aux comités de surveillance de la section qu'il voudra choisir, laquelle dénonciation sera reçue sous le secret, et attendu que cette mesure urgente intéresse toute la cité, le présent arrêté sera de suite communiqué aux autres sections, avec invitation d'y adhérer et de le mettre à exécution dans le plus bref délai. Signé J. Eynard, président, Molinard, secrétaire (1).
Marseille adhère, Guillaud, secrétaire. — *La Paix* adhère, signé A. Fulchiron, *président, Fromage, secrétaire.* — *Simoneau* adhère, signé Gauget l'aîné, secrétaire. — *La Réunion* adhère, signé Clergier, président. — *La Croizette* adhère, signé Clepu, secrétaire. — *L'Union* adhère, signé Gayet-Lancin, président. — *Saint-George* adhère, signé Mugnier, vice-président. — *Egalité* adhère, signé Sibert, vice-président, Bignau, secrétaire. — *Saint-Vincent* adhère, signé Daguillon, président, Pallier, commissaire. — *Paris* adhère, signé Niogret, président, Dantigny, secrétaire. — *Porte-Froc* adhère, signé Baron, secrétaire. — *Rue Neuve* adhère, signé Bourbon, secrélaire provisoire.

N° 218. — Lettre adressée au Secrétariat Général, le 15 septembre 1793, l'an 2° de la République Françoise. Citoyens, des motifs les plus puissants ont déterminé les corps administratifs à arrêter qu'il ne

---

(1) *En marge* : Pétition de la section de Rue Buisson, relative aux marchands d'huile, etc., **14 septembre**. Expédiée. Reçu de la municipalité, le 18 septembre.

seroit délivré du pain par les boulangers à aucun citoyen que sur un billet de sa section. Les corps administratifs sont informés qu'il existe plusieurs contraventions à cette règle et que plusieurs boulangers délivrent du pain aux citoyens sans qu'ils soient porteurs d'autorisation par leur section. Pour parer à cet inconvénient, les corps administratifs invitent les sections, par votre organe, à nommer un ou deux commissaires qui surveillent chacun les boulangers demeurant dans leur arrondissement et qui veillent spécialement à ce qu'il ne soit délivré aucun pain à aucun citoyen qui ne soit porteur d'une autorisation de la section pour en avoir. Les membres des corps administratifs, Signé Montviol, président, Adam, secrétaire.

N° 219. — Le comité particulier de surveillance et de sûreté publique du département de Rhône-et-Loire, dit des cinq, réuni au comité des subsistances, requiert les comités de surveillance de chaque section de faire dans les vingt-quatre heures la vérification et recherche des riz et autres légumes qui peuvent se trouver chez les différens marchands en gros et en détail, à l'effet de quoi on visitera exactement tous les magazins et dépôts. Cette opération faite, les comités de surveillance en feront mettre sans délai les états au comité des subsistances séant à l'hôtel commun. Charge les comités de surveillance de faire enlever de suite lesdits riz et légumes, de les placer dans un dépôt près du lieu de leurs séances pour en être fait, par les corps administratifs, telle distribution qu'ils jugeront convenable. Seront lesdits riz et légumes payés aux particuliers au prix dont on conviendra. Enjoint aux comités de surveillance de faire tenir assidûment des commissaires chez les boulangers pour veiller à la fabrication et distribution du pain, en leur rappellant que l'esprit de l'arrêté concernant la distribution étoit de fixer à une livre de pain par jour la ration de chaque individu ; mais on a laissé à la sagesse des commissaires surveillans la faculté d'aller jusqu'à une livre et demi en faveur des ouvriers occuppés à des travaux pénibles, *maximum* de rigueur qui ne doit jamais être excédé. A Lyon, le 15 septembre 1793, l'an deux de la République Françoise. Signé Bemani, Fabre, Combry.

N° 220. — Copie d'une lettre écrite aux administrateurs par le commandant général et renvoyée au Secrétariat Général. Citoyens administrateurs, Au mépris des ordonnances que vous avez rendu relativement à la sûreté publique, indépendamment des consignes qui ont été données aux différens postes de l'intérieur pour en assurer l'exécution, nous recevons journellement des plaintes sur l'inexactitude des gardes à faire de fréquentes patrouilles, que la majeure partie des portes d'allées sont fermées et sans lumière, sans surveillans ; que les plaintes que les citoyens ont voulu porter aux corps de garde ont été mal reçues ; que les sections qui devroient tenir la main à l'exécution des ordonnances sont d'une négligeance inexcusable à cet égard, ce considéré, nous croyons qu'il conviendroit que les corps administratifs enjoignent de nouveau aux comités de surveillance de chaque section, de tenir la main à l'exécution des ordonnances qui ont été rendues à ce sujet et sur le refus que la force armée feroit de seconder leurs soins, d'en dresser procès-verbal, de le faire parvenir à l'état-major pour qu'il puisse faire punir les coupables. Lyon, 15 septembre 1793,

2^d de la République. Signé, pour le commandant général, Bayle, chef de la 4e légion.

Renvoyé au Secrétariat Général des sections pour aviser, dans sa sagesse et avec le zèle qu'il a toujours montré, aux moyens les plus sûrs d'exécuter les règlements, sauf à seconder à ses efforts de tout notre pouvoir. Lyon, 15 septembre 1793, 2^d de la République Françoise, au comité particulier de police et surveillance. Signé Bertaut.

Du 16 septembre.

N° 221. — Extrait d'une délibération du comité d'administration de l'hôpital de Saint-Louis. Ce jour treize septembre mil sept cent quatre-vingt-treize, l'an 2^d de la République Françoise, les citoyens désignés par le comité de salut public pour la régie de l'hôpital dit Saint-Louis, dans l'église des cy-devant Augustins de cette ville, pour y soigner les hommes blessés pendant le siège de la ville de Lyon, tenant la seconde séance du comité d'administration, après que chacun d'eux a eu rendu compte des objets les plus urgents, auxquels il s'étoit chargé de pourvoir et donner ses soins, ont délibéré et arrêté qu'ils donneroient, dans le jour, communication audit comité de salut public, du procès-verbal de leur formation en comité d'administration, en datte du onze courant, ainsi que des registres qu'ils établissent pour la régie dudit hôpital, aux fins de demander que tout soit sanctionné par un nouvel arrêté, qui les reconnoisse en qualité et en fonctions, qui statue de quelle manière il sera pourvu aux frais de ladite régie et décide quels sont les registres qui doivent être timbrés. Clos et arrêté, Lyon ledit jour et an que dessus. Signé Maurice, président, A. Clepu, Vionnet, Desgranges, Pellin, Ch. Germain, Forge, Arnaud, secrétaire. Pour conforme à l'original. Aug. Arnaud, secrétaire.

Sanction donnée par le comité général de salut public, l'assemblée du comité général de salut public ayant pris lecture de la délibération cy-dessus, l'approuve, ne pouvant qu'applaudir au zèle des administrateurs de l'hôpital Saint-Louis, qui ne seront point tenus de faire timbrer leurs registres, attendu que cette hospice n'est que provisoire et est soutenu par les deniers volontaires des citoyens. A l'égard des fonds qui doivent servir aux dépenses journalières, il sera statué par l'assemblée par un arrêté particulier, dont il sera donné connaissance aux citoyens administrateurs. Lyon, le 13 septembre 1793, 2^d de la République Françoise. Signé Gilibert, président, Adam, secrétaire.

Extrait d'une délibération du comité d'administration de l'hôpital Saint-Louis. Cejourd'hui quinze septembre mil sept cent quatre-vingt-treize, l'an 2^d de la République Françoise, les citoyens Maurice, président, Crepu, Vionnet, Germain, Jean Forges, Desgranges, Pellin, administrateurs, Arnaud, secrétaire, composant le comité d'administration de l'hôpital Saint-Louis, d'après les arrêtés du comité général de salut public des neuf et onze du présent mois, ont arrêté dans leur séance de ce jour, que le comité d'administration étant dans le cas de solliciter chaque jour les bons offices et la bienfaisance des citoyens, il seroit donné connaissance aux sections de la cité, de la formation de ladite administration par la voie du Secrétariat Général, comme aussi aux hôpitaux et notamment au grand Hôtel-Dieu et partout où besoin sera, de plus, qu'il sera fourni les reconnoissances nécessaires des divers objets remis en dons ou prêts audit hôpital Saint-Louis, à la charge de restitution de ces derniers, lorsque les besoins dudit hôpital cesseroient ou que lesdits objets seroient réclamés, lesquelles reconnoissances seront signées par deux administrateurs, ou par un et le secrétaire de l'administration. Clos et arrêté le jour et an que dessus et copie conforme à l'original. Signé Maurice, président, Pellin, Desgranges, Crepu, Forge, Vionnet, Germain, Aug. Arnaud, secrétaire.

N° 222. — Nous, officiers municipaux provisoires de la ville de Lyon, invitons le Secrétariat de prier les sections les plus voisines et qui pourroient envoyer trente à quarante manœuvres à la maison commune, afin d'être envoyé aussitôt aux moulins Perrache, où il est instant de les envoyer. Lyon, 16 septembre 1793, l'an 2ᵉ de la République. Signé Privat fils, Rater, Forrel, officiers municipaux provisoires.

N° 223. — Extrait des registres des délibérations de la section de Saône en permanence, du 13 septembre 1793, l'an 2^d de la République Françoise. Les huit commissaires nommés pour répartir entre les citoyens de la section la somme qu'elle doit fournir dans la seconde contribution civique, ayant remis au président le tableau par eux arrêté, des taxes que chacun doit supporter, le citoyen président a dit : « Citoyens, vos commissaires viennent de remplir l'objet dont vous les aviez chargés et déposent leur travail sur le bureau. La confiance bien méritée dont vous les avez investis, vous est un sûr garant que la plus grande équité a présidé à cette opération. D'après la marche indiquée par le comité des finances, vos commissaires ont cru devoir suivre, dans cette répartition, une progression relative aux revenus. Et certes, le citoyen riche fait moins pour la patrie, en lui cédant son superflu, que celui qui se prive pour elle d'une partie de son nécessaire. Il leur a paru convenable aussi de ne point taxer les citoyens dont les funestes effets du siège ont prodigieusement diminué les ressources : bien persuadés que ceux qui en conservent encore, s'empresseront de contribuer à raison des facultés qui leur restent. La position inouie où se trouve cette cité, les frais considérables et journaliers que nécessite sa défense, ne nous permettent pas de balancer et nous devons réunir nos efforts pour sauver la chose publique. A la vérité, les fortunes les mieux réalisées ne produisent pas maintenant de grands revenus. Des maisons incendiées, ou que la crainte fait déserter ; des terres saisies et livrées au brigandage de ceux qui nous attaquent, n'offrent pas beaucoup de ressources ; mais ne perdons pas de vue que toutes ces propriétés alloient, sans notre énergie, devenir la proie de nos oppresseurs et la récompense de leurs agens ; n'oublions pas que des taxes ruineuses et arbitraires étoit le moindre mal qui nous fut réservé. Pensons que si, par impossible, les despotes, qui prétendent asservir ceux dont ils tiennent leur pouvoir, pénétroient jamais dans nos murs, les débris de nos fortunes seroient livrés au pillage et deviendroient d'ailleurs inutiles à des hommes qui préfèrent la mort au déshonneur et à la servitude. Pourrions-nous nous refuser à des sacrifices pécuniaires, tandis qu'un militaire distingué s'arrache au repos dont il jouissoit, pour venir assurer par son courage et ses talents, le salut d'une cité qu'il n'avoit aucun intérêt de déffendre ; tandis que des concitoyens sans fortune exposent chaque jour leur vie pour le bien général ? Qui de nous regrettera une portion de sa propriété, quand le règne des loix aura succédé à l'anarchie et assurera à chacun la paisible jouissance de ce qu'il aura pu conserver ? Qui de nous se ressouviendra de ses pertes, quand les François réunis ne formeront qu'une seule famille et quand la France reconnoissante applaudira à notre courageuse résistance ? Hâtons-nous donc, citoyens, d'acquitter la somme demandée à cette section et que, sans les raisons les plus fortes, sa perception ne soit pas retardée par des réclamations. La patrie attend nos secours ; réfléchissons sur ses besoins, consultons nos devoirs, et ne calculons pas nos moyens. » La section de Saône, pénétrée de l'urgence dans les mesures prises par les autorités constituées, retracées par le citoyen Morand-Jouffrey, qui, en ce moment, a donné de nouvelles preuves de son zèle, a arrêté que son discours invitatoire seroit consigné dans les registres et imprimé aux frais de la section, pour être distribué à tous ceux qui sont soumis à la contribution. A Lyon, 13 septembre 1793, 2^d de la République Françoise. Signé Charens, secrétaire.

N° 223 *bis*. — La section de Saône en permanence, sur la motion d'un de ses membres, a arrêté qu'il seroit adressé au Secrétariat Général des sections un certain nombre d'exemplaires, de l'adresse ci-dessus cottée n° 222 *bis*, avec invitation d'en faire parvenir un à chaqune des sections ses sœurs. A Lyon, 15 septembre 1793, 2^d de la République Françoise. Signé Morand-Jouffrey, président, Charens, secrétaire.

N° 224. — (1) Les corps administratifs ayant pensé qu'il étoit de leur sagesse de s'occuper des ouvriers des différentes manufactures de cette ville que les circonstances priveroient de travail et voulant venir à leurs secours, inviteroit toutes les sections de nommer des commissaires pour se rendre le 1er septembre à l'hôtel commun, dans la salle d'Henry quatre, pour délibérer sur les moyens à prendre pour remplir cet objet utilement. Les commissaires réunis, présidés par le citoyen Fellot, officier municipal, il fut arrêté que chaque commissaire feroit un tableau des individus de sa section qu'elle croiroit dans le cas de participer à ce secours, en observant de n'y point comprendre les citoyens valides en état de porter les armes ou de travailler aux redoutes, fortifications et autres travaux que nécessitent les circonstances, ainsi que les familles dont les chefs seroient aux cazernes ou dans les bataillons, recevant la paye de cinq livres, s'il n'avoit plus de trois enfants, de modérer ce secours relativement à ceux dont les pères employés aux travaux que nécessite le siège dont la paye est au-dessous de cinq livres ; enfin d'apporter la plus grande économie dans l'employ des fonds qui furent alors accordés provisoirement à chaque section, fixée pour la présentation du tableau au dimanche suivant, 8 courant, et renvoyé au 15, à dix heures du matin, dans la même salle. Un très grand nombre de commissaires se sont rendus au jour et heure indiqué, et le citoyen Felot a continué de les présider, mais plusieurs sections

(1) *En marge* : Le 20 septembre envoyé une expédition de cet arrêté aux corps administratifs et les adhésions.

ayant nommé de nouveaux députés, qui n'étoient point instruits de ce qui avoit été arrêté dans l'assemblée de ce mois, ont demandé que la séance fut renvoyé au dimanche suivant 22 du courant, pour avoir le temps de faire le tableau demandé. Un des commissaires a présenté le tableau fait par sa section, dont la forme a paru remplir le vœu des corps administratifs et qui a été approuvé de tous les commissaires et dont la forme est cy-bas. Un autre commissaire a proposé que toutes les sections s'unissent pour demander que les corps administratifs prissent un arrêté pour déporter toutes les personnes de l'un et de l'autre sexe, et notamment les filles de joye, ce qui feroit une diminution de consommation de denrée, si nécessaire dans un temps de siège. Cette proposition a été accueillie par toute l'assemblée qui a été de l'avis de la communiquer aux corps administratifs par la voie du Secrétariat Général.

TABLEAU DES OUVRIERS SANS TRAVAIL — Section de..........

Nos	NOMS DE FAMILLE	FEMMES ET ENFANTS	PROFESSION	INDEMNITÉ

Nous soussigné, officier municipal provisoire, président de l'assemblée générale des commissaires des sections, requérons le Secrétariat Général des sections de transmettre et faire passer à toutes les sections de Lyon l'instruction cy-jointe. A Lyon, ce 16º septembre 1793, l'an 2ᵈ de la République Françoise. Signé Fellot, officier municipal provisoire.

La section de la Réunion ayant examiné la question de savoir s'il importoit à l'ordre, à la tranquillité et à la sûreté de la cité, de faire sortir de la ville les gens réellement suspects et de mauvaise vie, elle a pensé que le moyen étoit un des plus sûrs pour parvenir à un but si désiré. La section est persuadée qu'il se fait plus de mal dans l'intérieur par l'intrigue et les ressources des malveillans, que par l'arme meurtrière du boulet et de la bombe ; nous venons d'en faire une triste expérience ; et si notre ville n'est point au pouvoir des ennemis cruels qui nous assiègent, c'est qu'il est une providence qui soutient et protège la vertu. Signé Clergier, président, Rondelet, secrétaire. — La section de Saône adhère, signé Morand-Jouffray, président, et Charens, secrétaire. — Croizette adhère, signé Crépu, secrétaire. — Ancienne Ville adhère, signé Derioux, président, Toulieux, secrétaire. — La section de la Liberté adhère, signé Monterrat, vice-président, Boissonat, secrétaire. — Scévola adhère, signé Tollos, secrétaire. — Port-du-Temple adhère, signé Morenas. — Rue Neuve s'en rapporte aux corps administratifs, signé Lambert, vice-président, Bourbon, secrétaire. — Marseille adhère, signé Guillaud, secrétaire. — Bordeaux adhère, signé Labori, président, Hodieu, secrétaire. — Porte-Froc adhère, signé Baron. — Saint-George adhère, signé Mugnier, vice-président, Parrin, secrétaire. — La Convention s'en rapporte à la sagesse des corps administratifs, signé Durand, président, Sellon, secrétaire. — Droits-de-l'Homme adhère, signé Thevenet, secrétaire. — Ami des Loix adhère, signé Allard. — Le Change adhère, signé Simon, président, et Louet, secrétaire. — La Paix adhère, signé Fulchiron, président. — L'Union adhère, signé Gaiet-Lancin, président. — Simoneau adhère, signé Pleney. — La Concorde adhère, signé Repelin, président. — Jura adhère, signé Defarges, v.-secrétaire-adjoint.

N° 224 *bis*. — Les corps administratifs, etc., formant le comité général de salut public. Séance du 16 septembre 1793, l'an 2 de la République. Extrait du procès-verbal. Il est constaté par le procès-verbal du commissaire chargé...... *(V. Commission populaire, p. 223)*...... du peu d'exactitude de son délégué. Signé Monviol, président, Adam, secrétaire-adjoint.

N° 225. — Nous officiers municipaux provisoires de la ville de Lyon, invitons le Secrétariat Général des sections de vouloir prier les sections d'envoyer à la commune, de suite, un bon ou deux maneuvres chacune, pour être employés à divers travaux utiles à la défense de la cité. A Lyon, en l'hôtel commun, le 16 septembre 1793, l'an 2° de la République, signé Privat, Lemelletier, Pierron.

N° 226. — Nous, maire et officiers municipaux provisoires de la ville de Lyon, requérons le Secrétariat Général de nous faire fournir de suite quarante matelas pour la cazerne de l'Evêché et qui y doivent y être conduit dans le jour pour nos frères d'armes de Montbrison. Fait au comité militaire, le 16 septembre 1993, l'an 2° de la République. Signé Fleury Roux, François Carret, officiers municipaux provisoires.

Du 17 septembre.

N° 227. — Le citoyen trésorier ou commissaire de la section de............ pour l'établissement de la caisse patriotique et l'appel des trois millions, est invité de se rendre demain mercredy 18 septembre à l'hôtel commun, dans le lieu ordinaire de leur séance, pour affaires très urgentes, à quatre heures très précises. Ce mardi 17. Signé Milanois, président.

La section de la Convention prie le Secrétariat Général de faire passer de suite le présent avis dans toutes les sections. Ce mardi 17 septembre 1793. Signé Durand, président, Roze, secrétaire par intérim.

N° 228. — La section de Marseille a arrêté à l'égard des citoyens sur le compte desquels il y auroit des nottes de suspicion, qu'il seroit mis sur le dos de leur carte le mot *ajourné*, posé triangulairement pour être visé, lorsqu'ils présenteront deux citoyens connus qui répondront de leur conduite à venir et dans ce cas le visa sera conçu en ces termes : *Vu en assemblée de section sous le cautionnement des citoyens N... N.* La section arrête que le présent arrêté sera communiqué aux autres sections nos sœurs, par la voie du Secrétariat Général des sections. Délibéré en séance publique, le 15 septembre 1793, l'an 2° de la République. Signé Cozon, président, Guillaud, secrétaire.

Section de l'Egalité adhère, signé Sibert, vice-président, Collomb, secrétaire. — Saint-George adhère, signé Mugnier, vice-prési-

dent. — *Rue Buisson passe à l'ordre du jour, signé Molinard, secrétaire.* — *Simoneau adhère, signé J.-B. Pleney.* — *Saint-Vincent adhère, signé Chatagnier, président, Cathelin, secrétaire.* — *Guillaume Tell passe à l'ordre du jour, signé Berruyer, président, Barret, secrétaire.* — *La Liberté adhère, signé Monterrat, président, Boissonat, secrétaire.* — *La Fraternité adhère, signé Millieu, président, Nereis, secrétaire.* — *Porte-Froc adhère, signé Baron, secrétaire.*

N° 229. — Le comité de surveillance de Saint-Vincent, réuni à la section, ayant remarqué que depuis plusieurs jours les citoyens changent de quartier pour se garantir du bombardement, que la plupart de ces citoyens n'étant point connus du nouveau canton qu'ils habitent, ou ne font aucun service, ou sont mal intentionnés, il juge nécessaire d'enjoindre à tous ceux qui les reçoivent d'en faire la déclaration dans les 24 heures, sous peine d'amende en cas de contravention, et chargé le Secrétariat Général de communiquer cet avis aux autres sections, pour y avoir tel égard qu'elles jugeront convenable. Le 17 septembre 1793, l'an 2 de la République, signé Daguillon, président du comité, Chataignier, président, Mollard, secrétaire (1).

Saint-George adhère, signé Mugnier, secrétaire. — *L'Union adhère, signé Gayet-Lancin.* — *Croizette adhère, signé Crepu, secrétaire.* — *Egalité adhère, signé Sibert, vice-président, Collomb, secrétaire.* — *Marseille adhère, signé Guillaud, secrétaire.* — *Rue Buisson adhère, avec amendement de le faire afficher, signé Lacour, président, Molinard, secrétaire.* — *Simoneau adhère, signé J.-B. Pleney.* — *Réunion adhère, signé Clergier, président.* — *Section de la Liberté adhère, signé Monterrat, vice-président, Boissonat, secrétaire.* — *Convention adhère, signé Durand, président, Sellon, secrétaire.* — *Rue Neuve adhère, signé Lambert, vice-président.* — *La Fraternité adhère, signé Millieu, président, Mercier, secrétaire.* — *Porte-Froc adhère, signé Baron.*

N° 230. — Nous, officiers municipaux provisoires, invitons le Secrétariat général de prier les sections d'envoyer, sur le champ, à la maison commune, deux manœuvres chacune, espérant que celles qui en auront un plus grand nombre voudront bien nous en envoyer trois ou quatre, pour travailler à un ouvrage de fortifications à la Croix-Rousse et que l'ennemi ne peut point atteindre ; ils trouveront leurs subsistances prêtes. Lyon, le 17 septembre 1793, l'an 2 de la République Françoise. Signé Pericaud, Privat, Lemelletier.

La Croizette adhère, signé Crepu.

N° 231. — Les corps administratifs formant le comité général de salut public. Séance du 17 septembre 1793, l'an 2 de la République. Extrait du procès-verbal. Arrêtent que tous les riz se trouvant .... (*V. Commission populaire, p. 224*)... toutes les mesures qu'ils croiront convenables. Signé Monviol, président, Adam, secrétaire-adjoint. Extrait collationné.

La Croizette adhère, signé Crepu.

(1) *En marge :* Envoyé à la municipalité.

N° 232. — Les corps administratifs formant le comité général de salut public. Séance du 17 septembre 1793, l'an 2 de la République. Extrait du procès-verbal. Considérant que jusqu'à présent les marchands-épiciers... (V. *Commission populaire, p. 223*)... conformément aux arrettés cy-dessus rapellés. Extrait collationné. Signé Monviol, président, et Adam, secrétaire-adjoint.
La Croizette adhère, signé Crepu.

N° 233. — (1) Dans l'assemblée des citoyens de la section de Rue Buisson, il a été exposé par l'un de ses membres, que dans l'état de siége où se trouve la cité, il est très dangereux que des expéditions importantes et délicates relatives à sa défense soyent confiées au comandement de chefs qui, par leur profession, ne peuvent avoir acquis les conaissances militaires nécessaires pour les diriger. En conséquence, sur la motion de ce membre, la section a arretté d'inviter le citoyen Perrin-Precy, commandant de la force de sûreté, à n'employer pour la direction et le commandement des expéditions importantes et difficiles, relatives à la défense de notre cité, que des citoyens expérimentés dans l'art militaire et d'un dévouement certain, sans avoir égard aux grades qu'occupent dans les bataillons et les corps cazernés des citoyens non suffisamment instruits, comme encore qu'il soit apporté la plus grande attention à ce que les postes avancés ne soyent occupés que par des citoyens surs et instruits. Le présent arretté sera communiqué par la voye du Secrétariat Général aux autres sections nos sœurs, afin d'obtenir leur adhésion, et ensuite présenté au général Perrin-Précy. Lyon, le 17 septembre 1793, l'an 2 de la République. Signé C. A. Lacour, vice-président, et Molinard, secrétaire.
Lettre d'envoy. — Citoyen Général, le Secrétariat Général des sections s'empresse d'avoir l'honneur de vous communiquer sur-le-champ, une pétition de la section de Rue Buisson, qui secondera vos grandes vues pour le salut de la cité. Salut et fraternité. Les membres du Secrétariat Général. Signé Basset, chef ; Duvigneaux, v. chef, Bernard, s^{re}. Lyon, 17 septembre 1793, l'an 2 de la République.
Saint-George adhère, signé Nochaud ? vice-président, Olivier, vice-secrétaire. — Réunion adhère, signé Clergier, président. — Simoneau adhère, signé Pleney. — Saint-Vincent adhère, signé Chataignier, président, Cathelin, secrétaire. — Jura adhère, signé Defarges, vice-secrétaire. — Convention a adhéré par acclamation, signé Durand, président, Sellon, secrétaire. — L'Union adhère à l'unanimité, signé Gayet-Lancin, président. — Saône adhère, signé Morand-Jouffray, président, et Charens, secrétaire. — Guillaume Tel adhère, signé Berruyer, président, Burrat, secrétaire. — Droits de l'Homme s'en rapporte entièrement à ce que le général Précy ordonnera, signé Thévenet, secrétaire. — Ancienne Ville adhère, avec amendement de prier le général Précy de nommer aux places d'officiers principaux les militaires qu'il croira les plus expérimentés dans l'art de la guerre et même tous autres officiers en cas de vacances, signé Reverchon, président, Fléchet, Toulieu, secrétaire. — L'Amis des Loix adhère, signé Allard. — Port-du-Temple adhère, signé Paraudier. — La Paix adhère, signé Chanterel, comm^{re}. — Rue-Neuve adhère, signé Clerc, comm^{re}. — Concorde adhère, signé

---

(1) *En marge :* Expédié au général, sans adhésion. A expédier avec adhésion. Fait, 18 septembre.

Repelin, président. — Bordeaux adhère, signé Hodieu, faisant les fonctions de secrétaire. — La Liberté adhère, signé Montèrrat, président, Boissonat, secrétaire. — Scevola adhère, signé Glas, président. — Le Change adhère, signé Simon, président, Louet, secrétaire. — Rue Thomassin adhère, signé Chouliaguet, vice-secrétaire. — Rousseau adhère, Virel, président, Servan, secrétaire. — Thionville adhère, signé Serve, vice-président, Mollard, comm^{re}. — Marseille adhère, signé Guilliaud. — La Fraternité adhère, signé Millieu, président, Nereis, secrétaire. — La Croizette adhère, signé Crepu. — Porte-Froc adhère, signé Baron. — La Paix adhère, signé Fulchiron, président, et Fromage, secrétaire.

N° 234. — Extrait des registres des comités de surveillance réunis à leur section. Les sections de la Paix, du Change et des comités de surveillance réunis, observent que pour faire cesser les plaintes des boulangers de cette ville, que par l'arrété pris par les autorités constituées, qui leur interdit les facultés de faire du pain blanc, donnant exclusivement ce droit à deux citoyens leurs confrères, cette manipulation aux prix de la farine, leur donne un bénéfice considérable dans un tems où tous les citoyens se font un devoir de faire des sacrifices pour la chose publique. Les citoyens soussignés vous en présentent le tableau : La farine à tout à 35 liv. le quintal, cy 35 ; 130 livres de pain font environ à 5 s. 6. d. 35 l. 15 s. Bénéfice : 15 s. Les farines fines à 56 l. cy 56 liv. ; 130 livres pain blanc à 12 s. la livre fait 78 l. Bénéfice 22 l. De sorte que d'après ce calcul il résulte que deux boulangers feroient un bénéfice considérable, et que les autres auraient beaucoup de peine à se tirer d'affaire. Nous pensons qu'il conviendroit que le pain blanc fût fixé à 10 s., ce qui feroit un bénéfice assez honnête, et que les hôpitaux seuls eussent le droit dans ce moment d'en délivrer ; en conséquence, que l'hôpital de la Charité eut exclusivement cette manipulation et qu'il ne put en délivrer qu'aux citoyens malades de cette ville que sur les certifficats signés de 7 membres des comités de surveillance, d'après les déclarations des médecins et chirurgiens. Pour être communiqué aux autres sections et avoir leur adhésion. Fait aux comités de la Paix, du Change et de leurs sections. Lyon, ce 16 septembre 1793, l'an 2 de la République Françoise. Signé Chavane, président du comité de surveillance de la section de la Paix, Roland, Gruel, A. Fulchiron, président de la section de la Paix, Régny, Loras, Denis Delorme, président du comité de surveillance, Vignon, Basset, Delamorte, vice-président, Broe, Hobitz, Dalain, Louet, secrétaire, Simon, président.

St-George adhère, signé Nochaud ?, président, Olivier, v.-secrétaire. — Porte-Froc adhère, signé Baron, secrétaire. — Port-du-Temple adhère, signé Morenas. — Marseille adhère, signé Guilliaud. — La Croizette adhère, signé Crépu. — Bordeaux adhère, signé Laboré, président, Hodieu, secrétaire. — Porte-Froc adhère, signé Baron, secrétaire. — L'Ancienne Ville adhère, signé Fléchet, président, Toulieux, secrétaire.

Du 18 septembre.

N° 235. — Quartier général le 18 septembre 1793, l'an 2 de la République Françoise, une et indivisible. L'intérêt public et d'un autre côté l'acharnement que mettent nos ennemis à employer tous les moyens d'anéantir cette cité, commandent impérieusement à tous les citoyens de se vouer sans réserve à sa déffense. Le citoyen général est si persuadé du zèle de tous ses frères d'armes, qu'il vient, avec la plus grande confiance, prier toutes les sections de vouloir bien, et de suitte, envoyer chacune dix hommes et un conducteur pris dans le nombre de ceux qui ne sont pas sous les armes, pour se rendre sans délai sur la place de la Comédie et de là aux divers ouvrages qui se font pour la sûreté de sa deffense. Le citoyen général, Precy.

P. S. Les sections qui pourroient envoyer un plus grand nombre d'hommes que celui fixé cy-dessus, voudront bien le faire, elles rendront le plus grand service.

N° 236. — Les corps administratifs séans à Lyon et les délégués de la section du peuple françois dans le département de Rhône-et-Loire formant le comité général de salut public. Séance du 17 septembre 1793, l'an 2 de la République Françoise. Extrait du procès-verbal. Considérant que depuis quelques jours les citoyens... (V. *Commission populaire, p. 223*)... et dont la condamnation sera imprimée et affichée. Signé Mont-viol, président, Adam, secrétaire-adjoint.

N° 237. — Nous, officiers municipaux provisoires de la ville de Lyon, invitons le Secrétariat Général des sections de vouloir bien prier les sections d'envoyer à la maison commune quatre ouvriers par section pour y être à quatre heures, afin d'être envoyé aussitôt à travailler aux ouvrages de la Croix-Rousse. A Lyon, le 18 septembre 1793, l'an 2 de la République. Signé Privas, Pierron, Rater fils.

N° 237 *bis*. — Au comité militaire de la municipalité provisoire, le 18 septembre 1793, 2ᵈ de la République. Citoyens, nous vous requimes avant-hier de nous faire fournir quarante matelas pour la cazerne de l'Evêché et pour nos frères d'armes les chasseurs à cheval de Montbrison, nous n'avons point encore eu de réponse de votre part et nous voyons avec douleur que ces braves défenseurs sont obligés de coucher sur la paille ; veuillez donc prendre tous les moyens qui sont en votre pouvoir pour les y faire porter ce soir sans retard et nous dire en réponse si nous devons y compter. Nous vous saluons bien fraternellement. Signé Royer, officier municipal provisoire.

Réponse dudit jour. Au Secrétariat Général, le 18 septembre 1793, l'an 2 de la République Françoise. Citoyens, le Secrétariat Général a reçu avant-hier votre réquisition pour faire fournir quarante matelas pour les cazernes de l'Evêché, il s'est empressé de suite d'en envoyer copie à toutes les sections, et il aura l'honneur de vous observer qu'il n'a pas en son pouvoir d'autres moyens pour faire exécuter vos réquisitions, que d'en envoyer le plutôt possible des copies à toutes les sections, et il leur auroit de suite fait parvenir votre nouvelle réquisition si un des membres qui s'est transporté à l'Evêché avec le gendarme qui nous a remis votre lettre, on nous avoit dit qu'il y a déjà trente-huit matelas déposés en suitte de votre réquisition du 16 du présent. Le commissaire de la section de St-George nous a dit que son comité de surveillance enverroit dans le jour les deux qui manquent. Salut et fraternité. Les membres du Secrétariat Général. Signé Basset, chef de bureau, Sage, secrétaire.

N° 238. — Nous, officiers municipaux provisoires de Lyon, invitons le Secrétariat général des sections de faire avertir toutes les sections qu'il a été trouvé des bombes, pleines de goudron, poix, résine et autres ingrédiens pareils ; il faut en conséquence, pour parer à cette nouvelle attrocité de nos ennemis, faire dépaver quelques endroits de la section, ou faire ouvrir les portes-pots des caves, afin que les ouvriers puissent prendre de suite dans des paniers, de la terre, afin d'étouffer l'incendie qu'elles pourraient occasionner, vu que l'eau n'y feroit rien. Lyon, le 18 septembre 1793, l'an 2 de la République. Signé F. Roux, Rater fils.

N° 238 bis. — Le comité des travaux publics ne verrait d'inconvénients que toutes les sections rendissent public ce nouveau moyen de défense, par une proclamation à cris publics, signé Privat, Lemelletier et Forest.

N° 239. — Extrait des délibérations du comité dit des cinq, Liberté, etc. Le comité de surveillance et de sureté publique dit des 5, autorise le comité des équipages à former une compagnie de manœuvres pour le service des convois ou tout autre objet au service de la cité. Ledit comité des 5 laisse à la sagesse des entrepreneurs ou membres de ce comité de régler le nombre de ses manœuvres et leur organisation, et de faire aux sections telles réquisitions qu'ils jugeront convenables. Lyon, le 18 septembre 1793, l'an 2 de la République. Signé Combry et Bazin.

Le comité des équipages prie le Secrétariat Général des sections de leur participer l'arretté cy-dessus, et l'invitation que leur fait le comité de lui adresser tous les citoyens qui seroient dans le cas de former la compagnie de manœuvres cy-dessus et d'être employés aux convoys, en qualité de charretiers, voituriers ou conducteurs, avec lesquels on traitera pour leurs honoraires, au bureau des convoys militaires aux cazernes de St-Pierre. Lyon, le 18 septembre 1793, signé Sepolino, Fresce.

N° 240. — Extrait du procès-verbal de la section de la Fraternité. Du 18 septembre 1793, l'an 2 de la République Françoise. Le comité de surveillance a présenté une pétition tendante à consulter la section à l'effet de sçavoir s'il ne seroit pas possible d'obtenir des corps administratifs des billets obsidionaux de 10 liv. 5 liv, 2 liv., 10 s., 30 s., à l'effet de faciliter le placement de ceux de 20 liv. La matière étant mise en délibération, la section y a donné son adhésion avec l'amendement que les fournisseurs de vivres et autres seroient contraint à prendre lesdits billets en payement. La section arrête que sa délibération sera communiquée aux autres sections ses sœurs, par la voie du Secrétariat Général, pour obtenir leur adhésion et ensuite renvoyé aux corps administratifs pour y faire droit. Lyon, lesdits jour et an que dessus. Signé Millon, président, Nézeis, com^{re} provisoire.

L'Union adhère, signé Gayet-Lancin, président. — Bordeaux adhère, signé Laboré, président, Hodieu, secrétaire. — La Paix adhère, signé Fulchiron, président, Delaup, secrétaire par intérim. — Réunion adhère, signé Clergier, président. — Port-du-Temple adhère, signé Morenas, président. — Saint-George adhère, signé Piégay, pré-

sident, Parrin, secrétaire. — *La Croizette adhère, signé Crepu, secrétaire. — Porte-Froc s'en refère aux Corps administratifs, signé Baron, secrétaire. — L'Ancienne Ville adhère, signé Fléchet, président, Toulieux, secrétaire. — Simoneau adhère, avec les réflexions du n° 243, signé Pleney, commissaire. — Jura adhère, signé Desfarges, vice-secrétaire-adjoint. — Marseille adhère, signé Mathon la Court, vice-président. — Rue Buisson passe à l'ordre du jour, motivé sur ce que les Corps administratifs s'occupent de cet objet, signé Lacour, président, Roussel, secrétaire-adjoint.*

N° 241. — Le Secrétariat Général prévient les sections que d'après une lettre qui lui a été adressée en datte de ce jour par les corps administratifs et signée Royer, officier municipal provisoire, qui demandent des garde-pailles et des matelats pour le service des nouvelles compagnies de chasseurs à cheval, dont le zèle est tel qu'il reste même beaucoup d'aspirants qu'on montera à mesure, s'il est possible. En conséquence, chaque section ou son comité de surveillance est prié d'envoyer de suite à la cazerne de la Déserte, deux gardes-paille vuides ou pleins et un matelats; on prévient les sections et les comités de surveillance que ces objets peuvent être pris chez les personnes absentes. Lyon, le 18 septembre 1793, l'an 2 de la République Françoise.

Du 19 septembre.

N° 242. — La section de la Fraternité, vivement affligée des malheurs qui l'ont accablée et qui se propagent chaque jour de plus en plus, considérant que ces malheurs ont forcé une grande partie des citoyens qui la composent d'abbandonner leurs domiciles pour chercher un azile plus assûré, ce qui a rendu vacantes un grand nombre de maisons. La section employant toujours tous les moyens possibles pour arrêter les progrès de l'incendie, a fait placer pendant les nuits des sentinelles dans lesdites maisons abbandonnées avec la permission que les propriétaires ne se refuseroient pas au payement des salaires de ceux qui exposent leurs vies pour la conservation de leurs propriétés, sauf à faire supporter par les locataires leur cote part de ses frais. Elle voit pourtant avec douleur que le plus grand nombre des propriétaires refusent de payer à des malheureux le prix des dangers qu'ils courent pour eux. En conséquence, la section invite le Secrétariat Général à faire parvenir de suite, aux corps administratifs, la présente demande pour qu'elle soit autorisée à faire contraindre les propriétaires au payement des gardiens de leurs maisons, sauf leurs recours contre qui il appartiendra. Elle l'invite pareillement à les communiquer aux autres sections ses sœurs. A Lyon, le 18 septembre 1793, l'an 2 de la République Françoise. Signé Millien, président, J.-J. Rosset, secrétaire par intérim.

Marseille adhère, signé Guilliaud, secrétaire. — Saint-George adhère, signé Mugnier, président, Parrin, secrétaire. — Simoneau adhère, signé Pleney, commissaire. — La Côte 2mo division adhère, signé Ranchon. — Jura adhère, signé Desfarges, secrétaire-adjoint. — La Convention adhère, signé Durand, président, Sellon, secrétaire. — La Croizette adhère, signé Crepu. — Saint-Vincent adhère, signé Daguillon, président, Cathelin, secrétaire. — Droits de l'Homme adhère, signé Thevenet, secrétaire. — Réunion adhère, signé Rolichon, secrétaire. — L'Union adhère, signé Gayet-Lancin. — La Liberté adhère, signé Monterrad, v. président par intérim, Boissonat, secrétaire. — Paris adhère, signé Danligny, secrétaire. — Brutus adhère, signé Tamen, secrétaire.

N° 242 bis. — Extrait du procès-verbal de l'assemblée de la section de la Convention, du 18 septembre 1793, l'an 2ᵉ de la République Françoise. Sur l'observation d'un membre de la section que la plupart des domestiques mâles des citoyens de la ville, n'étoient employés ni aux bataillons, ni aux travaux publics, et que dans le moment où l'on recevoit des réquisitions pour les travaux publics, on avoit de la peine à rassembler la moitié du nombre demandé, il convenoit que chaque citoyen fît de suite inscrire ses domestiques au comité de surveillance de sa section, pour être requis d'après les besoins et urgences. L'assemblée, après avoir délibéré sur cet objet, a émis son vœu pour que les Corps Administratifs soient invités à rendre une ordonnance par laquelle tous les citoyens de la ville, qui auroient des domestiques mâles, seroient tenus, dans les vingt-quatre heures, de les représenter et faire enregistrer au comité de surveillance de leur section, pour être employés aux premières réquisitions des Corps Administratifs. Lyon, le 18 septembre 1793, l'an 2ᵈ de la République Françoise. Signé Durand, président, Latour, secrétaire provisoire.

N° 242 ter. — Extrait du procès-verbal de l'assemblée de la section de la Convention. Du 18 septembre 1793, l'an 2ᵈ de la République Françoise. Sur les plaintes des commissaires de la section chargés de veiller à la distribution du pain, que les soldats des bataillons exigent que les boulangers de la section leur délivrent du pain sans vouloir exhiber une carte de leur commandant de bataillon, ainsi que les y obligent l'ordonnance des Corps Administratifs, en datte du 11 du présent mois, et qui, ne se contentant pas de la ration d'une livre et demie fixée pour chaque homme, ils en exigent à volonté, l'assemblée, considérant qu'il pourroit résulter de grands inconvéniens de cette manœuvre, a délibéré qu'elle seroit dénoncée aux autres sections ses sœurs, pour se joindre à elle et demander aux Corps Administratifs et au comité des subsistances de faire exécuter les susdites ordonnances du onze du courant, pour les commandans des bataillons à qui il seroit absolument nécessaire de faire délivrer des cartes imprimées pour en munir chacun de nos frères d'armes individuellement, en les prévenant qu'ils ne peuvent obtenir du pain sans la représentation de ces cartes. Lyon, le 18 septembre 1793, l'an 2ᵈ de la République Françoise. Signé Durand, président, Latour, secrétaire provisoire.

N° 243. — Extrait du procès-verbal de l'assemblée de la section de la Convention, du 18 septembre 1793, l'an 2ᵈ de la République Françoise. L'assemblée, ayant pris connoissance d'une délibération de la section de la Fraternité, n° 240, relative à la nécessité d'avoir diverses coupures des billets obsidionaux, son trésorier, commissaire à la commune, ayant pris la parole a dit, que depuis quelques jours le comité de la caisse obsidionale ayant senti la nécessité de cette mesure, s'en est occuppé et va mettre incessamment en émission des billets de 50 s. et de 25 s. L'assemblée satisfaite de ce rapport qui paroît remplir l'objet de la section de la Fraternité, a pensé qu'il falloit s'en rapporter aux soins du comité de la caisse obsidionale. Quant à l'amendement qui regarde les fournisseurs, l'assemblée croit que loin de devoir user de contrainte à leur égard pour la réception des billets, on doit se borner à leur inspirer une entière confiance, en les avertissant qu'ils trouveront toujours à les échanger contre des assignats, en se présentant chez les trésoriers de leur section. Le Secrétariat Général est prié de communiquer les présentes observations aux sections nos sœurs, parce qu'il est possible que quelques-unes n'ayent pas reçu de leur trésorier les mêmes éclaircissemens. Lyon, le 18 septembre 1793, l'an 2^d de la République Françoise. Signé Durand, président, Sellon, secrétaire.

Simoneau adhère, signé *Pleney, commissaire*. — *La Côte 2e division* adhère, signé *Ranchon*. — *Jura* adhère, signé *Desfarges, secrétaire-adjoint*. — *La Croizette* adhère, signé *Crepu*. — *Droits de l'Homme* adhère, signé *Thevenet, secrétaire*. — *Réunion* adhère, signé *Polichon, secrétaire*. — *Rousseau* adhère, signé *Viret, président, Schütz, secrétaire*. — *L'Union* adhère, signé *Gayet-Lancin, président*. — *La Liberté* adhère, signé *Monterrad, vice-président, Boissonat, secrétaire*. — *Paris* adhère, signé *Dantigny, secrétaire*.

N° 244. — Nous, officiers municipaux de la ville de Lyon, invitons le Secrétariat Général des sections de prier les sections de faire un rôle de tous les hommes de leur section, lesquels n'étant pas en état de porter les armes, peuvent travailler à divers travaux des redoutes ou autres objets, afin que lorsque les travaux deviendront d'une urgence plus grande, l'on puisse les trouver de suitte et d'envoyer un double de cet état au comité des travaux publics. Lyon, le 19 septembre 1793, l'an 2^d de la République. Signé Fleury-Roux, Piéron, Privas.

N° 245. — Adresse aux sections. Au quartier général, le 19 septembre, l'an 2 de la République Françoise. Citoyens, dès l'instant que la cité fut menacée, je m'empressai d'appeller à son secours tous les officiers connus par leurs talents. Un grand nombre sont employés dans les différents postes, ainsi que je pourrais le démontrer en vous en fournissant la liste. Je ne vous dissimulerai point que je leur ai, en mon particulier, les plus grandes obligations, et que tous les jours leur service devient plus utile à la ville: ces braves militaires ont eu quelquefois lieu de se plaindre de l'insouciance d'une partie de nos troupes, et même de leur insubordination, mais le désir d'être utile l'a emporté pardessus toute autre considération. Je vous sais un gré infini du zèle que vous montrez pour la chose publique. Comme vous voyez j'avais déjà prévu à ce que vous désiriez ; mais je n'en suis pas moins reconnaissant de la confiance de toutes les sections et, si quelque chose peut et doit rassurer la cité, c'est l'arrivée de plusieurs officiers du grand mérite avec le détachement de Montbrison, tels que le citoyen Vaugirard, ancien maréchal de camp, connu par ses talents militaires et que j'ai nommé mon adjoint, le citoyen Chappuis, officier d'artillerie, jouissant d'une réputation si bien acquise dans cette partie, le citoyen Rhimberg, que vous connaissez déjà, et beaucoup d'autres que je ne nomme pas, mais qui, de concert avec nous, ranimeront l'énergie de nos concitoyens et concourront au salut de la patrie. Signé le citoyen général, Précy. P. S. Dans le nombre des officiers que j'avais appelé à la défense de la cité, il y en a plusieurs de tués et de blessés, dont je vous envoye la liste. *Tués*: Jossinet, colonel; Dombey, Collignant. *Blessés*: Hauteroche, Salvador, Clery, colonel; Lavasepierre, Arnaud, Reyssié, lieutenant-colonel, Grammont, Lebon, La Rivoire, Savaron.

N° 246. — Les Corps Administratifs formant le comité général de salut public. Séance du 19 septembre 1793, l'an 2 de la République Françoise. Extrait du procés-verbal. Considérant que le raisin est une nourriture saine.... (V. Commission populaire, p. 226)..., dont ils ne cessent de donner des preuves éclatantes. Le présent arrêté sera communiqué aux sections, imprimé et affiché partout où besoin sera. Extrait collationné : Montviol, président, Adam, secrétaire-adjoint.

N° 247. — Copie d'une lettre écrite par les membres du comité général de salut public au Secrétariat Général des sections. Lyon, le 19 septembre 1793, l'an 2 de la République Françoise. Citoyens, le comité général de salut public, convaincu que les différents comestibles étant chez les épiciers sont devenus de première nécessité à nos frères d'armes, qui souvent n'ont ni le temps, ni la possibilité de se procurer d'autres mets, a pris le 31 août dernier un premier arrêtté qui fixe le *maximum* de ces différents comestibles à un prix proportionné à celui qu'ils avaient avant le siège. Le comité général, instruit que plusieurs épiciers spéculent honteusement sur les circonstances où se trouvent la cité, ont soustrait leurs comestibles à la vente, soit en les cachant dans leurs magazins, soit en les transportant dans d'autres dépôts, a pris deux autres arrêttés, les 15 et 17 du courant (expédiés par le Secrétariat Général aux sections sous les n°s 219 et 232), à l'effet d'autoriser les comités de surveillance de chaque section, de faire faire des visites scrupuleuses dans tous les dépôts où peuvent être cachés les comestibles. J'ai eu l'honneur de vous recommander hier l'exécution prompte et rigoureuse de ces arrettés. Le comité général apprend avec peine que ces mesures, dont vous avez dû sentir l'importance et dont l'exécution tient peut-être plus que vous ne pensez au salut de la cité, étaient restées sans effet, il me charge encore une fois, de renouveller auprès de vous ses instances et de vous inviter, au nom du salut public, de faire exécuter promptement et rigoureusement les arrettés dont je viens de vous parler ; il se repose, avec confiance, sur votre zèle et votre activité. Salut et fraternité. Signé Montviol, président. P. S. Si vous ne croyez pas devoir donner aux comités de surveillance de chaque section l'exécution, l'assemblée m'autorise à vous inviter de les engager à nommer des commissaires *ad hoc*, tant elle met d'importance à la mesure qu'elle a arrettée.

Nota. Le Secrétariat Général prévient les sections que l'envoy de cette lettre était accompagné d'une seconde expédition de l'arrêté du 17 de ce mois, que l'on n'a pas cru devoir faire parvenir de nouveau aux sections, en ayant reçu la copie sous le n° 232, le 18 du présent.

N° 248. — Copie d'une lettre adressée au Secrétariat Général par les membres composant le comité de salut public. Lyon, 19 septembre 1793, l'an 2ᵉ de la République. — Citoyens, Nous vous envoyons le modèle d'une lettre que nous vous prions d'adresser de notre part à chacune des sections de la ville, nous comptons pour cet objet sur votre exactitude ordinaire. Signé Favre, Coindre et Amiot, secrétaire.

Lyon, le 19 septembre 1793, l'an 2ᵉ de la République. Citoyens, un trompette du camp ennemi vient d'apporter une lettre de Châteauneuf-Randon, ci-joint la réponse que les corps administratifs ont cru devoir faire. En conséquence, vous êtes invités à venir demain, huit heures du matin, délibérer sur cette missive dans la loge du Change, par députation de douze membres, le surplus des citoyens devant rester à leur poste et défendre leur vie et leurs propriétés. Salut et fraternité, signé Favre, Combry, Richard et Amiot, secrétaire.

Copie de la lettre écritte en réponse au citoyen Chateauneuf-Randon, représentant du peuple, par les Corps Administratifs, etc. Citoyen représentant, votre trompette est arrivé à six heures, vous nous demandés une réponse pour huit heures, ce qui est impossible, nos concitoyens sont sous les armes, vous ne pouvez pas en douter. Ils ne peuvent être assemblés que demain pour exprimer leur vœu sur votre lettre. A Lyon, le 19 septembre 1793, l'an 2 de la République Françoise, à sept heures du soir. Signé Montviol, président, et Adam, secrétaire-adjoint. Pour copie conforme, signé Amiot, secrétaire. Pour copie conforme à l'original.

NOTA. — Le Secrétariat Général observe que, pour que les douze membres de chaque section puissent se trouver demain vendredy huit heures du matin dans la loge du Change, il est indispensable que les sections s'assemblent à six heures du matin, pour avoir le tems de nommer leurs douze députés, et qu'ils puissent se rendre à l'heure indiquée.

La section de Porte-Froc a receu communication de la lettre addressée au Secrétariat Général par le comité général de salut public du 19 de ce mois et de celle écrite en réponse au citoyen Chateauneuf-Randon, représentant du peuple, par les Corps Administratifs, du même jour, à la suite de laquelle est une nôte indiquative que le landemain 20 les sections doivent être assemblées à 10 heures du matin, pour nomer chacune douze commissaires qui s'assembleront dans la loge du Change à huit heures du matin, à l'effet de délibérer sur lesdittes lettres en réponses, n° 248. Sur laquelle communication la section a nommé les citoyens Maret, Ramey, Charbogne, Vassal, Morel, Jal le cadet, Subrin, Degrange, Dacier, Blachier, Pélissier et Laurencay. BARON, *secrétaire.*

Du 20 septembre.

N° 249. — La section de la Liberté voulant témoigner au citoyen général toute la satisfaction qu'elle a reçue de la lecture de la circulaire de ce jour et désirant que ce témoignage de notre satisfaction soit connu de toutes les sections, a délibéré que réponse seroit faite au citoyen général par la voie du Secrétariat Général, après qu'il auroit communiqué notre désir aux autres sections et qu'elles y auroient donné leur adhésion. Lyon, 19 septembre 1793, l'an 2 de la République Françoise. Signé Monterrad, vice-président par intérim, Boissonat, secrétaire.

Amis des Loix adhère, signé Brochet. — L'Ancienne Ville adhère, signé Derrioux, président. — Scevola adhère, signé Thaulot, président. — Rue-Neuve adhère, signé Boy-de-la-Tour, Philipon, Turin, Bony, commissaires. — La Liberté adhère, signé Sibert, vice-président, Bignau, secrétaire. — Saint-George adhère, signé Mugnier, vice-président. — Port-du-Temple adhère, signé Morenas. — Thomassin adhère, signé Fauchetty, président; Chouliaquel, vice-secrétaire. — Ancienne Ville adhère, signé Desrioux, président, Bergier, secrétaire. — L'Union adhère, signé Dusurget, l'ainé, président en absence. — Guillaume Tell, adhère, signé Barrot, secrétaire. — La Convention adhère, signé Durand, président, Sellon, secrétaire. — La Côte 2° division adhère, signé Degraix, président, Gayet cadet, secrétaire. — Jura adhère, signé Desfarges, vice-secrétaire-adjoint. — Simoneau adhère, signé Bouquerot, président en absence. — Paris adhère, signé Dantigny. — La Réunion adhère, signé Rolichon, secrétaire. — Saône adhère, signé Sain, président, Charens, secrétaire. — Brutus adhère, signé Tamen, secrétaire. — Marseille adhère, signé Guillaud. — Thionville adhère, signé Serre, vice-président, Mollard, secrétaire. — La Paix adhère, signé Fromage, secrétaire. — Droits de l'Homme adhère, signé Volioud, président, Thévenet, secrétaire. — Bordeaux adhère, signé Laboré.

N° 249 bis. — Nous, officiers municipaux provisoires de la ville de Lyon, invitons le Secrétariat Général de prier les sections qui avoisinent les ports de la rivière de Saône et du Rhône, tel que Porte-Froc, Saint-George, l'Union, Saint-Paul, Saint-Vincent, Marseille, Egalité, la Convention et Saône, de vouloir chercher dans leur arrondissement quatre mariniers ou crocheteurs accoutumés au débarquement et embarquement de marchandises tel que le vin ; pour que ces mariniers ou crocheteurs se rendent à la commune le plutôt possible, afin d'être envoyés aussitôt au magazin des vins de La Mulatière. Lyon, 19 septembre 1793, l'an 2 de la République Françoise. — Signé Forêt, Privas, Rater fils.

Le Secrétariat Général, en conséquence de la réquisition cy-contre, a envoyé aux sections de Porte-Froc, Saint-George, L'Union, Concorde, Saint-Vincent, Scévola, Marseille, Egalité, La Convention, La Saône, Port-du-Temple, Brutus, Paris, Rue-Neuve, Rue Buisson, le Change. — Porte-Froc adhère, signé Baron, secrétaire.

N° 250. — Le comité particulier de surveillance et de sûreté publique dit des cinq, réuni au comité des subsistances, requiert le Secrétariat Général des sections, de faire parvenir dans l'instant à chaque section, deux affiches cy-jointes, avec une mesure en fer blanc qui contient 8 onces ; chaque commissaire de section est prié d'observer à sa section que cette mesure est pour deux individus, et de se conformer en tout point à l'arrêté affiché et de réitérer aux commissaires en exercice chez les boulangers, qu'ils ne doivent délivrer aux citoyens, toujours en inscrivant sur leur carte de pain, qu'une livre de pain. Lyon, le 20 septembre 1793, l'an 2 de la République Françoise. Signé Chirat, Genet-Bronze (1).

La Croizette adhère, signé Crépu.

N° 251. — En conséquence d'une pétition de la section de la Liberté, à laquelle les sections ont adhéré, le Secrétariat Général ayant été chargé de témoigner au citoyen général Précy toute la satisfaction que les sections on reçue de sa circulaire du 19 de ce mois, lui a adressé la lettre suivante au nom des sections : Lyon, le 21 septembre 1793, l'an 2 de la République Françoise. Citoyen général, le Secrétariat Général des sections est chargé par toutes les sections,

(1) *En marge:* Réquisition du comité particulier de surveillance pour l'envoi aux sections d'une mesure pour donner du vin à ceux qui manquent de pain, 20 septembre.

et c'est recevoir une récompense bien flatteuse de ses travaux, de vous témoigner leur vive reconnaissance sur les détails intéressants que vous voulez bien leur donner, dans votre adresse du 19 de ce mois, elles n'en avoient pas besoin pour être convaincues que vous vous étiez environné de guerriers expérimentés, elles savoient qu'un grand général connoît les hommes et sait les employer. Les sections, en versant des larmes sur la tombe des frères qu'elles ont perdu, vous jurent, citoyen général, que sous vos ordres, tous les Lyonnois apprendront à vaincre ou à mourir glorieusement à vos côtés, en deffendant sur les débris de leur malheureuse cité leur liberté et la république entière, dont le sort dans cet instant tient à notre destinée. Salut et fraternité. Les membres composant le Secrétariat Général des sections. Signé Basset, chef.

Marseille approuve la lettre et remercie le Secrétariat Général, signé Guilliaud. — La Croizette adhère, signé Crépu.

N° 252. — La section de Saint-Vincent, unie à son comité de surveillance, considérant que nos frères des bataillons que 45 jours de siège, de sueur, de fatigue et de sang n'ont pu abbattre sont outrés de la mesure décourageante et fausse qui a été prise de convoquer les sections pour dresser la réponse à Chateauneuf-Randon. dans un tems où ils ne pouvaient y assister et que ce n'est qu'avec des mesures fermes et satisfaisantes que l'on viendra à bout de contenir leurs justes plaintes et les empêcher de se porter à des voyes de fait toujours pernicieuses, arrête que le projet suivant sera communiqué aux comités de surveillance de chaque section par la voye du secrétariat général, pour s'ils l'aprouvent être présenté avec leurs amendements au comité des Cinq et à procéder, sur sa réquisition, de suite à son exécution. En conséquence, considérant que tous ceux qui, sous prétexte de fausses infirmités ou frayeur, refuseront de relever ou d'aider nos frères d'armes aux bataillons et opineront de traiter avec l'ennemy et de l'admettre dans nos murs, ne peuvent être que des gens suspects et par conséquent plus dangereux que celui du dehors, laditte section propose qu'ils soyent expulsés aussitôt de la ville. Considérant de plus que, dans le moment de rareté de mouture, l'exportation des malveillants et malveillantes nous mettrait au large pour les subsistances, elle sugère pour mesure d'en purger la ville en 2 heures de tems, sans inconvévient; de convoquer toutes les sections à la même heure et, par appel nominal, d'en séparer tous ceux qui, jugés le pouvoir, ne voudront pas rejoindre leurs bataillons et de faire amener par la force armée tous ceux qui ne se seront pas rendus à la convocation ; à cet effet, d'accepter l'offre des bataillons qui est de détacher chacun une partie des leurs pour garder les portes des sections, et puis, de là, traduire en dehors des postes avancés toutes les bouches inutiles et dangereuses. Cette expédition nous paraît d'autant plus aisée que presque tous les malveillans sont désarmés et que renvoyés à Dubois-Crancé, il n'a pas d'armes à leur donner n'en ayant pas assés pour ses propres troupes. Lyon, le 21 septembre 1793. Signé Chatagnier, président de la section ; Daguillon, président du comité, et Pallier, commissaire (1).

N° 253. — L'assemblée populaire de la section Rousseau, délibérant sur la lettre du citoyen général Précy, en datte du 14 de ce

(1) *Article bâtonné, en marge on lit :* Annullé du consentement de la section.

mois, par laquelle il se plaint de l'insouciance d'un grand nombre de citoyens, qui sous divers subterfuges se sont toujours soustraits à la deffense générale et invite en conséquence tous les comités à faire les recherches les plus exactes et à engager les citoyens honnêtes qui n'auroient point pris les armes à s'incorporer de suite dans leur bataillon ou dans les compagnies cazernées, après avoir reconnu la légitimité des plaintes du général et considérant que les citoyens pouvant porter les armes et qui ne se présentent pas pour la deffense de la cité méritent le mépris et l'animadversion de leurs concitoyens, et d'être en conséquence traités comme lâches et traîtres à la patrie. Qu'attendent-ils en effet ? Et qui peut justifier leur insouciance pour ne rien dire de plus ? Ne savent-ils pas que c'est la réunion des individus qui fait la force publique ? Sont-ils assez bornés pour ignorer les dangers où leur indifférence les expose ? Ne savent-ils pas quel est le sort d'une ville prise d'assaut ? Considérant en outre que des hommes inutiles, dans un moment aussi critique, deviennent un fardeau à charge à la cité et ne méritent pas d'y trouver leur subsistance, A arrêté d'inviter les autorités constituées à ordonner : 1° Que tout citoyen en état de porter les armes, se rendra sous 24 heures à son bataillon, si mieux n'aime se faire enregistrer aux cazernes. 2° Que tout citoyen qui ne peut porter les armes se rendra exactement tous les jours à sa section pour rendre les services intérieurs qui dépendront de lui. 3° Que ceux qui, par insouciance, ne se rendront pas à leur poste seront regardés comme lâches et traîtres à la cité et seront punis comme tels. 4° Qu'une des peines que paroit mériter ce délit qu'on peut appeller de lèze-cité, c'est d'être ainsi que les citoyens absens surtaxés du triple de leur contribution. Arrête en outre que la présente délibération sera communiquée, par la voie du Secrétariat Général, à toutes les sections nos sœurs, à l'effet d'obtenir leur adhésion. Fait au lieu ordinaire de ses séances. A Lyon, le 20 septembre 1793, l'an 2 de la République Françoise. Signé Viret, président, Schutz, secrétaire.

N° 254. — Copie d'une lettre écrite au Secrétariat Général, le 21 septembre 1793, l'an 2e de la République Françoise. Citoyens, les Corps Administratifs viennent de prendre un arrêté portant qu'il sera fait un recensement général des vins saisis chez les citoyens absens de cette ville, non seulement depuis le commencement du siège, mais encore depuis quelques jours. Il est demandé que ce recensement soit fait sur le champ. Le motif de ce recensement a pour objet de distribuer cette denrée de première nécessité aux citoyens peu aisés à un prix modique, il suffit de vous indiquer la sollicitude des Corps Administratifs pour qu'ils ne puissent pas douter que vous ne mettiez dans la mesure proposée la plus grande promptitude. Je suis fraternellement, Montviol, président. Suit la teneur de l'arrêté. Les Corps Administratifs séans à Lyon, etc. Séance du 21 septembre 1793, 2e de la République Françoise. Extrait du procès-verbal : Arrêtent que dans demain matin (V. *Commission populaire, p. 226*) et depuis le premier recensement. Signé Montviol, président. Extrait collationné, Adam, secrétaire-adjoint.

Le comité de surveillance de Paris déclare, sur le vin trouvé chez les absents, qu'il ne s'est trouvé que quelques bouteilles qui ont été donné à l'hôpital, signé Revol. — La Croizette adhère, signé Crepu. — Liberté exécutera, signé Monterrad.

N° 255. — Les sections sont invitées à fournir de suitte dix hommes chacune pour se rendre sur le champ à l'hôtel commun, sous la conduite d'un commissaire surveillant, lesquels hommes doivent être employés à l'ouvrage des fortifications. Au quartier général, ce 21 septembre 1793. Signé Durand, premier aide de camp.

La Croizette adhère, signé Crepu. — Liberté exécutera, signé Monterrad.

N° 256. — Le comité de surveillance de la section de Guillaume Tell, considérant que les besoins pour les incendiés et les malades augmentent tous les jours, que des demandes multipliées sont faites, soit aux sections, soit aux comités ds surveillance, pour fournir des lits et des denrées ; considérant que déjà la plupart des défenseurs de la cité a fourni au soulagement de ses concitoyens souffrans, autant qu'il a été en son pouvoir, que les citoyens présens ne peuvent se dépouiller de ce qui tient à leur existence et à leur repos, mais que ceux absens n'ont besoins ni de lits ni de denrées si nécessaires en ce moment pour les hôpitaux et hospices ; considérant qu'il a été arrêté que tout fugitif ou absent payeroit le triple des taxes civiques, il paroit très difficile de percevoir ces sommes, à moins de faire vendre leurs effets dont, en ce moment, on ne tireroit pas le quart de la valeur, et que cette perte ne seroit d'aucun secours pour les malades ou les incendiés. Considérant que beaucoup de locataires des premiers étages et magazins sont absens, quoique leurs domiciles soient presqu'à l'abri des ravages de la guerre et qu'un grand nombre d'honnêtes locataires des quatrième et cinquième étage n'ont aucun azyle pour les femmes et les enfans ; considérant enfin qu'il est de l'humanité de se secourir tous indistinctement, comme il est de la plus grande justice que l'homme absent qui se refuse de concourir en personne à la défense de la cité y concoure au moins, soit pécuniairement, soit en prêtant assistance et logement à ceux qui combattent pour lui, à ces causes, le comité de surveillance de Guillaume Tel, de concert avec sa section, demande que les corps administratifs réunis rendent un arrêté qui porte : 1° Que les appartemens des premiers étages, magazins et bas, appartenans à des citoyens fugitifs, absens ou cachés, sont à la disposition des comités de surveillance qui, conjointement avec le juge de paix, pourront en faire faire l'ouverture et y donner logement aux vieillards, femmes, enfans et malades, n'ayant pour domicile que les 4°, 5° étages avoisinant les toits, moyennant que lesdits donneront caution, les corps administratifs réunis s'en rapportent à la prudence des comités de surveillance pour le choix desdites personnes et de leurs cautions dont ils ne sont ni ne peuvent être garans ni responsables. 2° Les boissons, comestibles, combustibles, matelas, garde-paille, traversins, draps, couvertures, et même les bois de lit des gens fugitifs, absens ou cachés, sont à la disposition des comités de surveillance, lesquels, à la réquisition des corps administratifs, des hopitaux ou des hospices, se transporteront chez les dits absens et y feront estimer les effets demandés pour être transportés dans les lieux que l'on indiquera et sera tenu un registre contenant les effets enlevés et leur valeur. 3° La valeur des effets cy-dessus énoncés ou les effets eux-mêmes serviront de payement ou d'acompte pour les taxes des gens cachés, absens ou fugitifs. 4° Tout citoyen habitant les premiers étages, les malades exceptés, qui ne justifieront pas d'être employés soit à l'armée, soit aux travaux publics, soit dans les bureaux d'administration, et qui n'habiteront pas personnellement leur domicile seront considérés comme cachés ou fugitifs, ainsi que ceux habitans des étages supérieurs, et ayant des magazins ou bas sans s'en servir. 5° Tous citoyens fugitifs absens ou cachés sont irrévocablement tenus de payer le triple de chacune des taxes imposées ou à imposer et sentence par qui de droit sera de suitte rendue à cet égard. 6° Tout citoyen absent ou caché qui rentrera avant la fin des hostilités, et qui prouvera n'être pas suspect, sera exempt du triple des taxes à imposer depuis sa rentrée en la cité, mais sans préjudice aux taxes imposées pendant son absence. La section de Guillaume Tell et son comité de surveillance observant aux corps administratifs réunis que les six articles cy-dessus leur paroissent indispensables pour parvenir au soulagement général des incendiés, des malades et des infortunés, que ces mesures doivent être généralement prises dans toute la ville et que, pour parvenir à leur prompte exécution, il faut que l'arrêté des corps administratifs soit non seulement connu des comités de surveillance, mais encore proclamé sans retard et affiché au moins pendant deux jours consécutifs. La présente demande envoyée par la section de Guillaume Tell au Secrétariat Général des sections, à l'effet qu'ils la participent de suitte et sans aucun retard à toutes les autres sections de la ville. Lyon, 20 septembre 1793, l'an 2^d de la République Françoise, et ont signé : Donnet, président, Barrot, secrétaire. Les membres du comité de surveillance de la section de Guillaume Tell, signé Vincent, Ripoud, Sionest, Raymond, Landoz, Perret.

La Réunion adhère, signé Clergier, secrétaire. — Port-du-Temple adhère, signé Morenas. — Simoneau adhère, signé Pleney. — La Liberté adhère, signé Monterrad. — La Croizette adhère, signé Crepu. — Portefroc adhère, signé Barou, secrétaire.

N° 257. — Les Corps Administratifs séans à Lyon, etc., formant le comité général de salut public. Séance du 21 septembre 1793, l'an 2ᵉ de la République Françoise. Extrait du procès-verbal. Considérant, que dans la position où se trouve la cité (*V. Commission populaire, p. 226*), pour être de suitte statué ce qu'il appartiendra. Sera le présent arrêté imprimé, publié et affiché. Extrait collationné. Signé Montviol, président, Adam, secrétaire-adjoint.

St-George se conformera, signé Parrin, secrétaire. — La Croizette adhère, signé Crepu. — Paris donne avis qu'on a pas voulu laisser passer ceux à qui l'on avait donné des laisser-passer, les sentinelles de l'armée assiégeante menacent de leur tirer dessus en leur criant qu'ils pouvoient crever dans Lyon avec leur carteron de riz. Signé Revol, Dantigny, secrétaire. — Liberté exécutera, signé Monterrad.

N° 258. — L'assemblée populaire de la section de Guillaume Tell, dans sa journée du 21 septembre 1793, l'an 2, a arrêté : que les draps nommés calmouck, seront livrés par les marchands drapiers au prix coutant, et afin de soulager plus promptement nos frères exposés au froid, que les tailleurs soyent obligés de cesser tout autre travail. Signé Donnet, président, Personnot ? secrétaire.

Réunion adhère, signé Clergier, secrétaire. — Rousseau adhère, signé Viret, président, Servan, secrétaire. — St-George adhère, signé

Mugnier. — Port-du-Temple adhère, signé Morenas. — Le Change adhère, signé Louet. — Concorde adhère, signé Gaillard. — Simoneau adhère, signé Pleney. — Marseille adhère, signé Guilliaud, avec l'amendement que les calmoucs se seroient vendus au prix existant avant le siège. — Egalité adhère, en invitant de procurer des coutures aux femmes et filles sans travail. Signé Sibert, vice-président, Lignau, secrétaire. — La Croizette adhère, signé Crepu. — La Liberté adhère avec un amendement qui sera communiqué aux autres sections par la voye du Secrétariat Général, signé Monterrad. — Portefroc adhère, signé Baron.

N° 259. — Nous maire et officiers municipaux de la ville de Lyon, invitons le secrétariat des sections de vouloir prier les sections d'envoyer dix ouvriers chacune, pour se rendre demain à midy, au moulin Pérache, il se trouvera quelqu'un tenant un moulin sur le pont de la gare, du côté de Saône, qui les conduiront auxdits moulins, ce nombre est indispensable pour accellérer la mouture, mais les sections sont priées de ne vouloir prendre que des gens robustes et capables d'un travail assidu. Lyon, le 21 septembre 1793, l'an 2 de la République Françoise. Signé Fleury Roux, Privat, Lemelletier, Rater fils. Nota. Le Secrétariat Général observe aux sections que le nombre de 10, dût-il être pris parmy les soldats de piquet, est de rigueur et nécessaire pour aujourd'hui dimanche.

St-George se conformera, signé Parrin, secrétaire. — La Croizette adhère, signé Crepu. — Liberté exécutera, signé Monterrad.

N° 260. — Lyon, le 21 septembre 1793, l'an 2 de la République Françoise. Citoyens, l'assemblée générale du comité de salut public, par ses arrêtés des 19 et 21, a mis à la disposition du comité de surveillance de chaque section, les vins et riz, pour la distribution en être faite dans chaque section ; instruite que l'esprit desdits arrêtés est éludé par quelques comités de surveillance, elle croit devoir leur rappeler que les vins ordinaires saisis chez les émigrés ne doivent être vendus au prix déterminé qu'aux citoyens peu aisés. Instruite encore, que quelques citoyens aisés s'étant présentés au comité de surveillance de leurs sections pour avoir du riz en remplacement de pain, l'ont pris en profitant de la faveur accordée seulement aux citoyens peu aisés, nous vous prions d'instruire les comités de surveillance de chaque section qu'ils ne doivent délivrer de riz gratuitement qu'à la classe indigente, et que les citoyens aisés doivent le payer au prix fixé par le premier arrêté et en raison de la quantité de pain qu'ils doivent recevoir. Nous vous prions de faire parvenir cette instruction le plutôt possible. Agréez l'assurance des sentiments fraternels. Le président du comité général de salut public. Signé Montviol, président.

La Croizette adhère, signé Crepu. — St-George suivra exactement, signé Parrin.

N° 261. — Extrait des registres de l'assemblée populaire de Guillaume Tell. Sur la pétition d'un membre, qui a dit que les moulins Perache ne pouvoient aller qu'à force de bras, la section a arrêté que les corps constitués seroient priés d'y employer les prisoniers en leur donnant du vin en surplus de [la] nourriture prescrite par la municipalité et le communiquer aux sections nos sœurs, par la voye du Secrétariat

Général. Sur la pétition de divers membres, l'assemblée a arrêté que toutes les femmes et enfants des citoyens absents et notoirement connus suspects seront déportés hors de la ville jusqu'après le siège. Lyon le 21 septembre 1793, l'an 2 de la République Françoise. Signé Berruyer, président, Court, secrétaire.

Simoneau adhère, signé Clergier. — Port-du-Temple s'en rapporte aux Corps Administratifs sur le 1ᵉʳ objet, sur le second, y adhère. — Marseille y adhère, signé Mallard, secrétaire. — La Paix y adhère, signé Fulchiron, président. — Convention adhère au 1ᵉʳ article, sous la condition que les prisonniers ne soient employés que sous sûre garde, sans communication avec les autres ouvriers, signé Durand, président, Sellon, secrétaire ; quand au second objets'en rapporte aux corps administratifs. — Réunion rejette le 1ᵉʳ objet, le second elle s'en rapporte aux Corps Administratifs, signé Clergier, secrétaire. — Union adhère, signé Gayet. — La Liberté adhère, signé Monterrad. — La Croizette adhère, signé Crepu. — St-George adhère, signé Parrin. L'Ancienne ville adhère, signé Flechet et Reverchon. — Portefroc adhère, signé Baron, secrétaire.

N° 262. — Lyon, le 21 septembre 1793, l'an 2 de la République Françoise. Le président du comité général de salut public aux comités des sections de la ville de Lyon. Citoyens, le comité de sûreté générale a, par un de ses précédents arrêtés, ordoné que dans chaque section il seroit affiché un tableau indicatif par 4 colones du nom des contribuables pour l'imposition relative aux frais de la guerre ; savoir, la qualité de l'imposition, le nom de ceux qui ont contribué et celui de ceux qui sont en retard. Sur les différentes plaintes parvenues au comité, et la certitude qu'il a que plusieurs sections sont en retard à l'exécution de cet arrêté, il m'a chargé de vous inviter et requérir au besoin, de ne pas apporter un plus long retard à l'affiche de ce tableau. Salut et fraternité, signé Montviol, président.

La Croizette adhère, signé Crepu. — St-George se conformera, signé Parrin.

N° 263. — Les Corps Administratifs, etc. Séance du 22 septembre 1793, l'an 2 de la République Françoise. Extrait du procès-verbal. Sur le raport fait par les chirurgiens majors généraux de l'armée (V. *Commission populaire. p. 228*), aux moyens de prévenir tous les abus à ce sujet. Sera ce présent arrêté envoyé aux sections, imprimé et affiché partout où besoin sera. Signé Montviol, président. Extrait collationné, signé Adam, secrétaire-adjoint.

La Croizette adhère, signé Crepu. — St-George demande l'affiche, signé Parrin.

N° 264. — Lyon, le 22 septembre 1793, l'an 2 de la République. Le comité des finances de l'assemblée générale de salut public, aux présidents des sections de Lyon. Citoyen président, le comité des sept commissaires trésoriers préposés au recouvrement de la contribution civique, regardant comme très instante la réunion de tous les commissaires ayant pouvoir qui ont arrêté la répartition du second appel, les commissaires trésoriers de chaque section sont invités à se rendre très exactement demain 23, à 3 heures de relevée, au comité des finances pour se concerter sur des mesures qui intéressent le salut de la cité. Les membres du comité des finances, signé Girod, Morel, Roze.

N° 265. — Les Corps Administratifs formant le comité général de salut public. Séance du 22 septembre 1793, l'an 2 de la République françoise. Extrait du procès-verbal. Sur l'observation d'un membre qu'une grande quantité de jeunes gens (*V. Commission populaire, p. 229*) et de leur faire réintégrer leurs postes. Signé Montviol, président. Extrait collationné, signé Adam, secrétaire-adjoint.

N° 266. — Les Corps Administratifs formant le comité général de salut public. Séance du 22 septembre 1793, l'an 2, etc. Extrait du procès-verbal. Vu l'arrêté des sections de Lyon, du 13 aoust 1793 (*V. Commission populaire, p. 229*), et sauf à leur tenir compte de l'intérêt de leur avance. Signé Montviol, président, Roubiès, secrétaire. Pour copie conforme à l'expédition ; signé Girod, Morel, Rose.

N° 267. — La section de la Liberté, prenant en grande considération l'arrêté de celle de Guillaume Tell, N° 258, désirant néanmoins ne porter aucune atteinte aux propriétés, invite les marchands drapiers qui ont des draps calmoucs de les livrer à nos frères d'armes au plus bas prix possible, il est urgent de les garantir du froid auquel ils sont exposés par les services qu'ils rendent à la cité, elle présume trop bien de tous les marchands drapiers pour croire qu'ils s'en trouve qui se refusent d'adhérer à cette invitation et à renoncer, en faveur de leurs déffenseurs, aux bénéfices qu'ils se promettent de faire sur cette qualité d'étoffes. Le présent arrêté sera communiqué aux sections nos sœurs par la voie du Secrétariat Général. Séance du 22 septembre 1793. Signé Montera, président, Boissonat, secrétaire.
Marseille adhère, signé *Guilliaud*, secrétaire. — *L'Union adhère*, signé *Gayet*. — *Jura adhère*, signé *Defarge*. — *Grand-Côte adhère*, signé *Rouchan*. — *Bordeaux adhère*, signé *Raud*. — *Simoneau adhère*, signé *Grognard*. — *La Croizette adhère*, signé *Crépu*, secrétaire. — *Portefroc adhère*, signé *Baron*, secrétaire. — *La Convention adhère*, signé *Roze*, vice-président. — *Réunion adhère*, signé *Clergier*.

N° 268. — Le comité particulier dit des cinq, réuni au comité des subsistances, requiert le Secrétariat Général des sections d'envoier dans l'instant, à toutes les sections, l'ordre de ne délivrer à aucun citoyen composant la force armée, ny pain, ny ris, attendu que la force armée est fournie par des munitionaires *ad hoc*. Deffenses sont faites à tous les boulangers de délivrer du pain aux citoyens composans la force armée. Le Secrétariat Général est instamment prié de faire parvenir avec la plus grande célébrité cet avis aux sections, c'est un avis de la plus haute importance. Lyon, le 22 septembre 1793, l'an 2 de la République Françoise. Signé Terret, Reveroni, Valton, Durcy, Corset.

N° 269. — Les Corps Administratifs séants à Lyon formant le comité général de salut public. Extrait du procès-verbal de la séance du 23 septembre 1793, l'an 2 de la République Françoise. Considérant que les magistrats doivent sans cesse venir au secours de leurs concitoyens (*V. Commission populaire, p. 231*), à raison de 10 sols le pot. Signé Montviol, président. Extrait collationé, Adam, secrétaire-adjoint.

N° 270. — Les Corps Administratifs formant le comité général de salut public. Séance du 23 septembre 1793, l'an 2 de la République Françoise. Extrait du procès-verbal. Sur la demande de la municipalité d'une somme de 24 mille livres (*V. Commission populaire, p. 231*), pour veiller en ce qui les concerne à son exécution. Signé Paganucci, vice-président. Extrait collationné. Signé Adam, secrétaire-adjoint.

N° 271. — Nous, maire et officiers municipaux provisoires de la ville de Lyon des Travaux publics, invitons le Secrétariat général de prier les sections d'envoyer tout de suite à la maison commune quatre ouvriers manœuvres chacune pour un ouvrage très pressé. Lyon, le 24 septembre 1793, l'an second de la République Françoise, signé Privat, Rater fils et Pericaud. Pour copie conforme à l'original. Jal, commissaire au Secrétariat.

La section de l'Union, ayant envoyé plusieurs fois des ouvriers travailleurs, d'après des réquisitions du comité des Travaux publics, qui réunis avec peine ont été renvoyés, ne peut obtempérer à la réquisition cy-dessus. Nombre de prisonniers valides étoit mis à la disposition dudit comité par les autorités constituées, Gaiet-Lancin, président.

N° 271 *bis*. — Lettre écrite au comité des Travaux publics le 24 septembre 1793. Citoiens, le Secrétariat Général des sections va de suite communiquer votre réquisition aux sections, mais il vous observe, que si vous révoquiez l'ordre, de vouloir en prévenir le Secrétariat Général afin qu'il en instruise les sections, car elles se sont toujours empressées de fournir des ouvriers lorsqu'elles ont été requises, mais il est arrivé qu'on les a renvoyés sans les avoir employés, ce qui a paru donner un mécontentement soit aux sections, soit aux ouvriers. Recevez l'assurance des sentiments fraternels. Les membres du Secrétariat Général des sections. Signé Phelip, président en l'absence, Levieux, archiviste.

N° 271 *ter*. — Les commissaires au Secrétariat Général des sections ont employé un moment de loisir à donner au comité des subsistances quelques idées qui peuvent devenir utiles dans les circonstances. Ils observent que, dans ce moment, on pourroit employer tous les gruoirs ou moulins à gruer qui sont dans la cité ; en conséquence, que les comités de surveillance devroient être chargés de s'informer de tous les gruoirs qui sont dans leurs arrondissements et d'en porter, dans le plus bref délai, la note au comité des subsistances. On observe que les trouilleurs d'huile, les amidoniers ont des moulins propres à gruer. Les teinturiers ont des moulins pour concasser les noix de galles. Doret, chocolatier, a un moulin sur le Rhône, où il y a un gruoir. Les confiseurs, les fayanciers ont des espèces de gruoirs, ne pourrait-t'on pas employer les moulins à caffé, à poivre, etc ? Au lieu de gruoirs, ne pourrait-t'on pas employer les différents mortiers ? Les apprêteurs et les moireurs ont des machines dont on pourroit peut-être faire des gruoirs. Enfin, ne pourroit-t'on pas donner des grains à des particuliers connus qui sauroient les employer ? Le comité des subsistances pourroit s'environner d'hommes expérimentés, qui, avec un changement prompt, dans différentes espèces de machines propres aux arts, en feroient des moulins. Lyon, le 24 septembre 1793, l'an 2 de la République. Signé Basset, Michoud, Bernard, Allard, Levieux, Souchon, Turge, Blanchard, Cornaton, Bloud, Vidalin.

L'Ancienne Ville adhère, et observe qu'il n'y a aucune usine propice à l'emploi proposé, signé Toulieux, secrétaire. — *Simoneau adhère, signé Grogniard, secrétaire.*

N° 272. — Les Corps Administratifs séants à Lyon, etc. Séance du 24 septembre 1793, l'an 2 de la République Françoise. Extrait du procès-verbal. Arrêtent que demain vingt-cinq du présent mois (*V. Commission populaire, p. 232*), à la distribution du pain chez les boulangers, signé Pagannucci, vice-président. Extrait collationé, signé Adam, secrétaire-adjoint.

N° 273. — Les Corps Administratifs séants à Lyon, etc. Séance du 24 septembre 1793, l'an 2 de la République Françoise. Arête que le comité des subsistances fera remettre (*V. Commission populaire, p. 232*), à raison d'un demi septier chaque individu par jour. Signé Pagannucci, vice-président. Extrait collationé, Adam, secrétaire.

N° 274. — Lyon, le 24 septembre 1793, l'an 2 de la République Françoise. Citoyens, Dans l'assemblée des comissaires trésoriers des sections, tenue hier à l'hôtel commun et où chaque trésorier rendit compte de l'état du recouvrement du second apel, on y vit avec douleur que ce recouvrement, dans beaucoup de sections, ne s'opéroit pas avec la célérité qu'on avoit lieu d'attendre de l'urgence des besoins ; l'insouciance des contribuables et peut-être l'indolence des trésoriers, sont la cause de la pénurie des fonds, où on laisse la caisse de sûreté publique, il a paru indispensable de solliciter un arrêté des corps administratifs qui contienne des dispositions et des mesures convenables aux circonstances où nous sommes. Cet arrêté sera communiqué aux diverses sections, mais on ne peut se dissimuler que les mesures les plus sages seront sans effets, si le zèle et l'activité des comités des taxes n'en secondent l'exécution. C'est donc particulièrement à vous, citoyens commissaires taxateurs, que nous recomandons le salut de la cité, en ne négligeant rien pour opérer avec efficacité la rentrée des contributions, en attendant que vous ayez connoissance de l'arrêté, et en usant avec vigueur des voyes qu'il vous indiquera. Faut-il vous répéter encore que la caisse de sûreté publique est tous les jours prette à manquer de fonds et que le payement de la force armée ne pourroit être suspendu, sans s'exposer aux plus grands inconvéniens. Nous sommes fraternellement. Les membres du comité des sept commissaires trésoriers des sections, environnant le comité des finances de la commission. Signé Laurencet, Lambert et Dufour.

P. S. Nous avons particulièrement à observer à la section de Saône que, dans le moment où son comité des taxes avoit mis le recouvrement du second appel en vigueur, elle a arrêté ce recouvrement par l'établissement d'un comité de révision qui, dans des circonstances plus calmes, sera sans doute d'un sage et utile effet ; mais qui, dans la crise où se trouve la cité, nous paraît entraîner de grands inconvéniens. Nous invitons donc la section de Saône à suspendre l'exercice de son comité de révision, comme nuisible à la chose publique dans cet instant ; sauf à s'occuper de cet objet à l'époque que déterminera l'arrêté des Corps Administratifs.

Nous, administrateurs et membres du comité des finances du comité général de salut public, prions le Secrétariat Général des sections de vouloir bien transmettre aux sections cy-après dénommées la lettre cy-dessus, en observant que le P. S. ne regarde que la section de Saône ; c'est un nouveau service qu'il rendra à la chose publique. Signé Chasseriau, C. M. Roze.

Sections à qui on a envoyé la lettre cy dessus.

Saône	Egalité	Saint Vincent 1re division
Fraternité	Marseille	Amis des Loix
Le Change	Por-du-Temple	Thionville
Simoneau	Rue Neuve	Thomassin
Convention	Croizette	Rousseau
Brutus	Droits de l'homme	La Côte 2me division
		Et Bordeaux.

La Croizette adhère, signé Crépu.

N° 274 bis. — Le Secrétariat Général des sections a arrêté, pour la police de son bureau, que le citoyen Levieux, l'un de ses membres, écrirait aux comités de surveillance de l'Egalité, des Droits de l'Homme (1), pour les inviter à rendre plus exacts ou à remplacer leurs commissaires. 24 septembre 1793, l'an 2 de la République.

N° 275. — Les Corps Administratifs formant le comité général de salut public. Séance du 24 septembre 1793, l'an 2 de la République. Extrait du procès-verbal. Arretent que les sections de cette ville sont invitées à nomer de suite, dans chacune d'elles, douze commissaires (V. *Commission populaire, p. 232*), lesdits commissaires seront porteurs de leurs pouvoirs. Signé Monviol, président. Extrait collationé, Adam, secrétaire.

N° 276. — Les Corps Administratifs invitent le Secrétariat Général des sections de faire passer les réflexions contenues dans le n° 271 ter. à toutes les sections, afin qu'elles s'occupent à découvrir les différents gruoirs, et de faire part de toutes leurs observations au comité des subsistances. Lyon, 24 septembre 1793, l'an 2 de la République Françoise. Signé Montviol, président, Adam, secrétaire-adjoint.

La Fraternité adhère, signé Millieu, président, Gayet, secrétaire.

N° 277. — Nous, officiers municipaux provisoires, invitons le Secrétariat Général de prier les sections de faire enlever par leurs ouvriers en permanence, ou tous autres, les débris de verre répandus dans les rues, par l'effet de l'explosion de la bombe, précaution nécessaire pour la sûreté soit des gens à pied, soit pour la cavalerie, de faire en sorte que les rues ne soient point encombrées de pierre ou autres matériaux ; Lyon, le 25 septembre 1793, l'an 2 de la République Françoise. Signé Pieron, F. Roux, Rater fils.

La Fraternité adhère, signé Millieu, président, Gayet, secrétaire.

N° 278. — Des citoyennes estimables et guidées par l'amour du bien public, ayant observé que les soins des blessés occupent un grand nombre de citoyens qui pourroient être employés à la défense de la

---

(1) *A la suite les mots* et de rue Buisson, *biffés.*

cité et qu'elles pourroient les remplacer dans les hôpitaux, nous chargent de présenter leurs observations aux corps administratifs. La section de Saint-Vincent, persuadée qu'une pétition, dictée par l'humanitée et le zèle du bien public, ne peut qu'être favorablement accueillie, invite les Corps Administratifs à la prendre en grande considération. La présente sera communiquée aux autres sections par le Secrétariat Général. Lyon, le 23 septembre 1793, l'an 2 de la République. Signé Jargnieu, Chastaigner, président, Molard, secrétaire.

La Côte 2° division adhère, signé Rouchon. — Portefroc adhère, signé Baron. — La section de l'Ancienne Ville a adhéré, signé Fléchet, président, Reverchon, secrétaire. — La Croizette adhère, signé Crepu. — La Convention adhère, signé Durand. — Réunion adhère, signé Clergier. — La Liberté adhère, signé Monterrard, vice-président, Boissonnat, secrétaire. — La Fraternité adhère, signé Millieu, président, Gayet, secrétaire.

26 *septembre.*

N° 279. — Extrait des délibérations de la section de la Liberté, dans sa séance du 25 septembre 1793, l'an 2 de la République Françoise. L'assemblée considérant que le trop grand concours de boulangers qui se rendent au comité des subsistances, pour obtenir des bons pour des farines, encombrent et entravent les opérations du comité ; considérant qu'il est important que chaque section sache la quantité de farine qui est distribuée chaque jour à leurs boulangers, pour éviter tout gaspillage, dilapidation et emploi contraire au vœu des comités des subsistances ; émet son vœu pour qu'il soit nommé un commissaire par section, qui se rendra tous les jours au comité des subsistances pour y requérir des bons à raison du nombre de boulangers quelle a à fournir. Ce commissaire sera chargé de porter chaque jour, à chaque boulanger de la section, les bons pour obtenir de la farine, de s'en faire remettre la valeur, d'en tenir compte au comité des subsistances et tenir un registre, tant de la quantité de farine fournie jour par jour à chaque boulanger, ledit registre tenu double pour en être déposé un au bureau de chaque section respective. Le Secrétariat Général est invité à transmettre et communiquer dans le jour aux autres sections la délibération cy-dessus pour connoître leur vœu à cet égard et obtenir leur adhésion. Lyon, lesdits jours et an, signé Monterrat, vice-président, Boissonnat, secrétaire.

Réunion adhère, signé Clergier. — Change adhère, signé Simon président, Louet, secrétaire. — Portefroc adhère, signé Baron, secrétaire. — Saône adhère, signé Charens, secrétaire. — La Paix adhère, signé Fulchiron, président, Fromage, secrétaire. — L'Ancienne Ville adhère, signé Toullieux, secrétaire. — La Liberté adhère, signé Bourbon, secrétaire. — Simoneau adhère, signé Grogniard, secrétaire. — L'Union adhère, signé Gayet-Lancin, président. — Bordeaux adhère, signé Delorme, Faure. — Rousseau adhère, signé Viret, président, Servan, secrétaire. — La section de Guillaume Tell adhère, signé Donnet, président, L. Barret, secrétaire. — Paris adhère, signé Dantigny, secrétaire. — Egalité adhère, signé Sibert, président, Collomb, secrétaire. — Saint-Georges adhère, Parrin, Olivier, secrétaire. — La Convention adhère à l'unanimité, signé Durand, président, Lacour, secrétaire. — La Croisette adhère, signé Crepu. — Rue Neuve adhère, signé Lambert, vice-président, Bourbon, secrétaire.

Procès-verbal de la nomination du bureau, le 26 septembre.

Ce jourd'hui vingt-six septembre, l'an deux de la République Françoise, sur l'heure de dix du matin, les membres du Secrétariat Général des sections assemblés au lieu de ses séances, et procéddant au renouvellement des chefs adjoints et secrétaires du bureau par la voie de deux scrutins, dépouillement fait du premier, les suffrages se sont réunis en faveur du citoien Dervieux Varrey pour chef, et des citoïens Chalins et Jacob pour adjoints. Dépouillement fait du second scrutin les suffrages se sont réunis pour secrétaires en faveur des citoïens Blond, Souchon et Hodieu. Les six nouveaux membres ont accepté la mission à la quelle ils ont été appellé et ont promis d'en remplir les fonctions. Le citoyen Basset, chef, a remis au citoïen Levieux, archiviste, soit les pétitions des sections, soit les requisitions des autorités constituées depuis le n° 211 jusqu'à celui 283. ainsi que les n°s *bis* et *ter*, tous transcrits sur ce registre, ensemble les reçus et adhésions des sections concernants les mêmes numéros, desquels papiers, le citoyen Levieux, en sa dite qualité s'est chargé, et le citoïen Basset en demeure déchargé. Fait et clos lesdits jour et an, le tout pour la police de l'assemblée et ont les membres de l'ancien et nouveau bureau, signé BASSET, chef du bureau, DERVIEUX-VAREY, CHALAN, JACOB, SOUCHON, PHILIP, BERNARD, BLOUD, HODIEU, LEVIEUX, archiviste.

N° 280. — Les Corps Administratifs formant le comité général de salut public, etc. Extrait du procès-verbal de la séance du 26 septembre 1793, l'an 2e de la République Françoise. Considérant que dans l'état où se trouve la cité, les magistrats *(V. Commission, p. 233)* que peuvent nécessiter leurs besoins. Signé Montviol, président ; Adam, secrétaire-adjoint.

Porte-Froc adhère, *signé Baron, secrétaire.*

N° 281. — La section du Change en permanence, dans sa séance du 26 septembre, matin, sur la proposition d'un membre de l'assemblée, considérant qu'il importe d'user de la plus grande célérité pour l'économie des subsistances et que, malgré les pétitions des diverses sections et les arrêtés des Corps Administratifs, on a pas encore chassé ou tué les chiens qui sont dans la ville et qui absorbent une partie essentielle des subsistances, propose de faire nommer des commissaires par chaque section, qui prendront l'état de tous les chiens qui existent, qu'il sera choisi deux particuliers par chaque section, chargés d'aller prendre tous les chiens qui seront désignés dans l'état qui aura été dressé, de les tuer et jeter dans l'une des deux rivières, moyennant le prix de dix sous par chien ; qu'en cas de refus par aucun propriétaire de chiens de les livrer, un commissaire civil se présentera à lui pour constater son refus, et sur le rapport, que fera ledit commissaire à sa section, du procès-verbal, ledit propriétaire sera privé de la faculté d'obtenir du pain ; à l'effet de quoi il sera tenu et contraint de rendre la carte qui lui aura été délivrée et dans le cas où le propriétaire refusant n'auroit pas de cartes de pain. du jour où son refus sera constaté, il sera envoyé chez lui une garnison de quatre hommes au moins, qu'il sera tenu de nourrir et de payer à raison de trois livres par jour pour chacun. Que ladite proposition sera communiquée à toutes les autres sections et aux Corps Administratifs, pour y être adhéré et exécuté à compter de demain matin. Pour extrait à Lyon, le 26 septembre 1793, l'an 2º de la République Françoise. Signé Simon, président, Louet, secrétaire.

Section de l'Union passe à l'ordre du jour, signé Gayet-Lancin, président. — Guillaume Tell adhère, signé Donnet, président, Barrot, secrétaire. — L'Egalité adhère, signé Sibert, vice-président, Collomb, secrétaire. — Marseille adhère et en réfère aux Corps Administratifs pour l'exécution. — Saint-George demande que l'on fasse empoisonner les chiens, tout autre voie lui parroissant dangereuse, signé Perrin et Olivier. — La Convention demande qu'on se borne à assommer les chiens qui seront trouvés dans la rue, cours et escalliers, signé Durand, président, Sellon, secrétaire. — La Croizette adhère, signé Crepu. — Simoneau adhère, Pleney. — La Liberté rejette la mesure proposée, Boissonat, secrétaire. — Portefroc adhère, signé Baron, secrétaire. — Droits de l'Homme adhère, signé Tournachon.

Nº 282. — Cejourd'hui 23 septembre 1793, l'an 2ᵉ de la République Françoise, sur les 3 heures de relevé, dans l'assemblée des commissaires trésoriers de toutes les sections de cette ville ayant pouvoir, il a été exposé que quoique la répartition du second appel de trois millions eut été fixée et arrêté le 4 de ce mois, l'état des sommes recouvrées jusqu'à ce jour ne s'élevoit pas à un million, que cette somme étant insuffisante pour faire face pendant un aussi long intervalle aux dépenses journalières de la force de sûreté publique, l'administration avoit été forcée à appliquer auprès des troupes les fonds qu'elle avoit en réserve ; que cette ressource étant épuisée, il n'étoit plus possible de soutenir les frais du siège que par le produit de la contribution civique; qu'il n'étoit malheureusement que trop vrai que la caisse avoit été, faute de fonds, dans la dure nécessité de suspendre ces payements ; que pour prévenir un pareil événement, il étoit de la plus grande urgence d'employer les moyens les plus efficaces pour assurer le service de la caisse par la plus prompte rentrée de la totalité de la contribution civique. Sur quoi l'assemblée, considérant que l'inaction d'une infinité de sections, les entraves qu'elles ont apportées à la répartition de leur contingent et l'insouciance d'une grande partie des contribuables, mettent la chose publique dans un danger imminent ; considérant que, dans d'aussi pénibles circonstances, il est indispensable d'adopter les mesures les plus vigoureuses, arrête : 1º Que chaque trésorier préviendra, par forme de dernier avis, les contribuables de sa section que tout délai est irrévocablement fixé à 48 heures; qu'immédiatement après son expiration, il sera tenu sous sa responsabilité de remettre au comité dit de l'arriéré, tant pour le premier que pour le deuxième appel, les tableaux de la répartition de leur contingent et ceux des sommes restantes à recevoir sur les deux appels, en observant de distinguer les citoyens absents, ceux qui ont garnison et ceux qui sont aux battaillons, et en aidant au besoin le comité de l'arriéré de tous les renseignements utiles ; 2º Que le comité des trésoriers dit des sept, préposé à l'accélération du recouvrement, écrira de la manière la plus forte et ainsi qu'il avisera bon être, aux sections arriérées, à l'effet de les tirer d'une léthargie funeste à la cité; 3º Que le comité dit de l'arriéré sera dans une activité continuelle, s'occupera sans relâche de la rentrée des fonds et fera exécuter, sans aucune modification, les arrêttés pris par l'assemblée générale de salut

public les 9 et 14 de ce mois, exprimant dans leur entier les vœux et l'intention des sections. 4° Dans le cas où la répartition faite par une section de son contingent seroit insuffisante, ou qu'elle auroit négligée d'y procéder, le comité des sept demeure personellement chargé de mander les taxateurs de cette section, à leur défaut les président et secrétaires, de se faire représenter leur travail, s'il en existe, dans quelqu'état qu'il se trouve, et de procéder de concert avec eux, même en leur absence, par ses connoissances particulières, à la rectification ou confection des dit états de répartition ; pour être ensuite exécuté sans aucun délai 5° Dans un tems plus calme, pour réparer les erreurs qui auroient pu se glisser dans les taxes individuelles, ainsi que dans les contingents assignés à chaque section, il sera fait, par des commissaires délégués par toutes les sections, un examen scrupuleux de la force des sections et des moyens des contribuables pour asseoir la répartition des deux appels sur des bases équitables et exemptes d'arbitraires et rendre à tous la justice qui leur est due ; 6° Que le présent arrêté, après avoir obtenu l'approbation du comité général de salut public, sera communiqué à toutes les sections par la voie du Secrétariat Général. Signé Millanois, président ; Lambert, secrétaire.
L'assemblée générale de salut public, après avoir entendu la lecture de la délibération prise par les commissaires des sections ayant pouvoir mentionné ci-dessus, arrête qu'elle est et demeure approuvée pour avoir sa pleine et entière exécution. Lyon, le 26 septembre 1793, l'an 2 de la République Françoise. Signé Montviol, président. Extrait collationné, signé Adam, secrétaire-adjoint.

La Liberté a renvoié à son comité des finances, signé Boissonat.

N° 283. — Les Corps administratifs formant le comité général de salut public, séance du 26 septembre 1793, l'an 2 de la République Françoise. Extrait du procès-verbal. Invitent par la voie du Secrétariat Général les sections de la cité à nommer cinq commissaires qui seront adjoints au comité des subsistances. Signé Montviol, président, Adam, secrétaire-adjoint. Le Secrétariat Général des sections, en conséquence de l'arrêté ci-dessus, invite toutes les sections à nommer chacune un commissaire qui se rendront demain, vendredi 27 du présent, à trois heures de relevé précises, dans la salle Rousseau, à l'hôtel commun, pour y nommer entre eux les cinq commissaires demandés ; les autorités constituées désireroient qu'il y eut parmi les cinq commissaires un citoien épicier.

N° 284. — Nous, officiers municipaux provisoires de la ville de Lyon, requerrons le Secrétariat Général des sections de requérir dans chaque section, quatre matelats, quatre couvertures, deux traversins, pour nos frères d'armes de Montbrison cazernés à l'Évêché. Fait au comité militaire municipal provisoire. Lyon, le 27 septembre 1793, l'an 2 de la République Françoise, signé Royer, officier municipal provisoire, président dudit comité. François Carret, officier municipal provisoire. Nota. Les sections sont prévenues que les objets doivent être rendus ce jourdhuy 27, à trois heures de relevé au plus tard.

N° 284 *bis*. — Extrait des délibérations de la section de la Liberté, dans sa séance du 26 septembre 1793, l'an 2° de la République Françoise. L'assemblée, considérant que les Corps Administratifs ayant arrêté l'envoi de deux tonneaux d'huile par section, pour être distribuée aux citoyens peu aisés, n'a pas déterminé dans quelle proportion elle serait délivrée. Considérant que, pour éviter tout murmure, il seroit à propos que la mesure de distribution fut uniforme dans toutes les sections, arrête que le Secrétariat Général est invité de déterminer cette mesure uniforme que la section estimeroit devoir être de deux onces par individus pour quatre jours ; et quelqu'elle soit de la communiquer à toutes les sections. Lesdits jour et an que dessus, signé Boissonat, secrétaire ; Monterat, vice-président.

Le Secrétariat renvoit au comité des subsistances pour faire la mesure de distribution, la lui transmettre, pour qu'à son retour il puisse la communiquer aux sections.

N° 285. — Copie d'une lettre des Corps Administratif adressée au Secrétariat Général des sections. Lyon, le 27 septembre 1793, l'an 2° de la République. Citoyens, les Corps Administratifs vous invitent de vouloir bien prévenir sur le champ les sections pour qu'elles aient à nous présenter chacune un commissaire qui se rendront demain neuf heures du matin à la maison commune dans la salle du comité des huit, pour prendre une mesure qui exige de la célérité. Le président des Corps Administratifs. Signé Montviol.

N° 286. — Copie d'une lettre des Corps Administratifs adressée au Secrétariat Général des sections. Lyon, le 27 septembre 1793, l'an 2° de la République Françoise. Citoyens, les Corps Administratifs portant leur sollicitude sur tous les besoins des citoyens peu aisés, ont arrêté de leur faire, par les comités de surveillance de chaque section, une distribution de charbons de bois qui appartiennent à la Société fraternelle. Vous voudrez bien donc inviter les comités de surveillance de chaque section de faire enlever des différents dépôts les charbons de bois appartenant à la société fraternelle dont la note est ci-jointe, en observant de commencer par celui du Grand collège. Le président des Corps Administratifs. Signé Montviol.

Suit la note des dépôts : 1° Eglise de Saint-Vincent ; 2° Grand collège ; 3° l'Evêché ; 4° la Commanderie ; 5° les sœurs de la Marmite de Saint-Paul. Suit l'arrêté des Corps Administratifs. Les Corps Administratifs, etc. Extrait du procès-verbal de la séance du 27 septembre 1793, l'an 2ᵉ de la République Françoise. Considérant que les gens peu aisés auxquels on délivre des légumes *(V. Commission, p. 234)*, invitent les comités de surveillance à mettre dans cette distribution toute l'économie possible. Signé Montviol. Pour extrait collationné, signé Adam, secrétaire-adjoint.

N° 287. — Le comité particulier de surveillance et de sûreté publique du département de Rhône-et-Loire, dit des cinq, réuni au comité des subsistances, après avoir pris en grande considération la demande de la section de la Liberté adoptée par les autres sections, se propose d'adopter le moyen proposé qu'il soit nommé un commissaire de chaque section pour requérir auprès du comité des subsistances des bons de farines à raison de la population de chaque section. Pour parvenir à l'exécution de cette mesure, il est nécessaire que chaque section fasse, de suite, un recensement *exact* de la population, sans y comprendre les citoyens armés et les ouvriers employés aux travaux de l'armée qui reçoivent la ration. Aussitôt que le recensement sera connu au comité des subsistances, il se hâtera de répondre aux vœux des sections et d'adopter la mesure indiquée, et les sections sont expressément invitées d'en donner les résultats sous vingt-quatre heures. Fait au bureau des subsistances. Lyon, le 27 septembre 1793, l'an 2ᵉ de la République Françoise. Signé : Reverony, Terret, Valleton, Genet-Bronze et Jacquier.

N° 288. — Extrait des délibérations de la section de la Liberté, dans sa séance du 27 septembre, l'an 2° de la République Françoise. D'après le raport fait par un membre du comité des finances, qui a dit que les dépenses qu'occasionnent les ouvriers employés pour les incendies et travaux publics sont excessives, l'assemblée, considérant qu'il importe d'apporter la plus grande économie dans toutes les dépenses, sans pourtant nuire à la sûreté et bien public par trop de parcimonie ; considérant qu'il peut et qu'il a pu se commettre des abus dans la manière dont les ouvriers reçoivent leurs payements ; qu'il en est qui se sont fait payer et par les trésoriers de section et par le comité des travaux publics, émet son vœu pour que le comité des travaux publics détermine le nombre d'ouvriers qui seront, à l'avenir, employés et payés par les sections pour surveiller les incendies dans leur arrondissement, ainsi que le nombre de ceux qui pourront être requis dans chaque section, pour être employés à l'hôtel commun et payés par le comité des travaux publics, aux fins d'éviter les doubles emplois. L'assemblée désire que le comité des travaux publics se détermine sur le plus ou le moins de danger que courent les sections, pour la répartition à faire du nombre d'ouvriers que chacune devra employer. La présente délibération sera communiquée aux autres sections par la voye du Secrétariat Général. Lyon, lesdits jour et an que dessus. Signé Monterat, vice-président ; Boissonat, secrétaire.

Guillaume Tell adhère, signé Donnet, président. — *Marseille adhère, signé Dervieux Goiffieu.* — *Simoneau adhère, signé Grogniard, commissaire.* — *La Convention adhère, signé Durand, président, Sellon, secrétaire.* — *Portefroc adhère, signé Baron, secrétaire.*

N° 289. — Nous, officiers municipaux provisoires de la ville de Lyon, des travaux publics, invitons le commissariat des sections de vouloir requérir dans chacune desdites sections cinq ouvriers, pour se rendre à cinq heures après-midi à l'hôtel commun, pour des travaux très-pressés. En l'hôtel commun, le 28 septembre 1793, l'an 2ᵉ de la République Françoise. Signé, Forrel, Rater fils et Lemelletier (1).

N° 290. — Le comité particulier de surveillance et de sûreté publique dit des cinq, réuni au comité des subsistances, requiert le Secrétariat Général de prévenir les sections de donner connoissance le plus tôt possible au comité des subsistances, des comestibles qui ont été trouvés dans la visite faite hier 28, chez les particuliers, et qui ont dû être déposés dans les comités de surveillance. Lyon, le 29 septembre 1793, l'an 2 de la République Françoise. Signé Chirat, Lacenaire, Vial fils, P.-J. Reverony.

(1) *A la suite deux lignes biffées* : n° 290. — L'assemblée populaire et de section de Guillaume Tell a arrêté qu'il seroit fait une perquisition.

N° 291. — Nous, officiers municipaux provisoires de la ville de Lyon, des travaux publics, aux citoyens composant le Secrétariat Général. La crise glorieuse encore dans laquelle nous nous trouvons, exige de votre part et de la nôtre, de prévenir tous les besoins qu'exige la défense de cette célèbre cité, il paroit qu'il est de notre devoir et du vôtre que nous puissions remplir à la minute tous les besoins, même imprévus. En conséquence, le comité vous invite de prier les sections d'envoyer au dépôt des ouvriers de la commune, trois ou quatre ouvriers manœuvres, robustes et de bonne volonté, qui puissent se porter au moment où on les demandera à l'utilité de la chose publique. Lyon, le 29 septembre 1793, l'an 2° de la République Françoise. Signé Privat, Lemelletier, Rater fils, Forrel et Péricaud.

N° 292. — Nous, officiers municipaux provisoires de la ville de Lyon, chargés des travaux publics, invitons le Secrétariat Général de prier les sections d'envoyer sur le champ et par des commissaires nommés *ad hoc* le plus grand nombre de charpentiers pour faire un abbatis d'arbres, opération essentielle pour la sûreté de nos frères d'armes, vous voyez que l'objet est pressant et qu'il intéresse la chose publique, veuillez y donner vos soins pour que ces citoyens ne perdent aucun moment pour être rendus dé suite. Lyon, le 29 septembre 1793, l'an 2° de la République Françoise. Signé Privat, Péricaud, Lemelletier et Rater fils.

N° 293. — Extrait des registres des délibérations de la section de l'Union, société populaire permanente. Suivant la délibération de la section de l'Union, société populaire permanente, le comité de surveillance y uni, prise ce jourd'hui 29 septembre 1793, l'an 2° de la République Françoise. Sur la motion d'un membre de la section, appuyée par plusieurs autres citoyens, l'assemblée, considérant que sous toutes sortes de prétextes, les femmes, les enfants, les parentes, les amies ne cessent de passer et de fréquenter les postes et nos camps, ce qui détourne les citoyens armés de leur service, porte le trouble et le désordre au milieu de la force armée, le découragement et la peur par leurs cris et leurs larmes, lorsqu'il arrive quelque mouvement de la part des assiégeants, et qu'ils font quelque attaque, ainsi qu'il a été vû aujourd'hui matin, que des femmes ont emmené et fait fuir beaucoup de citoyens que leurs craintes ont ébranlés, arrête que le citoyen général Précy sera invité de donner les ordres les plus sévères pour qu'aucune personne du sexe ne puisse approcher des camps et des postes, que défense soit faite à toute femme de s'y présenter, et que tout factionnaire ou sentinelle qui violera sa consigne soit incontinent puni avec la plus grande rigueur : le salut de la cité dépendant de cette mesure. Et pour que les besoins des officiers et soldats de la force armée auxquels il est nécessaire de pourvoir, il ne sera permis qu'aux hommes et enfants mâles de porter les aliments, vêtements ou autres objets utiles aux citoyens de la force armée. La présente délibération sera communiquée aux autres sections par la voye du Secrétariat Général, les invitant d'y donner leur adhésion. Pour copie conforme, signé : Gayet-Lancin, président, Toyard, secrétaire.
 La Liberté adhère à l'unanimité, signé Monterrard, vice-président; Boissonat, secrétaire. — La Convention adhère à l'unanimité, signé Durand, président; Tracol, secrétaire. — La Grande-Côte 2° division

adhère, signé Degraix, président. — Simoneau adhère, signé B⁵ Plenev. — Port-du-Temple adhère, signé Morenas. — L'Ancienne Ville adhère, signé Reverchon, président; Toullieux, secrétaire. — Brutus donne son adhésion en laissant aux femmes la liberté de sortir de la ville, signé Tamen, secrétaire. — Réunion adhère, signé Clerjier. — L'Egalité adhère, signé Sibert, vice-président; Colomb, secrétaire. — Saint-George adhère, signé Mugnier, vice-président; Parrin — Portefroc, idem, signé Baron, secrétaire. — Droits de l'Homme adhère, signé Tournachon, président. — Rue Neuve adhère, signé Bourbon, secrétaire.

N° 294. — Le Secrétariat des sections est prié de faire avertir les différentes sections, que les ouvriers travaillant aux redoutes sont nourris comme la force armée, ainsi ils ne doivent pas recevoir la délivrance qui se fait dans les différentes sections. Fait au comité militaire des subsistances, le 29 septembre 1793. Signé J. Mestrat, adjoint.

N° 295. — Nous, officiers municipaux provisoires de la ville de Lyon et des travaux publics, invitons le Secrétariat des sections de rapeller aux sections que, dans ce moment-cy, il est indispensable qu'elle nous envoyent des manœuvres robustes; en conséquence, veuillez, citoyens, employer tout votre zèle pour que chacune des sections nous fournisse tout de suite à la maison commune six ou huit manœuvres, pour travailler dans cette nuit à la redoute de Loyasse, objet du plus grand intérêt. Lyon, le 29 septembre 1793, l'an 2 de la République Françoise. Signé : Privat, Rater, F. Roux, Lemelletier, pour seconde invitation.

N° 296. — Le comité particulier de police, surveillance et sûreté publique, etc., invite les sections, par l'intermédiaire du Secrétariat Général des sections, à faire exécuter littéralement l'article VIII de l'arrêté en forme de règlement du 8 de ce mois, relativement à l'obligation d'illuminer les premiers étages. Cette mesure est d'une nécessité absolue. A Lyon, au comité en l'Hôtel Commun, le 29 septembre 1793, l'an 2 de la République Françoise. Signé Roche, président, J.-B. Faye, Larévollière.

N° 297. — Nous, officiers municipaux provisoires de la ville de Lyon chargés des travaux publics, déclarons au Secrétariat Général que le besoin des ouvriers, ainsi que nous l'avons prévu, devient de moment en moment plus pressant; il voudra donc bien prier les sections de s'empresser de faire rendre à la maison commune huit ou 10 ouvriers ou manœuvres chacune, pour être distribués dans les différents travaux par le général qui les demande. Fait à Lyon, le 30 septembre 1793, l'an 2 de la République Françoise. Signé Privat, Forel, Lemeltier.

Saint-George fera toute diligence pour l'exécution, signé Piégay.

N° 298. — Au nom du comité de salut public, le Secrétariat des sections est requis de faire faire toutes démarches nécessaires pour hâter les visites domiciliaires et d'inviter les sections par cette itérative réquisition d'envoyer, dans le jour, au comité des subsistances

l'état de ce qu'on aura trouvé depuis le commencement de la visite. Lyon, le 30 septembre 1793, l'an 2º de la République Françoise. Signé Paganucci, vice-président.
Paris a envoié l'état sur les midi au comité des subsistances, signé Dantigny.

Nº 299. — Copie d'une lettre adressée par les Corps Administratifs au Secrétariat Général. Citoyens, après avoir souffert les horreurs d'une guerre sans exemple, nous touchons enfin au moment de la victoire, nous devons tous redoubler d'efforts. Le citoyen général voit avec peine que beaucoup de citoyens abandonnent leurs postes, je vous fait passer l'invitation qu'il fait à tous les citoyens, ainsi que sa proclamation. Les Corps Administratifs vous invitent à faire part du tout, sur le champ, à toutes les sections, afin qu'au nom du bonheur de la cité, tous les citoyens soient engagés à aller à leurs postes. Lyon, le 30 septembre 1793, l'an 2º de la République Françoise. Le président des Corps Administratifs, signé Montviol.
Suit la lettre du citoyen général Précy.
J'ai l'honneur de m'adresser aux sections pour obliger les citoyens de courir aux armes, seul moyen de sauver la cité. Je suis très fraternellement votre concitoyen. Signé : le général, Précy.
Suit la proclamation du général.
Citoyens, mes braves frères d'armes, vous avez éprouvé avec fermeté toutes les horreurs d'un siège de longue durée ; les hommes du 29 mai ont encore une fois terrassé l'anarchie le 29 septembre et déjoué d'infâmes trahisons, dévouons-nous tous à la défense de la cité, s'il existoit encore des hommes assez lâches pour croire à la clémence d'un ennemi destructeur dont tous les pas sont souillés par l'incendie et le meurtre, dénoncez-les sur le champ, qu'ils soient livrés au mépris qu'ils méritent. Braves Lyonnois que, l'amour sacré de la gloire et de la patrie animent, la générale est batue, rendez-vous de suite à vos postes respectifs, la patrie a besoin de tous vos efforts, vous verrez votre général, toujours à votre tête, vous montrer le chemin de l'honneur et de la victoire, les traîtres seront punis. Que vos ennemis tremblent, de vils satellites soudoyés par le crime doivent être confondus à l'aspect des hommes libres qui défendent leurs foyers. Encore quelques efforts et vous recueillerez le fruit de vos travaux et de votre courage. Collationné sur l'original. Lyon, le 30 septembre 1793, l'an 2 de la République. Signé : Montviol, président des Corps Administratifs.

Nº 300. — Copie d'une lettre des Corps Administratifs au Secrétariat Général. Lyon, le 30 septembre 1793, l'an 2 de la République. Citoyens, les Corps Administratifs, instruits que quelques sections n'ont pas du vin, que d'autres en ont de mauvais, viennent d'arrêter qu'il seroit mis à la disposition des sections, par le comité militaire des subsistances, la quantité de soixante et dix pièces de vin, après qu'il aura été reconnu loyal et marchand. Vous voudrez bien, dans votre sagesse, décider la quantité de vin qui doit être remise à chaque section, en observant d'en remettre une plus grande quantité aux sections populeuses et pauvres et les avertir de les faire prendre sur le port du Temple, dans l'endroit qui sera désigné. Je suis fraternellement. Signé Montviol, président.

P. S. L'administration vous invite de vous informer rigoureusement de la quantité de comestibles qu'a pu produire la visite qui a été faite, et d'en rendre compte demain, lors même qu'elle ne seroit pas finie. Cette mesure peut se remplir en chargeant chacun des députés secrétaires de se transporter dans leurs comités de surveillance respectifs, où les comestibles enlevés ont du être déposés. Les Corps Administratifs espèrent, du zèle des secrétaires des sections, que cette mesure sera remplie sans retard.

Suit l'arrêté des Corps Administratifs. Les Corps Administratifs formant le comité général de salut public. Extrait du procès-verbal de la séance du 30 septembre 1793, l'an 2 de la République. Requièrent le comité militaire des subsistances (*V*. *Commisson populaire*, p. 235)... dans le dépôt existant sur le port du Temple, étant intéressant de le débarrasser. Extrait collationné. Signé Montviol, président ; Adam, secrétaire-adjoint.

Nota. — Le Secrétariat Général prie les sections de déterminer elles-mêmes la quantité de vin dont elles ont besoin, d'après leur population et le nombre des pièces de vin à distribuer, et de prendre à cet égard les mesures qu'elles jugeront nécesaires.

Bordeaux observe qu'il lui faut une pièce de vin par jour et a fait remettre le procès-verbal au comité de salut public le 28 septembre. Signé : Feugens, Sancey aîné.

N° 301. — Extrait du procès-verbal de la section de la Convention, du 30 septembre 1793, l'an 2 de la République Françoise. D'après la proclamation du général Précy, communiquée à toutes les sections par la voie du Secrétariat Général, l'assemblée de la section de la Convention a pensé que le moyen le plus propre pour parvenir à faire rejoindre ceux qui ont quitté le bataillon sans cause légitime, étoit d'inviter le commandant du bataillon de dresser une liste de tous ceux qui se sont absentés depuis le commencement du siège et de l'envoyer à la section, qui sollicitera au nom de l'honneur et de l'intérêt de la cité tous les citoyens absents de rejoindre leurs postes. La section prie le Secrétariat Général de communiquer la présente délibération aux autres sections, ses sœurs, pour user du même moyen si elles le jugent convenable. A Lyon, le 30 septembre 1793, l'an 2 de la République Françoise. Signé : Durand, président ; Sellon, secrétaire.

Simoneau adhère, signé Gauget, commissaire. — *Marseille adhère, Dervieux Goiffieu.* — *Portefroc, adhère, signé Baron, secrétaire.* — *L'Egalité adhère, Sibert, vice-président, Bignan, secrétaire.* — *Portefroc adhère, signé Baron, secrétaire.* — *L'Union adhère avec l'amendement que sur le refus de rejoindre leur bataillon, les absents seront employés aux travaux publics, signé Gayet-Lancin.* — *Rue Neuve adhère, signé Bourbon, secrétaire.* — *Saint-George adhère, signé Marchand, président.*

N° 301 *bis*. — Le Secrétariat Général des sections prévient les Corps Administratifs que, d'après une réquisition du comité de salut public, il étoit remis audit Secrétariat, pour faire passer aux sections des exemplaires des imprimés ; que depuis quelques jours cet envoi n'a plus lieu, que l'imprimeur a donné pour motif qu'il avoit un ordre du citoyen Blanc, officier municipal, de ne faire qu'un nombre suffisant d'imprimé pour les affiches et un nombre déterminé pour les Corps

Administratifs. Le Secrétariat Général, au nom des sections, observe qu'il est de la plus grande importance que les sections, comités de surveillance et battaillons aient connoissance de tous les imprimés ; que, si l'on ne veut pas faire parvenir au Secrétariat Général un nombre suffisant d'exemplaires pour cette distribution, les Corps Administratifs doivent s'en charger, envers les sections, comités de surveillance et battaillons qui les réclament ; d'un autre côté, il importe qu'un exemplaire de ces mêmes imprimés soit envoyé audit Secrétariat comme centre de toutes les sections.

N° 301 ter. — Citoyens administrateurs, d'après une proclamation bien sage de notre général, tous les citoyens qui ne sont pas employés dans les administrations ou dans les bureaux, doivent être en armes et rejoindre leurs battaillons. Les commissaires du Secrétariat Général des sections qui, pour remplir leurs fonctions, sont forcés d'aller habituellement dans les différentes sections, vous demandent, citoyens administrateurs, un laissez-passer pour la ville, à la suite des certificats du bureau du Secrétariat Général qui atteste qu'ils en sont membres. Salut et fraternité. Les membres composant le bureau du Secrétariat Général des sections.

N° 302. — Les Corps Administratifs formant le comité général de salut public. Extrait du procès-verbal de la séance du 1ᵉʳ octobre 1793, l'an 2 de la République Françoise. Considérant qu'il est instant de faire exécuter les arrêtés concernant les raisins, arrêtent (*Commission populaire*, p. 236). Le présent arrêté sera envoyé à toutes les sections, imprimé et affiché par tout où besoin sera. Extrait collationné. Signé : Montviol, président, Adam, secrétaire-adjoint.

N° 303. — Les Corps Administratifs formant le comité général de salut public. Extrait du procès-verbal de la séance du 1ᵉʳ octobre 1793, l'an 2 de la République Françoise. Requièrent le Secrétariat Général des sections d'inviter les comités de surveillance (*Commission populaire*, p. 236), particulièrement dans les caffés, billiards, cabarets, qu'ils feront ouvrir et qu'ils visiteront soigneusement. Extrait collationné. Signé Montviol, président ; Adam, secrétaire-adjoint.

N° 304. — Les Corps Administratifs formant le comité général de salut public. Extrait du procès verbal de la séance du 1ᵉʳ octobre 1793, l'an 2 de la République Françoise. Considérant que dans la situation pénible où se trouve..... (*Commission populaire*, p. 237). ... Art. 6. Tous les chevaux en réquisition qui ne seroient pas en activité seront également conduits à la maison commune. Extrait collationné. Signé Montviol, président ; Adam, secrétaire-adjoint.

Paris n'a qu'un seul cheval qui est en réquisition, quand aux selles une seule a été trouvé chez Noir, place Bourneuf, n° 15 et trois inservable chez Graffe, n° 23. Signé Revol, président, Dantigny, secrétaire.

N° 305. — Nous, officiers municipaux provisoires de la ville de Lyon, composant le comité des travaux publics, invitons le Secrétariat Général de faire demander dans chaque section au moins quatre manœuvres ou ouvriers robustes pour travailler à l'abri du canon, les sections les feront accompagner de suite à l'hôtel commun par un

commissaire. Lyon, le 1er octobre 1793, l'an 2º de la République Françoise. Signé Rater, fils Péricaud, Pieron.
La section de la Croizette adhère, signé Crépu.

Nº 306. — Nous, officiers municipaux provisoires de Lyon du comité des travaux publics, invitons le Secrétariat Général des sections de prier les sections d'envoyer de suitte à l'hôtel commun quatre-vingt-dix ouvriers maçons ou manœuvres robustes, ce qui feroit trois hommes environ par section, pour se transporter de suitte aux travaux de la chaussée Perrache, c'est un objet extrèmement pressant, ils sont invités d'y tenir la main afin que cela se fasse de suitte. Lyon, ce 2 octobre 1793, l'an 2 de la République Françoise. Signé Fleuri Roux, Rater fils.
La Croizette adhère, signé Crépu.

Nº 307. — Copie d'une lettre adressée au Secrétariat Général par les Corps Administratifs. Lyon, le 2 octobre 1793, l'an 2 de la République Françoise. Citoiens, les Corps Administratifs, en faisant distribuer des huiles dans les sections, ont entendu que cette distribution fut faite gratuitement aux citoiens peu aisés ; mais qu'elle fut payée par ceux à qui la fortune permet de le faire ; ils ont aussi désiré que cette distribution fut faite avec beaucoup d'économie. Pour que ces deux objets soient remplis exactement, je vous invite, au nom des Corps Administratifs, d'engager les comités de surveillance à se diviser les opérations, de manière qu'un individu distribue l'huile en payant, et l'autre gratuitement. Si les Corps Administratifs n'ont pu fixer la quantité d'huile à délivrer aux nécessiteux, c'est qu'ils ont pensé que les comités de surveillance voudroient bien y mettre beaucoup d'économie ; ils ont cru devoir s'en raporter à leur sagesse, ayez la bonté de vouloir bien communiquer cette lettre aux comités de surveillance en les invitant de s'y conformer. Je suis fraternellement. Signé Montviol, président.
P. S. — D'après les rapports qui ont été faits par plusieurs comités, il semble que quatre onces d'huile par individu, par semaine, peuvent suffire, et cette mesure paroit être généralement adoptée.

Nº 308. — Le comité particulier de police de surveillance et de sûreté publique, etc., invite les sections et les comités de surveillance des sections, par l'intermédiaire du Secrétariat Général des sections, à faire exécuter ponctuellement les dispositions des articles *huit* et *douze* de l'arrêté en forme de règlement du 8 septembre dernier, portant injonction d'illuminer, depuis neuf heures du soir jusqu'au jour, les fenêtres des premiers étages dans tous les lieux désignés et relativement aux consignes à donner et aux arrestations à faire après les heures déterminées. Cet ordre sera annoncé ce soir dans touttes les sections au son du tambour ou de la cloche, afin que personne n'en ignore et ne puisse éluder les peines prononcées. A Lyon, en l'Hôtel Commun, le 3 octobre 1793, l'an 2 de la République Françoise. Signé Roche, Durris, Corset, La Revollierre.
L'ancienne Ville adhère, signé Desrious?, président, Reverchon, secrétaire. — La Liberté a rempli le vœu du comité, signé Boissonel.

N° 309. — Le comité de surveillance de la section de Guillaume Tell, sur ce que l'on voit journellement des hommes et des femmes mandier, considérant que, vu les circonstances du moment, les comités de surveillance délivrent gratuitement aux citoyens et citoyennes peu aisés tout ce qui est nécessaire à la vie et même à la préparation des aliments ; considérant que depuis l'arrêté du vingt-un septembre, tout citoyen exposé aux ravages de la guerre par l'exposition de son domicile, a droit d'en réclamer un dans les bas ou premiers étages, et par cette facilité, a le moyen de préparer et prendre son repas en sûreté ; considérant que beaucoup de bons citoyens aisés facilitent leurs voisins pauvres, soit en leur donnant asile, soit en partageant leur cuisine ou leur cheminée pour y faire cuire leurs provisions ; considérant enfin que l'exécution des règlements des Corps Administratifs, réunis à la fraternité et au patriotisme d'un grand nombre de citoyens, mettent les habitants de Lyon de l'un et de l'autre sexe hors du besoin de mandier et que tous ceux qui en ce moment le font, doivent être considérés comme vagabonds ou espions ou même incendiaires, le comité de Guillaume Tell demande à ce que les Corps Administratifs rendent un arrêté qui condamne à la détention tout individu de tout sexe et âge qui mandieroient et ordonne à la force armée et invite tout citoyen quelconque d'arrêter les mandiants. La section de Guillaume Tell donne sa pleine adhésion à la pétition cy dessus et prie le Secrétariat Général de la communiquer aux autres sections pour avoir leur adhésion. Lyon, le 3 octobre 1793, l'an 2 de la République Françoise, Signé Berruyer, président, Barrot, secrétaire.

Saône adhère, signé Sain, vice-président, Charens, secrétaire. — Réunion adhère, signé Clergier, président, Rondelet, secrétaire. — Id. Marseille, signé Dervieux Goiffieu. — Idem Port-du-Temple, signé Morenas. — Idem Convention, signé Roze, vice-président, Charrier, secrétaire. — Idem Rue Neuve, Lambert, président, Bourbon, secrétaire. — Liberté adhère, signé Boissonet. — Saint-Vincent adhère, signé Chatagnier, président, Cathelin. — La Fraternité adhère, signé Millieu, président, Gayet, secrétaire.

N° 310. — Extrait des registres de l'assemblée populaire et de section de Guillaume Tell. Sur la motion d'un membre commissaire civil pour la distribution du raisin, qui a dit que dans tous les clos il y avoit quantité de noix, et que dans les circonstances cette danrée peut-être utile, arrête que tout propriétaire sera tenu de les vendre d'après le maximum que la municipalité fixera, le présent arrêté sera communiqué aux autres sections nos sœurs, par la voye du Secrétariat Général, qui le transmettra à la municipalité. A Lyon, le 3 octobre 1793, l'an 2 de la République Françoise, signé Berruyer, président, Court, secrétaire.

Saône adhère, signé Sain, vice-président, Charens, secrétaire. — Rue Neuve idem, signé Lambert, vice-président, Bourbon, secrétaire. — Idem Réunion, signé Clergier, président. — Idem Marseille, signé Dervieux-Goiffieu, président. — Idem Convention adhère, signé Roze, Charier, secrétaire. — Liberté adhère, signé Boissonet. — Saint-Vincent adhère, signé Chatagnier, président, Catelin, secrétaire. — La Fraternité adhère, signé Millieu, président, Gayet, secrétaire. — Paris adhère, signé Dantigny, secrétaire.

N° 311. — Nous officiers municipaux provisoires de la ville de Lyon des travaux publics, invitons le Secrétariat Général des sections de vouloir bien envoyer de suitte à la maison commune deux ou trois ouvriers chacunes (manœuvres robustes), pour un ouvrage très pressé, il voudra bien inviter les sections de les faire conduire le plus tôt parce que l'objet des réparations est de la plus grande urgence. Lyon, le 4 octobre 1793, l'an 2 de la République Françoise. Signé Privat, Lemelletier et Placy ?

N° 312. — La section de la Convention ayant délibéré sur la situation critique où se trouve la cité, émet son vœu pour la convocation d'une assemblée de toutes les sections ; à cet effet, elle propose de nommer trois commissaires par section et deux par bataillons touts âgés au moins de 30 ans, lesquels se rendroient à la loge du Change le cinq du présent mois, à huit heures du matin, pour y prendre connoissance des moyens que l'on pourroit employer dans la circonstance actuelle. Le Secrétariat Général est prié de communiquer de suitte le présent vœu aux sections nos sœurs pour, après leur adhésion, obtenir des Corps Administratifs la convocation de la ditte assemblée. Lyon, le 3 octobre 1793, l'an 2 de la République Françoise. Signé Rose, vice-président, Sellon, secrétaire.

Le Secrétariat Général est prié par la section de la Convention, qu'en cas d'adhésion de ses sœurs à la délibération pour la convocation de l'assemblée à la Loge du Change, les sections voudront bien se charger d'en faire part à leurs bataillons respectifs. Lyon, ce 3 octobre 1793, l'an 2 de la République Françoise. Signé Rose, vice-président, Sellon, secrétaire.

Saône passe à l'ordre du jour à l'unanimité, signé Sain, vice-président, Charens, s. — Rue Neuve n'adhère point, regardant cette mesure comme nuisible, signé Lambert, vice-président, Bourbon, secrétaire. — Droits de l'Homme n'adhère pas, attendu que ce n'est pas le moment de convoquer les sections, signé Tournachon, président, Desjardin, secrétaire. — La Croisette n'adhère en aucune manière, signé Crépu et Pélisson. — Rousseau s'en raporte aux Corps Administratifs, signé Virel, président, et Servan, secrétaire. — Port-du-Temple déclare qu'il n'y a pas lieu à délibérer, signé Morenas, Clavière, secrétaire. — Guillaume Tell refuse son adhésion, signé Berruyer, président, Barrot, secrétaire. — L'Ancienne Ville estime qu'il n'y a lieu à délibérer, qu'au contraire, elle doit être hautement rejetté, signé Derrioux et Vergniaud, secrétaire. — Le Change délibérera, signé Simon, président, Louet, secrétaire. — La Paix refuse son adhésion, tout ayant été décidé dans la dernière assemblée, signé Fromage, secrétaire, Fulchiron, président. — Marseille déclare unanimement qu'il n'y a lieu à délibérer, signé Dervieux-Goiffieu, président, Brunet, secrétaire. — La Liberté passe à l'ordre du jour, motivé sur le danger de convoquer les sections dans un tems où la cité doit se tenir en mesure pour repousser l'ennemi, observe que la force armée étant répartie sur divers points, elle n'a pu être consultée sur cette mesure et que les sections n'ont aucun droit pour priver aucun citoyen du droit d'élire et d'être élu, signé Boissonet. — Simoneau observe qu'il ne peut délibérer sur cette demande, n'ayant pas le tems d'en référer à la force armée, attendu qu'il prendroit autrement un parti trop conséquent, signé Maupetit, Mestralet, etc. — St-Vincent refuse son adhésion, signé Chatagnier président, Cathelin, secrétaire. — La Fraternité a passé à l'ordre du jour, signé Millien, président, Gayet, secrétaire. — Paris adhère, signé Dantigny, secrétaire. — Réunion observe que la réponse qu'elle doit faire doit être consentie par la force armée, il faut que la force armée parle essentiellement ; et d'après sa réponse on avisera à cette convocation, signé Clērjier. — Le comité de surveillance de Saint-George donne son adhésion, signé Piegai, président, Bertucat (1) *— La section de Rue Buisson adhère à l'arrêté de la section de la Convention sous le n° 312, avec l'amendement qu'elle s'en rapporte aux corps administratifs, pour trouver le moyen de faire nommer, par les bataillons les commissaires qui devront être adjoints aux commissaires de la section sans déranger les bataillons de leurs postes et pour éviter tout inconvénient, signé Lacour, président, Rousset, secrétaire. — L'Egalité adhère, sous la clause qu'il y aura autant de commissaires pris dans chaque bataillon que dans chaque section, signé Sibert, vice-président, Colomb, secrétaire.*

N° 313. — Nous, officiers municipaux provisoires de la ville de Lyon, requérons nos frères et amis composant le Secrétariat des sections d'interposer leurs bons offices auprès des sections nos sœurs, afin de vouloir bien faire fournir, à nos frères d'armes de la cazerne de la Nouvelle Douane, la quantité de 350 couvertures, à raison de 12 par section, attendu que le bataillon de Saône, retiré dans cette cazerne par l'ordre du général oblige de les porter à ce nombre. Fait au comité militaire, en l'hôtel commun. Lyon, le 4 octobre 1793, l'an 2 de la République Françoise, signé Royet et Carret.

Nota. On observe que cet objet peut-être pris chez les citoyens absents. Il est essentiel que les couvertures soyent bien marquées et adressées au commandant de la cazerne, qui en donnera son récépissé (2).

La Liberté remplira autant qu'il sera en son pouvoir, signé Boissonet.

(1) *Une expédition délivrée par le Secrétariat général arrête ici la copie de l'avis des sections et se termine :* les autres sections ont accusé la réception sans d'autre réponse. Lyon, au Secrétariat général, le 6 octobre 1793, l'an 2 de la République, à 2 heures du soir. DERVIEU-VAREY, chef du Secrétariat; C. HONIEU, secrétaire (*Arch. du Rhône, série L, expéditions délivrées par le Secrétariat général des sections*).

(2) *Une première rédaction portait :* Nous, officiers municipaux provisoires, etc. Requérons nos frères et amis composant le Secrétariat des sections d'interposer leurs bons offices auprès des sections nos sœurs, afin de vouloir bien faire fournir à nos frères d'armes de la cazerne de la Nouvelle-Douane l'objet de leur demande indiqué par la lettre missive du citoyen Boullay, commandant de ladite cazerne. Fait au comité militaire, en l'hôtel commun, le 4 octobre 1793, l'an 2 de la République Françoise. Signé Royet, officier municipal provisoire ; Carret, id.

Nota. Le citoyen Boullay par sa lettre du 3 octobre 1793, adressée au comité militaire, demande la quantité de trois cent cinquante couvertures, ce qui fait 10 à 12 par section, il demande également la quantité de draps qu'il sera possible d'en trouver. Suit la teneur de la lettre.

Citoyens, depuis longtemps je sollicite vainement le fournisseur de la caserne (le citoyen Defresse), des draps blancs, en remplacement de ceux qui sont sales, et un certain nombre de couvertures. Toujours il me répond qu'il a tout fourni et qu'il n'a plus rien; cependant nos frères d'armes ont un besoin pressant de ces deux objets, car depuis le 28 juillet dernier aucun drap n'a été blanchi et actuellement la saison devenant fraîche, il est bien difficile de pouvoir coucher sans couverture. Veuillés donc citoyens, prendre en grande considération et surtout observés que le bataillon de Saône non cazerné s'est retiré par l'ordre du général à cette cazerne et que sa force étant près de 200 hommes il faudra une quantité de draps et de couvertures proportionelle. Signé Boullay, commandant de la cazerne de la Douane. P.-S. Il faudra adresser les couvertures et draps au commandant de la cazerne et avoir soin de les bien marquer.

N° 314. — Les Corps Administratifs formant le comité de salut public, séance du 4 octobre, l'an 2 de la République. Extrait du procès-verbal. Considérant que les administrateurs ont remis à chaque section du vin.... (*V. Commission populaire, p. 278*), au comité des subsistances des sommes provenues des comestibles vendus aux citoiens aisés. Extrait collationné. Signé Montviol, président, Adam, secrétaire.

N° 315. — Nous, officiers municipaux provisoires de la ville de Lyon des travaux publics, déclarons au Secrétariat Général des sections, que l'instant est arrivé de prendre touttes les mesures pour faire de la farine par tous les moyens possibles, déjà nos ennemis ont coulés bas deux moulins, plusieurs autres se sont détachés sans qu'on aye pu les arriver, il nous en reste un couple en y comprenant celuy qui est en Vaise. Le comité de subsistance demandant aux nôtres de concourir avec luy pour prévenir nos besoins communs, il a pensé de vous inviter à prier les sections d'user de tout leur zèle pour obtenir de tous les bons citoyens, de tous les marchands ferratiers, de tous les cafetiers, de tous les teinturiers et autres personnes, tous les moulins à poivre, caffé, tabac et à cochenille, que chacune des sections voudront se faire apporter pour être tous les instruments cotés par le comité de surveillance et déposé jusques à ce que l'on ait indiqué aux sections les divers lieux où tous les moulins seront placés, les sections voudront bien encore prendre notte de tous les moulins à plâtre et à gruer l'orge, afin d'être également utile, les prévenant qu'ils veuillent encore faire une liste de touttes les femmes robustes que l'on pourra occupper dans divers atteliers. Les deux comités espèrent tout du civisme bien connu de touttes les sections, le moment est venu où il faut que la réunion des forces comme celle de l'opinion, puisse tuer notre ennemi. Le comité des travaux publics attend, dans la journée de demain ou plus tard, l'état ou dénombrement des divers moulins que les sections se seront procuré sauf une juste indemnité. Lyon, le 4 octobre 1793, signé Fleury Roux, Placy, Rater fils, Privat, Forret.

N° 316. — Nous, officiers municipaux provisoires de la ville de Lyon des travaux publics, invitons le Secrétariat Général des sections de vouloir prier les sections d'envoyer sur le champ deux ou trois ouvriers robustes pour un travail à Saint-Just, aussy pressé qu'il est intéressant à la déffense de la cité, ils seront amenés à la maison commune pour être armés des outils nécessaires. Lyon, le 5 octobre 1793, l'an 2 de la République Françoise, signé Privat, Placy, Fleury Roux.

N° 317. — Extrait des registres du comité de surveillance de la section de la Fraternité. Dans la séance du quatre octobre 1793, l'an 2 de la République, le comité s'occupant sans cesse des moyens qui sont en son pouvoir pour soutenir la force armée dans un état respectable, considérant que nombre de citoyens timides ou lâches ont abandonnés leur bataillons respectifs, et pour se soustraire aux recherches et aux reproches de leurs concitoyens et surtout de leurs chefs, ils vont se réfugier chez des parents ou des amis qui habitent des sections différentes, de sorte que leurs comités de surveillance ne peuvent les découvrir, arrête qu'invitations seront faittes à toutes les sections par la voye du Secrétariat Général des sections de faire une recherche rigoureuse dans chaque section de tous les citoyens qui auroient quittés leurs bataillons, sans cause reconnue légitime par le général. De les faire rejoindre sur le champ et, à deffaut, de les faire arrêter et présenter de suitte au général pour être punis selon les loix militaires, et, attendu l'urgence, le présent arrêté sera communiqué dans le jour aux sections pour avoir leur adhésion. A Lyon, les jour et an susdits. Pour extrait conforme, signé Bonnet, Lafaye, président, Neyreis, secrétaire.

Ancienne Ville adhère, signé Derrioux et Giroud, secrétaire. — Simoneau adhère, signé Grognard. — Jura adhère, signé Gay. — La Côte, 2º division adhère, signé Rouchon. — Saint-George adhère, signé Mugnier, vice-président. — La Croisette adhère, signé Crepu, pr. — Droit de l'Homme adhère, signé Desjardins. — La Liberté adhère, signé Paluit, secrétaire. — Guillaume Tell adhère, signé Berruyer et Barron. — Union adhère, signé Gayet-Lancin, président. — Rue Buisson adhère, signé Latour, président, Rousset, secrétaire.

Nº 318. — L'assemblée populaire de la Paix, instruitte que plusieurs propriétaires de maison ont donnés des déditles aux locataires qui sont tous à leurs postes. Considérant qu'il est impossible que les braves citoyens, qui ne peuvent quitter leur poste pour chercher un appartement, puissent trouver à se loger pour la Noël prochaine, que la conduitte de ces propriétaires est d'autant plus blamable que ce n'est que pour un vil intérêt qu'ils ont donnés dédite à des citoyens qui se sacrifient pour l'intérêt général et pour déffendre leurs propriétés, a arrêté à l'unanimité que, vu l'état de siége, les Corps Administratifs seront priés de déclarer que les déditles pour la Noel prochaine sont nulles et de nul effet ; que le présent arrêté sera commuqué aux autres sections ses sœurs par la voye du Secrétariat Général avec invitation d'y adhérer. Lyon, le 4 octobre 1793, signé Fulchiron, président, Fromage, secrétaire.

L'Ancinnne ville adhère, signé Derrioux, président, Giroud. — Simoneau adhère, signé Grogniard. — Jura adhère, signé Gay. — Côte, 2º division adhère, signé Rouchon. — Saint-George adhère, signé Mugnier, vice-président. — La Croisette adhère, signé Crepu, secrétaire. — Droit de l'Homme adhère, signé Desjardins. — La Liberté adhère, signé Paluit, secrétaire. — Guillaume Tell adhère, signé Berruyer, président, Barron, secrétaire. — Union adhère, signé Gayet-Lancin, président. — Rue Buisson adhère, signé Latour, président, Rousset, secrétaire.

Nº 319. — Nous, officiers municipaux provisoires de la ville de Lyon des travaux publics, invitons avec instance le Secrétariat Général de vouloir prier avec la même instance les sections d'envoyer trois ou quatre ouvriers chacune pour qu'ils soient rendus de suite à la maison commune pour être dispersés çà et là dans les différents travaux qui sont on ne peut plus urgent, observer aux sections que des ouvriers requis ce matin il en est très peu venu. Lyon, ce 5 octobre 1793, l'an 2 de la République, signé Fleury, Roux, Privat, Lemelletier.

Nº 320. — La section de la Convention, instruite des démarches que l'on a fait dans les diverses sections et des bruits répandus dans le public et dans les battaillons, sur sa pétition du 3 du courant pour la convocation dans la loge du Change, le 5 de ce mois, de divers commissaires de chaque section et de chaque battaillon, déclare qu'elle n'a eu d'autre but que de concilier le vœu de tous les citoiens dans la circonstance actuelle, sans entendre de se séparer en aucune manière des Corps Administratifs et du général de la force armée. Elle déclare encore qu'elle persiste dans le vœu qu'elle a émis à la grande majorité des citoiens de la section qui ont discuté cet objet pendant deux jours, ayant tous été rassemblés au son de la cloche. Elle prie le Secrétariat Général d'en donner promptement connoissance à toutes les sections ses sœurs. Lyon, ce 5 octobre 1793, l'an 2 de la République Françoise, signé Roze, vice-président, Sellon, secrétaire.

La section de la Liberté passe à l'ordre du jour sur la demande de la section de la Convention, relative à la nomination des commissaires pacificateurs, motivé sur ce qu'elle avoit déjà manifesté son opinion, signé Pallut, secrétaire. — Guillaume Tell déclare qu'elle a arrêté qu'elle passoit à l'ordre du jour, qu'elle persiste dans son arrêté et déclare au surplus que, sans avoir réfléchi deux jours, elle croit qu'elle a assez réfléchi et qu'elle ne s'écartera jamais des devoirs de bon citoien, signé Berruyer, président, Personat, secrétaire. — Saône passe à l'ordre du jour, signé Charens, secrétaire. — Rue Buisson adhère avec l'amendement qu'elle s'en raporte aux Corps Administratifs pour trouver le moyen de faire nommer par les bataillons les commissaires qui devront être adjoints aux commissaires de la section sans déranger les bataillons de leurs postes et pour éviter tout inconvénient, signé Lacour, président, Roussel, secrétaire.

N° 321. — Les Corps Administratifs séants à Lyon, etc., formant le comité général de salut public. Séance du 6 octobre 1793, l'an 2 de la République Françoise. Extrait du procès-verbal. — L'assemblée délibérant sur une pétition qui lui a été présentée... (*V. Commission populaire, p. 239*)..., dans l'extérieur et l'intérieur de la cité. Sera le présent arrêté imprimé et affiché. Extrait collationé, signé Montviol, président, Adam, secrétaire-adjoint.

N° 322. — Le comité particulier de surveillance et de sûreté publique du département de Rhône-et-Loire dit des cinq, réuni au comité des subsistances, requiert le Secrétariat Général des sections de faire parvenir à chaque section un avis relatif à la rentrée des sacs vuides qui contenoient les avoines qui se prennent journellement dans les greniers de Sainte-Marie des Chesnes, et ce le plus promptement possible. Fait au comité des subsistances. Lyon, le 6 octobre 1793, l'an 2 de la République Françoise, signé Perricaud, Valleton, Coste, officier municipal.

N° 323. — Les Corps Administratifs séants à Lyon formant le comité de salut public. Séance du 6 octobre 1793. Extrait du procès-verbal. Considérant que l'assemblée des sections indiquée pour demain 7 heures... (*V. Commission populaire, p. 239*).... avis du moment où ladite assemblée pourra avoir lieu. Extrait collationé, signé Paganucci, vice-président, Adam, secrétaire-adjoint.

Nota : Cette réquisition a été remise à 7 heures 3 quart du soir.

N° 324. — En conséquence de l'ordonnance rendue par le conseil de guerre, le six du courant, il est ordonné aux sections ou son comité de surveillance, en conformité des articles six et sept de ladite ordonnance, de faire arrêter tous les citoyens de leurs sections qui ne font aucun service, ou qui ont abandonnés leur compagnie, de les faire traduire devant nous, et d'employer à cet effet la force armée, à laquelle nous enjoignons de luy donner main-forte touttes les fois qu'elle en sera requise de sa part. A Lyon, le 7 octobre 1793, l'an 2 de la République Française. Pour modèle, signé Grainville, Baille, membre du conseil de guerre.

N° 325. — Les Corps Administratifs formant le comité général de salut public, séance du 7 octobre 1793, l'an 2 de la République Françoise. Extrait du procès-verbal. — En exécution de l'arrêté d'hier, les sections sont convoquées par députation de trois commissaires dans l'église de Saint-Nizier, aujourd'hui trois heures précises de relevé, les Corps Administratifs leur remettront la dépêche adressée à chacune d'elle (V. *Commission populaire*, *p. 239*). Extrait collationné, signé Montviol, président, Adam, secrétaire.
Nota : Cette requisition n'est parvenue au Secrétariat Général qu'à trois heures ainsi que le porte le récépissé au porteur.

N° 326. — Addresse aux sections assemblées. Deux députés des commissaires des trente-deux sections de cette ville assemblés dans l'église de Saint-Nizier se sont présentés chez le général ; ils étoient munis d'un pouvoir signé du président Villermot, ainsy qu'une lettre signée par le même portant en substance que les sections demandoient une trève de vingt-quatre heures, pour soy-disant avoir le temps de délibérer. Comme cet objet est absolument militaire, le général s'attendoit qu'avant d'arrêter une pareille délibération il seroit consulté ; cependant la lettre étoit envoyé pour passer au camp ennemi et les commissaires qui en étoient porteurs étoient autorisés à accompagner le trompette. Le général observe aux sections que cette assemblée de trois commissaires n'a point été légale, puisque la force armée n'a point été consulté pour leur nomination. En conséquence, le général a cru devoir refuser d'adhérer à la trève proposée par la députation de ces commissaires, parce que toutte trève ou suspension d'armes est dangereuse, et que nous l'avons éprouvé cet après midi par une fraternisation de deux heures, parce qu'aucune des formes prescrittes pour légaliser une délibération n'a été observée et que tout ce qui est de compétence militaire ne peut ny ne doit être arrêté, qu'au préalable le général ne soit consulté. Je remettray donc à demain la délibération pour qu'on puisse connoître le vœu général en réunissant touttes les formes légales, nous sommes accoutumés aux bombes et boulets, si nous voulons en imposer à nos ennemis et espérer de l'amener à des conditions honnestes, c'est en courant aux armes, et non en les mettant bas. Celuy dans le moment qui parle de trève ne peut le faire sans compromettre la majesté du peuple lyonnois. D'après touttes ces considérations, invite touttes les sections à prendre les mesures convenables pour assurer le salut de la cité, je suis loin de m'y opposer, mais je m'opposeray toujours à ce qui peut tendre à sa destruction, mais, je le répète, courons aux armes, de ce seul moyen dépend la tranquilité et la sureté de la ville ; pour ne pas recevoir des conditions trop dures, il faut se mettre en état de repousser celuy qui veut les dicter. Signé le citoyen général, Précy.

N° 327. — Quartier Général le 8 octobre 1793, l'an 2 de la République Françoise. Citoyens des sections, je suis forcé de vous prévenir que quelques citoyens ont refusé de prendre des cartouches en disant que la paix étoit faite ; vous ne pouvés espérer d'accomodement avec vos ennemis qu'en leur présentant une force imposante. Croyés-moi, citoyens, courés aux armes, ou votre ville essuiera toutes les horreurs d'une ville prise d'assaut. Commissaires des sections, c'est à vous à inspirer cette énergie au peuple pour lequel vous travaillés, délibérés donc le plus promptement sur la grande question qui vous rassemble, et, après ce moment, courez aux armes sans distinction d'âge et de forces, et là vous attendrés, en vrai peuple courageux, libre et ferme, la réponse de vos ennemis ; ma conduite doit vous être garant de la loyauté de mes principes, tant que ma vie vous sera utile, elle est à vous, mais je veux la finir avec gloire. Signé, le général, Précy.

N° 327 (*bis*). — Au quartier général, le 8 octobre 1793, l'an 2 de la République Françoise. Le citoien général n'aperçoit aucun inconvénient à ce que les sections appellent dans le sein de leurs délibérations des citoiens de la force armée, à raison d'un homme par compagnie pris dans les différents grades. Signé, le citoïen général, Précy.

N° 328. — La section de l'Égalité avertit les autres sections, ses sœurs, par la voye du Secrétariat Général, qu'elle s'est décidé a nommer 2 commissaires, l'un pris dans la force armée de son bataillon, l'autre dans la partie délibérante, aux fins de se transporter auprès des représentants du peuple, pour traiter les grands intérêts de la cité, elle invite les autres sections, ses sœurs, à suivre la même marche, si elles la trouvent convenable. Lyon, le 8 octobre 1793, l'an 2 de la République Françoise, signé Sibert, vice-président.

N° 329. — Extrait des registres de la section du Change. Séance du 7 octobre 1793 après midy. La section du Change, en nommant trois commissaires pour délibérer sur la lettre des représentants du peuple de ce jour, a envoyé copie de ladite lettre au bataillon du Change, avec invitation de nommer aussy trois commissaires. Elle a arrêté que sa délibération seroit communiquée par la voye du Secrétariat Général aux sections. Lyon, le 7 octobre 1793, l'an 2 de la République, signé Simon, président, et Louet, secrétaire.

N° 330. — Extrait des registres de la section de la Réunion cy devant rue Belle-Cordière, du 8 octobre 1793, l'an 2 de la République Françoise. L'assemblée, délibérant sur une lettre adressée aux citoyens de Lyon, a dit la paix proposée par les représentants du peuple est le bien désirée par la section de la Réunion ; depuis longtemps, elle est décidée à tous les sacrifices que les bons républicains peuvent faire pour l'obtenir, mais en même temps elle croit devoir mettre pour conditions, que les décrets qui mettent le peuple de Lyon hors de la loy et qui confisquent tous les biens des habitants seront retirés, puisqu'en accordant et acceptant la paix, le peuple de Lyon ne peut ny ne doit plus être traités comme rebelles, que sous le nom de scélérats ne pourront être compris que ceux que la loy avoient déjà déclarés coupables et non ceux qui n'ont agi que d'après la confiance accordée par le peuple, sauf aux administrateurs à rendre au peuple de Lyon, sous les yeux des représentants, compte de leur gestion ; et sous le serment de faire respecter les conditions ainsy que les personnes et les propriétés, expression textuelle de la loy reçue par les républicains françois, la section consentira à l'ouverture de ses portes et mettra bas les armes suivant les formes qui seront réglées. Sera la présente délibération portée au bataillon pour être communiqué et être jointe à celle qu'il prendra sur le même objet, la section n'entendant faire qu'un avec luy. Le Secrétariat Général sera encore invité de faire connoître le vœu de la section de la Réunion aux autres sections ses sœurs, et solliciter leur adhésion, pour ensuitte faire parvenir le tout aux Corps Administratifs et à l'assemblée des commissaires des sections, signé Clergier, président, Rondelet, secrétaire.

La Croizette adhère, signé Crépu. — Port du Temple adhère, signé Morenas. — Jura adhère, signé J.-B. Marnet.

N° 331. — Copie des pouvoirs remis aux députés envoyés ce jourd'huy aux représentants du peuple au quartier général de Sainte-Foy. Dans l'assemblée des commissaires de Lyon, il a été nommé une députation composée d'un desdits commissaires par chaque section représentants les habitants de la ville de Lyon, lesquels se transporteront auprès des représentants du peuple françois étant près l'armée de la république sous les murs de laditte ville, à l'effet de leur exprimer les sentiments patriotiques et fraternels de ses habitants, entendre les propositions des représentants, leur faire les observations qu'ils croiront convenables, afin d'obtenir une paix qu'ils désirent avec empressement pour ensuitte les propositions être referrées aux sections de laditte ville. A Lyon, le 8 octobre 1793, l'an 2 de la République Françoise, signé Maisonneuve, vice-président, Martin, secrétaire.

Le Secrétariat Général est invité par l'assemblée des commissaires des sections réunis à Saint-Nizier de communiquer dès ce soir à touttes les sections l'arrêté cy-dessus et d'envoyer aussitôt, aux trois portes de Saint-Just, Saint-George et Peyrache, inviter les commissaires députés aux représentants du peuple de se rendre à leur retour au Secrétariat Général, à la Mannicanterie, pour faire passer à l'instant à touttes les sections l'annonce de leur arrivée, un précis uniforme de la réception qui leur aura été faitte et l'indication de l'heure à laquelle il convient que les commissaires des sections se rendent à l'assemblée générale à Saint-Nizier. Ledit jour et an que dessus, à huit heures du soir, signé Maisonneuve, vice-président, et Martin, secrétaire.

N° 332. — (1) Séance extraordinaire de la section de la Concorde du 9 octobre 1793, l'an 2 de la République Françoise. Les citoyens de la section de la Concorde considérant : 1° que la maison commune est isolée par la fuite du plus grand nombre de ses administrateurs et que la cité a néanmoins besoin, dans le moment où elle se trouve, d'être administrée jusqu'à nouvelle disposition ; 2° qu'il est nécessaire que les subsistances qui existent continuent d'être distribuées aux citoyens, et que

---

(1) Article bâtonné ; en marge on lit : néant, attendu la réquisition suivante.

d'ailleurs il est très important qu'elles ne soyent point dilapidées de quelque nature qu'elles puissent être ; arrêtent qu'il sera nommé de suite un commissaire dans chaque section pour que les opérations de la commune ne souffrent pas d'interruption et que ledit arrêté sera communiqué aux sections, leurs sœurs, par la voye du Secrétariat Général. Fait le même jour et an que dessus, signé Reppellin, président et Bénévent, secrétaire.

N° 332 bis. — Liberté, Egalité, République une et indivisible. Le comité particulier de police, surveillance et sûreté publique du département de Rhône-et-Loire, invite et au besoin requiert les sections de cette ville, par l'intermédiaire du Secrétariat Général, d'adjoindre aux différents comités séants en l'hôtel commun, un membre par chaque section pour concourir aux travaux que nécessitent les circonstances et l'absence des administrateurs, et généralement faire tout ce que peut exiger le bien public. A Lyon, à l'hôtel commun, le 9 octobre 1793, l'an 2 de la République Françoise, signé Roche, président, et Barge.

N° 333. — Liberté, Egalité, République une et indivisible. Le comité de surveillance de la ville de Lyon, composant provisoirement l'administration générale, requiert toutes les sections de la cité, par la voye du Secrétariat des sections, de faire avertir par les voyes ordinaires tous les citoyens de la ville de placer des lumières sur leurs fenêtres à l'entrée de la nuit, pour que toute la ville soit illuminée ce soir. Lyon, le 9 octobre 1793, l'an 2 de la République Françoise une et indivisible, signé Hugonet, Barge, Rochand.

N° 334. — Les citoyens de la section de Rue Buisson, après avoir entendu le rapport du citoyen Willermoz, député de ladite section, le jour d'hier, auprès des représentants du peuple, lui ont exprimé leur vive reconnaissance par l'organe de leur président et, sur la motion d'un de leurs membres, lesdits citoyens ont arrêté que le citoyen Willermoz conservoit la qualité de député de ladite section, pour réitérer l'assurance aux représentants du peuple des sentiments patriotiques et républicains de ladite section, et traiter en leur nom avec les pouvoirs les plus illimités ; il a été délibéré que le présent arrêté seroit communiqué aux autres sections nos sœurs, avec invitation d'y accéder et de nommer chacune un député pour composer la députation représentative de la commune de Lyon. Le 9 octobre 1793, l'an 2 de la République Françoise. Signé Sendar? président, et Molinard, secrétaire.

N° 335. — La section de Saône, en permanence, adhère à l'unanimité à l'arrêté de la section de la Rue Buisson et, sentant l'importance de rappeller aux citoyens représentants les dispositions favorables qu'ils ont témoigné à nos députés et de leur observer que la confiance sans borne de cette cité et leur empressement à les recevoir ne peuvent que leur montrer une plus grande indulgence, a nommé le citoyen Choffete pour la représenter de nouveau et lui adjoint le citoyen Sain qui, en qualité d'orateur de la seconde députation des sections, a été très accueilli du citoyen représentant Couthon, et pour presser l'exécution de cette mesure essentielle, le Secrétariat Général est invité à prévenir sur le champ toutes les sections que ces commissaires se rendront demain matin, à onze heures précises, dans l'église de Saint-Nizier. A Lyon, le 9 octobre 1793, l'an 2 de la République Françoise. Signé Morand, président, Charens, secrétaire.

N° 336. — Ce jourd'hui, 10 octobre 1793, l'an 2 de la République Françoise, les citoyens de la section de la Croisette assemblés dans le lieu ordinaire de leur séance, sur la proposition d'un membre, ont arrêté d'inviter les sections à inviter les représentants de faire échanger de suitte les billets de la caisse obsidionale, vû que lesdits billets ne se trouvent en partie que dans les mains des citoyens peu aisés, qu'ils ne se peuvent procurer leur nécessaire, cette monnoye n'ayant aucun cours, le Secrétariat des sections est invité de faire passer de suitte le présent arrêté aux autres sections leurs sœurs. Fait et clos les jours et an que dessus. Signé Brevard, président, Blanchon, secrétaire.
La section de l'Union a adhéré à l'unanimité. Lyon, le 10 octobre 1793. Signé Gayet-Lancin, président.

Ce jourd'hui onze octobre mil sept cent quatre-vingt-treize, l'an deux de la République Françoise une et indivisible, le citoyen Dervieu-Varrey, chef, a remis au citoyen Levieux, archiviste, soit les pétitions des sections, soit les réquisitions des autorités constituées depuis le numéro deux cent quatre-vingt-quatre, ainsi que les numéros *bis* et *ter*, tous transcrits sur le registre jusques et compris le numéro trois cent trente-six, ensemble les reçus et adhésions des sections concernant ces mêmes numéros, desquels papiers le citoyen Levieux, en sa ditte qualité d'archiviste, s'en charge et le citoyen Dervieux-Varey en demeure déchargé. Fait lesdits jour et an que dessus. DERVIEU-VAREY, chef de bureau, LEVIEUX, archiviste.

PROCÈS-VERBAUX

DES SÉANCES DE LA SECTION DE PORTE-FROC

PROCÈS-VERBAUX

DES SÉANCES

DE LA

SECTION DE PORTE-FROC

Ce jourd'hui dimanche, vingt-six du mois de mai, heures huit du matin de l'année *1793*, seconde de la République Française, une et indivisible, les citoyens de la section de Portefroc légalement assemblés sans armes dans la salle ordinaire de la section, située quay et maison de l'Évêché, en conséquence de l'arrêté du comité de surveillance de ladite section pris le jour d'hier, affiché, en conformité de l'arrêté du département de Rhône-et-Loire et d'après une proclamation faite ce dit jour en l'étendue de ladite section, par le tambour, de l'ordre dudit comité, le président d'icelui a annoncé aux citoyens que le sujet de l'assemblée étoit pour se conformer au contenu de l'arrêté du département duquel il a donné lecture, en conséquence, ledit président a proposé de former un bureau composé d'un président, de deux vice-présidents et de trois secrétaires, la proposition mise aux voix elle a été adoptée, d'après quoi l'assemblée, composée de 64 votans, s'est occupée par la voie du scrutin de la nomination du président, dépouillement fait dudit scrutin, il a été reconnu que le citoyen Guillaume Pitrat a réuni 50 suffrages, le citoyen Ravier 9, le citoyen Gros 3, les citoyens Garnier et Reyre un suffrage chacun, au moyen de ce ledit citoyen Pitrat a été proclamé président. De suite il a été adressé audit Pitrat une députation pour lui annoncer sa nomination, la députation de retour à l'assemblée, a dit que le citoyen Pitrat étoit à la campagne jusqu'à ce soir, il a été arrêté que l'on attendroit son retour pour savoir s'il accepteroit ou refuseroit ladite présidence et que cependant l'assemblée s'occuperoit de procéder à la nomination des deux vice-présidents et des trois secrétaires. De suite il a été procédé par même voix que dit est à la nomination de deux vice-présidents, dépouillement fait du scrutin composé de soixante-un bulletins, qui est le nombre des votans composant l'assemblée, il a été reconnu que le citoyen Ravier a réuni cinquante-six suffrages, le citoyen Vanal vingt-quatre, le citoyen Agueraud quatorze, le citoyen Binard dix, le citoyen Garnier trois, les citoyens Richard, Ducruet, Bellissen, Pressavin et Pierroux, deux chacun, les citoyens Dechastelus, Gros, Duret, Chol et Guillaume un suffrage chacun. Le recensement fini, le citoyen Ravier a observé à l'assemblée qu'il étoit pénétré de reconnoissance pour la confiance que lui témoignoit ses concitoyens, qu'il étoit au désespoir de ne pouvoir remplir les fonctions auxquelles on l'appelloit, que ce n'étoit point un prétexte de sa part, mais qu'un voyage dans son pays, très éloigné et de plusieurs mois, étoit la seule cause de son refus ; il a même expliqué qu'il étoit nanti d'un passe-port, dont il veut faire usage dans deux jours, sur laquelle démission l'assemblée étant consultée a pris en considération les motifs dévelopés du citoyen Ravier, ensuite de quoi le président du comité de surveillance a consulté l'assemblée sur la question de savoir s'il convenoit de pourvoir au remplacement du citoyen Ravier par un nouveau scrutin, ou si le citoyen qui avoit recueilli le plus de suffrages après le citoyen Vanal seroit appellé pour second vice-président ; sur quoi l'assemblée a été unaninement d'avis de déférer cette place au citoyen qui auroit le plus de sufrages après le citoyen Vanal ; vérification faite du recensement, il a été reconnu que c'étoit le citoyen Aguiraud qui étoit appellé à ladite place. L'assemblée, consultée de nouveau, a agréé sa nomination, à l'instant le citoyen Aguiraud, présent, a témoigné sa reconnoissance. Il a été procédé par la voie sus énoncée à la nomination de trois secrétaires, dépouillement du scrutin composé de quarante-six bulletins, nombre des citoyens votans composants l'assemblée, il a été reconnu que le citoyen Binard a réuni trente-huit suffrages, le citoyen Pierroux trente-quatre, le citoyen Grillet fils, vingt-huit, le citoyen Ducruet dix, le citoyen Privat huit, les citoyens Mercier fils et Serée quatre, les citoyens Besson et Ganière trois, les citoyens Martin et Messel fils deux et les citoyens Berger et Nesme un suffrage chacun, d'après lequel dépouillement les citoyens Binard, Pierroux et Grillet fils ont été proclamés secrétaires. Ce fait, les citoyens Vanal et Aguiraud vice-présidents susnommés ont prêtés, en présence de l'assemblée, le serment de maintenir de tout leur pouvoir la liberté, l'égalité, l'unité et l'indivisibilité de la République Française, et d'exercer, avec exactitude et intégrité, les fonctions auxquelles ils viennent d'être appellés ; de suite les citoyens Binard, Pierroux et Grillet fils ont prêtés, entre les mains desdits vice-présidents le serment sus énoncé. Le bureau ainsi formé, l'heure de midi et demi sonnée, la séance a été continuée à ce dit jour trois heures de relevée et ont les membres composants le bureau ci-présents, signés : AGUIRAUD, 2e vice-président. GRILLET, secrétaire.

Cejourd'hui vingt-six mai 1793, an deux de la République Française, heures de trois de relevée, ensuite de la continuation énoncée au précédent, le bureau étant formé par les deux vice-présidents et les trois secrétaires, il a été, en la présence de divers citoyens de la section, donné lecture par le président du comité de surveillance, d'une adresse à tous les concitoyens de la section, contenant entre autre choses une invitation aux uns et aux autres de se rendre exactement dans le sein de l'assemblée, à l'effet de concourir au maintien du repos et de la tranquilité de la section (1) ; il a été pareillement proposé un arrêté pris dans le comité de surveillance, contenant les détails des fonctions attribuées aux sections, sur quoi, l'assemblée prenant en considération

(1) V. ci-après annexes.

les motifs aussi sages que prudents qu'il renferme, en a unanimement adopté l'insertion au présent, l'impression, l'affiche, ainsi que l'envoi à toutes les sections de cette ville (1). Il a été proposé par un citoyen de cette assemblée de nommer une députation à l'exemple des autres sections, à l'effet de se transporter au département, pour lui jurer union, confiance, fraternité et adhésion entière à tous ses arrêtés, à l'effet de quoi l'assemblée a de suite nommé les citoyens Subrin, Riche, Boulay et Sauvaneau, lesquels sont à l'instant partis à l'instant pour remplir leur mission, de retour d'icelle ils ont annoncé la sensibilité que le département avoit témoigné aux sentimens fraternels et plein de confiance, dont ils étoient porteurs, d'après quoi la séance a été continuée à demain dix heures du matin et avons clos le présent verbal ledits jour, mois et an, heure de sept de relevée et ont les membres présents signés : AGUIRAUD, 2ᵉ vice-président, GRILLET, secrétaire.

Séance du lundi 27ᵉ mai 1793, l'an 2 de la République Françoise, 10 heures du matin. — Cejourdhui lundi vingt-sept mai mil sept cent quatre-vingt-treize, an deux de la République Françoise, heure de dix du matin, en conséquence de l'ajournement porté au verbal de la séance d'hier soir ; les citoyens de la section de Porte-Froc, réunis dans le lieu ordinaire de leurs assemblées, il a été remis une lettre sur le bureau dont la suscription est ainsi conçue : « Aux citoyens de l'assemblée de Porte-Froc, sur le quai de l'Evêché à Lyon ». D'après laquelle remise, le second vice-président a consulté l'assemblée sur la question de savoir s'il convenoit de procéder à l'ouverture et lecture de ladite lettre, sur quoi l'assemblée a été unanimement d'avis de renvoyer le tout au moment où l'assemblée sera plus nombreuse, en conséquence, elle s'est ajournée à ce soir cinq heures de relevée et ont les membres du bureau signé.

Séance du lundi soir. — Le lundi 27 mai mil sept cent quatre-vingt-treize, l'an second de la République Françoise une et indivisible, heure de cinq de relevée, en conséquence de l'ajournement énoncé au précédent verbal, les citoyens assemblés en nombre sufisant à l'effet d'entendre et délibérer sur le contenu de la lettre dont est ci-devant question, le second vice-président a décacheté icelle dont il a donné lecture, il a été reconnu qu'elle contenoit la démission du citoyen Guillaume Pitra, nommé président en l'assemblée du jour d'hier matin, d'après ce, il a été arrêté que la section sera convoquée pour demain vingt-huit du courant cinq heures de relevée, à l'effet de procéder à la nomination d'un président, laquelle convocation sera annoncée en l'étendue de la section, au moyen de quoi l'assemblée s'est ajournée à demain, ce qui a été accepté à l'unanimité des citoyens présents. De suite il a été proposé à l'assemblée un arrêté tendant à maintenir la sûreté des citoyens qui seroient envoyés en députation auprès des Corps Administratifs. L'assemblée, après avoir entendu la lecture de cet arrêté en a ajourné la discution à la séance de demain cinq heures de relevée. Le citoyen Privat a proposé d'envoyer une députation au citoyen Beaumont, colonel du régiment de dragons, ci-devant Lorraine, pour lui témoigner la vive reconnoissance de l'assemblée, sur l'acte de justice et la conduite généreuse qu'il a tenu à l'égard d'un de ses ci-

(1) V. Annexes.

toyens injustement maltraité par un de ses lieutenants, sur quoi l'assemblée consultée a adopté la proposition et a nommé les citoyens Privat, Petit, Paulhier et Favre, à l'effet d'être, auprès du citoyen Beaumont, les interprètes des sentiments de l'assemblée et, attendu qu'il est l'heure de huit sonnée, la continuation des opérations a été ajournée à demain, ainsi qu'il est dit, et ont les membres du bureau signé : AGUIRAUD, 2 vice-président, GRILLET, secrétaire.

Cejourd'hui mardi vingt-huitième du mois de mai mil sept cent quatre-vingt-treize, heure de cinq de relevée, an deux de la République Françoise une et indivisible, lecture faite du procès-verbal de la séance d'hier soir, le citoyen Privat, l'un des députés nommés en icelui, à l'effet de se transporter avec les autres dénommés auprès du colonel du régiment de dragons en garnison en cette ville, a dit qu'ils avoient favorablement été accueillis par le citoyen Beaumont, lequel leur a juré le plus vif dévouement à la chose publique et à la sureté de cette cité. Il a été en conséquence de l'ajournement contenu au précédent verbal relatif à la nomination d'un président dont la place est vacante par la démission du citoyen Pitra, à l'instant où l'assemblée alloit s'occuper par la voie du scrutin de cette nomination, il a été déposé sur le bureau une lettre dont la suscription est ainsi conçue : « Au citoyens de la section de Porte-froc assemblés en leur bureau « quai et maison de l'Évêché à Lyon. » Le citoyen Aguiraud, vice-président, a fait ouverture de ladite lettre et a donné lecture du contenu d'icelle, laquelle annonce la démission du citoyen Vanal de la place de l'un des vice-présidens de cette assemblée. Le citoyen Aguiraud a mis aux voix si l'on accepteroit ou non la démission du citoyen Vanal, il a été arrêté à l'unanimité qu'elle étoit acceptée, d'après quoi l'assemblée s'est occupée de procéder par la voie du scrutin de la nomination d'un président et d'un vice-président, le recensement du scrutin fait il s'est trouvé composé de 95 bultins, qui est le nombre des votans, dépouillement fait dudit scrutin, il a été reconnu que le citoyen Rayre a réuni pour la place de président 69 suffrages, le citoyen Montviol 11, le citoyen Privat 10, le citoyen Valois 2, et les citoyens Chevillon père, Ryard et Riche, un suffrage chacun. Par le même dépouillement, il a été reconnu que le citoyen Montviol a réuni pour la place de vice-président 67 suffrages, le citoyen Valois 9, le citoyen Privat 7, le citoyen Rayre 4, les citoyens Berger et Pierroux 2 suffrages chacun, et les citoyens Chevrillon et Lacroix un suffrage chacun. D'après quoi, l'assemblée a nommé les citoyens Dupuis, Privat et Ducruet, pour se transporter auprès des citoyens Rayre et Montviol, à l'effet de leur faire part de leur nomination, la députation de retour a annoncé que des circonstances impérieuses empêchent au citoyen Rayre d'accepter la place à laquelle ses concitoyens ont bien voulu l'appeler, de suite ladite députation s'étant transporté chez le citoyen Montviol qu'ils n'ont pas trouvé, d'après ce rapport, l'assemblée a arrêté qu'il seroit de suite procédé à la nomination d'un président, attendu le refus du citoyen Rayre, ce qui a été à l'instant exécuté par la voie du scrutin, recensement fait des bulletins contenu au scrutin, ils se sont trouvés au nombre de 61, qui est celui des votans en cette assemblée, dépouillement fait desdits bulletins, il a été reconnu que le citoyen Privat a réuni 38 suffrages, le citoyen Valois 18, le citoyen Remilhe 3 et les citoyens Aguiraud et Subrin un suffrage chacun, au moien de ce, le citoyen Privat a été proclamé Président de cette assemblée. Dans le cours de la séance sont survenues des députations des sections de Place Neuve, Saint-Georges, Saint-Nizier et Port-Saint-Paul, qui ont manifestés des dangers, tant pour la sureté et la tranquilité de diverses personnes, telles que les présidents et secrétaires des assemblées de cette ville, que de cette cité. En conséquence, l'assemblée a de suite nommé une députation pour se transporter tant au Département, lui faire part des craintes sus énoncées, qu'auprès du commandant général de la Garde Nationale, à l'effet de l'inviter à prendre et faire prendre les mesures convenables qu'exigent les circonstances présentes. Ladite députation autorisée à visiter toutes les sections sus énoncées et autres, telles que celle du Port-du-Temple, les citoyens nommés sont Dupuis, Privat, Ducret, Riche, Garnier et Villard, iceux de retour ont annoncés que le Département vient de requérir la Municipalité de prendre sur sa responsabilité les mesures nécessaires afin qu'elle fasse régner en cette ville le bon ordre, la paix et la tranquilité ; au moien de ce ladite députation s'est abstenue de se transporter auprès du commandant général et des sections attendu l'heure de minuit. D'après cette narration, l'assemblée a annoncé au citoyen Privat sa nommination à la présidence à laquelle il a manifesté sa reconnoissance et a pris place, et a de suite prêté, en présence de l'assemblée, le serment d'usage tel qu'il est ci-devant énoncé. Ce fait, la continuation des opérations a été ajournée à demain et ont les membres du bureau signés. AGUIRAUD, 2 vice-président, GRILLET.

Ce jourd'hui mercredi vingt-neufvième du mois de mai mil sept cent quatre-vingt-treize, heure de six du matin, l'an second de la République Françoise une et indivisible, les citoyens de la section assemblés en leur salle, quai et maison de l'Évêché, il a été proposé d'envoyer une députation auprès du Département pour apprendre l'état de la cité ; quatre commissaires ont été chargés de cette mission, à leur retour ils ont rapportés qu'ils n'avoient trouvé personne dans aucun des bureaux du Département, déclarant qu'on leur a dit que l'entrée de la maison commune avoit été refusée aux membres du Directoire du département. D'après ce, il a été donné lecture d'une adresse ne respirant qu'invitation à tous les citoyens d'assister assiduement aux assemblées de section ; il a été arrêté à l'unanimité que ladite adresse seroit imprimée et affichée, envoyée aux sections de cette ville et annexée au présent. L'assemblée, après avoir pris les mesures de sûreté et semblables à celles des autres sections, s'est ajournée à demain ; et, avant la clôture du présent, est survenu le citoyen Montviol, nommé vice-président de cette assemblée, lequel a accepté avec reconnoissance la place qui lui a été confiée par ses concitoyens. Clos lesdits jour, mois et an, et ont les membres composant le bureau signés. PRIVAT, président, MONTVIOL, vice-président, GRILLET, secrétaire.

Ce jourd'hui jeudi, trente mai mil sept cent quatre-vingt-treize, l'an second de la République Françoise, la séance ouverte, le citoyen Jolyclair, vicaire de la Métropole, a comparu et a dit que la municipalité ayant été suspendue, les bureaux des actes civils étant désorganisés pour l'instant, il s'adressoit à la section pour être autorisé à inhumer le cadavre de la femme Cusset, âgée de soixante-huit ans, mendiante de profession, décédée dans son domicile, place Saint-Romain, maison

Ferrus, n° 123, est aussi comparu les citoyens Ennemond Tournier, maçon, et Jean Jonar, chocolatier, demeurant tous deux même maison, qui ont attesté qu'effectivement ladite femme Cusset est décédée dans son domicile depuis le jour d'hier, dix heures du matin ; l'assemblée, après s'être assurée que cette femme étoit morte naturellement, autorise, vu les circonstances, les curé et vicaires de la paroisse de la Métropole, d'inhumer le cadavre de la femme Cusset ; qu'aussitôt que le calme sera rétabli et que les bureaux des actes civils seront organisés, il leur sera envoyé, par l'un des secrétaires de l'assemblée, expédition du présent, ce trente mai mil sept cent quatre-vingt-treize, l'an deux de la République et a signé avec nous ledit Jonas, non ledit Tournier pour ne le savoir. ainsi qu'il l'a déclaré. JONAR, PRIVAT, président, MONTVIOL, vice-président, BINARD, secrétaire.

Le même jour et dans la même séance, un citoyen appuyé, après avoir demandé la parole a dit : Citoyens, l'anarchie et sa maligne influence n'existera plus dans cette ville ; à l'exemple de nos frères du Midi, nous avons vaincu la tiranie des factieux qui en propageoient les barbares principes. Que nos larmes et notre reconnoissance emmousse, s'il se peut, la douleur que nous cause la perte mémorable de nos frères qui nous ont délivré à jamais. Oui à jamais, si nous savons suivre l'exemple glorieux de leur courage et de leur amour pour la sainte égalité. Citoyens, restons debout pour achever d'abbatre la tête de l'hidre, poursuivons les factieux de toute espèce et la patrie est sauvée. Je demande, pour le bonheur et la durée de la République une et indivisible, qu'il soit arrêté dans toutes les sections que l'on se saisira de tous les provocateurs au meurtre et des perturbateurs à leurs gages, pour être jugés dans les vingt-quatre heures par le tribunal désigné par la loi pour en connoître ; que les sections et les comités de surveillance remplaceront utilement les fonctions du comité de salut public ; que pétition sera faite dans l'instant pour demander que ceux des citoyens composants les bataillons qui viennent de se former sous la dénommination de troupes révolutionnaires et qui seront prévenues d'être les complices de la rébellion et des assassinats qui en ont été les suites, soyent désarmés et arrêtés sur-le-champ. Le président ayant mis aux voix les propositions, l'assemblée a été unanimement d'avis de les adopter, en conséquence il a été arrêté de solliciter une décision portant : 1° que tous les provocateurs au meurtre et pertubateurs du repos public seront arrêtés pour être conduits devant les administrations et tribunaux qui doivent en connoître et être jugés conformément à la loi ; 2° que les sections et les comités de surveillance remplaceront immédiatement le comité de salut public ci-devant institué ; 3° que ceux des citoyens composants les bataillons qui viennent de se former sous la dénommination de troupes révolutionnaires et qui seront prévenus d'être les complices de la rébellion et des assassinats qui en ont été les suites, soient désarmés et arrêtés sur le champ, pour être de même traduits devant les tribunaux et y être jugés conformément à la loi, en conséquence que le présent arrêté sera de suite envoyé au comité central des sections pour leur être soumis. Fait à Lyon, dans l'assemblée de la section de Porte-Froc, les jour et an que dessus, sur l'heure de dix du matin.

Et de suite l'assemblée, considérant qu'il est extrêmement essentiel de nommer des commissaires à l'effet de se transporter chez les boulangers de la section pour connoitre la quantité de pain qu'ils

SECTION DE PORTE-FROC, 30 MAI 145

peuvent cuire et fixer l'indemnité qui leur a été accordée, ainsi que pour les inviter à faire une fournée de plus pour alimenter nos frères des campagnes qui se sont rendus dans cette ville, il a été arrêté que les citoyens Forest, Mercier et Guillot étoient nommés à l'effet de remplir la mesure ci-dessus indiquée, lesquels étant de retour, nous ont rapporté que dans la section il n'existe que sept boulangers qui ont cuit aujourd'hui la quantité de pain conformément aux registres de chacun qui ont été arrêté, dont et du tout nous avons rédigé le présent procès-verbal, le trentième jour du mois de mai mil sept cent quatre-vingt-treize, l'an second de la République Françoise une et indivisible, clos à l'heure d'une de relevée, la continuation des opérations renvoyée à cedit jour trois heures de relevée. MONTVIOL, vice-président, GRILLET, secrétaire.

Ce jourd'hui trente mai mil sept cent quatre-vingt-treize, l'an deux de la République Françoise, les citoyens de la section de Portefroc assemblés dans la salle ordinaire, quai de l'Evêché, où étoient le citoyen Montviol, vice-président, et le citoyen Binard, secrétaire, actuellement composant le bureau de l'assemblée des citoyens présents, ayant observé que divers citoyens très suspects, domiciliés dans l'étendue de la section, sont restés armés et assemblés dans une contenance illégale, il convient à la sûreté publique de les faire surveiller et désarmer le plus promptement possible, tandis que plusieurs autres citoyens, honêtes et d'un civisme reconnu, ont été arbitrairement et injustement désarmés, de manière à se trouver hors d'état de secourir leurs frères d'armes et de remplir leur service pendant la durée des malheureuses circonstances qui viennent d'affliger cette cité, il a été unanimement arrêté que les citoyens faisant les fonctions de la Municipalité suspendue seront invités d'autoriser la section de Porte-froc à faire surveiller et désarmer de suite les citoyens suspects qui seront désignés par quatre citoyens connus et dont la déclaration sera ultérieurement rapportée et approuvée par l'assemblée entière de la section, pour être les armes enlevées déposées dans l'enceinte de la maison commune sur les procès-verbaux qui en seront dressés, comm'encore les citoyens officiers municipaux seront priés de vouloir bien faire distribuer des armes à ceux des citoyens honêtes de la section qui en ont été illégalement dépouillés et qui, à cet effet, obtiendront préalablement un certificat ou autorisation de la section, assemblée délibérante.

Finalement il a été arrêté que les citoyens officiers municipaux seroient invités à faire parvenir d'ici au premier juin prochain, les registres destinés à l'annotation et délivrance des certificats de résidence, conformément à la loi du 4 avril dernier et à l'arrêté du Directoire du département.

Sur la proposition d'un autre citoyen, l'assemblée, considérant que les circonstances actuelles, en excitant la sensibilité de tous les citoyens pour le soulagement de leurs frères, doivent aussi réveiller leur attention pour prévenir de nouveaux désordres, a unanimement arrêté : 1° qu'il sera incessamment ouvert dans l'étendue de la section, sous l'autorisation de la municipalité, un registre de souscriptions volontaires pour le soulagement, des veuves et des enfants, leurs frères morts ou blessés dans la journée d'hier, et qu'à cet effet deux citoyens seront choisis dans le sein de l'assemblée pour recevoir les soumissions et le produit des souscriptions dont l'emploi sera indiqué et surveillé par la section assemblée; 2° que par les mêmes motifs et pour constater autant qu'il sera possible le décès reconnu de ceux qui ont été les malheureuses victimes de leur zèle et de leur civisme, les membres composant le comité de surveillance établi par la loi du vingt un mars dernier tiendront un registre particulier des déclarations qui leur seront faites à ce sujet par les veuves, amis ou parents des décédés; 3° que les citoyens officiers municipaux seront invités de faire une proclamation pour défendre à tous les citoyens sans exception de s'assembler ou réunir ailleurs que dans les sociétés populaires établies dans leurs sections respectives et leur recommander d'être plus que jamais soigneux de fréquenter assiduement les assemblées de leur section, pour y émettre leur vœu et communiquer les propositions capables de contribuer à l'avantage public et à la parfaite tranquilité de cette cité.

Le citoyen Valois a demandé la parole qui lui a été accordée, il a été exposé que le citoyen Dodieu, juge au tribunal du district de la ville, est prévenu d'être un des auteurs des malheurs arrivés en cette ville, d'avoir abusé de ses fonctions de directeur du juré, d'avoir provoqué au meurtre, qu'on annonce qu'il s'est réfugié à Neuville; sur ce, l'assemblée consultée a arrêté à l'unanimité qu'il seroit nommé sur le champ une députation auprès du Département, à l'effet d'obtenir une autorisation pour mettre en état d'arrestation le citoyen Dodieu, requérir la Garde Nationale de Neuville pour prêter main-forte, et sur-le-champ elle a nommé les citoyens Valois et Pitra pour se transporter de suite au Département, dont du tout il a été rédigé le présent procès-verbal et la séance permanente a été renvoyée à demain huit heures du matin. A Lyon, le 30 may 1793, l'an deux de la République Françoise une, indivisible. MONTVIOL, vice-président, AGUIRAUD, 2 vice-président, BINARD, secrétaire.

Séance du vendredi soir trente-un may 1793, l'an 2 de la République Françoise, Cejourd'hui sur l'heure de trois de relevée, en conséquence de la continuation de ce matin, les citoyens de la section de Portefroc, réunis dans le lieu ordinaire de l'assemblée, le citoyen Flandrin a demandé la parole et a expliqué que sur l'heure d'une de l'après-midi de ce jour, le citoyen Laforest, sous lieutenant de la première compagnie du bataillon, vient d'être arrêté comme prévenu de s'être trouvé à l'hôtel de ville au nombre des citoyens qui ont fait feu sur ceux qui marchoient de l'ordre des authorités constituées, que cette imputation est fausse et qu'il n'est jamais sorti de chez lui que pour aller chez le citoyen Meyet, où il est resté jusqu'à quatre heures et demie et qu'il prioit l'assemblée de délibérer sur son sort et de prendre un parti pour le faire mettre en liberté un citoyen innocent, et que pour répondre de sa personne et de ses principes il offroit sa soumission ainsi que celle du citoyen Plantard et Parmilieu pour répondre de sa conduite et de sa personne; l'assemblée consultée a été unanimement d'avis de nommer de suite une députation prise dans son sein pour se transporter auprès du comité du salut public à l'effet de lui déclarer qu'il n'existe contre le citoyen Laforest aucune dénonciation particulière et l'inviter à relâcher, si il le juge bon dans sa sagesse, un citoyen qui jusqu'à ce qu'il soit jugé coupable elle regarde comme innocent, sous la caution des personnes cy dessus désignées, se réservant de délibérer sur la réintégration dans sa place, dont il demeuroit provisoirement suspendu et, à l'instant, l'assemblée a nommé les citoyens Pitra et Maçon qui ramèneront dans notre sein le citoyen Laforest, pour lui jurer fraternité. Fait et arrêté dans la section permanente de Portefroc, les jour et an que dessus. AGUIRAUD, vice-président, MONTVIOL, vice-président, GRILLET, secrétaire.

Cejourd'huy premier juin 1793, l'an 2º de la République Françoise, sur l'observation qui a été faite par deux citoyens députés de la section du Port-du-Temple, que cette section avoit envoyé deux commissaires à la municipalité pour demander que les deux députés à la Convention fussent gardés à vue jusqu'à nouvel ordre, attendu que d'après la déclaration du c. Linz, commandant du bataillon du Mont-Blanc, il paroit qu'il a été requis par le citoyen Gauthier, l'un deux, de repousser par la force la troupe armée qui avoit été envoyée à l'hôtel commun, le vingt-neuf may dernier, par les autorités constituées ; que, d'autre part, on a annoncé qu'on avoit surpris une réquisition de leur part, pour faire venir à Lyon dix mille hommes de troupe, sans qu'ils en eussent prévenu les autorités constitués. Ces deux faits, réunis à plusieurs autres qui doivent être insérés dans le procès-verbal qui a du être rédigé sur les évènements qui ont eu lieu en cette ville, ont déterminé l'assemblée à délibérer s'il ne convenoit pas d'envoyer sur le champ deux commissaires à la municipalité pour se réunir au vœu des autres sections. L'assemblée consultée, prenant en considération les motifs ci-dessus expliqués, l'inconvénient que les deux députés à la Convention quittent cette ville, attendu leur responsabilité, avant que la Convention soit instruite par les autorités constituées des événements malheureux qui ont eu lieu le 29 may ; prenant aussi en considération l'état critique ou est encore la cité, a unanimement arrêté : que la municipalité seroit priée d'inviter au nom des sections et pour la sûreté publique, les deux députés à la Convention de ne pas quitter la ville et, en cas de reffus de leur part, il plaise à la municipalité leur donner une garde d'honneur, s'en refférant à la Municipalité et aux autorités constituées sur la vérification des pouvoirs desdits députés, si fait n'a été, et pour porter le vœu de la section le président a nommé les citoyens Dugenne et Verchères qui sont chargés en outre de demander à la municipalité expédition ou copie des procès-verbaux qui ont dû être dressés par les autorités constituées. Fait et arrêté dans la section permanente de Portefroc, les jour et an que dessus. MONTVIOL, vice-président, GRILLET, secrétaire.

Cejourd'hui premier juin mil sept cent quatre-vingt-treize, l'an second de la République Françoise, heure de trois de relevée, les citoyens de la section de Porte-froc réunis dans le lieu ordinaire de leur section, le citoyen Guillet, ci-devant membre du Comité provisoire de surveillance établi en cette section, a fait la remise sur le bureau d'une liasse de différents papiers dépendant du bureau dudit comité, contenant dix-sept pièces consistant en diverses lettres missives et arrêtés adressés audit bureau, laquelle liasse, après avoir été paraphée par le citoyen Aguiraud, vice-président, par 1re et dernière pièce et mise sous le cachet, ont été déposées entre les mains du membre du comité de surveillance de la section, après quoi un citoyen a expliqué à l'assemblée qu'il convenoit de prendre des mesures convenables soit pour soutenir la justice de la cause que les citoyens de cette ville ont défendus d'une manière victorieuse au prix de leur sang, soit pour s'assurer une punition prompte et légale qui doit être décernée contre les coupables auteurs des malheurs arrivés en cette ville, pour faire un rapport exact des évènements que les malveillants vont s'efforcer de dénaturer auprès de nos représentants, à l'effet de quoi il convenoit de se réunir à l'exemple des autres sections, en nommant un citoyen pris dans son sein, qui seroit député auprès de la Convention pour y porter les sentiments qui ont toujours animés et qui animeront toujours la section de Porte-froc. Sur quoi l'assemblée a nommé de suite le citoyen Dechastelus pour commissaire, lequel a accepté sa mission et l'assemblée s'est de suite occupée d'une adresse dont la lecture a été faite et adoptée à l'unanimité en son entier, à l'effet de quoi l'assemblée a arrêté qu'elle seroit transcrite sur le présent registre, imprimée, affichée et adressée aux sections de cette ville.

Suit la teneur de ladite adresse.

Dans la séance du 1er juin, un citoyen a dit : La ville de Lyon vient de signaler son amour pour la liberté. Les vrais patriotes qu'elle renfermoit dans son sein ont, en bravant la mort, terrassé les anarchistes qui nous tyranisoient. La vie d'une multitude d'infortunés, dont le nombre est encore inconnu, a été le prix de cette funèbre victoire, et la modération des vainqueurs a été aussi héroïque que leur courage pendant le combat. Aucun acte de vengeance n'a souillé leur triomphe. Ils ont déployé ce grand caractère qui doit distinguer un peuple républicain et qui le soulève contre l'oppression, sans altérer jamais son respect pour la loi. Le repos, le bonheur, la gloire de notre cité, exigent qu'elle continue de donner à la France entière un si sublime exemple. La plupart de ces hommes féroces, qui étoient altérés de notre sang et qui avoient si souvent conspiré contre nos vies et nos propriétés, sont aujourd'hui incarcérés ; quelqu'uns sont fugitifs ; tous attendent avec effroi le châtiment terrible qui les menace et aucun d'eux ne doit y échapper. Loin de nous la funeste pensée de vouloir obmettre ou abréger, paraport à eux, aucunes de ces formes inviolables que la loi prescrit pour la conviction des accusés. Il se peut que parmi ceux-ci ayent été confondus quelques innocents ; il se peut aussi, et on doit regarder cette supposition comme très vraissemblable, que la majorité des prisonniers soit composée d'hommes faciles à séduire, qui n'ont été qu'égarez, et qu'il faut éclairer au lieu de les punir. C'est donc devant un juré de jugement, légalement convoqué, que tous doivent être condamnés ou absous. Ce sont les coupables seuls qui méritent de périr et c'est le glaive de la loi qui seul doit les frapper. Mais telle est la situation de nos autorités constituées, que la faculté de se livrer à des poursuites promptes et efficaces leur manque en ce moment. On ne peut instruire des procédures criminelles qu'avec le concours du directeur du juré, puisque c'est lui qui est chargé exclusivement de dresser les actes d'accusation, lorsque le juge de paix a recueilli les premiers indices d'un délit, et lancé les mandats d'arrêt. La loi veut d'ailleurs que les fonctions de directeur du juré soient remplies par l'un des membres du tribunal de district, sur le territoire duquel le délit a été commis. Or, il est notoire que le tribunal de Lyon a été ouvertement l'instigateur, l'agent, le complice de tous les attentats dont la municipalité s'est rendue coupable. Ce tribunal affreux, que présidoit l'abominable Chalier et qui étoit un fléau pour notre cité, est maintenant dispersé, dissous, tous les membres qui le composoient sont précisément les premières victimes qu'il faudra immoler à la sûreté publique. Les uns se cachent et les autres sont dans les fers. De là l'impossibilité de former un juré d'accusation, tant qu'il n'existera pas de magistrats à qui les fonctions de directeur du juré soient déléguées. Hier nos administrateurs proposèrent, aux deux commissaires de la Convention Nationale qui vinrent assister à leur séance de choisir aussitôt pour directeur du juré l'un des membres du tribunal du district de la Campagne de Lyon ; de ce tribunal qui siège à Lyon même et que la confiance générale n'a jamais cessé d'environner ; mais les citoyens commissaires répondirent que les pouvoirs dont ils ont été investis étoient trop bornés pour leur permettre d'adopter cette résolution ; ils annoncèrent ne pouvoir prendre que des mesures provisoires, qui demeureroient subordonnées à la sanction du corps législatif. Cependant, citoyens, dans les circonstances critiques où nous sommes placés, de simples mesures dilatoires ne peuvent nous suffire. Le temps presse : le péril passé peut renaître. C'est donc directement la Convention Nationale qu'il faut, sans délai, instruire de nos malheurs. Après avoir imité la fermeté des braves Marseillois et résisté comme eux à l'oppresion des arnachistes, hâtons-nous de prendre aussi pour modèle la prudence qu'ils ont montrée après leur victoire : hâtons-nous, comme eux, de choisir des commissaires qui aillent exprimer nos vrais sentiments dans le sein du corps législatif et y étouffer d'avance toutes les calomnies par lesquelles ont voudroit nous noircir ; hâtons-nous enfin de solliciter, par leur organe un décret qui empêche que le bras vengeur de la justice soit paralysé plus longtemps dans notre ville ensanglantée. Chargeons-les surtout de dire en notre nom, à la Convention Nationale, que le tribunal criminel du département de Rhône-et-Loire doit seul ici prononcer sur le sort des accusés, parce qu'il est leur juge naturel, et parce qu'en les transférant ailleurs, ce seroit peut-être fournir aux coupables des moyens d'évasion et des espérances d'impunité. Chargeons-les encore d'avertir la Convention Nationale, que son décret ne produiroit qu'un bien imparfait, s'il laissoit aux condamnés la faculté de se pourvoir devant le tribunal de cassation ; cette faculté qui, par la lenteur qu'elle entraîne, est déjà sujette à de grands inconvéniens dans les cas ordinaires, ne peut sous aucun rapport être admise dans celui-ci. Ce n'est pas un délit privé, mais un crime public, une révolte ouverte, un attentat sur le peuple, qu'il s'agit de punir ; et alors les législateurs ne manquent jamais d'accélérer l'exécution des loix pénales d'une manière proportionnée à la gravité des circonstances; en un mot, c'est un foyer de guerre civile qu'il faut éteindre ; c'est la seconde ville de la République qu'il faut satisfaire ; c'est peut-être le désespoir de ses habitants qu'il faut craindre. Rien ne peut retarder la vengeance qu'elle attend, et qui leur est due contre les misérables qui ont fait ruisseler des flots de sang dans son sein.

Sur ce, la section de Porte-Froc en permanence, a délibéré unanimement et par acclamation : 1° qu'elle nomme le citoyen (1).......... pour son commissaire ; et qu'à l'instant la pétition ci-dessus sera communiquée à toutes les sections, avec invitation qui leur sera faite de

(1) *Un blanc dans le texte.*

nommer chacune un commissaire, pour que les commissaires des trente-deux sections réunis puissent se transporter en diligence à Paris, auprès de la Convention Nationale ; 2° que lesdits commissaires seront chargés de manifester à la Convention Nationale le véritable esprit qui anime les habitants de la ville de Lyon, c'est-à-dire leur amour pour la Liberté, pour l'Egalité et leur attachement inviolable à la République une et indivisible : 3° que lesdits commissaires seront chargés de lire à la Convention Nationale le procès-verbal des évènemens malheureux qui ont ensanglanté la ville de Lyon, dans la journée du vingt-neuf de ce mois et dans la nuit suivante ; lequel procès-verbal a été rédigé par les Corps Administratifs ; comme encore qu'ils retraceront à la Convention Nationale le souvenir des troubles précédens auxquels cette ville a été en proie et que les trois derniers commissaires qu'y avoit délégués le corps législatif, ont trop longtemps fomentés ; 4° que les commissaires des sections réunies, seront également chargés de solliciter auprès de la Convention Nationale, un décret qui, d'une part, attendu la dissolution du tribunal de district de Lyon, attribue provisoirement les fonctions du directeur du juré et celles de commissaire national à deux juges du tribunal du district de la Campagne de Lyon ; lesquels juges seront choisis par les corps administratifs, ou nommés par la voye du sort, et qui, d'autre part, ordonne que le tribunal criminel du département de Rhône-et-Loire connoîtra en dernier ressort et sans retour au tribunal de cassation, de toutes les accusations relatives aux évènements dont il s'agit. Et attendu qu'il importe d'acquérir, sans délai, des preuves contre les accusés, la section de Porte-Froc conjure la municipalité provisoire et les Corps Administratifs, d'inviter les juges de paix des divers cantons à recevoir, dès à présent, les dénonciations qui leur seront portées contre les auteurs desdits évènements, fauteurs, complices et adhérens, et à entendre tous les témoins qui viendront déposer ; arrête enfin que la présente délibération sera communiquée, dans le jour, à tous les corps administratifs, envoyée à toutes les municipalités du département, d'après leur autorisation, et imprimée, publiée et affichée en cette ville, dans tous les lieux ordinaires.

Le citoyen Schmit, anglois, s'est ensuite présenté au bureau de l'assemblée de la section, il nous a exposé qu'étant étranger en cette ville et pour se conformer à la loi du 18 et 21 mars dernier, il s'est présenté devant les membres du bureau du comité de surveillance à l'effet de faire sa déclaration ; que le comité de surveillance après avoir fait lecture de la loi, d'en avoir aprofondit toutes les dispositions et le sens qu'elles comportent; lui a annoncé qu'il étoit soumis à présenter au comité six citoyens qui certifiassent son civisme et à donner caution jusques à concurrence de la moitié de sa fortune présumée, qu'il a réclamé contre la rigueur de ses dispositions, sur quoi le comité de surveillance a déféré la solution de la question à l'assemblée de la section et l'assemblee, après avoir entendu de nouveau les motifs et les réclamations du citoyen Schmith et après avoir aprofondi, par l'examen le plus scrupuleux, la pétition et la circonstance où il se trouve, après s'être fait représenter la loi du 18 et 21 mars dernier, en avoir pris la lecture et avoir exactement discuté la disposition et l'esprit de la loi, a ajourné unanimement à être fait droit sur la déclaration et pétition du citoyen Schmith à la quinzaine, présisément pendant lequel temps il seroit tenu de raporter les pièces justifficatives qui établissent le commerce qu'il a articulé exercer en France, et que cependant il se retirera de suite devant les membres du bureau du comité de surveillance, à l'effet d'y présenter les six citoyens qu'il présente pour ses cautions, y faire leurs soumissions et les signer. Le citoyen Coinde a exposé ensuite qu'il venoit d'être informé que le comité du salut public avoit arrêté le relache du citoyen Izaac, qui étoit généralement suspecté, et que ce relache fatiguoit beaucoup de citoyens et qu'il invitoit l'assemblée à prendre un parti qui s'accordât avec les principes de l'équité et le vœu de la loi, sur quoi l'assemblée, après avoir délibéré sur la proposition et considérant que, tant qu'il n'existoit point de dénonciation précize, on ne pouvoit retenir un citoyen en état d'arrestation ; elle a en conséquence arrêté et d'unanimité qu'il seroit formé sur le champ un bureau composé de neuf membres prit dans son sein, à l'effet de recevoir les différentes dénonciations qui seroient faittes contre les citoyens suspects pour les déposer entre les mains d'un juge de paix ou officier de police, après avoir été signée par les dénonciateurs, après néantmoins que lesdittes dénonciations et dépositions auront été préalablement soumises au comité général de salut public et, sur le champ, l'assemblée a nommé les citoyens Chevrillon père, Valois, Rayre, Le Roi cadet, Manin, Baron, Petit, Meunier et Marietan, qui ont été invité à se réunir demain neuf heures du matin, pour procéder à la composition du bureau et, attendu qu'il est l'heure de neuf, l'assemblée a clos sa séance pour être ouverte demain huit heures du matin. A Lyon, les jour et an que dessus. AGUIRAUD, 2 vice-président. MONTVIOL, vice-président, BINARD, secrétaire.

Ce jourd'hui 2ᵉ juin 1793, l'an 2ᵉ de la République Françoise. Dans l'assemblée permanente de Portefroc, assemblée sur les huit heures du matin, dans le lieu ordinaire de ses séances, un citoyen a dit qu'il existoit dans le bataillon de Portefroc plusieurs officiers et sous-officiers qui ne méritoient plus la confiance de la section, tels que les citoyens Riard, Gros, Combet, Lafont, Pérard, Savin, Dalaine et Laforez, qu'il étoit intéressant de prononcer de suite leur destitution ou du moins leur suspension provisoire et de profiter du moment où le bataillon est assemblé pour la réintégration du citoyen Desgranges, pour annoncer et proclamer cette destitution ou suspension. Sur ce, le président ayant mis cette proposition aux voix, l'assemblée, considérant que la destitution des officiers ne peut être prononcée que dans une assemblée de bataillon, que cependant il ne convient pas de laisser dans ce moment le commandement des compagnies de bataillon entre les mains des citoyens qui ne méritent pas la confiance des citoyens de la section, a arrêté unanimement que les citoyens désignés comme suspects seroient nommés à haute voix dans l'assemblée et que les membres présents exposeroient les motifs de suspicion qui s'élèveroient contr'eux, lesquels seroient sur le champ jugés par l'assemblée. De suite le citoyen Riard ayant été nommé, l'assemblée, par acclamation unanime, a décidé qu'étant un des principaux auteurs des troubles, qui ont eu lieu dans la section et notamment des évènements du 29 mai et à ces causes constitué prisonnier, il devoit être provisoirement suspendu. Plusieurs citoyens ont ensuite attesté que le citoyen Gros, capitaine de la 1ʳᵉ compagnie, ne s'étant point rendu à son poste le 29 mai, qu'il a resté chez lui, où il a distribué des fusils à plusieurs citoyens pour se réunir aux rebelles sur la place des Terreaux, l'assemblée a été unanimement d'avis de prononcer sa suspension provisoire. Le citoyen Combet, lieutenant de la 1ʳᵉ compagnie, ayant été convaincu d'avoir, le 29 mai, à onze heures du matin, maltraité le commandant en second du bataillon, ainsi que les commissaires de la section qui accompagnoient le tambour, au moment où il proclamoit un arrêté, et d'avoir ameuté le peuple contr'eux à la forme du verbal rédigé par led. commandant en second ; 2° d'avoir fait assembler la troupe révolutionnaire à la place St-Jean et, là, d'avoir manifesté l'intention de dissoudre le bataillon de la section et de faire tirer sur lui, l'assemblée a de même arrêté à l'unanimité sa suspension provisoire. D'autres citoyens aiant aussi annoncé que les citoyens Lafont, sous-lieutenant de la 1ʳᵉ compagnie, Perra, lieutenant des canonniers, et Savin, lieutenant de la 4ᵉ compagnie, avoient abandonné leurs drapaux et leur poste dans la même journée du 29, et que le citoyen Lafont l'un d'eux, avoit publié qu'il venoit de tuer plusieurs citoyens sur la place des Terreaux, l'assemblée a de même prononcé leur suspension provisoire, il en a été de même du citoyen Charrasson, acusé d'avoir ameuté le peuple contre le commandant en second. Enfin le citoyen Dalaire, ci devant notable, président du comité provisoire de surveillance, prévenu d'avoir engagé le bataillon de cette section de se réunir à la place des Terreaux, le 29 may, a de même été suspendu provisoirement de la place de caporal de l'une des compagnies du bataillon. En conséquence, l'assemblée a arrêté que le citoyen commandant en second du bataillon de Portefroc, proclameroit sur le champ, à la place d'armes, où le bataillon est assemblé, le présent arrêté, ce qui a été exécuté.

De suite le citoyen Chatelus aiant annoncé que ses occupations ne lui permettoient pas d'accepter la mission de député de la section auprès du corps législatif, à laquelle il a été nommé par délibération du jour d'hier, l'assemblée prenant en considération les motifs qu'il a exposé, a accepté sa démission, et de suite elle a nommé par acclamation, le citoyen Guerre, lequel ici présent, a accepté ladite nomination et se réunira incessamment aux autres députés des sections.

Enfin sur l'observation faite par deux députés de la section de l'Union, l'assemblée a arrêté qu'il seroit nommé dans son sein un commissaire pour se rendre ce soir, à quatre heures, auprès des autorités constituées, à l'effet de solliciter leur décision sur le vœu émis par les différentes sections, sur la question qui s'agite pour la formation du tribunal qui doit juger les prévenus et qu'invitation seroit faite aux autres sections d'employer la même mesure, et de suite l'assemblée a nommé le citoyen Reyre pour remplir la mission de commissaire, dont et du tout a été rédigé verbal, fait et clos à une heure de relevée, le dit jour 2 juin 1793, l'an 2ᵉ de la République Françoise. AGUIRAUD, 2 vice président ; MONTVIOL, vice-président ; BINARD, secrétaire.

Séance du dimanche soir, deux juin de l'année 1793, l'an 2 de la République Françoise, heure de trois de relevée. Les citoyens de la section de Portefroc, réunis dans le lieu ordinaire de leurs assemblées. Il est survenu dans le sein de l'assemblée une députation de la fédération de Saône, qui a présenté une pétition contenant en substance les arrêtés qui suivent : 1° une nomination d'un citoyen pris dans son sein, ayant les connoissances militaires pour commissaire à l'effet de former membre du Conseil du commandement militaire de la ville de Lyon, en en donnant préalablement avis aux corps et autorités constituées ; 2° que le commissaire se concertera avec le Conseil pour adopter un mode de punition contre les citoyens qui manqueront à leur service militaire ; 3° que le commissaire examinera aussi avec le commandant, s'il ne convient pas d'établir une force sur les hauteurs de la ville ; 4° de requérir, ensuitte des ordres des corps administratif, les bataillons des différentes sections pour connoître les absents et les coupables, désarmer ces derniers et en général ordonner une nouvelle organisation des chefs de la Garde Nationale ; 5° que le commandant provisoire sera invité à renforcer les postes de l'hôtel commun, de l'arsenal et du magazin à poudre et faire préparer des munitions de toutes espèces qui, d'après les renseignemens donnés par des officiers d'artillerie, ne sont pas suffisantes ; 6° solliciter même des mesures pour sureté de tête des ponts de la Guillotière et autres ; 7° d'inviter les citoyens à se rendre deux fois par semaine au lieux et heures qui seront indiqués pour se former aux exercices militaires. L'assemblée consultée l'a adoptée unanimement et a arrêté qu'elle seroit inscrite dans les registres pour s'y conformer dans tout son contenu.

La même députation a pareillement proposé une seconde pétition qui porte aussi en substance que, pour arrêter les évènements fâcheux que pourroient provoquer les anarchistes qui semblent déjà développer leurs manœuvres sous des nouvelles formes, en menaçant d'arborer la cocarde blanche et de crier Vive Louis XVII, a délibéré qu'au premier bruit les citoyens se réuniroient en force pour anéantir tout scélérat et détruire tout complot qui pourroit attenter à la liberté, égalité, unité et indivisibilité de la République ; sur quoi l'assemblée consultée a adhéré unanimement au présent arrêté et a délibéré qu'elle seroit inscrite sur les registres de ses délibérations.

Est survenue ensuitte une députation de la section du Port-du-Temple, porteur d'une réponse à la lettre des citoyens Dubois de Crancé et Albitte, à la lettre écritte de cette ville (1) par les citoyens Nioche et Gauthier, aussi représentants du peuple ; l'assemblée, après en avoir entendu la lecture, a aplaudit aux principes et aux sentiments qu'elle renferme et y a adhéré unanimement, à l'effet de quoi le président de la section y a aposé sa signature.

Il a été ensuitte proposé par le citoyen Coinde s'il ne convenoit pas que l'assemblée délibérât s'il ne convenoit pas, attendu que le cours de la justice fut interrompu, de prendre un parti pour aviser au moyen de remplacer de suitte les fonctions qui étoient exercées par le tribunal de district de la ville, dont tous les membres sont sous le glaive de la justice. Sur quoi l'assemblée consultée a arrêté unanimement qu'il seroit rédigé une adresse aux autorités constituées, à l'effet de quoi les citoyens Rey et Coinde ont été nommés pour s'occuper de l'adresse dont ils se sont occupés de suitte.

Le citoyen Montviol, premier vice-président de l'assemblée, a exposé qu'il continueroit toujours à remplir avec autant de zèle que d'activité les fonctions qu'on lui avoit confié, mais que sa santé, son travail, ses occupations et les peines et les soucis qu'elle entraînoit, que la place de président de la section étoit vacante, attendu que le

(1) *Il semble qu'on puisse lire en surcharge :* écritte pour cette ville.

citoyen Chirat qui l'occupoit remplissoit provisoirement une place d'officier municipal, il a exposé aussi que la place de premier secrétaire étoit aussi vacante, attendu que le citoyen Pierroux remplissoit une place dans la même municipalité, il a en conséquence proposé que l'assemblée s'occupât à former son bureau pour en partager avec lui les peines et soins, en nommant un troisième vice-président et un quatrième secrétaire ; il a en conséquence consulté l'assemblée sur le mode qu'elle vouloit adopter. L'assemblée consultée a arrêté que les deux nominations seroient faittes par acclamation, et à l'instant elle a nommé à l'unanimité pour troisième vice-président le citoyen Dupuis, et pour quatrième secrétaire le citoyen Dechastelus présent, qui a accepté la place et a prêté le serment, entre les mains du président, d'en remplir les fonctions avec intégrité et le serment ordinaire de maintenir la liberté, l'égalité, l'unité et l'indivisibilité de la République et, attendu l'absence du citoyen Dupuis et qu'il est en campagne, l'assemblée a arrêté qu'il lui seroit envoyé une députation composée des citoyens Baron et Pélissier.

Le président a expliqué que la journée du 29 mai a fait des victimes sans nombre, soit dans les personnes qui y ont perdu la vie, soit dans celles de parents à l'existence desquels elles fournissoient par leur travail ; il a, en conséquence, proposé que l'assemblée forma un bureau dont les membres seroient proposés à faire la cueillete des souscriptions volontaires pour venir au secours des malheureux. Cette proposition a été adoptée unanimement par l'assemblée qui a délibéré de suitte que le montant des souscriptions seroit réuni à la masse totale qui proviendroit des souscriptions de toutes les sections de la ville, et que les faveurs de la caisse généralle s'étendroient même sur les personnes qui s'étoient laissés égarer, en conséquence et pour former le bureau, elle a nommé les citoyens Pélissier. Morel, Jal, Chevrillon père, Ravier, Le Roi aîné, que tous six ont acceptés la nomination faite de leur personne.

Le président a exposé ensuite que pour détruire toute espèce de prévention et pour ne laisser plus de doute sur les sentiments civiques de la section, et pour s'assurer des sentiments et des principes de tous les citoyens composant cette section, pour édifier enfin tout à la fois et cette ville et la République entière, les citoyens devoient se faire un devoir de prêter le serment de maintenir la liberté, l'égalité, l'unité, l'indivisibilité de la République, union et fraternité à toutes les sections, et en conséquence il a proposé que tous les citoyens seroient tenus de prêter le serment individuellement et séparément et que ceux qui ne l'auroient pas prêté, ne seroient pas receus jusques à la prestation effective dudit serment, et que le nom des citoyens qui ne seroient pas présentés pour le prêter, seroit inscrit sur une liste affichée dans la section, sur quoi l'assemblée a unanimement adopté cette mesure, à l'effet de quoi elle a procédé de suitte à la prestation du serment des citoyens, dont les noms ont été inscrits sur une liste séparée qui sera annexée simplement au présent registre.

Le citoyen Longchamp s'est levé, a demandé la parole qui lui a été accordé. Il a exposé que dans l'intérieur de l'assemblée étoit troublé par un deffaut de police, ce qui mettoit des entraves à la liberté des opérations, et qu'il convenoit de faire un règlement. Sur quoi l'assemblée, considérant que le règlement de police étoit un ouvrage considérable, susceptible de plusieurs articles, a adopté unanimement qu'il convenoît de nommer sur le champ et de fait a nommé de suitte les citoyens Longchamp et Pitra pour la rédaction du règlement qui sera présenté demain, pour ensuitte être imprimé et affiché dans l'intérieur de la section, lesquels ont accepté cette mission.

A l'instant, le citoyen Coinde a présenté l'adresse de la rédaction de laquelle il étoit chargé et, après lecture faitte d'icelle, elle a été adoptée unanimement et il a été délibéré en outre qu'elle seroit inscrite à la suite du procès-verbal de la séance.

Les citoyens Desgranges l'aîné et le citoyen Boulai s'étant présentés à l'assemblée, il a été consulté sur la nomination des citoyens commissaires, pour se conformer aux différents articles de l'arrêté de la section de la Fédération de Saône étant en tête du procès-verbal de ce soir, elle a recueilli tous ses suffrages sur les citoyens Desgranges l'aîné et Boulai, à qui il a été fait lecture entière dudit arrêté et qui ont acceptés à l'instant, et à l'instant l'assemblée a clos son procès-verbal, à Lyon, les jours et an que dessus. Montviol, vice-président, Aguiraud, 2 vice président, Binard, secrétaire.

Suit la teneur de l'adresse présentée aux corps administratifs sur le mode qu'il convient de prendre pour remplacer le tribunal de district de la ville.

Un citoyen a dit que les membres qui composoient le tribunal du district de la ville ayant perdu la confiance de leurs concitoyens, que plusieurs d'entr'eux étant incarcérés, les autres en fuite et tous étant prévenus d'être les auteurs, instigateurs ou complices des malheureux événements qui ont eu lieu en cette ville, le 29 mai dernier, le tribunal se trouvoit en ce moment sans juges et dans une inaction absolue. Que cependant les intérêts civils des citoyens pourroient nécessiter des poursuites indispensables dont le retard nuiroit à leurs droits ; que, dans cet état, il convenoit d'inviter les autorités constituées à prendre les mesures convenables pour investir provisoirement d'autres personnes des pouvoirs dont les membres du tribunal du district de la ville de Lyon étoient pourvus. Le même citoyen a ajouté qu'il avoit été nommé des commissaires de police attachés à la municipalité qui a été suspendue, que ces commissaires de police ont également perdus la confiance de la cité, que presque tous sont aussi prévenus d'être les auteurs ou les complices des évènements du 29 mai dernier, que tous sont sans fonctions en ce moment, que cependant il est urgent, dans les circonstances actuelles, de remplacer provisoirement lesdits commissaires pour veiller au maintien de l'ordre et de la tranquilité publique. L'assemblée ayant délibéré sur les deux objets ci-dessus, a arrêté unanimement que les autorités constituées seroient invitées à prendre en considération les observations qui ont été faites par l'un de ses membres et à adopter le mode le plus convenable pour attribuer provisoirement à d'autres personnes les fonctions de juges et de commissaires de police dont les autres étoient investies, à l'effet de quoi les citoyens Voland et Coinde ont été nommés commissaires pour exprimer aux autorités constituées le vœu de la section. Grillet, secrétaire. Montviol, vice président.

Ce jourd'hui, trois juin 1793, l'an 2ᵉ de la République Françoise, dans l'assemblée permanente de Portefroc, assemblée sur l'heure de huit du matin, dans les lieux ordinaires de leurs séances, un citoyen a exposé qu'il convenoit que l'adresse dont le commissaire de la section devoit être porteur auprès des représentans du peuple, contint un dévellopement de la pureté des principes et du civisme qui anime tant les citoyens de cette section que ceux de la cité entière et, qu'à cet effet, il jugeoit nécessaire de composer un comité de quatre membres à l'effet de rédiger l'adresse contenant les pouvoirs de son député. Sur quoi l'assemblée consultée a unanimement adopté cette proposition et a nommé de suite dans son sein les citoyens Rey, Reyre, Petit et Dugène, qui s'en sont chargés.

Il a aussi été proposé par un citoyen de la section, qu'il convenoit de prendre des mesures qui servissent d'un point de réunion à l'assentiment général de toutes les sections de la ville pour assurer l'uniformité dans ses délibérations, dans ses principes et dans son travail ; que le seul moyen d'y parvenir étoit de former un comité central qui seroit formé par des citoyens de chaque section, à l'effet de quoi il a donné lecture d'un projet d'arrêté ; sur quoi l'assemblée consultée a délibéré que le comité central ne pouvoit être formé que sous l'autorité des corps administratifs, cependant elle a adhéré aux différents articles de ce projet d'arrêté et a délibéré en outre qu'il seroit inscrit à la suite du procès-verbal de ce matin, qu'il seroit adressé à chaque section, cependant néanmoins, il seroit sursis à l'exécution du présent arrêté jusqu'à ce que les corps administratifs ayent donné leur autorisation, à l'effet de quoi elle a nommé de suite dans son sein le citoyen Marest pour la présenter aux autorités et les citoyens Valois et Berger pour la faire accueillir dans les différentes sections, à l'effet de quoi les uns et les autres sont partis à l'instant.

Est survenue ensuite une députation de la Convention, qui a fait lecture d'une adresse aux cultivateurs et habitants des campagnes pour les instruire des évènements malheureux arrivés dans cette ville la journée du 29 mai, pour les instruire et les rassurer des véritables principes qui ont toujours animé les citoyens de cette cité, les mettre à l'abri des calomnies et des sugestions qu'on pourroit leur inspirer pour tromper leur bonne foi et égarer leur patriotisme, les instruire de la marche qu'ils doivent tenir dans les circonstances périlleuses où se trouve la patrie et en même temps enfin, leur jurer union, fraternité et secours toutes les fois qu'ils en auront besoin, la proposition faite à l'assemblée ycelle consultée y a unanimemt adhéré.

Un citoyen a demandé la parole, l'assemblée après l'avoir accordé il a exposé, que les citoyens ne sauroient trop prendre de sûreté et de précautions pour maintenir l'ordre et la tranquilité qui ont succédé si rapidement aux moments orageux qui ont désolés cette cité, que ce repos et cette tranquilité dépend d'une surveillance active et non interrompue, que non seulement le bonheur dont nous jouissons peut être troublé par les différents étrangers qui logent habituellement dans les auberges et les hôtels, mais aussi par les étrangers qui peuvent loger chez les propriétaires et citoyens dans l'étendue de la section, qui ne peuvent dans tous les cas répondre de l'opinion de ceux à qui ils donnent azile. Sur quoi l'assemblée consultée a adhérée et a enjoint à tous propriétaires de veiller, chacun dans sa maison, les gens suspects et anarchistes et a invité le Comité de surveillance de se réunir à eux pour cet objet.

Fait et clos à l'heure d'une de relevée, les jour et an susdits.

GRILLET, secrétaire. MONTVIOL, vice-président.

SECTION DE PORTE-FROC, 3 JUIN

L'an 1793, l'an 2º de la République Françoise et le 3º juin sur les deux heures après midy, les différents commissaires chargés de porter aux sections le projet présenté et arrêté dans la section, à l'effet de former un Comité d'union ou correspondance, ont rapporté que les différentes sections ont refusé leur adhésion motivé sur l'inconvénient de l'institution d'un corps qui pourroit entraver ou influencer les autorités constituées (1).

Est survenue une députation de la section de Thionville, cy-devant rue Plat-d'Argent, qui a donné lecture d'une adresse, communiquée à toutes les autres sections de la ville, dans laquelle exprime ses regrets d'avoir méconnu les véritables sentimens qui ont animés les autres sections de la ville et de ne point s'être réunies à elle pour la défense de la véritable liberté, qu'elle prie toutes les sections d'attribuer leur égarement comme bonne foi excusable dont ils se sont fait un devoir de se rappeler aussitôt qu'ils se sont aperçus qu'ils avoient prêtés aide et secours à une autorité prévaricatrice et qui, par une trahison insigne, avoit fait verser le sang de leurs frères d'armes, que leur repentir étoit si sincère, que leur assemblée avoit arrêté qu'elle proscrivoit dès cet instant le nom de du Plat-d'Argent pour prendre celui de Thionville et qu'une députation seroit envoyée à toutes les sections pour se réunir à elle, leur témoigner son repentir, jurer union, fraternité et prêter aide et secours dans tous les cas possibles. Sur quoi l'assemblée consultée a témoigné sa satisfaction à la députation du plaisir qu'elle ressentoit de recevoir dans son sein des amis et des frères égarés, a juré pareillement union, fraternité, aide et secours, et à l'instant le président lui a donné l'accolade fraternelle.

Est survenu ensuite, dans le sein de l'assemblée, un détachement de la Garde nationale de St-Genis-Laval, qui a exposé qu'elle avoit arrêté à St-Genis, le citoyen Colomb qui n'étoit point muni de passeport, que pour ce mouvement de troubles et d'évènemens malheureux, tous les auteurs et complices se répandoient dans les campagnes, que la Garde nationale de St-Genis étant en surveillance continuelle, elle avoit cru qu'il étoit de son devoir de le traduire devant sa section, attendu qu'il ne paroissoit pas qu'il fut revêtu de passeport, à l'effet de quoi elle avoit dressé son procès-verbal d'arrestation qu'elle remettoit à l'assemblée, ainsi que le détenu, l'assemblée a voté des remercimens à la Garde nationale, en l'invitant à continuer sa surveillance, elle a demandé ensuite [à] Colomb pourquoi il absentoit dans un moment où la présence de tout bon citoyen étoit utile à la ville, à quoi il a répondu qu'il marchoit d'après une commission que lui avoit donné le citoyen Parcin, relative à son commerce, pour aller à Givors, sur quoi le citoyens Parcin, appellé, a confirmé la vérité du fait, a réclamé et répondu du citoyen Colomb qui a été mis de suite en liberté.

Il a été remis sur le bureau un imprimé intitulé justification de Juliard, commandant général ; lecture faite à l'assemblée dudit

(1) *A la suite sept lignes bâtonnées :* Après avoir reçu plusieurs députations auxquelles le président a répondu, la séance a été levée à neuf heures du soir, dont et du tout il a été rédigé procès-verbal, clos à ladite heure. MONTVIOL, vice-président.
Ce jourd'hui quatre juin 1793, l'an 2º de la Républiqae Françoise, dans l'assemblée permanente de la section Portefroc, un citoyen a annoncé que le citoyen Sablonay, ancien militaire, demeurant ordinairement à Metz, dans cette.... Suitte de la séance du soir, 3 juin 1793, avec l'approbation de sept lignes raturées. AGUIRAUD, vice-président.

imprimé, icelle consultée et considérant que la conduite de Juliard avoit lieu d'être regardée comme suspecte et méritoit un scrupuleux examen, a arrêté qu'elle s'abstiendroit de rien délibérer sur cette justification, et qu'elle s'en référoit absolument à l'aveu du Comité du salut public et la décision des autorités constituées.

Le citoyen Pelissier, l'un des membres du comité établi pour recevoir les offrandes qui seroient faites dans l'étendue de la section pour venir aux secours des malheureuses victimes de la journée du 29 mai, qui fournissoient à leur existance par leur travail et leur industrie, tant du parti des bons citoyens que de ceux égarés par une bonne foi trop crédule, a donné lecture d'une adresse aux citoyens de la section remplie de sentimens d'humanité et de justice, contenant une déclaration de la formation du bureau, le nom des citoyens qui le composent, l'heure à laquelle il sera ouvert et une invitation fraternelle à se montrer généreux en faveur de ses malheureuses victimes ; sur quoi l'assemblée consultée a applaudit au zèle du citoyen Pelissier, et considérant que son triomphe reviendroit plus glorieux, a arrêté que cette adresse seroit imprimée et affichée dans toute l'étendue de la section.

Est survenu ensuite dans le sein de l'assemblée un député commissaire de la municipalité de La Guillotière qui a exposé avec l'énergie et le courage d'un vrai républicain les sentimens des citoyens dont il étoit l'ouvrage, que ceux-ci avoit marché au secours de leurs frères de Lyon pour la défense de la liberté, que la victoire remportée par les braves citoyens leur imposoit le devoir de veiller à ce que la gloire dont ils s'étoient couverts ne fut tachée d'aucun acte qui put la faire regarder comme l'ouvrage de l'aristocratie qui voudroit s'en servir pour faire triompher les amis de la royauté ; il a en conséquence donné lecture d'une adresse à toutes les sections, dont l'arrêté porte que pour éviter que les malveillants nous assimilent aux rebelles de la Vendée, chaque section présente une adresse aux corps administratifs pour les inviter à faire une proclamation imprimée et affichée dans tous les districts et département de la République le décret qui met hors de la loi quiconque provoqueroit directement ou indirectement le retour de la royauté ; sur quoi l'assemblée consultée et considérant qu'une semblable proclamation ne peut qu'avoir un but très utile en faisant connaître dans toute la République que toute la victoire des citoyens de cette cité est le triomphe de la liberté contre l'anarchie, a arrêté unanimement qu'elle y mettroit son adhésion par l'organe de son président qui la signeroit, ce qui a été exécuté sur le champ.

La section de Guillaume Tel a député des citoyens dans le sein de la section pour leur faire part des trois chefs de réclamation qui paroissent donner des inquiétudes sur le repos, la tranquilité de la ville et sur la division de cette confiance qui fait de tous les citoyens un peuple de frères, et elle a exposé que les citoyens Roche, officier municipal, attentoit la confiance publique et que le bruit se répandoit dans la ville qu'il avoit voulu ménager au citoyen Bertrand, maire, l'occasion de s'évader, ce qui le rendoit suspect ; 2° que les malveillances prenant toutes les formes possibles, menaçoient de détruire l'arbre de la liberté ; 3° et enfin qu'il étoit à craindre qu'on enleva aux citoyens de Lyon les armes qui avoient servis à la victoire, attendu que le citoyen Kellerman, général de l'armée des Alpes, réclamoit les canons de l'arsenal. Sur quoi l'assemblée consultée, considérant que les trois dénonciations composoient le plus grand intérêt, a voté des remerciemens à la députation, l'a applaudit de son zèle et de sa surveillance, a arrêté qu'elle discuteroit avec le plus grand jour l'objet de ces trois dénonciations, et à l'instant l'assemblée a levée sa séance à neuf heures du soir, et l'a renvoyé à demain matin, neuf heures, à Lyon les jour et an que dessus.

GRILLET, secrétaire. AGUIRAUD, 2ᵉ vice-président.

Ce jourd'hui quatre juin 1793, l'an 2ᵉ de la République Françoise, dans l'assemblée permanente de la section de Portefroc, sur l'heure de huit du matin, est survenue dans le sein de l'assemblée une députation composée de quatre commissaires du comité central des trente-deux députés partant auprès du corps législatif, laquelle a représenté que les circonstances périlleuses auxquelles la ville de Paris est livré, semblent dicter la mesure de ne point leur dicter le plan de l'adresse dont ils doivent être porteurs ; que la confiance que l'on a donné dans les trente-deux commissaires doit être sans borne, qu'elle aime à croire qu'on s'en raportera à leur prudence, à leur probité et à leurs sentimens bien manifestes, enfin qu'on doit leur laisser la faculté de rédiger l'adresse par devers eux, à leur arrivée à Paris et au moment qu'ils se présenteront à la barre de la Convention, qu'on lui accorderoit des mandats illimités et qu'on lui laisseroit la faculté de prendre les mesures les plus convenables, et qu'on se borneroit à revêtir chaque député des sections d'un pouvoir revêtu d'un nombre de signature individuelle du plus grand nombre de citoyens, elle a invité en outre chaque comité de section de présenter et remettre au comité central un extrait précis des faits et des preuves qui ont été recueillies, soit dans les papiers du cy-devant comité provisoire, soit dans les différentes dénonciations. Sur quoi l'assemblée consultée a unanimement adoptée la proposition et arrêté que ce soir le rapel seroit fait au son du tambour pour inviter les citoyens à venir signer le pouvoir dont sera revêtu le député, et l'assemblée, pour faire signer le pouvoir, a nommé les citoyens Maret et Bazin pour se transporter auprès du citoyen Guerre, député à Paris, pour le prévenir de l'arrêté et l'inviter à se trouver dans son sein sur les deux heures de relevé.

La section de la Grand-Côte, 1ʳᵉ division, a envoyé une députation. Les membres ont proposé un arrêté pour l'organisation de la compagnie des canoniers, portant que toutes les compagnies seront renouvellées, que chaque compagnie sera armée de deux canons, chaque canonier d'un sabre, deux pistolets ou d'un mousqueton, sur quoi l'assemblée consultée, considérant que cet arrêté présente des mesures qui présente les plus grandes conséquences et qui pourroient avoir des suittes qu'il faut prévoir, a arrêté qu'elle prenoit en considération l'arrêté et qu'elle se réservoit d'y délibérer d'après la plus grande discrétion qui en sera faite. La séance de l'assemblée cloze à Lyon, les jours et an que dessus et continuée le soir, deux heures précises, à Lyon et an que dessus. GRILLET, secrétaire. AGUIRAUD, 2ᵈ vice-président.

Séance permanente du 4 juin 1793, l'an 2ᵉ de la République, la section de Portefroc, ouverte sur l'heure de deux de relevée, dans le lieu ordinaire de leur assemblée, un citoyen de l'assemblée a expliqué la manière dont la liste des jurés d'accusation étoit composée ne pouvoit être que l'ouvrage d'une administration suspecte, et pouvoit présenter aux criminels détenus l'espoir d'échaper au glaive de la justice, il a en conséquence proposé le renouvellement entier de la liste du juré d'accusation et de livrer à l'examen le plus scrupuleux la conduite du procureur sindic qui a présenté ladite liste, et après une longue discussion sur la nomination qui avoit été faite par le sort, sur l'égibilité des jurés, sur l'arrestation faite de plusieurs membres du directoire du district, sur la fuite de plusieurs autres, sur différentes dénonciations faites contre d'autres, par toutes ces considérations, l'assemblée consultée a unanimement arrêtée par acclamation générale, qu'une députation seroit faite au Département pour lui déclarer que le citoyen Bourbon, procureur sindic du district, avoit perdu la confiance de la section, ainsi que les citoyens Macabéo et Tonion, membres du directoire du district, qu'ils fussent suspendus de leurs fonctions, qu'il soit en conséquence rédigé une pétition au Département, qui lui seroit présentée par une députation, à l'effet de quoi elle a nommé sur-le-champ les citoyens Dupuis et Petit, laquelle pétition sera inscrite à la suite du procès-verbal.

Le citoyen Montviol a ensuite exposé à l'assemblée que le bruit paroissoit se confirmer, dans la ville, que le général Kellerman demande qu'on lui livre toutes les munitions de guerre pour le service de l'armée des Alpes; sur quoi, l'assemblée consultée, considérant le silence du général Kellerman en passant dans cette ville, les circonstances périlleuses où étoit la ville, a arrêté unanimement qu'il seroit nommé de suite une députation auprès des corps administratifs, à l'effet de s'informer de la vérité de la réquisition de Kellerman, et dans quel terme elle existe, de déclarer que l'assemblée a voté pour qu'il ne sorte des arsenaux de cette ville aucunes munitions de guerre jusqu'à un ordre officiel du conseil exécutif ; à l'instant, les citoyens Petit et Dupuis ont été nommé commissaires et sont partis.

Un citoyen a fait ensuite une proposition tendante à une pétition au Département pour, conformément à la loi, lui demander son autorisation et le renvoi du jugement des membres de la cy-devant municipalité détenus devant les tribunaux ordinaires, ce qui a été unanimement adopté par l'assemblée.

Un citoyen de l'assemblée a fait ensuite l'exposé de la conduite et du zèle de la municipalité et de la garde nationale de Vaize, pour venir au secours de leurs frères d'armes, la conduite tenue par la garde du poste de la poudrière et des portes de Vaize, il a fait aussi l'exposé de la conduite de la municipalité et de la garde nationale de la Croix-Rousse, qui est venu offrir son courage au Département opprimé, il a proposé une députation auprès des deux municipalités et garde nationale de Vaize et la Croix-Rousse, pour leur voter des remerciments ; l'assemblée consultée a adopté avec reconnoissance cette proposition et a nommé sur-le-champ les citoyens Colomb, Coinde, Charbogne et Laurenset, qui ont été invités à recueillir les faits qui se sont passés aux postes des portes de Vaize et de la poudrière, pour en faire le raport au comité de dénonciation et sont partis.

Est survenu ensuite dans le sein de l'assemblée une députation de la section de Bonne-foi, cy-devant Thomassin, qui a juré aux citoyens de la section, réunion, union, fraternité, aide et secours, a témoigné ses regrets de ne point avoir déffendu la cause de la liberté et a aporté les regrets des citoyens égarés, l'assemblée consultée a vu avec reconnoissance le retour de leurs frères aux bons principes et leur réunion à la bonne cause, et a arreté que le président lui donneroit le baiser fraternel, ce qui a été exécuté.

Le citoyen Desgranges, l'ainé, l'un des deux commissaires au comité militaire, a fait part des mesures prises en priant l'assemblée d'y donner son adhésion, sur quoi, icelle consultée, considérant que cette adhésion est inutile et que la confiance de la section est entière, a déclaré unanimement qu'il n'y avoit pas lieu à délibérer.

Une députation de la Fraternité, cy-devant Place Confort est survenue, elle a témoigné ses regrets d'avoir défendu la cause de la municipalité, que leur conduite n'est que l'effet d'un égarement aveugle, qu'elle aporte les regrets et les repentirs de la section, et vient jurer union, fraternité, aide et secours, sur quoi l'assemblée a reçu avec reconnaissance les témoignages de la députation et a arreté que le président lui donneroit le baiser fraternel, ce qui a été exécuté.

Il a été proposé ensuite de l'assemblée de nommer des commissaires et des citoyens à eux adjoints pour se transporter dans tous les lieux et dépots publics, à l'effet de receuillir toutes les pièces et actes dont les députés peuvent avoir besoin pour remplir leur mission à Paris, cette proposition a été unaniment adopté par l'assemblée, qui a nommé sur le champ les citoyens Jal cadet, Ducruet, Longchamp, pour se transporter à la municipalité, les citoyens Marest, Laurencet et Petit ; auprès du département, les citoyens Chazottier, Seruz, Coinde, Valois, Dechatelus, Marietan et Lacoste à la police correctionnelle et Sauvaneau pour vérifier les affiches, lesquels ont acceptés. L'assemblée a levé la séance à neuf heures de relevée et l'a continuée à demain matin huit heures. Lyon les jour et an que dessus. GRILLET, secrétaire ; AGUIRAUD, vice-président.

Ce jourd'hui cinq juin 1793, l'an 2me République Françoise, dans l'assemblée permanante de la section de Porte-Froc, dans le lieu ordinaire des assemblées, sur l'heure de huit du matin, est survenue une députation de la section de l'Egalité, cy devant Le Plâtre, qui a remis sur le bureau une adresse imprimée, intitulée *Profession de foy*, le président a fait lecture de ladite adresse à l'assemblée et en a témoigné la reconnaissance au nom de l'assemblée aux citoyens commissaires.

Un citoyen de l'assemblée a demandé la parole et a rendu compte à l'assemblée que les administrateurs du directoire du district étoit dans l'intention de changer la liste des jurés d'accussation, attendu qu'ils étoient généralement suspects, et qu'ils entendoient que les assemblées de section choisiroient deux membres pris dans le sein de chaque assemblée de section, et que le procureur sindic choisiroit sur ce nombre pour composer les jurés d'accusation et de jugement ; l'assemblée consultée, il a été arreté que l'assemblée nommeroit deux commissaires à l'effet de se transporter au directoire du district, pour prendre la relevée, sur le registre du canton, des noms des citoyens qui étoient enregistrés et que les deux citoyens qui seroient présentés pour former les jurés d'accusation, seroient choisis sur le nombre de ceux qui étoient inscrits, à quoi l'assemblée a donné son adhésion, les citoyens Sauvaneau et Chazottier ont été nommé à l'unanimité, ils ont accepté sur le champ, et en même temps il a été nommé deux commissaires pour instruire les autres sections des intentions de la section et du directoire du district ; à cet effet, l'assemblée a nommé unanimement les citoyens Lacroix et Ferrus fils, à quoi les citoyens ont accepté.

A l'instant est survenue une députation de la section de Saône, pour prendre des renseignements si le pouvoir que l'on donnoit aux députés des sections étoit avec amandement, à quoi le président lui a répondu que la section de Porte-Froc se reposoit sur la sagesse de celui que l'assemblée avoit choisi et que ses pouvoirs étoient illimités.

Plusieurs citoyens ont demandé la parole et ont représenté que les citoyens ne s'empressoient pas souvent de donner des renseignemens sur la conduite de Ryard, sur quoi l'assemblée a unaniment nommé les citoyens Pitra, Perra ainé et Charpenai, pour prendre des renseignemens et inviter les citoyens à dénoncer les faits qu'ils pourroient savoir contre le citoyen Riard, à quoi les citoyens ci-dessus désignés ont accepté. Fait et clos les jour et an susdit, sur l'heure d'une de relevée et renvoi la séance à deux heures de relevée. GRILLET, secrétaire ; AGUIRAUD, vice-président.

Ce jourd'hui 5 juin 1793, l'an 2me de la République française, la séance de la section de Porte-Froc ouverte à deux heures de relevée, un citoyen a fait part à l'assemblée que la veuve Mermet avoit eu le malheur de perdre son fils dans la journée du 29 may dernier, en défendant la cause commune contre les anarchistes qui avoient pour objet d'attenter à la liberté et égalité et à la sûreté des personnes et des propriétés, au préjudice des loix jusqu'à présent respectées, la matière mise en délibération, il a été arrêté que les citoyens Coinde et Berger demeuroient unaniment nommés pour aller à l'instant manifester à la veuve Mermet tous ses doléances et regrets sur la perte qu'elle avoit fait de son fils en défendant le plus pur patriotisme, ce qui a été à l'instant exécuté de la part des citoyens Coinde et Berger, qui ont été en outre invité d'assurer la veuve Mermet, que l'on chercheroit par toutes sortes de moyens à adoucir sa perte.

A l'instant est survenue une députation de la section de l'Union, qui a dit que pour la sureté et la tranquilité des citoyens et de la ville entière, il importoit qu'il resta dans les arcenaux de cette ville et place indiquée 72 canons et 50 cargousse pour chaque canon, des armes et munitions en assez grande quantité pour le service au moins de 12.000 hommes, que cette réquisition avoit été unanimement adoptée dans la section de l'Union et qu'ils espéroient que cette section s'empresseroit pour cette même prévoyance. La matière proposée à l'assemblée, tous les citoyens la composant ont été unanimement avis de l'adopter et que l'on devoit sans perdre de tems inviter les corps administratifs d'y pourvoir et prendre les mesures à cet égard.

A l'instant est survenu le citoyen Begot, juge de paix du canton de la Métropole, qui a fait l'apport et mis sur le bureau de cette séance les papiers trouvés dans le domicile du citoyen Ryard, résident rière cette section, arrêté et détenu. Le dépot de ces papiers communiqué à l'assemblée, il a été arrêté qu'il seroit sur le champ remis au comité de surveillance de cette section, qui en fera le plus promptement possible son rapport à la section assemblée, laquelle remise a été à l'instant effectuée.

Il a été remis sur le bureau de l'assemblée une lettre adressée au président de la section, pour être lue séance tenante. Ouverture faite d'icelle, elle s'est trouvée renfermer une adresse imprimée, intitulée Aux citoyens du bataillon de la section de Brutus, signée Jacques Barbier, en date du 4 juin 1793, contenant ses faits justificatifs, lecture faite d'icelle et l'assemblée consultée, elle a arrêté que la conduite du citoyen Barbier étant très suspecte, on devoit passer à l'ordre du jour, ce qui a été fait.

A l'instant un membre de cette assemblée a exposé qu'il étoit de la plus grande urgence de s'occuper du choix de deux membres de cette section, pour concourir à la formation du juré d'accusation, la proposition mise en délibération, les citoyens Grillet fils et Chazottier cadet ont été par acclamation et unanimement choisis pour être présentés au directoire du district, à l'effet par lui de choisir entre tous les sujets qui lui seront désignés par les autres sections de la cité ceux qui seront destinés à la composition et de la liste des 30 jurés d'accusation ; laquelle nomination ils ont accepté et promis remplir leurs devoirs.

Il est survenu une députation de l'état-major du bataillon de la commune de Vaize, qui a fait la remise sur le bureau d'un procès-verbal en date du 29 mai dernier, signé pour copie conforme Seriziat, commandant en chef, Noally, commandant en second, et Dubié, secrétaire, contenant le récit de la conduite qu'ils ont tenue led. jour. Lecture faite dud. procès-verbal, il a été arrêté qu'il seroit réuni aux autres pièces de conviction dont seront nantis les députés des sections auprès de la Convention Nationale, en conséquence il a été de suite remis au pouvoir des citoyens composant le comité de surveillance.

Et après il est survenu une députation de la section de la Réunion, ci-devant Belle Cordière, qui a présenté à l'assemblée une adresse de la délibération par elle prise le 1er de ce mois, par laquelle elle manifeste son union et sa fraternité avec toutes les sections de la cité. Lecture par elle faite de l'agrément de l'assemblée, cette dernière a manifesté, par l'organe de son président, les mêmes sentiments et son accueil à cette union et fraternité, de laquelle adresse il a été laissé un exemplaire imprimé sur le bureau.

De suite a été introduit une députation de la section de rue Neuve, qui a donné lecture d'une adresse à faire aux habitans de la campagne à laquelle cette section a donné son adhésion, ayant pour objet de les prémunir contre les malveillans et le maintien de l'ordre, la sureté des personnes et des propriétés, liberté, égalité, et la République une et indivisible.

Au même instant est survenue une députation composée du curé de la paroisse de Saint-Polycarpe et d'un autre citoyen, ayant pour objet d'inviter les membres de la section à assister à un service pour le repos des frères d'armes tués dans la malheureuse journée du 29 mai dernier, ledit service indiqué à vendredi 10 heures du matin, en l'église de Saint-Polycarpe. La proposition communiquée à l'assemblée, elle a arrêté qu'elle y assisteroit par députation.

Une députation de la section de Saône a communiqué un arrêté relatif à des nouvelles précautions à prendre pour surveiller la fabriquation, l'emploi et la destination des armes et des munitions de la cité, l'assemblée consultée a autorisé par acclamation les membres du bureau à mettre au bas de cet arrêté l'approbation de la section par le secrétaire, à l'absence du vice-président, et à lui voter des remercimens de leurs précautions.

Une députation de la section de la Grand-Coste première division est survenue pour faire part de l'arrêté par elle prise, tendant à ce que la municipalité provisoire sera invitée à engager par affiche tous les citoyens qui se sont trouvés dans le conciliabule ténébreux qui fut tenu au comité central du 5 au 6 février dernier de déclarer tout ce qu'ils y ont vu et entendu chez le juge de paix du canton de la Grande Coste première division, ditte Unité, et que ceux qui se refuseroient de faire leur déclaration à cet égard seroient regardés comme suspects. L'assemblée consultée, elle a unanimement adhéré audit arrêté et félicité ladite section sur son zèle. GRILLET, secrétaire, AGUIRAUD, vice-président.

Ce jourd'hui six juin 1793, l'an 2ᵉ de la République Française, dans l'assemblée permanente de la section de Portefroc, la séance ouverte sur l'heure de huit du matin, en conséquence de la députation du citoyen curé de la paroisse de Saint-Policarpe, accompagné d'un citoyen pour inviter les citoyens de la section à assister à un service qui sera fait vendredy sept pour le repos de nos frères d'armes victimes la journée du 29 may, le président a proposé à l'assemblée de nommer deux citoyens pour assister audit service qui représenteront la section entière, attendu qu'il n'étoit pas possible que tous les citoyens assistassent à ladite cérémonie, à quoi l'assemblée a unaniment adhéré et a nommé les citoyens Guy et Manin pour député, pour se rendre demain matin à dix heures à Saint-Policarpe, qui ont accepté.

A l'instant un citoyen a demandé la parole et a représenté qu'il falloit dresser une requête au district de la ville pour faire lever les scellés à un placard qui est dans le lieu de leur séance, renfermant des papiers, et ledit placard étant d'une grande utilité au comité de surveillance de la section, l'objet mis aux voix, l'assemblée a unanimement adhérée.

Le citoyen Guy a ensuite proposé de rédiger une oraison funèbre pour le repos de nos frères d'armes victimes de la journée du 29 may et pour faire un service général dans l'église métropolitaine, à l'instant l'assemblée a nommé le citoyen Guy à l'effet de se transporter chez le citoyen Lamourette, évêque, afin de prendre le jour qui lui sera convenable pour ladite oraison funèbre, afin que les citoyens de la section Portefroc puissent prévenir leurs frères d'armes des autres sections, à quoi l'assemblée a unaniment adhérée et le citoyen Guy s'est chargé de se transporter chez le citoyen l'évêque. Fait et clos les jours et an que dessus, sur l'heure d'une de relevée, et a renvoyé sa séance à trois heures de relevée. MONTVIOL, vice-président, GRILLET, secrétaire.

Ce jourd'hui 6 juin 1793, l'an 2ᵉ de la République Française, la section de Portefroc en assemblée permanente dans le lieu ordinaire, a ouvert sa séance à trois heures de relevée.

A l'instant un citoyen a exposé à l'assemblée que le citoyen Ferrand, demeurant rue Tramassac, rière cette section, a été arretté et détenu depuis plus d'un mois au fort de Pierre-Scize, sans que par l'inspection des registres il soit possible de découvrir pourquoi ni en vertu de quel ordre ; que ce citoyen demande à la section qu'elle veuille bien rendre témoignage de sa conduite et de ses vies et mœurs ; la matière mise en délibération et les suffrages receuillis par le citoyen président, la pluralité a déterminé de donner à ce citoien l'attestation qu'il désire, et en conséquence l'assemblée déclare que le citoyen Ferrand, demeurant dans l'étendue de ladite section depuis environ six ans, est de bonne vie et mœurs, qu'il jouit de la considération de ses concitoyens, et qu'il n'y a point eu de réclamation contraire dans l'assemblée, et à l'instant l'assemblée a nommé le citoyen Ferrus pour porter le certificat, qui a accepté et partit de suite.

A l'instant est survenue une députation de la section du Port du Temple qui a déposé deux adresses, l'une concernant la sureté et la surveillance sur les étrangers et voyageurs, de bien vérifier leurs papiers et même d'obliger les voitures publiques d'eaux de mettre tous leurs passagers à terre avant d'entrer en ville, et qu'à cet effet l'on mit une garde à la barrière d'Alincourt, afin que les citoyens de garde à ce poste auroient plus d'aisance à visiter les voyageurs ; l'autre concernant des assemblées prohibées et d'inviter tous les citoyens à se réunir aux assemblées de section, le président ayant consulté l'assemblée, l'assemblée a unanimement donné son adhésion, à l'instant le président et le secrétaire ont mis leurs adhésion sur ledit arrêté.

A l'instant est survenue une députation de Saône, qui a fait part d'un arrêté pris dans leur assemblée et d'un trait de générosité du citoyen Pierrefeu, directeur du théatre des Célestins, qui se fait un devoir de donner une représentation samedy huit juin 1793, au profit des parents des malheureuses victimes de la journée du 29 may, à quoy l'assemblée a témoigné, par l'organe de son président, sa reconnaissance aux bons sentimens du citoyen Pierrefeu.

A l'instant est survenue une députation de la première section de St-Vincent qui a fait part d'un arrêté pris dans le sein de leur assemblée, tendant à faire apposer les scellés sur les papiers et de faire saisir les biens des ci-devant administrateurs de la commune, sur quoi l'assemblée consultée déclare qu'il n'y avoit pas lieu à délibérer et a passé à l'ordre du jour.

A l'instant est survenue une députation de la section de l'Union qui a fait part d'un arrêté contenant trois articles, le premier, tendant à nommer des commissaires pour faire un règlement provisoire et uniforme de police dans les assemblées de section, à quoi l'assemblée consultée a unanimement adoptée cette mesure et s'est réservée de nommer des commissaires ; second article, tendant à prendre des renseignemens sur la conduite du directeur des postes, sur quoi l'assemblée consultée a décidé que, pour cet article, l'assemblée n'étoit point assez nombreuse et qu'elle seroit consultée quand elle seroit plus nombreuse et que l'assemblée prendroit cet article en considération ; troisième et dernier article tendant à arborer le pavillon tricolore sur le fort de Pierre-Scize et le clocher de Fourvière, l'assemblée consultée a unanimement décidé qu'il seroit nommé deux citoyens, afin de se transporter à la municipalité, afin de faire arborer le pavillon tricolore de suite, pour prouver à nos frères des départemens voisins que le bruit que les anarchistes font répandre en disant que la ville de Lyon étoit en contrerévolution [est faux], aussitôt l'assemblée a nommé les citoyens Valois et Serret, qui ont accepté.

A l'instant est survenue une députation de plusieurs citoyens des communes de la Croix-Rousse et de Vaize, qui ont dénoncé que le choix de deux citoyens que devoit nommer la section de la Croix-Rousse pour aider le directoire du district à former la liste du juré d'accusation, étoient deux citoyens suspects par cela même que le citoyen Matheron, administrateur du district, avoit sollicité de maîtriser l'assemblée pour la nomination de ces deux citoyens. L'assemblée, consultée sur cette dénonciation, a nommé les citoyens Reyre et Valois, pour réitérer la conduite équivoque du citoyen Matheron et déclarer au directoire du district que cet administrateur a perdu la confiance de la section. Déclaration qu'il sera communiqué aux autres sections.

A l'instant s'est présenté le citoyen Parra, qui a demandé que l'assemblée voulut bien entendre sa justification sur sa suspension de lieutenant des canonniers, il a prouvé qu'il avoit été obligé de partir lundi 27 mai, pour aller à Villefranche pour affaire de procès; que s'il a absenté sa compagnie le 29, attendu qu'il a été suspendu que pour n'avoir pas paru à sa compagnie, l'assemblée consultée et attendu qu'il n'existe aucune dénonciation contre le citoyen Parra et qu'il étoit absent avant la journée du 29, il a été unaniment arrêté que le citoyen Parra seroit réintégré dans ses fonctions à la tête du bataillon, et le président lui a donné l'acolade de fraternité.

Le citoyen Gros s'est présenté, a demandé la parole, qui lui a été accordée, il a représenté à l'assemblée qu'il avoit été suspendu de ses fonctions de capitaine pour n'avoir pas paru à la tête de sa compagnie le 29 mai, il a annoncé à l'assemblée qu'il étoit parti le 29 pour aller à Villefranche pour affaires ; après de discussion, l'assemblée a adopté que le citoyen Gros se transporteroit au comité de dénonciation, afin que le comité en fasse son raport à la séance de samedi huit, à six heures du soir, et l'assemblée a passé à l'ordre du jour.

Un citoyen a demandé la parole et a proposé à l'assemblée qu'il fut pris un arrêté tendant à obliger tous les citoyens de la section de Porte-froc à se rendre sur la place d'armes tous les jours, à six heures du matin, jusqu'à huit, pour s'instruire aux évolution militaire; l'assemblée consultée, il a été arrêté que ce seroit une contrainte et que les ouvriers ne pouvaient pas perdre leur temp qui leur devenoit si précieux dans ce moment, qu'il falloit contraindre les gens aisés et inviter les ouvriers à s'y réunir le plus qu'ils pourroient et surtout les fêtes et dimanche. A quoi l'assemblée a donné son adhésion et que la pétition seroit inséré au procès-verbal, imprimé et affiché et que l'assemblée nommeroit deux commissaires pris dans son sein pour en faire part aux autres sections, à l'instant l'assemblée a nommé les citoyens Coinde et Longchamp, qui ont accepté.

A l'instant le citoyen Pitra à remis dans les mains du président un règlement dont il avoit été chargé de rédiger par l'assemblée, concernant le bon ordre qui doit être tenu dans les assemblées permanentes des sections, aussitôt le président, d'après l'adhésion de l'assemblée, a remis le règlement entre les mains des citoyens Rey, Dupuis, Leroy et Chazotier, pour être revisé, qui ont accepté. Séance levée à neuf du soir, fait et clos les jour et an susdits. GRILLET, secrétaire ; MONTVIOL, vice-président.

Ce jourd'hui septième du mois de juin mil sept cent quatre-vingt-treize, l'an second de la République Françoise une et indivisible, la séance permanente de la section de Porte Froc a été ouverte à huit heures du matin, il a été introduit une députation de la commune de Montbrison, qui a été reçue avec acclamation, laquelle a annoncé que son but étoit de faire part à cette assemblée de l'arrêté de leur commune, relative à la malheureuse journée du 29 mai dernier, duquel arrêté un exemplaire a été déposé sur le bureau pour être annexé avec les papiers faisant minute en cette assemblée, et après avoir manifesté sa reconnaissance de la démarche de nos frères de Montbrison et leur offre de verser le montant de leur souscription pour le soulagement des familles malheureuses, dont les parents, nos frères, ont péri à la fatale journée du 29 may, a arrêté par acclamation la mention honorable. L'assemblée a de plus arrêté qu'il serait fait une députation de deux membres pris dans le sein de l'assemblée, aux députés de nos frères de Montbrison, qui leur témoignera au nom de l'assemblée sa gratitude et sa reconnaissance, à l'effet de quoi elle a nommé par l'organe du président, aux acclamations générales, les citoyens Montviol, vice-président, et Coinde, qu'elle a chargée d'écrire une lettre à la municipalité, dans laquelle on l'instruira de l'arrêté pris par la commune de Montbrison et des offres de secours et de fraternité y contenus.

Ensuite le président a fait par à l'assemblée d'un arrêté pris par la municipalité provisoire au sujet de la demande faite par l'inspecteur général de l'artillerie de l'armée des Pirénées-Orientales de nos cannons montés et des munitions nécessaires, sur quoi et d'après les motifs consignés dans la délibération de l'assemblée, il a été arrêté : 1° que la municipalité sera remerciée de son zèle pour les intérêts de la commune et notament de sa délibération concernant la demande des canons, l'assemblée a en conséquence approuvé ladite délibération ; 2° que la section se chargeroit, aux frais des citoyens aizés, de faire faire deux affuts et caissons nécessaires pour mettre deux pièces de canon en état, pour le service de la section ; 3° que pour la plus prompte exécution de l'arrêté, les citoyens Savi et Gobin étaient nommés pour commander, traiter et faire exécuter lesdits affuts, et que l'arrêté serait communiqué aux sections avec invitation d'y adhérer, à l'effet de quoi les citoyens Serrey et Duivon ont été nommés.

A l'instant un citoyen de la section nommé Ferrier, pour faciliter l'exécution dudit arrêté, a généreusement offert à l'assemblée les bois nécessaires à la construction des roues desdits affuts. L'assemblée a applaudi au zèle et à l'offre du citoyen Ferrier, et en témoigne par acclamation sa reconnaissance, a arrêté la mention honorable de la conduite et du patriotisme du citoyen Ferrier, lequel a été, d'après ses offres de service, adjoints aux citoyens Savi et Gobin pour faire exécuter les affuts dont il s'agit.

Et de suite a été reproduite la proposition déjà faite de nommer un troisième vice-président, atendu les empêchements trop fréquents de ceux en exercice et les fonctions municipales du président. La matière proposée et mise aux voix, le citoyen Leblanc ayant été nommé à l'unanimité et aux applaudissements de l'assemblée, il en a accepté les fonctions après avoir prêté le serment prescrit.

Et de suite il a été nommé un quatrième secrétaire dans la personne du citoyen Chazottier, qui a également prêté le serment prescrit.

A l'instant est arrivé le citoyen Desgranges, le député commissaire de la section au comité militaire, qui a fait par à l'assemblée de l'arrêté pris audit comité, relativement à la demande de deux affuts et des munitions en mitraille envoyées d'Ossonne à l'arsenal de cette ville ; que les affuts destinés pour des pièces de huit, ainsy que les munitions seroient dès lundy à la disposition de l'armée des Alpes, d'après sa demande et sur la proposition d'instruire les citoyens des sections de l'art de fabriquer les cartouches et la mitraille, il a été arrêté que le citoyen Savi ? choisirait le nombre de citoyens convenable pris dans les canonniers et artilleurs pour être enseigné à ladite fabrication, arrêté de plus que les citoyens qui voudront être indemnizés du tems qu'ils y emploiront, le seront, aux frais de la section.

Une députation de la section de la Concorde, ci-devant Port-St-Paul, est venue annoncer sa régénération sous le nom de concorde.

Autre de la section de Marseille, ci-devant Fédération, a également annoncé sa régénération.

Autre de la section de Rousseau, ci-devant St-Nizier, a invitée d'assister mardi dix heures, au service qui sera célébré dans son église pour nos frères décédés à la journée du 29 et arrêté que la section y assistera par députation, les citoyens Joliclerc, Lassauce, Flachat, Poncon, ont été nommés commissaires.

Un membre de la section a fait une proposition sur laquelle l'assemblée a arrêté d'envoyer quatre membres, pris dans son sein, pour aller exprimer son vœu aux braves officiers d'artillerie et aux canoniers de troupe de ligne cantonés à l'arsenal, ainsi qu'aux détenus blessés ou malades ; à l'effet de quoi ont été nommés les citoyens Pitra, Collomb, Gérentet et Manin, lesquels manifesteront la reconnaissance de la section à l'égard de la conduite que nos braves frères ont tenue le 29 mai.

Il a été apporté en cette assemblée une lettre provenant du district de cette ville, contenant la liste des citoyens nommés pour composer le juré d'accusation jusqu'au premier juillet prochain.

Il a pareillement été remis sur le bureau une autre lettre adressée par le citoyen Gilibert, trésorier de la commission des citoyens qui doivent se transporter auprès de la Convention Nationale, ladite lettre tendant à faire incessamment verser, entre les mains du susnommé les fonds destinés aux frais de la députation, il a été arrêté que cette proposition seroit mise aux voix, l'assemblée a nommé les citoyens Rey et Roret pour s'occuper de cette recette.

Il a été introduit une députation de la section de Rue Terraille, à l'effet d'inviter l'assemblée à envoyer demain, 10 heures du matin, le trésorier des secours accordés pour le soulagement des veuves et enfants des victimes de la malheureuse journée du 29 mai dernier, ce qui a été accepté à l'unanimité.

Une autre députation de la section Rue Buisson tendant à nommer un député dans le sein de l'assemblée, à l'effet de se réunir avec les députés des autres sections de cette ville demain, entre 3 et 4 heures de relevée, en la salle de la section de Rue Buisson, tenant ses séances au collège de la Trinité, au fond du corridor, pour aviser au mode de se communiquer promptement les délibérations de toutes les sections, l'assemblée a nommé le citoyen Petit du n° 168. Fait et clos le 7 juin 1793, l'an 2 de la République Françoise. MONTVIOL, vice-président, CHAZOTTIER, secrétaire.

Ce jourd'hui huit juin mil sept cent quatre-vingt-treize, l'an 2 de la République Françoise, une et indivisible, la section de Portefroc, assemblée en permanence, a ouvert sa séance à huit heures du matin.

A été introduite une députation de la section de Bordeaux, ci-devant Hôtel-Dieu, qui a donné connaissance d'une adresse aux sections ses sœurs, dont elle a laissé un exemplaire imprimé.

A l'instant est survenû et a été admis le citoyen Dugène, membre et député du tribunal de district de cette ville, qui a fait part des citoyens sortis par l'effet du sort, pour composer le juré d'accusation pour la confection du trimestre qui finira le premier juillet prochain, ces jurés sont les citoyens Guillaume, Cognet, Labory, Dufraichoud, Jean-Baptiste Boyet, Jacques Viricel, Jean-Marie Bruno, François Robbin et Galibet.

Un citoyen de la section a proposé qu'il fut célébré un service en mémoire de nos frères qui ont péri à la journée du 29 mai, l'assemblée consultée sur la proposition, a arrêté que le service serait célébré mercredi prochain, dix heures du matin, dans l'église métropolitaine, à l'effet de quoi les citoyens Guy et Ferrus ont été nommés commissaires députés auprès du citoyen évêque Lamourette et des authoritées constituées, pour leur faire part de l'arrêté et les inviter à assister au service, et de suite les citoyens Garnier, Chapelle, Perraud et Grillet, ont été nommés commissaires pour communiquer l'arrêté aux sections nos sœurs, avec semblable invitation.

Une députation de Saône a été introduite et a aporté un arrêté par elle prise le jour d'hier et, après en avoir donné lecture et remis un exemplaire imprimé a engagé l'assemblée à y donner son assentiment, sur quoi l'assemblée consultée y a adhéré à l'unanimité.

D'après le raport que vient de faire le citoyen Pellissier, il a été arrêté, ensuite du vœu émis par les différents trésoriers de sections en exercice, que les sommes provenantes des dons des citoyens des diverses sections, formeront une seule masse, et qu'elles seront employées, tant aux soulagements des pauvres parents des victimes de la journée du 29 may, qu'à faire les frais de nos députations auprès de la Convention Nationale.

L'assemblée ayant pris connaissance de l'arrêté pris le 6 de ce mois, par la section du Port du Temple, dont a été joint au registre un exemplaire imprimé, arrête que le comité de surveillance recevra les déclarations que les citoyens de la section seront tenus de faire des armes et munitions qu'ils ont en leur pouvoir, et ce au plus tard dans la huitaine, à peine d'être désarmé ; en conséquence, le comité de surveillance sera chargé de faire imprimer et afficher ledit arrêté et d'ouvrir un registre à cet effet.

Une députation de la section de la Côte, première division, a donné connaissance de l'arrêté qu'elle a pris relativement aux débitants de poudre à feu et plomb pour la chasse, ainsi qu'aux mesures à prendre à cause du séjour dans cette ville des déserteurs étrangers, l'assemblée a adopté les mêmes principes.

A l'instant ont été nommés commissaires députés, pour représenter l'assemblée au service qui sera célébré mercredy à la cathédrale, les citoyens Le Blanc, 2° vice-président, Collomb, Robin, Savi, Marest, Charpenet, Plautard, Forest et Souvanau à eux adjoints les commissaires du culte.

Ont de suite été nommés 8 commissaires pour communiquer aux sections le projet de contribution pour fournir aux frais des affuts et caissons dès lundi prochain. Ces commissaires sont les citoyens

Durieux, Duchêne, Pautard, Bouvard, Février, Ferrier, Marest et Mariétan.

Une députation de Rousseau admise, a donné lecture d'un arrêté par elle pris ce jourd'hui, relativement à la réunion de plusieurs députés de section qui aviseront au mode de correspondre avec divers départements, pour communiquer réciproquement les mesures que les circonstances exigent et agir de concert ; l'assemblée y a adhéré d'après amendements.

Séance levée à une heure de relevée, an et jour susdit. PRIVAT, président ; CHAZOTTIER, secrétaire ; MONTVIOL, vice-président.

Ce jourd'huy neuf juin mil sept cent quatre-vingt-treize, l'an second de la République Française une et indivisible, l'assemblée de Portefroc, assemblée en permanence, a ouvert sa séance à huit heures du matin.

Un membre de la section a fait une pétition appuyée par plusieurs autres membres et d'après une emple discussion, il a été arrêté qu'il seroit fait une adresse aux François d'après les principes contenus dans le projet d'arrêté qui sera présenté à toutes les sections et dont la teneur suit :

Les citoyens de Lyon réunis en assemblée de section, déclarent à tous les François en face de l'univers qu'ils sont en état de résistance à l'oppression.

Déclarent qu'ils regardent comme ennemis tout individu, toute aggrégation d'individus, qui ont attenté ou qui pourroient attenter encore à l'intégrité, à la liberté de la représentation nationale.

Déclarent qu'ils regardent la ville de Paris comme étant en état de révolte contre l'égalité politique, la République une et indivisible et la souveraineté nationale, tant qu'elle retiendra dans les fers une partie des représentants du peuple et qu'elle n'assurera pas à tous une entière liberté.

Déclarent qu'ils ne peuvent reconnoître comme le vœu libre de la représentation nationale, tous les décrets qui en sont émanés depuis que la force armée de Paris a provoqué l'attentat commis sur les personnes de trente membres de la Convention et jusqu'à ce que le corps législatif soit rendu à son intégrité, à sa liberté.

Déclarent qu'ils appelent au peuple réuni en assemblée primaire de tous décrets, de tous ordres qui pourroient sortir du corps législatif dans l'état d'asservissement et de dissolution où la force armée de Paris l'a réduit et de l'enlèvement de trente membres de la Convention à leurs fonctions.

Déclarent qu'ils veulent vivre et mourir pour les loix de l'égalité civile et politique de la République une et indivisible, et de la liberté et qu'ils ne recevront des loix que des représentants du peuple librement élus et librement assemblés.

Déclarent qu'ils offrent assistance et fraternité à toutes les comunes, à toutes les villes, à tous les départements, qui voudront s'unir à eux pour défendre les mêmes principes, pour combattre les factieux et les anarchistes, les ennemis de la liberté et de l'égalité et de la République une et indivisible.

Déclarent enfin qu'ils donnent pouvoir aux commissaires élus à cet effet, de se concerter avec ceux de tous les département, villes et communes adhérentes, pour prendre toutes les mesures propres à remplir les vues de cet arrêté, à en exécuter les dispositions et à sauver la chose publique.

Ce projet d'arrêté a été adopté par la section de Portefroc, des commissaires ont été nommés pour le communiquer aux autres sections et aux comunes de Vaize et la Croix-Rousse.

L'assemblée ayant ensuitte délibéré sur la question de sçavoir si le citoyen Robert Lindet, député à la Convention Nationale et qui se dit revêtu de pouvoir pour se concerter avec les commisaires Gauthier et Nioche, autres députés à la Convention Nationale pour veiller au maintien de l'ordre dans cette cité, peut être considéré comme ayant un caractère légal dans les circonstances ou se trouvoit la Convention Nationale lorsque les pouvoirs luy ont été donnés, a arrêté que les pouvoirs présentés par le citoyen Lindet ne peuvent être valables, puisqu'ils n'émanent point de la volonté libre de nos représentants, que cependant il importe que les autorités constituées invitent ce citoyen d'assister à leurs séances et à celles des sections pour reconnoître que cette citée jouit de la plus parfaite tranquilité depuis l'aneantissement de l'anarchie qui régnoit, que le peuple de Lyon ne veut que la liberté, l'égalité et l'indivisibilité de la République et la destruction de l'anarchie, que les autorités seront aussi invitées de donner une garde d'honneur au citoyen Robert Lindet, les autres sections seront aussi invitées de donner leur adhésion au présent arrêté et de nommer des commissaires qui se réuniront aujourd'huy six heures, dans la cour de l'hôtel commun, pour porter les vœux des sections aux autorités constituées.

L'assemblée a nommé pour ses commissaires les citoyens Rayre et Guerre. Fait et arrêté les jour et an que dessus.

Est survenue une députation de la section de la Réunion cy-devant de Belle Cordière, qui a fait lecture d'un arrêté ayant pour objet d'empêcher des rassemblements et des conciliabules hors des endroits ordinaires des sections. L'assemblée a approuvé à l'unanimité led. arrêté, a authorisé son président d'y mettre son adhésion, et a déclaré qu'elle prendroit les mêmes précautions aussitôt que la section de la Réunion, dite de Belle Cordière, aura fait parvenir un exemplaire imprimé de son arrêté qu'elle a offert.

Est de même survenue une députation de la municipalité provisoire, qui a fait lecture d'une adresse à la Convention Nationale, portant invitation de retirer le décret par elle rendu dans un moment où elle n'étoit pas libre de délibérer, qui met en état d'arrestation trente des représentants du peuple. L'assemblée a adhéré à ladite adresse et authorisé son président de manifester son vœu au bas de ladite adresse.

Est également survenue une députation de la section de la Convention, qui a fait lecture d'un arrêté ayant pour objet des représentations à la Convention Nationale, pour rendre la liberté aux trente membres des représentants du peuple mis en état d'arrestation par un décret arraché par la violence aux représentants du peuple. L'assemblée de la section de Portefroc a adhéré audit arrêté et authorise son président d'y mettre l'adhésion au nom de la section de Portefroc.

Une députation de la seconde section de la Grande Côte a demandé à l'assemblée son adhésion à une pétition de la Convention Nationale contre les factieux et les anarchistes; l'assemblée a applaudi aux vues et aux principes contenues en cette adresse.

Une députation du Change a invité l'assemblée à nommer deux députés pour assister demain matin, 10 heures du matin, à un service que fera célébrer la section du Change en mémoire de nos frères morts dans la malheureuse journée du 29 may, l'assemblée a nommé les citoyens Collomb, chapelier, et Gaultier pour commissaires à cet effet.

Une députation de la section de l'Egalité a demandé et obtenu l'adhésion de l'assemblée à deux arrettés, l'un qui invite le comité de salut public de ne pas élargir les citoyens détenus sans l'avis du comité de surveillance de leurs sections, l'autre qui invite les administrateurs du département à empêcher que le citoyen Verset, receveur du district, ne fasse aucuns payements sans le visa de l'administration du département.

Une députation de la section de St-Georges a fait part à l'assemblée d'un arretté énergique relativement à l'arrestation des 30 députés, l'assemblée a applaudi aux principes de cet arretté.

Un membre a fait la motion de faire communiquer à l'assemblée la notte des citoyens désarmés et celle des citoyens qui ont encore des armes, pour que l'assemblée s'occupe sérieusement du désarmement des personnes suspectes qui seroient encore armées. L'assemblée arrette que les comités réunis de surveillance et des dénonciations se concerteront avec l'état-major du bataillon pour former la liste des citoyens suspects dans le cas d'être désarmés, que cette liste seroit présentée à l'assemblée qui inviteroit les citoyens suspects d'apporter leurs armes dans la salle de la section dans un bref délai et que si ces citoyens ne se conformoient pas à cette invitation, ils y seroient contraints.

Séance levée à neuf heures de relevée, lesdits jour et an. MONTVIOL, vice-président ; LE BLANC, 2° vice-président ; CHAZOTTIER, secrétaire.

Ce jourd'hui dix juin mil sept cent quatre-vingt-treize, le 2° de la République Françoise une et indivisible, la section de Portefroc assemblée en permanence, a ouvert sa séance à neuf heures du matin.

La section a nommé des commissaires auprès des corps administratifs et judiciaires, militaires, commune de Vaise et la Croix-Rousse et aux musiciens des deux spectacles pour assister au service de la metropole.

Une députation de Brutus a invité à assister à semblable service samedi aux Augustins à 10 heures et l'assemblée a nommé pour commissaires à ce députés les citoyens Chatellus, Vermon ?, Manin cadet et Grillon.

Est intervenue une députation de la section de Marseille, cy-devant du Rhône, qui a fait lecture d'un arrêté par elle prise, ayant pour objet de témoigner à cette section leur fraternité et leur union avec touttes les sections et tendant en outre à nommer des commissaires pour faire choix de députés qui iront dans l'intérieur du département manifester à touttes les sections et communes des principales villes le vœu unanime de touttes les sections de cette ville et le désir de fraterniser avec elles et s'unir pour la défense de la République.

La section de Portefroc a adhéré audit arreté et authorise son président de manifester son adhésion au bas de l'arrêté dont lecture a été faitte.

Est aussi intervenue une députation de la section du Port-du-Temple qui a fait remise sur le bureau d'un arrêté par elle prise, ayant pour objet d'engager le département à former un comité pour correspondre avec tous les autres départements et se concerter sur les moyens de faire cesser l'anarchie et sauver la République.

Lecture faite dudit arrêté, l'assemblée y a adhéré et authorise son président à mettre son adhésion au bas de l'arrêté.

Une députation du Change a donné lecture d'une adresse aux campagnes pour y maintenir la tranquilité et a demandé l'adhésion, qui y a été donné.

Proposition a été faitte à l'assemblée de fixer dès à présent le moment et le lieu où l'exercice militaire sera fait, sur quoi l'assemblée consultée et considérant qu'il existe déjà un arretté et qu'il a été nommé quatre commissaires pour rédiger et présenter un règlement, a délibéré que invitation expresse seroit faitte auxdits quatre commissaires, pour déposer dans après demain ledit règlement.

L'assemblée a passé à l'ordre du jour sur la lecture d'une lettre de justification du citoyen Nesme.

La séance levée à neuf heures du soir, à Lyon, les jours et an que dessus. MONTVIOL, vice-président, PRIVAT, président, et CHAZOTTIER, secrétaire.

Ce jourd'hui onze juin mil sept cent quatre-vingt-treize, le 2° de la République Françoise une et indivisible, la section de Portefroc en assemblée permanente, a ouvert la séance à neuf heures du matin.

A été donné lecture d'une lettre adressée à la section par le citoyen Perraud, dans laquelle il demande sa démission de la place de caporal à laquelle il vient d'être appelé. La section a passé à l'ordre du jour.

L'assemblée consultée sur les secours que demandent les citoyennes Mermet et Gay, il a été arrêté à l'unanimité que les citoyens Pellissier et Chevrillon étaient authorizés à visiter les domicille et la situation de ces deux citoyennes, s'en raportant à leur humanité sur les secours qu'ils ont aussi été authorisés à distribuer provisoirement.

L'assemblée députe à l'unanimité les citoyens Guerre, Reyre, de Chatellus et Forest à l'assemblée des corps administratifs réunis, en présence du citoyen Robert Lindet, soi-disant commissaire de la Convention, au sujet de la vérification de ses pouvoirs, pour y délibérer au nom de la section, que le citoyen Lindet lui paraissant complice des projets sanguinaires et liberticides des citoyens Gaillard et Gravier, commissaires de la ci-devant municipalité, sa mission et sa personne sont également suspectes et que la Convention Nationale n'étant ni libre ni entière, les pouvoirs qu'il dit en avoir reçu ne peuvent être vérifiés, chargeant ses députés de motiver et de justifier par les faits connus et par les pièces qui sont en leur pouvoir, la déclaration ci-dessus et d'inviter les corps administratifs et les autres commissaires de section d'adhérer à la même déclaration.

Le citoyen Desgranges a donné connaissance d'un arrêté concernant la dissipline militaire dans les postes, prise au comité militaire, la section y a adhéré.

Ensuite d'une délibération prise à la commune au sujet de la proposition de remplacer les anciens commissaires pour la police des marchés, l'assemblée de Portefroc, considérant que la commune et la municipalité provisoire ayant arrêté qu'il serait nommé un commissaire de police dans chaque section ; considérant que les anciens commissaires ont perdu la confiance publique, qu'ils sont tous détenus, prévenus, fugitifs ou suspects ; considérant qu'il est urgent de pourvoir à leur remplacement provisoire, jusqu'à ce que la municipalité y ait définitivement pourvu, arrête qu'il en sera choisi un pour cette section, pris dans le sein de l'assemblée ; en conséquence, l'assemblée consultée a nommé par la voie du scrutin, pour commissaire provisoire, le citoyen Joseph Grillet, lequel a été à l'instant proclamé commissaire de police provisoire de la section, à la charge de prêter le serment requis et de se faire enregistrer. Et, à l'instant, il a prêté, entre les mains du président, le serment de maintenir la liberté, l'égalité, l'unité et l'indivisibilité de la République, la sureté des personnes et des propriétés et de remplir avec exactitude et fidélité les fonctions qui lui sont déférées et asigné avec les président et secrétaire. PRIVAT, CHAZOTTIER, secrétaire ; GRILLET, s. ; MONTVIOL, vice-président.

Un membre de l'assemblée a donné lecture d'une adresse aux citoyens égarés dans la journée du 29 may et jours précédents, l'assemblée y ayant applaudi a délibéré qu'elle sera imprimée et affichée à plusieurs reprises, envoyée à tous les corps et authorités constituées et envoyé dans le département et ailleurs.

La section a arrêté que le citoyen Charpenay était nommé commissaire pour aller manifester le vœu de la section tendant à la réorganisation de la société fraternelle.

Les citoyens Ducret et Longchamp ont été nommés commissaires pour s'adjoindre aux autres commissaires de section dans l'église de la Miséricorde, pour délibérer qu'il ne sorte aucune espèces d'armes de cette ville, ni munition et d'en manifester le vœu au département.

Séance levée à neuf heures de relevée, PRIVAT, président ; CHAZOTTIER, secrétaire ; MONTVIOL, vice-président.

Ce jourd'hui douze juin mil sept cent quatre-vingt-treize, le 2° de la République Françoise une et indivisible, la section de Portefroc en assemblée permanente a ouvert sa séance à neuf heures du matin.

Lecture a été faite du rapport du comité des subsistances du 10 de ce mois, après laquelle les citoyens Petit, Marais et Dupuis ayant alternativement obtenu la parole et discuté la question présentée dans le raport dont est question, il a été unanimement décidé par l'assemblée qu'elle persistait constament dans son projet du (1) relativement aux deux qualités de pain.

Sur la proposition faite de régler les heures de tenir l'assemblée autres que les heures habituelles, l'ajournement de la discussion a été arrêté pour le 16 de ce mois.

Députation de quatre commissaires auprès de l'évêque diocésain pour lui témoigner la satisfaction de la section au sujet du discours qu'il a prononcé ce jourd'hui à la mémoire de nos frères, pour qui le service a été célébré ce jourd'hui, dans l'église de la Métropole, et lui demander la remise de son discours pour le faire imprimer ; il a fait réponse qu'il en avait disposé, sous la condition d'en remettre à la section un grand nombre d'exemplaires.

La femme Ducret a communiqué à l'assemblée un mémoire justiffié de l'atestation des chefs du bataillon de la place Neuve, où son mari est de service, d'après quoy l'assemblée, prenant en considération les motifs exposés dans ce mémoire, a arrêté que le comité de surveillance de cette section s'intéressera auprès des administrateurs des hôpitaux pour y faire recevoir quatre de ses six enfants.

---

(1) Blanc dans le texte.

L'assemblée consultée sur les mesures à prendre pour empêcher que les prévenus des crimes commis dans la journée du 29 may dernier et jours précédents soient mis en liberté sans que les authorités constituées soient instruites des dénonciations qui existent dans chaque comité de surveillance, a arrêté que les juges de paix, de district, jurés d'accusation et authorités constituées, seront invités à ne statuer sur les élargissements provisoires ou définitif, sous quelques précautions que ce soit, sans en donner préalablement connaissance aux sections, qui leur fourniront extrait des dénonciations ultérieures à la journée du 29 may, si aucunes ? existent contre les prévenus, ou certificat qu'il n'en existe pas, à l'effet de quoi cet arrêté sera communiqué à toutes les sections, ainsy qu'aux juges de paix, de district, juré d'accusation et aux authorités constituées et pour ce, ont été nommés commissaires les citoyens.......

Les commissaires députés de la section de rue Buisson ont donné connaissance d'une lettre écrite de Bordeaux le 7 de ce mois, dont ils nous ont laissé copie, laquelle annonce l'arrestation des deux commissaires de la Convention, et d'un autre à Auch. Cette lettre en copie restera jointe au registre.

L'assemblée consultée sur le certificat demandé par le citoyen Gabriel-Philipe Champin, résidant sur cette section, rue des Prêtres, n° 95, employé au service du timbre, présenté, a certifié que les citoyens Baron et Grillet, membres de l'assemblée, qui ont atestés ses bonnes vies et mœurs et son civisme, arrête que la municipalité provisoire sera priée de vouloir, d'après l'atestation de la section de Portefroc, donner le certificat nécessaire au citoyen Champin, pour lui conserver sa place et l'authoriser à continuer ses fonctions et ont les certifiants signé. GRILLET, BARON.

La séance a été levée sur les neuf heures et demy du soir. PRIVAT, président ; CHAZOTTIER, secrétaire ; MONTVIOL, vice-président.

L'an 1793, l'an 2 de la République Française et le 13 juin, l'assemblée de Portefroc a ouvert sa séance à neuf heures du matin. Le citoyen Faucheux, imprimeur, a présenté un compte d'impression, datté du mois de mars dernier, montant à 64 l., lequel a été réduit à cinquante livres, pour le payement de laquelle le bureau de la section a donné mandat au bas de la facture sur le trésorier de la caisse de secours, en faveur du citoyen Faucheux.

A l'instant est survenue une députation des sections de la ville d'Annonay, représentée par les citoyens Barroucansson et Dussol, qui, après avoir félicité la ville de Lyon de sa victoire, lui a fait offre de secours en tous genres. La section après leur avoir voté des remerciments et la mention honorable de la députation, a arrêté de leur envoyer en cette ville deux députés qui manifesteront le vœu de la section et remettront extrait du procès-verbal, d'établir avec la ville d'Annonay une correspondance pour se communiquer mutuellement les lumières que, les circonstances exigent, que l'accolade fraternelle serait accordée à la députation, ce qui a été exécuté.

Un citoyen de l'assemblée a communiqué ensuitte la position où se trouvoit le département de l'Izère, il a expliqué que ce département avoit témoigné à cette ville les sentimens de la plus étroite fraternité et avoit pris des mesures à la hauteur des circonstances dans lesquelles la République entière se trouvoit, sur la violation de la représentation nationale; que ces mesures paroissoient avoir été rompues par les commissaires Dubois-Crancé et Nioche, à l'aide d'une force armée ; que la position du département de l'Izère, qui limitrophe ce departement pouvoit en troubler la tranquilité, sur quoi l'assemblée consultée a unanimement arretté, 1° qu'il seroit nommé de suitte dans son [sein], un commissaire, pour se réunir aux commissaires des autres sections dans l'église des cy-devant Pénitens de cette ville, demain matin, neuf heures, pour aviser aux mesures de sureté qu'il conviendra de prendre et d'en référer aux autorités constituées, à l'effet de quoi elle a nommé les citoyens Guerre ; 2° que pour avoir l'assentiment de l'assemblée des autres sections, il seroit nommé sur-le-champ six autres commissaires qui ont été choisis dans les personnes des citoyens Rey, Petit, Guerre, Besson, Jal père, Chevrillon.

Dans le sein de l'assemblée est survenue une députation de la gendarmerie à pied, ayant à leur tête leur capitaine, qui après avoir manifesté ses sentiments civiques, juré union et fraternité, a déposé sur le bureau une somme de deux cent quarante livres, l'assemblée consultée, pénétrée de la plus vive reconnoissance, rendant justice aux sentimens fraternels de la gendarmerie, à leur amour pour les loix, a accepté l'offrande généreuse, et que mention honorable en seroit faitte dans le procès-verbal de cette séance.

La section de la Côte, 1re division, a fait part de l'arrêté par elle prise, tendant à la suspension du citoyen Pilot, directeur de la poste, atendu les dénonciations faites contre lui ; l'assemblée y a adhéré.

L'assemblée a levé sa séance sur les neuf heures et demie de ce jour et an que ci devant est dit, PRIVAT, président, CHAZOTTIER, secrétaire, MONTVIOL, vice-président.

Ce jourd'huy quatorze juin mil sept cent quatre-vingt-treize et le deuxième de la République, l'assemblée de la section de Porte-Froc, en permanence, a ouvert sa séance à la gloire de la liberté, de l'égalité, de l'unité et indivisibilité de la République.

L'assemblée, après avoir entendu les observations d'un membre, a nommé le citoyen Deyrieux, pour se rendre auprès de nos frères de la section de la Cotte, première division, pour les inviter à envoyer incessamment à la juridiction correctionelle les dénonciations, lettres, ou autres pièces probantes, pouvant servir à la conviction du citoyen Gaillard, acusé de trouble et de provocation au meurtre.

Un autre membre ayant présenté à l'assentiment de l'assemblée une adresse à nos frères d'armes de l'armée des Alpes, l'assemblée consultée a arrêté que cette adresse serait imprimée et envoyée partout où besoin sera, après avoir obtenu l'adhésion des trente-une section, et qu'à cet effet six commissaires seroient pris dans son sein.

L'assemblée, convaincue que des malveillants s'agitent dans tous les sens pour séduire et abuser des citoyens crédules, que pour parvenir à rendre leur effort inutile, il était indispensable de réitérer le désarmement de ceux des citoyens suspects par leur conduite et leur affiliation antérieure avec les agitateurs, a arrêté que nouveau recensement serait fait de tous les citoyens composant le bataillon, et que les officiers, de concert avec le comité de surveillance, s'aboucheront pour opérer ce désarmement.

L'assemblée a donné son adhésion à la proposition faite par la section du Change d'envoyer des commissaires dans les bourgs, villes et villages de ce département, pour fraterniser et instruire nos frères des motifs de notre sainte insurrection et de la résolution où nous sommes de mourir pour la liberté, l'égalité, l'unité et l'indivisibilité de la République, la sureté des personnes et des propriétés.

La section de Port du Temple à donné lecture d'une adresse imprimée au nom du peuple de Lyon, au peuple françois, l'assemblée consultée y a adhérée.

Sur la pétition d'un membre de l'assemblée qui a donné connaissance d'un imprimé qui circule à Grenoble, relativement aux évènement arrivés à Lyon, où les faits parraissent avoir été dénaturés, même d'après les données des commissaires Gauthier et Nioche, l'assemblée consultée a pris un arrêté dans lequel il sera rédigé un mémoire en redressement des faits et soutenu de pièces justificatives, auquel concourront six commissaires que l'assemblée a nommés dans les personnes des citoyens Lamourette, Reyre, Petit, Guerre, Montviol et Rey, lequel ainsy que les pièces seront imprimés et envoyés dans le département et autres lieux, notament dans le département de l'Izère, le présent arrêté préalablement imprimé et communiqué à toutes les sections pour en obtenir leur assentiment.

La séance levée à neuf heures et demie du soir, lesd. jour et an. PRIVAT, président, CHAZOTTIER, secrétaire, MONTVIOL, vice-président.

Aujourd'hui quinze juin mil sept cent quatre-vingt-treize, le deuxième de la République Françoise, une et indivisible, la section de Porte-Froc assemblée en permanence a ouvert sa séance à huit heures du matin.

Une députation de la section de la Fraternité, cy-devant rue Confort, a fait part à l'assemblée de quelques réflexions contre l'établissement d'un comité central des sections, l'assemblée a aplaudi à ces réflexions ; mais ayant considéré que déjà le plan du comité central avait été présenté par la section de Porte-Froc et que ce plan n'avoit pas reçu l'assentiment de toutes les autres sections, l'assemblée a passé à l'ordre du jour.

Par le rapport qui vient d'être fait par le trésorier des secours il résulte que le nombre des personnes qui ont péris à la journée du 29 may dernier, il résulte que ce nombre est de quarante-trois, celui des blessés est de cent quinze, que toutes les recettes réunies faites jusqu'à ce jour montent en total à cent vingt mille deux cent vingt-quatre livres.

Sur le raport de l'un des membres de l'assemblée qui a dit qu'il étoit instruit que le juré de jugement actuellement asssemblé pour juger les criminels ne vouloient pas s'occuper, pendant cette séance, de juger les criminels accusés d'avoir occasionnés les meurtres qui se sont commis dans la fatale journée du 29 mai dernier, qu'il vouloit les renvoyer à la prochaine section qui ne commencera que le quinze juillet prochain, que le fait est tellement vrai qu'ils venoient de faire imprimer un avis qui ne laisse aucun doute à cet égard ; que cette résolution et cet avis occasionne de très grands murmures qui peuvent avoir des suittes très facheuses, la matière discutée, il a été arrêté que les citoyens Coinde et Marest demeurent choisis pour commissaires à l'effet d'aller faire part au citoyen Cozon, président du tribunal, des inquiétudes de cette section et de touttes les autres, de l'engager à faire des réflections sur ces renvoys et de ne vouloir point accélérer le jugement de ces criminels par tous les moyens possibles.

Une députation de la section de la Convention est survenue et a fait lecture d'un arrêté par elle prise, ayant pour objet de faire nommer un député de cette section, qui se réunira demain avec les commissaires des autres sections dans la chambre du commerce, pour délibérer s'il convient de provoquer les assemblées primaires à l'effet de nommer des députés qui se réuniront dans un lieu indiqué et qui délibéreront sur les moyens de sauver la République, la chose mise en délibération, l'assemblée, considérant l'importance de cet arrêté et son urgence, a nommé pour commissaire le citoyen Valois à l'effet de se réunir demain, dix heures du matin, avec les autres députés des sections, pour entendre la discution qui doit avoir lieu sur la pétition de la section de la Convention et en faire son raport à l'assemblée. DECHASTELLU, secrétaire, MONTVIOL, vice-président.

Aujourd'hui seize juin mil sept cent quatre-vingt-treize, l'an second de la République Françoise, une et indivisible, la section de Porte-froc, assemblée en permanence, a ouvert la continuation de ses séances à huit heures du matin.

Une députation de la section de la Vieille Ville, cy-devant Gourguillon, est survenue et a fait lecture d'une adresse par elle faitte à leurs concitoyens, ayant pour objet d'anoncer le changement du nom de leur section, leur fraternité avec touttes les sections ; ils ont fait part en outre, qu'ils avoient indiqué un service pour le repos des âmes de nos frères peris dans la journée malheureuse du 29 may, à mardy prochain, dans l'église de St-Irenée, la section de Porte-Froc a adhéré à ladite adresse, en ce qui touche l'union et la fraternité qu'ils manifestent avec les autres sections et la désignation nouvelle du nom de leur section, et sur les autres objets il a été passé à l'ordre du jour et a nommé pour assister au service les citoyens Levasseur et Forest.

Sur la motion du citoyen Desgranges, député au comité militaire, qui a expliqué qu'il étoit obligé de faire une absence de quelques jours et a requis l'assemblée de vouloir lui nommer deux supléants pour le remplacer au comité pendant son absence. La section de Porte-Froc, prenant en considération la demande du citoyen Desgranges, a nommé pour supléant, à l'effet de le représenter au comité pendant son absence, les citoyens Boulet et Richard. DECHASTELU, secrétaire, MONTVIOL, vice-président.

L'an 1793, l'an deuxième de la République, une et indivisible, et le 16 juin, sur les trois heures de relevé, s'est présenté une députation des deux sections de Saint-Vincent qui ont invité l'assemblée à nommer deux députés à l'effet d'assister au service qui sera célébré, demain, à neuf heures du matin, dans l'église de Saint-Louis, en mémoire de nos frères morts dans la journée du 29 may, l'assemblée désirant réppondre à l'invitation des sections de Saint-Vincent a, sur le champ, nommé pour ses députés au service les citoyens Garnier et Coinde aîné.

Une députation de la section de Paris, cy-devant Pierre-Scize, a présenté un projet d'adresse au département, relativement à l'exécution de la loy du 2 may relativement à la fixation des grains.

Lecture a été faitte par le président d'une adresse à la Convention, des citoyens de Nismes (1), l'assemblée a vivement applaudi aux principes et aux expressions de cette adresse, elle a arrêté que mention honorable en seroit faitte dans le procès-verbal et quelle seroit affichée dans l'enceinte de la salle de la section de Porte-Froc.

Une députation de la section de la Convention a présenté à l'assemblée une pétition aux administrateurs du département de Rhône-et-Loire, pour les inviter à convoquer l'assemblée de sections et de communes, à l'effet de nommer des députés pour prendre les mesures convenables aux circonstances actuelles. L'assemblée, en adoptant les principes et les considérations de cette pétition, a pensé qu'il importoit de demander les assemblées primaires au lieu des assemblées de section et de commune. En conséquence, elle a arrêté à l'unanimité que l'administration du département seroit invité avec instance à convoquer les assemblées primaires, à l'effet de nommer des électeurs investis de pouvoirs illimités, afin qu'ils prennent les mesures propres à sauver la chose publique. L'arrêté a été mis à la suite de la pétition, avec invitatation qui a été faitte aux autres sections de le prendre en considération.

La section de Jean Bard cy devant rue Tupin a souscrit pour 200 exemplaires de l'Adresse aux armées.

La section a nommé les citoyens Savy et Charpenet cadet pour commissaires inspecteurs de la salle à l'effet de faire faire les réparations les plus urgentes et faire un rapport sur les autres.

L'assemblée ayant entendu lecture [de l'adresse de] la commune de Bully, a applaudi aux sentiments de civisme et de fraternité quelle renferme et a arrêté que le bureau écriroit à cette commune pour lui témoigner sa reconnoissance. Fait et clos lesdits jour et an. COINDE, secrétaire substitué. MONTVIOL, vice-président.

Cejourd'hui dix-sept juin mil sept cent quatre-vingt-treize, et le 2me de la République Françoise, la section de Portefroc a ouvert la séance à neuf heures du matin.

La section de Guillaume Thell a donné communication d'un règlement provisoire pour l'ordre et le régime des assemblées de sections et particulièrement pour la sienne ? L'assemblée a accueilly la députation et a arrêté de déliberer incessamment sur cet objet et a joint au registre ledit règlement imprimé.

Sur la motion d'un membre, tendante au rapel des commissaires députés des sections auprès de la Convention Nationale, l'assemblée consultée a ajourné la motion indéfiniment.

La section de la Liberté a invité au service qui sera célébré mercredy prochain, 19, dans l'église de Saint-Louis. L'assemblée y assistera par la députation de deux membres, qui sont les citoyens Brugeres? et Garbe.

Le secrétaire de la section a donné lecture d'une adresse des citoyens

---

(1) V. Commission populaire républicaine, p. 338.

de Villefranche, rédigée dans les meilleurs principes, l'assemblée y a applaudi et en a ordonné l'insertion. Séance levée à neuf heures et demie de relevée. PRIVAT, président. CHAZOTTIER, secrétaire.

Ce jourd'hui dix-huit juin mil sept cent quatre-vingt-treize, le 2ᵉ de la République Françoise, la section de Porte-Froc en assemblée permanente a ouvert sa séance à neuf heures du matin. A été ouverte une lettre adressée à la section, ouverture faite, lecture en a été donnée, elle est écrite par le citoyen Subrin, député de Lyon près la ville de Bordeaux, elle annonce des députés de ladite ville. Il y était joint divers imprimés rédigés à Bordeaux. A l'instant les citoyens Guy et Borrin ont été nommés commissaires pour communiquer le tout aux diverses sections.

L'assemblée ayant ci-devant arrêté la réorganisation de la société fraternelle, la nomination des membres qui doivent la composer ayant été mise à l'ordre du jour, l'assemblée a nommé pour la composition de cette utile société, seize citoyens et quatre suppléants. Desquels quatre formeront le bureau, douze pour former six divisions pour se diviser le travail extérieur et quatre suppléants ceux des membres qui se trouveroient momentanément absents. Les seize commissaires formant la société sont les citoyens Pellissier, Coupier père, Chevrillon, Collomb le jeune, Forest, Manin, Jal l'aîné, Marietan, Vanal, Guillot, Collomb chapelier, Primat, Charpenet, Savi, Vermot et Gobet ; et pour suppléants les citoyens Guy, Teillard, Luneau et Simondan père et Gremaut.

La section de Rue Terraille a donné connoissance d'un arrêté par elle prise, tendant à ce que chaque section fasse une députation à la municipalité pour lui manifester les craintes de la section sur la sûreté des prisonniers et les communications qu'ils ont avec les ennemis de la chose publique, en conséquence elle propose que chaque section choisisse un membre dans son sein pour concourir à la garde intérieure des prisonniers et rendre compte tant à la municipalité qu'à leur section, chaque jour, des objets qu'ils auront observés à l'égard des prisonniers. L'assemblée y a adhéré.

Une députation de St-Etienne a été introduite au bruit des plus vifs applaudissements, laquelle au nom de ses commettans, l'orateur a dit... (1).

Le président, au nom de la section de Portefroc, a exprimé aux députés de la commune de St-Etienne combien les citoyens de cette section étoient sensibles à la démarche généreuse et fraternelle de leurs frères de St-Etienne et leur a dit que la réunion des vrais patriotes, des amis de l'ordre et des loix se feroit seule pour anéantir les factieux et les anarchistes ; qu'il y avoit lieu d'espérer que le sang qui a coulé dans les murs de Lyon seroit le dernier répandu pour une si belle cause, parce que les hommes qui prêchoient le meurtre et le pillage n'oseront plus se montrer quant ils verront les gens de bien se lever tous ensembles pour les combattre et les faire rentrer dans leurs repaires. Le président, au nom de l'assemblée, a été autorizé à faire mention honorable de la députation dans le procès-verbal et à donner le baiser fraternel aux députés de St-Etienne, et les a priés de rapporter à leurs concitoyens l'expression vive et sincère de la reconnoissance

(1) Blanc dans le texte.

et de l'attachement de leurs frères de Lyon. La députation s'est retirée couverte des applaudissements les plus vifs. L'assemblée a arrêté qu'extrait du procès-verbal sera délivré demain matin aux députés de la commune de St-Etienne, à l'effet de quoy ont été nommés commissaires les citoyens Lamourette, évêque, et Mariettan.

Séance levée à neuf heures et demie. MONTVIOL, CHAZOTTIER, secrétaire.

Ce jourd'hui dix-neuf juin mil sept cent quatre-vingt-treize, le deux de la République Françoise une et indivisible, l'assemblée permanente de la section de Porte-Froc a ouvert sa séance à neuf heures du matin.

A l'instant a été donné lecture d'un projet envoyé par le comité militaire tendant à organiser une force départementale, l'assemblée consultée a adhéré unanimement audit projet, à l'effet de quoi elle arrête qu'il sera de suite ouvert, au comité de surveillance de cette section, un registre d'enrrolement volontaire.

Une députation de la Guillotière invite à un service pour vendredy, la section a arrêté d'y assister par députation et a nommé pour commissaires les citoyens Pélissier et Macors?

Il a été mis en délibération si les femmes de la section seroient autorisées à assister aux scéances. La matière discutée, il a été arrêté qu'étant intéressant que les femmes soient instruites des sentiments qui animent les citoyens de cette section, elles étoient autorisées à assister aux scéances dans l'endroit de la salle qui leur sera indiqué, sans qu'elles puissent prendre part aux délibérations, ny par aclamation, ni par geste et d'aucune manière quelconque; arrête ensuite que l'arrêté sera purement et simplement communiqué aux autres sections, sans exiger l'adhésion, et que les citoyens Guerre, Coinde et Petit, demeurent nommés commissaires pour exprimer les motifs qui ont déterminé l'authorisation.

Une députation de la section de la Convention s'est présentée et a fait lecture d'un arrêté tendant au rapel des commissaires de sections actuellement à Paris, avec l'amendement d'en prier huit de rester encore à Paris ou aux environs, pour communiquer avec les sections et leur donner les renseignements sur l'état de la ville de Paris. La section a adhéré unanimement audit arrêté et a nommé pour commissaires, à l'effet de porter le vœu de la section, les citoyens Ferrus et Gauthier.

Une députation de la section de Saône est survenue et a fait lecture d'un arrêté par elle prise, tendant à inviter la municipalité de faire faire une certaine quantité de canons et de leurs affux pour la sureté de la ville ; de traiter avec les fondeurs de canon pour le prix de ces canons et de leur affux, lequel prix sera suporté par les citoyens en sol additionnel de leurs impots, et en attendant d'ouvrir un emprunt qui sera remboursé par les sommes qui seront adjoutés en sols additionnels. La matière mise à la délibération, la section y a adhéré. Il a été proposé de procéder à la nomination de quatre inspecteurs de la salle, en conformité du règlement arrêté le jour d'hier, l'assemblée consultée, elle y a adhéré et a nommé pour commissaires inspecteurs les citoyens Ferrus, Flachat, Guillot et Patissier. DECHATELUS, secrétaire ; MONTVIOL.

Ce jourd'hui vingt juin mil sept cent quatre-vingt-treize, l'an deux de la République Françoise, en l'assemblée permanente de Portefroc a ouvert sa séance à huit heures du matin.

Une députation de la commune de Vaize a présenté à l'assemblée un arrêtté contre la réunion de cette commune à celle de Lyon, demandée par l'ancienne municipalité de cette ville. L'assemblée, considérant que la commune de Vaize vient de nous donner des preuves énergiques de son attachement à la ville de Lyon; considérant qu'à tous les motifs qui sont développés dans la présente adresse, on peut y ajouter, l'ancienne municipalité de cette ville n'avoit sollicité la réunion de la commune de Vaize que pour atteindre plus génerallement les citoyens qui s'y réffugioient pour éviter les persécutions auxquelles ils étoient alors exposés dans la ville de Lyon; a adhéré unanimement à l'arrctté pris par la commune de Vaize.

Ce jourd'hui vingt juin mille sept cent quatre-vingt-treize, l'an second de la République, en l'assemblée permanente de Portefroc, sur les trois heures de relevée.

La citoyenne Margueritte Simon s'est présentée et a expliqué qu'ensuitte de propos par elle tenus et qui pouvoient troubler la tranquillité de la ville, sur les évènements arrivés en cette [ville] et contre les membres de la municipalité provisoire, elle avoit été constituée prisonnière, et qu'ayant été traduitte devant le tribunal de la police correctionnelle, elle avoit été élargie à la charge par elle de se présenter dans le sein de la section pour présenter ses excuses, qu'elle déclaroit que si elle avoit tenu quelques propos, elle s'en repentoit et qu'elle prioit l'assemblée de ne les attribuer qu'à un égarement involontaire, à une impéritie et une ignorance de sa part, qu'elle promettoit enfin de venir exactement dans le sein de l'assemblée pour y puiser les lumières dont elle avoit besoin, sur quoi l'assemblée, par l'organe de son président, l'a invité d'être plus circonspecte et l'a invité à venir s'instruire dans son sein et rendre témoignage à la sagesse de ses délibérations, qui ne tendroient jamais qu'au bien général et au soulagement du peuple, elle a arrêté en outre qu'extrait lui seroit délivré du présent arrêtté pour être présenté au tribunal de la police correctionnelle.

Une députation du Port-du-Temple est venu dans le sein de la section et a remis sur le bureau une envelope contenant une adresse au peuple françois et un manifeste de Marseille aux républicains françois, l'assemblée a voté des remerciments.

La section de l'Union a proposé de se réunir à la section de Portefroc, de fortiffier la garde des deux prisons de cette ville de vingt-cinq hommes pris dans les deux sections; mais celle de Portefroc, considérant que ce seroit se charger de la responsabilité dans les évènements qui pourroient survenir, a arrêté qu'il soit pris un citoyen dans chacune des sections, choisis et déterminé par l'état-major pour remplir cet objet. En conséquence, l'assemblée a nommé pour commissaire le citoyen Lacroix pour donner connoissance de l'arrêté aux sections nos sœurs.

Une députation de la section de l'Egalité a été introduite, elle a communiqué un arrêté pris par lad. section ce jourd'hui, tendant à ce qu'il soit fait une députation aux membres composant le tribunal criminel de ce département, pour l'inviter à accélérer, soit la convocation des jurés qui doivent concourir au jugement des prévenus et coupables des crimes commis dans la journée du 29 mai, soit ce même jugement, et l'a invitée à adhérer à cet arrêté. L'assemblée consultée, a arrêté d'y délibérer lorsque le sujet qui étoit alors en discussion seroit décidé et de faire part demain matin à la section de l'Egalité du parti qu'elle auroit pris.

La section de Scevola a communiqué un arrêté par elle pris ce jourd'hui, portant invitation à tous les citoyens qui ont quelques notions et connoissances sur des délits commis dans les journées des 29 et 30 mai, de les fournir aux comités de surveillance de leur section, sous peine d'être déclarés complices et adhérents des prévenus ; l'assemblée, après lecture faite dudit arrêté, y a adhéré purement et simplement.

Un membre de la section ayant obtenu la parole, a donné lecture d'un mémoire qu'il a dit lui avoir été remis, sur le mode de jugement des prévenus de conjuration arrêté à la suite de la journée du 29 mai dernier, ce qui a été accepté.

Lecture faite dud. mémoire, après avoir discuté pendant trois heures, l'assemblée, considérant qu'une matière si grave ne peut être discutée avec trop de réflexion et de maturité, arrête la continuation de la discussion et l'ajourne à demain, cinq heures de relevée. La séance levée à dix heures de relevée. PRIVAT, président ; CHAZOTTIER, secrétaire.

Ce jourdhui vingt-un juin 1793, l'an 2° de la République Françoise, une et indivisible, le président de l'assemblée de la section de Portefroc a ouvert la séance au nom de la liberté et de l'égalité, à neuf heures du matin.

Le commité de surveillance a fait son raport sur le séjour que fait sur cette section le citoyen Sémith, anglais, atendu qu'il n'a pas satisfait à l'arrêté de la section du premier de ce mois, l'assemblée consultée, considérant qu'il n'est pas présent, ajourne le raport et la discussion à mardy prochain 25 de ce mois, trois heures de relevée.

Est comparu le citoyen Baltazard-Jean Macors, notaire à Lyon, résidant depuis quelque tems sur cette section n° 30, et a déclaré vouloir être du nombre de ceux qui la composent, en conséquence l'assemblée a applaudi en l'admettant au nombre des citoyens de la section et arrête qu'il sera inscrit sur le catalogue des citoyens de la section de Portefroc, à la charge d'obtenir une nouvelle carte de cette section, et a signé MACORS.

Une députation de Rousseau a invité à un service pour mercredy, dans l'église des Ursules de la Vieille Monnoye, l'assemblée y assistera par députation et a nommé pour ses commissaires les citoyens Forest et Garnier.

La section de Portefroc, consultée sur un arrêté pris et communiqué par la section de Port-du-Temple, considérant que la Convention Nationale ayant perdu sa liberté et son intégralité ne peut plus exercer la représentation que le peuple souverain lui avoient délégué, adhère à l'arrêté, en écartant ces mots « a perdu aussi la confiance de la nation » et y substituant les termes ci-dessus, et avec cette addition que le peuple formant les diverses sections de la ville et du district de Lyon, défend au procureur de la commune et au procureur sindic du district d'obtempérer, et invite le procureur sindic du département de ne pareillement point obtempérer, sous peine de perdre les uns et les autres sa confiance, le peuple prenant sur lui toute responsabilité ; que les diverses sections de la ville et du district seront invitées de nommer chacune deux commissaires dans son sein, pour porter en corps de députation aux fonctionnaires mandés à Paris l'arrêté et déclaration ci-dessus.

La section de Guillaume Tell a invité de nommer deux commissaires pour se rendre dans l'église de la ci-devant Miséricorde, pour se réunir aux autres commissaires pour se députer auprès des députés de la Gironde les citoyens Reyre et Guerre ? ; commissaires.

La même députation a demandé que la section s'unit avec toutes les autres pour demander au département de suspendre le maximum sur les grains. L'assemblée consultée a ajourné la discussion à demain.

Les mêmes députés ont encore demandé que la section nomme deux commissaires pour se réunir demain, entre trois et quatre, pour arrêter la manière de recevoir nos frères de Marseille, ces commissaires sont les citoyens Forest et Serée.

La section de Portefroc ayant repris l'ordre du jour, qui est la suite de la discussion sur le mode de jugement des grands coupables de conspiration, la discussion ayant duré jusqu'à neuf heures et demie de relevée, elle a été fermée et l'assemblée, consultée par assis et levée, l'épreuve ayant été douteuse, la contrépreuve a accordé à la majorité l'adhésion au projet de création d'un tribunal militaire, arrêté par la section de l'Union, et de suite l'assemblée a nommé deux commissaires pour en donner communication à diverses sections, notamment à celle de La Croisette, les citoyens Marest et Dupuis fils ont été nommés.

La section de Port-du-Temple a demandé l'adhésion à l'arrêté qu'elle vient de prendre, tendant à la suspension de Pilot, directeur de la poste. L'assemblée y a adhéré.

L'assemblée a de suite nommé les citoyens Reyre, Boy ?, Guerre et Coindre, pour se rendre auprès des juges de paix chargés de la procédure contre les grands coupables prévenus de conspiration, pour les inviter à prendre les plus grandes mesures contre eux, leurs complices désignés dans les procédures, et faire réintégrer ceux qui sont hors de prison et de ne recevoir aucunes cautions et, pour communiquer le présent aux autres sections, l'assemblée a nommé pour commissaires les citoyens... (1) Séance levée à dix heures de relevée. PRIVAT, président, CHAZOTTIER, secrétaire.

Ce jourd'hui vingt-deux juin mil sept cent quatre-vingt-treize, l'an 2º de la République Françoise, une et indivisible, le président a ouvert la séance de la section au nom de la liberté et de l'égalité, à neuf heures du matin.

Le citoyen Lacroix, nommé commissaire pour se réunir et aviser aux moyens de sureté des prisonniers et la police des prisons, a fait le raport d'un procès-verbal contenant un projet arrêté à la pluralité des sections conçu en six articles ; lequel a été déposé sur le bureau pour former minutte.

(1) Blanc dans le texte.

Un paquet adressé sous le timbre de Marseille, ouverture faite par le président, lecture a été donnée de plusieurs adresses de nos frères, les braves Marseillois, l'assemblée a témoigné la plus reconnoissante satisfaction par les plus vifs aplaudissements, en a ordonné l'insertion dans les archives de la section et que mention honnorable en seroit consignée au procès-verbal.

Un membre de l'assemblée a donné lecture d'un écrit rédigé et signé par le citoyen Rabaud-Saint-Etienne, cet écrit intéressant a été vivement applaudi, l'assemblée a cru que l'instruction et l'intérêt public le rendoient digne de l'impression et de l'affiche, elle en a pris l'arrêté.

L'assemblée a nommé les citoyens Laprade, Coinde, Montviol et Reyre, commissaires pour se rendre auprès de la citoyenne veuve Sablonet, lui exprimer la sensibilité de la section sur la perte de son mari et arrêté que les citoyens Dupuis, Reyre, Coinde et Guerre étoient nommés commissaires à l'effet de rédiger une adresse à toutes les sections de la cité et un plan de souscription pour procurer à la citoyenne Sablonay les secours qu'exige l'état de dénuement où l'a laissé la mort de son époux.

L'assemblée a ajourné à demain trois heures, la question sur l'adhésion demandée par la section de l'Egalité à un arrêté pris par elle contre la fixation du maximum des grains faitte par la municipalité provisoire. Fait et clos lesdits jour et an, à neuf heures du soir. PRIVAT, président, MONTVIOL, vice-président, CHAZOTTIER, secrétaire.

Le vingt-trois juin 1793, l'an 2ᵉ de la République Françoise une et indivisible, le président a ouvert la séance de la section au nom de la liberté et de l'égalité à neuf heures du matin.

Le citoyen Galbois St-Amand, prévenu d'être un des complices de la conjuration qui s'est manifestée en cette ville le 29 may dernier, a instruit le président, par une lettre, qu'il avoit été interogé, qu'il pensoit avoir prouvé à ses juges qu'il n'étoit coupable d'aucun délit. Il a invité l'assemblée à prendre connoissance de sa procédure pour se convaincre que sa détention n'étoit que l'effet de la calomnie. L'assemblée, après avoir entendu lecture de la lettre du citoyen St-Amand, a passé à l'ordre du jour.

Une députation du Change a présenté à l'assemblée un arretté pris par la section du Change, relativement au jugement des prévenus des évènements du 29 may dernier. L'assemblée a adhéré à cet arretté en ce qui est relatif à l'établissement d'une commission militaire, pour juger les prévenus conformément à l'arrêté de la section de l'Union.

L'assemblée a adhéré à un arretté de la section de Marseille pour inviter les corps administratifs à empêcher que les chevaux de luxe du département ne sortent de la ville, malgré toute réquisition qui pourroit en être faitte.

La section de la Rue Terraille a annoncé qu'elle a substitué le nom de Simoneau à celui de Rue Terraille, elle a demandé et reçu l'adhésion de la section à l'arrêté par elle pris pour s'opposer au départ des procureurs sindics et de la commune, ensuite du décret qui les a mandé à la barre.

Il a été fait lecture d'une copie de délibération prise au nom des trois corps administratifs réunis le 14 février dernier, contenant pouvoir au citoyen Rouleau de délivrer de faux certifficats de résidence, l'assemblée a nommé les citoyens Marest et Valois pour vériffier la sincérité de cette délibération et en rendre compte demain, séance du soir.

L'assemblée a adhéré à un arretté de la section de la Guillotière, première division, portant que les députés qui seront nommés par les asssemblées primaires seroient chargés de délibérer sur la forme la plus prompte pour parvenir au jugement des prévenus des attentats du 29 may dernier.

L'assemblée a donné son adhésion unanime à la délibération de la section des Droits de l'Homme, en datte du 12 de ce mois, concernant l'anéantissement de tout clubs ou assemblées partielles, elle a nommé les citoyens Marietan et Riche pour porter cette adhésion à la section des Droits de l'Homme.

L'assemblée a ajourné indéfiniment la question sur l'adhésion demandée par la section de l'Egalité, relativement à la fixation du maximum des grains.

L'assemblée, consultée par la section de la Côte, première division, si elle admettra à l'assemblée primaire tous les citoyens sans exception, a passé à l'ordre du jour, motivé sur ce que les assemblées primaires sont les seuls juges de l'admission des membres de ces assemblées.

L'assemblée a ajourné à mercredy la question de savoir si on délivrera des cartes de section à tous les citoyens indistinctement ou si on les reffusera aux citoyens suspects et désarmés, elle a chargé son comité de surveillance de lui faire son rapport en la séance de mercredy soir.

L'assemblée a nommé les citoyens Dupuy, Guerre, Coinde aîné, Reyre, Dugenne, Leroy aîné, Pitrat et Marest pour rédiger une adresse dont sera chargé le député qui sera nommé demain par l'assemblée primaire, laquelle contiendra des instructions et le vœu de la section sur les mesures à prendre pour sauver la République.

La séance de la section a été renvoyée à mardy. Fait et clos lesd. jour et an, à neuf heures et demie du soir. MONTVIOL, président, CHAZOTTIER, secrétaire.

Ce jourd'hui vingt-cinq juin 1793, l'an 2ᵉ de la République Françoise, la scéance a été ouverte à neuf heures du matin. L'assemblée, après avoir entendu le rapport du comité de surveillance sur l'autorisation de résidance demandée par le citoyen Schemit, anglois, a ajourné déffinitivement la discusion à jeudy, six heures du soir.

Une députation du Port-du-Temple a obtenu l'adhézion à un arretté pris par sa section relative à une revue générale où se prêtera le serment de la résistance à l'oppression.

L'assemblée a adhéré aussi à un arretté de la section de l'Union, pour empêcher l'enregistrement des loix depuis le 31 mai ; elle a arretté aussi par amandement que les commissaires des sections se rendroient demain auprès du corps administratif de la Campagne, pour l'inviter à nommer aussi des commissaires qui se rendroient avec ceux des sections auprès du commissaire du pouvoir exécutif près le tribunal, pour qu'il n'accuse pas la réception des loix ultérieures au 31 may, qu'il n'en requière pas l'enregistrement et pour qu'il demande à la première audience le rapport de celles qui auront été enregistrées par erreur.

L'assemblée a entendu la lecture d'une lettre écritte au département de l'Ain par celui du Jura, sur l'attaque dont les citoyens de ce dernier département se trouvent menacés par les anarchistes et les factieux.

L'assemblée a entendu le rapport des commissaires quelle avoit nommé pour la rédaction d'une adresse qui seroit remise au député de l'assemblée primaire, et a arrêté, conformément au rapport, que cette adresse étoit inutile.

L'assemblée, consultée sur le certifficat demandé par le citoyen Flize (1), après due information prise et d'après l'intime connoissance des citoyens composant la section, ateste à tous qu'il appartiendra, que le citoyen Flize a constament donné des preuves du plus pur patriotisme et que la conduite qu'il a tenüe jusqu'à ce jour lui a vallu toujour et ne peut que lui mériter encore l'estime et la confiance de tous ses concitoyens et pour donner au citoyen Flize un témoignage particulier de ses sentiments, l'assemblée a arrêté à l'unanimité qu'extrait de sa délibération lui sera remis pour lui servir et valoir ce que de raison. L'assemblée a [arrêté], en outre, qu'invitation seroit faite aux authorités préposés à la délivrance des certificats de civisme de prendre en considération la présente atestation.

Séance levée à neuf heures et demie de relevée. CHAZOTTIER, secrétaire.

Ce jourdhui vingt-six juin mil sept cent quatre-vingt-treize, l'an 2 de la République Françoise, l'assemblée de la section de Portefroc a ouvert sa séance à neuf heures du matin.

Lecture faite d'un arrêté du conseil général de la comune sur la taxe du grain et du pain, l'assemblée, etc., a ordonné le renvoy au comitté de surveillance avec invitation de le faire exécuter.

Lecture aussi faite d'un discours imprimé, prononcé par le citoyen Mominy, de la section de Brutus, sur la nécessité de rendre les scéances intéressantes ; l'assemblée a arrêté que cette lecture seroit renouvellée à l'ouverture de chaque séance du soir, pendant huit jours.

Lecture a été également faite d'une délibération et d'une adresse de la commune de St-Galmier, portant l'expression des intentions de cette comune sur les évenements du 29 mai dernier. L'assemblée a autorisé son président à écrire une lettre de remerciments à la commune de St-Galmier.

L'assemblée a acordé l'ordre du jour, à la nomination des quatre commissaires surveillants de cette section pour le service desprisons de cette ville, à l'effet de quoy les citoyens Marietan fils, Durieux, Binard le jeune et Duchêne ont été nommés commissaires pour se rendre, le 29 de ce mois, au lieu indiqué.

Lecture faite d'un imprimé envoyé par la municipalité provisoire ayant pour titre, logement des gens de guerre, contenant invitation à la section de faire, dans le plus court délai, un nouveau rolle, l'assemblée a chargé son comité de dénonciation de l'exécution de l'arrêté de la municipalité provisoire.

La scéance est levée à neuf heures. PRIVAT, président, CHAZOTTIER, secrétaire.

---

(1) *Ce nom répété trois fois dans le texte a été soigneusement gratté trois fois, l'emploi d'un réactif permet pourtant de le rétablir à peu près sûrement.*

Ce jourdhui vingt-sept juin mil sept cent quatre-vingt-treize, et le vingt-sept juin, le deuxième de la République Françoise, une et indivisible, la séance a été ouverte à neuf heures du matin.

Un membre du comité de surveillance a donné lecture d'un mémoire rédigé par le comité, le jour d'hier, ayant pour objet le développement des dilapidations commises par l'ancienne municipalité suspendue. La matière mise en délibération, l'assemblée a unanimement arrêté de faire, au nom de la cité, une pétition à la municipalité provisoire et aux corps administratifs pour les inviter à prendre les mesures convenables, soit pour découvrir, soit pour faire réparer ces dilapidations, arrette encore que ce mémoire contenant arrêté sera communiqué aux autres sections, et qu'il sera joint au présent registre pour faire minutte.

Plusieurs députations se sont succédées et au moment de la délibération, elle a été interrompue par l'arrivée d'une multitude de citoyens, amenant avec eux le citoyen Sautemouche, ancien officier municipal, lesquels se sont introduit dans la sâle.

L'un d'eux a dit que le citoyen Sautemouche, étant sur la porte du caffé Garnier, près le pont volant, où il semblait braver le peuple, plusieurs personnes se sont attroupées et le regardant comme un complice de la conspiration qui a couté la vie à tant de bons citoyens et qui en menaçoit un bien plus grand nombre, vouloient se livrer à des excès, divers membres de la section s'étant trouvés présents, ont fait, à Sautemouche un rempart de leur corps et l'ont, à sa réquisition, amené dans la sâle de l'assemblée de la section pour sa sureté.

De grands cris le poursuivoient encore dans la sâle, le président a nommé une commission pour aller prendre connaissance de ce qui s'étoit passé à la police correctionelle, concernant ce prévenu, ainsi que de la procédure et en faire le raport séance tenante.

La commission nommée s'est rendue au lieu indiqué et, étant rentrée, elle a fait un raport duquel il résulte que le citoyen Sautemouche est prévenu par diverses dénonciations : 1°, d'avoir excroqué avec violence quatre cents livres d'une citoyenne qui est ensuite expirée de frayeur, et dix livres d'une autre personne ; 2°, d'avoir mis obstacle à la délibération de l'assemblée permanente de place Confort, en occupant le bureau, décoré de son écharpe ; 3°, d'avoir été l'un des instigateurs et des auteurs de la formation de l'armée révolutionnaire et qui parroissoit appuyée d'un écrit signé de sa main, en datte du 29 may dernier ; 4°, et enfin d'avoir trempé dans la conjuration de l'ancienne municipalité contre la liberté et la vie des citoyens ; que le juge de paix ayant interrogé Sautemouche n'avoit pas trouvé des charges sufisantes pour le retenir et l'avoit renvoyé sous caution juratoire.

Le président a représenté aux citoyens présents que l'obéissance düe à la loy ne permettoit pas d'arrêter arbitrairement un prévenu élargi d'authorité de justice, que Sautemouche devoit être libre sous la sauvegarde des lois et des bons citoyens.

Sautemouche a demandé d'être réintégré dans sa prison pour sa sureté.

Un violent tumulte, causé par les étrangers qui s'étaient tumultueusement introduits dans la sâle et qu'aucune représentation n'ont pu faire cesser, fait craindre pour la sureté du prévenu ; il a été aussitôt placé derrière le bureau, entre le président et le secrétaire, de manière qu'il étoit couvert de leur corps.

Le président a demandé du silence et, l'ayant obtenu avec peine, il a ordonné aux étrangers de se retirer et de laisser à la section sa liberté pour délibérer, la pluspart sont sortis.

Alors le président, organe des sentiments qui animoient l'assemblée, a invité tous les citoyens à continuer de se montrer grands et généreux envers un accusé que la loi présumait inoçent jusqu'à ce qu'il eût été convaincu ; il a annoncé qu'il alloit, à la prière de Sautemouche, le réintégrer lui-même dans la prison d'où il étoit sorti ; il a invité les citoyens à le seconder de toutes leurs forces et à lui faire un rempart de leur corps et leur a demandé de se lier avec lui à un devoir si généreux par un serment, tous l'ont juré.

Plusieurs députations se sont présentés, nottament celle de la section de Guillaume Tell, ont été admises, elles ont offert leur secours ; ils ont été acceptés.

Le président a envoyé de suite des réquisitions aux chefs de la gendarmerie à pied et à cheval, ainsi qu'à la municipalité provisoire, d'envoyer des renforts à la section, quinze hommes de la gendarmerie et un détachement du bataillon de Port-du-Temple sont arrivés; une nouvelle réquisition fut adressée au bataillon du Change, signé Blanc, l'un des chefs de légion.

Au même instant, un ordre de la municipalité provisoire a été remis au président de l'assemblée, par lequel elle requéroit la force armée pour environner la prison de Roane ; cet ordre a été de suite remis au commandant du bataillon présent à l'assemblée.

Mais dans l'intervale l'atroupement qui assiégeoit la sâle est prodigieusement augmenté, on présentoit des fusils par les fenêtres pour tirer sur Sautemouche, on entendoit incessament des cris de mort répétés par une foule égarée qui a forcé la consigne de la sâle, qui s'y est introduite et en a expulsé de force, successivement la plupart des citoyens, vainement le président s'est couvert pour rapeller l'ordre, vainement les inspecteurs se sont efforcés de résister à l'invasion, toutes les mesures, toutes les instances ont été inutiles.

Enfin, après trois heures de débats violents, de menaces et de cris, les attroupés qui s'étoient emparés de la sâle se jettèrent sur le bureau, éteignirent à diverses reprises les lumières, et présentèrent tour à tour le poignard et le pistolet au président, menacèrent de lui ôter la vie s'il ne livroit à l'instant le prévenu.

Le président, le secrétaire, n'ayant à oposer pendant plus d'une heure que leur vertu aux menaces, furent cependant respectés ; mais Sautemouche fut enlevé de force et emporté hors de la sâle, le président, le secrétaire et quelques citoyens se précipitèrent sur ses pas et environnèrent de nouveau le prévenu, en invoquant la loy, en faisant aux citoyens attroupés les exhortations les plus énergiques, d'autres citoyens répendus dans les grouppes imitèrent cet exemple.

Tant d'efforts sembloient promettre des succès, déjà le prévenu et les membres du bureau étoient parvenus à plus de cent pas de la sâle et avoient détourné, au péril de leur vie, les coups destinés au citoyen Sautemouche, lorsque tout à coup, une troupe furieuse armée d'épées et de sabres, se précipitant sans ménagement sur l'accusé et son escorte, les écartèrent avec violence, les maltraitèrent et jettèrent à terre le président, meurtri de coups, sans connoissance.

La section, désespérée par cet affreux désordre, n'a sçu que comme tous les citoyens de la ville l'évènement funeste qui en fut le fruit, son président fut ramené chez lui pour être livré aux soins des gens de l'art, et les autres citoyens reconduits dans leur salle, par le sentiment douloureux dont ils étaient navrés, ont recueilli leurs forces et leur courage pour rédiger de suite, sous la direction du secrétaire, le procès-verbal d'un malheur si déplorable, lequel a été clos à onze heures de relevée et a de suite été porté à la signature du citoyen Montviol, qui, l'ayant lû, a déclaré qu'il contenoit les faits tels qu'ils s'étoient passés. MONTVIOL, CHAZOTTIER, secrétaire.

Second registre, suite des délibérations et arrêtés de l'assemblée permanente de la section de Porte-Froc.

Ce jourd'hui vingt-huit juin mil sept cent quatre-vingt-treize, l'an 2º de la République Françoise une et indivisible, l'assemblée permanente de la section de Porte-Froc a ouvert sa séance à neuf heures du matin.

Une députation de la section de la Convention a fait part d'une pétition relative au citoyen Pilot, directeur de la poste aux lettres, en arrière des versements de sa recette et à sa suspension, qu'il convient de solliciter auprès du département. L'assemblée y a adhéré en expliquant qu'hier et aujourd'hui, d'après l'explication d'un membre de l'assemblée, il a versé d'une part 52.000 l. et de l'autre 24.000.

Autre députation de la section de Marseille, relative à la levée de cinq milles hommes pour composer l'armée départementale, l'assemblée y a donné son assentiment.

Autre députation de la section de Rue Neuve, a proposé de nommer dans chaque section un commissaire, pour se réunir dans une sale du grand collège. Le citoyen Reyre a été nommé pour se concerter sur les moyens de procurer des ressources pour la caisse municipale.

L'ordre du jour ayant appellé la discussion concernant le séjour du citoyen Schmith sur le territoire français, l'assemblée, après avoir entendu le rapport de comité de surveillance et le citoyen Reyre qui a parlé en faveur de ce citoyen, considérant qu'il a justifié d'un domicille à Avignon pendant trois ans, précédant son séjour à Lyon et qu'il y exerce un commerce utile, par lascripte d'une société avec le citoyen Bondon, qu'il a rapporté, certifiée par les citoyens Dervieux et Delote, négocians de Lyon, dont mention est faite sur les registres du comité de surveillance ; considérant que ses sentiments civiques sont attestés par six citoyens de cette section ; considérant enfin qu'il a satisfait au vœu de la loy concernant les étrangers ; arrête à l'unanimité que le citoyen Smith est autorisé à résider sur le territoire républicain français et à y vivre sous les loix avouées, sous la surveillance des comités de surveillance du domicile qu'il habitera.

Une députation de la section des Droits de l'homme relative à l'arrivée des députés du département, l'assemblée, en y adhérant, a arrêté quelle nommeroit des membres pour leur aller au devant et leur offrir des logements.

Séance levée à neuf heures de relevée, PRIVAT, président, CHAZOTTIER, secrétaire.

Ce jourd'hui vingt-neuf juin mil sept cent quatre-vingt-treize, l'an deux de la République une et indivisible, la séance de l'assemblée permanente de la section de Portefroc a ouvert sa séance.

Un membre s'est plaint de l'inexactitude de quelques citoyens composant le bureau. Sur sa proposition, l'assemblée, par l'organe de son président, a observé qu'un relâchement seroit dangereux, tant que la chose publique seroit menacée, en conséquence, après avoir invité généralement tous les membres de la section à redoubler de zèle et d'exactitude pour servir la patrie et a de nouveau anoncé que les scéances s'ouvriront à neuf heures du matin jusqu'à une heure et à trois jusqu'à neuf de relevée.

L'assemblée, louant quelques membres de leur exactitude, arrête de rappeller aux devoirs de bons citoyens ceux qui y manqueroient.

Sur la proposition d'un citoyen, l'assemblée a arrêté que tous les citoyens seront invités à déclarer au comité de surveillance les habillements et les armes qu'ils ont données lors du recrutement et les sommes qu'ils ont versées pour la formation de l'armée révolutionaire

L'assemblée a aussi arrêté que pétition sera adressée à l'assemblée qui doit se former le trente de ce mois dans l'église des Missionnaires, tendant à ce qu'il soit formé un tribunal pour juger sur le champ les prévenus de la conjuration du 29 may. L'assemblée a nommé pour commissaires, à l'effet de rédiger la pétition, les citoyens Dugène, Marest, Brun et Rey, arrête de plus qu'elle sera présentée à l'adhésion de toutes les sections et que les mêmes commissaires rédigeront une adresse aux-mêmes commissaires de l'assemblée, tendante à obtenir la destitution définitive de l'ancienne municipalité et la formation de la nouvelle, laquelle adresse sera aussi présentée à l'adhésion des sections.

Scéance levée à neuf heures de relevée. PRIVAT, président ; CHAZOTTIER, secrétaire.

Ce jourd'hui trante juin mil sept cent quatre-vingt-treize et le deuxième de la République Françoise une et indivisible, la séance de l'assemblée permanente de la section de Porte-Froc a été ouverte au nom de la liberté, de l'égalité et de la République une et indivisible, a été ouverte par le président à neuf heures du matin.

L'assemblée a adhéré à l'arrêté de nos frères de la section Rue Neuve, portant que l'assemblée départementale sera invitée d'ordonner des nouvelles mesures pour la sureté des prisonniers.

Autre adhésion à l'arrêté de nos frères de la section de la Convention, par lequel ils demandent que les autorités constituées s'occupent de l'établissement des casernes et de tous les autres moyens de deffense et sûreté générale.

Autre adhésion à l'arrêté de la section de l'Egalité, tendant à s'oposer au départ de l'escadron des dragons, en observant que la municipalité provisoire avoit prévenu, par son arreté, la sollicitude des sections.

Les membres commissaires de cette section, préposés au service des prisons, ont rendu compte de leur surveillance depuis hier, et ont déposés leur procès-verbal qui demeure joint.

La séance levée à neuf heures du soir. PRIVAT, président ; CHAZOTTIER, secrétaire.

Ce jourd'hui premier juillet mil sept cent quatre-vingt-treize, l'an 2^d de la République Françoise, le président a ouvert la séance au nom de la liberté, de l'égalité, de la République une et indivisible, à neuf heures du matin.

Ensuite d'une missive adressée de la part du procureur sindic du district, l'assemblée a nommé six membres de cette section, inscrits pour les fonctions de jurés les citoyens Savi, Chazottier, Richard, Pierron, Perraud, Jal aîné, ont été nommés pour être leurs noms, qualités et demeures, envoyés à l'effet de la formation de la liste des jurés d'accusation.

Sur la motion du citoyen Desgrange, membre du comité militaire et de l'état-major, l'assemblée a arrêté, d'après la réquisition de l'état-major, que tous les fusils seront inspectés, nettoyés et réparés par les armuriers des bataillons, sous la responsabilité des capitaines ; que ceux qui s'i refuseront seront regardés comme suspecs sur l'inspection qui sera faite par le commandant. Arrête de plus qu'il y aura une compagnie de 200 hommes à cheval et que les citoyens pourront se faire inscrire dans leurs sections.

En exécution de l'arrêté contenant règlement pour la police intérieure de la sale, l'ordre du jour a appellé la recomposition du bureau, aussitôt il a été procédé à la formation du scrutin, chaque votant aïant fourni son bulletin pour l'élection d'un président, le citoïen Coindre a réuni la majorité absolue des suffrages ; en conséquence, l'assemblée l'a proclamé président de la section, au milieu des applaudissements, et à l'instant il a levé la main et a juré à la section assemblée de maintenir la liberté, l'égalité, la sûreté des personnes et des propriétés, l'unité, l'indivisibilité de la République, l'intégralité de la Convention Nationale, de remplir avec exactitude ses fonctions et de mourir plutôt que de fausser ce serment. L'assemblée ayant reçu ce serment, a invité le citoïen Coindre à prendre séance au bureau en qualité de président, et, de suite, le citoyen président a annoncé que, par suite de l'exécution du même règlement, il alloit faire procéder à la nomination de deux vice-présidents et de quatre secrétaires, par deux scrutins particuliers, destinés l'un à l'élection de deux vice-présidents, l'autre à celle des quatre secrétaires et tous à la pluralité des suffrages. Aïant à l'instant formé le scrutin destiné à la nomination des deux vice-présidents, chaque membre de l'assemblée a été invité à fournir son bulletin, lesquels jettés dans la boite destinée à cet usage, le président, après avoir consulté l'assemblée, a annoncé que le scrutin étoit clos et l'aïant de suite ouvert, il est résulté de la vériffication et énumération des bulletins, que les citoïens Petit et Guerre ont réuni chacun la pluralité relative des suffrages, et de suite le président les a proclamés vice-présidents et a reçu d'eux, la main-levée, le même serment qu'il a ci-dessus prononcé et qui a été fait et exécuté au milieu des plus vifs applaudissements. Il en a été usé de même à l'égard des quatre secrétaires à élire et, après avoir observé la même formalité, les citoyens Baron, Riche, Berger, Villemoron et Ducruet ont réuni chacun la pluralité relative des suffrages, à la place de secrétaires, le président les a à l'instant proclamés et a reçu d'eux le même serment qu'ils ont prêté, la main levée, ce qui a aussi été accompagné d'applaudissements et ils ont de suite pris place au bureau.

Sur la pétition d'un membre député de la section de la Convention, concernant le maximum du prix des grains, l'assemblée arrête l'ajournement et qu'elle communiquera l'arrêté qu'elle prendra à cet égard.

Sur la proposition d'un membre de l'assemblée, elle arrête qu'invitation sera faite aux autres sections de donner des pouvoirs séparés à chacun des commissaires surveillants de service aux prisons et de se réunir chaque jour de service à l'hôtel commun, pour y faire viser leurs pouvoirs au comité de seureté générale et de faire de telle manière qu'aucune personne ne puisse abuser de leur nom ni de leurs pouvoirs, ni s'introduire près les prisonniers ; à l'effet de quoi l'assemblée a nommé les citoïens Coinde cadet, Garnier cadet, Charbogne et Maillet, pour aller de suite communiquer cet arrêté aux sections de Brutus, la Fraternité, Rue Neuve et Rue Thomassin, chargées de fournir demain le service des prisons.

Le président a donné lecture d'un arrêté de ce jour, pris par la municipalité provisoire de concert avec les comités militaires, de police et de sûreté, tendant à la formation de dix-huit cents hommes pris dans les divers bataillons pour être, dans la matinée et demain, fournis et casernés, et renouvellés de huitaine en huitaine. L'assemblée y aïant applaudi a été invitée, par l'organe de son président, d'exécuter cet arrêté.

Séance levée à neuf heures et demie du soir. COINDE, président, CHAZOTTIER, secrétaire, BARON, secrétaire élu.

Ce jourd'hui deux juillet mil sept cent quatre-vingt-treize, l'an deux de la République Françoise, à neuf heures du matin, au nom de la liberté, de l'égalité et de la République une et indivisible, le président a ouvert la séance de cette section.

La séance ouverte un membre, par suite de la délibération d'hier sur le renouvellement du bureau, a dit qu'il convenoit de consulter l'assemblée sur la question de savoir si le citoïen Pélissier, trésorier de la section, continueroit l'exercice de cette place, dont il s'est très dignement acquité, ou si il sera remplacé, sur quoi le président aïant consulté l'assemblée, led. citoïen Pélissier, en vertu du règlement qui donne à l'assemblée la faculté de continuer son trésorier, quand elle le jugera convenable, a été continué dans l'exercice de la place de trésorier à l'unanimité, l'assemblée l'aïant prié de continuer en lui manifestant par les applaudissements les plus vifs combien elle est satisfaite de ses soins, de son zèle et de son activité, le citoïen Pélissier a accepté et a témoigné à l'assemblée sa reconnoissance sur la confiance qu'elle veut bien lui accorder.

Le même membre a demandé s'il convenoit ou non de nommer un concierge, annonçant que le citoïen Morguet, concierge actuel, n'a donné à l'assemblée aucun sujet de mécontentement, qu'au contraire il a été très exact et très attentif envers les bureaux, aïant d'ailleurs donné des preuves non équivoques de son civisme ; sur quoi le président aïant consulté l'assemblée, led. citoïen Morguet a été définitivement élu concierge à l'unanimité, pour autant de tems que la section le jugera à propos, et ses gages ont été fixés à la somme de .... (1) par année, païable par quartier, de trois mois en trois mois, à commencer au vingt-neuf mai dernier, jour auquel la section s'est constituée permanente ; led. citoïen Morguet a accepté et remercié l'assemblée.

Un membre a proposé et fait lecture d'un projet de lettre circulaire

---

(1) *Blanc dans le texte, en marge on lit:* Voiés sur la fixation du salaire du concierge la délibération du 6 juillet 1793.

tendante à faire imprimer par souscription le mémoire et pièces justificatives relatifs à la conspiration qui a donné lieu à la sainte insurrection qui a éclaté dans la journée du 29 mai dernier. Le président aïant consulté l'assemblée, elle a arrêté à la grande pluralité que le projet de lettre dont il s'agit est adopté, qu'il sera imprimé et distribué, que led. mémoire et pièces justificatives seront imprimés par souscription et qu'à cet effet il sera ouvert un regître pour les souscriptions, lequel regître le citoïen Pélissier voudra bien tenir et recevoir lesdites souscriptions ; led. citoïen Pélissier a bien voulu se charger de ce soin et l'assemblée l'en a remercié par l'organe de son président.

Sur la pétition d'un membre qui a fait part à l'assemblée de la situation et des besoins urgents du citoïen Favel, il a été arrêté que les quinze livres restantes entre les mains du citoïen Pélissier du produit d'une ceüillette faite dans la section un jour de la semaine dernière, seront remises par led. citoïen Pélissier aud. citoïen Favel, ce qui a été exécuté de suite.

Le citoïen Dujat a présenté à l'assemblée un certificat du citoïen Colomb, chirurgien-major du bataillon de Portefroc, par lequel il paroit que led. Dujat est tellement indisposé, qu'il ne peut faire son service de la garde nationale sans courir le danger de prolonger et peut-être d'irriter son indisposition, et a demandé que l'assemblée voulut bien prononcer la suspension de son service ; sur quoi l'assemblée, consultée par son président, a pris l'arrêté dont la teneur suit : Considérant qu'elle ne peut ni ne doit connoître de ce qui peut être relatif au service de la garde nationale ; que l'état major de ce bataillon peut seul connoître de la demande dont s'agit ; que cependant elle doit prendre en grande considération la situation du citoïen Dujat, et inviter l'état major dud. bataillon à prendre en haute considération sa demande, arrête que le citoïen Dujat est renvoïé à l'état major du bataillon de Portefroc, pour y être par lui statué et elle invite l'état major à y avoir égard.

L'assemblée a adhéré à l'adresse de la section de Rue Buisson, apportée par ses députés, tendante à demander à la municipalité provisoire qu'elle veüille bien envoïer exactement et avec célérité, un exemplaire de chacun de ses arrêtés et délibérations à chacune des sections de la cité.

L'assemblée a arrêté à la grande pluralité qu'elle ne peut donner son adhésion pure et simple à l'arrêté de la section de l'Ancienne Ville, présenté par ses députés et tendant à ce que la police correctionelle, ne put prononcer l'élargissement d'aucuns des détenus relativement à la journée du 29 mai dernier, sans au préalable en prévenir les sections ; mais la section de Portefroc invitera néanmoins les juges de paix et officiers de police de prendre en considération que s'agissant d'une conjuration et d'un délit qui entraîne peine aflictive ou infamante, la loi ne permet pas de prononcer l'élargissement provisoire des prévenus dénoncés, ni de les recevoir à donner caution, encore moins à caution juratoire, qu'elle invite aussi les sections à communiquer, sur le champ, au greffe de la police correctionelle, les dénonciations qui pourront leur parvenir, avec l'indication des témoins par noms et demeures pour accélérer et compléter l'instruction.

L'assemblée s'est ensuite occupée de la demande du citoïen Lafont, déménagé de la section de Saône depuis la St-Jean-Baptiste dernière, demeurant actuellement rière la section de Portefroc, lad. demande tendante à être autorisé par la section de Portefroc à garder l'arme qui lui a été remise par celle de Saône pendant le tems qu'il l'habitoit, cette dernière section voulant l'obliger de la lui rendre; l'assemblée consultée par son président sur cet objet, ouï l'un des membres de son comité de surveillance, a arrêté à la majorité des suffrages que la question est ajournée, jusqu'à ce que son comité de surveillance se soit concerté à ce sujet avec celui de lad. section de Saône.

Sur la demande du citoïen Leroy, imprimeur, en païement de la somme de six cent six livres cinq sols, pour les divers articles d'impression faits pour la section et pour son comité de surveillance, savoir onze articles pour la section et cinq pour le comité de surveillance, lesquels cinq articles montent à la somme de soixante-dix-huit livres quinze sols ; l'assemblée, consultée par son président, a arrêté que le montant dud. compte sera païé au citoïen Leroy, par le citoïen Pélissier son trésorier, sauf à répéter auprès de la municipalité, les soixante-dix-huit livres quinze sols relatifs au comité de surveillance, lorsque la caisse de la municipalité sera garnie des fonds nécessaires à ce genre de dépenses; et, en conséquence, le bureau de l'assemblée de cette section délivrera un mandat au citoïen Leroy sur le citoïen Pélissier, trésorier, par lequel mandat led. trésorier sera autorisé à païer au citoyen Leroy lad^e somme de six cent six livres cinq sols, montant de la totalité des seize articles dud. compte, sauf la répétition envers la municipalité pour les soixante-dix-huit livres quinze sols, montant des cinq articles relatifs au comité de surveillance dans le cas ci-dessus mentionné, et en rapportant par le trésorier led. mandat acquitté ; la somme de lui païée lui sera alloüée partout où il appartiendra.

Sur la demande du citoïen Legavre, huissier, demeurant dans l'étendue de cette section, tendante à obtenir de l'assemblée une attestation de civisme et de bonnes vie et mœurs ; l'assemblée, consultée par son président et ouï un des membres de son comité de surveillance, a arrêté qu'il sera délivré par son bureau, au citoïen Legavre, l'attestation qu'il demande.

L'assemblée de la section de Portefroc, consultée ensuite sur les avantages ou inconvéniens de la loi du maximum du prix des grains, considérant que cette loi présentée au peuple comme un moïen sûr de lui procurer l'abondance, est au contraire une loi désastreuse qui conduit nécessairement à la famine ; qu'elle est injuste, impraticable et subversive de tous les principes ; qu'elle porte la méfiance dans l'âme du cultivateur et le découragement dans celle du commerçant ; considérant que les tristes conséquences de cette loi se sont fait sentir déjà et dans nos murs, et dans les païs mêmes qui, à raison de leur fertilité naturelle, ont des marchés ordinairement bien approvisionnés, considérant que cette loi a déjà été abrogée dans quelques départements avec lesquels nous sommes en relation de commerce pour les grains ou qui nous avoisinent, il est urgent d'en suspendre au moins l'exécution dans le département de Rhône-et-Loire, sans quoi le marchand ne consentira pas à transporter ses grains d'un païs où le commerce est libre, dans un autre où il est gêné et comme paralysé par la loi du maximum. D'après ces considérations et autres présentées avec clarté et justesse dans un rapport sur les subsistances, remis sur le bureau de la part de la municipalité provisoire et lû dans l'assemblée de cette section ; elle pense qu'il convient d'engager le département à suspendre l'exécution de son arrêté sur le maximum du prix des grains, en prévenant de cette mesure les départements voisins et ceux avec lesquels nous sommes en relation de commerce pour les grains et leur exposant les motifs qui l'ont nécessitée. Du reste, elle s'en rapporte à la sollicitude paternelle des magistrats du peuple qui ne manqueront pas de l'éclairer sur ses véritables intérêts et de prévenir, par une adresse mise à la portée de tous les citoïens, l'interprétation que des malveillants pourroient donner à la suspension de l'arrêté du département sur le maximum du prix des grains.

Un citoïen a ensuite dit que pour le recrutement qui a eu lieu en cette ville dans les mois de mars et avril dernier, les célibataires et veufs sans enfants ont donné des contributions pécuniaires, et quantité d'habits d'uniformes, qu'il est important de savoir si tous ceux qui ont souscrit ont fourni le montant de leur souscription ou s'ils la doivent en tout ou en partie, si ceux qui ne se sont pas exécutés à ce sujet, ne doivent pas être contraints à païer, s'il y a des deniers restés entre les mains du receveur qui avoit été nommé à ces fins ; si ces contributions et uniformes ont été employés en totalité ou en partie à l'objet pour lequel ils sont destinés, ou si, par une suite de la dilapidation exercée par la municipalité lors en exercice, ils ont été confondus dans cette dilapidation, sur quoi, l'assemblée consultée par son président, a arrêté que son comité de surveillance demeure chargé de prendre sur l'objet dont il s'agit les informations nécessaires et d'en rendre compte à l'assemblée.

La séance a été levée à neuf heures et demie du soir. COINDE, président, PETIT, vice-président, BARON, secrétaire.

Ce jourd'hui trois juillet mil sept cent quatre-vingt-treize, l'an 2º de la République Françoise, le bureau de l'assemblée de Portefroc s'est formé comme de coutume ; quelques citoïens se sont rendus à l'assemblée ; mais le nombre en étant peu considérable, parce que la section est de service, et aucune députation ne se présentant, parce que la Garde Nationale entière est sous les armes pour procéder au désarmement des quartiers de St-George et Gourguillon, le bureau s'est retiré à neuf heures du soir, sans qu'on ait pu entrer dans aucune discution ni prendre aucune détermination. PETIT, vice-président, BARON, secrétaire.

Ce jourd'hui quatre juillet mil sept cent quatre-vingt-treize, l'an second de la République Françoise, au nom de la liberté, de l'égalité et de la République françoise, une et indivisible, le président a ouvert la séance à neuf heures du matin.

La séance ouverte, un membre a dit que le citoïen Desgranges l'ainé, commandant en chef du bataillon de Porte-Froc, l'avoit chargé de proposer à l'assemblée de nommer le citoïen Ducret pour son supléant au comité militaire, attendu que les citoïens Boullay et Richard ne peuvent assister assez assidument aud. comité, l'assemblée a ajourné cette proposition :

Sur la proposition du citoïen Jal, l'un des membres de la Société Fraternelle, chargé conjointement avec d'autres membres de cette société et des membres du comité de surveillance de distribuer l'indemnité sur le prix du pain à ceux de nos concitoïens qui se trouvent dans le cas de la recevoir, l'assemblée a arrêté pour cette fois seulement et sans tirer à conséquence pour l'avenir, que le citoïen Pélissier, son trésorier, païera aud. citoïen Jal et à ses collègues la somme de cinquante-deux livres deux sols pour réparer l'erreur qui s'est glissée dans les rolles de la distribution dont il s'agit, erreur que la municipalité provisoire n'a pû réparer, parce qu'elle ne provenoit pas de son fait et parce qu'en la réparant ou en donnant lesd. 52 l. 2 s., il faudroit déranger l'ordre qui a été arrêté pour cette distribution dans toutes les sections et enfin parce que, d'autres sections pouvant avoir fait de semblables erreurs, il faudroit aussi les réparer en donnant les sommes qui seroient nécessaires pour remplir dans chacune desd. sections le déficit résultant des erreurs, ce qui seroit impraticable, l'assemblée invite les membres coopérateurs de la distribution à prendre les mesures nécessaires pour éviter de tomber dans de semblables erreurs.

Lecture faite à l'assemblée d'une missive des citoïens officiers municipaux de la ville de Crémieux, adressée à cette section permanente, sous la datte du 29 juin dernier, l'assemblée a manifesté par les plus vifs applaudissements sa sensibilité et ses sentiments de fraternité, d'amitié et de reconnoissance envers les citoïens municipaux de Crémieux, et a arrêté que mention honorable en seroit faite en son présent verbal et que ladite missive sera conservée dans ses archives ; elle a de plus arrêté que son président, à qui elle doit sans doute les expressions tendres, fraternelles et obligeantes de la missive dont s'agit, sera prié de remercier lesd. citoïens municipaux et de leur manifester les sentiments qui ont éclaté dans l'assemblée à la lecture de leur missive.

L'assemblée a vivement applaudi et a adhéré purement et simplement à l'adresse ou arrêté de la section de la Fraternité, apportée par ses députés, lue à l'assemblée et tendant à députer des commissaires dans chaque sections auprès des autorités constituées pour les requérir d'arrêter que les précédents officiers municipaux seront solidaires les uns pour les autres à raison des dilapidations des deniers publics.

L'adresse aux armées, aux citoïens et à tous les départements de la République Françoise par les autorités constituées, réunies à Lyon, a été lüe à l'assemblée, qui y a vivement applaudi par ses acclamations.

Lecture faite d'un projet d'arrêté de la section de Guillaume Tell apporté par ses députés, tendant à l'établissement d'une compagnie de tireurs, flancoeurs ou miquelets, au nombre de vingt-quatre dans chaque section, dont les chefs seront pris dans ces compagnies et par elles nommés, pour lesd. tireurs, flanqueurs ou miquelets, faire le service conjointement avec la Garde Nationale, mais dans les postes les plus avancés et les plus hazardeux. Ce projet a été très bien accueilli et adopté en entier par l'assemblée, en s'en rapportant néantmoins sur son exécution au comité militaire, à l'effet de quoi il lui sera communiqué.

Deux députés de la section de l'Union sont entrés et ont manifesté le vœu de leur section tendant à ce que les différentes sections fussent déclarées éditeurs du mémoire mentionné en la lettre circulaire de la section permanente de Porte-Froc du 3 de ce mois, afin que les citoïens de cette cité et du département du Rhône-et-Loire, ensemble ceux des autres départements de la République françoise puissent se procurer cet ouvrage à un prix infiniment plus bas que celui énoncé en lad° circulaire, étant fort important que les pauvres comme les riches puissent se le procurer et le lire ; offrant pour lad° section de l'Union de contribuer pour telle somme qu'on voudra aux frais de l'impression et même d'avancer la totalité de ces frais ; sur quoi, attendû l'urgence de l'objet sur lequel l'assemblée délibéroit lors de l'intervention desd. citoïens députés de l'Union, l'assemblée est passée à l'ordre du jour qui est le suivant.

Le président avoit annoncé à l'assemblée que la Commission départementale, républicaine et populaire avoit, dans sa séance de ce jour et de relevée, pris un arrêté par lequel elle a déclaré que la Convention Nationale n'étoit plus libre depuis et compris le 31 mai dernier et que, par conséquent, les décrets rendus depuis cette époque par la portion restante de la Convention, portion composée des membres de la faction dominante, ne peuvent être reconnus par lad. Commission départementale, ni par aucune des autorités constituées dans l'étendue du département de Rhône-et-Loire ; que la proclamation de cette décision importante va être faite incontinent dans l'étendue de cette cité, avec ordre aux citoïens d'illuminer en réjouissance de cet évènement heureux. L'assemblée a acceuilli par les acclamations les plus vives la nouvelle de cette décision favorable à la cité, au département et même à la République entière. De suite le président a annoncé que le citoïen Biroteau, membre de la Convention, député de la Gironde, est arrivé aujourd'hui de Paris, s'est empressé de se transporter à l'assemblée de la Commission départementale et y a rendu compte de l'état où se trouvent les différents départements de la République et des maux effroïables que la portion qui reste de la Convention avoit fait depuis le 31 mai. L'assemblée a vivement applaudi à cette seconde nouvelle et, sur la proposition du président, a arrêté qu'il sera nommé quatre commissaires, pris dans son sein, pour visiter le citoïen Biroteau et lui manifester les sentiments dont elle est animée à son égard ; et de suite le président a prié les citoïens Petit, Favre l'ainé, Rey et Valois, de vouloir bien accepter la commission dont s'agit, l'assemblée y a applaudi et ces citoïens ont accepté avec empressement lad. commission.

L'assemblée a ensuite entendu le rapport des menaces hostiles de Dubois de Crancé et de ses adhérants, et de ses préparatifs de guerre contre le département de Rhône-et-Loire et les autres départements qui, en terrassant l'anarchie, ont pris les mêmes mesures que celles adoptées par la Commission du département de Rhône-et-Loire, elle a pris sur ce rapport et sur le précédent l'arrêté suivant : Considérant que la ville de Lyon et le département doivent se mettre en état de défense contre les ennnemis de la République ; que les citoïens de ce département s'estimeront très heureux de pouvoir porter des secours aux départements voisins qui seroient aussi attaqués ; que, par conséquent, il est urgent de former une force armée tellement imposante, qu'elle jette la terreur dans l'esprit des désorganisateurs et anarchistes ; Que cette force armée et les approvisionnements nécessaires coûteront des sommes considérables qui ne peuvent être fournies et avancées que par les citoïens riches et aisés à proportion de leurs facultés ; que ces citoïens s'empresseront de supléer au défaut de fonds de la caisse commune; après avoir déclaré qu'il y a urgence, arrête : 1° que les frais de la guerre à laquelle se trouvent exposés la ville de Lyon et le département en général, doivent être fournis par les citoïens riches et aisés ; 2° elle a nommé les citoïens Dupuis, Rey, Manin cadet, Verset, Laurencet, Gobin, Berger l'aîné et Orsel, pour se rendre par quatre divisions dans les différentes sections de cette ville, à l'effet de les inviter à déclarer le même principe et à nommer chacune deux commissaires qui se rendront demain vendredi, cinq à sept heures du soir, dans la sâle du grand collège et de là les commissaires réünis porter le vœu des sections à la Commission départementale et aux autres autorités constituées, pour les inviter à délibérer incessament sur la quotité de la somme qui sera fournie et avancée par les citoïens riches et aisés de la ville de Lyon et sur le mode qui sera emploïé dans lesd. sections pour en faire la perception.

Séance levée à neuf heures et demie du soir. COINDE, président, BARON, secrétaire.

Ce jourdhui cinq juillet mil sept cent quatre-vingt-treize, à neuf heures du matin, l'an 2ᵉ de la République Françoise, au nom de la liberté, de l'égalité et de la République une et indivisible, le président a ouvert la séance.

L'assemblée, considérant que le département de Rhône-et-Loire et particulièrement la ville de Lyon ont des besoins urgens pour faire face aux dépenses extraordinaires auxquelles ce département se trouve exposé ; considérant que le devoir de tout bon citoyen est d'acquitter avec exactitude les impositions auxquelles il est soumis, et que s'il y avait quelqu'individu dans la section capable de s'y refuser ou d'en éloigner l'acquittement, il doit être connu et dénoncé à l'opinion publique ; arrête que les membres de la section et des propriétaires possédant des immeubles dans son étendüe, seront invités à acquitter, dans la huitaine, les impositions ouvertes sous leurs noms ; à cet effet, la section a nommé les citoyens Pélissier, Manin aîné, Chevrillon et Jal aîné, pour ses commissaires, à l'effet de se transporter auprès du receveur des impositions du canton de la Métropole, pour prendre l'extrait des impositions foncière et mobilière et des patentes qui pourroient être encore dües par les citoyens et propriétaires de la section de Portefroc ; que ses commissaires sont autorisés à écrire aux divers contribuables de cette section pour les inviter à acquitter les impositions dans la huitaine, en leur rappellant l'arrêté pris à cet égard par la section. L'assemblée autorise aussi ses commissaires à faire une liste des citoyens qui négligeroient de payer leurs impositions dans la huitaine à compter de l'avertissement qu'ils en recevront, laquelle liste sera lue à l'ouverture de chaque séance et affichée en gros caractère dans l'intérieur de la salle, pour que les négligents soient connus, sauf à l'assemblée à prendre ensuite d'autres mesures contre ceux qui, malgré la publication et l'affiche de la liste, ne s'acquitteroient pas promptement de leurs contributions. La liste des propriétaires non domiciliés dans la section sera envoyée par les commissaires aux sections où demeurent ces propriétaires, pour leur donner connoissance du retard qu'ils apporteroient et mettre à même les sections de prendre les mesures convenables. Elle a enfin délibéré à l'unanimité que son arrêté sera imprimé et affiché. Le présent arrêté sera porté par des commissaires à l'adhezion des autres sections, pour les inviter à faire usage des mêmes moyens.

La pétition de la section de l'Union a été discutée de nouveau et bien débatue, il en est résulté que l'assemblée a de nouveau passé à l'ordre du jour, motivé sur ce que le mémoire et recueil des pièces importantes relatives à la conspiration qui a donné lieu à la journée du 29 mai dernier n'étant pas l'ouvrage des sections, l'auteur est absolument le maître de l'édition et de faire à cet égard ce qu'il jugera à propos, et cependant elle a nommé les citoïens Petit et Dupuis pour ses commissaires, aux fins de faire part de son arrêté à la section de l'Union.

Lecture a ensuite été faite par le commandant du bataillon de Portefroc d'un règlement imprimé fait par la municipalité provisoire pour le service de la garde nationale, l'assemblée l'a accueilli avec les applaudissements les plus vifs.

La nomination d'un suppléant au commandant du bataillon pour le représenter au comité militaire, a été proposée de nouveau et l'assemblée à l'unanimité a nommé pour remplir cette place le citoïen Ducret, adjudant, et il l'a accepté en manifestant à l'assemblée sa reconnoissance et son zèle pour le service militaire.

L'assemblée a ensuite arrêté qu'il seroit fait une pétition à la municipalité provisoire et aux autres autorités constituées pour l'élection d'un général à l'effet de commander l'armée du département de Rhône-et-Loire ; elle a approuvé la mesure prise par la municipalité provisoire relative au cazernement pendant quinzaine et à tour de rolle.

Elle a arrêté de proposer à la municipalité provisoire et aux autres autorités constituées, le désarmement le plus prompt des citoïens suspects et l'établissement d'une troupe tant infanterie que cavalerie et artillerie soldée.

L'assemblée a ensuite nommé les citoïens Verset et Manin cadet pour commissaires, à l'effet de se transporter dans une des salles du grand collège, se réunir avec les commissaires des autres sections et de là se rendre ensemble auprès de la Commission départementale et autres autorités constituées, aux fins de l'arrêté de cette section du jour d'hier et de celui qu'elle vient de prendre relatif à l'élection d'un général, au désarmement des citoïens suspects, à l'établissement d'une troupe soldée d'infanterie, cavalerie et artillerie.

La section de la Croizette a fait part à l'assemblée de son arrêté pour l'établissement d'une compagnie de chasseurs dans chaque section ; l'assemblée a donné de vives acclamations aux députés de ladite section et a adhéré audit arrêté à l'unanimité.

Sur le compte rendu par les citoïens Verset et Manin, commissaires de l'assemblée nommés pendant cette séance pour se réunir aux commissaires des autres sections, aux fins de l'arrêté du jour d'hier et de celui ci-dessus, que l'assemblée desdits commissaires indiquée dans la sale du grand collège n'étoit composée que de quelques individus, que le petit nombre les avoit déterminés à se retirer, que d'ailleurs ils ont trouvé le citoïen Rayre, commissaire de cette section de Portefroc, qui leur a appris qu'il existoit un arrêté tout contraire à ceux ci-dessus mentionnés et que cet arrêté étoit approuvé par plusieurs sections, et que lui, citoïen Rayre, ne pouvoit que se conformer au vœu de la pluralité des sections ; d'après ce rapport, l'assemblée consultée a arrêté que les citoïens Verset et Manin cadet, ses commissaires, se rendroient de suite à la Commission départementale pour lui manifester le vœu de cette section et que le bureau écriroit une lettre au citoïen Rayre pour l'inviter à rentrer dans le sein de cette assemblée et à cesser les fonctions à lui déléguées par l'arrêté du 28 juin dernier.

Des députés de la section de rue Thomassin ont fait part à l'assemblée d'un arrêté pris par leurs sections pour parvenir à délivrer les citoïens Marteron et Pécolet, administrateurs, de la captivité dans laquelle les ordres du scélérat Dubois-Crancé les ont jettés ; l'assemblée a applaudi avec les acclamations les plus vives et a donné son adhésion à cet arrêté.

Les citoïens Marest, homme de loi, Goutenoire et Grillet ont demandé à l'assemblée chacun une attestation de civisme et de bonnes vie et mœurs ; le président a consulté l'assemblée sur cette demande séparément et en particulier pour chacun de ces trois citoïens, et sur le vœu unanime de l'assemblée, il a été arrêté que les attestations demandées sont accordées et seront délivrées et signées par le président et les secrétaires.

Le citoïen Dugène a présenté et lu à l'assemblée un projet d'arrêté à prendre par toutes les sections, pour obliger les hommes de loi, avoués et autre citoïens, qui pourroient être choisis pour deffenseurs par les prévenus et détenus, à accepter ces fonctions et à remplir ce ministère conformément à la loi, ce projet d'arrêté a été approuvé par l'assemblée à la pluralité et elle a arrêté qu'il seroit communiqué aux autres sections par les citoïens Bret, Charbogne, Guillaume Pitra, Guy, Franchet, Mallet, Davoieux, Grimaud, Gautier, Bernadet, Piquet, Burdet et Patissier, qu'elle nomme commissaires *ad hoc*, lesquels commissaires présenteront aussi à l'adhésion desdites sections son arrêté pris dans cette séance relativement au païement des impositions exigibles, lequel arrêté est actuellement sous presse et sera imprimé demain matin, de manière que lesdits commissaires pourront en laisser un exemplaire à chaque section. Séance levée à neuf heures et demi du soir. COINDE, président, BARON, secrétaire.

Du samedi six juillet mil sept cent quatre-vingt-treize, l'an 2º de la République Françoise, à neuf heures du matin, au nom de la liberté, de l'égalité et de la République une et indivisible, le président a ouvert la séance.

Deux commissaires députés de la section des Droits de l'Homme ont présenté à l'adhésion de notre section une adresse au département du Doubs ; après la lecture de cette adresse et quelques observations faites auxdits commissaires, l'assemblée a arrêté qu'elle délibéreroit dans sa sagesse sur cet objet et qu'elle feroit informer de sa délibération la section des Droits de l'Homme par des commissaires, dans le jour. Les commissaires de la section des Droits de l'Homme retirés, l'assemblée délibérant sur ladite adresse a pris l'arrête dont la teneur suit : considérant que l'adresse au département du Doubs, proposée à l'adhésion de toutes les sections, par celle des Droits de l'Homme, paroit être en contradiction avec la déclaration solemnelle faite par la Commission populaire et départementale de Rhône-et-Loire, que le premier arrêté pris dans l'assemblée du département du Doubs a été de reconnoître les décrets émanés de la Convention Nationale depuis le 31 mai et que la première opération de la Commission populaire et départementale de Rhône-et-Loire a été, au contraire, de déclarer qu'elle ne pouvoit reconnoître les décrets émanés de la Convention Nationale depuis le 31 mai dernier; arrête à l'unanimité qu'elle passe à l'ordre du jour sur l'adhésion demandée par la section des Droits de l'Homme, en applaudissant cependant à la pureté de ses intentions; arrête en outre que l'ordre du jour ainsi motivé sera communiqué, avec toute la cordialité fraternelle, à la section des Droits de l'Homme, en l'invitant de prendre ses motifs en considération et, à cet effet, elle a nommé pour ses commissaires, auprès de la section des Droits de l'Homme, les citoyens Chazottier et Colomb. Lesdits commissaires, nantis desdits arrêtés, sont sortis pour le porter à la section des Droits de l'Homme et sont rentrés une heure après, ont annoncé à la section de Portefroc que celle des Droits de l'Homme a très bien accueilli son arrêté, et qu'elle avoit délibéré de retirer son adresse au département du Doubs, les ayant chargés d'en prévenir la section de Portefroc et de l'assurer des sentiments fraternels et d'union dont tous les individus qui la composent sont animés envers la section de Portefroc.

Des députés de la section du Port du Temple ont été introduits et ont présenté à l'adhésion de la section de Portefroc un arrêté tendant à faire nommer, dans chaque section, des commissaires pour, à tour de rôle, surveiller de la manière la plus stricte, aux portes et barrières de cette cité, lesquels commissaires resteront auxdittes portes et barrières pendant 24 heures et seront relevés par d'autres commissaires, suivant l'ordre qui sera établi à ces fins. Sur lequel arrêté la section de Portefroc considérant, elle a arrêté à l'unanimité qu'elle adherre à l'arrêté présenté de la part de la section du Port du Temple, avec l'amendement néammoins que les sections seront invitées à nommer chacune un commissaire, lesquels se réuniront dans le lieu qui sera déterminé pour aviser soit au mode de service dont il s'agit, soit au nombre des commissaires à nommer.

Sur la proposition d'un membre de cette section, l'assemblée a pris à l'unanimité un arrêté relativement aux défenseurs officieux des accusés détenus à raison de la fatale journée du 29 mai dernier, lequel arrêté consiste en un projet qui sera présenté à l'adhésion de toutes les sections de la cité et sera sous le nom de toutes lesdittes sections, si elles y adhèrent, ledit projet conçu en ces termes : Arrêté des sections de Lyon. Les sections de la ville de Lyon considérant que la loi accorde aux accusés le choix de leurs défenseurs et que, s'ils n'en choisissent pas, les juges sont tenus de leur en nommer d'office; considérant que la juste indignation qui a pénétré l'âme de tous les citoyens sur la noirceur des complots qui ont précédé et accompagné la fatale journée du 29 mai dernier, ne doit pas (d'après les principes de justice et de générosité que tous les citoyens ont déjà manifesté) servir d'excuse aux défenseurs officieux choisis par les accusés ou nommés d'office; considérant que tout refus qui auroit pour prétexte la crainte, seroit une injure aux habitants de cette cité dont les sentiments sont connus; que d'ailleurs ce refus éloigneroit peut-être le jugement des accusés ; arrêtent à l'unanimité que les défenseurs officieux choisis par les accusés ou nommés d'office, sont invités d'en remplir les fonctions sans autre souvenir que celui des devoirs imposés à leur ministère ; et, au besoin, les sections arrêtent qu'il sera fait une liste des défenseurs officieux invités à partager le fardeau de la défense du grand nombre d'accusés que la journée du 29 mai a mis sous le glaive de la loi; invitent tous ceux qui seront dans la salle d'audience les jours des jugements à entendre les défenseurs officieux dans le calme et à se rappeller que tous les défenseurs sont sous la sauvegarde spéciale des autorités constituées et de la loyauté françoise. Il a été nommé des commissaires pour aller dans les sections de Lyon proposer ledit arrêté.

Il a été mis sur le bureau un paquet à l'adresse de cette section, le président l'a ouvert et a fait lecture des pièces qu'il contenoit et qui consiste en une délibération des commissaires des sections réunies sur les moyens de fournir aux dépenses que nécessite la défense de cette ville et du département, en date du cinq de ce mois, et en une circulaire contenant l'envoy de cette délibération, laditte circulaire signée Goiran, secrétaire du comité. L'assemblée délibérant sur le contenu en laditte délibération, la discussion s'est ouverte ; les citoyens Coindre, président (1), Riche, Guerre, Rayre et Dupuy ont demandé et obtenu successivement la parole, à l'effet de quoi le citoyen Coindre, président, a prié le citoyen Petit de le remplacer et, après une longue discussion, l'assemblée a unanimement ajourné cet objet à demain, 6 heures de relevée. Le citoïen Coindre a réintégré sa place.

Le citoïen Besson, charpentier, qui a travaillé à quelques réparations en transposition de boiserie dans la sâle de cette section et qui y a fait quelques fournitures sous l'inspection du citoyen Remilhe, commissaire en cette partie, en a présenté le compte arrêté par led. commissaire à dix livres dix sols ; l'assemblée a ratifié led. arrêté et a autorisé le trésorier de la section à païer aud. citoyen Besson ladite somme de dix livres dix sols, moïennant lequel païement, dont il rapportera quittance sur le mandat qui sera délivré par le bureau, il tirera dans la dépense de son compte cet article et ladite somme lui sera alloüée.

Le comité de surveillance, par l'organe du citoyen Rey, l'un de ses membres, a observé que cinq de ses membres aïant demandé leur démission, ont été remplacés par cinq supléants ; qu'en conséquence il est nécessaire de remplacer ces cinq supléants par cinq membres de l'assemblée de section, et que pour faciliter l'élection de ces cinq supléants, le comité de surveillance propose les citoïens Manin l'aîné, Vanat, Jal père, Leroy cadet et Bouvard. L'assemblée, délibérant sur la proposition du comité de surveillance, a applaudi unanimement au choix et a élu lesdits cinq citoïens en qualité de supléants au comité de surveillance de cette section.

L'assemblée, sur la proposition d'un de ses membres, s'est ensuite occupée de la nomination de quatre commissaires surveillants pour faire le service des prisons lundi prochain huit juillet, le tour de rolle de ladite section arrivant ledit jour, sur quoi l'assemblée délibérant a unanimement choisi et nommé pour ses commissaires surveillants les citoyens Grimaud, Gasnier, Davrieux et Burdel, quatre de ses membres, et le président les a prévenus qu'ils doivent être nantis de leur carte de section, qu'ils doivent se rendre à cinq heures précises à l'Hôtel-de-Ville, au comité de Sûreté générale, pour y faire viser leurs pouvoirs et ensuite surveiller dans les prisons les détenus prévenus des forfaits qui, dans la journée du 29 mai dernier, ont causé la mort

---

(1) *A la suite les mots* Petit, vice-président, *biffés.*

de nos frères d'armes, de telle manière qu'il n'y ait que les défenseurs de ces accusés qui puissent conférer avec eux.

Le bureau de la section chargé, par le dernier article du règlement de police de l'intérieur de la sale, de régler le traitement ou salaire du concierge de la section et de le faire arrêter par l'assemblée, a, par l'organe de son président, consulté la section sur la quotité dudit traitement ou salaire, quotité que le bureau n'a pas encore fixée, quoique le concierge ait été élu, parce qu'il a voulu faire cette fixation d'après le vœu de l'assemblée. Sur quoi, délibérant, il a été arrêté que cet objet est ajourné à demain, ensuite du rapport que la section charge son comité des finances de lui faire sur cet objet dans demain.

La séance a été levée à neuf heures et demi de relevée. COINDE, président, PETIT, vice-président, BARON, secrétaire.

Du sept juillet mil sept cent quatre-vingt-treize, l'an second de la République Françoise, à neuf heures du matin, au nom de la liberté, de l'égalité et de la République une et indivisible, le président a ouvert la séance.

Sur l'avis donné à l'assemblée par son président, que le citoïen Chassey, l'un des membres de l'assemblée conventionelle, est arrivé en cette ville et qu'il convenoit de députer des commissaires de la section pour lui rendre visitte, l'assemblée a accueilli cet avis par les plus vives acclamations et a de suite nommé les citoiens Dupuis, Rey, Mercier père, Legavre, Gobin et Berger aîné pour ses commissaires, à l'effet de se transporter chez ledit citoien Chassey lui faire visitte et le complimenter.

De suite l'assemblée, après avoir ouï le rapport de son comité des finances sur la fixation du traitement ou salaire du citoïen Morguet, concierge, a arrêté à l'unanimité que ledit traitement est et demeure fixé à la somme de huit cent livres par année, à compter du dix-neuf mai dernier, jour auquel le citoyen Morguet a commencé l'exercice de ses fonctions, quoiqu'il n'ait été définitivement nommé que le deux de ce mois; arrête en outre que, pour cette fois et sans tirer à conséquence pour l'avenir, le citoïen Pélissier, trésorier de la section, est et demeure autorisé à païer au concierge, dès à présent, la somme de deux cent livres pour les trois premiers mois de son traitement, qui ont commencé, comme est ci-dessus dit, au dix-neuf mai dernier, qu'à cet effet mandat sera délivré par le bureau au citoïen concierge, et sera le trésorier déchargé de ladite somme de deux cent livres en rapportant ledit mandat quittancé, et elle lui sera allouée dans la dépense de son compte ; l'assemblée a encore arrêté que, dans le cas où la permanence des sections cesseroit avant la fin de l'année, il lui demeurera libre de payer ledit traitement au concierge sur le pié de quatre livres par jour. Et à l'instant le citoien Morguet aïant été mandé au bureau, a déclaré être content et satisfait de l'arrêté ci-dessus, dont lecture lui a été faite par le secrétaire et il a remercié la section, le mandat lui a été délivré par le bureau à l'instant même.

L'assemblée, sur le rapport qui vient de lui être fait par un de ses membres de l'action héroïque du citoyen Deschamps, demeurant dans l'étendue de cette section, rue Bombarde, n° 21, lequel voïant deux jeunes filles qui venoient de tomber dans la rivière au port de l'Evêché, n'a point hésité de se jetter lui-même dans l'eau tout habillé à deux reprises et a été assez heureux pour, en exposant ses propres jours, sauver ceux de ces malheureux enfants qui étoient sur le point de se noïer, a applaudi au courage et à l'humanité du citoïen Deschamps, a arrêté que mention honorable en seroit faite dans le procès-verbal ; que les citoïens Ferus fils, Duchêne, Davrieux et Nardon se transporteroient de suite chez le citoïen Deschamps pour le féliciter au nom de la section et lui remettre l'extrait du procès-verbal. Arrête, en outre, que semblable extrait sera adressé à la municipalité provisoire, en l'invitant de prendre en considération la conduite généreuse du citoïen Deschamps et sera aussi communiqué au rédacteur du Journal à Lyon.

Des députés de la section des Amis des Loix, de celle des Droits de l'Homme, de celle de Rue Neuve, ont annoncé chacun en particulier que leurs sections ont adhéré à l'arrêté de la section de Portefroc, concernant les défenseurs officieux qui leur a été communiqué par des commissaires députés de cette section de Portefroc.

Des députés de la section des Droits de l'Homme ont présenté à l'adhésion un arrêté tendant à faire rappeler à leurs postes les administrateurs tant du département que du district et tous autres fonctionnaires publics, et à demander aux autorités constituées de faire parvenir à chaque section la liste partielle qui sera extraite de la liste générale qui a dû être ci-devant faite des chevaux de luxe, afin que chaque section puisse connoître le nombre des chevaux existants dans son étendue et en faire la vérification; sur quoi l'assemblée, consultée par son président, a arrêté qu'elle y adhère.

Des députés de la section de la Concorde ont présenté à l'adhésion un arrêté tendant à ce que par les motifs y énoncés, il soit demandé aux autorités constituées que la garde de l'intérieur des prisons soit confiée à la seule garde nationale ; que la gendarmerie nationale gardera l'extérieur desdites prisons et que les personnes du sexe ne pourront, sous aucun prétexte, être admises à parler aux détenus prévenus de la conjuration qui a donné lieu à la cruelle affaire de la journée du 29 mai dernier, comme encore qu'aucun papier ni lettres n'entreront ni ne sortiront de la prison sans être lus par les commissaires des sections de service aux prisons. L'assemblée, délibérant sur cet arrêté, y a applaudi et y a adhéré à l'unanimité.

Un membre a observé à l'assemblée que plusieurs citoïens de cette cité qui ont été dans le cas d'aller à Chalons-sur-Saône, ont trouvé dans cette ville une opinion contraire aux principes des sections de Lyon, des autorités constituées et de la Commission populaire et départementale ; qu'on y regarde les Lyonnois comme des aristocrates, des rebelles et qu'on les y maltraite en propos; que plusieurs y ont été arrêtés et incarcérés, qu'il seroit important que les sections permanentes et les autorités constituées fussent informées de ces faits pour aviser aux mesures convenables à prendre. Sur quoi l'assemblée, consultée par son président, a unanimement arrêté que les autorités constituées et la Commission populaire et départementale, seront informés du contenù ci-dessus par des commissaires qu'elle nommera, et qu'elles seront priées d'aviser aux mesures à prendre dans leur sagesse pour ramener les habitants de Chalons-sur-Saône et les autorités constituées de cette ville aux principes de fraternité, d'union envers les citoïens de Lyon, leurs frères.

La discution sur les moïens de fournir aux dépenses que nécessitent les projets hostiles de Dubois-Crancé et consorts pour mettre cette cité en état de défense, a été reprise et, après que les citoïens Coindre, qui a abandonnée les fonctions de président, Rey et Rayre ont été ouis en leurs observations et opinions chacun en particulier, aïant tous trois réciproquement répliqué et retorqué, au point que la matière a été approfondie, aucun autre citoïen n'ayant demandé la parole, la discution a été fermée et l'assemblée a pris à la presqu'unanimité l'arrêté suivant : considérant que la ville de Lyon et le département de Rhône-et-Loire doivent se mettre en état de défense contre les ennemis de la République; considérant que les sommes nécessaires à cette defense doivent être fournies et avancées principalement par les citoïens riches et aisés ; considérant que les besoins sont pressants et que tout bon citoïen doit s'empresser d'offrir sa contribution civique, Arrête :

Art. 1er. Qu'il sera fait une taxe par sols aditionels aux citoïens dont les impositions excéderont la somme de 60 l., les ouvriers et artisans qui n'auront d'autres facultés que celles attachées à l'exercice de leur profession seront exempts de cette taxe. Art. 2. Il sera formé dans chaque section un comité d'imposition qui sera chargé de recevoir les souscriptions volontaires des différents citoïens. Art. 3. Les citoïens riches et aisés joüissants d'un revenü présumé de 2000 l. jusqu'à 10.000 l., seront invités à souscrire d'après les proportions et progressions suivantes :

REVENUS	Souscriptions et Contributions	REVENUS	Souscriptions et Contributions
2.000	100 l.	7.000	1.500 »
3.000	200 »	8.000	2.000 »
4.000	400 »	9.000	3.000 »
5.000	700 »	10.000	4.000 »
6.000	1.000 »		

Ceux des citoïens qui jouissent d'un revenu présumé de plus de 10.000 l. seront invités à souscrire pour la moitié de leur revenu quel qu'il soit. Art. 4. Chaque comité d'impositions de section sera composé de neuf membres qui seront nommés au scrutin ; trois d'entr'eux seront pris dans le nombre des citoïens riches de la section ; trois dans celui des citoïens aisés soummis aux souscriptions, et les trois autres parmi les citoïens qui n'y seront pas assujetis. Art. 5. Le comité des impositions de chaque section invitera les citoïens à souscrire dans les 24 heures ; il tiendra regitre des souscriptions qui seront acquitées sur-le-champ ou le lendemain pour le plus tard et en communiquera à la section la liste qui sera rendue publique. Art. 6. Ceux qui ne souscriront pas en proportion de leur revenu présumé ou ceux qui, devant faire des souscriptions, n'en feroient aucune, seront invités par le comité de leur section à se rendre, le lendemain de l'invitation, au lieu de ses séances pour y expliquer leurs motifs ; si le comité ne juge pas ces motifs vallables et qu'il ne puisse déterminer ces citoïens à se rendre justice en souscrivant volontairement, il sera autorisé à les taxer, toujours à proportion de leur revenu présumé. Art. 7. Les citoïens des autres départements, les étrangers qui ont fixé leur domicile dans la ville de Lyon ou dans l'étendue du département de Rhône-et-Loire, ou qui se sont fait inscrire dans les sections des communes qu'ils habitent, seront compris dans le nombre de ceux qui doivent souscrire. Art. 8. Les taxes qui seront faites par les comités de section seront soummises dans les

24 heures aux assemblées générales de section, les citoïens contre lesquels elles auroient été faites seront invités de s'y rendre pour y faire, de nouveau, usage de leurs moïens : les assemblées de section statueront de suite sur leur réclamation. Art. 9. Si les citoïens taxés croient pouvoir se plaindre des arrêtés de section, ils pourront aussi, dans les 24 heures, s'adresser, pour la ville de Lyon, au conseil général de la commune qui statuera déffinitivement. Art. 10. Les taxes qui auront été approuvées et arrêtées par les assemblées générales de section seront exécutées provisoirement, malgré le recours au conseil général de la commune, sauf le remboursement, s'il y a lieu. Art. 11. Il sera nommé par chaque section et au scrutin un trésorier particulier, qui recevra le montant des souscriptions et des taxes qui seront faites ; il le versera, de huitaine en huitaine, dans la caisse du trésorier général qui sera nommé par la Commission du département de Rhône-et-Loire. Art. 12. Tous les deniers étants dans les caisses publiques doivent être à la disposition de la Commission départementale, les receveurs, trésoriers, païeurs généraux et particuliers doivent être contraints à donner l'état de leur caisse et défenses leur seront faites de faire aucuns paiements qui ne seroient approuvés ou ordonnés par la Commission du département. Art. 13. La Commission départementale sera invitée à faire surveiller à la poste, aux messageries et aux diligences, les envois qui pourroient être faits auxdits receveurs, trésoriers et païeurs, pour qu'elle connoisse parfaitement la quantité de fonds qui leur seroient adressés. Art. 14. Le présent arrêté sera communiqué aux sections et porté par une députation à la Commission départementale. Fait en la section permanente de Portefroc le sept juillet 1793, l'an second de la République Françoise.

Séance levée à six heures du soir. COINDE, président, PETIT, vice-président, BARON, secrétaire.

Du huit juillet mil sept cent quatre-vingt-treize, l'an second de la République Françoise, à neuf heures du matin, au nom de la liberté, de l'égalité et de la République une et indivisible, le président a ouvert la séance.

Le citoien Blain demeurant dans l'étendue de cette section : ..... (1) n°..... (1) il a prié l'assemblée de lui accorder son attestation sur ses vie et mœurs et sur son civisme, sur quoi l'assemblée, consultée par son président, lui a unanimement accordé son attestation sur ses bonnes vie et mœurs et sur les principes de civisme qu'il lui a toujours manifestés et a arrêté que cette attestation lui sera délivrée par le bureau.

Sur la représentation faite à l'assemblée par le principal rédacteur de l'Histoire de la révolution de Lyon, que quelques personnes parroissent répugner à voir leurs noms imprimés sur la liste des proscriptions, que d'autres s'en font honneur et le désirent, que, dans cette position, il prie l'assemblée de prononcer son opinion particulière sur cette question, désirant ne rien faire qui puisse blesser un seul de ses concitoïens ; l'assemblée considérant que les sections ont manifestés leurs vœux pour l'impression de la collection complète des pièces justifficatives et que, par conséquent, il est impossible d'en rien

(1) *Blanc dans le texte.*

distraire ou de les mutiler sans mépriser le vœu des sections ; que ces titres sont trop honorables pour les victimes qu'elles désignoient pour que personne doive sérieusement former le désir de n'être pas compris dans cette glorieuse nomenclature ; que si on pouvoit supposer à personne des intentions diférentes, il faudroit les attribuer à une pusillanimité indigne d'obtenir aucun égard, que toutes proposition tendante à mutiler sous aucun rapport la collection importante dont il s'agit ne peut pas même devenir l'objet d'une délibération, arrête à la grande pluralité, par les considérations ci-dessus, qu'elle passe à l'ordre du jour.

Le citoïen Biroteau, l'un des membres de la Convention Nationale, a été annoncé à l'assemblée par des députés de la section de l'Union, à laquelle il avoit rendu visite, lesquels députés l'avoient devancé de deux minutes ; il a été introduit et placé à côté du citoïen Petit, vice-président, siégeant en l'absence du président, l'assemblée a accueilly ce député par les acclamations les plus vives et les plus durables ; il a demandé, par des signes qui annonçoient sa modestie, qu'on voulut bien observer le silence, il a fait un discours plein de sentiments civiques et patriotiques, pendant lequel il a annoncé combien étoit horrible la manière de procéder des scélérats qui avoient mis en état d'arrestation la partie la plus opposée à l'anarchie, des membres de la Convention, combien leur opinion différoit des vrais principes sur la liberté, l'égalité et la République Françoise une et indivisible ; il a fait part des moïens que, tant lui que plusieurs de ses collègues, avoient emploïés pour se soustraire à la hache des conspirateurs et combien les Parisiens, qui se vantoient d'avoir opéré la prise de la Bastille et d'avoir fait tant de choses favorables à la révolution qui s'est opérée en France, étoient peu dignes des éloges qui leur ont été prodigués et combien au contraire les sections de Lyon se sont montrées dignes d'éloges par la conduite qu'ils ont manifestée dans la journée du 29 mai dernier, jour à jamais mémorable pour les Lyonnois qui ont terrassé l'affreuse anarchie sous laquelle ils vivoient depuis plus de six mois, que cette action héroïque et à jamais mémorable, qui a consterné cette cité à raison de la perte qu'ont essuié les citoïens d'une partie toujours trop considérable de leurs frères d'armes, fera une époque très honorable qui sera consignée dans les fastes du monde entier, il a encouragé les citoïens lyonnois à continuer la manifestation de leur opinion et de leur action pour achever de terrasser le monstre anarchique, les prévenant qu'aïant fait un pas en avant, il falloit bien se garder de rétrograder d'un pouce, sans quoi les habitants de Lyon perdroient dans un instant ce qu'ils ont acquis au prix du sang le plus pur, il a fini par demander au président l'acolade fraternelle que le citoïen Petit, vice-président, en l'absence du président, vaquant à des fonctions militaires, lui a donnée au nom de l'assemblée, avec cette affection et cette cordialité qu'on lui connoit et qui sont innées en lui. Il a ensuite répondu au nom de l'assemblée au discours prononcé par le citoïen Biroteau ; il s'en est acquitté avec éloquence et précision, il a étonné les auditeurs (1) par la solidité de ses principes et par l'ensemble, l'énergie, et l'érudition. Il a fini par annoncer qu'il alloit, au nom de l'assemblée, rendre l'acolade fraternelle au citoïen Birotteau, ce qu'il a exécuté de suite aux acclamations très vives et répétées de l'as-

---

(1) *A la suite les mots* par la manière énergique, *biffés.*

semblée. Le citoyen Biroteau a pris congé, le vice-président a nommé des commissaires, au nombre de quatre, pour l'accompagner dans une autre section où il a dit devoir se rendre ; les acclamations de l'assemblée se sont fait entendre jusqu'à ce que le citoïen Biroteau ne put plus être apperçu des citoïens composants l'assemblée.

La séance a été levée à dix heures du soir. COINDE, président, PETIT, vice-président, BARON, secrétaire.

Du neuf juillet mil sept cent quatre-vingt-treize, l'an deux de la République Françoise, à neuf heures du matin, au nom de la liberté, de l'égalité et de la République une et indivisible, le président a ouvert la séance.

Le citoïen Duchêne a rappellé la question de savoir si ceux des veufs sans enfants et célibataires, qui ont souscrit pour leur contingent sur le recrutement qui a eu lieu au mois d'avril dernier, ont acquité en tout ou en partie le montant de leur souscription et si ceux qui ne l'ont pas acquitée ne doivent pas y être contraints. Le citoïen Rey, membre du comité de surveillance chargé de faire son rapport sur cet objet, a donné connoissance d'un état des souscriptions par lequel il paroit que le citoïen Lassausse, l'un d'eux, n'a pas acquité sa souscription qui est de cent cinquante livres, et il a ajouté que ce citoïen est honnête et que c'est, sans doute, par oubli ou par la négligence du receveur en cette partie que la somme n'a pas été acquittée, sur quoi l'assemblée consultée par son président a arrêté à l'unanimité que lesdites cent cinquante livres seront exigées, que le trésorier en cette partie fera ses diligences à ces fins, et qu'attendu que le contingent du recrutement a été complètté sans que ladite somme ait été comprise en icellui, elle sera versée dans la caisse des secours établie dans cette section pour, ladite somme, être emploïée et confondue avec les autres deniers de cette caisse.

Deux missives envoïées à la section par le comité de Sûreté générale sur la suppression des commissaires surveillants des prisons que les sections envoioient chaque jour, a donné lieu, ensuite des observations de plusieurs citoïens, à l'arrêté suivant pris à la grande pluralité : l'assemblée passe à l'ordre du jour motivé sur les considérations énoncées aux deux missives dont il s'agit, mais seulement quant à la surveillance dans l'intérieur des prisons, et elle ajourne à demain, quant à la surveillance sur l'extérieur desdites prisons, pendant lequel tems les citoïens Savy, Jal aîné, Collomb et Perraut, commissaires nommés par l'assemblée, se mettront en état par la vériffication qu'ils sont chargés de faire de l'extérieur desdites prisons et des maisons voisines, de faire leur rapport à l'assemblée dans sa séance de demain soir.

Deux députés de la section de la Liberté, introduits dans l'assemblée, lui ont annoncé qu'on venoit d'arrêter, dans la rue de la Bombarde, deux hommes qu'on croit être députés de la Convention Nationale et faire partie de ceux qu'on appelle la Montagne ; et ils ont de la part de leur section présenté à l'adhésion de l'assemblée un arrêté portant en substance qu'il sera enjoint à la municipalité provisoire et à la commission du département de Rhône-et-Loire, de faire incarcérer ces deux députés, sur quoi l'assemblée, consultée par son président, a unanimement adhéré audit arrêté, avec l'amendement néantmoins que les autorités constituées seront seulement invitées à mettre en état d'arrestation ces deux députés.

Deux députés de la section des Droits de l'Homme, introduits dans l'assemblée, ont présenté à son adhésion un arrêté de ladite section portant sur la surveillance des prisons et sur la suppression des diférents journaux venants de Paris ; l'assemblée, consultée par son président, a arrêté à l'unanimité qu'elle adhère audit arrêté avec l'amendement que les autorités constituées seront requises de prendre les mesures nécessaires pour empêcher la circulation des journaux et gazettes de Paris dans l'intérieur du département.

L'assemblée a ensuite, sur l'observation de plusieurs membres, ajourné à demain l'élection du comité d'imposition pour les souscriptions et taxations relatives aux dépenses que nécessite l'état de défense de cette cité contre les dispositions hostiles des ennemis de la République, et cependant elle a, par acclamation, attendu l'urgence, nommé provisoirement le citoïen Rey, pour receveur trésorier desdites impositions, souscriptions et taxations.

Sur le rapport fait par un membre du comité de surveillance, relativement aux mesures à prendre pour s'assurer des motifs de la mission de deux députés de la Convention Nationale, membres de la Montagne, l'assemblée a unanimement arrêté que son comité de surveillance procédera, sur le champ, par apposition de scellés sur les effets apportés par lesd. députés dans l'hôtel garni tenû par la veuve Chaumont, rue Bombarde, rière cette section.

Deux députés de la section de Guillaume Tell, introduits dans l'assemblée, ont présenté à l'adhésion un arrêté de leur section concernant la surveillance des prisons ; le président a dit à ces deux députés que l'assemblée venoit de prendre à ce sujet un arrêté, il leur en a fait lecture, les a chargés d'en donner connoissance à leur section et de l'assurer des sentiments fraternels dont l'assemblée est animée à son égard.

Le citoïen Flachat, vitrier, qui a fait quelques réparations de sa profession dans la sale de l'assemblée et de l'ordre des commissaires, a dit que le compte desdites réparation monte à la modique somme de sept livres dix-huit sols, dont il prie l'assemblée d'arrêter le mandat sur son trésorier le plus promptement qu'il sera possible, parce que l'usage qu'il veut faire de cette somme exige l'urgence, puisqu'il veut que, sans bourse délier, son mandat, par lui quittancé, soit mis dans la caisse des secours, regretant de ne pouvoir, quant à présent, offrir que cette modique somme ; l'assemblée a beaucoup applaudi à ce trait de générosité et, en son nom, le président a félicité le citoïen Flachat et l'a remercié. Il a été ensuite arrêté à l'unanimité que mention honorable en sera faite dans le procès-verbal de ce jour et que le mandat demandé sera expédié par le bureau au citoïen Flachat.

Les citoïens Blain, recommandé à la section par un officier de la Municipalité provisoire, et Pierre Garnier, ont chacun en particulier demandé à l'assemblée une attestation aux fins d'obtenir un passeport, l'assemblée, attendu les circonstances désastreuses et inquiétantes sur les dangers auxquels la République est exposée, a arrêté à l'unanimité de passer à l'ordre du jour.

Séance levée à dix heures de relevée. COINDE, président ; PETIT, vice-président, BARON, secrétaire.

Du 10 juillet mil sept cent quatre-vingt-treize, l'an deux de la République Françoise, au nom de l'égalité, de la liberté et de la République une et indivisible, le président a ouvert la séance.

L'assemblée a ouï le rapport qui lui a été fait par les citoïens Pélissier, son trésorier, et Berger-Sablon, à l'occasion du païement, fait par la caisse, des secours accordés aux veuves de nos frères d'armes qui ont péris dans la journée du 29 mai dernier ; à la veuve Mermet qui est malheureusement dans ce nombre et dont le mari, qui étoit de cette section, en a été généralement regreté de même que de tous ceux des citoïens de cette ville qui le connoissoient ; l'assemblée, vu la promesse consentie ce jourd'hui par le citoïen Bernard de Charpieux, en faveur de ladite veuve Mermet, de la somme de mille livres pour quatre années, portant intérêt à quatre pour cent, sans retenue, ladite somme, avec celle de cent trente livres qu'elle a déjà reçue pour païer quelques dettes de son mari, provenant de l'indemnité qui lui a été comptée à cause du décès de son mari tué le vingt-neuf mai dernier ; considérant que cette veuve a deux enfants et que si elle passoit à de secondes noces, ces enfants pourroient être privés d'un secours qui leur seroit bien légitimement dû, a arrêté que dans le cas ou cette veuve se remarieroit, elle n'auroit en propriété que la somme de cinq cent livres, que les autres cinq cent livres appartiendroient à ses deux enfants, à raison de deux cent cinquante livres chacun ; que dans le cas du décès de l'un deux, les deux cent cinquante livres seroient reversibles au survivant ; que le présent arrêté sera inscrit au dos de la promesse du citoïen Bernard Charpieux, qu'il lui en sera donné expédition signée ainsi que l'arrêté par les président et secrétaire de la section et qu'il sera fait regître du tout pour servir au besoin.

Des députés de la section de Rue Neuve introduits ont annoncé que leur section a adhéré, applaudi et adopté l'arrêté de l'assemblée de Portefroc sur l'imposition relative à l'état de deffense de la cité nécessité par les menaces hostiles des ennemis de la République.

L'assemblée, ouï le rapport de ses commissaires sur les précautions à prendre pour la sureté des prisons, lequel rapport ils [ont] laissé sur le bureau, a approuvé et adopté ce rapport, a arrêté qu'il sera expédié et envoïé au comité de sureté générale pour l'inviter à le prendre en considération et à ordonner que les réparations y énoncées seront faites de suite, arrête en outre qu'il sera aussi envoïé à la section de l'Egalité, pour qu'elle connoisse, par la lecture qu'elle en fera, les motifs pour lesquels l'assemblée n'adhère pas à l'arrêté sur la sureté des prisons que les députés de ladite section de l'Egalité ont présenté à l'adhésion de celle de Portefroc.

Les commissaires nommés par l'assemblée pour, conjointement avec les commissaires de la section de St-George, concerter les moïens de s'arranger sur la démarcation et les limites desdites deux sections, de manière qu'elles soient les mêmes que celles des bataillons desdites deux sections, ont présenté un plan par lequel lesdites limites parroissent convenir aux deux sections ; vu ledit plan et ouï le rapport des commissaires de l'assemblée, elle a arrêté à l'unanimité qu'elle adopte ledit plan qui a été à l'instant paraphé par le président et a autorisé ses commissaires à s'aboucher avec ceux de la section de St-George pour dresser le projet du traité à faire par les deux sections pour mettre l'assemblée dans le cas de leur donner les pouvoirs nécessaires pour terminer déffinitivement cette affaire.

L'assemblée s'est ensuite occupée de la composition de son comité d'imposition, conformément à sa délibération du sept de ce mois et, en conséquence, la boîte des bulletins a été mise sur le bureau par le président; ladite boite a été ouverte, renversée et refermée, et le président a invité tous les membres de l'assemblée à faire leur bulletin de liste contenant les noms des neuf citoïens qu'ils désireront élire, en observant de distinguer par première, seconde et troisième classe, savoir, trois dans le nombre des riches, trois dans le nombre des aisés soumis aux souscriptions et trois dans le nombre de ceux qui n'y sont pas soumis. Les bulletins ont été apportés par chacun des vottants séparément, et leurs noms ont été inscrits à fur et mesure par l'un des secrétaires et le président a mis dans la boite les dits bulletins, ce fait et aucuns des membres n'aïant apporté d'autres bulletins, quoiqu'avertis par le président que le scrutin alloit être fermé, après s'être assuré que tous les membres présents ont vottés, le président a averti que le scrutin est fermé. Il a ensuite ouvert la boite, a compté les billets ou bulletins dont le nombre s'est trouvé conforme à celui des noms inscrits sur la liste faite par le secrétaire, et aïant de suite procédé au dépouillement et recensement des bulletins, il en est résulté que les citoïens ci-après nommés ont obtenû la pluralité relative pour la composition du comité d'imposition, savoir : pour la première classe les citoïens Rey, Laurencet et Leroy cadet ; pour la seconde classe les citoïens Coinde, Vollant et Flachat, et pour la troisième classe, les citoïens Baron, Duchesne et Gobin (1); le président les a proclamés, l'assemblée a vivement applaudi et les membres élus aïant accepté, la séance a été levée à dix heures du soir. COINDE, président, PETIT, vice-président, BARON, secrétaire.

Du onze juillet mil sept cent quatre-vingt-treize, l'an second de la République Françoise, au nom de la liberté, de l'égalité et de la République une et indivisible, le président a ouvert la séance.

L'assemblée, après avoir entendu le rapport de l'un des membres de son comité de surveillance, sur la demande faite par le citoïen Maximilien-Charles-François Giraudot, natif de Paris, àgé de 36 ans, taille de cinq pieds deux pouces, cheveux et sourcils chatains, yeux bleus, nez moïen, bouche moïenne, menton rond, front haut, visage ovale, logé à Lyon, rue des Etres, chez le citoïen Primat, pour obtenir un certifficat d'autorisation de résidence dans l'intérieur de cette cité et après avoir entendu les citoïens Jacques Damonceaux, demeurant en cette ville, rue de l'Enfant qui pisse n° 109, et Pierre Beuchot, demeurant place de la Pêcherie n° 83, qui ont certifié à l'assemblée les principes et le civisme du citoïen Giraudot, vû le certifficat délivré au citoïen Giraudot par la section de la maison commune de la ville de Paris, le 8 juin dernier, et le passeport de la commune de la même ville, du même jour, l'assemblée a arrêté à l'unanimité qu'elle accorde

---

(1) *En marge on lit* : Election des membres qui composeront le comité d'impositions, les citoïens Rey.

Rey. Laurencet. Leroy, cadet	1re Classe Coupier fils
Coinde. Vollant. Flachat.	2me Classe Berger
Baron. Duchesne. Gobin.	3me Classe Gasnier

Les trois citoïens dont les noms sont en dehors ont été élus pour être ajoutés aux neuf, suivant l'arrêté.

au citoyen Giraudot le certifficat d'autorisation de résidence qu'il réclame, lequel certifficat sera signé tant au présent registre qu'à l'extrait par les certiffié et certiffiants, par le président et le secrétaire. GIRAUDOT, BEUCHOT, DEMOUSSEAUX, BARON, secrétaire, COINDE, président.

Toujours 11 juillet. Deux des citoïens députés des sections de la ville de Marseille ont été introduits auprès du président, aux acclamations très vives et réitérées de l'assemblée, la sale a été à l'instant remplie d'individus étrangers à la section, venus pour partager avec ses membres les transports de joie qui ont éclatés et ont fait retentir la voute ; ces deux députés, l'un après l'autre, ont demandé et obtenû la parole, ils ont fait l'un et l'autre un discours relatif aux évènements et aux circonstances. Il se sont félicités du bonheur, ont-ils dit, de pouvoir fraterniser avec les Lyonnois et nottament avec les membres de cette assemblée, ils ont fait part à l'assemblée du triomphe des Marseillois sur les anarchistes d'Avignon, qui ont fuïs à leur aspect ; ils ont dit qu'il avoit circulé à Marseille un imprimé aïant pour titre Constitution françoise, que cet écrit est un ouvrage fait en six jours par les factieux, qui, après avoir dispersé les représentants de la nation qui sont dans les bons principes, tiennent seuls les rênes du gouvernement ; que cet ouvrage est une véritable pomme de discorde envoïée dans les départements pour exciter la guerre civile et faire perpétuer les factieux et anarchistes dans la représentation nationale ; que ces factieux ont même eu l'audace et la témérité de faire circuler un décret par lequel ils déclarent que les Marseillois sont hors de la loi ; que les Marseillois ont à ce sujet pris un arrêté par lequel ils ont déclaré que les factieux sont eux-mêmes hors de la loi et que les sections de Marseille ne reconnoissent et ne reconnoîtront aucun décret émané de la Convention nationale, depuis le 31 mai dernier et jusqu'à ce que cette assemblée soit rétablie dans toute son intégralité et dégagée des scéllérats qui, depuis ladite époque, dictent au petit nombre qui se disent les représentants de la nation, les décrets qui en émanent ; ils ont donné les plus grands éloges aux Lyonnois sur l'énergie et la bravoure qu'ils ont manifestées dans la journée du 29 mai dernier, en triomphant et écrazant le monstre anarchique et barbare sous lequel ils ont gémis si longtemps et sur leur générosité envers les coupables, qu'ils ont livrés aux ministres de la justice pour être punis par le glaive de la loi sans avoir souillé leurs mains de leur sang. Ils ont présenté leur pouvoir au président, qui en a fait lecture à l'assemblée qui y a vivement applaudi ; ils ont donné l'acolade fraternelle au président qui les a complimentés et a répondu à leurs discours avec la véhémence de l'énergie dont il a si souvent donné des preuves à la cité, et il a annoncé qu'il alloit rendre à ces respectables républicains l'acolade fraternelle, ce qu'il a exécuté de suitte ; les acclamations réitérées de l'assemblée ont accompagné et suivi cette scène vraiment attendrissante au milieu de laquelle lesdits députés et le président de l'assemblée, tant en son nom, qu'en celui des individus de la section, ont réciproquement juré de ne quitter les armes que lorsque les ennemis de la République seront, ou vaincus par l'énergie de la République, ou écrazés par les phalanges qu'elle a déjà élevées et qu'elle élèvera incontinent. Les citoïens marseillois ont pris congé, tout le bureau les a accompagnés jusqu'à la porte de la sâle ; le bureau de retour, le président a nommé les citoïens Petit, Manin cadet, Jal l'aîné, Borin, Laurencet et Leroy aîné, pour commissaires à l'effet de visitter et complimenter demain matin les citoïens députés Marseillois.

Des députés de la section de la Convention ont présenté à l'adoption un arrêté de leur section concernant les journaux arrivant de Paris, lesquels, étant faits sous l'inspection des factieux dominant, sont remplis d'erreurs et de suppositions ; qu'ils attisent dans la cité et dans les campagnes le feu de la discorde ; que pour obvier à ces inconvéniens, il convient de s'arranger avec le rédacteur du Journal de Lyon, pour qu'il donne avec chaque numéro de son journal un suplément dans lequel il relèvera les erreurs et suppositions qui s'introduisent si souvent dans lesdits journaux ; l'assemblée a adhéré à cet arrêté avec l'amendement qu'elle révoque l'arrêté qu'elle a pris, ainsi que plusieurs autres sections, lequel tendoit à inviter les autorités constituées à empêcher la circulation des journaux faits à Paris, dans l'intérieur du département.

Deux députés de la section du Port du Temple ont présenté à l'adoption et adhésion un arrêté pris par leur section le 8 de ce mois, tendant à l'adoption ou établissement d'un Secrétariat Général des sections de Lyon, avec une lettre circulaire invitant les sections à nommer deux commissaires pour se rendre dans la sale de la section de Port du Temple, demain à trois heures précises après midi, pour conférer et arrêter la composition dudit Secrétariat Général, l'assemblée a adopté ledit arrêté et a nommé pour commissaires en cette partie les citoïens Coinde et Rey, auxquels elle donne les pouvoirs requis pour opérer la composition et établissement dudit Secrétariat Général.

Sur la lecture faite par le président d'une lettre à lui adressée par le citoïen Desgranges, commandant du bataillon de Portefroc, par laquelle il donne sa démission de cette place, fondée sur la négligence qu'on apporte dans le service de la garde nationale, sur ce que le sergent d'ordre ne vient pas chez lui chaque jour, comme il le doit, lui rendre compte, et il propose de nommer encore un adjudant général pour veiller avec plus de vigilance à l'exactitude des ordonnances sur le service, il propose encore la réduction des compagnies du centre, l'assemblée délibérant sur le tout, arrête qu'elle n'accepte pas la démission proposée par le citoïen Desgranges ; elle passe à l'ordre du jour sur la nomination d'un adjudant fondé sur ce que le citoïen Ducret, adjudant en exercice, s'est chargé de faire faire le service avec toute l'exactitude possible, en usant de la sévérité indiquée par les derniers arrêtés de la municipalité provisoire et elle renvoit à l'état-major du bataillon à statuer sur la réduction des compagnies du centre, si il juge à propos de procéder à cette réduction.

Le citoïen Piot, graveur de cette section, demeurant dans son étendue, a gravé pour le comité de surveillance de cette section une griffe, et pour la section un cachet ; un ouvrier du citoïen Leroy a fourni une machine ou poupée propre à imprimer la griffe sus énoncée et il a été fourni un regître pour inscrire les souscriptions et servir au comité d'imposition ; ces trois objets arrivent suivant la notte mise sur le bureau par le citoïen Remilhe, membre du comité de surveillance, montant à quarante-une livres dix sols, savoir l'article de Piot à trente livres, celui de l'ouvrier du citoïen Leroy à dix livres et le regître à trente sols ; l'assemblée, sur la demande du citoïen Remilhe, qui a déclaré avoir païé les dix livres à l'ouvrier du citoïen Leroy et les trente sols pour le regître, arrête que mandat sera délivré par le bureau sur le citoïen Pélissier pour le païement de ces trois articles et qu'en rapportant ledit mandat quittancé, il tirera et emploiera ladite somme de quarante-une livres dix sols dans la dépense de son compte et ladite somme lui sera allouée.

L'assemblée, sur la demande du citoïen Millon, marchand colporteur de dentelles, natif de St-Michel, département des Hautes-Alpes, âgé de 45 ans, taille de cinq pieds cinq pouces, cheveux et sourcils châtains, visage long, yeux gris, né long, bouche petite, menton rond, marchand forain, et sur l'attestation du citoïen Etienne Blanc, tenant l'auberge de l'Etoille, rue St-Jean, n° 2, et du citoïen Mathieu Viallon, fabriquant d'étoffes de soye, demeurant dans la même maison que le citoïen Millon, est venu à Lyon depuis samedi dernier, et que son intention est de parcourir l'intérieur de la Républque pour y vendre ses marchandises ; l'assemblée a arrêté à l'unanimité que la municipalité provisoire sera invitée à lui délivrer le passe-port qu'il paroit désirer, et en conséquence extrait du présent verbal, signé de lui et dudit Blanc, lui a été délivré par le bureau, Viallon, l'un des certifiants, ne l'aïant signé pour ne le savoir faire de ce enquis.

Sur la demande faite par le citoïen Rey, l'un des membres du comité de surveillance, à ce qu'il soit procédé à l'élection d'un trésorier près le comité d'impositions, attendu qu'il n'a été nommé à cette place que provisoirement, qu'il ne l'a acceptée que pour quelques jours et en attendant que l'assemblée en eut nommé un déffinitivement, étant trop occupé au comité de surveillance pour qu'il puisse se charger encore de la caisse des souscriptions, taxes et impositions, que les deux places sont incompatibles, parce que toutes deux exigent des soins particuliers et une assiduité continuelle ; l'assemblée, en témoignant au citoïen Rey ses regrets et ne pouvant, par les motifs expliqués par le citoïen Rey, le forcer d'exercer les deux places, condescendant à sa demande, a arrêté qu'elle nommera incontinent un trésorier au comité d'impositions, et, en conséquence, le président a invité les membres de l'assemblée à écrire leur bulletin et à le déposer dans la boëte au scrutin, qu'à cet effet il a ouverte, vuidée et refermée, et en l'apportant de donner leur nom au secrétaire, pour qu'il n'y ait point d'erreur dans l'élection ; c'est ce qui a été exécuté à la lettre et, après que tous les membres ont mis leur bulletin dans la boite, l'heure de dix du soir aïant sonnée, le président a annoncé que le scrutin étoit fermé et l'assemblée aïant arrêté que le dépouillement en seroit renvoïé à demain, le président a envelopé la boite d'une feuille de papier, l'a liée avec une ficelle et sur les nœuds et extrémité de la ficelle a apposé le sceau de la section, il a gardé le cachet en son pouvoir, a fait fermer dans le secrétariat la boite ainsi scellée, et la séance a été ajournée à demain huit heures du matin pour le dépouillement et recensement du scrutin. COINDE, président, PETIT, vice-président, BARON, secrétaire.

Du douze juillet mil sept cent quatre-vingt-treize, l'an second de la République Françoise, à huit heures du matin, au nom de la liberté, de l'égalité et de la République une et indivisible, le président a ouvert la séance.

L'ordre du jour est l'ouverture de la boite du scrutin, le dépouillement et le recenssement des bulletins pour l'élection d'un trésorier près le comité d'impositions de cette section ; après avoir attendu jusqu'à dix heures pour que l'assemblée devint de plus en plus nombreuse, le président et avec lui le bureau ont reconnu sain et sans altération le sceau en cire d'Espagne apposé moïennant et avec le cachet de la section sur les nœud et extrémités de la ficelle qui lie et tient fermée la boite du scrutin, il a brisé le cachet et dévelopé ladite boite, il l'a ouverte, a compté les bulletins dont le nombre s'est trouvé le même que celui des noms des citoïens inscrits sur la liste des citoïens qui ont votté hier et aïant procédé de suite au recensement, il en est résulté que le citoïen Laurencet a obtenu la majorité ou pluralité relative des suffrages, et, en conséquence, le président, au bruit des vives acclamations de l'assemblée, l'a proclamé trésorier près le comité d'impositions de cette section, et ledit citoïen Laurencet a accepté cette place ; son acceptation a été vivement applaudie par l'assemblée.

Le citoïen Duchesne que quantité de personnes trouvant surprenant qu'à l'occasion de la fête civique qui eut lieu à la place de la Fédération le 29 ou le 30 juin dernier, il ait été planté un arbre de la liberté sur ladite place soit provisoirement, soit déffinitivement, sans que cet arbre ait été orné du bonnet de la liberté, et il a demandé qu'attendu que la fédération doit être renouvellée dimanche prochain, la municipalité provisoire soit invitée à faire placer le bonnet de la liberté au-dessus dudit arbre, pour faire cesser les rumeurs populaires. L'assemblée, consultée par son président, a arrêté à l'unanimité que la pétition dont il s'agit sera faite à la municipalité provisoire ; à cet effet, elle a nommé pour ses commissaires auprès de la municipalité les citoïens Duchêne et Garnier.

Un membre a annoncé que les citoïens Pécolet et Marteron, administrateurs, l'un du département, l'autre du district de la campagne de Lyon, commissaires nommés par ces administrations pour aller à Chambéry, arrêtés et transférés aux prisons de Grenoble par ordre de Dubois-Crancé, sont arrivés ce jour en cette ville ; l'assemblée a déterminé de leur députer les citoïens Riche, Pitra, Manin cadet et Berger-Villemoron, pour visitter ces deux administrateurs victimes de l'anarchie et leur manifester les sentiments de reconnoissance de cette assemblée et leur donner connoissance de la joie qui a éclaté dans son sein en apprenant leur délivrance et tout à la fois leur retour dans leur poste.

Une députation de la section de la Convention, introduite, a présenté à l'adhésion un arrêté ou vœu émis par ladite section, elle l'a laissé sur le bureau et a prié l'assemblée de le prendre en considération ; la députation retirée, l'assemblée, consultée par le président sur le contenu en lad. pièce, a adhéré purement et simplement aux principes généraux pour toutes délibérations susceptibles d'être defférées aux autorités constituées ; avec l'amendement adopté pour tous les cas où il s'agit simplement d'objets à communiquer aux autres sections, surtout pour des matières qui ne sont que la suite ou le résultat des loix et règlements généraux.

Une députation de la section de l'Egalité, introduite, a présenté à l'adhésion une adresse à la garde nationale de Châlons-sur-Saône ; la députation retirée pour laisser à l'assemblée la liberté de délibérer ; l'assemblée, consultée par son président, a adhéré, à la pluralité, à lad.

adresse avec l'amendement que la section sera invitée à retenir son adresse jusqu'à ce qu'il ait été décidé s'il ne conviendroit pas de prendre des mesures plus étendues.

Un membre a annoncé que le citoïen Perrin-Pressy, qui a été nommé commandant général de l'armée lyonnoise par la Commission départementale et républicaine, est arrivé en cette ville et qu'il accepte cette place importante, sous des conditions que la Commission départementale et les autres autorités constituées parroissent adopter; l'assemblée a reçu cette nouvelle avec des acclamations très-vives qui ont manifesté sa joie et sa satisfaction; elle a nommé les citoïens Desgranges l'aîné, commandant du bataillon de Portefroc, et Villard, officier de la gendarmerie nationale pour ses commissaires, à l'effet de se trouver demain, sur l'heure de midi, au jardin des ci-devant Capucins du Petit-Forest, pour se réunir avec les commissaires députés des autres sections, et de là aller rendre visitte au citoïen Perrin-Pressy et le complimenter.

Une députation de la section de Guillaume-Tell, introduite, a présenté à l'adhésion un arrêté tendant à demander aux autorités constituées de faire procéder à la vente des vazes sacrés, ornements et linges qui servoient à l'usage des églises et chapelles des ci-devant communautés religieuses des deux sexes, emmagasinés tant à l'Hôtel commun qu'au cidevant couvent de Saint-Pierre les-Dames et à l'évêché; ces effets étant exposés à être volés ou à être endommagés par les souris ou par l'humidité, tandis, qu'en les vendant, le prix pourra être utilement emploïé en faveur de la cité, l'assemblée a, à l'unanimité, adhéré à l'arrêté de la section de Guillaume-Tell.

Une seconde députation de la section de l'Egalité a été introduite; elle a, attendu l'urgence du cas, manifesté verbalement les inquiétudes de leur section et de quantité de citoïens de cette section sur la présence dans cette ville rière la section de l'Union, ci-devant place Neuve, et au faubourg de la Guillotière, d'une quantité considérable de soldats du bataillon surnommé de la Drôme, aïant un drapeau qui annonce que ce sont des federés, que cette inquiétude est fondée sur ce que ce bataillon est débandé; que ces soldats sont, sans doute, en désertion, qu'ils peuvent avoir de mauvaises intentions et être envoïés par Dubois-Crancé et consorts, pour enlever des prisons les prévenus du crime de conspiration; que, par les conversations que divers citoïens ont eües avec plusieurs de ces soldats, ils ont reconnus que leurs opinions n'étoient pas à beaucoup près conformes, que comme ils sont logés chez les citoïens de la section de l'Union, voisins, comme les citoïens de la section de Portefroc, des prisons où sont détenus les prévenus, leur sollicitude devient plus conséquente; que la section de l'Egalité vient de députer deux commissaires au comité de sûreté générale pour lui faire part des mêmes inquiétudes et l'inviter à faire renforcer la garde des prisons, avec offre aud. comité de lui fournir de suite cinquante hommes de bonne volonté pour ce renforcement, lad. députation offrant à la section de Portefroc aide et secours en toutes les occasions; cette députation a été accueillie avec les acclamations les plus vives et les témoignages de la reconnoissance si bien méritée de l'assemblée qui, sur le champ, a nommé deux de ses membres pour aller de suite avec les deux commissaires de la section de l'Egalité prévenir le commandant du poste des prisons de Roanne, aux fins de le prévenir des inquiétudes cidessus exprimées et qu'à raison d'icelles il voudra bien accepter un renfort de cent hommes, dont cinquante de la section de l'Egalité et cinquante de celle de Portefroc; et le président a de suite fait prévenir le commandant du bataillon de Portefroc de tout ce que dessus, en l'invitant à commander les cinquante hommes de suite, offrant la sale de cette assemblée pendant la nuit, pour retirer le renfort au besoin.

Séance levée à dix heures du soir. Petit, vice-président, Baron, secrétaire.

Du treize juillet mil sept cent quatre vingt-treize, l'an deuxième de la République Françoise, à neuf heures du matin, le président a ouvert la séance au nom de la liberté, de l'égalité et de la République une et indivisible. L'assemblée, délibérant sur le certificat demandé par le citoïen Pierre Rozier, colporteur, rue Saint-George, n° 85, pour obtenir un passeport pour se rendre à la foire de Beaucaire. Vû la carte de section délivrée aud. citoïen par le comité de surveillance le 1er de ce mois et après avoir entendu l'attestation des citoïens Simon Villard, Octavian Terrasse et André Lacolonge, demeurants tous rue Saint-George, rière cette section par laquelle ces citoïens ont certifié le civisme et les bonnes vie et mœurs du citoïen Rozier, l'assemblée a autorisé unanimement les officiers de son bureau à donner au citoïen Rozier le certificat qu'il demande ; les citoïens certifiants ont signé avec les président et secrétaire, non le citoïen Rozier aïant déclaré ne le savoir faire, de ce enquis. Villard, Terrasse, La Colonge, Coinde, président, Baron, secrétaire.

Le citoïen évêque a fait lecture à l'assemblée d'une lettre pastorale qu'à la demande de la section du Port du Temple, il a faite pour être imprimée de suite et distribuée demain aux citoïens des campagnes et des villes du département qui viennent par députation participer à la fête nationale de la Fédération, afin de leur faire connoître les sentiments de civisme et l'opinion bien prononcée en faveur de la liberté, de l'égalité, de la République une et indivisible et de respect pour les personnes et pour les propriétés, lesquels sentiments et opinion les citoïens de Lyon ont fait éclater avec succès, puisqu'en les manifestant, ils ont culbuté les anarchistes qui leur en supposoient méchamment de tout contraires dans le dessein perfide de les égorger et [de] s'emparer de leurs propriétés ; l'assemblée a couvert d'applaudissements le citoyen évêque qui, en se retirant, a remercié l'assemblée, lui annonçant que ses vives acclamations l'encourageoient et qu'il alloit de suite à la section du Port du Temple, sur quoi le président a prié les citoïens Collomb, médecin, et Vanal, de l'accompagner à lad° section du Port du Temple, ce qu'ils ont fait, et de retour lesd. citoïens ont annoncé que le citoïen évêque avoit été bien accueilli, que l'assemblée [avoit] également applaudi à la lettre pastorale et s'étoit chargé de la faire imprimer, le président a remercié les citoïens Collomb et Vanal.

Une députation de la section de Marseille introduite, a présenté une déclaration de sa section à l'adhésion, cette délibération émet son vœu pour l'accomplissement du désarmement complet des citoïens suspects et pour que les armes qui ont été et seront prises soient distribuées aux citoïens qui méritent d'être armés ; l'assemblée a donné son adhésion à lad. délibération et aux amendements énoncés dans les adhésions déjà mises au bas de lad. délibération.

La députation des gardes nationales de Rouane pour la fédération arrive dans le moment ; arrive en même tems l'ordre de la loger dans la section de Portefroc ; cet ordre n'étant pas prévu et les principaux officiers du bataillon de Portefroc se trouvant absents de leur domicille dans ce moment, l'assemblée a pensé que le bureau, dans cette circonstance, devoit s'occuper sur le champ d'indiquer les logements et de faire faire de suite les billets, attendû que nos frères d'armes, fatigués de la marche et excédés par la chaleur brûlante du jour, ont besoin de repos ; toutes délibérations cessantes, le bureau s'est occupé avec activité de ce soin et a fait distribuer les billets de logement à tous nos frères d'armes.

Séance levée à dix heures et demie du soir. COINDE, président ; PETIT, vice-président, BARON, secrétaire.

Du quatorze juillet mil sept cent quatre-vingt-treize, l'an deuxième de la République Françoise, sur les neuf heures du matin, au nom de la liberté, de l'égalité et de la République une et indivisible, le président a ouvert la séance.

L'assemblée a reçu dans son sein les citoïens fédérés de la ville de Roanne ; le citoïen Noally leur commandant a fait un discours plein de civisme et d'énergie, qui a été souvent interrompu par des applaudissements réitérés, il a demandé que l'assemblée voulut bien appuïer la réclamation que faisoient les fédérés de Roanne au nom de la garde nationale de cette ville, de quatre pièces de canon et deux cents fusils dont elle a besoin pour se deffendre des incursions des départements voisins et pour combattre les factieux, les anarchistes et autres ennemis de la République. Considérant que la garde nationale de la ville de Roanne est dans les meilleurs principes ; que la demande des fédérés, qui n'ont parlé que le langage du plus pur patriotisme et qui ont juré de ne se séparer jamais de la cause des Lyonnois et des amis de l'ordre et de la République, est un sûr garant que les armes qu'ils réclament ne seront jamais emploïées que contre les ennemis communs ; considérant que si quelques parroisses des environs de Roanne sont égarées, que, peut-être, leur fanatisme pourroit les porter à des actes d'hostilité, que d'ailleurs la ville de Roanne étant la clef du département de Rhône-et-Loire, et par sa situation un avant-poste de l'armée lionnoise, il importe autant à la ville de Roanne qu'à celle de Lyon, que les autorités agréent la demande qui a été faite par les fédérés de Roanne ; considérant enfin qu'il y a lieu d'espérer que les autres sections s'empresseront de se réunir à celle de Portefroc pour inviter la Commission départementale à approuver la réclamation qui lui sera faite à cet égard, arrête qu'elle nommera des commissaires qui se rendront dans les différentes sections avec des membres de la députation des fédérés de Roanne, pour les inviter à appuier la demande qu'ils se proposent de faire à la Commission départementale par une adhésion qu'elles voudront bien donner aux mesures qui ont été arrêtées sur cet objet par la section de Portefroc et que dès demain les commissaires de la section se rendront avec ceux des fédérés de Roanne, auprès de la Commission du département pour l'inviter à prendre en considération cette demande. L'assemblée a nommé pour ses commissaires les citoïens Gasnier, Savy, Gobin, Jaquant, Macors, Pitra, Dumontet, Blachier, Broussette, Jaricot, Burdet et Bret ; et le commandant des fédérés a indiqué et nommé pour commissaires les citoïens St-Laurent, Marillier, Chantenot, Fougas, Presle et Mathieu.

L'assemblée, considérant que l'instant marqué pour le jugement des prévenus des crimes du 29 mai approche, que celui qui passe pour le chef des criminels (Chalier) doit comparoitre demain pour entendre le prononcé du jugement ; que le peuple, qui en est prévenu, peut s'y porter en nombre assés considérable pour favoriser les malveillants et donner des inquiétudes aux bons citoïens, députe les citoïens Riche et Garnier membres de lad. section auprès du comité provisoire de sûreté générale, à l'effet de lui représenter que la garde ordinaire est trop foible, qu'il convient de fortiffier les postes à l'instant même et de plus d'envoier un détachement de cavalerie qui s'empare de toutes les avenues et dès la pointe du jour ; toutes ces mesures ont été d'ailleurs sollicitées par les commandants du poste des prisons actuellement de service.

Sur les offres faites au moment même par les fédérés de Roanne présents à l'assemblée et acceptées avec reconnoissance, l'assemblée charge ses commissaires d'annoncer au comité de sûreté générale qu'il peut compter sur nos off. de Roanne pour la sûreté des prisons.

Sur les observations et demande du citoïen Guerre, chargé de faire imprimer l'*Histoire de la révolution de Lyon* dont il est le principal éditeur, l'assemblée a invité les citoïens Leroy et Lamorlière, imprimeurs, de leur faire fournir dès demain chacun six ouvriers pour l'achèvement de l'impression, ce sera un sacrifice qu'ils ajouteront à ceux qu'ils ont déjà faits à la chose publique, l'assemblée a chargé le bureau de faire cette invitation aux citoïens Leroy et Lamorlière.

Une députation de la section de la Liberté a présenté à l'adhésion et signature du bureau, d'abord une attestation des bonnes vie et mœurs et du civisme du citoïen Boissonat, l'un des députés de l'assemblée des commissaires des sections tenue aux Augustins dans le mois de (1) dernier, lequel citoïen est détenu aux prisons de Paris par les ordres de la faction dominante à Paris, et ensuite une autre attestation à la signature de ceux des membres qui se trouvèrent à lad. assemblée des Augustins, laquelle attestation a pour motif de certiffier que led. citoïen Boissonat n'a pas tenu dans lad. assemblée les propos liberticides et inciviques qu'on suppose avoir été tenus par ce citoïen, sur quoi l'assemblée a délibéré que le bureau signera l'attestation de civisme et de bonne vie et mœurs, ce qui a été fait sur le champ par le président et le secrétaire, l'assemblée a invité les citoïens de sa section qui étoient dans lad[e] assemblée des Augustins à signer la seconde attestation, si ils ont connoissance des faits y énoncés, et à l'instant deux citoïens ont signé cette attestation.

Sur le rapport fait par les citoïens Coinde et Rey, commissaires de l'assemblée, qui se sont, en vertu des pouvoirs qu'elle leur a conférés, réunis avec les commissaires des autres sections pour conférer sur l'établissement projeté d'un secrétariat général des sections, et la présentation qu'ils ont faite à l'assemblée du plan ou projet de cet établissement, l'assemblée a adopté ce plan, et comme il y est énoncé que les deux membres que chaque section doit élire pour la composition de ce secrétariat, le seront par la voie du scrutin, l'assemblée a décidé que quoique cette élection ne doive être faite

(1) *Blanc dans le texte.*

que conditionnellement et pour n'avoir son effet que dans le cas seulement où le plan d'établissement du secrétariat général sera adopté par toutes les sections, il sera cependant procédé de suite à l'élection des deux commissaires dont il s'agit afin que, s'il y a lieu, son organisation ne puisse être retardée à défaut de commissaires de cette section. En conséquence de cette décision, le président a annoncé que chaque membre de l'assemblée devoit s'occuper à faire son bulletin et à l'apporter au bureau dans la boîte du scrutin qu'il vient de mettre sur le bureau après l'avoir renversée et refermée, les bulletins ont été apportés par les citoïens composants l'assemblée les uns après les autres et ils ont été enregîstrés sur une liste à fur et mesure par le secrétaire. Et tous les citoïens présents aïant ainsi vottés, le scrutin a été déclaré fermé, le président a procédé de suite à l'énumération des bulletins, ils se sont trouvés en même nombre que les noms inscrits sur la liste ; il a procédé de suite au recensement par le moïen duquel il est resté pour constant que la pluralité absolüe des suffrages s'est manifestée d'une manière très prononcée en faveur des citoïens Rey et Coinde, le président les a proclamé au milieu des acclamations les plus vives, et les citoïens Rey et Coinde ont accepté et ont manifesté leur reconnoissance à l'assemblée sur la confiance qu'elle veut bien leur accorder, confiance qu'ils s'efforceront de mériter de plus en plus par leur civisme et leur zèle pour la chose publique.

Un membre a observé que le quai de l'Evêché, régnant au devant et sur toute l'étendue de la sale de l'assemblée, n'étant pas pavé et servant de promenoir, il est nécessaire d'y faire jetter de l'eau pendant la durée des grosses chaleurs, tant pour se conformer aux ordonnances et aux arrêtés de la municipalité, que pour empêcher que la poussière, qu'élèvent le vent régnant et le concours des citoïens et citoïennes qui viennent s'y promener, ne s'insinue dans la sale dont on est obligé de tenir les croisées et la porte ouvertes, sur quoi l'assemblée délibérant a décidé que le concierge fera tous les jours, pendant l'été, jetter une suffisante quantité d'eau sur lesd. quais le long de la sale, et ce sur les cinq heures de relevée, et, en conséquence, le bureau, par l'organe de son président, a intimé les ordres nécessaires au concierge de la sale.

La séance a été levée à dix heures et demi du soir. PETIT, vice-président, BARON, secrétaire.

Du quinze juillet 1793, l'an 2º de la République françoise, au nom de la liberté, de l'égalité et de la République une et indivisible, le président a ouvert la séance. Un membre a annoncé que l'accusateur public vient de prononcer, dans le procès criminel instruit contre Chalier, des conclusions qu'il seroit important de rendre publique par la voie de l'impression pour éclairer les citoïens sur [les] attentats commis ou médités contre le salut de la cité ; sur quoi l'assemblée consultée, elle a été unanimement d'avis de députer les citoïens Coindre et Morard auprès du citoïen Brochet, accusateur public, à l'effet de l'inviter de communiquer à la section de Portefroc les conclusions qu'il a prononcées aujourdhui sur le procès criminel instruit contre Chalier pour être livrées à l'impression et servir à éclairer l'esprit public sur les attentats commis ou médités contre le salut de la cité, sauf à décider ensuite si la section fera seule les frais de l'impression ou si elle invitera les autres sections à y contribuer.

Une députation de la section permanente du Change a présenté à l'adhésion une délibération par elle prise aujourdhui et dont l'objet est de lever incontinent une force armée de deux mille hommes pour aller au secours de nos frères les Marseillois dont l'avant-garde a été repoussés à Lapalu par les brigands qui marchent sous les ordres de Dubois-Crancé et consorts; le cas étant urgent, et à ces fins de nommer de suite par chaque section un commissaire pour dès demain matin se réunir à l'hôtel commun et délibérer sur les moïens les plus prompts à emploïer pour lever et organiser dans vingt-quatre heures lesd. deux mille hommes, sur quoi l'assemblée, consultée de suite par son président, a délibéré qu'elle adhère unanimement à la délibération de la section du Change, et à cet effet elle a nommé pour son commissaire le citoïen Coinde, dérogeant pour cette fois seulement, eu égard aux circonstances impérieuses, au règlement de cette section qui s'oppose à ce que le président, vice-président, secrétaires et membres des comités soient déplacés par des commissions particulières.

Lecture faite à l'assemblée d'un arrêté pris le 13 de ce mois par la commission populaire, républicaine et de salut public du département de Rhône-et-Loire, par lequel elle arrête que la municipalité provisoire ne donnera des passeports qu'avec la plus grande réserve, qu'il sera néantmoins accordé des passeports pour un tems limité aux fournisseurs pour les approvisionements de la ville et à tout citoïen qui certiffiera par un délibéré de l'assemblée générale de sa section, que ses affaires exigent qu'il se transporte hors du département.

Lecture faite aussi d'un avis du comité de sûreté générale datté de ce jour, par lequel il invite tous les comités, de la manière la plus prompte à ne pas perdre un moment à faire toutes les visites nécessaires pour s'assurer des étrangers qui sont dans Lyon, à dénoncer tout de suite tous ceux qui y seroient sous des raisons évidemment connües et pouvant se faire réclamer par quelqu'un de confiance; qu'on ne sauroit assez recommander la vigilance la plus scrupuleuse sur cet objet qui est de la plus grande importance.

Ces deux pièces lües, l'assemblée a délibéré unaniment qu'il convient de les remettre de suite à son comité de surveillance et de l'exorter à faire dès cet instant les visites nécessaires et d'en rendre compte dans la séance de demain et de se conformer à l'arrêté de la Commission populaire républicaine et de salut publique pour les passeports.

Plusieurs des commissaires de l'assemblée chargés de présenter à l'adhésion des autres sections la délibération prise par celle-ci sur la réclamation, que font nos frères d'armes de Roanne, de canons et fusils, ont annoncé que déjà vingt des sections de cette cité ont adhéré à lad. délibération et que d'autres sections, qu'ils n'ont pas trouvées assemblées et aux présidents et secrétaires desquelles il a été laissé des extraits de lad. délibération, enverront sans doute leur adhésion; de ce nombre sont les sections de la Convention et une de celles de la Grande Côte.

Le citoïen Rey, l'un des commissaires de cette assemblée, a rendu compte de ce qui s'est passé à l'assemblée générale des commissaires des sections, sur l'établissement d'un secrétariat général des sections; son rapport, en substance, a annoncé que tous les commissaires ne se sont pas rendus à lad. assemblée, qu'il ne s'y en est trouvé que dix-sept, que néantmoins cette assemblée s'étant considérée comme formant la majorité des commissaires des sections s'est cru autorisée à s'occuper des objets nécessaires à l'établissement du Secrétariat général des sections, qu'ils ont fait part à la Commission départementale et autres autorités constituées de leurs vües à ce sujet, et se sont mis en devoir de se procurer un local qui puisse convenir à cet établissement ; qu'ils n'ont pris aucune détermination sur ce point, qu'en attendant ils tiendront leurs séances dans le local de la section du Port-du-Temple où ils se sont ajournés à demain, qu'ils espèrent que les commissaires qui ne sont pas venus aujourd'hui, s'y rendront demain ; enfin que le projet dud. établissement adhéré par la section de Portefroc et les autres sections le jour d'hier, a été agréé et approuvé à l'unanimité par les dix-sept commissaires présents, à ce près qu'ils ont jugé nécessaire d'ajouter le mot uniquement à l'article trois indicatif des fonctions qui seront attribuées aud. Secrétariat général, sauf à prendre ultérieurement une délibération déffinitive sur l'organisation dud. secrétariat général lorsque tous les commissaires seront assemblés ou en plus grand nombre, n'aïant agis que provisoirement en tout ce que led. citoïen Rey, commissaire, vient d'annoncer.

Séance levée à neuf heures et demie du soir. GUERRE (1), BARON, secrétaire.

Du seize juillet mil sept cent quatre-vingt-treize, l'an 2ᵉ de la République Françoise, au nom de la liberté, de l'égalité et de la République une et indivisible, le président a ouvert la séance.

Le premier soin du président a été de députer un membre de la section du Change, du consentement de l'assemblée, pour savoir de lad. section si les circonstances n'ont rien changé, si les commissaires nommés par les sections qui ont adhéré hier à la délibération relative à la force armée départementale destinée à aller audevant de nos frères les Marseillois, doivent toujours s'assembler et à quelle heure. La députation de retour a rapporté par écrit la réponse du président de la section du Change, de lui signée, par laquelle il dit qu'il vient de recevoir une lettre de la Commission populaire qui l'instruit que les autorités constituées ont pris des mesures urgentes pour la levée et équipement de la force armée demandée et qu'en conséquence la réunion des commissaires des sections devient inutile pour le moment.

Le président a ensuite entretenu l'assemblée de la lecture d'une lettre qu'il vient de recevoir à l'instant du comité de sureté générale de la Commission populaire républicaine et de salut public du département de Rhône-et-Loire dattée d'hier, par laquelle ce comité annonce que les circonstances commandent une prompte organisation de la force armée de ce département et prie la section de faire exécuter sur le champ l'article qui suit : « les citoïens qui voudront concourir à la force de l'armée départementale se feront inscrire dans eurs sections ou communes et devront être agréés par elles ; il faudra être âgé au moins de seize ans, les inscrits continueront de faire nombre dans la garde nationale et ils seront soldés ». Lad. lettre énoncée encore. « Nous aimons à croire que tous les citoïens s'empresse-

(1) *Signature surchargée et de lecture douteuse, en tête de la séance, en marge, on lit :* Présidence du citoyen Coinde, *mais ce dernier mot en surcharge pour remplacer un autre commençant vraisemblablement par la lettre g.*

ront à concourir à une formation aussi utile qu'urgente, nous n'avons pas un instant à perdre, nous ne pouvons nous sauver qu'en montrant du courage et de l'énergie et nous espérons que votre dévouement et votre concours égaleront notre confiance et les besoins de la patrie. » D'après la lecture de cette lettre, l'assemblée consultée par son président, plusieurs membres ont énoncé leur vœu sur l'objet important et urgent y énoncé et elle a décidé, à la pluralité, qu'elle nommera six commissaires dans son sein qui, conjointement avec six officiers du bataillon de Portefroc qui seront désignés par le commandant en chef dud. bataillon, se partageront demain matin entr'eux la commission qui leur est donnée de remplir le contingent de cette section pour la formation de la force armée départementale, et, procédant à la nomination de ses commissaires *ad hoc*, elle a choisi et élu pour ses commissaires les citoïens Manin l'aîné, Flachat, Ducret (1), Ferrier, Perrin et Macors, qu'elle a investis des pouvoirs nécessaires.

Le citoïen commandant du bataillon de Portefroc, informé de la délibération ci-dessus par l'avis que le président lui a fait passer, arrive dans l'assemblée et y lit la liste des officiers du bataillon par lui choisis et nommés pour se partager avec les commissaires nommés par la section, la commission de remplir le contingent de cette section, pour la formation de la force départementale, ces officiers sont les citoïens Charpenay, Gasnier, Feroussat, Gobin, Souvaneau et Flandrin.

Sur le compte rendu par les commissaires de l'assemblée par sa délibération d'hier, pour aller auprès du citoyen accusateur public, que ce dernier avoit consenti à communiquer les conclusions qu'il a prononcées sur le procès criminel instruit contre le trop scélérat Chalier et à ce qu'elles fussent livrées à l'impression, mais qu'elles avoient quelques mots qu'il falloit corriger avant de les livrer à l'impression et qu'il leur avoit promis de les remettre aujourd'hui, l'assemblée a nommé les citoyens Morard et Manin cadet pour aller dès ce soir auprès du citoyen accusateur public lui manifester de nouveau l'empressement de l'assemblée à ce sujet et l'inviter de sa part de se rendre à son vœu en leur remettant ses conclusions.

Le citoïen commandant le détachement de la garde nationale de Roanne étant arrivé dans l'assemblée, le président l'a fait placer à sa droite, il a reçu les acclamations de l'assemblée, le président lui a remis l'expédition de la délibération du 14 de ce mois relative à la demande que feront nos frères de Roanne de quatre canons et de deux cent fusils, sur laquelle expédition est énoncée l'énumération des sections qui ont adhéré à lad. délibération. Le commandant du détachement a remercié l'assemblée et en particulier le président, les acclamations les plus vives ont manifesté à ce commandant combien sa présence et ses expressions étoient agréables à l'assemblée.

La séance a été levée à neuf heures et demie du soir. BARON, secrétaire, PETIT, vice-président.

Du dix-sept juillet l'an 2ᵉ de la République françoise 1793, au nom de la liberté, de l'égalité et de la République une et indivisible, le président a ouvert la séance.

Une députation de la section de la Croisette présente à l'adhésion

(1) *Nom en surcharge.*

une délibération aïant pour objet de faire faire dans chaque section le recensement des citoïens pour découvrir les malveillants, savoir ce que sont devenus ceux qui, depuis la journée du 29 mai dernier, ont pris la fuite ; empêcher que d'autres malveillants ne s'échappent pour aller grossir le nombre déjà trop considérable des satellites de Dubois-Crancé et consorts, et pour engager la Commission départementale à faire fortifier par des piquets plus nombreux les différents postes d'auprès les portes de la ville, de telle manière que personne ne puisse ni entrer ni sortir de la ville sans décliner son nom, sa demeure, exhiber sa carte de section ou son passeport si c'est un voïageur. L'assemblée a adhéré à l'unanimité à cette délibération et a chargé son comité de surveillance de faire son rapport dans sa séance de demain sur le mode à observer pour faire surveiller aux portes de la ville à l'effet de parvenir à être parfaitement informé de tous ceux qui entrent et sortent de la cité, soit à pied, soit à cheval, soit dans les voitures publiques, messageries, coches, diligences, bateaux de postes et autres voitures particulières.

Une députation de la section du Port-du-Temple présente à l'adhésion une délibération de sa section tendant à inviter la Commission départementale à donner des ordres pour que le bataillon de la Côte-d'Or et une compagnie de cannoniers de ligne arrivés en cette ville d'où ils doivent partir demain, ne désemparent pas la ville, savoir les cannoniers jusqu'à nouvel ordre, et le bataillon jusqu'à ce que l'adresse de la section du Port-du-Temple, qui est sous presse, lui ait été lüe et distribuée à l'effet de leur faire connoitre quelle est l'opinion des citoïens de Lyon, opinion qui est absolument opposée à celle que les malveillants leur ont donnée de cette cité, l'assemblée a adhéré unanimement à la délibération de la section du Port-du-Temple et, à son exemple, elle a nommé deux commissaires dans son sein qui sont les citoïens Pélissier et Primat, à l'effet d'aller à la Commission départementale l'inviter au nom de cette assemblée, pour les motifs ci-dessus énoncés, de donner les ordres dont il s'agit, lesd. commissaires sont sortis de suite et étant rentrés bientôt après, ils ont annoncé que la Commission républicaine populaire et départementale a bien accueilli la pétition et qu'elle avoit déjà donné des ordres pour retenir les cannoniers et toutes les pièces d'artillerie qu'ils devoient emmener avec eux, et ce jusqu'à ce qu'autrement ait été statué ; qu'à l'égard du bataillon de la Côte-d'Or, il est vrai qu'on en avoit endoctriné les individus d'une manière indigne, puisqu'on leur avoit fait entendre que tous les citoïens et les administrateurs étoient aristocrates roïalistes et en état de rébellion, mais qu'ils ont été désabusés et ont reconnû les principes de civisme dont toute la cité fait profession, au point que la Commission départementale et les administrateurs des autorités constituées ont été, avec les officiers de ce bataillon, autour de l'arbre de la liberté planté sur la place de ce nom, où tous ensemble, ils ont juré de maintenir aux dépens de leur vie la liberté, l'égalité, la république une et indivisible, la représentation nationale dans son intégralité, et la guerre aux factieux, aux anarchistes et aux tyrans ; ce serment a été répété par tous les individus dud. bataillon et par tous les citoïens assemblés en grand nombre sur lad. place et led. bataillon aïant déclaré qu'il ne tourneroit jamais ses armes contre les Lyonnois, qu'au contraire il leur prêteroit aide et secours contre les factieux, anarchistes et autres ennemis de la République ; les individus dud. bataillon ont été tous enlevés avec antousiasme par les citoïens qui se sont empressés de les emmener ou dans leur domicille ou dans les caffés, qu'au moïen de ce, led. bataillon ne sera pas retenu à Lyon et partira pour sa destination.

Une députation de la section de Rousseau propose à l'assemblée d'inviter ceux de ses membres qui auroient pu assister au club central le 18 février dernier et entendre les propos que le nommé Gaillard y proféra, d'aller en faire leur déclaration au comité de salut public ou à la police correctionnelle, le président a, sur-le-champ, proclamé lad. invitation qui a été applaudie et aucun de ses membres présens n'étant dans le cas dont il s'agit, ils ont été invités à faire part aux absens de l'invitation ci-dessus énoncée afin qu'il veuillent bien s'y conformer.

Lecture faite à l'assemblée par le bureau d'un nouvel avis imprimé contenant invitation de la part de la municipalité provisoire de procéder avec la plus grande célérité au rolle des citoïens qui se trouvent en état de loger les gens de guerre ; sur quoi l'assemblée a décidé et délibéré que par les citoïens Manin l'aîné, Gobin, Dumont, Chaize, Ducret, Parsin, Ferrier, Charpenay, Gasnier et Flandrin, Feroussat et Flachat, qu'elle nomme pour ses commissaires, il sera procédé à la confection du rolle des citoïens de cette section en état par leurs facultés de loger les gens de guerre, et pour le faire avec plus de connoissance elle les autorise à se faire représenter les regîtres des impositions pour y prendre nottes des cotisations foncières et mobiliaires de chacun des citoïens qui demeurent dans la section avec les n^{os} des maisons qu'ils habitent et les noms des rues et places où elles sont situées.

La section de la Convention a fait parvenir par un de ses membres à l'assemblée, sa délibération du 16 de ce mois par laquelle elle est d'avis que nos frères de Roanne s'adressent directement, non à la Commission républicaine et de salut public, mais au citoïen Perrin Pressy chargé seul de commander les gardes nationales et de disposer de tous les moïens de déffenses nécessaires au département, sans réclamer les canons et fusils dont ils ont besoin par l'intermédiaire des sections sur quoi l'assemblée a délibéré que l'extrait de la délibération de lad. section de la Convention sera communiqué au commandant du détachement Roannois.

Séance levée à dix heures du soir. BARON, secrétaire, PETIT, vice-président.

Du dix-huit juillet, l'an 2ᵉ de la République françoise 1793, au nom de la liberté, de l'égalité et de la République une et indivisible, le président a ouvert la séance à neuf heures du matin.

Un membre a prévenu l'assemblée que le pont en bois appelé d'Ainay, traversant de la porte Saint-George à Ainay, vient dans l'instant de tomber, qu'on ne sait quelle est la cause de sa chute, que ce sont peut-être des malveillants qui ont travaillé à le détruire, qu'il est très important de prendre les plus prompts renseignements à ce sujet, et à cet effet de nommer des commissaires dans le sein de l'assemblée ; sur quoi, la matière mise en délibération, l'assemblée a sur-le-champ arrêté que rapport sera de suite dressé par les citoyens Perrot, architecte, Savy, entrepreneur des bâtiments, Bœuf, charpentier, et Gobin, serrurier, des causes de la chute du pont, les nommant commissaires à cet effet. Lesd. commissaires ont accepté et ont de suite été sur les lieux, ils sont rentrés deux heures après, ont apporté leur rapport par écrit d'eux signé ; lecture faite de ce rapport, il en résulte que les causes qui ont produit cet accident, ou du moins les commissaires présument que la cause de la chute du pont provient des grandes pièces traversantes qui supportent les madriers et qui ont pourri les pièces transversales ainsi que leurs soubarbes, par l'introduction habituelle des eaux pluviales au travers du pavé, faute d'un bléton et encore faute d'assemblage régulier de la charpente, surtout dans l'entage des pilotis non boulonnés, il en résulte encore qu'il est nécessaire de faire procéder de suite à la démolition des deux pilles restantes du côté de St George, pour prévenir les accidents que les pluies et autres causes imprévues pourroient produire au détriment des mariniers, soit la nuit, soit le jour, pour les causes expliquées aud. rapport, que cependant il convient de prendre des précautions pour conserver les bois et les fers qui existent encore dans cette partie; que quant à quatre pilles qui existent encore du côté d'Ainay, ne présentant pas les mêmes dangers, ni les mêmes inconvéniens, n'aïant pas perdu leur aplomb, ils estiment qu'elles doivent être supprimées avant l'hiver pour les causes expliquées aussi aud. rapport.

Sur les observations faites par plusieurs membres de l'assemblée à l'occasion des prévenus des crimes commis ou médités dans la journée du 29 mai dernier, l'assemblée a, à l'unanimité, pris la délibération suivante après une ample discution.

Considérant que dans les circonstances critiques où nous nous trouvons, on ne sauroit prendre trop de précautions pour empêcher que les agitateurs et les anarchistes osent encore tenter de semer dans cette cité le désordre et le trouble ; que jusqu'à ce que le calme soit entièrement rétabli dans cette ville, il importe à la sûreté générale que les citoïens prévenus des crimes du 29 mai et qui seront acquités par les juges, notament les citoïens Duchambon, Fournier et Pelletot, déjà acquités, soient retenus dans une maison publique, sinon comme criminels, au moins comme otages ; arrête qu'il sera fait une pétition au comité de sûreté générale pour que, dans sa sagesse, il veuille bien prendre des mesures et donner des ordres à l'effet de retenir, sinon comme criminels, du moins comme otages, les citoïens Fournier, Duchambon, Pelletot et autres qui ont été prévenus des crimes et attentats commis ou médités dans la journée du 29 mai dernier, dont le tribunal criminel a ordonné ou pourroit ordonner l'élargissement, jusqu'à ce que le calme, la paix, la tranquilité soient entièrement rétablis dans la cité, ainsi que la sureté des personnes et des propriétés ; que la présente délibération sera portée au comité de sureté générale par les citoyens Gasnier, Legavre, Michel et Gauthier, que l'assemblée nomme pour ses commissaires, lesquels la présenteront aussi à l'adhésion des autres sections.

Le citoyen trésorier des souscriptions et subventions civiques, sur l'invitation du président, a donné le bordereau desd. souscriptions et des sommes qu'il a reçues, l'assemblée a nommé les citoyens Brugères et Verchère pour ses commissaires à l'effet de porter au comité des finances de la Commission départementale led. borderau et l'inviter à donner des ordres aux autres sections, pour qu'il soit ouvert des regîtres de souscription et nommé des commissaires pour écrire aux divers citoïens qui sont dans le cas de souscrire et faire auprès d'eux toutes les démarches convenables pour les engager à souscrire.

Le citoïen Bernard, imprimeur, demande le paiement d'une somme de trente-deux livres pour l'impression d'un arrêté du comité de surveillance de cette section, dont 150 en placard et 50 en cahier, sur quoi l'assemblée a arrêté que mandat sera délivré au citoïen Bernard sur le trésorier de la section pour l'autoriser à lui païer ladite somme de trente-deux livres, sauf à la section à répéter lad° somme, si faire se doit, sur la caisse de la commune quand elle aura pour cet objet les deniers nécessaires ; et qu'en rapportant le mandat quittancé, lad. somme sera allouée au trésorier dans la dépense de son compte.

Le citoïen Remilhe a présenté un compte des avances qu'il a faites en regîtres et répertoire alphabétique, tant pour les bureaux que pour le comité de surveillance, montant à dix livres dix sols ; l'assemblée a unaniment arrêté que mandat sera délivré au citoïen Remilhe sur le trésorier de l'assemblée, lequel en rapportant led. mandat quittancé sera autorisé à passer et employer lad° somme dans la dépense de son compte et elle lui sera allouée.

Une lettre du comité des finances de la Commission républicaine populaire et départementale du jour d'hier, signé Glaize, secrétaire, portant invitation à cette section de lui faire passer, dans le jour, le montant des souscriptions volontaires qui y ont été faites et le bordereau des sommes effectives versées entre les mains du trésorier et de faire parvenir audit comité, à la fin de chaque semaine, l'état de la recette ; au bas de la lettre est une notte qui annonce que le citoïen Morel, receveur du district de la Campagne de Lyon, vient d'être nommé trésorier général de la Commission et que l'assemblée est priée de lui faire passer sur-le-champ les fonds effectifs qui sont entre les mains du trésorier de l'assemblée en cette partie.

Le citoïen Coinde, président, aïant prévenu l'assemblée qu'il avoit à parler aux citoïens de section qui avoient été à St-Etienne et a prié les commissaires de cérémonie à la porte du parquet de les y introduire et faire approcher du bureau ; lesd. citoïens étant proche le bureau, le président leur a adressé le discours suivant : « Braves compagnons d'armes, vous venez de combattre l'anarchie, votre courage étoit connu de vos ennemis ; les lâches ont tremblé à votre aspect ; vous les avez dispersés, vous avez rendu la liberté aux citoïens honnêtes que quelques brigands opprimoient ; votre conduite est un titre de plus à votre gloire ; recevez-en les remerciments de l'assemblée ; permettez-moi de vous donner le baiser fraternel. »

Sur l'observation de plusieurs membres tendante à prendre des mesures promptes pour completter le contingent de la force armée, l'assemblée a délibéré et arrêté que, par les citoïens Petit et Guerre, il sera rédigé une adresse pour inviter les citoïens de bonne volonté à s'enroller, que lad. adresse sera imprimée, affichée et proclamée dès demain au son de la caisse par les citoïens commandant et adjudant du bataillon de Portefroc.

Séance levée à dix heures du soir. BARON, secrétaire, COINDE, président.

Du dix-neuf juillet mil sept cent quatre-vingt-treize, l'an 2° de la République françoise, à neuf heures du matin, au nom de la liberté, de l'égalité et de la République une et indivisible, le président a ouvert la séance.

Une députation de la section du Change présente à l'adhésion la délibération prise par lad. section sur le relâche des prévenus des crimes et attentats de la journée du 29 mai et sur la non comparution des témoins, tendante à faire imprimer et afficher la liste des témoins qui ne comparoîtront pas sur les citations et à faire nommer dans chaque section des commissaires pour faire part de ce vœu au tribunal criminel, l'assemblée y a adhéré avec l'amendement que le tribunal sera invité à user des moïens indiqués par la loi pour obliger les témoins assignés à comparoître, et à cet effet elle députe les citoïens Mercier père et Gautier pour faire part de son vœu au tribunal criminel.

Une députation de la section de Rousseau présente à l'adhésion une délibération relative aux dangers auxquels la cité est exposée par les menaces de Dubois-Crancé et de ses satellites, lad. délibération énonciative que sur la motion qui y a donné lieu toute l'assemblée de la section de Rousseau s'est levée et s'est enrolléepour composer la force départementale. A la lecture de cette délibération, l'assemblée a donné les plus vives acclamations, et après avoir donné à la députation des témoignages de la plus étroite union, par l'organe de son président, leur a dit qu'elle prendroit en grande considération la délibération de la section de Rousseau ; la députation retirée, l'assemblée a adhéré unanimement à lad. délibération et les membres qui la composent dans ce moment se sont enrollés sur le regître à ce destiné.

Sur la pétition d'un membre appuiée par plusieurs autres, l'assemblée a arrêté à l'unanimité que le receveur des souscriptions civiques fera la liste tant des souscriptions que des souscripteurs, et des sommes tant païées qu'à païer, et que lad. liste sera rendue publique et affichée dans la salle de cette assemblée, dès dimanche prochain, invitant les citoïens qui n'ont pas encore souscrit de le faire demain et ceux qui ont souscrit et qui n'ont pas compté au receveur les sommes qu'ils ont promises, de les lui compter aussi dans demain, afin qu'il en soit fait mention dans lad. liste.

Séance levée à dix heures du soir. Baron, secrétaire, Coinde, président.

Du vingt juillet, l'an deux de la République françoise 1793, à neuf heures du matin, au nom de la liberté, l'égalité et de la République une et indivisible, le président a ouvert la séance.

Un membre, dont la motion a été appuïée par plusieurs autres, a demandé au nom des citoïens Poirier l'artisan et Gilibert Margot, tous deux enrollés en cette section en qualité de soldat dans l'armée départementale cejourd'hui, qu'il fut païé à ces deux soldats, sur les fonds à ce destinés, une somme quelconque à imputer sur leur païe ; sur quoi l'assemblée délibérant a arrêté à l'unanimité qu'il leur sera païé à chacun six livres cinq sols à imputer sur leur païe et sur les fonds à ce destinés par le trésorier des souscriptions civiques, auquel la somme de douze livres dix sols pour les deux sera alloüée dans la dépense de son compte.

Une députation de la section de la Convention présente à l'adhésion une délibération tendante à rappeller de Macon les citoyens Reverchon et Delaporte, députés à la Convention, membres de la représentation nationale, et à les désabuser des impressions que des malveillants, par de faux rapports, ont fait naitre sur le civisme et l'opinion des Lyonnois ; l'assemblée, délibérant sur l'adhésion demandée, a passé à l'ordre du jour à l'unanimité.

Une députation de la section du Port-du-Temple présente à l'adhésion un arrêté relatif à la formation d'une armée de 4.000 hommes pour aller au-devant et au secours de nos frères les Marseillais, et de lui fournir les effets de campement, artillerie et secours pécuniaires, et ladite section, dans son arrêté, annonce que si on ne forme pas ce corps d'armée, elle déclare qu'elle fera elle-même partir une force armée pour aller joindre les Marseillais ; un second chef de cet arrêté tend à déclarer que le comité militaire de la Commission départementale a perdu la confiance de la cité, qu'il sera révoqué et recréé sans qu'aucuns des individus qui le composent actuellement puissent y être réélus, et enfin un troisième objet de cet arrêté tend à inviter la municipalité de reconnoître l'offense faite par un de ses membres aux peuples de Marseille et de la Gironde dans la personne de leurs députés ; qu'elle censurera celui qui s'est rendu coupable et adressera aux municipalités de Marseille et de Bordeaux une lettre en témoignage de son ressentiment, elle s'empressera de resserrer les liens qui doivent nous unir plus que jamais et engageront les députés Marseillais et de la Gironde à rester dans nos murs et à assister aux séances des autorités constituées. L'assemblée délibérant sur l'adhésion demandée par la section du Port-du-Temple à son arrêté du dix-neuf de ce mois, a arrêté à l'unanimité de passer à l'ordre du jour sur l'article premier, motivé sur l'arrêté pris ce jourd'hui par la Commission départementale qui a ordonné une levée de 7.200 hommes pour la ville de Lyon. Sur l'article deux, l'assemblée déclare aussi à l'unanimité que le comité militaire aïant été formé par la Commission départementale, elle ne pouvoit demander la destitution des membres, mais seulement s'en rapporter à la Commission ; sur le dernier article, elle a considéré qu'elle ne pouvoit croire qu'un magistrat de cette ville eut voulu faire un outrage à nos braves frères députés de Marseille et de Bordeaux ; elle a pensé que la conduite de ce magistrat ne pouvoit être que l'effet d'une erreur blâmable, sans doute, et qui a dû certainement l'affliger le premier lorsqu'il a reconnu son erreur ; l'assemblée invite les citoïens députés d'oublier ce qui s'est passé et de croire que la faute commise n'émane point du cœur du citoïen qui en est accusé, elle déclare que les fortunes et les bras de ses concitoïens sont à la réquisition de leurs frères de Marseille et de Bordeaux et que tous sont prêts à partir pour leur donner des secours ; et à l'effet de communiquer le vœu de la section de Portefroc à celle de Port-du-Temple, elle a nommé le citoïen Duchesne.

Le citoïen Rey a apporté un extrait collationné, signé Gras, secrétaire, du regître de la Commission populaire républicaine et de salut public de Rhône-et-Loire, par lequel extrait d'arrêté lad. commission sur la demande qui lui a été faite par les sections de Lyon de fixer les bases de la somme de la souscription patriotique établie par son arrêté du 10 de ce mois, en ce qui concerne la ville de Lyon, et par les considérations y exprimées, arrête : 1º que le contingent à fournir pour la souscription patriotique, pour tout le département, par l'arrêté du 10 de ce mois, est et demeure fixé pour la ville de Lyon à la somme de trois millions. 2° Les sections nommeront chacune dans leur sein douze commissaires choisis parmi les citoïens qui ont montré le plus de zèle et d'empressement à subvenir aux besoins de la patrie et qui seront reconnus être le plus à portée de connoître la fortune des citoïens aisés. 3° Que dans le délai de trois jours, ces commissaires fourniront à la Commission populaire l'état des facultés et revenus présumés tant industriels que réels et du nombre d'enfants de tous les citoïens de leur section pour être pris alternativement par la Commission toutes les mesures à l'effet de se procurer le prompt recouvrement des 3.000.000. 4° Que les citoïens dont les revenus présumés seroient au-dessous de 3.000 l. sont exemptés de l'article ci-dessus. 5° Qu'il sera tenū compte à tous les bons citoïens qui se sont empressés de souscrire volontairement des sommes qu'ils auroient païées depuis l'ouverture de la souscription. 6° Que, en conséquence de la proclamation de ce jour, tous les bataillons du département continueront d'être en réquisition permanente et à la disposition du général en chef de l'armée départementale. 7° Que chaque commandant de bataillon de commune et de sections de commune enverront dans 24 heures, au comité militaire, la liste générale et exacte de tous les citoïens inscrits ou non et en état de porter les armes, depuis seize ans jusqu'à soixante, led. arrêté en datte de ce jour. Sur la lecture de cette pièce, les vives acclamations de l'assemblée ont fait retentir, à diverses reprises, la voute de sa salle ; le président a mis aux voix la pétition d'un membre appuïée par d'autres, de laisser en place les neuf membres élūs et composant le comité de la souscription patriotique et d'en nommer encore trois pour compléter le nombre de douze ; sur quoi l'assemblée a été unanimement d'avis de laisser exister dans son sein le comité dont il s'agit, tel qu'il a été composé le 10 de ce mois, mais d'y ajouter encore trois membres qu'elle a indiqués et élus par acclamation ; ces trois membres élus sont les citoïens Couppier fils aîné, Gasnier et Berger Villemoron, qui présents à l'assemblée ont accepté chacun séparément et été proclamés par le président, cette proclamation a été suivie d'acclamations vives et unanimes et les trois élus ont pris place au bureau dud. comité et sont de suite entrés en exercice de leurs fonctions (1).

Séance levée à minuit. COINDE, président, BARON, secrétaire.

Aperçu des dépenses de la section permanente de Portefroc :
Papier commun, 8 rames.................................	112 l.
Papier à lettre, 4 rames...	64 »
Papier à la tellière 2 rames............................	72 »
Encre, 8 pots.......................................	16 »
Quatre canifs	3 »
Charbon de terre, 30 bennes à 3 l. 12 s...............	108 »
Menu bois..	15 »
Chandelles, 2 quintaux.............................	240 »
A reporter......................	630 l.

(1) *En marge on lit :* Élection des citoïens Couppier fils, Gasnier et Berger-Villemoron, pour membres du comité des souscriptions civiques, pour qu'au désir de l'arrêté ci-dessus led. comité soit composé de 12 membres au lieu des 9 qui ont été élus par la délibération du 10 de ce mois, au moien de quoi led. comité est composé des citoïens, 1re classe: Rey, Laurencet, Leroy, cadet, Coupier, fils ; 2me: Coinde, Vollant, Flachat, Berger-Villemoron ; 3me classe : Baron, Duchesne, Gobin, Gasnier.

Report....................................	630 l.
Pains à cacheter............................	15 »
Cire d'Espagne..............................	30 »
Sceau ou griffe..............................	15 »
Frais d'impression, environ.................	2.000 »
400 plumes..................................	24 »
9 regitres comme celui-cy...................	18 »
2 reg. alphabétiques........................	7 »
Concierge...................................	800 »
	3.539 l.

Le 10 juillet 1793, l'aperçu ci-dessus a été approuvé par l'assemblée de la section permanente de Portefroc pour être présenté à la municipalité provisoire, laquelle a seulement alloué à chacune section paiant le loïer d'une sale pour y tenir leur séances, 700 l.; à celles qui n'ont pas de loïer à païer 400 l.

Ce jour d'hui vingt-un juillet, l'an second de la République françoise mil sept cent quatre-vingt-treize, le présent regitre composé de trente-six feuillets a été ouvert pour servir à l'enregitrement des délibérations et arrêtés de l'assemblée permanente de la section de Portefroc; le précédent regitre finissant à la séance du vingt de ce mois.

Dudit jour 21 juillet 1793, l'an 2e de la République française, à neuf heures du matin, le président, au nom de la liberté, de l'égalité et de la République une et indivisible, a ouvert la séance.

Les citoïens composants l'assemblée aïant été occupés toute la journée aux opérations militaires et à faire la liste de tous les citoïens en état de porter les armes depuis l'âge de seize ans jusqu'à celui de soixante, pour remettre lad. liste au comité militaire, conformément à l'arrêté de la Commission républicaine populaire et de salut public du jour d'hier, et aucunes députations des sections n'étant survenues, quoique l'assemblée ait eu lieu jusqu'à dix heures du soir, la séance a été levée à lad. heure. BARON, secrétaire, COINDE, président.

Du vingt-deux juillet 1793, l'an 2ond de la République françoise, à neuf heures du matin, au nom de la liberté, de l'égalité et de la République une et indivisible, le président a ouvert la séance.

Une députation de la section de l'Union présente à l'adhésion un arrêté concernant les mesures à prendre pour obliger les témoins à citer contre les prévenus des crimes et attentats du 29 mai dernier, à comparoître en vertu des assignations qui leur seront données aux jour et heure indiqués et un second arrêté tendant à prendre des mesures contre les ennemis de la République au dehors; à faire nommer un commissaire par chacune des sections, pour lesd. commissaires se réunir dès demain, à dix heures du matin, dans la salle des expériences du collège, et de là se transporter auprès de la Commission départementale, à l'effet de lui proposer les mesures énoncées aud. arrêté; l'assemblée délibérant auxd. deux arrêtés a adhéré purement et simplement au second arrêté et, à cet effet, elle a nommé pour son commissaire le citoïen Gay, auquel le bureau a expédié le pouvoir conformément aud. arrêté de l'Union. A l'égard de l'arrêté de l'Union en premier lieu désigné ci-dessus, l'assemblée, applaudissant au zèle de ses frères de la section de l'Union et désirant l'imiter, pense que la mesure proposée par la section de l'Union consistant à nommer quatre commissaires pris dans son sein, lesquels seront chargés d'accompagner l'huissier lorsqu'il remettra les copies d'assignation, après en avoir obtenu l'agrément des magistrats, est d'une exécution très difficile et présente à ses frères une autre mesure, en les invitant à l'admettre s'ils la jugent plus praticable. La section de l'Union et celle de Portefroc nommeront chacune deux commissaires, lesquels se concerteront pour aller tous les jours auprès de l'accusateur public, du greffier et de l'huissier du tribunal criminel du département et de tous autres prendre la note des citoïens assignés et la faire passer ensuite aux bureaux de surveillance de chaque section, avec invitation aux membres de ces bureaux, d'engager par tous les moïens possibles les citoïens de leurs sections à répondre à l'assignation ; si la section de l'Union approuve cette mesure, elle voudra bien le faire savoir à ses frères de Portefroc qui, dans la séance de demain mardi soir, nommeront leurs deux commissaires qui pourront de suite entrer en fonction.

L'assemblée adhère à un troisième arrêté de la même section de l'Union, présenté par d'autres commissaires de lad. section, tendant à la non acceptation de la démission donnée par les citoïens Jullien de la place d'adjudant général de l'armée départementale à laquelle chacun d'eux avoit été nommé.

Un écrit du lieutenant-colonel de l'armée départementale a été apporté sur le bureau par un citoïen qui en étoit porteur ; par cet écrit il demande l'avis des sections sur la composition de l'uniforme des chasseurs ; l'assemblée, délibérant sur l'avis demandé, a arrêté à l'unanimité que, sur cet objet, elle s'en rapporte à la décision et à la sagesse du citoïen commandant général de l'armée départementale.

Une députation de la section du Mont-Jura présente un arrêté de lad. section à l'adhésion ; led. arrêté tend à demander à la Commission départementale que la ville de Lyon soit déclarée être en état de guerre pour résister à l'oppression ; que tous les citoïens de Lyon qui, dans ce moment périlleux, se trouvent absens de leurs domiciles, soient tenus de revenir dans nos murs pour y partager la sollicitude de leurs concitoïens, les aider de leurs lumières et recevoir celles de l'assemblée ; que lesdits citoïens absents soient tenus de déduire les causes de leur absence aux comités de surveillance qui seront obligés d'en faire rapport à la section de Portefroc, que deffenses leur seront faites de coucher hors des murs de la cité sans congé, même pour une seule nuit ; que dans le cas où lesd. citoïens ne rentreroient pas dans la ville dans un bref délai, après la proclamation solennelle de l'arrêté que la Commission départementale voudra bien prendre, leurs biens seront séquestrés, etc. L'assemblée, délibérant sur l'adhésion demandée, a déclaré à la pluralité qu'elle adhère à toutes les mesures contenues dans la délibération qui lui a été présentée par les frères de la section du Jura ; applaudit à leur zèle pour la chose publique et les invite à ajouter à leur arrêté les amendements suivants :
1° Communiquer l'arrêté au comité militaire, en l'invitant, pour assurer l'exécution de l'article qui défend aux citoïens de coucher hors des murs de la ville, à enjoindre au commandant de service aux portes de ne laisser sortir personne sans un laissez-passer.

2° Demander au comité militaire que la garde des portes ne soit confiée qu'à des citoïens dont le civisme ne soit pas douteux et que les commandants des bataillons soient chargés de composer eux-mêmes les gardes de ces postes importants; mesure d'autant plus nécessaire qu'il est prouvé que des hommes perfides qui étoient de garde aux portes, ont tenu à des habitants de la campagne, qui se présentoient pour entrer dans la ville, des propos tendants à leur faire croire que la ville étoit en contre-révolution. 3° Arrêter que les citoïens qui auront été mis sur le tableau des absens, n'en seront raïés qu'après s'être présentés au comité de surveillance de la section et avoir paru dans l'assemblée même de la section. 4° Ajouter à l'article du séquestre provisoire, que les scellés seront apposés chez les citoïens qui, dans un délai suffisant, ne se seront pas rendus à la voix de la patrie qui les rappelle dans son sein et que leur mobilier sera vendu après trois publications faites par la voie de l'affiche de huitaine en huitaine.

Séance levée à dix heures du soir. BARON, secrétaire, COINDE, président.

Du vingt-trois juillet l'an deuxième de la République françoise 1793, au nom de la liberté, de l'égalité et de la République une et indivisible, le président a ouvert la séance à neuf heures du matin.

L'assemblée, après avoir entendu la lecture de la dénonciation qui a été faite par les citoïens Desvignes et Lacour, a arrêté que cette dénonciation sera de suite communiquée au comité de sûreté générale de la Commission populaire et républicaine de Rhône-et-Loire et au comité militaire de la garde nationale de Lyon, pour les inviter à prendre en considération les faits contenus en lad. dénonciation, avec invitation de mander les chefs du poste des portes de St-Georges pour rendre compte de leur conduite. L'assemblée, prenant d'ailleurs en considération la dénonciation qui lui a été faite par un de ses membres que quelques ennemis de la chose publique, qui s'insinuent parmi les gardes nationales aux portes de la ville, et que ces personnages odieux se permettent de dire aux habitants de la campagne que la ville de Lyon est en contre-révolution, ce qui peut devenir d'autant plus nuisible que la calomnie paroît sortir de la bouche même de ceux qui sont chargés de défendre la cité, arrête que les mêmes comités sont invités à prendre aussi en considération de cette dénonciation et à faire usage des mesures qui doivent empêcher aux mauvais citoïens de se trouver en sentinelles aux portes de la ville. La section a nommé les citoïens Guillaume Pitra et Treille pour ses commissaires, et les charge de porter de suite l'arrêté, l'expédition de lad. dénonciation des citoïens Desvignes et Lacour auxd. comités, lad. dénonciation restée en minute aux archives de cette assemblée.

Une députation de la section de Scévola présente à l'adhésion un arrêté relatif aux travaux publics nécessaires à la défense de la ville, tendant à engager les citoïens valides qui reçoivent des secours à se faire inscrire pour aller travailler avec les autres citoïens aux opérations ordonnées par les autorités constituées; lesquels ouvriers qui se feront inscrire et qui iront travailler, recevront la païe fixée sans être privés des secours que leur situation a déterminé les sections de leur accorder; l'assemblée adhère aud. arrêté, avec l'amendement que les ouvriers qui seront requis et qui, quoique valides, refuseront de se faire inscrire et d'aller au travail dont il s'agit, seront tenus de déduire les causes de leur refus au comité de leur section, les surveillants qui jugeront de la validité ou invalidité de leurs moïens et en feront leur rapport à la section, qui prononcera sur la question de savoir si les citoïens refusants continueront ou non de recevoir lesd. secours.

Sur la demande des citoïens Dalaire et Duclos, aux fins d'obtenir du comité de surveillance une carte de section qui leur a été refusée par led. comité parce qu'ils ont été désarmés, sauf à l'assemblée de la section à statuer si lad. carte doit leur être accordée ; l'assemblée, après avoir entendu séparément les citoïens Dalaire et Duclos, eux retirés, sur les observations faites par plusieurs membres, l'assemblée a arrêté qu'avant de statuer sur la demande dont s'agit, le comité de surveillance fera rapport sur cette affaire.

Sur la demande des citoïens Patrin, demeurant rue Tramassac, n° 75, et Pierre Fournier, infirme, demeurant n° 170, tendante à obtenir l'un et l'autre un laissés-passer pour aller, savoir : le citoïen Patrin à Trévoux, où il a une affaire importante à terminer, et led. Fournier pour aller exercer son commerce, qui consiste à acheter et revendre quelques livres de soie, vû le certifficat de bonnes vie et mœurs et d'infirmité délivré aud. Fournier par le citoïen Guye, commandant du bataillon de l'Union, dans la section duquel il a demeuré jusqu'à la St-Jean-Baptiste dernière, l'assemblée a arrêté que le laisser-passer qu'ils demandent leur sera délivré par le bureau, à la charge, suivant qu'ils s'y sont soumis, de rentrer dans leur domicile huit jours au plus tard après leur départ.

L'assemblée, vû l'adhésion donnée par la section de l'Union aux amendements proposés par celle de Portefroc à l'arrêté de la section de l'Union sur les moïens de s'assurer que les témoins assignés pour déposer au procès contre les prévenus des crimes du 29 mai dernier, ont reçu leur copie et que ce sera par leur négligence et insouciance s'ils ne viennent pas déposer; l'assemblée, pour l'exécution dud. arrêté et de l'amendement accepté, a nommé pour ses commissaires les citoïens Chazottier et Longchant, à l'effet d'aller prendre chaque jour, auprès de l'accusateur public, du greffier et de l'huissier du tribunal criminel et de tous autres, les noms des témoins qui sont ou seront assignés pour déposer le lendemain aux procès sus-énoncés ; laquelle liste lesd. commissaires apporteront au comité de surveillance, qui demeure chargé de faire des listes partielles desd. témoins et de les faire passer dans les comités de surveillance des autres sections, rière lesquelles lesd. témoins se trouvent domiciliés et d'inviter lesd. comités de sections à engager les témoins d'être exacts à comparoitre aux jour et heure indiqués par les assignations.

Sur la demande du citoïen Brossard, sergent de la 2° compagnie du bataillon de Portefroc, chargé d'accompagner à St-Etienne les dix hommes fournis par led. bataillon, l'assemblée a autorisé le trésorier des souscriptions civiques à lui païer la somme de cent livres qui sera imputée sur la païe desdits hommes, laquelle somme sera alloüée aud. trésorier dans la dépense de son compte en rapportant le mandat qui va être délivré, quittancé par led. citoïen Brossard.

Séance levée à dix heures du soir. BARON, secrétaire, COINDE, président.

Du *vingt-quatre juillet*, l'an 2ᵉ *de la République françoise 1793*, au nom de la liberté, de l'égalité et de la République une et indivisible, le président a ouvert la séance.

Lecture a été faite à l'assemblée d'une lettre de la municipalité provisoire apportée par un gendarme ; cette lettre annonce que demain 25, il arrive en cette ville un régiment allemand au complet de 1,200 hommes, avec invitation à la section de Portefroc de nommer quatre commissaires dans son sein, qui se réuniront avec les commissaires des autres sections et à la députation de la municipalité provisoire, demain à sept heures du matin, dans la salle du Commerce à l'hôtel commun, pour, de là, aller audevant dud. régiment, fraterniser avec lui et lui offrir des rubans tricolores ; l'assemblée adhérant au contenu en lad. lettre, a nommé à ces fins les citoïens Guy, Montpinay, Guignard et Vermot.

Le commandant de la gendarmerie nationale à pied, accompagné de trois autres officiers de sa compagnie. a offert et déposé sur le bureau une somme de soixante livres dont lad. compagnie fait homage à la caisse des secours pour les veuves et enfants des victimes de la journée du 29 mai dernier, sans distinction de parti ; le président les a remercié au nom de l'assemblée et a de suite fait remettre au trésorier des secours ladᵉ somme de soixante livres.

Le président a ensuite ouvert un paquet à lui adressé, il contenoit une lettre du citoïen Maillan, du 22 de ce mois, dattée de Mâcon et un placard imprimé qui est une adresse des représentants du peuple envoïés dans les départements de Saône-et-Loire, de Rhône-et-Loire et de l'Ain, et aux citoïens de Lyon trompés et opprimés. Lecture faite de ces deux pièces à l'assemblée, elle a arrêté que copie collationnée de lad. lettre sera portée de suite, par quatre commissaires, pris dans son sein, à la Commission populaire républicaine et de salut public, et a ajourné à délibérer sur le contenu en ces deux pièces, après que les commissaires auront rendu compte de leur mission.

Une députation de la section de Bordeaux présente à l'adhésion une pétition aux autorités constituées, tendante à les inviter de prendre les mesures énoncées en lad. pétition pour mettre fin au désordre qui existe dans les marchés des bestiaux, denrées et autres marchandises, l'assemblée a adhéré unaniment aud. arrêté ou pétition.

Une députation de la section de Guillaume Tell présente à l'adhésion un arrêté sur les mesures à prendre pour que les assignations aux témoins qui doivent déposer aux procès contre les prévenus des crimes de la journée du 29 mai leur soient exactement remises ; sur quoi l'assemblée a répondu, par la voïe de son président, que déjà la section de l'Union et celle de Portefroc ont conjointement pris des mesures qui, sans être précisément les mêmes, tendent cependant aux mêmes fins et que ces mesures ont été exécutées dès ce matin par les commissaires desd. sections de l'Union et de Portefroc.

Lecture a ensuite été faite à l'assemblée, par un de ses membres, d'une copie qu'il s'est procurée d'une lettre du général Kelermann, dattée du quartier général de Grenoble le 13 juillet 1793, adressée aux citoïens administrateurs du département de Rhône-et-Loire, et de la réponse faite à ce général ce jourd'hui par la Commission populaire républicaine et de salut public, après laquelle lecture, l'heure de dix du soir étant sonnée, l'assemblée a ajourné à délibérer sur le contenu auxd. lettres et le président a levé la séance. BARON, secrétaire, COINDE, président.

Du vingt-cinq juillet l'an 2ᵉ de la République françoise 1793, à neuf heures du matin, au nom de la liberté, de l'égalité et de la République une et indivisible, le président a ouvert la séance.

Le citoïen Bœuf, charpentier, demeurant dans cette section, a demandé le paiement d'une somme de vingt-huit livres pour façon et fournitures de sa profession faites dans la salle de l'assemblée ; sur quoi il a été arrêté que ce citoïen sera païé par le trésorier de la somme de vingt-cinq livres à laquelle a été règlé le compte, que mandat lui seroit délivré par le bureau, et qu'en rapportant quittance du citoïen Bœuf, lad. somme sera alloüée au trésorier dans la dépense de son compte.

Led. citoïen Bœuf, sur sa demande d'être dispensé du casernement, fondé sur une maladie dont il est atteint et attestée par le citoïen Collomb, chirurgien-major du bataillon de Portefroc, a été renvoïé pardevant l'état-major et le comité militaire, l'assemblée s'étant déclarée incompétente.

Lecture faite par le président de quatre lettres à lui adressées : l'une par le citoïen Boulat, commandant en second du bataillon de Portefroc ; la 2ᵉ par le citoïen Savy, commandant de la compagnie des grenadiers ; la 3ᵉ et la 4ᵉ par les citoïens Jaquand et Richard, capitaine et lieutenant de la compagnie des grenadiers, lesd. lettres contenant la démission donnée par lesd. officiers ; l'assemblée, sur la lecture de ces lettres, s'est déclarée incompétente pour recevoir ou refuser leurs démissions, les renvoie au comité militaire et répondant que le président leur écrira pour les inviter à oublier les motifs qui parroissent avoir déterminé lesd. officiers à donner leur démission et à oublier les petits désagréments qu'ils ont pu essuïer.

Sur la lecture faite à l'assemblée d'un arrêté pris le 22 de ce mois par la Commission départementale, concernant les mesures nécessaires pour obliger les ouvriers des différents atteliers d'aller travailler aux différents ouvrages indiqués pour la déffense de cette ville ; l'assemblée, en exécution de l'article 4 dud. arrêté, a nommé pour ses commissaires les citoïens Savy, Flachat, Flandin et Guillot, maçon, et les a chargés de veiller à l'exécution dud. article quatre dont il leur a été donné copie à chacun.

Les citoïens Gras et Roche, tous deux commissaires membres de la Commission populaire républicaine et de salut public du département de Rhône-et-Loire, ont été introduits dans la salle au moment où l'assemblée s'occupoit de l'ordre du jour qui étoit de délibérer sur la lettre du citoïen Maillant et l'adresse des représentants du peuple dans les départements de Rhône-et-Loire, Saône-et-Loire et de l'Ain aux citoïens de Lyon, ajournés dans la séance d'hier, ces deux commissaires ont annoncé que la Commission venoit de prendre un arrêté par lequel elle reconnoît la Convention Nationale telle qu'elle existe actuellement comme centre d'unité et qu'elle adhère aux décrets généraux par elle rendus depuis le 31 mai et non ceux rendus et surpris sur de faux exposés contre la ville de Lyon ; elle met sous la sauvegarde de la loi et de la force armée départementale toutes les personnes et les propriétés de Rhône et-Loire. Le président a fait placer ces deux commissaires à ses côtés et les a complimentés au nom de l'assemblée, qui les a accueillis par les plus vives acclamations à diverses reprises. L'assemblée, délibérant ensuite tant sur les lettre et adresse à l'ordre du jour que sur ce que lesd. deux commissaires lui ont annoncé, a, à l'unanimité, pris l'arrêté suivant : Considérant que la Convention Nationale a été constamment trompée sur les véritables sentiments des citoïens de la ville de Lyon ; considérant qu'il importe plus que jamais à ces citoïens trop longtemps calomniés de manifester leurs opinions et leur vœu au moment où ils sont eux-mêmes désabusés sur les faits et les circonstances qui avoient donné lieu à croire que la représentation nationale n'étoit ni libre ni entière ; considérant que pour se soustraire à l'oppression, ils sont également disposés et aux voïes de conciliation et à celles d'une légitime défense, déclare : 1° Que les citoïens de la section de Portefroc, animés du même esprit qui règne dans toute la cité, professent, comme ils l'ont toujours fait, la liberté, l'égalité, l'unité et l'indivisibilité de la République ; qu'ils ont en horreur toute apparence de guerre civile et tout principe de fédéralisme. 2° Ils reconnoissent la Convention Nationale comme le centre d'unité de la République et se soumettent à l'exécution de tous les décrets généraux émanés d'elle depuis le 31 mai dernier. 3° Ils demandent expressément que la Convention retire les décrets particuliers que l'erreur et la surprise lui ont arrachés contre la ville de Lyon. 4° Ils déclarent que si, depuis le 29 mai dernier, le peuple de Lyon est en état de résistance à l'oppression, ce n'a été que pour combattre et terrasser l'anarchie qui semble encore vouloir lever sa tête audacieuse. 5° Les citoïens déclarent qu'il convient aux sections de la cité de nommer deux commissaires pris dans le sein de chacune d'elles, lesquels seront uniquement autorisés à se réünir sans délai dans l'une des salles de l'hôtel commun pour choisir parmi eux un nombre suffisant de députés qui aillent de suite à Mâcon pour exprimer le vœu de la cité aux citoïens Reverchon et Delaporte, représentants du peuple, commissaires ad hoc de la Convention Nationale. Cette députation sera spécialement chargée d'inviter les deux commissaires de la Convention à se rendre dans cette cité, pour y être témoin du bon ordre et de la tranquilité qui y règnent et se convaincre de la pureté des sentiments républicains dont ses habitants ont toujours été animés. 6° L'oppression sous laquelle a gémi la ville de Lyon aïant eu pour principale cause la mauvaise composition du corps municipal dont les membres sont incarcérés, et ce corps municipal n'étant que provisoirement remplacé, les députés des sections sont chargés de demander en leur nom la convocation des assemblées primaires pour la formation d'un nouveau conseil général de la commune. 7° La présente délibération sera communiquée aux autres sections, qui sont invitées à prendre de suite les mêmes mesures et à nommer chacune deux commissaires chargés de leurs pouvoirs particuliers. La section de Portefroc nomme pour ses commissaires les citoïens Dupuis et Rayre, qui se rendront demain vendredi 26, à midi, dans la salle du commerce à l'hôtel commun, lieu désigné pour leur réunion. 8° Le président est autorisé d'écrire au citoïen Maillan pour lui annoncer les sentiments professés dans la présente délibération, lui en envoïer une expédition et le remercier des bons offices qu'il lui a offerts.

Séance levée à dix heures du soir. Baron, secrétaire, Coinde, président.

Du vingt-six juillet 1973, l'an 2e de la République françoise, au nom de la liberté, de l'égalité et de la République une et indivisible, le président a ouvert la séance.

Le président a donné lecture d'une lettre à lui adressée par le citoïen Ducret, adjudant du commandant de ce bataillon de Portefroc, contenant sa démission de ce grade, sur quoi l'assemblée a renvoïé la connoissance de cette affaire au comité militaire et que néantmoins le président voudra bien écrire au citoïen Ducret pour l'inviter à retirer sa démission en oubliant les désagréments dont il paroit affecté.

Le citoïen Dupuis, l'un des commissaires nommés par cette assemblée par son arrêté d'hier pour se réunir dans la salle du commerce à l'hôtel commun, avec les commissaires des autres sections, en exécution et pour les causes expliquées aud. arrêté, a observé qu'une affaire très importante, qui ne peut souffrir aucun retard et qu'il a communiquée au président, l'empêchera demain de s'occuper du fait de sa commission, et que cette affaire pourra peut-être occasionner une autre séance, qu'en conséquence il est à propos de nommer à sa place un autre citoïen, sur quoi l'assemblée a unanimement nommé le citoïen Petit pour supléant au citoïen Dupuis, le citoïen Petit a accepté avec la condition que si la commission dont il s'agit exigeoit plus de deux séances, il ne pourroit pas y vaquer et seroit lui-même remplacé.

Le citoïen Rayre, collègue du citoïen Dupuis pour la commission dont est question en l'article précédent, a rendu compte de ce qui s'est passé à l'assemblée des commissaires des sections qui, en conséquence de l'arrêté de la section de Portefroc, adhéré par la majorité des autres sections, a eu lieu aujourd'hui dans la salle du commerce à l'hôtel commun et a été ajourné à demain quatre heures de relevée, au même endroit. Il a dit que l'arrêté pris hier par cette section, arrêté dont il a été laissé copie à chacune desd. sections, n'a pas été trouvé conforme dans sa rédaction à ce qui avoit été convenu, quoique le fond soit le même, et, en conséquence, il a été délibéré par les commissaires qu'ils remettroient chacun de leur section led. arrêté en délibération, en posant les articles de la manière suivante : 1° Reconnoitra-t-on la Convention Nationale comme le centre d'unité de la République françoise ? 2° Faut-il adhérer aux décrets généraux émanés de la Convention Nationale depuis le 31 mai dernier ? 3° Faut-il exempter de cette adhésion les décrets particuliers rendus par la Convention Nationale contre la ville de Lyon ; le peuple de Lyon restera-t-il en état de résistance à l'oppression jusqu'au rapport de ces décrets arrachés à la Convention par l'effet de l'erreur et de la surprise ? 4° La Commission départementale populaire républicaine et de salut public continuera-t-elle de demeurer chargée de prendre les mesures générales de sureté et de salut public et de diriger la force départementale ? 5° Ouvrira-t-on une communication avec les deux commissaires de la Convention Nationale (Reverchon et Delaporte), qui sont actuellement à Mâcon. 6° Demandera-t-on la convocation des assemblées primaires pour la formation d'un nouveau conseil général de la commune ? 7° Choisira-t-on dans le nombre des commissaires des sections les députés qui seront chargés d'aller à Mâcon auprès des commissaires de la Convention Nationale, pour les informer du bon ordre et de la tranquilité qui règnent à Lyon et de la pureté des sentiments républicains dont ses habitants ont toujours été animés ? Ces sept articles, proposés à l'assemblée les uns après les autres, ont été adoptés à l'unanimité comme formant le vœu qu'elle avoit exprimé hier en prenant son arrêté, et elle a été d'avis que la délibération à prendre en conséquence soit prise par toutes les sections collectivement comme exprimant le vœu du peuple de Lyon, chargeant en conséquence les citoïens Rayre, Dupuis et Petit, ses commissaires, de rédiger conjointement avec les commissaires des autres sections, la délibération dont il s'agit et les considérants qui la déterminent.

Séance levée à dix heures du soir. BARON, secrétaire, COINDE, président.

Du vingt-sept juillet l'an 2ᵉ de la République françoise 1793, à neuf heures du matin, au nom de la liberté, de l'égalité et de la République une et indivisible, le président a ouvert la séance.

Le citoïen Morguet, concierge de la salle des séances de cette assemblée, a présenté un compte de diverses fournitures faites pour les bureaux, montant à vingt-une livres deux sols; l'assemblée a unanimement arrêté que sans tirer à conséquence, pour cette fois seulement, elle veut bien allouer l'article de deux livres huit sols pour timbre de douze certifficats de résidance, qui auroit dû être païé par les certiffiés et, en conséquence, de faire païer à son concierge la somme de vingt-une livres deux sols, montant dud. compte, et à cet effet elle a autorisé le bureau de la section à délivrer un mandat sur le trésorier de la section, auquel il est permis de tirer lad.ᵉ somme dans la dépense de son compte, qui lui sera allouée en rapportant le mandat quittancé.

Sur la motion d'un membre, appuïée par plusieurs autres, relativement à l'assemblée primaire convoquée pour demain huit heures du matin, il a été [arrêté] à l'unanimité que lad. assemblée primaire se tiendra dans la salle ordinaire de l'assemblée permanente de cette section demain, à huit heures du matin; que tous les citoïens de cette section sont invités à apporter avec eux leur carte de section pour être admis à votter dans l'assemblée primaire; que ceux qui auront négligé d'en prendre sont invités à se procurer des cartes de section, et à cet effet de se présenter au comité de surveillance de cette section, dont le bureau sera ouvert demain dès les huit heures du matin, dans la grande salle de l'Evêché, et que le présent arrêté sera publié par la voïe de l'affiche, tant dans l'intérieur de la salle des assemblées de section qu'à la porte, ensemble annoncé par le concierge et le tambour, au son de la caisse, aux endroits ordinaires dans l'étendue de cette section.

Lecture faite par le président à l'assemblée des six lettres à lui adressées par les citoïens Desgranges l'ainé, commandant du bataillon de Portefroc, Ducret, adjudant, Souvaneau, capitaine de la 4ᵉ compagnie, Serrie et Tepey, caporaux, contenant leurs démissions des grades ci-dessus énoncés, l'assemblée a décidé à l'unanimité qu'elle est incompétente pour recevoir ou rejetter lesd. démissions et en a renvoïé la connoissance au comité militaire, et cependant a arrêté que le président voudra bien écrire à ces officiers pour les engager à retirer leurs démissions et à oublier tous motifs de mécontentements pour un bien de paix et à ne penser, dans ces moments orageux, qu'à servir la chose publique qui est toujours en danger et de leur observer qu'à la forme de la loi ils doivent rester à leur poste.

La sixième lettre est du citoïen Remilhe, membre et secrétaire du comité de surveillance, par laquelle il déclare qu'il donne sa démission. L'assemblée a, sur cet article, passé à l'ordre du jour, motivé sur ce que la loi ne fixe point de tems déterminé pour la durée des fonctions du comité de surveillance, sur ce que chaque fonctionnaire public doit rester à son poste à la forme de la loi, elle a chargé son président d'annoncer cet arrêté au citoïen Remilhe et de l'inviter, par la voïe de la douceur et de la persuasion qui lui sont si naturelles, à retirer sa démission.

Lecture faite par le président d'une lettre à lui adressée le 26 de ce mois, par le citoïen Reverony, membre du comité établi pour l'emprunt de trois millions relatif à l'achat du bled, par laquelle il le prie de faire prévenir la citoïenne Murard, de cette section, de païer le montant de sa soumission ensemble les citoïens Verset et Morel, sur quoi et du consentement unanime de l'assemblée, le président a prié le citoïen Rey de se charger de communiquer le contenu de lad. lettre aux citoïens et citoïennes y dénommés.

Séance levée à neuf heures du soir. BARON, secrétaire, COINDE, président.

Du dimanche vingt-huit juillet l'an 2ᵉ de la République françoise 1793, le président a, au nom de la liberté, de l'égalité et de la République une et indivisible, ouvert la séance à sept heures du matin, pour l'ouverture d'un paquet à lui adressé et apporté à six heures de ce jour, aïant au préalable fait convoquer l'assemblée de section pour une heure seulement, à l'effet de procéder à l'ouverture dud. paquet. Ouverture faite dudit paquet, il s'est trouvé contenir une lettre dattée d'hier signée Matheron, annonçant l'envoi d'un décret de la Convention Nationale, du 26 juin dernier, contenant une adresse aux François, sous le n° 1806, et un autre décret de la Convention, du 27 juin, qui ordonne la convocation des assemblées primaires, sous le n° 1085. Lecture a été faite à l'assemblée de la section de ces deux décrets imprimés et de lad. lettre, la séance a été levée avant huit heures du matin, et lesd. pièces ont été laissées sur le bureau avec le paquet adressé au plus ancien d'âge de l'assemblée primaire.

BARON, secrétaire, COINDE président.

Le dimanche vingt-huit juillet, toute la journée, depuis neuf heures du matin jusqu'à dix heures du soir, le lundi vingt-neuf juillet aussi depuis neuf heures du matin jusqu'à dix heures du soir, et le mardi depuis neuf heures du matin jusqu'à une heure de relevée, l'assemblée primaire de la section a tenu ses séances qui n'ont [été] levées qu'à lad. heure et les procès-verbaux écrits par le secrétaire de lad. assemblée sur le regître à ce destiné.

BARON, secrétaire, COINDE, président.

Du mardi trente juillet, l'an 2ᵉ de la République françoise 1793, à une heure de relevée, à l'issue de l'assemblée primaire et après la clôture et signature du procès-verbal de lad. assemblée primaire, qui a été prévenue par le président que l'assemblée permanente de la section de Portefroc alloit ouvrir la scéance, le président, au nom de la liberté, de l'égalité et de la République françoise une et indivisible, a effectivement et de suite ouvert la séance de l'assemblée permanente de la section de Portefroc.

Lecture faite d'un imprimé aiant pour titre : *Projet de déclaration du peuple de Lyon*, commençant par ces mots : *Les trente-six sections réünies composant le peuple de Lyon* et de la lettre-circulaire des citoïens commissaires des sections réunies, contenant invitation aux sections d'adhérer à lad. déclaration projettée et de nommer un commissaire qui se rendra aujourd'hui trente juillet, dans la salle du commerce à l'hôtel commun, pour y faire connoitre le vœu de sa section ; l'assemblée délibérant sur le contenu auxd. deux pièces, a adhéré unanimement à la déclaration dont il s'agit et pour porter son adhésion à l'assemblée des commissaires des sections de Lyon, elle a choisi et nommé pour son député le citoïen Brac-Montpinay, auquel elle donne ses pouvoirs à ces fins, lesquels pouvoirs lui seront remis par le bureau.

Le citoïen Brochet, menuisier, voisin de la salle de cette assemblée permanente, a présenté un compte de quelques menues fournitures et façons de sa profession faites à deux des tables du bureau de cette section, montant à six livres ; sur quoi délibérant, l'assemblée a réglé led. compte à cinq livres et a arrêté que mandat sera délivré aud. citoïen Brochet par le bureau, sur le trésorier, et qu'en rapportant led. mandat quittancé, lad. somme de cinq livres sera allouée aud. trésorier dans la dépense de son compte.

Les citoïens composant l'assemblée permanente de la section de Portefroc, aïant été appellés au son de la caisse par ordre du commandant, pour se rendre en armes sur la place d'Armes, à l'effet de se rendre ensuite sur la place de la Liberté, pour aller avec les autres bataillons de la ville, accompagner les administrateurs et les officiers municipaux qui vont proclamer l'acceptation du projet de constitution, ce qui a rendu déserte la salle de l'assemblée, le président a levé la séance à quatre heures de relevée, et l'a ajournée à demain huit heures du matin. Baron, secrétaire, Berger, vice-président.

Du trente-un juillet, l'an 2ᵉ de la République françoise 1793, au nom de la liberté, de l'égalité et de la République françoise une et indivisible, le président a ouvert la séance à neuf heures du matin.

Le président aïant fait annoncer au son de la caisse, dans les endroits accoutumés de cette section, que les citoïens étoient prévenus de se rendre de suite dans la salle ordinaire de cette section, pour, à la forme du règlement, procéder à l'élection d'un président, de deux vice-présidents et de quatre secrétaires ; l'assemblée se trouvant composée, le président l'a consultée pour savoir si elle est d'avis de procéder de suite à lad. élection ; l'assemblée aïant été unanimement de cet avis, le président a ouvert et renversé la boite du scrutin, il l'a refermée et exposée sur le bureau et il a invité les citoïens composant l'assemblée de faire leur bulletin sur le bureau et en le mettant dans la boite de se faire enrégîtrer sur la liste des votants que le secrétaire est chargé de faire, il a en même temps prévenu l'assemblée que ce premier scrutin est pour l'élection du président ; que le second est pour les deux vice-présidents et le troisième pour les quatre secrétaires. Les citoïens se sont occupés à faire chacun leur bulletin et, avant de le mettre dans la boite, ils se sont fait inscrire sur la liste. Tous les citoïens présents aïant procédé de cette manière, le président, après avoir pris l'avis de l'assemblée sur la question de savoir si le scrutin seroit fermé et s'il seroit procédé de suite au dépouillement du scrutin, l'assemblée aïant donné son vœu pour l'affirmative, le président a déclaré que le bulletin *(sic)* est fermé et, de suite, il a ouvert la boite du scrutin, a compté le nombre des bulletins qui s'est trouvé conforme au nombre des vottans enregistré sur la liste qu'en a faite le secrétaire et sans s'arrêter à autre acte, les billets ou bulletins ont été ouverts et le président a annoncé à haute et intelligible voix les noms écrits sur lesd. bulletins, desquels noms il a été fait des listes par les secrétaires actuellement en exercice, qui ont marqué à côté et à la suite desd. noms le nombre de fois que lesd. noms ont été déclinés par le président à fur et mesure qu'il a lu les bulletins. Il en est résulté que le citoïen Guerre a obtenu la grande pluralité pour la place de président; le président en exercice l'a proclamé aux acclamations très vives et réitérées de l'assemblée. Le citoïen Guerre n'étant pas présent, deux citoïens ont été députés pour aller chez lui le complimenter en lui annonçant son élection à la présidence ; ces députés sont revenus et ont dit qu'il n'étoit pas chez lui. L'assemblée a ensuite procédé à l'élection des deux vice-présidents par la même voie et en observant la même formalité que dessus ; le scrutin aïant été fermé du consentement de l'assemblée, et ensuite ouvert et dépouillé, le nombre des bulletins s'est trouvé égal à celui des vottans inscrits sur la liste, et les bulletins aïant été lus à haute et intelligible voix par le président, en observant le même ordre que dessus, il en est résulté que les citoïens Berger-Villemoron et Maret ont obtenu la grande pluralité de suffrages pour la place de vice-présidents. Le président en exercice les a proclamés vice-présidents de la section permanente ; cette proclamation a été accueillie par les plus vives acclamations. Semblables formalités ont été observées pour l'élection des quatre secrétaires de l'assemblée, et après le dépouillement des scrutins, le citoïen président en exercice aïant nommé les noms inscrits sur chaque bulletin dont il a été tenu notte par les secrétaires aussi en exercice, il en est résulté que les citoïens Manin l'aîné, Chazottier, Macors, notaire, et Valois ont réuni la grande pluralité des suffrages pour les quatre places de secrétaire. Le président en exercice les a proclamés ; cette proclamation a été suivie des acclamations les plus vives.

Les citoïens Berger-Villemoron, vice-président, Macors et Chazottier, deux des secrétaires élus ci-dessus, étants survenus, le président leur a fait part de leur élection ; le citoïen Berger a prêté à l'assemblée le serment de maintenir la liberté, l'égalité, la République une et indivisible et la sureté des personnes et des propriétés et de mourir en les défendant, et il a pris sa place au bureau.

Les citoïens Macors et Chazottier ont prêté le même serment au vice-président en présence de l'assemblée et ils ont pris place au bureau.

Le citoïen Valois, l'un des quatre secrétaires élus aujourd'hui, s'étant approché du bureau, a aussi prêté le même serment entre les mains du vice-président, en présence de l'assemblée, et a pris place au bureau ; le citoïen Coinde, qui quitte la présidence, et le citoïen Baron, secrétaire, qui jusqu'à ce moment a tenu la plume, après avoir donné l'acolade fraternelle aux officiers nouvellement élus et tenant à présent le bureau, se sont placés parmi les autres membres de l'assemblée.

SECTION DE PORTE-FROC, 31 JUILLET, 1ᵉʳ AOUT

Le président a fait lecture d'une lettre à luy adressée par le citoïen Triomphant, capitaine de la 4ᵉ compagnie de ce bataillon, lad. lettre sans datte, par laquelle il persiste à demander son congé, sur quoy l'assemblée délibérant, a unanimement passé à l'ordre du jour motivé sur les précédents arrêtés à ce sujet.

D'après la lecture d'une adresse du comité militaire, l'assemblée a délibéré de charger l'adjudant du bataillon de demander au comité militaire, le nombre et l'espèce d'ouvriers propres aux travaux de nos fortifications et de la deffense de la ville, afin de déterminer le contingent à fournir par cette section.

Sur la proposition d'un autre membre, l'assemblée a délibéré qu'il sera ouvert un registre destiné aux souscriptions des citoyens aisés qui pourront fournir des lits ou matelats, par forme de prêt, aux cazernes.

Sur la proposition d'un autre membre, l'assemblée a nommé les citoyens Coinde, Rey, Pitra et Binard, pour porter le vœu de la section à la Commission populaire et aux autorités constituées, les assurer de son dévoué attachement, de l'inviolabilité de sa reconnoissance et les prier de rester fermes à leurs postes pour le salut public.

Séance fermée à neuf heures du soir. CHAZOTTIER, BERGER, vice-président ; MACORS, secrétaire, BARON.

Cejourd'hui premier août mil sept cent quatre vingt-treize, et le second de la République une et indivisible, l'assemblée permanente de la section de Portefroc a ouvert sa séance à neuf heures du matin.

La section de l'Ancienne Ville a envoyé deux commissaires qui ont donné lecture d'une délibération tendant à se constituer en assemblée populaire et à ce que chaque section admetent la même mesure. L'assemblée consultée, ne pouvant délibérer sur cet objet, l'a ajourné jusqu'après le rapport qui lui en sera fait par les citoyens Rey et Leroi aîné, membres du comité de surveillance, lesquels ont été nommés commissaires quant à ce.

L'assemblée a nommé les citoyens Baron et Vanal, à l'effet de se rendre, d'après l'invitation de la municipalité provisoire, dans la salle de Rousseau et s'y réunir avec les autres commissaires des sections, pour y nommer douze commissaires pris parmi eux, destinés à aller fraterniser dans les départements voisins, y annoncer nos principes et nos dispositions.

L'assemblée consultée sur la nomination à faire de deux commissaires destinés à aller assister chaque jour aux scéances du conseil général de la commune et des autres autorités constituées, les citoyens Reyre et Dacier ont été choisis, lesquels sont chargés de rendre compte chaque soir, scéance tenante, à la section, du résultat des diverses délibérations.

Sur la proposition d'un membre, l'assemblée a nommé les citoyens Savy et Gobin, à l'effet de faire choix de six ouvriers bucherons, anciens artilleurs ou autres, les plus propres à leur destination, pour être employés aux travaux que leur indiquera le comité militaire moyennant salaire.

Sur la proposition d'un autre membre, l'assemblée consultée a délibéré qu'il sera payé au tambour quinze livres par mois pour le service extraordinaire de la section, et dès à présent quarante-cinq livres pour le trimestre échu aujourdhuy.

L'assemblée a nommé les citoyens Ramey, président, à la place du citoyen Guerre, absent.

Le citoyen Didier, canonier des troupes de ligne, ayant été présenté à la section par des commissaires de celle du Port-du-Temple, comme une des victimes de la journée du 29 may dernier, l'assemblée a arrêté qu'elle luy accordera une indemnité prise dans sa caisse.

A l'instant, le citoyen Ramey est survenu et instruit par le vice-président de sa nomination, a prêté le serment requis et accepté la place.

L'assemblée a nommé les citoyens Collet, Dubot et Parmentier cadet, à l'effet de faire transporter à la nouvelle douane les effets de casernement fournis par les citoyens de cette section.

Scéance levée à neuf heures du soir. MARET, président, MACORS, secrétaire.

Du deux août l'an second de la République françoise 1793, à 9 heures du matin, au nom de la liberté, l'égalité et de la République une et indivisible, la séance a été ouverte par le vice-président.

L'assemblée a arrêté que toutes les opérations du comité de surveillance cessera ses fonctions à sept heures de relevée, à compter de ce jour.

Le citoyen Vallois nommé commissaire pour prévenir le commandant général des effets de cazernement étants au district.

Le citoyen Riche, secrétaire de l'assemblée primaire, est chargé de faire et porter au secrétariat municipal le double du procès-verbal de l'assemblée primaire.

Une députation de la section de Rousseau a donné lecture d'une délibération tendante à inviter les autorités constituées, d'investir le citoyen Perrin-Précis de pouvoirs illimités pour la deffense de la ville ; l'assemblée y a adhéré.

Une autre députation de Guillaume-Tell, tendante à inviter les membres de la section députés pour composer la municipalité provisoire, à être plus exacts aux assemblées ; l'assemblée y a adhéré.

Séance levée à neuf heures du soir. MARET, président, CHAZOTTIER, secrétaire.

Ce jourd'hui troisième jour du mois d'août mil sept cent quatre-vingt-treize, l'an second de la République Françoise, l'assemblée a ouvert la scéance à neuf heures du matin.

Sur le rapport d'un membre du comité de surveillance, les citoyens Baron et Louis Guillot ont été nommés suppléants des membres du comité de surveillance absents, à l'effet de compléter le bureau.

D'après le rapport du même membre, les citoyens Legavre, Grémant, Gasnier et (1) ont été nommés commissaires pour s'occupper de suite et avec une sévère exactitude des visites chez les boulangers de la section.

L'assemblée ayant mis à l'ordre du jour l'exécution de sa délibération du 22 juillet dernier, concernant les citoyens de la section absents sans causes légitimes depuis le 29 mai dernier, a délibéré de nouveau :
1° Qu'il sera fait un recensement général de tous les citoyens, à l'effet

(1) *Blanc dans le texte.*

de connoître les absents. 2° Que le comité de surveillance est chargé de l'exécution de cette délibération et d'en informer les authorités constituées. 3° Qu'invitation sera faite au district de la Campagne, par députation de plusieurs de nos membres, de requérir les communes des campagnes de renvoyer tous les citoyens de cette ville qui s'y seraient rendus depuis le 29 mai dernier, de faire arrêter toutes personnes suspectes ou tenant des propos contre l'ordre public ou séditieux; comme encore de refuser des passeports à quiconque en demanderait. 4° Que les citoyens qui rentreront dans cette ville en vertu de la présente délibération, seront tenus de se présenter au bureau de surveillance pour y faire enregistrer leur retour. Et que la présente sera communiquée aux sections et aux authorités constituées.

Sur la proposition d'un membre, l'assemblée a délibéré que pétition sera adressée aux corps administratifs, tendante à établir un comité de rédaction pour les adresses, à l'effet d'informer les habitants des campagnes des véritables sentiments dont sont animés les citoyens de Lyon, et assurer la plus prompte exécution de ces écrits et leur distribution; les citoyens Rey et Guerre ont été nommés commissaires pour porter la pétition.

Délibère encore qu'elle nommera des commissaires pour aller dans les campagnes distribuer les adresses et désabuser nos frères.

Séance levée à neuf heures de relevée. MARET, président, CHAZOTTIER, secrétaire.

Ce jourdhui quatre août mil sept cent quatre-vingt treize, l'an second de la République Françoise, une et indivisible, l'assemblée de la section de Porte-Froc a ouvert sa séance à neuf heures du matin.

Le président a fait donner lecture d'une lettre adressée par la commune provisoire, dattée de ce jour, signée Rouchet, secrétaire. L'assemblée, consultée sur le contenu de cette lettre, considérant l'arrêté du même jour pris par le conseil provisoire et l'invitation contenue dans la lettre, délibère de nommer le citoyen Burdel, commissaire, pour se réunir demain, dix heures du matin, dans la sâle du Conseil général de la commune, avec les autres commissaires de sections, pour se faire adjoindre des citoyens pris dans les communes des campagnes du département, et aller ensemble dans les départements de Saône-et-Loire, Haute-Saône et Côte-d'Or; munis d'instructions pour éclairer nos frères sur nos principes et sur nos besoins de subsistances.

Une députation de la section de l'Egalité a donné connaissance d'une délibération prise dans son sein, tendante à inviter les citoyens à donner des vieux linges qui seront déposés dans un lieu indiqué, destinés au pansement des personnes blessées et à inviter les chirurgiens de chaque section à porter des secours auxd. blessés. L'assemblée y a adhéré en y ajoutant que des commissaires seront nommés à l'effet de se rendre chez tous les citoyens de la section pour recevoir d'eux les vieux linges qu'ils donneront; et que ces mêmes commissaires choisiront, de concert avec les chirurgiens, un local salubre où seront portés tous les blessés qui ne voudront point se faire traiter chez eux. L'assemblée a nommé pour commissaires les citoyens Collomb et Devienne pour remplir cet objet et le citoyen Luneau. L'assemblée délibère en outre que le dépôt du vieux linge sera chez le citoyen Collomb.

Sur la demande du citoyen Jaquet, tendante à permettre à son domestique de lui porter des soins à Charbonières, l'assemblée a passé à l'ordre du jour.

L'assemblée, consultée sur la démission donnée par le citoyen Desgranges, l'aîné, de son grade de commandant en chef du bataillon, a délibéré de ne pas l'accepter dans le moment où la (1) cité se trouve en danger.

Le citoyen Macors, notaire, a offert aux citoyens de la section un moulin à bras ; l'assemblée, acceptant avec remerciments la générosité de l'offrande, et a délibéré que mention honorable en serait consignée sur le registre.

Scéance levée à neuf heures du soir. MARET, président, CHAZOTTIER, secrétaire.

Ce jourd'hui cinq août mil sept cent quatre-vingt-treize, l'an deuxième de la République une et indivisible, l'assemblée de la section de Porte-Froc en permance a ouvert sa séance à neuf heures du matin.

Il a été donné lecture d'un projet d'adresse ayant pour titre : *Le peuple de Lyon à tous les François* (2) ; l'assemblée, consultée sur cette adresse émanée du secrétariat de toutes les sections, y a adhéré.

Sur la proposition d'un membre, tendante à faire retirer les moulins qui sont sur le fleuve du Rhône, à l'effet de les garantir du danger, l'assemblée consultée a renvoyé la pétition aux comités militaires et des subsistances réunis et, à cet effet, le citoyen Dacier a été nommé commissaire pour porter la délibération.

Sur la demande du citoyen Desgranges, chirurgien-major de l'armée départementale, tendante à être chargé seul du dépôt des linges et autres objets de secours pour les blessés, l'assemblée renvoye la pétition aux authorités constituées.

Adhésion donnée à la délibération prise au Secrétariat général des sections, tendante à remetre aud. secrétariat 34 exemplaires de tous les imprimés et affiches pour les faire parvenir de suite aux sections.

Adhésion à une autre délibération de Saône, tendante à témoigner de la reconnoissance aux municipalités et sections de la Croix-Rousse et la Guillotière, à raison de leurs bons procédés à l'égard de la cité.

Le comité de surveillance ayant fait part d'une liste des citoyens absents, en conformité de la délibération de la section du trois de ce mois, l'assemblée a approuvé la liste et les distinctions qu'elle contient, et sur la proposition de la remetre pour délibérer sur son exécution, l'assemblée consultée arrête que cette liste sera rendue au comité de surveillance, lequel est invité d'écrire de nouveau aux citoyens absents, qu'à défaut de rentrer dans trois jours et de se présenter au comité de surveillance, leurs noms seront inscrits sur un tableau, imprimés, affichés, dénoncés et envoyés aux authorités constituées pour arrêter telles mesures qu'il conviendra. L'assemblée, sur le surplus de la proposition du citoyen Dupuis, concernant les peines à décerner contre les absents, a ajourné à demain.

Scéance levée à neuf heures de relevée. MARET, président, CHAZOTTIER, secrétaire.

(1) *A la suite le mot* patrie, *biffé.*
(2) *Cf. Commission populaire*, p. 476.

Ce jourdhui six août 1793, le 2ᵉ de la République Françoise une et indivisible, l'assemblée permanente de la section de Porte-Froc a ouvert sa scéance à neuf heures du matin.

L'assemblée, sur les observations de plusieurs membres, a pris l'arrêté suivant : elle a nommé pour ses commissaires les citoïens Manin l'aîné, Jal et Richard, à l'effet de dénoncer, au nom de la section, aux autorités civiles et militaires, qu'il existe dans plusieurs municipalités de ce département, des rassemblements considérables de gens suspects et leur demander d'arrêter que dès ce jour tous les maires et procureurs des communes demeureront personnellement responsables desdits rassemblements; les requérir de plus de se concerter pour disperser lesd. rassemblements par tous les moïens qui sont en leur pouvoir, même par celui de la force armée. Que lesd. commissaires se transporteront au comité de salut public et au Secrétariat général des sections, pour y faire lecture des présentes, les déposer sur le bureau et demander qu'il soit soumis de suite à la délibération du comité et des sections pour y être pris en considération et qu'il sera rendu public par la voie de l'affiche imprimée.

Le Secrétariat Général des sections a fait présenter à l'adhésion de l'assemblée un arrêté n° 11 de la section de la Réunion, du 4 de ce mois, relativement aux factionnaires à fournir par les sections pour la garde et sureté des arbres de la liberté. L'assemblée a passé à l'ordre du jour, motivé sur ce que cet objet est de la compétence du comité militaire.

Un arrêté de l'assemblée de la section de Marseille n° 12, relatif au citoyen Martin, auquel arrêté l'assemblée a unanimement adhéré.

L'assemblée a ajourné à sa séance de demain sa délibération sur la demande en adhésion de la délibération de la section de rue Buisson, tendante à indemniser les cazernés, les estropiés à vie, et les veuves et enfants des tüés, etc.

Le citoyen Baron a ensuite rendu compte de la mission qui lui a été donnée ce matin au commencement de la séance ; elle avoit pour objet de faire avec le citoyen Blachier, son collègue, les informations et démarches nécessaires pour recouvrer, s'il étoit possible, les lits qui servoient aux ci-devant clercs de la cathédrale et à leurs supérieurs, et de savoir combien il pourroit être placé de lits dans le bâtiment appellé Nouvelle Manécanterie. Le résultat de sa mission est qu'il a engagé un membre du district de cette ville à se transporter avec lui et le citoyen Blachier dans l'ancien et le nouveau bâtiment de la Manécanterie, qu'il a été découvert dans l'ancien dix couchettes de fer, cinq garde pailles, trois matelats, un traversin et divers bancs, tables et instruments de cuisine ; que le nouveau bâtiment peut contenir cent cinquante lits pour un casernement, sans comprendre les appartements occupés par les supérieurs du séminaire de la Métropole; que ces supérieurs, de l'avis du citoyen évêque, à ce qu'ils ont dit, sont très empressés à abandonner le bâtiment de la Manécanterie et à aller établir le séminaire dans le bâtiment des ci-devant religieuses de Chazot, si les administrateurs veulent le céder à ces fins. Il y a encore dans led. bâtiment nouveau plusieurs lits de fer et en bois et quantité de matelats et couvertures de relai ; et en se servant des appartements occupés par les supérieurs, il y aura place pour cinquante lits de plus. Il observe que la porte d'une des pièces de l'ancien bâtiment étoit fermée, qu'une plaque de fer étoit clouée sur les troux et écusson de la serrure ;

que le commissaire du district a fait lever la plaque par un des ouvriers du citoyen Gobin, serrurier voisin, que la plaque levée, il ne s'est trouvé aucuns vestiges de scellés sur les troux et écusson de la serrure; qu'alors la clef étant égarée, le citoyen administrateur du district a fait crocheter la serrure et que l'ouvrier aïant ouvert, la pièce à laquelle cette porte donne entrée et prenant ses jours au midi, s'est trouvée contenir un des lits et quelques uns des autres effets mentionnés ci-dessus, dont ledit administrateur a fait faire la description par led. citoyen Blachier. Le citoyen Baron a ajouté que, de concert avec led. administrateur, ils ont arrêté de prendre des informations pour découvrir le surplus des lits et autres effets qui garnissoient les différentes pièces dud. ancien bâtiment; qu'après le rapport qu'il vient de faire, il estime que ce seroit le cas d'inviter les autorités constituées d'accéder au projet du citoyen évêque et des citoyens supérieurs du séminaire, en leur accordant le bâtiment des ci-devant religieuses de Chazot, et d'établir un casernement dans le bâtiment neuf de la ci-devant Manécanterie, en destinant les grandes salles de l'évêché, où est établi un casernement depuis hier, à faire un hopital d'entrepôt pour la légion de ce côté qui est là. L'assemblée a témoigné sa reconnoissance au citoyen Baron de ses peines et soins et de son zèle par la voïe des acclamations et par l'organe de son président.

Le citoyen Guerre a ensuite observé à l'assemblée que, surtout dans les circonstances orageuses où se trouve la cité, il étoit impossible à l'assemblée de se passer d'un secrétaire assidu et occupé sans cesse du secrétariat; que quoique dans la dernière promotion, il en ait été élu quatre, conformément au règlement, le service du secrétariat est en souffrance, parce que un des élus ne peut y vaquer à cause de sa difficulté à écrire; un autre s'est blessé à la main droite en faisant l'exercice, un troisième est extrêmement occupé de son état et est d'ailleurs caserné, de manière que le quatrième, qui est le citoyen Chazottier, est le seul qui puisse, dans ce moment, tenir la plume, et comme il n'est pas possible qu'il puisse suffire, le citoïen Guerre a proposé de nommer encore un secrétaire, et dérogeant au règlement quant à ce, rétablir le citoyen Baron en qualité de secrétaire, place en laquelle il auroit été maintenu si le règlement ne s'y fut opposé; cette motion aïant été appuïée par le citoyen Chazottier et plusieurs autres et par les acclamations les plus vives de l'assemblée, sans qu'il ait été possible au citoyen Baron de s'en défendre, le président l'a proclamé secrétaire, en annonçant que l'assemblée dérogeoit, quant à ce, au règlement; sur quoi le citoyen Baron, se rendant aux motifs expliqués par le citoyen Guerre, le citoyen Chazottier et autres, désirant répondre à la confiance dont l'assemblée l'honore et lui donner des preuves de son zèle et de son civisme, a déclaré qu'il accepte la place de secrétaire et qu'il fera ses efforts pour mériter mieux, s'il est possible, la confiance de l'assemblée, la priant d'avoir pour lui autant d'indulgence qu'il a de zèle pour la chose publique.

La séance a été levée à neuf heures et demie. BARON, secrétaire, CHAZOTTIER, secrétaire, BERGER, vice-gérent.

Du sept août, l'an 2 de la République françoise 1793, à neuf heures du matin, au nom de la liberté, de l'égalité et de la République françoise une et indivisible, le président aïant ouvert la séance, le citoïen

Claude-Antoine Cuiziat, voiturier, qui a conduit, de l'hôtel commun à la salle de cette section, quatre caisses contenant des fusils, pour raison de quoi il lui est dû la somme de huit, prix fait entre lui et le citoïen Richard, l'un des officiers du bataillon de Portefroc, ce qui a été attesté par ce dernier, sur quoi l'assemblée a arrêté que son receveur païera aud. citoïen Cuiziat la somme de huit livres qu'il lui a à l'instant païée en présence du bureau, attendu que led. citoïen Cuiziat a déclaré ne savoir signer, de ce enquis, au moïen de quoi ladite somme sera alloüée aud. trésorier dans la dépense de son compte.

Et attendu les circonstances où se trouve la cité, tous les citoïens se trouvant sous les armes, et aucune députation n'étant survenue, le président a levé la séance à neuf heures et demi du soir.

BARON, secrétaire, BERGER, vice-président.

Du huit août l'an deux de de la République Françoise, au nom de la liberté, de l'égalité et de la République une et indivisible, le président a ouvert la séance.

L'assemblée a nommé pour ses commissaires les citoïens Manin l'aîné et Jal l'aîné, à l'effet de se transporter dans les ateliers et magazins des différents épiciers, chapeliers et autres citoïens qui peuvent avoir des balles de cotton ou de laine, en prendre note et en rendre compte à l'assemblée conformément à l'arrêté du comité de surveillance et sureté générale communiqué à l'assemblée sous le n° 14, par le Secrétariat général des sections. Lesd. citoïens commissaires ont peu après rendu compte de leur mission et rapporté qu'aucun des citoïens de cette section ne se trouve possesseurs de balles de cotton ou de laine.

L'assemblée a adhéré aux deux propositions faites par la section de l'Union, communiquées par le secrétariat général des sections sous le n° 13, tendantes savoir : la première, à enjoindre aux membres qui font partie des autorités constituées de se rendre constament à leur poste pour y remplir leurs fonctions ; la seconde, à nommer de suite, chacune dans leur sein, des commissaires pour surveiller les travaux entrepris pour la défense de la cité, lesqnels prendront à cet effet les ordres du comité militaire et elle a renvoïé la nominatien des commisaires jusqu'à ce que l'assemblée puisse avoir, dans son sein, une suffisante quantité de membres, étant privée, quant à présent, de la majeure partie d'iceux à cause du rassemblement de la force armée.

Scéance levée à minuit. BARON, secrétaire, BERGER, vice-président.

Du neuf août l'an 2° de la République Françoise, à une heure du matin, au nom de la liberté, de l'égalité et de la République une et indivisible, le président a ouvert la séance.

Le Secrétariat général des sections a communiqué à l'assemblée un arrêté de la municipalité provisoire, de ce jour, portant réquisition aux citoïens qui font le service seulement dans l'intérieur, de se procurer pour faire ce service des fusils simples pour pouvoir mettre sur-le-champ au comité militaire de la municipalité provisoire les fusils de munition qui leur ont été confiés et qui sont nécessaires pour armer les citoïens des campagnes arrivants pour la défense de la cité, avec avertissement qu'on donnera des piques en remplacement des fusils, led. arrêté coté n° 22. A l'instant, le président a invité les membres ciprésents de se conformer aud. arrêté et d'avertir leurs voisins et concitoïens de s'y conformer.

Le Secrétariat général a aussi fait communiquer un arrêté du comité des subsistances, par lequel il se chargera de fournir la viande nécessaire aux troupes et qu'il invite toutes les sections d'envoïer à ce comité le pain et le vin qu'elles destinent aux défenseurs de la ville, et que chaque poste pourra s'y adresser pour demander ce qui lui sera nécessaire aux conditions que les réclamants seront porteurs d'un ordre ou demande du commandant principal du poste. Proclamation a été faite de cet arrêté par le président dans l'assemblée, avec invitation aux membres présents de s'y conformer et d'avertir les membres absents de s'y conformer aussi.

Le Secrétariat général a encore fait communiquer un autre arrêté de la municipalité provisoire, par lequel elle ordonne que toutes les églises soient fermées à l'instant et ne soient ouvertes que par un nouvel ordre de sa part, cet arrêté est coté au n° 19. Le président a proclamé led. arrêté dans l'assemblée et a intimé, aux citoïens vicaires métropolitains, l'ordre de fermer à l'instant l'église métropolitaine, laquelle restera fermée jusqu'à un nouvel ordre de la municipalité, et il les a chargé de communiquer led. arrêté, tant au citoyen évêque qu'aux autres vicaires métropolitains, sacristain et valets de lad. églize.

L'assemblée a ensuite pris l'arrêté suivant, sur la motion d'un de ses membres appuïée par d'autres; elle a arrêté qu'il sera fait une pétition à la municipalité provisoire et aux autres autorités constituées, à l'effet de faire visitter les cachots de la prison de Roanne occupés par les maire et officiers municipaux, à l'effet d'en enlever tous les papiers et lettres qui peuvent s'y trouver, et que la section de l'Union, sa voisine, sera invitée à déclarer si elle veut prendre la même mesure, à l'effet de quoi le citoïen Mercier, qu'elle nomme pour son commissaire, ira sur le champ communiquer le présent arrêté à section de l'Union. Le citoïen Mercier, de retour de sa mission, a annoncé que la section de l'Union a accueilli l'arrêté par les acclamations les plus vives et y a de suite adhéré; sur quoi l'assemblée a envoïé l'arrêté et l'adhésion, par le citoïen Jal l'ainé, son commissaire, au Secrétariat Général des sections, pour être communiqué aux autorités constituées et l'heure de minuit étant sonnée, sans qu'il y ait eu matière à délibérer sur d'autres objets, le président a ajourné la séance pour être continuée dans une heure sans désemparer. BARON, secrétaire, BERGER, vice-président.

Du dix août l'an deuxième de la République Françoise 1793, au nom de la liberté de l'égalité et de la République une et indivisible, le président a annoncé que la séance qui a été ajournée il y a une heure est reprise.

Le citoïen Jal l'ainé a rendu compte de sa mission, il a dit que le Secrétariat Général a de suite fait communiquer l'arrêté de l'assemblée aux autorités constituées, avec invitation de prendre en grande considération la visite proposée dans les cachots occupés par les maire et municipaux incarcérés et prévenus des crimes et forfaits de la journée du 29 mai.

L'assemblée a ensuite, conjointement avec son comité de surveillance, arrêté que pour l'exercice de la police dans l'étendue de la section, dans les circonstances fâcheuses et inquiétantes où se trouve la cité, de faire la liste de tous les citoïens vétérans et de nommer deux commissaires à l'effet de se transporter chez eux et les commander aux fins de se rendre ce soir à neuf heures, dans la salle de la section, pour y faire le service qui leur sera prescrit, nottament des rondes et patrouilles à l'effet de dissiper les rassemblements de femmes, les faire retirer, faire fermer les portes d'allées et arrêter les malveillants, les commissaires nommés à ces fins sont les citoïens Manin cadet et Teillard l'aîné, qui, après avoir accepté la commission, s'en sont tout de suite occupés.

Le citoïen Jal aîné, commissaire par intérim au Secrétariat Général des sections, a apporté une feuille volante de la part dudit Secrétariat, ladite feuille contenant une invitation aux citoïens, de la part du comité de sureté particulière de surveillance et de salut public, de prendre la précaution de garnir de paille et de fumier le bas des maisons donnant sur la rue, de tenir dans les rues et dans le haut des maisons des sceaux, tonneaux, cuves ou cuviers plains d'eau pour remédier aux incendies en cas d'évènements, et d'après cette précaution de laisser libre le cours des eaux des ruisseaux, en conséquence de relever contre les maisons et les soupiraux des caves les pailles, fumiers et terres, etc., ladite invitation cottée n° 29.

Une autorisation du même comité aux sections pour faire les diligences les plus actives pour découvrir tous les bois disponibles et les faire transporter dans l'intérieur de la ville dans un lieu sûr, aïant soin de se concilier avec l'état-major du général pour les mesures de sureté à prendre pour l'entrée des bois qui sont en dehors des murs de la ville. A la suite est l'invitation du Secrétariat Général de nommer par chaque section un commissaire qui se rendra le plutôt possible au Secrétariat Général séant au grand collège, maison des pentionnaires, pour aviser par les commissaires réunis aux moïens d'exécuter promptement l'ordre ci-dessus, cette pièce est cottée n° 28.

Un avis du Secrétariat Général des sections, que celle de Simoneau a donné un exemple de surveillance en formant un poste de police composé des vieillards de cette section qui, conjointement avec le comité de surveillance et le président de la section tiennent une police exacte et une surveillance active dans son arrondissement par des patrouilles continuelles et contiennent de la sorte les malveillants ; et que cette mesure doit être prise par toutes les sections, etc. ; cette pièce est cottée n° 29.

Enfin un autre avis du Secrétariat Général qu'il a été publié depuis peu à Leipsik une instruction pour rendre l'effet des pompes plus prompt et plus efficace sur toutes les constructions en bois attaquées par le feu ; elle consiste à jetter dans l'eau dont on veut se servir cinq ou six livres de potace ou plus, suivant la quantité d'eau qu'on emploie, l'eau ainsi préparée est ensuite lancée sur les parties embrasées, la flamme s'arrête, le bois imbibé résiste au feu ; si le tems le permet, il faut faire dissoudre cette matière dans une chaudière d'eau bouillante et verser de tems en tems quelques sceaux de cette eau dans le réservoir de la pompe ; on supplée à la potace par le sel de la cuisine ; cette pièce est cottée n° 30.

L'heure de minuit étant sonnée, le président a continué la séance pour être reprise à une heure. BARON, secrétaire ; BERGER, vice-président.

Du 11 août l'an deuxième de la République Françoise 1793, à une heure du matin, au nom de la liberté, de l'égalité et de la République une et indivisible, le président a déclaré que la séance suspendue il y a une heure est reprise.

Depuis lad. heure, une du matin, jusqu'à celle de cinq, il n'y a pas eu matière à délibération, seulement les rondes et patrouilles formées des vieillards et vétérans ont été exactement faites depuis neuf heures du soir jusqu'à cinq heures du matin, et tout s'étant trouvé dans l'ordre, ces patrouilles n'ont pas été dans le cas de dresser des procès-verbaux.

L'assemblée, sur la motion d'un membre appuiée par plusieurs autres, a arrêté qu'attendu que le pont de bateau paroit susceptible de quelques réparations, qu'on y perçoit plus le péage depuis quelques jours, n'y aïant plus personne dans les bureaux, il convient de faire connoitre l'état dud. pont, et en conséquence elle a nommé les citoïens Jean-Baptiste Perrot, architecte, et Antelme Brunet, charpentier et entrepreneur de bâtiments, pour commissaires à l'effet d'examiner et vériffier l'état dud. pont et en donner leur rapport, ces deux commissaires ont accepté leur commission, et de suite ils sont partis à cinq heures du matin pour vacquer auxd. examen, vérification et rapport ; de retour bientôt après, ils ont rendu compte de leur mission et ont déposé leur rapport par écrit sur le bureau ; lecture faite dud. rapport, l'assemblée a arrêté que led. rapport sera porté de suite à la municipalité provisoire, avec invitation de faire faire les réparations indiquées par le rapport, parroissant urgentes ; comme aussi elle sera invitée à placer des gardes aux deux extrémités dud. pont pour empêcher que les malveillants n'enlèvent les plateaux et ne nuisent aux bateaux, ou de prendre telles autres mesures que sa sagesse et sa prudence lui suggéreroit, attendu que personne ne se tient aux bureaux de recette de péage sur led. pont.

L'assemblee, à elle réuni son comité de surveillance constament en permanence, considérant que dans les circonstances extraordinaires et dans la vue de concourir à la défense de la cité, divers membres, soit du bureau d'assemblée des sections, soit des comités de surveillance et de taxes pour la subvention civique, nottamment les citoyens Rey, président du comité de surveillance, et Flachat, membre ainsi que le précédent des deux comités, ont abandonné en plus grande partie leurs fonctions ; considérant que leur absence est d'autant plus nuisible à la chose publique qu'elle tendroit au relâchement de l'activité recommandée par les corps administratifs et à la désorganisation et de l'assemblée et desd. comités ; considérant qu'aujourd'hui le concours des forces réunies pour la défense de la cité est infiniment rassurant ; considérant enfin qu'en reprenant par lesd. membres, leurs fonctions, c'est également s'occuper utilement du salut public, délibère que pour maintenir l'organisation de l'assemblée et de ses comités, ainsi que leur permanence toujours active, les membres, soit du bureau d'assemblée de section, soit des comités de surveillance et de taxes pour la subvention civique, seront tenus, invités et qu'au besoin injonction leur sera faite de reprendre les fonctions à eux délégués par l'assemblée, de cette manière qu'ils y soient toujours en nombre suffisant et en permanence active, et qu'à cet effet communication sera donnée de la présente délibération, soit au commandant général, soit à tous autres dépositaires de la force publique, pour qu'en la prenant en considération ils ne comprennent point lesdits fonctionnaires dans le nombre des absents. Délibère enfin de donner aussi connoissance de lad. délibération au Secrétariat Général des sections.

Sur la communication faite par le Secrétariat Général des sections d'une délibération prise par la section de l'Egalité sur les secours demandés par la société fraternelle n° 31, la section de Portefroc a ajourné la délibération pour un moment plus propice et jusqu'à nouvelles instructions.

Sur une autre communication également faite par le Secrétariat Général sous le n° 33, d'une délibération prise par la section de l'Egalité au sujet du recouvrement des contributions civiques, la section de Portefroc emètant son vœu pareil a adhéré en recommandant à son comité la plus grande diligence.

L'heure de minuit étant sonnée, le président a ajourné la séance pour être continuée dans une heure. BARON, secrétaire, BERGER, vice-président.

Du 12 août l'an 2° de la République Françoise 1793, le président, à une heure du matin, a déclaré que la séance suspendue il y a une heure est reprise.

Considérant qu'il importe de pourvoir chaque jour avec une extrême célérité à la subsistance des soldats citoïens qui combattent pour le salut de la cité; que le comité des subsistances qui est chargé de ce soin ne peut, malgré son zèle, s'occuper assez rapidement de la païe journalière des nombreux bataillons qui sont sous les armes; que plusieurs citoïens qui sont dans le bataillon de Portefroc ont paru se livrer à des accès de découragement parce qu'ils ne recevoient pas leur païe avec exactitude, et que ce matin même l'un des capitaines de bataillon a été obligé de faire des avances pour en fournir le complément; qu'enfin le comité de subsistance sur qui reposent toutes les mesures d'approvisionement a besoin d'alléger le poids de ses travaux, et qu'en ce qui concerne la païe il peut se borner à règler directement celle de nos frères de la campagne qui sont venus nous secourir, en laissant chaque section en particulier chargée des détails relatifs à la païe du bataillon qu'elle fait marcher; arrête que le comité des subsistances sera invité a requérir chaque section de nommer un commissaire qui sera spécialement chargé de distribuer la païe promise aux soldats citoïens portant les armes dans le bataillon de la section, et ce sur l'état que lui fournira chaque jour le commandant du bataillon d'après l'appel que celui-cy aura fait de ses soldats aux heures accoutumées, à l'effet de quoi led. commissaire retirera des mains du receveur les fonds nécessaires pour cet usage et justiffiera, dans le jour, de l'emploi qu'il en aura fait en rapportant un état de ceux qui auront reçu la païe duement certiffié par le commandant du bataillon.

Lecture faite à l'assemblée d'un procès-verbal dressé par le citoïen Gasnier, commandant de la compagnie du 3° bataillon de la seconde légion du poste de l'Arsenal, contenant dénonciation contre le citoïen Mathieu, canonier de la même compagnie, lequel a abandonné son poste et s'est absenté de son domicile, et a emporté son équipement de canonier, consistant en un sac de gargousses, un sac à étoupille, une bricolle et un fusil de munition, l'assemblée a arrêté que lad. dénonciation est déférée au comité militaire et au comité de sûreté générale réunis, pour aviser aux moïens et mesures qu'ils croiront convenables.

L'assemblée, sur le rapport d'un membre appuié par plusieurs autres, a arrêté que son trésorier païera à l'individu porteur du mandat la somme de dix livres pour cause d'indigence ; ce particulier malheureux aïant fait déclarer qu'il ne sait signer, le trésorier a, en présence du bureau, païé lad. somme de dix livres, au moïen de quoi elle lui sera allouée dans la dépense de son compte.

Le Secrétariat Général a fait communiquer une invitation aux sections de prendre tous les moïens possibles pour se procurer les fonds nécessaires au service de la cité et les faire parvenir de suite, par le moïen des receveurs au comité des finances et croit même que les receveurs pourront faire des avances par rapport aux citoïens qui, étant sous les armes, ne peuvent signer. Le Secrétariat Général. À la suite de cette invitation, faite de la part du comité particulier de surveillance et de sureté publique du département de Rhône-et-Loire, en est une dud. Secrétariat, par laquelle les trésoriers de la guerre de chaque section sont convoqués pour se rendre demain 13, à dix heures, au Secrétariat Général, pour aviser entr'eux aux moïens propres à procurer la rentrée la plus prompte des fonds destinés aux frais de la guerre et d'apporter le bordereau de recette et de souscription ou taxations. Sur quoi l'assemblée a invité le citoïen trésorier de la guerre en la section de Portefroc à se rendre aux jour et heure indiqués et à y porter le bordereau dont il s'agit ; elle a de plus arrêté que led. trésorier portera aux comités réunis de salut public et des finances la liste des citoïens de cette section qui refusent de païer la subvention civique, avec invitation d'indiquer les moïens de contraintes à exercer contre les citoïens qui n'ont pas païé cette imposition.

Le Secrétariat Général a également communiqué un arrêté de la section de la Réunion concernant la manière de donner des cartes à ceux des citoïens soldats qui sont dans le cas de s'absenter momentanément leur poste, sur quoi l'assemblée, consultée par son président, a adhéré aud. arrêté avec l'amendement que ces cartes contiendront l'heure de la sortie et celle de la rentrée.

Aucuns autres motifs à délibération n'aïant été proposés, le président a suspendu à minuit la séance pour la reprendre dans une heure. BARON, secrétaire ; CHAZOTTIER, président.

Du 13 août l'an deux de la République Françoise, à une heure du matin, au nom de la liberté, de l'égalité et de la République une et indivisible, le président a annoncé que la séance qui a été suspendue à minuit est reprise et va être continuée.

Le citoyen Laurencet, receveur particulier des contributions civiques pour les frais de la guerre, a rendu compte du résultat des propositions faites ce matin en l'assemblée générale des receveurs de toutes les sections et a dit qu'ils s'étoient réunis [et décidés] à retourner chacun dans leur section pour les consulter et obtenir leur délibération sur les moïens à prendre pour procurer la plus prompte rentrée des contributions volontaires et forcées. Sur ce la section consultée, tous les membres présents ont unaniment délibéré : 1° qu'ensuite des réquisitions faites à tous les citoïens refusant ou négligents, les membres du comité de taxe sont autorisés à remettre dans demain au comité des rapports des autorités constituées la liste générale des taxes faites sur les individus qui n'ont pas encore païé ou soldé leurs contributions ; 2° que les commissaires préposés à la taxe et les membres du comité de surveillance sont invités à solliciter l'homologation de cette taxe et à faire rendre exécutoire la liste contre tous les imposés ou susceptibles de l'être et à surveiller les contraintes ; 3° en attendant que la liste générale des taxes puisse être rendue exécutoire, la section se réserve d'emploïer les autres voïes de rigueurs dont les circonstances impérieuses du moment exigent la plus prompte mesure ; 4° Que tous ceux des citoïens qui ont lâchement abandonné leur domicille et qui ne sont point rentrés sur les invitations réitérées qui leur ont été faites par le comité de surveillance seront contraints au païement du triple de la somme pour laquelle ils sont ou pourroient être compris dans les taxes générales.

Séance suspendue à minuit pour être reprise dans une heure. BARON, secrétaire; CHAZOTTIER, président.

Du quatorze août l'an 2 de la République Françoise, à une heure du matin, au nom de la liberté, de l'égalité et de la République une et indivisible, le président a annoncé que la séance suspendue il y a une heure est reprise.

Lecture faite à l'assemblée d'une lettre du citoïen Gasnier, capitaine des canoniers de Portefroc, contenant dénonciation de l'absence de plusieurs canoniers, sur quoi l'assemblée a délibéré et arrêté que cette dénonciation est renvoïée à son comité de surveillance pour par lui aviser au moïen de faire réintégrer le service par les absens ou de les punir suivant l'exigence du cas et les moïens qui sont en son pouvoir.

Le citoïen Jean-Marie Buffeton, soldat du village de Ste-Foy, caserné à St-Pierre, à la cantine, a montré à la section et à son comité de surveillance une commission du citoïen Précis, commandant général de la force armée, pour surveiller et lui rapporter les résultats de sa surveillance, le comité a visé lad. commission et sur l'avis que led. citoïen Buffeton a donné que dans les rues St-Georges et des Prêtres, il y a quelques pelotons de femmes qui répandent des bruits allarmants, pleurent et se lamentent, la section et son comité de surveillance ont prié le capitaine des vétérans de commander une escouade et de dissiper ces pelotons, le citoïen capitaine a sur-le-champ exécuté cette invitation.

Le citoïen Linars, commandant du poste de l'évêché, a prévenu la section et son comité de surveillance que le nommé Bonjour, domestique du citoïen Jacquet, homme de loi, étant de garde aud. poste, a donné des preuves d'extravagance, que le citoïen Colomb, chirurgien-major du bataillon de Portefroc, l'aïant examiné et aïant rapporté que led. Bonjour est dans la démence, qu'il a besoin de médicaments et qu'il seroit dangereux de le laisser en armes, led. citoïen commandant du poste l'a fait conduire à l'hôpital.

Le Secrétariat Général a fait communiquer à l'assemblée une délibération de la section de Rousseau relative aux impositions et subventions pour les frais de la guerre, sous le n° 40. L'assemblée a adopté cette délibération et a nommé le citoïen Pélissier pour son commissaire à l'effet de se transporter dans l'endroit indiqué par le Secrétariat Général, à l'effet de délibérer conjointement avec les autres commissaires des sections, conformément à l'arrêté ou délibération de la section de Rousseau.

Plus une délibération de la section du Port-du-Temple, concernant les femmes de campagne qui viennent dans les marchés de Lyon apporter des provisions, etc., sous le n° 41. L'assemblée a adhéré à lad. délibération.

Plus une délibération ou avis aux sections, relatif aux laissés-passer qu'on donne aux personnes qui vont dans les différentes stations pour porter des aliments aux défenseurs de la cité, led. avis sous le n° 42. Sur quoi l'assemblée observe que dès ce matin huit heures, tant elle que son comité de surveillance ont pris la précaution de ne délivrer aucun laissés-passer sans le timbrer du timbre dudit comité, au moïen de quoi l'assemblée avoit prévû le cas mentionné en lad. délibération.

Plus un arrêté de la municipalité provisoire portant que les curés ou vicaires sont autorisés à remplir leurs fonctions les fêtes et dimanches jusqu'à dix heures du matin et que la dernière messe se dira à dix heures précises, led. arrêté sous le n° 43. Sur quoi l'assemblée a intimé led. arrêté au citoïen évêque métropolitain et pour lui aux vicaires épiscopaux qui se trouvent dans l'assemblée.

Plus un projet présenté aux sections par les receveurs assemblés aujourd'hui, relatif au mode de contraintes à exercer sur les citoïens refusants ou négligents de païer les taxes et impositions pour les frais de la guerre, à la suite de ce projet est une invitation de la section de Rue Neuve au Secrétariat Général d'envoïer led. projet de suite à toutes les sections et un postscriptum portant invitation à tous les trésoriers de se rendre demain 10 heures du matin au comité des finances pour l'objet dont il s'agit, le tout cotté n° 44. Sur quoi l'assemblée a invité son trésorier des impositions à se trouver demain dans l'endroit indiqué.

Plus une lettre adressée au Secrétariat Général des sections par laquelle il paroît que le comité général de sureté publique fait l'envoi à chaque section d'une lettre, même aux sections de Vaize et la Croix-Rousse, et deux exemplaires imprimés d'un arrêté d'hier, le tout concernant l'épurement de la force armée, le tout coté n° 45. Sur quoi lecture faite du tout, l'assemblée y a applaudi par de vives acclamations, a arrêté que le contenu auxd. arrêté et lettre sera exécuté, à l'effet de quoi l'assemblée a sur-le champ envoïé au citoïen commandant général du bataillon de Portefroc led. arrêté imprimé et lad. lettre.

Enfin une invitation de la part de la municipalité aux comités de surveillance des sections de lui faire parvenir au plûtot la liste des chevaux qui sont en réquisition dans les sections, et une invitation du comité militaire et des subsistances de faire nommer dans chaque section deux commissaires à l'effet de s'enquérir de tous les chevaux de main qui peuvent exister chez tous particuliers et d'en donner connoissance au comité militaire, le tout cotté sous les n°s 46 et 47. Sur quoi l'assemblée adhérant à cette mesure a nommé pour ses commissaires les citoïens Guy et Vermot, pour faire la recherche et la liste des chevaux qui se trouvent dans l'étendue de cette section et de lui en rendre compte.

L'heure de minuit aïant sonné, le président a déclaré que la séance est suspendue pendant une heure. BARON, secrétaire; CHAZOTTIER, président.

Du seize août l'an deux de la République Françoise 1793, à une heure du matin, au nom de la liberté, de l'égalité et de la République une et indivisible, le président a annoncé que la séance suspendue il y a une heure est reprise et va continuer.

A six heures du matin, le Secrétariat Général a fait communiquer à l'assemblée une invitation aux présidents et aux secrétaires des sections de se trouver aujourd'hui, à sept heures du matin, dans la grande salle du conseil général de Lyon, à l'hôtel-de-ville, pour une affaire de la dernière urgence, ensuite de la convocation des autorités constituées pour prendre connoissance de la lettre adressée au peuple de Lyon par les représentants du peuple. L'assemblée a de suite invité les citoïens Berger-Villemoron, vice-président, et Chazottier, l'un des secrétaires, de se rendre au lieu indiqué pour l'objet dont il s'agit et leur à donné à ces fins tous les pouvoirs requis, s'en rapportant à leur sagesse et à leurs lumières.

Sur la communication faite à l'assemblée par le Secrétariat Général d'une invitation du comité des subsistances, uni au comité de police et de sureté de la municipalité provisoire, de nommer dans chaque section un nombre suffisant de commissaires pour faire le recensement de tous les grains froment, seigle, orge, avoine, riz et légumes qui existent dans nos murs, n° 49. Sur quoi l'assemblée, pour faire le rencensement dont il s'agit dans l'étendue de cette section, a nommé pour ses commissaires les citoïens Brun, Bourdin, Flachat, Besson, Manin cadet, Guy, Ponson, Vermot, Doinot ?, Vitte, Teillard et Bret, et ils ont été chargés de faire en même tems la liste des citoïens absents.

Sur une autre communication faite à l'assemblée par le Secrétariat Général d'une réquisition du comité militaire de faire fournir par les sections des matelats et couvertures nécessaires à nos frères d'armes campés, n° 50. Sur quoi l'assemblée a délibéré qu'il convient de proposer aux sections de faire, en présence d'un membre du comité de surveillance, ouvrir par un serrurier le domicile des citoïens absents, à l'effet d'en extraire les matelats et couvertures, les marquer au nom des propriétaire et les faire porter à leurs frais aux endroits où il en manque, et si cette mesure est adoptée par les sections, inviter les autorités constituées de vouloir bien l'homologuer.

L'assemblée, sur les représentations de plusieurs de ses membres, a arrêté d'inviter la municipalité provisoire de donner des ordres pour empêcher que les voitures passent sur le pont de bateaux, et de faire garder ce pont à ces deux extrémités, pour empêcher que les malveillants ne l'endommagent en enlevant les ferrures, plateaux et autres bois, etc.

L'assemblée, sur la pétition d'un de ses membres appuïée par plusieurs autres, a autorisé le citoïen Vanal à se desaisir en faveur du citoïen Vignard, malade, infirme et sans ressources, d'une somme de vingt livres restante entre ses mains sur les deniers destinés à l'indemnité du prix du pain et le citoïen Pélissier, trésorier de la section, à païer une somme de dix livres au citoïen Favel, qui est malade et dans la détresse, lesd. citoïens Vanal et Pélissier aïant satisfait en présence du bureau au présent arrêté, le citoïen Vanal est déchargé de vingt livres qui restoient entre ses mains et il est permis au citoïen Pélissier d'emploïer dans la dépense de son compte la somme de dix livres par lui comptée à Favel et cette somme lui sera allouée.

Les citoïens Berger-Villemoron, vice-président, et Chazottier, l'un des secrétaires de cette assemblée, par l'organe du premier, ont rendu compte à l'assemblée de ce qui s'est passé en l'assemblée des citoïens présidents et secrétaires des sections et des citoïens des sections composants le district de Lyon réunis dans la grande salle du conseil général de la commune de Lyon. Il en est résulté, après une longue discution, que l'assemblée s'est déterminée à rédiger, signer et faire imprimer une lettre au nom des sections de la ville de Lyon aux citoïens Dubois-Crancé et Gauthier, représentants du peuple, envoïés près l'armée des Alpes, en réponse à leur lettre adressée aux citoïens de Lyon ; que cette réponse aïant été projetée par des commissaires choisis dans l'assemblée et ensuite lue en lad. assemblée, a été unanimement approuvée et applaudie et que tous les présidents et secrétaires l'ont signée en vertu des pouvoirs qu'ils avoient de leur section ; que de suite elle a été livrée à l'impression et affichée. Il a sorti de sa poche un imprimé en placard contenant la lettre desd. citoïens Dubois-Crancé et Gauthier et la réponse qui y a été faite par l'assemblée de ce jour ; et sur la lecture qui a été faite du tout ; l'assemblée a applaudi par les acclamations les plus vives, à la réponse dont il s'agit et a approuvé et ratifié la conduite desdits citoïens Berger-Villemoron et Chazottier, qui ont reçu le juste tribut d'éloge et de remerciements de l'assemblée.

L'heure de minuit étant sonnée, le président a annoncé que la séance est suspendue pour une heure. BARON, secrétaire ; CHAZOTTIER, président.

Du dix-sept août, l'an deux de la République Françoise, 1793, à une heure après minuit, le président a annoncé que la séance suspendue il y a une heure est reprise au nom de la liberté, de l'égalité et de la République une et indivisible.

Il a été présenté à l'adhésion une délibération de la section de l'Ancienne Ville, du 13 de ce mois, concernant la revue de la force armée et à faire aux administrations une pétition tendante à renvoïer dans le faubourg de la Guillotière les citoïens dud. faubourg qui se trouvent en fonctions dans les administrations, vû les sentiments qu'ils ont manifesté dans les circonstances effraïantes où se trouve la cité. L'assemblée a adhéré à lad. délibération, applaudissant aux mesures qu'elle indique.

Le Secrétariat Général a fait communiquer une délibération de la section des Droits de l'Homme concernant l'accaparement du fromage de Gruyère, l'assemblée y a applaudi et y a adhéré, n° 52.

Autre communication par le Secrétariat Général, d'une délibération de la section de Bordeaux relative aux immondices, n° 53, l'assemblée y a applaudi et y a adhéré.

Autre communication par le Secrétariat d'une délibération de la section des Droits de l'Homme, de ce jour, par laquelle elle modifie celle qu'elle avoit prise relativement au fromage de Gruyère, l'assemblée y a applaudi et y a adhéré, n° 54.

A onze heures du soir, le citoïen Ferriol, député de la municipalité provisoire, a annoncé que Dubois de Crancé a envoïé un message arrivé ce soir, que pour délibérer sur la réponse à faire à ce message, les présidents et secrétaires des sections et un ou plusieurs membres de chaque comité de surveillance sont convoqués pour se trouver demain à sept heures du matin, dans la grande sale de l'hôtel commun.

L'assemblée a remercié le citoïen Ferriol, par l'organe de son président, et de suitte les président, secrétaire, les membres du comité de surveillance et plusieurs autres membres ont été choisis par l'assemblée pour se trouver aux lieu, jour et heure indiqués pour prendre connoissance dud. message et concerter avec les autres citoïens des sections la réponse à y faire, à l'effet de quoi l'assemblée leur a donné tous les pouvoirs requis, et a promis approuver et ratiffier ce qu'ils arrêteront à la pluralité, s'en rapportant à leur sagesse et à leurs lumières connues de l'assemblée.

Minuit étant sonné, le président a suspendu la séance pour une heure seulement. BARON, secrétaire ; CHAZOTTIER, président.

Du dix-sept août, l'an deux de la République Françoise, 1793, à une heure du matin, au nom de la liberté, de l'égalité et de la République une et indivisible, le président a annoncé que la séance suspendue il y a une heure est reprise.

Le Secrétariat Général a donné communication d'une invitation aux receveurs des sections de fournir les bordereaux des sommes qu'ils ont en caisse, lad. invitation faite par le bureau des finances, n° 55. L'assemblée y a adhéré et a intimé à son receveur lad. invitation pour qu'il ait à s'y conformer.

Les citoïens présidents, secrétaires, membres du comité de surveillance et autres députés de cette section, qui ont été à l'assemblée de ce jour dans la grande salle de l'hôtel commun, pour se concerter avec les autres députés des sections, sur la réponse à faire au message de Dubois Crancé et consorts, de retour dans le sein de l'assemblée de cette section, ont rendu compte de ce qui s'est passé dans lad. assemblée, et ils ont apporté et lu dans le sein de la section la lettre en réponse aud. message, rédigée et approuvée par les acclamations les plus vives, par tous les individus qui se sont trouvés dans lad. grande salle, lad. lettre a été applaudie à toute outrance par l'assemblée de cette section qui l'a approuvée et ratifiée à l'unanimité et chacun de ses membres s'est empressé d'apposer sa signature, et quantité d'autres membres sont entrés, en ont demandé lecture, y ont applaudi en criant : « Vive les Lyonnois, à bas la tyranie et les brigands, vive la République », ceux qui ont sçu signer, l'ont fait, les illitérés ont prié le président de manifester leurs sentiments à l'assemblée et à tous qu'il apppartiendra.

Sur l'invitation envoïée par le Secrétariat Général des sections, relative aux marchands en gros de fromage et d'huile et à tous ceux qui en fournissent aux détaillants, n° 56 ; l'assemblée fera les recherches et en enverra la note au Secrétariat Général.

Sur la communication d'une délibération de la section de Marseille, relative a la mauvaize qualité de pain que fabriquent et vendent les boulangers, etc., n° 57, l'assemblée a adhéré à lad. délibération.

L'assemblée a également adhéré à la délibération n° 58, concernant les personnes qui enlèvent le pain sortant du four ; adhère aussi à l'invitation du comité des finances n° 59, concernant la rentrée des fonds destinés aux frais de la guerre. Adhère à la délibération n° 60 sur la destruction des chiens ; et à la délibération n° 61, concernant le prix progressif du petit salé et du savon.

L'heure de minuit a sonné, le président a annoncé que la séance est suspendue pour une heure seulement. BARON, secrétaire, CHAZOTTIER, président.

Du dix-huit août, l'an deux de la République Françoise, 1793, au nom de la liberté, de l'égalité et de la République une et indivisible, le président a annoncé que la séance suspendue il y a une heure est reprise.

Le citoïen Artaud, dit Printems, a présenté à l'assemblée un certificat à lui délivré par le citoïen Linars, commandant du poste de l'Évêché, le quinze de ce mois, par lequel il est attesté que ce citoïen ouvrier et pauvre a fait son service aud. poste pendant neuf jours consécutifs, nuit et jour, et a fait tous les messages du poste, etc., sur quoi l'assemblée délibérant a arrêté que, pour cette fois seulement et sans tirer conséquence pour l'avenir, il sera païé par le citoïen Pélissier, trésorier, aud. citoïen Artaud Printems une somme de vingt livres, sur le mandat qui sera de suite expédié par le bureau et que lad. somme sera allouée aud. citoïen trésorier dans la dépense de son compte, en rapportant led. mandat quittancé.

Le Secrétariat Général a fait communiquer à l'assemblée un arrêté des Corps administratifs et des délégués du peuple françois dans ce département, formant le comité général de salut public datté de ce jour, par lequel il est arrêté qu'il sera écrit aux comités de surveillance de chaque section de faire au plus tôt le recensement exact de toutes les personnes suspectes et surtout de tous les individus composant les familles de ceux qui sont notoirement soupçonnés d'avoir été grossir l'armée de Dubois-Crancé, et que ce recensement sera porté au comité particulier de sûreté générale dans le plus bref délai et s'il est possible dans les vingt-quatre heures. Sur quoi l'assemblée, adhérant à l'arrêté, en a sur le champ fait part à son comité de surveillance, auquel elle en a donné copie pour qu'il ait à s'y conformer.

Le Secrétariat Général des sections a également fait communiquer à cette assemblée un arrêté desd. Corps administratifs et délégués de la section du peuple françois dans ce département, en datte du 16 de ce mois, par lequel le projet de délibération des sections de Lyon sur le mode des contraintes à exercer contre les citoïens refusants ou négligents de païer la subvention civique a été homologué et envoïé aux sections pour être mis à exécution, led. arrêté imprimé, lû à l'assemblée par le secrétaire, il a été arrêté qu'il sera mis à exécution dans l'étendue de cette section par les comités de surveillance et d'imposition réunis.

Aucun autre objet n'aïant été porté en discution et l'heure de minuit aïant sonné, le président a annoncé que la séance est suspendue pour une heure seulement. BARON, secrétaire ; CHAZOTTIER, président.

Du dix-neuf août, l'an 2º de la République Françoise 1793, à une heure du matin, au nom de la liberté, de l'égalité et de la République une et indivisible, le président a annoncé à l'assemblée que la séance qui a été suspendue il y a une heure est reprise.

L'assemblée a arrêté qu'il sera païé par le citoïen Pélissier, son trésorier, au citoïen Bon, papetier, la somme de quarante livres, montant du compte des fournitures qu'il vient de faire pour les bureaux de la section et de ses comités ; qu'en conséquence le bureau de la section délivrera mandat et qu'en le rapportant quittancé, lad. somme sera allouée dans la dépense du compte dud. trésorier (1).

(1) *En marge on lit* : Ce mandat n'a pas été acquité, voïés la délibération du 29 septembre dans laquelle il est annullé et la somme jointe à une plus considérable sur un nouveau compte.

L'assemblée aïant ouï lecture d'une lettre adressée à son comité de surveillance le jour d'hier, signé Ripond, officier municipal, ouï aussi l'un des membres dud. comité, considérant qu'il ne résulte des informations prises par le comité de surveillance aucuns faits à la charge des citoïens Louis Chalet, l'assemblée, réunie à son comité, consultée sur l'élargissement sollicité par led. citoïen Chalet, n'aïant connoissance d'aucuns faits qui puisse motiver sa détention et attendu qu'aucune réclamation ne s'élève contre son élargissement, délibère qu'elle s'en rapporte sur ledit élargissement, à moins qu'il n'existe au comité de sûreté générale des faits de suspition qui militent en faveur de sa détention.

Sur la communication par le Secrétariat Général de la délibération de la section de Marseille, concernant la fabrication des pains de quatre livres, n° 63, l'assemblée y a adhéré.

Sur la communication par led. Secrétariat de l'invitation du comité militaire, concernant les matelats à fournir par les sections au nombre de 73, l'assemblée y a adhéré et a chargé son comité de surveillance de s'en procurer six ou huit et de les prendre par préférence chez les citoïens absents, en faisant ouvrir la porte de leurs domiciles en présence d'un membre dud. comité, par le premier serrurier requis, qui refermera en la même présence et prenant la précaution de faire marquer les matelats au nom des propriétaires, n° 64.

Sur la communication faite par led. Secrétariat d'une invitation de la municipalité provisoire, relative à la vente et délivrance du pain et à l'exécution de l'arrêté du jour d'hier, n° 65, l'assemblée a nommé conjointement avec son comité de surveillance sept commissaires, à l'effet de veiller et assister à la vente et délivrance du pain chez les boulangers et empêcher qu'il n'en soit délivré aux citoïens étrangers à la section, à moins que lesd. commissaires ne jugent convenable de leur en délivrer après que les citoïens de la section auront eu le pain qui leur est nécessaire eu égard à la quantité d'individus. Les commissaires choisis et nommés aux fins de faire exécuter la délibération cy-dessus sont les citoïens Vanat, Garnier fils aîné, Guillot, Flachat, Richaud, Manin l'aîné et Collomb cadet.

Sur l'observation du comité de surveillance, l'assemblée a pris la délibération dont la teneur suit : considérant que les circonstances exigent de plus en plus de fréquentes patrouilles, tant de jour que de nuit, pour la sureté intérieure de la ville ; que cette mesure a été arrêtée et recommandée à chaque comité de surveillance par les autorités constituées, a délibéré de rappeler un nombre suffisant de citoïens attachés au bataillon de cette section, en les choisissant parmi ceux qui sont le moins en état de porter les armes, charge son comité de surveillance d'en désigner les noms et le nombre à fur et mesure de besoin et de les rappeler à leur domicille sous l'agrément du commandant en chef du bataillon, pour concourrir, au besoin, au service de la sureté intérieure de la cité, concuramment avec les citoïens vétérans de la section.

Sur la communication faite par le Secrétariat Général d'une délibération de la section de Rue Neuve, pour la convocation des marchands de fromage, l'assemblée y a adhéré, n° 66.

Sur une autre communication dud. Secrétariat d'un arrêté du comité de surveillance, tendant à faire gruer l'avoine au lieu de la faire moudre, et sur les fagots pour les fours, l'assemblée y a adhéré et s'y conformera, n° 67.

Sur une autre communication dud. Secrétariat d'un second arrêté des autorités constituées, relatif aux précautions à prendre pour éviter les incendies et pour les fréquentes patrouilles, etc., n° 68, l'assemblée y a adhéré et a fait faire la proclamation ordonnée.

A dix heures du soir, le Secrétariat Général a communiqué, sous le n° 69, la copie d'une lettre qui lui a été adressée accompagnée d'un arrêté des corps administratifs de ce jour, concernant la nomination dans chaque section d'un ou plusieurs commissaires civils qui se relèveront dans leurs fonctions, dont le choix délégué aux comités de surveillance sera déterminé par la connoissance qu'on aura de la fermeté de leur caractère, de leur prudence et de leurs droits à l'élection de leurs concitoïens, à l'effet de paroître dans les différents quartiers de leur arrondissement à la tête des patrouilles commandées pour le maintien du bon ordre et prévenir les mouvements et inconvénients qui peuvent toujours provenir des attroupements, lesquels commissaires civils seront distingués par un ruban tricolore attaché au bras; sur quoi l'assemblée a vivement applaudi aud. arrêté, y a adhéré et a invité son comité de surveillance à le faire exécuter et à cet effet à nommer sur le champ les commissaires. Sur ce, led. comité a nommé pour commissaires les citoïens Perrot, Poncet, Roussy, Collet, Bourdin et Gaidon, qui se relevant de deux en deux, savoir, deux commenceront ce service dès demain 20, deux après demain 21 et deux le 22, sauf à eux à s'étendre, à se diviser deux à deux et à s'arranger sur les jours de leur service.

Séance suspendue pour une heure à minuit. BARON, secrétaire; CHAZOTTIER, président.

Du vingt août, l'an 2 de la République Françoise, au nom de la liberté, de l'égalité et de la République une et indivisible, le président a annoncé que la scéance suspendue il y a une heure est reprise.

Il a été communiqué par le Secrétariat Général, sous les n° 70, 71 et 72 : 1° Une invitation du comité de surveillance et salut public du département relatif aux citoïens des sections qui ont l'habitude du service de l'arquebuze;

2° Une lettre du comité général de sureté publique relative à la terre extraite des caves et répandue sur le pavé;

3° Une délibération de la section de Guillaume Tell, portant invitation aux sections de nommer un ou plusieurs commissaires pour rappeler au commandant de chaque bataillon la consigne qui a du lui être donnée relative aux femmes de campagne et autres, etc.

L'assemblée a adhéré à ces trois numéros et elle a député le citoïen Pélissier auprès du citoïen commandant en chef du bataillon, aux fins énoncées au n° 72.

L'assemblée a passé à l'ordre du jour sur l'invitation de la section du Change relative à la bibliothèque de la ville, communiquée par le Secrétariat Général des sections.

Séance suspendue pour une heure à minuit. BARON, secrétaire; CHAZOTTIER, président.

Du vingt-un août, l'an 2° de la République Françoise, à une heure du matin, au nom de la liberté, de l'égalité et de la République une et indivisible, le président a annoncé que la séance suspendue il y a une heure est reprise.

Sur les représentations faites à l'assemblée par le citoïen Jal l'aîné, qu'attendu les différentes fonctions dont il est surchargé, soit comme membre du comité de surveillance, soit comme commissaire pour la distribution de l'indemnité sur le prix du pain, soit encore comme membre de la Société fraternelle et comme commissaire au Secrétariat Général des sections, il seroit nécessaire de lui nommer un supléant dans cette dernière commission, qui exige un service quotidien pour lequel il est une nuit à passer tous les douze jours. L'assemblée prenant en considération ces motifs, a nommé pour supléant au citoïen Jal l'aîné le citoïen Pélissier, à l'effet de faire le service au Secrétariat Général des sections conjointement avec lui ou alternativement.

L'assemblée a adhéré aux mesures prises par le comité de surveillance de la Section rue Neuve, relatives aux boulangers, l'assemblée avoit déjà pris à peu près les mêmes mesures, n° 74.

L'assemblée a aussi adhéré à l'invitation du comité des subsistances militaires, relatif aux huit garçons boulangers pour le service du dépôt de la boulangerie, n° 75.

L'assemblée a de même adhéré à l'invitation du Secrétariat Général des sections relative au même objet, n° 76.

Deux citoïens députés de la Section de Saône ont présenté à l'assemblée un arrêté de lad. section relatif à la veuve Naudy, de la section de Portefroc, qui aïant été arrêtée à la clameur publique à raison des propos incendiaires qu'elle tenoit sur la place St-Jean, le douze de ce mois, amenée au comité de surveillance, qui en dressa procès-verbal avec indication des témoins et la renvoia avec led. verbal à la police correctionelle qui, sans faire citer les témoins indiqués, la fit mettre en liberté, lad. délibération ou arrêté portant pouvoir auxd. deux citoïens députés de se transporter de suite en cette section, au comité de sureté générale à l'hôtel de ville, pour y dénoncer le fait et inviter d'une manière pressante tant la section de Portefroc que led. comité de sûreté générale, pour que cette dénonciation soit éclaircie et la citoïenne dont il s'agit punie, si elle est coupable. Sur quoi l'assemblée a fait expédier le résultat du procès-verbal dont il s'agit, consigné dans le regître du comité de surveillance, et avec cette expédition l'assemblée a député le citoïen Chevrillon pour aller à la police correctionnelle avec les deux citoïens députés de la section de Saône, qui ont offert de l'y accompagner, à l'effet de prendre des citoyens juges ou du greffier de la police correctionelle les informations nécessaires et en rendre compte. Led. citoïen Chevrillon de retour avec lesd. deux députés, a rapporté qu'ils n'ont trouvé ni juges, ni greffiers au tribunal ni au greffe et qu'on leur a dit que depuis plusieurs jours le tribunal est vaquant, l'assemblée a chargé led. citoïen Chevrillon d'accompagner les deux députés de la section de Saône au comité de salut public, où leur section les a chargés d'aller rendre compte de tout ce que dessus.

Le citoïen Ducret, demeurant place de la Petite-Croix de Malte, n° 123, emprisonné de l'ordre du comité de sûreté générale et de salut public, a envoïé, par la citoïenne sa femme, un mémoire ou requête tendant à obtenir une attestation de cette section, attestation qu'il expose être demandée pour lui procurer son élargissement ; l'assemblée consultée sur l'attestation demandée et lecture faite de lad. supplique, plusieurs membres, au lieu de consentir à ce que l'attestation soit délivrée, ont rendu compte de différents faits qui tous sont à la charge dud. Ducret, ce qui a déterminé l'unanimité pour passer à l'ordre du jour sur la discution.

Le Secrétariat Général des sections a fait communiquer, sous les n° 76 et 77, une invitation de la section de la Paix, relative aux députés des assemblées primaires qui ont été porter à Paris le procès-verbal de l'acceptation de la constitution et qui ont dû assister à Paris à la fédération du 10 de ce mois, etc., et une délibération de la section de Marseille relative à la distribution du pain. Sur quoi, l'assemblée a adhéré auxd. deux arrêtés ou délibérations, en observant sur le premier article qu'elle a eu la même sollicitude, mais que cette inquiétude n'est plus si grande depuis deux ou trois jours, parce que par des nouvelles indirectes reçues de l'existence du citoïen Petit, son député, il lui a paru qu'il se porte bien et que sous peu de jours il sera rendu dans le sein de l'assemblée; quant au deuxième article, l'assemblée a observé que son comité de surveillance a pris une délibération contenant règlement pour la distribution du pain, lequel règlement diffère peu des mesures prises par la section de Marseille.

Séance suspendue à minuit pour être reprise à une heure. BARON, secrétaire; CHAZOTTIER, président.

Du vingt-deux^e jour d'août l'an 2° de la République Françoise, 1793, au nom de la liberté, de l'égalité et de la République une et indivisible, le président a annnoncé à une heure du matin que la séance suspendue à minuit est reprise.

Le Secrétariat Général a fait communiquer une délibération de la section de Rousseau, relative aux comestibles que les gens de la campagne sortent et emportent de la ville, n° 78, et une délibération de la section de la Liberté, relative aux denrées qu'apportent en cette ville les personnes de la campagne et à l'acaparement qu'en font les revendeuses, n° 79. L'assemblée a adhéré à ces deux délibérations.

Le Secrétariat Général a donné communication d'une délibération de la section de Rue Buisson, relative aux commissaires de police nommés dans chaque canton, etc., n° 80. L'assemblée y a adhéré.

D'une délibération de la sectionde Rue Buisson, relative à la farine qu'emploïent les patissiers, confiseurs, traiteurs, etc., n° 81. L'assemblée, sur la discution, a passé à l'ordre du jour.

Et enfin d'une délibération de la section de l'Union, relative aux garçons boulangers, avec propositition d'inviter les femmes qui exerçoient la boulangerie dans les cidevant communautés de filles, à se présenter pour être emploïées et salariées au service de la boulangerie à établir pour l'armée, etc., n° 82. L'assemblée y a adhéré, elle a chargé son comité de surveillance de prendre, par les commissaires nommés pour surveiller la distribution du pain et les boulangers, par les commissaires à la distribution de l'indemnité sur le prix du pain, par les commissaires civils et par tous autres moïens possibles, les informations nécessaires pour découvrir les filles ou femmes qui travailloient dans les boulangeries des cidevant communautés de filles et de les engager à se présenter pour être emploïées au service de la boulangerie militaire moïennant salaire.

Séance suspendue à minuit pour une heure seulement. BARON, secrétaire; CHAZOTTIER, président.

Du vingt-trois août, à une heure du matin, l'an 2 de la République Françoise, 1793, au nom de la liberté, de l'égalité et de la République une et indivisible, le président a annoncé que la séance suspendue il y a une heure est reprise.

Le Secrétariat Général des sections a communiqué plusieurs pièces sous les n°s 83, 84 et 85, la première est une invitation aux citoïens de se tenir avec plus d'exactitude que jamais dans leurs sections, afin de veiller aux besoins des familles alarmées, etc.; la seconde est une invitation aussi des officiers municipaux provisoires relatif au poison à jetter dans les rues pour détruire les chiens; et la troisième est un ordre des officiers municipaux pour faire ouvrir tous les appartements des citoïens absents, en présence du juge de paix, pour en faire enlever les matelats, comestibles et combustibles que le juge croira nécessaires au besoin urgent de la cité, d'en user de même pour les greniers et les vins dans les caves, d'en dresser procès-verbal, etc. L'assemblée a unanimement adhéré auxd. trois pièces à midi.

L'après midi, le Secrétariat Général a encore fait communiquer trois autres pièces sous les n° 86, 87 et 88. La première est une invitation du comité de surveillance et du comité de sureté publique, relative au netoiement des ruisseaux, des rues, etc.; la seconde est une réquisition du comité particulier de surveillance et de sûreté publique, relative à la surveillance la plus scrupuleuse sur tous les individus suspects désignés par les notes qui peuvent se trouver dans les comités et particulièrement pour avoir été délégués ou députés de l'ancienne municipalité affidés du club central. La troisième est un arrêté des Corps administratifs contenant invitation aux sections, à elles réunis leur comité de surveillance, de nommer un commissaire pour se réunir, dans le jour, dans la section du Port du Temple, à l'effet de secourir toutes les familles qui ont été incendiees et qui, dans ce moment, se trouvent réunies dans la maison des Lazaristes, etc. L'assemblée a unanimement adhéré à ces trois pièces, elle a en conséquence nommé pour son commissaire, aux fins de la troisième, le citoïen Pélissier.

Séance suspendue à minuit, pour être reprise dans une heure. BARON, secrétaire; CHAZOTTIER, président.

Du vingt-quatre août, à une heure du matin, l'an deux de la République Françoise, 1793, le président a annoncé à l'assemblée que la séance qui a été suspendue il y a une heure est reprise.

Le Secrétariat Général a fait communiquer une lettre de l'administration de Rhône-et-Loire, du jour d'hier, contenant avis qu'elle vient de procéder à la création d'une commission militaire chargée de poursuivre et punir dans les 24 heures tous les délits contre la sureté publique, que les administrateurs ont nommé un président provisoire, en attendant que le président deffinitif soit nommé par les sections; qu'en conséquence les sections sont puissamment sollicitées de convoquer au plustôt les sections pour cet objet, qu'elles se hâtent de réünir, si ce moïen leur paroit plus expéditif, des commissaires pour cette nomination si essentielle à l'exécution d'une mesure qui devient à chaque instant plus nécessaire au salut de la cité et des individus, n° 89. L'assemblée a adhéré à cette pièce et a nommé aux fins d'icelle le citoïen Pélissier.

Sur la pétition de Laurent Bercet, demeurant rue des Deux-Cousins, n° 49, incarcéré le jour d'hier, lad. pétition faite par l'organne du citoïen

Rayre, tendante à le faire réclamer par la section, vû par l'assemblée les certifficats de service dans la garde nationale jusqu'au sept de ce mois, à lui délivrés par le commandant du bataillon de Portefroc et les officiers de sa compagnie, l'assemblée a été unanimement d'avis de réclamer led. citoïen Bercet, si le comité de sureté publique n'a pas de motifs de suspicion contre lui, consignés dans le procès-verbal de son arrestation, et en conséquence, il lui a été délivré extrait des présentes.

Le Secrétariat Général a fait communiquer quatre pièces, sous les n°s 90, 91, 92 et 93. La première est une délibération de la section de Guillaume Tell, relative à la nomination de quatre commissaires aux incendies dans chaque section ; la 2e est une délibération de la section des Droits de l'Homme, relative aux citoïens suspects et convaincus d'avoir tenu des propos inciviques, etc. ; la 3e est une délibération de la section de Marseille, concernant le choix et nomination d'un président au tribunal militaire ; la 4e est un avis du comité particulier de surveillance et de sureté, concernant les torches à faire prendre par les sections chez le citoïen Jars, cirier, à raison de quatre par section. L'asemblée a adhéré auxd. quatre pièces.

Le Secrétariat Général a encore fait communiquer cinq pièces, sous le n° 94, 95, 96, 97 et 98. La 1re est une délibération de la section du Change, relative à la traversée de la Saône en bateau, l'heure à laquelle les bateliers peuvent la faire traverser, et aux sentinelles à placer sur les quais et ports ; la 2° est une délibération de la section de l'Égalité, concernant la nomination d'un commissaire dans chaque section pour surveiller les pompiers et les pompes ; la 3e est une invitation, du comité militaire et de subsistances, relative au dénombrement dans chaque section des voitures de transport ; la 4e est un arrêté du comité de surveillance de la section de Brutus, concernant les citoïens qui reçoivent la païe pour le service des piquets et le rolle à faire par ordre de n° des citoïens âgés qui font le service de l'intérieur, etc. ; la 5e est un autre arrêté du même comité de surveillance de Brutus, relatif à ceux des citoïens qui réclament l'indemnité sur le prix du pain. L'assemblée a adhéré auxd. cinq pièces, elle a notiffié au commandant du poste de l'évêché la pièce n° 94, concernant les bateliers, elle nomme le citoïen Perrot, architecte, pour surveiller les pompes et les pompiers et elle lui a fait prendre lecture dud. arrêté.

A dix heures du soir, le Secrétariat Général a fait communiquer un arrêté des commissaires des sections, assemblés aujourd'hui dans la salle de Rousseau, à l'hôtel-de-ville, pour la nomination d'un président du tribunal militaire créé, par lequel arrêté lesd. commissaires ont continué leur séance à demain sept heures du matin, dans la même salle, pour procéder à la nomination d'un commissaire rapporteur près led. tribunal, n° 99. L'assemblée a adhéré aud. arrêté, elle l'a communiqué au citoïen Chaussot, son commissaire en lad. assemblée, et elle lui a donné pouvoir de se trouver demain sept heures du matin à lad. assemblée pour concourrir, avec les commissaires des autres sections, au choix et nomination d'un commissaire rapporteur près led. tribunal militaire ; et elle a député deux commissaires pour se transporter chez le citoïen Montviol, membre de cette section, pour le prier d'accepter la place honorable de président à laquelle il a été élu par la grande pluralité et presque unanimité de l'assemblée desd. commissaires de sections ; les citoïens Rayre et Myr, députés par cette section auprès dud. citoïen Montviol aux fins cidessus, sont rentrés et ont rapporté que le citoïen Montviol n'étoit pas encore rentré et que, soupant en ville, il ne rentreroit peut-être que très tard.

Séance suspendue à minuit pour une heure seulement. BARON, secrétaire ; CHAZOTTIER, président.

Du vingt-cinq août, à une heure du matin, l'an 2º de la République Françoise 1793, au nom de l'égalité, de la liberté et de la République une et indivisible, le président a annoncé que la séance suspendue il y a une heure est reprise.

Le Secrétariat Général des sections a fait communiquer une invitation de la municipalité provisoire, relative à l'évasion des prisonniers de St-Joseph et aux gens suspects, nº 100. L'assemblée y a adhéré et l'a communiquée à son comité de surveillance.

A 7 heures du matin, un commis du bureau du comité militaire a apporté un ordre du commandant général à tous les commandants des postes, tant intérieurs qu'extérieurs, d'arrêter tous les citoïens qui passeront devant leurs postes sans être munis de leur carte de section. L'assemblée a communiqué cet ordre à son comité de surveillance et au commandant du poste de la section.

Le Secrétariat Général des sections a communiqué une invitation des Corps administratifs de ce jour, nº 101, aux commissaires des sections réunis à l'hôtel commun, de requérir dans leurs sections respectives que des commissaires du comité de surveillance se réunissent pour être en permanence dans une sale de lad. commune, pour concourrir à donner des renseignements sur les malveillants, etc. L'assemblée y a adhéré.

Plus une invitation des officiers municipaux provisoires aux sections, de requérir les comités de surveillance de chaque section de donner un certifficat d'incendie à toutes les personnes incendiées, etc., nº 102. L'assemblée y a adhéré.

Plus un arrêté des Corps administratifs de ce jour, contenant que les sections de Lyon sont invitées, par députation de six commissaires chacun munis de pouvoirs, pour prendre connoissance d'une dépêche envoïée au peuple de Lyon par les représentants du peuple actuellement résidant au quartier général de la Pape, nº 103. L'assemblée y a adhéré.

Plus une réquisition des officiers municipaux, aux sections, de fournir tous les ouvriers maçons et charpentiers, contenus dans leurs sections, avec ordre de les faire escorter jusqu'au lieu de l'incendie, vers l'arsenal, sans délai, etc., nº 104. L'assemblée y a adhéré.

L'assemblée, procédant à la nomination des six commissaires mentionnés au nº 103 ci-dessus, a choisi et nommé pour ses commissaires les citoïens Collomb, médecins Reyre, Chevrillon, Lamourette, évêque, Labeaume et Richoud, elle leur a octroïé tous les pouvoirs requis et leur a fait déliver leur commission par le bureau.

L'assemblée a ensuite autorisé son trésorier de la subvention civique de païer aux nommés Paillet et Gaudin, affaneurs, qui ont transporté des matelats et traversins du domicille de la citoïenne veuve Gonin et fils Gonin dans la salle de la manécanterie ou séminaire, la somme de onze livres, dont il rapportera quittance, laquelle somme lui sera allouée dans la dépense de son compte.

SECTION DE PORTE-FROC, 25, 26, 27 AOUT

L'assemblée a aussi autorisé son trésorier de la caisse des secours à païer et rembourcer au citoïen Collomb, chirurgien-major de ce bataillon, la somme de six livres cinq sols pour des avances qu'il a faite dans l'hôpital de cette section en y procurant les choses nécessaires pour un malade blessé d'une chute qu'il a faite dans les bâtiments incendiés la nuit dernière au quartier d'Ainay par le bombardement; ce malade est de la section de St-George et se nomme Bourdin, et au moïen du païement et de la quittance que led. trésorier rapportera de lad. somme de six livres cinq sols elle lui sera alloüée dans la dépense de son compe.

Séance suspendue à deux heures après minuit, pour être reprise dans une heure. BARON, secrétaire; CHAZOTTIER, président.

Du vingt-six août, à trois heures du matin, l'an deux de la République Françoise 1793, au nom de la liberté, de l'égalité et de la République une et indivisible, le président a annoncé que la séance suspendue il y a une heure est reprise.

Le Secrétariat Général a fait communiquer une invitation à onze sections d'envoïer leurs commissaires à l'assemblée des commissaires de section qui a été convoquée pour ce jour, sept heures du matin, n° 105. L'assemblée y a adhéré en observant que ses commissaires sont partis et doivent être dans le sein de l'assemblée.

Plus une délibération de la section de Rue Buisson, concernant les cartes de section, les fréquentes patrouilles et la nouvelle visite des greniers, n° 106. L'assemblée y a adhéré.

Enfin un arrêté des Corps administratifs concernant l'arrestation des citoïens suspects et celle de ceux qui seront notoirement reconnus malveillants pour être conduits hors de la ville par la barrière de St-Clair, n° 107. L'assemblée y a aussi adhéré.

Séance levée à minuit, pour être reprise dans une heure. BARON, secrétaire.

Du vingt-sept août, à une heure du matin, l'an deux de la République Françoise, au nom de la liberté, de l'égalité et de la République une et indivisible, le président a annoncé que la séance suspendue il y a une heure est reprise.

Le Secrétariat Général des sections a fait communiquer un arrêté [du comité] particulier de surveillance et de sureté publique contenant réquisition aux charpentiers, maçons et pompiers, pour se rendre sur le champ à l'hôtel commun, etc., n° 108;

Plus un arrêté dud. comité, ensuite d'une délibération du comité de surveillance de la section des Droits de l'homme, relatif aux tonneaux à transporter dans les greniers et les remplir d'eau, etc., n° 109;

Plus un arrêté du comité du bureau des secours pour les incendies relatif aux citoïens incendiés et à l'ordre à mettre pour éviter l'inconvénient de la trop grande quantité des incendiés qui se rendent dans la maison de St-Lazare, etc., n° 110;

Plus un arrêté des corps administratifs, relatif aux visites dans les greniers, etc.;

Plus un arrêté des corps administratifs concernant les charpentiers, pompiers et maçons de la ville, etc., n° 112;

Plus un arrêté du comité des travaux publics et des incendies, relatif à la garde des maisons par les propriétaires ou principaux locataires, etc., n° 113;

Plus un arrêté du comité de salut public, relatif aux nouveaux secours qu'exigent la défense de la cité, n° 114.

L'assemblée a adhéré auxd. pièces et a nommé pour commissaire le citoïen Laurencet, trésorier de la subvention civique, auquel l'assemblée donne tous les pouvoirs suffisants et nécessaires, tant à l'effet de se réunir jeudi prochain, 29 de ce mois, avec les autres commissaires de section avec la plus grande exactitude, dans la salle Rousseau, hôtel commun, pour se concerter entr'eux et délibérer au nom des sections sur le nouvel appel à faire des contribuables pour fournir aux fonds nécessaires au soutien de la force armée; lesquels commissaires seront en outre chargés d'aviser aux moïens d'assurer une répartition exacte et sure de la somme qui sera demandée suivant les forces respectives de chaque section et de se conformer en tout à l'arrêté du comité des finances du 24 de ce mois.

Séance suspendue à minuit, pour être reprise dans une heure. BARON, secrétaire ; CHAZOTTIER, président.

Du vingt-huit août, à une heure du matin, l'an deux de la République Françoise, 1793, au nom de la liberté, de l'égalité et de la République une et indivisible, le président a annoncé que la séance suspendue il y a une heure est reprise.

L'assemblée, à laquelle il a été fait lecture des déclarations, certificats et réclamation Philipe Lecomte, ferblantier-pompier, et Jean Faye dit Gros, maçon et entrepreneur, en faveur du citoïen Pierre Durand, fabricant d'étoffes de soie, rue Tramassac, n° 71, et J. Michalet, aussi ouvrier en soie, place de la Trinité, n° 78, détenus, le premier à la maison d'arrêt dite de Roanne, le second à l'hôtel de la commune, considérant que le témoignage donné par lesd. citoïens Lecomte et Faye dit Gros, sur lequel il ne s'élève aucun doute, que la réputation généralement reconnue des citoïens Durand et Michalet, comme citoïens de bonnes vie et mœurs ; qu'indépendamment du témoignage desd. Lecomte et Faye dit Gros, une foule d'autres se sont présentés, que les soumissions faites par lesd. Lecomte et Gros ne laissent rien à désirer dans la circonstance présente, délibère que les autorités qui ont ordonné la détention desd. Durand et Michalet seront invitées d'ordonner leur relâche ; qu'en conséquence tous concierges, geoliers et autres dépositaires seront tenus de leur ouvrir les portes et rendre libres, tous écrous levées et biffées moïennant déchargés.

Le Secrétariat Général des sections a fait communiquer un arrêté du comité particulier de surveillance et de salut public, concernant les illuminations des premiers étages, etc., n° 115 ;

Un autre arrêté dud. comité, contenant invitation aux sections de faire prévenir les charpentiers et maçons de leurs arrondissements respectifs, de se rendre à 3 heures à la grande salle de la maison commune, pour s'y faire enregistrer, etc., n° 116 ;

Plus un avertissement du Secrétariat Général des sections que depuis plusieurs jours il est réduit à un très petit nombre de membres, etc., n° 117 ;

Plus une invitation des officiers municipaux provisoires, concernant les charpentiers et maçons qu'on distribue pour donner du secours aux maisons des incendiés, etc., n° 118 ;

Plus une réquisition des officiers municipaux provisoires à tous les commissaires civils des sections de faire une visite chez tous les marchands de poudre à tirer, etc., n° 119 ;

Plus une délibération de la section de la Convention, relative à l'appel pour une nouvelle subvention civique, n° 120 ;

Plus un arrêté du comité de surveillance et de sûreté publique, contenant invitation aux sections d'envoïer à l'instant à la maison commune tous les ouvriers travailleurs de terre et tous ceux aïant pesles et pioches, etc., n° 121;

Plus une délibération de la section de Marseille, contenant avis qu'elle est instruite que des malveillants emploient des enfants pour boucher les troux des pompes, etc., n° 122 ;

Et un arrêté du comité particulier de surveillance et de sureté publique, concernant le dépôt des pompes et la manière de les éclairer, etc., n° 123.

L'assemblée a adhéré à ces neuf pièces et pour l'exécution de la délibération de la section de la Convention, n° 120, elle a donné pouvoir au citoïen Laurencet, son commissaire nommé d'hier, aux fins énoncées en la délibération de la section de la Convention ci-dessus, n° 120, adhérée par la section de Portefroc et pour faire généralement tout ce qui sera jugé convenable par l'assemblée des commissaires des sections convoqués pour demain 29, à 3 heures de relevée.

Séance suspendue à minuit pour être reprise à une heure. BARON, secrétaire ; CHAZOTTIER, président.

Ce jourd'hui, vingt-neufvième jour du mois d'août, l'an 2 de la République Françoise, 1793, à une heure du matin, au nom de la liberté, de l'égalité et de la République une et indivisible, le président a annoncé que la séance suspendue il y a une heure est et demeure reprise.

Le Secrétariat Général des sections a fait communiquer un arrêté du comité militaire des subsistances, contenant avis que les adjoints qui lui ont été envoiés par les sections négligent de se rendre aux assemblées, etc., n° 124 ; plus une délibération de la section de la Liberté, relative à l'ouverture des boutiques d'épicerie en détail et autres objets comestibles, etc., n° 125 ; plus une invitation pressente d'envoier à la maison commune, par chaque section, un charpentier et un maçon pour former un point central, etc., n° 126. L'assemblée a adhéré à ces trois pièces et a chargé son comité de surveillance de l'exécution de la dernière desd. pièces.

Plus un arrêté des Corps administratifs formant le comité de salut public, contenant les mesures à prendre pour prévenir la confusion et la dilapidation qui pourroient résulter de la nullité des ouvriers occupés en grande quantité sur les circonstances présentes et enregitrés dans leurs sections, etc., n° 127. L'assemblée y a adhéré et de suite l'a communiqué au comité de surveillance pour, en ce qui le concerne, le faire exécuter.

Séance suspendue à minuit, pour être reprise à une heure. BARON, secrétaire ; CHAZOTTIER, président.

Du trente jour d'août, à une heure du matin, l'an deuxième de la République Françoise, 1793, au nom de la liberté, de l'égalité et de la République une et indivisible, le président a annoncé que la séance suspendue il y a une heure est et demeure reprise.

La citoïenne Coupat a demandé, par l'organe d'un des membres de cette assemblée, d'être réclamé par la section ; il a été exposé et attesté par plusieurs membres et entr'autres par trois citoïens bien recommandables que le citoïen Coupat, tailleur d'habits, très pauvre, mais honête, aïant été chargé, par les citoïens frères et sœurs Collomb, de surveiller sur leur maison pour prévenir l'effet du bombardement, dans le quartier de la Liberté, s'étant ensuite retiré de lad. maison, à l'entrée du jour, pour se rendre dans son domicile rue Bombarde, rière cette section, il a été arrêté par une patrouille et conduit d'abord à la maison commune et ensuite aux prisons de Rouane, uniquement pour n'avoir pu exhiber une carte de section ; que n'aïant rien à reprocher au citoïen Coupat, qu'ils connoissent pour être de bonnes vie et mœurs, de bonne conduite, professant les sentiments du plus pur civisme, il étoit de l'équité de l'assemblée de réclamer ce citoïen ; sur quoi l'assemblée a été unanimement d'avis d'inviter les autorités constituées à lui accorder son relâche et de le rendre à sa famille et à sa section, à l'effet de quoi extrait de la présente délibération sera porté auxd. autorités constituées.

Le Secrétariat Général a fait ensuite communiquer à l'assemblée une délibération de la section de la Réunion, relative au nouvel appel pour obtenir des fonds à l'effet de fournir aux frais que nécessite la défense de la cité et sa résistance à l'oppression, en datte d'hier, n° 128. Plus une réquisition de la municipalité provisoire aux maçons et charpentiers qui doivent être en permanence dans les sections, etc., n° 129. L'assemblée a adhéré à ces deux pièces et, sur la dernière, elle en a ordonné la proclamation qui a été faite sur le champ.

Une délibération de la section de Rousseau, du 29 de ce mois, concernant l'inexactitude des commissaires des sections députés au Secrétariat Général, pour le service dud. Secrétariat Général, lad. pièce sans n°. L'assemblée y a adhéré.

Le Secrétariat Général a fait communiquer une invitation aux sections, de la part des officiers municipaux provisoires, au nom de l'humanité et de la sureté publique, de nommer chacune un commissaire, lesquels se réuniront dans la salle de l'expérience de phisique, maison de l'Oratoire, aux fins de se rendre dans les différents quartiers incendiés, pour aider les malheureuses familles à transporter les effets dans les lieux sûrs, tels que ceux qui sont sous la direction du comité des secours et autres endroits qu'ils croiront convenables, etc., n° 130 ; un arrêté des Corps administratifs, de ce jour, concernant les assesseurs des juges de paix du canton de l'hôtel-Dieu qui ne sont passez nombreux, etc. L'assemblée a adhéré à ces deux pièces ; pour se conformer à la première, n° 130, a nommé pour son commissaire le citoïen Bruyas cadet, auquel elle a délivré l'extrait de la présente délibération pour lui tenir lieu de pouvoirs. Sur la deuxième pièce, elle émet son vœu pour que, dans les circonstances pénibles et périlleuses où se trouve la cité et jusqu'à ce que la guerre qu'elle est obligée de soutenir pour résister à l'oppression, les membres des comités de surveillance des différentes sections soient autorisés à exercer les fonctions d'assesseurs du juge de paix, quand ils en seront requis par ce juge.

Séance suspendue à minuit pour une heure seulement. Baron, secrétaire ; Chazottier, président.

Du trente-un août, à une heure du matin, l'an deuxième de la République Françoise 1793, au nom de la liberté, de l'égalité et de la République une et indivisible, le président de l'assemblée a anoncé que la séance suspendue il y a une heure est et demeure reprise.

Le trésorier des impositions et subvention civiques de cette section, en exécution de l'article premier de l'arrêté du 16 de ce mois, pris par les Corps administratifs et le comité général de salut public séant à Lyon, relativement au recouvrement de la contribution civique, a mis sur le bureau la liste à publier des noms de ceux qui, d'après l'avertissement qu'ils en ont reçu le 19 de ce mois, ne se sont pas présentés pour païer leur contingent ; laquelle liste aïant été de suite lue à haute voix et rendue publique dans l'assemblée, elle a arrêté à l'unanimité que son comité d'impositions est autorisé à établir dès à présent une garnison de dix fusiliers au moins, dans le domicile du citoïen Mariétan et ensuite au domicile des autres citoïens redevables de la totalité ou de partie de leur cotte d'imposition, laquelle garnison restera permanente dans le domicile du citoïen Mariétan jusqu'à ce qu'il ait acquité la totalité de l'imposition à laquelle il a été taxé sur le rolle de lad. imposition ou contribution, ce qui sera également exécuté chez les autres débiteurs et cependant qu'avant d'envoïer lad. garnison, le citoïen Mariétan sera fraternellement averti et invité de se rendre aujourd'hui à six heures dans l'intérieur de cette salle, pour y prendre connoissance de la présente délibération. Et à l'instant l'invitation a été expédiée et envoïée par le bureau close et cachetée. A six heures du soir, la citoïenne Mariétan est entrée dans la salle, tenant à la main la lettre d'avertissement ou invitation ci-dessus mentionnés ; elle a annoncé que son mari étoit indisposé et a déclaré qu'il n'entendoit pas déférer à l'acquitement de son imposition ni à la délibération ci-dessus ; en conséquence, la section en a arrêté et requis l'exécution.

Le Secrétariat Général des sections a fait communiquer une délibération de la section de rue Buisson, son comité de surveillance y uni, du jour d'hier; relative au transport des effets qui encombrent les places et quais, lequel transport chaque section se chargera de faire faire, etc., n° 131. L'assemblée y a adhéré.

Plus une délibération de la section du Change, son comité de surveillance y uni, relative à la connoissance qui doit être attribuée au tribunal militaire des délits commis dans la journée du 29 mai, et nottament par les officiers municipaux, etc., n° 132. L'assemblée y a adhéré et a arrêté que lad. délibération sera communiquée avec lad. adhésion au Secrétariat Général, pour la transmettre avec les adhésions des autres sections au conseil militaire.

Plus un arrêté du comité de salut public de ce jour, contenant que les sections feront les avances des salaires et journées des ouvriers, à la charge pour le comité des travaux publics de rembourser dès le lendemain, etc., n° 133. L'assemblée y a adhéré.

Plus une délibération de la section de la Réunion, du jour d'hier, relative au nouvel appel pour obtenir les fonds nécessaires pour les frais occasionnés pour la résistance de la cité à l'oppression, etc., n° 134. L'assemblée a délibéré que c'étoit le cas de renvoïer lad. délibération au comité des secours.

Plus un arrêté des officiers municipaux, concernant la recherche la plus exacte des seaux à incendie, etc., n° 135.

Plus un arrêté des Corps administratifs de ce jour, pour la nomination d'un commissaire, pour se réunir avec les commissaires des autres sections dans la salle de Rousseau afin d'y recevoir des sommes pour le soulagement des malheureux qui, manquant de travail, se trouvent dans la plus grande nécessité, etc., n° 136. L'assemblée a adhéré à ces deux pièces et, pour l'exécution de la seconde, elle a nommé pour son commissaire le citoïen Bruyas cadet, son comité de surveillance réuni.

Plus une circulaire aux sections concernant l'ordre établi par les officiers municipaux et la division des ouvriers en compagnie, pour les travaux aux incendies, etc., n° 137.

Plus une délibération de la section du Port du Temple et son comité de surveillance, concernant les adjoints à nommer aux commissaires des incendies, etc., n° 138.

Séance suspendue à minuit pour être reprise dans une heure. BARON, secrétaire ; CHAZOTTIER, président.

Du premier septembre, à une heure du matin, l'an 2 de la République Françoise, 1793, au nom de la liberté, de l'égalité et de la République une et indivisible, le président a annoncé que la séance suspendue il y a une heure est et demeure reprise.

Le Secrétariat Général des sections a fait communiquer une lettre des membres du comité des subsistances, énonciative d'un avis de la section de Marseille, concernant la sortie des subsistances de cette ville et l'établissement, à chaque porte, de deux commissaires, etc., n° 139.

Une réquisition des officiers municipaux provisoire, ensuite de celle du général Précy, pour faire rendre deux cent ouvriers demain, dès les huit heures du matin, à l'entrée du pont Morand.

Et un arrêté du comité particulier de surveillance et sureté publique dit des cinq, contenant que les comités de surveillance des sections par leurs commissaires feront une visitte domiciliaire générale et exacte dans toutes les maisons, pour reconnoître et vérifier si chacune des maisons est habitée par gens surs et en quantité suffisante pour surveiller la chutte des bombes et arrêter l'effet des boulets rouges ; si les clefs des appartements non habités sont déposées dans les mains de quelqu'un habitant le même corps de logis ou au comité de surveillance de la section, prendre les précautions sures pour que les appartements puissent être ouverts commodément à tous instants ; si les clefs n'étoient pas déposées, s'il ne s'y trouve pas des gens suspects réfugiés, et, dans le cas où il en seroit trouvé, les faire mettre en état d'arrestation et traduire au comité de police séant dans la maison commune ; s'emparer des armes qui seront trouvées entre les mains des gens désarmés, les faire transporter au comité militaire et de distribution des armes ; visiter et vérifier s'il n'existe aucune matière combustible, munitions, gargousses ou cartouches cachés dans les maisons ou entre les mains de gens suspects ; que les commissaires des sections sont autorisés à requérir la force armée de surveillance attachée à chaque section pour l'exécution dud. arrêté. L'assemblée a adhéré à toutes ces pièces et a de suite communiqué l'arrêté ci-dessus transcrit à son comité de surveillance, qui demeure chargé de le faire exécuter par lui ou par les commissaires civils, à l'effet de quoi copie collationnée leur en a été remise par le bureau de la section.

Le citoïen concierge de la salle de cette section a présenté le compte des avances et fournitures qu'il a faites pour les différents bureaux de la section, ce compte est visé et certifié véritable par les officiers desd. bureaux ; lecture faite à l'assemblée de tous les articles dud. compte, elle a arrêté à l'unanimité que le citoïen trésorier de la section demeure autorisé à païer aud. citoïen concierge la somme de quatre-vingt-douze livres dix-neuf sols six deniers, montant dudit compte, et qu'en rapportant le mandat quittancé la somme lui sera alloüée dans la dépense de son compte (1).

Séance suspendue à minuit pour être reprise à une heure. BARON, secrétaire ; CHAZOTTIER, président.

Du deux septembre, à une heure du matin, l'an deux de la République Françoise, 1793, au nom de la liberté, de l'égalité et de la République Françoise une et indivisible, le président a annoncé que la séance suspendue est et demeure reprise.

Le Secrétariat Général des sections a fait communiquer une délibération de la section du Port du Temple, son comité de surveillance y uni, contenant proposition aux sections, comme mesure de sureté générale, de faire adopter à la municipalité celle de donner ordre à tous les officiers des postes de l'intérieur, de faire arrêter tous les mendiants des deux sexes, pour être placés dans des maisons de sureté, etc., n° 142.

Une invitation des officiers municipaux provisoires relatif à la célérité des travaux publics, tels que les fortifications, etc., n° 143.

Une délibération de la section de la Liberté, par laquelle elle pense qu'au lieu de deux commissaires par section chargés d'empêcher l'exportation des subsistances, ce qui multiplieroit mal à propos les individus, on doit donner la consigne aux commandants des postes vers les différentes portes de la cité de faire visitter exactement toutes les voitures qui sortent de la cité et d'empêcher qu'il ne s'emporte aucune subsistance, etc., n° 144.

Un arrêté du comité particulier de surveillance et de sureté publique, d'après la connaissance qu'il a d'un projet du général Précy pour établir des ouvrages qui assurent les Broteaux, et d'après la lettre qu'il a adressée aux bataillons, portant que les sections seront invitées à envoïer aux Broteaux tous les ouvriers qu'elles pourront se procurer, nantis de pesles et pioches, qui trouveront à la maison Neyrat des préposés pour les conduire et diviser dans les travaux projettés, etc., n° 145.

Un arrêté des officiers municipaux provisoires, de ce jour, contenant itérative invitation aux sections de prendre en très grande considération la prière qui leur fut faite, le 30 août dernier, de nommer un commissaire pour former un comité de secours, à l'effet de faire enlever les meubles et effets des citoïens incendiés, etc., n° 146.

Un autre arrêté desd. officiers municipaux, concernant la conservation des domaines nationaux, etc., n° 147.

Une délibération de la section de Scevola et de son comité de surveillance, concernant les cartes à donner à ceux qui sont chargés de surveiller les allées et maisons, etc., n° 148.

L'assemblée a adhéré à toutes ces pièces et a arrêté qu'elle les prendra en grande considération.

---

(1) *En marge :* Mandt à Morguet, concierge, de 92, 19, 6.

Séance suspendue à minuit pour être reprise dans une heure. Baron, secrétaire ; Chazottier, président.

Du trois septembre, à une heure du matin, l'an 2 de la République Françoise 1793, au nom de la liberté, de l'égalité et de la République une et indivisible, le président a annoncé que la séance étoit suspendue à minuit et qu'elle est et demeure reprise.

Le trésorier de la contribution civique de cette section a fait lecture à haute et intelligible voix, à l'assemblée, de la liste contenant les noms des citoïens de cette section qui n'ont pas païé la somme pour laquelle ils se trouvent compris au rolle de lad. contribution ou subvention, lad^e liste contenant leurs noms, la somme à laquelle ils sont imposés et mention tant de ceux qui ont donné des sommes à compte, que de ceux qui n'ont rien païé et de ceux qui sont absents. Cette liste sera trancrite dans le procès-verbal de la présente séance.

Le trésorier, après lad^e lecture et publication, a dit qu'à la forme de l'arrêté des Corps administratifs et des délégués de la section du peuple françois dans le département de Rhône-et-Loire, formant le comité général de salut public, du 16 août dernier, le comité d'imposition et subvention civique a écrit des circulaires aux citoïens qui n'ont pas fourni leur contingent et a rendu publics leurs noms dans l'assemblée, que cette mesure n'ayant rien produit, il a eu recours à l'assemblée de la section qui, le 31 août dernier, prit une délibération par laquelle il fut arrêté qu'après un dernier avertissement donné au citoïen Marietan, le comité d'imposition étoit autorisé à établir une garnison de dix fusiliers au moins chez led. citoïen Mariétan et ensuite au domicille des autres citoïens redevables de la totalité ou de partie de leur cote d'imposition, laquelle garnison seroit permanente dans le domicille du citoïen Marietan, jusqu'à ce qu'il eut païé la totalité de lad^e imposition, ce qui seroit également exécuté à l'égard des autres débiteurs. Que le citoïen Mariétan, après avoir souffert chez lui la garnison de onze hommes, compris le caporal, s'est enfin exécuté, qu'il est sans doute affligeant pour la section et son comité d'être obligés d'emploïer des voies de rigueurs contre quelques-uns de ses membres, mais que ne voulant se rendre justice, il faut bien emploïer la contrainte pour se procurer la rentrée des fonds destinés et nécessaires pour subvenir aux frais que la défense des droits du peuple opprimé nécessite ; que les contraintes exercées contre le citoïen Mariétan auroient dû déterminer les autres redevables, qui ne manquent pas d'en être instruits, à venir païer leur contingent ; que cependant aucuns d'eux n'a daigné se présenter ; que dans ces circonstances il est urgent de faire entrer dans la caisse les sommes dües, et pour y parvenir d'emploïer les moïens de contraintes indiqués par l'arrêté des Corps administratifs dud. jour 16 août, dernier, dont le comité d'imposition demande l'exécution. Sur quoi l'assemblée délibérant, a été unanimement d'avis : 1° que les noms des citoïens qui n'ont pas païé en tout ou en partie leur cotte d'imposition ou subvention civique seront rendus publics par la voie de l'affiche dans la totalité de la section, conformément à l'article premier dud. arrêté, dont les autres dispositions ont été exécutées ; 2° que dans le cas où lesd. citoïens ne se rendroient pas, après cette publication ou avertissement, il sera envoïé garnison nombreuse chez eux, et, trois jours après, il sera procédé à la vente de leurs meubles et effets jusqu'à concurrence du contingent auquel ils sont taxés, et, dans le cas où ils seroient insuffisants, les capitaux qui leur sont dûs pourront être saisis suivant l'article deux ; 3° à l'égard de ceux qui se seroient éloignés par crainte et auroient privé leurs concitoïens ou du secours de leurs personnes ou de l'aide de leurs conseils, ainsi que des absents sans motif légitime, la taxe de leur contingent sera triplée et le recouvrement sera fait, comme ci-dessus par saisie des meubles ou des biens qui seroient entre les mains des débiteurs, suivant l'art. 3 ; 4° à l'égard des réclamations, il sera passé outre et l'on forcera à païer provisoirement, sauf aux sections à faire droit dans un tems plus heureux à la forme de l'art. 4 ; Les exécutions et contraintes ci dessus énoncées seront commencées dès demain, contre les citoïens Bertin Duvillard et sa sœur, pour seize cent livres............................. 1.600 totalité

Bonardet, taxé 300 liv., absent, porté au triple...	900	»
Chanet, taxé 300 liv., absent, triplé............	900	»
Dupuis, taxé 2.000 liv........................	2.000	»
Dole, taxé 1.000 liv..........................	1.000	»
Faye dit Gros, taxé 300 liv....................	300	»
Limeau ? vic. de la métrop., pour solde.........	50	»
Leroy aîné, taxé 1.600, absent, porté au triple pour solde.................................	3.200	»
Leroy cadet, taxé 1.600 liv., absent, porté au triple pour solde............................	3.200	»
Punitrot ?, taxé 3.000 liv., pour solde..........	1.800	»
Paturat, absent, compris le tiercement de sa taxe.	1.200	»
La citoïenne Perret, taxée 300 liv..............	300	»
Roux, avoué, taxé 300 liv., absent, triplé.......	900	»

Le Secrétariat Général des sections a fait communiquer un arrêté des corps administratifs, par lequel il est ordonné qu'il sera compté à cette section la somme de seize cent trois livres pour être distribuée aux malheureux, n° 149.

Un arrêté du comité particulier de surveillance concernant l'existence dans plusieurs rues et places, de chiens et chats morts, etc., n° 150.

Un arrêté des officiers municipaux contenant itérative invitation aux sections de former le comité aux transport et déblais qui encombrent les rues et places, etc., n° 151.

Un arrêté des officiers municipaux, contenant invitation aux sections qui n'ont point encore nommé de commissaires pour la formation du comité de secours établi à Saint-Lazare, de procéder dans le jour à cette nomination, etc., n° 152.

Une délibération de la section de l'Egalité, concernant l'hôpital embulant militaire et l'envoi à y faire de quelques draps de lits, etc., n° 153.

Un arrêté du comité des subsistances de la force armée, contenant invitation aux sections et aux comités de surveillance de lui faire parvenir le plutôt possible les procès-verbaux qu'ils ont dû faire chez les citoïens absents et chez les épiciers, etc., n° 154.

L'assemblée a adhéré à toutes ces pièces et les a communiquées à son comité de surveillance.

La séance a été suspendue par le président à minuit et sera reprise dans une heure. BARON, secrétaire ; CHAZOTTIER, président.

Du quatre septembre, à une heure du matin, l'an 2 de la République Françoise 1793, au nom de la liberté, de l'égalité et de la République une et indivisible, le président a annoncé que la séance, suspendue à minuit, est et demeure reprise.

Le Secrétariat Général des sections a fait communiquer une délibération de la section de rue Buisson et de rue Neuve, portant invitation aux trésoriers de chaque section de se rendre à l'assemblée générale à 3 heures précises de relevée, aujourd'hui, etc., n° 155. Adhéré à cinq heures du matin par la section.

Il a aussi fait communiquer un extrait d'un procès-verbal de la section de Guillaume Tell, concernant les citoïens soldats qui abandonnent leur poste, etc., n° 156.

Une autre délibération de la même section, relative au compte à rendre par les administrateurs de la caisse patriotique, etc., n° 157.

Un arrêté du comité particulier de surveillance et de sureté publique, par lequel les comités de surveillance sont autorisés à saisir chez les citoïens absents tous les matelats, comestibles et combustibles, à en tenir regitre ou procès-verbal et à s'en servir, soit pour les diverses hospices des incendiés, soit pour les divers postes de la force armée, néantmoins, les comestibles ne pourront être employés que suivant l'avis du comité des subsistances, etc., n° 158.

Un arrêté de l'assemblée, des commissaires des sections pour le transport des effets déposés sur les quais, relatif à l'enlèvement desdits effets et à leur transport aux endroits indiqués, etc., n° 159.

Un arrêté du comité particulier dit des cinq, sur l'avis du citoïen général de la force de sureté, portant sur la nécessité d'illuminer ce soir les premiers étages des maisons, autres que celles qui font face aux assiégeants, etc., n° 160.

Un procès-verbal de la section de Brutus, relatif au transport à l'hôpital établi à St-Joseph ou tous autres, des draps de lit qui se trouvent chez les absens, etc., n° 161.

Et un arrêté des Corps administratifs, concernant la surveillance des prisons et la nomination d'un commissaire de chaque section à ces fins.

L'assemblée a adhéré à toutes ces pièces, elle les a communiqué à son comité de surveillance et, en ce qui concerne la surveillance des prisons, l'assemblée, au lieu d'un seul commissaire, en a nommé quatre, afin que ce service soit fait plus exactement et que le citoïen qui seul en seroit chargé, ne soit pas si souvent en surveillance, les quatre commissaires nommés sont les citoïens Borin, Mercier, Collet et Brun, tous quatre chefs de famille et très zélés pour la chose publique.

Séance suspendue à minuit pour être reprise dans une heure. BARON, secrétaire ; CHAZOTTIER, président.

Du cinq septembre, à une heure du matin, l'an 2 de la République Françoise, 1793, au nom de la liberté, de l'égalité et de la République une et indivisible, le citoïen président a annoncé à l'assemblée que la séance suspendue il y a une heure est et demeure reprise.

Le Secrétariat Général des sections a fait communiquer une délibération de la section de la Concorde, relative aux boulangers et à ce qu'il ne soit fait qu'une seule qualité de pain pendant toute la durée du siège, etc., n° 163.

Une délibération de la section de Guillaume Tell, dont le fond est de faire une nouvelle ceuillette pour soulager les femmes et les enfants des citoïens qui défendent la ville, etc., n° 164.

Un procès-verbal de la section de Guillaume Tell, par lequel elle émet son vœu sur l'absence de plusieurs officiers municipaux de leur poste, etc., n° 165.

Un arrêté du comité des travaux publics, contenant invitation aux sections de veiller sur les ouvriers répartis pour les travaux publics ne s'absentent pas ni jour ni nuit des lieux à eux désignés, etc., n° 166.

Une invitation des officiers municipaux de requérir la quantité de soixante hommes, maçons, charpentiers ou autres, pour se transporter aux Cordeliers de l'Observance, à l'effet de transporter des meubles et autres effets aux Carmes déchaussés, etc., n° 167.

L'assemblée a adhéré à toutes ces pièces et les a communiquées au comité de surveillance.

Le comité des impositions ou subventions civiques de cette section a annoncé, conjointement avec le comité de surveillance, que plusieurs des citoïens de cette section se sont absentés de cette cité ; que dans les circonstances où nous nous trouvons, il est important de faire connoître à toute la section les noms de ces citoïens qui ont eu la lacheté de fuir sans païer même leur imposition civique, quelques-uns seulement n'aïant acquité qu'une partie de leur contingent ; lesd. comités ont requis que leurs noms soient proclamés dans toute la section, enregîtrés au présent verbal et la liste affichée, et qu'il soit procédé contr'eux comme il a été arrêté qu'il le seroit contre les autres absents, par la délibération de cette section du trois de ce mois et conformément à l'arrêté des Corps administratifs du 16 août dernier. Sur quoi l'assemblée a arrêté à l'unanimité que les noms des citoïens dont il s'agit seront proclamés dans l'assemblée de cette section, qu'ils seront inscrits dans le procès-verbal de la présente séance et la liste d'iceux affichée dans toute la section, et qu'il sera ensuite procédé contr'eux par la voie indiquée par l'arrêté des Corps administratifs du 16 août dernier et par la délibération de cette assemblée du trois du présent mois.

Les citoïens dont les noms sont inscrits dans lad. liste comme s'étant absentés depuis la journée du 29 mai sont ceux cy-après inscrits, savoir : Chanel, rue des Prêtres, teinturier ; Panthot père et fils, rentiers ; Guerre, homme de loi ; Dupuis, homme de loi ; Jolyclerc, Luneau, prêtres, Renard, avoué (1).

Le Secrétariat Géneral a fait communiquer une délibération du comité de surveillance de la section de Guillaume Tell, concernant les boulangers et les patissiers ; le vœu émis par ce comité est de demander que tant que durera le siège de la cité, il soit défendu à tous patissiers, hoteliers et aubergistes de faire aucun genre de patisserie, et que toutes les farines soient emploïées à faire du pain pendant les hostilités, sans en extraire aucune portion, etc., n° 168. L'assemblée a passé à l'ordre du jour en ce qui concerne les patissiers, hoteliers et aubergistes et adhère en ce qui concerne la fabrication du pain par les boulangers sans rien extraire de la farine.

(1) *En marge :* Suivant le certifficat du commissaire du comité de surveillance de l'Ancienne Ville, du 6 septembre 1793, le citoïen Luneau est malade dans une chambre rue des Farges, signé Luneau et Reverchon, vice-président.

Sur une autre communication faite par le Secrétariat Général d'une délibération de la section de Gùillaume Tell, relative aux exécutions à faire, par quatre ou six commissaires par section, sur les citoïens qui refusent ou retardent de païer la taxe déterminée par les taxateurs, etc., n° 169, l'assemblée a passé à l'ordre du jour.

Le Secrétariat Général a fait communiquer un arrêté du comité des équipages de sureté publique, relativement aux chevaux qui sont en réquisition, etc., n° 170. L'assemblée y a adhéré.

Séance suspendue à minuit pour être reprise dans une heure.
BARON, secrétaire ; CHAZOTTIER, président.

Du six septembre, à une heure du matin, l'an deux de la République Françoise, 1793, au nom de la liberté, de l'égalité et de la République une et indivisible, le président a annoncé que la séance suspendue il y a une heure est et demeure reprise.

Un membre de l'assemblée a dit qu'il existe une fontaine au bas du Chemin Neuf que *(sic)* St-Just, qui dans tous les tems a donné de l'eau à tous les voisins, aux gens de la campagne et même au bétail ; que depuis quelque tems, par les machinations des malveillants, la source s'est tarie, elle seroit cependant de la plus grande importance en cas d'incendie, les rues et places voisines en recevroient un secours prompt et efficace ; que cette fontaine est de la plus grande utilité, non seulement à cette section, mais encore à celle de l'Union, sa voisine ; que l'eau de cette fontaine n'est sans doute que détournée, et si on faisoit quelques recherches, elle seroit bientôt rétablie et conduite au lieu où se trouve la fontaine ; en y faisant quelques légères réparations, elle fourniroit l'eau comme avant les manœuvres pratiquées par les malveillants ; que c'est l'objet de sa pétition, requérant qu'il en soit donné connoissance à la section de l'Union afin que de concert avec celle de Portefroc elle fasse les démarches nécessaires pour engager la municipalité provisoire à prendre en grande considération lad. pétition et à faire faire les recherches et réparations urgentes aux fins ci-dessus. Cette pétition aïant été appuïée par plusieurs membres et la matière mise en délibération, l'assemblée a unanimement délibéré que par les citoïens Perrot, architecte, et Lecomte, ferblantier-pompier, visite et rapport seront faits de l'état où se trouve lad. fontaine ; dans lequel rapport ils expliqueront les travaux et les réparations qu'il est nécessaire de faire, soit pour y rappeller l'eau, soit pour la mettre en l'état où elle doit être pour donner l'eau comme ci-devant et estimeront le coust desd. recherches et réparations ; que la présente délibération sera communiquée à la section de l'Union, avec invitation d'en prendre une semblable et de nommer deux commissaires pour, conjointement avec ceux qui viennent d'être nommés, procéder auxd. visitte, recherches, rapport et estimation, pour led. rapport être ensuite transmis à la municipalité provisoire, avec invitation de prendre incessament les mesures nécessaires pour le rétablissement de lad. fontaine.

Sur la demande du comité de surveillance, faite par l'organe d'un de ses membres, pour l'exécution de l'arrêté des Corps administratifs du deux du présent mois, concernant la police des marchés et contre les revendeuses, l'assemblée a nommé pour ses commissaires les citoïens Guy, Borin et Flachat, auxquels extrait dud. arrêté des Corps administratifs a été délivré avec extrait de la présente délibération, et ils ont été invités par le citoïen président, au nom de l'assemblée, de faire les diligences nécessaires pour l'exécution dud. arrêté.

Le Secrétariat Général des sections a fait communiquer une délibération de la section du Port-du-Temple et de son comité de surveillance, relative aux plaintes qui leur ont été portées contre le citoïen Verne, distributeur des farines aux boulangers, dont l'objet est de le faire remplacer, n° 171. L'assemblée a délibéré unanimement qu'il doit en être référé aux autorités constituées.

Un arrêté des officiers municipaux provisoires, par lequel ils invitent les sections et comités de surveillance, ensemble les commissaires civils et leurs adjoints, de faire donner l'écoulement aux eaux des ruisseaux dans les rues et places, etc., n° 172.

Une délibération de la section de Rousseau, relative à une nouvelle ceuillette pour le soulagement des femmes et enfants des défenseurs de la cité, proposée par la section de Guillaume Tell ; le vœu émis par la section de Rousseau est, au lieu de cette nouvelle ceuillette qui seroit peut-être insuffisante, de faire un ajouté de cinq à six pour cent sur la nouvelle imposition ou subvention, et d'autoriser la société fraternelle ou le comité de surveillance de puiser dans les caisses publiques pour que les malheureux ne se ressentent pas de l'épuisement des caisses particulières et soient secourus sans relâche, etc., n° 173.

Une délibération de la section de Guillaume Tell, relative à la nourriture des prisonniers détenus dans les prisons de Rouane pour l'affaire du 29 mai, etc., n° 174.

L'assemblée a adhéré à toute ces pièces à l'unanimité et par de vifs applaudissements à la dernière.

Le Secrétariat Général a aussi fait communiquer un arrêté des Corps administratifs réunis de ce jour, par lequel il est dit que dans le jour les comités de surveillance des sections feront une visite domiciliaire générale chacun dans leur arrondissement, ils inviteront les citoïens à leur déclarer les grains de toute espèce et farines étant en leur pouvoir et indépendamment ils feront une vériffication exacte dans tous les appartements, depuis le grenier jusqu'à la cave pour reconnoître si les déclarations sont fidèles et ils se saisiront de tous les grains et farines déclarés ou trouvés, dont ils donneront un récepissé au propriétaire ; que les grains et farines déclarés ou trouvés seront transportés dans le dépôt que chaque section indiquera, où ils resteront à la disposition du comité des subsistances. Les grains et farines trouvés seront païés au prix du cours, des deniers de la commune, sous le récépissé qui sera donné au propriétaire par des commissaires des comités de surveillance. La visite sera également faite chez les fariniers, grenetiers, marchands de bled, patissiers et généralement chez tous les citoïens ; l'Hôtel Dieu, la Charité, les hopitaux militaires et les boulangers sont exceptés. S'il se trouve des appartements fermés dont les clefs n'aient pas été déposés aux comités de surveillance ou dans des mains particulières, les commissaires sont autorisés à en faire faire ouverture forcée. Les citoïens qui seront convaincus d'avoir fait de fausses déclarations ou d'avoir caché des grains et farines, seront envoïés à la commission militaire et jugés comme coupables de conspiration. Les commissaires des sections feront un recensement exact du nombre des individus de tout sexe et de tout âge actuellement résidants ou réfugiés dans chaque section, ces recensements et celui des grains et farines déclarés ou trouvés seront faits à deux doubles, l'un restera au comité de section, l'autre sera déposé dans demain matin au comité des subsistances à la maison commune. Deffenses sont faites aux boulangers, patissiers et confiseurs de fabriquer à compter de ce soir aucune espèce de patisserie, biscuits, biscotins, etc., à peine de 500 l. d'amende pour la première contravention applicable au dénonciateur, et en cas de récidive d'être jugé par la commission militaire. Deffenses sont faittes aux boulangers de débiter du pain à autres qu'à des citoïens résidants dans la ville et à tous citoïens de favoriser la sortie du pain hors des murs, sous peine de 500 l. d'amende pour la 1re contravention applicable au dénonciateur, et, en cas de récidive, d'être renvoïés à la commission militaire. Les prisonniers et les citoïens incendiés seront nourris avec des gruaux et des légumes, le comité des subsistances en fixera la ration. Il est enjoint, au nom de la patrie, à tous les comités de surveillance de mettre la plus grande activité dans l'exécution du présent arrêté, sans qu'aucune considération particulière en puisse suspendre la marche et les heureux effets, n° 175. L'assemblée a adhéré à cet arrêté et cependant ? elle a délibéré que les Corps administratifs seront invités de suspendre l'enlèvement des grains, bleds et farines quelconques, de même que le dépôt.

Le Secrétariat Général a fait communiquer un arrêté des Corps administratifs relatif aux loueurs de chambres garnies, qui leur défend de les louer à un prix plus haut que ci-devant, etc., n° 176.

Un autre arrêté des Corps administratifs, relatif aux cartes délivrées par quelques comités de surveillance pour faire donner du pain chez les boulangers, lesquelles cartes sont annulées, etc., n° 177.

Un arrêté du comité particulier de surveillance et de sureté publique, par lequel l'arrêté de ce jour est provisoirement suspendû en ce qui touche seulement l'enlèvement et le dépôt des farines ou grains quelconques, le surplus dud. arrêté devant être ponctuellement exécuté, etc., n° 178.

Et un arrêté des officiers municipaux, relative à la réquisition aux sections de fournir 40 massons pour travailler aux fortiffications de la Croix-Rousse, etc., n° 179. L'assemblée a adhéré à tous ces arrêtés.

Séance suspendue à minuit pour être reprise dans une heure. BARON, secrétaire ; CHAZOTTIER, président.

Du sept septembre, à une heure du matin, l'an 2 de la République Françoise, 1793, au nom de la liberté, de l'égalité et de la République une et indivisible, le président a annoncé que la séance suspendue il y a une heure est et demeure reprise.

Le Secrétariat Général des sections a fait communiquer une invitation aux sections d'émettre leurs vœux dans le plus bref délai sur l'arrêté du comité général de salut public du 4 de ce mois, etc., n° 180. L'assemblée a ajourné la discution sur cet objet, qui mérite d'être traité avec la plus scrupuleuse attention.

Un arrêté des Corps administratifs concernant le pain, les boulangers, les farines et grains de toute espèce, les visittes générales domiciliaires en douze articles, n° 181. L'assemblée y a adhéré.

Un arrêté des Corps administratifs relatif aux poudres, n° 182.

Un arrêté du comité particulier de surveillance et de sureté publique qui enjoint au comité de surveillance de chaque section, d'apposer les scellés sur les blutoires dites barillets ou tamis longs ; de nommer un commissaire qui vériffiera chaque jour l'intégrité desd. scellés, etc., n° 183.

Une copie de lettre circulaire adressée aux sections par le Secrétariat Général, contenant invitation de nommer des commissaires pour se tenir chez les boulangers, aux fins d'enregistrer les noms des citoïens à qui on délivrera du pain et la quantité, à la suite de laquelle est le modelle de la carte qui contiendra jour par jour lesd. délivrances, etc., n° 184.

Une délibération de la section de St-Vincent, concernant les moulins, etc., n° 185.

Un arrêté du comité particulier de surveillance et de sureté publique pour l'illumination des premiers étages, autres que ceux des maisons qui font face aux assiégeants, etc., n° 186. L'assemblée a adhéré auxd. pièces et les a communiquées à son comité des finances.

Séance suspendue à minuit pour être reprise dans une heure. BARON, secrétaire ; CHAZOTTIER, président.

Du huit septembre l'an 2 de la République Françoise, 1793, à une heure du matin, au nom de la liberté, de l'égalité et de la République une et indivisible, le président a annoncé que la séance suspendue il y a une heure est et demeure reprise.

Le Secrétariat Général a fait communiquer une délibération de la section de la Convention, relative au remplacement des citoïens placés dans les bureaux de l'hôtel commun en état de porter les armes pour la défense de la cité, etc., n° 187. Sur laquelle délibération l'assemblée, considérant que si quelques jeunes gens remplissent des places dans les bureaux de l'hôtel commun, il seroit dangereux de vouloir leur substituer dans les conjonctures présentes d'autres sujets d'un âge plus mur, parce qu'ils ont l'habitude du travail qui leur est confié et que les nouveaux commis qu'on choisiroit ne pourroient pas l'exécuter avec la même célérité, a arrêté qu'il n'y a lieu à délibérer et que cependant il en sera référé aux autorités constituées.

Un arrêté du comité militaire des subsistances relatif à la recherche des garçons ou maîtres boulangers non occupés, etc., n° 148.

Un arrêté du comité des équipages des convois militaires, relatif à la retenue que font différents particuliers des chevaux propres aux chasseurs et qui refusent de les prêter, etc., n° 189.

Une délibération de la section de la Convention, relatif à l'appel nomminal à faire dans les différents bataillons à 10 heures du matin et à 4 heures de relevée, pour prévenir le manquement du service, etc., n° 190.

Une délibération de la section de Saône, tendant à la destruction des chiens vagues, n° 191.

Un arrêté des Corps administratifs portant invitation aux citoïens de n'user que de l'eau des pompes, celle des puits pouvant être nuisible par les maneuvres des malveillants, etc., n° 192.

Un arrêté des Corps administratifs tendant à faire nommer dans chaque section un signataire pour les billets obsidionaux, etc., n° 193.

L'assemblée a adhéré à toutes ces pièces et les a toutes communiquées à son bureau ou comité de surveillance.

Séance suspendue à minuit, pour être reprise dans une heure. BARON, secrétaire.

Du neuf septembre, à une heure du matin, l'an 2 de la République Françoise, 1793, au nom de la liberté, de l'égalité et de la République une et indivisible le président a annoncé que la séance suspendue il y a une heure est et demeure reprise.

Le Secrétariat Général des sections a fait communiquer un arrêté des Corps administratifs portant qu'à compter de mercredi prochain, 11 du présent, aucun citoïen ne pourra se faire délivrer du pain qu'il ne soit muni d'une carte du comité de surveillance de sa section, etc., n° 194.

Un arrêté des officiers municipaux contenant réquisition aux sections de trente ouvriers maneuvres ou autres, pour travailler de suite à former une redoute en face de la rue Moricot ou maison Paradis, etc., n° 195.

Un autre arrêté des Corps administratifs contenant réquisition et autorisation aux comités de surveillance de faire ouvrir, de nouveau et de suite, les domicilles de tous ceux qui ont abandonné la ville, et d'enlever toutes les couvertures qui s'y trouveront, lesquelles seront numérotées et mises au dépôt général pour être distribuées à nos frères d'armes qui sont aux avant-postes, etc., 196.

L'assemblée a adhéré à toutes ces pièces et les a toutes communiquées à son comité de surveillance.

Un arrêté des corps administratifs sur la taxe des denrées de première nécessité, contenant invitation aux comités de surveillance de tenir la main à l'exécution de l'arrêté déjà pris à cet égard, etc., n° 197.

Autre arrêté des Corps administratifs qui autorise les comités de surveillance à faire saisir jusqu'à concurrence du quatruple de la contribution civique tous les fonds et dépôts connus appartenant aux citoïens absents qui n'ont pas contribué à la contribution volontaire arrêtée par les sections ; qu'à cet effet, les juges de paix et les assesseurs sont requis d'assister les citoïens commissaires surveillants des sections pour l'exécution du présent arrêté, qui sera envoïé à toutes les sections ; à la suite duquel arrêté est une liste des noms de quelques citoïens absents domiciliés dans quelques sections, contre lesquels les sections sont invitées à faire exécuter rigoureusement l'arrêté ci-dessus pour assurer la rentrée de la contribution pécuniaire sur tous les absents. Entr'autres citoïens inscrits sur cette liste, se trouve le nom du citoïen Dupuis, homme de loi, de la section de Portefroc. N° 198.

Un autre arrêté ou délibération de la section de l'Union, portant que les autorités constituées sont invitées à faire faire des visittes chez tous les épiciers droguistes pour constater la quantité des drogues les plus visuelles *(sic)* qui se trouvent emmagazinées, telles que la manne, la casse, la rubarbe, le sénés et le quinquina, etc., n° 199.

La section de Portefroc a adhéré à toutes ces pièces et les a de suite communiquées au comité de surveillance.

Séance suspendue à minuit pour être reprise dans une heure. BARON, secrétaire ; CHAZOTTIER, président.

Du dix septembre, à une heure du matin, l'an 2 de la République Françoise, 1793, au nom de la liberté, de l'égalité et de la République une et indivisible, le citoïen président a annoncé que la séance suspendue il y a une heure est et demeure reprise.

SECTION DE PORTE-FROC, 10, 11 SEPTEMBRE

Le Secrétariat Général a fait communiquer un arrêté de la municipalité provisoire, contenant invitation aux comités de surveillance de ne plus enroller des femmes pour travailler dans les atteliers, cette réquisition est du général qui a donné l'ordre de ne plus en laisser passer sur le pont St-Clair, etc., n° 200.

Une copie de lettre écrite aux comités de surveillance par les Corps administratifs, contenant leur avis sur la quantité de pain qui, chaque jour, doit être délivré à chacun des individus, etc., n° 201.

Un arrêté du comité particulier de surveillance et de sureté publique dit des cinq, par lequel les commissaires des comités de surveillance de chaque section restent chargés de déterminer la somme totale qui revient à chacun d'eux pour être distribuée aux citoïens, à raison de la quantité de bled ou farine déposés et ce d'après le prix déterminé par ledit arrêté. Savoir : farine fine à 56 l. le quintal ; farine à tout à 36 l. le quintal ; farine blutée à 40 l. le quintal ; froment à 20 l. le bichet ; seigle à 15 l. le bichet.

Un avis aux sections relativement aux blessés de la part du commandant major général de l'armée, signée Desgranges, chirurgien-major général de l'armée, n° 203, adhéré et communiqué au comité de surveillance.

Séance suspendue à minuit, pour être reprise dans une heure. Baron, secrétaire ; Chazottier, président.

Du onze septembre, à une heure du matin, l'an 2 de la République Françoise, au nom de la liberté, de l'égalité et de la République une et indivisible, le citoïen président a annoncé que la séance suspendue il y a une heure est et demeure reprise.

Le Secrétariat Général des sections a fait communiquer un arrêté du comité des subsistances militaires, contenant injonction aux comités de surveillance des sections de visitter les boulangers, tiennent *(sic)* la main à ce que la fabrication du pain soit faite avec plus de soin, la cuisson plus forte qu'elle ne l'a été jusqu'à présent et de veiller à ce que la fleur de la farine n'en soit pas enlevée, n° 204.

Une copie de lettre du comité de police et de sureté générale, contenant avis qu'il y a eu ce matin de la rumeur chés plusieurs boulangers dans différents cantons, notamment dans la rue Bourgneuf, parce qu'il ne s'y est trouvé aucun commissaire des sections pour y faire la distribution, etc., n° 205.

Une délibération de la section de Marseille, par laquelle elle ouvre une souscription pour la somme qui en proviendra être distribuée par le comité des travaux publics, dans sa sagesse, aux citoïens mariniers préposés à la rive du Rhône qui, dans la nuit dernière, ont rendu service à la cité et à ceux qui, par la suite, se conduiront comme eux, etc., n° 206.

Et un arrêté du comité particulier de surveillance et de sureté publique dit des cinq par lequel led. comité, sans rien préjuger sur la démarcation des deux sections de l'Ancienne Ville et de Saint-George, le comité provisoire de surveillance de l'Ancienne Ville et du Gourguillon, présidé par les citoïens Halmburger, Bellet et autres, est autorisé à délivrer aux citoïens dud. arrondissement des cartes pour la délivrance du pain, etc., n° 207. La section a adhéré à toutes ces pièces et les a de suite communiquées à son bureau de surveillance.

Séance suspendue à minuit pour être reprise dans une heure. Baron, secrétaire ; Chazottier, président.

Du douze septembre, à une heure du matin, l'an deux de la République Françoise 1793, au nom de la liberté, de l'égalité et de la République une et indivisible, le citoïen président a annoncé que la séance suspendue il y a une heure est et demeure reprise.

L'assemblée, informée que plusieurs boulets rouges et éclats d'obuze viennent de tomber sur le quai de la Baleine, où se tient le marché des fruits, que les païsans qui y avoient apporté des fruits pour vendre, ensemble les acheteurs, en ont eté tellement effraïés, qu'ils ont pris la fuite, qu'en conséquence le marché a cessé, considérant que ce marché est absolument nécessaire pour l'approvisionnement des citoïens qui habitent dans ce quartier, que cependant il seroit dangereux pour les vendeurs et les acheteurs de laisser tenir led. marché dans led. endroit, et qu'il conviendroit de le transférer pendant le siège sur la place St-Jean, qui est très vaste et très commode pour cet usage, a arrêté, conjointement avec son comité de surveillance, d'inviter la municipalité provisoire à ordonner que le marché dont il s'agit sera dès à présent et provisoirement transféré du quai de la Baleine à lad. place St-Jean, pendant la durée du siège, et que les comités de surveillance des sections de Portefroc et de l'Union sont et demeurent autorisés à prendre de suite toutes les mesures nécessaires pour l'exécution de cette translation, et que l'arrêté qui sera pris par la municipalité provisoire sera imprimé, publié et affiché dans le jour.

Le Secrétariat Général des sections a fait communiquer une invitation aux commissaires des sections pour le second appel de 3.000.000 et pour l'établissement de la Caisse patriotique, à se réunir aujourd'hui à 4 heures, à l'hôtel commun, dans la salle ordinaire pour affaire très importante, n° 208.

Un avis du comité des subsistances qu'il sera remis une somme de 500 à chaque section, pour commencer à païer les citoïens pressés de recevoir le prix de leurs farines, etc., n° 209.

Un arrêté du comité particulier de surveillance, portant réquisition à tous les comités de surveillance très expressément de faire exécuter l'arrêté déjà pris concernant les scellés à apposer sur les blutoirs et tamis des boulangers, etc., n° 210.

Un arrêté du comité particulier de surveillance et de sureté publique, relatif aux cartes pour la distribution du pain chés les boulangers, etc., n° 211. L'assemblée a adhéré à toutes ces pièces et les a communiquées à son comité de surveillance.

Séance levée ou suspendue à minuit pour une heure seulement. BARON, secrétaire ; CHAZOTTIER, président.

Du treize septembre, à une heure du matin, l'an 2° de la République Françoise, 1793, au nom de la liberté, de l'égalité et de la République une et indivisible, le citoïen président a annoncé que la séance suspendue il y a une heure est et demeure reprise.

Le Secrétariat Général des sections a fait communiquer un arrêté des corps administratifs portant règlement sur la surveillance des prisonniers, etc., n° 212.

Une lettre du comité des sept commissaires trésoriers des sections relative à la rentrée des fonds qui doivent être versé dans la caisse de sureté et de la force armée, etc., n° 213.

L'assemblée a ensuite pris la délibération suivante. Sur la motion du citoïen Pierre Rey, l'assemblée permanente de la section de Portefroc lui a délivré l'attestation suivante : que depuis le 19 mai dernier, jour auquel il a été nommé commissaire de surveillance, suivant les décrets de l'assemblée conventionelle des 21 et 23 mars 1793, il a rempli uniquement et exclusivement ses fonctions de commissaires surveillants de la section de Portefroc pour la délivrance des certificats de résidence, cartes de section et autres objets déterminés par les décrets, que, depuis lors, il n'a été promû et n'a exercé aucune autre charge ni emploi civil ou militaire, et qu'il fait son service au bureau de surveillance avec exactitude et assiduité, si ce n'est pendant le tems où il a été indisposé, la section a de plus arrêté qu'en conformité de sa délibération du 19 août dernier, le citoïen Rey sera tenû de rester à sa place de commissaire au bureau de surveillance sans pouvoir désemparer jusqu'à révocation expresse, conformément aux décrets de la Convention Nationale.

L'assemblée a ensuite arrêté qu'attendu que la caisse des secours aux veuves et aux blessés, tenue par le citoïen Pélissier, est épuisée et que cette caisse doit être toujours garnie de fonds suffisants pour subvenir aux besoins des veuves dont les maris sont morts pour la defense de la cité ; les blessés dans la même cause ; aux indemnités pour les citoïens à qui le siège a fait des dommages, que leurs facultés ne permet pas de supporter et à quelques menues dépenses que la section se trouve dans l'impossibilité d'éviter, a arrêté qu'il sera versé dans cette caisse une somme de douze cent livres, par le citoïen Laurencet, trésorier, des deniers provenus et à provenir de l'imposition ou subvention civique, laquelle somme sera allouée aud. citoïen Laurencet dans le chapitre de dépense de son compte, et sera le citoïen Pélissier chargé de lad. somme de douze cent livres, pour en compter sur les mandats de l'assemblée, ainsi qu'elle avisera.

Séance suspendue à minuit pour une heure seulement. BARON, secrétaire ; CHAZOTTIER, président.

Du quatorze septembre l'an deux de la République Francoise, 1793, à une heure du matin, au nom de la liberté, de l'égalité et de la République une et indivisible, le citoïen président a annoncé que la séance suspendue il y a une heure est et demeure reprise.

L'assemblée, considérant que l'arrêté des Corps administratifs du 2 de ce mois porte que les vins des absents seront vendus aux prix y déterminés, qu'il importe dans une ville en état de siège de pourvoir les citoïens des denrées qui leur sont nécessaires, charge le comité de surveillance de procéder, sans délai et à mesure que les citoïens éprouveront des besoins, à la vente du vin des citoyens absents, et ce conformément aux dispositions de l'arrêté ci-dessus rappelé et au prix y déterminé.

Le Secrétariat Général des sections a fait communiquer une délibération de la section de Scevola, relativement au bois qui manque aux boulangers pour chauffer leurs fours, etc., n° 214.

Une lettre du général Précy adressée aux sections, relative aux citoïens qui n'auroient pas encore pris les armes pour la défense de la cité, etc., n° 215.

Une délibération de la section du Jura, par laquelle elle prévient les autres sections d'envoïer un commissaire dans la salle d'Henry quatre à l'hôtel commun, dimanche 15, à dix heures du matin, pour terminer l'objet relatif aux ouvriers sans travail, etc., n° 216.

L'assemblée a adhéré à ces trois pièces et a nommé pour son commissaire le citoïen Bruyas, à l'effet d'aller à l'assemblée indiquée par la dernière desd. pièces.

Séance suspendue à minuit, pour être reprise dans une heure. BARON, secrétaire ; CHAZOTTIER, président.

Du quinze septembre, à une heure du matin, l'an 2ᵉ de la République Françoise, au nom de la liberté, de l'égalité et de la République une et indivisible, le citoïen président a annoncé que la séance suspendue il y a une heure est et demeure reprise.

Le Secrétariat Général des sections a fait communiquer une délibération de la section de rue Buisson, relative aux comestibles dont quelques citoïens ont fait des amas ou dépots, etc., n° 117.

Une lettre des Corps administratifs aux sections, relative aux fraudes qui se commettent par plusieurs boulangers sur la délivrance du pain, etc., n° 218.

Un arrêté ou réquisition du comité dit des cinq pour la recherche des riz et autres légumes chez les marchands en gros et en détail, etc., n° 219.

Une lettre du général Précy, relative à la négligence dans les patrouilles et à faire tenir les portes d'allées ouvertes, sans lumières ni surveillants, etc., n° 220.

Séance suspendue à minuit pour être reprise dans une heure. BARON, secrétaire ; CHAZOTTIER, président.

Du seize septembre, à une heure du matin, l'an deux de la République Francoise, 1793, au nom de la liberté, de l'égalité et de la République une et indivisible, le citoïen président a annoncé que la séance suspendue il y a une heure, est et demeure reprise.

Le Secrétariat Général des sections a fait communiquer une délibération des membres choisis par le comité de salut publique pour administrer ou régir l'hopital de Sᵗ-Louis dans l'église des Augustins, pour y soigner les blessés pendant le siège, à la suite de laquelle délibération est la sanction dudit comité de salut public et une seconde délibération des administrateurs dud. hôpital, le tout cotté sous le n° 221.

Une réquisition des officiers municipaux provisoires aux sections, d'envoïer 30 ou 40 manœuvres à la maison commune pour être envoïés aussitôt aux moulins Perrache, où il est instant de les envoïer, n° 222.

L'assemblée a adhéré à ces deux pièces, et sur le champ elle a envoïé à l'hôtel commun une douzaine d'individus aux fins de la réquisition ci-dessus.

Une délibération de la section de Saône, relative au second appel pour l'imposition ou subvention civique, n° 223.

Une délibération des commissaires réunis pour les secours aux ouvriers sans travail, et indicative des mesures à prendre pour se débarrasser des personnes suspectes et des filles de joie, en les déportant pendant le siège, etc., n° 224.

Une invitation des officiers municipaux aux sections d'envoïer un ou deux maneuvres à l'hôtel commun, pour être emploïés à divers travaux utiles à la deffense de la cité, n° 225.

Une réquisition des officiers municipaux aux sections de fournir de suite quarante matelats pour la cazerne de l'évêché, etc., n° 226.

La section a acquiescé à toutes ces pièces et les a communiquées à son comité de surveillance.

Séance suspendue à minuit pout être reprise dans une heure. BARON, secrétaire; CHAZOTTIER, président.

Du dix-sept septembre à une heure du matin, l'an deux de la République françoise, au nom de la liberté, de l'égalité et de la République une et indivisible, le citoïen président a annoncé que la séance suspendue il y a environ une heure est demeure reprise.

Le Secrétariat Général des sections a fait communiquer une invitation au commissaire trésorier de cette section, pour l'établissement de la Caisse patriotique et l'appel des trois millions, de se rendre demain 18, à l'hôtel commun, dans le lieu ordinaire de la séance desd. commissaires, pour affaire très urgente, à 4 heures précises, etc., n° 227.

Une délibération de la section de Marseille relative aux cartes de section à l'égard des citoïens sur le compte desquels il y auroit des nottes de suspicion, etc., n° 228.

Une délibération du comité de surveillance de St-Vincent, relative aux citoïens qui, pour se garantir du bombardement, changent de quartier et qui, n'étant pas connus dans le quartier où ils prennent domicille, ne font point de service, etc., 229.

Un arrêté des Corps administratifs, contenant réquisition aux sections d'envoïer sur le champ à la maison commune deux manœuvres chacune et un plus grand nombre, si elles en ont à leur disposition, pour travailler à un ouvrage de fortification à la Croix-Rousse, etc., n° 230.

Un arrêté des Corps administratifs, portant que tous les riz qui se trouvent chez les épiciers de cette ville seront enlevés, transportés au dépôt général et seront païés aux prix fixé par un précédent arrêté, etc., n° 231.

Un autre arrêté des Corps administratifs par lequel, en exécution d'un précédent arrêté du 31 août et d'un autre du 15 de ce mois, les administrateurs et les comités de surveillance de chaque section sont autorisés à faire faire sous le plus court délai perquisition exacte de tous les comestibles, tant chez les épiciers que dans tous les autres endroits où en soupçonnera, et en cas de fermeture des magazins ou caves, d'en faire faire ouverture forcée, etc., n° 232.

Une délibération de la section de Rue Buisson, portant invitation au citoïen Perrin-Precy, commandant de la force armée, de n'emploïer pour la direction et le commandement des expéditions importantes et difficiles relatives à la deffense de la cité que des citoïens expérimentés dans l'art militaire, etc., 233.

Une délibération des sections de la Paix et du Change et de leurs comités de surveillance réunis concernant le pain blanc, etc., n° 234.

Sur la présentation faite par le concierge de la section, du compte des dépenses par lui faites pour les bureaux, led. compte arrêté par les citoïens officiers desd. bureaux; l'assemblée, après avoir adhéré à toutes les pièces qui viennent d'être décrittes et les avoir communiquées à son comité de surveillance, a arrêté que le citoïen Pélissier, trésorier de la section, est autorisé à païer non seulement le montant desd. compte, montant à cent quarante-une livres six sols, mais encore une somme de cent livres, à compte des gages de trois mois qui écheront au dix-neuf novembre prochain ; et que, moïennant quittance dud. concierge, la somme de deux cent quarante-une livres six sols sera allouée aud. citoïen Pélissier dans la dépense de son compte.

Séance suspendue à minuit pour être reprise dans une heure. BARON, secrétaire ; CHAZOTTIER, président.

Du dix-huit septembre, à une heure du matin, l'an deux de la République françoise, 1793, au nom de la liberté, de l'égalité et de la République une et indivisible, le citoïen président a annoncé que la séance suspendue il y a une heure est et demeure reprise.

Le Secrétariat Général des sections a fait communiquer une lettre du citoïen général Précy, portant invitation aux sections d'envoïer chacune dix hommes et un conducteur pris dans le nombre de ceux qui ne sont pas sous les armes, pour se rendre sans délai sur la place de la Comédie et de là aux divers ouvrages qui se font pour la sureté et la deffense de la cité etc., n° 135.

Le Secrétariat Général des sections a fait communiquer un arrêté des Corps administratifs, portant que tous les propriétaires qui occupent par eux-mêmes et tous les locataires seront tenus de donner toutes les 24 heures, dans le comité de surveillance de chaque section, les noms, âge, profession et qualité de ceux qui occupent les appartements quelconques des maisons de la ville, etc., n° 236.

Un arrêté des corps municipaux et administratifs, contenant invitation aux sections d'envoïer à la maison commune quatre ouvriers par section, à 4 heures, pour aller aussitôt travailler aux ouvrages de la Croix-Rousse, etc., n° 237.

Un autre arrêté des officiers municipaux, contenant avertissement aux sections qu'il a été trouvé des bombes pleines de goudron, poix, résine et autres ingrédiens ; que pour parer à cette nouvelle atrocité, il faut faire dépaver quelques endroits de la section ou faire ouvrir les portepots des caves, pour que les ouvriers puissent prendre de suite des paniers de terre afin d'étouffer l'incendie, vû que l'eau n'y feroit rien, etc., n° 238.

Un arrêté du comité des cinq, qui autorise le comité des équipages de former une compagnie de manœuvres pour le service des convois ou tout autre objet au service de la cité, etc., n° 239.

Une délibération de la section de la Fraternité, relative aux billets obsidionaux, etc., n° 240.

Une invitation aux sections par les Corps administratifs, d'envoïer chacune deux garde-pailles plains ou vuides et un matelat à la cazerne de la Déserte, etc., n° 241. L'assemblée a adhéré à toutes ces pièces, excepté à celle relative aux billets obsidionaux, sur laquelle elle a été d'avis d'en référer aux autorités constituées, et elle a communiqué le tout à son comité de surveillance.

L'assemblée a ensuite pris la délibération suivante : Instruite que dans une attaque qui a eu lieu le 16 de ce mois dans la matinée, au poste de la maison Neyrac à la Croix-Rousse, le citoïen Coinde, grenadier du bataillon de Portefroc, a eu le malheur d'être blessé et fait prisonnier par les ennemis de la cité, s'empresse de solliciter auprès du général Précy l'emploi de sa recommandation et de tous ses moïens pour obtenir à quelque prix que ce soit sa prompte délivrance ;

la section, qui connoit les sentiments du général Précy, lui atteste que le citoïen Coinde a toujours mérité par sa conduite et par sa bravoure l'estime de ses concitoïens et les plus honorables distinctions par les services qu'il a toujours rendus à la cité ; elle regardera comme un véritable bienfait et comme une nouvelle preuve du dévouement du général Precy, les démarches qu'il voudra faire pour restituer à sa famille et à son bataillon un citoïen aussi précieux ; en conséquence, elle charge le citoïen Laurencet de vouloir bien accompagner la citoïenne Coinde auprès du général Précy, pour lui porter le vœu général de la section.

Séance suspendue à minuit pour être reprise dans une heure, Baron, secrétaire ; Chazottier, président.

Du dix-neuf septembre, à une heure du matin, l'an deux de la République françoise, 1793, au nom de la liberté, de l'égalité et de la République une et indivisible, le citoïen président a annoncé que la séance suspendue, il y a une heure, est et demeure reprise.

Le Secrétariat Général des sections a fait communiquer une délibération de la section de la Fraternité relative aux sentinelles à placer dans les maisons abandonnées par l'effet du bombardement, etc., n° 242.

Une délibération de la section de la Convention, relative aux billets obsidionaux de 50 et de 25 s., etc., n° 243.

Un arrêté ou invitation des officiers municipaux aux sections, de faire le rolle de tous les hommes qui, n'étant pas à même de porter les armes, peuvent être emploïés à divers travaux de redoutes et autres urgents, n° 244. L'assemblée y a adhéré et a communiqué lesd. trois pièces à son comité de surveillance.

Le Secrétariat Général a aussi fait communiquer [une] adresse du citoïen général Précy aux sections, du 19 septembre (cejourd'hui), contenant des détails intéressants et la liste des officiers tués ou blessés, n° 245. L'assemblée y a applaudi et adhéré.

Le Secrétariat Général a encor fait communiquer un arrêté des Corps administratifs, contenant défense à tous propriétaires et fermiers de vignes et treilles dans l'intérieur de la cité de faire du vin, à moins qu'il n'y ait été spécialement authorisé, ordonne de vendre le raisin sur les places publiques les plus raprochées des avant-postes, à raison de 3 sols la livre, maximum fixé pour cette denrée, etc., n° 246.

Copie d'une lettre écrite par le comité du salut publique au Secrétariat Général pour la communiqué aux sections, relativement aux marchands, épiciers en gros qui spéculent honteusement et cachent les comestibles qui sont en leur pouvoir, etc., n° 247.

Autre copie d'une lettre du comité général du salut publique au Secretariat Général, contenant le modelle d'une réponse à faire au nom des sections, à celle écrite par le citoyen Châteauneuf-Randon, envoyée par un trompette du camp ennemi, etc., n° 248.

Une délibération de la section de la Liberté, dont le vœu est de faire écrire au nom des sections par le Secrétariat Général, au général de Précy, en réponse à sa circulaire pour lui témoigner la satisfaction des sections, etc., n° 249. L'assemblée a adhéré à toutes ces pièces.

Séance suspendue pour une heure. Baron, secrétaire ; Chazottier.

Du vingt septembre l'an deux de la République françoise 1793, au nom de la liberté, de l'égalité, et de la République une et indivisible, le citoyen président a annoncé que la séance suspendue il y a une heure est et demeure reprise.

Le Secrétariat Général des sections a fait communiquer un arrêté de la municipalité provisoire de ce jour, concernant invitation à cette section de Portefroc d'envoyer quatre mariniers ou crocheteurs, accoutumés au débarquement ou embarquement de marchandises, tels que le vin, à la commune, qui les envoirat aux magazins de vin à La Mulatière, etc., n° 249 bis. L'assemblée a adhéré à toutes ces pièces.

Un avis du comité particulier de surveillance et de sureté publique dit des cinq, réunis au comité des subsistances, contenant l'envoy aux sections de deux affiches et d'une mezure de fer blanc de la teneur de 8 onces pour la distribution du ris, etc., n° 250.

Séance suspendue à minuit pour être reprise à une heure. BARON, secrétaire ; CHAZOTTIER, président.

Du vingt-un septembre, l'an deux de la République françoise, 1793, au nom de la liberté, de l'égalité et de la République une et indivisible, le citoyen président a annoncé que la séance suspendue il y a une heure est et demeure reprise.

Le Secrétariat Général a fait communiquer le projet de la lettre à écrire par led. secrétariat, au nom des sections, au citoyen général Précy en réponse à sa lettre circulaire du 19 de ce mois, etc., n° 251.

Une délibération de la section de Rousseau relative à la lettre du citoyen général Precy, du 14 de ce mois, concernant les plaintes à cause du grand nombre de citoyen qui, sous divers subterfuge, se sont toujours soustrait à la défense de la cité, etc., n° 253, le numéro 252 se trouvant nul et étant retiré.

Une lettre des Corps administratifs aux sections, relative à l'arrêté que lesdits corps viennent de prendre aux fins de faire un recenssement général des vins saisis chez les citoyens absents, etc., n° 254.

Une invitation aux sections de fournir de suite dix hommes chacune pour se rendre de suite à l'hôtel commun, sous la conduite d'un surveillant, pour travailler aux fortifications, etc., n° 255.

Une délibération du comité de surveillance de la section de Guillaume Tell, relative aux appartements des premiers étages, aux magazins et bas qu'occupoient les citoyens fugitifs ou absents ou cachés, lesquels appartements demeurent à la disposition des comités de surveillance, etc., n° 256.

Un arrêté des Corps administratifs de ce jour, par lequel leurs arrêtés ou proclamation du jour d'hier relatifs aux subsistances est maintenus dans toutes ses dispositions, etc., n° 257. Adhésion à toutes ces pièces.

Séance suspendue à minuit pour être reprise dans une heure. BARON, secrétaire ; CHAZOTTIER, président.

Du vingt-deux septembre l'an 2 de la Liberté et de la République françoise, 1793, le citoyen président, au nom de la liberté, de l'égalité et de la République une et indivisible, a annoncé que la séance suspendue il y a une heure est et demeure reprise.

Le Secrétariat Général a fait communiquer la délibération de la section de Guillaume Thel, dont le vœu est que les draps nommés kalmouk soient livrés par les marchand à nos frères d'armes aux prix coutant, etc., n° 258.

Un arrêté de la municipalité provisoire, portant invitation aux sections d'envoyer chacune 10 à 12 ouvriers aux moulins Perache, etc., n° 259.

Une lettre des Corps administratifs aux sections contenant que les sections ne doivent livrer gratuitement le ris qu'à la classe indigente des citoyens, etc., n° 260.

Une délibération de la section de Guillaume Thel, tendant à employer les prisonniers aux moulins Peyrrache, en leur donnant du vin au pardessus de leur nourriture, etc., n° 261.

Un arrêté du comité de sureté général, pour qu'il soit fait un tableau indicatif en quatre colonne des noms des contribuables pour l'imposition relative aux frais de la guerre, sçavoir la quotité de l'imposition, le nom des contribuables et celui des citoyens en retard, etc., n° 262.

Un arrêté des Corps administratifs relatif à l'hopital ambulant de St-Louis, à celui des Chezaud et autres, à la suite duquel est un règlement en 4 articles, etc., n° 263. Adhésion à toutes ces pièces.

Séance suspendue à minuit pour une heure seulement. BARON, secrétaire ; CHAZOTTIER, président.

Du vingt-trois septembre l'an 2 de la République françoise, 1793, au nom de la liberté, de l'égalité et de la république une et indivisible, le citoyen président a annoncé que la séance suspendue il y a une heure est et demeure reprise.

Le Secrétariat Général a fait communiquer un arrêté du comité des finances de l'assemblée géneralle du salut publique, relatif à la réunion de tous les commissaires trésoriers des sections au comité des finances, pour se concerter sur des mezures qui intéressent le salut de la cité, etc., n° 264.

Un arrêté des Corps administratifs relatif aux jeunes gens qui se sont établi dans les maisons sous prétexte de les surveiller, ledit arrêté portant invitation aux sections pour faire une visite géneralle à l'effet de faire rejoindre les bataillons par tous ceux qui se trouvent en état de porter les armes, etc., n° 265.

Un autre arrêté des Corps administratifs qui autorise le comité dit de l'arrièré de faire conduire dans les prisons les citoyens et citoyennes notoirement aisés qui occupent leur domicile et qui, pour se soustraire au payement de leur taxe du 1er et du 2e appel ont fait démeublé leurs appartements, etc., n° 266.

Une délibération de la section de la Liberté relativement aux draps de kalmouk pour les faire délivrer à nos frères d'armes au plus bas prix possible, etc., n° 267.

Un arrêté du comité particulier dit des cinq portant défense aux boulangers de délivrer du pain aux citoyens composant la force armée etc., n° 268.

Un arrêté des Corps administratifs portant autorisation au comité des subsistances à faire remettre à chaque comité de surveillance des sections la quantité de vin qui sera nécessaire, sçavoir aux personnes aisées à raison de 10 s. le pot, etc., n° 269.

Un autre arrêté du Corps administratif relatif à la distribution du ris et à la suspension provisoire de l'indemnité sur le prix du pain, etc., n° 270. Adhésion à toutes ces pièces.

Séance supendue à minuit pour être reprise dans une heure. Baron, secrétaire; Chazottier.

Du vingt-quatre septembre, l'an 2 de la République françoise, au nom de la liberté, de l'égalité et de la République une et indivisible, le citoyen président a annoncé que la séance suspendue il y a une heure est et demeure reprise.

Le Secrétariat Général a fait communiquer l'arrêté des officiers municipaux provisoires contenant invitation aux sections d'envoyer chacune à l'hôtel commun quatre ouvriers ou manœuvres pour un ouvrage très pressé, etc., n° 271.

Un arrêté des Corps administratifs qui restrinct la délivrance du pain à une demi-livre pour chaque individu et que les sections sont autorisés à distribuer deux onces de ris à chaque personne aisée qui en payeront le prix fixé, etc., n° 272.

Un autre arrêté des Corps administratifs portant que le comité des subsistances fera remettre dans chaque comité de surveillance des sections la quantité de vin qu'il jugera convenable, lequel vin sera distribué gratis aux gens peu aisé, à raison d'un demi setier pour chaque individus, par jour, etc., n° 273.

Le n° 274, communiqué aux autres sections, ne l'a pas été à celui de Portefroc, parce que le contenu en icelui ne la regarde pas.

Un autre arrêté des Corps administratifs contenant invitation aux sections de nommer dans chacune d'elles douze commissaires pour se réunir demain 25, à huit heures du matin, dans la loge du Change pour y attendre le rapport des Corps administratifs sur la dernière missive des représentants du peuple, etc., n° 275.

L'assemblée a adhéré à toutes ces pièces et, en ce qui concerne la dernière, après les avoir communiquées à son comité de surveillance, elle a nommé pour ses douze commissaires les citoyens Maret, Ramey, Charbogne, Verset, Morel, Blachier, Pélissier, Laurencet, Vanal, Jal cadet, Labaume. Baron, secrétaire; Chazottier, président.

Du vingt-cinq septembre l'an 2 de la République francoise 1793, au nom de la liberté, de l'égalité et de la République une et indivisible, le citoyen président a annoncé que la séance est suspendue, il y a une heure, et qu'elle demeure reprise.

Le Secrétariat Général a fait communiquer des observations de la part des Corps administratifs, avec invitation aux sections de faire passer leurs réflexions aux Corps administratifs et à toutes les sections, sur les moyens de découvrir les différents gruoirs, etc., n° 276.

Un arrêté des officiers municipaux portant invitation aux sections de faire enlever par les ouvriers en permanence ou tous autres, les débris de verre répandus dans les rues par l'effet de l'explosion des bombes, etc., n° 277.

Une délibération de la section de Saint-Vincent, tendante à faire remplacer dans les hopitaux les citoyens en état de porter les armes, un grand nombre desdits citoyens ayant observé qu'il s'en trouve beaucoup qui, sous prétexte de prendre soin des blessés se dispensent du service militaire, etc., n° 278.

L'assemblée a adhéré à toutes ces pièces et les a communiqué à son comité de surveillance.

L'assemblée, en conséquence de l'arrêté pris ce jour par l'assemblée des douze commissaires de chaque section convoqués dans la loge du Change, ce matin, a nommé à l'unanimité le citoyen Collomb aîné, chirurgien-major du bataillon de Portefroc, aux fins de se réunir de suite aux commissaires des autres sections dans la susdite loge du Change pour, avec les autres commissaires qui seront nommés par les sections, porter aux représentants du peuple sous les murs de cette ville les instructions ou propositions qui seront arrêtés dans l'assemblée générale des sections tenant dans la loge du Change, conférer avec lesdits représentants, recevoir leurs propositions pour les communiquer de suite aux sections de cette ville, qui s'empresseront de délibérer sur leurs dispositions.

Un des commissaires de la section pour l'assemblée génèralle des sections de Lion ayant rapporté que cette assemblée avoit en outre arrêté que chaque section nomerat des commissaires pour instruire chaque bataillon. 1° Que l'assemblée générale des sections avoit arrêté qu'une députation composée de viellards sexagénaires seroient envoyés aux représentants du peuple. 2° Que cette députation seroit porteuse d'instructions qui seront arrêtés dans la séance de laditte asemblée génèralle de ce soir, et que laditte instruction, avec leurs motifs, seront également communiqués aux différents bataillons de la ville de Lion. L'assemblée a, à l'instant, nommé pour remplir cette mission les citoyens Jal l'aîné, Chevrillon, Teillard et Perrolt pour instruire le bataillon dud. arrêté sur les différents postes où ils se trouvent (1).

Séance suspendue à minuit, pour être reprise dans une heure.
Baron, secrétaire; Chazottier, président.

Du vingt-six septembre l'an 2 de la République françoise, 1793, au nom de la liberté, de l'égalité et de la République une et indivisible, le citoyen président a annoncé que la séance est suspendue, il y a environ une heure, et qu'elle demeure reprise.

Le Secrétariat Général a fait communiquer une délibération de la section de la Liberté, tendant à faire nommer par chaque section un commissaire qui se rendra tous les jours au comité des subsistances pour y requérir les bons pour la délivrance des farines ou grains, à raison du nombre des boulangers auquel les sections ont à en fournir, etc., n° 279.

Un arrêté du Corps administratifs, portant que dans le jour il sera enlevé dans les grands dépots d'huile la quantité nécessaire pour qu'il puisse en être déposé deux tonneaux par section et dans les municipalités de Veze et de La Croix-Rousse, lesquels huiles seront distribué gratis aux citoyens indigents, dans les proportions que peuvent nécessiter leurs besoins, etc., n° 280.

Une délibération de la section du Change, tendant à faire nommer

(1) *En marge de la page 38, on lit*: N° Les commissaires ci-contre nommés, de retour, ont rapporté qu'étant réunis en assemblée générale de commissaires de section à la loge du Change et sur le point de nommer des commissaires vétérans, à l'effet de rédiger un mémoire contenant le vœu du peuple de Lyon, séparé des autorités constituées, la force armée s'est portée sur la place du Change, a environné la salle, s'y est ensuite introduite et a tellement influencé que l'assemblée s'est dissoute et, en conséquence, les vieillards se trouvent sans mission. Baron. La présente notte a été placée ici par erreur, elle doit l'être à la page ci-contre, à la marge du procès-verbal du 25 septembre.

des commissaires dans chaque section, qui prendront l'état de tous les chiens et à choisir deux particuliers dans chaque section, lesquels seront chargé de prendre les chiens désignés, de les tuer et les jeter dans les rivières, etc., n° 281.

Une délibération de l'assemblée des commissaires trésoriers des sections, relative à la perception ou recouvrement des deniers provenus et à provenir de l'imposition ou subvention civique, etc., n° 282. L'assemblée a adhéré à toutes ces pièces et les a communiqué à son comité de surveillance.

Séance suspendue à minuit, pour être reprise dans une heure. BARON, secrétaire ; CHAZOTTIER, président.

Du vingt-sept septembre l'an 2 de la République françoise, 1793, à une heure du matin, au nom de la liberté, de l'égalité et de la République une et indivisible, le citoyen président a annoncé que la séance, suspendue il y a une heure, est et demeure reprise.

Le Secrétariat Général a fait communiquer un arrêté des Corps administratifs, tendant à faire nommer cinq commissaires par les sections, pour être adjoints au comité des subsistances, etc., n° 283.

Un arrêté des Corps administratifs portant réquisition à chaque section de quatre matelats, quatre couvertures, et deux traversins pour nos frères d'armes de Montbrison casernés à l'évêché, etc. n° 284.

Un arrêté des Corps administratifs portant réquisition à chaque section de nommer un commissaire pour se rendre dans la salle du comité des huit, à l'effet de prendre une mesure qui exige de la célérité, etc., n° 285.

Un arrêté des Corps administratifs relatif à la distribution du charbon aux citoïens peu aisés, etc., n° 286.

Un arrêté du comité particulier de surveillance et de sûreté publique dit des cinq, portant qu'il sera fait un recensement exact de la population de chaque section, sans y comprendre les citoïens armés et les ouvriers emploiés aux travaux de l'armée, tous lesquels reçoivent la ration, etc., n° 287. L'assemblée a adhéré à toutes ces pièces.

Séance suspendue à minuit pour être reprise dans une heure. BARON, secrétaire ; CHAZOTTIER, président.

Du vingt-huit septembre, l'an 2 deux de la République françoise, à une heure du matin, au nom de la liberté, de l'égalité et de la République une et indivisible, le citoyen président a annoncé que la séance suspendue, il y a une heure, étoit et demeure reprise.

Le Secrétariat Général des sections a fait communiquer une délibération de la section de la Liberté, tendant à ce que le comité des travaux publics veuille bien déterminer le nombre d'ouvrier qui, à l'avenir, seront employés et payés par les sections pour surveiller les incendies dans leur arrondissement, ainsi que de ceux qui seront requis pour être employé à l'hôtel commun et payés par le comité des travaux publics, aux fins d'éviter les doubles emplois, etc., n° 288.

Un arrêté des officiers municipaux provisoires, portant réquisition à chaque section de cinq ouvriers pour se rendre à l'hôtel commun, à cinq heures d'aprez-midi de ce jour, pour des travaux très pressés, n° 289. L'assemblée a adhéré à toutes ces pièces.

Séance suspendue à minuit pour être reprise dans une heure. BARON, secrétaire ; CHAZOTTIER, président.

Du vingt-neuf septembre, l'an 2 de la République françoise, 1793, à une heure du matin, au nom de la liberté, de l'égalité et de la République une et indivisible, le citoyen président a annoncé que la séance suspendue il y a une heure est et demeure reprise.

Le Secrétariat Général a fait communiquer un arrêté du comité particulier de surveillance et de sureté publique dit des cinq, portant invitation aux sections de donner connaissance le plustost possible au comité des subsistances de tous les commestibles trouvés dans la visite générale domiciliaire qui a du avoir lieu hier, etc., n° 290.

Un arrêté des officiers municipaux portant invitation aux sections d'envoyer à l'hôtel commun quatre ouvriers manœuvres, robustes et de bonne volonté, qui puissent se porter au moment où on les demandera à l'utilité de la chose publique, etc., n° 291.

Un autre arrêté des officiers municipaux, portant invitation aux sections d'envoyer sur le champ à l'hôtel commun sous la conduite d'un commissaire nommé *ad hoc* le plus grand nombre d'ouvriers charpentiers avec leur coignée, une forte hache, pour faire une abatie d'arbres, etc., n° 292.

Une délibération de la section de l'Union, tendante à inviter le général Précy de donner les ordres les plus sévères pour qu'aucune personne du sexe ne puisse approcher les camps et portes, etc., n° 293.

Une invitation du Secrétariat Général aux sections de ne pas délivrer aux ouvriers travaillants aux redoutes les denrés qui se distribuent dans les sections, attendu qu'ils sont nourris comme la force armée, etc., n° 294.

Un arrêté des officiers municipaux, portant invitation aux sections de se rappeller qu'il est indispensable que dans le moment elles envoyent à la commune des ouvriers robustes au nombre de six ou huit, etc., n° 295. L'assemblée a adhéré à toutes ces pièces et les a communiqué à son comité de surveillance.

L'assemblée a ensuite arrêté à l'unanimité que le citoyen Pélissier, son trésorier de section, est autorisé à payer au citoyen Bon, papetier, la somme de 104 l. 10 s., montant du compte de ses fournitures depuis le 10 aoust dernier jusqu'à ce jour, sçavoir : quarante livres dix sols pour les quatre premiers articles de son dit compte, suivant le mandat délivré audit citoyen Bon, le 19 aoust dernier, lequel mandat n'a pas été acquitté, faute par ledit Bon de ne s'être pas présenté au citoyen trésaurier, et soixante-quatre livres pour la fourniture de quatre rames de papier coupé à cloche par lui fourni le 9 de ce mois, pour raison de quoi le mandat sera délivré par le bureau audit citoyen Bon, lequel mandat ne fera qu'un seul et même avec celui cy-dessus datté qui demeure annéanti, et en rapportant par le citoyen Pellissier la quittance de laditte somme de cent quatre livres dix sols, cette somme lui sera allouée dans la dépense de son compte.

Séance suspendue à minuit pour être reprise dans une heure. BARON, secrétaire : CHAZOTTIER, président.

Du trente septembre l'an 2ᵉ de la République françoise, 1793, à une heure du matin, au nom de la liberté, de l'égalité et de la République une et indivisible, le citoyen président a annoncé que la séance suspendue il y a une heure est et demeure reprise.

Le Secrétariat Général a fait communiquer un arrêté du comité particulier de police, portant invitation aux sections de faire exécuter littéralement l'art. 8 de l'arrêté en forme de règlement du 8 de ce mois, relatif à l'obligation d'illuminer les premiers étages, etc., n° 296.

Un autre arrêté des officiers municipaux, portant invitation aux sections d'envoyer chacune à la commune 8 ou 10 ouvriers ou manœuvres robustes pour être distribués dans différents travaux par le général qui les demande, etc., n° 297.

Un arrêté du comité du salut public, tendant à faire faire toutes les démarches nécessaires pour hater les visites domiciliaires, avec invitation aux sections pour cette itérative réquisition d'envoyer dans le jour au comité des subsistances, l'état de ce qu'on aura trouvé depuis le commencement de la visite, etc., n° 298.

Une lettre des Corps administratifs aux sections, à la suite de laquelle est une proclamation du citoyen général Précy, relative à la force armée, en datte de ce jour, etc, n° 299.

Une lettre des Corps administratifs aux sections, annonçant qu'ils viennent d'arrêter qu'il se sera mis à la disposition des sections par le comité militaire des subsistances la quantité de soixante et dix pièces de vin aprez qu'il aura été reconnu loyal et marchand, etc., n° 300. L'assemblée a adhéré à toutes ces pièces.

Séance suspendue à minuit pour être reprise dans une heure.
BARON, secrétaire; CHAZOTTIER, président.

Du premier octobre 1793, l'an 2ᵉ de la République francoise, à une heure du matin, au nom de la liberté, de l'égalité et de la République une et indivisible.

Le citoyen président a annoncé que la séance suspendue il y a une heure est et demeure reprise.

Le Secrétariat Général a fait communiquer une délibération de la section de la Convention, tendante à inviter le commandant de chaque bataillon de dresser une liste de tous les citoyens qui se sont absenté sans cause légitime depuis le commencement du siége, et de l'envoyer aux sections qui solliciteront, au nom de l'honneur et de l'intérêt de la cité, les citoyens absens de rejoindre leur poste, etc., n° 301.

Arrêté des Corps administratifs contenant défense à tout propriétaire et fermier de vigne à l'intérieur de la ville et faubourg de faire du vin, avec injonction de faire recueillir chaque jour la dixième partie de leur vigne, et de faire vendre en détail les raisins, à raison de 3 sols la livre, conformément au précédent arrêté, etc., n° 302.

Un autre arrêté des Corps administratifs concernant les citoyens en état de porter les armes et qui se cachent dans divers lieu de la cité, etc., n° 303.

Un autre arrêté des Corps administratifs portant invitation aux sections de faire nommer dans le jour des commissaires à l'effet de faire des visites domiciliaires pour découvrir les chevaux soit de trait, de sel et de bride qui peuvent se trouver dans leur arrondissement, etc., n° 304.

Un autre arrêté des officiers municipaux portant réquisition à chaque section de quatre manœuvres robustes, pour travailler à l'abri du canon, etc., n° 305.

L'assemblée a adhéré à toutes ces pièces et les a communiquées à son comité de surveillance.

L'assemblée, sur la demande du citoyen Besson, en payement d'une somme de six livres neuf sols pour fourniture et posage de carraux de vitre, soit dans la salle de la section sur le quay de l'Evêché, soit dans le magazin de laditte section à la maniganterie, a autorisé le citoyen Pellissier, son trésorier, à payer pour cet objet aud. citoyen Besson la somme de 6 livres à laquelle son compte demeure arrêté, à l'effet de quoi mandat sera délivré par le bureau et en le rapportant quittancé laditte somme sera allouée aud. trésorier dans la dépense de son compte.

Séance suspendue à minuit pour être reprise dans une heure.
BARON, secrétaire ; CHAZOTTIER.

Du deux octobre, à une heure du matin, l'an 2ᵉ de la République, 1793, au nom de la liberté, de l'égalité et de la République une et indivisible le citoyen président a annoncé que la séance suspendue il y a une heure étoit et demeure reprise.

Le Secrétariat Général des sections a fait communiquer un arrêté des officiers municipaux, portant réquisition aux sections d'envoyer de suite à l'hôtel commun quatre-vingt-dix ouvriers maçons ou manœuvres robustes, ce qui fait trois hommes par section, pour se transporter de suite aux travaux de la saussey de Peyrrache, etc., n° 306.

La copie d'une lettre des Corps administratifs, concernant les huiles qu'ils vont faire distribuer aux sections, laquelle distribution sera faite gratuitement aux citoyens peu aisés et payé par ceux à qui la fortune le permet, etc., n° 307.

Séance a été suspendue à minuit pour être reprise à une heure.
BARON, secrétaire ; CHAZOTTIER, président.

Du trois octobre, à une heure du matin, l'an 2 de la République françoise, 1793, au nom de la liberté, de l'égalité et de la République une et indivisible, le citoyen président a annoncé que la séance suspendue il y a une heure est et demeure reprise.

Le Secrétariat Général a fait communiquer un arrêté du comité particulier de police, surveillance et sureté publique, portant invitation aux sections de faire exécuter ponctuellement les dispositions des articles 8 et 12 de l'arrêté ou règlement du 8 septembre dernier portant injonction d'illuminer, etc., n° 308.

Un arrêté du comité de surveillance de la section de Guillaume Tell, contenant pétition aux Corps administratifs, afin qu'il prennent un arrêté portant condamnation à la détention de tout individu de tout sexe et de tout âge qui mendieroient, etc., n° 309.

Une délibération de la section de Guillaume Tell relativement à la vente du raisin etc., n° 310.

Un arrêté de la municipalité provisoire, portant invitation d'envoyer de suite, à la maison commune, trois ouvriers par section, pour être employés à des travaux forcés, etc., n° 311.

Une délibération de la section de la Convention, portant pétition ou proposition aux sections de nomer chacune trois commissaires et deux par bataillons, tous âgés au moins de 30 ans, lesquels se rendront à la loge du Change, pour délibérer, le 5 du présent mois, à 8 heures du matin, pour prendre connaissance des moyens qu'on pourroit employer dans la circonstance actuelle, etc., n° 312.

L'assemblée a adhéré aux précédentes pièces et les a communiqué à son comité de surveillance, et à l'égard de la délibération ou pétition de la Convention en dernier lieu spécifiée, elle a arrêté qu'elle y délibérera.

Le Secrétariat Général a encore fait communiquer un arrêté des officiers municipaux portant invitation aux sections de faire fournir à nos frères d'armes de la cazerne de la Nouvelle Douane la quantité de 360 couvertures, à raison de 12 par section, etc., n° 313.

Séance a été suspendue à minuit pour être reprise à une heure. BARON, secrétaire; CHAZOTTIER, président.

Du quatre octobre, a une heure du matin, l'an 2° de la République françoise, 1793, au nom de la liberté, de l'égalité et de la République une et indivisible, le citoyen président a annoncé que la séance suspendue il y a une heure est et demeure reprise.

Le Secrétariat Général a fait communiquer un arrêté des Corps administratifs, portant que les comités de surveillance des sections sont invités à rendre compte dans le plus bref délai au comité de subsistance des sommes provenues des commestibles vendus aux citoyens aisés, n° 314.

Un arrêté des officiers municipaux contenant prière aux sections d'user de tout leur zèle pour obtenir de tous les bons citoyens, de tous les marchands, feratier, caffetier, teinturier et autres de fournir leurs moulins et de les apporter à chaque section, etc., n° 315.

Séance suspendue à minuit pour être reprise à une heure. BARON, secrétaire; CHAZOTTIER, président.

Du cinq octobre, l'an 2° de la République françoise, 1793, à une heure du matin, au nom de la liberté, de l'égalité et de la République une et indivisible, le citoyen président a annoncé que la séance suspendue il y a une heure étoit et demeure reprise.

Le Secrétariat Général a fait communiquer un arrêté des officiers municipaux portant invitation aux sections d'envoyer sur le champ deux ou trois ouvriers à Saint-Just pour un travail pressé, etc., n° 316.

Un arrêté du comité de surveillance de la section de la Fraternité, tendant à faire faire dans toutes les sections des perquisitions rigoureuses de tous les citoyens qui ont quitté leur bataillon sans cause légitime, etc., n° 317.

Une délibération de la section de la Paix portant invitation au Corps administratif de déclarer, vu l'état de siège, que les dédites pour la Noël prochaine seront nul et de nul effet, etc., n° 318.

Un arrêté des officiers municipaux, portant invitation aux sections d'envoyer 3 ou 4 ouvriers chacune à la maison commune, pour être dispersés dans les différents travaux, etc., n° 319.

Une délibération de la section de la Convention, par laquelle elle déclare que dans sa pétition du 3 de ce mois, pour la convocation dans la loge du Change de divers commissaires des sections et des bataillons, qu'elle n'a eut d'autre but que de concilier le vœu de tous les concitoïens dans la circonstance actuelle, sans entendre se séparer en aucune manière des Corps administratifs et du général de la force armée, et qu'elle persiste dans le vœu émis par la majeure partie des citoïens de la section, qui ont discuté cet objet pendant deux jours, etc., n° 320.

Séance suspendue à minuit pour être reprise dans une heure. BARON, secrétaire; CHAZOTTIER, président.

Du six octobre l'an 2 de la République françoise, 1793, à une heure du matin, au nom de la liberté, de l'égalité et de la République une et indivisible, le citoïen président a ouvert la séance en annonçant qu'aïant été suspendue, il y a environ une heure, elle demeure reprise.

Un commis des bureaux de la municipalité provisoire a apporté un arrêté de lad. municipalité, portant invitation à cette section de faire prendre le moulin à bras du citoïen Macors, n^re place St-Jean, et de le faire porter de suite dans l'une des chapelles de l'église de ce nom, énonçant qu'on tiendra compte à la section des frais de transport. L'assemblée y a adhéré et le citoyen Macors a été invité de cedder led. moulin. Il y a defféré.

Le Secrétariat Général a fait communiquer un arrêté des Corps administratifs, par lequel, délibérant sur une pétition qui leur a été faite, ils arrettent que les sections de Lyon et les communes de Vaize et la Croix-Rousse s'assembleront pour nommer trois députés, à l'effet de se rendre demain sept heures du matin dans la loge du Change, pour délibérer sur la position de la cité, et que les bataillons seront également invités à nommer, dans le jour, trois commissaires pour se rendre au même lieu, à la même heure, pour délibérer sur le même objet, charge l'état-major de déterminer le mode de cette convocation et de prendre toutes les mesures nécessaires pour maintenir l'ordre dans l'extérieur et l'intérieur de la cité, n° 321.

Un arrêté du comité particulier de surveillance et de sureté publique, par lequel il donne avis aux sections de faire la recherche des sacs vuides qui contenoient l'avoine qui se prend journellement dans les greniers de Ste-Marie des Chaînes, etc., n° 322.

L'assemblée a adhéré à toutes ces pièces et les a communiquées à son comité de surveillance et pour l'exécution de l'arrêté relatif à la nomination des commissaires des sections et des bataillons qui doivent s'assembler demain à 7 heures du matin, dans la loge du Change, elle a unanimement arrêté de nommer des commissaires qui se transporteront aux divers postes occupés par le bataillon de Portefroc, à l'effet par lesd. commissaires d'informer led. bataillon, tant de la pétition de la section de la Convention du 3 de ce mois, que de l'arrêté des Corps administratifs d'aujourd'huy, avec invitation aud. bataillon de nommer trois commissaires qui se réuniront demain, 7 heures du matin, dans la loge du Change, aux commissaires qui vont être nommés par la section et à ceux qui seront nommés par les autres sections et les autres bataillons, à l'effet de délibérer sur la position de la cité conformément aud. arrêté des Corps administratifs de ce jour. Et de suite l'assemblée a procédé à la nomination des commissaires chargés de porter une copie collationnée, tant de lad. pétition de la section de la Convention que dud. arrêté des Corps administratifs et de la présente délibération ; les commissaires qu'elle a nommés à ces fins sont les citoïens Lecuyeux ? et Riche ? ; cette nomination a été faite par l'unanimité de l'assemblée aux acclamations de tous les membres présents.

L'assemblée a ensuite procédé, par la voie du scrutin, au choix et nomination des trois commissaires qu'elle doit députer à l'assemblée générale des commissaires des sections et des bataillons qui, à la forme dud. arrêté des Corps administratifs de ce jour, doit avoir lieu demain à sept heures du matin, dans la loge du Change, les formes ont été régulièrement observées, la boëte du scrutin a été ouverte et renversée, il ne s'y est rien trouvé, elle a été refermée, placée sur le bureau, et chaque citoïen aïant fait son bulletin, l'a apporté dans la boëte et il a été fait une liste des noms des citoïens qui ont apporté leur bulletin ; ce qui étant fini et, n'y aïant plus dans l'assemblée aucun citoïen qui n'ait pas apporté son billet, le président a fermé le scrutin ; les noms inscrits sur la liste ont été confrontés avec le nombre des bulletins et des deux côtés le nombre s'est trouvé égal ; le président et les secrétaires ont ensuite procédé à la dépouille ou recensement du scrutin ; ce recensement a produit dix-sept voix pour Lecomte, ferblantier, quinze voix pour le citoïen Guillot, maçon et (1) pour le citoïen Dugenne, homme de loy ; ils ont par là acquis la pluralité relative et ont été proclamés commissaires aux acclamations de l'assemblée, qui a de plus délibéré et arrêté que le citoïen Laurencet qui a eu le plus de voix après lesd. commissaires, étoit et demeuroit choisi et nommé pour supléant auxd. commissaires, lesquels ont accepté chacun en ce qui le concerne et ont promis de se rendre à lad. assemblée générale demain, à sept heures du matin, dans la loge du Change, pour y délibérer, conformément à l'arrêté des Corps administratifs de ce jour, conjointement avec les commissaires que le bataillon de Portefroc aura nommés et avec ceux qu'auront nommés tant les autres sections que les autres bataillons des sections. L'assemblée leur a observé que si les commissaires des bataillons ne se trouvoient pas dans lad. assemblée, la délibération devoit être suspendue jusqu'à ce que les bataillons en eussent envoïés ou déclaré n'en vouloir nommer.

A neuf heures du soir, le Secrétariat Général des sections a fait communiquer un arrêté des Corps administratifs de ce jour, par lequel il est énoncé que l'assemblée des sections indiquée pour demain, sept heures du matin, ne peut avoir lieu à lad. heure, attendu que le citoïen général étant occupé à visitter les postes, on n'a pas pu assembler les bataillons qui doivent y concourrir ; ledit arrêté porte que les Corps administratifs préviendront les sections qu'il leur sera donné avis du moment où lad. assemblée pourra avoir lieu, n° 323. La section a fait prévenir ses trois commissaires et le supléant du contenu aud. arrêté, afin qu'ils s'abstiennent d'aller demain à sept heures dans lad. salle de la loge du Change, sauf à s'y rendre au moment qui sera indiqué par lesd. Corps administratifs.

Séance suspendue à minuit pour être reprise dans une heure. BARON, secrétaire, CHAZOTTIER, président.

Du sept octobre, l'an 2 de la République françoise, 1793, à une heure du matin, au nom de la liberté, de l'égalité et de la République une et indivisible, le citoïen président a annoncé que la séance suspendue il y a une heure est et demeure reprise.

Le Secrétariat Général a fait communiquer un arrêté du conseil de guerre du 6 de ce mois, par lequel il est ordonné à la section de Portefroc ou à son comité de surveillance, en conformité des articles 6 et 7 dudit arrêté, de faire arrêter tous les citoyens de lad. section qui ne font aucun service ou qui ont abandonné leur compagnie ; de les faire traduire devant led. conseil et d'employer à cet effet la force armée, à laquelle il est enjoint de prêter main-forte toutes les fois qu'elle en sera requise de la part de lad. section ou de son comité, etc., n° 324.

(1) *Blanc dans le texte.*

Un arrêté des Corps administratifs de ce jour, portant qu'en exécution de l'arrêté d'hier, les sections sont convoquées par députation de trois commissaires dans l'église de St-Nizier, aujourd'hui, à 3 heures de relevée, et que les Corps administratifs leur remettront les dépêches de chacune d'elle, etc., n° 325. L'assemblée a adhéré à ces pièces et les a communiquées à son comité de surveillance et ensuite aux citoyens Dugène, Guillot, maçon, et Lecomte, ferblantier, tous trois commissaires nommés du jour d'hier en suite de l'arrêté des Corps administratifs du même jour, pour délibérer sur la position de la cité, et elle a confirmé la nomination qu'elle a faite le jour d'hier de leurs personnes pour commissaires, à l'effet de se réunir aux commissaires tant des autres sections que des bataillons desdittes sections pour délibérer en conformité dud. arrêté, leur donnant tous les pouvoirs requis à ces fins.

Une adresse du général Pressy aux sections, par laquelle il prétend que l'assemblée de trois commissaires par chaque section n'est pas légale parce que, dit-il, la force armée n'a pas été consultée pour leur nomination, etc., n° 326. Sur quoi l'assemblée a passé à l'ordre du jour à minuit (1).

Séance suspendue à minuit pour être reprise dans une heure. BARON, secrétaire; CHAZOTTIER, président.

Du huit octobre, à une heure du matin, l'an deux de la République françoise, 1793, au nom de la liberté, de l'égalité et de la République une et indivisible, le citoyen président a annoncé que la séance suspendue il y a une heure est et demeure reprise.

Le Secrétariat Général a fait communiquer une adresse ou lettre aux sections dattée de ce jour, du quartier général, par laquelle il prévient les sections que quelques citoïens ont refusé de prendre des cartouches en disant que la paix étoit faite, etc., n° 327. L'assemblée a passé à l'ordre du jour.

Une délibération de la section de l'Égalité, par laquelle elle annonce qu'elle s'est déterminée à nommer deux commissaires, l'un dans la force armée de son bataillon, l'autre dans la partie délibérante, aux fins de se transporter auprès des représentants du peuple pour traiter les grands intérêts de la cité, elle invite les sections à suivre la même marche, etc., n° 328. Sur quoi l'assemblée a approuvé cette marche et a nommé pour ses commissaires les mêmes qu'elle a choisis par sa délibération du six de ce mois, qui sont les citoïens Dugenne, Guillot, maçon, et Lecomte, ferblantier, auxquels elle donne de nouveau tous les pouvoirs requis.

Une délibération de la section du Change, par laquelle elle nomme trois commissaires pour délibérer sur la lettre des représentants du peuple de ce jour, etc., n° 329.

Une délibération de la section de la Réunion, ci-devant rue Bellecordière, par laquelle il est dit que la paix proposée par les représentants du peuple est le bien désiré depuis longtemps par lad. section, qu'elle est décidée à faire tous les sacrifices que les bons républicains peuvent faire pour l'obtenir, etc., n° 330. L'assemblée, sur cette délibération, a déclaré qu'elle contenoit son vœu.

Copie des pouvoirs remis aux députés envoïés ce jourd'huy aux

---

(1) *Au-dessous la phrase inachevée*: Une lettre du même général.

citoïens représentants du peuple au quartier général de Ste-Foy, par l'assemblée des commissaires des sections de Lyon représentants les habitants de Lyon, pour aller auprès desdits représentants du peuple sous les murs de la ville, à l'effet de leur exprimer tous les sentiments patriotiques et fraternels de ses habitants, entendre leurs propositions, etc., n° 331. L'assemblée a approuvé lesd. pouvoirs et a arrêté qu'ils doivent être illimités.

Séance suspendue à minuit pour être reprise dans une heure. BARON, secrétaire ; CHAZOTTIER, président.

Du neuf du mois d'octobre, à une heure du matin, l'an 2 de la République Françoise, 1793, au nom de la liberté, de l'égalité et de la République françoise une et indivisible, le citoïen président a annoncé que la séance suspendue il y a une heure est et demeure reprise.

Un arrêté du comité particulier de police, surveillance et sureté générale, a été communiqué par le Secrétariat Général. Il invite les sections à adjoindre chacune un membre aux divers comités séans à l'hôtel commun, etc., n° 332. L'assemblée a choisi et nommé pour son commissaire, aux fins ci-dessus, le citoïen Dugenne.

Un arrêté du comité de surveillance de cette ville, par lequel les citoïens sont invités d'illuminer depuis l'entrée de la nuit, n° 333. Adhéré.

Séance suspendue à minuit. BARON, secrétaire ; CHAZOTTIER, président.

Du dix octobre, à une heure après minuit, séance suspendue, reprise ensuite de l'annonce qui en a été faite à la manière accoutumée par le citoïen président.

La section de Rue Buisson a fait communiquer une déclaration portant que le citoïen Villiermoz conserveroit sa qualité de député pour réitérer aux représentants du peuple l'assurance des sentiments patriotiques et républicains des citoïens de lad. section et traiter en leurs noms, avec les pouvoirs les plus illimités. Adhéré et approuvé par de vives acclamations en la section de Portefroc.

Un arrêté de la section de la Croizette, par lequel elle invite les représentants du peuple à faire échanger les billets obsidionaux. La section de Portefroc y a adhéré (1).

N'y aïant plus eu aucune communication ni proposition, la séance a été suspendue à minuit. BARON, secrétaire ; CHAZOTTIER, président.

(1) *En marge :* Le compte présenté par le citoyen Morgué, concierge de la section, a été arrêté à 121 l. 12 s. et mandat lui a été délivré sur le citoyen Pélissier, trésorier de la section, ced. jour 10 octobre, 2° année de la République françoise, 1793. B. CH.

HISTOIRE

DE LA RÉVOLUTION

DE LYON,

SERVANT de développement et de preuve à une conjuration formée en France contre tous les Gouvernemens et contre tout ordre social.

SUIVIE de la collection des pièces justificatives.

Rerum potiri volunt : honores quos, quietâ Republicâ desperant, perturbatâ consequi se posse arbitrantur. Tacite.

A LYON,

De l'Imprimerie de REGNAULT.

1793.

L'AUTEUR

A SES CONCITOYENS

Lorsque j'ai entrepris cet Ouvrage et la collection qui le suit, j'ai moins consulté mes forces que mon zele; j'ai cru qu'il importoit également, et à la Ville de Lyon, et à toute la France, de sonder la profondeur de l'abyme qui fut ouvert sous nos pieds, et qui peut engloutir encore toutes les contrées soumises au joug des Jacobins de Paris. Frappé d'un si grand intérèt, et affligé de le voir méconnu ou négligé, j'ai *essayé* ce que des plumes mieux exercées auroient *exécuté* avec plus de succès. À ce titre, j'ose espérer qu'on voudra bien m'accorder quelque indulgence.

Membre de la députation que la Cité avoit résolu d'envoyer auprès du Corps législatif, avant que les Jacobins en eussent consommé la dissolution, j'ai trouvé dans les pieces recueillies par cette Commission, des secours précieux; et au nom de tous les bons Citoyens, j'exprime ici la reconnaissance qui est due à tous ceux qui les ont fournies.

Cependant ces pieces ne forment que la moindre partie de celles que je publie; j'ai consacré un mois entier à fouiller tous les greffes, à interroger tous les dépôts. De là le désordre qui regne dans l'impression des pieces que je n'ai pu réunir, ni par ordre de dates ni par ordre de matieres. Mais toutes sont indiquées dans le discours, par un chiffre correspondant aux numéros de chacune.

Il en est une foule que je n'ai pu mêler à cette collection, et qui auroient mérité d'y trouver place : mais pour accélérer la publication de l'Ouvrage, et lui assigner un prix modique, j'ai dû me prescrire des retranchemens nécessaires. Je donnerai un Supplément, si mes Concitoyens le desirent : et alors je pourrai développer un point intéressant que je n'ai fait qu'indiquer ; c'est-à-dire, la liaison intime des événemens de Lyon, avec les inspirations des Jacobins de Paris, avec tous les événemens qui ont affligé ou déshonoré la France.

Du reste, mon Ouvrage n'est point un Ouvrage de circonstances, ou de parti : j'ai raconté avec impartialité, souvent je me suis abstenu des réflexions : j'ai dit la vérité ; je la garantis sur ma tête : je laisse à mes Contemporains le soin délicat d'en tirer les conséquences.

G., Citoyen de Lyon.

HISTOIRE

DE LA RÉVOLUTION

DE LYON,

Servant de développement et de preuve à une conjuration formée en France contre tous les Gouvernemens, et contre tout ordre social.

Suivie de la collection des pièces justificatives.

La conjuration découverte à Lyon, n'est qu'un rameau d'une conjuration plus vaste qui embrassoit l'Europe et les deux mondes, et qui menace encore de couvrir la France de sang et de ruines.

Une suite non interrompue d'hommes profondément pervers ont successivement conduit cette grande conspiration. Egalement avides de domination et de richesses, s'arrachant à leur obscurité par l'excès de l'audace, tous ont conçu tour-à-tour, pour s'élever, un système de bouleversement dont les annales du monde n'offrent aucun exemple, et que la postérité refuseroit de croire, si les monumens affreux qui l'attestent, pouvoient n'arriver pas jusqu'à elle.

On sait combien les révolutions politiques sont favorables au déchaînement des grandes passions. C'est à ces époques souvent desirées, jamais desirables, et toujours désastreuses, que les conspirateurs, s'agitant dans la foule, exercent, sans qu'on s'en apperçoive, leur funeste influence. Dans la tourmente de la confusion universelle, l'ambition sait si bien revêtir les couleurs du patriotisme, l'audace du crime imite tellement l'enthousiasme noble et sublime de la liberté, qu'on accorde sans défiance, à la scélératesse même, un hommage qu'on croit ne décerner qu'à la vertu. C'est ainsi que les agitateurs, faisant naître sans cesse de nouveaux mouvemens, nous précipitant sans relâche de révolutions en révolutions, sont parvenus à élever leur puissance sur les débris ensanglantés de l'ancien gouvernement et de la monarchie constitutionnelle ; à prolonger leur domination, en étouffant ou empoisonnant d'avance tous les élémens d'une constitution républicaine ; et à établir leur fortune sur les ravages et les calamités d'une guerre dévorante.

Maîtrisée par des conspirateurs, une révolution qui eût pu produire bien des réformes utiles, ne servit qu'à préparer et accumuler des désastres. Les agitateurs, pour fonder le règne du crime, attaquèrent toute morale publique ou privée, relâchèrent ou brisèrent à la fois tous les liens de l'ordre social. Leur faction exécrable, disséminée sur tous les points de l'empire, répandit de toute part le poison de sa doctrine funeste. Elle fonda tour-à-tour, suivant les lieux et les personnes, ou le déisme, ou l'athéisme, sous prétexte de punir des prêtres ; et érigea en système philosophique la violation de toutes les loix : elle fit une vertu de la révolte, un crime de l'ordre et de la paix, un devoir de tous les attentats utiles : elle mit en action les maximes les plus éversives de tout ordre quelconque, investit de l'autorité publique les hommes les plus corrompus, et ouvrit à tous les scélérats la carrière du crime, en leur offrant l'impunité : elle bannit de la France toute paix intérieure, en semant la plus amère défaveur sur le nom sacré de *propriété* ; en armant l'indigent contre le riche, l'artisan contre le cultivateur, le consommateur contre le fabriquant ou le propriétaire ; en réduisant la nation entière à deux classes, l'une de bourreaux, l'autre de victimes. Enfin, pour engloutir toutes les fortunes et exercer tous les pouvoirs, elle jura de tout livrer à la combustion et au brigandage, d'assassiner et de se baigner dans le sang, et de ne laisser respirer sur le globe que des monstres semblables à elle. C'étoit la confédération de tous les crimes contre le genre-humain. Les clubs étoient les foyers d'où devoit partir l'embrasement universel.

Tels étoient les hommes qui s'étoient emparés de la révolution ; tels leurs principes et leurs moyens. Quel sinistre avenir ne promettoient-ils pas !

Jusqu'au 10 août 1792, la marche des conjurés fut plus constante qu'uniforme ; la variété des circonstances faisoit varier aussi l'emploi des moyens ; et la faction se montroit plus ou moins audacieuse, suivant que les conjonctures étoient plus ou moins favorables.

Mais depuis la journée du 10 août 1792, elle ne connut plus de frein ; le nombre de ses ennemis s'étoit accru par ce grand événement ; elle avoit à combattre, et les royalistes aigris, et les constitutionnels désespérés, et les républicains triomphans dont elle avoit servi la cause et emprunté le langage. Pour les accabler tous à la fois, elle s'élança avec impétuosité dans la carrière nouvelle qu'elle s'étoit tracée. C'est de ce moment que date le débordement de tous les crimes ; c'est aussi à cette époque que remonte la conjuration de Lyon.

Cette ville si importante par sa population, ses richesses et sa position topographique, avoit fait jusqu'alors le désespoir de tous les factieux : vainement un club de Jacobins effrénés, avoit voulu inoculer à ses paisibles habitans le virus jacobite ; vainement une municipalité devenue séditieuse par le conctact empoisonné des agitateurs répandus dans son sein, avoit voulu favoriser l'invasion de l'anarchie. Tandis que le bon esprit des citoyens, cet amour inné de l'ordre qui fait leur caractère, résistoit à la contagion des maximes du club, l'autorité des administrations et des tribunaux, réprimoit avec succès les entreprises licentieuses de la municipalité. De sourdes persécutions purent affliger quelquefois plus d'un individu ; mais aucun crime ne souilla la cité.

Comment une ville si importante et si fortunée, eût-elle pu ne pas fixer toute l'attention des anarchistes ? Ils jurèrent d'y régner : ils s'appliquèrent à resserrer par tous les moyens la coalition qui existoit depuis long-tems entre les Jacobins de toutes les villes, et ils ne cessèrent d'entretenir entr'eux une correspondance active par de nombreux émissaires.

Le massacre et le pillage marquèrent leurs premiers pas dans cette carrière.

Déja une grande commotion devoit, à Lyon, répondre à l'événement préparé à Paris pour le 10 août.

« On pense, s'écrivoient-ils de Paris à Lyon, que vous allez suivre » l'exemple de Paris ; et à son instar, vous formerez un comité cen- » tral à la Commune, que vous chargerez de pouvoirs suffisans pour » *protéger l'insurrection.* » On répondoit le 2 août qu'en effet « on » attend de jour en jour une explosion ; que la commotion se fera » sentir plus fortement à Lyon qu'ailleurs ; que c'est à la capitale de » donner l'exemple *(a)*.

Le comité central fut en effet formé ; il fut composé de 300 Jacobins pris dans toutes les Sections ; *de maniere que s'il survenoit quelque expédition à faire dans Lyon, ce comité put mettre toute la ville en train.* Telles étoient les expressions de la secte à l'époque du 16 août (1).

Les étrangers que le règne des loix avoit attirés dans les murs de Lyon, pour se soustraire aux persécutions et aux dangers qui les menaçoient ailleurs, étoient principalement les victimes désignées. On devoit cependant leur associer un grand nombre de citoyens.

Pour connoître le nombre et la qualité des étrangers, il fut arrêté, par le conseil général de la Commune, le 12 août, que les hôtel garnis seroient visités par des commissaires.

Mais plusieurs membres de la municipalité, effrayés d'une proscription si étendue, et n'osant pas en contredire ouvertement le projet, s'appliquèrent à en diminuer les horreurs : ils prirent aux yeux des conjurés, une attitude de persécution qui n'étoit pas dans leur cœur et firent ordonner que tous les étrangers qui se trouvoient à Lyon, sans y être appellés pour des procès, ou pour des affaires de commerce, sortiroient de la ville *sous trois jours* (34).

L'émigration fut prodigieuse : et bientôt l'on craignit qu'il ne restât plus assez de sang étranger à répandre pour éteindre la soif des conjurés, et qu'ils ne songeassent à remplacer sur la liste fatale, les proscrits fugitifs, par des citoyens.

Alors, les auteurs du premier arrêté, croyant n'avoir à choisir qu'entre des périls extrêmes, et préférant le massacre des étrangers à celui des citoyens, prirent un nouvel arrêté, le 17 août, qui n'obligeoit personne de s'éloigner, et qui commettoit simplement des commissaires pour examiner le motif du séjour des étrangers à Lyon. Cet adoucissement rassura ceux qui n'avoient pu partir ; l'émigration cessa : il resta aux cannibales une pâture abondante ; et le château de Pierre-Scize fut indiqué par un arrêté du Conseil-Général, pour recevoir le dépôt des victimes *(b)*.

Cependant, ni les autorités administratives, ni le peuple, n'étoient encore parvenus à *la hauteur* de ces attentats. On pouvoit résister. Que firent les conjurés pour s'affranchir de tous les obstacles ?

D'une part, ils firent anéantir le Département et le district ; un décret du 15 août 1792, cassa l'un et l'autre. Chalier, ancien officier muni-

---

(a) Lettres de Thonion à Bottin, et de Bottin à Thonion, publiées par la Commune de Lyon.

(b) Voici les termes de l'arrêté : « Vu la nécessité de se servir du château de « Pierre-Scize, *pour la détention de plusieurs citoyens*, il a été arrêté que le conseil- « général de la Commune procéderoit demain à la nomination d'un concierge, pour « cette maison de détention. » (25 août.)

cipal, un des scélérats les plus fougueux qu'ait enfantés la révolution, et que le Département avoit suspendu de ses fonctions, pour divers abus d'autorité ; Chalier, rétabli dans ses fonctions par le même décret, fut chargé de l'apporter et de le notifier. La municipalité, dont il redevenoit membre, vota par un arrêté du 19, une *Lettre de remercîmens aux membres du Conseil exécutif*, pour le *bienfait*, disoit elle, *de la suspension des corps administratifs* ; et les clubs délivrés des surveillans qui les réprimoient, en marquèrent leur joie par une pompe funèbre burlesque qui se répandit dans les rues.

D'autre part, on employa les manœuvres les plus odieuses pour exaspérer le peuple, et pour se l'attacher : on sème des alarmes sur les subsistances ; on répand des bruits perfides d'*accaparemens* ; on y donne de la consistance par des *perquisitions* faites avec éclat ; surtout on annonce, par des circulaires aux sections, que « les *grains et* » *farines accaparées seront vendues au profit des accapareurs, mais au* » *prix parisien, dans tous les marchés, par commissaires pris un à un* » *dans chaque section,* et autorisés à requérir la force publique et armée. » *Puis,* ajoute-t-on, *nous taxerons le pain dans une juste proportion.* » Cela fait, les tribunaux aristocrates et prévaricateurs sont ceux dont » nous ferons justice ; nous nommerons des commissaires pour les » remplacer (2). » Telles sont les mesures que le club de Juiverie propose aux autres sections. Dodieu, maître d'école, alors président de la section de Juiverie, et depuis juge du Tribunal civil, étoit l'auteur de la circulaire, et l'un des principaux agens du complot. Il y professoit publiquement la théorie de l'assassinat. « Souvenons-nous, disoit-il, » que si la vie d'un seul particulier peut sauver le général et la Patrie, » nous avons droit de l'immoler. »

Il paroît cependant que les anarchistes de Lyon, déployèrent moins d'activité qu'on ne l'avoit espéré à Paris. On n'avoit pas vu encore couler une seule goutte de sang, le 28 août ; et cependant le même jour, un prêtre scandaleux, couvert de honte et crimes, un prêtre qui vivoit alors dans un commerce incestueux avec une sœur (3), que depuis il a épousée, en un mot, l'abbé *Laussel*, produit monstrueux de la secte, demandoit de Paris, à un nommé *Billotet, combien on avoit coupé de têtes à Lyon. Ce seroit une infamie,* ajoutoit-il, *d'avoir laissé échapper sains et saufs nos ennemis.*

Pour encourager les égorgeurs, si le crime étoit à commettre, ou pour les affermir contre les remords, si le crime étoit consommé, il leur annonçoit, d'avance, et les massacres semblables qui se préparoient à Paris, et ceux qu'il avoit lui-même ordonnés. « Un long et sourd » roucoulement se fait entendre, disoit-il, et tout se dispose à *couper* » *la tête* aux gargantuas, et à faire *une affaire générale de tous les mal-* » *veillans.* Nos volontaires sont à Orléans depuis deux ou trois jours, » *pour expédier* les prisonniers. Dites à M. *Chalier* que j'ai décou- » vert *Guillin* l'échappé..... Au retour des fédérés *nous l'expédie-* » *rons* ». (4) et ce n'étoit pas une vaine jactance : on avoit déjà massacré son frère à Poleymieux, à deux lieues de Lyon ; et on avoit fait de ses membres dépecés, un affreux et dégoûtant festin.

Les massacres annoncés, promis par Laussel, ne tardèrent pas de s'exécuter à Paris : ni les contemporains, ni la postérité n'oublieront ces quatre jours où dix mille prisonniers, sans défense, périrent sous le couteau d'une poignée d'assassins, sous les yeux et avec une sorte d'approbation de l'assemblée législative et de toutes les autorités constituées ; où Paris fut jonché de morts de tout état et de tout sexe ; où les parens et les amis n'osoient ni consoler, ni pleurer, ni même voir les victimes ; où des monstres, tout dégoûtans de sang, épioient, interrogeoient la douleur publique, pour multiplier les victimes ; où l'humanité cédoit à la terreur, et la pitié, à la barbarie. Mais ce n'est pas à nous à peindre ces journées à jamais exécrables : d'autres scènes, plus rapprochées de nous, et non moins sanglantes, vont fixer nos regards.

Plusieurs villes se souillèrent des mêmes forfaits.

Celle de Lyon n'en fut point exempte. Les anarchistes qui la déchiroient, étoient trop bien inspirés, trop bien salariés par les *Septembristes* de Paris, pour ne pas s'associer, d'une manière particulière, à l'opprobre dont le nom François venoit d'être flétri. Deux commissaires de la commune de Paris étoient même venus concerter les mesures, presser l'exécution.

Le 9 septembre fut le jour choisi pour cette horrible expédition : c'étoit un dimanche.

Le matin avoit été consacré, après six mois de renvois successifs, à une sorte d'auto-da-fé patriotique, exécuté avec appareil au Champ de Mars, sur des titres de noblesse et sur les portraits des anciens échevins ; la municipalité y avoit paru, et avoit fait prêter, à la force armée, sur le bûcher civique, le nouveau serment de l'égalité et de la liberté (37).

Les flammes qu'alluma la municipalité, produisirent un incendie beaucoup plus funeste ; elles enflammèrent les esprits, et servirent de signal au ralliement des assassins.

Une horde soldée par les secrets ordonnateurs des scènes qui devoient consacrer cette journée de larmes ; une horde, passivement féroce, se porte, se précipite vers le château de Pierre-Scise, où des prisonniers, reconnus innocens, attendoient de jour en jour la liberté. Mais une foible garde suffisoit à lui en défendre l'entrée, et ses efforts n'inquiètent que le peuple, attiré par un spectacle aussi nouveau pour lui.

Le maire accourt ; bientôt après 2 ou 3 municipes ; les portes s'ouvrent à la voix du magistrat. Alors des cris menaçans s'élèvent et commandent ; d'affreux rugissemens arrachent l'ordre fatal de transférer les prisonniers ; ils paroissent !... ils tombent percés de mille coups, et leur mort n'est que le signal d'un plus grand carnage ; les têtes sanglantes, promenées sur des piques, invitent les assassins à de nouveaux forfaits... Le citoyen consterné, et tremblant de le paroître, fuit à l'aspect de ces trophées horribles : les bataillons formés spontanément et n'obtenant point d'ordres, appuyés avec horreur sur leurs armes impuissantes, gémissent d'une inaction forcée, dont ils craignent d'être comptables à la postérité : un silence général, le silence de la stupeur, n'est interrompu que par les chants atroces des agens du plus affreux des crimes.

Cependant tout semble annoncer que le forfait et l'impunité qui l'accompagne n'offriront qu'un vain encouragement, qu'un exemple infructueux : les chefs inaperçus s'en étonnent et frémissent ; un nouveau massacre est ordonné : de malheureux prêtres, des vieillards défaillans, traînés, depuis deux jours, dans d'autres prisons, sont lâchement égorgés ; leurs membres palpitans, suspendus dans les lieux les plus fréquentés, prolongent l'exemple et l'horreur du massacre, et des chants sacrilèges se mêlent de nouveau à ceux du carnage. Mais cette seconde tentative est aussi infructueuse que la première : en vain les ténèbres de la nuit semblent seconder l'exécution du complot, appeller à de nouveaux crimes : la consternation et l'horreur sont les seuls sentimens qu'on fasse naître ; les assassins n'ont pour spectateurs de leur barbare joie, que la force armée, enchaînée par une puissance inconnue ; tout espoir s'évanouit : les chefs, les agens, les instrumens passifs, tout se disperse ; et, le jour paroissant, les citoyens, étonnés d'exister, n'osent s'interroger, n'osent même arrêter leur pensée sur un évènement qu'ils voudroient pouvoir effacer des fastes entachés de leur cité.

La ville de Lyon étoit fumante de sang : le pillage succède au massacre : des femmes, nourries, dans des clubs pervers, des maximes contagieuses qu'on y professe, sont les agens choisis pour ce nouveau crime. La ville de Paris avoit vomi deux commissaires, le comédien *Michu* et le nommé *Huguenin*, comme pour organiser le brigandage, et l'autoriser de leur présence. (38)

Au premier danger, un mouvement généreux et spontané rassemble tous les citoyens en armes, mais les jacobins qui s'y trouvent mêlés, s'appliquent à en paralyser la force, à éloigner les secours des magasins marqués pour la dévastation. (6) La municipalité fait plus : elle ordonne à tous les bataillons de se désarmer et de se disperser ; ils obéissent ; on poursuit les soldats citoyens, on les maltraite ; plusieurs sont percés de leurs propres armes ; les magasins sont livrés, sans défense, à la rapacité des brigands.

Ce désordre dure quatre jours : et, par une combinaison qu'on ne peut se lasser d'admirer, il imite toutes les apparences de l'ordre le plus parfait ; on commence et on finit la journée à des heures réglées : la municipalité qui, le premier jour, s'étoit bornée à disperser les bataillons réunis, ne rougit pas, pendant les jours qui suivent, de méler officiellement et officieusement parmi les brigands, des commissaires, pour faire respecter l'égalité des droits, dans l'égalité du partage ; elle approuve publiquement cette dévastation scandaleuse, dans un arrêté qu'elle proclame, le second jour du pillage (39), où elle déclare que *cet événement malheureux est occasionné par le prix excessif des denrées* ; elle n'oppose au brigandage que la promesse, non moins désastreuse, de la taxe des denrées ; elle n'a pas même la pudeur de rappeler, par la plus froide invitation, le peuple qu'on égare, au respect des propriétés. Le pillage ne cesse, que lorsque les anarchistes et leurs satellites, sont gorgés de sucre, de café, d'huile, etc.

Au pillage succède une taxe arbitraire, mais à un prix si bas, qu'elle tenoit lieu d'un second pillage : les brigands eux-mêmes arrêtent cette taxe, *au nom du peuple souverain :* tous les murs de la ville sont couverts de leur insolent tarif ; et la municipalité loin de le contredire, croit devoir l'imiter. (41, 42).

Les marchés ne sont plus, pendant plusieurs jours, qu'un théâtre de rixes et de dégâts et, tandis que les propriétaires, les cultivateurs fuient avec effroi, une ville métamorphosée pour eux en une caverne de brigands, où on les détrousse avec impunité, les brigands menacent d'aller dépouiller, au sein des campagnes, les cultivateurs fatigués de tant de rapines. Ainsi arrivoit à grands pas l'affreuse disette, la guerre civile encore plus affreuse, sur les traces confondues de l'aveuglement et du crime : heureusement, un sentiment plus naturel de justice et d'ordre, fit oublier peu-à-peu ces taxes insensées.

Cependant, la rage des hommes tigres n'étoit pas assouvie par le sang qu'ils avoient versé ; ils écrivoient, au milieu du carnage, qu'ils *se proposoit secrettement de recommencer au premier jour* (5). La présence des commissaires *Huguenin et Michu*, qui avoient présidé au pillage, dût leur paroître propre à favoriser leurs nouveaux desseins.

Le passage annoncé des Marseillois du 2 septembre *(a)*, servit de signal. Les prisons étoient vides ; on se hâte de les remplir par le moyen, toujours fécond, des visites domiciliaires *(b)*. Une amère dérision en fournit le prétexte : on parle de rechercher les auteurs du pillage, de ce pillage secondé par la municipalité même avec tant d'impudeur ; et les auteurs du pillage sont mis à la tête des visites.

Au jour fixé, les barrières sont inopinément fermées ; les bataillons choisis mis sur pied, les citoyens non employés, condamnés à rentrer dans leurs demeures, *sans pouvoir en sortir avant le jour*, pour y attendre ce que les tyrans ordonneront de leur sort (40). Le fameux comité des 300 est chargé de l'expédition.

Comment peindre cette nuit de désolation ? Comment exprimer les angoisses mortelles dont toutes les âmes étoient navrées ? On ignoroit le but de ces sombres apprêts ; on se rappelloit avec effroi les massacres commis à Paris, à Versailles et ailleurs, presque tous précédés de visites domiciliaires ; on croyoit entendre incessamment les cris plaintifs des victimes déjà égorgées : on croyoit voir des milliers de victimes nouvelles, tomber sous le couteau des assassins ; les têtes coupées, servir de trophées aux bourreaux : on ne voyoit, dans les sinistres illuminations qui éclairoient cette nuit de douleur, que des torches funèbres ; tous les tourmens de l'incertitude étoient joints à toute l'horreur des souvenirs : parens, amis, connus, inconnus, tous évitoient de se parler, de se voir ; on se défioit même des lieux inanimés, des toits, des murailles : dans cette anxiété déchirante, on se demandoit, avec douleur, si c'étoit là le régime de la liberté, de cette liberté qui déjà nous avoit coûté tant de sacrifices.

Cependant, toutes les alarmes ne furent pas justifiées ; le sang ne coula point encore ; mais on ne cessa, pendant toute la nuit, de traîner des troupes d'accusés, chargés de chaînes, devant les farouches inquisiteurs choisis par la Commune. On les déclaroit coupables, s'ils ne pouvoient pas prouver un domicile ancien dans la ville ; on les déclaroit plus coupables, s'ils avoient reçu le jour dans les contrées du midi, s'ils avoient le malheur de se dire Marseillois, Arlésiens, Nimois, etc. ; on associoit à la proscription tous les bons citoyens qu'on croyoit capables de nourrir, avec quelque énergie, des sentimens opposés à ceux des brigands ; des milliers d'infortunés furent ainsi

---

(a) La ville de Marseille fut infectée, comme les autres, du virus jacobite ; et comme les autres, elle vomit des monstres : il est cependant juste d'observer que le bataillon qu'elle avoit envoyé à Paris, n'avoit presque de Marseille que le nom ; qu'il périt presque tout entier dans la journée du 10 août ; et que ce fut en se recrutant d'un ramassis de brigands, qu'il fournit les héros du 2 septembre.

(b) Disons ici que l'honnête Nivière, membre de la minorité de cette municipalité, étoit un des hommes les plus opposés à ces scènes horribles : fuyez, disoit-il aux étrangers, et les larmes couloient de ses yeux : sa vertu, distinguée sans peine, dans ce cloaque de crimes, fut récompensée par son élévation à la mairie : la ville fut mieux encore récompensée de sa justice, puisqu'elle lui dût son salut le 6 février.

entassés dans les vastes souterrains de l'hôtel-commun, dans les appartemens non occupés, dans toutes les prisons : les commissaires *Huguenin* et *Michu* se mêloient à toutes les horreurs.

Que n'osa-t-on pas pour renouveller alors les massacres du 9 septembre ? On venoit de taxer le pain et les denrées, sous prétexte de cherté : depuis long-tems on alarmoit le peuple sur les subsistances, sous prétexte de disette. Ce jour-là on lui déclara publiquement qu'on n'avoit de vivres que jusqu'au lendemain onze heures ; on lui présenta les prisonniers, ou comme des *réfugiés* contre-révolutionnaires qui partageoient sa substance, ou comme des *accapareurs* qui avoient spéculé sur la famine, et on les dévouoit hautement à la mort. Quelques cris de sang, échappés à des bouches salariées, se firent entendre par intervalles ; mais un peuple essentiellement honnête et laborieux, étoit incapable de se souiller de pareils forfaits. Il fallut attendre les prétendus Marseillois.

Enfin, les héros du 2 septembre se présentent quelques jours après aux portes de la ville. L'élite des Jacobins va les recevoir, et les conduit en triomphe au Club Central, où les attendoit une assemblée, digne d'eux.

On choisit, pour les haranguer, pour les enflammer, celui des membres de la société qui, par la grossièreté de son langage, et la férocité de son caractère, étoit le plus propre à persuader des esprits grossiers et des âmes féroces. Ce fut un chef de légion, ci-devant noble, nommé Riard-Beauvernois.

Il s'acquitte dignement de sa mission.

Il demande ouvertement un supplément à la journée du 9 septembre ; il ne néglige rien pour armer, contre les prisonniers et contre la cité, des mains encore toutes dégouttantes de sang et de crimes.

Il peint d'abord la ville entière comme un ramas impur *d'esclaves vendus aux despotes de toute espèce; et ces esclaves,* selon lui, *sont de riches négocians, des robinocrates, des ci-devant nobles, de mauvais prêtres*, il représente ensuite les clubistes, sous le nom de *patriotes*, comme gémissant sous la plus cruelle oppression ; ils sont, dit-il, dans son grossier langage, *moulus de coups dans les assemblées primaires; on leur crache à la figure, on les terrasse; on leur foule les pieds sur le ventre, on leur arrache le signe sacré ; on leur fait subir tous les outrages que l'enfer peut imaginer*; des tribunaux composés de *brigands*, permettent aux *gens de chicane, de tuer, massacrer, assassiner* impunément.

Descendant enfin dans son cœur, et n'y trouvant que la lâcheté d'un assassin, il implore le courage des héros du 2 septembre, « *semez,*
» s'écrie-t-il, *votre courage et votre énergie dans le cœur des timides*
» *Lyonnois* ; *ranimez-les*, donnez-leur en passant vos principes d'ha-
» bitude qui vous ont rendus victorieux : afin que *d'après d'aussi*
» *bons principes que les vôtres*, nous puissions *terrasser des ennemis*
» *dorés* que nous n'osons presque pas regarder en face..... faites
» faire serment à toute cette assemblée, de cesser toute timidité.....
» faites, chers Marseillais, que par vos discours la ville de Lyon soit
» une ville martiale.. » (6)

Cette harangue fut couverte d'applaudissemens. D'autres orateurs non moins fougueux, employèrent tout ce qu'ils avoient d'art pour électriser les assassins de Paris et de Versailles : mais soit que les calomnies fussent trop absurdes pour les toucher ; soit que des supplians qui confessoient ainsi leur lâcheté, fussent peu intéressans pour des scélérats plus intrépides ; soit enfin que le génie tutélaire qui semble veiller sur les destins de la cité ait voulu la sauver encore une fois, les massacreurs s'éloignèrent, sans souiller Lyon d'un nouveau crime.

Quel triste tableau offrait alors cette ville infortunée ! que de complots, d'attentats, de forfaits, accumulés sur un petit nombre de jours ! que de férocité et dans les chefs et dans les agens ! et c'étoit en France, c'étoit au dix-huitième siècle, c'étoit sous nos yeux, contre nous-mêmes, qu'étoient dirigées ces conspirations horribles qui auroient suffi pour déshonorer plusieurs siècles.

Si quelque chose pouvoit ajouter à l'étonnement, à l'horreur qu'exciteront à jamais ces évènemens déplorables, c'est l'indifférence de l'autorité publique, ou l'impuissance des loix. Quelle étoit donc cette étrange faction, qui, triomphante ou vaincue, savait toujours également paralyser le bras vengeur de la justice, et commettre avec impunité les forfaits ? quelle étoit cette révolution, inouïe jusques dans les annales du crime, où des monstres tout couverts de sang, insultoient sans crainte à la douleur publique ; où l'indignation vertueuse qui eût prononcé le seul mot vengeance, eut été punie des plus affreux supplices !

De cette triste dégradation des François, de cette servitude épouvantable, devoit sortir une longue chaîne de honte et de malheurs. Le crime en effet ne reconnut plus de bornes que la puissance du crime : les conspirateurs jurèrent enfin d'élever leur trônes sur des monceaux d'ossemens et de ruines et de frapper, sur mille points à la fois, le coup terrible qui devoit réunir, dans un petit nombre de mains, toutes les fortunes, et effacer, pour ainsi dire, du globe, le nom François.

Ils ne prirent pas la peine de cacher cette incroyable conjuration ; les clubs retentissoient incessamment de déclamations contre les propriétés ; le Journal des Jacobins de Paris répandoit avec profusion, leur doctrine contagieuse ; l'Assemblée Nationale elle même en étoit souvent l'écho ; bientôt les noms usés d'*Aristocrates* et de *Patriotes*, firent place aux noms plus expressifs de *Sans-Culottes* et de *Propriétaires* : on ne vit plus en France que deux partis ; celui qui vouloit conserver quelque chose, et celui qui vouloit tout envahir.

La ville de Lyon fut rapidement infectée de ces nouveautés meurtrières : dans le même tems où les Jacobins l'abreuvoient de sang et la dévastoient par le pillage, il annonçoient hautement que les *riches seroient heureux qu'on leur laissât la moitié de leurs fortunes* (10). L'un d'eux disoit un jour en parodiant l'écriture : « *esurientes implevit* » *bonis, divites dimisit inanes :* vous voyez qu'il a été prédit depuis » long-tems que les riches seroient mis à la place des pauvres ; le » tems est arrivé (11). D'autres écrivoient que si les ouvriers man- » quoient de pain et d'ouvrage, ils pourroient mettre ces *calamités à* » *profit, étant au milieu des richesses et de l'abondance* (24). « Enfin, un député à la Convention, un membre de cette montagne si fameuse, *Cusset*, écrivoit au club central de Lyon : « nul individu ne peut mou- » rir de faim à côté d'un sac de bled : la mère nourricière, la terre, » reconnoit pour ses enfans, tous ceux qui aiment la patrie, et *rejette* » tous les chevaliers du poignard (27). » On sait ce qu'il entendoit par ces prétendus amis de la patrie à qui il accordoit tout, par ces chevaliers du poignard à qui il refusoit tout. Ainsi s'annonçoit de loin ce système d'usurpation qui tendoit à tout envahir, et qui s'est si cruellement développé dans la suite.

Le moyen de réussir fut tout simple ; ce fut de s'emparer de toutes les places, et d'exercer toutes les autorités. La terreur profonde qu'imprimoient à tous les esprits, les souvenirs sanglants de septembre, rendit les anarchistes maîtres des assemblées primaires, sur-tout à Lyon : à peine l'immense majorité des bons citoyens put-elle obtenir, en se ralliant une fois, pour son salut, l'élévation de *Niviere-Chol*, à la mairie, et d'un petit nombre d'hommes honnêtes, au conseil général de la commune : tout le reste de ce corps, le tribunal civil tout entier, la direction de la poste, la plupart des places enfin, conférées immédiatement sous le nom du peuple, furent occupées par les hommes que l'opinion et l'estime publique y auroient le moins destinés : tous les *Septembriseurs*, tous les excitateurs de séditions, une foule de clubistes fanatiques sortis comme de dessous terre, ou déjà flétris par la justice ; tous ceux qui avoient porté dans Lyon le trouble, le crime et la mort : tels furent les maîtres dont la ville fut affligée, et sous lesquels il fallut fléchir : ils se distribuoient les places avec une arrogance inouie : « il en est qui exigent un cautionnement, écrivoit Cusset « au club : allez dire aux braves sans-culottes que vous aurez inten- » tion de nommer, de se procurer *à l'avance* le cautionnement (12) ».

Les assemblées électorales furent un peu moins influencées, parce qu'elles ne délibéroient pas sous les poignards des Jacobins de Lyon, et que la plupart des électeurs n'y étoient point exposés, à leur retour. Les Jacobins auroient vivement désiré de les anéantir, pour ne laisser subsister que les assemblées primaires. « Je vous demande, écrivoit » de Paris Gaillard à Fillion, de bien vous *coaliser* pour le choix des » députés à la Convention Nationale : *si vous faites bien, vous les nom-* » *merez dans les assemblées primaires :* si vous n'avez pas *assez de* » *force* pour le faire, que vous soyez obligés de *nommer des électeurs*, » donnez-leur *la liste* de ceux que vous désirez, *et qu'ils soient forcés* » *de les nommer : protestez contre toute autre élection*, en disant qu'ils » n'ont pas votre confiance » (8). Il fut en effet impossible de faire échouer l'assemblée électorale, et il ne resta que le moyen de l'intrigue. Ce moyen honteux qui produisit peu d'effet, dans l'assemblée tenue au mois d'octobre, pour le renouvellement du Département, pour la formation du tribunal criminel, etc., fut plus actif, dans celle du mois de septembre formée pour l'élection des députés à la Convention, et qui délibéroit environnée de sang et de carnage : pour un *Chasset* (a) qui consacra tous ses momens à servir sa patrie, et qui eut depuis la gloire de la sauver, on compta plus d'un *Cusset* (b) qui s'appliqua constamment à la déshonorer et à la perdre.

Ainsi devenus maîtres des tous les pouvoirs, et de tous les moyens, les anarchistes redoublent d'audace : ils dédaignent plus que jamais de vains déguisemens, ils jettent tout à fait le masque, et ils marchent à grands pas à la consommation de tous les forfaits.

(a) La reconnaissance publique n'oubliera jamais que la ville de Lyon doit à l'honnête *Chasset*, entr'autres services importants, le décret du 15 mai, qui rejette le projet désastreux d'un tribunal révolutionnaire, à Lyon.

(b) Ce *Cusset* étoit un des plus vils et des plus fougueux énergumènes du club central ; on ne peut mieux le faire connoître que par une lettre (n) qui fut adressée à l'assemblée électorale ; cette lettre, quoique anonyme, étoit le fidèle écho de tous les bruits publics.

Cette trève apparente qu'ils avoient consacrée à la conquête des places, n'avoit pas été entièrement perdue pour le crime. Pendant que, dans les campagnes, des prédicans atroces vont allumer la soif du sang, agiter les torches de la guerre civile, attaquer tout sentiment de morale et de religion, blasphémer contre la divinité même, ce *vice-Dieu*, disent-ils, *qui a usurpé trop long-tems la plus pure substance de l'empire François* (28) ; pendant ce temps-là ils ont soin de nourrir autour d'eux le goût du carnage, par des assassinats fréquens ; ils arrachent des prisons, le 25 octobre, un malheureux boulanger, pour le livrer aux bêtes féroces qu'ils entretenoient (49) ; ils font égorger plusieurs citoyens au mois de novembre, dans les rues ou sur les places publiques ; et tous ces crimes demeurent impunis.

Enfin la carrière des grands crimes s'ouvre : le fougueux Chalier, président du tribunal, monte sur son siège, pour enivrer le peuple de ses maximes sanguinaires, pour le familiariser avec les nouvelles scènes de carnage qui se préparent : *pour moi*, s'écrie-t-il, dans un discours forcené, *pour moi, je suis seulement étonné d'une chose, c'est qu'on mette autant d'appareil et d'importance pour décoller un scélérat. Si vous voulez conserver votre liberté, punissez tous les traîtres* (15).

Un grand massacre est alors résolu ; c'est le club central qui donne l'impulsion ; mais des contre-ordres arrivent de Paris ; on l'ajourne, et Chalier écrit à Paris : « nous étions tous ici disposés à purger la
» ville de la vermine aristocratique ; mais *vos lettres que j'ai fait voir*
» *au comité, ont éteint nos premiers feux*, sur-tout celle du 22 janvier.
» *Patience cependant* » (25) !

La mort de Louis XVI, étoit le signal attendu : à peine est-elle connue, Chalier s'élance à la tribune du club central ; il annonce, dans un transport impétueux, que le grand jour des vengeances est arrivé ; « que 500 têtes sont parmi nous qui méritent le même sort
» que celle du tyran. »

Il conduit ses affidés les plus sûrs, au pied de l'arbre de la liberté, comme si la liberté eût été complice de ses forfaits : là, un serment épouvantable est proféré : « ils jurent tous d'exterminer tout ce qui
» existe sous le nom d'aristocrates, de feuillantins, de modérés, d'é-
» goïstes, d'agioteurs, d'accapareurs, d'usuriers, et la caste sacerdo-
» tale. » (25) Proscription vaste, dont il n'est pas un propriétaire, pas un artisan, pas un individu hors des clubs, qui fût excepté ; proscription inouïe, dont l'effrayante latitude sera cent fois confirmée par d'autres pièces, sortie des mains de la même faction.

Ce que Chalier dit au club, ce qu'il prononce au pied de l'arbre de la liberté, il le redit dans ses lettres, il le reproduit sous mille formes : après avoir rapporté le serment atroce qu'il a prêté, il ajoute que *la ville a besoin d'une forte purgation, vomitifs, lavemens, apothzemes : purgeons, purgeons enfin la république*, s'écrie-t-il ; *il est tems de porter de grands coups*. (25)

Une pompe funèbre, décernée à la mémoire de Lepelletier, est le dernier moyen qu'il emploie pour échauffer les imaginations : c'est au pied d'un sarcophage élevé au Champ de Mars, couvert des inscriptions d'un civisme brûlant ; c'est devant les corps administratifs et judiciaires, devant les membres des clubs et un peuple immense, c'est au milieu des imprécations prononcées par des orateurs véhémens contre le meurtrier de Pelletier, que Chalier s'écrie « jurons de
» purger la terre de la liberté, de tous *ceux qui n'ont encore donné aucune*

» *marque de civisme :* jurons d'exterminer tous les tyrans et leurs sup-
» pôts ; alors l'assassin, ce monstre, ne nous échappera pas. » (50)
C'est de ce discours infâme que le prêtre Laussel, procureur de la
Commune, disoit dans le journal de Lyon, « qu'il étoit plus édifiant
» sans doute, que « les *oremus* ou les *dies iræ* d'un officiant. »

Les conjurés, leurs agents tous leurs satellites, dévorés de la soif
du sang, se précipitent au club, pour concerter les dernières mesures.
Bientôt les sombres apprêts de la mort sont arrêtés, mis en action (*a*):

Des cartouches sont distribuées, le 3 février, aux clubs.

Une visite domiciliaire est ordonnée dans la nuit du 4 ; 300 commissaires sont choisis par le club central, pour indiquer les victimes.
On les retient, toute la nuit, à l'hôtel de ville, pour s'assurer de leur
discrétion.

Le 5, à 4 heures du matin, la force armée s'assemble, au bruit inat-
tendu de la générale ; des milliers de citoyens ou d'étrangers sont
précipités dans les cachots ; parmi eux, le hazard mêle quelques
voleurs obscurs, toujours attachés aux grandes villes ;

Plusieurs proscrits n'ont pu être découverts ; on les attire dans un
piège infâme : on fait publier le soir, à six heures, que les visites
sont terminées ; les barrières s'ouvrent en effet, la force armée se
disperse, la sécurité renaît, les fugitifs reviennent..... On les arrête
au milieu de la nuit.

Chaque instant voit éclorre de nouvelles horreurs : au milieu de la
nuit, les conjurés vont, dans les prisons, visiter l'instrument de mort,
s'assurer de la présence et de l'état de la guillotine, avertir les guichetiers d'être *diligens* à la remettre, lorsqu'on viendra la demander.

Dans la même nuit encore, huit pièces d'artillerie sont, à l'insu du
maire, conduites dans l'hôtel commun ; malgré le maire, elles y
demeurent par l'ordre des conjurés.

Enfin, dès le 6 février, au matin, les conjurés convoquent leurs
satellittes, dans les clubs particuliers : de là, une circulaire atroce,
signée *Montfalcon*, les appelle au lieu du rassemblement : « Citoyens !
» leur écrit-on, on conspire contre vous et contre vos magistrats ; levez-
» vous, courez au Centre, aux armes, immolons nos ennemis. » Ils
accourent *au centre.*

Ainsi, tout prenoit dans la cité un aspect sinistre : un grand complot commençoit à se développer, une explosion s'annonçoit prochaine
les mouvemens des clubs, l'appareil menaçant déployé par la municipalité, des bruits sourds de sang et de carnage, tout présageoit les
plus grands malheurs : pour comble de désolation, tous les bras
étoient enchaînés ; l'autorité tutélaire qu'on eût pu invoquer contre
le crime, étoit elle-même liée à la conspiration.

En un mot, Catilina étoit dans Rome ; et il avoit le sénat pour
complice.

Les citoyens glacés à la vue de tant de périls, cherchoient avec
effroi le consul qui devoit les sauver : comme les Romains, ils le
trouvèrent : un seul homme bravant tous les conjurés, s'élevant au-
dessus de tous les périls, appellant sur sa tête la foudre prête à
éclater contre tous ses concitoyens, exécuta, par les seules inspirations
de sa vertu et de son courage, ce qu'une ville entière n'osoit

---

(*a*) Tous les faits qui suivent jusqu'au 10 février, sont établis par les pièces cottées
n° 29 et suiv. jusqu'à n° 40.

espérer : ce fut Nivière, maire de la ville, Nivière dont le nom passera à nos derniers neveux, couvert de la bénédiction des siècles.

Sans consulter une municipalité vendue à la conjuration, il requiert le commandant de la troupe de ligne de faire prendre les armes à la cavalerie et à l'infanterie, et de les faire rendre, soit à la maison commune, soit sur les places adjacentes : en même tems, il donne au commandant général de la garde nationale l'ordre de veiller, par tous les moyens qui étoient en son pouvoir, à la sûreté générale. Il fut parfaitement secondé.

Cependant les conjurés, réunis dans le club du centre, se préparent à se baigner dans des flots de sang : liés au secret par un serment affreux, ils jurent encore de ne point se séparer avant la consommation du crime.

La discussion s'ouvre : un tribunal révolutionnaire est ordonné, les jurés et les juges choisis à l'instant ; on parle même d'élire les bourreaux ; *il n'y a qu'une ficelle à tirer*, dit le procureur de la commune, Laussel, *et la guillotine va toute seule*. On porte la prévoyance jusqu'à déterminer la formule du jugement; le président, en présentant au prévenu une baguette brisée, devoit lui dire : *il est aussi impossible que vous restiez sur la terre, comme il l'est que ces deux bouts se rejoignent : faites passer le pont à monsieur* (a).

On hésite un moment sur le lieu du supplice : Chalier opine pour la place des Terreaux : *l'arbre de la liberté, arrosé de ce sang impur*, s'écrie-t il, *fleurira pour le bonheur de la cité*. Cependant, le pont St-Clair est préféré, pour la facilité qu'il offre de se débarrasser des cadavres en les jetant à mesure dans le Rhône. Des huit pièces de canon, déposées non sans dessein à l'hôtel commun, les unes devoient être placées aux deux extrémités du pont, les autres aux avenues. On discute la liste des proscrits : elle ne comprend pas seulement les prisonniers; elle embrasse encore une multitude de citoyens sous les noms de royalistes, aristocrates, insouciants, modérés, girondins, rollandins, etc. Le maire et le commandant général y occupent les premières places. Enfin on distribue des cartouches aux conjurés, on choisit des émissaires pour convoquer tous les clubistes en armes : et toutes les mesures sont si bien prises, qu'à la même heure les autorités doivent être gardées à vue, et les exécutions protégées par une force imposante.

Quelques bons citoyens, attirés dans cette caverne par une curiosité inquiette, suffoquoient d'indignation et d'horreur ; ils demandent qu'on les laisse sortir, on parle de les immoler, ils n'obtiennent grâce qu'en demeurant en état d'arrestation, au milieu des brigands : un grenadier s'indigne de cette contrainte ; il brise les portes, et une foule de citoyens se précipitant sur ses pas s'éloignent, en frémissant, de ce repaire infernal. Le maire averti, redouble de vigilance et instruit le Département.

Cependant, les ordres donnés déconcertent les vastes et sanglants desseins des conjurés : le conseil général de la Commune, endurci au crime, ose mander Nivière, pour en rendre compte, pour le contraindre de les révoquer ; c'est peu qu'il traite de rêveries les justes alarmes du maire, il accuse même ses intentions : mais Nivière s'étoit dévoué ; rien n'ébranle son courage.

(a) La pièce où est rapporté ce fait particulier est déposée au procès criminel instruit contre Chalier et ses complices ; elle est signée de dix témoins.

Au même instant, un officier de garde nationale dénonce que, dans le club de sa section, en sa présence, on venoit de recevoir de la part du club central, l'invitation de s'assembler et de s'armer (33) : plusieurs membres du conseil répondent froidement à ce citoyen, qu'il a mal entendu ; éludent toutes les explications et affectent de ne donner aucune suite à un avis si grave. Ils font plus, ils ordonnent à la force armée de se séparer. Mais les conjurés, instruits qu'ils étoient découverts, s'étoient déjà dispersés d'eux-mêmes.

Ainsi finit une journée si glorieuse pour le maire, si infâme pour le conseil général, si menaçante pour tous les citoyens : de si terribles apprêts ne servirent cette fois qu'à rançonner les victimes qu'on n'avoit pu égorger ; on vendit leur liberté aux prisonniers, on assujettit les citoyens demeurés libres à des taxes arbitraires (a), espèce de tarif de sûreté ; tous s'estimèrent trop heureux d'échapper au fatal couteau pour des monceaux d'or.

Ce fut à cette époque qu'on fit éclore, dans le sein de la municipalité, un système de brigandage et d'assassinat, dont on chercheroit vainement un exemple dans l'histoire : elle ouvrit dans son sein un commerce de faux, d'extorsions et de meurtre, produit monstrueux de la plus épouvantable scélératesse : elle légitima, par un arrêté formel, des horreurs telles que ses agens ou ses instigateurs n'avoient pu encore en imaginer.

Les certificats de résidence, servirent de prétexte et de moyens à cette nouvelle conspiration.

Le notable Roullot étoit chargé de les délivrer ; il n'est point de vexations et de prévarications qu'il ne mît en usage pour les refuser : ce sombre fanatique regardoit ou comme des réfugiés suspects, ou comme des émigrés déguisés, et toujours comme des ennemis publics, tous ceux qui avoient le malheur d'être obligés de recourir à lui. Il insultoit sans ménagement les certifiés ; il intimidoit les témoins par des menaces ou par des pièges ; il les fesoit tous arrêter aux moindres variations : la persécution fut portée si loin qu'on ne trouvoit plus de certificateurs, et qu'on n'osoit presque plus demander de certificats.

Agent de la municipalité la plus corrompue qui fût jamais, on dut croire que tant de manœuvres et d'iniquités cachoient une secrette spéculation ; plus d'un intéressé lui fit des offres et le cerbère, dit-on, s'adoucit.

Mais, soit qu'il craignît des dénonciations, soit plutôt qu'il ne sût point séparer la soif de l'or, de la soif du sang, il dénonça les moyens de séduction auxquels il étoit exposé, et il demanda un brevet secret de faussaire, de concussionnaire et d'assassin privilégié.

Il l'obtint le 4 février ; l'arrêté est ainsi conçu : « Considérant, qu'il
» est urgent d'autoriser le citoyen Roullot à délivrer de *faux certificats*
» aux divers émigrés ou leurs agens qui en demandent ; afin de pou-
» voir en mettre sous le glaive de la loi, autant qu'il sera possible :
» Le procureur de la Commune entendu :
» L'assemblée arrête, que *le signe* qui caractérisera la *fausseté* des
» certificats de résidence délivrés par la municipalité de Lyon, sera
» *la signature du maire*, quel que soit son nom, présent et à venir =
» que Roullot reste autorisé à délivrer lesdits certificats ; à recevoir
» toutes les sommes qui en proviendront et à les déposer au greffe

---

(a) La pièce cottée n° 26 peut donner une idée de ce brigandage.

» de la municipalité. = Cet arrêté sera envoyé au comité de surveil-
» lance de la Convention, *(qui ne manqua pas de l'approuver)*, ainsi
» qu'à tous les départemens *(qui l'ont repoussé avec horreur)*, les
» invitant de garder le plus grand secret et de faire arrêter toutes les
» personnes porteuses des susdits certificats. »

Jamais, non jamais il n'exista de pouvoir si formidable, si désastreux, même dans les mains des plus farouches despotes.

Quoi ! Un individu est autorisé à commettre, à renouveller chaque jour, le crime de faux ; et plus il comblera la mesure du crime, plus il aura de droit à la reconnoissance publique !

Quoi ! Un individu est autorisé à trafiquer de son devoir au prix de l'or ; et ce sont des arrêts de mort qu'il délivre, en échange des sommes qu'il reçoit !

Il existe, dit-on, certaines hordes sauvages, qui n'ont pour domaine que les calamités, les tempêtes et les écueils et dont l'unique soin est d'épier sur les bords de la mer les dépouilles des infortunés, que les naufrages repoussent sur leur côtes ; il existe aussi, dit-on, des antropophages, qui se nourrissent de la chair de leurs ennemis pris à la guerre ou des étrangers qu'ils rencontrent. Mais ces hommes sont des sauvages ; et satisfaits des présents que leur fait le hazard, du moins ils ne tendent point de piéges aux malheureux : il étoit réservé à l'exécrable municipalité de Lyon, d'offrir à l'histoire épouvantée, une classe particuliere de cannibales, dont l'unique profession étoit d'attirer les hommes par de perfides appâts, pour les dépouiller et les assassiner.

Riches ou pauvres ! artisans ou propriétaires ! citoyens de tout état, de tout âge, de tout sexe ! hommes de tous les partis ! frémissez ! un seul homme plus puissant que toutes les lois, que tous les souverains, que tous les peuples ensemble, un monstre avide de pillage et de sang humain, a tenu longtems vos destinées, dans ses mains criminelles : *(a)* de lui seul il dépendoit de vous faire innocents ou coupables, de disposer de la conviction et de la vérité, en un mot d'ouvrir le gouffre où devoient s'engloutir vos fortunes et de serrer le cordon fatal qui menaçoit vos vies : une signature en blanc, déposée dans ses mains, étoit à son gré l'infaillible signal de la proscription et de la mort : non ! jamais les fastes du crime n'offrirent de combinaison si infernale..... C'étoit l'horreur des horreurs. Détournons pour jamais nos regards de cette conspiration abominable.

Pendant que l'un des conjurés, en trafiquant des fonctions que lui confioit la loi, marquoit les victimes destinées aux bourreaux, les autres s'occupoient de nouveau des victimes plus nombreuses qu'ils destinoient aux assassins.

Ils avoient trop bien éprouvé le danger de nourrir dans leur sein une sentinelle vigilante et incorruptible : ils se réunirent, en rugissant, dans le club central, pour déclarer que le sauveur de la cité

(*a*) Expliquons la latitude que nous donnons ici à la proscription. Personne ne peut se considérer comme absolument exempt de la nécessité d'obtenir un certificat de résidence. Celui qui a des possessions hors du territoire qu'il habite ; celui qui a des créances à exiger sur l'état ; quiconque enfin est simplement dénoncé comme émigré, est obligé de justifier de sa résidence par un certificat ; c'est la seule preuve admise par la loi. Quel est donc le citoyen, que Roullot n'eût pu perdre ? Une simple dénonciation d'émigration (et il en coûte peu pour en obtenir) amenoit inévitablement devant lui la victime marquée ; de ses mains elle recevoit, pour toute justification, un arrêt de confiscation et de mort.

avoit perdu leur confiance : jadis, le consul Ciceron perdit aussi celle de Catilina ; mais Catilina, moins impudent, se dispensa de le déclarer.

Nivière eût été plus glorieux sans doute qu'effrayé de la déclaration des conjurés ; mais il les avoit prévenus : l'âme navrée de n'apercevoir autour de lui que des conspirateurs, désespérant d'être désormais utile, il avoit voulu du moins avertir ses concitoyens, par sa démission, des périls qui les menaçoient ; le Département, affligé de perdre un si bon citoyen, se fit un devoir de la refuser, mais les circonstances commandoient impérieusement, il insista, et ses atroces collègues l'acceptèrent avec de bruyans applaudissements.

Le croirait-on, cependant ? cette démission qu'ils avoient eux-mêmes commandée, devint subitement un crime ; ces mêmes conspirateurs qui l'avoient sollicitée, rendue nécessaire, acceptée, en firent le sujet d'une dénonciation qu'ils remirent sous le nom du conseil général, entre les mains de l'accusateur public ; ils dénoncèrent Nivière-Chol en vertu de la loi qui déclare traître à la patrie tout fonctionnaire public qui abandonnera son poste, tant que la patrie sera en danger. Mais, ils ne dénoncèrent pas les monstres altérés de sang qui venoient de conjurer la destruction de la cité.

Des assemblées primaires sont convoquées pour l'élection d'un nouveau maire : une majorité de neuf mille suffrages, sur dix mille votants, rappelle le magistrat que des clubistes infâmes accusent d'avoir perdu la confiance publique, au poste qu'il avoit honoré par de si éclatants services ; les conspirateurs se rallient vainement pour porter Chalier, le chef, à la mairie ; leurs efforts ne servent qu'à rahir leur foiblesse.

Nivière est à peine proclamé que, de toutes parts, de justes acclamations se font entendre : on demande que le conseil de la commune se mette à la tête des citoyens pour annoncer à Nivière son triomphe et le témoignage glorieux qu'il obtient de l'estime et de la reconnoissance publique ; la mission étoit peu flatteuse pour des détracteurs confondus, ils refusent ; mais bientôt obligés de céder, ils envoient une députation : le peuple, emporté par une foule de sentiments vifs mais estimables, se précipite au spectacle des Terreaux, interrompt la représentation, emmène toute la musique de l'orchestre, accourt pour féliciter le sauveur de la ville. Le joyeux cortège, arrivé sous les fenêtres de Nivière, le demande avec enthousiasme : *Bertholon*, substitut du procureur de la commune, paroît à la fenêtre ; il dit : *le citoyen Nivière si désiré par vous et par nous*..... les murmures, les sifflets interrompent ces accents hypocrites : une voix plus agréable aux bons citoyens se fait entendre, c'est celle de la dame Nivière ; elle annonce que son mari ne pourra se rendre que le lendemain matin au vœu de ses concitoyens : elle est applaudie, l'alégressse publique est à son comble. De brillantes illuminations, que la municipalité ne commanda pas, sembloient y ajouter encore.

Tout-à-coup un bruit se répand : un jeune citoyen, dit-on, a été arrêté pour avoir crié *à bas Chalier*, comme autrefois on étoit arrêté à Rome pour avoir passé sans s'incliner devant la statue de Néron ou de Tibère ; Chalier lui-même, s'agitant en furieux sur la tribune du club, vomissoit, dit-on encore, des imprécations et des menaces contre son rival triomphant, et contre l'immense majorité qui l'avoit élu. Pendant qu'une députation va redemander le jeune citoyen détenu arbitrairement, des citoyens indignés se précipitent vers ce club devenu fameux par tant de forfaits, vers ce foyer si fécond en attentats ; à la vue de cette caverne toujours armée de crimes contre la cité, contre le genre humain, les esprits s'enflamment, l'indignation éclate : on entre ; les bancs, témoins de tant de conspirations, sont brisés ; les registres, les papiers, toutes ces annales d'iniquités, d'horreurs, sont entassés dans une manne, et déposés au département ; le buste de Jean-Jacques, la statue de la Liberté, deshonorés dans ce cloaque de la scélératesse, sont enlevés, attachés à l'arbre majestueux des Terreaux.

Il étoit 11 heures du soir : la municipalité qui, depuis plusieurs heures, n'avoit cessé de s'environner de nouvelles forces, offroit alors au milieu des bayonnettes et de l'artillerie, un aspect menaçant : les citoyens instruits à la juger, et sur-tout à la craindre, crurent devoir prendre des mesures de sureté ; les uns, dans plusieurs sections, se constituèrent en permanence, en demandant son attache à la municipalité ; les autres s'emparèrent de l'arsenal, pour observer ses mouvements d'une manière plus imposante, et sur-tout pour la priver des armes dont elle étoit capable d'abuser, qu'en effet elle demanda, mais vainement ; ils retinrent même les artilleurs que la municipalité, dans ses desseins sinistres, avoit réclamés ; mais ne songeant tous qu'à détourner des scènes de carnage, et non point à gêner l'action de la loi, ils ne s'opposèrent point aux arrestations particulières, revêtues d'une apparence de légalité : et le lendemain, lorsque le danger eût évidemment disparu devant la réunion des trois corps administratifs, ils évacuèrent le poste sans résistance, et renoncèrent à leurs assemblées.

Tous ces petits évènements jettèrent un jour bien triste sur l'esprit qui animoit la municipalité, et sur les malheurs qui menaçoient les citoyens. Ces mêmes magistrats, qui affectoient de fermer des yeux indulgens sur le massacre de Pierre-Scize, sur le pillage qui l'avoit suivi, sur les assassinats du mois d'octobre et de novembre, sur les complots du mois de février, sur une foule de conspirateurs atroces, dont la présence fesoit l'opprobre des autorités ; ces magistrats s'arment de toute leur sévérité, et de toute leur puissance, pour quelques bancs cassés ; l'indignation, indiscrette peut-être, mais vertueuse, qui avoit inspiré cette violence, ne fut aux yeux des municipes, qu'un esprit de contrerévolution ; l'invasion d'un club infâme, la profanation du *temple de la liberté*. Une ville en deuil, abreuvée de sang, dévastée par le pillage, à peine échappée à sa destruction, fesoit vainement entendre à d'infidèles magistrats les accents d'une juste vengeance : l'autorité dont ils étoient revêtus, n'étoit entre leurs mains qu'un instrument d'oppression : ils appelèrent une armée nombreuse, mais ce fut pour réinstaller les conspirateurs dans leur repaire ; ils proclamèrent un registre de dénonciations, ouvert à la commune, mais ce fut pour en faire des tables de proscription ; ils parlèrent d'ordre et de lois ; mais on gémissoit sous cet ordre et ces lois, comme dans des tems plus heureux on gémissoit sous les crimes.

Cependant, Nivière n'avoit pu se rendre au vœu de ses concitoyens. Les assemblées de section sont convoquées, pour réélire un maire ; les conjurés pour y régner, déploient de nouveau ce système de terreur, qui déjà les avoit si bien servis ; ils entassent dans les caves municipales tous ceux dont ils suspectent l'incorruptible fermeté ;

et dans des conjonctures où des mandats d'amener se convertissent si aisément en arrrêts de mort, ce moyen étoit plus qu'imposant.

Les concurrents que désignoit l'opinion publique, étoient le médecin *Gilibert*, connu par un patriotisme rare, par un amour brûlant de la liberté ; et le négociant *Bertrand*, homme foible, même nul, mais instrument inappréciable dans les mains de la faction, comme associé et ami intime de Chalier. Cette concurrence est à peine connue, que Gilibert est arrêté ; la majorité ne laisse pas de le nommer : son élection le fait descendre de la prison dans un cachot. Il donne sa démission et le traitement devient plus doux.

De nouvelles assemblées sont convoquées, pour élire encore un nouveau maire ; plusieurs sections déclarent que Gilibert du fond de son cachot, n'ayant pu ni accepter, ni se démettre, elles refusent de concourir à la nouvelle élection ; que la convocation n'ayant point été faite huit jours d'avance, elle étoit nulle, et qu'elles attendent une décision de la Convention.

Ces représentations, loin d'en imposer aux conjurés, ne servent qu'à irriter leur audace ; ils chassent ou proscrivent tout ce qui leur est suspect. Le bureau d'inquisition, secondé d'un infâme espionage, r'ouvre les bastilles, multiplie les lettres de cachet. Bientôt viennent aboutir à ce comité liberticide, comme dans l'oreille de ce tyran d'Italie, les conversations particulières de l'homme imprudent, dont l'indignation a délié la langue ; les pleurs amers que verse le patriote en voyant sa patrie livrée à des monstres altérés de sang ; les pensées les plus secrettes de tous les citoyens consternés ; bientôt aussi des classes entières de citoyens sont désarmées et privées du droit de concourir aux élections (136) ; des arrestations plus nombreuses remplissent les caves municipales ; on proscrit publiquement quiconque a paru à l'arsenal, ou aux assemblées permanentes, tous ceux surtout qui ont assez de fortune pour racheter leur liberté ; on ne peut faire un pas sans rencontrer ou des bourreaux, ou des victimes ; et une foule de citoyens, fuyant avec une égale horreur et le présent et le passé, désertent une ville que l'ennemi vainqueur traiteroit avec moins de cruauté, en la prenant d'assaut.

C'est du sein de ces calamités que sort l'élection d'un maire ! Bertrand l'emporte ; ni l'élu, ni les électeurs, ne pouvoient plus avoir de concurrents.

Pendant qu'à Lyon une troupe de tyrans sans pudeur répand la désolation et le désespoir, la calomnie, du haut de la tribune de la Convention, flétrit cette ville malheureuse, et de là se répand avec rapidité dans tous les départements. Lyon n'étoit, suivant le rapporteur Tallien, écho servile de l'abbé Laussel, qu'un refuge *d'aristocrates*, de *modérés* de *prêtres réfractaires*, d'ennemis publics ; *la contre-révolution* y étoit en pleine activité ; les archives des clubs, l'arbre de la liberté y avoient été *brûlés* : il demande la nomination de trois commissaires et l'envoi d'un bataillon de marseillois, *pour écraser les contre-révolutionnaires*. Il ne dit pas un mot des forfaits exécutés ou tentés par les jacobins.

Les commissaires nommés sont, Rovere, Basire et Legendre. Ce ne sont pas des pacificateurs qui viennent, au nom de la représentation nationale, rétablir le calme dans une ville agitée ; ce sont des factieux qui viennent multiplier les désordres, fomenter l'anarchie, exciter des massacres, seconder des conspirateurs, ouvrir enfin la boëte de Pandore, sans y laisser même l'espérance.

Jamais les proconsuls romains ne déployèrent plus de faste et d'insolence : les commissaires avoient des gardes à leurs portes ; ils étoient précédés d'un licteur à *larges moustaches*, qu'ils avoient emmené exprès de Paris, le même qui, depuis, voulut assassiner Buzot, et qui mit la couronne de chêne sur le front *sacré* de Marat ; ils ne sortoient qu'en *voiture*. Il leur falloient des *femmes ;* les meilleurs mets étoient sur leur table, tandis qu'à leurs côtés, le pauvre gémissoit de n'avoir pas un morceau de pain à donner à ses enfants : table ouverte à l'hôtel, partie de débauches aux Broteaux, spectacles, tels étoient leurs passe-temps ordinaire ; c'étoit du sein des voluptés qu'ils donnoient des fers aux citoyens, ou qu'ils arrêtoient des listes de proscription.

Ces dictateurs audacieux ne laissèrent pas subsister un moment d'incertitude, sur les vues sinistres qui les animoient. Des citoyens gémissant depuis trop longtemps sous une oppression cruelle, vont déposer leur plaintes dans le sein des commissaires, et appellent la vengeance publique sur les conspirateurs du 6 février. Basire répond froidement que *ceux qui disent de couper les têtes, ne sont pas ceux qui les coupent ; qu'il ne faut point de lois en ce moment ; qu'il faut que la machine tourne et que les sans-culottes ayent le dessus.* Cette réponse atroce est constatée par plusieurs dépositions dans la procédure instruite contre Chalier.

Ils protégent publiquement les coupe-têtes, et ils ne protégent que les coupe-têtes. Ils arrivent le 2 mars, et déjà le 3, ils se sont ligués avec Chalier, ils lui accordent un *laissez-passer* écrit (53) pour s'introduire chez eux à toutes les heures. Un bataillon de Marseillois arrive, c'étoit le même qu'avoit demandé Tallien pour *écraser les contre-révolutionnaires :* la conjuration croit posséder un bataillon d'assassins ; elle lui dénonce, par une affiche incendiaire, tous les riches ; elle les présente comme d'inhumains égoïstes qui *ferment à triple verroux leur porte aux soldats de la patrie, leur refusent un grabat ; les laissent tomber de défaillance sur le pavé.* Cependant, le bataillon, guidé par de meilleurs principes, fait retentir les rues de ce refrein : *plutôt la mort que l'esclavage, c'est la devise des Marseillois ;* on le chasse sur l'heure comme entaché *d'incivisme* (42).

La conduite des commissaires répondoit parfaitement à leurs principes. Rien de plus révoltant que leur insolence.

Les citoyens réunis dans une assemblée légale, tenue aux Augustins, présentent, le 9 mars, aux commissaires, une pétition tendante à l'établissement des assemblées de sections. De combien de signatures est revêtue votre pétition, demandent-ils avec hauteur ? — De 800, leur répond-on. — La loi n'en veut que 150. — Oui, pour le *minimum*. — Taisez-vous ? s'écrie Legendre, vous êtes des *factieux* ; la force armée est là, je marcherai à sa tête pour vous dissoudre ; et il envoie au tribunal révolutionnaire le patriote *Boissonnat*, pour s'être chargé de présenter la pétition.

Un soir, au spectacle, on jette des loges au parterre un billet ; un jeune homme le ramasse et, à la demande générale, en fait lecture : c'étoit une invitation au *sapeur à moustaches* de vider la loge de la municipalité, *d'où il insultoit les citoyens*, etc. Le spadassin sort de sa loge, perce la foule, entre dans le parterre, le pistolet à la main, et menace de *brûler* la cervelle à l'imprudent lecteur. Basire se lève et s'écrie : *Arrêtez-moi le scélérat qui lisoit ce billet !* On l'arrête en effet, on le conduit à la municipalité et le lendemain on le condamne à trois mois de prison et à 600 livres d'amende.

Un jeune écrivain (L. Fain), épurant un journal trop long-temps sali par la plume de Laussel, prêchoit, avec autant d'énergie que de talent, l'amour des lois, l'horreur de l'anarchie et du sang ; les proconsuls le font arrêter, le précipitent pour quinze jours dans un cachot sans le faire interroger. Et ces actes d'oppression se revouveloient tous les jours.

Souvent leur précipitation étoit égale à leur insolence : une anecdote, que tous les journaux ont répétée, mérite à ce sujet de trouver ici sa place.

Sur les bords du Rhône existe un limonadier fort connu pour son excellente bierre, son nom est Gerbert. Là, marchands et commis, jacobins et feuillants, enragés et modérés, patriotes et aristocrates, rassemblés en foule, sous la bannière de l'égalité, maudissent ou panthéonisent Marat, font avancer ou reculer nos armées, jugent, chacun à leur tour, les ministres et les généraux, et tous les hommes *fameux* de tous les pays.

Un soir, au moment où le cliquetis des verres troubloit un peu la liberté des opinions, 300 hommes armés investissent la maison, s'emparent de toutes les avenues ; chacun vide son verre et paye ; la garde défile, 93 *contre-révolutionnaires* sont conduits à l'hôtel commun. Tous les sbires sont en mouvement ; un courrier extraordinaire est dépêché : *grande découverte*, écrivent les triumvirs, *du noyau de la contre-révolution* ; quelle journée ! L'appétit et la joie président au soupé.

A cinq heures du matin, l'instruction commence : le grave Basire interroge les buveurs. Votre nom, votre état, votre demeure ? Qu'alliez vous faire chez Gerbert ? 93 fois il répète cette question, 93 fois on répond : *Je buvois de la bière*. Sa profonde sagacité ne découvre rien de plus ; et comme ce crime n'est pas encore classé, même dans le code de police révolutionnaire, on élargit les prisonniers ; le même jour, un courrier *ordinaire* porte lentement à Paris la triste dépêche où s'évanouit la *grande découverte*.

Mais leur faste et leurs débauches, leur insolence et l'abus de leurs pouvoirs, sont les moindres excès qui aient déshonoré leur mission. De plus grands crimes appellent sur leurs têtes odieuses le glaive des lois et l'exécration des peuples ; ils furent les premiers agents de la conspiration qui a coûté tant de sang le 29 mai.

On se rappelle cette grande commotion qui fut imprimée à toute la France, vers la fin du mois de mars dernier, et dans les premiers jours d'avril, où des millions de citoyens furent arbitrairement désarmés ou arrêtés.

Le foyer de ce mouvement extraordinaire étoit aux jacobins de Paris ; c'est de là que partoit l'impulsion : le complot étoit de renouveller en France toutes les horreurs de la St-Barthélemy.

Voici ce qu'écrivoit aux jacobins de Lyon, le 27 mars, l'un des émissaires qu'ils entretenoient à Paris (61).

Que Lyon prenne les armes sur le coup, sans attendre que Paris le lui dise..... L'armée révolutionnaire qu'on va former, se portera sur les départements qui n'iront pas leur droit chemin.....

Avant de vous inviter de vous lever et de prendre les armes, comme les bons représentants nous ont ordonné dans nos tribunes, ... je vous dirai qu'on nous a invités d'être en permanence dans toute la France, jusqu'à ce que nous ayons exterminé nos ennemis du dedans..., Marat et Roberspierre ont brillé dans leurs doctes et lumineux discours. On ne lira que Marat, pour ce qu'on doit faire..... Le décret qui punit les auteurs des insurrections n'a pas lieu..... Que votre municipalité vous en donne l'ordre secret.

Vous formerez dans chaque section, au moins en chaque canton, un comité révolutionnaire, pour juger promptement les coupables et faire servir votre guillotine, qui se rouille faute de servir.

Tel étoit l'ordre que la faction faisoit circuler parmi tous ses affidés.

Les commissaires à Lyon, s'empressèrent de seconder ces *grandes mesures.*

Ils réforment le repaire des factieux, en séparant du club central les scélérats les plus déterminés, pour les constituer en jacobins, à l'instar de ceux de Paris, et pour éloigner d'eux les hommes honnêtes ou timides, qui avoient fait échouer le complot du 6 février.

Ils créent une autorité, jusqu'alors inconnue dans Lyon, revêtue de *pouvoirs extraordinaires,* qui *ressortent* non au *département,* mais au *comité de sûreté générale de la Convention;* ils lui confient des *mesures extraordinaires et révolutionnaires,* indépendantes de toutes les autorités légitimes et ce corps redoutable, investi d'un pouvoir sans bornes et sans frein, ils le décorent du nom de *comité de salut public;* ils en choisissent les membres (55); ils parlent même de donner Chalier pour *dictateur* à Lyon (138).

A tous ces établissements sinistres, ils ajoutent celui d'un tribunal de sang, indiqué par les jacobins de Paris, sous le nom de *comité révolutionnaire.* Les juges et les jurés sont élus (62) dans le corps des jacobins.

Les échafauds dressés, les bourreaux choisis, on se hâte de marquer les victimes.

Déjà la pétition signée aux Augustins en désigne 800; les commissaires en remettent à Chalier un extrait signé d'eux; Chalier, dans l'ivresse d'une joie barbare, accourt aux Jacobins : *Citoyens!* s'écrie-t-il, *nous les tenons; j'ai tous leurs noms; au premier mouvement qu'il y aura dans la ville, il faut qu'ils soient tous égorgés* (57). Il fait plus, il imprime (58) la liste fatale des signataires, et l'affiche sur les murs de Lyon, sous ce titre : Avis aux Sans-Culottes : *Copie sincère et véridique de la pétition* contre-révolutionnaire *faite le 9 mars, par un rassemblement de divers particuliers dans la cour des Augustins; ensemble leurs signatures.*

Mais la chute de 800 têtes ne pouvoit assouvir la rage des conjurés; ils ordonnent des visites domiciliaires pour désarmer ou arrêter *tous ci-devant nobles, tous prêtres non salariés, tous citoyens suspects d'incivisme,* (c'est-à-dire, *tous les anti-coupe-têtes* (11), *comme avoués, gens de lois, commis de magasins, etc.;* ils ajoutent à cette vaste proscription celle des *étrangers qui ne donneront pas des preuves satisfaisantes de leur conduite et des motifs de leur séjour en cette ville;* ils y comprennent enfin *tous les citoyens, quoique domiciliés en cette ville, s'ils sont dans le cas d'être suspectés* (a). Ainsi la seule qualité

(a) La pièce d'où ces expressions sont tirées, est une circulaire imprimée, adressée aux sections par le corps municipal, et par conséquent trop connue pour mériter d'être réimprimée.

d'étranger, d'avoué, d'homme de loi, de commis, etc., étoit un arrêt de mort ; le plus léger soupçon, un signal de carnage : jamais on ne vit de proscription plus étendue, plus féroce.

Enfin, lorsque les commissaires eurent rempli Lyon de trouble et de discorde ; lorsqu'ils virent la majorité des citoyens prête à tomber sans défense sous le poignard des assassins et la guerre civile prête à s'allumer, ils crurent que leur mission étoit remplie ; ils se retirèrent, non pour rendre compte de leurs crimes à la Convention, mais aux jacobins ; non pour satisfaire au vœu de la Convention, qui ne les rappeloit pas, et dont ils s'occupoient fort peu, mais pour répondre aux *sollicitations* des jacobins ; qui, pour avoir voulu couvrir l'empire de leurs émissaires, se trouvoient alors dans un fâcheux état de *dénuement*. Ainsi, pour dernier crime, les trois commissaires outragent la représentation nationale, dont ils sont revêtus, pour en prostituer l'exercice exclusif dans un club qu'on peut appeler, à juste titre, *le quartier général des brigands*.

Ils partent enfin ; mais, en s'éloignant, ils ne tarissent point la source des discordes, ils en laissent au contraire des germes féconds ; ils se permettent ce que les tyrans les plus farouches n'ont jamais osé, ils se permettent d'inonder la ville de *lettres de cachets en blanc*, et de les déposer dans les mains les plus viles et les plus scélérates. Des *billets au porteur*, d'une espèce toute nouvelle, évoquent dans les cachots, préparent pour le massacre, quiconque a le malheur de compter un seul ennemi ; et, dans un temps de révolution, quel est l'homme sans ennemi ?

Voici le modèle de ces lettres de cachet (63).

« Les commissaires, etc., requièrent les officiers municipaux com-
» posant l'administration de la police de la commune, de *faire arrê-*
» *ter* et conduire à la maison commune, *tous les citoyens qui seront*
» *indiqués* PAR LE PORTEUR *du présent, et de la manière qu'il le pro-*
» *posera*, pour être, lesdits citoyens, saisis et détenus purement et
» simplement sous bonne et sûre garde, jusqu'à ce qu'il en ait été
» autrement ordonné.

» *P. S. Les détenus doivent être au secret, de la manière la plus*
» *sévère.* »

C'est par ce dernier attentat, véritable déclaration de guerre à la sûreté publique et à toute liberté, que les trois proconsuls terminent une mission qui n'avoit été qu'une longue chaîne de vexations, de crimes et d'atrocités.

Il n'y avoit donc plus à Lyon de repos, de sûreté, de liberté. Le citoyen le plus obscur, comme le plus éminent ; l'indigent, comme le riche ; le patriote, comme le malveillant, tous étoient menacés par un égal danger : les portes s'ouvroient incessamment à la voix d'une troupe innombrable de visirs ; le glaive de la mort étoit suspendu indistinctement sur toutes les têtes.

Ville infortunée ! Qui put éloigner de tes murs des présages si terribles ? Qui put t'arracher à des périls si pressants ? Ce fut à la fois l'immensité de l'entreprise, la lâcheté des assassins, le bon esprit du peuple. Sans le peuple, les massacreurs ne pouvoient rien. *Il faut*, disoient-ils eux-mêmes, *un noyau d'hommes incorruptibles, pour le diriger dans sa marche révolutionnaire* (60). Sans le peuple, ils n'osoient rien. *Nous craignons*, disoient-ils (102), *de répandre du sang ; que l'insurrection n'étant pas complette, nous ne soyons reconnus les auteurs, traduits dans les cachots*, etc.

Mais le peuple avoit horreur des massacres : que d'efforts ne fit-on pas pour l'égarer ou le corrompre ! Chaque jour les murs de la ville étoient couverts d'affreux placards, où l'on demandoit du sang, du sang, et toujours du sang. Dans cette foule d'écrits infames, on peut distinguer celui-ci, qui fut l'ouvrage de Chalier : « Serment de trois
» cents Républicains... Aristocrates, Feuillantins, Rollandins, Modé-
» rés, Egoïstes, *Egarés*, tremblez ! Le 10 août peut encore renaître ;
» et à la première atteinte portée à la liberté (a), *les ondes ensan-*
» *glantées du Rhône et de la Saône charrieront vos cadavres aux mers*
» *épouvantées* (68).

De Paris, on ne cessoit également d'exciter au massacre : les uns écrivoient que *le temps si désiré est venu de purger la France* (59), d'autres qu'*on étoit près de faire retentir le son épouvantable du tocsin, avant-coureur de la mort certaine des tyrans ; mourez ou faites mourir ; la liberté pour nous, la mort pour nos ennemis, voilà le mode du scrutin épuratoire de la République* (27) ; d'autres qu'il falloit *écraser les ennemis* de l'intérieur, et leur *faire mordre la poussière* (60) ; d'autres enfin. qu'*à la guillotine* seule il appartenoit de *trancher la difficulté*. Et c'étoient les correspondants ou les satellites des Danton, des Robespierre, des Marat, qui écrivoient ces horreurs (138) ; c'étoient même des députés.

Les monstres spéculoient jusques sur les calamités du peuple, pour lui inoculer le crime. On aimoit mieux le forcer au brigandage que le secourir : *Le peuple souffre*, écrivoit l'un des émissaires (24) ; tant mieux, *il peut mettre ces calamités à profit, étant au milieu des richesses et de l'abondance.* Une société fraternelle offroit à toute heure des secours certains aux plus indigents ? On craint qu'elle n'attache l'indigent au riche : on aime mieux qu'il meure de faim. *La société fraternelle doit être mise à bas*, écrit Chalier (137), *parce que les riches s'en servent pour leurs fins aristocratiques.*

Enfin, les conspirateurs jurent de tout détruire par le fer et le feu ; ils jurent de régner au moins sur des monceaux de cendres et de cadavres, s'ils ne peuvent dominer autrement : *S'il étoit des hommes insensibles* à cette cause, écrivent-ils, *périssent le jour et le sol malheureux qui les auroient vu naître* (93) ! Il faut, écrivent-ils encore, *que cette cause sacrée triomphe, ou que le fer et la flamme embrasent la République* (139).

En parcourant cet épouvantable tableau de projets monstrueux ou de forfaits exécutés, on se demande s'il est bien vrai qu'on existe, on se demande si c'est l'histoire des serpents et des tigres qu'on a sous les yeux, ou si c'est celle des humains..... Le cœur se soulève..... on gémit d'être né ; on est indigné d'être homme.....

Reprenons ce triste récit.

Les provocations sanglantes des conjurés ne produisoient point l'effet qu'on s'en étoit promis ; elles excitoient plus d'horreur que de zèle. De nouveaux chefs viennent au secours des assassins : ce sont *Dubois-Crancé* et *Albitte, Gauthier* et *Nioche*, commissaires successivement envoyés près l'armée des Alpes ; un nouveau plan sort de leurs mains.

D'un côté, ils écrivent à la Convention, pour obtenir qu'elle revêtisse de son autorité l'érection d'un tribunal révolutionnaire ; moyen as-

---

(a) A la liberté des coupe-têtes.

suré d'en imposer au peuple et aux agents pusillanimes. Une députation est envoyée à Paris, pour demander l'attache du corps législatif.

De l'autre, ils proposent d'organiser les égorgeurs, sous le nom d'armée révolutionnaire ; de choisir l'élite des coupe-têtes dans ce tas ensanglanté d'assassins disciplinés au pillage, au meurtre et au crime, qui sont aux ordres des Jacobins ; et de les faire solder par les victimes mêmes qui devoient expirer sous leurs poignards. Une levée de cinq mille hommes et de cinq millions est aussi-tôt ordonnée par le conseil général de la Commune, réuni aux corps administratifs dont on force l'adhésion.

Mais ni l'incertaine autorisation du tribunal révolutionnaire, ni la future organisation des coupe-têtes, ne répondent à l'impatience des assassins : en attendant l'une et l'autre, ils passent à une tentative d'un nouveau genre : c'est sous la livrée du plaisir et de la fraternité, qu'ils se préparent à devancer l'époque marquée pour le crime.

Un banquet civique doit réunir, le dimanche 5 mai, dans un lieu convenu, les conjurés et leurs agents : c'est de là qu'entraînés par tous les genres d'ivresse, ils doivent en foule se porter aux prisons. Mais toutes les mesures n'ayant pas été suffisamment concertées, on ajourne le massacre au jeudi suivant 9 mai : c'étoit un jour de fête. *Le point de ralliement étoit à l'hôtel commun* (65).

L'indiscrétion des assassins servit heureusement à les trahir. Déjà la veille, les clubs retentissoient des projets sinistres qu'on avoit conçus : *Demain*, disoit-on, *nous installerons le tribunal révolutionnaire* (66), *pour que le rasoir de la nation marche de suite*. Cette menace engagea le Département à requérir pour cette nuit, et pour la journée suivante, une grande partie de la force armée : cette (79) mesure ne contribua pas peu à sauver la ville.

Le lendemain on se rassemble en effet dans le bois de Belle-cour ; mais les convives furent plus nombreux qu'on ne s'y étoit attendu : une multitude d'hommes honnêtes, avertis du complot, eurent le courage de se mêler parmi les brigands, pour les déconcerter, et de respirer près d'eux, pendant plusieurs heures, l'air infect de la scélératesse. Heureuse combinaison, qui étouffa les épanchements du crime et toutes les confidences ! On se répandit dans la ville en farandoles, mais en farandoles insignifiantes.

Cependant, les principaux conjurés s'étoient séparés de la multitude, et réunis au club, ils se crurent encore assez forts pour tenter le massacre.

Ils députèrent au Département, pour demander de suite l'installation du tribunal révolutionnaire et l'établissement de la guillotine *en permanence*. Le juge *Gaillard* et le notable *Roullot* étoient à la tête de la députation.

Elle se présenta au Département d'une manière despectueuse et menaçante ; Roullot, portant la parole, dit : « qu'ils venoient de la
» part du peuple souverain, assemblé en ce moment dans l'intérieur
» de la maison commune, inviter l'administration du département
» de se rendre auprès de lui, pour *installer le tribunal révolutionnaire* ;
» qu'il étoit temps qu'il fût organisé. »

» Le Département n'étant pas réuni en nombre suffisant, il leur fut
» répondu qu'il n'étoit pas possible de délibérer sur leur demande,
» et encore moins de se rendre à leur invitation.

» Cette réponse ne leur ayant pas paru satisfaisante, ils se répan-

» dirent en injures contre l'administration, et finirent par dire que
» puisqu'ils ne pouvoient obtenir justice, ils se la feroient eux-mêmes ;
» qu'au surplus, *ils alloient planter l'arbre de la liberté, qui est la
» guillotine ;* que le peuple souverain étoit levé ; *qu'ils vouloient la
» guillotine en permanence* (79). »

La députation se présenta ensuite au district : *Gaillard* portant la parole, dit : « qu'il venoit faire part aux administrateurs que ce soir.
» on leur présenteroit les noms des juges nommés par les sections,
» *pour le tribunal populaire, et qu'il leur enjoignoit de les attendre.* »
Sur la réponse peu satisfaisante qu'ils obtinrent, « un autre individu
» composant la députation s'écria que, puisque l'on ne vouloit pas
» agréer les membres du tribunal populaire, qui devoient être pré-
» sentés ce soir, il falloit se retirer *et les installer de gré ou de force*
(80). »

Mais ce complot échoua encore ; vainement le notable Roullot *couroit après* les citoyens qui formoient les farandoles, *en les traitant de lâches*, vainement il leur disoit *qu'ils devoient savoir que le point de ralliement étoit à l'hôtel-commun et qu'ils falloit aller chercher la guillotine pour la mettre en activité* (65) ; il lui fut impossible de rallier tous ses agents. Cette journée ne fut encore perdue pour le crime et la rage des Jacobins s'exhala sur un monument non moins précieux aux sciences qu'à la religion ; ils abattirent sur la place Confort, une croix chargée d'hyéroglyphes curieux.

Une des causes qui avoit le plus contribué à renverser les projets sanguinaires de cette journée, fut le défaut d'argent, car l'excès des dilapidations avoit enfin produit la disette. Pelletot, l'un des agents de la conspiration, et qui avoit bien senti l'importance d'une distribution abondante, n'avoit point omis un moyen de succès si intéressant : *les esprits paroissent assez bien disposés*, écrivoit-il à Achard, membre du comité de salut public ; *mais, pour pouvoir réussir, il me faudroit absolument de l'argent*, POUR POUVOIR ÉCHAUFFER LES TÊTES, Achard avoit tristement répondu : *nous n'avons point d'argent* (90) ; et encore une fois le défaut d'argent fit manquer l'opération.

Les conspirateurs étoient furieux : ils s'en prirent à l'administration du département, qui n'avoit voulu se prêter à aucun gaspillage : le comité de salut public dénonça le Département aux Jacobins, le 11 mai, les engagea à *se sauver eux-mêmes* (82), et déclara que n'ayant point *les fonds nécessaires, il avoit les bras liés* ; le club dénonça à son tour, par une *députation nombreuse*, le Département au conseil général de la commune ; et le conseil général arrêta (83) que « les
» présidents des comités de surveillance établis dans chaque section,
» seroient invités à apporter au comité des finances, dans les vingt-
» quatre heures, les noms des *agioteurs, accapareurs, riches, capita-*
» *listes, insouciants*, pour leur être fait invitation à donner une somme
» qui seroit taxée proportionnellement à leurs fortunes... et que *le*
» *comité des finances reste autorisé à taxer provisoirement les citoyens*
» *très riches... et à les faire payer.* »

Ce brigandage qui mettoit toutes les fortunes à la discrétion des conjurés, ne parut cependant point assez atroce aux commissaires de la Convention ; ils résolurent de prendre des mesures plus vastes ; et ils déployèrent, pour les faire exécuter, le plus cruel despotisme.

Ils convoquent le Département, les deux districts, les tribunaux, le conseil général de la commune, dans une assemblée générale

publique; la circulaire étoit ainsi conçue : « Nous vous requérons
» de vous trouver demain lundi, 13 du présent mois de mai, à dix
» heures du matin, dans la salle de la maison commune de cette ville,
» où notre intention est de tenir une séance publique, pour nous con-
» certer sur les mesures de salut public que les circonstances
» exigent (84). »

La séance s'ouvre par un torrent d'injures vomies contre le Département, sur-tout contre Meynis, procureur-syndic; Gaillard et Chalier le traitent hautement de *scélérat*, de *contre-révolutionnaire*, d'*aristocrate déclaré*; Gaillard ajoutoit, *en lui montrant le poingt*, que *si le Souverain faisoit bien, il s'en feroit justice de suite, et que ce seroit trop peu le punir* (31). Enfin tous les conjurés ou délibérants ou spectateurs, prostituant à leur propre ouvrage le nom des autorités, *étouffent les justes réclamations que les administrateurs du département et du district auroient pu faire entendre* (80); et les administrateurs protestent contre la violence.

De cette étrange assemblée, sortit une proclamation telle qu'on pouvoit l'attendre (85) : c'étoit un manifeste contre le droit de propriété, contre la sûreté des personnes, contre la liberté, contre les pouvoirs de la Convention, contre la souveraineté nationale; c'étoit à la fois un acte de fédéralisme, qui séparoit Lyon de la France entière, et une constitution qui faisoit frémir l'humanité.

Voici le résultat de cette proclamation.

A la Convention seule il appartenoit de lever une armée; et ils ordonnent la levée d'une armée de 6.400 hommes.

A la Convention seule il appartenoit de lever un impôt; et ils établissent un impôt de six millions.

A la Convention seule il appartenoit de créer des autorités; et ils créent la plus dictatoriale de toutes, en investissant un prétendu *Comité de salut public*, des pouvoirs les plus arbitraires et les plus effrayants.

A la loi seule il appartient de créer des tribunaux; et l'on crée, sans le secours de la loi, un tribunal de sang qui fait horreur.

Le mode d'exécution étoit encore plus révoltant.

Quels seront les hommes qui composeront l'armée ? ce seront ceux qu'il plaira au comité de salut public *d'indiquer* et *requérir*.

Sur qui portera l'impôt de six millions ? il portera arbitrairement sur tous ceux que le comité jugera à propos de choisir : et les citoyens soumis à la taxe paieront *dans les vingt-quatre heures*, sur les *mandats impératifs* qui leur seront adressés.

Qui sont ceux enfin qui nomment les membres de ce comité redoutable ? ce n'est point le peuple, ce sont les conjurés eux-mêmes, qui les choisissent et les fournissent.

Enfin quels sont les membres du tribunal de sang ? ce sont encore les conjurés, qui, sans consulter le peuple, les choisissent parmi eux : ainsi tout étoit atroce, et dans le plan et dans l'exécution.

Mais, ce qui comble la mesure du scandale et de l'horreur, c'est la destination de ces mesures monstrueuses.

Si une armée est levée, c'est pour concentrer toute la force publique dans les mains des coupe-têtes : la ville n'est plus divisée qu'en deux classes; l'une, composée de bons citoyens, fournira *les deux premiers bataillons* de l'armée révolutionnaire, et ces bataillons seront éloignés de suite pour se rendre à la Vendée, sous la surveillance de deux municipes ; tout le reste sera désarmé ; dans l'autre, composée des brigands, on prend 4900 hommes qui *resteront* uniquement *attachés au service de la ville de Lyon*. Ainsi la faction s'emparoit de toute la force publique, de toutes les armes, et dispersoit ou désarmoit les citoyens.

Si un impôt est levé, c'est pour salarier les brigands et les coupe-têtes organisés en bataillons ; c'est pour leur fournir la paye et l'équipement ordinaire des autres troupes, plus dix sous par jour de supplément ; plus vingt sous par jour à un individu quelconque au choix de l'enrôlé ; plus cent livres pour sa femme, cinquante pour chacun de ses enfants, cinquante pour chacun de ses autres parents vivants auprès de lui ; c'est pour salarier encore le *Comité de salut public*, dont chaque membre s'adjuge trois mille livres de gages (21) ; pour salarier de-même les membres des comités révolutionnaires, au nombre de 3 à 400, sur le pied de trois livres par jour (22) ; pour acquitter en un mot *les dépenses extraordinaires du Comité*, c'est-à-dire, pour solder tous les espions et les satellites qui sont à ses ordres.

S'ils donnent le jour à cette autorité monstrueuse, qu'ils nomment *comité de salut public*, c'est pour servir de point de ralliement à la conjuration ; c'est pour imprimer à la marche du crime une apparence de légalité ; c'est pour constituer en état de révolte quiconque voudroit résister à l'invasion trop peu déguisée des plus grands crimes.

Si enfin ils employoient un tribunal populaire, c'est pour pallier, par une sorte d'appareil de justice, l'horreur des assassinats qu'ils méditent.

Voilà les vues sinistres des quatre commissaires : voilà les hommes que les Jacobins vomissent dans les départements : visirs audacieux, despotes effrénés, monstres altérés de sang, ils commandent, ils sèment sur tous leurs pas les plus abominables forfaits..... et ils menacent de leurs armées un peuple entier qu'ils n'ont pu égorger ! Ils menacent, et la foudre n'éclate pas.. .. !

Ainsi, à force de se familiariser avec les forfaits, on en étoit venu à ce point de ne savoir plus rougir, à ce point où le crime énorgueilli de lui-même, se regardoit comme portion *des droits de l'homme*, agissoit comme *autorité constituée*, usurpoit la force même des *lois* : la liberté, les personnes, les propriétés, tout étoit soumis à son horrible empire.

Pendant que les commissaires, pour protéger cette étrange constitution, se retirent auprès de l'armée et s'efforcent d'en corrompre l'esprit, les conjurés, demeurés à Lyon, déploient toute leur activité pour consommer la destruction de la ville, la ruine et le massacre de tous les citoyens..... de tous les citoyens, car ils ne devoient épargner que les agents du parti...

Ils arrêtent la répartition des 6 millions ; ils inondent la ville de *mandats impératifs*, payables *dans les vingt-quatre heures ;* et, sous prétexte d'exiger 6 millions, ils en imposent 30 ou 40 ; ils demandent à une seule section, celle de l'Égalité, qui n'est pas la plus riche, 1.300.000 livres (87) ; souvent même, ils demandent aux citoyens taxés la moitié plus qu'ils ne possèdent (88). Enfin, joignant la dérision au brigandage, ils calomnient grossièrement les citoyens recommandables qu'ils dépouillent ; ils motivent la taxe avec une cruauté qui n'a pas d'exemple.

Ils ne taxent pas toujours ; il leur paroît quelquefois plus simple d'employer la violence pour voler ; on peut en citer deux exemples remarquables.

Une déclaration de témoin, jointe au procès, prouve que « le nommé » Sautemouche, officier municipal, *armé d'un sabre nud*, accompagné » de plusieurs inconnus, se transporta dans le domicile des sœurs » Cognet, rue Confort, pour les forcer de lui donner une somme de » 400 livres, dont l'une des sœurs est morte de frayeur. »

Une autre déclaration, pareillement jointe au procès, confirme cet affreux brigandage : Gaillard rapporte à ses camarades, « que la » société avoit besoin de 10.000 livres ; qu'ils se sont présentés chez » un particulier pour les lui demander, que sur son refus on lui a dit » que la guillotine alloit être permanente ; que sur le champ le parti- » culier, en tremblant, donne les 10.000 livres.

» Sainte guillotine, s'écrie-t-il, que tu as de vertu ! jamais remède » n'opéra si vite !

» Soyez tranquilles, camarades ; vous aurez de l'argent quand elle » sera permanente. »

Aux listes de spoliation, se mêlent les listes de massacre *(a)*.

Chalier forme et écrit de sa main, celle du quartier qu'il habite ; il l'intitule : *Liste importante ou boussole des patriotes, pour les diriger sur la mer du civisme*. Quatre-vingt-deux pères de famille y sont compris ; ce sont des négociants, des épiciers, des fayanciers, des boulangers, des cordiers, des cabaretiers, des ferblantiers, etc., etc.; tous les noms sont accompagnés des épithètes les plus injurieuses ; et comme la classe des artisans y domine, Chalier, ce prétendu sectateur de l'égalité, écrit en tête : *Vils aristocrates de rue Neuve*.

Celle du canton de la Fédération est intitulée : « note des ennemis » de l'intérieur, dont les commissaires surveillants attestent l'incivisme » dangereux à la chose publique. » Suivent les noms de 74 pères de famille. Les auteurs ajoutent : « Nous ne présentons ici que la liste » des aristocrates contre-révolutionnaires ; nous présenterons encore » la liste de ceux que nous croyons, en notre âme et conscience, » devoir être arrêtés jusqu'à la paix, et nous servir d'ôtages. »

Celles du Champ-de-Mars, de Porte-Froc, de Scévola, de Saint-Vincent, etc., toutes les listes ou générales ou particulières, sont à peu près conçues de même.

On ajoute à la table des proscrits tout ce que Lyon renferme d'étrangers, en les consignant à toutes les barrières (91, 92).

Ce n'est point assez : on couvre les villes et les campagnes d'émissaires pour y faire des listes semblables ; les commissaires eux-mêmes ordonnent que *Montbrison et Villefranche* soient associées à la proscription (77).

On fait plus encore ; la session ordinaire des jurés légitimes approche, on craint que des prisonniers innocents n'échappent au glaive du tribunal jacobin ; le comité de salut public, à l'instigation des commissaires de la Convention (77), enjoint aux jurés de se séparer, jusqu'à ce qu'ils rapportent des *certificats de civisme*; et, par un arrêté anté-

---

(a) Il en existe une foule au greffe que nous avions dessein d'imprimer en entier ; mais deux sections nous ayant fait inviter à nous en abstenir, nous n'avons pas pensé qu'il nous fut permis de leur refuser cette marque de déférence. Elles existent d'ailleurs dans des dépôts publics ; elles ont été reconnues des accusés : rien ne manque donc à l'authenticité de ces listes.

rieur (62) ils avoient arrêté de ne donner même des *cartes de civisme*, *qu'aux membres des sociétés populaires ;* ils ne reconnoissoient pour *patriotes que les coupe-têtes comme eux* (11), et ils le publioient hautement.

Enfin, ils déclarent la guerre à tous les propriétaires : Chalier prêchant publiquement dans les rues de Lyon, le 16 mai, les maximes les plus sanguinaires, traite de *rebelles* tous les cultivateurs, parce qu'ils ne souffrent pas assez patiemment la rapine et le pillage. « Vous n'avez qu'un parti à prendre, disoit-il aux jacobins ; celui des » armes : si vous refusez de combattre aujourd'hui, demain la famine » vous poursuit…. vous avez demandé un décret qui fixât le prix » des subsistances : *ignorez-vous que c'est les armes à la main que* » *vous forcerez les rebelles à l'exécution de cette loi salutaire*….. » *L'armée révolutionnaire une fois organisée, votre triomphe est assuré* » (93). »

Ainsi tout étoit prêt pour la guerre civile, pour un grand carnage ; les victimes étoient désignées, les juges élus, les bourreaux choisis ; on n'attendoit plus que la confirmation du tribunal révolutionnaire, lorsqu'un décret du 15 mai, en rejetta le projet et autorisa les citoyens, en cas de besoin, à résister à la force par la force.

Ce décret, qu'apporta un courrier extraordinaire, fut un coup de foudre pour la faction. Tantôt on écrivoit à Gaillard, député de la faction à Paris, qu'on avoit bien *besoin de lui pour faire abroger le décret qui ravit* aux conjurés, ce qu'ils appellent leurs *mesures de salut populaire* (104); tantôt on lui écrivoit que le comité étoit *paralysé, soit par le décret Chasset, soit par sa faiblesse ;* on le conjuroit *de se hâter de revenir, et d'amener avec lui quelques bons B..... pour se mettre chefs*, etc. (102).

Le plus furieux de tous, étoit Chalier : il accourt dans une salle de l'hôtel-commun, où étoit retenu prisonnier le citoyen Dubost, président de la section de la Croizette : là, Chalier l'accable d'injures ; il le traite de *gueux, de scélérat;* il lui dit que *puisqu'il étoit d'intelligence avec le scélérat de Chasset, pour le décret qui empêchoit d'établir le tribunal révolutionnaire, qu'il se lèveroit assez du monde avec lui* (Chalier) *en cette ville, pour y poignarder et égorger 20 mille citoyens ;* que Dubost *seroit le premier qui y passeroit ;* que ce seroit *Chalier lui-même qui lui enfonceroit le poignard dans la gorge, et qu'il iroit à la Convention y poignarder aussi le scélérat Chasset* (86).

Dans les transports de sa rage, il arme, il rassemble les coupetêtes, qui doivent seconder ses sanglants desseins ; il demande que chacun d'eux soit inscrit dans sa section et reçoive demi-livre *de poudre* (69). C'est surtout aux coupe-têtes de l'armée révolutionnaire qu'il s'adresse : il leur fait proférer le plus horrible des serments, celui *d'exterminer tous ceux qui sont désignés sous les noms d'aristocrates, de feuillantins, de modérés, d'égoïstes, d'accapareurs, d'usuriers, d'agioteurs, et tous les inutiles citoyens de la caste sacerdotale* (94), c'est-à-dire tout ce qui existe hors des clubs.

Ce serment est à peine prononcé qu'on passe au plan d'exécution. Voici celui *du comité de salut public :* armer les assassins et les rassembler dans un lieu convenu, au signal du tocsin et du canon d'allarme ; désarmer les victimes, pour les arrêter sans résistance ; rétablir le tribunal révolutionnaire pour les guillotiner ; ne quittter les armes que lorsqu'on aura consommé la spoliation et le massacre ; s'emparer des autorités, pour qu'elles cessent de nuire à ces affreux projets (76). Voilà la marche qui fut tracée par le comité, et dont le plan a été trouvé chez Pelletot, l'un de ses *agents* avoués (72).

Le plan de Chalier, trouvé dans ses papiers, étoit encore plus vaste : créé spécialement pour Lyon, il embrassoit la République entière : une dissolution complette du gouvernement devoit précéder un bannissement et un massacre universel : il ne laissoit vivre en France que les seuls membres des clubs, il demandoit :

Suppression des 83 départements.
Suppression des tribunaux de district.
Suppression des juges de paix, dans les villes au-dessus de dix mille âmes.
Cour martiale à juger tous traitres, dans 24 heures, dans les villes au-dessus de dix mille âmes.
Cour martiale à chasser du royaume quiconque ne donneroit pas des certificats, en règle, de civisme. Et on a vu qu'il n'en donnoient qu'aux clubistes et aux coupe-têtes.
Cour martiale à condamner à mort ceux qui auroient tenu des discours inciviques, AVEC PREUVE DES MUNICIPALITÉS.

Un projet qui renversoit de fond en comble toute constitution et toute idée de gouvernement ; la concentration dans les mains des municipalités de toute l'autorité nationale ; l'abolition de toute justice civile ; le changement de la justice criminelle en un tribunal de sang, toujours terrible à l'innocence, jamais au crime ; un ostracisme universel, et d'innombrables arrêts de mort dictés arbitrairement par des municipalités ; en un mot, cette idée aussi insensée que féroce de détruire une nation toute entière ; tout ce plan, ouvrage monstrueux de la scélératesse en démence, ne doit-il pas soulever à jamais quiconque compte encore pour quelque chose la justice, l'humanité, l'ordre social, ne doit-il pas faire frémir, jusques dans leurs dernières fibres, tous les cœurs que l'habitude du brigandage, du meurtre et des forfaits n'a pas endurcis ?

On a dit avec raison que les poisons les plus mortels peuvent se tourner quelquefois en nourriture bienfaisante ; c'est ce qui arriva à la ville de Lyon : l'excès des maux en appela le remède : gémissant depuis long-temps sous une oppression également infâme et cruelle ; abreuvée de sang et d'ignominie, dévastée par le plus affreux brigandage, chargée de tous les genres d'opprobres, traitée avec la plus horrible barbarie, prête, en un mot, à s'engloutir dans un abyme de malheurs, elle fut amenée par l'excès des calamités à secouer le joug de ses tyrans exécrables et à se constituer en état de résistance à l'oppression.

La loi du 21 mars, une simple loi de police, enfanta cette révolution ; tant il est vrai que les plus petites causes produisent souvent les plus grands effets !

Cette loi ordonne l'établissement dans les communes et dans les sections de communes d'un comité composé de douze membres, pour recevoir la déclaration des étrangers qui y résident. Des lois postérieures confient encore d'autres fonctions au même comité.

L'administration du département ordonna, le six mai, que les sections de Lyon seroient convoquées au 12, à la diligence du conseil-général de la commune, pour former le comité des douze.

Le conseil de la commune ne convoqua point les sections pour le jour indiqué, mais seulement pour le 19 :

Il est un juge sévère et incorruptible, qui ne trompe jamais : c'est la conscience. Les anarchistes allarmés de la réunion des citoyens, qu'ils retenoient sous le joug, craignirent le renversement de leurs sanglants projets, et une insurrection générale. Ils dénoncèrent « au » comité de salut public, que l'intention des sections étoit de se » constituer en permanence, et de s'opposer de suite à la formation de » l'armée révolutionnaire ; » ils demandèrent la révocation des » assemblées indiquées.

Le comité, frappé de la même terreur, arrêta que « députation » seroit faite aux trois corps administratifs, pour les engager de se » réunir, afin de voir s'il seroit possible d'éloigner l'exécution de la » loi du 21 mars (98). »

Cette réunion ne put s'effectuer : les corps supérieurs, avilis, tyrannisés avec scandale par la municipalité dans la trop fameuse séance du 13, rejettèrent avec indignation la proposition qui leur étoit faite. Ils déclarèrent qu'il *falloit que la loi fût exécutée* (98).

Les assemblées indiquées se formèrent (99, 100), mais la municipalité toujours plus séditieuse, ajoutant à tous ses crimes celui d'une double révolte, et contre la loi, et contre les autorités supérieures, se livra contre le peuple légalement assemblé, aux violences les plus criminelles ; elle fit disperser par la force les citoyens réunis ; et elle osa jetter dans les cachots les présidents, les secrétaires, les scrutateurs de celle de Saint-George (96), plusieurs membres de celle du Port-du-temple et une foule de citoyens (99).

La révolte du conseil de la commune prit bientôt un caractère plus sérieux : réuni au comité de salut public, il prit un arrêté le 23 mai, par lequel il défendit aux sections de *rester en permanence* (101). Le département cassa l'arrêté du conseil-général, ordonna l'installation des comités de surveillance formés dans chaque section et la dissolution des comités provisoires nommés par la municipalité.

C'est alors que la fureur des conjurés éclate ; *ils envoient des missionnaires dans tous les districts, ils en inondent la ville* et ils mandent, comme on l'a vu, à Gaillard *d'amener avec lui quelques bons B.....* (102). Ils dépêchent à Gauthier et Nioche, qui étoient à Chambéry, un courier extraordinaire (127) ; ils font piller par leurs satellites un magasin de beurre, pour avoir un prétexte d'appeler à Lyon la force armée. Gauthier et Nioche arrivent, suivis de la force armée.

Pendant ce temps là ils organisent leur armée révolutionnaire : on voit entr'autres trois comédiens Ponteuil, Dumanoi et Saint-Amand, désignés pour commissaires des guerres (103) ; ils ordonnent que cette armée soit *instamment mise en activité*. La levée de 6 millions ne leur suffit plus, ils ordonnent que *le décret portant qu'il sera imposé un milliard snr les riches, sera partiellement mis en vigueur par anticipation ; que des mandats impératifs seront de rechef envoyés, dont le délai fatal sera de 24 heures* (128). Enfin, quelques dragons étoient allés appaiser quelques mouvemens séditieux dans une campagne ; elle écrit aux commissaires civils qui les accompagnent, que les *sans culottes s'aigrissent,* que *dimanche sera peut-être un jour de crise;* que les conjurés *ont besoin de toutes leurs forces ;* qu'on *poursuivra* les commissaires *devant tous les sans-culottes françois,* dans le cas où ils *nuiroient aux mesures qui se prendront* (71). On espère que *sur le champ le détachement rentrera.*

Ainsi la révolte du conseil de la commune et de tous les conjurés, prenoit une attitude sinistre ; on ne tendoit rien moins qu'à la soutenir par la force des armes. On sépare de nouveau, par la violence, les assemblées de section et particulièrement celles de Saint-George (106) et de rue Neuve (107) dont un citoyen est assassiné (108); on blesse un député envoyé par l'une d'elles à l'hôtel commun (108) ; enfin un petit nombre de séditieux et d'assassins menaçoient ouvertement la ville de toutes les horreurs de la guerre civile.

Parmi les mesures de sûreté que prirent la plupart des sections, il faut distinguer celles de la section Rousseau : elle se forma en bataillon sur sa place d'armes, conformément au décret du 27 octobre 1791, *pour y attendre des ordres ultérieurs*, et elle députa au département, quoiqu'investi de bayonnettes et de rebelles (108). Le département ordonna que *toute la force armée de toutes les armes, se tiendroit en état de réquisition permanente, chaque bataillon sur sa place d'armes, et que la générale seroit battue si les mouvements séditieux prenoient un caractère allarmant pour la tranquillité publique*. Mais les rebelles, comblant la mesure de l'audace, arrêtèrent que *la réquisition resteroit sans exécution jusqu'à ce qu'ils en jugeassent le cas nécessaire et urgent* (109), et en même temps déclarèrent en conseil-général de la commune, qu'ils se déchargeoient sur le département ainsi réduit à l'impuissance, de la responsabilité de tous les événements (142).

Pendant ce temps-là, les clubistes ne demeuroient pas oisifs ; ils annonçoient hautement que *la semaine ne passeroit pas, sans qu'il y eût quelques centaines de têtes à bas* (70). Chalier demandoit spécialement celles *des présidents et secrétaires des sections* (110, 111, 112, 113,) et il annonçoit que le département ne *changeroit de local qu'après avoir été guillotiné* (116).

Ce dernier complot fut dénoncé à la section Rousseau ; elle se leva toute entière pour veiller en armes, jusqu'à ce que Chalier fut arrêté et que la sûreté publique fut rétablie ; elle députa au département pour lui demander la prompte convocation de toute la force armée (116).

Cette mesure donna l'éveil à toutes les sections ; elles déclarèrent que la municipalité avoit perdu leur confiance (*a*) ; leurs commissaires se réunirent dans le sein de l'administration du département, pour émettre leur vœu ; Gauthier et Nioche furent même invités d'y assister, pour concerter des mesures de salut public, mais ils refusèrent ; ils furent invités aussi à éloigner de la ville la force armée qui s'approchoit ; et ils refusèrent (124) pareillement.

Dans cette position, les évènements se pressent, se croisent, s'accumulent. Dans la nuit, la municipalité s'empare de l'arsenal et le renforce (121) ; elle fait avancer de la cavalerie, et placer des canons sur la place des Terreaux ; elle fait arrêter des patrouilles toutes entières, et charger de fers plus de 40 citoyens (124) ; elle interdit au département l'entrée du lieu de ses séances (125) : elle remplit l'hôtel commun d'artillerie et de gens armés ; elle y retient le commandant général Julliard, pour lui faire signer les réquisitions nécessaires ;

(*a*) Cette déclaration est parfaitement motivée par l'arrêté de la section de la Concorde, numéro 114.

enfin elle donne le commandement de son armée à *Ledoyen*, adjudant-général de l'armée des Alpes. Ainsi s'ouvre la journée sanglante du 29.

Les sections allarmées de ces apprêts menaçants, indignées d'une révolte aussi soutenue que désastreuse, délibéroient sur la situation de la cité ; celle du Port-du-Temple ne délibéroit pas, elle se faisoit ouvrir les portes de l'arsenal, et dans ce poste, devenu pour la seconde fois le capitole des Lyonnois, elle convoque les bataillons. De toute part on court aux armes ; bientôt la place de la Fédération est couverte de guerriers, et le magasin des poudres tombe au pouvoir des citoyens.

Le comité des sections se rassemble à l'arsenal ; les deux districts et le département, repoussés du lieu de leurs séances, s'y réunissent à leur tour : c'est de là que l'autorité légitime, environnée de la force publique, ouvrant un œil attentif sur la marche des rebelles, donne successivement les ordres que prescrivent les circonstances.

Ceux qui depuis si long temps méditoient le désarmement, le pillage et le massacre de la cité, ne purent sans douleur contempler cet état de défense respectable : Nioche et Gauthier, entièrement dévoués à la cause des rebelles, proclamèrent l'ordre aux citoyens de mettre bas les armes ; Nioche lui-même lut sa proclamation aux bataillons assemblés et quelques graves que fussent les sujets de mécontentement qu'il avoit donné aux citoyens, il n'entendit autour de lui que les cris de *vive la Convention, vivent les commissaires* ; ce fut au milieu de ces acclamations qu'il fut conduit au comité général, pour y faire ses propositions.

Là, placé au bureau, il déclara qu'il ne connoissoit aucun fait qui pût justifier les défiances qu'on avoit conçues contre le conseil de la commune ; il demanda obéissance à la loi, confiance aux représentants du peuple.

Le président lui répondit au nom des sections : « Que les citoyens
» ne vouloient que le règne de la loi, la liberté, l'égalité, la répu-
» blique une et indivisible ; qu'ils en répétoient le serment en sa pré-
» sence ; mais que des républicains ne pouvoient pas supporter le
» joug de l'oppression municipale, et laisser subsister plus long-temps
» l'anarchie qui désoloit la cité ; qu'il ne devoit pas ignorer les com-
» plots liberticides de la municipalité ; que sa conduite, comme repré-
» sentant du peuple, avoit augmenté les défiances, parce qu'il avoit
» signé la proclamation du 14, pour la formation arbitraire d'un tri-
» bunal de sang ; parce qu'il avoit refusé d'écouter le vœu des sec-
» tions pour faire retirer la force étrangère qui s'approchoit de la ville
» par ses ordres ; parce qu'il avoit refusé de se rendre la veille à l'ad-
» ministration du département, où les commissaires des sections s'é-
» toient rendus, pour concerter les mesures qui pouvoient sauver la
» cité ; parce qu'il ne pouvoit pas ignorer que le département étoit éloi-
» gné par la force du lieu de ses séances, sans qu'il eût rien fait pour l'y
» rétablir. Que les citoyens n'étoient réunis que pour résister à l'op-
» pression ; que la seule manière efficace étoit de faire retirer la force
» armée, et disparoître les canons qui allarmoient les citoyens ; de
» suspendre de ses fonctions le conseil général de la commune
» (124). »

Pendant cette entrevue, le sang couloit ; il couloit par la plus infâme des trahisons. Le bataillon de Brutus, requis par la municipalité, s'avançoit vers l'hôtel commun : arrivé aux Terreaux, il fit halte, sans se mettre en défense, sans charger même ses fusils ; Barbier, son commandant, s'approche d'un officier municipal, casqué et armé d'un sabre ; Riard, chef de légion étoit présent. Après deux minutes d'entretien, Barbier se retournant vers le bataillon, lui demande s'il prendra parti pour le corps municipal contre les sections ; quelques voix répondent que le corps municipal a perdu la confiance du peuple. *Eh bien ! nous vous tenons*, s'écrie le municipe. Riard ordonne de faire feu ; aussitôt une décharge générale de canons et trois à quatre cents coups de fusils, tuent, blessent ou dispersent les citoyens du bataillon (123) ; les coupe-têtes, toujours également féroces, dansent la carmagnole à la vue des mourants et des morts (132), et se précipitant sur les blessés, les achèvent à coups de crosses de fusils (133), en présence des municipes qui sourient à cet horrible spectacle.

Bientôt le bruit de cette perfidie, de ces cruelles atrocités, vole de bouche en bouche et arrive jusqu'à l'armée des sections : de toute part on n'entend que les cris de l'horreur et les accents de la vengeance ; deux colonnes s'ébranlent : l'une remonte le quai du Rhône et soutient pendant deux heures une vive cannonade. Un cavalier interrompt le feu de l'artillerie, se présente à la colonne avec un *mouchoir blanc* en signe de paix, et annonce des propositions à faire ; les citoyens approchent sans défiance comme sans ordre, tout-à-coup le cavalier s'éloigne au galop ; une nouvelle décharge écrase le bataillon surpris (129).

La seconde colonne remonte la Saône ; la même perfidie repousse un détachement qui se présente par la place Saint-Pierre, pendant que l'arrière-garde est assaillie de coups de fusils qui partent des allées, des fenêtres et des jours de cave. Le chef de légion, Riard, le même qui avoit déjà surpris le bataillon de Brutus, fait signe aux citoyens de s'avancer pour entendre des propositions de paix ; un canonnier s'avance ; « mais il n'a pas fait trente pas, que Riard lui fait tirer un » coup de fusil qui le tue. A l'instant il donne un autre signal avec » son chapeau : un canon chargé à mitraille et un feu roulant de » mousqueterie étend sans vie plusieurs citoyens et force le déta- » chement de se replier. (130) »

Cependant, le reste de la colonne de Saône s'établit avec son artillerie sur la place des Carmes, en face de l'hôtel commun ; un combat des plus vifs s'engage entre les deux armées. Celle des sections se détermine à tirer à boulet ; les rebelles se replient et bientôt s'enferment dans l'hôtel commun, dont l'armée des sections fait le blocus, et les chasse le lendemain à 5 heures du matin. Mais les barbares municipes, exerçant leurs fureurs sur de malheureux prisonniers, les égorgent inhumainement (140). Ce n'est point assez pour ces monstres ; les cours sont jonchées de cadavres ; leurs avides regards se repaissent de ce triste spectacle ; et ils s'écrient dans les transports d'une joie féroce : *Les voilà en permanence !*

Tous les genres d'atrocité et de lâcheté avoient signalé la conduite des rebelles ; ils s'étoient répandus dans les maisons voisines de l'hôtel commun, pour y prendre des vivres à discrétion et y exercer d'affreux brigandages. Ils avoient trompé une multitude de citoyens, pour grossir leur armée ; ils avoient persuadé aux volontaires du Mont-Blanc, appelés à Lyon par Nioche et Gauthier, que les sections, imitant *les rebelles de la Vendée, combattoient pour le Roi* ; et ils les avoient enivrés, en leur *présentant du vin en quantité, dans lequel ils avoient mêlé de la poudre* (140) ; enfin ils avoient tiré sur une multitude de citoyens désarmés, qu'ils jettoient ensuite dans le Rhône ; mais ce qui comble la mesure des horreurs, c'étoit de voir un représentant du peuple, Gauthier, s'associant aux coupe-têtes, leur donner lui-même le signal des hostilités, les exciter au carnage (*a*).

Mais enfin la fortune fut une fois juste ; la victoire demeura au bon parti, et Nioche et Gauthier se rangèrent au parti de la victoire.

La municipalité fut suspendue provisoirement ; (125) les deux commissaires, qui pendant toute la durée du combat, avoient constamment résisté à cette mesure, l'approuvèrent après la victoire ; ils approuvèrent aussi le remplacement du conseil général de la commune, par les présidents et secrétaires des sections. Ils firent plus : ils ouvrirent les yeux ; ils rendirent aux citoyens de Lyon une éclatante justice, dans une proclamation qu'ils publièrent le 30 : cette pièce, qui répond à toutes les calomnies qui avoient précédé et qui ont suivi ce grand événement, mérite de trouver ici sa place. La voici :

Proclamation des Représentants du peuple envoyés près l'armée des Alpes, aux citoyens de Lyon.

« Des avis alarmants sur la situation de Lyon et sur les dangers d'une contre-révolution décidèrent les quatre représentants du peuple auprès de l'armée des Alpes à faire passer dans cette ville une force armée qui devoit en assurer la tranquillité et protéger les propriétés nationales. »

« Cette mesure a alarmé quelques sections ; les représentants du peuple ont cherché à les rassurer, et ils n'attendoient, pour la changer, que d'avoir des renseignements positifs sur l'état de cette cité : ils ont annoncé leurs dispositions à cet égard ; ils ont engagé tous les citoyens à la paix et à l'union. Le malheur a voulu que cette invitation n'ait pas réussi ; *ils ont reconnu que les impressions qu'on leur avoit données étoient fausses ; il leur est démontré que les sections ne désirent point une contre-révolution, qu'elles sont, au contraire, animées de patriotisme et de sentiments républicains, mais qu'elles provoquoient une prompte réparation des griefs et des abus dont elles avoient à se plaindre.* Les représentants du peuple se sont, en conséquence, hâtés de se réunir au département et de donner ensemble les ordres tendant à faire cesser l'effusion du sang. »

» Citoyens, vos opinions, vos cœurs sont maintenant connus ; les *inculpations dirigées contre vous*, par des personnes qui étoient accréditées par leurs fonctions, *sont fausses*. Les représentants du peuple s'empressent de le publier, ils en porteront l'assurance à la Convention Nationale ; ils regretteront long-temps que cette vérité soit mêlée de l'amertume que leur procurent les malheureux événements de la journée d'hier. »

Fait à Lyon, le 30 mai 1793, l'an second de la République Françoise.

Signés, Nioche et Gauthier, commissaires de la Convention Nationale.

Ainsi se sont évanouis les conspirations et les forfaits, qui mena-

---

(*a*) Il existe au procès une multitude de dépositions qu'il seroit trop long de transcrire ; les pièces cottées de N° 131 et 132 peuvent donner une idée des preuves.

çoient ou déchiroient une ville malheureuse ; ainsi a fini le règne du crime, pour céder à celui de la justice, de l'ordre et des loix : et les citoyens, aussi grands dans la victoire que dans le combat, pleurant la mort de deux cents de leurs frères, immolés pour la défense de la liberté, mais toujours pleins d'horreur pour le crime, se sont bornés à livrer au glaive vengeur de la justice les monstres qui avoient conjuré contre les loix, l'ordre social, l'humanité, la liberté.

A la vue de cette conjuration si funeste à la ville de Lyon, si menaçante encore pour la plupart des François, si épouvantable pour tous les peuples et tous les siècles, on se demande une seconde fois avec Voltaire, si c'est l'histoire des serpents et des tigres qu'on vient de parcourir ? et il faut bien répondre que non, car les tigres et les serpents ne traitent point ainsi leur espèce. Dans quel temps cette horrible barbarie déshonore-t-elle l'humanité ? C'est dans le siècle le plus florissant de l'empire François ; jamais les esprits ne furent plus cultivés, les talents en plus grand nombre, la politesse plus générale. Quel contraste, quel cahos, quelles horribles inconséquences composent ce malheureux monde ! On parle des pestes, des tremblements de terre, des embrasements, des déluges qui ont désolé le globe ; heureux, dit-on, ceux qui n'ont pas vécu dans le tems de ces bouleversements ! Disons plutôt : heureux ceux qui n'ont pas vu les crimes que je retrace ! Comment s'est-il trouvé tant de barbares pour les ordonner, et tant d'autres barbares pour les exécuter ?

Un homme modéré, humain, né avec un caractère doux, ne conçoit pas plus qu'il y ait eu parmi les hommes des bêtes féroces, ainsi altérées de carnage, qu'il ne conçoit des métamorphoses de tourterelles en vautours. Mais il comprend encore moins que ces monstres aient trouvé à point nommé une multitude d'exécuteurs. Si des officiers et des soldats courent au combat sur un ordre de leurs chefs, cela est dans l'ordre de la nature ; mais que sans aucun examen, ils aillent assassiner de sang-froid un peuple sans défense, c'est ce qu'on n'oseroit pas imaginer des furies mêmes de l'enfer.

La seule chose qui puise consoler, c'est que de telles abominations ont peu d'exemples, et ne se reproduisent qu'à de longs intervalles. Je sais que les guerres continuelles qui ont désolé la terre, sont des fléaux encore plus destructeurs par leur nombre et leur durée ; mais enfin, comme je l'ai déjà dit, le péril étant égal des deux côtés, ce tableau révolte bien moins que celui des proscriptions, qui sont toutes faites avec lâcheté, puisqu'elles sont faites sans danger, et que les *Sylla* et les *Auguste* n'ont été, au fond, que des assassins qui ont attendu des passans au coin d'un bois, et qui ont profité des dépouilles.

La guerre paroît l'état naturel de l'homme ; il est affreux de le dire, et cependant on ne sauroit le nier. Mais il faut avouer que très-peu de sociétés se sont rendues coupables de ces assassinats publics, appelés *proscriptions*, de ces massacres de peuples entiers. Si cette rage avoit saisi souvent le genre humain, il n'y auroit plus d'hommes sur la terre ; elle ne seroit habitée que par les animaux qui sont sans contredit beaucoup moins méchants que nous. Les hommes que j'ai peints surpassent les bêtes les plus féroces ; ils ont été sanguinaires, sans nécessité, ce qui n'est pas même le caractère des animaux carnaciers. Les cannibales se vengent, mais ils ne font pas expirer dans d'horribles supplices un compatriote qui n'a été qu'imprudent.

Puissent ces réflexions satisfaire les âmes sensibles et adoucir les autres ! Puisse le triste récit qui les fait naître, convaincre tous les François que le règne du crime est hors de la nature, et qu'il n'y a de bonheur que dans le respect des Loix et dans la jouissance de la véritable Liberté !

PIÈCES JUSTIFICATIVES

N° I. *Extrait d'une lettre du 16 août 1792.*

Mon cher époux, nous avons nommé un comité de 300 citoyens de toutes les sections, et qui, dans ses fonctions, se borne à surveiller pour la tranquillité publique, et correspond avec le comité de surveillance municipale; *de manière que s'il y avoit* QUELQUE EXPÉDITION A FAIRE *dans Lyon*, ce comité que l'on nomme Trois Cens, mettroit toute la ville *en train. Les clubs ont prêté le serment d'obéir à leurs commissaires dans tout ce qu'ils lui diront de faire.*

Rivière et Henry sont de retour à Lyon ; on ne les a pas bien accueillis. Il y a bien de différence dans les esprits de toi et M. Thonion, car tous les citoyens du club vous portent dans leur cœur. — On a ouvert une souscription en votre faveur tous deux ; elle se monte dans la première séance à 47 livres ; nous croyons qu'elle augmentera ; le Curé vous l'envoie joint à la présente. *(Signée),* fidelle épouse, AUBERT.

A Mr. Mr. Aubert, fédéré de Lyon à Paris.

N° II. *Lettre de Dodieu aux sections de Lyon.*

Citoyens et frères, voici un extrait de notre procès-verbal d'hier soir, contenant une mesure que nous vous invitons à mettre en pratique.

Par ce moyen, nous pourrons incessamment opérer tout le bien qu'exige le salut de notre cité ; nous arrêterons *ensemble,* si vous le voulez, de mettre à exécution les lois nouvelles et les délibérations utiles de la municipalité, concernant les *prêtres* et les *réfugiés ;* et après les avoir *au moins désarmés,* nous procéderons de suite à la *perquisition des grains et farines accaparées, pour les vendre au profit même des accapareurs, mais au prix parisien dans tous les marchés, par commissaires pris un à un dans chaque section,* et autorisés à requérir la force publique et armée ; puis nous taxerons le pain dans une juste proportion : cela fait, *les tribunaux aristocrates et prévaricateurs sont ceux dont nous ferons justice; nous nommerons des commissaires pour les remplacer,* etc., etc., etc.

Mais pour toutes ces opérations, il faut, citoyens, que nous soyons intimement unis : faites donc ce que nous ferons ; pulvérisons l'ambition démesurée et le sordide intérêt ; imitons la cité de Paris, *et souvenons-nous que si la vie d'un seul particulier peut sauver le général et la patrie, nous avons droit de l'immoler.* Vive à jamais les amis de la liberté et de l'égalité ! Signé, Dodieu, président de la section de la Juiverie réunie en assemblée primaire et permanente, et l'un de ses électeurs.

Ce 27 d'Auguste, l'an 4 de la liberté, premier de l'égalité. Par le procès-verbal de l'assemblée de la Juiverie, du 26 août, etc., il apert qu'avant de se dissoudre, elle s'est *constituée d'elle-même en assemblée continue et permanente*, pour aviser aux moyens de sauver la cité, et de les exécuter avec vigueur.

N° III. *Fragments d'une lettre de l'abbé Laussel à Chalier, officier municipal.*

Monsieur et cher ami, je vous envoie le n° 4 du Surveillant, que vous me renverrez avec vos observations sur l'article inséré 7me colonne, contre la municipalité.

Tâchez de prendre vos arrangements afin de pouvoir venir me voir dans mon hermitage aux fêtes de la Toussaint. Si vous me marquez le jour où il vous sera loisible de partir, je vous enverrai un bon cheval et un patriote pour vous accompagner.....

Ma sœur me charge de vous assurer de ses respects. Quoiqu'on ait pu et qu'on puisse vous dire *à cet égard*, que cela ne vous éloigne pas de notre demeure, nous aurons bien des *explications* à vous donner dans le silence des longues soirées. Nous serions désolés de laisser des impressions défavorables dans l'esprit de ceux qui sont dignes de notre estime ; pour les autres, que nous importe.

N° IV. *Laussel au citoyen Billotet, salut.*

Paris, ce 28 août 1792.

Je ne sai si vous avez reçu la lettre que j'avois remis pour vous à M. Chalier, ou s'il l'a égarée ; écrivez-moi à l'adresse et sous l'enveloppe de M. Berthelet, huissier de l'Assemblée nationale. Beaucoup de députés, et notamment ceux de Rhône-et-Loire, vouloient partir pour aller travailler les élections ; mais on leur a refusé des passe-ports. Recommandez à vos électeurs de faire de bons choix ; désignez-leur Chalier, Allier qui loge rue Royale, hôtel de la Paix, au troisième, il feroit honneur à votre ville ; Siauve, curé d'Ampuis, le curé de Saint-Bonnet-le-Troncy, Bouttat père, officier municipal de Villefranche, Preveraud, chef de légion de la même ville, Anacharsis Cloot, dont je vous fais passer quelques écrits.

Je n'ai pas le temps de vous donner des nouvelles ; je vous dirai seulement que l'aristocratie relève sa tête dans les sections ; mais un long et sourd roucoulement se fait entendre, et *tout se dispose à couper la tête aux gargantua et à faire une affaire générale de tous les malveillants. Ecrivez-moi combien a-t-on coupé de têtes à Lyon ?* Ce seroit une infamie d'avoir laissé échapper sains et sauves nos ennemis. *Nos volontaires sont à Orléans depuis deux ou trois jours, pour expédier les prisonniers contre-révolutionnaires qu'on y traitoit trop bien.*

Dites à M. Chalier que j'ai fait arrêter l'homme chez la Lyonnaise ; c'étoit un ci-devant grand prévôt de Grenoble.

Que *j'ai découvert Guillin l'échappé*, où il y a quelques-uns de nos gueux de Lyon. *Au retour de nos fédérés nous l'expédierons.*

Je travaille pour Prudhomme, etc.

Nº V. *Fragments d'une lettre du 11 septembre 1792, adressée par* le nommé *Pignière à Thonion,* à Paris.

Nous sommes arrivés à Lyon le 9 du courant, jour mémorable pour Lyon, car on a coupé 11 têtes et promené au bout des piques. Il y avoit 7 officiers du régiment ci-devant Royal-Pologne, cavalerie, qui avoient voulu faire émigrer le régiment ; le peuple a été les prendre et les a rasés sans savon, ainsi que quatre prêtres réfractaires. On a porté ces têtes dans toute la ville, sans épargner les cafés des Terreaux, où ils alloient boire de la bière, et toujours les piques à la main, surmontés *du moule à bonnet de l'aristocratie.* Les négocians, pour la première fois, ont eu un peu peur. *On se propose secrètement de recommencer au premier jour.*

Nº VI. *Déclaration concernant le pillage de septembre* 1792.

Cejourd'hui cinq juin mil sept cent quatre-vingt-treize, l'an deux de la République Française ; sur les onze heures du matin, se sont présentés au comité de surveillance de la section de Rousseau, les citoyens Jean-Baptiste-François Clapier, négociant, petite rue Mercière, nº 7, à Lyon, et Benoît Boyriven, teneur de livres à Lyon, même rue, nº 14, lesquels ont déclaré, savoir : le citoyen Clapier, qu'à l'époque du pillage commis dans cette ville le mois de septembre dernier, il fut témoin des dispositions du citoyen Byolet, graveur, sergent de la compagnie d'Hugonet, *lequel Byolet s'efforçoit de détourner le déclarant de porter secours aux magasins que l'on dévastoit, et lui disoit qu'il falloit laisser le débat entre les pilleurs et les pillés, et qu'il ne s'en mêleroit pas.*

Nº VII. *Fragments d'un discours de Riard aux soi-disant Marseillois, du 2 septembre, prononcé à la tribune des Jacobins dit du Centre, à Lyon.*

Citoyens de Marseille ! libérateurs de la République Françoise... nous avons donc le bonheur de vous posséder, non seulement dans nos murs, mais au milieu de nous, dans le temple de la liberté et de l'égalité.....
Que nous aurions besoin de citoyens aussi vertueux que vous et aussi COURAGEUX, *pour nous aider à dompter les ennemis immenses qui empoisonnent notre cité et contrarient les opérations saintes que nous voudrions opérer pour le bien et la délivrance des maux que notre patrie souffre.*
Citoyens de Marseille..... vous savez sans doute que depuis longtemps notre ville de Lyon ne s'est pas tout à fait rendue digne des moyens qui devroient mériter un civisme réel ; mais dites au moins dans vous-même que SI LA VILLE DE LYON EST PESTIFÉRÉE, QU'IL Y A DES MÉDECINS QUI S'EFFORCENT A ÉTEINDRE LA CONTAGION..... Dites au moins partout où vous passerez, que vous y avez trouvé des amis de la constitution..... des amis sincères et fidèles de la liberté et de l'égalité, qui sont sans cesse combattus par des égoïstes et des royalistes ; que le nombre de ces derniers est si grand que les patriotes méritent au moins des éloges....., puisque depuis quatre ans ils n'ont cessé de lutter, de combattre contre une immensité d'es-

claves vendus aux despotes de toute espèce ; que ces esclaves sont des riches négociants, des robinocrates, des ci-devant nobles, des mauvais prêtres, des sans culottes même, qui ont oublié les droits de l'homme et de la nature par des dons mercenaires que leurs ont offert nos ennemis..... et qu'ils ont eu la bassesse d'accepter.

Nous avons encore à combattre des tribunaux injustes et barbares, que l'on peut mettre au nombre des brigands, de sorte qu'il est permis à tous les membres qui composent la chicane de tout faire *tuer, massacrer, assassiner,* il suffit qu'ils soient membres de la chicane pour qu'ils soient absous par nos infâmes et iniques tribunaux.

Ah ! citoyens de Marseille, quiconque veut être patriote dans cette ville, y est martyr ; quiconque veut y être énergique, y est persécuté ; et voilà pourtant comme vivent les amateurs de la liberté dans une grande cité..... Dans nos assemblées primaires, le patriote y est *moulu de coups*; *lorsqu'il veut faire observer les nouvelles lois, on lui crache à la figure, on le terrasse,* on lui foule *les pieds sur le ventre*; est-il de service, on l'environne de baïonnettes, on le *traîne à la lanterne,* on lui *arrache le signe sacré* dont la nation le décore, on lui fait *subir tous les outrages* que l'enfer peut imaginer.

Citoyens de Marseille, qui êtes ici présens, je vous invite de semer votre courage et votre énergie dans le cœur de ces timides Lyonnois, pendant le peu de temps que nous avons le plaisir de vous posséder, ranimez-les : ce n'est pas le tout que d'avoir montré du courage dans les combats ;..... puisque nous vous possédons,..... *donnez-nous en passant cette noble énergie, qui peut nous arracher de la malheureuse habitude que la crainte nous impose.*

Les timides Lyonnois m'ont choisis pour être un de leurs chefs, *inspirez-leur au moins en passant le courage que je me suis efforcé jusqu'à présent de leur montrer.*

Donnez-moi en passant, donnez-leur vos principes d'habitude qui vous ont rendu victorieux, afin, qu'après d'aussi bons principes que les vôtres, *nous puissions terrasser des ennemis dorés et que nous n'osons presque pas regarder* EN FACE.

J'espère, citoyens de Marseille, que cette tribune va être de suite occupée par un de vous, et que celui qui y va monter n'en descendra pas *sans nous avoir ranimés du désir de surmonter nos ennemis......de savoir les combattre et les vaincre; et que vous ferez faire serment à toute cette assemblée de cesser toute timidité envers des hommes, puisque la nature les a rendus aussi égaux en droits les uns que les autres.*

Faites, chers Marseillois,... *faites que par vos discours la ville de Lyon soit une ville martiale.* Qu'un de vous monte à cette tribune et que *vos paroles soient enfin plus efficaces* que toutes celles qui se sont dites ici jusqu'à ce jour.

N° VIII. *Lettre de Gaillard à Fillion.*

Mon cher ami, sur mon lit de douleur je me soulage en m'entretenant avec vous ; je compte avoir le plaisir de vous revoir à la fin d'octobre où je compte être rétabli. Les affaires vont bien à Paris, vous devez le savoir. *Mais je vous demande de bien vous coaliser pour le choix des députés à la Convention nationale ; si vous faites bien, vous les nommerez dans les assemblées primaires ; si vous n'avez pas assez de force pour le faire, que vous soyez obligé de nommer des électeurs, donnez-leur la liste de ceux que vous désirez, et* QU'ILS SOIENT FORCÉS DE LES NOMMER. *Protestez contre toute autre élection, en disant qu'elles n'ont pas votre confiance.* Je donne mon suffrage à Cusset et à Chalier, c'est-à-dire que je désire que vous les nommiez, Quant aux reproches que l'on m'a fait de ne pas écrire à la société, ils sont d'autant plus injustes que je ne daigne pas y répondre, parce que j'ai fait tout ce qui pouvoit se faire ; je n'ai pas eu un moment à moi depuis que je suis dans Paris, si ce n'est que depuis que je suis à l'hôpital, où je ne peux pas seulement me tenir assis. Adieu, cher ami, recevez les marques d'estime de celui qui ne respire que pour sa patrie et sa liberté. *Signé,* GAILLARD, — Sans date.

A *monsieur monsieur Fillion, marchand claincailler, grande rue de l'Hôpital près de la rue Paradis, à Lyon. Avec le timbre de l'Assemblée nationale.*

N° IX. *Lettre anonyme, adressée à l'assemblée électorale de Saint-Etienne, concernant Cusset, député par cette assemblée à la Convention.*

Lyon le 3 septembre 1792.

Messieurs les électeurs composant l'assemblée électorale du département de Rhône-et-Loire, nous vous annonçons que des intriguants électeurs, nommés par l'intrigue du citoyen Cusset, marchand soi-disant de gazes à Lyon, n'auront pas manqué de vous le proposer, et fait tous leurs efforts possibles pour le faire nommer député ; mais il est absolument indigne de la confiance du département, qui, jusqu'à présent, s'est toujours efforcé de faire de mauvais choix, et, en nommant le citoyen Cusset, il sera bien encore plus mauvais. Nous le reconnoissons bon patriote, bien porté pour le peuple, mais trop incendiaire et désirant voir promener les têtes au bout des piques, quoiqu'il n'y en ait pas à Lyon, parce qu'il a mangé l'argent des souscriptions faites pour les piques ; il ne paroit casi dans le comité central que quand il a bien bu, et c'est alors qu'il est plus abondant en motion, et de là il va passer la nuit dans les bras de sa prostituée, qui lui fournit son existence. Nous avons le désagrément de toujours le voir au comité central avec son protecteur prêtre Pontalier, qui étoit aussi ci-devant celui du citoyen Chalier, qui est auprès de vous aussi incendiaire que lui et intriguant, et nous sommes vos vrais amis patriotes sans-culotte. PERROCHIAT et DESARNO.

Nous tremblons que notre lettre n'arrive pas assez promptement et qu'il ne soit déjà nommé.

Note écrite par Chalier au bas de cette lettre.

Lettre anonyme écrite au corps électoral ; le président et le bureau n'ont pas jugé à propos de lire une calomnie. *Signé,* CHALIER.

A *Messieurs les électeurs du département de Rhône-et-Loire, pour être lue séance tenante, à Saint-Etienne.*

N° X.

Je vous déclare que lorsqu'on discutoit pour la légitimité de l'élection de Laussel à la place de procureur de la commune, le notable Roulot dit dans une conversation qu'il avoit avec plusieurs individus, il dit, lui Roulot, que *dans trois mois les riches seroient bien heureux si on leur laissoit la moitié de ce qu'ils possédoient*, et a signé : à Lyon, le 31 mai 1793. *Signé*, Audibert Carrel, teneur de livre, commis chez les citoyens Quinseau et Bourdin, etc.

N° XI. *Extrait des registres du comité de surveillance de la section de Porte-Froc.*

A comparu Jean-Pierre Borin, citoyen de Lyon, y demeurant rue Saint-George, n° 80, section de Porte-Froc, âgé de cinquante-huit ans, lequel a dénoncé que lors de la dernière élection des électeurs, il fut choisi pour dépositaire de la boîte du scrutin qui fut portée, close et cachetée, dans son domicile et fermée dans une armoire par les quatre commissaires envoyés par l'assemblée, qui en emportèrent la clef. A l'instant il leur offrit à se rafraîchir ; le citoyen Savin, l'un d'eux, dit : *Esurientes implevit bonis et divites dimisit inanes* ; vous voyez que depuis longtemps il a été prédit *que les riches seroient mis à la place des pauvres ; le tems est arrivé, sitôt que les nominations seront finies, il y a un ci-devant cordelier ou jacobin qui doit suspendre la municipalité et mettre à exécution la prophétie*, ces propos furent appuyés par le citoyen Doucet, l'un desdits commissaires, et entendus par les citoyens Lacroix, Nesmes, autres commissaires, et par la domestique du comparant, qui lui représenta, ainsi qu'à Doucet, qu'il avoit toujours été bon patriote, et que s'il étoit compris dans la liste des proscrits, il les prioit de l'avertir, parce qu'ayant sept coups d'armes à feu à tirer, il seroit fâché d'être obligé de tuer quelqu'un en se défendant ; lesdits Savin et Doucet lui promirent de l'avertir. Quelques jours après le citoyen Gache dit aux citoyens Ray et Pierroux, électeurs ainsi que le comparant, que ce dernier s'étoit bien fait tort de s'être mis du côté de la robinaille.

Le 13 février dernier, le comparant fut désarmé par Beauvernois, Riard, chef de légion, ainsi que tous les avocats ; il a fait plusieurs démarches pour se faire rendre ses armes, auprès dudit Riard ; et au commencement de la semaine dernière, pressant Riard de lui dire s'il n'avoit pas toujours donné des marques de civisme, celui-ci lui répondit : *non, parce que vous ne voulez pas vous engager dans l'armée révolutionnaire et que vous n'êtes pas coupe-tête comme nous*. Ce propos fut tenu en présence, etc.

N° XII. *Lettre de Cusset, député à la Convention, à Fillion.*

Mon ami, je te prie de lire ma lettre au centre, jeudi, jour qu'elle arrivera ; mais il faut *la lire fort et* A LA Cusset ; fais, *mon brave enragé*, trembler les scélérats. Embrasse ton épouse que j'ai toujours tant respecté : salut. *Signé*, Cusset, le terrible aux tyrans.

Paris le 21 octobre 1792, et l'an des vrais républicains.

Dis aux modérés et aux scélérats, s'il y en a au centre, comment ils trouvent ceux qu'ils traitoient de scélérats républicains.

Lettre de Cusset, en date du 22 octobre, au club central de Lyon, annoncée par la précédente.

Amis, frères et camarades républicains, pour conserver ce beau titre, il faut être sans cesse en sentinelle et dans une active et continuelle méfiance ; je les vois d'ici, les traîtres désorganisateurs, assis hypocritement à côté de vous, je les vois monter à la tribune le miel à la bouche et le fiel dans le cœur ; je les vois se parer d'un patriotisme si jeune, qu'il ne date que depuis le 10 août et la ferme déclaration de la royauté abolie, qui anéantit les tyrans et leurs vils satellites ; c'est de ces vampires de qui il faut se garder et ne jamais porter en place, le moment approche, prenez-y garde ; je ne vous ai jamais trompé, parce que les vicieux n'ont jamais pu ni me tromper, ni me corrompre ; eh bien ! ils ne sont à côté de vous que pour avoir l'écharpe ou toute autre place, qui, à peine assis, vous écraseroient du poids de leur tyrannie et de votre erreur : rappelez-vous que de vos nominations dépend votre salut ; ne vous appercevez-vous pas déjà des malheurs qui pèsent sur vous et qui seroient finis si la vertu eût siégé sur les rangs ?

L'extrême misère où vous a réduit votre bonne foi, ne sera-t-elle pas suffisante pour donner une grande autorité à la vérité que j'ai toujours dit ? Oui mes amis, de cent lieues je surveille vos ennemis, je les suis pas à pas dans l'antre ténébreux d'où ils osent encore méditer le carnage, qui ne seroit fait que pour hâter le châtiment de leur crime ; qu'ils se ressouviennent que je leur ai dit que quand le peuple montreroit les dents ils seroient mordus, et je dis vrai, qu'ils s'en rappellent, et je leur prophétise pire s'ils continuent leurs perversités. Oui ! monstres encore altérés de sang humain, je serai pour vous aussi terrible à cent lieues que je l'étois à Lyon, je le serai plus, parce que je vous battrai des deux côtés : vous vous imaginiez que je ferois comme vous, aussitôt que je serois nommé à quelque place, je chercherois à les sacrifier pour prix de leur estime pour moi, il n'en est rien ; je suis toujours assis au milieu d'eux, et ma voix terrible à vous, sera pour eux le point de ralliement pour vous terrasser ; oui, malgré la perversité de vos intentions, la vérité se fera toujours entendre à mes braves sans-culottes. Méchants ! oui méchants que je déteste, si jamais vous veniez à les égarer un instant, je pars et vous prends en grand flagrant-délit. Adieu, mes amis, je suis toujours le même : *signé*, Cusset.

Paris, le 22 octobre, l'an 4 de la liberté et de l'égalité et le premier de la République.

P. S. J'avois demandé à la société une adresse signée d'autant de citoyens que faire se pourroit de tous genres et des corps administratifs, pour obtenir une somme de 50 mille écus que je sollicite ; pourquoi me laissez-vous dans l'impossibilité de vous prouver combien je vous suis attaché ? car ce n'est pas par des mots que je veux qu'on me connoisse, c'est par des faits.

Nº. XIII. *Lettre de Cusset à Dodieu.*

L'ami, je suis encore tout étourdi du parti que vous avez pris, au moment où je m'occupois de faire accorder cent mille livres à mes amis sans-culottes de Lyon : un projet renverse l'autre, et il étoit possible de tout obtenir, et je crois que vous n'êtes pas un bon renard, ce n'est pas prendre le lièvre à l'affut. Enfin vous me connoissez, je suis toujours le même ; je suis seulement fâché que vous ayez remis cela à d'autres qu'à moi et Gaillard. J'ai accepté d'entrer dans un comité par rapport à vous, qui est celui des domaines et communes réunis ; là je verrai ce qu'il faut faire et saurai, sans dire le mot, si les autres mettent le feu à la mèche. Salut, ami, comptez sur moi.

Le 22 octobre, l'an qu'il nous faut.

N° XIV. *Lettre de Cusset à Fillion, depuis notable.*

Mon ami, je suis dans la plus vive indignation contre ces scélérats de directeurs des postes ; Montfalcon me marque que je dois recevoir trois pétitions ; l'une, portant l'anéantissement des districts ; l'autre, qu'il n'existe plus d'électeurs, et la troisième, pour obtenir de l'assemblée un secours pour les ouvriers. Celle des ouvriers, c'est moi qui l'ai sollicité trois semaines sans que le centre m'ait fait réponse ; mais ce que je pense et ce qui existe, c'est que mes ennemis me poursuivent à Paris, au point que toutes mes lettres essentielles, ainsi que les vôtres, sont interceptées ; informe-toi donc du centre, s'ils ont reçu mes lettres qui leur demandent cette pétition signée des corps administratifs, etc., etc., et celles qui leur donnent le mode de nommer pour faire de bons choix ; enfin, en attendant qu'on *réforme ce tas de gueux* et qu'on les punisse, comme *je vais faire du directeur de Paris*, aussi brigand que les autres, créez un comité dans Lyon ; c'est-à-dire qu'un citoyen en boutique sera chargé de recevoir *toutes les lettres des citoyens de Lyon, cela sera fait par l'organe du comité central*, et deux membres de la section où résidera le patriote choisi, l'accompagneront à la poste ; alors *nous ferons pendre* le scélérat qui prévariquera. C'en est assez pour vous faire sentir l'importance de choisir scrupuleusement les sujets qui doivent vous administrer ; mais il faut bien prendre garde qu'il y a des administrations qui demandent caution ; allez donc dire aux braves sans-culottes que vous aurez intention de choisir, de se procurer à l'avance ce cautionnement qu'il faut, afin que vous ne perdiez pas de temps. Pour arriver à ce but, il faut que vous fassiez afficher par toute la ville, qu'aucune lettre ne me parviendra que par ce canal, et que je n'en prendrai en considération que celles qui passeront par cette filière, *voulant faire guillotiner le premier scélérat qui s'écartera de son devoir, étant enfin temps de punir et purger la terre de ces vampires*. Je me charge des frais d'impression ; vous n'avez qu'à aller chez Bernard, rue Luizerne : je pense que tu historieras cette affiche, en faisant sentir à *mes braves* qu'il ne faut pas m'occuper des choses oiseuses, que mon intention et mon devoir m'appellent à la chose publique ; fais-leur bien sentir que dans la cause générale se trouve la chose publique ; dis, si tu le veux, au brave Achard d'exprimer mon vœu et d'afficher en mon nom. En lisant la lettre, tu auras soin de dire que l'on affichera en mon nom une adresse, si *mes braves* du centre adoptent mon plan, qui est indispensable ; notez que les paquets que vous m'enverrez, il faut les adresser au président de l'Assemblée et sous l'enveloppe à mon adresse, c'est-à-dire, à M. Cusset, député, c'est ce qu'il est instant de mettre dans l'affiche ; car, qui le croirait, ces scélérats n'ont-ils pas eu l'infamie de *faire payer à mon hôte une grande partie de mes lettres*, et les autres franches, parce que, disent-ils, celles que l'on m'adresse sont *pour des affaires particulières*. Vous sentez que *j'ai sévi contre ces gueux là*, et que ce n'est pas au Cusset à qui l'on joue de pareils tours ; mais ceux qui sont dans l'indolence, sont les dupes, ce qui leur fait une somme ; mais demain je les dénonce, où il faut, pour qu'ils dégorgent et soient chassés, si je le peux, il faut que par-tout je sois le fléau des scélérats.

Demande au comité central une députation de vingt membres pour porter ma lettre ci-incluse, au directeur de la poste de Lyon ; je verrai par l'exactitude des vingt commissaires nommés, en s'y rendant à l'heure indiquée par vous pour aller chez ce brigand de directeur. Je laisse la lettre décachetée, tu la cachèteras et l'ouvriras en présence du directeur.

Dis à mon ami Montfalcon et Ruffié, que je ferai ce qui est en moi, mais que je me tue de leur dire qu'il va sortir un décret où ces places seront données au concours ; car il ne faut plus que ces places se donnent par protection ; il entre dans la vérité que les talents et vertus doivent êtres les seules recommandations. Adieu, je ne finirois pas, je m'en rapporte à ta prudence et à ton bon jugement et courage : salut. *Signé* CUSSET.

Paris, le 28 octobre et notre an.

P. S. Vous ne laisserez pas ma lettre à ce brigand. Gaillard est tel que Thonion. *Le brave* te l'a dit.

Donnez-moi une adresse secrette pour vous faire parvenir mes réponses ou mes projets, bien entendu qu'il vous remettra toutes les lettres, et que les citoyens enverront chez le commissaire nommé par le centre, pour venir chercher les letttres. — Dis-moi s'il est vrai que le coquin de Pelzin est au centre, et occupé à la commune.

En marge est écrit

Tu liras la lettre du directeur au centre, et je te charge, toi, de la lire au directeur : *il appartient à toi seul de parler et de rendre mon langage mâle ; il faut qu'il tremble :* n'oublie pas mon ami Gravier, il faut qu'il y soit, cela le fera rire : dis en de plus.

Au citoyen Fillion, grande rue de l'Hôpital, marchand peignier à côté la rue Paradis.

Lettre incluse en la précédente.

Directeur infidèle ! le souverain est devant toi qui t'interroge par mon organe ; répond pourquoi tu intercepte sa correspondance et la mienne ? dis-lui qui te paye encore pour trafiquer sur ce qu'il y a de plus sacré, la pensée ? dis-lui qui te leurre encore du fol espoir de pressurer les citoyens et de t'abreuver de leur sueur et de leur sang ? dis-leur, si tu crois encore au miracle, qui est celui de voir entrer les assassins françois triomphant sur le sol de la liberté, qui est devenu le tombeau des tyrans, de tous leurs esclaves et adhérants ? Si tu es dans cette croyance, entends ces dernières vérités : *Mort assurée pour tous les prévaricateurs,* et au moment que tu reçois ma lettre, *je vais faire rendre cette loi qui pourra l'atteindre,* puisqu'il est vrai que j'ai preuve en main de ton infidélité ; ton collègue de Paris est sous ma main, il ne m'échappera pas : en attendant, fais en sorte qu'aucunes lettres, ni à moi, ni à qui que ce soit, ne puissent être interceptées ; tu t'es trompé en croyant que je t'oublierois ; mes regards se promènent avec avidité sur tous les traîtres *du peuple de l'univers,* et la confiance dont m'ont investi mes concitoyens, me rend *plus terrible que jamais. Signé :* CUSSET, député. — Sans datte.

La lettre a pour adresse : *Au directeur des postes de Lyon.*

Nº XV. *Discours de Challier prononcé à l'audience, comme président du tribunal de district, le 21 décembre 1792.*

Citoyens, vous venez d'entendre la lecture d'un décret conservateur de notre liberté au berceau. Il écrasera les serpents qui s'efforcent de s'y glisser pour l'étouffer, les monstres dévorants qui se sont montrés jusqu'à ce jour ; ces furibonds rentreront dans leurs repaires, la massue d'Hercule vient d'être levée pour écraser leurs têtes, s'ils osent se montrer au grand jour.

Pour moi, je suis seulement étonné d'une chose, c'est qu'après avoir décrété depuis quatre ans la déclaration des droits de l'homme que vous lisez au dessus de nous, *on s'avise de mettre autant d'appareil et d'importance pour décoler un scélérat. Je ne sais si je dois le plus admirer ou la bonté et la patience du peuple, ou la foiblesse de la Convention...* Quoi ! depuis trois mois qu'elle auroit dû avoir déjà débarrassé la terre d'un tel fardeau, elle débute par essayer à décréter la République, et laisser vivre celui qui peut encore, par ses vils partisans, l'exposer à des malheurs. Mais, que dis-je, si elle a décrété un nouveau gouvernement, elle a donc jugé le tyran, oui, elle l'a jugé, et par le décret de l'unité et de l'indivisibilité de la République et par celui dont nous venons d'ordonner enregistrement.

Rois de la terre, quels êtres êtes-vous donc, si même après avoir replongé dans l'obscurité, après avoir arraché ces titres brillants qui vous décorent, cette pompe qui vous environne, nous balançons encore à porter le coup qui doit vous punir de vos forfaits ?

Citoyens, Louis étant encore en vie, est toujours à la tête des armées ennemies. Louis porte toujours le fer et la flamme chez vous, et l'on assemble encore un tribunal et des juges ?

Le tribunal qui doit le juger, et cela ne devrait pas être à faire, c'est la foudre du peuple, oui, ne nous y trompons pas, l'arbre de la liberté ne fleurira que sur les cadavres sanglants des despotes.

Brutus ne s'arrêta point à faire le procès à César, il le frappa de vingt coups de poignards, et Rome eût été libre, si elle avoit pu encore l'être.

Avec le perfide et dernier Louis s'évanouiront toutes les conspirations contre la souveraineté nationale, le peuple aura du pain, n'en doutons pas, le premier article de la loi que nos législateurs doivent faire sur les subsistances, c'est la mort du tyran.

Républicains qui êtes ici présents, écoutez le cri plaintif de la patrie, notre mère commune, qui semble nous dire : ô mes enfants ! *si vous voulez conserver votre liberté, punissez tous les traîtres qui conspirent pour vous la ravir*, dénoncez tous ceux qui oseroient proférer ces mots de servitude, roi, dictateur ou protecteur, et le glaive de la loi, n'en doutez pas, les punira de mort ; vous n'aurez qu'à ce titre la paix, la liberté, l'humanité et l'égalité.

N° XVI. *Lettre du député Cusset, à Roch, depuis officier municipal.*

Mon ami, je ne t'ai encore point vu sur la liste des brigands qui me poursuivent à Lyon, c'est pourquoi je t'écris, au retour d'un voyage périlleux, pour savoir si tu es de cette méprisable clique, ce que je ne pense pas ; si tu en étois, dis-le moi, afin que je t'oublie, en attendant, mille amitiés à ton excellente patriote ton épouse, que je ne peux oublier : salut, ami. *Signé*, Cusset.

Le 6 janvier 1793.

P. S. Je pourrai un autre moment m'entretenir plus longuement avec toi, si je te retrouve le même, parce que je ne sais pas composer avec mes devoirs, ni mon cœur.

Dis-moi si les scélérats de feuillantins tiennent toujours à Lyon ; *écrasez-les donc s'ils existent encore.*

Au citoyen Roch, marchand d'habit au pied de la Grande Côte, à Lyon. (Avec le timbre de l'Assemblée nationale).

N° XVII. *Lettre de Soulet à Chalier.*

Paris, le 14 janvier 1793, l'an 2 de la Républ.

J'ai reçu, mon cher ami, votre dernière lettre qui m'a fait beaucoup de plaisir ; je l'ai remise au citoyen Montaut qui l'a communiquée aux Jacobins. Si j'ai tant tardé à vous donner de mes nouvelles, c'est que je sors de faire une maladie sérieuse, qui m'a fait garder le lit pendant un mois.

Le comité de sureté générale vient d'être renouvellé, *tous Rollandins ; ils commencent à vexer les patrioles* et protègent les aristocrates, qui se montrent tout aussi audacieux qu'avant le dix août, et *la Convention est plus mauvaise encore que l'Assemblée Législative ;* pour faire rentrer ces infâmes aristocrates dans leurs tanières, il est instant que les patriotes se rallient, et *ça ira.*

Le peuple de Paris est toujours le même, et les fédérés sont également dans les bons principes, nous touchons au grand moment, celui du jugement de Louis Capet.

Mes collègues ainsi que Legendre vous font bien des amitiés.

Je suis toujours votre ami, le Républicain SOULET.

Je vous envoie ci-joint, le dialogue entre le père Duchesne et Carra, par Dubois de Crancé ; je vous prie de vouloir bien en faire la lecture à votre club central.

N° XVIII. Laussel au citoyen Challier : salut,

Je vous félicite de l'heureuse découverte de l'infernal complot, j'ai traité cet article dans ce numéro, et je l'aurois mieux fait si j'avois su à peu près les griefs qui vous étoient imputés par François Lacroix et sa sœur.

Je travaillerai au discours dont vous me parlez, mais il me faudroit pour cela la collection de Prudhomme, Robert, ami de Billotet, pourroit vous la prêter, il a quelques autres ouvrages relatifs à cela, que vous pourrez me faire passer à votre loisir.

J'approuve fort votre dessein de *restaurer le club central, je vous enverrai mes idées la dessus au prochain voyage ; pour réussir à ranimer l'esprit public,* il seroit nécessaire que la municipalité, le maire en tête, se vissent souvent et en particulier, ce ne seroit pas *tant un club qu'un comité de bons citoyens.* POUR DIRIGER LES CLUBS, *on pourroit le faire avec une adresse dont personne ne s'appercevroit ; ouvrez-vous sur cela à vos confrères.*

N. B. Cette lettre est de la fin de janvier 1793.

N° XIX. *Note trouvée dans la procédure contre Fillion, notable, concernant les gages que vouloit s'attribuer la municipalité.*

Le conseil général du 9 octobre a arrêté que les sections seront convoquées, d'après une pétition de 150 citoyens, pour émettre leur vœu concernant le salaire de la municipalité. Sur une seconde pétition de 150 citoyens, le conseil a arrêté, le 18 octobre, que les sections seroient convoquées pour le dimanche 21 suivant. Le 8 décembre, le conseil général a arrêté, d'après le vœu des sections et les considérants, que toute la municipalité seroit salariée. *(Sans date et sans signature).*

N° XX. *Autres notes trouvées chez Fillion, notable, concernant les gages que la municipalité vouloit s'attribuer.*

Citoyens, nous étant consultés, nous avons vu qu'une nouvelle pétition pourroit faire plus de mal que de bien, en ce qu'elle prouveroit un faux ; nous pensons qu'il seroit mieux d'inviter le comité central d'envoyer au département une députation chargée d'une pétition tendante à demander l'homologation de l'arrêté du conseil de la commune, concernant le traitement de la municipalité. Cette pétition conçue à peu près en ces termes :

Citoyens administrateurs, nous venons vous prier très-instamment d'homologuer l'arrêté du conseil-général de la commune du 8 décembre, d'après le vœu des sections, concernant le traitement de la municipalité ; que le défaut de la pétition que des ennemis du bien public ont malicieusement détourné, ne vous arrête pas, puisque les registres de la commune en attestent la réalité ; ne pas y ajouter foi, seroit manifester la crainte d'assurer le règne de l'égalité.

Nous vous observons en outre, que la loi a sagement soumis les dépenses extraordinaires des communes au visa des départements, afin qu'aucune commune ne puisse en entreprendre contre le gré du peuple : mais une dépense extraordinaire de commune, d'après le vœu du peuple légalement manifesté, ne peut être arrêté par aucun *veto*, ou ce seroit violer ouvertement la souveraineté du peuple.

Nous savons qu'un petit nombre d'ennemis de la liberté, regrettant les anciens abus, font sourdement leurs efforts pour renverser tout ce qui peut favoriser l'égalité ; mais heureusement il n'en est point parmi vous.

Administrateurs, nous vous prions de rechef d'adhérer à notre demande, fondée sur une instruction de l'assemblée nationale, du 12 août 1790, au sujet de vos fonctions, page 36, § III.

Dire à la tribune : Citoyens ! le département paroit ne pas vouloir homologuer l'arrêté de la commune, concernant le salaire de la municipalité ; ne permettons pas qu'aucune puissance puisse mettre un *veto* sur les volontés du peuple, légalement manifestées ; voyez une pétition que je propose de lui envoyer par une députation.

N° XXI. *Extrait des registres du comité de salut public.*

Dans la séance du comité de salut public, en date du 16 mai 1793, où étoient les citoyens soussignés.

Le comité, considérant combien il est nécessaire de surveiller les ennemis de la révolution, pour déjouer leurs complots.

Arrête que les comités de surveillance, établis dans chaque section, seront et resteront en permanence, jusqu'à ce qu'il en ait été autrement ordonné.

Le comité, considérant que ses membres abandonnent leurs travaux ordinaires, pour se livrer entièrement à la chose publique ; que la multiplicité des opérations majeures dont il est chargé, exige de tous un travail opiniâtre et assidu, qui se prolonge le plus souvent pendant une grande partie de la nuit.

Considérant que les denrées sont portées à un prix excessif, qu'il est de toute justice que des pères de famille qui emploient tout leur temps pour le service de la patrie, en soient indemnisés.

Arrête que le traitement de ses membres est et demeure réglé à 3.000 livres, annuellement, à compter du 15 de ce mois, jour de son installation.

N° XXII. *Extrait des registres du comité de salut public, séance du 17.*

Le comité, considérant que les comités révolutionnaires des sections ont été spécialement créés pour surveiller les projets des ennemis de la liberté; que cette surveillance exige que les citoyens qui composent ces sections emploient tout leur temps pour la chose publique; qu'il est juste, pour qu'ils puissent vaquer aux opérations qui leur sont confiées, qu'ils soient indemnisés.

Arrête que les citoyens composant les comités de surveillance des sections seront salariés, à raison de trois livres par jour, à compter du 15 de ce mois, époque à laquelle lesdites sections ont commencé à être permanentes.

N° XXIII. *Extrait des mêmes registres.*

Dans la séance du comité de salut public, en date du 20 mai 1793, l'an deux de la République françoise.

L'arrestation de trois commissaires du port du Temple, occasionne quelques mouvements, cette section persiste à envoyer des commissaires dans les autres sections, pour les solliciter à rester en permanence, elle les invite encore à se réunir à elle pour avoir de gré ou de force lesdits commissaires en état d'arrestation : une députation nombreuse de la ditte section se présente et demande ses trois commissaires; le président la fait retirer; le comité arrête que les trois commissaires seront mis en liberté; il invite en même temps la députation à cesser ses sentiments sur la permanence, en lui remontrant que les loix la défendent et que la loi du 21 mars dernier, dont ils ont excipé, ne peut point être interprétée de la manière qu'elle l'avoit fait.

La fermentation ayant paru s'accroître, le comité a arrêté que l'on déploiroit la même force que la veille, et que réquisition seroit donnée aux divers commandants; des patrouilles nombreuses ont été réitérées; le calme a paru renaître sur le soir; on fit retirer une partie de la force armée, la nuit a été tranquille.

Dans la séance du comité de salut public, en date du 26 mai 1793, l'an deux de la République françoise, où étoient les citoyens soussignés.

Sur les six heures de relevée, plusieurs citoyens se sont présentés, et ont annoncé que la tranquillité publique étoit troublée, qu'il y avoit des bataillons sous les armes, sans réquisition légale, dont on ignoroit les dispositions.

Le comité a sur le champ requis le commandant-général de la garde nationale de cette ville, de mettre sur pied une force de cent hommes de chacun des bataïlons suivants : Belle-Cordière, place Confort, l'Hôtel-Dieu, Plat d'Argent, Bonrencontre, Thomassin deuxième bataillon, Fédération, Rhône, Pierre-Scize, Port Saint-Paul, la Juiverie, le Gourguillon, Saint-George, Saint-Vincent, la Côte deuxième bataillon : réquisition a été encore donnée pour mettre sur pied vingt-cinq dragons, une compagnie de canoniers, un détachement de gendarmerie nationale, à pied et à cheval.

Un citoyen s'est présenté et nous a dit qu'il venoit d'être présent à la séance de ce jour du conseil du département, qu'il avoit entendu une députation de citoyens du Port du Temple qui venoient annoncer qu'ils étoient tous prêts à verser leur sang pour le soutenir, et qu'ils alloient se tenir sur leur place d'armes, pour attendre ses ordres. Le comité a remercié ce citoyen de son zèle pour la chose publique, et l'a invité de continuer à surveiller les ennemis de la tranquillité publique.

Le comité a ensuite arrêté que des patrouilles nombreuses seront faites dans les sections de place Confort, Port du Temple et Saint-Nizier, pour dissoudre tous les attroupements et les troupes armées sans réquisitions légales.

La municipalité de cette ville, ayant envoyé sur l'heure de huit et demie de relevée, une réquisition adressée par le département au district, et que ce dernier a transmise à la municipalité, pour mettre en permanence tous les bataillons de cette ville,

Le comité, considérant que le département ignoroit sans doute les mesures qu'il avoit prises pour ramener l'ordre et la tranquillité, et les réquisitions qui avoient été données à cet effet, nomme les citoyens Thonion, Roch et Richard, pour se rendre au département et l'instruire des moyens qu'il avoit cru devoir prendre, pour déjouer les complots des malveillants, l'inviter à retirer sa réquisition, ou à prendre avec lui toutes les mesures nécessaires pour la faire exécuter.

La députation de retour, a annoncé qu'elle n'avoit trouvé aucun des administrateurs à leur poste.

Le commandant général s'étant présenté, et ayant annoncé que la tranquillité paroissoit être rétablie; le comité a arrêté que la réquisition du département ne seroit point exécutée, puisqu'elle ne tendroit qu'à répandre l'alarme, et qu'il existoit déjà une force plus que suffisante pour contenir les malveillants.

A onze heures et demie, les patrouilles qui avoient été envoyées pour dissiper les attroupements, étant de retour, et deux officiers municipaux qui étoient à leur tête ayant annoncé que l'ordre étoit parfaitement rétabli, le comité arrête que tous les renforts extraordinaires requis se retireront, ce qui s'est effectué au moment.

Le surplus de la nuit a été tranquille.

N° XXIV. *Lettre trouvée dans les papiers de Fillion, notable.*

Paris, le 11 mai 1793, l'an 2 de la Rép. Françoise.

Ami, un jeune homme, nommé Leclerc, est arrivé mercredi, il parut de suite aux Jacobins, il y fit part de ses intentions, on fut satisfait de son raisonnement; mais *quant à son plan, il auroit dû le tenir plus secret*. Je ne savois d'abord pas où il étoit logé; je le découvris près de chez moi. Je lui ai fait parler à Danton, qui a trouvé ses idées justes; mais il me parut qu'il appréhendoit son inexpérience : je vous l'adresse ainsi que Cusset, qui doit vous faire part de ses réflexions sages; voyez-le sans vous livrer définitivement. Il ne paroîtra pas à la barre, d'après nos observations et celles de quelques députés; il faut de la promptitude, dans toute occasion, pour opérer le bien public. Dites-moi si vos lettres sont décachetées à Lyon, et cela pour cause.

L'assemblée se tient maintenant dans son nouveau local ; les montagnards se trouvent déroutés par la construction de la salle, qui ne leur offre aucun point de ralliement ; mais ils ne tarderont cependant pas à en opérer un. Nos amis devroient être moins faciles à envoyer des députés à la Convention, surtout quand une détermination n'est que projetée ou qu'à demi opérée. *Nous apprenons que les ouvriers sont sur le point de manquer d'ouvrage, et par suite de pain; s'ils ouvrent les yeux, ils pourront mettre ces calamités à profit, étant au milieu des richesses et de l'abondance.*

Chevallier intrigue toujours, mais la secousse qu'il a reçue lui fait un peu changer de langage. Après votre réponse, par retour du courier, je m'expliquerai plus brièvement : salut cordialement. *Signé*, Tarpan cadet.

P. S. Legendre sert de tout son pouvoir Chevallier. Je pense que des visites domiciliaires et le désarmement des égoïstes et insouciants seroient très-nécessaires. (Sans adresse).

N° XXV. *Lettre du 3 février, datée, écrite de la main de Challier ;*

Challier au citoyen Gaillard : salut. J'ai bien reçu dans le temps avec une vive satisfaction, les deux lettres du 21 et 22 du passé, et quand à peine a-t-on le temps de se moucher, comment est-il possible de t'écrire : je prends néanmoins sur mon sommeil celui de profiter du départ de nos fédérés porteurs de la présente, pour te dire laconiquement où nous en sommes en cette ville.

Et quoique les patriotes soient toujours entourés de traîtres qui jouent le patriotisme comme des pantins, cependant l'opinion publique est toujours au point où l'on peut raisonnablement la désirer en dépit des intrigants *et de la race feuillantine qui embrasse tout le commerce*. Le club central est toujours monté à sa hauteur. J'y lis à chaque séance celles de nos frères les Jacobins. J'aimais bien dans ce Journal le *Milscent Creol* l'article la température pour désigner la hauteur du patriotisme de Paris : depuis quelques jours avant la mort du scélérat Capet, je ne vois plus de température, *tous les intrigants ne sont cependant pas morts, puisque le vertueux Roland et sa secte est encore en vie, il faut qu'elle connoisse et éprouve la guillotine*. Nous nous adressons à l'Assemblée Nationale pour le faire mettre en état d'accusation. Le seul crime d'avoir soustrait les papiers chez le monstre Capet mérite la mort, il ne sauroit échapper au glaive des lois, et *si l'Assemblée Nationale est sourde à notre voix, le peuple saura de lui-même abattre cette perfide tête*..... tonnés..... tonnés..... mon ami, tonnés ; c'est un monstre que cet homme, son parti étoit épouvantable..... La tête, la queue et le milieu du corps de la municipalité de Lyon étoit pour ce gueux. *Nivière, Sallière, Biollet, Vanrisamburg et Bertholon*, ce dernier est un faux patriote. Il a été mis à l'épreuve, on l'a fait fondre dans une coupelle de quelques patriotes et il n'a produit que du plomb et de la bave ou écume que nous avons mis hors du vase, mais en le rejettant il a été cause que la coupelle a été manquée ; patience..... mon ami, tenés nous sur les avis de tout ce qui se passe à Paris.

Vous savez la lettre que j'écrivis à l'ami Soulet du comité de sûreté générale, eh bien ! il l'a fait mettre tout au long sur le journal de Tallien, vous savez qu'elle racontoit les traits d'aristocratie de Vitet à Lyon, il a eu l'imprudence d'y mettre mon nom, ce Vitet a écrit au département de me poursuivre. Pipon et Achard, administrateurs du département, s'y sont opposés. Quand il a vu qu'il ne pouvoit en venir à bout, il a fait afficher dans Lyon un placard rouge incendiaire contre moi. Mais cette ruse ne lui a pas réussi, Pipon est venu au centre jurer que tout ce que j'avois écrit et dit contre Vitet étoit la pure vérité. *Les aristocrates, les honnêtes gens, les feuillantins*, etc., sont furieux de ce qu'on a démasqué cet homme.

Les quarante notaires, vous le savez, ont cherché à séduire le procureur de la commune, le premier appoint de 1600 liv. qu'il avoit reçu pour fermer les yeux sur les certificats de civisme, a été déposé au conseil général *et remis à nos fédérés qui vont vous aider dans vos travaux apostoliques auprès des Jacobins et de la Convention*...

Eh bien ! le croirois-tu, ami et frère, ce Nivière avec Willermoz ont tout tenté, tout osé de nouveau pour protéger encore tous les notaires ? Cette affaire tombera en eau de boudin, si l'assemblée ne frappe d'anatème les syndics de ce corps comme premiers agents de la corruption.

Dans le même temps, Dodieu, notre collègue, a reçu également d'un des cliens, un assignat de 200 liv..... Nous l'avons donné sur le champ en expiation du crime, et par affiche, à la société fraternelle.

Dimanche dernier, les sans-culottes se sont rendus autour de l'arbre de la liberté, avec un cortège de cent piques, qui l'entouroit pour y proférer le serment sacré de la mort de tous les tyrans du monde. *Nous avons tous juré de les exterminer, ainsi que tous ceux désignés sous le nom d'aristocrates, de feuillantins, de modérés, d'égoïstes, d'agioteurs, d'usuriers et la caste sacerdotale fanatique, ennemie irascible de la liberté*. Cette cérémonie a été imposante et a du faire frémir les ennemis du bien public. Demain dimanche nous célébrerons pompeusement les funérailles de Michel Lepelletier, nous vous en donnerons les détails, il n'y aura aucune arme quelconque, mais des branches de cyprès, des épis de bled, des rubans tricolores et noirs serviront de bayonnettes pour contenir ce peuple que le vice s'efforce tous les jours de calomnier.

Que les jacobins ne s'assoupissent jamais, leur sommeil est funeste à la chose publique ; de l'énergie, de l'énergie, sans quoi tout est perdu ; déjà l'aristocratie relève tant soit peu la tête ici, avant-hier il y avoit projet de faire du bruit au club central à l'apparition de Kellermann, par des muscadins qui étoient venus pour l'applaudir, à l'instar des satellites de la Fayette ; mais un certain Derieux a été saisi, conduit à la cave et delà en prison. J'ai mené dans la même séance ce butor de Kellermann, en descendant de la tribune, il s'est approché de moi pour me dire bêtement, vous êtes donc mon ennemi ? juges de la réponse que j'ai dû lui faire, il a été content et n'a pas tardé de sortir avec Cérisiat, son aide de camp, et un autre aristocrate qui le suivit dans une brillante voiture. Il faut réformer toute l'armée, sans quoi nous courons de grands risques au printemps. *La ville a besoin d'une forte purgation, vomitifs, lavements, apothzème; le mal est à son comble*. La tête et la queue de la municipalité ne valent pas une cerise, *Nivière et Bertholon*. Les autres sans-culottes sont d'une faiblesse que rien n'approche, parce que le nombre des Brutus, parmi eux, est très petit.

Nos chers collègues *Dodieu, Bussat, Fernex, Dubessay et Hydins,* vous saluent très-gracieusement, ainsi que vos braves compagnons pour le salut public.

Dites-nous ce que devient ce fripon de Roland ; Champagneux, Lanthenas, Patrin, Vergniaud, Pétion, Guadet, Gensonnet, Condorcet, Brissot, ne doivent pas être perdus de vue un seul moment, voyez leur allure ; que les jacobins soient enfin intrépides ; qu'ils élèvent les sociétés affiliées à la hauteur digne des circonstances, nous avons plus besoin que jamais de nous réunir. Les chefs de nos armées et les états-majors ne valent rien, voilà ce qui ramollit le courage de nos braves volontaires. *Purgeons, purgeons enfin la République, il est temps de porter de grands coups, si nous tardons nous sommes perdus. Je vois que la Convention ne contient pas assez d'énergie et de caractère pour sauver la chose publique; il faut qu'elle déclare sa puissance ou son impuissance, si elle veut se sauver et ne pas rendre le mal incurable.* Saluez fraternellement le cher patriote et ami Renaudin et sa chère moitié, saluez aussi son ami et le mien, le brave Retourna et sa chère épouse, saluez vos chers collègues, embrassez-les tous pour moi, comprenez-y dans vos embrassements fraternels, Robespierre, Legendre, Montaut, Soulet, Chabot, Bazire, Merlin ; je n'ose vous parler de Collot-d'Herbois, parce qu'on dit qu'il est ministre de l'intérieur, et en cela je le blâme ainsi que Dubois de Crancé, parce qu'ils ne doivent jamais quitter leur poste important de représentants ou mandataires pour devenir commis, et cela parce que ces places sont trop lucratives encore, et avec une responsabitité chimérique, témoin les Roland, etc., qui échapperont à l'échafaud, nonobstant l'énormité de leurs crimes envers la patrie, commis avec la plus basse impudence à la barbe des Athéniens ; vous recevrez l'adresse sur la fixation des grains et autres : employez avec fruit et avantage pour la chose publique les fédérés qui se rendent à Paris, aux frais des sans-cullotes. *Nous étions tous ici disposés à purger la ville de la vermine aristocratique ; mais vos lettres que j'ai fait voir au comité ont éteint nos premiers feux, sur tout celle du 22 janvier. Patience cependant.*

N° XXVI. *Protestation d'un prisonnier contre une excroquerie de 20.000 liv. à lui faite par Etienne Boyet, officier municipal, déposée chez un notaire le même jour.*

Je soussigné déclare qu'ayant été faussement dénoncé à la municipalité comme émigré, elle me fit inviter de me rendre à l'hôtel commun pour me communiquer une lettre qu'elle m'annonçoit avoir reçu ; que m'étant rendu à cette invitation il y a environ trois semaines, sur les trois heures de relevée, je fus arrêté en suite d'un mandat d'arrêt délivré contre moi par le procureur de la commune et traduit dans les prisons de Roanne.

Vingt-quatre heures et plus après ma détention, je subis un interrogatoire, et j'ai été détenu jusqu'au quatre de ce mois au secret le plus absolu, mais un officier municipal nommé Boyet est venu dans cet intervalle communiquer avec moi et mettre un prix à ma liberté ; il n'a pas craint de me demander une somme de vingt mille livres, dont il m'a dit que le partage devoit être fait entre lui et quatre officiers municipaux, dont la portion pour chacun seroit de quatre mille livres.

Il m'a annoncé encore que les conditions de cet arrangement seroient

1° Qu'il me donneroit un certificat de résidence conforme à ceux requis par la nouvelle loi, et qu'il se chargeoit de trouver les huit certifians, quoique je lui eusse indiqué des personnes qui me connoissoient.

2° Qu'il me rapporteroit les registres de la municipalité pour signer mon certificat, et que pour preuve de la vérité de ce certificat, deux officiers municipaux signeroient en ma présence.

3° Qu'aussitôt ces formalités remplies, je serois mis en liberté sous la condition de me tenir éloigné de la ville, et qu'il mettroit également hors des prisons ceux qui sont détenus relativement aux certificats que j'ai produits.

4° Que la condition préliminaire et essentielle de ces arrangemens seroit le versement entre leurs mains de la somme de vingt mille livres.

Comme j'ai tout lieu d'appréhender que l'on n'abuse de cette somme sans remplir les conditions sous lesquelles je la donne, ou que d'un autre côté l'on ne voulut s'en prévaloir contre moi pour venir à l'appui de l'accusation calomnieuse à laquelle je suis en butte, je déclare et proteste sur mon honneur et sur la vérité, que je n'ai accepté ces arrangemens onéreux que pour obtenir la liberté qui est à mes yeux un avantage sans prix, et dans la crainte d'être la victime d'une émotion populaire ; priant en conséquence celui qui par humanité s'intéresseroit à mon sort, et entre les mains de qui je pourrois faire remettre cette protestation rédigée dans le sein du cachot où je suis détenu, de la déposer en mon nom dans l'étude d'un notaire public, à l'effet de m'en prévaloir, soit pour répéter la somme de vingt mille livres, si elle étoit détournée, contre les officiers municipaux ou le secrétaire-greffier de la municipalité leur agent, et qu'ils ont député vers moi ; soit pour détruire les inductions que l'on pourroit tirer du sacrifice d'une somme si considérable par les explications que je donne des motifs qui m'y ont déterminé.

Je déclare enfin que mon peu d'expérience à écrire et à rédiger la présente protestation m'a engagé à recourir à un tiers sous ma dictée et auquel on m'a laissé parler ; et que j'approuve formellement tout ce qui est contenu et depuis les arrangemens projettés.

J'approuve l'écriture ci-dessus ; fait à Roanne, ce 6 mars 1793, à onze heures du matin. *Signé* SABLON *Ducorail*.

Je certifie ce que dessus comme témoin communiquant avec le citoyen Sablon, à Roanne, à onze heures du matin, ce 6 mars 1793. *Signé* LEGRAND.

N° XXVII. *Lettre de Cusset au club central.*

Il n'y a plus de repos, le sommeil en cet instant est le sommeil de la mort, nos ennemis sont tous debout, hommes libres, vrais républicains, levez-vous et la France est sauvée, mais un instant de perdu est un chaînon que la noire tyrannie vous forge, il n'y a plus à temporiser, c'est une guerre à mort ; choisissez de la liberté ou de l'échafaut, n'attendez pas un autre sort de la part des mangeurs de peuple, de ces assassins qui poignardent leur mère, de ces Nérons françois qui veulent prendre un bain dans votre sang. Eh ! amis, prenez-y bien garde ; il en est de ces assassins qui siègent à vos côtés, enfin imitez-nous ; marchez sur les traces des montagnards de la Convention Nationale, qui se sont vu quatre-vingt douze contre deux cent vingt-six, ils les ont tenu vingt-deux heures en haleine, et le reste qui étoit plus de 200 ont levé le siège. Sachez bien quelles sont vos forces, et aujourd'hui ce n'est plus un problème, l'expérience nous a apprit qu'un patriote pulvériseroit vingt criminels de lèze-nation, si encore nous apprenons que nos frères de Lyon soient livrés aux horreurs de la famine, et que le riche scélérat ne vienne au secours des femmes et des enfants de ceux qui gardent leurs propriétés et conservent leur vies, *nous leur apprendrons que nul individu qui n'a pas démérité, ne peut mourir de faim à côté d'un sac de bled, nous leur apprendrons que la mère nourricière, la terre, reconnoit pour ses enfans tous ceux qui aiment la patrie, et rejette tous les chevaliers du poignard armés contre elle*, la conduite infâme de ces vautours nous forcera peut-être *à faire retentir dans toute la République le son épouvantable du tocsin avant-coureur de la mort certaine des tyrans ; voilà le mode de scrutin épuratoire de la République.* Voulez-vous un mot qui paye pour tout : *mourez ou !faites mourir tous les assassins de votre pays.* Salut, Républicains, la liberté et la mort de tous nos ennemis. *Signé*, Cusset.

Le 9 mai 1793.

P. S. Amis, apprenez aux égoïstes la conduite qu'ils doivent tenir, ceux de Paris se distinguent, l'un a donné outre sa part du recrutement, qui est au moins de 15000 liv., je dis les uns ont donné 12000 liv. ; l'autre 40 mille liv. ; Borde 300 milles livres, etc., etc., etc. *L'on tient note de leurs noms comme de ceux qui blasphêment contre la révolution, aux fins qu'au jugement dernier l'on sache par le scrutin national qui doit aller en paradis ; comme le peuple est le dieu, l'on verra quel sera le nombre des élus.*

N° XXVIII. *Fragments de deux discours prononcés par Dodieu dans la chaire de l'église de Neuville ; écrits de sa main.*

Nos concitoyens, nos amis, nos frères, si des apôtres de la liberté viennent vous annoncer de grandes choses, notre intérêt commun exigeoit de nous cette démarche, une visite vaut mieux qu'une lettre, dans les cas graves et périlleux.

Il nous est revenu que des ci-devants et leurs suppôts mercenaires, se sont faufilés parmi les patriotes sans défiance, afin de dissoudre notre société, qui leur a été jusqu'à ce moment si formidable que ces *honnêtes gens*, remplis de projets sinistres et funestes à la patrie, prétendent à vous désunir, à vous séparer pour jamais des *sages jacobins* et des courageuses sociétés de notre ville ; qu'ils nous traitent de brigands, etc.

Eh quoi ! nos amis ! c'est dans ce moment critique, où les ennemis de la France, unis à l'écume des brigands qu'elle a vomi de son sein, c'est à l'heure même où les *ennemis intérieurs, beaucoup plus dangereux,* les secondent en foule, nous assaillissent de toute part, et *nous apprêtent le plus horrible carnage,* que vous vous laisseriez surprendre, que vous renonceriez à ceux qui veillent sur vous et qui sont forts de votre réunion.

Quels maux si grands ont donc fait nos sociétés populaires de la ville pour vous avoir suggéré une pareille détermination ?

Nous le voyons, amis, la guerre est chez nous, c'est la guerre des serpents, celle de ces hommes artificieux et perfides, celles de ces hommes ambitieux et corrompus, qui se sont glissés sans pudeur parmi les citoyens vertueux de Neuville ; *ces gens insinuants, sous prétexte de modération et d'humanité, cherchent à diminuer vos justes transports, pour le bienfait céleste d'une bonne constitution ; ils veulent vous en priver et vous ramener à leurs pieds, tête nue, vous rendre vos chaînes ; comme autrefois se rendre maîtres de vos biens et de vos personnes, de vos femmes, de vos enfants, de vos sueurs, de votre vie même, et vous les écoutez !* Ces sombres *fanatiques* que l'opinion publique a couverts d'un opprobre mérité, *prétendent encore faire de vous seuls des automates et vous conduire à la mort la plus ignominieuse, pour recueillir encore la rétribution de vos funérailles : ils ne vous parlent plus qu'au nom du* VICE-DIEU *qui a usurpé trop longtemps la plus pure substance de l'empire françois ; et vous les écoutez !*

Écoutez plutôt les accents plaintifs de la patrie éplorée à la vue de ses enfants, de nos pères morts ou mourants, par le fer et le feu de la guerre, entendez la voix tonnante des législateurs, qui nous appellent tous à la fois au secours de la France opprimée, est-ce donc le moment de délibérer sur ce que vous devez faire ! Quelques soient nos ennemis, n'avons-nous pas le droit de leur résister, et même de les prévenir ? Non, nul ne doit dormir tranquille, lorsque le tocsin et l'alarme ont sonné sur toute la face de l'empire ; ou si vous pouviez reposer sans inquiétude dans le danger de la chose publique, envisagez du moins, je vous en conjure, les malheurs particuliers qui vous menacent, dans le cas d'une lâche désertion, après avoir juré et voué à tous les bons françois comme vous, union, fraternité et protection inaltérable.

D'abord vous violez vos serments, et le dieu de justice vous exposera peut-être, seuls et sans défense, à la merci des bêtes féroces qui accourent sur nous de toutes les parties de la terre, et à celles plus féroces encore qui habitent au milieu de nous ; tous ces monstres avides de rapines et altérés de sang, en veulent unanimement à vos campagnes fertiles, ils en veulent à vos propriétés, ils ne les envahiront même qu'en égorgeant les pères et massacrant les enfants à la vue des mères, des épouses qu'ils réduiront en servitude, il sont méchants, vous êtes bons; les combats des mauvais anges se renouvelleront, et ce n'est qu'en invoquant alors ce Dieu, qui m'entend et devant qui vous seriez devenus parjures, que vous ralentiriez les fureurs de vos monstres et de vos assassins.

Citoyens, amis et frères, la morale évangélique, qui sans cesse vous a été prêchée dans cette chaire des apôtres, a préparé vos esprits à ce que des missionnaires des sociétés populaires de Lyon sont chargés de vous dire, au nom de vos intérêts les plus chers, au nom de vos propriétés, de votre sûreté personnelle, de notre religion pure, compromise par les tentatives des factieux, des traîtres, des ennemis intérieurs, des sourds agents du fanatisme et de l'aristocratie. Eh ! quoi ! citoyens des deux sexes et de tout âge, j'apprends que vous êtes sans défiance, tandis que deux cent mille rebelles à nos loix saintes, soudoyés par les ci-devant privilégiés, coalisés avec tous les despotes de l'Europe, ont envahi le département de la Vendée, *tandis que quelques uns de vos voisins, habitants de Mont-Brison et de Saint-Etienne, sont en insurrection contre la République et ont déjà arboré la cocarde blanche, en signe de royalisme et de leurs inten-*

tions de réunir *tous le pouvoir dans les mains d'un seul individu, tandis que les faux patriotes sont parvenus à propager les mêmes troubles, jusque dans l'intrépide Marseille et dans Grenoble, le berceau de la révolution*, je ne vous parle point de nos ennemis extérieurs, que les armes de la République chassent devant eux comme des troupeaux de moutons,... mais, sans tracer à vos yeux le tableau effroyable de la guerre civile ; je m'arrête à l'idée générale du péril extrême où se trouve la patrie, la patrie se trouve à deux doigts de sa perte.... *Si vous vous laissiez persuader que l'on peut éviter, par une sécurité et une insouciance perpétuelles, le retour du royalisme et de la féodalité, bientôt nous serons vaincus, nos autels renversés, nos maisons pillées, nos champs dévastés, nos filles enlevées, nos femmes, nos enfants réduits sous le joug de la servitude ; vous, peut-être, hommes courageux et calmes, enchaînés ignominieusement aux travaux des mines ou de la marine mercantile et avilissante pendant le reste de vos vies, comme le fut le peuple de Dieu en Egypte et à Babylone*. Prévenez donc ce désespoir ou ces malheurs...

Citoyens, nous devons demain vous proposer des mesures de salut public.

N° XXIX. *Lettre du citoyen* Nivière-Chol, *ci-devant maire de Lyon, adressée le 9 février 1793, à l'un des membres de la Convention Nationale.*

Vous aviez bien raison, citoyen et ami, de me dire, par votre dernière, qu'il falloit me méfier de ces hypocrites qui ne parlent le saint langage de la liberté que pour dévorer la substance de leurs frères et qu'ils me tromperoient au moment où je m'y attendrois le moins : la preuve ne m'en est aujourd'hui que trop acquise.

Voici la position où Lyon s'est trouvé, et voici comment j'ai éloigné les malheurs qui menaçoient notre cité. Depuis quinze jours on cherchoit à jeter des inquiétudes parmi le peuple ; les pétitions qu'on faisoit présenter chaque jour à la municipalité, tendoient toutes à ce but. On avoit fait demander des cartouches pour être distribuées aux sections ; la pétition a été présentée par des citoyens du Gourguillon. Pour colorer ces pétitions d'un fond de patriotisme, on demanda les visites domiciliaire. Le conseil-général de la commune crut que cette précaution étoit utile dans cette circonstance, et il l'adopta le 4 février. Il étoit huit heures du soir, on vouloit que cette visite eut son effet pour le lendemain ; en conséquence, le conseil-général invita les députés du club central a lui présenter les commissaires qui devroient en être chargés. A dix heures, plus de trois cents citoyens, désignés comme tels, se présentèrent à la commune. La municipalité leur délivra des pouvoirs ; le maire les harangua et leur rappela les égards avec lesquels ils devoient agir, afin qu'on ne les accusât pas d'avoir méconnu le droit sacré du domicile. Le citoyen Challier prit ensuite la parole de sa propre autorité et harangua en vrai dictateur ; enfin les commissaires se distribuèrent leurs cantons pour les visites : on avoit fait fermer les portes de la ville. Les commissaires quittèrent la maison commune à trois heures et demi ; à quatre heures la générale fut battue, pour que toute force armée étant sur pied, on ne pût attenter à la sûreté des personnes. La visite fut commencée et suivie avec beaucoup d'ordre et de tranquillité ; nombre de voleurs furent arrêtés, et d'autres personnes que l'on regardoit comme suspectes.

A six heures du soir, le conseil jugea convenable de faire cesser la visite et, sur la réquisition du maire, il fut annoncé, au son de la caisse, que toute visite domiciliaire étoit finie et que les portes alloient être rendues libres. Le conseil-général de la commune avoit nommé une commission, composée de notables et de municipes, pour examiner les personnes arrêtées et décider, suivant l'exigeance des cas, si elles seroient renvoyées ou mises en état d'arrestation ; le soir cette commission fut augmentée de plusieurs membres : je rentrai chez moi à onze heures. Le lendemain je revins à six heures du matin ; qu'elle fut ma surprise d'apprendre qu'à la visite domiciliaire on avoit fait succéder des arrestations arbitraires et que onze à douze citoyens, la plupart domiciliés, avoient été arrachés de chez eux et qu'ils étoient détenus. Les parens, les amis, des citoyens même qui leur étoient étrangers, mais qui voyoient avec indignation ces actes d'autorité, venoient à moi pour réclamer prompte justice ; mais que pouvois-je répondre à leurs justes demandes ? J'étois un de ceux à qui on avoit caché cette démarche, si évidemment contraire au droit de la liberté du citoyen.

Il est bon d'observer que le 4 février, veille de la visite domiciliaire, sur la réquisition du procureur de la commune, on avoit fait arrêter plusieurs citoyens de la section du Port du Temple, sans en avoir instruit le maire. Les citoyens de cette section étoient depuis venus plusieurs fois demander à la municipalité de faire interroger ces détenus dans les vingt-quatre heures, à la forme de la loi ; mais c'étoit en vain. (Pendant la journée du 5.) Ces refus réitérés portèrent les citoyens de cette section à s'assembler, quoiqu'il fut plus de dix heures du soir : ils députèrent vers la municipalité pour lui en donner avis. La municipalité, considérant qu'à ces heures on ne devoit pas former des assemblées, invita ces citoyens à faire séparer cette section, ce qui fut exécuté ; mais comme il falloit un prétexte pour faire sortir l'artillerie et la garder à la disposition des projets, qui sans doute n'étoient connus que de quelques-uns des membres du conseil-général de la commune, le procureur de la commune requit le commandant de l'artillerie, sans m'en faire part, de faire amener huit pièces de canons sur la place des Terreaux.

La maison commune étoit donc dans cet état terrible de défense lorsque j'arrivai. On me parla de l'insurrection supposée de la section du Port du Temple ; mais d'un autre côté, des officiers municipaux attestoient que, s'étant transportés dans cette section, ils n'y avoient apperçu aucun mouvement. Que devois-je penser ? Je demandai qu'on renvoyât l'artillerie à l'arsenal ; mais les avis prévalurent pour la faire laisser dans la petite cour de la maison commune, où, à la vérité, elle devenoit inutile, mais où elle pouvoit facilement tomber à la disposition des séditieux, dans une émeute. Voilà ce que vraisemblablement l'on désiroit, le reste n'avoit été qu'un jeu ; les événements qui ont succédé le démontrent assez.

Depuis long-temps on médite à Lyon des journées qui puissent être comparées à celle du 2 septembre de Paris ; massacrer et piller, au nom de la liberté, voilà la doctrine des fanatiques nouveaux qui ont succédé aux anciens.

Mais suivons notre événement : les canons placés dans la petite cour me donnèrent quelques soupçons ; je ne savois sur qui les faire tomber. Je m'appercevois qu'on affectoit de montrer de la méfiance pour moi ; elle venoit de se manifester dans le conseil-général tenu le 6 au matin, d'une manière bien marquée, par divers membres. Dans la matinée, j'avois reçu l'avis que le club central faisoit adresser des lettres aux présidents des sections, pour les assembler extraordinairement et donnant à connoître quelque grand danger; je voulus en faire part au conseil général, qui traita mon avis avec une légéreté qui sembloit annoncer qu'il n'existoit dans ses fonctions que pour la forme, lorsque le club central alloit se charger de veiller à la sûreté de la ville.

Quelques heures après, j'appris que le club central étoit extraordinairement assemblé, mais que cette assemblée étoit tellement mystérieuse, qu'on n'y avoit admis qu'un certain nombre d'affidés. Ce mystère et les principes connus de ceux qui présidoient, toutes les déclamations qu'on faisoit depuis quelques jours pour abuser la crédulité et échauffer les imaginations, tout me fit craindre qu'on ne préparât quelque insurrection, et je pris des précautions en conséquence. Je requis le commandant de la troupe de ligne de faire prendre les armes à l'infanterie et à la cavalerie, de les faire rendre, soit à la maison commune, soit sur les places adjacentes. En même temps je requis le commandant-général de la garde nationale, de pourvoir, par tous les moyens qui lui sont confiés, à la sûreté générale.

Combien je m'estime heureux de n'avoir pas différé d'agir ainsi ! A peine mes dispositions contre toute surprise étoient faites, que je fus prié de me rendre dans une maison où on avoit, disoit-on, quelque chose de la plus grande importance à me communiquer. Je m'étois apperçu qu'on épioit ma conduite, je me couvris d'un manteau militaire et je me rendis. Un homme, dont la figure m'étoit jusques-là inconnue, me dit : J'ai assisté à l'assemblée secrète du club central, il se prépare des évènements sinistres, on a fait des serments, mais je ne puis y tenir ; je viens déclarer qu'on projette des exécutions terribles, prenez vos précautions. Je me hâte de revenir à la maison commune, la cour et le péristile se remplissoient, au point que le commandant de la troupe de ligne m'observa que de nuit, et avec une si grande affluence, si des mal-intentionnés se présentoient, il seroit impossible de faire usage d'aucune manœuvre qui pût en imposer.

Je me rendis de suite au conseil : à peine fus-je entré, que je fus interrogé sur les raisons qui m'avoient engagé à mettre la force armée en mouvement, sans y être autorisé par le conseil-général ; je répondis que les avis que j'avois successivement reçus étoient d'une si grande importance que je n'avois pas jugé qu'il convint de délibérer, lorsqu'il falloit agir ; que d'ailleurs la confiance et le pouvoir dont j'étois investi par ma place et ma responsabilité devoient tranquilliser sur mes démarches. Nous en étions sur ces explications vagues, lorsque je déclarai que puisqu'on vouloit savoir une des principales raisons qui me portoit à tant de précautions, c'est l'avis certain que j'avois que des personnes, se disant commissaires, avoient passé la veille à la prison de Roanne et avoient recommandé de tenir la guillotine prête, qu'on la viendroit prendre incessamment.

Nous en étions sur cette explication, lorsqu'un citoyen de la section de la Côte, officier garde-national, entra et dit qu'il venoit dénoncer que dans sa section on venoit de recevoir l'invitation, de la part du club central, de se tenir assemblés et armés, mais que le club avoit observé que le club central n'avoit aucun droit de requérir de prendre les armes et qu'il reconnoissoit que ce droit n'appartenoit qu'à la municipalité. Plusieurs membres du conseil répondirent à ce brave citoyen qu'il avoit mal compris et mal entendu ; sur quoi celui-ci interpella le citoyen Fernex, notable, de déclarer si le fait n'étoit pas exact, puisqu'il s'étoit, ainsi que lui, trouvé à l'assemblée de cette section lorsque la proposition du club central y avoit été faite. Le conseil-général ne jugea pas à propos de donner suite aux éclaircissements qu'auroit mérités une pareille dénonciation, à raison de ses suites.

Mais on revint sur le fait de savoir si la guillotine étoit prête à servir ; on envoya des commissaires à la prison et leur procès-verbal constata que les pièces en étoit séparées les unes des autres ; mais ce procès-verbal ne détruit pas la déposition du citoyen Villard, officier de la gendarmerie, qui a fait sa déclaration par écrit et qui offre de produire des témoins comme il est vrai qu'on est venu annoncer qu'il falloit la tenir prête et que l'on a demandé aux gendarmes de ne pas s'opposer à son enlèvement.

Des membres du conseil, que je crois mieux instruits qu'ils ne vouloient le paroître de ce qui se passoit, feignant de croire que toutes mes craintes étoient mal fondées, en y donnant même une tournure mal intentionnée, me questionnèrent de nouveau sur les motifs qui m'avoient engagé à réquérir un si grand nombre de troupes de ligne et de gardes nationales, je répondis à toutes ces questions, faites avec peu de ménagement, en conservant le caractère dû à ma place ; mais j'eus l'âme navrée de voir qu'une partie des membres du conseil fussent en opposition directe avec moi, lorsqu'il étoit question de mettre en sûreté les personnes. Ma santé en est altérée et mon âme flétrie, au point que je crois de mon devoir de donner ma démission, car il ne me reste plus le pouvoir de faire le bien, c'étoit depuis deux ans ma seule récompense.

J'ai oublié de vous dire que, sur les sept heures du soir, un membre du département vint au conseil-général de la commune, pour m'inviter, de la part des membres de son administration, de me rendre à leur séance. Je sortis, lorsque le conseil nomma de suite deux membres pour m'accompagner. A peine étois-je de retour, que je fus appelé par mon secrétaire ; je me rendis dans mon cabinet, j'y trouvai deux membres du département ; à peine avions-nous commencé une conférence, que je vis entrer trois membres du conseil-général de la commune, qui me dirent qu'ils venoient m'annoncer, de la part du conseil, que j'eusse à me rendre pour rendre compte de suite de la force armée que j'avois requise. Je quittai les membres du département, et je me rendis pour répondre à l'interrogatoire qu'il plût à divers membres de me faire subir.

Vous voyez que le conseil général avoit des inquiétudes sur les conférences que le maire avoit avec les membres du département. Et dans le même moment, il traite de rêverie la déposition d'un citoyen très connu, qui vient dénoncer qu'on s'arme contre le vœu de la loi. Il ferme les yeux sur les démarches connues du club central, qui fait distribuer des cartouches dans les sections.

Vous trouverez ci-après la déclaration du citoyen Villard, officier de gendarmerie, dont j'ai l'original et aussi la copie de la lettre qui m'a été adressée, pour m'aviser de ce que je savois déjà des démarches de l'assemblée clandestine tenue au club central. NIVIÈRE-CHOL.

N° XXX. *Fragment du procès-verbal des séances du conseil général de la commune, en permanence nuit et jour, relatives au maire de Lyon.*

En date du 4 fév. 1793, et jours suivants, an second de la Républ.
Cejourd'hui lundi 4 février mil sept cent quatre-vingt-treize, l'an second de la République, en séance du conseil-général de la commune de Lyon, tenue en la maison commune de ladite ville, où étoient les citoyens ci-après nommés.

En conséquence de l'arrêté du corps municipal du 4 février, portant : « Une députation nombreuse étant venu inviter le corps muni-
» cipal à faire une visite domiciliaire, aux fins de purger nos murs
» des scélérats qu'ils receloient : il a été arrêté, ouï le procureur de
» la commune, que la visite domiciliaire demandée auroit lieu et
» qu'en conséquence, il seroit donné de suite consigne aux portes de
» ne laisser sortir personne, passé l'heure de dix ; que les rivières
» seroient surveillées ; les notables appellés au conseil général de la
» commune, qui seroit constitué permanent nuit et jour, jusqu'à la
» fin de la visite domiciliaire ; que le conseil-général assemblé, il
» seroit désigné dix citoyens par section pour opérer la visite
» domiciliaire ; que lesdits citoyens seroient invités à se rendre au
» conseil pour être instruits de leur mission ; que la force armée
» seroit requise et distribuée sagement, qu'elle se tiendroit au dehors
» des domiciles, pour, au besoin, donner secours aux commissaires,
» visiteurs domiciliaires ; que la visite commenceroit dans toute l'é-
» tendue de la cité à cinq heures du matin ; que les commissaires de
» section conduiroient à l'hôtel-commun les personnes suspectes ;
» que les commissaires de police se rendroient dans leurs canton
» respectifs, pour instruire au besoin le conseil général ; que le
» comité de police tiendroit ouvert son bureau, pour recevoir
» les procès-verbaux des personnes suspectes arrêtées. » En conséquence, dis-je, de l'arrêté du corps municipal, les citoyens notables s'étant rendus dans la salle de ses séances, et les réquisitions ayant été délivrées auxdits citoyens, par section, chargés d'opérer la visite domiciliaire, le conseil général de la commune a été convoqué dans la grande salle de l'hôtel-commun.

La séance ouverte par le citoyen président, la discussion s'est engagée sur les mesures à prendre pour ne pas faire infructueusement la visite domiciliaire, plusieurs membres ont développé divers moyens : la discussion fermée, il a été arrêté, ouï le procureur de la commune, que les commissaires de chaque section se diviseroient par moitié ; que les visites domiciliaires seroient effectuées par section ; que, dans le même instant, la générale seroit battue dans toutes les sections à quatre heures du matin ; que, pour sortir des murs de la ville, il faudroit représenter aux portes une permission ; qu'aussitôt que le jour commenceroit à poindre, deux officiers municipaux et deux citoyens notables parcoureroient la cité et feroient annoncer, par proclamation, la visite domiciliaire, que les officiers de la police, auxquels seroient adjoints quatre citoyens notables, composeroient la commission qui, suivant qu'il y auroit exigeance, prononceroit l'élargissement des personnes amenées, ou leur infligeroient les peines ressortantes de la police municipale, ou les renverroient par devant le tribunal de police correctionnelle ou le juré.

La délibération a été suspendue à trois heures du matin, mardi 5.

La délibération reprise à cinq heures de relevée, le citoyen maire a annoncé au conseil en permanence, que les visites domiciliaires étoient terminées, sur quoi, le procureur de la commune ouï : il a été arrêté que le passage aux portes seroit rendu entièrement libre.

La délibération a été suspendue à onze heures du matin, mercredi 6.

La délibération reprise à trois heures de relevée, l'on est venu annoncer au citoyen maire qu'il étoit invité à se rendre au département ; le citoyen maire a aussitôt quitté le conseil pour s'y transporter, et le citoyen Bertrand a exercé la présidence.

Le conseil-général, considérant que les citoyens paroissoient s'alarmer sur sa propre sûreté et concevoir des inquiétudes à l'aspect des troupes de ligne mises en mouvement, le maire étant depuis longtemps retiré de la séance, il a été arrêté qu'une députation l'inviteroit à se rendre de suite à son poste, pour instruire le conseil-général de la situation de la cité, du nombre, soit de troupes de ligne, soit de gardes nationales qu'il avoit requis et les motifs de son appel au département.

Le citoyen maire, rentré au conseil, a dit : Que la ville lui paroissoit être tranquille ; que néanmoins, ne voulant rien cacher à ses collègues, persuadé que la moindre dissimulation, dans des circonstances aussi critiques, le rendroit indigne de leur confiance, il avoit appris que la guillotine, renfermée aux prisons de Roanne, en avoit été enlevée et étoit dressée, et qu'un acte de cette nature étoit le présage d'événements sinistres ; le citoyen maire, requis de déclarer s'il avoit pris les mesures convenables pour s'assurer de l'existence du fait, a répondu qu'il s'en étoit référé à ce qui lui en avoit été rapporté ; sur ce, le conseil-général a arrêté que des membres, pris dans son sein, se mettroient de suite en marche pour aller reconnoître la situation des diverses prisons, ainsi que du poste de l'arsenal.

Rendant compte ensuite des motifs de l'invitation qui lui avoit été faite de se rendre au département, le citoyen maire a dit que les membres qui le composent lui avoient manifesté les plus vives inquiétudes sur les événements qui sembloient menacer les prisons, et qu'il n'y avoit été appelé que par cette unique raison.

Rendant compte ensuite des ordres qu'il avoit donnés à la force armée, le citoyen maire a dit : Qu'outre la garde pour le service journalier, il avoit fait requérir huit escouades par bataillon, pour renforcer les piquets de chaque section, et de trois bataillons complets pour fortifier la garde de l'hôtel-commun, où se trouvoient en outre un détachement de soldats volontaires, un corps d'artilleurs et de dragons. Plusieurs membres ont observé au citoyen maire qu'un déploiement aussi considérable de la force publique, *dans un moment où les citoyens étoient déjà fatigués d'un service extraordinaire*, loin de concourir au maintien du repos public, pouvoit enfanter un effet tout contraire, en jettant l'alarme dans les esprits, et ont proposé de faire révoquer les réquisitions, tant pour les troupes de ligne que partie des troupes nationales extraordinairement commandées, les magistrats du peuple ne devant être entourés que de sa confiance, les craintes du citoyen maire paroissant dénuées de fondement.

Sur la proposition de divers autres membres, le conseil-général a suspendu toute délibération sur ces objets jusqu'au retour des citoyens envoyés aux prisons et à l'arsenal, et a mandé, séance tenante, le commandant général et les différents chefs et adjudants de légion, qu'il a requis de monter de suite à cheval pour parcourir les divers cantons de la cité, prendre les renseignements les plus précis sur sa situation, et revenir incessamment lui en rendre compte.

Le département ayant écrit aux maire et officiers municipaux pour s'informer de l'état présent de la ville, et ayant demandé une réponse par écrit, elle lui a été faite de suite.

Les membres envoyés aux prisons et à l'arsenal, ont rapporté qu'ils avoient trouvé la ville tranquille dans toutes les parties qu'ils en avoient parcourues ; que le poste de l'arsenal étoit dans le meilleur ordre ; qu'il n'avoit pas existé le moindre mouvement aux prisons ; que personne ne s'étoit présenté à celles de Roanne pour y demander la guillotine y étant renfermée ; que non contents de l'assurance que leur donnoit le geôlier, ils se sont informé de lui dans quel lieu elle étoit renfermée ; qu'il leur a dit que toutes les pièces qui la composent étoient éparses dans divers cachots, et cachées de telle manière, qu'il étoit presqu'impossible de les découvrir, et sur-tout de les rassembler ; ce qu'ils ont vérifié par eux-mêmes, dont ils ont dressé procès-verbal, signé par le geôlier et le greffier.

Le citoyen maire s'est retiré et la délibération a été en suspend jusqu'au retour du commandant et des chefs et adjudants de légion.

Le conseil présidé par le citoyen Bertrand, lesdits commandants, chefs et adjudants de légion y sont entrés et ont dit qu'ils avoient trouvé tous les postes en bon état, et la ville en parfaite tranquillité ; sur quoi, le conseil, reprenant sa délibération sur les réquisitions extraordinaires émanées du citoyen maire, sans lui en donner aucun avis, réquisitions qu'il étoit bien démontré n'avoir été commandées par aucunes circonstances raisonnablement fondées, *a arrêté que le maire, et en son absence, l'officier municipal président le conseil, requerroit sans délai le commandant général de renvoyer dans leurs foyers les citoyens composant les trois bataillons extraordinairement commandés,* qui se trouvoient en ce moment disposés en bataille sur la place de la Liberté, et gardoient toutes les avenues de l'hôtel commun ; *de renvoyer également à leurs casernes respectives les divers corps de troupes de ligne,* requis pour le même service ; que deux membres du conseil iroient remercier les citoyens en armes de leur zèle, sur-tout les prévenir que le conseil-général de la commune n'avoit nullement donné lieu à la fatigue qu'ils venoient d'essuyer.

La délibération a été suspendue à l'heure de minuit :

La délibération, reprise à cinq heures du soir le jeudi 7, toujours sous la présidence du citoyen Bertrand, lecture a été faite de la correspondance dans laquelle se trouvoit une lettre du département, qui, paroissant alarmé sur la situation de la cité, requiert les maire et officiers municipaux de mettre sur pied une force armée aussi nombreuse que celle qui avoit été commandée extraordinairement la nuit dernière. Le conseil-général, voulant rassurer le département sur les *craintes chimériques* qu'il manifestoit, a arrêté, ouï le procureur de la commune, que deux membres iroient de suite dans le lieu de ses séances, et lui rendroient compte des soins non interrompus que le conseil-général s'étoit donné pour le maintien de la sûreté et de la tranquillité publique, en entrant dans tous les détails des deux opérations par lui faites depuis l'instant qu'il s'est constitué en permanence. *Le conseil général a expressément chargé ses députés de s'informer auprès du département,*

SECRÉTARIAT GÉNÉRAL DES SECTIONS 24

s'il seroit parvenu à sa connoissance des notions sur quelque fait qui pût menacer de troubler l'ordre public, sur lequel le conseil-général avoit lieu d'être dans la plus parfaite sécurité.

Lecture a été faite après, par un membre d'une députation du comité central, composée des commissaires des trente-une sections, de l'arrêté énoncé dans son procès-verbal de la séance du 6 février, portant que le sieur Nivière-Chol a perdu la confiance du peuple, ainsi que le sieur Meynis, procureur-syndic du département.

Les citoyens, députés auprès du département, étant de retour, ont rendu compte de leur mission qu'ils ont rempli sans omettre aucun des détails dans lesquels le conseil général de la commune leur avoit prescrit d'entrer : ils ont rapporté que, sur l'invitation qu'ils ont faite au département de leur faire part s'il étoit parvenu à sa connoissance quelques faits qu'il fut intéressant au conseil-général de connoître, les membres composant le département ont déclaré que leurs réquisitions et leurs craintes étoient uniquement fondées sur une lettre à eux écrite par le citoyen maire, accompagnée d'une autre lettre anonyme et d'une dénonciation d'un gendarme sur la prétendue position critique des prisons de Roanne.

Les citoyens députés ont encore rapporté au conseil qu'ils avoient invité le département à leur donner lecture des diverses pièces dont ils venoient de leur parler, ce qui ayant été effectué, il leur a paru que le conseil général étoit grièvement et injustement inculpé par la lettre du citoyen maire, et qu'en conséquence, ils ont cru de leur devoir d'en demander copie officielle qui leur a été promise. Le conseil-général a arrêté, ouï ce rapport, que les mêmes membres retourneroient de suite au département pour demander la communication de ces pièces en original, en les autorisant à en donner un chargé dans telle forme qu'on voudroit l'exiger.

La députation ayant rempli cette mission, a rapporté, pour réponse, que, tous les membres du département s'étant séparés et n'y étant resté qu'un des administrateurs et le secrétaire-général, ils ont vainement requis la remise desdites pièces ; que ne voulant néanmoins revenir au conseil sans avoir employé tous leurs efforts pour les obtenir, ils ont invité d'écrire au président et au procureur-syndic, à l'effet de les prier de vouloir donner les ordres nécessaires à cet effet ; qu'il n'a pas été possible de trouver le procureur syndic, et que le président a répondu qu'il ne pouvoit prendre cette affaire sur son compte particulier, qu'il en référeroit au directoire, devant s'assembler le lendemain entre onze heures et midi.

Sur quoi le conseil général, étonné que le département qui lui prêche la surveillance et l'exactitude dans ses fonctions, soit aussi prompt à lever ses séances, a arrêté que les mêmes députés restent chargés de s'y transporter demain entre onze heures et midi, et d'y remplir l'objet ponctuel de leur mission.

La délibération a été suspendue à dix heures du soir.

La délibération reprise le vendredi 8, à onze heures du matin, les députés chargés de solliciter auprès du département copie de la lettre du maire et des pièces qui y sont jointes, rendant compte de leur mission, ont annoncé qu'ils étoient porteurs de ces diverses pièces, et que le département avoit approuvé que son président eut refusé de prendre sur lui d'en ordonner une plus prompte communication, le bon ordre exigeant qu'aucun des membres ne s'arrogeât le droit de disposer seul des titres appartenants à l'administration. Lecture faite de la lettre du maire, de la réponse du département, de la lettre anonyme et du procès-verbal de Villard, sous-lieutenant des gendarmes, plusieurs membres ont requis une nouvelle lecture du procès-verbal constatant la situation des prisons et l'état de la guillotine renfermée à celle de Roanne.

Cette pièce, remise au maire par les membres du conseil chargés de visiter les prisons, se trouvant égarée, le conseil général a arrêté, ouï le procureur de la commune, qu'il lui seroit écrit la lettre suivante, et que le concierge de l'hôtel-commun, chargé de la lui remettre en personne, rendroit compte de la réponse qu'il auroit faite.

Lettre écrite au maire.

« Maire de Lyon, le conseil général vous requiert de vous rendre
» à votre poste et, en cas d'empêchement, de remettre au concierge
» de l'hôtel commun le procès-verbal dressé par les députés du conseil
» général, en présence d'un membre du département, sur la tranquil-
» lité et le bon ordre qui régnoit dans ce moment et avoit toujours
» régné aux prisons de Roanne, le mercredi 6 du courant. »

La discussion s'étant ouverte sur les pièces dont il a été fait mention, après avoir ouï divers opinants, le conseil général a ajourné la question au soir.

La délibération reprise à huit heures du soir, le concierge de l'hôtel commun a rendu compte de sa mission auprès du maire et a dit que, s'étant adressé à son épouse et s'étant informé de la santé de son époux, elle lui a répondu que la veille il avoit été légèrement incommodé, mais que ce jour il se portoit bien et qu'il étoit allé dîner dehors ; elle lui a encore répondu qu'elle ignoroit en quel lieu il étoit, mais qu'aussitôt qu'elle en auroit connoissance, elle lui feroit parvenir la lettre du conseil général.

Le procès-verbal de la visite faite aux prisons le mercredi 6 du courant, par des membres du conseil, ayant été trouvé dans le bureau de la mairie, il en a été fait lecture, ainsi que des diverses pièces remises par le département. Aussitôt la discussion s'est ouverte, plusieurs membres ont parlé sur cette question et le conseil général a arrêté unanimement, ouï le procureur de la commune :

Qu'il seroit fait et affiché une adresse au peuple, pour le prévenir contre les criminelles impressions que des scélérats veulent lui suggérer envers des magistrats qui, jusqu'à la mort, défendront ses droits sacrés, en remplissant avec une scrupuleuse fidélité les devoirs que la loi leur impose ;

Que la lettre du maire au département, la réponse du département au maire, la lettre anonyme adressée au maire, le procès-verbal du gendarme Villard et le procès-verbal dressé aux prisons par les membres du conseil seroient transcrits sur les registres ;

Que le procès-verbal seroit de suite imprimé, affiché et distribué.

N° XXXI. Déposition d'un témoin, concernant la nuit du 6 février. *Détail de ce qui s'est passé à la fameuse journée du mercredi 6 février, le lendemain des visites domiciliaires, faites d'après la demande de quelques citoyens qui se disoient être le comité central des trente-deux sections de Lyon.*

Sur les deux heures, une cloche sonnant par les rues annonçoit aux citoyens de la section de l'Égalité de se rendre de suite à leur société cris furent étouffés par un plus grand nombre de voix, qui obtinrent qu'on le garderoit à vue jusqu'après l'exécution du projet.

Pendant toutes ces discussions, je parcourrois aussi les rangs pour bien connoître les esprits. Egoïstes, et vous lâches calomniateurs des vrais patriotes, que n'étiez-vous à ma place ? c'est alors que vous auriez appris à connoître ce bon peuple, qui veut et voudra toujours le bien, lors même que des agitateurs et des factieux veulent le tromper et l'égarer, vous auriez vu la consternation sur tous les visages. On y lisoit une indignation partagée par la crainte de la mort, le voisin n'osoit lever les yeux sur son voisin, l'ami sur son ami. Enfin, sur les six heures quelques citoyens commencèrent à se parler ; ils osèrent même se communiquer leur indignation et l'un d'eux, placé à gauche du président près le théâtre, dit à ses voisins qu'il falloit que Challier fut un grand scélérat pour provoquer le crime, lui qui avoit dans sa section reçu des voix pour être juge.

Ce discours et plusieurs autres du même genre augmentent la confiance et font accroître le groupe. Plusieurs désirent sortir, d'autres observent qu'enfermés depuis midi ils avoient appétit. Aussitôt plusieurs voix s'écrient, citoyen Challier, *nous n'avons pas dîné, nous voulons aller dîner*, et ce cri fut le signal de tous les vrais patriotes qui demandèrent à se retirer. Enfin, le nombre ayant considérablement augmenté, on se porta en foule vers la porte qui ne s'ouvroit pas. Une voix se fit entendre et, s'adressant à Chalier, dit : *est-tu devenu tyran ?* nous voulons nous retirer.

Sur les 7 heures environ, m'étant retiré, je fus de suite chez le citoyen Perret, associé du citoyen Nivière-Chol, où je trouvai deux jeunes gens, dont l'un, commis de la maison, se chargea, d'après mes instances, d'aller inviter le citoyen maire à s'y transporter, s'y étant rendu, je l'instruisis de toutes les horreurs que je venois d'entendre et du malheur qui menaçoit la cité. Alors, m'ayant observé qu'il auroit beaucoup de peine à prendre les mesures nécessaires parce qu'il étoit espionné et gardé à vue par certains membres de la municipalité, il se retira à l'hôtel commun et donna les ordres nécessaires pour assurer la tranquillité publique, et il prit si bien ses mesures que les conspirateurs désespérant de pouvoir réussir, vu le grand nombre des gardes nationales qui environnoient toutes les avenues de la place des Terreaux, se dispersèrent sur les onze heures et demi et se retirèrent chez eux. Sur le minuit et demi, plusieurs municipaux et les commandants de différents corps les ayant remercié de leur zèle, et observé que le danger étoit passé, les engagèrent à se retirer ; ce qui fut effectué de suite.

Nota. Je suis celui qui, en sortant de cette séance d'horreur, en fus de suite prévenir le citoyen Nivière-Chol, alors maire. Loiret.

Approuvé la signature ci-dessus faite devant nous.

Courvoisier, vice-président, Estanssant, secrétaire.

N° XXXII. *Déclaration sur le même fait que la précédente.*

Aujourd'hui 3 juin 1793, l'an deux de la République. Au comité de police, sûreté et surveillance générale, est comparu le citoyen Louis Reverony, sous adjudant général de la deuxième division, qui a déclaré que le 6 février dernier, ayant entendu dire par le citoyen *Pelletier*, adjudant de la première légion, que la nuit suivante il devoit se faire *un bon coup*, et ayant de violents soupçons, attendu la connoissance qu'il avoit des principes de cet adjudant, il le suivit, lorsqu'il entendit sonner la cloche d'avertissement du club central et entra avec lui dans le club, qu'il y trouva à la porte *Challier, président du tribunal du district de la ville, qui ne laissoit entrer qui que ce soit, sans leur faire prêter serment de garder un secret inviolable sur tout ce qui seroit dit, sous peine de mort, que le déclarant le prêta et fut admis, que les délibérations étoient commencées, qu'on avoit déjà arrêté la formation d'un tribunal populaire, pour juger et faire exécuter de suite tous ceux qu'ils qualifioient d'aristocrates ou qui ne seroient pas de leur parti, qu'on nomma plusieurs des juges et qu'un des assistants proposa de nommer un exécuteur,* que dans ce moment et après dix minutes environ de séjour en ce lieu infernal, suffoqué par l'indignation et l'horreur que lui inspiroient de pareilles délibérations, et s'étant joint au citoyen Fillion, capitaine des grenadiers du Griffon, qui étoit aussi affecté que le déclarant, il résolut de sortir, qu'il prit sous prétexte la nécessité de se rendre à l'hôtel commun pour son service, et l'ayant dit de même à Challier qui gardoit toujours la porte, Challier en embrassant le déclarant lui dit du ton le plus véhément, *mon ami, nous allons faire un bon coup, tu y prêteras la main, vas veiller à ce qu'il réussisse,* que le déclarant vint promptement en rendre compte au commandant général et, comme étant de semaine, concourut à faire exécuter les ordres qui furent donnés pour faire armer une partie des citoyens, que le déclarant étoit si troublé qu'il ne put bien savoir le fond de leur complot, surtout n'ayant pas assisté au commencement de la séance, mais que Pelletier, qui étoit l'un de ces plus ardents clubistes, n'ignoroit rien à cet égard, et que lui déclarant se rappelle, que dans la même soirée ledit Pelletier, qui n'étoit pas de service, vint plusieurs fois à lui et lui dit plusieurs fois, *prends garde que la force armée ne vienne pas à l'hôtel de ville,* que ledit Pelletier avoit toute la confiance de la municipalité, et que quoiqu'il ne fut pas de service la semaine dernière, il n'a pas quitté l'hôtel-commun depuis le dimanche jusqu'au jeudi matin. Que Pelletier, soupçonnant le déclarant d'avoir dévoilé l'affaire du 6 février, l'avoit dénigré auprès de la municipalité et le comité de salut public, de manière que, quoiqu'il fut de semaine, il n'a point reçu de confidence ni d'ordres qui puissent lui dévoiler leur complot contre les sections, que cependant, *voyant des démarches obscures,* il se retira le mardi 28 mai, après que la garde eut monté ; il n'est point revenu à l'hôtel de ville le mercredi 29, et se rendit au contraire à l'arsenal.

Lecture à lui faite de sa déclaration, a dit qu'elle contient vérité, qu'il y persiste et a signé : *signé*, REVERONY, sous-adjudant général de la deuxième légion, rue Saint-George n° 4.

Paraphée au comité de sûreté générale, où elle a été faite. A Lyon, ce 5 juin 1793, l'an second de la République françoise. *Signé*, MOUJEAU, CORSET.

N° XXXIII.

Ce jourd'hui six février 1793, l'an deuxième de la République françaíse une et indivisible.

Les citoyens composant la société populaire de la Grand'Côte, réunis en assemblée ordinaire, dans la salle accoutumée, pour délibérer sur les moyens de rappeller dans la société les membres qui auroient pu s'en être écartés; considérant que les causes qui ont entraîné leur défection ne viennent que de l'oubli des loix, et du mépris des principes, que les règlements de nos sociétés en général, ont éprouvé un relâchement évidemment préjudiciable à leur bonheur, surtout avec leurs rapports avec le comité central, que ces dits règlements y sont foulés aux pieds, par ceux même à qui ils en défendent l'entrée, et à qui la foiblesse des commissaires a permis de propager à sa tribune des erreurs absolument désorganisatrices, qui ont compromis et son honneur et la sûreté publique, au point que ceux, qui ont courageusement résisté à leur despotisme outré, ont vu la sûreté de leur personne compromise, considérant enfin qu'il est instant de mettre un frein à cette licence effrénée, etc.

Séance tenante, s'est présenté le citoyen Colomb, commissaire de la section au centre; lequel ayant demandé la parole pour un objet qu'il a annoncé être de la plus haute importance; toute délibération ayant été interrompue pour l'entendre, il a dit qu'il étoit chargé par le comité central d'inviter tous les bons sans-culottes de s'assembler à neuf heures du soir, dans la salle dudit club, avec ses armes; que là ayant reçu des cartouches ils y attendroient des ordres ultérieurs.

Ce rapport fait, plusieurs membres ayant successivement demandé et obtenu la parole, ont énergiquement démontré que cette mesure ne tendroit à rien moins qu'à soulever les citoyens les uns contre les autres, d'autant plus qu'ils obéiroient par là à d'autres ordres qu'à ceux de leurs chefs auprès de qui, dans des temps de calamité publique, tous les bons citoyens doivent se réunir.

Sur la motion du citoyen Hébrard, l'assemblée, par l'organe de son président, ayant invité le rapporteur du centre de déclarer quel étoit le but du comité central dans cette invitation, il a déclaré n'en devoir rendre compte, sur quoi la motion mise en délibération, la société considérant que toute mesure qui armeroit les citoyens les uns contre les autres est désastreuse par sa propre clandestinité, qui ne permet pas d'en démêler le vrai but, a passé avec indignation à l'ordre du jour, se réservant à la séance suivante d'en pénétrer les motifs et de prendre en conséquence tels arrêtés qu'elle jugeroit convenables. Fait et clos à Lyon, les jours et an que dessus, et on signé : CAVORET, président. HEBRARD, secrétaire.

N° XXXIV. *Extrait de la séance du conseil général du département, du sept février 1793, l'an deux de la République françoise.*

Sur ce qu'il a été observé par le directoire, aux citoyens commissaires de la municipalité de Lyon, qu'il paroissoit surprenant qu'on eut consigné à la porte du directoire, sur les huit heures, une garde de dix hommes, avec défenses de laisser entrer ni sortir personne, les citoyens commissaires ont déclaré que cette mesure ne provenoit absolument point du conseil général de la commune, et que c'étoit sans doute par l'erreur de quelques sous-chefs, avec d'autant plus de raison que cette garde n'y étoit restée que quelques instant; le directoire a observé qu'elle y étoit restée environ trois quarts d'heures.

Extrait collationné.

N° XXXV. *Lettre écrite par le maire de Lyon, aux citoyens administrateurs du département de Rhône-et-Loire.*

Lyon, le 7 février 1793, l'an 2 de la Rép. Fr.

Citoyens administrateurs, l'autorité municipale a été anéantie hier en ma personne, par une partie des citoyens qui se trouvoient assemblés en conseil général de la commune.

Des précautions urgentes, qui ne pouvoient être différées d'un moment et que j'ai prises, ont été blâmées ; on m'en a même disputé le droit; mais la patrie n'a pas moins été sauvée d'un jour.

Je joins ici la copie d'une lettre qui vient de m'être adressée, il y a une heure ; elle est sans signature, il est vrai, mais j'atteste, sur serment, que les mêmes faits qui y sont détaillés m'avoient été rapportés par un des citoyens qui avoit eu le malheur de se trouver dans cette assemblée clandestine.

Citoyens administrateurs, je dépose dans vos mains la mairie, et je me repose sur vous pour empêcher que l'on ne sacrifie la vie des citoyens qui sont sous la protection de la loi. Vous connoissez les dangers, vous agirez sans doute vigoureusement. Rappellez-vous que le massacre de la Saint-Barthelemi ne souilla pas les murs de Lyon, ou du moins que celui qui y avoit l'autorité première ne voulut jamais y tremper ; loin delà, il s'y opposa. *Signé* NIVIÈRE-CHOL, maire. *Pour copie collationnée*, GONON, secrétaire.

N° XXXVI. *Copie de la lettre écrite par les citoyens administrateurs, composant le directoire du département de Rhône-et-Loire, au citoyen maire de la ville de Lyon.*

Citoyen, la loi nous défend d'accepter votre démission dans des circonstances ordinaires et à plus forte raison dans des moments difficiles; l'intérêt de la chose publique exige que vous soyez à votre poste ; l'administration vous invite de vous y rendre ; la nécessité vous le commande, plus encore la dénonciation qui vous a été faite ; le danger est assez pressant pour vous y déterminer et pour presser l'exécution des mesures que l'administration a cru devoir prendre pour la sûreté publique. *Signé*, les administrateurs composant le directoire du département de Rhône-et-Loire.

N° XXXVII. *Lettre anonime adressée au maire.*

Vous n'ignorez sûrement pas le complot qui devoit être exécuté hier ; mais vous ne le croyez peut-être pas aussi bien machiné qu'il est. Un de vos concitoyens, qui le connoît dans tous les détails, qui vous aime, sans avoir l'honneur de vous connoître, qui aime ses concitoyens, est prêt à se sacrifier pour le bon ordre et le maintien de la République, croit devoir à sa conscience de vous le dévoiler.

Hier, au club central, il y eût une séance secrète, présidée par Challier. Le serment fut exigé de tous les présents, avant tout, qu'ils ne divulgueroient rien de ce qui seroit décidé. Il y fut arrêté que la guillotine seroit placée sur le pont Morand. La marche fut réglée ; trois jurés par section furent nommés; environ deux cents cartouches furent distribuées aux sociétés populaires de chaque section. Les tambours devoient être consignés dans le lieu de leur assemblée. Il y fut promis l'assurance de la force publique et surtout des canons. Vous, citoyen maire, deviez être mis en état d'arrestation avec le commandant général. Plusieurs magistrats assistèrent à cette séance infernale. On y promit le consentement et l'aide d'une partie de la commune et je n'ai besoin de vous nommer les têtes désignées.

Voilà, citoyen maire, ce dont est sûr celui qui vous prévient. Le projet a manqué la nuit dernière; mais il n'est différé qu'à des moments plus tranquilles et plus favorables. Ne vous épouvantez pas; car vous avez, pour le maintien de la tranquillité et l'observation des loix, une foule de bons citoyens qui n'attendent que des ordres. Confiez-vous à vos intimes amis, qui le sont aussi de la chose publique ; qu'ils fassent signe aux leurs et les scélérats seront confondus, découverts et punis. Je voudrois bien pouvoir vous serrer dans mes bras et être le rempart de votre personne, partout où la sûreté de vos concitoyens vous appellera.

Le 7 février 1773, l'an second de la République françoise.

Certifié conforme à l'original resté entre nos mains : NIVIÈRE-CHOL.

N° XXXVIII. *Procès-verbal du citoyen Villard.*

Je soussigné Villard, lieutenant de la gendarmerie nationale à pied de cette ville, dit que le jour d'hier, étant de garde au poste de la police correctionnelle, sur les huit heures du matin, plusieurs gendarmes, descendant la garde du renfort de nuit de la prison de Roanne, se rendirent à mon poste ; alors je leur demanda s'il n'y avoit rien eu de nouveau pendant la nuit dans ladite prison ils me répondirent que non, mais qu'ils avoient vu venir pendant la nuit plusieurs particuliers, s'étant annoncés comme commissaires, demander au guichetier si la guillotine étoit en bon état et s'il n'y manquoit rien, et que lorsque l'on viendroit la lui demander, il fût prêt et diligent à la donner. Ces mêmes commissaires, s'adressant aux gendarmes, leur demandèrent s'ils ne s'opposeroient point à l'enlèvement de ladite guillotine ; alors les gendarmes répondirent que cela ne les regardoit pas ; moi, croyant que les gendarmes me faisoient un conte, pour m'assurer de la vérité, je me transportai de suite à ladite prison, où je trouvai les trois guichetiers, qui me dirent mot pour mot ce que m'avoient dit les gendarmes, et que si l'on venoit la demander, ils la donneroient, pour ne pas s'exposer à la fureur populaire. En conséquence, et des ordres que j'ai reçu du citoyen maire, j'ai rédigé le présent procès-verbal, que j'ai remis au directoire du département de Rhône-et-Loire. Fait à Lyon, le 7 février 1793, l'an second de la République Française, *signé* VILLARD, lieutenant.

N° XXXIX. *Lettre de Nivière-Chol au conseil général de la commune de Lyon, du 9 février.*

Le peu d'égard avec lequel j'ai été traité par quelques membres du conseil général, pendant la journée du 6 de ce mois; le ton de défiance que les membres du conseil ont pris vis-à-vis du maire, en le suspectant de comploter, parce qu'il s'étoit rendu au département; la manière peu mesurée avec laquelle on est venu lui signifier de rendre compte de sa conduite, sur des faits qui méritoient plutôt un éloge qu'un blâme ; les dangers qu'ont courus les citoyens de se voir à la merci d'une justice illégalement établie et par conséquent arbitraire ; toutes ces circonstances se sont présentées à moi sous leur véritable aspect et mon âme sensible a été violemment affectée ; d'ailleurs, ma santé, déjà affoiblie par plus de deux années de travaux d'administration municipale, je sens que je ne résisterois pas à de nouvelles secousses. Ma santé me mettant donc hors d'état de pouvoir servir la patrie, je remets dans vos mains ma démission.

J'apprendrai, dans ma retraite, vos succès, parce que vous aurez eu l'avantage de me voir remplacé par un citoyen qui, sans y avoir plus de droit que moi, aura sûrement plus de part à votre confiance. *Signé* NIVIÈRE-CHOL.

Je n'ai chez moi aucun papier concernant la municipalité ; on trouvera tout dans le cabinet de la mairie : si l'on en rencontre dans les tiroirs quelques-uns qui me concernent personnellement, je prie de les remettre au citoyen Teillard.

Clos à Lyon, les jour et an susdits, dans la séance du 11 février.

N° XL. *Déposition de ce que le citoyen Gerin a dit, le 6 février 1793, l'an deux de la République Françoise, dans l'assemblée nocturne du club central, situé rue Pas-Etroit, ancienne salle du jeu de la Trinité.*

Sur les cinq heures de l'après-midi, d'après l'invitation qui avoit été faite, au son de la cloche, de se rendre dans le lieu de notre assemblée, séante à la salle des Oratoriens, rue Vieille-Monnoie ; ayant fait rencontre du concierge et lui ayant demandé le sujet de l'assemblée, à quoi il a répondu qu'il n'en avoit aucune connoissance, mais qu'il lui avoit été ordonné de dire à tous les frères de se rendre de suite au club central, j'ai poursuivi ma route, pour mes occupations ordinaires, jusques chez le citoyen Roul, serrurier, Grande-Côte, où étoit ma destinée, pour lui faire part des objets qui regardent son ministère, que je devois poser dans la maison du citoyen Salavin, sise aux portes de la Croix-Rousse. Après lui avoir fait part du tout, le citoyen Roul me dit : voulez-vous venir au centre, et nous verrons ce qui s'y passe, il y a des choses qui me fatiguent : à l'instant, je me suis mis en marche avec lui ; mais arivé dans ledit escalier, je trouvai une barrière fermée, où étoient *deux censeurs, qui ont demandé à voir nos cartes d'affiliation, pour pouvoir nous permettre l'entrée ; à cela j'ai présenté ma carte portant quittance acquittée jusqu'au premier février, à l'instant on m'a dit vous pouvez entrer ; mais le citoyen Roul ne se trouvant pas la sienne, a été refusé ; quoique je leur ai observé qu'il étoit un vrai frère ; ils m'ont répondu que cela ne me regardoit pas.*

Ma surprise a encore été bien plus grande, lorsqu'à l'entrée le citoyen Chalier sortit accompagné d'un citoyen dont je n'ai aucune connoissance ; il m'a pris par la main, et m'a dit : Es-tu un vrai sans-culottes, entre, et m'a poussé dans la salle. A l'instant j'ai rencontré, assis sur un banc, plusieurs citoyens connus ; entr'autres les citoyens Perillon, Perrotier, Peyrachon, Bal, Girot, Papillon, Ret, Bourdattet, Levrat, Thibaudier ; et à l'instant on a fait l'appel de toutes les sections et on leur a ordonné de se former en comité pour faire choix dans chaque de trois jurés. J'ai demandé le motif pourquoi, l'on m'a répondu que je pouvois être nommé à une de ces places et lorsque je serois nommé et que j'aurai prêté le serment, l'on m'instruiroit de tout. A l'instant le cercle s'est formé, les voix ont été pour jurés sur les citoyens Levrat, Giraud et Thibaudier, et dans ce même moment, une partie des vrais frères se sont approché de la porte et en ont forcé l'ouverture : je me suis de suite empressé de sortir, et au même instant a paru *le citoyen Montfalcon, en criant à toute voix que la mêche est éventée, et qu'il falloit rappeler à l'ordre.* Je déclare n'avoir d'autres connoissances.

J'affirme la présente déclaration et en demande acte au citoyen juge de paix, pour servir et valoir. A Lyon, le 6 juin 1793. *Signé* GERIN, Grande-Côte, n° 158.

N° XLI. *Extrait des registres du conseil général de la commune, coté n° 3, en date du 13 août 1792.*

Le nombre d'étrangers augmente journellement ; la crainte bien fondée qu'il ne se trouve parmi ceux qui viennent pour s'établir, sous différents prétextes, dans cette ville, quantité de gens mal intentionnés a déterminé le conseil général à prendre les mesures les plus promptes pour prévenir les dangers auxquels la ville peut être exposée, par les intentions de nos ennemis intérieurs. En conséquence, le conseil général a arrêté qu'il sera mis une affiche pour prévenir les étrangers qui ne seront pas appelés à Lyon pour des affaires de commerce ou pour des procès commencés et qui ne seront certifiés par des citoyens connus, qu'ils seront tenus de sortir de la ville sous trois jours, à compter de la publication de ladite affiche.

N° XLII. *Extrait du même registre que ci-dessus, en date du 17 août.*

Le conseil général, considérant l'importance de s'assurer de l'état et qualité des étrangers, a arrêté qu'il seroit formé un bureau de vérification, composé de deux officiers municipaux et quatre notables, qui seront invités à prendre tous les renseignements et informations qu'ils jugeront convenables, pour s'assurer de la validité des raisons que peuvent alléguer les différents étrangers qui sont en cette ville et en juger la légitimité.

N° XLIII. *Extrait des registres du conseil général, coté n° 3, page 179.*

Ce jourd'hui, dimanche 9 septembre 1792, de la liberté l'an IV et de l'égalité le Ier.

Le conseil général de la commune de Lyon, en permanence, s'étant en suite de la délibération du 1 septembre assemblée à 9 heures du matin pour se rendre au Champ de Mars, y recevoir de la garde nationale le nouveau serment décrété, MM. composant les directoire du district de la ville et du département s'y trouvant, ainsi que M. Charles de Hesse, commandant des troupes de ligne de la 19me division, MM. se sont rendus au Champ de Mars, précédés et accompagnés de plusieurs détachements de la garde nationale et des vétérans. Arrivés au camp des airs guerriers ont annoncé la prestation de serment qu'alloit prononcer, au nom de légions, M. le maire, qui s'est avancé au milieu du camp et a dit à haute voix : Je jure de maintenir l'égalité et la liberté, ou de mourir en les défendant ; tous les officiers et soldats, la main élevée, ont répétés *je le jure*, en même instant, le feu a été mis au monceau de tableaux, des titres de noblesse, actes de privilèges qui avoient été apportés et placés au milieu du Champ de Mars ; les flammes ont à l'instant dévoré ces puériles dépouilles du préjugé et de l'orgueil, dont il n'est resté qu'un peu de cendre, qui répandues sur la surface du Champ de Mars, ont été à l'instant confondues avec la poussière et ont produit le bel effet d'une égalité parfaite, après cette cérémonie, le conseil général de la commune est rentré dans le même ordre à l'hôtel commun.

N° XLIV. *Extrait des registres du conseil général de la commune, du 17 septembre.*

Le conseil, considérant que l'évènement malheureux qui a eu lieu aujourd'hui, a été occasionné par le prix excessif des denrées, qui a porté le peuple à se jeter sur les magasins et boutiques des personnes suspectées d'accaparement, a arrêté qu'il seroit pris, dans le plus bref délai, des mesures pour établir le pain à un prix modéré, auquel la classe des citoyens les plus indigents puisse atteindre, et pour fixer celui de certaines denrées, telles que le beurre et les œufs.

N°. XLV. *Les citoyennes de Lyon.*

Le peuple souverain de Lyon, lassé depuis longtemps sous le joug et la tyrannie des aristocrates-monopoleurs, fatigué depuis quatre ans des pertes, surtout qu'éprouve le papier-monnoie ; ce peuple, n'ayant que ce papier-monnoie pour se procurer tout ce dont il a besoin, pour les choses de première nécessité, et éprouvant de la part des monopoleurs les injustices les plus atroces, étant obligé de payer avec ce papier-monnoie qu'il reçoit pour prix de son travail et de sa sueur, comme s'il recevoit du numéraire ; étant obligé de payer ce qu'il achète presqu'une fois plus cher qu'auparavant, a arrêté, pour mettre fin à l'oppression des monopoleurs, pour déjouer tous les traîtres de la liste civile qui sont encore dans l'enceinte de cette ville ; pour pouvoir, en un mot, se procurer sa subsistance sans être dans le cas d'employer de ces moyens violents que nécessitent les calamités publiques venues à leur période :

A arrêté qu'il ne payeroit les marchandises servant à ses besoins journaliers qu'aux prix suivans,

SAVOIR :

		liv.	sous.	den.	
Riz	à		5		la livre poids de marc.
Orge	à		5	6	
Pois	à		2	6	
Haricots	à		2		
Lentilles	à		2	6	
Fèves	à		1	6	
Le vin nouveau	à	18			l'ânée.
Le vin vieux	à	25			l'ânée.
Charbon de bois	à	3			la voie rendue.

	liv.	sous.	den.	
Charbon de terre........... à	1	6		la voie prise au bateau.
Charbonailles.............. à		2		la voie rendue.
Bois de chênes............. à		16		le moule.
Bois fayards............... à		17		le moule.
Bois de tremble............ à		13		le moule.
Fagots.................... à		16		le cent.
Cottrets................... à		4	6	le paquet.
Huile fine d'olive........... à		1		la livre.
Huile mi-fine d'olive....... à		16		
Huile d'olive à brûler..... . à		12		
Huile de noix vierge....... à		12		
Dite commune............. à		9		
Huile de navette........... à		8		
Chandelles .... à		12		
Savon blanc, frais.......... à		12		
Dit sec.................... à		14		
Savon gris, frais............ à		10		
Dit sec.................... à		12		
Fromage de gruyère vieux.. à		10		
Dit nouveau............... à		8		
Dit Sassenage.............. à		14		
Fromage de Gex, bleu,..... à		10		
Dit ordinaire........... ... à		8		
Vermicelly................. à		12		
Fromages de chèvre........ à		3	6	
Fromage de vache.......... à		2	6	
Fromages blancs........... à		1	6	
Bottes de raves............ à		1	6	
Pommes de terre, rouges... à	1	5		le bichet.
Dites blanches............. à		15		
Raisins .... à		1	6	la livre.
Pêches fines............... à		8		le quarteron.
Dites communes............ à		4		
Les belles poires beurrées et bon chrétien............. à		8		
Poires et pommes communes. à		4		
Belles pommes renettes.... à		6		
Gros marons............... à	3			le bichet.
Châtaignes .... à	2			
Noix...,.................. à	2			
Poivre .... à	2			la livre.
Sucre fin.................. à	1	10		
Dit commun............... à	1	4		
Cassonnade .... à		16		
Café Mocka............... à	1	10		
Dit commun............... à	1	4		
Ballets de jonc, doubles.... à	1			le ballet.
Dits simples............... à		12		
Le jambon ou petit salé.... à		16		la livre.
Le lard et la graisse blanche. à		12		
La graisse à la daube...... à		10		
Le vinaigre................ à		4		le pot.

Citoyens des campagnes, cette convention ne doit pas vous allarmer ; le patriotisme qui vous anime ne peut que vous engager à vous prêter, de toutes vos forces, à l'avantage du peuple ; avantage qui n'est qu'une juste proportion entre ce qu'il gagne et dépense journellement. Tous ceux qui se conformeront à la volonté de ce peuple, qui n'est fondée que sur les bases de la justice, de l'équité et de l'égalité, mériteront bien de leurs concitoyens et trouveront dans eux de fidèles gardiens de leurs propriétés ; et ceux, au contraire, qui ne voudront pas entendre cette même voix, ou qui oseroient s'y opposer, en quelque manière que ce soit, seront voués au mépris public, regardés comme traîtres à la patrie, fauteurs et adhérens de la liste civile, et poursuivis comme tels.

Tous négocians et marchands de quoi que ce soit, sont invités de se conformer au vœu du présent arrêté, en ne vendant leurs marchandises qu'au même prix qu'elles se payoient ci-devant en argent ; l'argent d'aujourd'hui n'étant qu'un papier-monnoie qui doit avoir la même valeur.

Le présent arrêté fait provisoirement, le peuple se réservant de statuer suivant les récoltes.

N° XLVI. *Extrait des registres des délibérations du conseil général de la commune de Lyon, en présence des corps administratifs.*

Lyon, ce 18 septembre 1792, de la liberté l'an IV et de l'égalité l'an 1er.

Le conseil général de la commune, profondément affecté de la détresse d'une grande partie des citoyens de cette ville, qui manquent de travail ;

Considérant que les fournisseurs et approvisionneurs augmentent le prix des denrées à mesure que les besoins deviennent plus pressans ;

Considérant qu'il est instant de venir, par de grands sacrifices, au secours de l'humanité souffrante ;

A arrêté, en présence et de l'avis de MM. les administrateurs du département et du district, que le *pain ferain*, beau et de belle qualité, sera provisoirement délivré par les boulangers *au prix de deux sous* la livre, le conseil général se réservant de délibérer ultérieurement sur le mode qui sera observé pour le dédommagement à donner aux boulangers ;

Que les bouchers seront tenu de délivrer la *viande* de bonne qualité, *au prix de six sous la livre*.

Arrête, en outre, que le prix du *beurre* demeure fixé à *douze sous* la livre, et les *Œufs* à *sept sous* la douzaine ; avec défenses à ceux qui approvisionnent les marchés de ces denrées d'en exiger un plus haut prix.

Le conseil général de la commune invite tous les citoyens au bon ordre, et à respecter les personnes et les propriétés. *Par le conseil-général de la général commune.* LECAMUS, secrétaire-greffier.

N° XLVII. *Extrait des registres du conseil général de la commune, côté N° 3, page 187.*

Ce jourd'hui jeudi 13 septembre 1792, MM. Sulpice Huguenin et Michot, commissaires envoyés par le pouvoir exécutif, se sont présentés après avoir remis à M. le président leurs lettres de créance, par lesquelles ils sont autorisés à se rendre dans différentes municipalités, à l'effet de leur faire telles réquisitions qu'ils jugeront convenable pour le bien de l'empire. A quoi le conseil général, (oui, etc.) a donné son adhésion, et de suite M. Huguenin a requis deux officiers municipaux de l'accompagner pour une opération dont il doit à l'instant s'occuper, MM. Châlon et Curet ont été nommés pour accompagner M. Huguenin.

N° XLVIII. *Extrait des registres du conseil général de la commune du 19 septembre 1792 coté N° 3, page 199.*

Le conseil des trois corps réunis. Considérant que le trouble est extrême dans cette ville.

Considérant que les propriétés sont violées et la sûreté des personnes menacée, il est urgent d'arrêter des mouvements qui pourroient avoir pour cette ville les suites les plus fâcheuses.

Le conseil, prenant dans la plus haute considération cet état d'agitation, croit devoir prendre les mesures les plus convenables à cet effet, après avoir pris sur ce l'avis de MM. les commissaires du pouvoir exécutif, il a été arrêté :

1° Que les portes de la ville seront fermées de suite, que défenses seront faites à qui que ce soit de sortir, à moins qu'il ne justifie qu'il est habitant de la campagne et qu'il a apporté des denrées en ville.

2° Qu'aucun comestible ne pourra être expédié hors de la ville et qu'il sera fait, par les commissaires des sections, des visites domiciliaires les plus exactes pour connoître les auteurs des troubles qui ont existés ; lesquelles visites commenceront à neuf heures du soir, pour être continuées toute la nuit pendant laquelle tout citoyen sera tenu de se retirer chez lui, sans pouvoir sortir qu'au jour, et sera tenu d'illuminer ses fenêtres.

4° Que le conseil des trois corps réunis continuera sa séance pendant la nuit, pour être fait droits sur les différentes arrestations qui pourront avoir lieu en vertu des visites domiciliaires.

5° Qu'à cet effet, MM. les commissaires des trois corps administratifs et MM. les commissaires du pouvoir exécutif, se rendront dans les différentes places de cette ville, pour la proclamation de ladite délibération.

N° XLIX. *Extrait des registres du corps municipal de Lyon, daté du 7 décembre 1792.*

Lecture faite d'une pétition présentée par la veuve Bœuf, dans laquelle elle expose que son mari, boulanger rue Grolée, ayant été mis aux prisons de Roanne pour avoir fait du pain d'une qualité inférieure, en a été enlevé la nuit du 25 octobre par la violence du peuple et blessé à mort dans les rues, et qu'il est décédé le lendemain à l'Hôtel Dieu

Elle représente que par cet événement elle se trouve sans ressource avec trois enfans en bas âge et qu'elle ne peut plus ni faire son état, ni subsister.

Le corps municipal, vu l'état déplorable de la veuve Bœuf, a arrêté qu'elle serait recommandée aux corps administratifs, pour la faire comprendre, s'il est possible, dans les indemnités demandées au ministre de l'intérieur, pour ceux qui ont éprouvé des dommages à Lyon, pour le fait des troubles publics.

N° L. *Discours prononcé par Challier, dans la cérémonie qui eut lieu à Lyon à l'occasion de la mort de Pelletier-Saint-Fargeau.* — *Ecrit de sa main.*

Citoyens, ô mes braves sans cullotes, vrais amis de la liberté et de l'égalité ! versons des larmes.....
Recueillons-nous un moment... Affligeons-nous sur la perte que la patrie fait dans la personne de Michel Lepelletier... Mais, que dis-je, réjouissons-nous tous, il est immortel... Sa mémoire passera dans tous les âges... Eh quoi ! vous paroissez encore abattus... Relevez-vous tous, amis de la liberté... Jurons, et ne jurons pas en vain... *Jurons d'exterminer tous les tyrans et leur suppots. Alors l'assassin, ce monstre ne nous échappera pas...*
Qu'une couronne civique soit décernée par la patrie au citoyen qui livrera ce scélérat au glaive de la justice, que ce citoyen soit nourri aux dépens de la République.
Jurons de purger la terre de la liberté de tous ceux qui n'ont encore donné aucune marque de civisme... C'est le seul ennemi qui doit être brûlé sur la cendre de Michel Lepelletier. Du fond de sa tombe il nous crie... *Citoyens sans cullotes, tenez-vous sur vos gardes, vous êtes entourés d'assassins, débarrassez-vous en et mes mânes reposeront en paix, et la patrie sera sauvée...*

N° LI. *Julliard au citoyen Ryard.*

Lyon, le 21 février 1793.
Mon cher camarade, d'après la réquisition des officiers municipaux chargés de la police, surveillance et sûreté générale, requerrons le citoyen Ryard, chef de la deuxième légion, de faire toutes les dispositions nécessaires pour l'exécution du désarmement des notaires, avoués, hommes de loi, greffiers, hommes de loi, leurs clercs ou commis, reconnus pour suspects, d'avoir été en armes à l'arsenal, ainsi que tous autres mandats de justice relatif à iceux.
Je suis fraternellement, le commandant-général. *Signé*, JULLIARD.

N° LII. *Extrait des registres des délibérations de la municipalité de Lyon, portant injonction à tout soldat du bataillon dit de Marseille, de sortir de la ville, une heure après la publication du présent arrêté, et défenses à toutes personnes de les loger ou receler, sous peine de la prison et d'être poursuivis criminellement.*

Dans la séance de ce jour, 8 mars 1793, l'an II de la République Française ; le procureur de la commune a dit :
Votre comité, chargé de la police de sûreté générale, tant intérieure qu'extérieure, vient d'apprendre que nombre de soldats volontaires du bataillon, dit Marseille, dont l'incivisme et les excès nous ont affligés, ainsi que tous les bons citoyens, pendant plusieurs jours, sont encore dans nos murs, quoique le bataillon soit parti, d'après la

réquisition la plus formelle des citoyens-commissaires, députés de la Convention, en cette ville.

Votre comité vient d'apprendre également que ces traîneurs du bataillon, dit Marseille, se proposent d'exciter encore des fermentations et des troubles, à soutenir le parti contre-révolutionnaire qui les saturent et les désaltèrent ouvertement et avec scandale ; que ces assassins, qui n'ont jamais à la bouche que les mots de Barbaroux et de Roland, etc., méditent de couper la tête aux patriotes les plus marquans et aux magistrats les plus dévoués à la chose publique.

En conséquence, nous requérons qu'il soit enjoint à tout soldat du bataillon, dit de Marseille, de sortir, sous une heure, après la publication de notre arrêté et affiche à intervenir, et que ceux qui, après ledit délai, seront convaincus d'avoir logé ou recélé lesdits soldats, sous quelque prétexte que ce soit, même de maladie, seront appréhendés au corps, traduits ès-prisons et poursuivis, à notre diligence, comme fauteurs et participes des troubles contre-révolutionnaires qui nous affligent.

Nous maire et officiers municipaux, faisant droit aux conclusions du citoyen procureur de la commune, ordonnons, comme mesure de sûreté générale, à tout soldat du bataillon, dit de Marseille, à sortir, sous une heure, après la publication du présent arrêté et affiche ; et que ceux qui, après ledit délai, seront convaincus d'avoir logé ou recélé lesdits soldats, sous quelque prétexte que ce soit, même de maladie, seront appréhendés au corps, traduits ès-prisons, à la diligence du citoyen procureur de la commune, comme fauteurs et participes des troubles contre-révolutionnaires.

Chazot ; Roch ; Bertrand ; Boyet ; Turin, officiers municipaux.
Par extrait :
Estienne, *greffier de police.*

N° LIII.

Laissez entrer le citoyen Challier chez les commissaires de la Convention Nationale, pour le rétablissement de l'ordre dans la ville de Lyon, toutes les fois qu'il se présentera.

A Lyon, hôtel de Milan, place des Terreaux, ce 3 mars, l'an 2me de la République. *Signé,* C. Bazire, *commissaire ;* Legendre, *commissaire ;* J. S. Rovere, *commissaire.*

N° LIV. *Lettre de Fillion et Gravier à Achard, en date du 25 mars 1793.*

Il est très important de nous faire passer tous les jours le résultat où en est la chose publique, et enfin, l'effet qu'ont produit les 3 sans-culottes à Lyon. *A l'égard du tribunal de Mâcon, il est possible de renvoyer les poursuites au tribunal révolutionnaire ;* il faut que cela vienne des commissaires qui sont à Lyon ; nous employerons les patriotes de la montagne, qui ne veulent que le bien, aussi-tôt que vous aurez fait à cet effet quelques démarches ainsi que les commissaires ; et lorsque les patriotes de la montagne seront de retour de leur mission, qui ne sera pas longue, l'occasion sera encore plus favorable.

Hier, nous croyons de voir paroître à la barre le fameux *Pellezin et* consorts, avec sa pétition ; mais il n'a pas paru : les patriotes en sont prévenus, ils s'étoient préparés en conséquence ; ils ne feront pas fortune, nous les attendons à dimanche : en échange, nous avons entendu une pétition d'une société d'Amiens, fabriquée par le marais de la Convention ; il y étoit dit d'expulser les Bourbons de la République, de chasser de la Convention, *Danton, Robespierre et Marat*, d'appeler au ministère Rolland et de retirer le décret qui établit un tribunal révolutionnaire ; enfin, combien d'autres scélératesses de ce genre. Ami, je ne pourrois pas te peindre la scélératesse du côté droit ; il n'est point de contre-révolutionnaires si habiles, nous ne pouvons pas y résister ; jamais tu ne t'en ferois une idée..... Ami, le fin mot est d'éclairer le peuple : quand le peuple qui veut la liberté et l'égalité, aura répété avec les Marseillois, *nous ne connoissons de fidèles députés que la Montagne, et nous ne reconnoîtrons pas ceux qui ont voté la guerre civile, c'est-à-dire les appellans au peuple* ; il faut bien que ces intrigans se soumettent devant la loi souveraine ; il n'y a pas à croasser : *réunissons toutes nos ressources*, elles sont grandes ; il faut correspondre avec les jacobins et les Marseillois et toutes les sociétés populaires, elles sauveront la patrie : il est encore bougrement de patriotes, et il n'en faut pas beaucoup pour sauver la République. Il faut voir les braves montagnards, comme ils démasquent les fourberies de leurs abominables collègues, les soirs dans les séances des Jacobins. Tonne, digne soutien de la liberté, et tu feras pâlir tous les ennnemis du peuple : donne le bonjour à l'ami Gaillard et Challier et à tous les sans-culottes. Ami, nous sommes les sans-culottes. *Signé*, Fillion et Gravier. *Le bonjour à nos femmes.*

(Adressé au citoyen Achard, chirurgien, à la place Grenouille, à Lyon).

N° LV. *Fragmens d'une lettre de Fillion et Gravier, écrite de Paris, à Achard.*

Ami, nous te faisons passer quelques exemplaires de projet de décret présenté à la Convention par Cusset, tu en feras la distribution à qui tu croiras convenable ; *nous venons de voir Bazire chez lui, nous avons eu une assez longue conversation, particulièrement sur le pouvoir du comité de salut public ; Il nous a dit que vos pouvoirs étoient extraordinaires et que le département n'avoit rien à voir, sauf que ce qui étoit de sa compétence. Quant au reste, ce sont des mesures extraordinaires et révolutionnaires qui ressortent directement au comité de sûreté et de défense générale de la Convention. Votre comité a été formé par les commissaires, il est composé des trois corps administratifs : vous êtes formé sur le même pied que celui de la Convention Nationale, qui va sous peu se réorganiser d'une manière différente ; il se propose de faire une circulaire à tous les comités de salut public de la République;* si tu savois le travail qu'ils ont et les besoins qu'ils font à la Convention pour s'opposer à ce que la faction ne perde tout à fait la République, tu gémirois. Nous fûmes témoins hier d'une scène scandaleuse qui n'a pas encore eu d'exemple. Le côté droit dénonça le comité de sûreté générale pour avoir décerné un mandat d'arrêt contre un suppléant, dont le nom m'a échappé, qui s'étoit porté chez Duprat.

N° LVI. Paris le 16 avril, l'an 2ᵐᵉ de la république.

Ami et sans-culotte, nous avons reçu hier l'adresse des corps administratifs, ainsi que nous l'avions sollicité ; en conséquence, nous allons tout mettre en œuvre pour obtenir les secours qui y sont dénommés.

J'avois bien dit que si les représentants de l'aristocratie Lyonnoise paroissoient à la barre, ils auroient les honneurs de la séance et le mépris des montagnards et l'indignation des tribunes. En effet, le très-honoré Pellezin, constitutionnaire, et son très-digne collègue Baldjer, se sont présentés hier à la barre comme représentants du peuple de Lyon ; *Mais nous allons vous faire connoître ce peuple ; nous en avons la liste et nous pensons qu'il viendra des circonstances où elle nous sera très utile* ; il seroit même à propos que chaque citoyen en eût une dans sa poche, parce que chacun doit se faire un devoir de savoir qui il fréquente ; demain vous la recevrez, et il est temps enfin que nous connoissions les contre-révolutionnaires de Lyon ; c'est une liste qu'il faudra conserver solemnellement, et elle est aussi précieuse dans sa qualité scélérate, que celle des 400.000 Républicains que nous venons de recevoir est souveraine.

Ces deux scélérats ont été hués, chassés de la montagne qu'ils n'eussent jamais dû souiller, et chassés à coups de pied par le cul des tribunes, de cette côte à jamais célèbre ; ils ont été se camper avec les Barbaroux et toute cette légion scélérate. Comme vous, nous sommes en permanence.

N° LVII. Lyon, le 16 juin 1793, l'an deux de la république, est comparu pardevant nous, C. Floret aîné, juge de paix, officier de police, Pierre Horand l'aîné, fabricant, rue de la Cage, n° 30, qui nous a déclaré, qu'étant au club central le jour de son installation, il y a à peu près deux mois, le citoyen Challier monta à la tribune, prit dans sa poche les signataires de la pétition qui s'étoit faite aux Augustins, et dit : *citoyens, nous les tenons, j'ai tous leurs noms, au premier mouvement qu'il y aura dans la ville, il faut sans rémission qu'ils soient tous égorgés et il ajouta : comme a dit Legendre, un de nous fera mordre la poussière à dix d'eux*. Qui est ce qu'il a à nous dénoncer. Lecture faite, a dit contenir vérité, et a signé avec nous. *Signé* Horand aîné, et C. Floret aîné.

N° LVIII. *Impression des noms des pétitionnaires des Augustins.*

J'affirme que le manuscrit que j'ai fait imprimer et afficher, intitulé : pétition de l'assemblée des Augustins, avec le nom des signataires et réflexions qui y étoient jointes, m'a été remis par le citoyen Challier, président du Tribunal du district. Lyon, le 5 juin 1793. *Signé* Bernard.

Paraphée au Comité de sûreté générale, où elle a été faite. A Lyon, ce 5 juin 1793, l'an deuxième de la République françoise. *Signé* Mongin et Corset, etc.

N° LIX. Paris, le 18 avril, l'an de la République.

Amis et Sans-culottes, nous avons trouvé hier au comité de sûreté générale, une lettre sans date, par laquelle tu nous parles de la fameuse séance du 28 dernier, où les 48 sections, Pache à la tête, ont demandé à la Convention s'ils peuvent nous sauver : ah ! sans doute elle étoit belle, mais il falloit le voir. Celle du vote et de l'appel nominal pour Marat étoit bien encore plus belle ; et celle du 14 du courant, des 48 sections, Pache à la tête, tendante à dénoncer les 22 complices de Dumouriez, ou de tant d'autres complots. Nous pensons que vous vous empresserez d'y donner l'adhésion avec solemnité. Le fer est chaud de toutes parts. La nation se lève, sauvons la liberté. Hier, aux Jacobins, la correspondance électrisa tous les cœurs ; amis, correspondez aussi souvent avec eux, c'est le nœud gordien ; ils font un nouveau journal, on espère qu'il sera bon, mais *en attendant, le plus beau cadeau que je puisse t'envoyer, c'est Marat, l'ami sincère du peuple ;* il faut le lire au peuple, à qui il est dévoué ; si des scélérats le calomnient encore, ne les perdez pas de vue ; mais si c'est des citoyens égarés, détrompez-les : nous allons nous présenter à la barre pour la pétition des trois millions, nous ne négligerons rien à cet effet ; celle des 40 mille républicains aura aussi son tour, mais nous agissons avec les précautions nécessaires. Appuyez, appuyez les Parisiens, ils veulent la liberté et l'égalité ; ne soyez pas les derniers ; les journaux vous ont fait connoître leur vœu du 14 courant exprimé à la barre ; ils demandent l'avis de tous les départemens ; agissez, il faut que cette faction infâme qui nous a fait tant de maux soit frappée par le glaive des lois, et *que la guillotine tranche la difficulté* ! Tu me dis dans cette même lettre qui avoit resté 8 jours en retard, d'écrire à ma femme ; Pilot heureusement dans le même temps m'en a dit autant. J'ai de suite répondu et donné les moyens que j'ai cru nécessaires pour louer ma boutique, si ce n'est déjà fait ; agis pour moi, j'agis ici pour la liberté de mon pays.

Ami Achard, sers-toi de ta plume, éclaire le peuple sur la révolution, tes moyens lui sont utiles, si tu veux qu'un jour je puisse t'envoyer la France libre et débarassée de tant de monstres. Les trois hommes ont été dénoncés aux Jacobins par un Marseillois, qui vient de Lyon, c'est les trois commissaires. *Nous avons dénoncé au comité des Jacobins les hommes que tu nous a désignés, et de suite on a écrit aux sections où ils ont demeurés* et aux sociétés de leurs pays, et dans peu nous espérons t'en donner des renseignemens. *Conservez toujours les gens que vous croirez suspects ; ce qui est bon à prendre est bon à rendre ;* d'ailleurs les nouveaux décrets, dont je ne me rappelle pas, veulent que l'on fasse un scrutin épuratoire. *Ce temps si désiré est venu de purger la France de tous ces êtres venimeux ;* la liberté et l'égalité ne seroient jamais stables au milieu de tous ces bourreaux et ces assassins.

Vois Dubessey, il a dû recevoir hier une lettre pour la société, qui te fera un détail à peu près de ce qui s'est passé à l'occasion de Pelezin.

Unissez toute la sans culotterie. Le bon-jour à l'ami Gaillard. *Signé* FILLION ET GRAVIER.

Adresser au citoyen Achard, chirurgien, place Grenouille, à Lyon.

N° LX. *Extrait d'une lettre de Fillion, du 22 avril 1793.*

Serrons-nous, il est temps : non pas tant pour la liberté, parce qu'elle est intacte, mais bien *pour écraser* tous ses *ennemis ; il faut* qu'ils *mordent la poussière ;* il faut que cette campagne purge notre République de tous les monstres qui ne veulent s'enrichir qu'avec les dépouilles du peuple. Ralliez-vous tous les bons patriotes ; il faut nécessairement au peuple un noyau d'hommes incorruptibles *pour le diriger dans sa marche révolutionnaire.* Le temps me dure beaucoup d'aller me serrer dans les bras des amis de la liberté, *pour confondre ensemble tous ses ennemis ;* nous pensons partir incessamment ; demain je t'écrirai une lettre pour lire aux Jacobins ; instruis le peuple, le moment de la victoire n'est pas éloigné. Bien des choses à l'ami Gaillard, etc., etc. *Signé* FILLION.

Paris, le 22 avril, l'an 2me de la République.
(*Adressée au c. Achard, chirurgien, place de la Grenouille, à Lyon*).

N° LXI. *Fragmens d'une lettre trouvée dans les papiers de Challier.*

De Paris, du Vendredi-saint, mois de mars 1793, l'an 2me de la République.

Ma chère épouse, tu feras voir ma lettre au citoyen Bassieux et au citoyen Challier.

Voilà deux semaines que j'ai sorti de l'hôpital sans être guéri..... Je vais faire mes démarches auprès du comité d'administration pour être secouru aux dépens de qui il appartiendra, parce que mes camarades sont des gueusards ; on leur a donné douze cents livres à partager, que nous étions encore vingt-six, c'est deux louis qu'il revenoit à ma part ; ils ont emporté et partagé ce qui me revenoit ; et à un autre de rue Tupin, qui a resté malade avec moi, sans nous en rien dire que la veille de leur départ, où ils n'étoient plus que cinq. Il y en a puis deux, un nommé Buisson et un nommé Roche, qui ont emprunté six cents livres en différentes fois, d'un riche Américain, nommé Ducaune, au nom de toute la société de notre compagnie, et qui sont partis comme des brigands ; juge comme on regardera les Lyonnois et dans quelle passe je me trouve difficile de demander des services dans une pareille circonstance, et comment je puis être écouté en défendant la cause des Lyonnois, et de toute la France, comme je fais tout de même avec un courage et une intrépidité irréprochable, dont la conduite et les démarches patriotiques m'ont procuré l'honneur d'être un des douze membres du comité de surveillance dans les Jacobins, dans la société des fédérés des 84 départemens, qu'on appelle les défenseurs de la république.....

La tête me tourne de toutes les affaires qui nous passent par les mains ; les papiers publics ne disent que l'échantillon de tout ce que nous savons par nos espions déguisés en voyageurs, jolis jeunes gens pleins d'esprit qui roulent dans nos armées, par mer et par terre ; ce que tu vas lire sont des vérités à y faire attention, fais les voir au citoyen Bassieux et au citoyen Challier, *et que Lyon prenne les armes sur le coup, sans attendre que Paris leur dise, pour qu'on n'ait pas à leur reprocher qu'ils ne se montrent jamais qu'après les autres, et à force d'être persécutés ; car Lyon est en bien mauvaise réputation dans Paris, tous les gros sont aristocrates et royalistes, et bien de petits, insoucians.*

NOUVELLES DES JACOBINS. C'est à cet article où j'ai laissé la plume pour aller au club, m'instruire des moyens de sauver la Patrie si menacée dehors et dedans, pendant qu'un tas de bâtards et d'insouciants ne veulent pas s'unir à vos braves clubistes qui ont sauvé la

France. Hé bien, en entrant on lisoit les dépêches de toutes les villes de France qui écrivent journellement aux Jacobins, au comité de correspondance ; j'ai entendu précisément lire une lettre de la ville d'Arles, qui se plaint de Lyon, qui non-seulement est le foyer de l'aristocratie, mais qu'ils savent qu'il s'y forme une armée contre-révolutionnaire, dont trois cents chiffonniers d'Arles s'y sont enrolés, on ne sait pour quel corps, *et sont cachés dans Lyon, où vous êtes entourés d'assassins mieux armés que vous, qui n'attendent que l'approche des autres brigands pour vous massacrer ;* notre assemblée a levé les épaules de voir votre peu de vigilance, et on a décrété que *l'armée révolutionnaire qu'on va former se portera sur les départemens qui n'iront pas leur droit chemin ;* on a remarqué que *vous n'aviez point envoyé d'adhésion pour changer les mauvais représentans* qui votoient pour l'appel au peuple, ni pour le premier quartier d'abonnement à quatorze sols par homme clubiste, pour subvenir aux quatorze mille écus de frais qu'il coûte aux Jacobins pour nous envoyer ce qui se passe dans leurs séances et recevoir vos lettres. *Chambéry est rolandisé et brissotiné ; méfiez-vous d'eux, nos espions nous l'ont écrit.*

Nouvelles de Paris. *Avant de vous inciter de vous lever et de prendre les armes ; comme les bons représentans nous ont ordonné dans nos tribunes,* après nous avoir dépeint nos dangers, je vous dirai que le Jeudi-saint tout Paris s'est levé en armes et a fermé les barrières ; on a trouvé quinze mille fusils cachés ou non, *on a pris six mille hommes suspects, on nous a ordonné d'être en permanence par toute la France, jusqu'à ce que nous ayons exterminé nos ennemis du dedans, Marat et Robespierre ont brillé dans leurs doctes et lumineux discours ;* on est convenu qu'on ne liroit en France que Marat pour les nouvelles et pour ce qu'on doit faire ; car les mauvais libellistes ont tout gâté. *On a dit que le décret qui punit les auteurs des insurrections n'a pas lieu dans un temps de nécessité où le peuple ne peut se sauver qu'en s'insurgeant. Faites-le par votre municipalité, que vous prierez de vous en donner l'ordre secret ; vous désarmerez tous les aristocrates et gens suspects, de leurs armes même leur appartenant ; vous mettrez avant forte garde à toutes les portes, que personne ne sorte pendant votre opération, qui sera de vingt-quatre heures, vous vérifierez toute personne qui n'a pas de billet de garde, en rue ou chez lui, vous arrêterez tous étrangers, ils sont pleins de faux papiers.* On met ici en prison ceux qui n'ont fait avoir des billets de résidence aux émigrés ; *vous fouillerez ceux que vous trouverez la nuit dans les rues et passé dix heures, les mettrez tous en prison jusques à réclamation, comme à Paris. En fait d'étrangers, fouillez bien ;* vous ordonnerez, comme à Paris, que toute personne, logeur ou non, mette, pendant sur la rue, le signalement et le nom des personnes qu'on retire ; *vous formerez dans chaque section, au moins en chaque canton, un comité révolutionnaire, pour juger promptement les coupables et faire servir votre guillotine, qui se rouille faute de servir ; vous changerez tous les gens suspects des corps administratifs* qui sont encore corrompus. Dans vos promptes assemblées primaires, on vous défend d'y mettre aucun praticien, ni aucun de ceux qui n'ont pas fait ou fait faire le service de la garde nationale. *On a reconnu qu'il n'y a que les sans-culottes qui soient républicains. Levez-vous, levez-vous, levez-vous.*

Nouvelles de la guerre. Les Marseillois viennent à Paris, avec dix mille hommes, appuyer la motion qu'ils ont envoyée et punir les scélérats qu'ils sauront en chemin. Ils ont pour chef Jourdan le coupeur de tête. Son frère est déjà arrivé près de nous. — Custine est aux prises avec l'ennemi, deux de ses généraux ont déserté, tous les autres généraux ont trahi, excepté Valence ; vingt-deux régiments sont presque détruits ; dans les îles l'aristocratie et les nègres sont maitres ; les Anglois seroient déjà en France, sans un certain vent qui les contrarie, la Bretagne et une partie de la Normandie est fanatisée ; quarante mille brigands ravagent la Vendée et deux autres départemens ; notre armée a abandonné la Belgique ; nous apprenons que notre armée de la Moselle est exposée, que nos magasins sont dans des endroits non fortifiés ; que Mézière et Charleville, etc., sont dénuées de tout, et l'ennemi bien près. *La Belgique nous coûte huit cents millions et cent cinquante mille hommes.* Bournonville, le conseil exécutif, le ministre de la marine, Rolland, Brissot, Guadet, Lanjuinais, Condorcet, les trois quarts de la Convention, ont tout fait pour la contre-révolution. On va tous les changer.....

N° LXII. *Extrait du procès-verbal du club de Saint-George affiché aux jacobins, 6 avril 1793, l'an 2ᵐᵉ de la République.* Il a été procédé à la nomination d'un membre au tribunal révolutionnaire, conformément à l'arrêté du club des Jacobins, séant au grand Collège, et le citoyen Julien a obtenu la pluralité des suffrages, lequel a accepté.

La société a arrêté que les comités révolutionnaires établis par la municipalité, ne pourroient délivrer des cartes de civisme à ceux qui ne seroient pas membres de la société populaire et qui ne seroient pas de véritables sans-culottes. Ledit procès-verbal *signé* Charpenet, président, Dumont, secrétaire.

Nous président et secrétaire du comité de surveillance, certifions que le présent extrait est conforme à la minute déposée en notre bureau.

Lyon, le 4 juin l'an 2ᵐᵉ de la République. LAVAURE, président ; BOULLAY, secrétaire.

Nous Laurent-Louis Begot, juge de paix du canton de la Métropole de Lyon, certifions que les citoyens Lavaure et Boullay sont tels qu'ils se sont qualifiés.

Lyon ce 4 juin 1793, l'an 2ᵐᵉ de la République. *Signé* BEGOT.

N° LXIII. Les commissaires de la Convention Nationale, pour le rétablissement de l'ordre, dans le département de Rhône-et-Loire, requièrent les officiers municipaux composant l'administration de la police de la commune, de faire arrêter et conduire à la maison commune tous les citoyens qui seront indiqués par le porteur du présent et de la manière qu'il le proposera, pour être, lesdits citoyens, saisis, détenus purement et simplement sous bonne et sûre garde ; jusques à ce qu'il en ait été autrement ordonné.

Lyon, le 8 avril 1793, l'an 2ᵐᵉ de la République. *Signé,* C. BAZIRE, J. S. ROVÈRE, commissaires.
Et plus bas :
Les détenus doivent être au secret, de la manière la plus sévère. C. B.
Nous les membres composant le comité provisoire de police et

sûreté générale de la commune de Lyon, certifions la copie conforme à l'original, resté au bureau du comité susdit.

Lyon le 5 juin 1793, l'an 2ᵐᵉ de la République. BOUQUEROT, président ; PIERRE LOIR, REYNARD ; MONGIN, DEYRIEU, BANSSILLON.

N° LXIV. Paris, 29 avril, l'an 2ᵐᵉ de la République.

Ami, le décret qui autorise les départemens à faire une levée de 5 mille hommes chacun et à lever un impôt, même forcément, dans le cas où il ne pourroit pas avoir lieu de bonne volonté, est un excellent décret qui ranimera, s'il est possible, l'ardeur et le zèle de tous les sans-culottes.

Dans ce moment, les Brissotins dénoncent le comité de sûreté générale, dont ils demandent le renouvellement, ainsi que du tribunal révolutionnaire.

Mandez-moi, je vous prie, si les Marseillois approchent de Lyon et quelles sont les expéditions qu'ils ont faites dans leur route. Signé SOULET.

N° LXV. *Extrait du registre du comité de surveillance de la Grande-Côte, du 8 juin 1793.*

Le citoyen Denis-Charles Grenier, demeurant rue de la Vieille-Monnoie, n° 17, déclare que le jeudi, jour de l'Ascension, jour aussi de la fête civique en Belle-cour, allant se promener sur le quai du Rhône, il apperçut entre la place de la Comédie et la rue du Garet, une troupe de citoyens qui se retiroient au son du tambour, au centre de laquelle troupe étoient plusieurs fagnons ; *et le citoyen Roullot leur courir après, en les traitant de lâches, et qu'ils devoient savoir que le point de ralliement étoit à l'Hôtel-commun et qu'il falloit aller chercher la guillotine pour la mettre en activité ;* et en arrêta plusieurs de la troupe qu'il tira par le bras, et les invita à rester là jusqu'à ce qu'il vînt. Le citoyen Grenier, indigné, rentra chez lui et fit part de ses craintes à sa femme et à d'autres personnes qui le trouvèrent chez lui.

Lyon, ce 8 juin 1793. *Signé sur le registre*, Denis-Charles GRENIER. *Signé*, BÉDOR aîné, président et MARGERON, secrétaire.

N° LXVI. Lyon, 1ᵉʳ juin l'an 2ᵐᵉ de la République.

Pardevant nous juges de paix du canton de Nord-Ouest, est comparu le citoyen Riche aîné, qui nous a dénoncé que la veille du repas fraternel, à la place de la Fédération, étant au club de Saint-Vincent, il a entendu le citoyen Saint-Martin, rue des Bouchers, qui ayant demandé la parole dit : demain nous ferons réunion et de suite nous installerons le tribunal révolutionnaire, *pour que le rasoir de la nation marche de suite*, et nous en arrêterons 20 du quartier. Et a *signé*, RICHE.

N° LXVII. Le 31 mai 1793, l'an 2ᵐᵉ de la République françoise, est comparu le citoyen Chasset, jardinier à la montée des Carmélites, âgé de 52 ans, qui nous déclare avoir ouï dire plusieurs fois au citoyen Thibaudier, sergent du 1ᵉʳ bataillon de St-Vincent, que pour avoir la tranquillité en ville, il falloit couper au moins 200 têtes, et plusieurs dans le canton.

N° LXVIII. *Placard dont la minute a été trouvé chez Challier, écrite de sa main.*

LES TROIS CENTS ROMAINS

A tous les conjurés dont les complots liberticides sont dévoilés (1).

Citoyens, seroit-il donc vrai que les ennemis de la patrie, dont le nombre est incalculable dans cette ville, eussent juré sa perte ! Seroit-il donc vrai qu'un vertige d'iniquité se soit emparé de presque toutes les têtes ? Seroit-il possible que ces malheureux habitans ne voulussent jamais ouvrir les yeux à la lumière, en adoptant l'esprit révolutionnaire qui doit [seul] fixer les bases éternelles de notre sainte liberté ? Seroit-il donc possible que des cœurs gangrenés eussent à se réjouir des malheurs de leur patrie ! non... non... ils n'existeront plus du moment où leurs amis, qui ne sont pas les nôtres, voudront entrer dans cette cité. Trois cents Romains ont juré de poignarder les modernes Porsenna qui nous menacent, qui nous assiègent, et de s'ensevelir, avec leurs antropophages ennemis, sous les décombres fumants de cette nouvelle Sagunte. (Vils scélérats !!!) (2) nous connoissons tous vos plans infernaux pour vous défaire des patriotes qui vous observent. Oui, dans vos barbares orgies, vous souriez d'une maligne joie, par votre cruel espoir de voir bientôt et dans 15 jours, dites-vous, vos vœux accomplis !... insensés, traîtres, misérables ! ! ! calculez-vous aussi notre courage, notre fermeté, notre union et l'étendue de notre dévouement pour sauver notre mère patrie ?

Aristocrates, feuillantins, rollandins, modérés, égoïstes, égarés, tremblez à la première atteinte portée à la liberté ; les ondes ensanglantées du Rhône et de la Saône charieront vos cadavres aux mers épouvantées...

Le peuple est debout : le dix août peut encore renaître.

N° LXIX. Les citoyens Challier, Montalan et Imbert, se présentent de la part de leur section, au club populaire de rue Neuve, situé rue Gentil, auprès du comité de salut public du département de Rhône-et-Loire, pour lui exposer que vu les dangers qui s'amoncellent chaque jour sur la tête des vrais patriotes, ladite section a arrêté que chaque patriote ou citoyen, muni d'une carte de civisme, serait tenu d'avoir chez lui une demi-livre de poudre.

En conséquence, les membres du comité de salut public sont priés de vouloir bien faire droit à leur demande salutaire au bien public, pour se mettre en garde contre les traits des malveillans.

Lyon, le 22 mai 1793, l'an 2me de la République françoise. *Signé,* Antoine MONTALAN, IMBERT et CHALLIER.

On est d'autant mieux fondé à se tenir sur ses gardes, que plusieurs sections, au mépris de la loi et des magistrats, osent se mettre en permanence, entr'autre celles de la Croizette et de l'Egalité. Cette conduite tient au plan général de contre-révolution, à laquelle il faut veiller et dont il faut se tenir en garde.

Lyon, le 22 mai 1793, l'an 2me de la République françoise. *Signé,* Antoine MONTALAN, IMBERT, CHALLIER.

(1) *Cf.* (*Journal de Lyon*, p. 296, n° 76 du 4 mai).
(2) Ces mots ne se trouvent pas dans le *Journal de Lyon*.

N° LXX. *Extrait des registres du comité de Surveillance de la section de Porte-Froc.*

A comparu Claude Valla, épicier et chandelier, demeurant à Lyon, rue Tramassac, n° 74, section de Porte-Froc, âgé de 24 ans, lequel a dénoncé qu'il y a eu lundi dernier huit jours, croit que c'étoit après midi, étant sur la porte de sa boutique avec le citoyen Cotoy, perruquier, demeurant aussi rue Tramassac, le citoyen *Lafont*, qui est de l'armée révolutionnaire et dont il se croit lieutenant, *les aborda et leur dit*, à l'occasion de quelque bruit qui s'étoit fait dans le quartier, *que la semaine ne passeroit pas sans qu'il y eût deux ou trois cents têtes à bas, et qu'alors le restant se rendroit bien ;* voulant donner à entendre par là, que le parti des clubistes vouloit assassiner les citoyens qui tenoient les assemblées permanentes, et qu'alors les sections seroient anéanties, tandis que les clubistes auroient le dessus, en versant ainsi le sang des citoyens qui vouloient que les sections fussent permanentes ; et ont *signé*, Valla, Chevrillon, Marietan, Valois, Manin et Baron.

N° LXXI. Citoyen, l'ordre qui vous a accordé dix dragons. étoit motivé et portoit expressément que vous renverriez sur le champ cette force ; vous me l'avez promis vous-même, et il me paroît que vous n'êtes pas rigoureusement exact aux paroles que vous donnez.

Du reste, vous faites agir la force armée, là où vous devriez surtout employer la force de l'opinion ; car enfin que sont les citoyens contre qui vous prenez des mesures de violence ? ce sont des agriculteurs égarés de la masse du peuple et des sans-culottes qu'il faut ramener et non pas massacrer.

Réservons nos forces pour l'aristocratie des richesses et les satellites des despotes ; et vous, Administrateurs, établissez des propagandes, que l'opinion fasse tout ; rappelez ce principe *que* l'administré n'est jamais *coupable* en masse que par la faute de ses administrateurs.

Résumé. Des fomentations sourdes se couvent à Lyon, les permanens girondins aiguisent leurs poignards ; d'un autre côté, les sans-culottes s'aigrissent. *Dimanche sera peut-être un jour de crise* ; nous avons besoin de toutes nos forces, et je vous poursuivrai devant tous les sans-culottes françois, dans le cas où, par des mesures prises contre un peuple égaré, vous nuiriez à celles qui se prendront ou pourront se prendre contre de vrais contre-révolutionnaires ; j'espère que sur le champ le détachement rentrera. Salut et fraternité.

Signé François Fournier, officier. Adressée aux citoyens administrateurs et procureur-syndic du district de la campagne de Lyon, à St-Pierre-la-Palu. (Cette lettre est du 24 mais, suivant le procès-verbal de ces commissaires).

N° LXXII. *Extrait du procès-verbal du conseil général de la commune de Lyon, du 1ᵉʳ mai 1793, l'an 2ᵐᵉ de la République.*

Etant venu à la connoissance du conseil que le citoyen Pelletot, commis au bureau des certificats de résidence, avoit été employé au comité de salut public dès l'instant de sa création, il a été arrêté, ouï le procureur de la commune, que ledit citoyen Pelletot resteroit dans ledit comité, et que le citoyen Forest, employé aux subsistances, le remplaceroit au bureau de certificat de résidence.

Arrêté en outre qu'extrait de ladite délibération seroit communiqué au citoyen Pelletot. *Extrait collationné. Signé* MAGOT, S. G.

N°LXXIII. *Papiers trouvés chez Pelletot, écrits de sa main, et de lui reconnus au procès.*

Tableau des citoyens qui doivent composer le bureau révolutionnaire dans les momens d'urgence.

Dubois, officier municipal. Julien. Pra. Reverol. Pelletot, père. Dutel. Jouchefeu. Bathé. Simonot. Chevalier. René. Chomar. Sonier. Pelletot, fils. Ganière. Satin. Boisni. Gassendi. Duplagnieux. Paranton.

Tableau des sections de vrais sans-culottes.

Saint-George 3. Port-du-Temple 2. Gourguillon 4. Porte-Froc 1. Place Neuve 3. Juiverie 3. Port Saint-Paul 2, Pierre Scize 7. Plat-d'Argent. L'Hôtel Dieu. La grande Côte 2, Place Confort 3. Rue Belle-Cordière 4. Bon Rencontre. St-Vincent, rue Neiret. Rue Neuve. Rue Thomassin. Guillotière. Saint-Nizier. Laplaine. La Croizette. Griffon. Pêcherie. — CHANEL, VIAL, MADINÉ, TÉVENET.

Il faut envoyer aux bonnes sections des mesures de sûreté ; Il faut ensuite désarmer les gens suspects ; il faut se lever.

N° LXXIV. Je ne sais ce que vous foutez à Lyon, que vous ne m'écrivez pas dans un moment tel que celui-ci ; aussi je ne vous écrirai pas que vous ne l'ayez fait, car je suis sur les charbons, d'après ce que m'a dit Leclerc, car vous envoyez à Paris des députés comme vous changez de chemise. Il a des talens, peut-être trop pour vous. Salut. *Signé* CUSSET.

Le 4 mai 1793.

Adressée au citoyen Gravier, distillateur, rue Bourgchanin, à Lyon.

(Avec le timbre de la Convention).

N° LXXV. *Notes trouvées dans les papiers de Challier, écrites de sa main.*

Suppression des 83 départements. Suppression des tribunaux de district. Suppression des juges de paix dans les villes au-dessus de 10 mille âmes. *Cour martiale à juger tout traître* à *la patrie dans 24 heures, dans toutes les villes au-dessus de 10 mille âmes, et à chasser du royaume quiconque ne donneroit pas des certificats en règle de civisme,* et A MORT CEUX QUI AUROIENT TENU DES DISCOURS INCIVIQUES, AVEC PREUVE DES MUNICIPALITÉS du lieu où ils résident.

N° LXXVI. *Plan de conjuration trouvé chez Pelletot, écrit de sa main, et de lui reconnu au procès.*

Citoyens, les mesures de sûreté que nous vous proposons sont d'une grande importance. Je vous prie d'y faire toute votre attention.

1° Désarmer tous les gens suspects.

2° Il faut en armer tous les bons sans-culottes.

3° Convenir du lieu de rassemblement.

4° Il faut que tous les citoyens de Lyon prennent les armes au premier coup de tocsin et du canon d'allarmè.

5° La masse de Lyon levée, il faut s'emparer de toutes les personnes suspectes et les mettre en lieu de sûreté.

6° La destitution du Procureur-général-syndic du département et de tous les membres prévaricateurs.

7° Envoyer un courier pour demander le rétablissement du tribunal révolutionnaire, pour faire le procès à tous les prêtres fanatiques, inassermentés et les gens suspects.

8° Ne quitter les armes que lorsque les riches auront completté le contingent des 6 millions pour l'armée révolutionnaire, la ville de Lyon purgée et les rebelles de la Vendée vaincus.

S'emparer de la municipalité, ainsi que de toutes les autorités constituées.

Envoyer une adresse à Saint-Chamond.

N° LXXVII. Chambéry, le 18 mai 1793, l'an 2me de la république f.

Citoyens patriotes, nous avons reçu l'extrait de la procédure instruite contre Beaumont, père et fils, nous l'examinerons et prendrons des mesures en conséquence ; suivez cette affaire et continuez à nous instruire des résultats.

Nous nous félicitons d'avoir pu rendre, à Lyon, quelques services à la chose publique, et d'avoir été si bien secondés par les vrais amis de la liberté : nous ne doutons pas que votre comité de salut public ne soit actuellement en pleine activité ; vous aurez sûrement expédié, le jour de notre départ, toutes vos dépêches pour la Convention, et éclairé spécialement vos députés de faire connoître à fond au comité de salut public la situation véritable de votre ville et des districts du département, *surtout de ceux de Villefranche et de Montbrizon.*

Vous aurez l'œil ouvert sur la conduite de votre directoire et principalement de votre Procureur-général-syndic, dont la conduite ne doit pas être ignorée du comité de salut public de la Convention ; vous aurez pris des mesures pour écarter les maux que peut entraîner la formation actuelle de votre juré et pour mettre à exécution l'important arrêté pris en notre présence.

Hâtez la fabrication de vos piques et leur distribution, et envoyez dans tous vos districts, des hommes sûrs avec pouvoirs convenables pour y rétablir l'esprit public et nous rendre un fidèle compte de la conduite de leurs administrateurs, de l'exécution des lois, du génie qui y anime les sociétés populaires et des principales causes des troubles contre-révolutionnaires qui s'y manifestent ; éclairez vos concitoyens, et sur-tout dirigez tout votre pouvoir vers l'intérêt public, de manière à vous attacher tous les patriotes et à fermer la bouche à vos ennemis.

Par notre arrêté, il est dit que les deux premiers bataillons de l'armée révolutionnaire de Lyon seront envoyés sur-le-champ à la Vendée ; il faut bien entendre le sens et le vœu de cet article ; il ne veut dire autre chose, si ce n'est que ces deux premiers bataillons formés partiront sitôt qu'une partie suffisante du reste de l'armée révolutionnaire sera dans le cas de maintenir la liberté et la tranquillité publique dans votre ville et le département. Agir autrement, seroit commettre une très grande faute politique et laisser à la merci des malveillans le sort de la chose publique ; et de plus, ce seroit vous priver des ressources qui vous seront peut-être nécessaires pour completter le désarmement des mauvais citoyens et completter votre armée.

Les citoyens Héraut et Simon, que nous remplaçons et qui vous remettront cette lettre, vous instruiront de notre arrivée en ce pays et de la situation actuelle des choses. Continuez, citoyens, à servir la liberté et l'égalité, et sur-tout veillez sans cesse. *Signé* ALBITTE.

N° LXXVIII. Lyon, le 9 mai 1793, l'an 2me de la République.

Ami, rappelle-toi de ta promesse ; de la promptitude sur-tout. Sous peu je suis à Lyon, je te dirai le reste, et la patrie sera sauvée. Adieu. *Signé* LECLERC.

Adresse au citoyen Challier, président du tribunal du district de Lyon, à la société des Jacobins, à Lyon.

N° LXXIX. *Extrait du registre des délibérations du Conseil du Département de Rhône-et-Loire.*

Dans la séance du neuf mai 1793, l'an 2me de la République ;
Sur de nouvelles craintes annoncées à l'administration,.... (Conseil général, t. II, p. 276). . . . .
Il a été ensuite arrêté qu'il seroit écrit une lettre au ministre de l'intérieur, pour l'instruire de tout ce que dessus.

Fait en Conseil général de département, ce 9 mai 1793, l'an 2me de la République. COUTURIER, DUBOST, A. SAUZÉAS, FAUSSON, BONAMOUR, SANTALIER, DELACROIX, GARNIER.

N° LXXX. Aujourd'hui   mai 1793, l'an 2me de la République Françoise, sur les six heures du soir, se sont présentés les nommés Gaillard, juge du tribunal du district de la ville de Lyon, et le citoyen Rouleau, notable de la commune de ladite ville, accompagnés de plusieurs autres citoyens.

Le citoyen Gaillard ayant pris la parole, dit : qu'il venoit du département ; que c'étoit avec surprise qu'il n'y avoit point trouvé les administrateurs à leur poste ; que trois seulement s'y trouvoient, mais qu'il avoit pris les noms des absens ; qu'il n'en diroit pas de même de ceux du District, et que, puisqu'il les trouvoit assemblés, il venoit leur faire part, que ce soir, on leur présenteroit les noms des juges nommés par les sections pour le tribunal populaire, et qu'il nous enjoignoit de les attendre.

Un membre de l'administration répondit qu'ils seroient à leur poste à toute heure ; mais que jamais l'administration du district ne souffriroit que le tribunal populaire s'établit avant que la Convention n'eût prononcé ; que d'ailleurs, cette démarche seroit contradictoire avec la députation qu'ils avoient envoyée à Paris pour cet objet.

Gaillard, reprenant la parole avec un ton d'aigreur et d'ironie, demanda si le district doutoit un instant que la Convention hésitât à approuver ce tribunal ; que d'ailleurs, il ne faisoit que présenter les juges qui désiroient le former.

Un autre membre de l'administration répondit qu'il ne vouloit rien préjuger sur la question ; qu'il répétoit, au nom de l'administration, qu'elle attendroit l'entière décision de la Convention, et qu'approuver d'avance le choix des juges seroit infailliblement approuver le tribunal.

Aussitôt un autre individu, composant la députation, s'écria que puisque l'on ne vouloit pas agréer les membres du tribunal populaire qui devoient être présentés ce soir, il falloit se retirer et les installer de gré ou de force.

La députation s'étant retirée, moi, Louis Matheron, substitut du procureur-syndic, ait rédigé le présent procès-verbal pour servir et valoir ce que de raison. Louis MATHERON.

N° LXXXI. Aujourd'hui douze mai 1793, l'an deux de la République, nous Louis Matheron, administrateur du directoire du district de Lyon, déclarons qu'à dix heures du même jour, il fut envoyé à l'administration une réquisition signée Albitte, Dubois-Crancé, Nioche et Gautier, par laquelle ils enjoignoient à l'administration de se rendre de suite au conseil-général de la commune de Lyon ; que, de suite, l'administration se rendit au lieu indiqué ; que, sur le midi, les quatre députés de la Convention Nationale ci-dessus nommés, se rendirent au conseil-général, où les membres du département s'étoient déjà rendus, ainsi que les membres du district de la campagne de Lyon et les membres du tribunal du district de la ville de Lyon. La séance ayant été ouverte par le citoyen Bertrand, maire, les députés de la Convention proposèrent différentes mesures révolutionnaires, entr'autres, de faire une levée à Lyon de six mille hommes et de six millions, laquelle somme seroit prise sur les habitans riches de ladite ville, en forme d'emprunt forcé. Différens débats s'élevèrent contre les membres du département, et particulièrement contre le citoyen Meynis, procureur-général-syndic, auquel on fit des reproches sur sa manière de se conduire, en ajoutant qu'il étoit un scélérat, un contre-révolutionnaire, un aristocrate déclaré ; et Gaillard, qui tenoit ce langage, lui dit, en lui montrant le poing, que si le souverain faisoit bien, il devroit s'en faire justice de suite ; qu'étant l'auteur de tous les malheurs qui désoloient la cité, ce seroit encore trop peu le punir.

Le citoyen procureur-général-syndic répondoit aux différentes objections qui lui étoient faites, avec vérité et précision, lorsque Challier, l'interrompant, se mit à vomir contre lui des injures que n'auroit jamais dû proférer le dernier des hommes, et par conséquent un président de tribunal. Toutes ces injures dégoûtantes, dénuées de fondement, étoient tantôt dirigées contre le procureur-général-syndic, tantôt contre le Département, et ne cessèrent qu'avec la séance qui fut indiquée pour le lendemain dix heures du matin.

Le lendemain, en suite de la convocation du jour d'hier, la séance s'étant ouverte par de nouvelles injures que Challier et Gaillard continuoient à diriger contre le Département, les citoyens Dubois-Crancé et Albite proposèrent un arrêté qu'ils avoient sans doute formé à l'ombre du ministère avec les citoyens Challier et Gaillard, portant qu'il seroit levé, dans la seule ville de Lyon, une force armée de six mille quatre cents hommes, dont quinze cents seroient envoyés à la Vendée, et les quatre mille neuf cents resteroient ici sous le commandement du comité de salut public, et que lui seul auroit le droit de diriger cette force ; qu'elle ne sortiroit jamais du territoire du département de Rhône-et-Loire, et que le pouvoir exécutif ne pourroit lui donner aucun ordre ; que, pour former ce bataillon, il seroit envoyé des billets d'honneur aux citoyens qu'on destineroit à former cette armée ; qu'il seroit levé, pour subvenir aux besoins de cette force, une somme de six millions sur les citoyens riches et aisés de cette ville ; qu'on leur enverroit des mandats impératifs à payer dans 24 heures ; que le comité des sections, nommé par la municipalité, resteroit formé tel qu'il étoit ; que la ci-devant église des Missionnaires seroit cédée aux jacobins de cette ville et que le Département seroit tenu d'en faire les frais.

Cet arrêté, contraire à tous les principes et à toutes les lois, fut pris en présence des députés Albitte et Dubois-Crancé, qui, sans doute, étoient coalisés avec la grande majorité de la municipalité de Lyon, ainsi qu'avec Gaillard et Challier, qui, par leurs sottises et leurs propos indécens, étouffèrent les justes réclamations que les administrateurs, tant du département que du district, auroient pu faire.

Lors de l'ouverture de la dernière séance, la lecture du procès-verbal fut faite par le citoyen Magot, secrétaire ; ce procès-verbal renfermoit toutes les sottises qui avoient été dites la veille. Les citoyens Dubois-Crancé et Albitte ne furent pas d'avis de laisser subsister des injures grossières dans le procès-verbal et en firent refaire un nouveau de suite.

Fait à Lyon, le 14 mai 1793, l'an 2me de la République Française.
MATHERON.

N° LXXXII. Lyon, ce 11 mai 1793, l'an 2me de la République.

Citoyens, frères et amis, la patrie est sur le penchant de sa ruine ; de toute part les ennemis de la liberté se concertent pour anéantir la République, et ceux même qui s'engraissent de vos sueurs mettent tout en œuvre pour faire réussir leurs perfides complots.

Un département perfide, contre-révolutionnaire dans son administration, ne cesse d'user de tous les ressorts pour détruire le patriotisme et faire triompher son aristocratie puante. Depuis un mois, à l'invitation des commissaires Legendre, Bazyre et Rovere, il fut établi un comité de salut public, où nous fûmes appelés par les suffrages de nos collègues en chaque administration. Forts de notre zèle et de notre amour pour la chose publique, nous n'hésitâmes point à prendre une tâche si pénible ; nous pensâmes qu'aidés des moyens pécuniaires que nous fourniroit l'administration du département, nous viendrions à bout de déconcerter nos ennemis, d'empêcher cet horrible gaspillage que nous avons découvert dans les armées et que nous n'avons pu poursuivre faute de fonds.

Vingt fois nous en avons fait la demande à cette administration scélérate, vingt fois ils ont mis en question si on nous donneroit telle ou telle somme.

Une première fois, ils nous ont accordé cinq mille livres dont le mandat de payement n'a point été lâché ; une seconde fois, ils nous ont accordé trois mille livres qui n'ont pas mieux été payées que la première, et enfin, à la troisième fois, ils ont arrêté qu'il nous seroit accordé dix-huit cents livres, lesquelles sont encore à venir.

Ennuyés de tant de promesses sans exécution, accablés de réclamations sans nombre de divers créanciers de notre comité, désespérés de ne pouvoir obtenir des fonds nécessaires pour l'entretien de ce comité, malgré une explication franche et républicaine que nous avons eu avec cette maudite administration, faite pour être toujours la source du poison liberticide répandu à profusion sur notre horizon, nous avons cru devoir vous le dénoncer, à coup sûr, des mouvemens contre-révolutionnaires, qu'elle veut et ne peut cacher qu'en nous forçant à quitter un poste où nous périrons mille fois plutôt avant de l'abandonner.

Citoyens, voyez les départemens des Deux-Sèvres et de la Vendée; sans doute, si les administrations n'eussent été aussi aristocratisées que celle de notre département, oui, certes, la guerre civile n'y entasseroit pas des monceaux de cadavres, qui ne sont devenus tels que par la criminelle perfidie des administrateurs en chefs, qui n'ont point éteint le feu dans son origine.

Citoyens, frères et amis, craignons de semblables exemples, et puisqu'une administration complotte contre votre liberté, ainsi que faisoit un ci-devant comité autrichien, *sauvez-vous vous mêmes, il en est temps encore, nous avons les bras liés*. Nous sommes très-fraternellement. Les membres du comité de salut public du département de Rhône-et-Loire. *Signé* MACHABEO, cadet, administrateur du district; RICHARD, officier municipal; ACHARD, administrateur du département; MAILLAN, administrateur du département; ROCH, officier municipal; GAUTIER, notable; THONION, administrateur du district.

N° LXXXIII. *Extrait de la Délibération du Conseil-Général de la commune de Lyon, en date du 11 Mai 1793, l'an 2me de la République Françoise.*

Une députation nombreuse de la société des jacobins étant venue inviter le conseil à donner des mandats impératifs, aux fins d'obtenir les six millions destinés, conformément à l'arrêté des trois corps administratifs, à la levée d'une armée révolutionnaire.

Il a été délibéré et arrêté, oui divers membres et le citoyen procureur de la commune en ses conclusions, que les présidents des comités de surveillance établis dans chaque section, seroient invités à apporter au comité des finances, dans les 24 heures, les noms des agioteurs, accapareurs, riches capitalistes, insouciants étant dans leurs sections respectives, pour, par ledit comité, leur être fait invitation à donner une somme qui sera taxée proportionnellement à leur fortune, et dans le cas de refus, en informer le comité de salut public, qui restera chargé de faire, contre les refusans, toutes démarches et poursuites nécessaires pour faire mettre à la disposition de la commune la somme à laquelle ils auront été taxés.

Arrête en outre que le comité des finances reste autorisé à taxer provisoirement les citoyens très riches de la cité et reconnus tels, et à les faire payer. *Collationné. Signé* MAGOT, *secrétaire-greffier.*

N° LXXXIV, Lyon, ce 12 Mai 1793, l'an 2mo de la République.
Les Représentans du peuple, envoyés par la Convention Natianale près l'armée des Alpes,
Aux membres composant le Tribunal du district de la ville de Lyon.
Nous vous requérons de vous trouver demain lundi, treize du pré-

sent mois de mai, à dix heures du matin, dans la salle de la maison commune de cette ville, où notre intention est de tenir une séance publique pour nous concerter sur les mesures de salut public que les circonstances exigent. *Signé* Dubois-Crancé, Albitte, Nioche et Gautier.

N° LXXXV. *Articles principaux de la proclamation des corps administratifs du département de Rhône-et-Loire, du district et du conseil-général de la commune, du tribunal de District et du district de la campagne de Lyon, réunis dans la grand'salle de la maison commune, le 14 mai 1793, l'an 2 de la République,* pour y délibérer sur les dangers de la Patrie, en présence des représentants du peuple, envoyés par la Convention Nationale à l'armée des Alpes, et d'un grand nombre de leurs concitoyens, qui ont pris part et adhéré, par leurs acclamations, au présent arrêté.

Sur l'exposé qui a été fait par les Représentants du peuple, de la situation où se trouve la République, non seulement investie par une foule de hordes étrangères, mais encore désolée par une guerre intestine que le fanatisme et l'aristocratie ont allumée dans le département de la Vendée, et dont les funestes effets se sont déjà propagés dans quatre départemens.

Les corps administratifs réunis, non seulement affligés de ces désordres, mais inquiets même sur les ramifications que la malveillance pouvoit avoir étendu dans le département de Rhône-et-Loire, fidèles à leur serment de maintenir la République une et indivisible, comme de défendre jusqu'à la dernière goutte de leur sang la liberté et l'égalité, proclament à tous les citoyens qui les ont honorés de leur confiance le danger de la Patrie ; en conséquence, *pénétrés des mêmes sentimens que leurs frères de l'Hérault*, répondant au nouvel appel que la Convention Nationale fait à tous les bons Français, pour exterminer les mauvais citoyens qui, à force armée, tenteroient d'ébranler les fondemens de la République ; les trois corps administratifs, après une mûre délibération, ont unanimement arrêté ce qui suit :

Article premier. Il sera levé dans l'étendue du district de Lyon, une armée révolutionnaire de six mille quatre cents hommes, composée de huit bataillons de sept cent cinquante hommes chacun, non compris une compagnie d'artilleurs-volontaires de 50 hommes, qui sera attachée à chaque bataillon, et l'équipage nécessaire pour se mettre en campagne.

II. Cette force ne sera point composée par les moyens ordinaires du recrutement ; elle sera formée par la voie d'indication, c'est-à-dire en adressant des réquisitions directes et personnelles aux citoyens reconnus les plus patriotes et les plus propres, par leur courage, leur caractère et leurs moyens physiques, à servir utilement la République dans ce moment de danger.

III. La connoissance de ces citoyens sera donnée par les comités révolutionnaires déjà établis dans les sections, par le conseil-général de la commune, au comité de salut public, qui fera les réquisitions en ces termes :

Le citoyen   est requis, au nom de la Patrie en danger, d'entrer dans la force armée révolutionnaire que forme le district de

Lyon, son concours étant jugé nécessaire pour le salut de la République.

IV. Tout citoyen ainsi requis sera tenu d'obéir, à peine d'être déclaré mauvais citoyen ; son nom sera inscrit sur la liste de ceux qui, n'ayant pas voulu défendre les intérêts de la République, seront privés de tous droits d'élection, et cette liste sera affichée dans tous les comités de section.

V. La liste de tous les citoyens qui concourront à la formation de l'armée révolutionnaire sera imprimée et affichée à la maison commune de Lyon, dans la salle d'assemblée des corps administratifs, dans toutes les sections et sociétés populaires ; la liste portera en tête ces mots : Noms des citoyens qui ont bien Mérité de la patrie, le   mai 1793, l'an 2 de la République Françoise.

VI. Si quelque citoyen porté sur cette liste et composant l'armée révolutionnaire étoit assez lâche pour déserter son poste, fuir devant l'ennemi ou violer qnelques propriétés, son nom seroit effacé de la liste des vrais républicains et porté sur une liste d'infamie, avec la note de son crime.

VII. *Les bataillons seront formés à fur et mesure du complément des hommes qui seront appellés par le comité de salut public* ; les soldats de la Patrie, au nombre de 750, choisiront entr'eux, de grade en grade, les officiers et sous-officiers qui devront les commander, mais en masse et sans aucune distinction de compagnies, et ce, à raison du nombre d'officiers et sous-officiers qui composent les bataillons de volontaires ; après ce choix fait, la liste en sera présentée au conseil général de la commune pour être approuvée, et de suite les volontaires se partageront en compagnies, et l'on tirera au sort les officiers, sous-officiers déjà nommés.

VIII. L'armée révolutionnaire sera soldée, équipée, habillée comme toutes les autres troupes de la République, mais elle sera payée sur des fonds particuliers désignés ci-après ; chaque sous-officier ou soldat, non employé hors du district de Lyon, aura par jour dix sous de supplément de solde, pour lui tenir lieu du pain et autres objets de subsistance en nature que la République fournit aux autres troupes.

IX. Sur les huit bataillons qui doivent composer l'armée révolutionnaire de la ville de Lyon, *les deux premiers prêts et complétement armés et équipés* partiront avec quatre pièces de canons, et tous les équipages nécessaires pour se rendre au lieu qui sera désigné par le ministre de la guerre, pour combattre les rebelles de la Vendée et autre département, et voler au secours de nos frères opprimés.

X. Pendant l'absence de ces deux bataillons, il sera payé chaque semaine, par le comité de salut public, une somme de vingt sous par jour, à celui ou à celle qu'aura désigné le volontaire, comme vivant de l'industrie qu'il ne pourra, pendant son absence, faire tourner à son profit.

XI. Les six autres bataillons resteront attachés au service de la ville de Lyon ; ils seront toujours prêts à marcher à la réquisition, soit des représentants du peuple, soit du comité de salut public, et lorsqu'ils sortiront de l'enceinte de la ville, ils jouiront pour leurs familles du même avantage fixé par l'article précédent pour les bataillons qui se porteront contre les rebelles.

XII. Tout citoyen qui entrera dans l'armée révolutionnaire et qui réclamera des secours provisoires recevra, à titre de bienfaisance civique, à l'instant de son inscription au bataillon et après sa formation, une somme de cent livres pour sa femme et cinquante livres par tête d'enfant vivant avec lui ; il aura également cinquante livres pour chacun de ses autres parents, reconnus pour vivre avec lui habituellement du fruit de son travail.

XIII. Pour subvenir au besoin de cette force armée, il sera fait, entre les mains d'un trésorier nommé *ad hoc*, un fonds extraordinaire de six millions, par voie d'emprunt forcé, vu l'urgence des circonstances.

Ledit fonds de six millions sera perçu sur les capitalistes et riches propriétaires ou négocians du district de Lyon, par des mandats impératifs, dont le terme fatal sera de vingt-quatre heures.

Lesdits mandats seront enregistrés sur un livre par ordre alphabétique, et à fur et mesure de paiement, il sera délivré un récipissé à chaque contribuable par le trésorier et signé des trois membres du comité de salut public.

XIV. L'assemblée nomme pour trésorier de ces fonds extraordinaires, le citoyen Emery, officier municipal, dont toutes les opérations seront visées par le comité de salut public...

XV. Les fonds extraordinaires ci-dessus désignés, n'auront d'autre destination que le paiement de l'armement, de l'équipement, de la solde de l'armée révolutionnaire, des indemnités accordées aux familles des volontaires qui en feront partie, ainsi que les dépenses extraordinaires du comité de salut public, pour remplir tous ces objets et maintenir la tranquillité publique.

XVI. Le comité de salut public se tiendra prêt à rendre compte de ses opération à l'assemblée générale des trois corps administratifs, toutes les fois qu'il en sera requis.

XVII. A ces conditions, les trois corps administratifs de la ville et district de Lyon, déclarent qu'ils ont investi de toute leur confiance et de tous pouvoirs suffisants le comité de salut public, dont les membres par eux nommés sont les citoyens Achard, Maillan, Pipon, Thonion, Macabéo, Trichard, Roch, Richard, Gauthier et Fillon, lesquels sont autorisés à prendre toutes les mesures pour le maintien de la tranquillité et l'exécution pleine et entière du présent arrêté.

XVIII. Huit jours après la publication du présent arrêté, il est enjoint à tous étrangers qui ne sont point employés à la manufacture ou au commerce de Lyon, qui ne sont ni agents civils ni militaires, de sortir de la ville et de se retirer dans le lieu de leur domicile, pour lequel il leur sera fourni un passeport, à peine, en cas de contravention, d'être emprisonnés pendant un mois et de plus fortes peines, en cas de récidive.

XIX. Ne sont point compris dans cet article les voyageurs, lesquels, lorsqu'ils s'arrêteront plus de quatre jours, seront tenus d'en déduire les motifs à la municipalité et d'en obtenir une prolongation déterminée.

XX. Tout aubergiste ou citoyen qui logera un étranger sera tenu d'en faire chaque jour la déclaration à la police.

XX. Huit jours après la publication du présent arrêté, tous les comités révolutionnaires de section donneront au comité de salut public la liste de toutes les personnes de leur section, qui, soit par infirmité, inexactitude à leur service de garde nationale, ou par incivisme, seront susceptibles d'être désarmés, et le comité de salut public fera procéder à l'instant au désarmement.

L'assemblée générale des trois corps administratifs rend personnellement responsable le comité de salut public et les comités révolutionnaires de l'inexécution de cet arrêté, et des inconvénients qui pourront en résulter pour la tranquillité publique,

XXI. Les armes provenantes de ce désarmement seront employées à l'armement de six mille quatre cents hommes composant l'armée révolutionnaire et le surplus sera réuni à la disposition des représentants du peuple envoyés à l'armée des Alpes, pour en armer nos frères qui servent aux frontières.

XXII. Tout citoyen ayant le droit et étant de son devoir de contribuer au maintien de la tranquillité publique, les trente-six bataillons formant la garde nationale de la ville de Lyon seront composés de tous les citoyens domiciliés *et ayant leurs cartes civiques ;* ceux-là seuls auront droit de concourir aux élections et à toutes les opérations que la loi attribue au peuple Français ou qui émanent de sa souveraineté ; en conséquence, il sera fourni des piques à tous ceux qui, inscrits aux registres de leurs sections, n'auront pas d'armes ; néanmoins, ceux qui ne monteront pas leur garde la paieront à leur tour, conformément à la loi.

XXIII. Les trois corps administratifs du département de Rhône-et-Loire, du district et de la municipalité de la commune de Lyon, qui ont unanimement approuvé et consenti la présente proclamation s'assembleront fraternellement tous les dimanches, à 11 heures du matin, en la grande salle de la maison commune, pour délibérer en commun, en présence des citoyens, sur les affaires générales de la République et particulières au département de Rhône-et-Loire ; tous les citoyens, soit des districts de la campagne, soit de la ville de Lyon, sont invités à y assister, et y faire librement entendre leurs réclamations.

XXIV. *Le comité de salut public rendra compte tous les trois jours de l'exécution du présent arrêté aux représentants du peuple près l'armée des Alpes ; il entretiendra, en outre, avec eux une correspondance journalière et les instruira exactement de la situation de la cité et du département.*

XXV. Le conseil général de la commune nommera dans son sein deux commissaires qui accompagneront les deux bataillons qui se porteront contre les rebelles de la Vendée ; ces commissaires seront chargés de suivre et surveiller les mouvemens des bataillons, particulièrement des officiers et entretiendront une correspondance journalière et active avec le comité de salut public.

XXVI. L'assemblée générale des trois corps administratifs, considérant que la propagation des mauvais principes est l'arme la plus dangereuse des ennemis de la patrie, déclare qu'elle proscrit de l'étendue du département de Rhône-et-Loire les feuilles de Carrier, journaliste de Lyon, Gorsas et Brissot, ainsi que la Quotidienne et tous autres écrits astucieusement hypocrites qui seroient dans le même principe.

Charge son comité de salut public d'en surveiller la distribution et, pour en témoigner son indignation contre pareils écrits, ordonne que ces feuilles seront à l'instant brûlées en sa présence ; ce qui a été fait.

XXVII. L'assemblée, considérant encore les services importants que la société des Amis de la liberté et de l'égalité, dite des Jacobins, séante en cette ville, rend à la chose publique ; considérant combien est utile et nécessaire la propagation des bons principes, offre à cette société et lui accorde, pour y tenir ses séances, l'église des Missionnaires ; charge le directoire du district de prendre les mesures les plus promptes pour préparer le local qu'elle lui destine et dont les réparations seront à la charge du département, comme mesure de sûreté générale, et sous l'autorisation des représentans du peuple à l'armée des Alpes.

XXVIII. Le présent arrêté et proclamation seront imprimés, publiés, affichés et envoyés à tous les districts du département, avec invitation expresse d'en suivre l'exemple ; ils seront également envoyés à tous les départements de la République, aux Amis de la liberté et de l'égalité séants aux Jacobins de Paris ; à toutes les sociétés populaires de la République, et portés extraordinairement par deux commissaires pris dans son sein, à la Convention Nationale, pour assurer nos représentans de la fidélité du district de Lyon aux principes d'une république démocratique, une et indivisible, à ceux de la liberté et de l'égalité, pour lesquels tous les bons citoyens jurent qu'ils sont prêts à mourir.

Les commissaires nommés par l'assemblée, sont les citoyens Gaillard et Gravier, qui, en même temps, restent chargés de manifester à la Convention notre vœu pour l'approbation d'un tribunal révolutionnaire, ainsi qu'il appert par une adresse rédigée à cet effet.

Arrêté en séance extraordinaire où étoient les citoyens Dubois-Crancé, Albitte, Nioche et Gautier, représentants du peuple, envoyés près l'armée des Alpes ; Soulet, secrétaire.

Maillant, Achard, Santallier, Couturier, Valette, Delacroix, Plasse, Pipon et Mœnis.

Angelot, Thonion, Macabéo, Fuz, Jullien, Trichard, Chatelain, Bertachon, Pipon, Bergeron, Matheron et Bourbon.

Chalier, Dodieu, Dubessey, Bussat, Fernex, du Tribunal du district ; Hidins, commissaire national, Forest, Basson, Bavey.

Bertrand, Gravier, Destephanis, Carteron, Thurin, Richard, Bédor, Emery, Milou, Bicon, Eisen, Parrel, Dubois, Sautemouche, Francalet, Noël, Bourchenu, Perreton, Roullot, Gautier, Villermoz, Roux, Parantoux, Forest fils, Simon, Grégoire, Bailly, Revol fils, Dufour, Dalaire, Vallouis, Claudet, Monsouze, Monfalcon Vital, Jacob, Grivet, Clément, Villard, faisant fonctions de procureur de la commune.

Lyon, le 14 mai 179?, l'an deuxième de la République Française. *Pour extrait conforme.* MAGOT, secrétaire-greffier de la commune de Lyon.

N° LXXXVI. Je soussigné déclare que le 17 du mois de mai dernier, environ sur les dix heures du soir, étant en la maison commune, dans le salon de Rousseau, le citoyen Achard, membre du comité de salut public, m'ayant remis une lettre à mon adresse et me disant que c'étoit un courrier extraordinaire, arrivé le même jour, qui l'avoit apportée, cette lettre étoit du citoyen Chasset, député de Rhône-et-Loire à la Convention Nationale, et qu'il m'écrivoit des bureaux du ministre de l'intérieur ; après en avoir pris lecture à haute voix, je paraphai cette lettre, et elle est restée au comité de salut public. C'est d'après la lecture de cette lettre que Challier, étant dans ledit salon de Rousseau, se répandit en propos insultans contre moi, *me disant que j'étois un gueux, un scélérat, et que puisque j'étois d'intelligence avec le scélérat de Chasset, pour avoir participé au décret qui empêchoit d'établir le tribunal révolutionnaire, qu'il se lèveroit assez du monde avec lui en cette ville pour y poignarder et égorger vingt mille citoyens ; et que je serois le premier qui y passeroit, et que ce seroit lui-même qui m'enfonceroit le poignard dans la gorge, et qu'il iroit à la Convention y poignarder aussi le scélérat de Chasset.* Challier, se répandant continuellement en propos d'égorger, en me désignant et me nommant toujours, ainsi qu'il nommoit aussi le citoyen Chasset, et encore le citoyen Santalier, membre du département, à qui le citoyen Chasset avoit écrit le même jour, la lettre au citoyen Santalier étant insérée dans la mienne ; sur quoi je dis à Challier si c'étoit bien à moi à qui il parloit ; il me répondit que oui, me répétant encore les mêmes propos que dessus, de m'égorger, ainsi que le citoyen Chasset. Sur quoi j'interpellai tous les citoyens qui, dans ce moment étoient dans le salon de Rousseau, et particulièrement les citoyens membres du comité de salut public, parmi lesquels étoient les citoyens Achard, Roch, Maillan, ne sachant pas les noms des autres citoyens qui étoient alors présens, que au besoin, ils eussent à se rappeler tout ce que Challier venoit de proférer et de dire. En foi de quoi j'ai signé la présente déclaration.

A Lyon, le 16 juin 1793, l'an 2me de la République. *Signé*, Dubost. Rue Grenette, n° 99, section de la Croizette.

N° LXXXVII. *Taxe sur la section de l'Egalité, trouvée aux archives du comité de salut public, inventoriée et paraphée.*

Citoyens connus pour être agioteurs.

Lamarche et Bruyère ont agioté avec beaucoup d'activité ; nous estimons qu'ils peuvent offrir à la patrie...... 80.000 l.

Picot, Fazy et Cie ont beaucoup agioté, mais n'ont pas tant gagné que les premiers ; ils peuvent cependant offrir.. 100.000 l.

Hugues Dubost, riche capitaliste, ayant fait commandite à des agioteurs et retirant un assez gros intérêt de ses fonds pour offrir à la patrie.. 100.000 l.

Laugier et Gérard ont aussi beaucoup agioté, mais comme ils n'ont pas bien réussi pour leurs intérêts, nous croyons qu'ils ne peuvent offrir que...................... 40.000 l.

A^{ne} Combe, père et fils, ont un peu agioté, mais comme ils ont été modérés, nous croyons qu'ils peuvent modérer leur don patriotique à................................. 10.000 l.

Citoyens connus pour riches, mais qui n'ont pas fait de commerce illicite.

Perochia a une fortune assez brillante pour offrir sans se gêner.. 80.000 l.

A^{ne} Moynier, comme dessus, mais comme il a gagné davantage depuis la révolution, peut donner............ 100.000 l.

Schaleymer, garçon et riche assez pour offrir.......... 100.000 l.

J.-M. Degraix, comme son patriotisme n'est pas violent, il peut donner... 50.000 l.

Saget, riche propriétaire, dont la contribution peut aller à.. 80.000 l.
Couder père, fils et Passavant n'ayant point agioté et ayant perdu, par cette raison, attendu qu'ils sont bons patriotes... 50.000 l.
J. Gerard est riche, dépense peu et doit, sans se fâcher, offrir... 50.000 l.
Girard père, comme il n'est pas chaudement l'ami de l'égalité et qu'il est riche, nous estimons qu'il peut donner.... 30.000 l.
J. Devillas et Cie sont moins riches qu'ils ne le paroissent, et attendu qu'ils ont beaucoup perdu dans une faillite à Amsterdam, nous croyons juste de les modérer à........ 15.000 l.
J.-B. Brun, assez riche et comme il est sans enfans..... 50.000 l.
Félix, comme cela pourroit priver quelques prêtres de ses gratifications, il offrira en expiation................ 25.000 l.
H. Scherer est riche, mais comme il n'a point agioté, malgré beaucoup d'invitations....................... 50.000 l.
C^{no} Pouteau, riche et attendu qu'elle alimente des prêtres, nous avons cru qu'elle ne seroit pas sourde aux cris de la patrie en danger.. 10.000 l.
Gauget, Scherb et Cie, attendu qu'ils n'ont pas agioté et qu'ils sont patriotes, nous croyons qu'ils ne se refuseront pas à offrir... 10.000 l.
Brossat et Perrin, drapiers, sont assez riches pour offrir 8.000 l.
Meynard, Goibet et Cie. Le citoyen Meynard est assez riche pour offrir...................................... 5.000 l.
C^{no} Delezan peut donner............................ 5.000 l.
Morel, Chevrotier et Cie, attendu qu'on peut leur reprocher un peu de froideur pour la liberté, nous croyons qu'ils ne laisseront pas échapper cette occasion de prouver qu'ils aiment la révolution en offrant............... 10.000 l.
Beuf frères, sont riches, mais comme l'aîné a beaucoup d'enfans.. 10.000 l.
Ponchon, l'aîné, riche, mais comme il s'est borné à un commerce honnête....................................... 15.000 l.
Delessert et fils, comme ils sont bon patriotes, et notamment le citoyen Delesssert obligé de fuir la Suisse pour son patriotisme; qu'ils n'ont point agioté et que, loin d'avoir gagné ils ont perdu beaucoup, nous croyons juste de les borner à.. 30.000 l.
Chirat père et fils peuvent donner sans faire de grands efforts... 20.000 l.
Lemoine, malgré les préjugés, peut offrir............ 8.000 l.
Guerin, chirurgien, d'après sa fortune connue, peut offrir 15.000 l.
Ve Pomerol et fils, assez riches et assez aristocrates pour offrir.. 20.000 l.
Faure frères, assez riches pour offrir................. 20.000 l.
Brolman et Duport, commissionnaires pour l'Allemagne; ils n'ont pas agioté et, depuis la guerre, ils ont dû être obligé de diminuer leurs affaires; ils sont cependant assez riches pour contribuer pour........................ 25.000 l.
Coste frères et Quizard, riches médiocrement, exerçant un commerce honnêtement............................ 10.000 l.

Berthier le borgne, assez riche pour offrir............	5.000 l.
J. Soret et Cie, fabriquant ; il a assez gagné dans son commerce pour offrir...............................	10.000 l.
Toring et Triquet, médiocrement riches, mais assez froidement amis de l'égalité pour offrir...................	6.000 l.
Boydelatour, assez riche pour offrir................	6.000 l.
Ve Debrosse, attendu qu'elle n'a fait aucun sacrifice pour la révolution...............................	10.000 l.
C^de Allard peut donner...........................	5.000 l.
J^ee Griffe cadet est peu fortuné ; mais si on lui dit que la patrie a besoin de ses secours, il n'est pas besoin de fixer sa générosité, son patriotisme est connu.	
Nantas et Mottet. Ils n'ont point agioté et le citoyen Nantas est père de plusieurs enfans...................	3.000 l.
J^n Vial et C^io, garçon et fort économe, donnera volontiers...	3.000 l.
Carle, Fassier et Rivaud ayant fait un commerce lucratif pendant la révolution............................	6.000 l.

N° LXXXVIII. Le vingt-deux juin 1793, l'an 2 de la République françoise, sur l'heure de cinq après midi, s'est présenté au comité de surveillance de la section Rousseau, le citoyen Jérôme Belouse ainé, négociant, rue Trois-Carreaux, n° 126 ; lequel, tant en son nom qu'en celui dudit Belouse, son frère, associés, nous a représenté deux mandats impératifs dont suit la teneur.

CONTRIBUTION FORCÉE

N° 130.
District de Lyon.
Comité de Salut public.

———

Aux Citoyens
BELOUSE frères,
Section de St-Nizier, N° 126.

Citoyen, nous vous prévenons qu'en vertu de l'arrêté des trois corps administratifs en date du 13 ou 14 mai, sous l'autorisation des représentants du peuple à l'armée des Alpes, qui enjoint à tous les citoyens aisés de cette ville de contribuer forcément à completter la somme de six millions, pour subvenir à l'entretien d'une armée révolutionnaire levée pour repousser les ennemis de la république, vous avez été compris, pour ledit complément, à la somme de soixante mille livres, qu'il vous plaira verser entre les mains du trésorier du Comité de salut public, dans le délai de 24 heures, d'après la date ci-dessous, sous peine d'être poursuivi par toutes les voies, et ledit être noté comme homme suspect.

A Lyon, le 27 mai mil sept cent quatre-vingt-treize, l'an deux de la République françoise. *Signé,* MACABEO cadet, RICHARD, TRICHARD.

SECTION. ROUSSEAU
CI-DEVANT SAINT-NIZIER, COMITÉ DE SALUT PUBLIC

N° 15.
Citoyen BELOUSE
rue Trois-Carreaux, N° 126,
pour l'armée de la Vendée.

Au nom de la patrie en danger, vous êtes requis d'entrer dans la force armée et révolutionnaire que forme le district de Lyon, votre concours étant jugé nécessaire pour le salut de la république, sous les peines portées par l'arrêté des corps administratifs du 14 mars dernier, sous l'autorisation des représentans du peuple à l'armée des Alpes (est écrit à la main) au premier avertissement vous voudrez bien vous rendre à l'endroit qu'il vous sera indiqué.

A Lyon, ce 27 mai 1793, l'an 2 de la République françoise. *Signé* FILLION.

Le soussigné, tant en son nom qu'en celui de Claude Belouze, son frère et associé, déclare qu'il retient en son pouvoir les originaux dont copie ci-dessus, pour les représenter au besoin.

Il déclare, en outre, que son établissement date de la fin de l'année 1781 ; que ce n'est que sur la confiance de ses amis qu'il fit l'acquisition d'un fonds de commerce d'indienne, que depuis cette époque il a toujours eu à sa charge, tant frère que sœurs, au nombre de 4, qu'il en a gardé un 4 ans malade, et qu'après sa mort et celle de son père, il a pris soin de sa mère qui se trouve dans ce moment chez lui avec trois de ses sœurs, tous à sa charge ; ce qui l'a mis dans l'impossibilité d'acquérir le tiers de la somme à laquelle il avoit été arbitrairement imposé ; ce qui est connu de toute la section et qu'il prouvera au besoin, ajoutant que sa mère est âgée de 80 ans et la plus jeune de ses sœurs de cinquante ; ce qu'il affirme sincère et véritable, et a *signé* BELOUZE aîné ; MONTANIER, vice-président, J.-B. FOUCHEROT, secrétaire.

N° LXXXIX. Paris, 24 mai 1793, 2me de la rép. fr.

Frères et amis, nous avions cru pouvoir être entendus à la barre ce matin ; nous n'avons pu y réussir, *malgré les précautions que nous avions concertées avec les députés nos amis* ; nous avons, d'accord avec eux, consulté le Comité de salut public, qui doit faire son rapport ; ils croient que cette mesure est meilleure que de paroître à la barre ; soyez tranquilles à cet égard ; occupez-vous uniquement, avec la plus grande diligence, à former l'armée révolutionnaire, à percevoir les fonds pour l'équipement, c'est à quoi vous devez travailler sans relâche ; nous avons lieu de croire que cette besogne est avancée ; ne négligez rien de ce que comporte l'arrêté ; soyez fermes dans vos exécutions ; quant au tribunal révolutionnaire, ce n'est pas ce qui doit vous tenir le plus à cœur. L'armée et les fonds, c'est ce qu'il faut d'abord avoir.

N'écoutez pas toujours Challier ; ne souffrez personne dans votre comité que ceux qui en sont membres.

Amis ! vous savez que *Gaillard vous a laissé des notes en partant qui contiennent de grandes mesures qui peuvent vous être utiles.*

Du courage, Salut, Fraternité. *Signés* GRAVIER, GAILLARD.

Paraphé par nous commissaires du département et du district de Lyon, au désir de notre procès-verbal de ce jour.

Lyon, ce 6 juin 1793, l'an 2me de la république. *(Signés)* FASION, administrateur du département. Fuz, administrateur du district.

N° XC. *Lettre trouvée chez Pelletot fils, qui se qualifie agent du comité de salut public.*

Citoyen, si vous avez quelques renseignemens à me donner de plus, au sujet de ce que vous savez, je vous prie de me le marquer dans cette même lettre ; pour quant à moi, je vous préviens que tout est en notre faveur, que les esprits paroissent assez bien disposés, *et qu'il n'est rien que je n'emploie pour parvenir à notre but* ; je vous prie donc de me marquer quelle marche je dois tenir, parce que je vais réunir tous les commissaires de chaque section ; mais pour pouvoir réussir, il me faudrait absolument de l'argent, pour pouvoir échauffer les têtes. Salut. Je suis pour la vie votre concitoyen, PELLETOT fils.

(Adresse). Au citoyen Achard, administrateur du département de Rhône-et-Loire et membre du Comité de salut public. *(Cette adresse est rayée d'une encre plus noire ; il ne reste que les mots au citoyen Pelletot, le dernier étant écrit sur le mot Achard)*. Réponse écrite au haut de la lettre. Nous n'avons point d'argent à notre disposition ; notre devoir nous oblige d'être à notre poste, soyez au vôtre ; agissez par tous les moyens qui sont à votre pouvoir ; que la prudence soit sur-tout votre guide pour opérer complettement. Salut.

N° XCI. Nous, gens du comité de salut public, déclarons que nous ne pouvons plus arrêter les étrangers qui sont consignés aux différentes portes, vu que la garde nationale devient d'une grande insouciance.

Ce 13 mai 1793, l'an 2me de la République. *Signé* FERONET.

N° XCII. On est venu rapporter au comité de salut public que l'on laissait sortir assez librement des particuliers de la ville.

On demande que la consigne donnée par les chefs soit absolument exécutée et surveillée. *Signé* ROCH, secrétaire du comité.

N° XCIII. *Proclamation prononcée dans les rues par Challier, pour la formation de l'armée révolutionnaire, écrite de sa main.*

Citoyens, le 5 de mai vous fûtes invités par vos magistrats à vous organiser en armée révolutionnaire ; ce jour est d'un présage heureux ; le même mois et à pareille date, se tinrent en 1789 les états généraux en France ; ils devinrent le commencement de vos triomphes sur deux castes ci-devant privilégiées ; vos succès ont augmenté leur haine. Liguées aujourd'hui avec plusieurs peuples vos voisins, elles prétendent encore vous apporter des chaînes plus pesantes que celles que vous avez brisées. O ingratitude ! ô honte de l'espèce humaine, des gens nés dans votre sein, que même vous comblâtes de vos bienfaits, ont, pour vous asservir, réclamé les secours de ces hordes étrangères. *Si le souvenir de tant d'outrages trouvoit des hommes insensibles parmi vous, ah ! périssent le jour et le sol malheureux qui les auroient vu naître.*

Tout vous invite donc à former avec célérité une armée révolutionnaire ; il est temps enfin de mettre des bornes à votre clémence ; il est temps que le glaive de la justice frappe indistinctement toutes les têtes coupables ; peut-être qu'une trop grande sévérité seroit attribuée à vengeance de votre part ; il vous convient de l'éviter ; celle-ci est une passion meurtrière, indigne de la majesté d'un peuple généreux ; d'ailleurs la vengeance est le fléau des rois, et vous ne les avez pas proscrits de l'étendue de votre domination pour imiter leurs exemples.

L'armée révolutionnaire une fois organisée, votre triomphe est assuré. Sans doute vos ennemis, certains de leur chûte prochaine par le succès de cette démarche magnanime, vous exagéreront les fatigues des camps, les peines et les dangers attachés à la victoire ; citoyens, ne les écoutez pas ; ce langage ne peut flatter que les riches amollis par le luxe et pour qui l'esclavage a des charmes ; mais vous qui jusqu'à ce jour n'avez connu que la rigueur des saisons, la misère et ses horreurs, renonceriez-vous lâchement à la gloire qui vous appelle ? *laisseriez-vous échapper de vos mains le sceptre et la puissance que vous pouvez conserver à jamais par un courage infatigable.*

Il ne faut rien vous dissimuler, vous n'avez qu'un parti à prendre, celui des armes ; si vous refusez de combattre aujourd'hui, demain la famine vous poursuit, vous, vos femmes et vos enfants ; certes, ne vous attendez pas d'échapper à ce fléau destructeur, puisque déjà la valeur des denrées a cessé d'être en proportion avec les gains de votre industrie ; d'ailleurs, *vous avez demandé un décret qui fixât le prix des subsistances ; ignorez vous que c'est les armes à la main que vous forcerez les rebelles à l'exécution de cette loi salutaire ?*

Des hommes profondément pervers ont profité de ces temps de détresse pour appeller vos regrets sur votre ancienne servitude ; mais vous ne l'obtiendrez pas, quand même vous auriez la lâcheté de la demander ; avez vous oublié que vos ennemis ont juré, dans leur fureur, d'égorger jusqu'aux enfants à la mamelle de la génération françoise, tellement les tyrans l'ont en horreur.

L'on a osé vous parler de servitude ; eh ! quelle servitude, grand dieu ! *L'on a entendu ces paroles sortir de la bouche des aristocrates : Tant mieux, disoient-ils, dans leur joie féroce ; tant mieux si la guerre enlève nos bœufs et nos chevaux, nous attellerons à leur place les François devenus nos esclaves ; vous frémissez citoyens ; eh bien, aux armes, François, aux armes et puisqu'il ne vous reste d'autre ressource que la victoire pour échapper à l'opprobre et à la mort, il faut obtenir cette victoire ou s'ensevelir sous les ruines de votre empire.*

N° XCIV. *Modèle de serment rédigé par Challier, pour l'armée révolutionnaire, écrit de sa main, reconnu de lui et joint au procès.*

Citoyens, voulez-vous savoir quand l'homme mérite le titre de citoyen ? c'est quand il n'abandonne jamais la chose publique ; voulez-vous savoir quand vous mériterez le glorieux titre de citoyen ? c'est quand vous ne tournerez jamais contre la Patrie les armes qu'elle vous a confiées pour sa défense.

Balayons des fondations de la félicité publique les matières hétérogènes qui en rendroient tôt ou tard les bases subversibles ; soyons calmes, prudents, vigilants, sévères et toujours vertueux, et nous posséderons le riche trésor de la liberté et de l'égalité.

Serment proposé.

Je jure de maintenir la liberté, l'égalité, l'unité et l'indivisibilité de la République, la sûreté des personnes et des propriétés, ou de mourir en les défendant, *et d'exterminer tous les tyrans du monde et leurs suppôts qui sont désignés sous les noms d'aristocrates, de feuillantins, de modérés, d'égoïstes, d'accapareurs, d'usuriers, d'agioteurs, et tous les inutiles citoyens de la caste sacerdotale*, ennemie irascible de la liberté, et protectrice du despotisme et de la tyrannie.

Notre serment s'étendra sur nous, sur nos neveux et sera prononcé par tous les sans-culottes.

N° XCV. Lyon, 16 mai 1793, l'an 2me de la République françoise.

Citoyens, vous vous mettrez en permanence de suite et y resterez jusqu'à nouvel ordre.

Le comité de salut public, chargé du soin de sauver la chose publique dans ce département, vous invite à vous occuper sans délai de la formation d'un tableau de toutes les personnes capables de porter les armes dans l'arrondissement de votre section. Vous sentez comme nous combien il est important que vous vous en occupiez de suite, et de nous rendre compte sous 24 heures, s'il est possible. Vous ne comprendrez dans ce tableau que des personnes de bonnes mœurs et connus pour vrais républicains. Nous comptons sur votre zèle et votre patriotisme ; et sommes très fraternellement les membres du comité de salut public. *Signés* RICHARD ; MACABEO, cadet, et MAILLAN.

(Adresse). Le comité révolutionnaire et de surveillance de la section Saint-Vincent.

N° XCVI. *Extrait du procès-verbal de la section Saint-George.*

Dans la séance de la section de Saint-George, tenue le 20 mai, a paru le citoyen Henri, lequel a dit : citoyens, votre président, vos secrétaires et scrutateurs ont été enlevés dans leurs domiciles, dans la nuit du 19 au 20 courant, par une force armée de 300 hommes environ, à la tête desquels étoit le citoyen Dubois, officier municipal, lequel a gardé le silence sur l'interpellation qui lui a été faite par le citoyen Lavaure, l'un des détenus, d'exhiber ses pouvoirs et de décliner les motifs en vertu desquels on le mettoit, ainsi que ses collègues, en état d'arrestation ; ledit citoyen président reconnoissant trop tard qu'il n'existe d'autres loix que celles de la force aux yeux de la municipalité actuellement en exercice, s'est laissé conduire par les satellites de ces nouveaux despotes jusques à la maison commune, où il est arrivé heureusement sain et sauf, malgré les projets formés de l'assassiner, ainsi que ses collègues, à coups de baïonnette, dont trois furent parés par de braves républicains ; malgré le nouveau complot de jouer aux quilles et aux boules avec leurs têtes ou de les précipiter dans la rivière.

A ce rapport, l'assemblée, pénétrée d'indignation de la conduite de ses délégués, qui semblent avoir substitué le règne de l'anarchie à celui des loix, et l'amour du sang à celui de l'ordre, a nommé par acclamation vingt députés, à l'effet de se transporter à la commune pour y réclamer l'élargissement des citoyens qu'elle avoit honoré de sa confiance, en les destinant à former son bureau. La députation étant nommée, s'est rendue à 7 heures du matin, ce jour 20 mai, auprès du citoyen maire, à l'effet de connoître les motifs qui avoient déterminé l'arrestation desdits officiers et d'en obtenir l'ordre de les rendre à leur assemblée pour la suite de ses opérations. Cette démarche, qui n'eut aucun succès, fut suivie, pendant quatre heures, de supplications aux différents membres de la commune, de la part desdits députés dont le résultat fut enfin l'élargissement des détenus ; mais sous la responsabilité de tous les réclamants. Ça été en vain que lesdits présidents et autres demandoient, avant de sortir, qu'on leur accordât, pour toute satisfaction, de leur faire connoître les prétendus motifs qui avoient déterminé leur arrestation à l'heure de minuit et dans leurs domiciles ; ce qui est absolument contraire aux décrets de la Convention sur les propriétés et la liberté des individus, etc.

Certifié conforme à l'original, par nous secrétaire et autres citoyens, tant détenus que membres de l'assemblée. LAVAURE, président, ex-prisonnier ; BOULLAY, secrétaire, ex-prisonnier ; HENRY, scrutateur.

Nous, Laurent-Louis Begot, juge de paix du canton de la Métropole de Lyon, certifions que les citoyens Lavaure, Henri et Boullay, sont tels qu'ils se sont qualifiés.

A Lyon, 4 mai 1793, l'an 2me de la République, BEGOT.

N° XCVII. Chambéry, le 25 mai 1793, l'an 2me de la République françoise.

Les représentants du peuple, envoyés près l'armée des Alpes, aux citoyens composant le comité de salut public à Lyon.

Les différentes lettres que nous avons reçues de vous et de plusieurs bons citoyens de votre ville, la situation des esprits dans le district de Montbrizon et de Villefranche, les espérances des aristocrates et leur insolence, la conduite de votre département et la permanence de quelques-unes de vos sections, tout nous prouve combien étoient utiles les mesures de sûreté générale qui ont été prises à Lyon pendant le séjour que nous y avons fait.

Notre démarche a été ordonnée par les circonstances inspirées par l'amour de la liberté et du bien public, et dirigées suivant l'esprit des loix et du patriotisme. Nous sommes convaincus que l'exécution de l'arrêté concernant l'armée révolutionnaire, et dont vous voudrez bien nous donner l'extrait, ainsi que des autres arrêtés, peut seul écarter la contre-révolution de votre pays ; c'est à votre courage, à celui des patriotes, à la sagesse de vos décisions, à votre civisme, à soutenir l'ouvrage dont l'exécution vous a été authentiquement confiée par les corps administratifs réunis. Nous ne connoissons point encore le parti que la Convention Nationale aura pris en recevant la nouvelle des résultats de notre passage à Lyon ; si la liberté, si la police règnent, ce que nous avons fait doit être confirmé ; mais pour que le succès couronne vos espérances, il auroit fallu et promptitude et sagesse dans les mesures d'exécution que vous avez déterminées. L'arrêté du   est le garant de vos pouvoirs et en fixe les limites ; c'est en le suivant exactement, que vous aurez pu parvenir à en remplir le but ; la connoissance des personnes et du pays, a dû vous tracer la marche que vous aviez à suivre ; et, comme nous, votre patriotisme, votre courage, votre dévoûment au maintien des droits du peuple, vous dirigeront dans les circonstances difficiles dans lesquelles nous nous trouvons ; et sur-tout, vous mettront à même de prouver que la vertu peut toujours lutter avec l'honneur, contre l'intrigue, l'hypocrisie et affronter tous les coups des ennemis de la chose publique et du bonheur commun. Si, contre notre attente, nos efforts communs pour sauver notre département de la contagion contre-révolutionnaire, devenant inutiles, ils étoient mal reconnus par la Convention Nationale, qui pourroit ne les pas soutenir, qu'après avoir été trompée par ceux qui, depuis si longtemps, lui dérobent la vérité et qui ont su arracher à la vindicte publique, les ennemis de la liberté et de l'égalité, *Signé*, GAUTIER et NIOCHE.

Cette lettre a été trouvée dans les archives du comité de salut public et inventoriée.

N° XCVIII. *Extrait des registres du Comité de salut public.*

Dans la séance du comité de salut public, en date du 18 mai 1793, l'an 2me de la République Françoise, où étoient les citoyens soussignés ;

Plusieurs députations de citoyens patriotes de cette ville ont été introduites ; elles ont annoncé que les malveillans faisoient les plus grands efforts pour troubler la tranquillité publique ; qu'ils avoient saisis avidement l'occasion des assemblées de sections qui doivent avoir lieu le 20, à l'effet de mettre à exécution la loi du 21 mars dernier, relative aux comités de surveillance des sections ; que leur intention étoit de faire déclarer en permanence les sections, lorsqu'elles seroient assemblées, et par ce moyen s'opposer à la formation de l'armée révolutionnaire et ôter aux comités de chaque section le droit de délivrer les cartes de civisme ; et enfin de tout employer pour allumer le feu de la guerre civile ; le comité, après avoir invité les citoyens de continuer de surveiller les complots des ennemis de la patrie, arrête que députation sera faite aux trois corps administratifs, pour les engager de se réunir à sept heures du soir dans la salle du conseil privé de la maison commune, afin de voir s'il seroit possible, pour ne point mettre en danger la chose publique, d'éloigner l'exécution de la loi du 21 mars dernier, attendu que la municipalité y avoit déjà, pour ainsi dire, pourvu par des comités de surveillance qu'elle avoit formé elle-même dans chaque section. Nous étant assemblés en vain, écrivit-on, sollicita-t-on le département à se réunir, il s'y refusa et objecta, pour toute réponse, qu'il falloit que la loi fut exécutée. Procès-verbal fut dressé par la municipalité du refus du département.

N° XCIX. *Extrait des mêmes registres.*

Dans la séance du comité de salut public, en date du 19 mai 1793, l'an 2me de la République Françoise, où étoient les citoyens soussignés ;

Aux termes de l'article XXIX de la proclamation des trois corps administratifs, ils sont tenus de s'assembler tous les dimanches pour raisonner sur les affaires générales de la république et sur des objets particuliers au département. La municipalité s'y rendit, mais le département s'y refusa.

Les sections étant assemblées, les intrigants sont venus à bout, par des efforts multipliés, de mettre la ville en conbustion ; ils ont amené diverses députations de la section du Port-du-Temple, qui alloient solliciter dans les autres sections l'établissement de la permanence des assemblées ; elles étoient porteuses d'un arrêté qu'avoit pris la section de Port-du-Temple, assemblée, qui portoit en substance, qu'elle se déclaroit en permanence ; de toutes parts, les sans-culottes se mettent en alarmes, on craint des troubles, on craint la guerre civile et l'expansion du sang innocent. Le comite arrête aussitôt, de déployer la plus grande force armée pour intimider les audacieux : réquisition est donnée au commandant de l'escadron des dragons, à celui de la gendarmerie et à celui de la garde nationale, afin de maintenir la tranquillité publique. La nuit s'avance, plusieurs arrestations sont faites, et notamment de trois personnes reconnues pour avoir suscité l'établissement de la permanence dans la section du Port-du-Temple ; deux personnes, pour avoir chanté une chanson très patriote, sur laquelle on avoit fait le *qui proquo* de croire qu'elle étoit en faveur de de Louis XVI, et un autre peu près pour le même sujet ; lesquels ont été détenus dans la chambre de la maison commune, dite de la chapelle ; pour mesures de sûreté, même envers leurs vies, qui avoient beaucoup couru de risques. Des patrouilles nombreuses, tant à pied qu'à cheval, ont été faites pendant la nuit. La tranquillité parut avoir été rétablie.

N° C. *Extrait des registres de la section du Port-du-Temple.*

Cejourd'hui 19 mai 1793, l'an 2me de la République Françoise.

Les citoyens de la section du Port-du-Temple assemblés, sous la présidence du plus ancien d'âge, en conformité de la convocation faite le 12 de ce mois par la Municipalité de Lyon, ensuite de l'arrêté du département de Rhône et Loire, en date du 6 courant ;

Considérant : 1° qu'aucune loi ne défend aux citoyens de s'établir en assemblée de section permanente ; qu'au contraire il paroit, par l'article XI de la loi du 21 mars dernier, que les sections doivent être permanentes, puisque la discussion qui pourroit survenir au sujet des déclarations faites pardevant les commissaires surveillants, doit être renvoyée pardevant elles pour y être statué définitivement ;

2° Que le seul moyen et le plus efficace pour ramener l'ordre, qui paroît être troublé dans cette ville depuis quelques mois, est la permanence des sections, parce que c'est là que les citoyens exercent pleinement leurs droits et qu'ils peuvent s'éclairer et se secourir mutuellement ;

3° Que la permanence des sections est le seul moyen de prévenir le retour de tout acte arbitraire, et que la liberté, l'égalité et la résistance à l'oppression sont de droit naturel, et se trouvent consacrées par la Convention dans sa déclaration des droits de l'homme ;

4° Enfin, que les villes où les sections sont permanentes, sont celles qui jouissent de la plus grande tranquillité ; telles sont les villes de Marseille et Bordeaux, etc.

Ont arrêté à la majorité de cent une voix contre dix, de se déclarer en permanence, que copie du présent arrêté sera communiquée aux Corps administratifs et aux autres sections de la commune de Lyon.

Ensuite on a procédé à la nomination des membres du bureau. *Certifié conforme à l'original.* Signé REYNARD, secrétaire provisoire.

N° CI. *Arrêté du Conseil général de la commune de Lyon, en permanence, réuni avec les membres du comité de salut public du département de Rhône-et-Loire.*

Dans la séance du 23 mai 1793, l'an 2me de la République Françoise, où étoient les membres composant le conseil général de la commune et les membres du comité de salut public, un membre a pris la parole et a dit : etc.

Sur ce, l'assemblée, considérant qu'il existe dans cette cité des âmes de boue, soudoyées par les puissances étrangères pour armer les citoyens contre les citoyens et, par là, attiser le feu de la guerre civile, afin de les faciliter dans leurs conquêtes et leurs projets hostiles sur notre territoire ;

Considérant que parmi ces vils satellites du despotisme, il est encore une autre classe d'hommes qui n'ambitionnent rien tant que de voir rétablir la royauté et qui, pour y parvenir, se voilent d'un masque républicain, sous le nom d'ami des lois ;

Considérant que la loi du 21 mars dernier, sur la convocation des assemblées de sections, ne peut souffrir aucune interprétation et qu'elle peut, tout au plus, être expliquée ;

Considérant que son but est seulement de former des comités ne portant point le nom de surveillance, étant simplement chargés de recevoir le nom des étrangers habitant leur section respective ; et que, sous aucun prétexte, ces comités ne peuvent et ne doivent connoître d'aucun autre objet, tel que quelques sections ont pu le croire ;

Considérant que l'article 11 de la loi précitée, dont diverses sections excipent pour s'établir en permanence, demande une explication pour les citoyens qui sont tombés dans les pièges de l'erreur, et qu'il est urgent de les en retirer, afin d'éviter les malheurs qui en peuvent être les suites ;

Considérant que cet article dit seulement que les déclarations faites devant le comité, seront, en cas de contestation, portées devant le conseil général de la commune ou devant l'assemblée de section ; mais, comme aucune assemblée de section ne peut exister sans une convocation légale, il est nécessaire que le comité portant d'abord la contestation devant le conseil général de la commune, le même conseil décide si la section sera assemblée pour décider définitivement de la question, ou s'il la décidera lui-même, etc.

Considérant, de plus, que les dangers de la patrie ont mis légalement en permanence toutes les administrations, il seroit contradictoire aux droits du peuple et aux lois, que le peuple fût en permanence avec ses magistrats.

Ouï le Procureur de la commune en ses conclusions :

L'assemblée arrête : 1° que les sections ne pourront rester en permanence sous aucun motif ; 2° que lorsqu'un comité aura besoin de faire assembler sa section pour décider d'une contestation relative à la déclaration d'un ou plusieurs étrangers, elle en avertira le Conseil général de la commune à qui seul appartient le droit de la convocation ; 3° que lesdites assemblées se dissoudront aussitôt que les contestations seront terminées ; 4° que les assemblées de sections ne pourront prendre aucune autre délibération, lorsqu'elles suspendront leurs séances, que celle qui a rapport à leurs fonctions, conformément à la loi ; 5° que lesdits comités ne pourront s'immiscer, sous aucun prétexte, dans les fonctions des comités révolutionnaires ; leurs fonctions devant se borner à recevoir la déclaration des étrangers, ou en décider les contestations.

Le conseil général de la commune, ensemble le comité du salut public, rendent responsables les présidents et secrétaires des assemblées de sections de la non exécution du présent arrêté, jusqu'à ce que la Convention ait décidé : 1° si, d'après la loi, les sections ont droit de rester en permanence ; 2° par qui les contestations à naître doivent être décidées ; 3° si les comités auront le droit de convoquer l'assemblée des sections.

N° CII. Lyon, ce 23 mai, l'an 2ᵐᵉ de la République françoise.

Amis et frères, plus nous avançons dans le choc des circonstances, plus nous sentons que le terme fatal d'un combat à mort entre les républicains et les royalistes approche ; qui des deux emportera la victoire ? voilà nos réflexions ; elles sont bien tristes, quand nous voyons Marseille et Bordeaux perdues pour la République, Lyon sur le point de venir la proie de l'aristocratie la plus enragée.

Dans ce moment la contre-révolution est ouverte ici, les sections sont en permanence, la loi du 21 mars les y autorise ; ou du moins semble les y autoriser ; les contre-révolutionnaires y dominent, et malheureusement ce sont eux qui forment les comités de surveillance et qui les composent. Tous nos efforts pour percevoir les contributions sont devenus nuls devant eux ; la proclamation dont vous êtes porteur est traînée dans la boue, ou plutôt on ne veut pas la reconnoître ; le peuple seul y est soumis, il est également bon et patriote partout, nos réquisitions sont repoussés par la force, et le décret *Chassei*, et ce décret, la source de nos maux, en sont les auteurs, ce sont sûrement eux qui sont chargés de faire assassiner les jacobins de ce pays.

Nous avons envoyé des missionnaires dans tous les districts, nous en avons dans la ville ; tout ça n'est rien devant l'audace des scélérats. Lyon suivra à coup sûr dans peu l'exemple de Marseille ; il est temps de frapper le comité autrichien de Paris ; sans ce la République est perdue, un second Capet remonte sur le trône bâti sur les ossemens des patriotes.

Ainsi, hâtez-vous de revenir, le temps presse, votre énergie est d'une grande utilité dans cette cité ; emmenez avec vous quelques bons bougres, hommes de tête, pour se mettre chef de notre comité ; il est paralysé, soit par les décrets précipités, soit par sa foiblesse ; vous connoissez sa composition, ce sont des hommes nuls et même nuisibles, et nous autres ne pouvons point tout faire, notre énergie devient foiblesse par la faute de nos collaborateurs ; par les moyens *et la grande majorité des scélérats de cette cité*, nos bras sont entièrement liés ; *nous craignons de faire répandre du sang, que l'insurrection n'étant point complette, nous ne soyons reconnus les auteurs et traduits dans des cachots*, desquels nous craignons plutôt la peste que la mort.

Nous attendions que vous nous donneriez de bonnes nouvelles de la proclamation, ou du moins quelques espérances, desquelles nous aurions pu nous autoriser ; mais le retard nous tient encore les bras croisés. Nous attendons des nouvelles de Dubois-Crancé et autres, peut-être nous sortiront-ils de l'angoisse où nous sommes. Adieux, amis, j'ai le cœur navré, Fillion est de même, tout nous dit que la chose est perdue, si Paris ne fait un nouvel effort. Le salut. *Signé* ACHARD et FILLION.

Adresse au citoyen Renaudin, luthier, rue St-Honoré, au coin de celle Jean-St-Denis, pour remettre au citoyen Gaillard, député de la commune de Lyon, à Paris.

N° CIII. *Note trouvée chez Gaillard.*

Perret, Rosier, du district de la campagne.
Tarpaut.
Andrieux.
Martin.
Robert.
Michel au département.
Souchet.
Ringard.
Soc.
Un borgne, négociant, place de la Fromagerie, que je crois se nommer Borgeo.

Gras cadet.
L'aristocratie des chefs de bureau de département, ainsi que l'aristocratie du chef de la force armée.
District de Montbrison juré de jugement.
Juge de paix mauvais.
Signé, GAILLARD.

Et de Villefranche mauvais.
Signé, GAILLARD.

Noms des citoyens à employer.

Commissaires des Guerres.

Ponteuil.
Dumanoir.

St. Amant.

Gardes-Magasins.

Lacoste.

Lacroix.

Chefs de Magasins.

Lacoste.
Girod.
Pellisson.
Marduel.
Boiron.
Terrard.

Chicot.
Merles.
Defleche.
Cusset, cadet.
Cusset, aîné.

Instruire.

Dodat.
Durand.

Garilloux.
Genoux.

Signé GAILLARD.

N° CIV. *Fragments d'une lettre de Dodieu, à Gaillard, son collègue, du 23 mai 1793.*

Quelques sections de Lyon ayant beaucoup d'égoïstes dans leur sein, ont prétendu se constituer permanentes, en opposition à la loi qui leur permet seulement de s'ajourner pour juger les incidens qui pourroient survenir dans les opérations de leurs comités de surveillance, et n'ont pu y parvenir à cause du bon esprit qui règne dans le plus grand nombre et dans les vrais républicains de cette ville. *Cependant l'emprunt forcé s'est rallenti, tandis que la légion révolutionnaire se grossit de jour en jour ;* à quoi attribuer ce répit et ce manque de fermeté ! *En vérité, Gaillard, nous avons besoin de toi pour faire abroger le décret qui nous ravit toutes nos mesures de salut populaire,* et nous aurions besoin de toi pour maintenir le thermomètre du patriotisme Lyonnois à la hauteur qui lui convient. Que n'as-tu deux corps également animés ?

N° CV. *Arrêté du Conseil général du département de Rhône-et-Loire, en surveillance permanente. Du 25 mai 1793, l'an 2me de la République française. Concernant les comités de surveillance des sections de la ville de Lyon.*

Extrait du registre des délibérations du conseil général du département de Rhône-et-Loire.

Dans la séance publique du conseil général du département de Rhône-et-Loire, où étoient les citoyens Dubost, président ; Couturier, Bonamour, Borde, Sauzéas, Servan, Richard aîné, Tardy, Blachon et Mottin, administrateurs ; Meynis, procureur général syndic, et Gonon, secrétaire général.

Un membre a fait un rapport général sur la situation de la ville de Lyon, suivi d'un exposé des différentes contestations qui se sont élevées sur le mode et la tenue des assemblées de sections convoquées dimanche dernier ; il a été fait lecture : 1° d'une pétition des citoyens de la section de *Guillaume Tell*, par. (*Cf. Cons. gén.* t, II, p. 296).

IX. Que le présent arrêté, imprimé et affiché dans l'étendue de la municipalité de Lyon, sera sur-le-champ envoyé à la Convention Nationale, au conseil exécutif et au district de Lyon, avec injonction à ce dernier de tenir la main à son exécution.

Fait en Conseil général du département, à Lyon, les jour, mois et an que dessus.

Signé, Dubost, président, et Gonon, secrétaire-général.

Extrait collationné. Gonon, secrétaire-général.

N° CVI. *Extrait des registres du comité de surveillance de la section de rue Neuve.*

Le citoyen Ferouillat présidant, le 26 mai dernier, l'assemblée, comme plus ancien d'âge ; le nommé Binard vint la troubler en disant audit citoyen Ferrouillat qu'il n'entendoit pas qu'il ouvrit la séance et qu'il s'y opposeroit de toutes ses forces, en lui faisant beaucoup de menaces et insultant toute l'assemblée ; il se retire pour lors, pour aller chercher ses camarades et revinrent en grand nombre, en poursuivant les 24 députés de diverses sections, qui revenoient de l'Hôtel de Ville, à coups de pierre jusque dans l'enceinte de notre assemblée ; ce fait est connu de toute la ville.

A Lyon, ce 10 Juin 1793. *Signé* Ferouillat ; l'Escuier père, Brette, B. Brette fils.

N° CVII. *Extrait du procès-verbal de la section de Saint-George.*

Le 26 mai 1793, l'an 2me de la République françoise.

Les citoyens de la section de Saint-George, paisiblement assemblés dans le lieu ordinaire de leurs séances, pour finir les opérations que la loi du 21 mars leur imposoit, et d'après l'ordre et la convocation du conseil général de la commune, après avoir fini la nomination des douze commissaires surveillans de leur section et près à recevoir leur serment, il s'est présenté, au-devant de la salle d'assemblée, une multitude de citoyens enrôlés pour l'armée prétendue révolutionnaire, à la tête de laquelle étoit le citoyen Dubois, officier municipal, le citoyen Riard, chef de la 2me légion de la garde nationale, qui, ayant fait mettre leur troupe en bataille au devant de l'assemblée, permirent que quelqu'un d'entre eux se lâchassent en propos injurieux contre l'assemblée ; en criant : à bas la permanence, nous la dissoudrons ou nous massacrons tous ceux qui composent l'assemblée. Un instant après, vint un émissaire qui, entrant et se présentant au bureau, demanda si l'on étoit en permanence ; le bureau ne lui rendant aucun compte, il s'en fût après avoir lâché quelques propos. De suite est venu le citoyen Dubois, municipe, décoré de son écharpe, qui demanda si l'on étoit en permanence ; on lui exhiba de suite les registres, où il ne découvrit aucun arrêté à ce sujet ; ceci ne le contenta pas, il persista dans ses menaces outrageantes et vint à bout, par sa présence, d'empêcher toutes les opérations. Dont procès-verbal fut dressé en sa présence et porté au département, les jour, mois et an que dessus. LAVAURE, président ; BOULLAY, secrétaire.

N° CVIII. *Extrait du procès-verbal de la section Rousseau, du 26 mai au soir.*

Sur l'heure de sept de relevée, la section étant assemblée dans le lieu ordinaire de ses séances, divers citoyens étant venus rapporter que les sections de rue Neuve et de rue Buisson avoient été assaillies par des anarchistes, réunis en grand nombre, armés de pierres et de bâtons, et autres armes ; que les citoyens composant ces assemblées avoient été dissous et maltraités ; d'autres citoyens, ayant rapporté que divers députés des sections avoient été assaillis à coups de pierres, et qu'un, entre autre, avoit reçu une blessure à la tête ; enfin, des différens rapports faits coup sur coup, résultant que la ville est dans le plus grand danger, par suite du complot formé pour empêcher l'assemblée de section et le comité de surveillance nommé par les citoyens et empêcher à tous de s'éclairer et de réclamer justice sur une infinité d'actes crians dont notre ville est affligée,

La section a arrêté, à l'unanimité, que les citoyens qui la composent se rendroient de suite sur la place de la Fromagerie, en armes, pour arrêter le désordre et attendre sur ladite place les ordres supérieurs, pour se transporter par-tout où besoin seroit ; et que le présent seroit communiqué au département, si faire se pouvoit ; attendu que toutes les avenues du lieu étoient interceptées par les anarchistes, qui en obstruoient l'entrée et défendoient aux citoyens de s'y présenter ; attendu encore que diverses personnes qui s'étoient rendues à l'Hôtel-commun, lieu de la résidence de tous les corps constitués, pour y demander des ordres et réclamer main-forte, avoient été insultées et maltraitées, soit en entrant, soit en sortant de l'Hôtel-commun ; requérant les citoyens qu'il soit fait mention sur-tout que *le citoyen Gauthier, de la section de rue Neuve, a été, par les anarchistes, blessé à mort de plusieurs coups de sabre à la tête, en sortant de sa section*, et que le présent soit envoyé à la Convention Nationale, pour obtenir justice contre la municipalité, etc. Et se sont, lesdits citoyens de la section Rousseau, rendu de suite sur la place d'armes, pour parer aux dangers, et ce en vertu et exécution des articles six et sept de la troisième section du décret du mois d'octobre mil sept cent quatre-vingt-onze, et se sont ajournés à demain lundi 27 mai 1793, à 3 heures de relevée, tant pour la suite des travaux de la section que pour la suite de la rédaction du procès-verbal des travaux de toute la journée.

N° CIX. *Extrait de divers ordres trouvés sur Julliard, commandant de la garde nationale de Lyon.*

Lyon le 26 mai 1793, l'an 2me de la République, à 8 heures et quart de relevée.

Citoyens, nous vous transmettons une copie de la réquisition faite par le département. Cette réquisition est des plus instantes ; en conséquence nous vous requérons à notre tour de la mettre sur le champ à exécution et de la transmettre en outre à tous les commandans de bataillons. Les administrateurs du district de Lyon. *Signé*, TRICHARD, BOURBON, procureur-syndic ; BERTACHON. Et au bas est écrit, commandant général et chefs de légions.

Teneur de la Réquisition.

Nous administrateurs du département de Rhône-et-Loire, jugeant insuffisantes les mesures que le district annonce avoir été prises par la municipalité de Lyon.... (*Cons. gén.*, t. II, p. 305).

.... Les requérons en outre, dans le dernier cas d'urgence, de faire battre la générale, si les mouvemens séditieux prenoient un caractère de gravité allarmant pour la tranquillité publique.

Lyon, séance publique du conseil-général, le 26 mai 1793, l'an 2me de la République Françoise, sur les 7 heures du soir. *Signé*, etc.

Ordre contraire du comité de salut public.

La réquisition ci-dessus est renvoyée au comité de salut public, comme spécialement chargé des mesures de sûreté, et, à cet effet, autorisé par les arrêtés des trois corps administratifs, en présence des représentans du peuple près l'armée.

Néanmoins, après en avoir conféré avec le maire, aussi réuni et saisi de la première autorité, pour l'émanation de la force armée dont le comité de salut public s'enquit aussi de concert.

Dimanche, le 28 mai, l'an 2me de la République. *Signé* BERTRAND, maire.

Vu le renvoi du citoyen maire de la présente réquisition à notre comité, considérant qu'il est neuf heures du soir, que nous avons déjà pris toutes les mesures nécessaires pour maintenir la tranquillité publique, dont sans doute l'administration du département n'avoit pas encore connoissance, le comité de salut public de ce département ayant arrêté que députation seroit aussitôt faite auprès du département pour l'instruire de nos mesures, la députation, de retour, ayant rapporté qu'elle n'avoit pas trouvé l'administration du département à son poste, ses portes étant fermées, d'après le rapport de notre députation, nous membres dudit comité avons arrêté : que, jugeant la force armée que le département requeroit inutile, ladite réquisition resteroit sans exécution jusqu'à ce que nous en jugions le cas nécessaire et urgent. A Lyon, ce 26 mai 1793, l'an 2me de la République Françoise. *Signé* Thonion, Roche, Fillion et Achard, secrétaires.

N° CX. Je soussigné Bonaventure Billon, rue Basseville, n° 143, déclare que me trouvant au club des jacobins, le 27 ou le 28 mai dernier, j'entendis l'orateur qui étoit à la tribune dire : *les 600 têtes que nous avons manquées ne nous manquerons pas aujourd'hui.* Je demandai à mes voisins quel étoit le nom de l'orateur ; ils me répondirent qu'il s'appelloit Challier. *Signé* Billon.

Extrait des registres du comité de surveillance de la section de l'Egalité, f° 23, n° 53. *Signé* Mottet, Joseph Grandeau.

N° CXI. *Lettre de Challier à Bertrand.*

Ami Maire, si vous avez un moment de temps, vous feriez bien de venir me parler avant huit heures, je ne vous demande cette visite, qui peut vous déranger, cher ami, que parce qu'elle intéresse et la chose publique et Challier, qui pour avoir dit la vérité avant-hier aux jacobins, les sections aristocrates font feu et flammes et m'accusent d'avoir dit ou interprété mal ce que j'ai annoncé, *qui est, que les présidents et secrétaires des assemblées permanentes sans autorisation de la municipalité, tomberont sous le glaive de la loi, seront enfin guillotinés, et qu'ils ne croyent pas, les malheureux, pour vouloir se mettre en contre-révolution ouverte, d'échapper comme les scélérats du 18 février.*

On m'a dit, hier au soir, de retour de la promenade, que les sections aristocrates en permanence avoient arrêté que le département leur ami devoit me faire arrêter. C'est à vous, magistrat, à soutenir le choc du moment avec intrépidité ; par-tout où il y a trahison, luttez courageusement.

Il faut que j'aille au tribunal donner des ordres aux bons patriotes, pour que, sans que cela paroisse, j'y sois veillé pour l'aller et le retour, car de quoi n'est pas capable l'aristocratie au délire, étayée par un département égal à celui de la Vendée !

Je ne puis vous en dire davantage ; si vous ne pouvez venir, écrivez-moi ce qu'il en est : sachez me dire quelles mesures a pris la municipalité ; mais à quoi peuvent-elles servir ? La pleine contre-révolution se trouve dans la Convention même ; dès que les Parisiens n'ont pas le courage de chasser les *appellants au peuple*, tout est vicié, tout est gangrené, et le peu de patriotes qui existent se trouvent tellement abasourdis, que ce peu ne sait de quel côté se tourner, faute de lumières et d'ensemble.

Voilà notre position, elle n'est pas belle, mais malgré cela il faut s'en tirer, et tout dépend de l'énergie du conseil municipal.

Age quod agis. Sauvez le peuple qui vous aime, en dépit de la calomnie. Salut cordial. *Signé* Challier.

29 mai, à 6 heures du matin.

N° CXII. Je soussigné Philippe Poulet, citoyen de la section de la Convention, y demeurant, rue de la Convention, déclare et atteste qu'hier soir, environ dix heures et demie, et dans le club des jacobins, j'ai entendu le citoyen Challier, juge au tribunal du district de Lyon, dire à la tribune, qu'il falloit couper la tête aux membres du département et aux présidens et secrétaires de chaque section ; en conséquence, je le dénonce aux lois, aux tribunaux ; en foi de quoi j'ai signé. A Lyon, ce 28 mai 1793, l'an deux de la République. *Signé* Poulet.

Je déclare avoir assisté à cette séance et avoir entendu les mêmes propos tenus par le citoyen Challier, ci-dessus dénommés. Lyon, lesdits jour et an. *Signé* Paral, rue de la Convention.

N° CXIII. *Extrait des registres du Comité de surveillance de la section du Change du 30 mai 1793.*

Le citoyen Piegay s'est présenté au comité de surveillance de la section du Change et a déclaré que se trouvant, le mardi 28 du courant dans le club, soi-disant jacobin, ayant entendu dans la bouche de Chalier que, *les présidens de sections permanentes, ainsi que les secrétaires seroient guillotinés, etc.* Ledit citoyen Pierre Piégay a été interpellé de signer et a dit ne le savoir.

Certifié conforme aux registres. *Signé* Bros, secrétaire.

N° CXIV. *Extrait du registre des délibérations de la section de la Concorde, ci-devant place St-Paul, du 28 mai 1793, l'an 2me de la République Françoise une et indivisible.*

Il a été arrêté, d'une voix unanime, que la municipalité avoit perdu sa confiance et celle de la cité, par les motifs suivants :

1° Par ses actes arbitraires.
2° Par la dénonciation et l'arrestation de plusieurs de ses membres pour cause criminelle.
3° Par sa résistance aux actes du département.
4° Par ses arrêtés incendiaires, surtout celui du 26 courant.
5° Par sa résistance avec menace aux assemblées de sections.
6° Par son refus constant à rendre ses comptes.
7° Par la violation de domicile de jour et de nuit.
8° Par la dissolution de la force armée par celle qu'elle commandoit elle-même.
9° Par les dernières violences au département.
10° Par son adhésion à l'établissement du tribunal révolutionnaire et à la permanence de l'instrument de mort ; ce que la Convention Nationale n'a vu qu'avec horreur, et en a décrété une rigoureuse défense, sous peine de mort pour quiconque la proposeroit de nouveau.
11° Enfin par son arrêté en conseil général du 25 de ce mois, où elle fait l'aveu de ne pouvoir sauver la cité.

Pour extrait des registres des délibérations conforme à l'original.

Lyon, juin 1793, l'an 2me de la République Françoise une et indivisible. Mondet, secrétaire.

N° CXV. *Le comité de salut public du département de Rhône-et-Loire à ses concitoyens.*

Instruit que les ennemis de la chose publique cherchent par mille moyens à égarer l'esprit public sur la formation de l'armée révolutionnaire, que sur-tout, pour en empêcher l'organisation, ils répandent le bruit que les premiers bataillons partiront pour la Vendée.

Les membres dudit comité assurent à leurs concitoyens, que nul d'entr'eux ne marchera contre les rebelles, s'il n'y est porté par sa bonne volonté; les invite, en outre, à se tenir continuellement en garde contre les insinuations perfides et les dégoûts qu'on pourroit leur inspirer, afin d'arrêter le complément de cette armée, l'effroi des méchans et le salut du peuple.

A Lyon, Maison-commune, ce 28 mai 1793, l'an deuxième de la République Française, *Signé,* Thonion, vice-président ; Achard, secrétaire.

N° CXVI. *Extrait du procès-verbal de la section Rousseau, du 28 mai au soir 1793.*

Ce jourd'hui 28 mai 1793, l'an 2 de la République francoise, sur les cinq heures de relevée, la section de Rousseau réunie de nouveau, etc.

Et à l'instant, sur l'heure de sept de relevée.

Et sur le moment un citoyen a demandé la parole et a dit : Citoyens, vos vies sont en danger, j'étois hier au club-central, dans la salle des ci-devant Oratoriens, j'ai entendu le citoyen Challier qui, dans un discours prononcé en faveur de Fournier, officier dans les dragons de cette ville, a dit : il faut s'emparer des président et secrétaires de chaque assemblée de sections, en faire un faisceau, les mettre à la guillotine, et de leur sang s'en laver les mains ; je vous dénonce ce fait en véritable républicain qui ne craint rien, je l'affirme et vais le signer.

A l'instant un autre citoyen a dit : j'y étois, je l'affirme aussi et vais le signer pareillement, et ont lesdits citoyens signé.

Et comme nous ne devons rien cacher de ce que nous avons entendu, ont ajouté lesdits citoyens, nous vous déclarons que ledit citoyen Challier, en parlant du département, a dit que les membres qui le composent ne changeroient de lieu qu'après avoir été guillotinés, et qu'on leur éviteroit ainsi le moyen d'adhérer à la demande des sections, et ont de nouveau lesdits citoyens signé. *Signé* ANT. BIGOT, pont de pierre, section Brutus, n° 29, et Pariset, chez le citoyen Mazuet, rue Poulaillerie, maison Poirat, au 3° étage.

Sur quoi la section, considérant que le département est dans le plus grand danger, ainsi que les président et secrétaires de chaque section, sur-tout attendu que la rumeur publique, ainsi que l'ont dit diverses personnes de la section, annoncent que cette nuit peut-être et suivant ce que l'on croit, les exécutions ci-dessus auroient lieu, que par suite la ville entière seroit dans le plus grand désordre et les citoyens dans le plus grand danger, arrête : qu'une députation seroit envoyée de suite à tous les corps administratifs, à l'effet de leur dénoncer tout ce que dessus et leur laisser à chacun d'eux une copie de la dénonciation, avec prières instantes pour la tranquillité de cette ville et la sûreté du département, ainsi que de tous les citoyens, de requérir sur le champ la force armée dans tous les bataillons, sans distinction, pour rester en permanence sur leur place d'armes de nuit et de jour, jusqu'à ce que le citoyen Challier ait été arrêté, remis entre les mains des tribunaux et que la vie des citoyens de toute cette ville et du département fût définitivement assurée par la découverte du parti désorganisateur, dont le citoyen Challier est l'émissaire dans notre ville, puisqu'il cherche à égarer nos frères et à les porter aux désordres et aux meurtres.

2° Que la section arrête qu'elle ne désemparera pas sa séance jusqu'à ce qu'elle ait été instruite que la force armée est effectivement sur pied dans tous les bataillons.

3° Qu'arrivé à l'heure de la nuit, dans le cas où la force armée n'auroit pas encore eu le temps de se mettre sur pied, tous les citoyens de la section se rendroient en masse, avec leurs armes, sur la place d'armes du bataillon.

4° Qu'ils resteroient sur leurdite place, de nuit et de jour et sans désemparer, jusqu'à ce que les trames perfides ourdies par Challier eussent été définitivement découvertes.

N° CXVII. Frère et cher collègue, nous n'avons pas perdu de temps pour faire aller en avant l'objet de notre mission ; le comité de salut public en doit faire le rapport aujourd'hui, nous l'espérons.

Et si-tôt fait, nous prenons la poste pour nous rendre rapidement à Lyon. La séance de cette nuit a été des plus orageuses, on a cassé le comité assassin des douze et élargi Hébert ; la montagne se renforce, il y aura du changement sous peu dans les affaires politiques.

Nous sommes bien surpris que la rentrée de l'emprunt ne se soit pas effectuée ; vous savez que point d'argent, point de suisse.

Jamais vous n'eûtes besoin d'autant de fermeté qu'en cet instant, il faut de grandes mesures ; allez en avant, être vainqueurs ou vaincus.

Salut, nous suivrons de près la présente. *Signé* GRAVIER.

Paris, le 28 mai 1793, 2me de la République.

La lettre avec enveloppe, à l'adresse du citoyen Bertrand, maire de la commune de la ville de Lyon, en la maison commune, à Lyon.

N° CXVIII. *Lettre trouvée dans les papiers d'Achard, officier municipal.*

Frères et amis, nous avons vu avec étonnement que la perception de l'emprunt ne s'effectue pas, seule et unique ressource pour faire aller la machine ; usez de tous les moyens qu'exige le salut public ; vous savez ce qu'a dit l'infâme Chassey, vous avez le même avantage ; si vous le manquez, vous en sentez toute la conséquence ; agissez, les phrases ne sont rien, il faut des actions.

Il vient d'avoir à la Convention une séance très-extraordinaire, le comité des 12, vrais assassins des patriotes, vient d'être cassé, Hébert mis en liberté. Cusset s'est bien montré dans cette séance mémorable ; nous suivons constamment l'objet dont nous sommes chargés ; le comité de salut public fera son rapport peut-être aujourd'hui ; nous espérons qu'il nous servira bien, *n'attendez pas la protection pour agir*. Nous suivons de près cette lettre, notre salut est dans notre courage et celui de la montagne, il n'y a plus à balancer, vaincre ou être vaincus. Salut. La montagne se fortifie, courage. *Signé* Gravier et Gaillard.

Paris, 28 mai 1793, l'an 2me de la République.

« Ayez soin d'arrêter les députés qui pourroient échapper à la sur-
» veillance parisienne, qui pourroient passer en notre ville, notam-
» ment ceux de la députation de Marseille ; en un mot, toutes les
» personnes suspectes venant de Paris ; nous ne tarderons pas à nous
» rendre à Lyon avec la plus grande vivacité ».

N° CXIX. *Lettre de Fillion et Gravier.*

Paris, 30 mai 1793.

Ami, encore point de rapport à notre égard ; hier la commission des 12 contre-révolutionnaires fut rétablie. La Convention est un dédale corrupteur, exception faite des braves que vous connoissez, dont le but est de traîner les patriotes de toute la République à l'échaf-

faud et donner des fers bien rivés au peuple. Il n'en sera rien : « le
» peuple est là, et l'instant de ses vengeances n'est pas éloigné ;
» agissez donc vigoureusement et sans crainte, n'attendez pas le sort
» affreux des patriotes Marseillois, vous n'avez que faire d'adhésion,
» vous y êtes autorisé à l'exemple de plusieurs départemens et par
» la loi même. Formez donc votre armée révolutionnaire et mettez
» garnison chez ceux qui se refusent à payer » et qui le doivent légitimement, ne vous endormez pas, nos ennemis coalisés veillent de
toutes parts et se disposent à nous livrer un combat terrible ; « agissez,
» préférez de vaincre à être vaincus. Le canon d'alarme est prêt à se
» faire entendre ici, et ce signal doit éveiller tous les sans-culottes » ;
ils doivent tous savoir ce qu'ils ont à faire, quatre années de malheurs
dont ils ont fait apprentissage, les ont mis en même de connoître ce
qu'il faut faire quand l'ouvrage se présente pour sauver la liberté.
« Nous partons définitivement dimanche, nous avons espoir de vous
» porter de bonnes nouvelles ; agissez, agissez, vous savez comme ».

N° CXX. Paris, 31 mai 1793, journée qui doit être mémorable dans les fastes de notre révolution.
Sans-culottes, levez-vous, les sections de Paris sont debout et vont mettre en état d'arrestation les membres contre-révolutionnaires de la Convention qui ont allumé le feu de la guerre civile dans les départemens ; nous attendons les résultats de cette journée pour vous en donner des détails ; mais sur-tout ayez de l'énergie et du courage ; la liberté est à vous, exécutez ce que nous vous avons dit dans nos précédentes ; communiquez la présente *aux Jacobins, aux sociétés populaires, enfin à tous les amis de la liberté.*

(Adresse). Au citoyen Achard, maître perruquier, place Grenouille, à Lyon. Timbrée de Paris.

N° CXXI. *Au nom de la loi suprême.*

Les membres du comité de salut public du département de Rhône-et-Loire,
Requièrent le commandant du poste de l'Arsenal, de ne reconnoître aucune force armée, soit pour lui donner des secours, soit pour entrer de force dans ledit arsenal, et de faire agir sa troupe en cas de résistance avec la même fermeté, et de concert avec le commandant de l'artillerie, de repousser la force par la force.

A Lyon, ce vingt-huit mai mil sept cent nonante-trois, l'an deux de la République Française. *Signés,* BERTRAND, maire. MAILLAN, président. ACHARD, secrétaire.

Lyon, vingt-huit mai mil sept cent nonante-trois.
Vous recevrez dix escouades pour renforcer.
Je suis fraternellement, le commandant général. *Signé* JULLIARD.

Lyon, vingt-neuf mai mil sept cent nonante-trois. Le commandant du poste de l'Arsenal laissera relever les escouades qu'il a de renfort à son poste, chacune par une escouade du même bataillon qui a fourni hier, et laissera relever, ce soir, par une autre escouade des mêmes bataillons.
Je suis fraternellement, le commandant général. *Signé* JULLIARD.

N° CXXII. *Les représentans du peuple François, envoyés près l'armée des Alpes, réunis aux trois corps administratifs de la ville de Lyon, aux citoyens de la même ville.*

Citoyens, nous avons appris que la tranquillité publique étoit troublée dans votre ville et qu'il y régnoit deux partis qui se menaçoient respectivement ; notre devoir étant de veiller au maintien de la tranquillité et à la sûreté intérieure et extérieure de la République, nous sommes accourus dans cette ville, nous y sommes venus vous adresser des paroles de paix et de conciliation ; nous avons en même temps pris les mesures de sûreté qui nous ont paru convenables.

Depuis l'instant de notre arrivée, nous avons vu et accueilli tous les citoyens qui se sont présentés à nous, et notamment les députés des sections ; ils nous ont témoigné des inquiétudes, ils ont formé des plaintes, nous les avons rassurés avec cette fraternité qui convient à des hommes libres ; nous leur avons dit de rédiger leurs plaintes, par écrit, que nous les examinerions et qu'ils obtiendroient de nous toute la justice qui leur seroit due.

Ces plaintes ne nous ont point été remises ; cependant l'agitation augmente, les citoyens prennent les armes ! Que signifient donc ces préparatifs hostiles ? Seroient-ils dirigés contre les autorités constituées, contre les représentants du peuple ? Non, ce ne peut-être le but des citoyens de Lyon ; nous les avertissons qu'on les égare, nous les informons qu'on les trompe, lorsqu'on les porte à des mesures contraires à la loi.

Citoyens, rentrez dans la ligne du devoir ; nous sommes ici et nous veillerons pour vous et avec vous au maintien de l'ordre et de la tranquillité publique, à la sûreté de vos personnes et de vos propriétés ; nous ne nous éloignerons pas qu'elles ne soient assurées, mais, remplissez le préliminaire, sans lequel il est impossible de nous concerter avec vous. Restez fidèles et soumis à la loi ; et nous vous prouverons combien nous sommes animés des sentimens de justice et de fraternité ; s'il en étoit autrement, nous péririons plutôt que de céder à l'impulsion de ceux qui vous égarent.

Fait à Lyon, le 29 mai 1793, l'an 2 de la République française.
Signé GAUTHIER et NIOCHE.

N° CXXIII. *Procès-verbal du bataillon de Brutus, dans la journée du 29 mai 1793, l'an 2me de la République françoise.*

Nous soussignés officiers, sous-officiers et citoyens de la section de Brutus, certifions et attestons les faits suivants, savoir :

Que le commandant Barbier, en vertu d'une réquisition signée Julliard, adressée au citoyen Thévenet, sous-lieutenant de la 2me compagnie du bataillon de Brutus, dont la teneur suit : « vous convoquerez » de suite les bons citoyens de votre section, pour se rendre en armes » à l'Hôtel-commun », se présenta à la tête de son bataillon, arrêté près Saint-Benoit, sur le quai de Saint-Vincent, et qui dirigeoit sa marche vers le poste de la poudrière, reconnu par la sentinelle du bataillon de Saint-Vincent, sous le commandement du citoyen Dumas, caporal des grenadiers, proclamé provisoirement commandant par les citoyens du bataillon. Le citoyen Barbier harangua les citoyens du bataillon, en leur demandant s'ils vouloient obéir à ses ordres ; il n'en reçut aucune réponse, il monta sur le parapet du quai et leur fit part d'une réquisition qu'il venoit de recevoir du commandant général, sans leur faire part qu'elle étoit adressée à Thévenet, sous-lieutenant, citoyen suspect et homme dévoué à la municipalité ; il donna ordre à une partie du bataillon de se ranger en bataille. Le citoyen Dumas, à la tête de l'autre partie, s'apercevant de ce mouvement, demanda qui en avoit donné l'ordre ; le citoyen Barbier répondit pour eux : c'est moi, ils m'ont obéi, ils ont fait leur devoir ; et vous, Dumas, ne voulez-vous pas m'obéir ? Alors le citoyen Dumas se démit entre ses mains du commandement provisoire, qu'il avoit reçu du vœu unanime de ses concitoyens, pour les aider à résister à l'oppression municipale ; il prit de suite sa place de caporal de grenadier en remplacement au premier peloton. Le citoyen Barbier fit rebrousser le bataillon qui, après avoir pris le drapeau chez lui, s'achemina du côté de l'Hôtel-commun. Étant en marche près la place des Carmes, le bataillon fut arrêté par les sentinelles avancés de l'armée municipale, ce dont le citoyen Barbier ne s'apercevoit pas. Les sentinelles, voyant que l'on ne répondoit pas, couchèrent en joue le bataillon. Le citoyen Dumas s'en appercevant, crut devoir prévenir les malheurs qui alloient commencer, en avertissant le citoyen Barbier de faire arrêter sa troupe, qu'il ne falloit point forcer les sentinelles ; c'est ce que le citoyen Barbier fit aussitôt, en exhibant aux sentinelles la réquisition qu'il avoit. Le bataillon se remit de nouveau en marche à travers la garde avancée, qui lui ouvroit le passage ; parvenu aux extrémités de la place de la Liberté ; en face du café *Antonio*, le citoyen Barbier fit faire halte ; c'est ce que le bataillon exécuta sans se mettre en défense, puisqu'il resta en colonne.

Le citoyen Barbier s'approche d'un officier municipal, décoré de son écharpe, coëffé, casqué et armé d'un sabre ; il étoit accompagné d'un chef de légion nommé Riard, et d'un adjudant, dont on ignore le nom ; ils tinrent ensemble une conversation secrète d'environ deux minutes, après laquelle le citoyen Barbier se tournant vers le bataillon, lui adressa ces paroles : « Citoyens, j'espère que les armes que
» vous portez ne serviront point à tirer sur le peuple, que vos corps
» serviront de rempart aux autorités constituées et aux magistrats ;
» qu'en cas qu'on voulût faire feu sur eux, vous présenterez votre
» poitrine. Quelques voix répondirent : Nous ne tirerons point sans
» doute sur le peuple, nous respecterons les autorités constituées ;
» mais nous déclarons que la municipalité a perdu notre confiance et
» celle du peuple. »

L'officier municipal dépeint ci-dessus, entendant ces paroles s'écria, en menaçant le bataillon : Vous ne voulez point de municipalité ? eh bien, nous vous tenons. Le chef de légion Riard tire aussitôt son sabre, en criant à l'armée municipale : « Voici des factieux qui ne
» veulent point de municipalité ; citoyens, feu ! feu ! et qu'aucun
» n'échappe ». Ils se replièrent sur l'hôtel-commun, en faisant des signes de la main ; un coup de fusil, lâché du balcon de l'hôtel-commun, fut aussi le signal d'une décharge générale de canons et de fusils sur les malheureux citoyens de Brutus, qui sans être en état de défense, sans avoir, en partie, leurs fusils chargés, et étant restés en colonne sans état de défense, furent victimes des diverses décharges que le chef de légion Riard ordonna avec rage, soit aux cannoniers, soit aux aux satellites de la municipalité. Plusieurs furent tués et

blessés ; d'autres n'échappêrent qu'en fuyant dans les maisons voisines, d'où on les a retirés impitoyablement pour les emprisonner dans les caves municipales, en les accablant de mauvais traitements et des imprécations les plus féroces ; ils n'ont dû leur salut qu'à la victoire remportée par les amis de la liberté, de l'égalité et de la république une et indivisible, sur les infâmes anarchistes, qui depuis si longtemps désolent notre malheureuse cité.

Le présent procès-verbal a été clos et arrêté dans le lieu ordinaire des séances, situé dans l'une des salles des ci-devant Pénitens de la miséricorde ; et ont signé.

Nota. Le commandant de bataillon Barbier s'échappa à l'hôtel-commun et se réfugia parmi nos ennemis, dans l'intervalle du premier coup de fusil tiré du balcon de l'hôtel-commun, d'avec les autres cannonades et fusillades.

Le présent procès-verbal certifié sincère et véritable à l'original, signé d'une grande partie des citoyens de la section, et déposé dans les archives. VALENTIN, vice-président ; MOMIGNY, secrétaire.

Nº CXXIV. *Procès-verbal des Commissaires des sections de la ville de Lyon, réunis en comité, les 29 et 30 mai 1793, l'an second de la République.*

Cejourd'hui vingt-neuf mai mil sept cent quatre-vingt-treize, l'an deux de la République Françoise ;

Les commissaires des différentes sections de la ville de Lyon, convaincus qu'il existoit un complot formé contre les bons citoyens qui veulent l'ordre et les loix, le maintien de l'Egalité et de la Liberté et celui de la République une et indivisible ; que le conseil-général de la commune et d'autres mauvais citoyens sont à la tête de ce complot, pour tenter de ramener le despotisme par l'anarchie.

Qu'on ne peut pas en douter, lorsque l'on suit attentivement la conduite de cette municipalité : 1º Dans les troubles qu'elle a fait naître au mois de février dernier ;

2º Dans son arrêté du 14 de ce mois, concerté notamment avec les citoyens Nioche et Gauthier, représentans du peuple, envoyés près l'armée des Alpes ; lequel arrêté a créé un Comité de Salut public, qu'aucune loi n'autorisoit, et approuve l'établissement d'un tribunal de sang, que la Convention a proscrit avec horreur.

3º Dans les suites données à cet arrêté par l'arrestation illégale et arbitraire des meilleurs citoyens, de ceux sur-tout qui vouloient s'élever contre le despotisme le plus intolérable qui ait jamais existé à Lyon.

4º Dans les tentatives qui ont été faites depuis quelques jours, pour l'établissement d'un tribunal révolutionnaire, destiné à égorger un grand nombre de victimes.

5º Dans ses efforts liberticides pour empêcher les assemblées du peuple dans les sections, soit par un premier arrêté contenant défenses de tenir les assemblées, soit par un second où elle méprise l'autorité du Département et semble en quelque sorte se dévêtir des pouvoirs qu'elle tenoit de la loi.

Que depuis quelques jours les projets les plus sinistres ont été formés contre les citoyens ; que plusieurs des agents de la municipalité font entendre leurs provocations au meurtre et au pillage ; que pour en assurer l'exécution, la municipalité s'est empressée d'organiser une force armée à ses ordres, sous le faux prétexte de trouble dans le département, et qu'elle s'est rendue concussionnaire envers les citoyens, pour avoir des trésors à sa disposition, en dilapidant d'avance les deniers d'un emprunt sur les riches, dont la Convention doit seule régler l'emploi.

Que les alarmes sont devenues d'autant plus vives, que la municipalité paroît avoir appellé, pour lui prêter leur appui, les représentants du peuple auprès de l'armée des Alpes, qui avoient signé son arrêté du 14 de ce mois.

Que ces mêmes commissaires ne pouvoient plus inspirer aucune confiance aux sections ; qu'on pouvoit même croire qu'ils agissoient d'intelligence avec la municipalité, par les avis qui ont été reçus, qu'ils faisoient approcher de cette ville la force armée, et par leur partialité blâmable contre les sections, manifestée par leur refus, d'une part, d'écarter cette force armée, d'après l'invitation pressante des sections ; et d'autre part, leur refus de se rendre hier soir, sur l'invitation qui leur en a été faite, dans le sein de l'administration du département, pour y entendre l'expression du vœu des commissaires de toutes les sections, qui avoient déclaré que la municipalité n'avoit point leur confiance, et pour concourir avec cette administration aux mesures qui pouvoient seules maintenir la tranquillité publique.

Que les sections ont été instruites que pendant la nuit on a fait avancer de la cavalerie et placer des canons sur la place de la Liberté ; que quarante citoyens ont été arrêtés et emprisonnés à l'hôtel commun ; que l'administration du département est éloignée, par la force, du lieu de ses séances ; que tout annonce qu'il est instant de prendre des mesures pour résister à l'oppression, faire maintenir les droits du peuple et prévenir le pillage et les massacres.

En conséquence, les sections de cette ville se sont réunies par leurs commissaires, cejourd'hui dix heures et demie du matin, dans la salle de la bibliothèque des ci-devant jacobins de cette ville, pour prendre les mesures que l'intérêt public commandera dans ces moments de crise.

Les commissaires ont formé leur bureau ; le citoyen Freminville a été nommé président ; le citoyen Lacour, vice-président ; et le citoyen Napoly, secrétaire.

Les sections réunies par leurs commissaires ont juré de maintenir la Liberté, l'Egalité, la République une et indivisible, et la représentation nationale ; ils ont juré de sauver la cité ou d'attendre la mort à leur poste.

Sur la proposition d'un membre, l'assemblée instruite que, d'après un arrêté de la section du Port du Temple, plusieurs bataillons des sections s'étoient transportés à l'arsenal pour garantir ce poste, elle a choisi ce lieu pour tenir ses séances et s'y est de suite rendue.

Les sections réunies, instruites que les administrateurs du département et du district de la ville, repoussés du lieu ordinaire de leurs séances, s'étoient réfugiés auprès des administrateurs du district de la Campagne, et qu'ils n'y étoient pas en sûreté, ont nommé des commissaires pour les inviter à venir délibérer dans une des salles de l'arsenal.

Les commissaires sont revenus avec les administrateurs des différentes administrations de département et des deux districts. On leur a offert l'assistance de la force armée pour leur sûreté personnelle et la liberté de leurs délibérations. On les a invités à statuer sur le vœu unanime des sections pour la destitution du conseil général de la commune.

Les sections réunies ont jugé nécessaire de nommer un commandant provisoire pour les bataillons des sections ; le citoyen Madinier a réuni tous les suffrages, et a accepté.

Il a été de suite donné les réquisitions nécessaires aux directeurs de l'artillerie, pour avoir des armes de toute espèce et des munitions ; ces réquisitions ont été exécutées par les directeurs, qui ont montré leurs sentiments civiques et leur fraternité pour les citoyens de cette ville. On a appris d'eux que plusieurs des canonniers avoient obéi aux ordres de la municipalité, qui les avoit appelés auprès d'elle dès le point du jour.

Il a été arrêté d'inviter les municipalités de la Croix-Rousse et de Vaize d'envoyer leurs gardes nationales, pour se réunir aux bataillons des sections ;

D'inviter également les administrations de département et de districts réunies, de convoquer les gardes nationales du département les plus voisines.

Il a été arrêté de requérir la gendarmerie nationale à pied et à cheval, pour se joindre aux citoyens.

Il a été nommé des commissaires pour procurer des aliments à tous les citoyens restant sous les armes, et pour pourvoir aux autres besoins du moment.

Il a été nommé un comité militaire, présidé par le vice-président, pour tous les détails relatifs aux armes et munitions à délivrer.

Les chefs des guides, hussards et dragons, qui avoient été postés à l'arsenal par les ordres de l'adjudant-général, dirigé par les commissaires de la Convention, se sont présentés et ont déclaré que leurs troupes étoient dévouées aux citoyens.

Une députation de la Croix-Rousse s'est présentée pour protester de son attachement aux citoyens et demander un ordre pour que leur garde nationale put entrer en ville ; cet ordre leur a été donné.

On a reçu pareille députation de la commune de Vaize. Il a été amené dans l'assemblée deux officiers.

Sur l'heure de midi, on a annoncé le citoyen Nioche, représentant du peuple ; il est entré avec le citoyen Ledoyen, adjudant-général de l'armée des Alpes.

Le citoyen Nioche a été placé au bureau et a cherché à rassurer les citoyens sur les craintes qu'ils avoient conçues ; il a dit qu'il ne connoissoit aucun fait qui pût justifier la défiance envers le conseil général de la commune, et que les représentants du peuple feroient droit sur ceux qui seroient établis ; que l'assemblée devoit montrer son obéissance à la loi et se rapporter aux représentants du peuple du soin de maintenir la tranquillité publique.

Le président lui a répondu, au nom des sections, que les citoyens de cette ville ne vouloient que le règne de la loi, la liberté, l'égalité, la république une et indivisible, qu'ils en répétoient le serment en sa présence, pour qu'il ne pût pas douter des véritables sentiments qui animoient tous les citoyens ; mais que des républicains ne pouvoient pas supporter le joug de l'oppression municipale et laisser subsister plus long-temps l'anarchie qui désoloit la cité ; qu'il ne devoit pas ignorer les complots liberticides de la municipalité, énoncés plus particulièrement dans la délibération de l'une des sections, dont il lui a été fait lecture ; que sa conduite comme représentant du peuple avoit augmenté les défiances, parce qu'il avoit signé l'arrêté de la municipalité du 14 de ce mois, pour la formation arbitraire d'un tribunal de sang ; parce qu'il avoit refusé d'écouter le vœu des sections, pour faire retirer la force étrangère qui s'approchoit de la ville par ses ordres ; parce qu'il avoit refusé de se rendre hier au soir à l'administration du département, où les commissaires des sections s'étoient rendus, pour concerter les mesures qui pouvoient sauver la cité ; parce qu'il ne pouvoit pas ignorer que l'administration du département étoit éloignée, par la force, du lieu de ses séances, sans qu'il eût rien fait pour l'y rétablir. Que les citoyens n'étoient réunis que pour résister à l'oppression, et que la seule mesure efficace à adopter par les représentants du peuple étoit 1° de faire retirer la force armée et disparoître les canons qui alarmoient les citoyens ; 2° de suspendre de ses fonctions le conseil général de la commune.

Le citoyen Nioche a désavoué d'avoir eu part à l'arrêté du 14 mai, qui fait cependant mention de sa signature ; et pendant la conférence, on a entendu une décharge de canon : bientôt, l'on a appris que le bataillon de la section de Brutus avoit été conduit sur la place de l'hôtel-commun, sous le commandement du citoyen Barbier, requis par la municipalité ; que ce commandant se détacha pour aller à l'hôtel commun ; que quelques moments après on demanda au bataillon s'il obéiroit aux ordres de la municipalité ; que sur sa réponse qu'il ne se prêteroit à aucun complot contre les citoyens, il se fit sur eux une décharge des canons placés au-devant de l'hôtel commun, qui a fait périr un grand nombre d'entr'eux ; que l'un des représentants du peuple étoit à l'hôtel commun d'où étoit parti l'ordre de tirer. Cette nouvelle a fait régner la plus grande agitation dans l'assemblée ; on a crié à la trahison. Le président a déclaré au citoyen Nioche que la responsabilité seroit appelée sur les têtes coupables, et qu'il devoit juger la municipalité d'après ce qui se passoit. Le citoyen représentant est sorti pour aller se réunir à la municipalité où étoit le citoyen Gauthier, son collègue, avec promesse de faire cesser l'effusion du sang et de revenir dans le sein de l'assemblée.

Il s'est écoulé plusieurs heures sans recevoir de nouvelles ; les sections inquiètes sur le sort des citoyens, ont donné ordre au commandant provisoire de faire approcher les bataillons de l'hôtel commun, pour protéger ceux qui seroient exposés au fer des assassins.

Il a été jugé nécessaire de faire retenir à la poste les paquets qui seroient à l'adresse de la municipalité ; cet ordre a été donné.

Il en a été transmis un second, de ne laisser sortir des portes de la ville, aucuns citoyens sans un laissez-passer du comité.

Sur les cinq heures, le citoyen Nioche, représentant du peuple, est revenu dans le sein de l'assemblée avec un arrêté dont la teneur suit :

« Les représentants du peuple près l'armée des Alpes,

» Persistant dans les sentiments qu'ils ont manifestés par la pro-
» clamation de ce jour, ordonnent :

» 1° Aux citoyens qui se sont rendus maîtres de l'arsenal dans cette
» journée, de l'évacuer sur-le-champ, et d'en rendre la garde à ceux
» qui seront désignés par les représentants du peuple.

» 2° Ils ordonnent à tous citoyens qui sont armés, sans une réqui-

» sition valable, de se retirer de suite dans leur domicile et d'y dépo-
» ser leurs armes.
» 3° Sous ces deux conditions, les représentants du peuple feront
» successivement retirer la force armée qui a été requise, à l'exception
» de ce qui sera jugé par eux nécessaire pour assurer le rétablisse-
» ment de l'ordre. Ils feront aussi élargir les personnes arrêtées dans
» la nuit : il sera sursis à toute poursuite jusqu'à ce que la Conven-
» tion Nationale ait prononcé sur les malheureux évènements de cette
» journée.
» Les représentants du peuple déclarent que c'est au nom de la
» République Françoise qu'ils donnent ces ordres et prennent les
» engagements ci-dessus. *Signé*, Gauthier et Nioche ».

Le président a témoigné au représentant toute la surprise que devoit exciter cet arrêté, dont l'infaillible résultat seroit de livrer les citoyens à leurs meurtriers ; qu'on le prioit de consulter l'administration du département, qui lui feroit sentir tous les malheurs qu'entraîneroit l'exécution de cet arrêté ; qu'on ne pouvoit pas lui dissimuler toutes les alarmes que l'on avoit pour les bataillons des sections, parce qu'on étoit instruit de l'arrivée d'un bataillon de volontaires du Mont-Blanc ; que la conduite des représentants du peuple redoubloit la defiance et que la suspension de la municipalité pouvoit seule rétablir l'ordre.

Le citoyen représentant a garanti à l'assemblée qu'il avoit été fait défense de tirer sur les bataillons ; mais au moment même on a entendu plusieurs coups de canon et l'on a bientôt appris que le conseil général de la commune, gardant toujours dans son sein le citoyen Gauthier, représentant du peuple, avoit fait tirer sur les bataillons lorsqu'ils étoient arrivés près la place des Cordeliers et qu'il y avoit de nombreuses victimes de cette infâme trahison.

Aussitôt il a été donné ordre à une partie des citoyens qui gardoient le poste de l'arsenal de voler au secours de leurs frères d'armes et de disposer de toutes les armes et munitions dont ils auroient besoin ; le président a invité l'assemblée à conserver le calme d'où dépendoit le sort de la ville.

On a requis l'adjudant-général Ledoyen de dire qu'elle étoit sa mission dans cette ville et de représenter les ordres qu'il avoit reçus.

Il a donné sa déclaration sur une feuille qu'il a signée et qui sera annexée au présent ; il a représenté une réquisition au nom du comité de salut public, d'après laquelle il a requis les forces, mais qu'il avoit défendu de tirer. Il a déposé cette réquisition sur le bureau, après l'avoir paraphée.

On a invité le citoyen représentant à se rendre auprès de l'administration du département.

On a successivement été instruit des progrès de l'attaque et de la résistance de la part des bataillons des sections et que ceux-ci, après avoir beaucoup souffert, s'étoient portés sur la place des Carmes, en face de l'hôtel commun. Sur les sept heures du soir, quelques citoyens ont amené dans l'assemblée le citoyen Gauthier, représentant, qui s'étoit avancé sur la place de la Liberté pour faire des propositions d'accommodement au nom de la municipalité et sur-tout pour proposer de suspendre les hostilités. Il a pris place au bureau et a déclaré, ainsi que l'avoit fait le citoyen Nioche, son collègue, *qu'il n'avoit point de part à l'arrêté du 14 mai*, qu'il avoit été dans l'erreur sur le compte des sections de la ville.

Le président, après lui avoir représenté les justes réflexions que sa conduite avoit inspirées, l'a invité à se rendre auprès de son collègue dans le sein de l'administration du département et d'y concerter les mesures que les circonstances commandoient.

Le président a requis, en sa présence, le citoyen adjudant de l'armée des Alpes, de donner ordre au bataillon des volontaires du Mont-Blanc et aux dragons, dont la municipalité disposoit, de se rendre aux casernes ; cette réquisition fut donnée et approuvée par le citoyen Gauthier.

Sur les huit heures du soir, les représentants du peuple réunis aux administrations, ont envoyé aux comités des sections un arrêté qui suspendoit de ses fonctions le conseil général de la commune, avec invitation de le faire proclamer et parvenir à l'hôtel commun, ce qui a été exécuté ; le même arrêté portoit de reconnoître le citoyen Madinier en sa qualité de commandant général provisoire et de lui obéir.

A dix heures du soir, on a reçu la lettre suivante :

« Citoyens, pénétrés des malheurs qui désolent notre cité, nous
» ne doutons pas que vous ne soyez de même ; en conséquence,
» nous vous proposons de faire une suspension d'armes pour jusqu'à
» demain, jour auquel nous espérons que nous nous embrasserons
» tous. *Signé*, les citoyens membres du district et du département,
» Thonion, Maillan, Bertrand, maire, Achard, Bertachon, Bourbon,
» procureur-syndic.

» Si vous voulez nous rendre les représentants du peuple et autres
» prisonniers qui ont été vous porter des paroles de paix, nous vous
» rendrons tous ceux que nous avons faits. *Signé* Thonion et
» Pipon ».

Cette lettre a été communiquée aux représentants du peuple et aux corps administratifs, qui ont persisté dans leur arrêté, et le comité des sections y a fait la réponse suivante :

» Citoyens, notre réponse à votre lettre consistera dans l'arrêté des
» corps administratifs supérieurs, réunis aux représentants du peuple.
» Nous vous invitons et requérons au besoin de vous conformer à cet
» arrêté et de cesser sur-le-champ toutes fonctions, de renvoyer une
» force qui n'auroit jamais dû être requise contre les citoyens ; elle ne
» sera pas inquiétée dans sa retraite.

» Les citoyens représentants du peuple sont libres au milieu des
» administrations du département et des districts réunies ; nous requé-
» rons que leur secrétaire soit à l'instant renvoyé auprès d'eux, con-
» formément à leur arrêté ; nous requérons également que vous exé-
» cutiez l'ordre qui vous a été donné, par les citoyens représentants du
» peuple, de mettre en liberté ceux que vous détenez depuis hier si illé-
» galement et ceux que vous retenez depuis ce jour. *Signé*, les com-
» missaires des sections réunies de la ville de Lyon ».

Les sections réunies ont ensuite invité les représentants du peuple et les administrations réunies, de mettre en état d'arrestation le conseil général de la commune et d'autres citoyens désignés, tous coupables d'avoir fait couler le sang des citoyens et des autres délits mentionnés dans l'acte remis à l'administration du département.

Les sections ont ensuite fait remettre, au commandant-général provisoire, des réquisitions adressées aux bataillons étant dans l'hôtel commun, pour qu'ils eussent à se retirer. On a invité le commandant, en entrant dans l'hôtel commun, de veiller à la sûreté des caisses et du dépôt.

A quatre heures du matin, les sections ont été informées que le citoyen commandant étoit entré dans l'hôtel commun, après avoir éprouvé une légère résistance, et que tous les anarchistes s'étoient enfuis.

Il a été arrêté de témoigner au citoyen commandant et à tous ses braves frères d'armes les sentiments que devoit inspirer leur conduite ferme et courageuse, et de l'inviter à tenir l'hôtel commun en état de recevoir les représentants du peuple, les corps administratifs et les commissaires des sections.

Peu après, le citoyen Guichard s'est présenté et a déclaré que: la veille, sur les deux heures de l'après-midi, étant dans le bataillon de rue Belle-Cordière, placé au devant du grand portail du ci-devant couvent des dames de St-Pierre, un des représentants du peuple, revêtu de sa marque distinctive, petit de taille, blond et maigre, avoit passé dans les rangs et les avoit parcourus en leur disant : *Sans-culottes, vous tenez le bon parti; soyez fermes et ne lâchez pas le pied;* qu'on leur avoit ensuite fait distribuer du pain et du vin.

On a introduit les chefs d'un bataillon de gardes nationales, venant du district de Montluel, département de l'Ain, dont la troupe étoit retenue à l'une des portes de la ville : on leur a demandé de représenter la réquisition en vertu de laquelle ils venoient à Lyon ; ils l'ont déposée sur le bureau : elle est donnée par le directoire du district de Montluel, d'après une lettre des représentants du peuple près l'armée des Alpes, datée du 29 mai, six heures du soir, portant : « Réquisi-
» tion, au nom de la Patrie, de faire rendre la garde nationale au
» secours de la ville de Lyon, où la représentation nationale est
» insultée ; que les patriotes se battent avec succès contre les révoltés
» et qu'il ne faut pas perdre un instant ».

Le citoyen Chambon, amené par la garde nationale, a déposé la réquisition suivante, qui lui a été donnée entre midi et une heure.

« Nous requérons le citoyen Chambon, commissaire ordonnateur
» des guerres, de donner les ordres nécessaires aux troupes de ligne
» et à la garde nationale, pendant la journée et la nuit prochaine,
» nous en rapportant sur son civisme et sa prudence. Lyon, le 29 mai
» 1793, l'an second de la République Françoise. *Signé* Gauthier,
» représentant du peuple ».

Le nombre des citoyens qui se présentoient pour faire des déclarations, gênant les opérations de l'assemblée, on les a renvoyés à un bureau particulier.

Le président a proposé de faire afficher une proclamation aux citoyens, laquelle a été également adoptée et signée par les administrations réunies.

Il a été arrêté que le procès-verbal des évènements qui s'étoient passés seroit imprimé et porté à la Convention Nationale, au pouvoir exécutif, aux sections de Paris, Marseille et Bordeaux, par des députés extraordinaires. Il a été arrêté de demander à la Convention un décret qui confirme la destitution du conseil général de la commune et qui autorise les sections à en élire un autre. Il a encore été arrêté de dénoncer à la Convention la conduite des citoyens Nioche et Gauthier, qui paroissent évidemment complices du ci-devant conseil général de la commune de Lyon et qui doivent s'imputer le sang qui a été versé ; et de demander que la Convention retire les pouvoirs qui leur ont été donnés.

Les administrations réunies ont invité le comité des sections à nommer des commissaires, qui se joindront aux leurs, pour apposer les scellés par-tout où ils seroient nécessaires dans l'hôtel-commun ; on a déféré à cette invitation.

A dix heures et demie, les citoyens Nioche et Gauthier, les administrations réunies et les commissaires des sections se sont rendus à l'hôtel commun, dans la salle du département, où l'on s'est formé en séance publique : les représentants du peuple ont pris la parole ; ils ont félicité les citoyens de Lyon sur leur courage, leur patriotisme et leur triomphe ; ils ont reconnu que, jusqu'à ce jour, ils avoient été abusés ; mais que l'esprit public de cette ville et la conduite ferme et républicaine des citoyens avoient enfin dissipé tous les nuages et qu'ils alloient se hâter de l'annoncer non-seulement à la Convention Nationale, mais encore à toute l'Europe, afin que les tyrans qui nous menacent et qui ont pu concevoir l'idée affreuse de diviser la France et de semer dans son sein le désordre, la corruption et la calomnie, apprenant qu'une des principales cités de la Republique s'est levée toute entière pour anéantir l'anarchie et faire triompher la liberté, reconnoissent la folie de leurs espérances et la honte de leur cause.

Les commissaires des sections se sont ensuite rendus dans une salle particulière ; le président leur a dit qu'il se félicitoit d'avoir coopéré avec eux à sauver cette ville des complots des anarchistes ; mais qu'ayant agi pour faire régner la loi, ils devoient tous s'empresser de donner l'exemple d'y obéir ; que les corps administratifs, par leur arrêté, avoient délégué provisoirement les fonctions municipales aux présidents et secrétaires des sections, et qu'on ne sauroit trop tôt remettre dans leurs mains un pouvoir qui ne pouvoit être suspendu sans danger ; il a proposé de faire l'appel des sections.

Les commissaires se sont empressés d'acquiescer à cette proposition : l'appel nominal a été fait ; les présidents et secrétaires qui se sont trouvés présents ont pris place dans l'assemblée et le président et les commissaires des sections se sont retirés, à l'exception de ceux qui devoient faire partie du nouveau conseil municipal provisoire. Le présent procès-verbal a été rédigé, clos le trente mai mil sept cent quatre-vingt-treize, à midi, et déposé aux citoyens exerçant provisoirement les fonctions municipales, avec les pièces qui sont relatées.

Il a été amené dans l'assemblée deux officiers du bataillon des volontaires du Mont-Blanc, qui ont annoncé que leur bataillon approchoit de la ville et qu'ils étoient envoyés pour connoître la véritable situation des choses.

Le président, au nom des sections, leur a donné tous les éclaircissements nécessaires et les a invités à en instruire leur bataillon et à l'engager à ne pas servir les projets liberticides du conseil général de la commune. Ils en ont fait la promesse et il leur a été donné un laissez-passer. *Signé* Freminville, président. Napoly, secrétaire.

Pour extrait, TEILLARD aîné, secrétaire-greffier provisoire.

N° CXXV. *Procès-verbaux des conseils généraux du département de Rhône-et-Loire, des districts de Lyon et de la Campagne de Lyon relatifs à l'évènement du 29 Mai 1793, l'an second de la République Françoise.*

Aujourd'hui 29 mai 1793, l'an second de la République Françoise, avant midi. Dans la séance publique du conseil du district de la Campagne de Lyon, en surveillance permanente, où étoient les citoyens Pecollet, président ; Favre, Forest, Basson, administrateurs ; Martinière, procureur-syndic ; et Bregnier, secrétaire, (les autres administrateurs étant absents par commise) :

Sur les onze heures du matin, est entré une députation de la section de Porte-Froc, dans l'arrondissement de laquelle se trouve le lieu des séances de l'administration du district.

L'orateur de la députation a dit que la maison commune est entourée de canons et de personnes armées qui refusent l'entrée, non-seulement aux députations des sections, mais encore aux membres de l'administration du département, qui tient ses séances à la maison commune ; qu'une députation de la section de Porte-Froc, envoyée au département, vient d'éprouver le refus, de la part de ces personnes, de la laisser entrer dans la maison commune ; que cet acte de violence, vraiment inouï, tend à bouleverser l'ordre et à armer les citoyens les uns contre les autres, à paralyser l'administration du département, dont la surveillance est si nécessaire dans ces circonstances malheureuses. L'orateur a ajouté que sa section avoit chargé la députation de venir faire part à l'administration du district de ce qui se passoit, et de l'inviter à prendre, dans sa sagesse, des mesures convenables pour rétablir la communication entre les administrateurs et les administrés.

Le citoyen président a répondu à la députation, que l'administration du district prenoit en grande considération le rapport qu'on venoit d'entendre. Sur le point de mettre la matière en délibération, la députation, qui avoit été invitée aux honneurs de la séance, s'est retirée, en annonçant qu'elle alloit de suite se réunir à sa section.

A l'instant, une personne attachée aux bureaux du département est entrée : lecture lui a été faite du rapport de la députation de la section de Porte-Froc, et le président l'a invitée à donner à l'administration du district connoissance de ce qui se passe.

Cette personne a répondu que, ce matin, se rendant à son bureau, elle a été arrêtée à l'hôtel commun, par plusieurs personnes, qui ne l'ont laissée pénétrer qu'après qu'elles se sont assurées qu'elle n'étoit pas un des administrateurs ; que ces personnes lui ont formellement déclaré que les administrateurs du département ne se réuniroient pas aujourd'hui, qu'en s'y opposeroit et que l'on feroit dans le jour un feu de joie de tous les papiers qui y sont déposés : que ces menaces lui ont été réitérées lorsqu'elle en est sortie ; que la cour et les vestibules de l'hôtel commun sont remplis de citoyens et que les administrateurs sont dispersés.

Le conseil, considérant que les circonstances critiques exigent de la part des administrations tout ce que le courage, la fermeté et la surveillance peuvent faire et prévoir.

Arrête, ouï le procureur-syndic, qu'il nomme les citoyens Forest, administrateur, et Martinière, procureur-syndic, pour se transporter :

1° Au lieu des séances du département, à l'effet de reconnoître et s'assurer s'il est en permanence et si ses bureaux sont en activité.

2° Au district de la ville, pour lui communiquer les sollicitudes de la section de Porte-Froc, se concerter avec lui sur les mesures de sûreté générale à prendre dans les circonstances et lui offrir, pour le rappel à la tranquillité, au respect dû aux loix et aux autorités constituées, la force armée de ce district, pour, ensuite du rapport des commissaires, être avisé et arrêté ce qu'il appartiendra.

Extrait de l'arrêté ci-dessus a été remis aux citoyens Forest et Martinière, qui sont à l'instant sortis.

A une heure, deux coups de canon et deux fusillades se sont fait entendre : on a pu juger que l'explosion s'étoit faite à l'hôtel commun.

Le président a de suite écrit aux membres de l'administration absents, de venir sur-le-champ prendre leurs places au conseil. Les lettres ont été portées par des exprès.

A une heure et demie, les citoyens Sauzéas et Rozier, administrateurs du département, et le procureur général-syndic, sont entrés et ont dit que n'ayant pu se réunir ce matin au lieu ordinaire des séances du département, ils se sont rendus chez le citoyen Dubost, président de leur administration, et que le Conseil du département a été convoqué pour se rendre à deux heures au district de la Campagne de Lyon, où il tiendroit ses séances jusqu'à nouvel ordre.

Le citoyen Vinant, de Saint-Chamond, est entré et a offert à l'administration de faire les messages dont elle pourroit avoir besoin, si elle étoit dans le cas de recourir à la réquisition de la force armée.

Les citoyens Dubost, président, Couturier, Farjon, Richard aîné, Tardy, Durieux, Blachon, Mottin, administrateurs du département, sont successivement arrivés ; ils ont mis sur le bureau le procès-verbal dont la teneur suit :

« Cejourd'hui vingt-neuf mai mil sept cent quatre-vingt-treize, l'an deux de la République Françoise, sur les dix heures et demie du matin,

» Les administrateurs du département de Rhône-et-Loire, réunis
» dans la maison du citoyen Dubost, leur président, rue Bon-Ren-
» contre, où étoient les citoyens Dubost, président ; Sauzéas, Cou-
» turier, Rozier, Mottin, Durieux-Vitri, Farjon, Blachon, et Meynis,
» procureur-général-syndic ;

» L'assemblée ainsi formée, les membres présents se sont demandé
» comment cette réunion s'est opérée, et la cause pour laquelle ils ne
» se trouvoient point rassemblés dans le lieu ordinaire de leurs
» séances.

» Suivant les déclarations individuellement faites par chacun des
» membres, il a été reconnu que s'étant présentés, les uns après les
» autres, à la porte de la maison commune, ils en ont été repoussés
» par la force armée qui l'environnoit ; qu'en vain ils ont réclamé
» leur qualité d'administrateur et leur décoration qui en étoit le signe,
» il leur a été répondu, avec menaces, que le département ne s'as-
» sembleroit point aujourd'hui : que ne sachant quel parti prendre
» dans cette circonstance, un mouvement spontané les avoit portés à
» se rallier autour du président.

» Le procureur général-syndic a observé que, sur les huit heures
» du matin, il étoit sur le point de se rendre à son poste, lorsqu'il a
» reçu une réquisition des représentants du peuple, Gauthier et

» Nioche, de se rendre auprès d'eux avec un membre de l'adminis-
» tration, pour concerter des mesures relatives au rétablissement de
» la tranquillité publique ; que s'étant rendu à cette réquisition,
» avec le citoyen Tardy, administrateur, il avoit été convenu par les
» représentants, que l'un d'eux se porteroit aux lieux des rassemble-
» ments, accompagné d'un membre du Département, d'un adminis-
» trateur du district de la ville de Lyon et d'un officier municipal, à
» l'effet de ramener les esprits par des paroles de paix et d'union ;
» qu'à l'instant le citoyen Nioche, accompagné du citoyen Tardy et
» d'un membre du district et de la municipalité, est sorti pour
» remplir l'objet de sa mission ; qu'en attendant le résultat de
» cette mesure, il avoit cru devoir se rendre au lieu ordinaire des
» séances, pour être à portée de requérir les mesures qu'exigeroient
» les circonstances ; mais que s'étant présenté plusieurs fois à la
» porte de la maison commune, revêtu de sa décoration, il en a tou-
» jours été éloigné par les gardes qui l'entouroient : ce qui lui a donné
» lieu de croire que quelques complots menaçoient l'administration
» et la tranquillité publique.

» La matière mise en délibération ;

» Les membres de l'administration, considérant que quelqu'affli-
» geant que soit pour eux un évènement qui les éloigne de leur poste,
» au moment où le danger de la chose publique exige impérieusement
» leur présence ;

» Considérant que cette circonstance, fruit de l'intrigue et de la
» malveillance, ne doit point ralentir leur zèle et les empêcher de
» veiller tous les mouvements des ennemis de la tranquillité et de
» prendre toutes les mesures propres au rétablissement de la paix ;

» Considérant que la maison du citoyen président, dans laquelle
» ils se trouvent quant à présent, n'est point propre à cet objet ; qu'il
» convient, dans un moment de crise, tel que celui qui se manifeste,
» de s'assembler dans un lieu consacré à des séances publiques ;

» Que le lieu des séances de l'administration du district de la Cam-
» pagne paroît devoir remplir leur objet, d'autant plus qu'ils seront
» entourés des lumières et des avis d'une administration jalouse de
» concourir au maintien de l'ordre et de la paix, ont été unanime-
» ment d'accord de se rendre sur-le-champ dans le sein de l'adminis-
» tration du district de la Campagne, à la charge par eux de faire une
» proclamation dès l'instant de leur réunion, pour annoncer aux
» citoyens le lieu de leur translation provisoire ; ce qui a été sur-
» le-champ exécuté. En foi de quoi les administrateurs susdits ont
» fait et signé le présent procès-verbal, pour être annexé à la suite de
» ceux de leurs séances ordinaires et servir de témoignage de leur
» zèle et de leur attachement à la chose publique. » Suivent les
signatures.

A peine cette réunion s'opéroit-elle, que plusieurs citoyens se sont
présentés et ont annoncé qu'ils étoient députés par les commissaires
des sections de Lyon, réunis en comité général, dans une des salles
de l'Arsenal, pour coopérer, dans ce moment d'alarme, au salut de la
chose publique, et que le comité, instruit que les administrateurs du
département venoient de se réunir au district de la Campagne de
Lyon, s'étoit empressé d'envoyer deux bataillons de gardes nationales,
pour assurer leurs personnes menacées, lesquels bataillons sont sous
les armes devant la porte de l'administration du district. Ils ont ajouté

que le comité des commissaires des sections les avoit chargés d'inviter l'administration du département et celle du district de la Campagne de Lyon, à venir tenir leurs séances dans une des salles de l'Arsenal, où elles délibéreront librement et seront protégées par les citoyens amis de l'ordre et de la paix, qui se sont rendus à l'Arsenal pour mettre ce poste important à l'abri de toute atteinte.

Le conseil du département et celui du district de la Campagne de Lyon, après avoir ouï le procureur général-syndic, considérant que les dangers paroissent devenir plus imminents, que le lieu des séances de l'administration du district de la campagne de Lyon est éloigné de l'Arsenal ét qu'il ne faut pas diviviser les forces ;

Ont arrêté que les deux administrations se rendront sur-le-champ à l'Arsenal.

Les citoyens Forest et Martinière sont rentrés et ont dit qu'ils ont pénétré dans la maison commune, après avoir éprouvé plusieurs refus, des menaces et des injures ; que les administrateurs du département n'étoient point au lieu de leurs séances ; qu'ils se sont rendus à l'administration du district de Lyon, où ils ont trouvé plusieurs membres auxquels ils ont fait part de la sollicitude de la section de Porte-Froc et de l'arrêté du conseil du district de la Campagne de Lyon ; que les membres du district de Lyon, qui étoit instruit que le département n'étoit pas assemblé, ont paru ignorer que les administrateurs avoient été réduits à l'impuissance de parvenir au lieu de leurs séances, et ont envoyé des commissaires au conseil de la commune, à l'effet de lui demander s'il avoit été donné la consigne de refuser l'entrée aux membres de l'administration du département ; que ces commissaires, de retour, ont rapporté que le conseil de la commune avoit répondu la négative : sur quoi les citoyens Forest et Martinière ayant réitéré à l'administration du district de Lyon, l'offre du secours de la garde nationale de la Campagne de Lyon, les membres du district de Lyon avoient répondu que cette mesure leur paroissoit inutile, au moyen de l'effet qu'ils se promettoient d'une proclamation que faisoient les citoyens Nioche et Gauthier, et de celle qu'ils alloient faire eux-mêmes, pour inviter et requérir les citoyens de se retirer paisiblement dans leur domicile.

De suite les membres des deux administrations sont partis pour se rendre à l'Arsenal et ont marché en tête des deux bataillons, avec la députation des commissaires du comité des sections.

Arrivés à l'Arsenal, ils sont entrés dans la salle où les commissaires des sections tiennent leurs séances. Le président de cette assemblée a invité les administrations à s'occuper des grandes mesures que les circonstances exigent.

Le président du département a répondu que les administrateurs, jaloux de la confiance de leurs concitoyens, leur donneront toujours des preuves de leur entier dévouement à la chose publique et qu'ils alloient aviser aux moyens les plus propres et les plus prompts pour faire cesser les troubles qui agitent la cité.

Une salle ayant été offerte aux administrations pour y tenir leurs séances, les administrateurs s'y sont de suite rendus avec le citoyen Matheron, administrateur du district de Lyon, qui s'est réuni à eux.

Il a été arrêté qu'il seroit fait sur le champ une proclamation, pour annoncer aux citoyens que leurs administrateurs sont à leur poste et s'occupent des grandes mesures propres à sauver la cité.

Cette proclamation, rédigée ainsi qu'il suit, a été approuvée et envoyée à l'impression, pour être affichée à l'instant.

« Les administrateurs du département de Rhône-et-Loire, réunis
» dans ce moment à une partie des membres des districts de la Ville
» et de la Campagne de Lyon,
» Préviennent leurs concitoyens qu'ils n'ont point quitté leur poste,
» ni l'administration qui leur a été confiée ; ils déclarent seulement,
» pour les inviter à la paix et à l'union qui doit régner entre des frères
» et de vrais républicains, que la nécessité des circonstances les a
» provisoirement forcés de changer le lieu de leurs séances, en le
» transférant à l'Arsenal, où ils veilleront avec plus de succès au
» maintien de la tranquillité publique ».

Il a été rapporté que les coups de canon et les fusillades qui se sont fait entendre à une heure, ont été traîtreusement dirigés et tirés par les ordres de la municipalité et du conseil de la commune de Lyon, sur le bataillon de Brutus, qui étoit venu sur la place, au devant de la maison commune, à la réquisition de la municipalité, et qui attendoit paisiblement les ordres de son commandant, lequel, dès les premiers coups de feu, a quitté son bataillon et s'est sauvé dans la maison commune.

Délibérant ensuite sur les moyens d'extirper la racine des maux qui affligent cette cité ; après avoir entendu le vœu du comité des sections et le procureur général-syndic en ses conclusions, les corps administratifs ont pris l'arrêté suivant :

« Les administrations réunies déclarent aux citoyens que le premier
» usage qu'elles font de leur tranquillité, dans un lieu plus convenable
» à leurs opérations, est de les prévenir qu'elles mettent à leur dis-
» position toute la force armée ; et comme cette force armée n'a d'autre
» but que de protéger l'exécution de la loi, elles leur déclarent
» qu'elle ne sera pas mise à d'autre usage, mais que dans ce moment
» les citoyens ne doivent reconnoître d'autre autorité que celle qui
» émaneroit d'elles ; en conséquence, défenses leur sont faites d'obéir
» à aucune réquisition qui ne seroit point émanée de leur ordre et de
» celui du nouveau commandant-général provisoire, le citoyen Madi-
» nier, élu cejourd'hui par le comité des sections, sous peine d'être
» puni de désobéissance à la loi.

» Considérant que le conseil général de la commune de Lyon a fait
» un emploi barbare et criminel de la force que la loi lui confioit
» pour protéger les citoyens, en les attirant par des pièges séducteurs
» autour de la maison commune et en les faisant inhumainement
» égorger ;

» Considérant que la notoriété publique charge le conseil général
» de la commune de cette atrocité révoltante ; qu'il est dangereux de
» laisser plus long-temps dans ses mains un pouvoir dont il a si indi-
» gnement abusé ;

» Considérant que des délits antérieurs, imputés au conseil général
» de la commune, et malheureusement trop graves et trop connus,
» nécessitent cette mesure trop long-temps retardée ;

» Considérant que le conseil général de la commune n'étant plus
» entouré de la confiance de ses concitoyens, ne peut plus longtemps
» remplir utilement des fonctions qu'il a déclaré lui-même être dans
» l'impuissance d'exercer ;

» Arrêtent que la municipalité et le conseil général de la commune

» de Lyon sont provisoirement suspendus de toutes fonctions ; en
» conséquence, défenses sont faites à tous les membres qui le com-
» posent de les remplir, sous quelque prétexte que ce soit, sous peine
» d'être pousuivis extraordinairement, et à tous les citoyens de les
» reconnoître en cette qualité, sous les mêmes peines.

» Arrêtent en outre que les administrations réunies du département,
» des districts de Lyon et de la Campagne de Lyon, avec le comité
» des sections de cette ville, délèguent les président et secrétaire de
» chacune des sections de ladite ville, pour exercer provisoirement
» et par *interim* les fonctions du conseil général de la commune de
» Lyon.

» Arrêtent enfin que le présent arrêté sera imprimé, publié et affi-
» ché dans le jour, et envoyé, par un courrier extraordinaire, tant à
» la Convention Nationale qu'au Conseil exécutif (1).

Le citoyen Nioche, un des représentants du peuple près les armées des Alpes, est entré et a déclaré qu'il se chargeoit, sous sa responsabilité, de ramener la tranquillité dans la cité ; lecture lui a été faite de l'arrêté ci-dessus ; un membre du département lui a observé que cette mesure étoit la seule qui pût tarir la source des divisions, dont le germe étoit malheureusement dans le sein même du conseil général de la commune, et que les administrations répondoient du prompt retour de la paix, qui étoit l'unique but de la très grande majorité des citoyens de cette ville.

Le citoyen Nioche, laissant les évènements sous la responsabilité des corps administratifs réunis, après avoir déclaré qu'il ne pouvoit coopérer à cette mesure, en ce que ses pouvoirs ne s'étendoient pas jusqu'à suspendre la municipalité de Lyon dans les circonstances actuelles, s'est retiré auprès du comité des sections.

On a annoncé que les citoyens étoient venus aux mains, et s'étoient livré un combat très vif.

Les administrateurs ne perdant point de vue les intérêts de leurs concitoyens, et justement affligés d'un évènenement aussi désastreux, ont arrêté qu'il sera fait sur-le-champ une proclamation, pour ordonner aux combattants de se retirer et de faire cesser le feu ; cette proclamation a été de suite affichée.

Il a été unanimement convenu qu'il étoit important d'avoir dans l'enceinte de la ville une force imposante pour intimider les malveillants et faire cesser leurs projets ; il a été en conséquence arrêté qu'il sera fait des réquisitions aux communes voisines d'envoyer au secours de

(1) *Cet arrêté a été publié chez Vatar-Delaroche, 3 p. in-4°*: Arrêté des Conseils d'administration du département de Rhône-et-Loire, des districts de Lyon et de la Campagne de Lyon, réunis. Aujourd'hui 29 mai 1793, l'an second de la République Françoise, dans la séance du Conseil du département de Rhône-et-Loire, réuni à une partie des membres du district de Lyon et de la Campagne de Lyon, à l'Arsenal, et du comité des sections de cette ville, dans laquelle séance étoient les citoyens Dubost, président, Couturier, Sauzéas, Farjon, Richard aîné, Tardy, Rozier, Durieu, Mottin, Blachon, administrateurs du département ; Meynis, procureur général syndic, Matheron, administrateur du district de Lyon ; Pécollet, président ; Favre, Forest, Basson, administrateurs du district de la Campagne de Lyon ; Martinière, procureur syndic, et Bregnier, secrétaire du même district, ouï le procureur général syndic, les administrations réunies déclarent aux citoyens..... et envoyé, par un courrier extraordinaire, tant à la Convention Nationale qu'au Conseil exécutif. Fait à Lyon, les jour et an susdits. Extrait collationné, Dubost, président, Bregnier, secrétaire. A Lyon de l'imprimerie d'Aimé Vatar-Delaroche, imprimeur du département de Rhône-et-Loire, 1793.

cette ville toutes les forces dont elles pourroient disposer ; ce qui a été exécuté pour la commune de Caluire, Sainte-Foy, Charly, Fontaines et lieux circonvoisins.

Les chefs de légion de la garde nationale du district de la Campagne de Lyon ont été requis de faire marcher leurs bataillons à Lyon.

L'administration du district de Villefranche et celle du district de Saint-Etienne ont été requises de faire marcher à Lyon la garde nationale de leur territoire.

Il a été donné des ordres pour laisser entrer à Lyon soixante dragons montés, venant de Vienne à la réquisition de la municipalité de Lyon.

Les citoyens Rozier, administrateur du département de Rhône-et-Loire, et Martinière, procureur-syndic du district de la Campagne de Lyon, ont été nommés commissaires pour proclamer dans les rues et places de cette ville la suspension provisoire de la municipalité de Lyon et les autres dispositions faites par les Corps administratifs, relativement à l'action de la force armée ; la gendarmerie à cheval de la ville de Lyon a été requise d'accompagner ces deux commissaires, le trompette en tête.

Les corps administratifs ont de suite fait proclamer, au son du tambour, une réquisition à tous les citoyens d'illuminer leurs fenêtres pendant cette nuit.

Une députation du comité des sections de la ville de Lyon a rapporté que les personnes armées qui s'étoient emparées ce matin de la maison commune, venoient d'être forcées de rentrer dans cette maison, dont elles avoient fermé les portes.

A neuf heures, l'officier commandant le détachement de dragons venant de Vienne est venu demander des ordres pour faire délivrer des rations de fourrage à son détachement, composé de cinquante-trois chevaux ; la réquisition a été faite à l'instant.

Le citoyen Gauthier, un des représentants du peuple auprès des armées des Alpes, est entré et s'est réuni au citoyen Nioche, son collègue, qui étoit revenu quelque temps auparavant auprès des corps administratifs.

Le citoyen Angelot, président de l'administration du district de Lyon, est entré et a pris séance.

Les citoyens Rozier et Martinière sont rentrés et ont dit qu'en exécution de la mission dont ils avoient été chargés, ils ont fait la proclamation des mesures prises par les corps administratifs ; que par-tout ils ont été accueillis avec les transports de la plus vive reconnoissance.

Une députation du comité des sections de la ville de Lyon a mis sur le bureau une dénonciation contre tous les membres composant le conseil général de la commune de Lyon ; les citoyens Chalier, Dumanoir, Hidins, Gaillard, Fernex, Bussat, Dodieu, Riard, Dubessey, Fournier, officier ; les membres du comité de salut public établi à Lyon ; le citoyen Galbois-Saint-Amand et le citoyen Pelletier, adjudant, comme coupables d'avoir conspiré contre les citoyens et d'avoir fait couler leur sang. Ce comité demande que toutes ces personnes soient mises en état d'arrestation.

Le citoyen Fuz, un des administrateurs du district de Lyon, est entré et a pris séance.

Une députation du comité des sections s'est présentée ; elle a fait lecture d'une lettre adressée au comité, dont la teneur suit :

« Citoyens, pénétrés des malheurs qui désolent notre cité, nous ne
» doutons pas que vous n'en soyez de même ; en conséquence, nous
» vous proposons de faire une suspension d'armes pour jusqu'à
» demain, jour auquel nous espérons que nous nous embrasserons
» tous. Les citoyens membres du district et du département. *Signé,*
» Maillan, président ». (C'est un administrateur du département qui
présidoit le comité de Salut public à Lyon). « Achard, administrateur
du département ; Thonion, Bertachon, Bourbon ; » (les deux premiers
sont administrateurs et le troisième procureur-syndic du district de
Lyon), « et Bertrand, maire ». A la suite des signatures de cette lettre,
est le *Post-scriptum* suivant : « Si vous voulez nous rendre les repré-
» sentants du peuple et autres prisonniers qui vous ont été porter
» des paroles de paix, nous vous rendrons tous ceux que nous
» avons ».

La même députation, après avoir retiré par devers elle l'original de
cette lettre, a invité les citoyens Nioche et Gauthier à donner une
déclaration loyale sur l'état où ils se trouvent dans le lieu actuel des
séances des administrations. Le citoyen Gauthier s'est empressé de
donner la déclaration suivante.

« Je soussigné, représentant du peuple, envoyé près les armées
» des Alpes, déclare que je me trouve réuni au conseil général du
» département de Rhône-et-Loire ; que j'y vote et opine librement
» et que les arrêtés que je prends avec mon collègue doivent être
» exécutés. Je déclare encore que mon intention est de rester réuni
» avec mon collègue au département et aux autres autorités assem-
» blées à l'Arsenal, jusqu'au parfait rétablissement de l'ordre ».

Cette députation a demandé qu'il lui fut délivré un extrait en forme
de l'arrêté portant suspension du conseil général de la commune :
extrait en forme lui en a été à l'instant délivré.

A minuit quarante-cinq minutes, un capitaine de la section de Rue
Tupin a rendu compte de la situation de la force armée ; il a dit que
tous les postes à la disposition des citoyens, aux ordres du commandant général provisoire, étoient bien gardés.

Les corps administratifs ont envoyé à la maison commune une
réquisition adressée aux portions des bataillons de la Côte, de Saint-
Paul, de Pierre Scize, de Saint-George, de Place Confort, de l'Hôtel-
Dieu, du Rhône, de Belle-Cordière, de Bon-Rencontre, de la Rue
Thomassin, de Saint-Vincent, de la Rue Juiverie et du Gourguillon ;
ladite réquisition tendante à leur faire vuider la maison commune et
à faire retirer les citoyens, qui l'occupent, paisiblement chez eux.

A une heure, un membre du comité des sections est entré ; il a dit,
qu'ayant été chargé, avec deux de ses collègues, de notifier au conseil
de la commune sa suspension provisoire, et de le requérir de faire
retirer sur-le-champ les troupes qui sont encore dans la maison commune, il a couru les plus grands dangers en remplissant sa mission,
et que le conseil de la commune, persistant à violer les droits les
plus sacrés, a retenu comme ôtages ses deux adjoints.

Deux officiers municipaux de Caluire et le commandant du bataillon de la même commune, sont venus annoncer que ce bataillon,
empressé de venir au secours des citoyens de Lyon, attendoit à la
porte de la Croix-Rousse l'ordre d'entrer. L'ordre de se réunir sous
les drapeaux du commandant général provisoire a été sur le champ
expédié.

Un membre du comité des sections a rapporté que le bruit se répandoit que des hommes perfides parcouroient dans ce moment les campagnes, et y publioient que la cocarde blanche avoit été arborée à Lyon et invitoient les habitants des campagnes à soutenir la municipalité de Lyon. On lui a répondu que les chefs de légion de la garde nationale du district de la Campagne de Lyon ont été requis de faire marcher leurs légions à Lyon ; qu'ils viendroient prendre les ordres des corps constitués, qui les prémuniront contre les pièges qu'on auroit pu leur tendre.

Les citoyens Nioche et Gauthier ont adressé une réquisition au commandant du bataillon des volontaires du département du Mont-Blanc, (qui dans la malheureuse journée d'hier, ont fait feu sur les citoyens aux ordres du commandant général provisoire, et que l'on a rapporté être encore sous les armes devant la maison commune), et à tout autre commandant militaire qui occuperoit encore la maison commune d'engager la municipalité de Lyon et le comité de salut public de déférer aux arrêtés du département et à ceux que les représentants ont pris ; de préférer une suspension d'armes et une retraite paisible à une plus longue effusion de sang ; à défaut de quoi les commandants devront faire eux-mêmes retirer les forces qu'ils commandent.

Le citoyen Thonion, un des administrateurs du dictrict de Lyon, et membre du comité de salut public établi à Lyon, est entré avec un des députés du comité des sections, qui ont été retenus en ôtage par le conseil général de la commune ; il a dit être chargé par le conseil de la commune, de déclarer aux corps administratifs qu'il étoit résigné à se soumettre à leurs arrêtés, et de demander si les citoyens Nioche et Gauthier délibéroient librement. Les deux représentants ont répondu l'affirmative au citoyen Thonion, ils ont hautement blâmé la conduite du conseil général de la commune qu'ils regardent comme coupable de l'effusion du sang. Ils ont écrit, en présence du citoyen Thonion, au conseil général de la commune et au comité de salut public, la lettre suivante :

« La véritable situation de Lyon nous est connue ; il n'y a pas à
» différer de vous rendre à la décision du conseil général du départe-
» ment, portant suspension du conseil général de la commune et du
» comité de salut public : si vous différez, vous vous rendez respon-
» sables des évenements... Nous sommes libres et nous le serons
» partout. L'ordre sera donné par le conseil général du département,
» de protéger votre vie et vos propriétés, si vous obéissez ; il attend
» votre réponse définitive... Les moments sont pressants... profi-
» tez en... les malheurs sont déjà trop considérables ; ils devien-
» droient encore plus affreux par la grande masse de forces qui vous
» entoure et qui augmente par l'envoi des districts et des campagnes
» voisines. Nous vous recommandons l'envoi des commissaires que
» vous avez gardés ».

Les corps administratifs ont adressé itérative réquisition à la force qui occupe encore la maison commune, de se retirer paisiblement, à peine d'être traitée comme rebelle.

Le citoyen Thonion a été chargé de porter ces deux pièces à leurs adresses.

A trois heures, les citoyens Gay et Brachet se sont présentés et ont dit que le comité des sections les a chargés de proposer aux corps administratifs réunis d'assister à leur séance, ce qui ayant été accepté, ces deux commissaires ont été invités à assister à la séance.

Un autre commissaire du comité des sections a rapporté que le bataillon du Mont-Blanc vient de se retirer aux casernes avec ses canons, et que les forces aux ordres du commandant général provisoire sont par-tout dans les meilleures dispositions.

A trois heures et demie, les citoyens Nioche et Gauthier, et les corps administratifs réunis, ont adressé au commandant de la force armée qui se trouve au magasin à poudre, sur la réquisition de la municipalité, de se retirer sous les ordres du commandant général provisoire et de céder ce poste au commandant du bataillon de Vaise, qui a été requis de venir le prendre, et auquel on a tracé la route qu'il doit suivre pour s'y rendre avec son bataillon.

Le comité des sections a envoyé la déclaration dont la teneur suit :

« Le 30 mai 1793, l'an second de la République, le citoyen Franc-
» lieu, volontaire hussard, guide de l'armée des Alpes, introduit au lieu
» où se tiennent les séances de l'assemblée des sections réunies par
» leurs commissaires, a déclaré qu'hier matin 29, à 10 heures, un
» citoyen qu'il ne connoît pas, lui a fait plusieurs propositions,
» entr'autres celle de lui donner de l'argent pour l'engager à le déci-
» der lui et ses camarades à prendre le parti de la municipalité, pour
» renverser celui des citoyens réunis à l'Arsenal ; et pour y parvenir,
» il a sorti de sa poche son écharpe municipale, en signe d'une mis-
» sion expresse, et lui a promis de ne le laisser manquer de rien tout
» le temps que sa compagnie séjourneroit à Lyon : sa réponse fut
» qu'il le regardoit comme un J... F... ; qu'une proposition pareille
» n'étoit point faite pour un homme d'honneur. Et a ledit citoyen
» signé avec le président et le secrétaire de la commission. *Signé*,
» Franclieu, Napoly, secrétaire.

Le citoyen Franclieu intervenu, a réitéré cette déclaration aux citoyens Nioche et Gauthier et aux corps administratifs.

La compagnie de guides et les dragons actuellement à Lyon ont été requis de se tenir prêts à marcher aux ordres du commandant général provisoire.

Les citoyens Nioche et Gauthier ont cru devoir faire publier et afficher la proclamation dont la teneur suit :

« Les représentants du peuple envoyés près les armées des Alpes,
» aux citoyens de Lyon.

» Des avis alarmants sur la situation de Lyon et sur les dangers
» d'une contre-révolution, décidèrent les quatre représentants du
» peuple à faire passer dans cette ville une force armée qui devoit en
» assurer la tranquillité et protéger les propriétés nationales.

» Cette mesure a alarmé quelques sections ; les représentants du
» peuple ont cherché à les rassurer, et ils n'attendoient pour la chan-
» ger, que d'avoir des renseignements positifs sur l'état de cette cité ;
» ils ont annoncé leurs dispositions à cet égard ; ils ont engagé tous
» les citoyens à la paix et à l'union. Le malheur a voulu que cette invi-
» tation n'ait pas réussi ; ils ont reconnu que les impressions qu'on
» leur avoit données étoient fausses ; il leur est démontré que les
» sections ne désirent point une contre-révolution ; qu'elles sont au
» contraire animées de patriotisme et de sentiments républicains,
» mais qu'elles provoquoient une prompte réparation des griefs et
» des abus dont elles avoient à se plaindre. Les représentants du
» peuple se sont en conséquence hâtés de se réunir au département,

» et de donner ensemble les ordres tendant à faire cesser l'effusion
» du sang. Citoyens, vos opinions, vos cœurs sont maintenant connus,
» les inculpations dirigées contre vous, par des personnes qui étoient
» accréditées par leurs fonctions sont fausses ; les représentants du
» peuple s'empressent de le publier ; ils en porteront l'assurance à
» la Convention Nationale ; ils regretteront long temps que cette vérité
» soit mêlée de l'amertume que leur procure la malheureuse journée
» d'hier.

» Fait à Lyon, ce 30 mai 1793, l'an second de la République fran-
» çoise. *Signés*, Nioche et Gauthier, commissaires de la Convention ».

Diverses réquisitions ont été faites à la force armée pour prévenir des évènements ultérieurs.

A cinq heures et demie, on est venu annoncer que la force, aux ordres du commandant général provisoire, occupoit la maison commune, évacuée sans effusion de sang.

De suite, il a été arrêté que le scellé seroit apposé sur toutes les caisses et les bureaux du conseil général de la commune ; le citoyen Richard a été nommé commissaire pour le département, le citoyen Fuz, pour le district de Lyon ; et les corps administratifs ont nommé pour coopérateurs de ces deux commissaires, les citoyens Clapisson et Paillard, qui ont été désignés par le comité des sections.

Les corps administratifs et le comité des sections ont conjointement arrêté de faire une proclamation aux citoyens de Lyon, et la rédaction suivante a été adoptée :

« *Vivent la Liberté, l'Egalité, la République une et indivisible !*

» Citoyens, vous venez de montrer votre courage, vous avez ter-
» rassé l'anarchie, déployé toute la vertu des républicains, votre
» amour pour la loi, votre horreur pour les excès dont vous aviez été
» menacés. Les sections de la ville doivent être grandes et généreuses ;
» elles ne déshonoreront pas leur triomphe par des attentats à la
» sûreté individuelle ; chaque citoyen doit être sous la garantie de
» toutes les sections. Nous vous invitons, citoyens, à exercer la sur-
» veillance la plus active pour que la loi règne seule ; conservez le
» calme et la tranquillité qui doivent succéder à la victoire.

» Oubliez les scènes affreuses dont vous avez été les témoins et les
» victimes, pour vous livrer, sans réserve, aux doux sentiments de
» fraternité et d'union qui doivent caractériser les peuples libres, les
» vrais républicains ».

Le citoyen Goiran, administrateur du district de la Campagne de Lyon est entré et a pris séance.

A sept heures et demie, le citoyen Bonamour, administrateur du département, est entré ; après avoir pris séance, il a dit qu'hier, sur les 10 heures du matin, s'étant présenté à la maison commune pour se rendre à son poste, plusieurs sentinelles s'étoient opposées à son entrée et l'avoient forcé de se retirer ; que s'étant rendu chez lui, entre midi et 1 heure, deux sentinelles ont été placées à la porte de l'allée de la maison où il habite, avec la consigne de ne laisser sortir personne ; que les citoyens qui demeurent dans la maison furent convaincus que cette mesure avoit été prise par rapport à lui ; que l'un d'eux, voyant le danger dont il étoit menacé, lui a procuré les moyens de s'éloigner de son appartement ; que peu de temps après qu'il en fut sorti, des gens armés s'y sont présentés et y ont fait les perquisitions les plus exactes de sa personne, et que ces perquisitions ont été réitérées jusqu'à trois fois ; que ce matin il s'est présenté à la maison commune et est entré au lieu des séances de l'administration, où il a appris d'un des secrétaires que l'administration étoit à l'Arsenal et qu'il s'étoit empressé de venir joindre ses collègues.

Sur les huit heures, on est venu annoncer que les gardes nationales des campagnes arrivoient de toute part, avec la plus grande affluence ; qu'elles étoient dans les meilleures dispositions, et que leurs frères de Lyon les avoient reçus avec la reconnoissance la plus signalée.

Le citoyen Macabéo, administrateur du district, est entré et a pris séance.

L'ordre étant rétabli, les trois corps administratifs ont arrêté de se rendre à la maison commune, où le conseil du département reprendroient ses séances. Le comité des sections a été informé de cet arrêté, avec invitation de se rendre sur-le-champ à la maison commune, pour y exercer les fonctions du conseil général de la commune, qui leur ont été provisoirement déléguées.

Sur le rapport qui a été fait, que quelques boulangers, prétextant de craindre de ne plus recevoir l'indemnité qui leur a été promise par le conseil général de la commune de Lyon, paroissoient disposés à ne pas fabriquer du pain aujourd'hui, les corps administratifs ont arrêté que la proclamation suivante seroit faite à l'instant dans toutes les sections de la ville, au son de la trompette :

« Au nom des corps administratifs réunis, il est enjoint à tous les
» boulangers de cette ville de faire une quantité de pain suffisante
» pour l'approvisionnement de Lyon ; de continuer leurs cuites ordi-
» naires, de les doubler même dans la circonstance ; ils doivent être
» convaincus qu'ils ne sera rien innové, quant à présent, à l'indemnité
» qui leur a été accordée jusqu'à ce jour : ils seroient coupables du
» plus horrible des forfaits, s'ils ne se rendoient pas à cette invitation ;
» ils encourroient les peines les plus sévères.

» Le comité des sections est chargé de faire faire sur-le-champ la
» proclamation de cet arrêté et de nommer des commissaires pour
» veiller à ce que les boulangers soient fournis ».

Sur les 10 heures du matin, les corps administratifs et les membres du comité des sections, sont partis de l'Arsenal avec les citoyens Nioche et Gauthier, pour se rendre à la maison commune.

Passant sur la place de la Liberté, ci-devant des Terreaux, les corps administratifs, réunis aux citoyens Nioche et Gauthier, se sont approchés de l'arbre de la liberté, qu'ils ont entouré. Une foule immense de citoyens les a suivis ; et là, à l'unanimité, ils ont renouvellé le serment de maintenir la liberté, l'égalité, l'unité et l'indivisibilité de la République, la sûreté des personnes et des propriétés, et la plus entière soumission à la loi.

Dont et du tout a été rédigé le présent procès-verbal, qui a été couché sur le registre du conseil du district de la Campagne de Lyon, qui avoit été transporté à cet effet à l'Arsenal, et duquel il sera remis expédition au conseil du département.

Signés, Dubost, président du département ; Angelot, président de l'administration du district de Lyon ; Pecollet, président de l'adminininistration du district de la Campagne de Lyon ; Bregnier, secrétaire.

Extrait collationné. Signé, Bregnier, secrétaire.

Collationné. Signé, Gonon, secrétaire-général du département de Rhône-et-Loire.

Extrait du registre des délibérations du conseil général du département de Rhône-et-Loire, en surveillance permanente.

Le jeudi 30 mai 1793, l'an deux de la République ; sur les 11 heures du matin, les administrateurs du département, que le refus des sentinelles avoit forcés de se retirer hier à l'Arsenal,..... *(Cf. Conseil Général,* t. II, p. 310).....

Les administrateurs de Vienne et plusieurs communes des départements voisins ont offert, par des lettres envoyées par des gendarmes, le secours de leur force armées au département ; le président a été chargé de les rassurer et de les remercier.

Le secrétaire-général a mis sur le bureau extrait du procès-verbal dont la teneur suit :

Aujourd'hui 29 mai 1793, l'an second de la République Françoise,
» Le conseil général absent du lieu ordinaire de ses séances, le
» secrétaire-général à son poste, ignorant le lieu du rassemblement
» des administrateurs, sur les dix heures et demie du matin,.....
(Conseil Général, II, p. 310).....

» Le feu continuant, le secrétaire-général a fermé la porte du direc-
» toire ; il s'est retiré au secrétariat à son poste, dont il n'a pas
» désemparé ». *Extrait collationné,* Gonon, secrétaire-général.

Signés, Dubost, président du département ; et Gonon, secrétaire-général.

Extrait collationné, Gonon, secrétaire-général.
Copie conforme, Gonon, secrétaire-général (1).

N° CXXVI. *Précis des évènements arrivés à Lyon, le 29 mai 1793, pour servir de première réponse à la dénonciation portée par les sections de cette ville contre les citoyens* Gauthier *et* Nioche, *représentants du peuple françois envoyés près l'armée des Alpes.*

Les quatre représentants du peuple étoient à Chambéry le 26 mai ; ils se disposoient à partir ; savoir, deux pour visiter les camps et cantonnements de la Maurienne et de la Tarentaise ; les deux autres, pour se rendre auprès du district de Carrouge. Les chevaux étoient déjà attelés à leur voiture, lorsqu'ils reçurent de Lyon deux dépêches, l'une venant d'un commissaire des guerres, qui leur annonçoit le pillage d'un magasin de beurre fondu, destiné à l'approvisionnement des places, malgré la présence des officiers municipaux et la réquisition de la force armée ; la seconde leur annonçoit que les aristocrates menaçoient d'en venir aux mains avec les patriotes et que la contre-révolution étoit sur le point d'éclater à Lyon.

Les représentants du peuple, réunis à quelques officiers de l'état-major, arrêtèrent que deux d'entr'eux se rendroient sur-le-champ à Lyon et que l'on y feroit passer un ou deux bataillons d'infanterie et un second escadron de cavalerie, avec un adjudant-général pour les commander ; ces forces étoient destinées à veiller à la sûreté des magasins et entrepôts militaires, à faire respecter la loi et maintenir l'ordre et la tranquillité publique, sur la réquisition des autorités constituées.

Le 27 au soir, les représentants du peuple, Gauthier et Nioche,

(1) *Cette pièce CXXV avait été publiée chez Vatar-Delaroche, dix-huit pages in-4°.*

arrivent à Lyon ; ils prennent des renseignements auprès des corps administratifs sur la situation de cette ville ; on leur annonce qu'il n'y a de la rumeur que parce que la municipalité a défendu la permanence des sections, tandis que le département l'a autorisée ; on leur dit que la question est soumise à la décision de la Convention Nationale ; ils engagent les deux partis à attendre, dans le calme, sa décision. Les députés des sections paroissent satisfaits.

Ces députés demandent, dans la journée du 28, la suppression de la municipalité ; les représentants du peuple leur promettent de leur rendre justice, sous le plus bref délai, de concert avec les administrations supérieures, s'ils forment leur demande par écrit et s'ils la motivent ; ils le promettent et se retirent.

Le 29, avant une heure du matin, les mêmes députés reviennent ; ils insistent pour cette suppression. Les représentants du peuple les invitent à justifier de leur mission. Ils lisent une délibération qui intimoit des ordres aux représentants du peuple ; ils déclarent qu'elle n'est pas signée et ils délibèrent, par acclamation, qu'ils n'en remettront point d'extraits aux représentants du peuple ; on en appelle, sur tous ces faits, à leur propre témoignage.

Sur les huit heures, les représentants du peuple apprennent que, dans quelques sections, on bat la générale ; ils cherchent à s'investir de lumières, en appellant auprès d'eux quelques membres de chaque corps administratif. Il est convenu que les représentants du peuple feroient, sous leur nom et sous celui des trois corps administratifs, une proclamation pour rappeler les citoyens à leur devoir, les prévenir contre tout égarement et leur promettre une prompte justice.

Il fut encore arrêté que cette proclamation seroit publiée par l'un des représentants du peuple, accompagné d'un membre de chaque corps administratif. Les représentants du peuple se rendirent en conséquence à la maison commune, dans l'enceinte de laquelle les trois corps admininistratifs ont établi le lieu de leurs séances.

Ils trouvent absent le conseil du département ; c'est du lieu des séances de celui du district que le cortège part.

Le représentant du peuple Nioche, publie la proclamation ; il invite les citoyens à s'y conformer ; ceux qui sont armés sans réquisition ne l'écoutent pas ; ils se saisissent de sa personne et de celles qui l'accompagnoient ; on le conduit du côté de l'Arsenal, où il est retenu.

Vers le midi, arrive sur la place des Terreaux, un bataillon de garde nationale, dit de Brutus ou de la Pêcherie ; il se range en bataille, à l'instar des autres forces requises. Le Maire Bertrand va le reconnoître, et au même instant il part des rangs ces cris : *A bas la Municipalité ! A bas les autorités constituées !* Une fusillade accompagne ces cris ; quelques patriotes, placés sur le perron de la Municipalité, sont tués ; on se hâte de riposter, sans qu'il soit donné aucun ordre ; le bataillon de la Pêcherie prend la fuite.

Il a été aussi pénible que douloureux pour le représentant Gauthier d'être témoin de cette scène sanglante ; mais il n'a pu ni la prévenir, ni en empêcher l'effet.

Le citoyen Barbier, commandant ce bataillon, fut amené à la Municipalité ; un membre, courroucé de la trahison de ce commandant, accusé d'avoir occasionné l'effusion du sang, dirige contre lui un pistolet, Le représentant du peuple Gauthier détourne le coup et sauve la vie de ce commandant, en le faisant constituer prisonnier.

Il étoit trois heures, et l'on n'avoit encore d'autre avis que celui de l'arrestation du représentant Nioche ; cette arrestation donnoit de vives inquiétudes à tous les patriotes, et notamment à son collègue Gauthier ; il se transporte successivement auprès du district, de la municipalité et du comité de salut public, pour conférer avec eux sur les mesures à prendre pour contenir les rebelles et assurer l'inviolabilité de la représentation nationale.

Pendant que le représentant Gauthier étoit auprès de la municipalité, on apporte la nouvelle que l'arsenal a été pris par les citoyens armés sans réquisition, et qu'ils menacent de marcher contre ceux qui avoient été requis par la municipalité. Elle donna des ordres pour repousser la force par la force ; c'est ainsi que la seule autorité constituée qui agissoit ouvertement, se bornoit à la défensive.

Le représentant du peuple, Nioche, obtint la liberté de se rendre à la municipalité, pour lui apporter le vœu du parti des insurgés et délibérer avec son collègue, sous la condition de retourner au lieu où il avoit été arrêté. Il fut pris un second arrêté par les représentants du peuple, dans lequel ils déclarent persister dans les sentiments qu'ils ont manifestés dans leur proclamation ; ils ordonnent l'évacuation de l'arsenal, parce qu'ils le considéroient pris par des personnes qui, ne respectant aucune autorité, vouloient une contre-révolution. Ils ordonnent aussi aux citoyens armés, sans une réquisition valable, de se retirer dans leur domicile et d'y poser leurs armes ; ils promettent l'élargissement des prisonniers et le sursis à toutes poursuites, jusqu'à ce que la Convention ait prononcé.

C'est contre ce second arrêté que s'élèvent les sections ; mais il est évident qu'il ne tendoit qu'au rétablissement de la tranquillité publique ; il provoquoit seulement les citoyens à rentrer dans l'ordre.

A six heures, on apprend que du côté de l'arsenal on va marcher sur plusieurs colonnes, pour attaquer de vive force les citoyens requis par la municipalité, ainsi que les troupes qui investissoient la maison commune ; on ne peut connoître jusqu'où se portera la fureur des assaillants ; le commandant de la ville ne peut suffire à défendre tous les postes ; l'adjudant-général Ledoyen est prisonnier ; on ne trouve d'autre parti que de le faire remplacer par le commissaire-ordonnateur des guerres *Duchambon* ; il est donc désigné par la municipalité et le comité de salut public. Le représentant du peuple, Gauthier, adhère à ce remplacement et signe une commission. Ce représentant affirme encore, qu'à l'instant où il l'a signée, l'ordre fut réitéré de se borner à la défensive ; le lieu de l'engagement prouve au surplus que cet ordre a été suivi.

Il étoit affreux de voir couler le sang. Plus le moment approchoit, et plus le représentant du peuple, Gauthier, en étoit affecté ; il retourne au district et l'invite à l'accompagner pour aller au-devant de la force armée qui venoit attaquer ; lui faire sentir qu'elle étoit en révolte contre une autorité constituée, et se porter pour médiateur. Ces administrateurs y consentent et s'acheminent ; mais leur caractère est méconnu ; les balles ne leur permettent plus d'approcher.

L'attaque qui a lieu du côté du Rhône ne réussit pas ; les assaillants sont repoussés et perdent leurs canons ; on rapporte que du côté de la place des Carmes, l'affaire a été plus sérieuse, mais que les assaillants n'ont également pu réussir. C'est dans cet état que, des postes avancés, il fut annoncé que l'on faisoit des propositions d'accommodement. Le représentant du peuple, Gauthier, presse la nomination des parlementaires, ils ne s'accordent pas ; on l'appelle, et toutes les difficultés sont bientôt applanies. Il est convenu que de part et d'autre on se retireroit, et qu'on ne laisseroit sous les armes, que le nombre d'hommes nécessaires pour garder d'un côté l'arsenal et de l'autre la municipalité, et que l'on s'en rapportoit aux représentants du peuple, qui éteindroient par leurs décisions tous germes de divisions. Les parlementaires s'embrassent et remercient le représentant du peuple, Gauthier, de les avoir conciliés ; ils retournent à leurs commettants, ils en rapportent la ratification verbale des propositions qui avoient été faites ; tout paroît terminé. Ils engagent ce représentant à ramener de plus en plus les esprits aux sentiments de paix, en parlant aux assaillants ; ils le pressent extrêmement, et ils répondent sur leur parole d'honneur que la représentation nationale sera respectée.

Elle l'étoit en effet et la paix se confirmoit, lorsque l'on annonce dans les rangs des asssaillants qu'il arrive un renfort des campagnes ; alors on crie : *plus d'accommodements*. Les sabres sont levés contre le représentant du peuple ; il n'échappe à une mort certaine et mille fois assumée sur sa tête que parce que quelques bons citoyens et surtout les parlementaires lui font un rempart de leurs corps et l'emportent vers l'Arsenal.

Il arrive vers les 9 heures du soir ; on lui annonce qu'on va le conduire au département, où il trouvera son collègue Nioche ; il est étonné d'apprendre que le département se trouve réuni dans ce lieu et qu'il y dirige toutes les opérations ; il voit alors que le combat étoit la suite de la division des autorités ; que la municipalité se montroit à découvert, tandis que le département avoit jusqu'alors agi clandestinement. Il trouve le département occupé de la suspension de la municipalité ; les représentants ne peuvent s'opposer à cette mesure, qui est de la compétence des départements ; mais ils l'engagent à prendre toutes les précautions nécessaires pour prévenir une nouvelle effusion de sang ; ce corps administratif s'en occupe sur-le-champ.

L'action de la municipalité se trouvant paralysée par sa suspension, toutes les réquisitions qu'elle avoit faites cessoient, en sorte que toute la force armée qui la protégeoit se retira et la conquête de la maison commune ne fut pas difficile.

Beaucoup d'arrestations ont suivi ce triomphe d'un parti contre l'autre ; les corps administratifs les ont fait discontinuer dès qu'ils l'ont pu (1) ; et puisque c'est un devoir de rendre hommage à la vérité, on dira : 1° que les attroupements qui ont eu lieu dans la journée du 29 avoient dans leur principe tous les caractères de la révolte, car ils étoient dirigés contre une ou plusieurs autorités constituées ; 2° que les forces requises par la municipalité se sont bornées à un système

(1) Les citoyens patriotes n'en sont pas moins dans les fers ou en fuite par centaine, et peut-être par milliers. Les lettres que nous recevons de l'étranger, nous annoncent que l'on y savoit huit jours à l'avance le malheureux sort qui étoit préparé à ces citoyens.

défensif, suivant l'ordre exprès qu'elles en avoient reçu ; 3° que toute réquisition et toute résistance ont cessé, dès que les corps administratifs ont eu prononcé la suspension de la municipalité ; 4° que les sections se sont empressées de montrer leur attachement à la République et de prouver qu'elles ne s'étoient armées que pour détruire une municipalité qu'elles accusoient de vexations ; 5° enfin que les corps administratifs ont fait tout ce qui a dépendu d'eux pour que l'on ne se permît aucune vengeance.

Les explications qui auroient empêché les événements de la malheureuse journée du 29 sont ensuite venues. On a reconnu trop tard, que les représentants du peuple n'avoient intention que de réunir les deux partis ; on a bien compris que l'attaque avoit été une fausse mesure ; on a cherché à la pallier par des procès-verbaux ; et, pour n'être pas accusé, on s'est hâté de se porter dénonciateur contre la municipalité de Lyon et les représentants du peuple. La municipalité sera entendue. Quant aux représentants du peuple, où se trouve donc leur délit ? Les proclamations qu'ils ont faites dans la journée du 29 et sur l'une desquelles on garde un silence si affecté, ne prouveront-elles pas toujours leurs sentiments, et ne justifieront-elles pas le plan de conduite qu'ils avoient adopté ? On veut leur faire un crime d'avoir soutenu une municipalité qui vexoit les citoyens ; ne s'est-on pas refusé à leur en fournir la preuve ? Etoit-ce d'ailleurs par la force qu'il falloit empêcher les abus qu'elle pouvoit commettre ? La loi ne donnoit-elle pas le recours aux autorités supérieures ? Avoit-on acquis leur refus de prononcer ? N'y avoit-il pas encore un dernier recours à la Convention Nationale ? C'est donc au moins un égarement que d'avoir recouru à la force sans nécessité ; mais les représentants du peuple n'ont pu voir dans cette violation de tous les principes, que l'exécution de projets de contre-révolution, si souvent médités dans la ville de Lyon, et qui s'exécutoient alors dans plusieurs parties de la République.

Les actes postérieurs à la journée du 29 mai ne changent pas la nature des délits qui se sont commis dans cette journée; ils peuvent décider la Convention Nationale à un acte de clémence, les représentants du peuple le désirent ; mais on ne parviendra jamais à lui persuader que ces représentants, qui n'ont pas craint d'exposer leurs vies pour ramener l'union, l'ordre et la paix, s'étoient portés les chefs des anarchistes ; ceux qui les connoissent savent combien ils les redoutent, combien ils en sont les ennemis, combien ils ont souffert en voyant les citoyens de Lyon s'égorger entr'eux, les autres ne prononceront sur leur conduite qu'après les avoir entendus.

A Grenoble, quartier-général de l'armée des Alpes, le 9 juin 1793, l'an second de la République Françoise.

Signé, GAUTHIER, représentant du peuple, tant pour lui que pour son collègue NIOCHE, absent.

N° CXXVII. *Lettre écrite aux représentants du peuple, le 25 mai 1793, par différents membres des corps administratifs de la ville de Lyon, dont les circonstances ne permettent pas de faire connoître les signatures.*

Lyon le 25 mai 1793, l'an deux de la République.

Citoyens représentants, notre ville est dans un état bien triste, bien déplorable ; nous sommes à la veille, ou d'une grande perte, ou d'une grande victoire. Des scélérats contre-révolutionnaires sont sur le point de faire un coup d'éclat ; leur projet n'est rien moins que d'anéantir les sociétés populaires, égorger les patriotes et arborer peut-être l'étendart de la révolte la plus ouverte. Ce qui nous confirme dans cette opinion, ce sont depuis longtemps les dénonciatious multipliées que nous avons reçues sur leurs complots liberticides. Ce sont les rapports des commissaires que nous avons envoyés dans les districts de notre département, lesquels nous annoncent les dangers les plus imminents.

Les brandons du fanatisme, l'esprit brûlant du royalisme, les torches de la discorde fortement secouées par les bras de l'intrigue et de la malveillance ; l'inexécution des loix sur les émigrés, les prêtres, les gens suspects, les biens nationaux, les contributions, tout nous annonce que de grands malheurs se préparent et qu'il est urgent d'y remédier.

C'est d'après toutes ces considérations que le conseil-général de cette commune, ensemble le district et le comité de salut public de ce département, ayant déjà pris toutes les mesures nécessaires pour sauver la chose publique, voyant avec effroi ces mesures continuellement paralysées par le comité autrichien d'une administration perfide, réfléchissant sur les suites incalculables qu'un arrêté que cette même administration vient de prendre pour empêcher l'effet salutaire de ces mêmes mesures peut occasionner ; réfléchissant encore sur les germes de division qui, dans cette cité, forment deux classes de citoyens prêts à s'armer aujourd'hui, demain peut-être, l'une contre l'autre ; voulant prévenir l'explosion de calamités aussi accumulées, ont arrêté qu'un courrier extraordinaire vous seroit dépêché, à l'effet de vous transporter le plus promptement possible, et autant que des affaires plus uugentes vous le permettroient, au milieu d'eux, afin de les aider de vos moyens pour détruire les complots des ennemis de la République qui fourmillent dans cette cité et compromettent, par leurs manœuvres, le salut de la patrie.

Si jamais des circonstances furent plus impérieuses pour nous forcer à vous remémorier les promesses que vous nous fîtes en partant, de vous rendre auprès de nous aussitôt que nous le croirions convenable, c'est sans doute celle-ci ; l'armée révolutionnaire n'est point formée, les dangers augmentent, des patriotes peuvent être victimes, le sang va couler peut-être, vous pouvez y remédier ; partez, au nom sacré de la patrie, partez, le temps presse, il est urgent. Salut et fraternité.

N° CXXVIII. *Arrêté du conseil-général de la commune de Lyon, réuni aux membres du comité de salut public et à des députations des corps administratifs.*

La délibération ouverte sur les dangers que couroit la chose publique, plusieurs membres ont fait sentir l'urgence de prendre de grandes mesures pour la sauver ; c'est pourquoi l'assemblée, considérant que la malveillance redouble ses coupables efforts pour engendrer la contre-révolution dans le département de Rhône-et-Loire ;

Considérant que le fanatisme qui s'abreuve de sang dans le département de la Vendée, secoue déjà ses torches dans le district de Montbrison ;

Considérant que l'armée révolutionnaire, dont la levée a été arrêtée le 14 mai, par les corps administratifs, en présence des représentants du peuple près l'armée des Alpes, imprimera la terreur aux malveillants et réprimera les fureurs des fanatiques ;

Considérant sur-tout que le moindre délai dans l'organisation de cette troupe révolutionnaire seroit un crime, attendu qu'il pourroit enfanter la ruine de la cité ;

A arrêté, ouï le procureur de la commune, que le comité de salut public restoit chargé, par tous les pouvoirs dont il est investi, de mettre instamment en activité l'armée révolutionnaire.

Arrêté en outre, que pour subvenir aux frais et à l'entretien des citoyens-soldats la composant, le décret portant qu'il sera imposé un milliard sur les riches seroit partiellement mis en vigueur par anticipation, et qu'en conséquence, le comité de salut public seroit derechef tenu d'envoyer des mandats impératifs dont le délai fatal seroit de vingt-quatre heures, sauf aux citoyens à faire valoir leurs réclamations en décharge de sommes imposées, contre ceux que le décret de la Convention devra atteindre, d'après le mode qu'elle aura décrété.

Fait en séance publique, le 26 mai 1793, l'an deux de la République Françoise. *Par extrait*, MAGOT, secrétaire-greffier.

N° CXXIX. *Extrait des registres du comité de surveillance de la section de la Convention.*

Le 31 mai 1793, l'an deux de la République, s'est présenté Henri Bels, père, de la section de la Convention, n° 128, âgé de 56 ans, a déclaré et certifié et atteste que le 29 mai 1793, à six heures du soir, époque où une colonne des vrais amis de la liberté et de l'égalité, de la République et des loix s'avançoit par le quai du Rhône, pour attaquer les anarchistes, après une canonnade très vive de part et d'autre, un cavalier dont il n'a pas été possible de distinguer l'uniforme, envoyé vraisemblablement par la municipalité ou telle autre autorité, a présenté un *mouchoir blanc*, en signe de paix, l'a piqué au bout de son sabre, s'est approché de la colonne des amis des loix, comme pour parlementer. Ces derniers, pleins de confiance dans cette démonstration, ont dès-lors quitté leurs retranchements et se sont approchés de leurs batteries ; mais ce monstre n'a pas plutôt vu cette démarche confiante de la part de ces malheureux citoyens, qu'il est revenu au galop, et dès l'instant de son retour, les traîtres ont lâché deux coups de canons, qui ont tué ou blessé plusieurs de ces malheureux citoyens. En foi de quoi j'ai signé la présente déposition, que j'atteste vraie en mon âme et conscience. Lyon, le 31 mai, l'an deux de la République Françoise. *Signé*, BELS, père.

Pour copie conforme à l'original. *Signés*, LOYER, fils, président ; et GILIBERT, secrétaire.

Suit une attestation conforme de neuf autres témoins.

N° CXXX. *Extrait des registres de la section de Porte-Froc, du 13 juin 1793.*

Ont comparu Jacques-Amable Garnier et Jean-François Portalet, lesquels nous ont dénoncé que le 29 mai dernier, sur les six heures du soir, arrivant à la place Saint-Pierre, avec deux pièces de canon qui étoient servies par les comparants et plusieurs canonniers, tant de ligne que de la garde nationale, une sentinelle placée à l'angle de la petite rue Saint-Côme, cria halte ; mais comme elle étoit placée là par les gens mal intentionnés qui vouloient répandre le sang de leurs concitoyens, Garnier, l'un des comparants, fit désarmer cette sentinelle et fit braquer ses canons sur la place Saint-Pierre, en ligne droite sur la rue Saint-Pierre ; que l'arrière-garde fut assaillie dans ce moment, dans le contour de la rue Saint-Côme, par quantité de coups de fusil, partant des allées, des fenêtres et des jours de cave des maisons Gayet et autres attenantes, ainsi que de celle qui est en face de ladite maison Gayet ; que pendant cet infâme assassinat, le nommé Riard-Beauvernois, chef de légion, à la tête d'une horde nombreuse, armée de fusils et nantie d'une pièce de canon, braquée à l'embouchure de la rue Saint-Pierre, vers l'angle de la rue de la Cage, *fit signe avec le bras aux comparants et à leurs camarades de ne pas tirer et de s'avancer pour entendre des propositions de paix ;* que ledit Riard s'avança lui-même le premier ; *qu'alors un des citoyens de la compagnie des comparants s'avança aussi* pour entendre ces propositions ; mais *qu'il n'eût pas fait trente pas que ledit Riard lui fit tirer un coup de fusil qui le tua.* Et de suite ledit Riard donna un signal en élevant et faisant mouvoir son chapeau, se retira sur le seuil d'une porte d'allée et fit tirer une pièce de canon chargée à mitraille sur les comparants et leurs camarades, dont plusieurs furent tués ; que cette infâme trahison, jointe à un feu roulant de mousqueterie, dirigé et tiré par la horde dudit Riard, et à quantité de coups de fusils qui partoient des fenêtres de la plupart des maisons, leur fit abandonner la place, en sorte que Garnier, l'un des comparants, resta seul avec un canonnier du Port-du-Temple autour des canons ; qu'il les abandonna quelques momens après, mais que ce ne fut qu'après avoir tiré la pièce braquée. En se retirant, ils trouvèrent la rue Saint-Côme jonchée de morts ; ce qui étoit l'effet de l'assassinat commis sur leur arrière-garde ; pas un des citoyens qui la composoient n'étant parvenu jusqu'aux canons.

Ajoute le citoyen Portalet que le citoyen Mirallet, son beau-frère, ouvrier en soie, rue du Bœuf, au quatrième étage, sur le derrière de la maison Laplace, a vu, le même jour, ledit Riard Beauvernois tirer un coup de fusil à un citoyen qui en fut tué, parce qu'il n'avoit pu déterminer ce citoyen a se joindre aux brigands qui composoient sa horde et qui assassinoient les citoyens qui venoient pour s'affranchir de l'épouvantable anarchie exercée sur la cité par la municipalité. *Suivent les signatures.*

N° CXXXI. *Extrait des registres de la section de la Convention.*

Cejourd'hui 31 mai 1793, s'est présenté Jean Millanois, âgé de 56 ans, logé quai Saint-Clair. n° 132 ; déclare que mercredi 29 mai, à six heures du soir environ, il a vu un député de la Convention, décoré d'écharpe aux trois couleurs, franges d'or à son chapeau, en baudrier et en ceinture, qu'on lui a dit se nommer Gauthier, encourager et exciter par sa présence et par ses gestes la force armée, notamment les dragons à cheval, les canonniers et le bataillon de Mont-blanc, à faire feu sur les citoyens, et déclare qu'il a vu le premier feu fait en présence dudit Gauthier, qui étoit derrière la maison Oriol, côté du nord ; il déclare que ce n'est qu'après cette première aggression, que les citoyens ont cherché à repousser la force par la force, en faisant eux-mêmes usage de leurs armes. Il déclare que ledit Gauthier a demeuré à ce poste, derrière la maison, pendant plus d'une heure que le feu a duré ; et a le déposant signé ladite déclaration. A Lyon, le 31 mai de l'an deux de la République. *Signé*, MILLANOIS.

N° CXXXII. Le citoyen Berruyer dépose que le jour du 29 mai, sur une heure après midi, le bataillon de Brutus a été accompagné par ses officiers ; que, lorsqu'ils ont été devant l'hôtel de Milan, les officiers ont fait volte face, se sont transportés sur le perron de l'hôtel-commun en courant, y ont rencontré le citoyen Julliard ; lesquels ont tous porté la main au chapeau et, *par un signe triangulaire*, ont donné le signal et sont rentrés. A l'instant le canon tire ; trois ou quatre cents coups de fusils sont partis de l'hôtel commun et d'un bataillon rangé devant l'abbaye de Saint-Pierre. Le bataillon de Brutus mis en déroute, plusieurs brigands sortirent de l'hôtel-commun, pour venir assassiner les malheureux blessés restés sur le champ de bataille, à coups de crosses et de bayonnettes. A l'instant, le citoyen Julliard, Bertrand, Carteron, Rouliot et autres sont descendus de l'hôtel-commun, en criant : braves sans-culottes, vivent les sans-culottes ! et mettant la main au chapeau et dansant la carmagnole autour du canon. A l'instant s'est détaché le citoyen Julliard, qui est allé chercher tous les brigands des sections qu'il a pu rassembler, est venu à leur tête, pour entrer sur la place des Terreaux, a annoncé aux factionnaires qu'il amenoit des sans-culottes, et portoit la main au chapeau, *faisant le signe triangulaire*, criant : Vivent les sans-culottes ! à l'instant ils furent applaudis de toutes parts. Quand ils furent plusieurs sections rassemblées, les officiers municipaux ci-dessus dénommés firent le tour de la place, en délivrant par poignée des cartouches, les invitant à être fermes, et que l'on les tenoit. Bertrand, mettant la main à son chapeau, cria : A bas les muscadins et les permanents ! Les officiers municipaux, crainte d'avoir des preuves contr'eux, firent fermer les fenêtres et couchèrent en joue tous ceux qui en approchoient, en criant : Levez les abat-jours et ouvrez les volets. A cet instant, *descendit de l'hôtel-commun Gauthier, l'un des commissaires de la Convention*, décoré, qui fit le tour de la place et leur dit : Braves sans culottes, nous voici dans un moment de crise ; nous aurons le dessus, tenons-nous fermes ; si l'on tire soit canons, soit fusils, joignez-vous contre les maisons et couchez-vous à terre, nous sommes sûrs de la victoire. Et au coin de la rue de la Cage, le citoyen Bertrand, le suivant et délivrant des cartouches, s'écria : Vivent les sans-culottes ! à bas les muscadins et les permanents ! ce qui fut applaudi et répété par le commissaire, et applaudi unanimement. Le tout déposé par-devant la section et consigné dans les registres du comité de la section, sous la dictée du citoyen Berruyer et en présence du citoyen Court, qui a confirmé le tout, et a signé. P. BERRUYER. COURT.

N° CXXXIII. Joseph Court, âgé de 41 ans, négociant, demeurant place de la Liberté, lequel, après avoir ouï la déclaration faite en sa présence au comité de la section de Guillaume-Tell par le citoyen Berruyer, a déclaré qu'il la reconnoît sincère ; que tous les faits qu'elle indique sont à sa connoissance personnelle, ajoutant qu'il a vu plusieurs officiers municipaux, au nombre desquels étoit Carteron, tous décorés de leurs écharpes et armés d'un sabre, excepté Roullot, parcourant les rangs et distribuant des cartouches ; qu'il a également vu commettre deux assassinats, l'un commis devant le café Grand et l'autre devant l'escalier des ci-devant dames de Saint-Pierre ; que l'un des cadavres, encore palpitant près du café Morel, fut, par les scélérats, défini à coups de crosse de fusils ; que l'une des victimes faites par le feu qui eut lieu sur le bataillon de Brutus, qui étoit à l'entrée du portail de l'hôtel de Milan, fut également finie à coups de crosse et le tout s'est passé en la présence des officiers municipaux, qui se promenoient paisiblement sur la place. Lecture faite au témoin, de sa déclaration, il a dit qu'elle contient vérité, et a signé avec nous. *Signé*, COURT.

N° CXXXIV. *Lettre adressée à Chalier d'Oberstad, le 22 mai 1793, timbrée de Reinhausen, taxée vingt sols, et arrivée le lendemain de l'arrestation de Challier.*

Je n'ai rien de plus pressé, monsieur et ami, que de venir vous faire part de l'affaire que nous avons eue devant Landau. Elle a eu pour nous tout le succès que nous pouvions en espérer..... (*Cf. Conseil général*, t. II, p. 311)..... Adieu, mon cher ami, conservez-vous et sur-tout écrivez-moi sur le champ. Aucuns de vos numéros n'ont été égarés. Vous pouvez toujours m'écrire à la même adresse ; et suis, pour la vie, votre ami. *Signé*, MIS.... DE ST-V...

N° CXXXV. *Extrait des registres des rapports de la section de la Côte, première division.*

S'est présenté au comité de surveillance de ladite section, le citoyen Mouthon, chirurgien attaché à l'hôpital militaire de cette ville, qui a observé à tous ses concitoyens, au nom de la liberté, de l'égalité et de la république une et indivisible, au nom de l'amour qu'il a pour eux et leurs propriétés, de son obéissance et soumission aux loix.

Qu'hier soir, 2 du courant, passant par une allée qui traverse de la rue Clermont à la place du Plâtre, il rencontra trois citoyens à lui inconnus ; il fut curieux de les écouter. Voici quel fut leur discours :

Nous avons un excellent moyen de persuader à toute la République que ce sont les scélérats et les aristocrates qui triomphent ici ; nous n'avons qu'à couper quelques arbres de la liberté : on ne doutera plus de la contre-révolution et du massacre des vrais patriotes. Voilà, en propres termes, les discours qu'il a entendu tenir à ces trois individus ; et a signé ladite déclaration, attesté sous serment avoir déclaré vrai. Lyon, le 3 juin 1793, l'an deux de la République. BÉDOR aîné, président ; CHASSÉRIAU, secrétaire ; MARGARON, CHAPEAU, LUPIN aîné, commissaires.

N° CXXXVI. *Lettre jointe à la procédure contre Riard.*

Lyon, ce 24 février 1793.

CITOYENS, A la forme de la loi, tous gens désarmés ne comptent plus pour l'activité, jusqu'à justification et réarmement en règle ; tous gens dénoncés sont proscrits de même.

Si votre bureau est composé de ces proscrits ou dénoncés, vous devez les réformer, et y mettre des citoyens soumis aux loix. *Signé*, RIARD.

N° CXXXVII. *Note trouvée dans les papiers de Chalier, écrite de sa main.*

Le citoyen Samnis est sédentaire à la commune, à la salle des certificats de résidence, pour servir de témoin.

Il a distribué hier des cartes pour Nivière ; il en a remis à un nommé Bourgeois du port Saint-Paul.

Il demande des secours de tous côtés, et qu'on observe qu'il est d'une grosse dépense.

La Société fraternelle doit être mise à bas, parce que les riches s'en servent pour leurs fins aristocratiques. Quoi ! l'homme s'avilit au point de mendier ! et tu le dis Républicain !...

Vas... tu la paieras cher, pauvre imbécile d'ouvrier ! Le riche se sert de ce poison pour te ravir la liberté.

N° CXXXVIII. *Paris, le 18 avril 1793, l'an deux de la République et le premier de la mort du tiran.*

Citoyen, depuis mon arrivée, je ne fais que courir à droite et à gauche. J'ai été voir le citoyen Robespierre ; mais il trouve à propos de le laisser faire ; qu'il connoissoit Legendre et Bazire, et qu'il ne peut pas croire qu'ils trompent. Je lui ai fait voir votre lettre de ce qui s'est passé depuis mon départ de Lyon. Après en avoir fait lecture dit *que vous étiez un excellent homme, mais que vous êtes au-dessus de la Révolution*, que vous vous échauffez trop, je lui ai répondu : Si vous veniez de Lyon, comme moi, vous ne diriez pas cela ; il se voit tout seul à lutter contre mille et ceux qui devroient le soutenir, qui voient sa position, sujets à toutes les calomnies qui tombent sur lui. Eh bien, *c'est à ce moment qu'il faudroit dissuader ce peuple presque tout égaré, que le muscadin Bazire le désignât au club et au peuple en ma presence, pour dictateur* ; et puis mille autres choses. Je n'ai fait tenir qu'aujourd'hui votre lettre au citoyen Marat ; la lettre de Lebrun et ma dénonciation que je présentas aux trois estaffiers, en les priant d'en tirer partie promptement Je finis. *J'ai promis au citoyen Robespierre que j'irois voir le citoyen Danton, ce matin : il se fait tard, crainte de le manquer, je pars. Salut fraternellement. Laisse courir l'eau ; encore un peu de patience : ça ira, foutre*. Vous ferez toujours lecture du journal de Marat ; cela empêche les intrigants, Nous espérons que beaucoup de ceux qui ont tenté *de faire perdre Marat, l'incorruptible Marat, soutien de notre liberté...* Salut. *Signé*, JOSEPH GERMAIN.

N° CXXXIX. *Fragment d'une lettre de Fillion et Gravier, trouvé dans les papiers du municipe Achard.*

Paris, 19 avril, l'an deux de la République.

Ami, la Patrie est encore une fois sauvée, puisque ses plus cruels ennemis viennent enfin de consommer par un nouveau crime, le degré de leur scélératesse...

Ils viennent enfin de marquer leur front au coin de l'ignominie, ceux qui ont voté contre le parti Marat... Ce n'est pas Marat qu'ils vouloient tuer, c'étoit la Liberté et l'Egalité... Ils ont décrété Marat d'accusation... Courage ! le temps presse ; mais *demandez que les meneurs soient guillotinés... Il faut que cette cause sacrée triomphe, ou que le fer et la flamme embrasent la République Françoise, une et indivisible.*

Vous avez trois commissaires qui se sont montrés patriotes : sommez-les de vous aider... S'ils ne font rien pour la bonne cause, ayez le courage de les dénoncer aux Jacobins.

N° CXXXX. *Déclaration fournie par le bataillon du Mont-Blanc.*

Pour rendre hommage à la vérité, les citoyens officiers et soldats composant le premier bataillon des volontaires du Mont-Blanc, déclarent aux citoyens Burnet, Lafond et Girerd, en leur qualité de commissaires députés par la section de la Liberté, auprès dudit bataillon, pour s'informer de la vérité des faits : Qu'ils sont partis de la ville de Bourg le 28 expirant, où ils étoient en garnison depuis le 9 dudit mois, à la réquisition du général d'Ornac, à eux exhibée et lue par leur commandant en second, *dit* Vauzelle, sur la place d'armes, où il l'a reçue des mains d'un courier extraordinaire, et ouverte devant eux ; le tout en l'absence de leur commandant en chef, *dit* Linz, qui se trouvoit à Lyon depuis dix jours environ. L'ordre portoit que ledit bataillon seroit rendu à Lyon le lendemain 29, pour y demeurer, et être sous les ordres du général Ledoyen.

Deux citoyens de la ville de Lyon se sont présentés audit bataillon à environ une lieue de la ville ; l'un, revêtu de l'écharpe municipale, qu'on leur a dit s'appeler Noël ; l'autre, ayant l'uniforme de garde national, avec deux épaulettes à bouillon, dont ils ignorent le nom : (il étoit environ deux heures de relevée). Ces deux citoyens retournèrent sur leurs pas à la tête du bataillon, qu'ils conduisirent sur la place de la Liberté, comme le portoit la réquisition du citoyen Gauthier, commissaire de la Convention, au commandant dudit bataillon. Etant arrivés et rangés en bataille, les officiers municipaux et un grand nombre de citoyens armés, rassemblés autour de la maison commune, présentèrent à tous les volontaires du vin en quantité, dans lequel ils avoient mêlé de la poudre ; ils les invitèrent, à grands cris, à se joindre à eux pour combattre ce qu'ils appeloient les muscadins de cette ville, qui ne vouloient pas, disoient-ils, suivre les ordres de la municipalité, et qu'ils comparoient aux rebelles de la Vendée, en annonçant qu'ils combattoient pour le roi et la religion. Lesdits citoyens composant le bataillon du Mont-Blanc, déclarent qu'ils ont bientôt reconnu que les citoyens qu'on leur avoit désignés sous la dénomination absurde de *muscadins*, représentoient la majorité des sections de Lyon ; déclarent que, lorsque le combat s'est engagé, le feu a été très-vif de part et d'autre ; qu'il s'est fait plusieurs prisonniers sur l'armée des sections ; qu'il ne s'est trouvé sur eux aucune marque d'incivisme ; que tous les drapeaux et cocardes qu'ils leur ont vus, étoient conformes au décret ; qu'ils ne leur ont pas entendu proférer une seule parole incivique ; qu'ils leur ont au contraire généralement ouï dire qu'ils ne vouloient que l'exécution des lois, la sûreté des personnes et des propriétés, le maintien de la République une et indivisible, et qu'ils ne faisoient que s'opposer aux actes arbitraires et anarchistes de la municipalité : qu'ils ont encore observé que la plupart des prisonniers faits sur les sections qu'ils combattoient étoient inhumainement égorgés par les soi-disants *sans-culottes*, en les traînant à la commune et dans la maison commune même ; qu'ils ont été tellement révoltés de ces atrocités, qu'ils s'y sont opposés de toutes leurs forces ; que même pendant la trêve ou les pourparlers provoqués par la municipalité, les satellites particuliers ont enlevé un citoyen des sections, qu'ils ont égorgé sur la place.

En foi de quoi les déclarants, après avoir pris lecture du présent, ont apposé leurs signatures comme suit, pour servir et valoir ce que de raison. A Lyon, le trente-un mai mil sept cent quatre-vingt-treize, l'an deuxième de la République françoise.

Suivent les signatures au nombre de cent quarante.

Pour copie conforme à l'original joint au procès-verbal de la séance tenue cejourd'hui dans la section de la Liberté, le premier juin mil sept cent quatre-vingt-treize, l'an deuxième de la République Françoise.

Et ont les président et secrétaire signés.

Courvoisier, *vice-président*.
Estanssant, *secrétaire*.

N° CXXXXI. *Proclamation des représentants du peuple près l'armée des Alpes aux citoyens de Lyon.*

Des avis alarmants sur la situation de Lyon et sur les dangers d'une contre-révolution, décidèrent les quatre représentants du peuple auprès de l'armée des Alpes,..... (*Cf.* ci-dessus, *p. 341*)..... que cette vérité soit mêlée de l'amertume que leur procurent les malheureux événements de la journée d'hier.

Fait à Lyon, le 30 Mai 1793, l'an second de la République Françoise.

Signé, Nioche et Gauthier, commissaires de la Convention Nationale.

Adresse du conseil-général de la commune de Lyon à ses concitoyens.

Vu, dans la séance du 25, la délibération du département, en date du même jour, le conseil a arrêté, ouï le procureur de la commune, qu'il feroit déclaré à ses concitoyens, que ne pouvant plus suivre le cours des opérations qu'il avoit projetées pour la tranquillité et le salut de la ville, il dépose sur le département, la responsabilité de tous les évènements que sa délibération pourroit entraîner.

Par extrait : Magot, secrétaire-greffier.

ANNEXES

1

26 Mai.

Arrêté de la section de Portefroc.

Dans la séance du 26 mai 1793, l'an deux de la République, l'assembléé de la section de Portefroc,

Vu la loi du 28 mars dernier, portant, article 26, section 6 : « Dans
« les villes divisées en sections, les certifficats de résidence seront
« délivrés dans les assemblées générales des sections de la résidence
« à certiffier. »

Vu la loi du 21 du même mois, portant, article 2 : « Les déclarations
« faites devant le comité seront, en cas de contestations, soit sur les-
« dites déclarations, soit sur la décision, portées devant le Conseil
« général ou devant l'assemblée de la section, qui statueront som-
« mairement et déffinitivement ; et, à cet effet, lorsque le Conseil ou
« les sections d'une commune suspendront leur séance, il sera préa-
« lablement indiqué, sur le registre, l'heure à laquelle le retour de la
« séance sera fixé. »

Vu la loi du 4 mai, présent mois, portant, article 6 : « Il sera ouvert
« dans chaque municipalité, et dans chaque section des villes divisées
« en sections, pendant un mois à compter de la publication du décret,
« un registre où se feront inscrire les citoyens qui croiront avoir droit
« aux secours accordés aux familles des militaires de toutes armes,
« qui servent dans les armées de la République. »

Vu l'arrêté du Conseil général du département de Rhône-et-Loire,
du 25 mai 1793, portant, article 5 : « Pour l'exécution des articles 26
« et 27 de la sixième section du décret du 28 mars dernier, contre les
« émigrés, et à compter du 1ᵉʳ juin prochain, les certificats de rési-
« dence, désignés par cette loi, seront délivrés par les assemblées
« générales des sections ; et pour cet effet, la municipalité fournira à
« chaque bureau des formules imprimées, avec des registres ad hoc,
« ainsi que toutes les instructions nécessaires pour cette opération
« importante.

« Article 6. Conformément à la loi du 4 courant, et aux instructions
« fournies par le ministre de l'intérieur, il sera ouvert dans chaque
« section et à la même époque, un registre pour inscrire, dans le mois,
« tous ceux qui croiront avoir droit aux secours accordés aux familles
« des militaires de toutes armes, qui servent dans les armées et sur
« les vaisseaux de la République.

« Article 8. En conformité de toutes ces loix précitées et pour l'exé-
« cution d'icelles, tous les citoyens sont autorisés à se rassembler
« dans leurs sections respectives ; ils pourront en outre être convoqués
« par les douze membres du comité de surveillance, soit au son de la

« caisse, soit par affiches ; en conséquence, déffenses sont faites à la
« municipalité et à tous dépositaires de la force armée, d'y former op-
« position et de troubler les assemblées. »

Considérant que Lyon est une ville divisée en sections, conséquemment que c'est aux sections, à la forme de l'article 26 de la section 6 de la loi du 28 mars dernier, à délivrer les certifficats de résidence, dans la forme et aux conditions énoncées en ladite loi ;

Considérant que, tous les jours et à toute heure, les citoyens peuvent se présenter pour demander des certifficats de résidence, qu'on ne peut les délivrer tous les jours et à toute heure, qu'autant que l'assemblée de section tiendra séance le matin et le soir ;

Considérant qu'en outre, la section est tenue d'ouvrir un registre pour inscrire tous ceux qui croiroient avoir droit aux secours accordés aux familles des militaires de toutes armes qui seront dans les armées et sur les vaisseaux de la République ; que pour cette inscription il est également nécessaire que, pendant un mois, pour cet objet, à compter du 1er juin prochain, l'assemblée de la section tienne séance le matin et le soir ;

Considérant qu'il importe au bonheur des citoyens que les loix soient exécutées, les magistrats, les personnes et les propriétés respectés ; que le désordre naît toujours de leur non exécution, qu'il fomente la haine et les deffiances, isole les citoyens, paralise le commerce et laisse dans cet état d'incertitude et de stagnation, sans travail, des pères de famille dont il fait toute la ressource ; arrête ce qui suit :

ARTICLE PREMIER. A compter du 1er juin prochain, l'assemblée de la section de Portefroc délivrera des certifficats de résidence dans les cas et sous les conditions portées par la loi, dans le lieu ordinaire de ses séances, qui se tiendront quai et maison de l'Evêché, le matin, depuis neuf heures jusqu'à midi ; et le soir, depuis quatre heures jusqu'à six.

ART. 2. A compter du même jour, il sera ouvert un registre sur lequel elle inscrira tous ceux qui croiroient avoir droit aux secours accordés aux familles des braves déffenseurs de la patrie, qui servent tant dans les armées que sur les vaisseaux de la République.

ART 3. Ce registre ne sera ouvert dans le lieu de ses séances que pendant un mois, à compter du 1er juin prochain.

ART. 4. L'assemblée, tant pour s'organiser et mettre tout l'ordre possible dans ses opérations, que pour bien se pénétrer des obligations que lui imposent les loix cy-dessus citées, s'ajourne à demain matin, dix heures.

ART. 5. Elle invite tous les citoyens à s'y rendre exactement et à l'aider de leurs lumières sur les moyens de maintenir, dans cette cité, l'ordre, la paix devenus si nécessaires pour le bonheur de ses habitants ; elle les invite en outre à lui donner tous les renseignements possibles sur les causes des désordres qui l'ont agitée et sur les tentatives que pourroient faire les malveillans pour les renouveller, voulant concourir de tout son pouvoir, avec les autorités constituées, au rétablissement de la paix, à l'exécution des loix, à la sureté des personnes et des propriétés et au maintien de la République une et indivisible.

ART. 6. Elle regardera comme suspects et comme coupables d'indifférence pour le salut de la Patrie, les citoyens qui négligeront de se rendre dans le lieu de ses séances pour la seconder dans ses travaux.

Art. 7. Le présent arrêté sera imprimé et affiché dans l'étendue de la section de Porte-Froc et envoyé à toutes les sections de cette ville. Fait lesdits jour et an que dessus.

(*Registre de la section de Porte-Froc, f° 6.*)

II

26 Mai.

Adresse de la section de Porte-Froc à ses concitoyens.

Citoyens, ce n'est pas sans douleur que l'assemblée voit les alarmes dont on entoure sans cesse les habitants de cette cité, cet esprit de fermentation qui les soulève les uns contre les autres, les enlève au travail et empoisonne le bonheur de leurs jours, ce n'est pas sans étonnement qu'elle voit la division au milieu même des amis de la liberté; étroitement unis lorsqu'elle n'étoit qu'espérée, ils paroissent en opposition aujourd'hui qu'ils en jouissent. Quelles sont donc les causes de cet étrange changement ? Ah ! sans doute vous la voulez encore, cette liberté pour laquelle vous avez tant fait d'efforts ! Mais quelques hommes perfides ou égarés, se décorant du titre de patriotes sans en avoir les qualités, sont parvenus, sous ces dehors trompeurs, à s'emparer de votre confiance et vous ont montré méchamment ou par erreur, pour moyen de la conserver, ce qui ne peut que la conduire à sa ruine. Cette erreur peut enfanter les plus grands maux ; mais il est heureusement facile de s'en garantir ; l'assemblée comptera toujours au nombre de ses devoirs, celui de vous donner les avis qui lui paroîtront nécessaires à votre bonheur.

Pour vous soustraire à l'empire toujours dangereux des apparences, pénétrez-vous bien des qualités du vrai civisme et vous serez à jamais à l'abri de ces erreurs funestes dans lesquelles vous enchaînent ceux qui, pour vous tromper, se couvrent de ces dehors, et ceux qui, sans avoir l'intention de vous tromper, ne connoissent pas assez les devoirs que leur imposent votre propre intérêt et le maintien de la liberté et de l'égalité.

Le patriotisme est de tous les sentiments le plus pur, celui qui honore le plus l'homme ; il se compose de toutes les qualités qui caractérisent l'homme de bien ; il consiste à être généreux, doux, sensible, humain, juste, il consiste dans l'obéissance aux loix, dans le respect envers les magistrats chargés de leur exécution, dans l'exactitude à payer les impôts et à remplir tous les devoirs de citoyen ; c'est avec ces qualités qu'on aime ses semblables, sa patrie, et qu'on peut se décorer du titre de patriote, de vrai républicain.

Ainsi, ceux qui portent toujours au milieu de leurs concitoyens le soupçon et la défiance, qui entretiennent entr'eux cet esprit de division qui les aigrit, les soulève les uns contre les autres et altère le bonheur de leurs jours ne peuvent être les amis d'un gouvernement qui ne commande que la paix et l'union ; rien n'est sacré pour eux ; ils attaquent les hommes, même les plus attachés à la chose publique, pour s'élever à toute la hauteur dont ils veulent les faire descendre et s'emparer d'une estime qu'ils ne peuvent obtenir qu'au détriment de celle dont jouit l'homme de bien qu'ils calomnient ; défiez-vous de ces dénonciations outrées, presque toujours légères et inconsidérées, dans lesquelles, en dénaturant les faits, en cachant les vrais motifs des actions, on vient à bout de montrer le vice où est la vertu, la trahison où est la fidélité, et les ennemis de la liberté où sont ses défenseurs les plus zélés.

Gardez-vous aussi d'écouter ceux qui osent calomnier vos magistrats, qui cherchent à détruire le respect qui leur est dû ; c'est sur ce respect dont les loix font un devoir à tous les citoyens, que repose particulièrement le maintien de la sûreté et de la tranquillité publique ; on cesse d'obéir aux loix, dès qu'on cesse de respecter leurs organes ; et là où les loix sont sans exécution, se montrent bientôt le désordre, la licence, le brigandage, le vol, l'assassinat, tous les maux enfin de l'anarchie ; vous avez ces excès en horreur, mais croyez que des hommes, cachés derrière vous, n'attendent que le premier mouvement de l'erreur pour s'y livrer tout entier et vous rendre les premières victimes de leurs coupables desseins.

Détournez les yeux de ceux qui auroient l'immoralité de vous parler d'assassinat, de pillage ; coupables aux yeux de l'humanité et de la raison, ils le seroient aux yeux de la loi ; s'il existoit en cette ville des hommes assez pervers pour vous donner ces conseils sanguinaires, gardez-vous de ne les croire qu'égarés ; l'erreur paroit où se trouve l'évidence, et aucun homme encore ne s'est trompé au point de regarder comme des actes de civisme les attentats à la vie et à la fortune des citoyens, nos loix ont mis ces propriétés sous leur protection ; montrez leur ces loix, et confus d'apprendre que vous les connoissez, que vous voulez les exécuter, ils disparoîtront et iront cacher dans les ténèbres leur honte et leurs remords.

Il est encore des hommes pour lesquels tout gouvernement est un supplice ; ils consentent que les autres soient soumis aux loix, pourvu qu'ils en soient dispensés ; un gouvernement légitime succède à un gouvernement oppresseur, n'importe, ils veulent rester dans l'indépendance ; et certains que cette indépendance résulte du passage d'un gouvernement à un autre, ils ne sont jamais contents de celui sous lequel ils vivent et en désirent toujours un nouveau.

C'est à tous ces traits que vous connoîtrez les ennemis de votre repos et de votre bonheur ; gardez-vous de voir en eux les amis de la patrie, ils en sont les plus cruels ennemis ; si leurs propos, leur conduite, leurs écrits sont de nature à compromettre la sûreté publique, ne les punissez pas vous mêmes, la loi vous le défend ; mais faites aux autorités les déclarations dont elles ont besoin pour provoquer ou prononcer contre eux les peines qu'ils auront méritées ; reposez-vous sur elles du soin de remplir ce devoir rigoureux, et mettez fin à ces agitations dangereuses qui éloignent de vos foyers cette paix si nécessaire au bonheur de vos familles ; ramenez au milieu de vous cette union, cette harmonie sans lesquelles il ne sauroit y avoir de félicité ; des milliers de François sont sur nos frontières pour nous défendre des attaques du dehors, croyez votre union nécessaire au succès de leurs armes, et ne rendez pas leurs efforts inutiles en vous déchirant au dedans ; vous voulez être heureux : c'est avec l'ordre, c'est en exécutant les loix, en respectant les personnes, les propriétés et vos magistrats que vous le serez ; vous voulez la liberté, l'égalité, vous voulez la République une et indivisible, songez que ce n'est qu'avec des mœurs et de l'union que vous conserverez ces biens précieux, que vous déjouerez les projets de vos ennemis intérieurs et extérieurs, et surtout n'oubliez jamais que l'anarchie conduit toujours au despotisme.

Fait ce jourd'hui, 26 mai 1793, l'an 2° de la République françoise.

AGUIRAUD, 2ᵉ vice-président ; GRILLET, secrétaire.

(*Registre de la section de Porte-Froc, f. 9.*)

III

30 Mai.

District de Mont-Brison. Arrêté provisoire des membres du département de Rhône et-Loire, commissaires-députés près le district de Mont-Brison.

Vu les plaintes portées par différens citoyens de la ville de Mont-Brison, contre quelques grenadiers du bataillon de leur cité, ainsi que sur l'irrégularité de la formation de cette compagnie ;

Ouï les plaintes des citoyens réunis en société populaire de Mont-Brison et leur demande tendante à incorporer cette compagnie de grenadiers dans leur bataillon ; dont l'examen porte à considérer :

Qu'ils n'ont pas été tirés et choisis des différentes compagnies du bataillon, conformément à la loi du 14 octobre 1791 ;

Que depuis leur formation, cette compagnie a été démembrée par la démission de plusieurs grenadiers, et qu'ils se sont recrutés entr'amis, liés ensuite d'une formation instituée dans l'ancien régime ;

Qu'ils paroissent entretenir l'esprit de leur institution, puisqu'ils s'assemblent et veulent délibérer ;

Qu'ils ont presque toutes les armes qui sont à la disposition de la ville de Mont-Brison, tandis qu'elles devroient être divisées aux différentes compagnies du bataillon ;

Qu'un citoyen n'ayant pas le droit de se placer à un poste ou distinction sans y être appelé, il est de l'intérêt de réprimer quiconque s'arroge ce droit au mépris de la souveraineté du peuple.

Pour faire cesser, d'ailleurs, la suspicion contre la prétendue compagnie de grenadiers de Mont-Brison,

Les commissaires ont arrêté comme mesure urgente :

1° Que la formation de cette compagnie est déclarée nulle ; en conséquence, il est défendu aux officiers et soldats de porter les décorations de grenadiers, au capitaine de commander et aux soldats d'obéir, sous peine de répression.

2° Il est enjoint à chacun des officiers et soldats grenadiers de rentrer dans la compagnie rière son habitation et d'en reconnoître les officiers, sauf aux citoyens soldats du bataillon à convenir d'une nouvelle formation de compagnie de grenadiers, s'ils le jugent à propos, et qui ne pourra s'établir que des citoyens choisis dans chaque compagnie et dans une proportion égale.

3° Défendu au citoyen Chevalard d'assembler chez lui, comme ci-devant capitaine et comme particulier, les citoyens ayant formé la compagnie de grenadiers et tous autres désarmés par la municipalité.

Enjoint au commandant du bataillon et à la municipalité de Mont-Brison de tenir la main à l'exécution du présent arrêté.

Fait à Mont-Brison, ce 30 mai 1793, l'an second de la République Française.

    VALETTE, MONDON, commissaires députés près le district de Mont-Brison.

A Mont-Brison, de l'imprimerie de Marc Magnein, 1793.

(*Archives du Rhône, série L, affiches*).

IV

27 Mai — 1 Juin.

Extrait des registres de la section de la Convention.

Cejourd'hui, 27 mai 1793, l'an second de la République Françoise, la section de la Convention ayant continué sa séance par suite de l'ajournement indiqué sur le registre par le procès-verbal précédent ;

Lecture a été faite : 1° de l'adresse présentée au Département, le dimanche 26 de ce mois, par la section du Port-du-Temple ; 2° de l'arrêté pris le même jour par la section de Guillaume Tell.

La section de la Convention délibérant sur leur contenu, reconnoissant que les principes qui y sont exposés, sont ceux dont elle s'honorera toujours de faire profession, déclare à l'unanimité qu'elle y adhère et que, pour ne laisser aucun doute, elle proclamera cette opinion en faisant afficher son arrêté, lequel sera envoyé à toutes les sections de la cité, comme un nouveau gage de la fraternité qui doit unir les citoyens entre eux, pour assurer le maintien de l'ordre, l'exécution des loix, la sûreté des personnes, le respect des propriétés, et s'opposer aux projets liberticides de ceux qui, sous les faux dehors du patriotisme, attaquent en tous les sens la République et peuvent être regardés comme les agents secrets des puissances coalisées, d'autant plus dangereux qu'ils égarent une portion des citoyens en calomniant sans cesse ceux qui veulent sincèrement que la Liberté s'établisse sur l'Egalité, et que la République soit une et indivisible.

La section de la Convention déclare donc à toutes les sections de la cité, qu'elle a prêté le serment de maintenir la Liberté et l'Egalité, la République une et indivisible, la sureté des personnes et des propriétés.

Elle déclare qu'elle regarde comme les ennemis de la République, comme les agents secrets soldés par les guinées de Pitt et les ducats de l'Espagne, ceux-là qui, en se masquant du nom de républicain qu'ils profanent et déshonorent, attaquent l'intégrité de la représentation nationale et tentent de la dissoudre, pour, au milieu de l'anarchie qu'ils veulent établir, usurper le pouvoir qui appartient à la Nation.

Elle déclare qu'elle tient pour ennemis de la République ceux-là qui affectent de prendre les intérêts du peuple et veulent rendre le peuple criminel, en le portant à des excès qu'il a toujours eus en horreur, dans cette cité, où la malveillance n'a pu parvenir à le corrompre ; ceux-là qui, par tous les moyens, cherchent à allumer la guerre civile et favoriser ainsi les projets qui se trament dans la capitale, et récemment dénoncés à la Convention.

Elle déclare que cette cité, trop constamment calomniée, doit enfin se lever toute entière pour repousser les inculpations qui lui sont faites, chaque fois que les citoyens veulent user des droits qui leur sont assurés par les loix et dont Paris, Bordeaux, Marseille, Aix et Nismes jouissent paisiblement ; que les citoyens ainsi réunis dans leurs sections déjoueront tous les projets liberticides dont ils sont les victimes et dont on les accuse.

Il est temps enfin que des hommes libres, des républicains, ne courbent plus la tête sous une autorité arbitraire et ne se soumettent qu'à la loi ! Le moment est venu d'oser dire la vérité et de résister, avec la loi, à une oppression qui est la violation la plus audacieuse de toutes les loix !

Cette cité ne fut et ne sera jamais en insurrection, en état de contre-révolution, comme on l'a si faussement avancé. Quelques agitateurs ont vainement tenté, à plusieurs reprises, d'établir un tribunal de sang, et l'indignation des vrais amis de la liberté a été présentée comme un projet contraire à l'intérêt du peuple, comme si le peuple pouvoit être heureux quand une ville seroit en proie à de telles horreurs ; lorsque l'on parle sans cesse de dépouiller le propriétaire, tandis que cette ville a fait les plus grands efforts pour venir au secours de ceux qui sont privés de travail ; tandis que cette ville jouiroit de la tranquillité, si l'on renonçoit enfin à ce système d'agitation, à l'aide duquel on entretient des divisions entre les citoyens ; ces divisions, ouvrage des malveillants, cesseront par la réunion des citoyens dans leurs sections ; c'est là qu'ils apprendront à connoître les vrais amis de la liberté ; c'est là, et non ailleurs, que les besoins de la cité peuvent être connus et discutés. Toute autre réunion qui s'attribueroit le droit d'initiative, usurperoit cette portion de souveraineté qui est imprescriptible et inaliénable, et qu'elles n'ont jamais déléguée à aucune autorité constituée, lesquelles sont uniquement chargées de l'administration ; bien loin de là, elles doivent compte de ce qu'elles font à ceux qui les ont élus ; ce seroit méconnoître ses devoirs que de se mêler de l'administration ; mais ce seroit renoncer à un droit que de souffrir en silence tous les outrages et toutes les atteintes portés aux droits des sections.

En conséquence, la section de la Convention, pénétrée de ses devoirs et de ses droits, déclare qu'elle ne cessera d'employer tous les moyens que lui donnent les loix, pour en obtenir l'exercice dans toute sa plénitude, et qu'elle s'empressera de communiquer le résultat de ses délibérations aux autres sections, afin que, réunies dans le but qu'elles se proposent et les principes qui les dirigent, elles le soient dans les moyens.

La section de la Convention professera toujours le respect pour les autorités constituées, parce qu'elles appartiennent à la cité ou au département ; les autorités constituées respecteront, à leur tour, les sections, parce qu'elles en sont une émanation et tiennent d'elles leur pouvoir. Le jour où ces vérités simples seront généralement admises, les dangers de la cité cesseront et les citoyens de Lyon, réunis par les liens d'une douce fraternité, n'offriront plus que le tableau sublime et attendrissant d'une seule et même famille.

La section a arrêté qu'extrait du présent sera imprimé et affiché, envoyé aux corps administratifs et aux sections de la cité.

Signé Bemani, président ; Placy, secrétaire ; Alex. Morel, secrétaire.

Extrait collationné, Placy, secrétaire.

Du 1er juin 1793, l'an second de la République Françoise.

Il a été observé que l'impression et l'affiche de la délibération du 27 mai dernier, a été retardée par les cruels événements qui, depuis lors, ont ensanglanté la cité ; et sur la communication faite à l'assemblée d'un arrêté pris cejourd'hui par la section de l'Union, les citoyens de la section de la Convention, aussi profondément affectés des scènes sanglantes dont cette cité a été le théâtre, qu'effrayés des complots infâmes dont les anarchistes veulent rendre victime la République entière ; après avoir pris les mesures, de concert avec les autres sections ses sœurs, pour venir au secours de tous leurs concitoyens morts ou blessés le 29 mai, ont tous unanimement et individuellement répété le serment prêté dans leur séance du 27 mai dernier et ont juré, de plus, soumission entière aux décrets émanés de la Convention Nationale et aux autorités légalement constituées ; de maintenir et de défendre la représentation nationale jusqu'à leur dernier soupir; et de combattre à mort les tyrans coalisés contre elle, leurs satellites, et tous ceux qui attenteroient à la représentation nationale.

Signé, DUVIGNAU, président. ALEX. MOREL, secrétaire.
Pour extrait conforme :
ALEX. MOREL, secrétaire.

A Lyon, de l'imprimerie d'Aimé Vatar-Delaroche, aux Halles de la Grenette, 1793.

(*Archives du Rhône. Série L*).

V

2 Juin.

Les sections de la ville de Lyon aux habitants du département et de toutes les municipalités voisines.

Des complots sanguinaires, abominables, ourdis dans les ténèbres de la plus profonde scélératesse, ont excité la juste indignation des citoyens de Lyon ; des traîtres ont été reconnus, arrêtés ; la preuve est acquise qu'ils avoient pris des mesures atroces pour égorger des milliers de citoyens; la preuve est acquise qu'ils vouloient substituer l'anarchie aux loix, pour forcer le despotisme d'étouffer à son tour l'anarchie ; la preuve est acquise qu'ils avoient concerté leurs moyens avec les tyrans destructeurs de la Liberté et de l'Egalité. Vingt-quatre heures plus tard, peut-être, nous étions asservis pour jamais.

Le jour qui devoit voir triompher ces projets sanguinaires et destructeurs, a ouvert dans nos murs le tombeau de l'anarchie et du crime ; la pierre qui le couvroit étoit difficile à soulever ; les efforts des purs républicains ont vaincu ceux des scélérats; le tombeau s'est ouvert, le monstre s'y est englouti ; mais sa chute a produit une secousse par laquelle un grand nombre de nos frères ont péri.

Vous gémirez comme nous, citoyens, vos pleurs se mêleront aux nôtres ; mais nos frères, en emportant nos regrets, ont eu du moins la douce consolation d'avoir terrassé le monstre sanguinaire qui nous menaçoit et d'avoir fait triompher la République, pour laquelle ils avoient, avec nous, juré de vaincre ou de mourir.

Un grand nombre de coupables est sous le glaive de la loi, mais cette loi les protège s'ils ne le sont pas ; heureux encore d'avoir été vaincus par des républicains qui ne se sont jamais écartés des loix ; par des républicains ennemis du crime, mais amis fermes et sensibles de l'humanité ; par des républicains enfin auxquels ils préparoient un autre sort, s'ils eussent été victorieux !

Citoyens, il est des coupables qui jouissent encore de leur liberté ; il est surtout plusieurs individus malheureusement égarés et entraînés par les insinuations mensongères d'hommes vils, traîtres et esclaves, qui, se masquant du nom de patriotes, avoient, par leurs indiscrètes perfidies, fait déserter du sanctuaire du patriotisme ceux-là même qui en étoient les amis les plus sincères.

Ces hommes, plus égarés sans doute que coupables, n'ont pas encore pu se livrer aux doux plaisirs de l'union, eux qui se croyoient intéressés à vouloir le désordre et le sang ; ils ont fui leurs frères, ils les ont craints, tandis qu'ils ne veulent que leur pardonner et leur ouvrir leur sein fraternel. Pourrions-nous croire qu'ils eussent conservé le coupable vouloir de servir les projets avortés des monstres qui les trompoient ? Eh ! oui, citoyens, la fatalité humaine permet qu'il se trouve des âmes assez viles. Ils ont fui, ils ont cru qu'ils s'étoient préparé un refuge dans le sein des enfants de la nature, habitants des campagnes, à qui ils avoient d'avance inculqué leurs indignes maximes. Les barbares sont assez aveuglés pour croire que la nature aime les monstres.

Citoyens des campagnes, ils vous diront sans doute que le sang des patriotes a coulé dans nos murs ; ils vous diront c'est l'ouvrage de l'aristocratie triomphante ; ils vous diront que les sans-culottes ont été égorgés par les riches ; ils vous diront que tous les riches de Lyon sont des Brissotins, des Rolandins, des modérantistes, des aristocrates, des contre-révolutionnaires, que la cocarde blanche est arborée ; ils vous diront qu'ils veulent le retour de la tyrannie, de la féodalité et du despotisme ; ils vous diront..... eh ! dans leur égarement que ne vous diront-ils pas ?

Citoyens, ils vous trompent : tous les habitans de Lyon sont tous devenus frères, sans cesser d'être républicains ; ils ont également en horreur l'anarchie, le royalisme, la féodalité, le despotisme, tous les monstres, enfin, qui voudroient soulever leurs têtes hideuses et qu'ils ont juré d'écraser. Oui, citoyens, toutes les sections de la cité vous jurent et à la République entière, de défendre jusqu'à la mort l'unité, l'indivisibilité de la République, le respect des personnes et des propriétés, la soumission entière à la loi, aux autorités constituées aux décrets émanés des représentants du peuple ; qu'elles défendront jusqu'à leur dernier soupir la dignité et l'intégrité de la représentation nationale, et enfin qu'elles ont voué une haine éternelle et une guerre à mort à tous partis qui tenteroient d'établir une autorité arbitraire, et de porter atteinte à notre liberté, à notre égalité, à nos loix et à notre République ; ce serment, citoyens, nous le tiendrons ; croyez que les citoyens de Lyon sont capables de mourir plutôt que de l'enfreindre. Maintenant jugez, citoyens des campagnes, quelle croyance peuvent mériter nos détracteurs.

Vous méritiez, par vos travaux et les services importants que vous rendez à la République, la reconnoissance de tous les habitants de la France : vous venez de nous aider à étouffer le crime et l'anarchie ; les citoyens composant les trente-quatre sections de la ville de Lyon, s'honorent de vous devoir une partie de leurs succès et vous prient d'accueillir, outre leur reconnoissance sans bornes, tous les sentiments de fraternité qui doivent unir de vrais Républicains.

Lyon, le 2 juin 1793, l'an 2me de la République Françoise.

La Convention. Duvigneau, président ; Alex. Morel et Levasseur, secrétaires.

St-Vincent 1re. La première section de St-Vincent déclare que le vœu des vrais citoyens de Lyon, et le sien en particulier, n'a jamais été que de se soumettre aux loix et les maintenir, que de se défendre contre des scélérats qui vouloient les piller et les égorger, que de pardonner l'erreur à laquelle un grand nombre de citoyens honnêtes ont été induits ; elle adhère ainsi aux principes si bien exprimés dans l'adresse ci-dessus.

        Rast, président ; Albert, vice-président ; Charvin et Perricaud, secrétaires.

Place Confort. Goguillot, vice-président.

Le Change. Denis Delorme, vice-président ; Roch, secrétaire.

Rue Terraille. Badger, vice-président ; Berliez, vice-secrétaire.

Rue Thomassin. Pitiot, président ; A. Moyer, secrétaire.

Rue Belle-Cordière ou la Réunion. Dumarest, président.

La Juiverie. Gounet, président ; Leroy, secrétaire.

St-George. Parrin, vice-président.

Rue Neuve. Milliet, faisant les fonctions de président ; Finielz, secrétaire.

Rue Buisson. Jacques Prat, président ; C. A. Lauriol, vice-secretaire.

Port-du-Temple. Paganucci, président.

Porte-Froc. Montviol, vice-président.

Brutus. Corset, président ; Chavance, secrétaire-adjoint.

Guillaume Tell. Vincent, vice-président ; Voron, secrétaire-suppléant.

Rue Tupin. Roux, vice-président ; Charbonnier, secrétaire.

Bordeaux, ci-devant rue de l'Hôpital. Marandan, vice-président ; Cornus, vice-secrétaire.

Le Gourguillon. Tranchant, vice-président ; J. Toulieux, secrétaire.

La Fédération 1re. Mongez, vice-président.

La Fédération 2me ou Marseille. Barou, vice-président.

La Croizette. Dubost, président ; Gulliard, secrétaire.

St-Vincent 2me, ou de Scevola. Glas, président ; Genet-Bronze, secrétaire.

La Grande-Côte 1re. F. Carret, vice-président ; Chasseriau, secrétaire.

La Grande-Côte 2me. J.-M. Gaujelin, vice-président ; Gayet cadet, secrétaire-adjoint.

La Concorde, ci-devant Port St-Paul. Billet, président ; Mondet, secrétaire.

Bon-Rencontre. Louis Boisson, président ; Revol, président du comité de surveillance ; Rochette, secrétaire.

Place Neuve. Rivière, vice-président ; Chartre, secrétaire.

L'Egalité. Jean Gilibert aîné, vice-président; Duport le jeune, secrétaire.

La Liberté. Courvoisier, vice-président ; Estanstant, secrétaire.

Pierre-Scize. Fichet aîné, président ; Vincent, secrétaire.

Thionville ci-devant Plat-d'Argent. F. Ray, vice-président ; Polingue, vice-secrétaire.
Rousseau. Caminet, vice-président.
La Guillotière 1re. Feuillet, président.
La Guillotière 2me. Henri Moreau, secrétaire.

A Lyon, chez Aimé Vatar-Delaroche, 1793.

(*Archives du Rhône, Série L, affiches*).

VI

Vers le 2 juin.

La commune et la municipalité de Condrieu à toutes les sections composans la commune de la ville de Lyon, salut.

Citoyens, il a falu tout le poid de l'oppression sous lequel les anarchistes vous écrasoient, pour vous porter à une vigueur que vous auriés dû déployer il y a longtemps. Certainement, il y auroit eu moins de deuil dans votre cité, si, plus soumis à la loy de la nature qu'à la barbarie des scélérats, vous vous fussiés levés plutôt.

Hommes riches et égoïstes qui n'avez jamais eu de vigilance et d'énergie que pour conserver vos personnes et vos propriétés ; qui n'avez pas même eu le courage de vous trouver dans aucune assemblée populaire où des sentimens purs et honnêtes qu'on suppose en vous auroient pu étouffer dans leur principe les desseins destructeurs des malveillans, où, en faisant vos délices de fraterniser avec vos semblables, vous auriés pu les éclairer et les détourner de la voie où on les égaroit ; hommes insouciants, vous avez été les premières victimes de votre indolence ! Vous n'êtes plus dans le temps où, tapis dans vos maisons, isolés dans vos campagnes et ne tenant point à la patrie, vous pouviés vivre comme des esclaves heureux ! La Providence, qui vous a donné la liberté, ne l'auroit-elle pas fait accompagner chez vous de ses attribus ? Vous êtes libres, et vous conservez les vertus et les vices de l'esclavage.

Réfléchissés, citoyens, qui que vous soiez, que votre liberté doit être votre propriété la plus chère, à laquelle vous devez sacrifier tous vos soins et vos peines, même vos fortunes.

Quels sont ces braves qui, régénérés les premiers, les premiers se sont levés ? C'est peut-être encore ceux que la fortune a oublié dans ses distributions.

Quoiqu'il en soit, citoyens, vous êtes libres et vainqueurs de l'anarchie, nous vous en félicitons.

Notre seul regret sera toujours de n'avoir pu partager avec vous vos peines et vos dangers. Si nous eussions été prévenus plutôt, peut-être aurions-nous pu vous en épargner beaucoup.

Jeudi, 30 may dernier, à six heures du soir, nous reçumes la nouvelle de la détresse dans laquelle vous étiez, citoyens. Le lendemain, à trois heures du matin, plus de huit cents hommes de notre canton se mirent en marche pour voler à votre secours ; mais ils furent arrêtés à Givors, à quatre lieux de Condrieu, par ordre du département, qui prescrivit aux citoyens soldats de se retirer dans leurs foyers, en nous annonçant que votre victoire avoit rétabli le calme dans votre cité.

Tous, malgré l'ordre, vouloient continuer leur route pour vous aller embrasser, et ils seroient le même jour parvenus jusques à vous, si les commandans n'eussent représentés qu'il faloit que l'amitié cédat à la loi, et que peut-être il vous auroit été impossible dans ces circonstances de leur donner asile.

Recevez-nous dans vos cœurs, chers citoyens, comme vous êtes dans les nôtres. Soions toujours unis en bons républicains par les sentimens du plus pur patriotisme ; que la baze de cette vertu soit dans notre inclination à nous porter secours mutuelement et à ne faire du mal à personne, si ce n'est à ceux qui voudroient attenter à notre liberté et à tout ce qui regarde les droits de l'homme, nous réservant le plus grand mépris contre les insensés qui ne voudront pas croire à l'égalité.

Pierre Basset, off. municipal ; Vertamy, municipal ; Bonnaud, maire ; Ferriol ; Mouton, capitaine ; Berthola?, lieutenant ; Louis David, capitaine ; Patissier, lieutenant ; Ant. Fond, lieutenant ; Crottin?, lieutenant ; G. Boy ; Plasson, municipal ; Gueraud, pr. d. l. com. ; Roch-Morel, n^{ble} ; Pierre Chapas, capitaine ; Viallet, lieut^t ; Chassagnieux, secrétaire-adjoint ; Benoît Chapas, seregent de grainadière ; Frèrejean, vicaire.

(*Original.* — *Bibl. de la Ville, fonds Coste, manuscrits, n° 640.*)

VI

4 Juin.

Copie de la lettre écrite par les administrateurs du conseil général du département de Rhône-et-Loire, des districts de la Ville et de la Campagne de Lyon réunis, à la Convention Nationale, sur les événements antérieurs à ceux du 29 mai dernier.

Lyon, le 4 juin 1793, l'an second de la République Françoise.

Législateurs, nous vous avons promis le détail des événements de la journée du 29 mai ; mais ce seroit vous en donner une foible idée, si nous ne remontions à l'origine et à la cause des dissentions qui en ont amené le développement.

Nous vous devons la vérité, il est temps que vous la sachiez, nous vous la dirons avec une franchise républicaine.

En général la municipalité de Lyon ne jouissoit pas de la confiance de ses concitoyens. Elue par un parti qui avoit dominé dans les assemblées, et qui avoit repoussé des sections un grand nombre de citoyens, elle n'eût pu la mériter qu'en remplissant ses fonctions avec intégrité et sans aucune prévention : mais, malheureusement, tel étoit l'esprit qui l'animoit, que, créature d'une faction désorganisatrice, elle se servoit moins de l'autorité que la loi lui donnoit pour protéger les citoyens, que pour favoriser le système du parti qu'elle servoit.

Les journées des 4 et 5 février qui ont été dénoncées à la Convention, le complot affreux qui avoit été prémédité et dans lequel la majeure partie de la municipalité avoit trempé, avoit fait succéder l'indignation à la défiance qu'elle inspiroit, surtout lorsqu'on apprit que le maire, à qui la cité étoit redevable de la découverte de ce complot, avoit été forcé de donner sa démission. Elu une seconde fois par une majorité des plus considérables, cette élection devint une occasion de nouveaux troubles. Quelques jeunes gens, convaincus que le club central étoit le foyer du système désorganisateur, et aigris par les craintes qu'avoient inspirées les projets des 4 et 5 février, se portèrent à ce club, y cassèrent les bancs, firent quelques autres dégâts, enlevèrent la statue de la Liberté et le buste de Jean-Jacques, qu'ils attachèrent à l'arbre de la liberté, ·

Cet événement, fruit de l'imprudence, fut le sujet d'une fermentation universelle ; il fut mis à profit par la municipalité, qui, jalouse d'exercer des actes arbitraires, qualifia dès-lors le délit de quelques-uns de mouvements contre-révolutionnaires, et étendit ses inculpations sur toute la cité. Dès ce moment, ce ne furent plus que visites domiciliaires, arrestations arbitraires à Lyon, rapports exagérés dans toute la République et à la Convention elle-même, qui, trompée par le rapport de Tallien, rendit un décret pour traduire au tribunal de Mâcon les auteurs du délit ; mais, quelles qu'aient été les preuves de ce délit, on n'a pu atteindre encore la certitude d'un complot contre-révolutionnaire. A cette époque, il fut question de procéder à la nomination du maire, en remplacement du citoyen Nivière-Chol, qui n'avoit point accepté sa nomination ; les sections assemblées avoient porté leurs voix sur le citoyen Gilibert, qui avoit réuni une pluralité considérable de suffrages : mais, sur une dénonciation de faits vagues et insignifiants, qualifiés cependant de contre-révolutionnaires, il fut arrêté, constitué prisonnier et envoyé au tribunal de Mâcon, quoique ses dénonciateurs eussent rétracté les déclarations qui leur avoient été suggérées par le procureur de la commune Laussel, machinateur de ces intrigues, et qui est maintenant au tribunal révolutionnaire pour cause de prévarication et d'intelligence avec les émigrés.

C'est ainsi que, pendant six semaines, les citoyens furent en proie aux anxiétés qu'inspiroient les dénonciations et les arrestations qui se faisoient continuellement.

On demanda à la Convention des commissaires pour pacifier les troubles ; les citoyens se rassuroient sur la justice des représentants du peuple ; mais l'arrivée des trois commissaires qui furent délégués, ne fit qu'aigrir leurs maux, loin de calmer leur sollicitude, par le refus barbare qu'ils firent aux citoyens d'entendre la vérité et par l'impuissance où furent les sections de leur faire parvenir leurs réclamations.

L'état de crise, après leur départ, n'avoit pas cessé ; ils avoient laissé les habitants de cette cité en butte aux mêmes persécutions ; en sorte que la municipalité ne fut plus retenue par aucun frein et se permit toutes sortes d'actes arbitraires. Les officiers municipaux s'étoient attribué, pour l'exercice de leurs fonctions, un salaire de deux mille livres chacun ; leur délibération fut présentée à l'homologation du département, qui, jaloux de ne point excéder les bornes de ses pouvoirs, ne voulut point délibérer et se contenta d'émettre un vœu à la Convention, pour qu'elle autorisât cette taxation ; mais cette démarche ne satisfit point la municipalité, qui ne vit dans l'arrêté du département qu'un moyen évasif ; et dès-lors, sentant combien la surveillance de l'administration supérieure pouvoit nuire à ses projets, elle combina tous les moyens de lui enlever la confiance et de la rendre suspecte aux yeux de ses commettants. Il n'est sorte de diffamations, de déclamations qu'elle ne se soit permises personnellement, ou par des partisans qu'elle soudoyoit.

Le département de l'Hérault avoit arrêté la levée d'une force révolutionnaire ; celui de Rhône-et-Loire, enflammé du même zèle, avoit ordonné la levée de cinq mille hommes et une imposition de cinq millions sur les riches habitants de son ressort. Cette mesure entraînoit avec elle des longueurs ; il falloit attendre le mode de répartition et celui d'organisation ; et la municipalité étoit impatiente de consommer le projet conçu depuis longtemps de mettre à sa disposition et les trésors des riches et la force qui devoit les contraindre. Quatre représentants du peuple près de l'armée des Alpes, à leur passage à Lyon, sont les instruments de ce système, et se servent de toute leur autorité pour ordonner dans la ville de Lyon une levée extraordinaire de six mille quatre cents hommes, et d'une taxation de six millions sur les citoyens aisés. Tels sont les principes incohérents de cet arrêté, qu'indépendamment de l'énormité de la levée d'hommes et de la taxation arbitraire qui en résultoit, c'est que l'on autorisoit le comité de salut public à adresser des réquisitions pour payer dans vingt-quatre heures une contribution dont on laissoit la fixation à sa volonté, et que les forces, comme exerçant les fonctions de police et de sûreté, étoient exclusivement à sa disposition. Telle a été aussi la manière dont le comité de salut public a exécuté cet arrêté ; c'est que l'armée révolutionnaire ayant été destinée partie pour la Vendée, partie pour rester dans l'intérieur du département, l'on désignoit pour aller à la Vendée les citoyens les plus aisés, ou ceux que la haine avoit marqués, tandis qu'on admettoit des inscriptions conditionnelles pour rester dans le département, en faveur uniquement de ceux qui étoient initiés dans le mystère de la désorganisation.

Ce système pouvoit-il mieux être combiné ? Une portion de la société des Jacobins avoit délibéré et arrêté, sous les yeux de la presque totalité des membres de la municipalité, de former un tribunal révolutionnaire et d'établir la permanence de la guillotine ; les sociétés populaires, pressées par l'influence de celle-ci, avoient déjà nommé les juges qui devoient le composer ; une députation faite au département avoit annoncé le désir et la volonté de les voir en activité ; des menaces avoient été faites aux administrateurs de faire tomber leur tête des premières ; c'étoit un juge, un officier municipal qui remplissoient cette mission et annonçoient cette résolution, qui, par les mesures qui furent prises, échoua, et se réduisit à une pétition à la Convention pour l'établissement de ce tribunal de sang.

La loi du 21 mars, dont l'exécution avoit été suspendue à dessein, devoit amener un nouvel ordre de choses ; la surveillance des sections et des comités de sections pouvoit être un obstacle au projet de troubler la tranquillité publique ; les perturbateurs, les conspirateurs pouvoient être déjoués ; et ce fut pour ce motif que l'on fit mouvoir tous les ressorts pour empêcher la réunion des sections et l'organisation des comités, sous le prétexte qu'il existoit déjà dans chaque section des comités révolutionnaires, composés de membres à la solde de la municipalité, et qu'elle avoit choisis elle-même. Malgré ses efforts, les sections furent convoquées ; et telle fut l'intention qu'elle avoit d'élever des troubles et de la division dans les assemblées, qu'elle leur prescrivoit impérieusement l'heure à laquelle l'organisation des comités devoit être finie, et qu'elle leur défendoit de s'ajourner.

Un arrêté du département avoit annullé la délibération du conseil général de la commune, comme contraire aux droits des citoyens et à l'esprit de la loi ; mais il n'entroit pas dans le système de cette municipalité, de reconnoître l'autorité supérieure, surtout dans un moment où ses projets se trouvoient contrariés.

Cependant les sections persistèrent à s'ajourner; les sections demandoient la permanence, conformément à la loi du 21 mars ; le temps étoit pressant, il falloit dissoudre les assemblées, il falloit occasionner de grands mouvements pour y parvenir. L'on assemble pendant la nuit la force révolutionnaire ; on lui fait prêter le serment de n'obéir qu'aux ordres de la municipalité ; on annonce des jours de vengeance ; de nouvelles réquisitions sont faites, pour payer le lendemain les contributions arbitraires ; et de-là cette commotion, ce soulèvement général suscité par la crainte que les complots ne se réalisent.

On apprend que la municipalité a demandé un envoi considérable de troupes ; deux représentants du peuple, Nioche et Gauthier, arrivent le 27 mai, pour en diriger le mouvement : on s'informe auprès d'eux de leur destination ; leur réponse évasive ne fait qu'augmenter les inquiétudes : des administrateurs eux-mêmes, désignés comme les premières victimes d'un complot liberticide, en conçoivent les plus vives alarmes et ne sont pas mieux rassurés par les représentants du peuple. Le 28 les sections se rassemblent, elles font des pétitions, elles demandent la permanence des bataillons dans leurs quartiers respectifs, pour surveiller les malveillants et les agitateurs ; cette réquisition leur est refusée par les deux commissaires, qui leur promettent la paix et la tranquillité, aussitôt qu'ils seront instruits des causes de la division qui règne entre les citoyens.

L'administration du département fût également sollicitée ; mais les motifs qui paroissoient avoir déterminé les commissaires de la Convention à refuser d'accéder à la demande des sections, lui firent un devoir de ne pas adopter d'autres mesures.

La nuit qui suivit cette journée, une trentaine de citoyens, trouvés en armes, furent arrêtés; les sections, ignorant la cause de cette arrestation, ne virent dans le refus qui leur avoit été fait la veille, qu'un moyen de les opprimer, et se mirent en devoir de résister à l'oppression.

Sur les neuf heures du matin, les rassemblements se font dans les sections, et se rendent à un quartier général. De son côté, la municipalité qui attendoit ce jour-là des troupes, avoit requis les bataillons qui étoient à sa dévotion, avoit fait investir la maison commune, avoit fait braquer des canons et donné la consigne d'éloigner les administrateurs de leur poste : s'étant en effet présentés, individuellement, revêtus de leur décoration, à l'entrée de la maison commune, pour se rendre au lieu de leurs séances, ils furent les uns et les autres repoussés par les gardes ; ce qui prouve que la municipalité, qui craignoit que ses complots ne fussent déjoués par la surveillance de l'administration, avoit pris toutes les mesures pour ne point rencontrer d'obstacle dans leur exécution.

Le procès-verbal ci-joint de la séance des trois corps administratifs réunis à l'Arsenal, vous indiquera comment les administrateurs du département se sont réunis dans le danger de la chose publique, comment ils ont été paralysés par une fatalité de circonstances qu'il n'a pas été en leur pouvoir d'empêcher ; vous y verrez que le malheureux événement de la journée du 29 mai, a ramené dans cette cité un nouvel ordre de choses. Nous supprimerons ici toute réflexion, mais nous pouvons assurer que dans cette circonstance, les citoyens ont développé tant d'énergie et d'attachement à la République, qu'il est difficile de croire qu'ils souffrent jamais dans leur sein un parti désorganisateur. La classe des anarchistes est abhorrée depuis que cette scène a amené la connoissance d'un complot contre-révolutionnaire formé et entretenu par les chefs et principaux agents d'une faction qui, sous le masque du patriotisme, semoit des principes de dissolution, et dont les actions ne tendoient qu'à allumer le feu de la guerre civile, et à faire proscrire, par les dégoûts et les persécutions, le gouvernement républicain.

Citoyens législateurs, nous avons tous juré de maintenir l'unité et l'indivisibilité de la République ; nous sommes convaincus que le principe de ce gouvernement réside sur des bases éternelles de justice et de vérité : mais nous vous le dirons courageusement, là où est l'anarchie il n'y a pas de gouvernement, et des hommes libres ne peuvent vivre sans loix. Si vous ne vous sentez pas le courage de purger notre sol de ce fléau destructeur, laissez aux départements le soin de se garantir de son approche contagieuse ; c'est le vœu de nos administrés, qui, les premiers, nous en ont donné l'exemple ; ils se sont levés en masse ; nous avons vu dans cette cité trente mille de nos frères des campagnes accourir à la nouvelle de nos dangers, pour combattre l'anarchie et faire triompher la cause de la liberté et de l'égalité.

Nous n'avons plus qu'un souhait à faire, c'est de vous voir à la hauteur des circonstances. Terrassez le monstre qui a pris naissance dans votre sein, donnez vous-même l'exemple de la paix et de l'union et ne soyez pas réduits à la cruelle nécessité que le peuple vous en fasse la loi. Depuis longtemps nous attendons une constitution républicaine ; que ne vous pressez-vous de tarir la source des divisions, et de consommer, par le bonheur du peuple, le grand œuvre auquel vous êtes appellés ?

Pour copie conforme.
GONON, secrétaire-général.

A Lyon, de l'imprimerie d'Aimé Vatar-Delaroche, aux Halles de la Grenette, 1793.

(*Arch. du Rhône, série L*).

VIII

4 Juin.

Aux citoyens du bataillon et de la section de Brutus

Citoyens, lorsque vous m'avez accusé de la trahison la plus inouïe, lorsque vous m'avez accablé de douleur en applaudissant à mon arrestation, lorsqu'enfin vous invoquez sur moi la sévérité des loix, vous me condamnez trop légèrement. Les principes d'honneur et de probité dont je ne me suis jamais écarté, ma vie publique et privée que vous connoissez, tout doit enfin vous éclairer. Rappelez-vous, citoyens, que l'homme vertueux par sentiment devient rarement un scélérat.

J'ai été traduit pardevant les magistrats, ils instruisent mon procès ; la vérité va percer ; le triomphe de mon innocence est assuré, et vous me rendrez votre estime dont je suis encore digne. Ah! n'en doutez pas, à la haine que vous m'avez vouée vont succéder des sentiments plus favorables ; oui, bientôt vous me jugerez sans passion, et ce sera lorsque la perte de vos parens, de vos amis massacrés par de vils assassins, dont vous me croyez le complice, se sera un peu effacée de votre souvenir; pour lors, vous ne verrez plus en moi que le plus infortuné des hommes. En attendant, voici le tableau fidèle des événemens qui ont causé votre malheur et le mien.

Dans la matinée du 29 mai dernier, plusieurs citoyens vinrent me requérir de me mettre à la tête du bataillon qui étoit déjà assemblé en armes ; je résistai à leurs instances, fondé sur ce que la loi défend de marcher en armes sans une réquisition légale. Un capitaine du même bataillon survient et m'entraine ; je me rends au café le Cœur, où étoient les président et secrétaires de la section, qui, conjointement avec d'autres citoyens, formoient un conseil. Là, je témoignai encore combien j'étois désolé d'être enchaîné par la loi et les engageai à user de mesures révolutionnaires. Plusieurs me comprirent, et l'un d'eux me dit en particulier : « Allez chez vous, nous irons vous forcer à prendre le commandement du bataillon ». J'obéis ; mais l'instant après que je fus dans mon domicile, le citoyen Cuny se présente et me remet un ordre signé Julliard, par lequel je suis requis de conduire à l'Hôtel-commun tous les bons citoyens du bataillon de Brutus. Les services rendus jusqu'alors à la chose publique par le commandant général étant reconnus de tous les bons citoyens, je cours, ou plutôt je vole au bataillon. Plusieurs citoyens que je rencontre sur mon passage ayant eu connaissance de la réquisition dont j'étois porteur, me témoignent leur joie ; ils ne prévoyoient pas que je touchois au moment le plus infortuné de ma vie. J'arrive auprès du bataillon, je lui communique cette fatale réquisition et lui rappelle ses sermens en ajoutant : Citoyens, nous allons faire un rempart entre autorités constituées, mais nous les préviendrons que, sous aucun prétexte, nous ne tremperons jamais nos mains dans le sang de nos frères. Je fais rompre le bataillon et le mène sur la place de la Liberté ; plusieurs membres des corps constitués viennent le reconnoître. Je le leur présente et les préviens de son intention ; quelques citoyens crient : point de municipalité. Celle-ci demande leur arrestation, je m'y oppose. A l'instant, je le confesse, mon sang se figea dans mes veines.

Les coups de feu retentissent de toutes parts sur nous ; je fais quelques pas vers l'Hôtel-Commun ; j'invite à grands cris les citoyens qui se livrent à de semblables horreurs à ne pas verser le sang de leurs concitoyens.

Je crois même que, ne pouvant parvenir à me faire entendre, j'ai agité l'air de mon chapeau. Mais tous mes efforts sont inutiles, le feu continue, les administrateurs qui sont venus au-devant de nous donnent l'ordre aux canonniers de faire feu sur le bataillon de Brutus. Je sens alors ma cruelle position et ne doute pas que je vais être accusé d'avoir conduit mes concitoyens à la boucherie. Cette idée me jette dans le désespoir, elle me précipite du côté des assaillans où je devois trouver une mort assurée. L'on s'empare de moi ; mille sabres et bayonnettes me menacent et je ne fais aucun effort pour les détourner. Le citoyen Roux, notable, m'en garantit et je suis traîné au comité de salut public.

Là, Achard, administrateur du département, et Fillon, notable, me prodiguent les noms les plus odieux, m'accusent d'avoir amené mon bataillon pour égorger la municipalité et veulent me massacrer. J'échappe à leurs coups par les soins du citoyen Gauthier, commissaire de la Convention. Celui-ci me demande mon nom, je le lui décline et reçois pour réponse : *vous êtes recommandé.* L'on me désarme ; Achard et Fillon m'annoncent que dans vingt-quatre heures la guillotine puniroit mes crimes, et je suis de suite enfermé dans la chapelle, où je partage les fers de plusieurs autres victimes, parmi lesquelles quelques-uns de mes frères d'armes. Je passai tout le jour et la nuit du vingt-neuf dans ma prison, non sans entendre à chaque instant les cris de mort que l'on lançoit contre les détenus ; et chaque fois que la porte du cachot s'ouvroit pour recevoir un nouveau prisonnier, nous croyions toucher à notre dernière heure. Les amis des lois remportent la victoire, et je suis, ainsi que mes infortunés frères, arraché de la prison par plusieurs citoyens du Port-du-Temple; l'un d'eux me conduit chez moi.

Citoyens, je vous ai exposé les faits en attendant les preuves que je suis après recueillir ; j'ose me flatter qu'elles seront si claires, qu'il ne restera aucun doute sur la pureté de mes intentions.

Agréez l'assurance de mon entier dévouement et des sentimens fraternels de votre concitoyen.

Jacques BARBIER.

Lyon, le 4 juin 1793, l'an 2me de la République Françoise.

(Imprimé in-4º, sans nom d'imprimeur. — Bibl. de la Ville, fonds Coste, nº 110971 (4414).

IX

(5 Juin.)

Adresse des trente-deux sections de la ville de Lyon, aux habitans des campagnes, proposée par la section de la Rue Neuve, séante au Grand-collège, et adoptée par toutes les sections, avec l'amendement de plusieurs, tendant à la proclamation au prône par les curés des paroisses.

Frères et amis ! Les sections de la ville de Lyon vous remercient de votre civisme et de l'heureuse harmonie de vos forces.

Si les brigands vous menacent, vous nous verrez accourir à votre secours avec un zèle égal à votre énergie. Nous avons tous le même intérêt ; tous le même besoin : l'intérêt de nous unir, le besoin de l'ordre.

Les anarchistes ont été terrassés, leurs chefs tomberont bientôt sous le glaive de la loi ; mais il ne faut pas le dissimuler, leurs agens dispersés répandent dans les campagnes l'affreux venin dont ils avoient infecté la ville.

Depuis la journée du 29 mai, qui annonce à la France d'une manière si prononcée le dévouement des Lyonnois aux loix de la République ; depuis ce réveil terrible de la vraie liberté contre le despotisme intolérable qui nous accabloit ; des agitateurs tout-à-la-fois ineptes et féroces, courent les municipalités voisines pour égarer l'esprit de leurs habitans.

Pillage et partage sont encore leurs mots de ralliement : pillage dans les villes, partage dans les campagnes.

C'est de cet espoir, destructeur de toute société, qu'ils repaissent la cupidité de ceux qui les écoutent ; ils s'adressent aux pauvres et aux journaliers de préférence, pour les ameuter contre les propriétaires. Les grands chemins, les cabarets, les chaumières, sont les théâtres de leurs instructions séditieuses.

Frères et amis ! voulez-vous connoître ces apôtres d'anarchie ? Remarquez d'abord qu'au lieu d'être à leur poste ou dans leurs familles, ils errent en vagabonds et en lâches dans vos cantons ; observez leurs discours, ils ne respirent que meurtres et brigandages : ils se plaisent à débiter les plus désastreux mensonges ; ils calomnient les bons et braves citoyens qui ont sauvé la patrie ; ils calomnient jusqu'à votre zèle, jusqu'à votre obéissance aux autorités constituées. Ces misérables remplissent cette diabolique mission avec une ferveur fanatique : leur langage est coloré de patriotisme ; mais le résultat est de vous porter à l'insurrection, parce qu'ils espèrent encore follement de piller les cités et de partager les terres.

Citoyens ! vous êtes possesseurs légitimes de vos héritages, vos pères les ont acquis, vous les trempez journellement de vos sueurs, vous voulez sans doute les transmettre à vos enfans : eh bien ! ces brigands, émissaires d'autres brigands que nous tenons dans les fers, ils veulent vous arracher vos propriétés, s'asseoir dans vos foyers et dans les nôtres, et nous asservir tous sous leur joug de fer.

Non, citoyens, non, il n'en sera rien. Nous avons juré tous de protéger les personnes et les propriétés, nous tiendrons notre serment. Nous maintiendrons l'unité et l'indivisibilité de la République, et rien ne pourra rompre le faisceau de notre force. Nous voulons tous enfin le règne des loix, nous le voulons impérieusement. Mais le despotisme des hommes, nous l'exécrons, citoyens, et nous l'exterminerons sous quelque forme qu'il cherche à se reproduire.

La cause des villes et celle des campagnes sont nécessairement unies et inséparables ; par-tout la propriété partie de l'existence, et chacun de nous garantit à tous l'existence et la propriété. La Convention Nationale a consacré cette maxime par le premier et le plus saint de tous les décrets. La propriété existe avant le pacte social ; le pacte social la met sous la sauve-garde de tous les associés. Sans cette garantie sacrée, la patrie n'est plus qu'un vaste champ de carnage et de spoliations réciproques et journalières.

Les agitateurs que nous dénonçons aux braves habitans des campagnes attentent traîtreusement à leur repos et à leur liberté ; leurs sourdes menées ont pour but d'affamer les villes et d'appauvrir les campagnes. En détournant de leurs précieux travaux les agriculteurs, ils mettent les récoltes en péril ; ils aigrissent les esprits ; et à l'aide des noms injurieux qu'ils prodiguent aux propriétaires en les appelant gros, royalistes, aristocrates, ils profitent du civisme même de leurs crédules auditeurs pour corrompre leur innocence et égarer leur zèle.

Citoyens ! nous recommandons à votre vigilance ces lâches conspirateurs ; défiez-vous de ceux qui vont semant parmi vous la peur, le mensonge, la haine et la division.

Nous détestons autant que vous les abus de l'ancien régime, et l'ancien régime lui-même ; il a causé tous nos malheurs. Nous sommes nous voulons être, nous serons de francs républicains. Mais au nom du salut de la patrie, rallions-nous aux autorités constituées et ne reconnoissons qu'elles ; que la force armée soit essentiellement obéissante ; que chacun paie les contributions légalement établies, fasse personnellement son service militaire, assiste aux assemblées, dise courageusement son avis, et se soumette à la majorité. Alors, citoyens, mais alors seulement, le calme intérieur renaîtra ; la paix extérieure ne tardera pas à reparoître ; et l'agriculteur paisible bénira la Révolution. La révolution a tout fait pour lui ; elle l'a délivré des servitudes féodales qui dévoroient ses produits et avilissoient la noblesse de sa condition. Vous méritez, par vos travaux, la reconnoissance de tous les hommes ; votre courage, votre civisme, excitent toute notre gratitude.

Le règne du crime va passer ; celui de la vertu, celui de la loi, commence. Restons unis, citoyens ! et rien ne pourra nous vaincre. Recevez l'accolade fraternelle des républicains de Lyon.

(*Arch. du Rhône, série L, imprimé in-12, sans date, sans nom d'imprimeur*).

X

7 Juin.

Discours prononcé dans l'église Saint-Polycarpe, par le citoyen curé de cette paroisse, pendant le service solennel qu'il a célébré le vendredi 7 juin, pour le repos de l'âme des victimes de la malheureuse journée du 29 mai.

Doleo super te frater mi Jonathas ! Sicut mater unicum amat filium suum ita ego te diligebam.

Je pleure sur vous, ô mon frère Jonathas ! Je vous chérissois comme une mère tendre aime son fils unique. (Reg. lib. 2.)

Ces paroles que la douleur mit dans la bouche de David, ne sont-elles pas les mêmes que nous avons, avec effroi, entendu répéter, et que, dans l'amertume et l'excès de leur douleur, répètent encore aujourd'hui le père qui redemande son fils, l'épouse qui, dans son désespoir, réclame son époux ; les malheureux orphelins qui ont perdu leur père, leur seule et unique ressource.

J'ajouterai avec le Prophète : « Considère, ô Israël, quelle est ta « perte ! Compte le nombre de tes enfans blessés et celui de tes en- « fans que la mort a moissonnés à la fleur de leur âge. L'élite « d'Israël a péri ! Comment les forts d'Israël ont-ils succombé ? Votre « mort me navre de douleur, Jonathas, mon frère ! Je vous aimois « comme une mère tendre aime son fils unique ». O mon Dieu ! que les décrets de votre providence sont impénétrables ! qu'ils sont terribles ! Auriez-vous retiré de dessus les habitans de cette ville la protection de votre droite ? Depuis plus de deux siècles, le sang n'avoit pas coulé dans ses rues. Autrefois le fanatisme y déshonora une religion qui ne prêche que la paix, la soumission et la charité fraternelle ; il étoit suscité par les intrigues et par les cabales de la cour ; il y arma le citoyen contre le citoyen. Mais aujourd'hui, ô mon Dieu ! pourquoi permettez-vous qu'un peuple de frères, dont tous les efforts se terminent à conquérir sa liberté, pourquoi permettez-vous qu'il tourne ses armes contre lui-même. S'il falloit du sang pour satisfaire votre justice, pourquoi n'avez-vous pas préféré qu'il fût versé sur nos frontières, plutôt contre nos ennemis coalisés que par la main de nos frères armés les uns contre les autres ?

Ce n'est pas à moi à interroger, ô mon Dieu ! le conseil de votre sagesse. Pardonnez mes plaintes à la douleur qui m'oppresse ; je me soumets, je me tais et, dans un respectueux silence, je me contente de mêler mes larmes à celles de mes frères rassemblés dans ce temple, pour vous offrir très humblement leurs vœux et leurs prières.

Et vous, cendres inanimées de nos frères ! la plus noble partie de vous-même vit et vivra éternellement ; votre sang répandu vous fera trouver grâce auprès du Dieu de miséricorde ; il aura lavé vos taches et vos péchés. Vos corps ont été les victimes que vous avez immolées au Seigneur ; et votre âme, semblable à la flamme qui s'échappe du milieu des sacrifices, s'est élevée dans le sanctuaire de l'Eternel ; elle ne demande plus que des prières..... Prions donc.... prions pour nos frères dont les corps reposent ensevelis sous les ombres de la mort ; mais prions pour tous en imitant J. C., notre divin modèle, qui, du haut de l'arbre de la Croix, prioit même au dernier moment où son humanité sainte succomboit sous la rigueur des supplices..... Ne voyons plus dans tous nos frères que des victimes infortunées, qui ont expié pour nous. Ils ont, par conséquent, des droits incontestables à nos prières ; et leurs veuves et leurs enfans, des droits sacrés à notre commisération, à notre pitié et à nos largesses.

Ecoutons les voix plaintives qui s'élèvent du fond de ce sarcophage, et profitons de la salutaire leçon qu'elles nous donnent.

Elles vous disent : Si on avoit respecté les loix, nos corps seroient pleins de vie. L'infraction aux loix accumulera sans cesse crimes sur crimes, et le crime audacieux sapera les fondemens de l'empire françois.

En effet, mes frères ! jetons un coup-d'œil sur tout ce qui nous environne depuis le commencement de la révolution : l'orgueil, l'avarice, l'ambition, en un mot toutes les passions humaines n'ont plus respecté aucun frein ; semblables à des vents impétueux et déchaînés les uns contre les autres, elles ont combattu entr'elles avec la fureur de l'acharnement. Les partis se sont élevés contre les partis, les cabales contre les cabales ; l'ami est devenu l'ennemi de son ancien ami ; le père, de son fils ; la sœur, de ses frères ; les citoyens, des citoyens. De cette lutte générale est née la calamité publique, et la révolution est aujourd'hui forcée de combattre tout à la fois et les ennemis du dedans et ceux du dehors.

Les plus ambitieux et les plus intrigans ont dit : élevons-nous sur les débris de la nation et sachons profiter de la fermentation générale ; à cet effet, et pour arriver plus sûrement à nos fins, brisons les seuls liens qui unissent les hommes et sur lesquels reposent la sûreté et l'existence de toute société ; apprenons à une partie de la nation à rompre tout à la fois les liens civils et les liens religieux ; accoutumons-la à l'insubordination envers les autorités constituées, à mépriser une religion qui prêche l'obéissance et la soumission aux loix. Il faut que cette classe perde tout respect pour l'Etre Suprême : et comment conservera-t-elle ce respect lorsque nous lui aurons persuadé que la mort anéantit l'homme tout entier, et que le dogme d'une vie future n'a été imaginé qu'afin de rendre l'homme esclave dans celle-ci.

De pareilles assertions vous font frémir, mes frères ! et vous les taxeriez peut-être d'exagération, si elles n'avoient pas été avec affectation annoncées dans les papiers publics, affichées sur les murs des coins de nos carrefours et jusque sur la porte de nos temples. Que pouvoit-on attendre des hommes enivrés de ces principes destructeurs ? La vertu les épouvantoit, faisoit leur tourment et leur honte, parce qu'ils n'aspiroient et ne respiroient que le crime ; et le crime seul étoit devenu leur breuvage et leur aliment.

Tel est l'état déplorable où se trouve encore la nation ! état qui attire et fixe sur nos têtes les calamités et qui les centuplera encore si la nation entière ne se lève pas pour arrêter et anéantir la déprédation, le meurtre et le brigandage.

Citoyens ! C'est au nom du Dieu vivant, c'est au nom de la chère patrie, c'est au nom de l'humanité, que j'ose vous conjurer de mettre sous vos pieds et d'anéantir tout esprit de parti, de sacrifier tout ressentiment, d'immoler toute espèce de haine, de ne composer plus qu'un peuple d'amis et de frères ; enfin, je vous en conjure, sauvez la patrie. Si vous pensez autrement ; si, semblables à Samson, vous continuez d'ébranler les colonnes du temple, tremblez, vous serez écrasés sous ses ruines. Il n'est plus tems, pour aucun parti, de revenir à ses premiers plans ; l'impulsion est donnée, le bonheur public la réclame, et c'est un torrent qui brisera toutes les digues qu'on tenteroit vainement de lui opposer. Il n'y a plus de milieu : il faut, ou suivre cette impulsion, ou périr. Que personne ne sépare donc plus son intérêt particulier de l'intérêt général ; c'est dans la masse que consiste la force, et toute division appelle à elle l'anéantissement de la société.

C'est en vain que l'on voudroit lutter contre les décrets de la Providence. Jugeons de l'avenir par le passé. Les classes de la société qui ont mis le plus d'obstacles à la révolution ont vu leurs efforts impuissans ; elles ont été prises dans leurs propres pièges et dans les embûches préparées par leurs mains ; ces chênes orgueilleux ont été brisés par l'orage, tandis que l'humble roseau a plié, s'est relevé et a donné ses fleurs et ses fruits. Les secousses successives et effroyables que la révolution a éprouvées, et auxquelles elle a résisté, annoncent clairement qu'elle est déterminée et résolue dans les décrets de la divine Providence. Le véritable esprit de la religion la sollicitoit, et la raison la demandoit à grands cris.

En conséquence, je vous tiendrai, mes frères, le même discours que Gamaliel adressa au conseil des juifs qui persécutoient des apôtres, parce qu'ils annonçoient la résurrection et la doctrine du Christ : « Cessez de les tourmenter, leur dit-il, laissez aller les choses ; car si « cette œuvre vient des hommes, elle se détruira d'elle-même ; mais « si elle vient de Dieu, vos projets ne sauroient la renverser et vous « vous exposeriez à combattre Dieu même. »

En effet, à quoi ont abouti ces odieux complots accumulés les uns sur les autres dans les différentes villes, les grandes et horribles trahisons concertées avec toute la sagacité de cette prétendue prévoyance humaine ? L'Eternel s'est ri des vains projets des hommes ; il a permis que ces sourdes menées aient été découvertes et dissipées avec la même rapidité que la poussière est entraînée par le vent. On peut dire d'elles ce qui est dit de l'impie dans l'Ecriture : J'ai passé, et elles n'étoient plus.

Faites attention, mes frères, si vous désirez sincèrement mettre un terme à nos calamités et l'accélérer, faites attention que Dieu se sert de vous ; que le salut de la patrie, de cette cité, de vos femmes, de vos enfans, enfin de ce que vous avez de plus cher au monde, est dans vos mains; mais que vous touchez au moment critique et décisif. Rappellez-vous que la nation entière a les yeux tournés sur vous... prononcez : voulez-vous sa conservation ou sa ruine et la vôtre qui en est inséparable ?... Citoyens ! votre propre intérêt vous démontre l'impérieuse nécessité de sauver la patrie ; demandez des loix, obéissez aux loix, faites respecter les loix, et la patrie sera sauvée.

N'est-ce pas ce que vous crient du fond de leur tombeau les âmes des frères que nous pleurons ? Que signifie ces chants de tristesse dont cette église retentit, ce lugubre appareil qui couvre les murs de son sanctuaire ? Si on avoit respecté les loix, on n'auroit aujourd'hui que des actions de grâces à y rendre à l'Eternel, et depuis long-tems l'alarme et la terreur n'auroient pas flétri l'âme des habitans de cette cité.

Vous l'aviez ainsi décrété, ô mon Dieu ! Vous avez permis ces troubles, ces alarmes, afin de rappeller à votre amour et à votre service ceux qu'une folle instruction avoit égarés. Vous l'avez voulu ainsi, ô mon Dieu ! afin que l'expérience nous apprît à enseigner, è mieux apprécier la paix et la tranquillité dont nous abusions. Vous vous servez de nos fautes passées pour nous instruire sur le présent et sur l'avenir ; jusques dans nos châtimens, votre miséricorde éclate. Nous profiterons des leçons que vous nous donnez et, prosternés aux pieds de vos autels, nous jurons en votre présence et sur le tombeau de nos frères, que tout Lyonnois sera à l'avenir l'esclave, l'ami, le conservateur et le protecteur des loix ; enfin, qu'il est prêt à verser la dernière goûte de son sang pour défendre et sauver la patrie. O mon Dieu ! donnez-nous en la force ; mais soyez un Dieu vengeur contre celui qui parjurera son serment.

Citoyens ! lorsque vous retournerez au sein de vos sections, prêchez-y, par vos exemples, plus que par vos paroles, la concorde, la paix et l'union ; élevez-y un monument consacré à l'amour de la patrie ; mais qu'il soit embelli par les mains de la modération et couronné par celles de la plus tendre fraternité. C'est le vœu le plus ardent de mon cœur.

(*Imprimé in-12, sans nom d'imprimeur*. — *Bibliothèque de la ville, Fonds Coste, n° 350273.*)

XI.

7 Juin.

Les Nantais à tous les départements de la République.

Græcia concidit libertate immoderatâ et licentiâ concionum. (Cic. pro Flacco.)

Quatre années de révolution ont agité la France et l'on nous annonce encore une troisième révolution.

Où allons-nous ?

Que voulons-nous ?

Des milliers de François ont arrosé de leur sang l'arbre de la liberté. Nous avons vécu jusqu'à présent au milieu des troubles et des angoisses. Nos sacrifices ont été nombreux. Ce que nous avons fait, nous sommes prêts à le faire encore. Mais sachons enfin où doit s'arrêter la révolution.

La Bastille est renversée ; le chef des Bourbons a porté sa tête sur l'échafaud ; le reste de cette famille est à jamais proscrit. Nous avons voulu la liberté, nous sommes libres, du moins le principe de cette liberté est-il décrété, il est dans tous nos cœurs. Nous avons voulu l'égalité politique, nous sommes égaux en droits ; enfin, nous avons voulu la république populaire, nous sommes républicains.

François, que voulons-nous encore ?

Un cri général doit se faire entendre ; nous devons vouloir la paix et le bonheur, une constitution et un gouvernement.

Il seroit absurde de prononcer que nous sommes vraiment libres, vraiment heureux. Nous sommes en guerre avec toutes les puissances de l'Europe ; plusieurs départements sont en proie à tous les fléaux de la guerre civile ; des factions opposées troublent, divisent et partagent la République. Nous avons des dictateurs dans nos départements et c'est peut être un mal nécessaire dans les circonstances où nous nous trouvons ; mais aussi long-temps que nous aurons des proconsuls, des visites domiciliaires ; aussi long-temps que le secret des lettres sera violé, que les opinions ne seront ni libres ni tolérées, nous ne serons ni vraiment libres, ni vraiment heureux !

Il faut donc remonter promptement à la source de tous nos maux. Elle n'est pas toute entière dans la Convention nationale. La Convention seroit forcément à la hauteur des circonstances si on n'étoit parvenu à diviser, à égarer l'opinion publique dans les départements.

Ceux-là qui nous crient : les lumières ne sont bonnes à rien, ceux qui ne veulent pas qu'on éclaire le présent par l'histoire et qu'on préjuge l'avenir par le passé ; ceux-là, dis-je, ont un grand intérêt à nous envelopper des ténèbres de l'ignorance, Danton et Robespierre savent que Mahomet et Cromwel règnèrent par l'ignorance. Ils savent que l'ignorance est la mère de toutes les erreurs morales et politiques ; ils savent qu'il est plus facile de tromper les hommes que de les détromper. Les fripons cherchent donc les sots pour s'en faire des partisans, les fripons craignent les gens éclairés qui peuvent pénétrer leurs complots.

La philosophie et les lumières ont préparé, muri, commencé la révolution, et déjà la révolution est menacée par l'ignorance. Je ne vois plus régner que les imbéciles et les fripons. Les hommes instruits, les philosophes seront bientôt contraints de fuir ou de se cacher. Et que sont devenus la plupart de ces Constituants qui eurent notre estime et notre admiration ? Les factieux les ont calomniés, les scélérats les ont persécutés, les ignorants les ont méprisés. Ils sont presque tous écartés, presque tous réduits à se taire. Le despotisme, le plus dangereux de tous, est celui qui porte le masque populaire. Le tyran le plus à craindre est celui qui sort de l'ombre où il n'étoit pas apperçu. Mahomet n'étoit qu'un brigand, Tamerlan qu'un pâtre, Cromwel qu'un citoyen obscur. Les factieux qui dominent aujourd'hui l'opinion, n'étoient pas même connus avant 1789. On ignoroit jusqu'à leurs noms et maintenant ils règnent insolemment ; ils règnent par la toute puissance de l'ignorance et de la sottise. Le mal est profond. Le vaisseau de l'état vogue sans boussole au milieu des écueils et les intrigants, les traitres brisent son gouvernail en se le disputant.

Nous avons vu l'Assemblée constituante honorée, puissante de notre respect et de notre confiance.

Nous avons vu l'Assemblée législative inspirer d'abord la défiance, ensuite le mépris pour les travaux de l'Assemblée constituante.

Nous avons vu la Convention décrier et l'Assemblée constituante et l'Assemblée législative.

Nous avons vu Barnave et Lameth gouverner l'opinion publique ; nous avons vu la faveur populaire abandonner Barnave et Lameth pour entourer Petion et Brissot ; nous avons vu Pétion et Brissot dévoués à la haine du peuple par Robespierre et Danton.

Depuis deux ans, les principes n'ont pas fait un pas. Les factieux se sont emparés tour à tour de l'opinion publique et l'opinion publique les a tour à tour renversés.

Français, devenus républicains, n'avez-vous donc pas changé de caractère ? Serez-vous toujours légers, inconséquents, frivoles et maniables au gré de toutes les passions, de tous les intérêts et de tous les partis ?

La Convention nationale n'est point à la hauteur des circonstances. Elle est dominée par deux partis opposés, presque également puissants. L'un de ces partis est accusé de n'être pas assez révolutionnaire, l'autre l'est certainement beaucoup plus qu'il ne faut. Le premier est, dit-on, modéré ; le second est toujours hors de toute mesure. Tous les deux nous mènent à la dissolution et si vous n'y prenez garde, François, vous serez bientôt assis ou plutôt renversés sur les ruines de la république. Les deux partis ont déjà demandé la convocation des assemblées primaires. Guadet et Lacroix ont semblé croire que la Convention ne pouvoit plus sauver la France. La Convention a menacé de quitter Paris et d'aller tenir ses séances à Versailles. La Convention n'est donc pas libre, les factieux et d'insolentes tribunes osent donc dicter des loix à la Convention ! la Convention a proclamé son impuissance, son avilissement et son esclavage.

La discorde secoue violemment ses torches sur nos têtes, la calomnie verse ses poisons dans nos cœurs, l'anarchie relâche tous les liens sociaux et politiques, et, ce que la postérité aura peine à croire, les factieux ont réussi à organiser le trouble et la division.

Les deux partis qui se heurtent dans la Convention veulent l'un et l'autre l'avilissement de la représentation nationale. Il est des patriotes égarés sur la montagne ; il en est dans le coté droit, mais par-tout il existe des traîtres. Les puissances coalisées ont un intérêt égal à soudoyer Brissot et Robespierre parce que si l'un des partis l'emportoit sur l'autre, la division cesseroit aussitôt et l'intérêt suprême des despostes est de nous tenir sans cesse divisés.

C'est dans le sein de la Convention, c'est dans nos sociétés populaires qu'ils remportent leurs victoires ; et il est une vérité constante et terrible, c'est que les factieux leur coûtent plus à soudoyer que leurs armées. Toute leur force, toute leur politique est dans cette exécrable maxime de Tibère : *Divise et tu commanderas*.

Républicains, nous ne pouvons rester neutres dans la grande querelle nationale. Rallions-nous fortement aux vrais principes. Ne soyons ni modérés ni frénétiques. Entourons de la puisssance de notre opinion, la majorité de la Convention qui veut le bien et qui ne peut le faire. Sommons tous les mandataires infidèles de sauver la patrie, de faire leur devoir ou de descendre de leur poste pour monter à l'échafaud.

On nous dit tous les jours : 'les montagnards sont les seuls soutiens de la République ; tous leurs ennemis sont les ennemis de la République.

Examinons donc la conduite des chefs qui dominent sur la montagne. Nous en parlerons sans haine et sans prévention, nous ne citerons que des faits, nous ne parlerons qu'à votre mémoire ; et la seule réunion, le seul rapprochement de ces mêmes faits éclairera votre opinion comme il a fixé la nôtre.

Si l'on en croit les montagnards, ils veulent seuls la République. Condorcet, Buzot et Brissot sont d'infâmes royalistes. Il est un fait certain, c'est que les coryphées de la montagne ne parlent de la République que depuis qu'elle est décrétée, et que Condorcet et Brissot ont demandé la République au mois de juin 1791. C'est sur la motion de Buzot qu'un décret de la Convention a condamné à mort quiconque proposeroit le rétablissement de la royauté. Il est encore un fait non moins constant, c'est que Buzot, Brissot et Condorcet paroissent vouloir une république organisée et que la montagne ne parle de la République que pour en dégoûter tous les esprits sages et formés aux méditations politiques. Ecoutez-les, ils vous diront : les sans-culottes sont les seuls républicains, la vertu ne se trouve que chez eux ; il faut dénoncer, persécuter, emprisonner, ruiner tous les citoyens paisibles, parce que ce sont des modérés. Exaltons-nous, exaltons-nous sans cesse, défions-nous de tout le monde. Et par dessus tout cela, ils ajoutent, pour éloigner de la révolution tous ceux qui ont quelque chose : la révolution ne s'arrêtera que losque tous les François auront une propriété, c'est-à-dire lorsque tous les François auront chacun 90 livres de revenu fixe et net.

Si vous voulez connoître leur philosophie, rappellez-vous ce que disoit Merlin, le 14 novembre 1792, à la tribune des Jacobins : *Périsse l'humanité entière plutôt qu'un principe !* Comme si les hommes avoient besoin de principes lorsqu'ils seroient tous détruits.

Si vous voulez connoître leur politique, rappellez-vous ce que Saladin a dit au peuple asssemblé dans l'église paroissiale d'Abbeville : *Dans un temps de révolution, il faut mettre de côté les loix, il faut agir suivant les circonstances.* Et la même doctrine est prêchée tous les jours par les anarchistes que Pitt soudoie à Paris.

Si vous voulez connoître leur morale, rappellez-vous cette maxime de Marat : *Dans les révolutions où l'on a besoin d'un grand mobile, d'un levier qui agisse sans cesse, l'on ne peut parvenir à ses fins que par la profondeur du scandale.* Et Marat qui, comme le disoit Champfort, n'a d'autre science que celle du crime, d'autre courage que celui de la honte ; Marat parloit alors des massacres des 2 et 3 septembre, il les justifioit, il en faisoit l'apologie !

On a reproché à Brissot d'avoir été l'ami, le soutien de Dumouriez ; on a reproché à Gensonné d'avoir entretenu une correspondance suivie avec lui. Mais Danton n'étoit-il pas l'ami le plus chaud de ce perfide conspirateur ? Danton avoit vu toutes ses machinations dans la Belgique et Danton ne l'a point dénoncé ! François, partisans de Danton, répondez à cet argument : ou Danton est un sot, ou Danton est un traître ? Or, Danton n'est point un sot, Danton est donc un traître.

Le général Berruyer étoit depuis longtemps suspect aux corps administratifs de Nantes, qui s'étoient plaints à Berruyer de Berruyer lui-même. Une lettre de Choudieu, montagnard, rassura nos corps administratifs sur le compte de ce général. Choudieu en fit les plus grands éloges. Choudieu dit qu'il méritoit toute notre confiance. Eh bien ! Choudieu suivoit Berruyer ; il étoit avec lui. Partisans de la montagne, prononcez, mais rappelez-vous que sans la lettre de Choudieu, Berruyer auroit été dénoncé à la Convention, son armée n'eut point été dissoute, les brigands seroient détruits, tous nos désastres auroient été prévenus.

Fabre d'Eglantine et Chabot, sont puissants sur la montagne. Leur luxe insultant, fruit de leur dilapidations, a crié si haut que les Jacobins de Paris ont cru prudent de les rayer eux-mêmes de leur matricule.

Rovère, Bazire et Legendre, commissaires à Lyon, sont des chefs de la montagne. La République entière a retenti des excès arbitraires de leur dictatoriat et du luxe insolent qu'ils osoient afficher. C'est ainsi que Rouyer, Letourneur et Brunel se sont montrés à Béziers dans un char traîné par six chevaux, retraçant, au milieu de la République, le faste des anciens intendants.

Ce commissaire de la Convention, qui fut envoyé à Strasbourg, siégeoit aussi sur la montagne. Il avoit un fils ; il destitua un honnête citoyen pour lui donner sa place.

François, on vous égare avec des phrases, nous vous éclairons par des faits irrécusables.

Poursuivons : un des enfants perdus de la montagne sainte, Delpech, écrivit à Bordeaux : accaparez les chanvres, le ministre de la marine les paiera plus chers, et, quelques jours après, un incendie a menacé les magasins de chanvre à l'Orient.

Au moment où la République cherche à relever les assignats, au moment même où les montagnards provoquoient le décret qui supprimoit la vente de l'argent, plusieurs de ces montagnards, allant en commission dans nos départements, se faisoient compter cinq mille livres en assignats et mille écus... en or. Et ce sont là ces fiers républicains, ces patriotes austères qui vont prêchant le sans-culotisme et qui vous disent avec emphase : *Un républicain ne doit désirer que du fer et du pain.*

Les anarchistes ont l'impudeur de proclamer que tous nos journaux sont vendus à l'aristocratie, parce qu'ils ne prêchent ni le meurtre ni le pillage et sur-tout parce que les traîtres s'y trouvent tous les jours démasqués. Et il est des républicains assez stupides pour ajouter quelque foi à cette ridicule assertion des anarchistes. Et qu'est donc devenu notre jugement ? Qu'auroit-on pensé dans les premières années de la révolution de celui qui auroit osé dire : le Moniteur, le Journal des débats, le Patriote et la Chronique, qui étoient alors ce qu'ils sont aujourd'hui, sont infectés du virus de l'aristocratie. Et d'ailleurs, les anarchistes qui soudoient des insurrections ne peuvent-ils soudoyer aussi de misérables pamphlétaires ? n'ont-ils pas l'*Ami du peuple*, de Marat, l'*Ami des citoyens*, de Tallien, le *Défenseur du peuple*, de Robespierre ? Et, si ces feuilles sont peu accréditées dans la République, n'est-ce pas la faute des rédacteurs et surtout des principes désastreux qu'ils professent, à la honte de l'humanité, de la philosophie et de la nation françoise ?

Il fut un ministre qui empêchoit les anarchistes de dominer l'opinion publique ; ce ministre fut culbuté ; ce ministre, en tombant, commit une faute plus grave encore, il rendit ses comptes à la nation. Danton et Pache n'ont point rendu leurs comptes... et l'on a demandé la tête de Roland ! et les anarchistes se sont opposés à ce que les comptes de Roland fussent apurés par la Convention ! Et ces anarchistes qui nous instruisent de tous leurs démêlés, qui épient toutes les actions des citoyens pour les mettre au grand jour, nous disent-ils comment chaque mois épuise le trésor public ? comment des milliards s'engloutissent dans les dépenses extraordinaires de la guerre ! Sans doute la guerre contre l'Europe doit être coûteuse. Nous y dévouerons notre fortune, mais, quelles que soient les mains qui en dirigent l'emploi, nous avons droit de nous étonner de ces profusions, surtout quand un dénuement total afflige et arrête nos armées. Et cependant le mois de février a coûté cent quatre-vingt-dix-sept millions, le mois de mars deux cent seize ! Qu'on nous dise donc comment les armées, qui manquent de tout, ont pu légitimer ces énormes dépenses ! C'est là que la publicité et le grand jour sont nécessaires. Qu'on nous dise pourquoi l'on a supprimé le numérotage des assignats ; pourquoi l'on a mis un banqueroutier à la tête de leur fabrication ; pourquoi le montagnard Rovère a demandé un sursis pour *Geoffroi*, condamné à mort pour avoir mis de faux assignats dans la circulation ?

Républicains, on vous dit perfidemment tous les jours : « Nous ne devons connoître aucun parti ; nous ne devons point nous occuper des personnes mais des choses. » C'est ainsi qu'on nous mène à notre perte. C'est ce que l'on nous disoit avec de grands mots, avec des convulsions oratoires, lorsqu'il y a quatre mois vous vouliez, sur les dénonciations de plusieurs membres du côté droit, demander l'expulsion de tous les Bourbons. Et bien ! en passant à l'ordre du jour, en ne voulant vous occuper que des *choses*, vous avez manqué perdre la chose publique ; d'Orléans vous a trahis ; il nous fut toujours suspect ; il nous le fut plus encore lorsqu'il voulut prendre le beau nom d'Egalité. Et remarquez bien que les anarchistes qui ont adhéré depuis au décret porté contre Egalité, ne se sont pas permis encore de l'injurier à la tribune de la Convention, ni à celle des Jacobins. Ce fait est incontestable, Marat même, qui depuis appella, ainsi que Robespierre et Danton, toute la rigueur des loix contre Philippe d'Orléans, Marat, dans sa lettre lue le 13 avril à la Convention, traite de *conjuration imaginaire* celle qui avoit pour but *de mettre Louis-Philipped'Orléans sur le trône*. Il est donc démontré que les anarchistes ménagent encore le traître d'Orléans, et certes ce n'est chez eux ni insouciance, ni mépris. Ils n'ont jamais parlé des personnages qui leur déplaisoient, même après les avoir culbutés, qu'en leur prodiguant les épithètes les plus injurieuses et les plus cruellement dénigrantes. Et vous avez dû remarquer encore qu'ils ne se montrent pas aussi acharnés contre Dumouriez qu'ils l'ont été contre Lafayette, et cependant lequel des deux a mis la France plus près de sa perte ?

Nous avons souvent observé, et certes nous avons dû nous en étonner, que lorsqu'on dénonçoit Roland, Brissot et ceux qu'on dit être de leur parti, on écoutoit le dénonciateur avec satisfaction, on l'applaudissoit ; on ne s'avisoit pas de crier : *occupons-nous des choses et non des personnes*. Mais attaque-t-on Marat, Robespierre ou Danton ? leurs partisans vocifèrent aussitôt : *Laissons-là les personnes pour ne nous occuper que des choses* ; et le public applaudit, égaré par le motif de salut public que semble présenter cette phrase absurde. Républicains, cette tactique des malveillants est inepte et grossière et tous les jours cependant vous en êtes la dupe. Ah ! puissions-nous vous convaincre pour notre intérêt commun ! Ce n'est qu'en nous occupant des personnes que nous sauverons la chose publique. Pour démasquer les traîtres ne faut-il pas s'occuper d'eux ? Qui donc perd la république ? Sont-ce les choses ou les personnes ? Les choses ! mot insignifiant et perfide! et on nous perd en propageant ce lieu commun, en fermant la bouche aux vrais amis du peuple qui ne veulent pas laisser dévorer la moisson naissante de son bonheur.

Républicains, ouvrez les yeux. Et quoi ! ne voyez-vous pas que ceux-là même qui nous crient sans cesse de ne nous occuper que des choses, ceux-là même nous proposent à grands cris des visites domiciliaires. Il est donc des temps où ils croient bon de s'occuper aussi des personnes et alors ils nous proposent de discuter publiquement à la tribune toutes les personnes en place ; dans d'autres temps, quand ils se voient à l'ordre du jour, ils osent nous dire: vous ne devez vous occuper que des choses ; et vous croyez à des traîtres qui ont peur qu'on ne s'occupe d'eux.

Républicains, nous vous présentons hardiment le flambeau de la vérité; si vos yeux se refusent de s'ouvrir à sa lumière, si vous n'êtes pas convaincus, si vous restez muets, impassibles, la République est perdue, nous périrons.

Plusieurs d'entre vous se sont réjouis du triomphe de Marat ; le triomphe de Marat nous a fait frémir. Marat est l'odieuse pomme de discorde jetée dans la république par les ennemis des François. Marat est le plus grand de tous les frénétiques ou le plus grand de tous les scélérats. Egalement dangereux sous les deux rapports, il devoit marcher à l'échafaud ou aux petites maisons. Il est impossible de trouver un terme moyen dans cette assertion. Eh bien ! ô honte de la patrie ! Marat a des partisans nombreux, il siège encore dans la Convention, on a prostitué pour lui la couronne civique. Ah ! la république ne penche-t-elle pas vers sa ruine au moment où Marat triomphe de la Convention, et ne sommes-nous pas perdus sans retour si nous tardons encore à ouvrir les yeux sur l'abyme où nous précipitent à la fois la scélératesse et l'ineptie.

Nous voyons une commune orgueilleuse rivaliser de puissance avec la représentation nationale. Elle souffre à côté d'elle 48 sections délibérantes ayant chacune un comité révolutionnaire ! Elle établit une correspondance active avec les 44 mille municipalités ; elle établit une république dans la république, un gouvernement dans le gouvernement. Paris veut imiter Rome et dominer toutes les administrations ; Paris veut attirer tout l'or des départements dans son sein. Alors il dominera sur nos têtes, alors nous serons écrasés sous le joug municipal, nous aurons des tribuns, nous serons esclaves, et, pour notre éternelle honte, François, nous l'aurons voulu puisque nous l'aurons souffert.

Républicains, nous sonnons le tocsin, un feu violent dévore la République. Levez-vous, arrêtez les incendiaires, d'autant plus coupables qu'ils vous ont perfidement égarés. Ils vous montroient le bonheur et ils vous poussoient dans l'abyme, et encore aujourd'hui ils éloignent sans cesse du port le vaisseau de l'état et ils multiplient autour de lui les tempêtes et les naufrages. Ecrasez tous ces insectes politiques qui n'aspirent à dominer l'opinion qu'en la dévoyant, qui n'ont quelque force que parce qu'ils ont su inspirer un stupide engouement pour les vertus qu'ils affichent et qu'ils ne pratiquent pas ; qui ne voient de salut pour eux que dans l'anarchie, qui apperçoivent, en frémissant, le terme de leurs succès et de leur ambition dans le retour de l'ordre et qui vous disent insolemment, par la bouche de Marat, leur prophète : « Pendant quatre années encore il ne nous faut que
« des loix révolutionnaires, et gardons-nous bien de nous donner une

« constitution ». Les scélérats ! ce mot suffit seul pour les démasquer tous. Et pourquoi se battroient nos armées, si, pendant quatre années, nous n'avions ni gouvernement ni constitution ? Pourquoi nous épuiserions-nous en sacrifices de toute espèce, si nous ne devions avoir que des loix révolutionaires ? Que deviendroit l'intérêt national, et à quoi pourroit-il s'attacher ? Et après quatre années d'anarchie, quelle constitution aurions-nous, grand Dieu ! nous aurions, nous ne pourrions avoir que le despotisme.

Réveillez-vous donc, vous tous qui avez juré de maintenir la République. Réveillez-vous, il en est temps. Encore quelques jours et les factieux, debout sur le cadavre de l'empire, s'en disputeroient les lambeaux.

Un effroyable tableau fixe nos yeux épouvantés. Sous nos pas est un abyme immense, sans fond, gouffre dévorant dans lequel l'anarchie, armée d'une torche et d'un poignard ensanglanté, attire, roule et précipite des générations entières. Elles sont en proie à tous les fléaux des factions, aux calamités des guerres civiles. Tout périt sous l'effort de la calomnie, sous le joug des proscriptions, sous le glaive des assassins. L'incorruptible républicain, l'homme tiède et pusillanime qui n'ose se montrer, l'égoïste occupé du soin de se sauver seul dans le naufrage général, les chefs scélérats de tous les partis, aujourd'hui despotes demain victimes... Le fer moissonne les hommes, la famine les dévore... Eh ! pourquoi ? ils n'avoient point de gouvernement !... On dira : ici fut un peuple célèbre, fier et généreux, gouverné par des loix qu'il avoit faites lui-même. Ce n'est plus qu'un immense désert, qu'un chaos inextricable, jusqu'à ce qu'un homme profondément immoral, mais d'un caractère tenace, d'un esprit ferme et d'un cœur ambitieux, se lève sur les ruines de sa patrie, saisisse d'une main hardie le pouvoir et dise à l'univers : les factions ont détruit la liberté ; j'ai brisé les factions, je vais régner.

François, ce tableau est horrible. Osez l'envisager ! et si vous êtes sourds à la voix de la patrie éplorée, de la patrie déchirée par ses propres enfants ; si vous laissez désormais les élections, les pétitions liberticides à la merci des hommes factieux ou égarés, des hommes trompeurs ou trompés, songez que ce tableau est l'avenir, l'avenir prochain qui vous attend.

Mais, si enfin vous faisiez entendre la voix fière et mâle qui convient à des républicains ; si, marquant un terme aux désordres de l'anarchie vous vouliez opposer la masse imposante de vos volontés réunies aux efforts des factieux, aux manœuvres des anarchistes ; si vous vouliez vous pénétrer de cette grande vérité, que tous vos maux n'ont d'autres sources que votre criminelle insouciance à l'époque des élections, que votre silence sur les pétitions des anarchistes, que votre torpeur dans les circonstances désastreuses où nous nous trouvons. Et vous, Représentants, si vous saviez vous montrer grands, fermes et tranquilles au sein des orages ; si vous saviez, respectant vous-mêmes le caractère dont vous êtes revêtus, vous rappeller que tout François a le droit de vous dire la vérité, mais qu'il ne doit vous approcher qu'avec respect, parce qu'il n'est qu'une fraction du souverain et que vous êtes la représentation nationale ; si vous étiez indépendants des passions ; si votre esprit ne flottoit pas indécis au gré des factions ; si le feu sacré d'un patriotisme épuré échauffoit vos âmes ; si vous saviez isoler vos devoirs de vos affections, alors la France reconnoîtroit dans vos délibérations ce caractère mâle et réfléchi, cette indépendance fière et courageuse, ces profondes pensées qui, dans Rome, dominoient jadis les arbitres du monde et vous assureriez à jamais le sceptre populaire que les tyrans couronnés, que les anarchistes cherchent à briser dans nos mains. Eh quoi ! Représentants, un individu vous occupe !... la patrie est là. Vous écouteriez des affections ou des haines périssables !... Les siècles sont devant vous et vous allez jeter dans la postérité notre honte ou notre gloire, le bonheur ou le malheur du monde.

Quelle terrible responsabilité morale va donc peser sur vos têtes. Ah ! nous vous le dirons d'une voix forte qui retentira dans vos âmes : Représentants ! Représentants ! le sort de la République est dans vos mains.

Et nous, François, retraçons-nous tous nos devoirs. Le républicain, soit qu'il exerce son droit d'élire, soit qu'élu lui même, il tienne en main les rênes de l'administration, le républicain ne doit plus voir son intérêt particulier. Il ne se doit plus à ses parents, à ses amis, il se doit tout entier à la patrie. Dans un état corrompu il faut des places pour les hommes, dans une république naissante il faut des hommes pour les places.

Ne nous laissons point emporter au torrent des factions. Opposons une digue puissante aux coupables efforts des scélérats et des ambitieux. Sachons les connoître, sachons les démasquer, sachons surtout les punir. Cherchons la vérité, le bonheur public se trouve sur son chemin. Servons la République de nos bras, de notre fortune et de nos méditations. N'ayons pas ce calme perfide qui appelle les tempêtes, mais aussi éloignons de nous ces agitations terribles qui perpétuent le trouble et la division. Soyons fermes et francs républicains.

A ce prix, le calme et le bonheur reviendront habiter parmi nous. Les factieux seront réduits au silence ; l'anarchie, faute d'aliment, se consumera dans l'ombre ; nos campagnes seront fertilisées, nos villes paisibles, notre commerce florissant, nos loix puissantes, notre gouvernement vigoureux, la représentation nationale sage et ferme au dedans, respectée au dehors, la France heureuse et les nations étonnées nous apporteront les tributs de leur industrie et de leur admiration.

O François ! voulez-vous la honte, la mort, l'esclavage et le mépris des nations, ou bien voulez-vous le repos, la gloire et le bonheur ? Choisissez, mais vous avez tout dit : La liberté ou la mort.

A Nantes, 6 mai 1793, l'an deuxième de la République Françoise. (*Suit un très grand nombre de signatures*).

La section des Droits de l'Homme, ci-devant rue Tupin, ayant entendu lecture, dans sa séance du 7 juin, de la présente adresse, a délibéré qu'elle seroit réimprimée à ses frais et distribuée dans chacune des sections et partout où besoin sera.

Signé : ROUX, vice-président ; LESBROSSE, secrétaire.

(*Journal de Lyon, n°s 89, 90, 91, 92, 93, pages 346, 350, 356, 362, 366, et Bibl. de la ville, fonds Coste, n°s 350567*) (1).

(1) *L'imprimé du fonds Coste, 16 pages in-8, de l'imprimerie d'Aimé Vatar-Delaroche, aux Halles de la Grenette, 1793, émane de la section Rousseau, il se termine :* La section Rousseau, ci-devant Saint-Nizier, ayant entendu lecture, dans sa séance du 11 juin, de la présente adresse, a délibéré qu'elle seroit réimprimée à ses frais et distribuée dans chacune des sections et partout où besoin sera. Signé Simon Caminet, vice-président ; Guiffray, vice-secrétaire.

XII.

La Section Rousseau à ses concitoyens.

Citoyens, le monstre sanglant de l'anarchie levoit sa tête hideuse sur toutes les parties de cette cité, une faction abominable et désorganisatrice, non contente de nous avoir fait ses esclaves, avoit juré de s'enrichir de nos dépouilles et de s'abreuver du sang de ceux qui n'approuvoient pas ses exécrables complots. L'orage qui grondoit sur nos têtes étoit d'autant plus terrible, que la foudre étoit dirigée par de lâches assassins, environnés, à force de crimes et d'intrigues, d'un simulacre de confiance publique, qui les rendoit d'autant plus dangereux qu'il leur donnoit des pouvoirs plus étendus. Notre énergie et notre courage ont su braver tous les périls ; la cité s'est levée toute entière, et la tête du monstre est tombée. Notre victoire a été d'autant plus complète et glorieuse, que sa suite n'a été souillée par aucun de ces actes violents, que la douleur du massacre de nos frères et les sentiments de vengeance, dictés par ce souvenir déchirant, pouvoient rendre excusables... Le noir flambeau de la calomnie s'agitera en vain pour dénaturer les sentiments qui ont dirigé les grands coups que nous venons de porter... Nos ennemis dans leur chûte, sont un exemple à la République entière, que nous ne savons écouter que la voix de l'humanité et des loix, dans les moments même où, par droit de représailles, nous serions autorisés à n'entendre que celle de la vengeance... Ils sont un exemple plus terrible encore, que l'on cherchera en vain à nous enchaîner, lorsque nous aurons véritablement juré de nous secouer du joug de la tyrannie et de l'oppression... Notre triomphe, citoyens, emporte avec lui le double avantage d'avoir opéré le salut de la cité et celui de la République entière ; oui, de la République entière ; car il n'est plus permis d'en douter, la secte meurtrière que nous venons de terrasser dans notre sein, avoit formé l'exécrable complot de faire de la Republique entière le théâtre des scènes sanglantes prêtes à éclater sur nous... Mais déjà les conspirateurs, alliés à ceux de cette cité, semblables au lion furieux d'avoir échappé sa proie, se regardent en rugissant, tous déconcertés d'avoir vu échouer leurs attentats. Déjà le bruit de notre triomphe, porté dans toutes les parties de la République, a été pour cette horde homicide un coup de foudre, qui a cassé dans tous ses nœuds le fil des trames horribles qu'en vain, dans sa rage impuissante, elle chercheroit à renouer ; et bientôt la ville de Lyon, dans la commotion violente qu'elle vient d'éprouver, aura trouvé la gloire d'avoir détruit elle seule l'édifice de sang qui alloit planer sur toute la République..., et bientôt encore, pour confondre ses calomniateurs, il suffira à cette cité, depuis si long-temps dénoncée comme un centre de contre-révolution, de citer la journée du 29 mai.

Cependant, citoyens, ne nous endormons pas dans une sécurité trop profonde ; que les jours de notre gloire n'aillent pas être les précurseurs de ceux de notre défaite ; nos ennemis terrassés étoient puissants ; leurs chefs, n'en doutez pas, ne sont pas tous en notre pouvoir ; ils pourroient, dans les derniers élans de leur délire, concevoir le projet insensé de former un nouveau centre de ralliement. Eh bien ! pour prévenir leurs derniers efforts, sachons conserver l'attitude imposante que nous avons prise ; que la cité entière reste debout jusqu'à ce que les scélérats reconnus aient expié, sous le glaive de la loi, les forfaits dont ils se sont souillés, jusqu'à ce qu'enfin le sang de nos frères soit vengé par le sang de leurs assassins... Montrons-nous dignes du nom de Républicains ; annonçons à l'univers entier que nous avons juré d'être libres, que nous avons juré de maintenir la République une et indivisible, que nous avons juré la sûreté des personnes et des propriétés ; que nous avons juré enfin de repousser le joug de la tyrannie et de l'oppression, sous quelque forme qu'il puisse se présenter, et que nous saurons tenir nos serments. Un sûr moyen de ne pas devenir parjures, est de fréquenter avec assiduité nos assemblées de section. Rappelons-nous sans cesse qu'elles ont sauvé la chose publique, et que c'est à elles à achever leur triomphe. Gardons-nous surtout de laisser jamais élever dans notre sein ces conciliabules de sang, où se sont forgé tous les poignards, où se sont tramé tous les complots dont nous avons pensé devenir les victimes... nos assemblées de sections sont les seules qui doivent subsister ; que tous les citoyens s'empressent d'y concourir, par leurs avis et leurs lumières, au bonheur commun ; qu'ils sachent néanmoins y distinguer, et les lâches insouciants que la crainte du péril en a éloigné jusqu'ici, et les traîtres que leur défaite auroit amenés parmi nous pour y trouver un abri de sécurité ; défions-nous de ces deux classes d'hommes, elles sont également dangereuses ; que la surveillance la plus active agisse pour les découvrir, et que les citoyens qui parviendront à les connoître aient le vertueux courage de les dénoncer, en se rappellant que des armes entre les mains de ces hommes perfides, ne peuvent être qu'inutiles ou dangereuses.

Fraternisons avec toutes les sections dont les principes nous sont connus ; prouvons à nos braves frères des campagnes, que notre danger a amené au milieu de nous, que toutes nos mesures ne tendent qu'à la destruction des anarchistes et des oppresseurs et au retour de l'ordre et de la paix dont ils ressentiront, comme nous, les effets bienfaisants. Investissons les autorités de toute notre confiance ; n'agissons jamais que de concert avec elles ; que cette maxime générale, que l'union fait la force, soit désormais la seule boussole qui dirige toutes nos opérations, et bientôt nous verrons nos ennemis déconcertés, frissonner et pâlir au seul aspect de leurs vainqueurs, et loin de penser à réparer leur défaite, chercher au contraire à rentrer pour toujours dans la fange et le néant dont nous n'aurions jamais dû les laisser sortir, et bientôt les cohortes étrangères, en apprenant que nous avons sappé dans ses fondements l'édifice des guerres intestines qu'elles nous élevoient, renonceront à leurs coupables et ambitieux projets de donner des fers à des hommes prêts à s'ensevelir mille fois sous les décombres de leur liberté, plutôt que de courber leurs têtes sous un despotisme quelconque ; et bientôt enfin les citoyens de cette cité, depuis si long-temps calomniés, en donnant l'impulsion et l'exemple d'une énergie aussi rare, auront mérité, auprès de la République entière, le juste titre de sauveurs et de libérateurs de la patrie.

L'Assemblée a arrêté, à l'unanimité, que la présente adresse seroit imprimée, affichée et envoyée à toutes les sections et aux corps administratifs.   Signé : S^{on} CAMINET, président.

A Lyon, chez Faucheux, Imprimeur-Libraire, grande rue Mercière, 1793.
(*Archives du Rhône, Série L, affiches*).

XIII

(Vers le 8 Juin).

Rapport fait au Conseil général de la commune provisoire de Lyon, par l'un des commissaires de section, députés à Paris pour rendre compte des événemens qui y ont eu lieu les 29 et 30 mai, des causes qui les ont amenés, et de l'état actuel de cette cité.

Citoyens, lorsque, par un assemblage odieux des crimes les plus inouïs, la tyrannie est à son comble, résister n'est plus seulement un devoir, c'est un besoin. Ce besoin a été senti par les citoyens généreux au bonheur desquels vous travaillez, et qui nous écoutent : ils y ont obéi, ils sont libres ; ils sont mieux, ils sont dignes de l'être. Honorés de leur confiance, chargés de les représenter, nous nous fîmes un caractère de vigueur, semblable à celui qu'ils déployèrent dans la mémorable journée du 29 et nous jurâmes de mourir tous, avant que de faire rien qui fut indigne d'eux ; nous jurâmes de ne mettre à notre mission d'autres bornes que celles de leur intérêt ; ils jugeront si nous avons tenu nos sermens.

Le principal but de notre députation était de nous présenter à la barre de la Convention, d'y émettre le vœu de nos concitoyens pour le maintien de la Liberté, de l'Egalité et de la République une et indivisible, d'y faire le tableau des crimes et des brigandages qui avaient amené la trop fameuse catastrophe du 29, de dire avec quelle héroïque modération les vainqueurs avaient usé de la victoire, de demander la destitution absolue des magistrats prévaricateurs, et la convocation des assemblées primaires et électorales pour les remplacer ; enfin, d'invoquer à grands cris une Constitution et des loix protectrices de la sûreté des personnes et des propriétés.

Quel fut notre étonnement, à notre arrivée dans la ville de Paris ! lorsque nous apprîmes que la Convention avait été entourée d'hommes armés et de canons dirigés contre elle ; que les représentants du peuple, forcés de délibérer sous les poignards d'une horde de scélérats et de furieux, avaient laissé rompre l'intégrité de la représentation nationale ; que trente-quatre mandataires du souverain étaient privés de leur liberté, sans même être accusés d'aucuns délits, et que les factieux qui avaient commandé ces attentats régnaient insolemment au sein de la Convention et donnaient à la République des loix barbares, forgées dans l'arsenal du crime.

Notre premier mouvement, imprimé par l'indignation, fut de retourner sur nos pas et de fuir à jamais des lieux souillés par des forfaits que la postérité aura peine à croire.

Mais bientôt, animés par l'espoir de découvrir les abominables auteurs de tant d'attentats, de connaître et d'éventer leurs projets, de rechercher les moyens d'en purger la terre, nous nous décidâmes à demeurer.

Nous avons recueilli des renseignemens précieux. Pour n'en laisser échapper aucuns, je diviserai mon rapport en trois parties. La première traitera de l'esprit public de Paris et des départemens, soit de ceux que nous avons parcourus, soit de ceux avec les députés desquels nous nous sommes concertés. La seconde contiendra le tableau de la Convention, du Gouvernement, et la dégoûtante histoire, publique ou privée de ceux qui les régissent. Enfin, la troisième vous apprendra quels sont les moyens de faire disparaître à jamais de la terre de la Liberté, la plus méprisable et la plus odieuse des tyrannies, la tyrannie du crime.

Première partie. — De l'esprit public de Paris et des départemens.

Pour se faire une idée juste de l'esprit public de Paris, il faut se reporter au tems où nous gémissions sous le joug municipal et jacobite. Tous les citoyens honnêtes et instruits détestent, dans le fonds de leurs âmes, l'anarchie dans laquelle ils vivent et ceux qui en sont les premiers auteurs. Comme nous, ils voudraient terrasser l'hydre, mais nul n'ose lui porter les premiers coups.

En apprenant les vrais détails de notre révolution, ils nous bénirent, ils nous nommèrent les sauveurs de la Liberté ; mais l'expression de leur reconnaissance et de leur admiration ne fut point publique : la crainte de la mort, qui leur lie les bras, retient aussi leurs langues.

Quand ils ont pu s'épancher avec nous, ils nous ont dit : Vous voyez que l'oppression pèse sur nous ; vous voyez que tous les moyens imaginables ont été inventés pour empêcher, de notre part, une résistance nécessaire. Retournez dans les lieux d'où vous êtes venus ; apprenez à vos concitoyens l'excès de nos malheurs ; et si la fraternité, qui lie les François, n'est pas un motif suffisant pour qu'ils viennent à notre aide, que la pitié qu'on doit aux opprimés, que l'intérêt de la patrie, que l'aspect de la République prête à être détruite, que l'image de la guerre civile les force à se lever et à employer le fer que la victoire a mis entre leurs mains, pour faire tomber les fers dont le crime a chargé nos bras désarmés.

Voilà, citoyens, le cri de la très grande majorité des habitants de Paris. En vous proclamant les sauveurs de la patrie, en vous appellant à leur aide, ils vous imposent des devoirs qu'il vous sera doux de remplir, puisqu'en les remplissant vous assurerez le bonheur de la France entière.

Il est dans Paris une classe d'hommes qui ne partagent point cette opinion.

Ces hommes regardent notre révolution comme le triomphe de l'aristocratie sur le patriotisme, ils nous exècrent, appellent sur nos têtes les vengeances nationales ; et prenant dans leurs âmes les couleurs dont ils nous peignent, s'empressent à l'envi d'inventer et de publier contre nous les calomnies les plus absurdes : telles étaient, citoyens, celles qui furent consignées dans le rapport de Tallien sur les premiers événemens, occasionnés par l'indignation publique, à l'époque de la démission du maire Nivière-Chol.

Je ne connais pas d'expressions assez fortes pour désigner l'antre infernal où se fabriquent toutes les calomnies et tous les projets de vengeance dirigés contre nous.

Vous pressentez déjà que j'entends parler de ces Jacobins, de cette association monstrueuse, moins étonnante encore que la patience des bons citoyens qui en ont si longtemps souffert l'existence. C'est là, que des hommes de tous les pays, réunis par l'amour du crime, forts de leur audace et de la pusillanimité des gens de bien, professent hautement la doctrine du meurtre et du pillage ; c'est là, qu'on insulte à la vertu par la raillerie, à la probité par les mauvais traitemens.

C'est là, que Legendre, ce boucher qui n'a changé ni d'âme, ni de métier en devenant législateur, disait hautement, en parlant de notre révolution : Lyon est une ville gangrenée ; je voudrais qu'on divisât ses habitans en deux parties, afin d'en noyer une dans le Rhône et l'autre dans la Saône.

Un autre, enchérissant sur lui, voulait qu'on commençât par le pillage, et qu'on n'égorgeât les citoyens qu'après les avoir tourmentés par l'image de leurs propriétés envahies et de leurs richesses spoliées.

Ceux qui parlent ainsi, sont des hommes flétris longtems avant le règne de la liberté, perdus de dettes et d'honneur, et ne voyant de moyens d'exister que dans la prolongation de l'anarchie. Ils affluent dans ce repaire affreux, comme des bêtes voraces sur le corps d'une charogne ; ils s'y attachent, ils s'y engraissent comme les vers dans les viandes pourries.

Ceux qui les écoutent, emportés par une imagination ardente, sont d'autant plus facilement séduits, que la faiblesse de leur esprit et le défaut d'instruction ne leur permettent pas de discerner les projets des scélérats qui ont surpris leur confiance.

Ils ne voient partout que l'amour vif de la liberté, et ne conçoivent pas que l'intolérance tue la liberté ; ils obéissent, sans s'en douter, parce qu'on les asservit en les entretenant de leur pouvoir, et qu'on les musèle en leur disant que puisqu'ils ont des dents, ils peuvent mordre.

Mais ils sont peu nombreux, et ceux qui dirigent, et ceux qui sont dirigés. Chaque jour leur masse diminue, parce que la vérité, précédée de l'évidence, leur arrache chaque jour quelques-uns de leurs partisans.

On peut réduire à cinq à six mille le nombre des brigands soudoyés, et à vingt mille celui des gens séduits : ce qui ne fait pas la trentième partie de la population de Paris.

L'esprit des départemens que nous avons parcourus est en tout semblable à celui des Parisiens. Ceux dans lesquels les administrations ont été bien composées, ont déjà levé la bannière de la résistance à l'oppression. Déjà ils ne reconnaissent plus les loix que la Convention désorganisée voudrait donner à la France. La force départementale s'y forme et nous attend.

Le département de l'Allier semble, au premier aspect, marcher en sens contraire ; mais cette marche n'existe que pour la ville de Moulins, chef-lieu de ce département. Toutes les administrations de district ont à la fois secoué le joug de l'administration de département et des factieux qui règnent à Paris.

On peut en dire à peu près autant du département de l'Yonne : toutes les forces des Maratistes sont concentrées dans Auxerre ; encore les gens de bien forment-ils, dans cette ville, une force imposante, prête à se lever au premier signal.

Le département de la Côte-d'Or, parfaitement bon, se trouve arrêté par la Municipalité et la Société populaire de Dijon : ce sont encore des opprimés à secourir.

Quant aux départemens dont nous avons vu les députés à Paris, nous pouvons vous annoncer que tous ceux qui sont situés au nord de Paris, celui de Seine-et-Oise excepté, sont coalisés contre les anarchistes.

Sans perdre du temps en délibérations vaines, en précautions dangereuses, dans les premiers momens d'une explosion révolutionnaire, les habitans de ces départemens ont pris les armes ; et dirigés par un comité séant à Evreux, ils marchent sur Paris. Nous avons sur eux l'initiative de la résistance ; ils auront sur nous l'initiative de l'attaque des brigands dans leurs derniers retranchemens.

Puissent nos efforts communs avoir, tôt ou tard, tous les succès que la Providence accorde à la bonne cause !

Seconde partie. — De la Convention et du gouvernement.

A dater de la journée du 31 mai, la Convention n'est plus composée que de ce qu'on appellait la Montagne, c'est-à-dire de cent cinquante à deux cents législateurs égarés ou pervers. Les autres, privés de toute espèce de liberté pour émettre leur opinion, ont pris le parti de se renfermer dans une conduite absolument passive, et de ne paraître presque pas aux discussions ; quelques uns ont pris la fuite, quelques autres sont renfermés dans leurs domiciles, sous la garde d'un gendarme. Ceux qui tentent de fuir dans leurs foyers, s'ils sont arrêtés dans leur fuite, sont plongés dans les cachots qu'on réserve aux plus vils scélérats.

Tous les décrets sont préparés ou, pour mieux dire, faits dans la société des Jacobins ou à la municipalité de Paris, ou encore, dans ces conciliabules secrets, tenus à Maisons, château appartenant au ci-devant comte d'Artois, auxquels président tour à tour les triumvirs Danton, Marat et Robespierre.

Quelques agens subalternes de la faction se distribuent la parole pour donner à la discussion une ombre de réalité et, quoique s'entendant fort bien, s'apostrophent de tems en tems d'une manière digne de la halle.

Les tribunes, délibérant aussi à leur manière, obéissent à des signaux convenus et, par la tactique de leurs acclamations ou de leurs huées, ont soin de clore la discussion lorsque la chaleur des discutans laisse passer le petit bout d'oreille.

Nous nous sommes glissés souvent dans ces tribunes. Là, nous avons trouvé des hommes de toutes les façons, la plupart étrangers, parlant un français mêlé du langage du pays dont ils étaient originaires. Ces hommes revêtus des livrées de la misère, portaient sur leur visage la double empreinte de la stupidité et du crime. C'était vraiment des figures à la Challier, à la Roullot, à la Gaillard.

Quand nous leur demandions le nom de l'orateur, leur réponse était : nous ne les connaissons pas ; le sujet de la discussion : nous n'en savons rien ; la cause de leurs huées ou de leurs acclamations : notre volonté.

Ces réponses laconiques étaient accompagnées d'un regard sinistre, qui ne permettait pas de pousser plus loin la conversation.

Les pétitionnaires sont accueillis suivant la nature de leur mission.

Etes-vous le porteur d'une adresse remplie de flargonerie pour la sublime Montagne ? Venez-vous offrir une pleine obéissance à tout ce qui en émane ? Venez-vous apporter le servile tribut d'une basse complaisance ? Vous êtes reçu à bras ouverts ; les tribunes usent leurs mains calleuses à vous applaudir ; les honneurs de la séance, les accolades de Thuriot et consorts ne font que précéder l'insertion de vos phrases dans le bulletin.

Mais si vous venez, au nom du souverain, demander des loix protectrices des personnes et des propriétés, si vous élevez votre voix contre les factions, si vous demandez la punition de ces satrapes insolens, qui ne quittent les rochers de la ténébreuse Montagne, que pour s'engraisser aux dépens des pays qu'ils parcourent, et sur lesquels ils répandent la désolation, alors votre adresse, censurée par le président, va se perdre dans les papiers d'un comité, ou peut être réservée à d'autres usages...

Ce n'est pas tout ; pour maintenir l'esprit public à la hauteur respectueuse que les centumvirs lui ont mesurée, on a recours à des pétitions éphémères qu'on attribue à tel ou tel village, dont le nom paraît alors pour la première fois. Ces pétitions, fabriquées dans l'arsenal commun, c'est-à-dire la société des Jacobins, sont présentées par des citoyens détachés des tribunes, dont l'idiôme contraste plaisamment avec les lieux dont ils se disent envoyés. Ainsi, il n'est pas rare d'entendre un pétitionnaire à accent gascon, parler au nom d'une commune de Normandie, etc.

Si quelquefois vous parvenez à franchir le seuil de la porte, si vous pouvez, au sein même de la Convention, faire entendre la vérité sévère ; interrompu par des vociférations continuelles, menacé du geste et de la parole, il est rare que vous lisiez jusqu'au bout ; puis, relégué sur le banc des pétitionnaires, un membre, Thuriot par exemple, vient à vous et vous dit sans ornement : Vous êtes un f... coquin.

C'est ainsi que se conduisent les législateurs d'un pays immense, d'un pays éclairé par les sciences et la phylosophie.

C'est d'après ces principes, qu'ils ont construit en quatre jours l'édifice du bonheur public, la Constitution.

Ceux qui n'ont pas vu ces horreurs, auront de la peine à y croire ; ceux qui en ont été les témoins, trouveront que nous n'en avons pas dit assez.

Mais tout cela n'est rien, comparé avec le gouvernement.

Il faut d'abord que nous signalions ceux qui en sont les principaux agens.

Danton qui, en entrant à la Convention, trouvait à peine dans sa fortune de quoi soutenir son existence, maintenant, dirigeant le comité de Salut public, vient de reconnaître à son épouse une dot de quatorze cents mille livres.

Pache, maire de Paris, Hébert, substitut du Procureur de la commune, tous les deux auteurs de l'insurrection du 31 mai ; Henriot, commandant provisoire de la garde nationale de Paris, et qui, dit-on, n'obtint cette place qu'en justifiant d'avoir massacré de sa main cinquante victimes dans la journée du 2 septembre ; Bouchotte, ministre de la guerre, homme également scélérat et stupide, mais homme essentiel à la faction, parce que c'est de lui qu'on tire les sommes immenses dont elle a besoin (1) ; Marat, Robespierre, deux personnages qu'il suffit de nommer ; enfin Destournelles, ministre des finances et ci-devant président de la commune de Paris : ces hommes gouvernent

---

(1) On paie, dit-on, vingt millions par jour au Ministère de la guerre. Bouchotte ayant été renvoyé pour fait d'incapacité, Barrère fit désigner Beauharnais pour le remplacer. La Convention accéda à ce choix, qui n'était pas dicté par l'esprit de parti ; car Beauharnais réunit à beaucoup de talens une probité rare. Mais Pache, effrayé, fit décréter par les Jacobins que Bouchotte resterait, et malgré Barrère et la Convention, Bouchotte a resté.

ensemble, avec une intelligence extrêmement rare entre scélérats de cette trempe.

Outre les cinq à six mille brigands qu'ils soudoyent, ils ont trouvé le moyen de gagner la partie peu aisée des habitans de Paris, en maintenant dans cette ville immense le pain à un prix très bas. Le trésor public supporte les frais immenses de l'indemnitée accordée aux boulangers ; et nos concitoyens des départemens, qui payent le pain à 5 à 6 sous la livre, sauront maintenant qu'ils payent aussi, sans s'en douter, le pain des habitans de Paris.

Encore, si les dilapidations se bornaient à nourrir les hommes. Mais quelle énorme quantité d'assignats employée à enrichir ceux qu'il faut ménager !

Dans quel coffre puise Lacroix, pour payer les acquisitions journalières qu'il fait ? Qui fournit à l'ex-capucin Chabot les fonds nécessaires pour se promener dans un char brillant, entre deux courtisannes, pour distribuer l'argent à pleines mains, pour payer une fleur vingt-cinq à cinquante livres aux femmes de la halle, cela sans doute dans l'intention de se populariser ?

On ne finirait pas, s'il fallait tout dire. En somme, nous dépensons, en six mois, trois milliards pour les frais de la guerre, quand nos soldats manquent de tout !... Et nous obéissons !... Et nous soumettons maintenant notre indignation aux calculs d'une fausse prudence !... (1).

Les deux grands moyens qu'ils employent pour maintenir leur empire, sont : le Tribunal révolutionnaire et la guerre de la Vendée (2).

Le Tribunal révolutionnaire, composé en entier d'hommes à leur dévotion, prononce chaque jour des jugemens qui font frémir l'humanité. Pour lui, les moindres indices sont des preuves, les paroles équivoques des crimes, les sentimens les plus doux de la nature, la compassion envers les malheureux, la piété filiale, y sont tournés en forfaits.

Nous avons vu conduire au supplice, le même jour, neuf hommes et trois femmes, les hommes étaient accusés d'avoir participé à la conspiration d'un sieur de la Rouerie, en lui permettant de venir mourir dans leur maison des blessures qu'il avait reçues ; et les femmes étaient regardées comme complices, pour n'avoir pas dénoncé leurs pères, leurs maris, leurs enfans. Patriotes sensibles, que votre indignation s'accroisse en apprenant que l'une des victimes était sœur de ce Desilles, de ce jeune héros qui, sous les murs de Nancy, se dévoua à une mort glorieuse pour empêcher que des soldats égarés ne massacrassent leurs frères.

---

(1) La déprédation actuelle est si grande, qu'elle amènera infailliblement la banqueroute des assignats, si on n'en rompt la planche entre les mains des brigands qui en disposent. Mais si les départemens coalisés se lèvent tous à la fois, il est un moyen sûr de sauver la fortune publique, en paralysant, par la voie du timbre, l'émission de ce papier monnaie. Négotians de tous les pays, cette note est pour vous.

(2) Il est encore un moyen atroce employé pour égarer l'opinion publique et empêcher la vérité de percer : c'est la violation et l'interception des lettres. Drouet et plusieurs autres membres travaillent à la poste ; les lettres qui contiennent des nouvelles des départemens sont mises au rebut, si les nouvelles ne sont pas favorables. On dit que celles qui contiennent des assignats se perdent aussi quelquefois ; cette assertion mérite confirmation. Mais ce qu'il y a de bien sûr, c'est qu'on a renvoyé des lettres à leurs auteurs, avec cette apostille insultante : Renvoyé à l'auteur, attendu qu'il est en démence.

On a calculé le moyen d'augmenter le supplice par la distance qui existe entre la prison et la place où se font les exécutions. Dans ce long trajet, des hommes et des femmes soudoyés accablent les condamnés d'injures, insultent à leurs malheurs, accoutument le peuple à ces spectacles affreux et se nourrissent d'avance du sang qu'on va répandre.

Ce système d'horreur glace les esprits d'épouvante et tue le courage. On s'observe dans ses discours, dans ses actions ; et l'aspect de la guillotine suspendue et prête à tomber, ne permet pas aux faibles Parisiens de résister à cette abominable tyrannie.

Ceux qui suivent les événemens d'un œil observateur, ont remarqué que les échecs de la Vendée coïncident toujours avec les mouvemens qui ont lieu à Paris. Bien des gens pensent que les anarchistes sont d'intelligence, sinon avec les rebelles, du moins avec les chefs des troupes destinées à les combattre. Nous avons vu plusieurs jeunes gens qui en revenaient ; tous s'accordent à dire, que ces troupes si formidables dans les papiers nouvelles ou dans les conversations politiques, ne sont au vrai que des paysans mal armés et nullement instruits dans les exercices militaires.

Des bâtons noueux, terminés par un morceau de plomb, quelques fusils, des hâches, composent toutes leurs défenses. Ils viennent en troupe de deux ou trois cents, essuyent une première décharge à bout portant, fondent avec la rapidité du trait sur les batteries et s'en emparent ; mais, au lieu de tourner les canons contre la troupe qui les combat, ils les enclouent et les mettent hors d'état de s'en servir.

Ils nous prirent Saumur, poste important qui leur assurait les communications de la Loire ; mais, au lieu de s'y fortifier, ils se contentèrent de désarmer les habitans.

Quel est l'homme de bon sens qui pourra croire que des armées commandées, comme on l'a dit, par des chefs habiles, ayant un but certain, se conduisent ainsi ?

Qui ne verra, avec un peu de lumière, que ce noyau de guerre civile est entretenu par le parti régnant, dans le même sens et par la même tactique que les ministres et les généraux prolongeaient autrefois les guerres extérieures pour se rendre nécessaires et augmenter la durée de leur domination ?

Troisième partie. — *De la marche à tenir pour détruire l'anarchie et sauver la chose publique.*

L'âme, oppressée par le tableau des malheurs et des brigandages que nous venons de vous présenter, aime à se consoler par l'espoir d'un avenir heureux. Recevez-en, citoyens, l'augure favorable ; et que la paix dont vous jouissez depuis trois semaines, soit l'image de celle que toute la France devra à votre exemple et à vos efforts.

Dès le moment où l'intégrité de la représentation nationale a été rompue, le centre autour duquel tous les défenseurs de la patrie allaient se réunir, a cessé d'exister ; la caverne du crime a pris la place du temple des loix ; et déjà, au lieu des paroles de paix et de consolation qui devaient en sortir, le Français étonné n'y entend plus que des hurlemens affreux des bêtes féroces et les cris funèbres des vautours.

Se lever en masse, pour écraser de sa volonté souveraine l'édifice élevé par une longue suite de complots et de forfaits, tel est le droit et le devoir du peuple.

Oui, citoyens, c'est dans le repaire infect de ces hommes de sang et de boue, qu'il faut porter le feu épurateur des vengeances nationales ; toutes les mesures sont prises, tous les plans sont dressés ; la retraite même leur est impossible, il ne leur reste, pour échapper, d'autres moyens que votre inaction. Le nord est levé ; les enfants du midi, les guerriers de la courageuse Marseille aiguisent leurs armes ; les bataillons de la Gironde sont prêts : c'est au Lyon de la France à donner le signal de la marche.

Jeunesse bouillante et courageuse, vous vous emparâtes des premiers lauriers ; vous avez ouvert la lice : permettrez-vous que d'autres atteignent le but avant vous ? Ce sont les mêmes ennemis que vous combatîtes ; ils sont criminels comme ceux que vous avez vaincus, ils seront lâches comme eux.

Citoyens tout est prévu ; et si je ne vous donne pas tous les détails du plan formé pour détruire l'anarchie, c'est que, dans les entreprises, le secret est l'âme de la réussite. Ne craignez rien de vos frères des armées ; ils pensent comme vous, comme vous ils rongent à regret le frein que les tyrans leur ont mis ; et sans le soin de repousser l'ennemi du dehors, déjà leurs bras armés pour la Patrie, auraient exterminé les vampires qui la dévorent.

Ne craignez pas la désunion ; le besoin, qui resserre tous les Français, saura vous en garantir.

Bientôt des gens de bien, choisis librement par le peuple, iront remplacer les brigands qui nous désolent (1). Etrangers à toute espèce de partis, ils nous donneront des loix bonnes et sûres ; ils nous donneront une constitution, un gouvernement républicain, un et indivisible, fondé sur la liberté et l'égalité. Bientôt les puissances coalisées contre nous, désespérant de vaincre un peuple de frères et de soldats, reconnaîtront notre indépendance ; et la paix, la douce paix viendra sceller notre bonheur.

Alors nous pleurerons sur les victimes immolées par l'anarchie ; et le long égarement qui nous conduit aux bords de l'abyme, en excitant en nous une méfiance salutaire, nous fera discerner les vrais amis de la chose publique, d'avec ceux qui ne se parent de ce titre que pour lui être funeste.

Citoyens, voilà le résultat de notre mission ; nous avons l'orgueil de croire qu'elle ne fut pas inutile. Depuis l'instant où la lutte entre l'anarchie et les loix a commencé, nous avons fait le sacrifice de notre existence au triomphe de la bonne cause. La mort, qui nous respecta sur le champ de bataille, a daigné pour nous atteindre, de se servir des poignards Jacobites. Si nous avons été assez heureux pour mériter l'approbation de nos frères, sentinelles perdues de la Révolution, nous ne demanderons qu'une récompense, celle d'être toujours placés au poste le plus dangereux.

(Imprimé. Bibl. de la ville de Lyon, fonds Coste, 350575 (4417)

---

(1) Bien des gens imaginent que les troupes qui marcheront à Paris seront destinées à délivrer les trente-quatre membres incarcérés et à donner au parti de la Plaine le dessus sur la Montagne. Cette manœuvre ne ferait que changer le côté de la tyrannie ; il faut absolument une Convention toute nouvelle. L'ancienne est pourrie ; la Montagne est peuplée de brigands que les honnêtes citoyens abhorrent, la Plaine de lâches qu'on méprise avec raison.

XIV

9 Juin.

Le conseil général de la commune de Neuville, au conseil général provisoire de la commune de Lyon.

Concitoyens, nous avons attendu l'affermissement de l'ordre qui vient d'être rétabli dans votre ville, pour exprimer à ses citoyens notre admiration pour le courage et l'énergie qui les ont animés. Ils ont enfin terrassé le monstre de l'anarchie et ramené le triomphe de la loi. Toutes les communes de notre département leur en doivent de la reconnoissance, et particulièrement la nôtre qui en a été plusieurs fois menacée à cause de l'aversion qu'elle a toujours ouvertement manifestée contre les brigands qui ont fait plus d'une fois leurs efforts pour introduire chez nous leurs principes affreux de meurtre et de pillage. Oui, concitoyens, ces animaux féroces avoient pour la commune de Neuville, ainsi que pour celle de Lyon, des listes de proscription. Leurs poignards étoient déjà éguisés et suspendus sur les têtes qu'ils avoient marquées ici, où, vraisemblablement, ils avoient des complices. Nous avions en dernier lieu chassé courageusement de notre ville deux chefs de cette horde meurtrière, mais nous n'avions fait que [reculer] des malheurs qui nous auroient infailliblement atteints, sans la victoire qui a détruit le monstre à Lyon. Nous n'aurions point été assez forts pour nous sauver de sa rage, mais nos citoyens ont montré en plusieurs occasions qu'ils avoient le courage de la combattre. Ils accoururent avec promptitude au secours de votre ville avec leurs frères d'armes de leur canton, dès l'instant de la réquisition.

Nous vous offrons, concitoyens, les assurances de notre dévouement à soutenir la bonne cause, de notre reconnoissance pour les bons services qu'a rendus à notre commune, en particulier, la bravoure des citoyens de Lyon, et de notre respect pour les loix. Nous avons renouvellé, ainsi que vous, le serment de maintenir la liberté et l'égalité, la République une et indivisible et la sûreté des personnes et des propriétés.

Nous vous prions de faire connoître nos sentimens à toutes les sections de Lyon, pour qu'elles soient convaincues de la pureté de nos principes et de l'union que nous leur avons devouée pour résister à l'oppression et détruire l'anarchie.

Nous avons fait célébrer hier, ici, un service auquel nous avions invité les municipalités de notre canton qui y ont envoyé des commissaires, pour les malheureuses victimes de la mémorable journée qui a immortalisé votre ville, et nous avons ouvert une souscription pour aider au soulagement des familles indigentes dont les chefs ont succombé. Nous vous en ferons passer le produit dès que toutes les personnes aisées y auront contribué.

Les membres du conseil général de la commune de Neuville.

Neuville, le 9 juin 1793, l'an deux de la République.

LOBREAU, maire ; Simon COMTE, CHOMET, GAYET, MARRET, COMBET fils, CHEVRIER, COLAS, pr. de la commune, BARGE, LAMOTHE, COSOMIER ? G. LARDIÈRE ROUHER, commandant du bataillon ; ROZET, LASERRE, COMBET, secrétaire gr.

(*Original.* — *Bibl. de la ville de Lyon, fonds Coste, manuscrits, n° 633*).

Réponse du conseil général de la commune provisoire de Lyon au conseil général de la commune de Neuville.

Lyon, 11 juin 1793, l'an 2ᵐᵉ de la République françoise.

Citoyens, occupés sans relâche du bonheur de notre patrie, il est bien doux pour nous de mériter la confiance et la réunion de tout les départemens et communes qui nous avoisinent. Puisse cette coalition, fondée sur les principes immuables des loix, de l'ordre, du respect dû aux personnes et aux propriétés, sur le maintien de l'unité et de l'indivisibilité de la République française, ramener le calme et la tranquilité, ouvrir les sources de l'abondance que l'anarchie avait détournées, et éteindre enfin dans cette cité, comme dans toute la République, ces germes de divisions intestines qui feraient indubitablement sa ruine.

Braves citoyens de Neuville, vous donnés des larmes aux mânes de nos malheureuses victimes, et les secours que vous promettés aux blessés, aux veuves et aux orphelins seront le beaume de la vertu que vous répandrés sur des plaies encore saignantes. La seule consolation qui nous restera de la cruelle journée du 29 mai dernier sera de nous persuader que c'est le tombeau de tous les crimes.

Les membres composant le conseil général de la commune provisoire de Lyon,

COINDRE, président ; BEMANI, JANVIER, membres du comité de correspondance.

(*Bibl. de la Ville, fonds Coste, manuscrits, n° 633*).

XV

11 Juin.

Les citoyens de la section de Porte-froc à leurs frères égarés dans la journée du 29 Mai et jours précédens.

Ils ont enfin disparu ces hommes qui tenoient nos têtes courbées sous un joug de fer ; ces hommes qui, à l'abri d'une popularité usurpée, s'étoient rendus plus formidables que ne le fust jamais le plus farouche despote. Les perfides ! Ils avoient couvert leur scélératesse du masque du patriotisme. La sainte Humanité, la sainte Egalité, étoient sans cesse dans leur bouche ; leur âme étoit altérée de sang ; l'amour de la tyrannie étoit dans leur cœur.

Maintenant que leur règne est passé, maintenant qu'une victoire à jamais déplorable, puisqu'elle a été achetée au prix du sang de nos frères, a fait rentrer dans la fange ces insectes vénimeux qui devoient y ramper toujours, maintenant que les amis des loix, les seuls vrais patriotes, ont terrassé les apôtres de l'anarchie, du pillage et du meurtre, reconnoissez enfin, ô vous qui avez été les instrumens aveugles de la perfidie de ces hommes de sang, reconnoissez que vous avez été trompés par eux. Portez vos regards sur les événemens passés auxquels vous avez eu tant de part. Voyez et frémissez ! Voyez les complots sanguinaires qui se trament au milieu de votre club central et qui n'échouent que parce que le crime ne sait pas distinguer la vertu qui siège à ses côtés pour déjouer ses horribles projets en les révélant. Voyez outrager, arrêter, incarcérer les patriotes les plus zélés, les meilleurs amis du peuple, des hommes dont tous les discours, toutes les actions tendent au bonheur de leurs frères, dont tout le crime est de vouloir que le peuple, en connoissant ses droits, connoisse aussi ses devoirs, et qu'il sache distinguer ses vrais amis de ces vils adulateurs qui ne le flattent que pour l'asservir et qui satisfont à tous ses caprices pour le rendre lui-même l'instrument de leurs passions.

Les méchans ont voulu vous rendre vicieux et scélérats comme eux, vous qui êtes nés vertueux et bons, mais leurs vœux seront trompés ; pour vous rappeller à la vertu, il ne faut que vous éclairer.

Sans cesse on vous parloit de complots ourdis contre votre liberté ; on vous montroit partout des ennemis prêts à vous égorger, et vous trembliez d'un danger qui n'existoit pas. Ces citoyens utiles qui sont devenus riches parce qu'ils ont été industrieux et qui, par un juste retour, emploient leurs richesses à féconder l'industrie, on vous les représentoit comme des sang-sues publiques ; on vous disoit que leur fortune étoit à vous, parce qu'on vouloit s'en emparer sous votre nom. On vous le disoit et vous le croyiez. Une dénonciation heureuse en amenoit d'autres et bientôt les dénonciateurs sont parvenus à vous persuader qu'il n'y avoit plus de patriotes qu'eux et les leurs.

Forts de cette opinion, ils envahissent toutes les places ; ils se font appeler les pères de la patrie ; ils publient qu'ils veillent jour et nuit à la félicité publique. Tous les trésors de la cité vont se perdre dans leurs coffres. Quiconque leur demande des comptes est un aristocrate, un factieux, un conjuré de Worms et de Coblentz, et cependant des millions ont passé par leurs mains infidelles, et lorsqu'après la malheureuse journée du 29 mai on fit l'ouverture des caisses de la ville, il ne s'y trouva qu'une modique somme de 7 liv. et quelques sous.

Les voilà ces patriotes si zélés pour la chose publique, ces modèles du désintéressement le plus pur. Ils s'enrichissoient en déclamant contre les riches ; ils dominoient en prêchant l'égalité ; ils jetoient dans les cachots en vantant la liberté. Ils étoient devenus les fléaux du peuple dont ils se disoient les protecteurs, et maintenant ils nous doivent compte et des maux qu'ils nous ont causés et de l'estime qu'ils avoient usurpée et surtout du sang qu'ils ont fait couler.

Citoyens, nos frères, nos amis ! vous le voyez, vous avez été trop longtemps le jouet de nos ennemis les plus cruels ; vous le voyez, à force de perfidie on a réussi à vous entraîner dans le plus grand des crimes, en mettant entre vos mains le fer destiné à égorger vos frères. C'est par vous que le sang a coulé ! C'est par vous qui vous êtes laissé placer dans des postes cachés pour assassiner vos concitoyens et vous avez paru servir la patrie, tandis que vous ne serviez que des factieux, des brigands qui aimoient mieux armer les frères contre les frères que d'obéir à la voix du peuple qui leur redemandoit des pouvoirs qu'ils déshonoroient par leur orgueil, leur despotisme et leurs déprédations.

La cause que vous défendiez a été malheureuse, elle devoit l'être ; elle étoit criminelle. Nous ne vous vanterons pas notre victoire, elle nous a coûté trop cher, mais nous vous rappellerons l'usage que nous en avons fait. Nous vous dirons : nous avions des vengeances à exercer, nous en avons remis le soin aux loix établies pour punir le crime. Nos ennemis, les vôtres, ont été arrêtés et jetés dans les cachots qui depuis long-temps ne s'ouvroient plus qu'à leur voix, mais nos mains n'ont pas été souillées de leur sang et cependant si nous avions été vaincus.... pères, époux, femmes, enfans, tous devoient être égorgés. Le serment exécrable en avoit été prononcé. Nous le savions, et les monstres respirent encore ! et ils ne périront que sous le glaive de la loi. Dans le délire d'un aveuglement fatal, vous avez égorgé nos frères ; quelques-uns des vôtres ont expiré aussi et maintenant les enfans d'un père coupable sont appellés à partager, sans distinction de partis, les secours que nous présentons à tous ceux qui ont péri. Ainsi nous nourrissons, après notre victoire, les familles de ceux qui auroient égorgé les nôtres s'ils avoient été vainqueurs.

Voyez maintenant de quel côté est la justice, l'humanité, le vrai patriotisme. Revenez à nous, nos bras vous sont ouverts, nous vous presserons sur ce sein que vous avez voulu déchirer, et tous ensemble nous renouvellerons le serment de maintenir la liberté, l'égalité, la République une et indivisible, la sureté des personnes et des propriétés et de mourir en les défendant.

Le section de Porte-froc a arrêté que la présente adresse sera imprimée et affichée, envoyée aux autorités constituées et aux sections de cette ville, dans ce département et aux divers départemens.

Par la section
CHAZOTTIER, secrétaire.

A Lyon, de l'imprimerie d'Amable Leroy, place St-Jean, 1793.
(*Bibl. de la ville, fonds Coste, n° 8890*).

XVI.

11 Juin.

Liberté, Egalité. La Société des Amis des Loix et de la République, à leurs concitoyens de la ville et canton de Feurs.

Citoyens, Frères et Amis, depuis long-temps l'anarchie régnoit dans les murs de Lyon, depuis long-temps une horde de factieux méditoit les plus noirs complots ; le maire, des officiers municipaux, des membres du conseil-général de la commune et du tribunal en étoient les chefs et les complices, abus des pouvoirs, autorités supérieures méconnues et avilies, arrestations arbitraires, projets de massacre et de pillage, voilà leurs forfaits.

L'exécution de cette trame horrible devoit avoir lieu vers la fin du mois dernier, elle éclata en effet le 29, jour affreux !.... qui vit toutes les sections de cette grande ville s'agiter en tout sens, les unes, égarées et séduites par les anarchistes et les affiliés du Club central, s'étoient retirés à l'Hôtel Commun, d'où elles repoussèrent et chassèrent les administrateurs du département et foudroyoient inhumainement tous ceux des autres sections qui s'étoient réunies aux autorités qui vouloient l'ordre et l'exécution des loix. Lyon étoit sur le bord de l'abîme ; mais la fermeté du département et des districts, l'union des sections bien intentionnées et le courage intrépide des bons citoyens l'ont sauvé.

Cette trop malheureuse journée, citoyens, frères et amis, a couvert de deuil cette malheureuse cité, un grand nombre de ses défenseurs

a péri le jour même, beaucoup encore sont dans les hôpitaux....
Notre cœur se brise au récit d'un événement si désastreux, mais nos larmes ne doivent pas être les seules marques de l'intérêt que nous y prenons, portons des consolations dans le sein des familles infortunées qui en sont les victimes ; prenons sur notre superflu, sur notre nécessaire même, et empressons-nous de soulager nos frères ; si nous n'avons pas eu l'avantage d'être les premiers, nous aurons au moins celui de donner encore l'exemple d'une vertu si douce à exercer.

Rappellons-nous, citoyens, frères et amis, que nous devons la fondation de notre ville et de notre colonie aux fiers républicains de Rome, ne leur cédons ni en vertu ni en courage ; promettons-nous tous secours et union, et jurons de le prêter à nos frères de notre département et de toute la République qui seroient vexés dans leur personne et dans leurs propriétés par les ennemis des loix et de la République.

Ce 11 Juin 1793, l'an second de la République Française.

Les commissaires rédacteurs, en vertu de la délibération de la société du 9 du présent.

Signé : MONDON, président de la société; PLASSON-LACOMBE, du comité de correspondance ; COUHERT fils et CHATELARD, secrétaire.

(*Affiche, sans nom d'imprimeur. — Archives du Rhône. Série L.*)

XVII.

12 Juin.

Discours prononcé le mercredi 12 juin, en l'église métropolitaine de Lyon, par Adrien Lamourette, évêque du département de Rhône-et-Loire, à l'occasion d'un service solemnel célébré pour les citoyens morts à la journée du 29 mai, en défendant les droits sacrés de l'Égalité et de la Liberté républicaines, contre l'oppression de l'anarchie, en présence des administrateurs du département, des districts de la Ville et de la Campagne de Lyon, des juges du Tribunal de district de la Campagne de Lyon, de la municipalité provisoire et des députés de toutes les sections de la ville.

Concitoyens et frères, pourquoi la liberté, cette fille auguste de la nature, cette souveraine de l'univers, elle qui, d'une main intrépide, précipite du haut de leurs trônes les despotes qui outragent la majesté de l'espèce humaine, pourquoi s'offre-t-elle aujourd'hui à nos regards, sous des traits si effrayants et si farouches ? Pourquoi l'audace vient-elle, au nom de la douce liberté, retracer tous les forfaits de la plus implacable tyrannie ?

Seroit-ce bien vous, Liberté sainte et aimable, qui répandriez les haines et les terreurs qui obscurcissent, d'une manière si affreuse, tout le vaste horizon de la France ? Votre règne ne sauroit-il s'établir que sur l'accumulation de tous les crimes ? et vos autels demanderoient-ils à ne s'élever que du milieu des flots du sang innocent ?

Quel douloureux et désolant spectacle, mes très chers frères, que celui que nous présente un peuple récemment sorti de l'oppression de la servitude, qui prend tous les genres d'écarts et de désordres pour le recouvrement de ses droits, et qui, enivré de sa force et de son pouvoir, se replonge, par la licence, dans des chaînes mille fois plus lourdes et plus asservissantes que celles qu'il avoit brisées ! Mais, ô peuple essentiellement vertueux et bon ! ce sont les monstres qui vous égarent et qui vous trompent, qu'il faut accuser de tous les malheurs que vous vous préparez.

Combien donc ils sont dignes de notre vénération, de notre reconnoissance, de nos regrets et de nos larmes, ces excellents hommes, ces héros de la vraie et sage liberté, ces martyrs de la loi et de l'ordre public, qui sont morts en défendant la République contre les agitateurs qui boulversent tout ! Vous l'avez vu couler, chers concitoyens, ce sang vertueux et pur, vous l'avez vu couler sous la foudre homicide des oppresseurs et des perturbateurs de cette grande cité ! Placés à côté d'eux pour le soutien de la même cause, vous avez partagé leur courage et leurs dangers ; vous n'avez apprécié le bonheur de leur survivre, qu'autant que le sang qui vous restoit dans les veines, serviroit à achever l'œuvre si glorieusement commencée par vos frères morts ou expirants sous vos yeux ; et vous avez rapporté, en revenant vivants de ce combat mémorable, l'immortel mérite d'avoir affronté le trépas et d'avoir aussi été résolus à mourir.

Mais vous, âmes tendres et sensibles, familles généreuses et estimables, à qui cette journée a coûté de si désolantes séparations ; vous qui ne vîtes point revenir dans vos innocents foyers vos fidèles époux, vos tendres enfants ! hélas ! pourquoi ne puis-je aujourd'hui célébrer leurs vertus et exposer à votre admiration la gloire éclatante dont ils se sont couverts, sans renouveler la plaie encore si récente que ce jour terrible a portée au sein de la parenté et de la nature ? épouses affligées ! mères consternées ! qu'elles sont saintes, qu'elles sont respectables, ces larmes dont vous arrosez la dépouille de ceux que nous pleurons si amèrement avec vous ! car leur perte n'est point un sacrifice qui vous soit personnel ; c'est une perte publique, c'est un sujet de douleur pour toute la cité, c'est un sujet de regret pour la patrie entière ; et le sentiment profond de tristesse que vous voyez peint sur le front de tous les citoyens rassemblés aux pieds de ce sanctuaire, vous répond que tous nous nous chargeons autant du poids de vos chagrins, que de celui de vos besoins.

Mères et épouses ! une plus sublime considération vient adoucir l'amertume de votre peine ; ils sont morts pour la justice ; ils ont scellé de leur sang leur dévouement à la loi, leur haine pour le crime ; ils sont autant les martyrs de Dieu, que ceux de la patrie. Ne vous affligez donc pas, disoit autrefois l'apôtre aux fidèles de l'église naissante, ne vous affligez pas comme ceux qui n'ont point d'espérance. La ténébreuse impiété qui a noirci de tant de blasphèmes le grand spectacle de la révolution de la France, ne fut jamais que du côté de ces agitateurs féroces, de ces désorganisateurs perfides, qui ont besoin de l'abrutissement du peuple et de l'extinction de tous les principes, pour atteindre à leur but, qui est de tout livrer à la combustion et au brigandage, d'assassiner et de se baigner dans le sang, jusqu'à ce qu'il n'y ait plus que des méchants et des monstres sur le globe de la terre. Mais vous, femmes vertueuses qui adorez un Dieu éternel et qui vivez dans l'attente d'un avenir où ce grand Dieu se réserve de faire le solennel discernement de l'homme juste et de l'homme méchant, quelle riche, quelle consolante perspective ne vous offre-t-il pas, cet Être immense et infini devant qui rien n'est mort et qui vous promet de vous faire retrouver, de vous faire embrasser dans son sein bienheureux, vos époux, vos enfants et tout ce qui vous a été précieux et cher sur la terre !

Ah ! la probité et la vertu doivent trop à ces victimes sacrées et chéries, pour qu'on puisse douter de leur réunion à la source immuable de tout ordre et de toute justice. Car la probité et la vertu leur sont redevables du bonheur de respirer enfin de la longue oppression où elles se trouvoient réduites, sous le sceptre impitoyable et flétrissant de la plus hideuse et la plus vile anarchie qui ait jamais souillé l'histoire des révolutions politiques.

Nous en étions, en effet, chers concitoyens, vous le savez, nous en étions à ce point de dégénération et d'opprobre, où c'étoit un crime d'avoir des lumières où l'inculte et grossière improbité vouloit engloutir toutes les fortunes, après avoir englouti tous les pouvoirs, et où il falloit se cacher d'avoir une morale et se disculper d'être un honnête homme. Il n'étoit pas jusqu'à l'artisan laborieux et paisible qui, en se jetant, à la fin du jour, sur sa couche pauvre et austère, n'y portât l'appréhension d'en être cruellement arraché, pour aller expier au fond d'un cachot le tort d'avoir refusé de participer ou d'applaudir à un forfait.

Tel étoit, sages concitoyens, le déplorable état de cette grande ville, lorsque vous vous levâtes pour renverser ce colosse dégoûtant d'iniquités, de persécutions et de rapines. Tel étoit le fléau dont l'extirpation a ravi du milieu de nous les hommes incorruptibles et généreux à qui nous rendons, en ce lieu saint, nos tristes et derniers devoirs. Mais, ne parlons plus de la perte que nous a fait subir leur trépas. Quelques réflexions utiles au triomphe de la cause pour laquelle ils se sont si glorieusement sacrifiés, honoreront plus leur mémoire que le stérile hommage de nos regrets et de nos éloges.

Citoyens, le mal que vous avez si heureusement retranché du milieu de vous n'est qu'un rameau d'une grande manœuvre ourdie et conduite sur les plans d'une perversité profonde et réfléchie : cette branche de désolation et de scandale est tombée ; mais son tronc et sa racine vivent et subsistent au foyer où les chefs des méchants trament leurs horribles complots, et d'où ils impriment le mouvement, à des époques convenues, à tous les agitateurs et à tous les scélérats subalternes qui sont dispersés sur les différents points de la République.

Lorsqu'une grande révolution s'ouvre dans le temps du plus grand déclin des mœurs et du plus grand déchaînement de toutes les passions, il est impossible qu'au milieu et à la faveur de tout le fracas et de tout le mouvement excités par tant de démolitions et de reconstructions politiques, il ne se forme sourdement, au sein du vice, un système de subversion et de crime ; parce qu'il n'y a de révolution utile au vice, que celle qui exclut le règne des loix et l'établissement de toute autorité et de tout gouvernement. Et voilà, citoyens, le point d'où il faut partir pour expliquer tous les phénomènes de monstruosités et d'horreurs qui couvrent aujourd'hui de deuil toute la face de la France.

O combien les hommes s'égarent, en matière de révolution, lorsque dans les mouvements qu'ils exécutent pour régénérer leur gouvernement, ils négligent de combiner la théorie de la liberté avec celle du bonheur et que, méprisant les sages et vieilles leçons de l'expérience, ils prennent des abstractions pour les vraies bases de l'harmonie sociale et de la prospérité publique ! Car, c'est là l'erreur originelle d'où sont découlés tous les malheurs qui ont affligé la France et tous les crimes dont son territoire demeure à jamais souillé. Au lieu d'agir d'après l'étude du caractère des hommes et d'après la connaissance de la marche des choses humaines, on s'est évanoui dans les misérables spéculations d'une creuse et assoupissante métaphysique ; on a entièrement perdu de vue le pratique et l'usuel, on a méprisé toutes les espèces de modèles, de peur de ressembler à quelque chose et d'échapper à la gloire d'être des créateurs ; enfin, on a pris l'esprit raisonneur et systématique, pour l'esprit législatif... Qu'est-il arrivé d'une si étrange méprise ? ce qui arriveroit à un homme qui, s'imaginant avoir trouvé un nouveau mode d'architecture, auroit entrepris une construction où rien de ce qui compose les autres édifices ne devoit être mis en œuvre, et où il ne devoit plus être question de faire entrer ni la chaux, ni le sable, ni la pierre, ni le bois ; c'est-à-dire qu'à la fin de son travail il vous livreroit une demeure en figure, une maison symbolique. C'est-à-dire, M. C. F., qu'il est aussi chimérique de vouloir être gouverné par les seules spéculations de la phylosophie, que de vouloir être logé par les opérations d'un dessinateur.

Ainsi, dans l'impossibilité de faire rouler cette grande machine dénuée de vie, d'âme et de ressort, il a fallu, pourtant, soutenir le mouvement révolutionnaire. Il a fallu substituer les grandes agitations à la nullité d'une législation impraticable ; il a fallu réveiller l'effervescence d'un peuple qui revenoit naturellement à la paix et à la sagesse ; il a fallu recourir encore à l'emploi d'images effrayantes ; il a fallu, de nouveau, faire couler le sang humain sous un autre glaive que celui de la loi ; il a fallu effréner encore toutes les passions et se servir des méchants ; il a fallu, enfin, en revenir à ces machinations ténébreuses, qui ne sont que les suppléments hideux, déplorables et impuissants de cette belle force morale, de cette force intime et sourde qui nous vient de la sagesse et du bon usage de l'expérience. La force physique, sans celle-là, n'a ni but ni direction ; elle est plutôt un principe d'ébullitions irrégulières et spontanées, qu'une véritable résistance publique. Combien ce fantôme de force est différent de celle qui réside au sein d'une législation dictée par la maturité, d'une législation adaptée aux hommes, aux temps et aux choses, d'une législation dégagée de toutes les tristes abstractions qui en ternissent la dignité, d'une législation, sur-tout, qui admette les idées sensibles et morales ! C'est là le grand ressort des sociétés reconstruites sur les bases de la justice éternelle : c'est là l'inébranlable pivot de la liberté et de la félicité nationale ; c'est là la grande et invincible résistance qui, en réagissant silencieusement et sans interruption contre les ennemis du bonheur du peuple, leur impose un spectacle bien plus imposant, plus majestueux et plus terrible, que tout le formidable appareil de ces bouches de bronze qui vomissent le tonnerre et la foudre.

Mais une preuve, M. C. F., que tout ce tumulte et toutes ces fermentations où s'est bornée jusqu'ici notre sagesse révolutionnaire, ne sont pas des mesures centrales et indicatives de la véritable force qui soutient une grande révolution, c'est que nos ennemis domestiques et étrangers se sont toujours applaudis de nous les voir employer, et que toujours ils les ont comptées parmi les facilités et les ressources que la suite des événements leur ménageoit. C'eût été de bonnes loix, c'eût été l'union des citoyens qui les auroient bien interdits. Ce qui présente une grande consistance est bien plus redoutable que ce qui excite un grand tumulte : car la consistance vient de l'unité ; au lieu que le même bruit peut être soufflé par des esprits contraires et pour des fins incompatibles.

Comme les temps de révolution sont les beaux jours de toutes les passions déréglées et voraces, et qu'ils présentent des issues innombrables à l'éruption de tous les vices, il est impossible, dans les commencements et dans le cours de la grande secousse que demande la régénération d'un gouvernement, de discerner de la masse des bons citoyens qui se meuvent par l'amour vertueux et pur de la liberté, ces hommes perdus qui ne s'agitent que pour tout envahir et tout dévorer. Au milieu de la confusion et de l'inquiétude universelle, les passions lâches et sordides paroissent tellement en harmonie avec l'enthousiasme noble et sublime de la liberté, qu'on leur décerne les mêmes éloges et qu'on s'y confie avec le même abandon. Par une suite de cette première erreur, on croit pouvoir mesurer les ressources qu'on aura, pour terminer et affermir une révolution, sur celles dont on a été pourvu pour en faire l'ouverture. Mais dès qu'il s'agit de s'arrêter enfin à quelque chose et d'arriver à un résultat réel, comme on est alors étonné, épouvanté de tout ce qu'il faut rabattre du premier calcul ! Quelle déduction à faire ! comme on est surpris de la nécessité où l'on se trouve réduit, de reléguer parmi les suppôts de contre-révolution tant d'hommes qui s'étoient montrés si passionnés pour le peuple et pour la liberté.

Ainsi, c'est une nécessité que cette portion gangrenée et impure, d'une grande et sage nation qui vouloit atteindre au bonheur par la liberté, par la justice et par les loix, c'est une nécessité que cette classe dévorée de toutes les basses et abjectes passions, s'applique sans relâche à perpétuer l'anarchie, à faire naître sans cesse de nouveaux mouvements et à produire révolutions sur révolutions. Comme ces hommes vils et ténébreux sentent bien qu'il ne peut résulter de la fin des troubles rien qui ne les replonge dans leur nullité, ou plutôt rien qui n'appelle sur leurs têtes criminelles la vengeance des loix ; l'approche de la clôture des choses et du repos de tous les mouvements, est pour eux un signal de calamité ; et ils vendroient leur pays à l'ennemi, s'ils ne l'ont déjà fait, plutôt que de souffrir qu'il soit en paix et que leurs concitoyens soient heureux. Pour eux la contre-révolution, c'est le retour de la justice, de la morale et des vertus ; pour eux, toute espèce de constitution sera mauvaise, tyrannique, odieuse, parce qu'elle aura toujours l'impardonnable défaut de leur montrer des autorités, des loix et des tribunaux.

Attendez qu'il en paroisse une qui nous promette enfin un dénouement et un ordre fixe de choses ; et croyez qu'à cette époque, ils vont encore crier que tout est perdu, que les ennemis de la liberté sont redevenus les plus forts, que si le peuple ne se lève encore, il va retomber dans la servitude, qu'il faut tout recommencer, qu'il faut encore annoncer l'extrême danger de la patrie par le son des tocsins, par le tonnerre des canons d'alarme ; qu'il faut renouveler les scènes de sang et de carnage et ressusciter tout l'éclat des grandes terreurs.

Oui, telle est, chers concitoyens, la chaîne interminable des maux et des horreurs qui nous sont réservés, si la nation ne trouve enfin un moyen prompt et rapide de déployer sa majesté et sa force contre ce vil peloton de brigands qui aveuglent et qui perdent le peuple.

En effet, pour peu que les abus continueroient à s'avancer sur la ligne où nous les voyons aujourd'hui, bientôt la destinée de François ne se trouveroit plus concentrée que dans des mains teintes de sang et souillées de crimes. Car alors il n'existeroit plus de vraie représentation nationale ; alors les mandataires du vrai souverain ne seroient plus que les représentants d'une horde incendiaire et meurtrière ; alors toutes les loix se feroient au gré, et peut-être sous le glaive de la fraction la plus immorale et la plus corrompue du peuple ; alors l'anarchie dévoueroit aux fers et à l'échafaud la portion saine et vertueuse des envoyés de la nation ; alors enfin, tout seroit à la discrétion de ces cohortes qui, du fond de tous nos départements, vont grossir la foule des perturbateurs qui ne cessent d'agiter cette grande capitale de tout temps en possession d'être le refuge des méchants et le théâtre des grands crimes....

O concitoyens ! ô hommes du 29 mai ! énergie, surveillance ; que ce soient là nos mots de ralliement. Notre triomphe sera stable, si nous savons le vouloir. Nous avons renouvellé, à cette grande et mémorable époque de votre victoire sur l'anarchie, et nous renouvellons encore ici devant les mânes sacrés de nos frères, et dans le temple du Dieu saint, le serment de maintenir la Liberté, l'Egalité, les droits inviolables du peuple, l'unité et l'indivisibilité de la République. Nous nous sommes juré, et nous nous jurons encore, unité, fraternité, concorde et concert imperturbables. Mais à ces serments gravés dans nos cœurs en caractères ineffaçables, nous ajouterons toujours celui de faire la guerre à tous les scélérats, celui de poursuivre, de combattre et d'anéantir le monstre de l'anarchie, sous quelque forme et sous quelque domination qu'il veuille exercer ses ravages.

Et vous, Etre suprême et infini, qui présidez en silence à tous les événements et à toutes les vicissitudes qui n'ont cessé d'agiter notre globe depuis l'origine des sociétés ; levez-vous aussi avec nous, pour foudroyer les oppresseurs de vos créatures et de vos enfants, vous dont le souffle secoue les déserts et ébranle les montagnes. Mais plutôt, grand Dieu ! changez l'âme des méchants. C'est le seul vœu, chers concitoyens, qui soit digne de la clémence et du grand cœur que vous avez déployé après votre triomphe.

A Lyon, de l'imprimerie d'Aimé Vatar-Delaroche, 1793.
(*Archives du Rhône, Série L.*)

XVIII.

(12 Juin.)

Adresse du district de Lons-le Saunier, département du Jura, à la Convention Nationale, adoptée par la section de rue Buisson.

Dans la séance de mercredi 12 juin 1793, un citoyen de la section a dit :

Une faction désorganisatrice, affamée de sang et d'ambition, sous le vain et ridicule nom de sans-culoterie, avoit rassemblé sous ses drapeaux une foule de citoyens égarés par ignorance. A ceux-ci s'étoient ralliés ces hommes dont la vie entière n'est qu'un tissu de vices, d'immoralité, qui n'ont le mot d'amour de la liberté que sur les lèvres, et l'amour du crime dans le cœur. D'autres enfin plus adroits, mais plus coupables encore, creusant astucieusement le précipice vers lequel ils poussoient la classe précieuse des ouvriers honnêtes et laborieux, profitoient de leurs erreurs pour s'introniser et satisfaire leur sordide ambition. La masse du peuple peut être égarée un instant, mais ses intentions sont toujours pures et toujours dirigées par un sentiment de justice ; et ceux qui l'égarent sont tôt ou tard victimes de leur scélératesse.

Telle étoit la triste situation de notre cité ; mais enfin les citoyens sont sortis de cette apathie coupable dans laquelle ils vivoient ; ils ont enfin senti que leur bonheur, leur tranquillité dépendoient de l'intérêt qu'ils doivent prendre à la chose publique. Puisse cette réunion être aussi durable que les efforts des anarchistes ont été puissans ! Alors, seulement alors, les Lyonnois seront dignes de compter au nombre de leurs frères, les Républicains de l'Ain, de l'Isère, du Var, des Bouches-du-Rhône, de la Gironde, du Jura, etc., etc.

Quelle est la section de cette cité qui ne s'honoreroit pas de soutenir de tous ses moyens les sentimens énergiques développés dans l'adresse suivante ?

Adresse du Conseil permanent du district de Lons-le-Saunier, département du Jura.

Représentans du Souverain,

Des citoyens élus du peuple dès les premiers jours de la Révolution ; des Français qui faisoient des vœux pour la République indivisible, alors même qu'ils plioient leur volonté à la volonté présumée générale et au joug royal de 1791 ; des hommes qui n'ont cessé de prêcher à leurs frères, que le plus grand des maux est l'anarchie et que l'on ne parvient au règne des bonnes lois que par l'exemple de la soumission aux lois mauvaises ; ces hommes, fiers du titre de Républicains, ont dû gémir depuis huit mois de vos débats scandaleux, que la discorde alimente et que des méchans impunis se flattent de perpétuer encore.

Représentans ! Vous commencez à vous relever d'une chûte humiliante, et vos regards inquiets annoncent que vous sentez enfin votre position et la nôtre. Rassurez-vous, citoyens représentans, tous les dangers disparoissent du moment que vous vous montrez dignes de notre confiance ; ne craignez pas qu'elle vous soit jamais ravie, cette confiance, ni par les efforts de la calomnie, ni par l'immoralité de ceux des vôtres que le sort ou de noirs projets avoient jetés dans ce département ; les hommes vraiment grands et vertueux que nous comptons parmi vous, pour veiller aux destinées de la France, nous feront toujours pardonner aux êtres impurs qui se sont glissés dans votre enceinte. Le soleil a aussi des scories qui semblent l'obscurcir et que l'activité de son feu dévore ; dans sa course rapide, il souffre d'être voilé quelquefois ; mais il est de son essence de féconder la nature et d'éclairer le monde........ Représentans, la nation vous fit à l'image du soleil, et comme lui, vous consolerez les hommes, vous rajeunirez la nature, vous embellirez l'univers !

Ecoutez les fiers Républicains de la Gironde, des Bouches-du-Rhône, etc., etc., etc. Ils se sont expliqués pour nous ; donnez-nous une constitution républicaine et digne des droits de l'homme : la

France la veut, les générations l'attendent, et les tyrans en frémissent ! Que la guerre et la Constitution occupent tous vos momens !

Imposez un silence respectueux à ces tribunes vendues aux ennemis de la liberté ; et si le fouet de la censure n'a plus de prise sur elles, balayez-les du souffle de votre toute-puissance ! la liberté l'exige : nous vous en conjurons en son nom : l'homme libre obéit à la loi, alors même qu'il la censure : c'est le tyran et l'esclave qui s'opposent à sa rédaction ; mais il seroit au-dessous de la majesté nationale de quitter Paris en ce moment, parce qu'une poignée de factieux y entrave vos délibérations. C'est dans le palais du dernier tyran que vous devez écraser la tyrannie ; c'est en présence des rebelles que vous devez forger les armes propres à anéantir la rébellion ; c'est de Paris, en un mot, que vous devez assurer la liberté et le bonheur des hommes. Vous êtes investis de toute la force nationale et de sa puissance suprême ; nous n'avons besoin que de votre volonté..... Parlez, et dès demain la grande famille des frères, les fiers enfans de la République, s'empressant autour de leurs pères, les couvriront de leur amour.

Représentans, rejetez loin de vous cette foule de pétitions triviales, ces orateurs fastidieux qui nous accablent et qui souvent n'ont pour but que de détourner vos regards du salut de la République ; le temps que vous perdez à les entendre est-il à vous ? Tandis qu'on vous débite des phrases, songez que l'anarchie exerce ses ravages, que le fanatisme aiguise ses poignards, que le sang coule et que le peuple vous voit !

Proscrivez ces pantomimes militaires qui transforment en camp de plaisance le sanctuaire des nations ? Ces parades ridicules ne rappellent-elles pas le souvenir de ces simulacres cruels qui nous coûtoient chaque année des hommes et des trésors, pour amuser l'orgueil des despotes de la terre ? Dites aux soldats parisiens qu'autant de pas inutiles ils font au milieu de vous, autant de martyrs de la liberté tombent sous le fer des rebelles et des esclaves ! Qu'ils aillent triompher, et qu'ils reviennent couverts des lauriers de la victoire ! C'est alors qu'ils seront dignes de défiler dans votre sein. Les Romains ne se présentoient au Sénat qu'après avoir vaincu les ennemis de Rome ; sans doute que nos frères de Paris sont dignes de marcher aux combats, sur les pas des Romains (et c'est en ce sens seulement que les républicains du Jura leur permettront d'imiter ces anciens maîtres du monde !). Mais qu'ils partent donc une fois ; qu'ils aillent sauver la France, avant de marchander avec elle ! Les guerriers du Jura ne font pas capituler la patrie quand son danger les appelle ; ils offrent leur sang et ne le mettent pas à prix : c'est de la gloire qu'il leur faut, et non pas des millions !

Représentans du souverain, armez-vous de sa foudre, écrasez sans pitié ces hommes de sang qui, dans leur affreux délire, ont voulu ériger l'immoralité en principes, constituer l'anarchie, légaliser le meurtre et le brigandage.... Quels cris d'horreur se font entendre ! Quoi! la maison commune, où naguère siégeoient la sagesse et la paix, seroit-elle devenue l'antre de Cacus ? On s'y partage nos dépouilles, on y médite des forfaits nouveaux.... Lancez un décret exterminateur sur ces têtes coupables, et que la hache des lois s'appesantisse sur elles ! Vengeance ! Vengeance à la nation outragée ! J'entends déjà la postérité vous accuser de foiblesse.... Vengeance....! Qu'on fasse dégorger ces vampires engraissés du sang humain et des sueurs de la

France ! Faites-vous rapporter les contributions publiques de 1790, 1791, 1792, les dilapidations incalculables du domaine national, les diamans de la couronne, les trésors du garde-meuble, tous les millions qu'ils vous ont arrachés, et de suite, que ces administrateurs impies soient conduits à l'échafaud !

Représentans, craindriez-vous encore que des mains sacrilèges.... Ah ! loin de vous, loin de nous un si funeste présage ! nous n'avons plus que quelques pères de famille, des femmes, des enfans, des vieillards.... mais tous sont prêts à déserter la ville et les campagnes... Et Paris qui nous juroit fraternité en 1791, Paris écrasé sous ses décombres, auroit bientôt expié son patricide.

Représentans, vous êtes les vengeurs de l'humanité trop long-temps avilie, l'espoir des nations encore esclaves, et la providence des Français : si vous voulez que nous gardions l'attitude des hommes, hâtez-vous ; les représentans du souverain doivent prendre l'attitude des dieux.

Signé au registre, SAILLARD, vice-président, et par le conseil, THOUVEREY, secrétaire-général.

Et vous, citoyens de cette section, n'êtes-vous pas profondément pénétrés des sentimens républicains développés dans cette adresse ? et, comme vos frères du Jura, ne prendrez-vous pas pour cri de ralliement, Guerre aux anarchistes, aux intrigans, aux faux patriotes, sous quelque dénomination que ce soit, soumission sans bornes aux lois, respect aux autorités constituées qui en seront les organes ? Il le sera sans doute de cette section et de toutes celles de la cité.

A Lyon, de l'imprimerie de J. Roger, rue Confort, n° 1, vis-à-vis le n° 107.
(Bibliothèque de la ville de Lyon, fonds Coste, 350578 (4435).

XIX

14 Juin.

Les bataillons de Lyon aux bataillons de l'armée des Alpes.

Citoyens-soldats, nos braves frères d'armes ! entendez la voix de vos frères de Lyon. On veut que vous tourniez contr'eux les armes qui ne vous ont été confiées que pour combattre les despotes et leurs satellites. On veut que vos phalanges menaçantes viennent fondre sur une cité qu'on vous dit être en rébellion. Arrêtez, braves guerriers ! on vous trompe. Arrêtez ! c'est le sang de vos frères que vous répandriez ! votre victoire serait un crime.

Les citoyens de Lyon ont juré, comme vous, la République une et indivisible. Comme vous, ils ont voué une haine implacable aux tyrans. Mais une expérience malheureuse leur a appris que la tyrannie pouvoit exister sous l'écharpe tricolore, comme sous la pourpre des rois. Un joug de fer pesoit sur leurs têtes. Une poignée de brigands, forts d'une popularité usurpée par la voie des dénonciations, avoit envahi toutes les places, concentré tous les pouvoirs ; ils commandoient en despotes. Les amis des loix étoient leurs ennemis. Le patriotisme vertueux leur étoit suspect. Les cachots ne s'ouvroient qu'à leur voix et le citoyen honnête s'applaudissoit en secret de se retrouver encore dans son lit, lorsque le retour du jour venoit le rappeller à ses travaux.

Les Lyonnois, peuple fait pour la liberté, se soulèvent contre l'oppression ; leurs efforts sont malheureux. Des représentans du peuple sont envoyés dans nos murs comme médiateurs. Nous leur tendons les mains, nous leur montrons nos fers. Ils nous traitent de factieux. Les tyrans à écharpe redoublent de vigilance et d'astuce. Ils règnent par la terreur.

Cependant l'heure de la liberté a sonné. Des comités de surveillance doivent être formés dans les sections. Les citoyens se réunissent.

Mais les méchans qui craignent une réunion d'hommes libres et long-temps outragés, n'oublient rien pour en affoiblir les effets ; ils prescrivent pour les opérations des assemblées convoquées à 8 heures du matin, le terme fatal de 8 heures du soir : c'étoit demander l'impossible. Plusieurs sections vont au-delà du terme prescrit : on les dissipe avec la force armée, et des citoyens paisibles et sans armes sont blessés.

L'indignation alors est à son comble. On a recours aux autorités supérieures. Le Département, rappelant textuellement les loix favorables aux justes prétentions des sections, annonce aux citoyens qu'ils peuvent s'assembler. Les municipes furieux se hâtent d'organiser l'armée qu'ils nomment révolutionnaire ; la composent d'hommes à leurs dévotion ; environnent la maison commune d'une artillerie formidable; appellent à leurs secours les citoyens qu'ils ont eu l'art perfide de séduire, et un bataillon du Mont-Blanc qui, pour le malheur de tous, arrive au moment où le sang le plus pur va couler.

Le mercredi 29 mai, jour désastreux ! jour d'horreur ! les administrateurs du département se présentent aux portes de l'hôtel commun, pour se rendre dans le lieu ordinaire de leurs séances. Ils sont repoussés. A midi le bataillon de la section de Brutus, appellée par une réquisition légale sur la place de la Liberté, ci-devant des Terreaux, s'y rend sans hésiter : il étoit sans méfiance ; ses armes même n'étoient pas chargées. A peine est-il arrivé qu'une décharge d'artillerie renverse morts quelques citoyens et fait comprendre aux autres, qu'en obéissant à leurs magistrats, ils ont obéi à leurs bourreaux !

La nouvelle de cette trahison est portée à l'Arsenal, où les administrateurs du département, des districts de la Ville et de la Campagne se tenoient réunis avec les commissaires des sections : on l'entend et on frémit.

A quatre heures de l'après-midi, les bataillons déploient une force imposante. On marche sur deux colonnes vers l'Hôtel-commun. Mais on s'avance avec la confiance naturelle à des hommes libres, qui ne se mettent point en garde contre les perfidies, parce qu'ils ne sont point capables d'en faire eux-mêmes. Généreuse, mais fatale présomption ! Les municipes avoient embusqué leurs satellites dans des maisons et des allées obscures. Au moment où les citoyens espéroient encore que des magistrats, qui se faisoient appeller les pères du peuple, consentiroient, pour épargner son sang, à remettre les pouvoirs qu'on leur redemandoit ; dans cet instant même, les premiers rangs sont frappés à bout-portant et nos héros expirent avant d'avoir pu découvrir leurs lâches assassins.

Braves guerriers ! vous frémissez au récit d'une trahison aussi noire ! eh bien, écoutez encore : une colonne des sections marchoit par le quai du Rhône. Une batterie avancée avoit déjà foudroyé nos frères ; on avoit riposté. Après ce premier feu, un mouchoir blanc, au bout d'une baïonnette, flotte du côté des municipes : on s'approche pour parlementer. Le groupe des municipes se disperse tout-à-coup et découvre une batterie masquée, dont le jeu avoit été retardé jusqu'à ce qu'on fut à la portée du coup. L'explosion fut terrible ; des rangs entiers furent emportés : et c'en étoit fait de la cause de la liberté et des loix, si un détachement plus heureux n'avoit réussi, par un autre côté, à débusquer les troupes municipales et à pointer deux pièces de canon, qui portèrent l'effroi jusques dans les salles de la maison commune.

A huit heures du soir le feu cessa. A cinq heures du matin on pénétra dans l'hôtel-commun ; les lâches l'avoient abandonné : il ne s'y trouva plus que le Maire et deux ou trois autres, avec quelques soldats du bataillon du Mont-Blanc qui, reconnoissant qu'ils avoient été trompés, vinrent se jeter dans les bras de leurs vainqueurs.

C'est par eux que nous avons eu des détails qui font frissonner ; c'est d'eux que nous avons appris que, pour les étourdir sur le véritable état des choses, on leur avoit fait avaler de la poudre à canon dans du vin. Nous avons su qu'on avoit inhumainement égorgé les malheureux qui tomboient au pouvoir de nos féroces ennemis ; nous avons su que des femmes forcenées avoient achevé, à coups de couteaux, des citoyens blessés qui leur demandoient asyle et secours. Nous avons su que, si nous avions été vaincus, nos pères, nos épouses, nos enfans, auroient été tous massacrés ; nous l'avons su, et les monstres qui en avoient formé l'exécrable projet sont en notre pouvoir : ils vivent encore ! et leurs têtes ne tomberont que sous le glaive de la loi. Nous avons rappellé au milieu de nous, accueillis avec sensibilité, ceux de nos frères qui n'avoient été qu'égarés ; nous avons adopté et nous nourrissons les enfans de ceux qui ont péri en voulant nous égorger. Nous avons juré, sur les cadavres sanglans de nos frères, de maintenir la liberté, l'égalité, la République une et indivisible, la sûreté des personnes et des propriétés. Nous avons juré de poursuivre, à outrance, les brigands et les anarchistes ; nous l'avons juré et nos sermens ne seront pas vains.

Voilà, braves frères d'armes ! voilà les hommes contre lesquels on vous appelle. Si l'ordre vous en est donné marchez. Nous pourrions vous opposer des cohortes dix fois plus nombreuses que les vôtres : le sang couleroit encore, et peut-être la bonne cause seroit-elle encore une fois triomphante. Mais les soldats de la Patrie ne sont pas nos ennemis : on peut les égarer, mais leur égarement ne peut nous être funeste. Venez au milieu de nous, vous verrez des hommes libres et qui méritent de l'être. Vous trouverez des frères qui vous accueilleront avec tous les honneurs dus à des guerriers qui souffrent et combattent pour la liberté. Venez, nous fraterniserons ; et le brigand, ennemi des loix, pâlira d'effroi en voyant le pacte renouvelé entre la valeur et la vertu.

Certifié conforme à l'original, Mont-Viol, vice-président de la section de Porte-Froc, Chazottier, secrétaire, Desgranges, com. de bataillon.

A Lyon, de l'imprimerie d'Amable Leroy, place Saint-Jean, 1793.
(*Bibliothèque de la ville de Lyon, fonds Coste, 350582, 4553*).

XX

14 Juin.

Gonchon aux citoyens de la section des Quinze-Vingts, fauxbourg Saint-Antoine.

Républicains, les habitans de Lyon gémissoient depuis cinq mois sous le joug le plus tyrannique ; des arrestations arbitraires avoient fait perdre aux magistrats du peuple toute sa confiance; des preuves multipliées de dissipation des deniers de la commune, avoient mis le comble à la méfiance des citoyens.

Depuis cinq mois ils souffroient en silence, mais ils étoient profondément indignés ; enfin la municipalité, voulant imposer elle seule les habitans à une contribution de six millions et désigner ceux qui devoient marcher pour la Vendée, elle s'étoit opposée à la convocation des sections, qui demandoient à s'assembler pour nommer des commissaires, à l'effet de former un comité de surveillance, conformément à la loi du 21 mars qui les y autorisoit.

Mardi 28 mai, vingt-sept de ces sections étant informées que deux commissaires de la Convention près de l'armée des Alpes venoient d'arriver à Lyon, suivis d'une force armée, envoyèrent une nombreuse députation aux représentans du peuple, pour leur exposer leurs griefs et les prévarications de la municipalité et pour leur témoigner leur juste et vive inquiétude sur l'arrivée des troupes qui marchoient à leur suite.

Les commissaires promirent de conférer avec la municipalité et assurèrent la députation que les troupes qui arrivoient n'étoient point destinées à s'armer contre les citoyens.

Malgré ces assurances, l'entrée d'un corps de hussards dans Lyon, l'annonce de plusieurs bataillons qui les suivent, causent une grande inquiétude parmi les citoyens. On assuroit que la municipalité avoit le dessein de désarmer les riches pour armer les pauvres, et exciter ces derniers au massacre et au pillage.

Ces craintes étoient d'autant plus fondées, que le dimanche précédent, à la séance d'une société se disant club des Jacobins, mais indigne de l'être, Challier, président du tribunal de district, avoit fait la motion de faire égorger tous les présidens et secrétaires des sections et tous les membres du département.

Sur trente-deux de ces mêmes sections, vingt-sept s'assemblent et restent en permanence pendant toute la nuit. Le lendemain on apprend que le commandant de la garde nationale est retenu dans la maison commune; que grand nombre de citoyens ont été arrêtés, et que la municipalité s'environne de l'appareil imposant de la force armée.

Alors l'indignation est à son comble, on s'assemble sur les places d'armes ; vingt-sept sections s'apprêtent à marcher ; elles se réunissent sur la place de la Fédération ; elles s'emparent de l'arsenal et du magasin à poudre.

A midi, le citoyen Nioche, l'un des commissaires de la Convention, se rend au champ de la Fédération, au milieu des bataillons réunis. Tous les citoyens armés élèvent leur chapeau au bout de leur fusil et font retentir l'air, des cris de, Vive la Convention Nationale, Vive les commissaires. Ils observent tous au citoyen Nioche, que leur devise est liberté, égalité, république une et indivisible, résistance à l'oppression. Ils lui demandent que la municipalité soit suspendue de ses fonctions et qu'elle soit provisoirement remplacée par les présidens des sections, que le commandant général puisse venir à leur tête, que les citoyens illégalement arrêtés soient mis en liberté, et que Challier soit arrêté et jugé, comme provocateur au meurtre. Le commissaire veut parler, mais on le prie de se rendre à l'arsenal, où sont réunis les députés des vingt-sept sections armées ; il s'y rend et observe que, n'étant point avec son collègue, il ne peut rien décider, mais qu'étant réunis, ils obtiendront d'eux la justice qu'ils sollicitent.

Pendant que le président de cette assemblée expose au commissaire les raisons qui avoient déterminé les citoyens à prendre de telles mesures, on entend le bruit d'une décharge de canon ; quelques minutes après, on apprend que la municipalité a fait tirer sur un bataillon (1). Cette trahison pénètre tous les bons citoyens d'horreur et d'indignation. On se seroit porté aux plus grands excès, si on n'avoit pas été contenu par le respect dû au caractère du représentant du peuple revêtu d'une large écharpe aux trois couleurs.

Le commissaire veut se rendre à la maison commune ; on y consent, à condition que la municipalité qui a ordonné les hostilités sera cassée et que la maison commune n'offrira plus l'aspect menaçant d'une citadelle. Il revient deux heures après, invite les citoyens des sections à mettre bas les armes, et il promet de leur rendre justice (2). On lui demande s'il a suspendu la municipalité et si la maison commune n'est plus entourée de la force armée ; il hésite, il tergiverse : alors le Département et les districts de la Ville et de la Campagne, réunis à l'arsenal, prononcent la suspension de la municipalité, qui, bien loin d'obéir à ces autorités supérieures, fait retrancher dans les environs de la maison commune les troupes qui lui sont vendues. Un bataillon de gardes nationaux du Mont-Blanc arrive à deux heures. On lui députe un officier municipal et un notable, qui lui persuadent que des émigrés, et ce qu'ils appellent des muscadins de cette ville, veulent attaquer la maison commune, et qu'ils sont dans les mêmes principes que les révoltés de la Vendée.

A quatre heures et demie, l'armée des vingt-sept sections s'ébranle et se met en marche sur deux colonnes ; l'une avance vers la place de la Liberté par le quai du Rhône, et l'autre débouche par celui de la Saône. A peine la première colonne est-elle près des Cordeliers, qu'une batterie de trois pièces de canons chargés à mitraille, placées vis-à-vis le pont Saint-Clair, la foudroie. Alors l'affaire s'engage des

---

(1) Le bataillon de Brutus, section de la Pêcherie, requis par des ordres surpris au commandant général par la municipalité, s'étant présenté devant la maison commune, deux officiers municipaux vinrent au-devant de ce bataillon et appellèrent son commandant, pour exiger de lui le serment de défendre la municipalité. Ce commandant ayant rejoint son bataillon pour lui faire prêter le serment, ce bataillon l'invita d'en prononcer la formule : lorsqu'il l'eut entendu, tous s'écrièrent unanimement : Non. Alors le commandant rentra à la commune, et au même instant une décharge de deux pièces de canon, chargées à mitraille, tua quinze citoyens et en blessa un grand nombre.

(2) Précisément à la même heure, plusieurs municipaux délivroient des cartouches aux personnes de leur parti, dans les rues et sur le quai du Rhône, et au bataillon du Mont-Blanc qui venoit d'arriver, ne lui donnant pas seulement le tems de se reposer.

deux côtés ; le canon tonne pendant deux heures et demie ; un feu roulant de mousqueterie se soutient depuis cinq heures jusqu'à sept, à quelques intervalles près, dont on profite pour enlever les morts et les blessés. L'armée de la municipalité, retranchée derrière une maison, fait avancer un détachement de dragons qui masque les canons. Alors un trompette sonne comme pour parlementer ; un petit drapeau blanc est agité en l'air en signe de paix ; des cris de vive l'Union, vive la Fraternité, vive la République, retentissent dans les airs.

La colonne des sections, trop confiante, s'avance jusqu'à la distance d'environ cent cinquante pas, en témoignant sa joie : aussitôt le détachement de dragons prend le galop et laisse à découvert les batteries, soutenues par le bataillon du Mont-Blanc ; on fait une décharge et un feu roulant sur les citoyens des sections, qui bientôt sont obligés de se replier et d'aller se reformer dans les rues qui débouchent le quai.

La colonne qui arrivoit du côté de la Saône fut également entamée par des décharges de canon et de mousqueterie qu'on tira sur elle et des rues et des maisons ; mais à sept heures, cette colonne s'étant emparée, après un combat des plus vifs, de la place des Carmes, en face de celle de la Liberté, ci-devant des Terreaux, elle forma le blocus de la maison commune et se détermina à tirer à boulet. A la troisième décharge, les assiégés demandent à capituler ; le feu cessa ; on resta en présence jusqu'à cinq heures du matin ; heure où le commandant Madinier est monté à la maison commune, après une légère résistance, tenant la bride de son cheval à la bouche, le pistolet d'une main et le sabre de l'autre.

Aussitôt les Corps administratifs substituèrent provisoirement à la municipalité les présidens et secrétaires des sections, pour continuer les travaux de l'administration municipale.

Cette terrible journée est remarquable par la durée des différens combats, par la valeur de l'armée des sections ; mais la lâcheté et la perfidie de la municipalité sont sans exemple. On évalue le nombre des morts à deux cens, et celui des blessés à quatre cens.

Parmi une foule d'actions qui annoncent dans les citoyens de l'armée des sections la plus grande intrépidité, on peut compter les suivantes : un père de famille a combattu pendant cinq heures, entouré de cinq de ses enfants. Un tailleur de pierre, voyant tous les canoniers morts auprès de leurs pièces, en charge une qui fait le plus grand effet. Un commandant blessé à mort, ne quitte point sa troupe et meurt en combattant.

Mais ce qui illustrera à jamais les vainqueurs, c'est qu'ils n'ont point souillé leur victoire par l'effusion du sang des vaincus.

Leurs ennemis, au contraire, ont égorgé les blessés et les prisonniers ; ils ont tiré sur plusieurs citoyens sans armes et les ont jettés dans le Rhône. Lorsque des municipaux ou chefs de leur parti ont été arrêtés, quelques citoyens ne pouvoient pas s'empêcher de marquer leur indignation ; tout de suite le cri unanime étoit : La loi, la loi ; ne souillons point notre victoire.

Le jeudi 30 mai, dix à douze mille habitans des campagnes, en entrant à Lyon, élevoient leurs chapeaux au bout de leurs fusils, piques, fourches et faux, et crioient : Vive la Nation ; les citoyens des sections leur répondoient : Vive la République, une et indivisible.

Le 2 juin, tous les citoyens de la section de Saône, en partie composé d'hommes qui, comme vous, n'ont reçu d'autres leçons que celles de la nature, puisqu'ils sont presque toujours occupés à travailler sur la rivière, sont venus au pied de l'arbre de la liberté prêter, avec une énergie qu'on ne peut dépeindre, le serment d'être toujours unis, de respecter les lois, les propriétés et soutenir la République une et indivisible. Voilà quelle sera toujours la devise de tous les citoyens de Lyon, pour ne laisser aucun espoir aux royalistes, aux aristocrates et aux intrigans, qui, ayant vu revenir le calme, contre leur espoir, pourroient bien retourner dans les sections, pour tâcher d'avoir quelques places ; mais les citoyens de Lyon ne seront plus des insoucians, car voilà quel étoit leur défaut. Ils ne s'endormiront plus ; ils se souviendront que le sommeil des nations tourne toujours au profit des rois, des nobles et des intrigans. Leur surveillance les rendra donc heureux.

Comme je l'ai déjà écrit au ministre de l'intérieur, les citoyens de Lyon ont montré la vraie vertu républicaine, qui consiste dans l'humanité, la générosité, les bonnes mœurs et le vrai courage.

Mais aussi, après avoir resserré le lien de fraternité avec les citoyens de trois ou quatre sections qui avoient été égarés, ils jouissent de la paix. Leur attitude fière en imposera plus aux ennemis que tous les projets de massacre et d'assassinats, parce qu'ils savent bien et qu'il est bien reconnu que tous les instigateurs au meurtre et au pillage sont les agens des ennemis de la révolution ; leur correspondance saisie le prouve.

Enfin les citoyens pauvres, qui la plupart ne vivent que du fruit de leur travail journalier, avoient tellement été égarés par des scélérats qui ne pouvoient qu'être les agens de Pitt, qu'un citoyen qui portoit des bas de soie et qui étoit bien vêtu, étoit insulté. Cependant la prospérité de ce genre de commerce est aussi nécessaire à la ville de Lyon, qu'une enseigne à un marchand.

Mais les citoyens pauvres et les artisans de Lyon sont bons comme par toute la République ; ils ont reconnu qu'on les trompoit ; et comme l'armée, qui, en reconnoissant le traître Dumourier, l'a bientôt eu abandonné, ils ont de même délaissé les monstres qui les avoient trompés, et ont bien senti que les agitations et les fureurs où on vouloit les porter, auroient servi les ennemis de leur bonheur et déchiré le sein de la patrie. Ils ont reconnu l'avantage de la franchise sur la fourberie, de la probité sur l'injustice, de la générosité sur la perfidie. Ils ont appris que le bon citoyen ne cherche pas à dominer ; qu'il sait que la liberté n'est pas faite pour asservir ses égaux ; que le bon citoyen déteste la vengeance ; qu'il sait que la société doit son existence aux lois ; que les fouler aux pieds, c'est autoriser tous les crimes, donner des armes à l'intrigue, méconnoître la volonté générale du peuple, et n'écouter que le despotisme de quelques ambitieux : ils ont appris que le bon citoyen, l'ami de la patrie, ne verra jamais l'égalité, la justice et le courage dans le pillage et les assassinats ; aussi dorénavant ils seront heureux, respectés et dignes, par leur exemple, de donner à la société les vertus qu'elle n'a plus.

Citoyens du faubourg St-Antoine, Gonchon, qui plusieurs fois a eu le bonheur d'être choisi par vous pour être votre organe auprès des représentants du peuple français, vous devoit ce récit. Tenez-vous sur vos gardes ; déjà nous avons su qu'on a voulu vous tromper, mais vous n'avez pas donné dans le piège. Rappelez-vous ce que vous avez déjà dit : Renversons les tyrans, mais ne le devenons pas. Méfiez-vous de ces faux patriotes qui voudroient vous entraîner à des fautes qui vous forceroient, malgré tous les grands services que vous avez rendus à la République, à quitter ce beau nom d'homme du 14 Juillet. Mais les habitans du fauxbourg St-Antoine ne se démentiront jamais.

L'exposé que je viens de vous faire est de la plus exacte vérité, je vous le jure... je vous le jure. Vous savez que je ne peux pas être influencé : plusieurs d'entre vous sont venus me voir dans mon grenier ; ils savent qu'ayant quelques talens, je vivois et entretenois ma famille du travail de mes mains ; que j'ai tout quitté pour servir ma patrie, et qu'alors j'ai connu le besoin. Si mon zèle m'a mérité quelques missions, je les ai toutes remplies sans me couvrir de la boue d'aucune faction. Je n'ai jamais assiégé les bureaux des ministres ; j'ai même refusé des places qui m'ont été offertes par quelques-uns d'eux, parce que Gonchon ne devoit pas recevoir des places données par des hommes à parti. Mais, mes chers camarades, mes chers amis, j'ai bien trouvé ma récompense, mon bonheur et ma gloire dans la paix de ma conscience, dans l'amour des loix et de l'humanité. O mes frères, mes amis, mes camarades, le jour où la République sera aussi paisible que la ville de Lyon l'est actuellement, ce jour sera le plus beau de ma vie, le plus doux, et la plus digne récompense de mon zèle.

Signé, GONCHON.

A Lyon, de l'Imprimerie de J. Roger, rue Confort, n° 1, vis-à-vis le n° 107.
(*Bibliothèque de la ville de Lyon, fonds Coste, 350574 (4416)*).

XXI

14 Juin.

Adresse du peuple de Lyon, à la République françoise

La nation française gémissoit dans l'esclavage, lorsque par un mouvement généreux, par un élan sublime elle entreprit la conquête de sa liberté ; bientôt le principe de tous les gouvernements, la Souveraineté du Peuple, fut solennellement proclamée et tous les abus disparurent devant la volonté nationale.

Les privilèges, les droits odieux abolis, les corps usurpateurs supprimés, le despotisme, sous quelque forme qu'il existât, partout terrassé, la Liberté et l'Egalité déclarées être la première base de la Constitution.

Telle fut la révolution françoise ; elle eut d'abord pour ennemis ceux qui profitoient des vices de l'ancien régime ; mais un événement dont les annales du genre humain n'offroient pas d'exemple, devoit agiter tous les peuples et tous les rois ; ceux-ci craignirent l'influence que la nation alloit acquérir sous un gouvernement libre ; ils frémirent surtout, que les peuples éclairés ne voulussent enfin recouvrer leurs droits.

La guerre fut déclarée; mais bientôt nos ennemis éprouvèrent ce que pouvoit un peuple valeureux, combattant pour sa liberté.

La politique cruelle des cabinets de l'Europe changea alors de marche, elle eut recours à d'autres mesures, elle imagina qu'en continuant à nous faire la guerre au-dehors, il falloit nous en susciter une dans l'intérieur, d'autant plus dangereuse, que les instruments perfides qu'on devoit employer se pareroient des signes sacrés de la liberté pour la perdre, et tous ramèneroient à l'esclavage, par la désorganisation, l'anarchie et tous les maux qu'ils pourroient appeler sur nos têtes.

Alors on vit s'introduire dans les sociétés populaires, et surtout dans celles des grandes villes, une foule d'hommes flétris, d'anciens instruments du despotisme, de vils agents de toutes les iniquités des tyrans et de leurs ministres ; ils s'y précipitèrent comme dans un antre duquel ils devoient vomir tous leurs poisons.

Alors un grand nombre de bons citoyens abandonnant les clubs, on vit leur esprit se pervertir d'une manière effrayante, et ils devinrent bientôt le foyer de tous les crimes.

Les ambitieux, les intrigans, tous ceux qui vouloient voler ou trahir la République, vinrent dans les clubs prendre les couleurs du patriotisme et de la popularité, de même qu'ils auroient autrefois usurpé des généalogies et des noms qui les eussent conduits à la fortune.

Combien de ces brigands, dévoilés ensuite, n'ont-ils pas trompé par ce moyen la confiance du peuple ?

Le traître Dumouriez n'avoit-il pas souillé le bonnet de la liberté ? n'avoit-il pas été couronné par les Jacobins ?

L'infâme d'Orléans n'avoit-il pas juré qu'il étoit sans-culotte ?

Les clubs voulurent usurper tous les pouvoirs, distribuer tous les emplois, nommer à toutes les places.

Ils calomnièrent les autorités constituées dont ils ne cessoient d'entraver la marche.

Ils prêchèrent l'indiscipline et la désorganisation de nos armées, ils semèrent parmi les soldats la défiance contre les chefs, s'attachèrent à les avilir et on les vit insulter des généraux qui avoient bien mérité de la république.

La violation des propriétés, le pillage, l'incendie, le meurtre, furent constamment à leur ordre du jour.

Pendant cinq jours, ils massacrèrent les victimes que leur rage avoit entassé dans des cachots ; pendant cinq jours, ils déchirèrent leurs entrailles, les monstres pâlirent de désespoir, en voyant qu'ils ne leur restoit plus d'hommes à égorger et de sang à répandre.

Ils furent toujours dévorés par la soif de l'or, ils levèrent des contributions ; payer ou mourir, étoit un ordre irrévocable, et souvent les malheureux ne conservoient pas même l'espoir de sauver leur vie aux dépens de leur fortune.

Dans la ville de Lyon, ces scélérats, sous le prétexte de lever six millions, devoient réellement en exiger dix-sept, une seule des trente-deux sections, et ce n'étoit pas la plus riche, étoit taxée douze cents soixante mille livres, les rôles existent et attestent quels sont les coupables.

Tandis que les membres, les favoris des clubs se gorgeoient des trésors de la France ; tandis que la république consommoit deux cents cinquante millions par mois, ses braves défenseurs manquoient d'armes, d'habillements, de subsistance, et étoient réduits à un dénuement qui ne pouvoit être surpassé que par leur courage.

Ces désorganisateurs s'opposèrent constamment à ce que la constitution fût faite, ils s'élevèrent contre tous les projets, promirent d'en présenter d'autres, et se jouèrent d'un engagement qu'ils n'avoient pris que pour faire échouer le zèle de la majorité de la Convention.

Ils portèrent la trahison envers leur patrie et l'inconséquence du crime, jusqu'à vouloir donner aux françois un étranger pour maître. Il falloit, disoient-ils, que la faction dominante plaça le duc d'York sur le trône, pour assurer à jamais son triomphe.

Leur audace étoit si grande et leur délire tellement à son comble, qu'ils s'honorèrent de leur forfaits, et que les journaux de leurs scandaleux débats semblent être l'histoire de tous les crimes du genre-humain.

Pour mettre le comble à tant d'horreurs, ils résolurent d'attenter à la représentation nationale, cette affreuse conspiration se tramoit depuis long-temps ; afin d'en préparer le succès, des commissaires furent envoyés dans les départemens, ils y commirent des actes arbitraires, tels que les trente tyrans d'Athènes, les decemvirs de Rome, les Marius, les Silla, les Néron, les Tibère, les ducs d'Albe, les inquisiteurs d'Espagne et de Portugal, enfin les daïry du Japon, n'auroient pu les surpasser dans les accès de leurs fureurs et de leurs vengeances.

Cette épouvantable proscription ne tomba pas même sur les partisans outrés du despotisme, ces deux sectes qui semblent occuper les extrémités par leurs moyens, se touchent par le but auquel elles veulent atteindre.

Les amis des loix, les hommes fidelles à leur patrie furent enchaînés parce qu'on redoutoit leur courage.

Enfin le dernier des attentats vient d'être commis, le toscin des factieux a été sonné pendant deux jours ; la Convention a été entourée d'une armée de brigands ; non ce n'est point le peuple de Paris, il est opprimé, l'univers entier le sait ; c'est une horde de scélérats venus des diverses parties du monde, pour être les satellites des conspirateurs et qu'ils payent à quarante sous par jour.

N'espérez plus, factieux aussi insensés que criminels, d'en imposer au peuple François ; il sait déjà que les instruments de votre tyrannie ont ravi la liberté à ses représentants ; il sait qu'ils ont osé commettre le plus grand des crimes, qu'ils ont souillé la représentation nationale et qu'ils sont allés jusqu'à confondre leurs suffrages impurs avec ceux de ses députés.

Trente de ces députés sont dans les fers ! comment pourrez-vous voiler cet horrible attentat ? répondez à cette question que vous fait la France entière ? si nos représentants (oui ils sont les nôtres, ils appartiennent à toute la république) s'ils étoient coupables, comment avez-vous pu leur offrir de racheter leur tête par une démission, c'est-à-dire par une lâcheté, par un crime ? comment les quatre qui ont donné cette démission sont-ils libres ? et s'ils étoient innocents : ha ! frémissez, craignez une fois l'indignation, le courroux du peuple qui va vous juger tout-à-l'heure.

Vous voulez que les départements vous obéissent encore ! vous voulez qu'ils vous respectent ! Avez-vous respecté leurs représentants ? Vous avez rompu l'équilibre, vous avez détruit l'unité, l'indivisibilité de la république ; la représentation nationale n'est plus une, n'est plus entière ; elle n'est plus.

François, il est arrivé ce moment prédit par l'auteur du Contrat social, où une faction a usurpé la souveraineté et substitué sa volonté à la volonté générale ; mais la résistance à l'oppression est le droit le plus sacré de l'homme. Jamais il n'y eut d'époque où elle fut plus nécessaire ; on ne vous laisse qu'à opter entre elle et le despotisme de quelques brigands : car vous ne vous laisserez pas séduire par leur langage imposteur, quelle que soit la forme qu'emprunte la tyrannie, en est-elle moins la tyrannie ? Vous les avez toutes exterminées, voulez-vous céder à celle des plus méprisables des hommes ? vous avez secoué le joug que tous les rois veulent vous imposer, et plierez-vous la tête sous la verge de Marat ?

Vils scélérats, factieux impudents (1), vous osez menacer des hommes libres ! cessez de vaines clameurs qui ne peuvent inspirer que le mépris et la pitié ; dans l'excès de votre délire auriez-vous oublié que votre force n'étoit que dans la confiance du peuple, et que vous n'étiez rien que par elle ? Paris ignore-t-il que nous aussi avons fait nos preuves de courage et de dévouement, que nous aussi savons marcher contre les rebelles à la volonté nationale, mais qu'il ne doit jamais entreprendre de nous donner des loix ; que la république existe dans la réunion de tous les départements, qu'il n'en est qu'une portion, et qu'il doit, comme tous les autres, ne pas cesser un instant de reconnoître la souveraineté du peuple.

Cette souveraineté n'est pas dans les clubs, elle est dans les assemblées primaires où chaque citoyen, sans distinction, non pas de rang (il n'en existe plus) mais de fortune, doit donner librement son suffrage ; que les vrais amis du peuple, qui sont encore dans ces sociétés, aillent donc porter dans leurs sections un zèle et des lumières qui deviennent inutiles, ou se corrompent même par les vociférations des brigands.

François ! la république est en danger ; mais votre courage qui l'a sauvée tant de fois, va la sauver encore.

Au milieu d'aussi grands intérêts, c'est à peine si la ville de Lyon doit vous parler de sa position particulière. La perte d'un bon citoyen est grande, sans doute, pour la république ; mais les factieux ont beaucoup exagéré celle que nous avons faite le 29 mai : nous pleurons un petit nombre de nos frères massacrés par des assassins, nous accordons des sentiments de compassion et des secours à des malheureux qui pouvoient n'être qu'égarés par la scélératesse de leurs chefs ; le triomphe de la liberté n'a été souillé par aucun excès, pas une seule goutte de sang répandue après une victoire remportée sur des monstres qui avoient juré de couper 14 mille têtes. Si la nécessité commande de s'assurer des coupables, ces mesures sont exécutées avec modération ; c'est nous qui savons respecter les droits de l'homme et prouver, par notre exemple, que dans ce cas toute violence qui n'est pas nécessaire est un crime.

---

(1) Si la calomnie n'étoit là pour corrompre nos expressions, il seroit inutile d'observer que celles-ci ne s'appliquent qu'aux conspirateurs et aux traîtres qui ont armé leurs satellites contre la Convention nationale, et qui la tiennent encore enchaînée.

Notre conduite étoit digne des succès qu'elle a obtenue, du centre aux extrémités de la république, par-tout les bons citoyens nous adhèrent ; nos frères des campagnes applaudissent avec enthousiasme, et ce n'est qu'en se rappellant les sentiments d'humanité qui seront toujours gravés dans leurs cœurs, qu'ils ont pu retenir les transports d'une trop juste indignation.

Frères et amis, citoyens de toute la république, délibérez sur l'état où elle se trouve ; la ville de Lyon jure d'avance d'obéir à la volonté nationale, nos ennemis sont les vôtres, ils sont ceux de la patrie : écoutez la déclaration de nos principes, nous saurons mourir pour les défendre.

Nous renouvellons, à la face de l'univers, le serment de maintenir la liberté et l'égalité, d'être fidèles à la république une et indivisible.

Nous déclarons que la souveraineté réside dans le peuple.

Que la volonté générale du peuple s'exprime dans les assemblées primaires, dans les sections où les citoyens doivent donner librement leur suffrage ;

Que tout individu, toute association quelconque qui tenteroit de faire prévaloir sa volonté sur celle des assemblées primaires, doit être considéré comme rebelle à la souveraineté nationale, et traité comme ennemi public.

La ville de Lyon proclame qu'elle est en état de résistance à l'oppression.

Appelle les assemblées primaires à délibérer sur le salut de la république.

Nous protestons que nous sommes prêts à sacrifier pour elle nos fortunes et nos vies ; et nous jurons de ne cesser nos efforts que lorsque la France aura obtenu une constitution libre, qui doit être le vœu et faire le bonheur de tous les citoyens.

Rédigée en séance permanente de la section du Port-du-Temple, et lue dans toutes les autres sections qui y ont adhéré à l'unanimité.

Lyon, 14 juin 1793, l'an second de la République Françoise.

Signé : PAGANUCCI, vice-président.
CLAVIÈRE et M.-L. ROSSET, vice-secrét.

A Lyon, chez Faucheux, Imprimeur-Libraire, Grande rue Mercière, n° 14, 1793.
(*Bibliothèque de la ville de Lyon, fonds Coste, 350579 (4436)*).

XXII

14 Juin.

Extrait du registre des délibérations de la commune de Bully, canton de l'Arbresle.

Aujourd'hui dimanche, neuf juin mil sept cent quatre-vingt-treize, l'an second de la République Françoise, le conseil général de la commune de Bully assemblé au lieu ordinaire de ses séances.

Lecture a été faite de l'arrêté des Corps administratifs réunis, ainsi que de l'adresse des trente-quatre sections de la ville de Lyon aux habitants des campagnes, signée de tous les présidents et secrétaires de sections.

L'assemblée, après avoir entendu le rapport des tristes événements dont la ville de Lyon vient d'être le théâtre;

Considérant que le succès qui a couronné les armes des habitants de Lyon, combattant contre une autorité rebelle, usurpatrice et sanguinaire, est une victoire remportée par la loi sur l'anarchie;

Que si, en terrassant ce fléau de la société, ennemi-né des bons gouvernements, ce monstre qui dévoroit leur cité, les sections n'en ont pas délivré tous les départements, elles ont sonné l'éveil des bons citoyens, et quelles ont acquis des droits à la reconnoissance comme à l'admiration universelle;

Considérant que les citoyens qui ont péri à Lyon dans la malheureuse et à jamais mémorable journée du 29 mai, en combattant pour assurer le triomphe de la loi, seront éternellement regrettés, et que tous les bons citoyens doivent s'empresser d'honorer la mémoire de ces nouveaux martyrs de la liberté;

Considérant encore que les éloges qu'ont généralement donné les citoyens de cette commune, soit à la sagesse et à la fermeté de ceux de Lyon dans les délibérations, soit à leur courage au milieu des dangers et à leur dévouement héroïque et généreux;

Que la douleur qu'ils ont ressentie de la perte qu'ont faite les sections de plusieurs de leurs membres, morts victimes de l'anarchie, et les regrets qu'ils ont témoigné de n'avoir pu contribuer au triomphe de la bonne cause, sont un sûr garant que leurs principes et leurs sentiments sont ceux qui doivent animer tout bon républicain;

A, sur la proposition du procureur de la commune, arrêté et déclaré à l'unanimité et par acclamation :

1° Que le rapport des événements qui ont eu lieu à Lyon et que l'assemblée vient d'entendre, sera transcrit au registre pour attester dans tous les temps la fermeté, le courage et l'intrépidité avec lesquelles les sections ont combattu pour la liberté et la loi, contre la licence et l'anarchie;

2° Que les sections seront, au nom de la commune de Bully, félicitées de leurs succès et remerciées de leur dévouement généreux, qui les a fait bien mériter de la cité, de tous les bons citoyens en particulier, de la République en général; qu'elles seront priées de continuer leurs sollicitudes pour la tranquillité et le bonheur public, et aussi, de poursuivre le jugement des anarchistes, des traîtres à la patrie, des assassins de nos frères... Que la tête des coupables tombe bientôt sous le glaive de la loi; leur juste châtiment fera trembler les enfants dénaturés de la mère commune; il vengera la patrie et la liberté et arrêtera l'indignation publique;

3° Que demain lundi, il sera célébré dans l'église de cette paroisse un service pour le repos de l'âme des citoyens morts à Lyon pour la liberté dans la journée du 29 mai; que cette cérémonie sera annoncée au peuple; que les officiers de la garde nationale seront invités à y assister en corps, et qu'il sera ordonné un détachement armé;

4° Que les sections seront instamment priées d'adresser au conseil général les noms connus des citoyens qui ont péri en combattant l'anarchie, pour être consignés sur ses registres et servir de monument qui rappellera à jamais le dévouement héroïque de ces défenseurs de la loi;

5° Qu'il sera témoigné aux sections combien les citoyens de cette commune ont regretté de n'avoir pu les aider à combattre le despotisme municipal, concourir au rétablissement de l'ordre et assurer le règne de la loi ;

6° Que le présent arrêté sera adressé à la section de la Convention, priée de le faire connoître aux trente-trois autres sections qui voudront bien y trouver l'expression d'une inviolable fraternité. Il sera pareillement adressé au district de la Campagne de Lyon, envoyé au commandant de la garde nationale, proclamé et affiché dans l'étendue de cette commune.

Fait en séance publique, les jour et an que dessus. Signé au registre : J. Louis, maire ; Rambaud, Farges, Perreton, Régipas, Grognard, officiers municipaux ; Pignard, procureur de la commune ; Durand, Dupoizat, Chapot, Tricaud, Rambaud, Brochet, Raymond, Laurent, Laroche, notables ; Pignard, greffier.

N'ont signé ceux qui ne l'ont su faire.

Signé : J. Louis, maire.
Extrait : Pignard, secrétaire-greffier.

Extrait des registres de la section de la Convention.

Aujourd'hui 14 juin 1793, l'an deuxième de la République Françoise, la section de la Convention séante, s'est présentée une députation de la commune de Bully, canton de l'Arbresle, composée du procureur de la commune, d'un officier municipal et d'un notable de la même commune. L'orateur de la députation a fait lecture d'une adresse aux sections de la commune de Lyon, que l'assemblée a fréquemment interrompue par les applaudissements les plus vifs ; elle en a arrêté l'impression aux frais de la section et s'est chargée de la communiquer aux autres sections ses sœurs. La députation s'est retirée après avoir reçu du président au nom de l'assemblée, une accolade fraternelle, à laquelle elle a participé par l'attendrissement qu'ont manifesté tous les citoyens présents.

Vu et approuvé conforme à l'original, ce 14 juin 1793, l'an deuxième de la République Françoise.

Signé : Charles Caillat, président,
Alex. Morel, secrétaire.

A Lyon, de l'imprimerie d'Aimé Vatar-Delaroche, 1793.
(*Bib. de la ville, fonds Coste,* n° 110978 (4429).

XXIII

16 Juin.

La Section de la Guillotière, première division, aux citoyens juges composant le Tribunal criminel du département de Rhône-et-Loire.

Encore deux jours, et trois semaines se seront écoulées depuis que les enfants de la liberté, les vrais républicains de Lyon ont terrassé les partisans féroces de l'anarchie et brisé dans leurs mains leurs armes criminelles ; et cependant les coupables fauteurs de ces complots liberticides respirent encore ! Ils respirent et les bons citoyens se demandent avec étonnement, si c'est la difficulté de constater des forfaits aussi évidents, qui arrête le glaive de la loi ! Ils respirent, et leurs vils partisans, les brigands subalternes qui suivoient leurs traces impures, qui déjà osent sortir du néant où vous les avez fait rentrer, fondent sur la lenteur des procédures l'espoir de la délivrance des coupables, et par conséquent de leur impunité.

Les Loix, nous dit-on, les Loix ! nous la voulons tous, la Loi ; nous n'avons combattu que pour elle ; nous n'avons pas renversé le trône hideux de l'anarchie, nous n'avons pas paralysé ses membres, pour substituer le désordre au désordre, le mépris des Loix à la subversion de tous les principes. La Loi, la Liberté, l'Egalité, voilà notre cri de ralliement ; voilà l'égide où sont déjà venus, où viendront éternellement échouer les traits de la calomnie.

Mais n'est-il donc pas possible de conserver fidèlement l'esprit de la Loi, sans s'asservir à la marche des formes, qui tuent souvent la Loi elle-même, ou présentent du moins autant de moyens de l'éluder qu'elles en offrent pour assurer son effet ? Nous n'ignorons pas combien est obscur le dédale des Loix, combien le code criminel sur-tout est incertain et variable dans ses procédés ; comme si l'esprit humain ne pouvoit nécessairement aborder qu'en tremblant l'idée de la destruction de ses semblables ! De là ces formes lentes, cette marche timide qui retient, dans la main du juge, la hache prête à frapper les coupables, et l'empêche de se jouer impunément de la vie [de] ses concitoyens.

Mais dans quels cas la Loi prescrit-elle cette prudente lenteur ? C'est quand le défaut des preuves suffisantes met dans l'affreuse alternative ou d'immoler l'innocence ou de sauver le crime : alors des délais utilement fixés, laissent à la lumière le temps de s'épancher, et justifient le droit d'absoudre ou celui de condamner. Quand la notoriété publique, quand des témoignages multipliés déposent uniformément contre des coupables, dont l'opinion générale a depuis long-temps fait le procès ; quand le sang de vos frères, massacrés par leurs ordres barbares, vous crie vengeance et s'indigne de ne pas l'obtenir ; quand enfin le salut du peuple, qui fut toujours la première comme la plus sainte des Loix, exige impérieusement un grand exemple, on semble ajouter encore à la lenteur naturelle des Loix, on pèse sur les entraves, on s'enchaîne volontairement ! Et cependant le levain de la discorde fermente ; les bonnes intentions de nos concitoyens s'évanouissent ; les coupables nous échappent, reprennent leur sceptre dictatorial et dictent leurs loix de sang ! Voilà, Citoyens, voilà quels seront les funestes effets de ces inexplicables lenteurs ; voilà ce qui déjà commence à se manifester ; et bientôt on ne supposera plus de vertus à ceux qui laissent si long-temps respirer le crime parmi eux.

Seroit-on embarrassé de trouver des Loix qui jugeassent promptement des hommes, dont les délits portent le caractère de ceux que la Loi punit dans les vingt-quatre heures ? Provocateurs au meurtre et au pillage, violateurs des droits de la Liberté, contre-révolutionnaires enfin, voilà ce qui résulte de l'acte d'accusation intenté contre eux. Les Loix sont expresses, le crime est évident, vous êtes juges, et vos frères de tous les départements attendent la vengeance qui nous est due.

Non, nous ne voulons point fouiller la plus belle des causes ; nous avons respecté et nous respecterons les Loix. Mais nous ne voulons pas non plus que le fruit de tant de sang répandu, de tant de périls bravés, soit perdu pour nous. Nous demandons la punition des coupa bles ; nous voulons que la France puisse enfin prononcer entre les vrais républicains et ceux qui en profanent le titre sacré, entre les citoyens et les brigands, entre le crime et la vertu.

D'après ces motifs, la première section de la Guillotière a vu avec regret que le tribunal criminel a fait afficher que les coupables ne pouvoient être jugés dans la session du 15 de ce mois, en s'étayant sur l'article XVIII de la Loi du titre VI de la procédure devant le tribunal criminel.

Si nous relatons cet article ainsi conçu, il est dit que le 15 de chaque mois, s'il y a quelques affaires à juger, le juré de jugement s'assemblera sur la convocation qui en sera faite le 5 du même mois ; or, dès que le juré de jugement est assemblé nécessairement, la convocation en a été légalement faite ; ne l'eût-elle pas été, cet article ne frappe pas de nullité la procédure, au point que le juré de jugement ne puisse s'assembler pour juger, surtout lorsque, comme dans les circonstances actuelles, le cri général du peuple demande la punition des coupables. Ainsi le tribunal criminel n'ayant aucune nullité à craindre, ni aucun reproche à éprouver, ne peut éloigner à une époque aussi reculée ce jugement ; puisque chaque minute, chaque moment sont un siècle pour ceux qui l'attendent. Quel reproche des juges n'auroient-ils pas à se faire, si, par ce renvoi, ils excitoient l'impatience du peuple ! Nous pensons qu'ils sont trop justes pour persister sur leur avis affiché, et qu'ayant mieux examiné la Loi, ils conviendront avec nous qu'il ne peut y avoir de difficulté à s'occuper de suite du jugement des coupables, et notamment de ceux qui ont passé par le creuset du juré d'accusation. En prenant cette adresse en considération, vous ramènerez le calme dans la cité, et vous prouverez, par la punition exemplaire des coupables, que la distribution de la justice fût toujours votre devoir.

La section de la Guillotière, première division, en séance permanente, a arrêté à l'unanimité que la présente adresse, qui est l'expression des vœux de tous les citoyens qui la composent, sera imprimée à ses frais, affichée et distribuée à toutes les sections ses sœurs, et aux autorités constituées.

Fait et arrêté à la Guillotière, ce 16 juin 1793, l'an second de la République Françoise.

Signé : BALLET, vice-président.
SINGOU, secrétaire.

A Lyon, de l'Imprimerie d'Aimé Vatar-Delaroche, aux Halles de la Grenette, 1793.
(*Archives du Rhône, Série L, in-4°*).

XXIV

18 Juin.

Les citoyens de Beaujeu à leurs frères les citoyens de Lyon.

Citoyens, frères et amis, les fers du despotisme étoient brisés ; vous venez de rompre ceux de l'anarchie ; mais cet effort généreux a rendu victimes de leur dévouement civique, de bons, d'estimables citoyens. Leur perte vous a fait verser des larmes, les nôtres ont coulé abondamment, et notre seule consolation est de penser que leur sang a cimenté ce nouveau triomphe de la liberté que vous avez mérité par le courage, et dont vous conserverez les fruits par la prudence et la fermeté.

Nous avons reçu au milieu de nous vos commissaires députés; ils nous ont porté avec sensibilité des paroles d'amitié, d'union, de fraternité; nous leur avons exprimé avec émotion les mêmes sentiments. Ils nous ont promis, en votre nom, des secours, si notre liberté, la sûreté de nos personnes et de nos propriétés étoient attaquées ; nous avons juré d'accourir dans vos murs au premier signal, pour vous défendre.

Oui, frères et amis, que ce pacte digne de bons et loyaux républicains soit celui de tous les François ! Que la République une et indivisible ne renferme plus dans son domaine que des frères et des amis prêts à s'entraider et à se secourir ! Que le cri de ralliement de tous soit : Guerre aux anarchistes, guerre aux tyrans, liberté et égalité ! Citoyens, ce cri redoutable fera trembler les despotes coalisés contre nous. La vertu, les mœurs, l'ordre, l'union et le respect pour les loix, seules bases d'un gouvernement républicain, reprendront l'empire qui leur est dû ; la liberté et l'égalité seront affermies, et nous verrons bientôt ces êtres vils et corrompus, précepteurs d'anarchie et de meurtre, rentrer dans le néant comme le limon impur qui surnage durant la tempête, retourne dans la fange lorsque le calme est rétabli.

Recevés, citoyens frères et amis, les assurances d'un attachement sincère et fraternel.

Les citoyens de la ville et commune de Beaujeu.

Suivent cent-cinquante signatures.

Pour extrait certifié :

BOUVIER, secrétaire-greffier.

Nous, maire et officiers municipaux de la commune de Beaujeu, chef-lieu de canton, district de Villefranche, département de Rhône-et-Loire, certiffions que la signature apposée au bas de l'extrait cidessus, est réelement celle du citoyen Bouvier, secrétaire-greffier de cette municipalité, et que foy doit être ajoutée aux actes qu'il signe en cette qualité.

Fait en la maison commune de Beaujeu, ce dix-huit juin mil sept cent quatre vingt-treize, l'an second de la République Française et sous le contre-seing dudit secrétaire-greffier qui, à la marge du présent, a apposé le sceau de cette commune.

CORTEY, POCHON, LAFOND, DUMAS, maire.

Par la municipalité,
BOUVIER, secrétaire-greffier.

(*Original.* — *Bibl. de la Ville, Mⁿ Coste, n° 633*).

XXV

(19 Juin).

Extrait des registres des délibérations du Conseil général du département de Rhône-et-Loire. — Tableau du maximum du prix des grains pour les districts de la Ville et de la Campagne de Lyon, avec le décroissement proportionnel pendant les mois de mai, juin, juillet, août et septembre, conformément à la loi du 4 mai dernier.

Relevé du prix des grains, pendant les mois de janvier, février, mars et avril 1793, l'an second de la République françoise, dans les marchés tenus à la halle aux bleds de Lyon.

Époques des Marchés	Froment	Seigle	Orge	Avoine
2 Janvier 1793.........	10 l. 15 s.	8 l. 15 s.	Néant	4 l. 8 s.
5 dudit...............	11 » »	9 » »	6 l. » » s.	4 8
9 dudit...............	11 10	9 12	6 » »	4 8
12 dudit...............	11 5	9 » »	7 10	4 8
16 dudit...............	11 10	9 10	5 18	5 » »
19 dudit...............	11 10	9 5	Néant	5 » »
23 dudit...............	11 12	9 12	6 l. 6 s.	5 » »
26 dudit...............	11 14	10 12	6 6	5 » »
30 dudit...............	11 15	9 15	Néant	5 » »
1er Février............	12 4	9 15	id.	5 » »
6 dudit...............	12 » »	9 10	id.	5 » »
9 dudit...............	12 » »	10 » »	id.	5 » »
13 dudit...............	13 » »	10 10	6 l. 10 s.	5 » »
16 dudit...............	13 » »	8 10	6 5	5 10
20 dudit...............	13 » »	10 10	6 10	5 10
23 dudit...............	13 » »	10 » »	Néant	5 10
27 dudit...............	13 10	10 5	id.	5 10
2 Mars................	13 » »	9 10	6 l. 15 s.	6 » »
6 dudit...............	13 12	10 15	6 12	6 » »
9 dudit...............	14 » »	10 5	Néant	6 » »
13 dudit...............	14 » »	10 3	Idem	6 » »
16 dudit...............	15 » »	11 10	Idem	6 10
20 dudit...............	16 » »	11 6	7 l. 10 s.	6 10
23 dudit...............	16 5	10 5	7 10	6 10
27 dudit...............	15 12	12 10	Néant	6 10
30 dudit...............	16 » »	12 5	8 l. » » s.	6 10
3 Avril................	16 » »	11 15	7 » »	7 » »
6 dudit...............	16 » »	12 » »	7 15	7 » »
10 dudit...............	16 » »	11 8	8 » »	7 » »
13 dudit...............	16 » »	11 5	7 5	7 » »
17 dudit...............	15 » »	11 5	Néant	7 5
20 dudit...............	15 5	11 10	8 l. » » s.	7 5
24 dudit...............	16 15	11 10	7 10	7 5
27 dudit...............	16 10	11 10	7 10	7 5

Tableau du maximum du prix des grains.

La mesure de Lyon, du poids de 56 à 60 l., poids de Lyon.

Époques	Froment	Seigle	Orge	Avoine
Au 1er Mai.......	13 l. 13 s. 7 d.	10 l. 8 s. 7 d.	6 l. 19 s. 6 d.	5 l. 16 s. 6 d.
Au 1er Juin......	12 6 3	9 7 9	6 5 8	5 4 11
Au 1er Juillet....	11 14 »	8 18 5	5 19 5	4 19 8
Au 1er Août......	11 6 3	8 12 6	5 15 6	4 16 5
Au 1er Septembre.	11 » 8	8 8 3	5 12 8	4 14 1

Cejourd'hui 19 juin 1793, l'an second de la République Françoise, dans la séance du Conseil, où étoient les citoyens Dubost, président; Couturier, Belville, Bonamour, Ferrand, Santallier, Sauzéas, Rozier, Laurenson, Servan, Farjon, Maillan, Durieu-Vitry, Mottin, Buiron-

Gaillard et Richard, administrateurs ; Meynis, procureur-général-syndic, et Gonon, secrétaire-général.

Vu le tableau ci-dessus, portant fixation du maximum du prix des grains dans l'étendue de la ville et district de Lyon, d'après les résultats du rapport des mercuriales de ladite ville, depuis le 1er janvier jusqu'au 1er mai, lequel sera annexé en tête des présentes ;

Considérant que les districts de Saint-Etienne, Montbrison, Roanne et Villefranche, n'ont point encore complétté l'envoi de leurs tableaux ; que cependant les besoins urgents de la ville de Lyon exigent impérieusement la détermination et la fixation du maximum du prix des grains qui se vendent journellement dans les marchés ;

Considérant que le district de la Campagne de Lyon n'ayant, dans son étendue, aucun marché ni grenette particulière, et qu'on a continuellement adopté le taux des marchés de la ville de Lyon ;

Ouï le Procureur-général-syndic ;

Les administrateurs du Conseil du département de Rhône-et-Loire arrêtent que le présent tableau sera imprimé, publié et affiché, pour être exécuté suivant la forme et teneur, tant dans le district de la Ville que dans celui de la Campagne de Lyon.

Extrait collationné. Signé, Gonon, secrétaire-général.

A Lyon, de l'imprimerie d'Aimé Vatar-Delaroche, imprimeur du département de Rhône-et-Loire, aux Halles de la Grenette, 1793.

(*Archives du Rhône, série L*).

XXVI

22 Juin.

Précis tracé à la hâte par le citoyen Rabaut-Saint-Etienne, chargé du rapport, au nom de la Commission des Douze, dont il étoit membre, au moment où un décret arraché à la Convention Nationale par la violence, le forçoit à se mettre à l'abri des complots sanguinaires et liberticides dont il n'avoit que trop véritablement acquis la certitude.

Citoyens, la calomnie, l'injustice et la violence n'ont qu'un tems ; la vérité, l'innocence ont leur tour. La commission des douze, accusée sans motifs, a été supprimée, sans être entendue : on craignoit la vérité. Deux fois elle s'est présentée à la tribune et deux fois elle en a été repoussée. Des représentants du peuple n'ont pas rougi de couvrir de leurs voix la voix des rapporteurs ; des tribunes soudoyées ont empêché, par leurs cris, leurs vociférations et leurs huées, qu'ils fussent entendus ; et deux fois, cette lutte entre la violence inique et la vertu persécutée a duré six heures entières : spectacle barbare dont aucune nation, quelque féroce qu'elle ait été, n'a donné l'exemple.

On craignoit la vérité.

La Commission devoit dénoncer une conspiration tendante à la dissolution de la Convention Nationale, ourdie par une faction qui veut usurper l'autorité du peuple François, et l'on n'a pas eu honte de proposer de la faire juger par la faction elle-même, par le comité de sûreté général tout composé de Jacobins.

Elle avoit à produire des preuves, et l'on n'a pas voulu qu'elle parlât en public, et que sa voix instruisit Paris et les départemens. Mais ses ennemis se sont démasqués ; car durant ce tems, ils ont eux-mêmes prouvé la conspiration, ils l'ont exécutée.

Elle auroit dénoncé une commune usurpatrice de l'autorité nationale, faisant des arrêtés qui sont réellement des loix ; aspirant ouvertement à s'emparer de l'autorité. Les preuves auroient été dans les arrêtés mêmes de la commune. Elle a justifié elle-même l'accusation, elle a fermé les barrières, elle a fait sonner le tocsin ; le canon d'alarme a été tiré, malgré les décrets qui attribuent cette autorité au Corps législatif seul, dans la ville où il tient ses séances, et qui condamnent à la mort les auteurs d'une semblable entreprise. La conspiration de la commune est donc prouvée par la commune même, et quoique puissent prononcer le comité de salut public, et la Convention asservie par les tribunes. La commune de Paris a évidemment conspiré, la Commission est justifiée.

La Commission auroit dénoncé un comité central révolutionnaire, qui avoit préparé le massacre de vingt-deux députés, avec le projet de répandre le bruit qu'ils avoient émigré, afin de leur ôter l'honneur avec la vie et de soustraire leurs assassins à la vengeance des départemens. Et cependant celui de Paris est venu lui-même à la barre, justifier la dénonciation de la Commission, en demandant la tête de ces vingt-deux proscrits, que la Convention elle-même avoit honorablement justifiés et mis sous la protection nationale.

La Commission auroit dénoncé le complot de suspendre le départ du contingent des volontaires pour la Vendée ; de faire revenir ceux qui étoient casernés aux environs de Paris, pour les conserver à une opération *septembrique* ; et l'événement a justifié ce qu'auroit dénoncé la commission ; et dans la nuit du 30 mai, l'on a rappellé les volontaires casernés à Ruel, ils se sont portés à la section du Contrat-social ; ils y ont annoncé le projet de faire payer et marcher les citoyens ; ils ont commis, le sabre à la main, des violences qui sont constatées dans le procès-verbal de la section. Les conspirateurs ont donc eux-mêmes fourni les preuves et justifié la Commission.

La Commission auroit dénoncé les discours tenus par Santerre au club d'Orléans, devant 2 ou 3000 personnes ; discours où il disoit qu'il reviendroit à Paris à la tête de ses soldats vainqueurs, pour protéger l'insurrection des Jacobins de la montagne contre la majorité de la Convention Nationale, et tout auroit prouvé que la conspiration avoit pour but de dissoudre la Convention, pour lui substituer une autorité prise uniquement dans le sein de Paris. Atteinte criminelle et insolente portée à la souveraineté du peuple François, qui est un crime de lèze-Nation.

La Commission auroit dénoncé les autres outrages faits à la majesté du peuple François, par toutes les petites autorités qui s'érigent, chaque jour, dans Paris ; comités de surveillance, se disant révolutionnaires et faisant, en effet, chacun sa révolution ; taxant arbitrairement les citoyens, les enlevant du sein de leurs familles, usurpant l'autorité sur les comités civils ; un comité central arbitrairement créé par eux ; un club electoral, dictant aussi ses loix ; des sociétés populaires préparant en public ces travaux iniques ; et l'autorité de la Représentation Nationale disparaissant devant tous ces corps Parisiens, qui chacun dictent des loix et les exécutent. La Commission n'avoit pas besoin de preuves ; elle les trouvoit dans la notoriété publique et dans la consternation des bons citoyens.

Voilà ce qu'on n'a pas voulu entendre, parce qu'on vouloit l'exécuter. Mais, c'en est fait, la Commune domine, elle a l'autorité, elle dicte ses loix à la Convention par les vociférations de ses tribunes soudoyées qui imposent silence aux représentans de tous les François ; la conspiration est exécutée, il n'est plus besoin de la prouver.

Maintenant, que le Comité de salut public combatte les pièces qu'on lui renvoie ; elles sont inutiles, la conspiration est prouvée, car elle est exécutée.

Maintenant, que la Convention subjuguée condamne la Commission, elle ne fera que donner une nouvelle preuve de sa foiblesse, en sacrifiant douze membres qui ont défendu ses droits et ceux du peuple François ; la conspiration est prouvée, car elle est exécutée.

La Commission savoit bien qu'en acceptant, elle se dévouoit pour la patrie ; elle a bravé la calomnie, elle s'est mise courageusement à la brèche ; elle a écouté les plaintes des citoyens consternés, tremblans pour leur fortune et pour leur vie ; elle a vu la conspiration marcher rapidement, les projets de meurtre et de pillage annoncés publiquement ; le complot contre les vingt-deux députés annoncés dans les sociétés populaires, publiés dans des écrits journaliers qui invitoient le peuple, même à se défaire de trois cents membres de la Convention ; des femmes mises en avant pour échauffer les esprits, remplissant les avenues de la Convention, menaçant et insultant les députés, faisant la police, armées, quelques-unes de poignard ; ces femmes, enrôlées en bataillon, demandant du renfort à celles de Versailles, se promenant dans les rues avec une bannière, invitant les citoyens à les suivre et à s'armer.

Elle ne crut point que, pour prouver la conspiration, elle dut être exécutée ; elle ne crut pas devoir se reposer sur cette réponse de Catilina : *De quoi vous plaignez-vous ? Vous n'êtes pas encore égorgés.* Elle n'adopta point les froides observations du maire et du ministre de l'Intérieur, que ce n'étoit rien que des querelles de parti, qu'il n'arriveroit rien, que la Convention Nationale seroit toujours respectée ; et lorsque chaque député, dans le sein de la Convention, entendoit les insultes et les menaces qui étoient faites contre le cri de plusieurs d'entr'eux, elle ne crut ni aux promesses du maire, ni à la confiance tranquille du ministre de l'Intérieur. Elle crut qu'il étoit de son devoir de déconcerter des complots parricides, dont l'exécution amenoit la dissolution de la Constitution Nationale et la perte de la République.

Elle exerça les pouvoirs qui lui avoient été confiés et se renferma dans ses limites. Elle crut devoir réveiller les citoyens de leur stupeur, et elle obtint de la Convention le décret qui leur ordonnoit de se rendre à leur compagnie au premier signal, et qui réprimoit quelques désordres dans les délibérations des sections. Elle eut des conférences avec le maire et quelques ministres ; elle se convainquit, par leur propre aveu, de la réalité des mouvemens que personne ne réprimoit. Elle s'occupa de rallier les esprits autour de la Convention Nationale, comme le *palladium* de la liberté publique ; elle vit quelques présidens de section, elle écrivit à plusieurs et successivement à tous ; elle manda le commandant présumé de la force armée parisienne, les commandans de plusieurs sections, voisines de la Convention, et leur recommanda la surveillance ; elle eut le bonheur de trouver, dans presque tous, les dispositions convenables pour maintenir l'ordre, les propriétés et les loix. Voilà ses crimes aux yeux des conspirateurs : aux yeux des bons citoyens, elle a bien mérité de la Patrie.

On dit qu'elle a outre-passé ses pouvoirs. Plût à Dieu ! car elle auroit sauvé la République, et la Convention Nationale ne seroit pas asservie à la commune de Paris.

On dit que son organisation étoit monstrueuse. Mais, c'est insulter à la Convention Nationale qui l'a créée. Mais le comité de Salut public, qui l'avoit lui-même demandée, a des pouvoirs bien plus étendus. Mais le Comité de sureté générale seroit bien plus monstrueux. Mais les commissions auprès des départemens et des armées seroient étrangement monstrueuses.

On lui reproche une arrestation nocturne ; mais elle s'en est pleinement justifiée dans une affiche ; mais elle a prouvé que ce n'étoit pas elle qui exécutoit, mais bien le ministre de la Justice et ses agens ; qu'on ne peut pas s'en prendre à elle si le mandat d'arrêt, donné le matin, a été par ineptie et par malveillance exécuté nuitamment. Elle a prouvé qu'elle décerna le mandat d'arrêt contre les citoyens d'Obsan et Protaix le 25 au soir ; que, de crainte qu'ils ne fussent exécutés la nuit, elle différa jusqu'au lendemain à les envoyer au ministre de la Justice ; que quand, le 27 au matin, elle apprit, avant toute réclamation, que ces citoyens avoient été arrêtés de nuit, elle écrivit au ministre de la Justice pour lui en faire des reproches ; que le ministre répondit qu'il avoit donné des ordres sévères pour que cela n'arrivât plus à l'avenir. Mais le mal étoit fait ; la calomnie fit des progrès, et le peuple, qui ne s'arrête qu'à ce qu'il croit, ne considéra point que la faute d'un gendarme, agissant par les ordres du ministre, n'est pas la faute de la Commission qui ne les a pas donnés.

On lui reproche l'arrestation d'un magistrat du peuple. Mais, certes où en sommes-nous ? Et que veut-on dire ? Un magistrat du peuple est-il donc inviolable ? Quoi ! tandis qu'une conspiration est ourdie contre la Convention Nationale ; tandis qu'on annonce, qu'on provoque le massacre d'un certain nombre de députés ; tandis que la Commission est instruite que les poignards se fabriquent et s'aiguisent, elle verra un écrivain marcher concurremment avec les conspirateurs, désigner les victimes, annoncer que les ennemis du Peuple sont dans la Convention, que ce sont les Girondins, les Brissotins ; qu'il y a trois cents citoyens de trop, que quand ils n'y seront plus on pourra faire le bien ! Quoi ! tout cela se passe, au même tems, dans les mêmes jours, dans la Société des femmes, dans les sociétés populaires, au club électoral, dans les comités révolutionnaires, dans le comité révolutionnaire central ! et la commission ne jugera pas que cet écrivain est complice ou insensé ! qu'à bonne ou mauvaise intention, ses écrits provoquent au meurtre et, au meurtre des représentans du peuple ! que ces écrits vendus à deux sous, composés dans un style dont le genre attire un certain ordre de lecteurs, sont criés le matin, criés le soir, criés dans tous les quartiers et jusqu'à la porte de la Convention. Cet écrivain répondra froidement, dans son interrogatoire, que le genre qu'il se félicite d'avoir pris, *demande de l'exagération sans laquelle il n'auroit point de sel*. Du sel ! de la plaisanterie ! de l'exagération ! quand il s'agit de la vie des hommes ! Quel magistrat le peuple s'est-il donc choisi ? Et dans quel siècle vivons-nous, si cette froide cruauté ne révolte pas les moins insensibles ! Quel privilége pour un magistrat du peuple ! L'ancien despotisme a-t-il rien produit d'aussi monstrueux de la part des organes des rois.

Un magistrat du peuple! Républicains, élevés à l'école des Romains et des Grecs, est-ce là l'idée que vous avez prise du magistrat de la République ? Celui qui, par son langage et par sa conduite, devroit ignorer les termes obcènes et bas des lieux de prostitution, qui devroit même s'efforcer d'annoblir et d'épurer la langue des hommes libres, pour annoblir et épurer leurs mœurs ; ce grand magistrat s'occupe tous les jours, tous les jours à perfectionner ce langage ordurier, à nourrir le peuple de cet aliment de corruption, et se sert de la langue des prostituées pour former les hommes à l'assassinat.

Je n'ignore pas cependant ce qu'il faut pardonner au reste des mauvaises mœurs qu'avoit engendrées le despotisme ; aussi, par je ne sais quelle foiblesse, ou plutôt, je sais bien par quelle prudence je n'étois point d'avis de l'arrestation du magistrat du peuple Hébert. Mes collègues ne me sauront pas mauvais gré de cet aveu, car j'avoue aussi que si je les surpassai en prudence, ils m'ont surpassé en vertu. Mais je m'indigne avec eux de l'effronterie avec laquelle on reproche à la Commission, un petit nombre d'arrestations faites par elle dans la plus terrible crise de la Révolution, et qui sembloit marquer la dissolution de la République.

Elle a fait, dit-on, des arrestations arbitraires ! Si j'entends bien ce mot, arbitraire, en ce lieu-ci, il signifie une autorité illégale, ou une autorité légale, mais qui ne suit pas les formes de la loi.

Or, au premier égard, la Commission avoit été instituée par décret, comme toutes les autres commissions tirées du sein du corps conventionnel ; ses pouvoirs, ses formes étoient les mêmes ; donc elle n'est pas illégale, ou toutes les autres le sont.

Quant aux formes, elle les a suivies scrupuleusement ; donc elle n'étoit pas arbitraire.

La Commission a lancé des mandats d'amener contre des citoyens membres du soi-disant comité central révolutionnaire, et après les avoir entendus, elle les a renvoyés à leurs fonctions, sauf à se présenter quand ils en seroient requis.

Elle a lancé un mandat d'amener contre le citoyen Duclos, accusé d'avoir provoqué des mouvemens séditieux, et après l'avoir entendu elle l'a relâché. Elle n'abusoit donc pas de son pouvoir, elle mettoit de la mesure dans ses démarches.

Elle a lancé un mandat d'amener contre le citoyen Varlet, pour un écrit qui provoquoit au meurtre, et qui est déposé à la Commission ; ce Varlet qui, chaque jour, monté sur une chaise, en face de la Convention Nationale, invitoit les citoyens à massacrer les membres que Varlet avoit choisis. Varlet est arrêté au milieu de son sermon, sans ordre, par une patrouille indignée ; il se sauve, la gendarmerie veut l'arrêter : des hommes et des femmes s'en emparent ; car je ne dis pas que c'est le peuple qui l'a sauvé, je ne profane pas le nom du souverain ; bientôt il est arrêté, conduit à la Commission, interrogé et mis en état d'arrestation. Qu'y a-t-il là d'arbitraire ? Et comment entendez-vous qu'on puisse arrêter un perturbateur du repos public sans le mettre en arrestation ?

Elle a arrêté le citoyen Hébert, dont j'ai parlé : en voilà deux.

Elle a fait arrêter les citoyens d'Obsan et Protaix, sans mandat d'amener préliminaire. On a dit, dans la Commission, que le flagrant délit dispensoit du mandat d'amener : je m'en rapporte, ou, si l'on veut, je passe condamnation, car je n'entends pas assez bien les formes. Mais quand on pense que la Convention avoit ordonné à la Commission de se faire représenter les arrêtés des sections depuis un mois ; et quand on apprend que la section de la Cité refusa d'obéir au décret, avec des termes outrageux contre la Convention elle-même, on se demande ce que devoit faire la Commission ; et, si l'on se ressouvient qu'un décret rendu sur la motion du citoyen Legendre, rend les présidens de toutes sociétés et sections responsables des arrêtés contraires aux loix, peut-on ne pas conclure que la Commission auroit prévariqué, en ne punissant pas ce délit ? Que l'on dise qu'elle a manqué de prudence, qu'elle auroit dû mieux observer les tems, qu'elle auroit dû rapporter le délit à la Convention, qui auroit statué. Il y a là quelque apparence de raison. Encore n'est-il pas sûr que les tribunes eussent permis que la Convention eût puni cet outrage fait à l'autorité nationale. Mais, très certainement, la Commission n'a point prévariqué ; elle n'a point outrepassé ses pouvoirs ; elle a usé de ceux que lui donnoit le décret, de s'assurer des personnes.

Voilà donc quatre arrestations qu'a fait la Commission, mais avec la réserve d'en référer à la Convention, ce qui n'est point arbitraire. Le lendemain, son rapporteur s'est présenté à la tribune, il y a resté six heures sans pouvoir être entendu. Des vociférations, habilement propagées, l'ont réduit au silence : car, pour calomnier la Commission, il étoit important qu'elle ne fut pas entendue. On vouloit la désigner au peuple et supprimer une institution qui étoit instruite d'une conspiration qu'elle alloit dénoncer. Cette tactique a eu son succès éphémère ; la Commission a été tourmentée, persécutée, supprimée, et la conspiration s'est exécutée ; c'est-à-dire pour un tems et en partie, et jusqu'à ce que le peuple ouvre les yeux.

On a donc cumulé sur la Commission les imputations les plus odieuses, pour faire disparoître, s'il étoit possible, des hommes odieux qui étoient capables de préserver la Convention de sa dissolution, si long-tems et si habilement préparée ; déjà, dans peu de jours, elle étoit devenue l'espérance des bons citoyens, des républicains purs qui n'aspiroient ni aux places ni à la fortune de la République, et qui ne briguent que le repos sous la Constitution et les loix. On a crié qu'elle exerçoit une autorité dictatoriale.

Ah ! si dans ce moment de crise, où tous mes vœux se réunissent pour conserver une unité de pouvoir ; où peu m'importe qui sauve la Patrie, pourvu qu'elle soit sauvée ; où je n'envie ni ne blâme l'ambition de ceux des députés qui se croient seuls en état de la sauver, je demanderois où est la dictature ?

Si la Commission étoit une dictature, je dirois au comité de salut public : pourquoi donc avez-vous fait créer la Commission ? Si c'étoit une erreur en politique, pourquoi nous avez-vous fait proposer cette erreur ? Si vous avez le droit de la citer à votre tribune, lequel de vous deux avoit la puissance dictatoriale ?

On lui reproche, comme arbitraires, quatre arrestations que j'ai prouvé ne l'être pas ; et qui sont ceux qui lui font ce reproche ? et dans quel tems, dans quels momens ? Le sang bouillonne à cette injustice. C'est dans un tems où le comité de sûreté générale a fait emprisonner plusieurs centaines de citoyens ; où ils ont été arrêtés de nuit, sur de simples dénonciations ou des soupçons d'incivisme. C'est dans un tems où quatre-vingt-trois commissaires dans les départemens ont fait arrêter plusieurs milliers de personnes, et même des magistrats du peuple ; où ils en ont déporté avec des formes qui ont occasionné des réclamations entendues de toute la France. C'est dans un tems, où quarante-huit comités de surveillance, établis à Paris, font arrêter tout ce qu'ils appellent des gens suspects ; arrestations arbitraires, sur lesquelles les magistrats, ni le maire, ni le ministre de l'Intérieur, ni le peuple, outragé dans ses droits, ni ceux qui se disent ses flambeaux, n'ont encore porté aucune plainte.

Mais laissons-là ces vérités cruelles qui, dans ce moment, ne paroîtroient que des récriminations ; justification odieuse que j'abhorre.

La Commission des Douze est justifiée par les événemens. Elle annonçoit une conspiration contre les vingt-deux membres que poursuivoit la fureur désorganisatrice, et le département et la commune ont demandé publiquement la proscription de ces membres.

Elle devoit dénoncer un club électoral, et le club électoral existe et donne des loix !

Elle devoit dénoncer une commune qui tendoit à envahir l'autorité nationale, et la commune l'a envahie : elle fait fermer et ouvrir les barrières, sous un beau prétexte, sans doute, mais de sa propre autorité ; elle fait sonner le tocsin, malgré les décrets de la Convention ; elle lève une armée, elle taxe les citoyens : si ce ne sont pas là les attributs de l'autorité suprême, à quoi les reconnoissez-vous ? Vous faut-il des pièces, des preuves, des procès-verbaux sur lesquels on puisse mettre le scellé ? Elles ne sont plus nécessaires. Les pièces, ce sont les faits ; les procès-verbaux, c'est la notoriété publique ; les preuves, ce sont les discours prononcés à la barre de la Convention. Peu m'importe donc ce que prononcera le comité de salut public, sur la Commission qu'il a créée et supprimée.

Je n'ai pas le tems de finir, et je signe.

J.-P. RABAUT St-ETIENNE.

J'atteste que le précis ci-dessus a été imprimé sur un manuscrit fait et signé de la main de J.-P. Rabaut-St-Etienne.

Adrien LAMOURETTE.

Lecture faite du Précis, à l'assemblée de la section de Porte-Froc, elle y a applaudi et arrêté, à l'unanimité, qu'il seroit imprimé et affiché. A Lyon, le 22 juin 1793, l'an II de la République Françoise.

Par la Section,

MONTVIOL, président. CHAZOTTIER, secrétaire.

(*Archives du Rhône, Série L, affiches*).

XXVII

Compte-rendu de la fête du 29 juin par le « Journal de Lyon ».

Lyon, 29 Juin.

Avant de présenter à mes concitoyens le compte très peu moral de la situation de Paris, avant de peindre l'inconcevable égarement de cette ville qui fit la révolution et qui en favorise la ruine, arrêtons-nous sur une scène bien soulageante, sur le spectacle si doux et si rare d'un peuple nombreux faisant entendre les acclamations de l'enthousiasme et la voix de cette fraternité aimable qui doit lier les membres d'une même société. Détracteurs des Lyonnois, calomniateurs impudents d'une cité dont vous avez juré la perte, taisez-vous pour jamais. En vain, vos intrigues perfides ont voulu persuader à nos frères des campagnes, à nos frères de tous les départements que des intentions contre-révolutionnaires conduisoient nos armes, ils ont entendu l'air retentir des cris de vive la République. Les cœurs émus l'ont répété. Guerre aux despotes, guerre aux brigands, voilà le vœu libre, voilà le vœu solennel de tous les habitants de Lyon.

Marseille, dont les Lyonnois avoient suivi si bien l'exemple, Marseille, après avoir accueilli les deux députés de la ville de Lyon comme des frères et leur avoir témoigné les sentiments de l'attachement le plus inviolable, avoit décerné une couronne civique aux sections victorieuses. C'est à l'inauguration de cette couronne que la fête militaire du samedi 29 juin étoit consacrée.

Cette époque rappelle des souvenirs pénibles. C'étoit un mois avant que le sang des citoyens avoit coulé sous le glaive homicide de ses magistrats ; c'étoit un mois avant que, rassemblés sous la bannière de la loi, les citoyens armés avoient combattus ceux qu'ils avoient choisis pour en être les organes ; c'étoit un mois avant, qu'égaré par un caractère trompeur, par des suggestions perfides, par des pièges adroits, le père avoit égorgé son fils, le frère son frère, l'ami son ami... Ce rapprochement, au milieu de la pompe de la fête, mêloit aux pleurs de la reconnoissance un sentiment d'amertume bien propre à rallumer le feu sacré de la liberté et le courage si nécessaire pour nous assurer la victoire.

Le canon avoit annoncé la veille la fête militaire. Dès le matin, les phalanges victorieuses du 29, rassemblés sous la bannière tricolore qui les guidoit au combat dans cette journée fameuse, se rangèrent sur la place de la Fédération. Au milieu de la place s'élevoit un peuplier superbe, orné d'un faisceau d'armes, de piques et de branches. Contre l'arbre, d'un heureux emblême, s'adossoit un amphitéâtre à quatre faces bordée de peupliers. Autour de la place, au milieu des légions de la ville, étoient placés des détachements militaires des campagnes précédés de leurs officiers municipaux, dont l'écharpe, parant la bure modeste, ne fut jamais l'étendard du pillage et du massacre. Le bataillon des vétérans, celui de l'espérance environnoient l'amphitéâtre. Un soleil serein éclairoit les chants de la victoire. Hélas ! il éclairoit aussi les massacres du 29.

Les administrateurs du département, des deux districts, les corps judiciaires, les députés des sections, les membres de la commune provisoire ornés du ruban tricolore dont l'éloquente simplicité rappelloit encore les écharpes sanglantes de leurs prédécesseurs. Tel étoit le cortège. Deux bannières ouvroient la marche, sur l'une, ornée d'emblêmes analogues étoient écrits ces mots : loi, liberté, égalité, union ; sur l'autre, surmontée d'un bonnet de liberté : les Marseillois à leurs frères d'armes de Lyon, vainqueurs de l'anarchie dans la journée du 29 mai ; à la pique qui la surmontoit étoit attaché la couronne. Sous cette bannière marchoient les deux députés de Lyon à Marseille, les citoyens Pelzin et Jacquier, des députés de Marseille, d'Aix, de l'Isère et d'autres départements.

Parti de l'hôtel commun au milieu d'un peuple immense qui bordoit les rues et dont les acclamations annonçoient assez de quel poids les esprits étoient soulagés depuis un mois, le cortège s'avança à la place de la Fédération. Une salve d'artillerie annonça la marche.

Député de la ville de Lyon à celle de Marseille et porteur de la couronne, le citoyen Pelzin prend la parole. Nous donnerons en entier les discours intéressants prononcés dans cette fête. L'éloquence du sentiment qui les dicta en fait autant de monuments authentiques qui répétoient à tous nos frères les intentions souvent manifestées de notre malheureuse cité.

Le citoyen Pelzin, en terminant son discours, présente au nom des sections de Marseille, à celles de Lyon, la couronne civique et la pose sur le front du commandant-général Madinier, comme chef de la garde nationale lyonnoise, plus digne qu'aucun autre par son civisme et son courage de recevoir ce témoignage glorieux de l'estime des Marseillois.

Un citoyen de Marseille témoigne, après le citoyen Pelzin, sa joie de pouvoir exprimer lui-même aux habitants de Lyon, la reconnoissance de ses concitoyens. Ce n'est point à la ville de Lyon, s'écrie le président du district de la ville, le citoyen Angelot, c'est à Marseille qu'appartient cette couronne; c'est Marseille qui nous donna l'exemple, nous n'avons fait que l'imiter. Des députés de l'Isère et de la Gironde témoignent les mêmes sentiments que ceux de Marseille. Les premiers, proscrits par le farouche dictateur des Alpes, Dubois-Crancé, renouvellent par leur présence l'horreur involontaire que fait éprouver à présent le nom seul de ce petit despote éphémère. Les autres, les députés de la Gironde, dont le nom seul, consacré par le mépris des anarchistes, est devenu le ralliement des patriotes philantropes, devoient être cher à ceux qui combattent pour la même cause. Un cri unanime leur ferme la bouche : vive la Gironde, vive Marseille, vive la République. Le citoyen Coindre, président de la commune provisoire, termine par un discours éloquent, que nous consignerons également ici et comme monument des sentiments de l'administration paternelle qu'il préside et comme témoignage de ses vertus personnelles. Des acclamations répétées suivent son discours. La pique et la baïonnette s'élèvent, les chapeaux sont en l'air, vive la république s'écrie-t-on dans tous les rangs. Point de roi, point de dictateur, point de triumvirs, guerre aux tyrans de toute espèce. Les habitants des campagnes, confondus avec ceux de la ville, prêtent les mêmes serments ; les mêmes discours sont répétés à la partie opposée; les mêmes acclamations se font entendre ; des chants guerriers retentissent dans les airs ; aux quatre coins de la place un chœur nombreux entonne l'hymne trop long-temps oubliée des Marseillois; le cortège défile, passe dans les rangs. Le cœur s'émeut en voyant le bon laboureur revêtu de son écharpe et réunissant, du moins sous le signe respectable du patriotisme, l'aimable affabilité de la vertu. Vivent nos frères de la campagne, s'écrie-t-on de tous côtés avec une émotion délicieuse. Satellites de Dubois-Crancé, aveugles instruments d'un tyranneau qui vous égare, pourquoi n'avez-vous pas vu ces scènes attendrissantes ?

Une salve d'artillerie termine la fête ; le cortège défile, se rassemble sur la place des Terreaux, autour de l'arbre de la liberté. Là, on entonne l'hymne des Marseillois, l'enthousiasme de la liberté brille dans tous les yeux. On regarde avec émotion cet hôtel commun, il y a un mois citadelle formidable, aujourd'hui sénat respecté, siège des pères du peuple, gardé par l'amour et la confiance.

Des libations somptueuses n'ont point couronné cette journée ; on n'a pas cherché par des banquets à exciter l'ivresse pour la disposer au crime. Les vertus domestiques, cette hospitalité si connue des peuples libres, devoit présider à la fête. Chacun des citoyens a conduit dans sa maison un ou deux frères des campagnes, lui a offert sa subsistance modeste et, en la partageant avec lui, lui a peint la sécurité de sa famille, la tranquillité de ses foyers ; chacun a dit à ses hôtes : je tremblois pour ma femme, pour mes enfants, pour mon ami ; un ordre arbitraire m'avoit encavé ; un petit sacrifice m'avoit arraché des griffes de nos vautours, mais bientôt un mandat impératif étoit venu encore décimer ma fortune et comme, après m'avoir dépouillé, il falloit pourvoir à ma subsistance, un second m'arrachoit à mes foyers dévastés et me commandoit d'aller défendre ceux de mes spoliateurs. Opprimés, fatigués, exténués, nous avons dit le 29 : sachons si nous nous coucherons libres ou si nous végéterons pour jamais sous la verge qui nous déchire. Nous avons combattu, nous avons triomphé et cette paix profonde est l'ouvrage du jour ; jugez si nous sommes vos ennemis, si nous sommes des contre-révolutionnaires.

Puisse cette fête civique, puisse cette journée achever de détruire les insinuations perfides que des envoyés s'efforcent de répandre dans les campagnes. Oh ! mes amis, oh ! mes frères, méfiez-vous de la calomnie, méfiez-vous de la malveillance. Elle ira troubler la paix de vos chaumières ; elle ira détourner votre amour de la liberté contre ceux qui, comme vous, brûlent de la défendre. On abusera de votre candeur confiante ; on nous présentera à vos yeux comme vos ennemis... Et quelle seroit notre idée ? votre sort est le nôtre, vos intérêts sont les nôtres. Il faut nous sauver tous ou périr ensemble. Bons habitants des campagnes, n'en croyez pas les méchants. Déjà dans des temps calamiteux, vos sacrifices pour nous vous méritent de notre part une juste reconnoissance. Achevez votre ouvrage, et si de coupables phalanges venoient désoler vos champs, nos légions citoyennes périront toutes avant d'en laisser dévaster les premiers sillons.

Pourquoi faut-il, après ce tableau si doux et surtout à présent d'une concorde sincère et vraiment républicaine, pourquoi faut-il dénoncer à mes concitoyens un crime, une violation du droit des gens. Citoyens, écoutez et préparez vos armes.

Deux députés avoient été envoyés par l'administration du département de Rhône-et-Loire à celle de Chambéry, relativement à des approvisionnements et autres affaires d'administration. Leur mission étoit finie, ils revenoient, lorsqu'à quatre lieues de Chambéry, on les saisit chez un maître de poste par ordre des représentants du peuple Dubois-Crancé, Albite et Gauthier. On les ramène à Chambéry, ils sont plongés dans un cachot affreux et traduits à Grenoble devant le triumvirat.

Nous avons respecté la liberté de Gauthier, lâche assassin de nos frères d'armes ; nous avons respecté la liberté de Nioche, temporiseur perfide qui nous amusoit par ses verbiages pendant que ses satellites massacroient nos légions ; nous avons respecté la liberté de Robert Lindet, de l'ami de Gaillard. De justes représailles nous autorisoient à les charger de fers. Ils se sont retirés libres, et des administrateurs chargés d'une mission de leur ressort sont jetés dans les fers. Justice ou vengeance.

Les deux administrateurs arrêtés à Chambéry sont les citoyens

Matheron, administrateur du district de la Ville, et Pécollet, président du district de la Campagne. Une telle injure devoit allumer la plus vive indignation.

Nous ferons connoître le manifeste énergique que les sections viennent d'adopter d'après cet événement.

Discours du citoyen Pelzin :

Citoyens, soldats,

Depuis deux années vous n'étiez plus comptés sur le sol de la liberté..........*(Procès verbaux des séances des corps municipaux, t. IV, p. 358).*....... Vive la République une et indivisible, périssent les anarchistes.

Puis en posant la couronne sur la tête du commandant-général,

« Au nom des trente-deux sections de Marseille, je couronne les légions lyonnoises dans la personne de leur chef ».

Discours d'un député de Marseille au nom des trente-deux sections.

« Citoyens, soldats, qu'il est flatteur pour nous............... *(Procès-verbaux des corps municipaux, IV, p. 359)*......... et jouir, dans le sein de vos familles, du bonheur et de la paix que vous vous serez procurés par vos exploits ».

Discours d'un député de Bordeaux au nom de son département :

Braves Lyonnois, dans cette journée à jamais mémorable....... *(Corps municipaux, IV, p. 359)*..........recevez, dans la personne de votre maire et de votre commandant, le baiser de fraternité que nous allons leur donner ».

Discours des députés du département de l'Isère :

« Citoyens, Vous voyez les députés du département de l'Isère; eh! que dis-je, députés....... *(Corps municipaux, IV, p. 360)*....qu'un camp formidable se forme sous vos murs et vous aurez la gloire d'avoir sauvé la France.

Discours du citoyen maire de Lyon :

Citoyens, le monstre de l'anarchie désoloit cette superbe et intéressante cité...........*(Corps municipaux, IV, p. 360)*.......... le François ne connoisse d'autre maître que la loi, d'autre empire que la vertu, et d'autre plaisir que celui de faire des heureux.

Spectacles. — Les spectacles à Rome faisoient partie des fêtes, c'est par là que ce peuple, digne d'être libre, alimentoit l'enthousiasme. Peut-être ne connoissons-nous pas encore tout l'usage que nous pourrions tirer de ce ressort dont le succès est d'autant plus sûr qu'il est attrayant.

On donnoit le soir, au théâtre des Terreaux, Guillaume Tell, l'offrande à la liberté, et un ballet national. Les membres des autorités constituées et les députés des départements et des campagnes y assistoient. Ce spectacle, analogue à la journée, devoit avoir du succès. Plusieurs applications de la tragédie ont été vivement senties et couvertes d'applaudissements. Trois couplets ajoutés dans l'intermède ont été vivement applaudis et redemandés. Nous allons les consigner ici.

Couplets

Délivrés de la tyrannie
Nous gémissions depuis long-temps
Sous la plus affreuse anarchie
Qu'exerçoient de vils intrigants. *bis*

Lyonnois, par votre courage,
L'horrible monstre est terrassé ;
Vous aviez si bien commencé,
Ne perdez pas votre avantage ;
Sur les méchants soutenez vos succès,
Veillez, restez armés,
Servez d'exemple à tous les bons François.

On ne verra plus de victimes
Gémir sous un joug abattu ;
Sur ces sièges souillés de crimes
Est assise enfin la vertu. *bis*
Ayons entière confiance
Dans nos vigilants magistrats,
La loi seule marque leurs pas
Et conduit en tout leur prudence.
Thémis, si dans leurs mains ton glaive est arrêté,
Tremblez, brigands, l'arrêt de mort n'en est pas moins porté.

Au bruit de la foudre qui gronde
Sur la tête des factieux,
De Marseille et de la Gironde,
Vos frères volent en ces lieux. *bis*
Ils ont aussi dans la poussière
Courbé l'anarchiste cruel
Et viennent, d'un bras fraternel,
Couronner votre ardeur guerrière.
François, d'un tel accord naîtra l'égalité ;
Marchons, volons et cimentons l'heureuse liberté.

(*Journal de Lyon, 30 juin 1793, n° 96 et 97, page 375*).

XXVIII

16 Juin — 1 Juillet.

Observations sur les causes de la mort des blessés par des armes à feu, dans la journée du 29 mai 1793, à Lyon, par le citoyen Tissot, Chirurgien-Major de l'hôpital militaire de Lyon. — Imprimé d'après le vœu de la municipalité provisoire de la ville de Lyon.

La mort d'un grand nombre de blessés à l'Hôtel-Dieu et en ville, quelques jours après la bataille du 29 mai, a fait généralement soupçonner que les plaies d'armes à feu avoient été faites par des balles empoisonnées, dont les citoyens et les soldats, qui gardoient alors l'Hôtel-de-Ville, avoient chargé leurs fusils ou les canons.

Ces soupçons ont paru fondés d'après la découverte de quelques cartouches à balle, où il y avoit, dit-on, du verre pilé et de l'arsenic, et que l'on a trouvé à l'Hôtel-commun et dans les gibernes ou les poches de plusieurs citoyens arrêtés depuis.

D'après la demande qui m'a été faite, le 8 juin, par la Municipalité provisoire de Lyon, justement alarmée sur les causes de la mort d'un grand nombre de ces blessés, et du peu de succès des amputations faites à quelques autres, malgré les secours les mieux ordonnés et appliqués ; et désirant savoir le résultat de mes observations sur les blessés reçus à l'hôpital militaire, j'atteste :

1° Que sur le nombre de cinquante-six soldats et citoyens reçus les 29 et 30 mai audit hôpital, deux soldats y ont été apportés morts, trois citoyens y ont expiré quelques heures après ; que les 30 et 31 mai, on a transféré vingt-huit citoyens blessés à leur domicile ou au grand Hôtel-Dieu, et qu'il y restoit vingt-trois soldats blessés.

2° Que leurs plaies ne m'ont présenté que des accidens ordinaires aux plaies d'armes à feu, aggravées autant par le peu de distance à laquelle les coups ont été portés, que par le volume ou la figure irrégulière des balles.

3° Qu'il a été extrait de ces plaies six à sept balles en plomb, les unes sphériques, les autres ayant des aspérités ; vingt-cinq à trente grosses balles en fer, ayant une pointe qui leur restoit, et beaucoup de mitraille ; ce qui a occasionné des déchiremens dans leur trajet.

4° Qu'ayant fait des démarches à l'Hôtel-de-Ville, pour examiner ces cartouches que l'on disoit empoisonnées, on m'a dit qu'elles avoient été emportées par des personnes qui s'étoient chargées d'en faire faire l'analyse et d'en rendre compte. L'on n'a pu me montrer que des cartouches ordinaires, et une petite provision de balles coupées à pointe.

5° Que les suppurations des blessés confiés à mes soins sont d'une bonne qualité, qu'elles amènent chaque jour quelques restes de corps étrangers en étoffe ou des esquilles d'os. Enfin, j'espère ne faire aucune amputation et sauver tous ces blessés.

D'après cet exposé, je regarde, avec les chirurgiens en chef de l'Hôtel-Dieu et mes autres confrères, comme mal fondés tous les bruits alarmans sur les causes de la mort des blessés.

A Lyon, le 16 juin 1793, l'an second de la République française.

Signé Tissot.

Réflexions postérieures à ce rapport.

Le rapport des officiers de santé en chef de l'Hôtel-Dieu, le témoignage non équivoque de plusieurs chirurgiens de la ville de Lyon, et mes observations sur cet objet n'ayant pas paru satisfaisans aux citoyens affligés sur la perte de leurs parens ou amis blessés à l'affaire du 29 mai, j'ai cru devoir répondre aux principales objections que l'on a faites dans quelques sections. Puissent ces réflexions achever de détruire tous les soupçons qui continuent de donner de vives inquiétudes aux blessés.

Demande. « L'on a assuré avoir vu à l'Hôtel-de-Ville et trouvé sur « des citoyens arrêtés après la bataille, des balles trouées, remplies « d'une poudre blanche, et des cartouches à balle ordinaire dont la « poudre à tirer étoit mêlée avec du verre et de l'arsenic. A-t-on réel- « lement employé ces sortes de balles ou cartouches, et quel effet ont- « elles dû produire sur le corps des blessés ? »

Réponse. 1° Ni la municipalité provisoire, ni les gens de l'art consultés sur cet objet, n'ont pu en avoir la preuve ; elle ne peut être que dans les mains de ceux qui ont enlevé ces balles et ces cartouches suspectées que personne ne présente aujourd'hui.

2° Lors même qu'il y auroit eu du verre et de l'arsenic mêlés avec la poudre à canon ou avec la bourre, ces substances seroient à peine arrivées à quelques pieds de distance du bout du fusil, à raison de leur légèreté, ou se seroient décomposées par la déflagration de la poudre.

D. « Ce ne sont pas les blessés portés à l'hôpital militaire, du parti » de l'ancienne municipalité, qui ont dû être affectés du poison, mais « bien ceux qui défendoient le parti contraire et qui sont à l'Hôtel-« Dieu. Telle est l'objection qui a été généralement faite ».

R. Ayant assisté, avec les citoyens Grassot, Carret, Boucher, chirurgiens de la ville ; Coze, médecin, et Mazeyrie, premier aide-major de l'hôpital militaire, à plusieurs consultations faites pour les blessés à l'Hôtel-Dieu, où il y en a des deux partis ainsi qu'à l'hôpital militaire, les chirurgiens en chef de cette maison et nous, n'avons point remarqué d'accidens extraordinaires dans ces plaies, ni trouvé de corps étrangers suspects dans l'ouverture faite en notre présence des membres amputés, ou des cadavres de ceux qui y étoient morts.

D. « Si les soupçons du poison ne sont pas légitimes, quelle seroit « donc la cause de la multiplicité des morts à l'Hôtel-Dieu et en « ville et du rétablissement des blessés soignés à l'hôpital mili-« taire ? »

R. Les raisons de cette différence ne peuvent être bien senties que par les gens de l'art, parce que leur développement tient à la nature et à la complication de ces sortes de plaies, aux circonstances morales qui les ont accompagnées ou suivies ; parce que le succès dépend essentiellement et de la promptitude des secours et du régime observé par les malades.

1° On sait que les plaies d'armes à feu à la tête, à la poitrine, au bas-ventre, avec lésion des principaux viscères, sont ordinairement mortelles. Aussi plusieurs des blessés en ces parties sont morts à l'hôpital militaire, à l'Hôtel-Dieu et à leur domicile, peu d'heures ou très peu de jours après avoir reçu le coup de feu, malgré les secours les plus prompts.

Les plaies avec fracas dans les articulations, ou avec contusion aux extrémités des os sont plus dangereuses que celles qui fracturent simplement les os dans leur partie moyenne et que celles qui n'intéressent que les chairs. Dans le premier cas, la chirurgie n'offre le plus souvent d'autre ressource que l'amputation.

2° Les blessures qui n'étoient pas mortelles, le sont devenues par les circonstances morales qui les ont précédées ou suivies, ou par des dispositions prochaines à d'autres maladies qui se sont développées en même temps par l'effet de la commotion.

Dès avant la bataille, les combattans des deux partis étoient en proie à des affections de l'âme très exaltées, qui ont dû les préparer à des accidens plus graves.

Plusieurs de ceux qui défendoient l'Hôtel-de-Ville sont convenus, lorsque nous avons recherché les causes du vomissement qui les affectoit, qu'ils étoient dans un état d'ivresse lors du combat. Cet état les a nécessairement disposés à une sorte de dépravation consécutive des humeurs, dont les suites ont été plus funestes par la crainte de la misère ou d'une arrestation ; car on ne sauroit douter de l'influence des passions de l'âme sur l'économie animale. Cette influence s'accroît dès que les fonctions sont dérangées par la maladie, et rien ne s'oppose plus au rétablissement des malades que la crainte et l'épouvante.

Chez les autres, le spectacle déchirant des victimes souffrantes ou immolées, les pleurs, les tendres affections de l'amitié, de la piété filiale, de la paternité, de l'amour conjugal ont produit sur les facultés intellectuelles un froissement pénible et douloureux. La crainte de la mort ou la cruelle perspective d'être privé de quelque membre, ajoutoit encore aux douleurs des blessés. Ces différentes causes morales ont fait sur les blessés une si forte impression que la plupart des trépans et des amputations a été sans succès ; ces causes ont même accéléré la mort d'un grand nombre.

3° Le retard des secours chirurgicaux relativement aux blessés qui avoient pris la fuite a amené le développement d'accidens plus graves. La promptitude des secours a, au contraire, préparé des succès sur les autres.

En effet, à mesure que l'on apportoit les blessés de l'Hôtel-de-Ville à l'hôpital militaire, dont il est près, nous fîmes des dilatations aux plaies, des incisions plus ou moins profondes et des contr'ouvertures, tant pour débrider les parties lésées, que pour extraire les corps étrangers. En un mot, nous changeâmes la nature de ces plaies en les convertissant, autant que possible, en plaies simples et saignantes. Par ce moyen, il s'est opéré un dégorgement salutaire qui a prévenu les accidens fâcheux. Cette première indication a été secondée par les saignées, les boissons délayantes, tempérantes et la diète sévère, par les pansemens méthodiques, l'usage du séton et la situation convenable des membres blessés.

Quand, malgré ces soins, il survenoit des accidens qui me paroissoient dépendre moins du désordre local que de la dépravation consécutive des humeurs, de l'état vicié des premières voies, ou d'une fièvre vermineuse, ou d'une bile surabondante, alors j'ai employé les boissons acidulées ou émétisées, les doux purgatifs, en soutenant leur effet pendant le temps nécessaire. Un bon régime, les cordiaux donnés à propos, ont relevé les forces vitales. L'usage du quinquina, après les évacuations indiquées, en donnant du ton aux solides, en corrigeant les mauvais levains fébriles, a rendu les suppurations plus louables.

Le succès de ce plan de curation a été heureux pour les blessés à l'hôpital militaire, parmi lesquels plusieurs sont hors de danger, les autres touchant à leur parfaite guérison.

4° On a obtenu des succès à l'Hôtel-Dieu, en employant sur plusieurs blessés des procédés semblables. Suivant le rapport exact des officiers de santé en chef de cette maison, il y est mort vingt-un blessés; les uns à raison de la gravité et de la complication de leurs plaies ; les autres par suite de l'influence inévitable du séjour de cet hôpital, surchargé de malades dans un temps chaud et humide, ce qui a pu contribuer aux gangrènes humides, ou occasionner le tétanos, accident souvent mortel et très-ordinaire aux plaies d'armes à feu dans les articulations. D'autres y ont succombé à des plaies légères en apparence, par l'effet des désordres intérieurs, qu'ont développés dans leur tempérament délicat, la commotion et surtout le défaut de régime, cause ordinaire et trop fréquente que nous avons à combattre dans toutes les maladies : *Gula plus occidit quam gladius.* Tant il est vrai que la police des hôpitaux, par rapport à la salubrité, à l'introduction secrète des alimens et boissons, à la multiplicité des visites d'étrangers et à la sortie trop facile des convalescens, ne peut être trop sévère pour assurer le succès des gens de l'art. Leurs représentations à ce sujet ne sont pas toujours écoutées par ceux qui sont chargés de surveiller l'exécution des ordonnances ; souvent même ceux-ci se permettent d'y déroger. Si les officiers de santé s'en plaignent, c'est la voix qui crie dans le désert.....

D'après ces réflexions, il résulte :

1° Que les premiers secours chirurgicaux sont indispensables et ordinairement décisifs dès l'instant des plaies d'armes à feu, pour procurer le dégorgement des sucs que l'extrémité des vaisseaux refoulés retiendroit, pour prévenir les accidens fâcheux, la nécessité des dilatations secondaires et la fièvre qui en est la suite.

2° Que le danger de ces plaies, même les plus graves, dépendant quelquefois moins du désordre local que des causes prédisposantes à l'irritation nerveuse, à la dépravation consécutive des humeurs, à l'état vicié des premières voies, ou étant occasionné et entretenu par l'effet des passions, etc., il est important de remplir ces différentes indications par les secours physiques et moraux.

3° Que le retard des premiers secours, le mauvais régime, l'insalubrité et les affections vives de l'âme, peuvent devenir funestes aux blessés.

D'où je conclus que telles ont été les principales causes de la mort du plus grand nombre des blessés, et qu'il n'y a pas lieu de l'attribuer à des balles ou cartouches empoisonnées.

A Lyon, le 1er juillet 1793, l'an second de la République française.

Signé Tissot.

A Lyon, de l'imprimerie de Bruyset frères, 1793.

(*Bibl. de la ville de Lyon, fonds Coste, 350577 (4429).*)

XXIX

Prospectus de l'Histoire de la révolution de Lyon.

Lyon, le 3 juillet 1793, l'an 2e de la République française.

Citoyen, la section de Porte-Froc, après avoir consulté les autres sections de Lyon, a recueilli et a livré à l'impression les pièces relatives à la journée du 29 mai et aux attentats qui l'ont précédée. Cette collection, aussi précieuse pour l'histoire que pour le moment actuel et qui est maintenant complette, offrira un tableau si épouvantable de forfaits médités ou exécutés, qu'il n'en existe pas de pareil dans les annales du monde ; on y trouvera, avec plusieurs listes de proscriptions et de taxes arbitraires, tous les plans de désorganisation, de famine, de pillage et de massacre qui ont rendu si désastreux les dix derniers mois de la révolution, et qui menacent encore des plus grands malheurs toutes les contrées qui n'ont pu secouer le joug des anarchistes ; on y trouvera particulièrement des preuves matérielles de la complicité des commissaires de la Convention avec les brigands qui dévastaient cette cité.

Cette collection sera précédée d'une analyse raisonnée des pièces, sous le titre d'*Histoire de la révolution de Lyon* ; cet ouvrage, soumis incessamment à la censure des commissaires nommés par la section de Porte-Froc et par plusieurs autres sections, sera des plus authentiques ; les pièces imprimées seront également mises sous leurs yeux en épreuves, de manière néanmoins que l'ouvrage entier puisse être publié dans huit jours. Il sera composé de 150 à 200 pages, in-8°, caractère Petit romain pour le discours, et Petit texte pour les pièces justificatives.

Mais la section de Porte-Froc a considéré que la répartition des frais entre les sections pouvait donner lieu à des difficultés ; les unes n'ont souscrit que pour un trente-quatrième ; les autres ont souscrit sans restriction ; d'autres n'ont point fait parvenir leur avis ; toutes enfin ne sont ni également fortunées, ni également peuplées. Dans quelle proportion pourrait-on répartir les frais ? Voilà ce qui n'est pas facile à déterminer : et il s'agit d'une dépense très considérable.

Un bon citoyen, frappé de cette difficulté, et affligé des retards que pourraient entraîner de nouvelles explications, a fait à la section l'hommage patriotique d'un moyen qui a paru propre à tout concilier : c'est de faire imprimer l'ouvrage à ses frais et à ses risques, et d'offrir ensuite aux sections et aux autorités constituées tel nombre d'exemplaires qu'elles désireront, à un prix modéré. Par ce moyen les sections et les autorités constituées pour régler d'avance, et en pleine connoissance de cause, la contribution qu'elles croiront pouvoir s'imposer pour donner à un recueil si important toute la publicité possible, en le faisant circuler dans toute la République. Ainsi s'évanouiront tous les inconvéniens de la répartition.

Chaque exemplaire, broché, sera vendu 40 s. à tous les soumissionnaires qui se feront inscrire jusqu'au dimanche 7 juillet, et 50 s. (1) aux citoyens qui ne se seront pas fait inscrire.

Comme le nombre d'exemplaires à tirer sera à peu près proportioné à la quantité des soumissions, la section de Porte-Froc invite les autres sections et les autorités constituées, à vouloir bien s'expliquer au plutôt, pour que l'impression d'une collection si intéressante n'éprouve aucun retard, et qu'elle obtienne rapidement une grande publicité.

Les frères Jacquenod, libraires, grande rue Mercière, recevront les soumissions qu'on voudra bien leur adresser, et feront parvenir l'ouvrage, franc de port, à tous les soumissionnaires.

La section de Porte-Froc, sensible au dévouement du citoyen qui a fait l'offre dont elle vient de parler et qui a voulu demeurer ignoré, s'empresse de lui servir d'organe auprès des autorités constituées et des sections.

Les président et secrétaire de la section de Porte-Froc,
GUERRE, vice-président.   BARON, secrétaire (2).

Au citoyen président du département de Rhône-et-Loire, pour être lue séance tenante.

(*Imprimé.* — *Archives du Rhône, série L.*)

---

(1) *Ces chiffres* 40 *et* 50 *en surcharge, à la plume.*
(2) *Signatures autographes.*

XXX

10 Juillet.

Extrait des délibérations de la commune de Violey, séance du dix juillet mil sept cent quatre-vingt-treise, l'an second de la République française.

Citoyens administrateurs, notre commune, instruite aussitôt de la victoire que vous ont mérité de remporter sur le crime vos vertus et votre courageuse prévoyance, que des dangés éminants qui vous assailloient déjà de toute part, notre commune se fait un devoir de vous adresser ses félicitations sur vos heureux succès. Vos succès sont les nôtres, dès lors qu'ils assurent notre bonheur commun et que la faction criminelle qui s'aprettoit à verser le sang une fois anéantie, les honnêtes et vertueux citoyens pourront jouir de cette douce tranquillité qu'amène l'union, la concorde et le respect des personnes et des propriétés.

Permettés, citoyens administrateurs, que la foible voix de tous nos citoyens se fasse entendre jusqu'à vous. Asservis depuis longtems sous le joug de la plus cruelle anarchie, recevez les prémices de la reconnoissance que vous offre les cœurs de vrais patriotes républiquains. Nous vous devons l'existence heureuse dont nous commençons à jouir, agréés-en notre sincère homage. Déplorant la perte malheureuse des braves citoyens qui ont péris dans la journée à jamais mémorable du vingt-neuf mai dernier, nous regrettons sincèrement, en arrosant leurs tombeaux de nos larmes, de ne pouvoir joindre nos secours à ceux destinés pour soulager les parants des infortunés que le crime a moissonnés. Acablés par le fléau dévastateur de la grêle, épuisé par des contributions que l'injustice nous a arrachées sans égard au poids énorme, mais que l'amour de notre patrie alège, des contributions foncières et autres que nous nous sommes fait et nous ferons toujours un devoir sacré d'acquitter ; il ne nous reste, citoyens, qu'un dont à vous offrir : celui de nos cœurs, de nos bras toujours près à défendre et secourir ceux qui ont sut terrasser l'hidre de l'anarchie. C'est là, citoyens administrateurs, l'expression des sentimens de tous nos concitoyens, qui tous adhère unanimement, dans toute la sincérité de leurs cœurs, vos sages opérations.

Fait et arrêté au bourg de Violey, maison de la commune, séance tenante, ce jourd'huy dix juillet 1793, l'an 2 de la République française.

Suivent grand nombre de signatures.
Extrait collationné conforme à l'original. C..., secrétaire

(Bibliothèque de la ville, manuscrits Coste, n° 643 5).

XXXI

14 Juillet.

Procès-verbal de la Fédération faite à Saint-Etienne, chef-lieu de district, département de Rhône-et-Loire, le dimanche 14 juillet 1793, l'an 2ᵉ de la République une et indivisible.

Les citoyens commissaires civils, députés par la Commission populaire républicaine et de salut public du département de Rhône-et-

Loire, pour accompagner l'armée départementale qui s'est rendue à Saint-Etienne, dans l'intention de fraterniser avec les citoyens de cette dernière ville, et de leur donner des preuves d'amitié et d'attachement, et les citoyens composant l'armée départementale, ne pouvant assister en personne à la fédération générale des gardes nationales, qui doit avoir lieu cejourd'hui au chef-lieu du département, ont manifesté aux citoyens de Saint-Etienne combien il leur seroit agréable de pouvoir participer, de cœur et d'esprit, à une fête à laquelle ils prennent un si vif intérêt.

Les citoyens de Saint-Etienne, animés des mêmes sentimens, profondément affligés de ce que l'invitation d'envoyer des représentans à la fédération générale leur est parvenue si tard qu'il leur a été impossible, malgré leur empressement, d'y déférer, ont saisi l'occasion que leur fournit le séjour, en cette ville, de leurs frères d'armes de Lyon, et tous ensemble, d'un mouvement spontané, ils ont formé le projet de se réunir, et de l'agrément de la municipalité de Saint-Etienne, de se fédérer, se donner des témoignages réciproques d'amitié, d'union et de concorde, et de prêter ensemble les mêmes sermens qui doivent être prononcés à la fédération générale du département.

Ces propositions parvenues à la municipalité de Saint-Etienne ont été accueillies avec enthousiasme ; elle a donné les ordres nécessaires pour les préparatifs de la fête, et pour en augmenter la pompe et la solemnité, elle a fait inviter les corps administratifs et judiciaires de Saint-Etienne, et les municipalités de Montaud, d'Outre-Furens et de Valbenoîte, voisines de la ville de Saint-Etienne, à y assister.

A onze heures du matin, l'armée départementale, la garde nationale de Saint-Etienne, et le détachement du neuvième régiment de dragons en garnison en cette ville, se sont assemblés sur la place d'armes.

Les corps invités se sont réunis au Conseil général de la commune de Saint-Etienne, dans le lieu de ses séances, et ont été conduits avec les commissaires civils au milieu d'un détachement de la garde nationale sur la place d'Armes, d'où le cortège est parti en ordre, accompagné de l'artillerie de l'armée départementale et de celle de la garde nationale de Saint-Etienne, pour se rendre au champ ordinaire de la fédération.

Arrivés au champ, il a été formé un bataillon quarré sur quatre faces ; au milieu étoit l'autel de la patrie.

Les citoyens commissaires civils, les officiers municipaux et membres du Conseil général de la commune de Saint-Etienne, et les corps invités, ont pris place autour de l'autel : ils ont vu avec satisfaction se réunir à eux deux officiers municipaux de la commune de Pélussin.

La cérémonie a été annoncée par une salve d'artillerie.

Le citoyen Yvon, substitut du procureur de la commune de Saint-Etienne, a fait le discours suivant :

« Citoyens, frères et amis,

« Quelques idées tracées à la hâte seront une bien foible image des sentimens qui transportent une âme républicaine, mais vous pardonnerez sans doute à la faiblesse de mes expressions en faveur du motif qui m'anime, du peu de temps qui me restoit.

« Une République une et indivisible, gouvernée par le véritable souverain, c'est-à-dire par le peuple, appropriée de telle manière qu'un représentant, qu'aucun citoyen ne puisse réunir sur sa tête assez d'autorité pour devenir un jour le tyran de sa patrie, est, selon moi, la meilleure forme de gouvernement.

« Les anciens peuples, qui parloient tant de liberté, n'en avoient qu'une idée bien imparfaite. A Sparte, à Carthage et à Rome, il y avoit des magistratures perpétuelles ; Rome avoit ses dictateurs : avec un tel régime ces nations devoient périr, et elle n'ont dû leur longue existence qu'au génie de la guerre qui les animoit.

« Pourquoi notre nouvelle forme de gouvernement, qui réunit de si grands avantages sur les autres, éprouve-t-elle autant d'obstacles ? Pourquoi éprouvons-nous encore des secousses après quatre années de révolution?

« Citoyens, il est de ces hommes dont l'âme est tellement dégradée par l'habitude de l'esclavage, qu'ils regrettent jusqu'à leurs fers. Il en est d'autres qui regrettent l'ancien régime, mettent tous les ressorts de leurs passions en jeu pour le faire renaître ; ainsi l'on voit les monarchiens, qui, jugeant de l'état futur par l'état présent, voudroient nous dégoûter de la liberté.

« Il est des hommes enfin qui, parlant sans cesse au peuple de ses droits et jamais de ses devoirs, voudroient nous conduire au despotisme par l'anarchie.

« C'est ainsi que les aristocrates, les démagogues, les agitateurs et les factieux, mettent tout en œuvre pour égarer le peuple, à l'ombre du voile éblouissant du patriotisme : ils ignorent que le peuple crédule, mais voulant le bien par intérêt, par devoir et par besoin, ne tarde pas à reconnoître ses vrais amis.

« Citoyens, nous voulons tous la République une et indivisible, la Liberté, l'Egalité, le Respect des personnes et des propriétés.

« Avec les intentions les plus pures, il étoit possible pendant quelques instans de différer sur les moyens d'exécuter ces principes qui doivent être sans cesse notre guide : c'est sans doute à ce choc de contradictions que nous devons quelques agitations qui, je l'espère, ne se feront plus sentir. L'opinion publique est enfin éclairée, et les flots de lumière que viennent de répandre nos frères de Lyon, contre lesquels la calomnie lançoit au loin ses poisons, dissiperont à jamais les épaisses ténèbres dans lesquelles on cherchoit à envelopper la route que nous devons tenir. Marchons tous sur la même ligne ; songeons que notre force ne réside que dans l'union : moins il y aura de divergence, plutôt nous atteindrons au but si désiré ; plutôt nous terrasserons nos ennemis et nous jouirons du bonheur inséparable de la paix.

« Et vous, braves gardes nationaux, qu'à l'exemple des Spartiates et des Romains, un saint amour de la patrie embrase vos âmes ; restez debout, que votre attitude guerrière fasse rentrer dans la fange tous les tyrans, et que la postérité apprenne avec admiration, que les Français du 18ᵉ siècle étoient dignes de la liberté qu'ils ont conquise et qu'ils transmettront aux générations futures.

« Que le serment que nous allons prêter sur l'autel de la patrie soit un nouveau gage des sentimens d'union et de fraternité qui règneront à jamais entre nous ».

Le citoyen Trablaine, président de l'administration du district, a dit :

« Citoyens, frères et amis,

« Qu'il est beau de se trouver réunis à l'autel de la patrie pour célébrer la victoire à jamais mémorable du 14 juillet? Une constitution s'étoit élevée ; mais ses bases n'ayant pas été posées sur les principes immuables des droits de l'homme et de l'égalité, elle n'a pas tardé de s'écrouler avec fracas : dès-lors toutes les passions se sont réveillées, les despotes, les aristocrates, les fanatiques, les ambitieux, les intrigans, se sont agités en tous sens pour anéantir notre liberté naissante et s'élever sur ses débris.

« Chaque parti a employé divers moyens pour égarer le peuple, le porter aux excès et allumer la guerre civile.

« Pendant que les bons citoyens, forts de la pureté de leur conscience, n'emploient d'autres armes que la force de la raison pour maintenir l'ordre et le règne des lois, les autres répandoient l'or et les sophismes pour faire triompher l'anarchie ; déjà elle levoit sa tête altière et faisoit des progrès rapides dans ce département, lorsque l'excès de l'oppression a enfin dissipé le sommeil de l'insouciance où étoient tombés nos frères . ils se sont levés en masse et, reprenant leur courage et leur énergie, un combat glorieux, mais sanglant, livré aux scélérats et aux anarchistes, suivi d'une victoire complette, leur a assuré, et à tout le département, l'ordre, la paix et la tranquillité.

« Mais il n'en est pas de même dans toute la République. L'expulsion d'une partie des membres de la Convention Nationale a jeté l'alarme dans tous les esprits, et nous fait avec raison appréhender que le petit nombre restant de la représentation nationale ne renverse la liberté et la République. Unissons-nous donc en ce jour à nos frères d'armes du département, et jurons avec eux de verser jusqu'à la dernière goutte de notre sang pour maintenir la liberté, l'égalité, l'unité et l'indivisibilité de la République, l'intégralité de la représentation nationale, et de résister à toute espèce de tyrannie et d'oppression, de quelque part qu'elle vienne et de quelque manière qu'elle soit exercée. »

Le citoyen Crouzat, vice-président du directoire du district, a parlé en ces termes :

« Citoyens, frères et amis,

« Qu'il est beau ce jour où, réunis avec nos frères d'armes de Lyon, nous allons renouveler le serment chéri de notre liberté ! De quel transport de joie ne devons-nous pas être animés, en pensant que les nombreuses victoires de nos frères d'armes en sont les suites bienheureuses ? Qu'il est doux pour nous de penser qu'assis à l'ombre de cet arbre de la liberté, tous les despotes de l'univers s'uniroient en vain pour le renverser.

« Nous sommes libres : donc nos pensées, qui sont le trésor de l'homme, n'auront plus pour bourreaux les menaces de quelques corps puissans, ni pour barrières les tyrannies des rois.

« Nous sommes libres : donc plus d'entraves dans le commerce, plus de ces lois tyranniques qui, pour alimenter les besoins factices d'une cour corrompue, ordonnoient souvent des visites nocturnes dans l'asile du paisible artisan.

« Nous sommes libres : donc la chasse des animaux, que nous a soumise la nature, n'aura pour limites que les torts qu'elle pourroit occasionner à autrui et non les privilèges d'un riche.

« Nous sommes libres : donc des corvées odieuses et avilissantes n'arracheront plus de sa chaumière le laboureur paisible, il aura le temps de féconder ses terres fangeuses, d'où partoient souvent les exhalaisons méphitiques qui tuoient ses tyrans.

« Nous sommes libres : donc l'égalité va fixer parmi nous le bonheur. En effet, sans l'égalité, il y a des grands et des petits ; par conséquent des oppresseurs et des opprimés : et sous le règne de l'oppression, la masse des citoyens fut-elle jamais heureuse !

« Nous sommes libres : donc on ne verra plus les pages de notre histoire souillées du détail déchirant de tant de guerres atroces que prêchoit le fanatisme pour faire croire à tel dogme ou à tel mystère ; les armes de la persuasion seront les seules qu'on emploiera pour conduire les hommes dans le sanctuaire de la vérité.

« Nous sommes libres : .....mais, citoyens, qu'ai-je besoin d'entrer dans tous ces détails ? Vous savez, aussi bien que moi, quels sont les précieux effets de la liberté : aussi, avec quelle joie vous allez prêter le serment !

« Si jamais nos ennemis, à demi terrassés, osent lever de nouveau leur tête altière, nous nous rallierons au Champ de Mars : là, en nous rappellant notre serment, nous nous enflâmerons d'un saint zèle, et, s'il le faut, nous jurerons encore, en présence du Dieu redoutable, de revenir libres ou de mourir ; et de-là nous précipitant sur les phalanges de nos despotes, nous leur ferons sentir ce que peut le patriotisme sur des âmes instruites : c'est là que voudrois vous signifier toutes les délibérations de la Commission populaire républicaine et de salut public.

« Quand vos généraux vous engageroient à partager les palmes de la victoire, je vous dirois, plein d'enthousiame : laisseriez-vous fouler aux pieds le symbole de notre liberté ? Laisseriez-vous approcher cette horde d'esclaves qui conspirent contre vos droits ? Vous laisseriez-vous enchaîner de nouveau ? Préféreriez-vous un lâche repos à la gloire de combattre pour la patrie ! Si vous osiez balancer, le souvenir du serment vous feroit pâlir de honte, et vous voueroit au mépris.

« Mais, frères et amis, ne confondons jamais la liberté avec la licence. La liberté fait notre bonheur ; la licence empoisonne nos jours. La liberté empêche les crimes ; la licence les multiplie. La liberté fait fleurir les états ; la licence les détruit.

« Ce fut la licence qui fit massacrer le vertueux Simoneau, maire d'Etampes, qui a forcé votre respectable maire à abandonner son poste ; auxquels au contraire on devoit élever des autels.

« Ce fut la licence qui fit couler le sang des soldats prussiens, qui s'arrachoient à la tyrannie pour venir servir sous nos étendards.

« Ce fut la licence qui, taxant les denrées dans plusieurs villes du royaume, les a menacées de devenir de vastes tombeaux.

« La liberté ne consiste pas à devenir absolument indépendant, à faire tout ce que l'on veut ; elle a pour limites le bonheur des autres ; tout ce qui nuit à ses semblables n'entre point dans l'ordre des choses faisables.

« Je n'ai pas besoin de vous conseiller de graver ces vérités dans votre esprit, citoyens ; votre conduite nous a convaincu que vous étiez esclaves de la loi ; dès qu'elle parle, vous vous soumettez, et quand elle se tait, la justice est votre guide.

« Citoyens mes collègues, citoyens municipaux, et vous aimables protecteurs de cette cité, quelle jouissance pour nous de voir des Français soumis aux autorités qui dérivent de la loi ! Quel plaisir de les voir brillans de joie à la fête que votre patriotisme leur a préparée ! S'il est doux de faire son devoir, il l'est bien davantage de contribuer par cette exactitude à la félicité d'un grand nombre.

« Et vous, citoyens, qui commandez cette nombreuse milice qui ne respire que le patriotisme, recevez notre tribut de louanges : votre activité, votre civisme, votre amour pour la liberté, vous rendent recommandables aux yeux de tous ceux qui vous connoissent. Philantropes par caractère, les plus grands sacrifices sont un gain à vos yeux, quand ils doivent contribuer au bonheur de l'humanité ; vous foulez aux pieds les sentimens bas qui ont allumé aux frontières les foudres de Mars. Vivre pour ses semblables, n'être heureux que par le bonheur de tous ; voilà la maxime de l'honnête homme, et c'est la vôtre.

« Vous, guerriers magnanimes, les accens lugubres de la guerre ont des charmes quand la félicité générale en est le fruit ; et en douteriez-vous ? Non : votre exactitude à faire observer la loi, votre soumission aux autorités, votre empressement à maintenir la paix au-dedans, la haine que vous avez vouée aux anarchistes et aux ennemis de la patrie ; tout nous prouve que vous êtes de vrais Républicains et des hommes dignes de la Révolution.

« Enfin, vous tous qui m'écoutez, livrez-vous à la joie, le ciel est pour nous ; l'aristocratie va disparaître d'un pôle du monde à l'autre ; les échos ne vont répéter que ces mots : Vive la Nation, vive la Liberté, vive l'Egalité. »

Cette première cérémonie a été terminée par le discours suivant, prononcé par le citoyen maire de Saint-Etienne :

« Citoyens, frères et amis,

« S'il est un principe généralement reconnu, c'est sans doute que la souveraineté réside dans le peuple.

« Lorsque le peuple souverain a nommé les membres qui composoient la Convention Nationale, il leur donna des pouvoirs illimités ; mais il seroit absurde de croire que de cette latitude de pouvoirs pût résulter pour eux le droit de faire le mal, comme ils ont celui de faire le bien, car la nation n'a pas entendu, en les investissant de sa confiance, se donner des maîtres ou des tyrans.

« Toutes les lois ne devant et ne pouvant être que l'expression de la volonté générale, il s'ensuit que c'est à la majorité des voix des représentans du peuple que les décrets doivent être rendus, et la minorité doit céder à la majorité. S'il en étoit autrement, si une minorité monstrueuse parvenoit, à force de forfaits, à étouffer la voix des vrais représentans, des vrais amis du peuple, si, en employant la violence, les menaces, si en violant la liberté dans le temple même qui lui est consacré, elle les forçoit à fuir pour se soustraire aux poignards dirigés contre eux, Français, quel seroit votre devoir ? vous déclarer en état de résistance à l'oppression.

« Eh bien, citoyens, rappellez-vous les journées des 31 mai, 1 et 2 juin, et toutes celles qui les ont suivies, et voyez le parti que vous avez à prendre.

« Pour que les décrets émanés de la représentation nationale aient cet assentiment général, cette sanction du peuple qui peuvent seuls leur donner force de loi, il est une condition nécessaire ; c'est que les législateurs qui les ont prononcés aient été libres d'émettre leur opinion, et que la voix de leur conscience n'ait pas été étouffée par la crainte ; car la liberté doit être le premier caractère des représentans du peuple. Or, nous vous le demandons :

« Nos représentans jouissoient-ils de la liberté, lorsqu'une faction criminelle en a constamment dévoué une partie aux poignards des assassins ; lorsque des tribunes insolentes n'ont cessé d'influencer leurs délibérations, de leur arracher des décrets, et qu'il n'a jamais été en leur pouvoir de les rappeller au respect qu'elles devoient au peuple souverain dans la personne de ses représentans ; lorsqu'une municipalité, aussi ambitieuse qu'illégale, est venue leur dicter impérieusement ses volontés, et s'est toujours jouée de ses décrets ; lorsque, chaque fois que cette même municipalité est venue arracher les sommes énormes dont elle avoit besoin pour soudoyer une foule de scélérats à ses ordres, elle a menacé d'une insurrection si on ne les lui accordoit pas ; lorsque les sections de Paris, abusant du droit de pétition, sont venues chaque jour faire perdre à la Convention un temps précieux que la volonté du peuple entendoit n'être employé qu'à discuter ses intérêts et à lui présenter une constitution ; lorsque l'action de la force armée qui doit protéger a été employée, par les prétendus comités révolutionnaires de Paris, pour asservir la Convention et la forcer à décréter l'arrestation de trente-quatre membres les plus distingués par leur patriotisme, leurs lumières et leur attachement aux principes de la République une et indivisible, sans qu'ils aient pu obtenir de faire leur rapport et d'administrer les preuves des complots liberticides qu'ils avoient découverts, sans que leurs oppresseurs aient pu jusqu'à ce jour articuler contre eux aucun genre de délit ?

« Si la Convention étoit libre, souffriroit-elle qu'une minorité en rébellion ouverte, dont toute la puissance est dans le crime avec lequel elle a honteusement pactisé, lui en imposât au point de se laisser trop souvent entraîner par le torrent de ses criminelles et liberticides passions? Souffriroit-elle que les vils spoliateurs des trésors nationaux, que des voleurs qui joignent l'audace à l'impudence, siégeassent impunément dans son sein, et osassent se parer des preuves de leurs délits ? Elle n'a pu jusqu'à ce jour s'opposer à tant d'attentats ; donc elle n'est pas libre.

« Pour trouver un remède à tant de maux, il faut en rechercher les causes ; or, nous ne les voyons que dans les manœuvres combinées entre nos ennemis intérieurs et extérieurs, pour faire échouer notre régénération politique.

« Ils connurent, l'année dernière, dans les plaines de la Champagne et à Jemmape que ce n'est pas par la force des armes que l'on peut subjuguer un peuple qui combat pour sa liberté : dès-lors ils ont changé le plan de leurs opérations, ils ont cherché à nous affoiblir en nous divisant.

« Tous les moyens de séduction ont été mis en usage : il falloit tromper un peuple d'autant plus confiant qu'il est bon et généreux : il falloit le diviser, lui présenter l'anarchie pour la liberté, afin de le dégoûter de cette liberté qu'il idolâtre et lui donner une fausse interprétation de l'égalité.

« Les sociétés populaires étoient le plus ferme appui de la liberté ; c'étoit à leur bon esprit, aux lumières, à l'instruction qu'elles répandoient dans le peuple que nous devions une partie de nos forces et de nos avantages : ils ont mis tout en usage pour en pervertir l'esprit, ils y ont introduit des aristocrates déguisés sous le manteau du patriotisme, qui, affectant des principes exagérés, toujours sûrs de plaire à la portion du peuple qui est la moins éclairée, ont successivement chassé de ces sociétés tous les bons esprits, les vrais républicains, et ont fini par y dominer ; et les hommes instruits ont vu avec autant de douleur que d'étonnement des royalistes décidés, des êtres sans vertus, sans moralité, commander à l'opinion et s'ériger en précepteurs de la nation.

« Ils ont promis aux pauvres la loi agraire qu'ils savoient bien être impraticable : ils ont fatigué les gens aisés en les faisant trembler à chaque instant pour leurs propriétés, même pour la sûreté de leurs personnes. Ils ont fait tous leurs efforts pour organiser la guerre civile, en armant le journalier contre le propriétaire ; ils ont qualifié d'aristocrates, de modérés, les meilleurs patriotes, les amis des lois ; ils ont enfin couronné le vice et proscrit la vertu.

« Partout ils ont crié que le salut du peuple étant la suprême loi, on ne devoit employer que des mesures révolutionnaires, que des moyens hors de la loi : bien convaincus qu'après avoir affoibli le corps politique par nos dissentions, ils le feroient expirer dans les convulsions de l'anarchie, et qu'ils nous ameneroient insensiblement à ce point où l'excès de nos maux nous rendroit insensibles aux poids des nouveaux fers qu'ils veulent nous donner.

« A les entendre, la Montagne est la partie saine de la Convention ; c'est là que se rallient les amis du peuple, et à force de crimes et de forfaits, ils sont parvenus à réduire la Convention aux seuls membres de cette faction...... de cette faction criminelle dans laquelle on ne compte que des moines sans pudeur, des prêtres hypocrites, ou des ci-devant nobles sans honneur, qui, avec dix-huit livres par jour, trouvent le moyen de se livrer aux prodigalités les plus scandaleuses, et dont plusieurs affichent un luxe asiatique qui ne contraste pas mal avec leur qualification de sans-culottes.

« Citoyens, défions-nous de cette montagne audacieuse sur laquelle les prétendus sentinelles de la liberté sont en observation : nous avions cru avoir abattu la dernière tête de l'hidre du despotisme : Français, il respire encore ; les flancs de cette montagne recèlent l'antre obscur dans lequel ce monstre hideux est caché ; c'est en creusant l'abîme profond dans lequel ces infâmes septembriseurs, ces lâches assassins, ces tigres altérés du sang de leurs frères, vouloient précipiter la nation ; c'est en creusant, dis-je, cet abîme, qu'ils ont élevé de ses débris cette montagne trop fameuse ; c'est-là que ces aristocrates masqués, ces infâmes dilapidateurs des trésors nationaux se sont retranchés : mais le peuple souverain a résolu de le combler ; il va promener sur le sol de la liberté le niveau de l'égalité et tous les monstres y seront engloutis, et la montagne ne sera plus.

« O patience de la nation ! nous appercevons encore sur son sommet ce monstre altéré de sang, dont les formes extérieures inspirent l'horreur des vices qu'elles représentent.

« Quoi, nous le voyons couvert de couronnes civiques ! désignez-nous les vils esclaves qui ont ainsi prostitué la récompense des vertus.

« Déjà l'infâme d'Orléans en a été arraché. Marat... Marat, Robespierre, Danton, et vous tous qui êtes attachés au char de ces triumvirs, le même sort vous attend. Nous ne sommes plus les dupes de votre hypocrisie, de votre fourberie. Votre règne est passé ; le jour de la vengeance du peuple est arrivé : voilà le moment où le glaive de la justice frappera également les illustres scélérats et leurs obscurs satellites. Tous les complots seront découverts, tous les conspirateurs seront punis, et les victimes innocentes des journées de septembre et de mai trouveront enfin des vengeurs.

« Oui, les départemens réunis vont se lever en masse pour écraser une faction d'autant plus coupable qu'elle nous a plus longtemps abusé.

« Et vous, pusillanimes Parisiens, n'avez-vous pas honte de vous prêter aux criminelles manœuvres de ces hommes de sang qui ont flétri les lauriers que la nation vous avoit décernés.

« Paris, cité trop célèbre, qui fus naguères le siège du despotisme et récemment le berceau de la liberté, sache qu'il est temps de t'enlever cet enfant dont la nation t'avoit imprudemment confié le dépôt sacré : c'est à elle à le sevrer ; tu ne lui as donné jusqu'à ce jour qu'un lait corrompu, et s'il étoit plus longtemps confié à tes soins, tu finirois par l'abâtardir, par le perdre.

« Membres de la Commission populaire républicaine et de salut public du département de Rhône-et-Loire, braves Lyonnois, et vous tous qui composez l'armée départementale, qui êtes venus nous aider à terrasser dans nos murs le monstre de l'anarchie, recevez par mon organe le foible tribut de la reconnoissance des habitants de cette commune ; montrez-vous toujours dignes de soutenir la gloire dont vous vous êtes couverts dans la mémorable journée du 29 mai, et vous, gardes nationales du canton de Saint-Etienne, suivez les traces glorieuses de ces généreux guerriers.

« Notre cause est commune : réunissons donc tous nos moyens pour maintenir la République une et indivisible, pour repousser tous les genres de tyrannie. Les anarchistes, craignant votre arrivée, avoient fait tous leurs efforts pour nous inspirer des défiances réciproques ; leurs complots ont été déjoués, et nous n'avons vu que des frères là [où] on avoit cherché à nous inspirer la crainte de voir des ennemis.

« Qu'ils sont coupables ceux qui auroient voulu faire couler le sang de nos concitoyens !

« Frères et amis, combien notre union nous donne de force ! Qu'elle soit pour eux le seul supplice auquel nous les condamnions : la plupart étoient dans l'erreur ; excusons leur ignorance.

« Serrons-nous, citoyens, dans des embrassemens fraternels : entretenons ce feu sacré qui brûle dans le cœur des vrais républicains ; ce feu qui est le germe de toutes les vertus civiques, comme le présage assuré de nos succès.

« Cimentons une union si chère en nous fédérant par un serment, terrible à tous nos ennemis ; qu'il soit le gage de notre attachement invariable au gouvernement républicain démocratique, et que ce jour heureux soit à jamais mémorable dans les fastes de notre cité. »

Tous ces discours ont été couverts des vifs applaudissemens : on y a reconnu les élans de la liberté, les principes du plus pur républicanisme et cette mâle énergie qui annonce la fin du règne de l'oppression, qui ranime le courage des citoyens vertueux et fait espérer le prompt retour de l'ordre et de la paix.

C'est alors qu'après une seconde salve d'artillerie, les citoyens commissaires et tous les corps constitués ont prêté, en présence de la force armée et de tous les citoyens, le serment suivant :

Nous jurons de maintenir la liberté, l'égalité, l'unité et l'indivisibilité de la République, l'intégralité et l'inviolabilité de la Convention Nationale, la soumission aux lois, la sûreté des personnes et des propriétés, et de mourir plutôt que de violer ce serment.

Nous jurons de courir sur tout individu qui proposeroit ou tenteroit, par quelque moyen que ce soit, d'établir la royauté, la dictature, le proconsulat, le fédéralisme, ou toute autre autorité attentatoire à l'unité, à l'indivisibilité de la République et à la souveraineté nationale ; que notre unique vœu est le rétablissement de l'ordre sous une représentation nationale libre et entière, et un pouvoir exécutif émané de la souveraineté du peuple, que nous y dévouons individuellement et collectivement tous nos moyens, notre fortune et notre vie.

Nous jurons que jamais il ne sera rétabli ni dîmes, ni droits féodaux, enfin que nous mourrons plutôt que de souffrir le retour d'aucun privilège, sous quelque forme qu'il se présente.

Les citoyens commandant la force armée se sont approchés de l'autel, et ont successivement et individuellement prêté le même serment, en présence des autorités constituées et des citoyens.

Retournés à leurs corps respectifs, ils en ont parcouru les rangs et ont reçu le même serment des officiers, sous-officiers et soldats qui sont à leurs ordres.

La cérémonie finie, les rangs ont été rompus, les citoyens armés ont mis bas les armes, se sont approchés de l'autel : là, avec les corps administratifs, municipaux et judiciaires, et tous les citoyens de l'un et de l'autre sexe, on a chanté des hymnes à la liberté, dansé et témoigné une joie dont il faut avoir été témoin pour en sentir toute la pureté.

Le rappel battu et l'ordre donné par les commandans, les soldats-citoyens et les citoyens-soldats ont repris leur rang ; le cortège s'est mis en marche et s'est rendu sur la place d'armes de Saint-Etienne, aux acclamations de vive la Liberté ! Vive la République une et indivisible ! Guerre aux tyrans, aux factieux, aux anarchistes, aux désorganisateurs ! et les corps constitués ont été reconduits au milieu d'un détachement de la garde nationale, dans le lieu des séances de la Maison commune, où le présent procès-verbal a été rédigé, à cinq heures du soir de ce jour, 14 juillet 1793, l'an 2ᵉ de la République.

Extrait collationné :
Signé, CHOMAT, secrétaire-greffier de la municipalité
de Saint-Etienne.

Hymne chanté en chœur au champ de la Fédération, intitulé LE TOCSIN DES VRAIS RÉPUBLICAINS, ou le RÉVEIL DES LYONNOIS.

Sur l'air : *Allons, enfants de la patrie*, etc.

Quel cri d'horreur se fait entendre ?
Ciel ! la patrie est en danger :
Préparez-vous à la défendre ;
Français, courez tous la venger. (*bis*)
Marchez où l'honneur vous appelle,
Jeunes guerriers, braves Lyonnais ;
Sur les pas des fiers Marseillais
Cueillez une gloire immortelle.
Aux armes, Lyonnais,
Partez, il en est temps :
Partez, frappez ;
Que sous vos coups périssent les brigands.

Vous avez vaincu l'anarchie
Dans cette brillante cité ;
Mais ailleurs elle est établie,
Elle insulte à la liberté. (*bis*)
Voyez ses lâches satellites
Proclamer ses barbares lois ;
Voyez-les mépriser vos droits,
Et compter vos têtes proscrites.
    Aux armes, etc.

Déjà les plus vives alarmes
Sont empreintes dans tous les cœurs ;
Français, Français, courez aux armes,
Foudroyez de vils oppresseurs. (*bis*)
La France entière vous contemple ;
N'êtes-vous pas ses chers enfants ?
Et pour la purger des brigands,
Donnez le signal de l'exemple.
    Aux armes, etc.

Allons aux rives de la Seine
Où l'on forge pour vous des fers,
Ecraser la secte inhumaine
Qui veut ravager l'univers. (*bis*)
De la félicité publique
Soyez les dignes fondateurs,
Soyez les fermes défenseurs,
Les soutiens de la République.
    Aux armes, etc.

Quoi, des manœuvres criminelles
Pourroient ternir le nom Français !
Quoi, des factieux, des rebelles
Entraveroient tous nos succès ! (*bis*)
Ces monstres vils et sanguinaires
Mettroient la fin à leurs forfaits ;
Que la loi frappe désormais
Tous ces lâches incendiaires.
    Aux armes, etc.

Amis, amis de la patrie,
Il est temps de vous réunir ;
Voyez la sanglante Anarchie
Qui s'apprête à tout engloutir. (*bis*)
Que la valeur, que le courage
Arment vos redoutables bras ;
Faites trembler des scélérats
Qui méditent votre esclavage.
    Aux armes, etc.

> C'est en vain qu'on te déshonore,
> Sublime et sainte Liberté ;
> Tu nous deviens plus chère encore,
> Tu ne perds rien de ta beauté. (*bis*)
> Si, par une marche perfide,
> On a pu souiller tes attraits,
> Pour te venger de tels excès,
> L'ami des lois est intrépide.
>   Aux armes, etc.
>
> Tremblez, scélérats Maratistes,
> La justice va triompher :
> C'est en vain, cruels anarchistes,
> Que vous prétendez l'étouffer. (*bis*)
> Les lois vont punir votre audace,
> La liberté vous restera,
> Mais son arbre ne fleurira
> Qu'en pulvérisant votre race.
>   Aux armes, Lyonnais,
>   Partez, il en est temps :
>   Partez, frappez,
> Que sous vos coups périssent les brigands.

A Saint-Etienne, de l'imprimerie de Boyer.
(*Archives du Rhône, Série L.*)

XXXII

19 Juillet.

Adresse aux braves habitans des campagnes.

Citoyens, frères et amis, les partisans de la discorde et de l'anarchie, agités de remords et de craintes, ont fui notre ville et se sont répandus dans vos paisibles retraites : là, dégoûtans de crimes, ils ne vous ont parlé que le langage du crime : ils vous ont dit que nos frères de Lyon étoient une horde de brigands qui coupoient, incendioient les bleds, égorgeoient sans pitié les femmes, les enfans, les hommes, et portoient par-tout la dévastation et la mort.

Braves frères des campagnes ! plusieurs d'entre vous sont venus dans notre cité et nous ont demandé ce qui s'y étoit passé : ils ont vu notre cité tranquille et protégée par nos frères de Lyon : ils ont vu les citoyens sans reproches occupés à leurs fonctions ordinaires ; mais ils n'ont vu ni propriétés violées, ni hommes, ni femmes, ni enfans égorgés ; ils ont vu nos moissons tranquillement enlevées à la terre, et par-tout la paix, la tranquillité et le bonheur ; les méchans seuls avoient quitté leurs domiciles.

Quels noms donnerons-nous, camarades des campagnes, à ces monstres qui vouloient tromper votre bonne foi par d'atroces calomnies ? Jugez-les vous-mêmes. Ceux qu'ils calomnient et qui n'ont pas quitté la ville, sont les mêmes qui ont vendu, pendant toute l'année, le seigle à 7 livres, lorsqu'il se vendoit 19 liv.

Frères et amis! jugeons les hommes par leurs actions, et par les sacrifices de leur bienfaisance : les paroles ne coûtent rien, et les méchans ne donnent au peuple que des paroles mensongères. Ces méchans, qu'ont-ils fait pour le peuple? rien d'utile. Les insensés ! ils vouloient le rendre scélérat comme eux, ce bon peuple : ils vouloient vous associer à leurs forfaits, et ils étoient payés pour cela par le parti de l'infâme Marat qui avoit juré la perte de la République entière par le massacre de l'élite de ses habitans.

Braves habitans des campagnes ! Vous pouvez être égarés ; mais vous êtes trop vertueux pour que votre erreur soit de longue durée.

Frères et amis que nous chérissons, chassez loin de vos foyers les prédicateurs de l'anarchie et les hommes de sang et de pillage, qui en vouloient à vos biens après avoir pillé les nôtres. Que ceux de nos concitoyens qui n'ont été qu'égarés, reviennent avec confiance ; nous les regarderons comme des frères qui méritent d'être plaints ; déjà nous les avons rappellés par deux proclamations.

Braves habitans des campagnes! Citoyens, frères et amis, la liberté ou la mort. Périssent tous les tyrans, les oppresseurs et les anarchistes, les provocateurs au meurtre et au pillage ! Périssent tous les ennemis de l'égalité, de la République une et indivisible, de l'ordre, du bonheur général et des lois.

Saint-Chamond, le 19 juillet 1793, l'an 2e de la République une et indivisible.

Signé, ORELUT, GARAND fils aîné, MOREL, BULLIOD, J. CHAMBOVET, J.-M. TARDY, Pro GARAND, PASCAL l'invalide, P. LAVALS.., BAJARD aîné, VERCHERG, membres de la commune provisoire ; MONNATE, procureur de la commune, et MONCINY, secrét.

Extrait : MONCINY, secrét.

A Saint-Etienne, de l'imprimerie de Boyer 1793.

(Archives du Rhône, série L, affiches.)

XXXIII

A la classe des citoyens aisés de Lyon.

Citoyens, il est étonnant et j'ose dire affreux que vous ne vous empressiez pas plus de satisfaire à raison de vos facultés à la souscription que nos graves magistrats ont été obligés d'ouvrir par rapport aux besoins actuels de cette ville qui est à la veille de manquer de grains et peut-être d'autres denrées ; croyez-moi, citoyens, ne laissez point flétrir vos cœurs par un lâche et froid égoïsme ; rappellez-les à l'humanité et sortez de cette apathie qui fait horreur à l'homme et honte à la nature ; sommeillez, j'y consens...., sur le duvet de l'opulence, mais ne soyez pas sourds aux cris des malheureux, seuls remparts de vos propriétés ; gardez-vous d'envelopper tous nos frères indigents dans la malheureuse catastrophe du 29 mai ; les fautes sont personnelles et l'honnête homme n'est jamais responsable des crimes du scélérat. Hâtez-vous donc de faire souvir vos fortunes à la bienfaisance qui dorment à côté d'elle pour ne pas faire croire au moins que ce ne soient que vos seuls intérêts qui vous y portent.

Ne vous décorez jamais des apparences pour faire croire au mérite; soyez sincères avec vos frères, fraternisez familièrement avec eux, faites leur part de vos lumières et quittez ce ton fier et impudent qui ne convient qu'à des hommes sans caractère et peu jaloux de l'estime de leurs concitoyens. Prêtez l'oreille à cette voix qui vous dit : *sois juste et bienfaisant si tu veux être heureux*...... Voilà, citoyens, les vrais moyens pour posséder légalement le nom d'homme ; enfin, rappellez à votre mémoire les sages observations consignées dans le n° 93 de ce journal et efforcez-vous en même temps d'y graver ces vers :

> Pour ses propres besoins, quand on a trop de bien
> Le superflu, de droit est à ceux qui n'ont rien. D...

Par un citoyen de la section de Porte-Froc.

(*Journal de Lyon, 24 juillet 1793, n° 115, page 450*).

XXXIV

Juillet ?

Adresse des citoyens du bataillon du Port du Temple à tous leurs frères des autres bataillons de la ville de Lyon.

Nous, citoyens du bataillon du Port du Temple soussignés, animés du plus vrai patriotisme et par l'exemple des Corps administratifs, nous nous empressons de manifester notre vœu aux autres sections de notre ville, pour l'accord qui doit régner entre tous les vrais amis de la Constitution. Nous déclarons que nous n'avons jamais eu l'intention d'admettre aucune distinction entre nos frères d'armes et nous osons dire hautement que le bataillon en entier sera toujours prêt à voler au secours de tous les citoyens; que le seul et unique zèle qui nous anime est notre amour pour nos frères, notre respect pour la loi et notre dévouement aux Corps administratifs qui en sont les organes. Tout citoyen françois a des droits sur nos cœurs, et nous périrons, s'il le faut, pour les défendre, eux, leurs femmes et leurs enfants. Jugez à présent, concitoyens et frères, si l'habit d'uniforme que nous portons, nos épaulettes, nos grenades et ces houpettes peuvent avoir été regardés sans injustice comme des distinctions. La seule que nous ambitionnons, c'est de vous donner à tous des marques de la plus sincère union et de l'amitié la plus franche ; parce que nous sommes tous frères et amis, et que nous ne devons composer qu'une seule et unique famille.

Nous invitons tous les bataillons où il y a des uniformes, des grenadiers et des chasseurs, de tenir entr'eux la plus grande union ; et s'il se trouvoit un soldat citoyen assez orgueilleux pour vouloir en mépriser un autre, parce qu'il ne porteroit ni grenades, ni cor-de-chasse, nous prierons les citoyens de le dénoncer, afin que nous puissions le regarder comme indigne d'être notre camarade.

Citoyens, voyez quel est le moment que nos ennemis avoient pris pour nous désunir ! Celui où la patrie a le plus grand besoin d'un parfait accord. Etouffons ces souvenirs dans nos embrassements; ils seront doux à nos cœurs; nous rougirons d'avoir pu cesser d'être amis, et notre réunion parfaite, en nous comblant de plaisirs, sera l'effroi des méchants.

Signés : Lafont, Rougeot, Raimond, Richard, Satin, Sixte, Jacquin, Gouju, Ménochet, Aubry, David, D. M., Petit, Sauzeon, Bernard, Colombet, Chirat, Gentil, Latour, Sixte fils, Manifacier, Richard, David, Desgranges, Joachim, Mai, Piston, Marthous, Prier, Malinas, Dutreil, Lafont, Paquet, Abraham, Gagnaire, Morenas, Bernard, Champereux, Papon, Delisle, Montmey, Reynard, Giraud, Fabre-Athénor, Pey, Morenas cadet, Rapoux, Perdraux, Jouvard. Pey cadet, Cornu, Binet, Abraham, Thevillon, Grojean, Farge, Abraham fils, Rogniat, Julin, Adrian.

A Lyon, de l'imprimerie de Louis Cutty, place et maison de la Charité.
(*Bibliothèque de la ville, fonds Coste, n° 351159*).

XXXV

Juillet ? Août.

Barbaroux à ses commettants.

Marseillois, au milieu des nouvelles persécutions dont je m'honore d'être victime, je n'ai pu répondre aux témoignages d'estime que vous m'avez donnés. Ma réponse est dans mes actions. C'est en combattant la nouvelle tyrannie qui s'est élevée dans Paris; c'est en portant, dans les départemens où j'ai pu pénétrer, la statue brisée de la liberté, c'est en ralliant les François autour d'elle pour la relever; c'est en la couvrant de mon corps et en mourant pour elle, que je suis, que je serai digne de vous.

Hélas! elles se sont accomplies toutes mes fatales prédictions! Nous sommes livrés aux puissances étrangères par les hommes que j'ai constamment dénoncés et qui m'ont aussi constamment persécuté. Il existe à Paris un comité formé par Calonne et composé d'étrangers. C'est lui qui, coalisé avec les dictateurs de Paris et ses infidèles magistrats, commande ou appaise les révoltes contre la représentation nationale; dirige les bureaux de la guerre et de la marine; dévore nos finances; anéantit par l'agiotage le crédit public; détruit, par des mesures scélérates, la masse de nos subsistances; spécule enfin sur les fournitures de nos armées, et les laisse constamment manquer de tout, tandis que nous dépensons pour la guerre cinq cents millions par mois. L'existence de ce comité des puissances étrangères au milieu de Paris, n'est plus un problème. Tous les individus qui le composent sont connus. L'un d'eux, le comte de Gusman, espagnol, distribuoit des assignats de cinq livres aux soldats qui assiégeoient la Convention nationale le 2 juin, en présence même de représentans du peuple repoussés par les bayonnettes du commandant Henriot et par les boulets qu'on rougissoit sur la place de la Révolution. Proli, fils naturel du prince de Kaunitz, ministre de l'Empereur; Barrou, intime ami de Calonne; Desfieux, jadis vendu au tyran, ainsi qu'il résulte des pièces trouvées aux Tuileries dans l'armoire de fer ; Loys, dont le frère opéra la contre-révolution d'Arles ; Hassenfratz, premier commis de Pache pendant son exécrable ministère ; Pio, jadis secrétaire d'un ambassadeur de Naples à la cour de France, tels sont les autres membres de ce comité ; et voilà les hommes qui, avec Marat, Danton, Robespierre et Lacroix, trahissent et dévorent la République.

Eh ! faut-il d'autres preuves de la coalition des dominateurs de Paris avec les puissances étrangères que les évènemens de la Vendée? D'abord on nous cache les forces des rebelles : quelques bataillons doivent les détruire. On nous fait porter une loi de mort, non seulement contre les chefs des révoltés, ce qui étoit juste, mais contre les paysans égarés par eux, et de cette manière on les pousse au désespoir. On envoie contr'eux des bataillons de nouvelle levée, que les rebelles désarment et renvoient, comme celui d'Eure-et-Loir qu'on avoit dit écharpé et qui est retourné presque tout entier dans son département. On retire de l'armée du Nord, déjà trop affoiblie par la trahison de Dumourier, douze mille hommes, qui sont pris six hommes par compagnie et qui, par conséquent, forment des bataillons désorganisés et sans force. On place de vieux soldats couverts de haillons à côté de troupes nouvellement habillées, pour exciter entr'eux de funestes divisions. Eh ! qui les commande ? C'est Biron, Biron la créature, l'ami de Philippe, chargé de réprimer une révolte excitée avec l'or de Philippe. Qui les commande ? C'est Santerre, le même qui abandonna les Marseillois dans la journée du 10 août et alla se faire reconnoître commandant à la ville au lieu de se battre sur le Carousel ; Santerre, qui vient de livrer aux rebelles Saumur, sa citadelle et quatre-vingt pièces de canon. Et quels sont les gens du conseil exécutif envoyés pour diriger l'action des armées contre ces rebelles ? C'est un nommé Ferthier, qu'un capitaine d'infanterie a fait arrêter aux Sables, en lui disant : Malheureux, le 10 août, tu m'as offert aux Tuileries une cocarde blanche et un poignard ; et Ferthier a été mis en liberté par ordre de deux autres commissaires !...

C'est un autre scélérat, arrêté à Nantes, et sur lequel on a trouvé un passe-port pour pénétrer dans l'armée des rebelles et un cachet aux armes de l'empire, pour leur faire passer sa criminelle correspondance.

Combien d'autres faits je pourrois vous citer? Mais pour qui donc les trahisons des dominateurs de Paris sont-elles encore un doute ? Pour qui leurs calomnies envers nous ne sont-elles pas usées? Accapareurs de toutes les places, pour eux ou pour leurs parens, ils nous appeloient intrigans ! nous qui avions fait décréter que les représentans du peuple seroient exclus de toutes les places pendant six ans ! Gorgés d'or, et dans leurs superbes voitures, ils nous accusoient de corruption, nous qui vivions du pain des pauvres et parcourions les rues en vrais apôtres de la liberté ! Fabre Déglantine, dont le frère, vendeur d'orviétan à Commerci, est aujourd'hui colonel à Commerci ; Fabre Déglantine avouoit à Marat, dans le comité de salut public, 12 mille livres de rente, acquises dans une seule année ; et Brissot restoit 36 heures à Paris, sous le couteau des assassins, faute d'argent pour son voyage. Danton se marioit et constituoit à sa femme quatorze cent mille livres de dot, le jour où je recevois, pour sortir de Paris, un secours d'argent au nom de Marseille et de la main de ses commissaires. Marseillois, voudriez-vous courber votre tête sous la verge de ces vils dominateurs ? César, Cromwel furent des tyrans exécrables ; mais ceux-là sont mille fois plus exécrables encore, qui n'ont d'autre victoire à citer que les assassinats du 2 septembre, d'autres trophées que les dépouilles des malheureux Belges, et d'autres titres à la reconnoissance des peuples que des crimes, et puis encore des crimes.

Savez-vous quel est le but de ces trames dirigées de l'Angleterre par Pitt ? C'est de diviser la France en deux portions ; d'établir au nord une monarchie, sur les cadavres des Normands et des Bretons, et de laisser le midi se constituer un autre gouvernement qui, sans cesse, auroit à combattre le gouvernement du nord. Ainsi la France morcelée cesseroit de peser dans la balance de l'Europe, et nos richesses passeroient avec notre commerce dans les mains des Anglais. Voyez avec quelle perfidie ils suivent ce système ! Déjà, depuis Machecoul jusqu'à la Sarthe, les rebelles, favorisés par les traîtres, occupent les rives de la Loire ; et s'il faut en croire les menaces des agens du conseil exécutif, Nantes sera punie d'avoir repoussé la doctrine de Marat ; et en effet les rebelles l'assiègent. Tours, Blois, Orléans, Paris, forment la continuation de cette barrière que les dictateurs élèvent entre le nord et le midi. Ces villes sont maratisées, c'est-à-dire que la terreur, la corruption et les proconsuls y ont comprimé le ressort des âmes honnêtes et brisé le frein des âmes scélérates. Enfin, depuis Paris jusqu'à la frontière du nord, tout a été disposé pour livrer notre sol aux ennemis. Heureusement Custine commande sur cette frontière..... ils espéroient donc, les dictateurs de Paris, que les hommes du nord et du midi verroient tranquillement s'élever entr'eux une barrière de séparation ! Encore un moment, et la barrière sera renversée.... Français, levez-vous et marchez à Paris.

Marchez à Paris, non pour battre les Parisiens qui vous tendent les bras, mais pour fraterniser avec eux ; mais pour les délivrer de l'oppression de leurs tyrans, mais pour jurer avec eux, avec les hommes du nord, l'unité et l'indivisibilité de la République. Bretons, Marseillois, vous avez, le 10 août, sur la place du Carousel, vaincu la tyrannie des rois ; c'est là que le rendez-vous est donné pour vaincre encore la tyrannie des dictateurs.

Marchez à Paris, non pour dissoudre la Convention Nationale ; mais pour la réunir ; mais pour assurer sa liberté ; mais pour la rendre respectable comme le peuple qu'elle représente, jusqu'au moment où les assemblées primaires auront nommé des successeurs aux représentans du peuple.

Marchez à Paris, non pour soustraire les députés proscrits au glaive de la loi ; mais pour exiger au contraire qu'ils soient jugés par un tribunal national ; mais pour faire juger aussi tous les représentans du peuple, tous les ministres, tous les administrateurs de Paris. Il faut que tous les hommes dont la fortune s'est accrue dans leurs fonctions publiques restituent ce qu'ils ont volé. Il faut que les assassins soient punis, et les dictateurs précipités de la roche Tarpéïenne.

Pardon pour les hommes égarés ; justice contre les brigands.

Marseillois, je ne vous dis pas de voler au secours de vos frères du nord. Déjà vous êtes en marche. La racine du mal est à Paris. Quand le comité des puissances étrangères sera détruit et la représentation nationale vengée des attentats d'un conseil général contre-révolutionnaire, les maux de la patrie finiront, parce que les traîtres n'existeront plus. Voyez les gouffres qu'ils ont ouverts, et les hommes et les choses qu'ils ont dévorés, ils demandent vengeance, le sang de nos frères sacrifiés par leur trahison, et notre marine ruinée, et nos vaisseaux enlevés, et nos finances dilapidées. Marseillois, le rendez-vous est à Paris.

On m'accusera de vouloir vous soulever! Oui, je vous soulève ; je soulèverai la France entière contre les brigands. Rappelez-vous les jours mémorables de notre première insurrection en 1789, quatre mois avant la prise de la Bastille. Tel je fus alors, tel vous me verrez encore au poste de l'honneur. Décrets d'accusation, poignards, échafauds, je braverai tout. Deux sentimens seuls embrasent et consument mon âme : c'est l'amour de la liberté et la haine de la tyrannie... J'y joins un sentiment plus doux, c'est la reconnoissance. Je vous la dois, parce que vous m'avez mis au poste du péril. Je la dois aux habitans de Caen, parce qu'ils m'ont reçu sur leur terre hospitalière et qu'ils servent bien la patrie. Marseillois, sauvez-la, et que celui-là périsse, maudit du Ciel avec toute sa race, qui parlera, écrira, pensera contre la République une et indivisible.

Signé BARBAROUX, de Marseille, député par le département des Bouches-du-Rhône à la Convention Nationale, expulsé par la force du poste où l'avoit placé la volonté du peuple.

Sur l'imprimé de Caen.

A Lyon, de l'imprimerie de J. Roger, rue Confort, n° 1, vis-à-vis le n° 107. L'an second de la République Française.

(*Archives du Rhône, série L affiches*).

XXXVI

2 Août.

Adresse de la municipalité provisoire à la Convention Nationale. Au nom de la liberté, de l'égalité et de la République une et indivisible, le Conseil général de la commune provisoire de la ville de Lyon à la Convention Nationale.

Citoyens représentants, préposés au bonheur de vingt-quatre millions d'hommes, refuserez-vous d'écouter la voix d'une grande cité qui va vous parler, par l'organe de ses magistrats provisoires, le langage de la vérité et de la raison ? Quoi ! la calomnie seule, les mensonges les plus atroces, le dire de quelques scélérats que l'opinion a proscrits d'avance et que la loi atteindra tôt ou tard, auront le privilège exclusif d'être seuls accrédités aujourd'hui ; et nous, qu'un saint et sincère amour des loix, de l'ordre, de l'égalité, de la liberté, anime et électrise, nous nous verrons sans cesse éconduits ?

Représentants ! nous sommes hommes, nous sommes François ; à ce double titre nous avons le droit de demander qu'on nous entende, et nous osons espérer qu'on nous écoutera.

Qu'avons-nous fait ? De quoi nous accuse-t-on ? D'abord, de nous être insurgés le 29 mai ; mais n'est-ce pas contre l'anarchie, contre l'oppression que nous nous sommes levés tous en masse ? Emprisonnements arbitraires, vexations inouïes, menaces insultantes, tribunaux pervers, magistrats prévaricateurs, atteintes à la liberté, assassinats, massacres, taxes capricieuses, voilà les éléments, voilà les rouages qui composoient depuis long-temps, dans Lyon, la machine politique et particulièrement le régime municipal.

Une association monstrueuse d'hommes sans morale, sans principes, sans mœurs, sans pudeur, calculant froidement et à plusieurs reprises le renouvellement dans nos murs des scènes sanglantes et abominables qui ont déshonoré Paris dans les trop malheureux jours de septembre ; des citoyens organisant, contre le vœu de la loi, un tribunal de sang ; des monstres rédigeant tranquillement des listes de proscription, prêchant la loi agraire, levant une armée à leur dévotion, voilà nos ennemis, voilà contre qui nous avons défendu nos viès et nos propriétés. Jusque-là, où sont nos crimes ? Jusque-là, sur quelle base fondera-t-on les reproches dont on nous accable ? Attaqué injustement, quel est l'homme qui ne se défendrapas ?

Mais en usant d'une légitime défense, les citoyens de Lyon se seroient-ils ensuite livrés à l'excès de la vengeance, à l'abus de la victoire ?

Non, contents d'avoir vaincu, ils ont respecté leurs assassins, quoique pris le poignard à la main ; et sur cela, ils en appellent à la notoriété publique, aux dires de leurs propres ennemis encore existants, au témoignage même des représentants Gauthier et Nioche. Il y a plus. A la réserve des grands coupables, de ceux que l'opinion publique désignoit comme tels, tous les autres qui servoient le parti et les projets de la municipalité suspendue sont libres, et déjà l'indulgence a couvert d'un profond oubli tous leurs méfaits. En auroient-ils fait autant, eux qui, contre le droit des gens et de la guerre, ont inhumainement massacré une partie des prisonniers qu'ils avoient faits sur nous ; eux qui avoient projeté le massacre de seize mille citoyens propriétaires ; eux qui, quelques jours avant, avoient commandé le pillage d'un magasin national, et ce pour avoir un prétexte de requérir des forces étrangères et les faire servir ensuite à leurs abominables desseins ?

Mais continuons. Le département suspend la municipalité ; Nioche et Gauthier adoptent cette mesure ; les présidents et secrétaires des sections sont appelés à en remplir provisoirement les fonctions.

L'assentiment de la cité confirme ce choix et la liberté, l'égalité, la République une et indivisible est le vœu de leur cœur comme le seul but de leur administration. Faites compulser ses registres, ordonnez qu'on vous communique ses délibérations, examinez tous ses arrêtés, et vous aurez la preuve complette de la vérité de ce que nous vous disons.

Dans ces entrefaites, les représentants à l'armée des Alpes écrivent, entament des pourparlers. Dix mille fusils, la liberté des prisonniers, l'extradition de tous les objets destinés aux armées des frontières, voilà leurs demandes. La dernière étoit de trop, puisque rien n'a été arrêté de tout ce qui étoit destiné aux armées. Si les approvisionnements n'y sont point arrivés, les Crancé, Albitte et Gauthier doivent en répondre, eux qui ont donné ordre à Carteau de tout retenir à Valence, au Saint-Esprit, malgré les députations des départements des

Pyrénées, malgré les réquisitions répétées des Rouyer, Brunel, d'Esper et Prosjean.

Quant aux dix mille fusils et à la liberté des prisonniers, notre sûreté personnelle nous laissoit-elle seulement jour à discuter des pareilles propositions ? Aussi les regardâmes-nous comme non-avenues.

C'est alors que, méconnoissant tous les principes, que violant toutes les loix, nos ennemis ne se firent point un crime de nous classer au rang des rebelles et des révoltés et de publier que Lyon étoit le foyer d'une nouvelle Vendée, qu'il avoit arboré la cocarde blanche, qu'il avoit proclamé un Louis XVII pour roi, qu'il faisoit marcher des forces contre la Convention, qu'il en méconnoissoit les décrets et l'autorité, qu'il avoit abattu l'arbre de la liberté, qu'il redemandoit et rétablissoit l'ancien régime.

Autant de mots, autant de mensonges. Les Lyonnois ne veulent point de roi; les Lyonnois n'ont d'autre cocarde que la tricolore; les Lyonnois sont et ont toujours été ralliés à la Convention; les Lyonnois, bien loin d'imiter les rebelles de la Vendée, abhorrent l'ancien régime et ne sont en force et en mesure que contre l'anarchie, que pour défendre leurs propriétés et leurs vies, et non pour marcher contre Paris et la Convention. L'arbre de la liberté, enfin, est debout, il est l'objet de notre vénération, le témoin de nos serments, le signe de notre culte, de notre sainte idolâtrie. Cent cinquante mille âmes attestent ces faits, et le dire de cent cinquante mille âmes doit bien être de toute autre prépondérance que celui d'une poignée d'ennemis qui ne veulent que nous opprimer.

Si un instant on a discuté sur l'intégralité de la représentation nationale, on doit en reporter les motifs et la nécessité sur les désastreux événements des 31 mai, 1er et 2 juin.

Calculez avec impartialité quelles impressions ils ont dû produire, et jugez alors, avec autant de loyauté que de bonne foi, s'il étoit probable que des hommes libres et qui, deux jours avant, venaient de terrasser l'anarchie, ne s'en occupassent pas sérieusement. Cependant quel a été le résultat de ces méditations ? L'acceptation unanime de l'acte constitutionnel, le ralliement général à la Convention comme centre d'unité, et en même temps une mesure de résistance vigoureuse contre l'exécution des décrets qu'on a surpris à sa religion et à sa justice contre la ville de Lyon.

Que pouvions-nous, que devions-nous faire de plus, citoyens représentants ? La loi naturelle, les loix sociales et politiques, voilà notre boussole, voilà le chemin que nous avons suivi.

Et cependant l'on nous accuse ; l'on entasse mensonges sur mensonges, calomnies sur calomnies. A toutes celles déjà énoncées, l'on ajoute encore que notre prétendue résistance à l'oppression n'est qu'une révolte combinée avec Marseille, Bordeaux, avec Pitt, Dumouriez et Cobourg, avec tous les ennemis de la République. Portant la calomnie jusqu'au délire, ils prétendent que nous avons reçu, par la voie de Genève, quatre millions en or ou pour nous en servir dans nos projets liberticides ; que nous avons écrit à toutes les administrations, à tous les généraux, à toutes les armées, pour les entraîner dans ce qu'ils appellent notre conspiration ; que nous avons envoyé deux mille passe-ports aux émigrés qui sont en Suisse, pour qu'ils puissent rentrer en France ; enfin, que nous sommes d'intelligence avec les rois de Sardaigne et d'Espagne et avec Condé, pour leur livrer la ville de Lyon, où ils doivent placer le trône de la contre-révolution.

L'homme probe, le vrai patriote, le sincère républicain, que peut-il répondre à des absurdités pareilles ? Elles ne peuvent provoquer tout au plus que le sourire du mépris, et elles n'ont pas même le foible pouvoir de porter à nos cœurs un sentiment d'indignation profonde. Quoi ! le peuple de Rhône-et-Loire, la ville de Lyon, recevoir quatre millions en or, de Genève, pour résister à l'oppression ! Mais elle n'en a pas besoin ; ses propres ressources sont plus que suffisantes pour lui épargner l'avilissement d'une demande ou d'une acceptation rien moins qu'honorable.

L'Espagne, le Piémont, le traître Condé, de connivence avec nous ! Mais nos frères d'armes combattent ces puissances, mais nous tous marcherons contre elles s'il le faut.

Des passe-ports aux émigrés ! Mais tous les jours nous les poursuivons d'après la loi sur notre territoire ; tous les jours nous cherchons à les découvrir et nous provoquons sans cesse contre eux la surveillance des bons citoyens, les dénonciations des bons patriotes.

Des invitations aux armées, aux généraux, aux administrations pour entrer dans la révolte ! Mais tous nos écrits, toutes nos adresses, toutes nos lettres sont imprimées, sont publiques ; on peut les lire et on y verra nos principes, on y verra notre conduite.

Pitt, Dumouriez, Cobourg, Bordeaux, Marseille, d'intelligence avec nous ! Les trois premiers sont les ennemis de la République ; ils sont conséquemment ceux des Lyonnois. Quant à Marseille et à Bordeaux, elles n'ont reçu de nous aucun appui, aucun secours ; mais nous devons à la vérité de dire que ces villes veulent, ainsi que nous, la liberté, l'égalité, la république une et indivisible, et que sous ces rapports, nous fraterniserons avec ces deux grandes cités.

Voilà, citoyens représentants, la vérité ; voilà ce que nous opposons aux calomnies qu'on a disséminées, placardées, colportées dans toute l'étendue de la République contre le département de Rhône-et-Loire et particulièrement contre la ville de Lyon.

Puissions-nous avoir éclairé votre religion et vous avoir déterminé au prompt rapport des décrets que vous avez lancés contre cette cité :

En vous demandant cet acte de justice, aucun sentiment de foiblesse ne nous le conseille. Non, citoyens représentants, la pusillanimité n'arrive pas jusqu'à des cœurs généreux qui, combattant sous l'égide de la loi, sauront se rappeler que les intérêts les plus chers peuvent, dans quelques jours, dans quelques heures, être confiés à leur courage, à leur énergie.

Une jeunesse nombreuse, disciplinée et pleine d'ardeur, des hommes expérimentés, instruits, sachant calculer d'avance et les chances des dangers et la facilité du triomphe, des ressources immenses en tout genre, la justice de notre cause, la loi naturelle, la promulgation des droits de l'homme, voilà ce qui milite en notre faveur ; joignez-y les probabilités que nos voisins ne voudront pas se battre contre nous, que des François ne viendront pas égorger des François, et voyez alors si en vous demandant le retrait des décrets contre Lyon, nous nous laissons influencer par la crainte et par la pusillanimité.

C'est l'humanité seule, la nature, la fraternité, qui font entendre ici leurs voix prépondérantes et sacrées ; c'est en leur nom que nous vous parlons, citoyens représentants; c'est en leur nom que nous vous adjurons de ne point substituer le résultat de quelques passions particulières aux mesures que la prudence, la sagesse et la réflexion seules doivent vous conseiller.

Près du terme de votre carrière politique, voudriez-vous rentrer dans la classe générale des simples citoyens couverts du sang des François des départements que vous auriez fait battre contre les citoyens françois de Lyon ? Comment en soutiendriez-vous le spectacle ? Comment ne seroit-il pas pour vous un objet éternel de remords, de douleur et d'anxiété ?

Citoyens ! La France, l'Europe, la postérité vous contemplent ; vous serez un jour appelés à leurs tribunaux. Quel terrible jugement pour les représentants de vingt-quatre millions d'âmes ! Quels reproches si, chargés de la plus importante des missions, vous ne vous étiez pas élevés au-dessus de la petitesse des passions individuelles, pour planer sur les ailes de la philosophie, de la magnanimité, de l'humanité, de toutes les vertus politiques et morales, vers le but que la nation françoise vous a indiqué, sa splendeur, sa gloire et son parfait bonheur !

Salut et fraternité.

Fait et arrêté en conseil général, Lyon, le 2 août 1793, l'an second de la République françoise.

RONCHET, secr.-greff. prov. en l'absence.

A Lyon, de l'imprimerie d'Aimé Vatar-Delaroche, 1793.
(*Bib. de la ville, fonds Coste, n° 111050 (4556)*).

XXXVII

Saint-Etienne, le 2 août 1793, l'an 2ᵉ de la République.

Les administrateurs du Directoire du district de Saint-Etienne, aux maire, officiers municipaux et conseil général de la commune de

Citoyens, les Corps administratifs séans à Lyon, et les délégués de la section du Peuple Français dans le département de Rhône-et-Loire, après que la Constitution a été généralement accepté, après que tous les citoyens du département ont reconnu la Convention Nationale comme le point central de ralliement des François, après que l'exécution de tous les décrets a été ordonnée, ne s'attendoient pas à avoir encore des ennemis intérieurs à combattre : cependant par une fatalité inconcevable, des agitateurs menacent le département ; les Corps réunis se sont vus obligés de se tenir en garde et de former une armée départementale qui se réunira à Lyon, pour rester aux ordres des autorités constituées.

Ils ont arrêté que le contingent que doit fournir le district de Saint-Etienne sera porté à quatre cents quatre-vingt-neuf hommes ; nous ne doutons pas que vous ne vous empressiez à contribuer à cette levée, qui est d'autant plus instant de compléter sans délai, qu'elle est destinée à résister à l'oppression et à défendre les citoyens et les propriétés, tant du chef-lieu que des villes et villages du département.

Les citoyens qui se décideront à partir recevront un traitement tel qu'il a été arrêté et qu'il est porté sur un tableau qui sera imprimé à la suite de cette lettre. Nous vous invitons à conduire sans perte de temps, en cette ville de Saint-Etienne, les braves citoyens qui montreront du zèle pour une si belle cause ; c'est là ou les compagnies seront organisées et où se formera le bataillon.

Nous ne vous fixons pas le nombre d'hommes que votre commune fournira, persuadés qu'elle excédera, par bonne volonté, par zèle et par patriotisme, le contingent que nous pourrions déterminer. C'est le moment de se montrer en vrais républicains qui aiment la liberté, l'ordre et la paix ; c'est pour les faire régner que les autorités constituées de tout le département invitent les citoyens à former un corps de troupe qui, en intimidant les brigands, ne contribuera pas peu à former la jeunesse vigoureuse au maniement des armes et à lui inspirer ces sentimens de fraternité qui doivent déterminer les habitans de la terre à se donner mutuellement des secours au premier signal.

 Signé, Trablaine, président ; Crouzat, Vanel et Lardon, administrateurs, et Teyter, secrétaire.

Composition de la force de sûreté générale pour les districts du département de Rhône-et-Loire.

Etat-Major 9	2 Lieutenants-colonels, chacun.......	3000 l.
	1 Adjudant-major................	2000 l.
	1 Chirurgien-major...............	1200 l.
	2 Adjudants-sous-officiers, chacun, par jour.....................	3 l. 10 s.
	1 Tambour-maître................	3 l.
	1 Armurier.....................	2 l.
	1 Quartier-maître-trésorier........	2400 l.
480	8 Capitaines, à chacun............	2000 l.
	8 Lieutenants, idem..............	1500 l.
	8 Sous-lieutenants, id............	1200 l.
	8 Sergents-majors, id., par jour.....	3 l.
	16 Sergents, id...................	2 l. 15 s.
	32 Caporaux id...................	2 l. 10 s.
	384 Grenadiers, fusiliers, canoniers, id..	2 l.
	16 Tambours, id..................	2 l. 5 s.

489

Nota. — Chaque bataillon sera composé de 8 compagnies, et chaque compagnie de
    1 Capitaine.
    1 Lieutenant.
    1 Sous-lieutenant.
    1 Sergent-Major.
    2 Sergents.
    4 Caporaux.
    48 Grenadiers, canoniers, fusiliers ou chasseurs.
    2 Tambours.
   Total 60 hommes.

(*Circulaire imprimée, Archives du Rhône, série L*).

XXXVIII

3, 4 Août.

Extrait des minutes du greffe de la municipalité de Mont-Brison.

Cejourd'hui trois août mil sept cent quatre-vingt-treize, l'an second de la République une et indivisible, sur les quatre heures du matin, la Municipalité et Conseil général de la commune de Mont-Brison, convoqués dans le lieu ordinaire de leurs séances, où étoient les citoyens Jamier, maire; Granjon, Chantemerle, Bourg, Chabriérat, Faure, officiers municipaux; Chapuis-Maubost, Lecomte, Siaume, Lambert, Duguet, Latanerye, Goutorbe, Ardaillon, Turquais, notables; Chassaignon, secrétaire-greffier,

Un officier municipal a dit : que sur les trois heures du matin le citoyen Ferrouillat, soldat de garde au poste établi sur la place du Marché de cette ville, s'est présenté dans son domicile, pour lui apprendre qu'un courrier, arrivé à toute bride, étoit venu annoncer au commandant chez lequel il étoit en faction, que pendant toute la nuit on avoit sonné le tocsin dans les communes des environs ; qu'il se formoit de toutes parts des rassemblemens, dans l'intention de se porter sur Mont-Brison.

Il a dit qu'aussitôt il s'étoit rendu, tant chez le commandant du bataillon de cette ville, que chez le commandant de la force armée de Saint-Etienne et de Lyon, en station à Mont-Brison, pour conférer avec eux sur la nouvelle qui venoit de lui être donnée et recueillir tous les renseignemens qui pouvoient leurs avoir été fournis ; que sur tous ces récits il avoit invité la municipalité et le Conseil général à se réunir pour aviser aux mesures à prendre.

Sur ce rapport, le Conseil général, dont quelques membres ont attesté les mêmes faits, a arrêté que l'on battroit l'assemblée, pour réunir toutes les compagnies et toutes les forces qui pouvoient arrêter les incursions que l'on se proposeroit contre la tranquillité publique, par des rassemblemens offensifs.

Chacun rendu à son poste, suivant les dispositions et les ordres donnés par les chefs, on a envoyé à la découverte ; le citoyen Dugas, chargé de cette mission, est venu rapporter qu'étant allé à cheval du côté des Tourrettes, il avoit apperçu une troupe placée sur la hauteur de ce nom, qui étoit en armes de différentes espèces ; qu'il avoit été tiré sur lui plusieurs coups de fusils, dont il n'avoit pas été atteint, et est retourné à la découverte.

L'instant d'après, et sur les six heures du matin, se sont présentés trois citoyens de Moingt, nommés Benet, Cantal, tous les deux boulangers, Gilbert Genet, tailleur de pierre, et un citoyen de Lézigneux, nommé Dupuy, boulanger et cabaretier. Ils se sont qualifiés de commissaires députés de la part du bataillon de Moingt, actuellement réuni dans le bourg dudit lieu ; et ont dit qu'en cette qualité ils venoient offrir de fraterniser avec leurs frères d'armes de Mont-Brison, avec lesquels ils vouloient entretenir la plus parfaite union ; que si le bataillon étoit assemblé, le motif étoit que leur commandant avoit donné des ordres pour faire l'inspection des armes.

La municipalité, pour témoigner à la commune de Moingt la satisfaction de son procédé, a de suite écrit une lettre pour lui offrir la réciprocité des sentimens annoncés par ses commissaires.

Sur le moment est entré à la maison commune le citoyen Gras, procureur-syndic du district, qui a dit qu'il venoit d'être informé d'un rassemblement à Moingt, dont il s'est convaincu par lui-même, et, attendu la présence des commissaires du bataillon, il leur a observé que ce rassemblement étoit illégal, parce qu'il étoit indispensable pour le commandant de prévenir l'administration avant de donner aucun ordre ; que le jour n'auroit pas dû être choisi pour l'opération qu'on annonce, parce qu'il étoit celui du marché où l'on apporte des provisions de tous les environs pour la consommation journalière; qu'un citoyen de la campagne qu'il a rencontré sur le chemin, lui a dit que les hommes rassemblés en armes, empêchoient les vendeurs d'approcher et les faisoient rétrograder.

Les commissaires, dont le citoyen Cantal étoit déjà allé faire connoître les dispositions amicales annoncées par la municipalité de Mont-Brison, ont réitérés ce qu'ils avoient déjà dit. Deux lettres leur ont été remises, une pour la municipalité de Moingt, et une pour le commandant du bataillon, le citoyen Forest.

Le procureur-syndic a dit qu'il alloit avec les commissaires à Moingt, pour représenter aux personnes rassemblées combien cet attroupement, qui lui a paru très nombreux, étoit contraire à l'ordre public, et ils sont partis de suite.

Sont entrées trois femmes, du nombre desquelles étoit la citoyenne Chauvot, aubergiste, qui a dit qu'étant allé le matin à Moingt pour faire son marché, ainsi que les personnes qui sont avec elle, une force armée les a arrêté et leur a dit : qu'il étoit inutile d'acheter des vivres pour Mont-Brison.

Le citoyen Achard père est survenu dans le moment et a dit qu'il avoit rencontré sur la route le citoyen Laplagne le cadet, ancien maire de cette ville, revenant de Moingt sans armes ni canne ; il étoit allé porter des paroles de paix ; qu'étant auprès de la maison du citoyen Pugnet, dite de Ste-Eugénie, il a été tiré, par les gens de Moingt, trois coups de fusils ; que ledit citoyen Laplagne a été atteint d'une balle par derrière qui lui avoit traversé le corps de part en part, et qu'il étoit tombé mort à ses côtés ; le citoyen Achard s'est empressé de s'éloigner ; que regardant l'instant d'après derrière lui, il avoit vu des gens de la campagne armés de sabres, en frapper encore le corps du citoyen Laplagne ; qu'il venoit faire son rapport de ce fait.

A cette triste nouvelle, et sur le bruit de cet affreux assassinat, l'on est venu annoncer que les divers détachemens de la garde nationale se sont mis en bataille pour marcher et en tirer vengeance. Il étoit alors neuf heures et demie, le procureur-syndic est venu sur l'heure avec le maire et un officier municipal de Moingt, et le conseil général de la commune de cette ville s'est rendu dans le lieu des séances du district, où étoit le citoyen Barge, administrateur. Le citoyen Thénet, maire de Moingt, a remis une lettre adressée par sa municipalité à celle de Mont-Brison, lecture en a été faite.

Le procureur-syndic a dit qu'il venoit d'auprès les gens rassemblés à Moingt qu'il avoit engagé par toutes les considérations possibles à se retirer ; qu'il avoit apperçu beaucoup de fermentation et beaucoup de fureur dans les résolutions de cette troupe qui vouloit sur le champ venir à Mont-Brison, pour en expulser, à main armée, les citoyens de Saint-Etienne et de Lyon, qui y sont de séjour depuis le vingt-deux du mois dernier ; qu'il s'étoit rendu auprès du maire et de la municipalité assemblée dans la maison commune, pour leur représenter que le rassemblement qui se faisoit sur leur territoire étoit une démarche aussi étonnante qu'illégale ; que, pour remplir les devoirs de leurs places, ils auroient dû l'empêcher et en prévenir l'administration supérieure ; que plusieurs personnes en armes étoient présentes et faisoient diverses plaintes sur le séjour de la force armée venue de Saint-Etienne ; que le tocsin avoit sonné dans l'instant qu'on avoit entendu tirer trois coups de fusils ; que, dans le nombre des personnes présentes, il a entendu dire, il faut l'arrêter, en parlant de lui ; mais que sur tous les propos bruyans qui étoient tenu, il avoit invité le citoyen maire à faire cesser de sonner, et avoit demandé que deux des officiers municipaux viennent à Mont-Brison pour se concerter avec l'administration et la municipalité réunie pour faire rétablir l'ordre ; que le citoyen maire et deux autres officiers sont venu avec lui ; qu'aux approches de la maison du citoyen Pugnet et, sur le bord du chemin, ils ont apperçu le corps du citoyen Laplagne, étendu et couvert de son sang ; à la vue de ce tableau déchirant, il a représenté à ces officiers municipaux quelles funestes suites cet attroupement pouvoit avoir ; il a prié l'un d'eux d'aller de suite chez le citoyen Coste, juge-de-paix, pour dresser procès-verbal de cet événement et constater la mort du citoyen Laplagne, et a continué de suivre son chemin avec les deux autres ici présens.

Un officier municipal a représenté toute l'atrocité du crime qui venoit de se commettre, et a fait sentir à ces officiers municipaux de Moingt quelle responsabilité pesoit sur eux, à cause du résultat de cet événement affligeant.

Les citoyens Jamier, maire, Chantemerle, officier municipal, et le citoyen procureur-syndic, ont été chargé par l'assemblée de courir au-devant de la force armée, pour empêcher qu'elle n'emploie des moyens violens avant de faire usage des voies de conciliation et de prudence.

Ces citoyens sont partis sur le champ avec les officiers municipaux de Moingt ; arrivés sur les limites des deux communes, et à une très grande distance du bourg de Moingt, l'on a fait arrêter la marche, et déjà les dispositions étoient faites pour s'opposer aux progrès de l'attroupement du bourg de Moingt.

Sur les deux heures de relevée, les citoyens procureurs-syndic, Jamier et Chantemerle, sont revenus à la maison commune, et ont annoncé que les officiers municipaux de Moingt ont été chargés de prévenir les personnes rassemblées en arme dans leur bourg des dispositions où l'on étoit de repousser la force par la force, si le rassemblement ne se dispersoit, et qu'ils fassent approcher quatre commissaires pour entrer en pourparler, que c'étoit à eux à faire cette démarche puisqu'ils étoient les agresseurs.

Différentes propositions ont été faites, après qu'on a fait connoître aux commissaires qui se sont présenté quels dangers couroient tous ceux qui composoient le rassemblement, s'ils ne se dispersoient à l'instant. Il s'est peu à peu dissipé ; néanmoins quelques particuliers retirés dans les vignes ont tiré quelques coups de fusils. Le commandant a fait avancer une partie des soldats de Mont-Brison pour arrêter les personnes qui voudroient faire de nouvelles hostilités. Les citoyens municipaux de Mont-Brison et le procureur-syndic ont chargé le commandant d'agir avec beaucoup de douceur et d'humanité, et de faire le rapport de la visite qu'il est allé faire dans le bourg de Moingt et aux environs, pour se convaincre de la dispersion entière de l'attroupement, et sont venu de suite instruire l'administration et le conseil général de la commune de ce premier résultat.

Sur les quatre heures de relevée, à peine la troupe étoit rentrée, se sont présenté les citoyens Coste, Grangeneuve, Michaud, se disant commissaires de la commune de Boën, et envoyés par la force armée qu'ils annoncent marcher sur Mont-Brison. Le temps presse, ont-ils dit, et l'on sera bientôt à vos portes. Avec eux étoit le citoyen Prodon, curé de St-Pierre de cette ville, qui, par amour de l'humanité, étoit allé à Boën pour calmer l'effervescence qui régnoit dans cette commune et les environs. Le citoyen Prodon a remis deux lettres, en date de ce jour, l'une écrite par le citoyen Bruyas, administrateur de ce district, et l'autre par le citoyen Burdel, qui s'étoient rendus le matin à Boën, pour engager la municipalité de Boën à restituer des caisses d'armes destinées pour la défense de la République, lesquelles ont été distribuées dans ladite commune, malgré les réclamations faites par la municipalité de Saint-Etienne et constamment refusées, quoi qu'il ait été envoyé à Boën différentes invitations et des commissaires à cet effet. Le citoyen Prodon a observé que sa médiation n'avoit eu aucun succès, que les citoyens Bruyas et Burdel n'avoient également pu réussir, et qu'une troupe de cinq à six mille hommes réunis menaçoit la tranquillité de la ville de Mont-Brison.

Lecture faite desdites lettres remises sans enveloppe, sans cachets ni adresse, elles contiennent une invitation pressante de faire retirer la force armée étant en cette ville, que le salut de la ville en dépend.

Différentes observations faites sur la forme et le contenu de ces lettres, elles ont paru être l'effet de la contrainte dans laquelle on tient les personnes qui les ont écrites.

Il a été représenté aux commissaires de Boën, que leurs démarches sont perfides, que depuis longtemps le canton de Boën, soulevé par les intrigues des gens mal intentionnés, ne cesse de faire des menaces de toute espèce, que sa conduite est répréhensible, et que les communes qui se sont adjoints à celle de Boën ne doivent pas ignorer que la force armée ne pouvoit marcher qu'en vertu d'une réquisition légale et sur les ordres des autorités constituées.

Les citoyens de Boën ont dit qu'ils avoient rempli leur mission, et que la chose étoit urgente. Ils assurent que si l'on fait retirer la force armée, les troupes qui avancent rétrograderont, et qu'il est intéressant de délibérer sans perdre de temps.

Les commandans ont été sur le champ invités à se rendre dans l'assemblée, et s'étant présenté, il leurs a été donné communication des lettres qui viennent d'être apportées et des propositions faites par les citoyens détachés de l'attroupement de Boën ; ils ont observé que les lettres n'étoient que le fruit de l'oppression la plus odieuse, puisqu'à la suite de la signature de celle du citoyen Burdel, il étoit ajouté, absolument libre, que cette précaution devant faire suspecter davantage qu'elle n'étoit pas librement écrite, que le langage actuel est bien différent de celui d'une première du citoyen Burdel, dans laquelle il dit que sa mission aura un succès heureux, et qu'il est avec des frères et des amis.

La matière mise en délibération, le procureur-syndic entendu, il a été unanimement arrêté que l'on prendroit toutes les mesures convenables pour opposer une juste et légitime défense, et que les commandans de la force armée feroient toutes les dispositions nécessaires pour y parvenir; qu'en conséquence, la force armée se porteroit sur les extrémités du territoire de la commune de Mont-Brison, avec l'artillerie et seroit précédé des citoyens Barge, administrateur, et Jamier maire, qui feroient de nouveaux efforts pour prévenir l'effusion du sang par des paroles de conciliations, de suite les ordres ont été exécutés, et l'on s'est mis en marche pour faire du tout au retour un récit exact.

Sur les neuf heures, les citoyens maire et commandans sont revenus; ils ont annoncé que toute espèce de conciliation a été refusée ; que le citoyen maire a couru des dangers ; qu'on lui a présenté des sabres et des bayonnettes ; qu'une dizaine d'hommes armés se sont saisis de lui, l'ont conduit dans la maison Trunel, où ils le gardèrent ; qu'on l'a forcé de céder le cheval qu'il montoit ; que le cheval a été emmené; qu'il n'a échappé des mains de ses gardes que parce que, voyant leur colonne dispersée, ils ont aussi fui. Que le citoyen Bruyas, administrateur, qui étoit allé à Boën tranquiliser les esprits, et le citoyen Barge, aussi administrateur, nommé commissaire, n'ont point été écouté et se sont retiré, ne pouvant parvenir à une médiation, ce qui démontre les intentions vraiment hostiles qui annonçoient le rassemblement composé, dit-on, d'habitans de toutes les communes des environs de Boën, des cantons de Saint-George, Cervières dans ce district, et des cantons de Saint-Germain et Saint-Polgues dans le district de Roanne.

Attendu que l'attroupement avançoit toujours, le citoyen commandant a fait faire à des reprises différentes une décharge de cinq coups de canon. Dès le moment même, l'attroupement s'est divisé et chacun a passé de côté et d'autres. Les citoyens soldats de Mont Brison ont gardé leur poste, et s'appercevant qu'il ne restoit plus d'adversaires, le commandant a fait des dispositions pour qu'une partie des troupes sous ses ordres reste sur le champ pour y faire la garde toute la nuit, crainte d'une nouvelle surprise.

Le commandant a annoncé que le citoyen Burdel, député, qui s'étoit rendu à Boën pour proposer des voies de conciliation, a été cruellement maltraité par les troupes de Boën, qui ont déchargé sur lui leur haine et la fureur qu'ils avoient de ne pouvoir venir à bout de leur complot affreux. Il a dit que le citoyen avoit été conduit dans son logement pour s'y faire panser des blessures dont il est couvert ; aucun citoyen de Mont-Brison n'a été blessé, et il croit qu'il n'y a point eu également de blessé dans le parti opposé. Le rapport a d'autant plus satisfait que l'on ne cherchoit à faire la guerre, mais à se défendre sur ses foyers, puisque la colonne de Boën étoit sur les limites du territoire de la commune de Mont-Brison. Sur l'observation faite à l'égard du citoyen Burdel, attendu qu'il vient d'être pansé, il a été convenu qu'on se rendroit chez lui demain pour dresser procès-verbal de son dire et de sa déclaration sur ce qui le regarde.

Le commandant a dit aussi que les éclaireurs qu'il avoit envoyé aux environs de Mont Brison, viennent de lui rapporter qu'un nouveau rassemblement s'étoit mis en marche du côté de St-Rambert, Sury et Saint-Romain-le-Puy; qu'il venoit en conséquence de faire des dispositions de ce côté, pour qu'il n'y soit point fait d'hostilité nouvelle.

Et dans le moment, sur les dix heures du soir, sont entrés dans la maison commune trois personnes, dont deux officiers de la garde nationale, l'un de Sury, l'autre de Saint-Rambert, et un officier municipal. Ils ont dit : que le rassemblement de leur bataillon étoit aux Tourrettes ; qu'avoit été réuni d'après les bruits qui se répandoient sur Mont-Brison, mais qu'ils étoient envoyés pour s'éclairer de la réalité des récits qui avoient été fait dans leur canton ; qu'ils seroient bien charmés, pour la satisfaction des personnes dont ils étoient les organes, qu'un membre de la municipalité se rendit auprès de leurs concitoyens pour les rassurer de ce dont ils sont par eux-mêmes convaincus ; que les citoyens qui sont sur la défensive à Mont-Brison, sont tous de francs républicains, qui veulent la liberté, l'égalité, la république une et indivisible, le respect des personnes et des propriétés, et que leur civisme n'est point équivoque, puisqu'ils ont accepté la Constitution purement et simplement, reconnu la Convention comme le point central de réunion et de ralliement de tous les Français et qu'ils mourront pour le soutien de ces principes.

Le citoyen Chantemerle a été député auprès du rassemblement annoncé, et est parti sur les onze heures, avec les députés envoyés par les citoyens venus des cantons de Saint-Rambert et Sury, et les commissaires se sont, avec les officiers municipaux, donné respectivement le baisé fraternel.

Le Conseil général a arrêté qu'il demeureroit assemblé jusqu'à ce que l'orage formé soit entièrement passé et que le retour de l'ordre ait mis fin aux inquiétudes causées par les agitations actuelles.

Le quatre août, à cinq heures du matin, le citoyen procureur-syndic a conduit dans le lieu des séances du Conseil une députation de la commune de Saint-Marcelin, qui venoit demander des éclaircissemens sur les bruits allarmans répandus dans le canton, dont cette ville est le chef ; ils ont fait des offres de service qui ont été reçu avec reconnoissance ; il a été fait lecture de l'adresse qu'ils apportent pour justifier leur mission.

L'on s'est occupé d'une réponse où l'on témoigne toute la sensibilité qu'a éprouvé la commune de Mont-Brison sur un procédé aussi franc et aussi analogue aux sentimens de fraternité, de paix et d'union qui animent les citoyens de Mont-Brison pour leurs frères des divers cantons du district, qui leurs ont été de nouveau renouvellé dans la lettre amicale qu'ont apporté les commissaires, après avoir reçu et donné respectivement des témoignages de cette intimité inviolable qui doit régner entre des vrais républicains et des amis de la liberté et de l'égalité.

A neuf heures, le citoyen commandant a annoncé qu'il avoit fait rentrer les citoyens qui avoient passé la nuit dans les champs, et que tout étoit dans une parfaite tranquillité.

De tout quoi il a été dressé le présent procès-verbal, pour servir et valoir ce que de raison, et expédition d'icelui être adressée à qui de droit. Fait et clos à Mont-Brison, dans la maison commune, les jour et an susdits ; et ont les membres présens signés.

  GRAS, procureur-syndic ; JAMIER, maire ; GRANJON, CHANTEMERLE, BOURG, CHABRIÉRAT, FAURE, officiers municipaux ; CHAPUIS-MAUBOST, LECOMTE, SIAUME. LAMBERT, DUGUET, LATANERYE, GOUTORBE, ARDAILLON, TURQUAIS, notables ; CHASSAIGNON, secrétaire-greffier.

  Collationné, CHASSAIGNON, secrétaire-greffier.

A Mont-Brison, chez Magnien, imprimeur de la municipalité.
(*Archives du Rhône, Série L.*)

XXXIX

4 Août

Aux sections de la ville de Lyon. Appel du citoyen Jean-Baptiste Aymard, supérieur du séminaire métropolitain, au synode métropolitain du département de Rhône-et-Loire.

Ecoutez la voix d'un innocent opprimé par une cabale inique d'ennemis ambitieux et acharnés à sa perte; écoutez une voix qui vous est connue, section chérie de l'Egalité dont j'ai l'honneur d'être l'aumônier depuis 1789, et vous en général sections généreuses et illustres de la ville de Lyon, qui avez été si souvent à portée de juger par vous-mêmes de mon zèle, de mon courage et de mon patriotisme épuré.

Les baisers fraternels que j'ai reçus de vous en mille occasions, le casque marseillais qui me fut mis sur la tête par un Marseillais lui-même, le jour que Marseille couronna Lyon, en sont un témoignage bien doux et bien flatteur.

Vous vous rappelez encore avec quel ardeur j'ai rempli pendant 17 ans des fonctions importantes dans la ci-devant congrégation de Saint-Joseph, dont j'avois l'honneur d'être membre.

Vous vous rappelez avec quel courage, en 1791, j'occupai le poste périlleux de supérieur du séminaire de Saint-Irénée, au milieu des plus grands troubles et des plus grands orages.

Vous vous rappelez avec quel succès je soutins en même temps le séminaire ébranlé de Saint-Charles, et les dix-huit écoles chancelantes des pauvres de la ville de Lyon.

Vous vous rappelez avec combien de fatigues et de peines, à travers tant de contradictions et d'obstacles, je suis venu à bout d'élever le séminaire constitutionnel de ce département à la métropole, pour y former des prêtres républicains, amis des lois et du bon ordre.

Hé bien ! pour tant de services rendus à la chose publique, je viens d'être flétri, destitué de ma place de supérieur, par les vicaires de la Métropole, pour s'y élever eux-mêmes ; et par conséquent je suis perdu d'honneur sans ressource, livré à l'infamie, à la mendicité, pour satisfaire leur envie, leur avarice, leur ambition.

Retracerai-je ici toutes les noirceurs, toutes les atrocités qu'ils ont commises contre moi depuis le 18 avril 1791 ? Révèlerai-je au grand jour tant de calomnies, tant d'accusations criminelles si souvent intentées par eux contre moi ? Parlerai-je de ces fameux mémoires, où ils me firent accuser d'ivrognerie, de vol, d'assassinat et de prévarications révoltantes dans l'exercice de mes fonctions et qu'ils firent signer à de jeunes séminaristes par ruse, par force, sans leur donner le temps de lire ce qu'ils signoient ? Depuis l'époque de mon entrée au séminaire, ce n'est de leur part qu'un tissu de crimes et de scélératesse contre un homme qui n'a jamais fait du mal à personne, qui est généralement connu pour avoir un cœur excellent, et qui n'a d'autre malheur que celui d'exciter leur envie et leur passion sordide. Obligé enfin de porter plainte à la police correctionnelle, je les vis alors, pour se soustraire à la foudre, forcés de solliciter les juges en leur faveur, et d'être présens à l'interrogation des jeunes gens pour les intimider : ce qui n'empêcha pas ceux-ci de se rétracter et de rendre justice aux vertus de leur supérieur, et ceux-là de prononcer une sentence radoucie, il est vrai, pour sauver l'honneur du conseil métropolitain, mais suffisante pour me rendre la justice qui m'étoit due.

Cependant, voyant bientôt que cette sentence ne les avoit pas corrigés qu'ils faisoient de plus en plus éclater leur animosité et leur ambition abominable, je pris le parti d'en appeler au tribunal du district. Cet appel les fit trembler. Ils craignirent de voir enfin paroître au grand jour toutes leurs iniquités. Leur conseil devint permanent pendant huit jours, pour trouver les moyens de m'apaiser. Tous les jours presque, ils m'envoyoient des députations pour me fléchir. Je reçus une lettre d'excuse du plus coupable d'entre eux. Enfin, le président accompagné de deux autres membres vinrent faire tant d'humiliations, qu'ils m'arrachèrent mon désistement.

A peine fut il donné, qu'ils recommencèrent de nouveau leurs manœuvres ténébreuses et infernales, dans l'idée que je ne pouvois plus revenir sur le passé, après m'être désisté. Seulement ils cachèrent leur jeu avec plus d'adresse.

Forcé enfin de faire dénoncer tant d'abus crians aux corps administratifs, le directoire du département, après vérification des faits et l'avis du district, étonné de tant de perversité, fit ce fameux arrêté :

Défenses sont faites à tous les vicaires métropolitains de remplir au séminaire les fonctions de vicaire supérieur ; le vicaire nommé par l'évêque et son conseil ayant seul ce droit... Défenses leur sont pareillement faites de tourner à leur profit, par des repas ou autrement, les fonds destinés à l'entretien du séminaire. Ordre au sieur Ponson de se retirer à la première réquisition du vicaire supérieur ou du vicaire directeur-économe, etc., etc.

Cet arrêté foudroyant les contint pour quelque temps ; mais leur cupidité, leur ambition, sont portées trop haut, pourque cette retenue fut de longue durée.

Le citoyen Brun, vicaire de la métropole, sur-tout, qui depuis long-temps cherchoit à me supplanter, vient à bout, à force de souplesse, de s'emparer d'un appartement au séminaire. Il affecte d'abord d'un air gracieux. C'est, dit-il, pour nous être utile. Il se fait autoriser d'une manière particulière, par l'évêque et son conseil. Tous les directeurs s'y opposent fortement, et disent hautement qu'il n'y sera pas plutôt, que la paix y sera troublée. On rappelle les divisions qu'il avoit autrefois excitées au séminaire de Saint-Irénée, et le feu qu'il avoit mis au couvent des sœurs de la Providence. Je vais représenter le tout à l'évêque et au Conseil, au nom de toute la maison. On ne m'écoute pas. On le veut absolument, malgré l'arrêté du département ; j'ai la foiblesse de céder à leurs violences pour le bien de la paix, et bientôt je me vois la victime de ma complaisance.

Le citoyen Brun n'est pas plutôt au séminaire, qu'il envénime, empoisonne tout ; il sème mes pas de toutes sortes de pièges et d'écueils, il me parle avec douceur, avec honnêteté ; il semble un ange devant moi, et par derrière il me déchire comme une furie. Il va, il vient, il court, il s'intrigue, il parle à l'oreille de l'évêque et des autres vicaires ; me représente comme un anarchiste, un ami de Challier, un partisan du meurtre et du pillage. Il le dit par-tout, et pour arriver à ma supériorité, il semble vouloir me conduire à la guillotine.

Instruit de ses manœuvres abominables, je vais parler à l'évêque, qui, trompé par cet imposteur séduisant, me croit coupable, ne veut pas absolument m'entendre. Je lui écris un peu vivement, il ne répond pas. J'y retourne avec le citoyen Liébault, vicaire directeur, homme âgé de 73 ans, et d'une douceur infinie, pour obtenir une explication. Il me prend par le bras, me pousse fortement à la porte, ne veut m'écouter en aucune façon, et nous chasse tous les deux en nous disant que nous étions deux brouillons.

Alors rentré dans ma chambre, réduit au désespoir, je lui écris plus fortement que la première fois, avec une vivacité que je ne prétends pas excuser, mais sans lui manquer de respect.

Il m'arrive enfin une réponse, qui n'est autre chose qu'un acte de destitution de ma place de supérieur, et de nomination du citoyen Brun, vicaire métropolitain, qui veut bien, par un désintéressement rare, réunir les deux places de vicaire métropolitain et de supérieur du séminaire.

Ainsi, sans m'appeller, sans m'entendre, repoussé durement, même plusieurs fois, pour que je ne fusse pas entendu ; sans convoquer tous les membres du conseil, sans me donner un défenseur, sans connoissance de cause, me voilà illégalement et ab irato destitué, flétri par une sentence inique, qu'ils ont l'adresse de faire confirmer par une sentence du tribunal de district, et remplacé par cet ennemi mortel, qui m'a lui-même enfoncé le poignard dans le sein.

Hommes injustes et barbares, quand la Convention, où votre inutilité est reconnue comme ici, parla de vous réduire, au moins elle accordoit à chacun de ceux qui étoient renvoyés le tiers de leur traitement, c'est-à-dire, 800 livres, outre celui de la nouvelle place à laquelle on étoit obligé de les nommer de suite.

Et vous, à l'égard d'un confrère qui s'est dévoué tout entier au bien public, pour satisfaire votre vengeance et votre ambition, vous m'enlevez du coup et mon honneur et ma fortune, et vous me livrez à l'infamie et à la mendicité !.... Où pourrois-je trouver une place, ayant l'anathême d'une destitution sur la tête ? Puis-je être seulement le dernier des vicaires de la campagne ? Hé ! quel est le curé qui voudroit prendre un homme destitué, proscrit et diffamé ? Votre destitution ne me réduit-elle pas à l'aumône et à l'infamie ?

Qu'il est beau de vous entendre colorer votre passion du grand prétexte d'économie pour la nation ! Vous voulez faire plus que la Convention. Vous voulez alléger les frais du culte ; vous vous chargerez vous même de la régie du séminaire gratis, c'est-à-dire, pourvu qu'on vous donne 2400 liv., tandis que nous n'avons que 800 livres. Il faut donc aussi destituer votre évêque, pour gagner à la nation 22000 livres. Vous seriez encore hommes à porter sa mître gratis pro Deo.

Mais, de quel droit voudriez-vous détruire des hommes établis par la loi dans le séminaire, comme vous l'êtes dans la paroisse de St-Jean ? Des hommes qui ont bien mérité de la patrie, tandis que jusqu'ici, vous ne lui avez encore rendu aucun service ?

Vous croyez-vous au-dessus des décrets ? Croyez-vous être plus puissans que la Convention, qui quoiqu'elle sentit très-bien, comme toute la France, et votre trop grand nombre, et votre inutilité révoltante, vient de juger cependant qu'il n'étoit pas encore prudent de vous réduire au pied où vous devriez être, et que le malheur des temps exigeoit de maintenir encore quelques jours cette fatale intégralité des conseils épiscopaux, prescrite par la constitution civile du clergé ? Avez-vous la sotte vanité de vous regarder comme des législateurs, des réformateurs suprêmes, d'une sagesse et d'une autorité bien supérieures à celles des députés de la Convention Nationale? Vous qui êtes sur le point de vous écrouler de toute part, pourriez-vous détruire et renverser ce que la loi a établi, confirmé et consolidé pour toute la suite des siècles?

Non, ce n'est pas sur nous, vicaires du séminaire, qui ne sommes que quatre, avec un traitement de 800 livres, pour remplir les fonctions les plus pénibles et les plus importantes du diocèse, que doit tomber la foudre; c'est sur vous qui, dans une indolence criminelle, pour de très minces services, recevez de très gros salaires; c'est sur ces seize grands vicaires métropolitains, établis pour desservir la plus petite paroisse de la ville, où un curé et deux vicaires suffiroient.

Mais pour en revenir à mon objet, dans cette circonstance, vous ne devez ni ne pouvez être mes juges, sur-tout dans votre propre cause, où vous êtes parties intéressées. Il y a long-temps que vous en avez perdu le droit par toutes vos vexations et vos atrocités à mon égard. Quand un curé destitue son vicaire, celui-ci a droit de recourir à vous, et vous prononcez, sauf son recours au synode diocésain, et ensuite au métropolitain.

Ainsi donc, comme vous êtes juges et parties, que d'ailleurs vous vous êtes tous déclarés mes ennemis, je vous récuse tous et j'en appelle au corps respectable des pasteurs de la ville, de la campagne et de tout le département. J'en appelle à un synode composé de tous les curés du diocèse.

La sentence du tribunal est nulle. Le civil ne pouvoit connoître d'une décision spirituelle. La loi défend expressément aux tribunaux de se mêler des affaires et des différens ecclésiastiques, et si on y a eu d'abord recours, ce n'a été que par erreur.

Nous ne devons pas craindre d'être jugés par des ecclésiastiques, bien propres à prononcer sur ma conduite ecclésiastique et sur la vôtre. Je vous demande donc, ainsi qu'à toutes les autorités constituées, et en particulier à toutes les sections de cette ville et à tout le diocèse, acte de mon appel au synode métropolitain composé de tous les curés du département.

A Lyon, ce 4 août 1793.

AYMARD, supérieur du séminaire métropolitain du département du Rhône-et-Loire.

(Bibl. de la ville de Lyon, fonds Coste, 350584 et 350339, 2 et 10 pages in-8°, sans nom d'imprimeur).

XL

Extrait du registre des arrêtés de la municipalité de Saint-Etienne, département de Rhône-et-Loire.

Séance du 6 août 1793, l'an 2me de la République.

La municipalité, instruite qu'au mépris de son arrêté du 29 juillet dernier, des hommes, qui, sans doute, ont des intérêts particuliers contraires à l'intérêt général, continuoient à tenir des conciliabules secrets, qu'ils cherchoient à occasionner des attroupemens dans la ville, et qu'ils se répandoient dans les campagnes pour en séduire les paisibles habitans et les porter à l'insurrection;

Que des êtres sans moralité comme sans pudeur, excitent les enfans à courir les rues dans un costume indécent, et les forcent à crier : Vivent les sans culottes ! à la guillotine les Lyonnois ; à bas les muscadins, et autres propos qui tendent évidemment à mettre la division parmi les citoyens, à provoquer des mouvemens séditieux, et par suite à la violation des propriétés, qui est l'objet de tous leurs vœux ;

Qu'il existe à Saint-Etienne une foule d'étrangers dont les moyens de subsistance ne sont pas plus connus que les motifs qui les y retiennent et qu'il importe de les surveiller pour s'assurer s'il n'y auroit pas parmi eux quelques-uns de ces corrupteurs de l'opinion publique salariés, qui propagent leurs dangereux principes en répandant clandestinement parmi la classe des citoyens que trop de bonne foi, de sincérité, et souvent le défaut d'instruction rendent plus faciles à égarer, des écrits dont les fausses et contagieuses maximes sont subversives de tout ordre social :

Considérant que tous ces mouvemens sont la suite des derniers efforts de l'anarchie expirante ; que l'on ne sauroit veiller de trop près les criminels agens d'une faction qui s'agite en tous sens pour rétablir le despotisme sur les débris de l'autel de la liberté qu'ils s'efforcent de renverser ;

Qu'il est urgent de réprimer des indécences qui sont un outrage aux bonnes mœurs, et dont le but est évidemment de troubler l'ordre public ;

Que la libre acceptation que tous les citoyens du département de Rhône-et-Loire viennent de faire de l'acte constitutionnel leur impose plus rigoureusement l'obligation de se conformer à des principes qui sont la base de notre félicité, principes qui doivent faire disparoître toute division et réunir tous les Français pour n'en faire à jamais qu'une famille de frères dont les membres, jouissant des mêmes droits, liés par les mêmes intérêts, sont soumis aux mêmes devoirs.

Arrête : 1° Que très expresses défenses sont faites à tous citoyens, de quelque sexe et âge que ce soit, de distinguer les citoyens par des qualifications et épithètes qui, assez indifférentes en elles-mêmes, deviennent injurieuses par les mauvaises intentions de ceux qui se le permettent ; comme aussi de paroître dans les rues avec un costume indécent, sous peine d'être traduits pendant trois jours dans la maison d'arrêt ; les pères et mères étant à cet égard responsables pour leurs enfans.

2° Que tout citoyen, quel que soit son état, profession ou qualité, qui n'est pas domicilié et établi depuis six mois en cette ville, sera tenu de se présenter dans les trois jours de la publication du présent arrêté, au bureau municipal, aux heures des séances, qui sont depuis dix heures du matin jusqu'à midi, et depuis trois heures jusqu'à huit heures du soir, à l'effet d'y faire la déclaration de ses noms, prénoms et domicile, des motifs pour lesquels il se trouve à Saint-Etienne, de ses moyens de subsistance, et du temps qu'il a encore à rester dans la ville.

3° Qu'un duplicata de cette déclaration sera remis au comité de surveillance de la section sur le territoire de laquelle il sera logé.

4° Que tout étranger qui n'aura pas satisfait aux dispositions ci-dessus, sera tenu de sortir de la ville dans vingt-quatre heures.

Que le comité de surveillance de chaque section est invité de redoubler d'activité dans ses fonctions.

Que l'exécution pleine et entière de son arrêté du 29 juillet dernier est particulièrement recommandé au zèle de la garde nationale ; le commandant du poste demeurant personèlement responsable de toute négligence à cet égard ; en conséquence, arrête que tout rassemblement au-dessus de quatre personnes, ailleurs que dans le lieu des séances des assemblées primaires ou de sections, est dans ce moment défendu jusqu'à nouvel ordre, et que les attroupemens seront dissipés par la force en cas de résistance.

Que tous ceux qui provoqueroient au désordre, soit par des discours séditieux, soit par toute autre voie, seront sur le champ désarmés et traduits par-devant les autorités qui doivent en connoître, suivant la nature de leurs délits.

Que très expresses défenses sont faites aux femmes et aux enfans de former des groupes dans les rues.

Que tous cabaretiers, billardiers et cafetiers, ne pourront recevoir chez eux, ni donner à boire ou à jouer passé huit heures et demie du soir, jusqu'à ce qu'il en ait été autrement ordonné ; qu'en cas de contravention ils seront condamnés en l'amende de 300 liv., et leurs maisons fermées pendant trois mois.

Que pour l'exécution du présent arrêté il sera mis sur pied une force armée suffisante.

Que dès ce moment les citoyens composant la garde nationale sont en état de réquisition permanente et obligés de se rendre à leur poste au premier appel, et que tous ceux qui y manqueront seront considérés comme citoyens suspects et désarmés.

Signé : PRAIRE-ROYET, maire ; VIALLETON, BERAUD, PEURIÈRE, J.-Bte JOVIN, DERVIEU, GRANGÉ, LE GOUVÉ, LONG, officiers municipaux ; YVON, substitut du procureur de la commune, et CHOMAT, secrétaire.

Extrait : CHOMAT, secrétaire.

A Saint-Etienne, de l'imprimerie de Boyer, 1793.

(*Archives du Rhône, série L, affiches.*)

XLI

(10 Août.)

Lettre du général Kellermann aux citoyens qui exercent les fonctions administratives à Lyon, adressée par duplicata aux sections assemblées de Lyon.

Au quartier général, le 10 août 1793, l'an second de la République françoise.

Le général des armées des Alpes et d'Italie aux citoyens qui exercent les fonctions administratives à Lyon.

Il ne peut convenir à un général de la République françoise de professer d'autres sentimens que la fraternité qui lie tous les bons citoyens ; mais il ne peut y avoir, dans un état républicain, qu'un seul et même guide, celui qui fait la base de notre gouvernement et de notre bonheur : vous sentez que je ne puis entendre parler en ce sens que de la Convention Nationale et de ses décrets.

Si la Convention Nationale pouvoit se tromper sur mon compte, je lui exposerois avec franchise mes sentiments, je lui ferois ma pétition, mais je commencerois par obéir à ses loix. Toute autre manière d'agir a trop le caractère de la rébellion pour que vous ne vous fassiez pas vous-même l'application de ce principe ; et encore, si j'avois des torts, je ne compromettrois que moi ; et vous, vous sacrifiez tous vos concitoyens.

Jusqu'à ce que vous soyez soumis aux décrets de la Convention Nationale, je ne reconnoîtrai pas en vous des républicains ; et mon devoir est de vous traiter en rebelles à la loi et en ennemis de la République.

Au reste, nous devons faire dans notre camp la fédération du 10 ; si vous voulez fraterniser avec nous, ouvrez vos portes à l'armée que je commande et aux représentants du peuple qui m'accompagnent. Je vous garantis tous inconvénients de la part de l'armée, et les représentants vous assurent qu'ils feront auprès de la Convention Nationale tous leurs efforts pour qu'elle ne considère plus la ville de Lyon que comme une des plus intéressantes parties de la République, et son égarement passé comme non avenu.

Pour copie conforme, signé : KELLERMANN.

P. S. — Je vous envoie ci-joint l'ordre que j'ai donné à l'armée, et vous verrez que je n'autorise ni pillage, ni rien qui puisse alarmer le peuple ; je dis même que si les Lyonnois ne tirent pas les premiers, les troupes de la République ne tireront pas sans ordre exprès des généraux.

Signé : KELLERMANN.

(*Imprimé, Bibliothèque de la ville, fonds Coste, n° 111052 (4564).*)

XLII

Saint-Etienne, le 11 août 1793, l'an 2ᵉ de la République.

Les administrateurs du Directoire du district de Saint-Etienne, aux maire, officiers municipaux et conseil général de la commune de

Citoyens, quoique le département de Rhône-et-Loire ait manifesté d'une manière éclatante son amour pour la Liberté, l'Egalité et la République une et indivisible, des méchans ont calomnié ses intentions et ont tourné contre lui les armes de nos frères.

La ville de Lyon, chef-lieu du département, le centre de ses forces et de ses richesses, est attaquée par des hommes avides de sang et de pillage, qui dégarnissent nos frontières qu'ils devroient défendre des cohortes ennemies, pour ruiner nos villes les plus florissantes et dévaster nos propriétés.

Les citoyens de Lyon, levés depuis long-temps pour résister à l'oppression, ont déployé tous leurs moyens de défense, et déjà la victoire courone leurs travaux : les efforts de leurs ennemis deviennent impuissans, il ne leur restera bientôt plus que la honte de leur folle entreprise.

Mais ce n'est pas assez de les avoir repoussés, il faut encore les anéantir : il faut donc que tous les bons citoyens se lèvent et se réunissent à ceux de la ville de Lyon pour former la masse imposante qui doit écraser l'hidre de l'anarchie ; ce n'est pas que cette ville ne renferme des forces suffisantes pour cela ; mais l'impolitique qu'il y auroit à la dégarnir totalement, l'obligation indispensable de surveiller les ennemis intérieurs, les anarchistes déguisés, tout lui fait un devoir d'appeller à son secours ses braves frères d'armes des campagnes, dont la contenance fière en imposera aux malveillans du dedans, qui voudroient tenter de nouveaux efforts. Oui, citoyens, les Lyonnois demandent simplement à leurs frères qu'ils veuillent bien garder leur ville, tandis qu'ils en sortiront pour aller vaincre leurs ennemis et les nôtres..... Et lequel d'entre nous pourroit se refuser à une si juste demande, puisqu'ils vont faire de leurs corps un rempart à nos personnes et à nos propriétés ! Lequel seroit assez insensé pour croire que si les proconsuls des Alpes réussissoient dans leurs projets sur Lyon, ils concentreroient dans cette ville l'ambition et l'avidité qui les animent !..... Il en seroit autrement : ne vous y trompez pas, et la verge de leur despotisme s'étendroit bientôt jusqu'à nous....

Mais non : leurs projets seront déjoués, il ne faut pour cela, citoyens maire et officiers municipaux, que la réunion de nos efforts à ceux des Lyonnois ; envoyons-leur sur le champ le plus grand nombre de gardes nationales que chaque bataillon, que chaque compagnie pourra fournir ; faites bien sentir à vos concitoyens qu'en défendant la ville de Lyon, ils défendront leurs pères, leurs mères, leurs femmes, leurs enfans, leurs propriétés et leurs personnes.

Nous vous adressons un exemplaire de l'arrêté des corps administratifs séans à Lyon, et des délégués de la section du peuple français dans ce département, formant un comité général de salut public, en date du 7 du courant, relatif aux secours à porter à la ville de Lyon : nous vous prions d'en donner connoissance à tous vos concitoyens, et nous espérons que tous ceux qui sont amis de l'ordre et des lois se rendront de suite à l'invitation des corps constitués de la ville de Lyon.

Que ceux d'entre vos concitoyens qui craindroient d'aller à Lyon ne laissent pas que de venir au moins à Saint-Etienne, ils y remplaceront, pour la garde de cette ville, les braves citoyens qui en sortiront pour marcher au secours de Lyon.

  Signé Trablaine, président ; Crouzat, Vanel, administrateurs ; Lardon, suppléant le procureur-syndic ; et Teyter, secrétaire.

(*Circulaire imprimée, Archives du Rhône, série L.*)

XLIII

(Août).

A vous, braves défenseurs de la cité, dans tous les postes et de tous les ordres.

Graces, graces vous sont rendues et gloire impérissable vous attend, intrépides citoyens sur qui repose le salut de nos pères, de nos épouses et de nos enfans. En attendant le marbre qui s'élèvera sans doute sous la main des magistrats dépositaires de la reconnoissance publique et vos premiers admirateurs, pour perpétuer, d'âge en âge, votre sublime dévouement, ces murs proclameront, propageront au loin l'étonnant spectacle qu'a subitement offert la vaste enceinte que vous défendez. En un clin-d'œil le caractère magique du Français a produit au milieu de nous des scènes de contraste qui stupéfient nos injustes, nos barbares oppresseurs. Son heureuse mobilité a fait succéder de plein vol, et comme par enchantement, le formidable appareil des combats à la circulation mercantile, aux cupides opérations du négoce qu'on croyait avec légèreté l'élément naturel du Lyonnois. Quel détracteur de sa renommée osera désormais lui reprocher sa bourse, ses magasins ouverts, ses spectacles, ses cafés, son insouciance prétendue si puissamment démentie par l'inépuisable activité de son zèle? Jeunesse ardente à tout, aimable et terrible tour-à-tour, à qui le passage de vos occupations, de vos plaisirs ordinaires à l'âpre discipline des camps, aux périls des défenses et des attaques, n'a rien coûté; hommes d'un autre âge, moins bouillans et non moins courageux, chez qui la voix du sang cède, sans violence, à celle de la patrie qui vous appelle à son secours, général honoré de l'estime et de la confiance de cent mille citoyens, comme de la haine impuissante d'une poignée de factieux obscurs dont la rage s'exhale en vœux paricides contre la mère commune ; chefs vigilans, infatigables, pénétrés du plus pur esprit de patriotisme et de loyauté, qui frémissez avec nous de l'inique agression que nous avons à repousser ; et vous, représentans des nombreuses sections de la cité, magistrats de secours, qui, dans la crise monstrueuse des derniers événemens, vous êtes imposé le fardeau de la chose publique pour en prévenir la dissolution, trouvez tous ici l'honorable et consolante récompense de vos sollicitudes et de vos travaux. Qu'aucun de vous ne daigne seulement songer qu'il existe autour de lui de misérables égoïstes, des cœurs froids ou dénaturés que la calamité générale n'effleure pas, d'impitoyables spéculateurs, espèce vorace qui s'engraisse dans les temps désastreux, comme les loups et les corbeaux après les batailles. Comment, de la sphère où vous élèvent vos vertus civiques, pourriez-vous appercevoir ces âmes de boue qui rampent quand vous planez? Que le mépris, cependant, dont ces êtres dégradés se féliciteraient dans leur bassesse, ne les fasse pas échapper à la subvention ou volontaire ou forcée, que commandent les circonstances. Que l'or qu'ils ont enfoui, produit impur de l'agiotage, du monopole, de l'usure, de la concussion, sorte une seconde fois du sein de la terre et s'ennoblisse par son emploi. Qu'il ne revienne enfin à ces monstres, pour tout salaire, que l'opprobre de leurs alentours et les imprécations du peuple qu'ils ont dévoré.

Citoyens, vous recueillez le tribut d'éloges et de gratitude de la cité dont vous êtes l'égide ; mais il vous demeure à remplir une tâche importante, indispensable ; c'est de désabuser, de rallier à vous, par tous les moyens humains, cette précieuse portion des enfans de la patrie que le mensonge et la séduction arrachent des bras de leur véritable mère. Vous ne direz point en vain à nos frères habitans des campagnes, qu'on les a pitoyablement abusés, et qu'à défaut d'apparences un peu plausibles, on n'a pas eu honte d'employer des insinuations plus absurdes encore que perfides, contre lesquelles il suffit d'ouvrir les yeux. Tels sont, hélas ! les funestes écarts de l'humanité, que la calomnie, pour atteindre à son but, n'a besoin de prudence, de mesures, ni de jugement. Que ces hommes crédules, à leur détriment autant qu'au nôtre, reparoissent dans nos places où la tendre cordialité les accueillit souvent au cri prolongé de : Vivent nos frères de la campagne ! Qu'ils y voient par leurs propres yeux ; qu'ils entendent de leurs propres oreilles s'il existe vestige, ombre seulement des ineptes, des stupides impostures dont on les a bercés. Où sont ces drapeaux blancs ? Quelle place occupent-ils, quand sur toutes les sommités du dedans et de la lisière flotte le drapeau tricolore et républicain ? Où sont ces cocardes blanches, signe d'un coupable ralliement, quand, à coup sûr, pour de l'or, il ne s'en trouveroit pas une prête à porter à l'instant ? Où sont ces millions, ces fleuves de numéraire qu'on a fait couler dans nos murs par la voie de Genève, quand tous les bons citoyens, au premier mot, et les mauvais avec angoisse, concourent aux dépenses qu'entraîne la plus juste résistance qu'on ait jamais opposée à la plus tyrannique des oppressions ? Où sont les apprêts de contre-révolution, les clameurs de rétablissement de la royauté, du régime féodal, des priviléges nobiliaires et autres rêveries dont on a méchamment forgé l'imputation, quand toutes les proclamations, tous les arrêtés des corps, toutes les affiches apposées de leur autorité sont en style républicain, et quand, à la suite de la Fédération du 10 de ce mois, époque déterminée par la Convention Nationale, on a surabondamment brûlé à Lyon les titres et les monumens féodaux qu'on a pu recouvrer ? Où sont, pour en finir, ces actes de rébellion qu'on feint d'avoir à nous reprocher ? Pourquoi corrompt-on nos voisins ; intercepte-t-on nos subsistances ; assiège-t-on, comme ville ennemie, notre ville où la Convention a été reconnue pour centre d'unité de la République, et ses décrets acceptés, ainsi que la constitution qu'elle nous a fournie ? De quel prestige s'est-on servi pour porter un général à qui l'on donne de l'honneur, des entrailles et de la philosophie, à servir des passions étrangères ; à recevoir dans son camp (qui devroit protéger les frontières, et non assaillir l'intérieur) l'écume de notre population, pour la vomir ensuite contre nous, sans gloire et sur-tout sans profit ; à faire massacrer l'ami par l'ami, le frère par le frère, le père peut-être par le fils ; (car, quelles bornes connaît la rage des partis ?) ; à dépraver radicalement le reste de morale d'un peuple déjà trop ébranlé par les pernicieux exemples qu'il rencontre de toutes parts ; à nous faire, s'il faut en croire les bruits qui s'en répandent et les dispositions qu'ils occasionnent, une guerre de cyclopes furieux.... Mais craignons nous-mêmes d'être accessibles aux traits empoisonnés de la calomnie dont nous avons tant à nous plaindre, et gardons-nous de croire qu'un général qui se respecte, aille se déshonorer à la face de l'Europe par l'atroce férocité d'un forban.

Maintenant, au lieu d'entreprendre d'étayer par d'aussi frêles matériaux un échaffaudage qui croule de partout, avouez plutôt, suscitateurs inhumains, qui avez ainsi fasciné ceux qui furent nos amis et qui, mieux informés, le redeviendront à vos dépens ; criminels dévastateurs de ces belles contrées qui, sans vous, jouiraient encore de quelque paix, sous l'œil protecteur de la Convention que vous égarés par des rapports qui n'ont pas l'erreur pour excuse ; avouez, dis-je, qu'en tendant ces pièges grossiers aux bons mais trop confians habitans des campagnes, vous avez méprisé vos dupes au point de ne pas daigner leur offrir un appât mieux préparé. Avouez que vous avez tout sacrifié,

Mont-Blanc, subsistances, frontières, troupes, trésor national ; que vous sacrifieriez plus encore (et votre bouche l'a prononcé !) pour assouvir un ressentiment sans motifs et punir des torts controuvés. Que votre orgueil ne peut souffrir la fière contenance d'un peuple magnanime qui prétend allier la soumission aux loix avec le droit de repousser la violence, avec la garde sacrée de ses foyers. Qu'en un mot recevoir dans nos murs, à la suite de troupes imbues du dangereux esprit que fomentent dès long-tems contre nous l'argent et la suggestion, ces hordes de vils transfuges des deux sexes dont les vues meurtrières nous sont connues, ce serait introduire le cheval de Troye, d'où sortiraient infailliblement les proscriptions, l'effroi, l'incendie, le pillage et la mort.

Au citoyen Carrier, par l'auteur (1).

(*Affiche imprimée, Archives du Rhône, série L*).

XLIV

(17 Août).

Opinion de L. Guyot, lue le 17 aoust 1793, à la commune assemblée, les sections y étant.

Citoyens, ne perdons pas le tems en vaines délibérations ; les momens sont chers, une armée est à nos portes, allons donc au fait sans préambule oratoire.

Les représentans du peuple vous disent qu'ils ne peuvent correspondre avec vos administrateurs ; ils se fondent sur un décret de la Convention du 12 juillet dernier, qui n'est point encore raporté. Ils ont donc la loy en leur faveur, et croyez qu'ils ne céderont pas. En persistant à ne vouloir correspondre avec eux que par le canal de vos administrateurs, voulez-vous donc établir entre eux et vous une lutte longue et dangereuse et dont le peuple sera la victime ? Vous avez dit dans votre lettre d'avant-hier aux représentans du peuple, que vous retourniez à vos bataillons. Cependant, ce ne sont point les bataillons qui ont délibéré, mais les vieillards vénérables de toutes les sections. Je les vois ici rassemblés dans l'espace d'une heure : qui donc vous empêche de continuer une correspondance qui peut sauver la chose publique ?

Je propose qu'il soit écrit simplement aux représentans du peuple que les vieillards vénérables assemblés de toutes les sections, vont nommer un commissaire de chaque section qui, avec un sauf conduit du général Kellerman, s'empresseront d'aller les éclairer sur les véritables dispositions des citoyens de Lyon, trop calomniés jusqu'à présent.

Sans cette mesure, citoyens, je ne vois entre frères que la guerre la plus sanglante. On vous flatte qu'avec les bonnes dispositions de votre général vous remporterez une victoire éclatante ; mais, citoyens, la plus grande victoire est une calamité publique pour l'humanité, et,

---

(1) *Cette dernière ligne manuscrite.*

entre frères, c'est le comble du malheur. Voyez vos enfants, vos frères, égorgés par leur propres concitoyens, et vous frémirez.

Je sais, citoyens, que notre devoir est de sauver et de mettre à l'abri de tout évènement les administrateurs qui se sont dévoués pour nous; aussi, la première demande à faire aux représentans du peuple, est leur engagement le plus sacré qu'ils demanderont, par un courier extraordinaire, le raport du décret contre eux. Nous avons commis une grande faute, citoyens, nous ne pouvons nous le dissimuler, en nous séparant de la Convention, le 4 juillet. Nous y avons été poussés par une impulsion étrangère; recorinoissons de bonne foi notre erreur; rendons la paix à cette cité et évitons, il en est tems encore, l'éfusion du sang de nos frères.

Pour copie conforme à l'original,
Louis Guyot.

(*Bibliothèque de la ville, fonds Coste, mⁿ n° 647³*).

XLV

(24 Août).

Liberté, égalité, République démocratique une et indivisible.

Les patriotes persécutés de Lyon à leurs frères des départemens et de l'armée.

Si notre sublime révolution rendit à l'homme sa première dignité en lui faisant connoître ses droits et ses devoirs, l'usurpateur orgueilleux et pervers, accoutumé à dominer, conserva dans sa chûte le fol espoir de rétablir son empire; sa rage, chaque jour, lui fit tenter mille moyens d'asservir de nouveau ses frères. Insensé ! Qui a goûté les douceurs de la liberté, n'approche plus ses lèvres de la coupe empoisonnée de la servitude. Tes efforts, tes menaces, ton or, tes promesses, ne peuvent rien sur des cœurs vraiment républicains.

Frères et amis de tous les départemens, vous, braves militaires, défenseurs généreux de notre mère commune, écoutez la voix gémissante des victimes de ces vils oppresseurs. En vous faisant un tableau succint de leurs manœuvres criminelles, c'est vous garantir des pièges qu'ils cherchent à vous tendre. La vertu est sans fard, le vice est toujours voilé.

Paris, ferme et inébranlable, combattit et déjoua constamment tous les projets contre-révolutionnaires ; cette ville magnanime, qui mérita toujours si bien de la patrie, leur ôta jusqu'à l'espoir du moindre succès. Aussi, tous leurs regards se portent sur Lyon, sur cette cité célèbre par l'étendue de son commerce, l'immensité de sa population et ses relations avec tous les peuples. Sa position heureuse, l'orgueil et le goût de la gent mercantille pour la domination, tout paroît favorable aux ennemis de la révolution pour y établir le siège de la royauté. Toutes leurs espérances ne sont pas trompées : cette ville infortunée devient le foyer de l'aristocratie; là se combinent tous les ressorts qui ralentissent la marche de notre heureuse régénération.

Tandis que nos sages législateurs, à l'aide des bons citoyens, extirpent avec force et courage les abus innombrables qui couvrent la surface de la France, Lyon, par mille subtilités trompeuses, par une résistance inouïe, encombre leur marche et paralyse tous leurs efforts. Les douanes dans l'intérieur, les fermiers généraux, ces sang-sues insatiables du peuple, sont les premiers colosses qui tombent sous la hache de la liberté : Lyon se tourmente en tout sens pour en démontrer la nécessité et l'utilité ; il fait mille efforts pour y établir un bureau de transit, et, par là, conserver le germe de la tyrannie.

Une loi est portée pour l'armement de tous les citoyens domiciliés : opposition la plus opiniâtre à son exécution, les armes sont confiées à des jeunes gens sans domicile, la plupart sans profession et sans aveu, pour les tourner contre quiconque auroit osé demander ce que la loi prescrivoit. Veuves et enfants malheureux de Crémieux et des environs, vos époux, vos pères, en cultivant leurs champs, tombent sous le fer assassin de cette horde de brigands ; il est douloureux de vous rappeller ce triste souvenir, mais vos plaies saignent encore ; elles sont trop profondes pour se fermer sitôt. Victimes aujourd'hui comme vous, leurs mains barbares dégouttent de notre sang ! Et vous, soldats des régimens Suisses, qui étiez dans nos murs lors de ces scènes d'horreur, quels moyens de séduction n'ont-ils pas employés pour vous rendre complices de leur férocité ?

Braves bataillons de la Gironde, vous que l'ardeur du patriotisme fait voler aux frontières contre nos ennemis communs, quels outrages, quelles persécutions n'avez-vous pas essuyés de ces monstres altérés du sang des patriotes, pendant le court séjour que vous avez fait parmi nous ? Le cœur embrasé du feu sacré de la liberté, vous demandez au théâtre des airs patriotiques : les injures, les provocations sont le prix de votre ardeur. Un courroux bien légitime vous anime, votre valeur précipite vos pas à l'endroit fixé pour venger une pareille offense ; votre ingénuité vous cache le danger ; vous croyez trouver des citoyens conduits comme vous par l'honneur et la gloire, mais vous ne trouvez que des assassins qui vous plongent le poignard dans le sein.

Les bons citoyens de Lyon s'honorent de la cocarde tricolore : ils sont le jouet de ces scélérats et ils ne cessent d'être persécutés qu'après le décret salutaire qui oblige tous les Français à la porter.

Les sociétés populaires font tous leurs efforts pour former l'esprit public et purifier cette ville du souffle impur de la corruption de ces satellites du despotisme : les membres eprouvent mille fois les coups de ces barbares, mille fois le poignard est levé sur leur tête. Enfin, ils font tout à coup une irruption, ils dévastent le lieu de leurs séances, ils poursuivent et dispersent, le fer à la main, les paisibles citoyens qui les composent et incendient tout ce qu'ils y trouvent.

Un journaliste soudoyé, monstre vomi par l'enfer, empoisonne par mille calomnies le fruit de tous leurs travaux ; il chante constamment les louanges de tous ceux qui s'en démontrent ouvertement les persécuteurs.

Ils ne laissent échapper en aucune occasion tout ce qui peut favoriser leurs projets liberticides ; ils se montrent hautement zélés partisans de la Fayette, de Dumouriez et de tous les généraux traitres et perfides ; ils sont les panégiristes même des crimes du tyran ; ils vouent à l'infamie tous ceux qui osent demander sa mort, et, lorsque le glaive de la justice eut purifié la terre de la liberté de ce monstre qui l'infestoit, ils ne mettent plus de frein à leur rage ; ils font partout retentir les cris de leur dépit, ils se couvrent de deuil et jurent d'immoler à ses mânes quiconque avoit osé parler de ses forfaits.

Impatients d'exécuter leurs projets de contre-révolution, ils se soulèvent tout à coup et se portent sur le poste de l'Arsenal ; mais ils précipitent trop leur action, leurs partisans ne peuvent se réunir ; la municipalité, les bons membres des corps administratifs, soutenus par les sociétés populaires et les vrais patriotes, viennent à bout, par leur activité, leurs soins et leurs veilles, de les dissiper et de rétablir l'ordre dans la cité. L'impunité des coupables enhardit leur audace ; ils machinent de nouveau et dressent si bien leurs batteries, que le succès répond à leurs vœux.

Ils commencent donc à lancer libelles sur libelles contre la Convention Nationale et la municipalité de Lyon. Des orgies continuelles se célèbrent chez l'ex-noble Savarron, reconnu par son incivisme et son horreur pour l'égalité. Là, se portent sans cesse des santés à la reine, aux princes émigrés, à Brunsvick et aux despotes coalisés ; là, se forment tous les projets pour le renversement de la république ; c'est là, le centre de la correspondance avec les émigrés ; là se combinent l'agiotage et l'accaparement pour s'enrichir et subjuguer le peuple par la famine ; là, le fanatisme allume ses torches pour le séduire et, pour augmenter leur parti, des agens sont soudoyés pour semer dans la ville et les campagnes l'épouvante du pillage et du partage des terres.

Mais il faut donner un air de vraisemblance à ces prétendus projets. Pour y parvenir, ces mêmes agens combinent et effectuent le pillage des petits marchands épiciers. Peu de jours après se fait une visite domiciliaire et l'on trouve dans les maisons des riches la majeure partie des marchandises que leurs domestiques y avoient apportées.

La municipalité les surveille de trop près, elle est pour eux une pierre d'achoppement ; il faut la renverser ; plus elle est persécutée, plus ses sollicitudes augmentent. Cependant son fardeau devient de jour en jour plus pesant, elle sent le besoin d'un soutien ; sur la réquisition des représentants du peuple, les trois corps administratifs se réunissent et créent un comité de salut public chargé de veiller à la sûreté générale. C'est un nouvel argus que les contre-révolutionnaires ont à combattre.

Une levée de six mille hommes paroît nécessaire ; une partie pour marcher contre les rebelles de la Vendée et l'autre pour le maintien de l'ordre et l'exécution des lois dans le département. A l'exemple du département de l'Hérault et sur l'invitation de la Convention Nationale un emprunt forcé sur les riches de Lyon doit subvenir à la dépense de cette force armée.

Cette levée s'opère avec succès, la Convention Nationale s'occupe sans relâche de l'acte constitutionnel ; bientôt, elle doit le présenter à la sanction du peuple. Les royalistes et les fédéralistes ne peuvent plus retarder l'exécution de leurs projets liberticides, ou ils perdent pour jamais l'espoir de les faire réussir.

Tout est donc en mouvement pour le grand coup combiné avec les despotes coalisés; tous les ressorts sont mis en action; les plaintes contre une municipalité patriote et trop surveillante sont le premier prétexte dont ils se servent. La permanence des sections est nécessaire pour le succès ; la loi des 21 et 28 mars dernier, interprétée conformément à leurs vues, semble étayer leur demande ; l'administration du départem nt, qui est dans la coalition avec quelques membres du district, prend un arrete qui ordonne cette permanence ; arrête fatal qui a été la cause de tout le sang qui s'est versé et de tous les maux qui affligent maintenant la ville de Lyon.

La municipalité, toujours soumise à l'autorité supérieure, est forcée de le mettre à execution quoiqu'elle en pressente les suites funestes.

Les citoyens patriotes et vrais républicains se présentent dans les assemblées de leurs sections respectives ; ils y sont maltraités et en sont ignominieusement chassés. Le tumulte et les hurlemens président ces assemblées ; elles demandent d'abord la suspension de la municipalité, l'anéantissement du comité de salut public, l'abolition des sociétés populaires ; demandes insensées et illégales, mais qu'elles peuvent faire hardiment à un departement qui, lui-même, en est l'instigateur.

Ces administrateurs perfides feignent d'abord ne vouloir y accéder ; il leur faut préalablement des troubles et des soulèvemens. Tout est disposé en consequence ; les agens perfides, préparés pour l'action, cantonnés dans tout le département, se rendent en foule à Lyon. Les négocians remplissent leurs magasins d'émigrés et de prêtres réfractaires sous le nom de commis ; les procureurs, notaires et avocats, leurs études, sous le nom de clercs. Les deserteurs de toute arme, les domestiques des nobles et autres, les étrangers et gens sans aveu, des émissaires pris parmi les rebelles de la Vendée, tout est armé pour le grand coup qui se médite. Enfin le jour terrible arrive, ils se rassemblent sans réquisition et s'emparent des postes de l'Arsenal et de la Poudrière.

A la vue de ce danger éminent, la municipalité tremble pour la tranquillité publique ; elle requiert plusieurs bataillons pour la garde de l'hôtel commun ; elle emploie, de concert avec les représentans du peuple et le comité de salut public, tous les moyens pour prévenir et arrêter les troubles qui se manifestent. Ils se rendent avec confiance auprès de ces révoltés ; ils vont leur porter des paroles de paix ; mais sans égards pour leur caractère et leurs décorations, ces scélérats se saisissent de leurs personnes, les traînent à travers leurs bayonnettes dans leur caverne d'horreur et de sang, et ne laissent la vie à deux officiers municipaux que pour les exposer à l'embouchure de leurs canons.

Plusieurs autres députations leur sont faites, un trompette même leur est envoyé ; mais ces forcenés, à leur approche, ne répondent que par le plomb meurtrier, par des cris de mort et de carnage. Il leur faut le sang des patriotes pour opérer la contre-révolution à laquelle ils travaillent depuis si longtemps.

Ils nomment parmi eux un commandant général ; ils se disposent à marcher sur trois colonnes contre l'hôtel commun ; ils les hérissent de canons, ils marchent et déjà plusieurs crient : vive Louis dix-sept ! A ces cris, le chef de cette bande fait faire halte et défend, sous peine de mort, de pareilles expressions, parce que, s'écrie-t-il, le moment n'est pas encore arrivé. Ils continuent ensuite leur marche ; ils viennent assaillir l'hôtel commun ; ils tirent à boulets sur ce poste, ils fondent sur tous les fonctionnaires publics qui vont leur présenter l'olivier de la paix ; la mort et la terreur précèdent leurs pas, tout annonce le tombeau de la liberté et le massacre de ses defenseurs.

La garde de l'hôtel commun ne croit pas devoir se laisser égorger sans résistance ; les patriotes combattent avec force et courage ; ils ne comptent pour rien le sacrifice de leur vie, si, en périssant, ils laissent à leurs enfans la liberté pour héritage. Le combat dure quelques heures, il est sanglant et terrible : enfin une suspension d'armes est demandée par les rebelles, un traité de paix met fin à cette journée malheureuse. Mais la foi du serment fut-elle jamais respectée par des tigres féroces et altérés de sang ? Cette réconciliation apparente et trompeuse fut l'écueil du patriotisme ingénu.

Tandis que ces monstres trempent leurs mains meurtrières dans le sang de leurs concitoyens, les administrateurs du département et du district de la Campagne siègent paisiblement à l'Arsenal entre leurs complices ; ils broient au milieu des armes et du nectar le poison mortel qu'ils préparent aux malheureuses victimes échapées au carnage ; ils prennent un arrêté qui suspend la municipalité, qui défend à toute force armée d'obéir à aucune de ses réquisitions et lui enjoint d'évacuer dans une heure l'hôtel commun. Ils chargent provisoirement des fonctions municipales les présidens et secrétaires des assemblées permanentes, tous chefs de contre-révolution ; et, pour donner plus d'authenticité à cet arrêté perfide, ils forcent, le poignard à la main, les représentans du peuple à le signer. Ces mesures sont nécessaires pour l'exécution de leurs projets, c'est-à-dire la ruine du patriotisme et le triomphe de l'aristocratie.

Cet arrêté produit tout l'effet qu'ils en attendent, les habitans des campagnes, trompés, sont appellés pour être les témoins de leur infâme triomphe. Le lendemain matin, fiers de leurs succès, ces administrateurs pervers se rendent pompeusement à l'hôtel commun, au milieu des cohortes d'assassins ; les airs retentissent de leurs cris d'allégresse, tandis que les mères, les épouses et les enfans, concentrent à l'écart leurs gémissemens et leur douleur sur la perte de leurs pères et de leurs époux égorgés.

Infortunés qui avez survécu à vos frères, où trouverez-vous un asyle qui puisse vous dérober aux coups de leurs meurtriers ? Hélas, il n'en est point ; vous êtes arrachés impitoyablement des bras de vos épouses et de vos enfans, et, pour redoubler votre supplice, on les égorge en votre présence, on vous traîne, le poignard sur la gorge, dans les plus noirs cachots, et on ne vous laisse la vie que pour vous la faire perdre lentement au milieu des plus cruels tourmens.

Habitans ingénus des campagnes, vous êtes témoins de ce spectacle d'horreur ; votre erreur vous fait illusion, vous y applaudissez un instant, mais bientôt détrompés, vous gémissez d'avoir pu favoriser et même contempler de sang-froid le massacre de vos meilleurs amis.

Les administrateurs du département et du district de la Campagne, contents et satisfaits de leur ouvrage, n'osent cependant prendre sur eux-mêmes d'y mettre la dernière main. La Convention Nationale et les représentans du peuple près les armées, sont encore un obstacle à leur audace effrénée ; il faut porter le dernier coup. Pour y réussir, l'attache des autres départemens est nécessaire, il faut augmenter le nombre des conjurés Ils appellent dans leur sein des membres de toutes les administrations ; ils forment un congrès ; les assemblées primaires sont convoquées à l'effet de nommer chacune un membre pour former une commission départementale. Tout réussit à leur gré. Cette commission infernale se constitue, et, par son premier arrêté, elle déclare ne plus reconnoître la représentation nationale ; et cet acte de rebellion contre la république entière est proclamé avec pompe au milieu de la nuit, dans toute la cité. Ici l'audace est à son comble ; jamais pareil outrage ne fut fait à la nation. Cette démarche hardie et criminelle exige des prétextes ; aussi, on a colore de tous les mensonges, de toute la fourberie, de toutes les impostures et les calomnies que les têtes les plus scélérates et les plus perverses auroient peine à engendrer.

Des émissaires sont envoyés à tous les départemens, à tous les districts circonvoisins, pour les corrompre et les séduire ; quelques-uns se laissent d'abord prendre à leurs écrits et à leurs discours trompeurs. Ceux qui n'ont que des intentions pures peuvent un instant tomber dans l'erreur ; mais aussi ils ne restent pas longtemps à la reconnoître et frémissent à l'aspect du précipice où on veut les entraîner. Tous donc se retirent avec horreur et s'indignent d'avoir pu se laisser éblouir par l'astuce de ces scélérats couverts du manteau du patriotisme.

Marseille, la seule Marseille, persiste dans son état de rébellion et flétrit en un moment tous les lauriers que lui avoient mérité les généreux défenseurs de la patrie sortis de son sein. Elle rivalise de crimes avec Lyon, mais ces deux villes, dignes de l'indignation et du courroux de toute la République, vont bientôt recevoir le prix de leurs forfaits, si elles ne se hâtent de reconnoître leurs fautes et de les réparer.

Il seroit trop long d'exposer tous les excès de délire auxquels s'est livrée la commission départementale de Rhône-et-Loire pour égarer le peuple et l'attirer à ses filets. Elle publie partout que la Convention Nationale n'est plus composée que de 30 membres, brigands sans égaux, qui achètent l'or et l'argent à tout prix, des assignats qu'ils font fabriquer tous les jours sans *numéro* et en nombre incalculable ; elle publie qu'ils ruinent la république en soudoyant des scélérats pour les soutenir et applaudir à leurs décrets qui ne sont plus reconnus de personne ; qu'ils ne siègent encore que pour proclamer un roi, mais que bientôt, abandonnés de tous, ils finiront par fuir chez l'étranger avec la fortune publique ; enfin mille horreurs de cette espèce qui font frémir et dont on peut voir le détail dans les rapports infâmes des Martin et autres scélérats de cette espèce.

Elle publie que les députés près les armées ne sont que des factieux qui corrompent les soldats à force d'argent pour les faire servir à leurs vues criminelles, pour rétablir la royauté de concert avec les despotes coalisés ; qu'ils ne sont environnés que de brigands, d'anarchistes et de désorganisateurs ; que l'armée destinée à rétablir l'ordre dans Lyon n'est composée que de l'écume des départemens qui ne veut que le meurtre et le pillage ; et à entendre les satellites de cette commission monstrueuse, une pareille armée n'est pas à craindre, ils n'ont fait que paroître, ils en ont tué, en deux fois, plus de cinq cents, fait quatre cents prisonniers et mis le reste en déroute, qui ne s'occupe plus à présent que d'arrêter les femmes sur les grands chemins et de voler leurs portes-feuilles. Voilà les absurdités qu'ils font afficher journellement à tous les coins des rues pour mieux tromper les citoyens. Qu'on juge, d'après des fourberies aussi manifestes, de la foi qu'on doit ajouter à tous leurs écrits.

L'acceptation de la Constitution n'est qu'une feinte séduisante ; en même temps que ce congrès contre-révolutionnaire arrête de la présenter à la sanction du peuple, il déclare persister à ne pas reconnoître la Convention Nationale, il n'exécute et ne fait passer au peuple aucun des décrets qui en émanent. Sous cette soumission apparente, il cache le venin destructeur de la République. Il ne peut renverser la Montagne, ce rempart inébranlable du bonheur des Français ; c'est en ses successeurs qu'il fonde l'espoir de l'entier succès de ses projets parricides, par l'acceptation simulée de la Constitution. Ces partisans zélés de la royauté prétendent que la Convention doit se dissoudre et qu'elle doit immédiatement faire place à une assemblée législative de leur goût. Les Brissot, les Buzot, les Barbaroux, les Chassey, les Biroteau et autres conspirateurs de cette espèce, y doivent jouer les premiers rôles ; déjà ils ont infecté de leur souffle impur tous les lieux qu'ils ont parcouru ; déjà les assemblées électorales semblent disposées à les favoriser ; tout paroît propice à leurs vues infâmes. Les guerres intestines sont les moyens les plus sûrs pour y parvenir. Pour les appaiser, les braves défenseurs de la République seront obligés de quitter les frontières ; ses ennemis coalisés entreront, s'empareront des villes fortes ; Lyon, Marseille et la Vendée les favoriseront, la République naissante expirera, l'aristocratie reprendra son empire, le peuple opprimé rentrera dans les chaines et expiera dans les larmes le crime impardonnable d'avoir osé goûter les douceurs de la liberté. Voilà, peuple, les moyens dont on se sert pour t'égarer et t'asservir. Connois tes vrais amis, rallie-toi autour de la Constitution, frappe tes délateurs, enfin, choisis entre le bonheur que tu possède ou le malheur qu'on te prépare.

Braves frères d'armes, bons et généreux républicains, vous qui essuyez tant de travaux et de fatigues pour le salut de la patrie, vous qui venez généreusement affronter les périls et exposer votre vie pour la défense des opprimés, recevez d'avance notre gratitude ; songez que nos frères malheureux languissent depuis près de trois mois dans le fond des cachots ; flottans entre l'espoir et la crainte, la vie et la mort. Songez que nos enfans, nos épouses et nos fortunes sont à la merci des rebelles ; que c'est en vous que se fondent nos plus chères espérances, ainsi que dans les vertus des dignes représentans du peuple sous les auspices desquels vous marchez, songez que les ennemis que vous avez à combattre ne sont forts que par leurs bravades et la séduction qui furent toujours les armes des lâches et des traîtres. Mais qu'ils connoissent mal les soldats de la République ! Qu'ils sont vils à leurs yeux, ainsi que leur or, ces infâmes suppôts de l'aristocratie qui ont toujours reculé quand il a été question de marcher aux frontières ! Qu'ils apprennent que ces soldats sont généreux, incorruptibles et pleins de valeur ; que toute leur ambition consiste dans la gloire de mourir pour leur patrie, et leur plus belle récompense dans le règne de la liberté et les bénédictions de leurs frères ! Qu'ils apprennent que dans une république, il ne doit y avoir qu'un même esprit une même loi et un même ordre ; qu'ainsi il faut qu'ils se soumettent à la loi générale, qu'ils anéantissent la République et tous ses défenseurs ou qu'ils soient anéantis eux-mêmes.

Fait à Caluire, au comité de surveillance des patriotes lyonnois, établi sous les auspices des représentans du peuple près l'armée des Alpes, le 24 août 1793, l'an deux de la République française, démocratique, une et indivisible.

Suivent les signatures au nombre de plus de quatre cents.

Nota. — Sous peu, on donnera un détail circonstancié des crimes et forfaits des rebelles de Lyon, depuis le commencement de la révolution et notamment depuis la journée du 29 mai jusqu'à ce jour.

Imprimé de l'agrément des représentans du peuple envoyés près l'armée des Alpes et les départemens.

A Bourg, de l'imprimerie de C. G. G. Philipon.

(Bibliothèque de la ville, fonds Coste, n° 111058 (4574).

XLVI

28 Août.

[*Circulaire imprimée adressée au citoyen Saurain à Montbrison*].

Montbrison, ce *28* (1) août 1793, l'an deuxième de la République.

Citoyen, le besoin urgent du moment occasionne des frais indispensables à la municipalité pour la sûreté et la tranquillité de la ville. Nous espérons, attendu que la municipalité n'a ni fonds ni revenus, que vous voudrez bien lui aider à subvenir à tous ses différents frais en lui faisant un don de la somme de *deux cent cinquante livres*.

Le Conseil général de la commune, par son arrêté du *22 août*, a pensé que vos facultés pouvoient vous permettre ce léger sacrifice.

Par le Conseil général,

CHASSAIGNON, secrétaire.

(Arch. du Rhône, fonds de Feurs, dossiers personnels, n° 10).

XLVII

(31 Août).

[*Arrêté portant réintégration des grenadiers du bataillon de la rue Buisson*].

Liberté, égalité, cejourd'hui 31 août 1793, l'an second de la République françoise, le comité militaire, assemblé d'après l'ordre du général Précy, sous la présidence du citoyen Madinier, commandant, pour juger une portion des grenadiers du bataillon de rue Buisson, accusés d'avoir abandonné le poste avancé du pont de la Guillotière.

Examen fait de leur conduite, et d'après le rapport des experts, nous avons reconnu que ce n'est point ni par lâcheté, ni par trahison, qu'ils l'ont abandonné, mais seulement par la crainte d'être ensevelis sous les décombres de l'édifice.

Après avoir ouï leur défenseur officieux et avoir pesé les raisons qu'ils nous ont alléguées, nous leur avons proposé d'être privés, pendant deux jours, de l'honneur de défendre leur patrie, ou bien d'occuper le même poste pendant 24 heures. Sur cette dernière proposition,

---

(1) *Les mots en italiques manuscrits.*

ils se sont tous levés, comme par un mouvement spontané, en demandant à l'occuper jusqu'à la fin de la guerre, et qu'ils s'enseveliroient sous les décombres plutôt que de l'abandonner. Mais ne voulant point priver leurs camarades de partager la gloire du danger, nous les avons invités à doubler leur service et réintégrés dans leurs fonctions militaires.

Le présent arrêté sera imprimé et communiqué à leur commandant de bataillon et à tous leurs frères d'armes.

Fait et clos lesdits jour et an que dessus.

> Signé, Madinier, commandant provisoire; Baille, chef de la quatrième légion ; Justin Badger, commandant de Wasinghton ; Marduel, commandant du bataillon des Droits de l'Homme ; Capinaud, lieutenant du bataillon de rue Buisson ; Robert, sous-lieutenant de la troisième compagnie, et Detour, sous-lieutenant du bataillon de rue Buisson.

A Lyon, de l'imprimerie d'Aimé Vatar-Delaroche, 1793.

(*Archives du Rhône, série L.*)

XLVIII

(6 Septembre).

Proclamation des administrateurs provisoires du district de la Campagne de Lyon, transféré à Neuville-sur-Saône, à toutes les communes de leur ressort.

Les secousses les plus violentes agitent l'édifice de la République ; nos ennemis communs font le dernier effort pour le renverser. Déjà le masque hypocrite dont ils se sont couverts jusqu'à ce jour est entièrement tombé ; ils ne mettent plus de réserve à leurs desseins perfides ! Rétablir la royauté, la noblesse ; rétablir la dîme, les corvées, les droits féodaux et autres droits seigneuriaux ; enfin, rétablir l'ancien régime et tous ses abus, égorger le plus grand nombre des citoyens, asservir le reste, le dépouiller et le tenir dans la plus cruelle oppression, voilà les maux que ces contre-révolutionnaires préparent à un peuple généreux qui lutte depuis cinq ans pour recouvrer ses droits usurpés.

Déjà Lyon retentit des cris des rebelles tout couverts du sang des patriotes ; déjà ces rebelles exercent dans les campagnes qu'ils parcourent le pillage et tout le brigandage qu'ils ont supposés avec tant de méchanceté aux bons citoyens amis de l'ordre et des lois, pour égarer le laboureur paisible et le faire servir à leurs projets désastreux. Déjà ces rebelles appellent à eux, pour envahir notre territoire et toutes les propriétés, l'Angleterre, le Piémont, l'Autriche, l'Espagne et la Prusse, en un mot tous les despotes coalisés contre notre liberté.

Déjà l'Anglois, traître et perfide, jouit sans pudeur de la plus noire trahison. Toulon, l'ingrat Toulon, sacrifie lâchement sa patrie, ouvre son port à cet ennemi cruel, et semblable à la vipère naissante, il se joint à lui pour déchirer le sein de sa mère.

Les hordes barbares de la Vendée, sorties de la même source, ravagent et désolent les infortunées contrées qui ont eu le malheur de se laisser séduire par leurs discours trompeurs.

Toutes ces horreurs ne sont encore que l'image des fléaux que ces brigands nous préparent : hâtons-nous de les prévenir. Sauvons-nous, sauvons nos épouses, nos enfans, sauvons notre chère patrie. Un élan vigoureux suffit pour anéantir à jamais l'audace de ces êtres orgueilleux qui n'ont plus d'espoir que dans notre engourdissement et notre désunion. Imitons nos frères des départemens du nord, qui se sont levés en masse contre les efforts des Prussiens et les ont repoussés avec vigueur hors les confins de la République. Imitons nos frères du département de la Vendée, qui, revenus de leurs erreurs, se sont réunis à nos armées, et déjà les hordes de brigands qui infestoient leur territoire ont succombé sous leurs coups, massacrés et poursuivis jusques dans leur dernier repaire, il ne leur reste plus que le désespoir et la mort.

Nos dignes représentans veillent sans cesse à notre salut. Secondons leurs efforts, rallions-nous autour de cette sublime Constitution qui a été généralement acceptée, que nous avons juré de maintenir, qui nous assure la fin de nos maux et le principe d'un bonheur constant et inaltérable. Liberté, égalité, République une et indivisible, voilà l'objet de nos sermens ; ils sont sacrés, tout parjure doit périr.

Levons-nous et qu'un saint enthousiasme mette le sceau à notre révolution. Purgeons notre sol de tous les partisans de l'aristocratie, de tous les ennemis de notre république naissante. Plus de modérantisme, plus de transaction, la loi est portée, le peuple souverain l'a sanctionné ; de sa vigueur dépend son repos et sa prospérité, périsse quiconque oseroit y porter la moindre atteinte ! Ardeur et courage dans les citoyens, vigilance et fermeté dans les magistrats, effort subit et spontanné de tous, et cette saison va voir disparoître pour jamais les insensés adversaires de notre liberté.

Le Conseil général du district de la Campagne de Lyon, persuadé de l'attachement des municipalités de son ressort aux lois de la République, de leur zèle à les faire partout respecter et exécuter, a arrêté et arrête, ouï le procureur syndic provisoire.

1° Que toutes les gardes nationales de chaque commune seront requises de se rassembler le dimanche 15 du courant, à huit heures du matin, au chef-lieu de leurs cantons respectifs.

2° Qu'en leur présence, les maires et officiers municipaux feront brûler au pied de l'arbre de la liberté tous les arrêtés et autres écrits pestiférés qui leur seront parvenus de l'infâme commission départementale de Rhône-et-Loire, comme étant la source de toutes les calamités qui nous environnent et propres à entretenir l'anarchie, fléau destructeur de tout ordre social.

3° Qu'après cette cérémonie civique, le maire ou un officier municipal du chef-lieu du canton, fera hautement la lecture du décret de la Convention nationale du 23 août dernier, qui détermine le mode de réquisition des citoyens français contre les ennemis de la République ; et aussitôt après, conformément à l'article VIII dudit décret, les citoyens non mariés ou veufs sans enfans, de dix-huit à vingt-cinq ans, seront requis de se réunir sans délai, à Neuville-sur-Saône, chef-lieu provisoire du district de la Campagne de Lyon, armés de toutes les armes de calibres qui seront dans leurs communes respectives.

4° Que les curés ou les vicaires, et à leur défaut un officier municipal, seront tenus, tous les dimanches, de lire hautement tous les décrets et autres écrits de la Convention Nationale qui leur seront transcrits avec le plus grand soin.

5° Que les municipalités et les juges de paix seront tenus de faire mettre en état d'arrestation toutes les personnes suspectes qui, par leurs actions ou leurs propos, fomenteroient le trouble parmi les citoyens, chercheroient à ralentir la marche de la constitution et des lois ; de dresser procès-verbal de leur arrestation et des motifs qui l'aura déterminée et de les faire de suite traduire devant les représentans du peuple près l'armée des Alpes.

6° Que les municipalités sont chargées, sous leur responsabilité personnelle, de mettre promptement à exécution l'arrêté des représentans du peuple près l'armée des Alpes, du 24 août dernier, concernant le séquestre des biens des citoyens de Lyon ou des particuliers non domiciliés dans cette ville, qui n'en sont pas sortis dans le delai fixé par le décret du 12 juillet, lequel arrêté sera transmis incessamment aux municipalités qui ne l'ont pas encore reçu. Les procureurs des communes instruiront régulièrement le Conseil du district du résultat de leurs opérations.

7° Que tous les membres des municipalités feront passer sans délai au secrétariat du district leurs signatures sur le modèle imprimé qui leur est envoyé, afin de les reconnoître au besoin et prévenir toute surprise et falsification.

8° Que la présente proclamation et les arrêtés y contenus, seront imprimés, lus, publiés, affichés et exécutés, dans toutes les municipalités du ressort de ce district, à la diligence des procureurs des communes.

Fait à Neuville-sur-Saône, en conseil général provisoire du district de la Campagne de Lyon, le 6 septembre 1793, l'an deux de la République française, une et indivisible.

    Certifié conforme à l'original,
      Signé Thonion, vice-président.
      Signé Claude Pujat, secrétaire provisoire.
      Par le Conseil,
      Signé Claude Pujat, secrétaire provisoire.

A Villefranche, de l'imprimerie Ph. Jh. Pinet, 1793.
(*Bibliothèque de la ville de Lyon, fonds Coste, 111064, 4590*).

XLIX

(15 Septembre).

A la vraie société populaire de Bourg, dite des sans-culottes républicains, séante en la ci-devant maison d'Arquebuze.

Du quartier général de La Pape.

Du 15 septembre 1793, l'an deuxième de la République une et indivisible.

Frères et amis, j'ai appris avec une vive satisfaction l'établissement d'une société vraiment populaire dans votre ville,

Les serpens vont siffler autour de votre enceinte, desséchez leur venin du feu du patriotisme, montrez à ces égoïstes hypocrites le tableau d'une véritable fraternité et vous les verrez se replier dans leur tannière.

Citoyens, nous avons fait depuis quatre ans la funeste expérience que ce ne sont pas les aristocrates connus pour tels, qui sont les plus dangereux ennemis de la République, mais ce qui tue la liberté et l'égalité, ce qui sème la division et porte l'esprit de désorganisation dans toutes les parties du gouvernement, ce qui opprime les bons et soutient les mechans, c'est le *modérantisme*. C'est sous ce masque imposant et commode que les plus grands scélérats déguisent sans cesse leurs forfaits. Lafayette, Dumouriez, Custines et tous les généraux qui nous ont trahis, étoient des *modérés*.

Barbaroux, Buzot, Brissot, Péthion, Guadet et tous leurs accolites étoient des *modérés*.

Pitt, Cobourg, le roi de Prusse, le duc d'Yorck et tous les despotes coalisés sont des *modérés*.

Tous nos *fédéralistes* étoient des *modérés*.

Enfin Lyon, Bordeaux, Marseille et Toulon qui vient d'ouvrir son port aux Anglois, de sacrifier pour un milliard de propriétés nationales, qui égorge tous les patriotes et a proclamé Louis XVII, voilà encore des *modérés* qui crioient tous haro contre les maratistes.

C'est donc par l'astuce du modérantisme que le sang de nos patriotes trahis coule aux frontières ; que cent mille hommes, femmes ou enfans ont été égorgés dans la Vendée, que nos places sont vendues à l'ennemi ; que l'on detruit nos magasins ; que l'on dilapide tous les fonds publics ; que l'on assassine les bons citoyens dans toute la République; et ces scélérats parlent de loix, de respect des personnes et des propriétés ! Ils se disent républicains pendant qu'ils reçoivent en secret l'argent des tyrans, pendant qu'ils fomentent la guerre civile, ou pour le rétablissement d'un roi ou pour livrer nos départemens à l'avidité de l'Autriche.

Demandez-leur si ce sont ceux qu'ils appellent maratistes qui ont incendié les colonies, fait disparoître le numéraire, déprécié les assignats, accaparé les marchandises, vendu nos ports, nos places de guerre ; entravé les bons décrets, la marche du gouvernement républicain, assuré l'impunité aux traîtres et persécuté les bons citoyens ? Sont-ce les patriotes qui se réjouissent en secret des avantages des ennemis, qui sèment la terreur, le découragement, et distillent le poison de la calomnie contre les plus zélés défenseurs de l'égalité ?

Non, citoyens, vos ennemis ne sont point aux frontières ; les Prussiens, les Autrichiens, les Anglois, ne sont que les manequins des Brissot, des Péthion, des Gensonné et de tous les muscadins de vos départemens.

Si vous aviez été tous unis de principes, si vous aviez bien choisi vos représentans, vos administrateurs, vos juges, aucun esclave soudoyé n'eût osé aborder vos frontières.

Voyez que de perfides machinations on a tramé jusqu'ici ! Voyez combien de fois, depuis quatre ans, la liberté a été en péril ! Douteriez-vous encore de la coalition naturelle et nécessaire des anciens nobles, des hommes de loi, des prêtres, des riches égoïstes et des intriguans soudoyés ?

Tous ces gens-là, oui tous, sont ennemis du peuple, et s'il s'en trouve un ou deux à excepter dans un département, s'il est honnête homme, s'il aime la patrie, il ne se plaindra pas de vos défiances ; il louera votre discernement, et il vaut mieux laisser languir dans l'oisiveté un homme de cette espèce que de risquer de donner votre confiance à un hypocrite. Tous vos maux viennent de ce que c'est aux loups que vous avez toujours confié la garde du troupeau Choisissez pour bergers de bons sans-culottes qui ont contribué à la révolution, qui l'ont faite pour le peuple et non pour eux et qui l'aiment assez pour la défendre.

Laissez-là les *messieurs* de l'ancien régime, ils ne peuvent convenir à celui-ci ; prenez pour administrateurs des hommes qu'on appelloit obscurs, mais d'une probité éprouvée, qui soient connus pour avoir toujours été bons maris, bons pères, bons amis ; qui aient assez de discernement pour se garantir d'une intrigue ; qui ne soient ni ambitieux, ni avares, ni prodigues ; qui aient des mœurs et du bon sens, un grand amour de la patrie, un dévouement chaud mais réfléchi pour le bien public, voilà la clef du bonheur pour chaque individu, voilà la source intarissable de la prospérité nationale.

Mais ce n'est pas assez de faire un bon choix, il faut encore surveiller ; tel homme a paru probe, l'a été même jusqu'ici et n'a pas assez de caractère pour franchir avec sagesse le pas glissant des honneurs ou de la fortune ; peu de gens sont capables de résister à ces appâts séducteurs. Surveillez-donc avec activité toutes les démarches de votre représentant, quelle que soit la fonction à laquelle vous l'aurez appellé. Raffermissez-le dans le sentier de l'honneur par un avertissement fraternel, et sur-tout, qu'il sache bien que la vengeance nationale n'épargnera pas ses crimes au bout de sa carrière.

Eh quoi, peuple François, tu te plaints d'être environné d'ennemis ! Eh ! tu l'as voulu puisque tu n'as pas eu le courage de proscrire les traîtres qui, dans les deux premières législatures, t'ont vendu aux despotes.

Allons, allons, change de méthode ; prends des formes républicaines ou renonce à ta liberté. Choisis et choisis vite, si tu veux éviter ta destruction ; vas offrir aux tyrans la tête de tes défenseurs ; demande-leur de nouvelles chaînes et cesse de t'agiter pour un bienfait que tu n'as su mériter ; ou bien, si tu aimes la liberté, si tu veux réellement jouir des droits que la nature t'a donnés, que l'éducation avoit avilis, fais trembler les coupables. Pour obtenir la paix et le bonheur, il suffit de deux choses, honorer la vertu et ne pas laisser un crime impuni.

Salut et fraternité.   Dubois-Crancé.

Lettre imprimée par arrêté de lad. société, Rollet, médecin, président.

A Bourg, de l'Imprimerie de C. C. G. Philipon.
(*Bibl. de la ville, fonds Coste, n° 111065 (4603)*).

L

(24 Septembre).

[*Enlèvement du drapeau noir à l'hôpital militaire*].

Le comité de surveillance de la section de la Convention invite le comité de sûreté générale à vouloir bien faire retirer le pavillon noir qui flotte sur l'hôpital militaire, puisqu'il n'y a plus de malades; d'autant mieux qu'il paroît que les ennemis prennent cet objet pour point de mire, ce qui attire beaucoup de bombes, boulets et obus sur le quartier.

Lyon, le 24 septembre 1793, l'an 2me de la R^e f^e.

DUPORT, président.

BENOIT, MILLANOIS, BOUCHARLAT, MERGER.

Le Comité des travaux publics renvois la présente réclamation au général ou à son état-major, pour qu'il dicte ce que doit faire le Comité.

A Lyon, ce 24 septembre 1793, l'an second de la République.

PIEROU, PRIVAT, PLACY.

Vu la demande d'autre part et y prenant égard et à ce que les malades qui étoient dans l'hôpital susdit ont été transferrés en un autre lieu, arrêtons que le drapeau noir qui est sur l'hôpital militaire de St-Irénée sera ôté de suite.

Les adjudans généraux de l'armée.
O. NERVO, J.-C. CHAMPEREUX.

Exécuté à l'instant.

(*Original. — Bibl. de la ville, fonds Coste, mss. n° 656²*).

LI

(9 Octobre).

[*Avis de la cessation des hostilités*]

Les citoyens commissaires des sections de Lyon composant la députation du peuple auprès des représentans de la nation, préviennent le général et tout commandant de poste que les représentans de la nation ont accordé, à leur demande, la cessation des hostilités ; qu'en conséquence, elles doivent également cesser de la part de la force armée de la ville. Ils prient le commandant du poste de St-Just de faire parvenir cet avis au général, afin qu'il soit notifié à l'instant à tous les postes.

Fait au quartier général de l'armée nationale, à Ste-Foix, le 9 octobre 1793, à six heures du matin, signé Jean Perisse, président de la députation ; Davallon, secrétaire.

Nota. — Le citoyen commandant du poste de St-Just est prié de remettre au trompette le récépissé de la présente notification, signé Jean Périsse. Pour copie conforme à l'original, Berruyer, président de Guillaume-Tell.

Réponse à lad. lettre, en présence d'un officier municipal, par la section de Guillaume Tell.

Il n'existe plus en ce moment de force armée ny de corps administratits dans cette cité. Les uns et les autres ont abandonné leur poste. Les traîtres ont fui. Votre lettre est parvenue à la section de Guillaume Tell ; le président en a fait lecture, et comme il c'est trouvé le soussigné, l'un des officiers municipaux, qui par sa conduite n'a eu besoin de se faire le cruel devoir d'abbandonner sa patrie, il a été chargé de vous répondre et de vous dire que les Lyonnois appellent à grand cris les représentans du peuple françois. Signé : David, officier municipal.

(*Copie. — Bibl. de la Ville, fonds Coste, mss. n° 656³*).

TABLES

TABLE CHRONOLOGIQUE

1792

	Pages
13 Août. — Arrêt du Conseil général de la commune de Lyon, enjoignant aux étrangers de sortir de la ville sous trois jours.....................................	380
16 Août. — Lettre de la femme Aubert, à son mari, faisant mention du Comité des 300 qui « mettrait toute la ville en train »..	343
17 Août. — Arrêté du Conseil général de la commune, constituant un bureau de vérification pour la surveillance des étrangers..	380
27 Août. — Lettre de Dodieu aux sections de Lyon, au sujet des prêtres, des réfugiés, des perquisitions et des tribunaux..	343
28 Août. — Lettre de l'abbé Laussel à Billotet, au sujet des élections et des mesures à prendre contre les aristocrates....	344
Août (fin). — Lettre de Gaillard à Fillion, recommandant les candidatures de Cusset et Chalier.....................	346
Août ?. — Fragment d'une Lettre de l'abbé Laussel à Chalier, au sujet d'un article du Surveillant et l'invitant à venir le voir, à la Toussaint, lui et sa sœur dans leur ermitage..........	344
2 Septembre. — Extrait d'un discours prononcé par Riard à la tribune des Jacobins et adressé aux Marseillais venus à Lyon...	345
3 Septembre. — Lettre adressée à l'Assemblée électorale de Saint-Étienne, pour combattre la candidature de Cusset et faisant mention de Chalier ; au bas, note de Chalier........	347
9 Septembre. — Procès-verbal du Conseil général de la commune, constatant l'incinération, au Champ de Mars, de tableaux, titres de noblesse et privilèges.................	380
11 Septembre. — Lettre de Pignière à Thonion, au sujet de l'assassinat des officiers de Royal-Pologne	345
13 Septembre. — Réception par le Conseil général de la commune, de Sulpice Huguenin et Michot, commissaires du pouvoir exécutif..	383

17 Septembre. — *Arrêté préliminaire du Conseil général de la commune pour la taxe des denrées*..................... 381

18 Septembre. — *Arrêté du Conseil général de la commune, fixant le prix du pain, de la viande, du beurre et des œufs*.. 383

19 Septembre. — *Arrêté du Conseil général de la commune, prescrivant la fermeture des portes de la ville et des visites domiciliaires*... 384

Septembre. — *Déclaration de Clapier et Boyriven, au sujet du pillage des magasins*...................................... 345

Septembre. — *Tarif des denrées arrêté par les citoyennes de Lyon*... 381

21 Octobre. — *Lettre de Cusset à Fillion, lui adressant une autre lettre à lire au club central*............................... 348

22 Octobre. — *Lettre de Cusset au club central de Lyon, au sujet des contre-révolutionnaires, et d'une adresse pour obtenir une somme de 50 mille écus*................................... 348

22 Octobre. — *Lettre de Cusset à Dodieu, faisant mention de ses démarches pour obtenir 100 mille livres; reprochant d'avoir divulgué un projet; mentionnant son entrée au Comité des domaines*.. 349

28 Octobre. — *Lettre de Cusset à Fillion, au sujet de ses lettres détournées à la poste*................................. 350

28 Octobre. — *Lettre de menaces adressée par Cusset au directeur des postes de Lyon*................................. 351

Novembre. — *Propos tenu par Roullot, lors de l'élection de l'abbé Laussel aux fonctions de procureur de la commune*.... 347

Novembre? — *Propos sur les riches tenus par Savin, Doucet et Gache*.. 348

7 Décembre. — *Arrêté du Conseil municipal, recommandant aux Corps administratifs la veuve Bœuf, dont le mari, boulanger, emprisonné, avait été massacré le 25 octobre précédent* 384

21 Décembre. — *Discours prononcé par Chalier à l'audience du Tribunal du district de Lyon*.............................. 351

1793

6 Janvier. — *Lettre de Cusset à Roche, conseillant d'écraser les Feuillantins*...................................... 352

14 Janvier. — *Lettre de Soulet à Chalier, au sujet des Rolandins, du jugement de Louis XVI, d'un écrit de Dubois Crancé à lire au club central*..................................... 353

TABLE CHRONOLOGIQUE 611

22 Janvier. — *Mention d'une lettre de Gaillard, déconseillant la violence immédiate*................................. 359

27 Janvier. — *Serment prononcé autour de l'arbre de la Liberté (mention dans une lettre de Chalier)*.............. 358

Janvier (fin). — *Lettre de Laussel à Chalier, au sujet d'attaques contre ce dernier, d'un discours à préparer, de la réorganisation du club central*............................ 353

Janvier ? — *Note trouvée chez Fillion, faisant mention des délibérations de la municipalité des 18 octobre et 8 décembre 1792, au sujet du salaire à attribuer à ses membres*...... 353

Janvier ? — *Notes trouvées chez Fillion, relatives au traitement à allouer à la municipalité et aux démarches à faire dans ce but auprès du département*....................... 354

3 Février (nuit du 2 au 3). — *Lettre de Chalier à Gaillard, au sujet de Roland, de Vitet, des notaires, de la fête en l'honneur de Lepelletier, de Kellermann, etc*................... 357

3 Février. — *Discours prononcé par Chalier, lors de la cérémonie en l'honneur de Le Pelletier*................... 385

4 Février. — *Arrêté de la municipalité autorisant Roullot à délivrer de faux certificats de résidence*.................. 320

4-8 Février. — *Extraits des procès-verbaux des séances du Conseil général de la commune, relatifs au différend avec le maire Nivière-Chol*...................................... 367

6 Février. — *Evénements de la nuit, d'après la déposition de Loiret de la section de l'Egalité*........................ 371

6 Février. — *Procès-verbal de la séance de la Société Populaire de la Grand'Côte*..................................... 375

6 Février. — *Relation des événements de ce jour par le citoyen Gerin*... 379

6 Février. — *Evénements du 6 février, d'après la déposition de Reverony*... 374

7 Février. — *Procès-verbal du lieutenant Villard, sur ce qui s'est passé la veille à la prison de Roanne*............. 378

7 Février. — *Extrait du procès-verbal de la séance du directoire du département relatif à la garde placée la veille au département*.. 376

7 Février. — *Lettre du maire Nivière Chol, adressant sa démission au directoire du département*............... 377

7 Février. — *Refus de la démission de Nivière-Chol par le département*... 377

7 Février. — *Lettre anonyme adressée au maire Nivière Chol, sur les événements de la veille*.................... 377

8 Février. — *Lettre du Conseil général de la commune au maire, le sommant de se rendre à son poste et, en cas d'empêchement, de remettre au concierge de l'Hôtel commun le procès-verbal constatant l'ordre qui régnait, l'avant-veille, à la prison de Roanne*...................................... 371

9 Février. — *Lettre de Nivière Chol à un membre de la Convention, sur les événements du 4 au 6 février*............ *363*

9 Février. — *Lettre de Nivière-Chol, adressant sa démission au conseil général de la commune*...................... *378*

13 Février. — *Confiscation des armes de J.-P. Borin par Riard Beauvernois, propos tenus par ce dernier*............ *348*

21 Février. — *Ordre de Julliard à Riard, de prendre les mesures nécessaires pour procéder au désarmement des notaires, avoués, greffiers, clercs et commis*................ *385*

24 Février. — *Note de Riard invitant à écarter des délibérations tous les citoyens désarmés ou dénoncés*............... *459*

Février. — *Projet de taxe sur les citoyens riches de la section de l'Égalité*.. *407*

Février. — *Note de Chalier sur la suppression de la Société Fraternelle*.. *460*

3 Mars. — *Laissez-passer permanent délivré à Chalier par les représentants du peuple pour se présenter chez eux*...... *386*

6 Mars. — *Déclaration du citoyen Sablon, prisonnier de Roanne, constatant que l'officier municipal Étienne Boyet lui a offert la liberté moyennant le versement de 20.000 livres*... *359*

8 Mars. — *Arrêté de la municipalité portant injonction à tout soldat du bataillon de Marseille d'avoir à sortir de la ville dans le délai d'une heure*............................. *385*

25 Mars. — *Lettre de Fillion et Gravier à Achard, au sujet de l'affaire pendante à Mâcon, de Pelzin, de la conduite à tenir par les Montagnards*................................. *386*

29 Mars. — *Lettre d'un délégué lyonnais, se plaignant d'avoir été abandonné malade par ses camarades, conseillant à Bassieux et à Chalier de faire prendre les armes à Lyon, donnant des nouvelles des Jacobins, où Lyon passe pour tiède, de Paris qu'il faut imiter, de la guerre qui s'annonce désastreuse*... *392*

Mars-Avril. — *Propos tenu par Chalier au club central, au sujet des pétitionnaires des Augustins*................... *388*

6 Avril. — *Arrêté du club de St-Georges, portant qu'il ne sera délivré de cartes de civisme qu'aux membres de la Société Populaire*... *392*

8 Avril. — *Réquisition des commissaires de la Convention à la municipalité d'avoir à faire emprisonner toute personne qui leur sera désignée par le porteur de cette réquisition*... *391*

16 Avril. — *Lettre accusant réception d'une adresse des corps administratifs et relatant la réception de Pelzin et Badger à la Convention*.................................... *388*

18 Avril. — *Lettre de Fillion et Gravier à Achard, donnant des nouvelles de la Convention et des Jacobins, recommandant le journal de Marat et la guillotine*........................ *388*

TABLE CHRONOLOGIQUE

18 Avril. — *Lettre de Joseph Germain sur ses démarches auprès de Robespierre et de Marat*.................... 460

19 Avril. — *Fragment d'une lettre de Fillion et Gravier, demandant la guillotine pour ceux qui ont voté contre Marat* 460

22 Avril. — *Extrait d'une lettre de Fillion à Achard, parlant d'écraser les ennemis de la liberté*................ 389

29 Avril. — *Lettre de Soulet au sujet de la levée de 5.000 hommes dans chaque département et de l'arrivée prochaine des Marseillais à Lyon*............................. 393

Avril ?. — *Fragment d'une lettre de Fillion et Gravier à Achard, au sujet du projet de décret présenté par Cusset et des pouvoirs extraordinaires du comité de salut public.* 387

Avril-Mai. — *« Les trois cents Romains à tous les conjurés dont les complots liberticides sont dévoilés », affiche attribuée à Chalier*... 394

Mai. — *Proclamation de Chalier au sujet de l'organisation de l'armée révolutionnaire*........................ 411

Mai. — *Modèle de serment rédigé par Chalier pour l'armée révolutionnaire*............................. 412

Mai. — *Rappel, par le Comité de Salut Public, de la consigne donnée pour la sortie de la ville*.................. 411

Mai. — *Lettre du citoyen Pelletot demandant de l'argent pour agir sur les sections*............................. 410

Mai. — *Fragments de deux discours prononcés par Dodieu dans la chaire de l'église de Neuville*................ 361

Mai. — *Propos tenus par Thibaudier, sergent du 1er bataillon de St-Vincent, rapportés par le jardinier Chasset*.... 393

Mai. — *Plan de conjuration trouvé chez Pelletot*......... 396

Mai. — *Note de Chalier portant projet de suppression des 83 départements, des tribunaux de district, des juges de paix dans les villes; création d'une cour martiale*.......... 396

Mai. — *Liste de citoyens devant composer le bureau révolutionnaire; liste des sections où se trouvent de vrais sans-culottes, notes trouvées dans les papiers de Pelletot*..... 396

Mai. — *Note de Gaillard, portant des noms de suspects et de citoyens à employer*................................ 419

1 Mai. — *Arrêté du Conseil général de la commune, remplaçant le citoyen Pelletot, commis au bureau des certificats de résidence, par le citoyen Forest*........................ 395

4 Mai. — *Billet de Cusset à Gravier, pour lui réclamer des nouvelles*... 396

9 Mai. — *Lettre de Cusset au club central, au sujet des riches et des accapareurs*................................. 360

9 Mai. — *Délibération du district de la ville, relatant la sommation faite par Gaillard et Rouleau, d'avoir à attendre en séance la venue des juges élus pour le tribunal populaire.* 398

9 Mai. — *Actes de Roullot relatés par Denis-Charles Grenier* 393

9 Mai. — *Délibération du Conseil général du département, portant invitation au district de Lyon de mettre sur pied une force suffisante pour maintenir l'ordre ; mentionnant la réception d'une députation menaçante conduite par Gaillard, juge au tribunal de Lyon, et par le comédien St-Amand* 398

9 Mai. — *Billet de Leclerc à Chalier, lui recommandant de la promptitude pour sauver la patrie* 398

9 Mai ? — *Propos du citoyen St-Martin, rapporté par le citoyen Riche aîné* 393

11 Mai. — *Lettre de Tarpan cadet, donnant des nouvelles des Jacobins de Paris et conseillant les visites domiciliaires* .. 356

11 Mai. — *Proclamation du Comité de Salut Public du département contre le Conseil général du département* 400

11 mai. — *Arrêté du Conseil général de la commune, relatif à la levée de six millions pour l'établissement de l'armée révolutionnaire* 401

12 Mai. — *Actes des représentants et injures de Chalier dans la séance des corps administratifs réunis* 399

12 Mai. — *Convocation à l'hôtel de ville, adressée par les représentants du peuple au tribunal du district de la ville de Lyon* 401

13 Mai. — *Actes des représentants et agissements de Chalier et Gaillard dans la séance des corps administratifs réunis, d'après la déposition de Louis Matheron* 399

13 Mai. — *Déclaration du Comité de Salut Public sur son impuissance à faire arrêter les étrangers* 411

14 Mai. — *Déclaration de Louis Matheron, membre du directoire du district de Lyon, relatant les agissements de Chalier dans des séances des corps administratifs réunis les 12 et 13 mai* 399

14 Mai. — *Articles principaux de la proclamation des corps administratifs réunis : constitution d'une armée révolutionnaire, d'un comité de salut public, expulsion des étrangers, désarmement des suspects, réunion des corps administratifs tous les dimanches, compte-rendu tous les trois jours aux représentants du peuple ; proscription du journal de Carrier et de la Quotidienne ; installation du club des Jacobins dans l'église des Missionnaires* 402

16 Mai. — *Arrêté du Comité de Salut Public, prescrivant la permanence des comités de surveillance* 354

16 Mai. — *Ordre du Comité de Salut Public à la section Saint-Vincent, de dresser le tableau des citoyens capables de porter les armes* 413

16 Mai. — *Arrêté du Comité de Salut Public fixant à 3.000 livres le traitement annuel de ses membres* 355

TABLE CHRONOLOGIQUE

17 Mai. — *Arrêté du Comité de Salut Public, fixant à 3 livres par jour le salaire des membres des comités de surveillance des sections*... 355

17 Mai. — *Menaces proférées par Chalier, à l'hôtel de ville, dans la salle Rousseau, contre le citoyen Dubost, le député Chassel et le conseiller général Santalier*............. 406

18 Mai. — *Extrait du procès-verbal de la séance du Comité de Salut Public, qui, avisé des menées des malveillants pour s'opposer à la formation de l'armée révolutionnaire, demande la réunion des trois corps administratifs et constate le refus du conseil général du département*........................ 415

18 Mai. — *Lettre d'Albitte au sujet du procès Beaumont, des districts de Villefranche et de Montbrison, de la surveillance à exercer sur le procureur général syndic, de la fabrication des piques, de la propagande à faire dans les districts, de l'armée révolutionnaire*............................ 397

19 Mai. — *Extrait du procès-verbal de la séance du Comité de Salut Public, relatant les mesures prises pour éviter les troubles et l'arrestation de citoyens de la section du Port du Temple*... 415

19 Mai. — *Arrêté de la section de Port-du-Temple, se déclarant en permanence*................................. 416

20 Mai. — *Délibération de la section Saint-Georges, protestant contre l'arrestation de plusieurs de ses membres dans la nuit du 19 au 20*..................................... 413

20 Mai. — *Extrait du procès-verbal de la séance du Comité de Salut Public au sujet des troubles causés par l'arrestation des commissaires de la section de Port-du-Temple* 355

22 Mai. — *Lettre fausse adressée à Chalier*............ 459

22 Mai. — *Sur l'avis de Chalier, Montalan et Imbert, le club populaire de Rue Neuve demande au Comité de Salut public de faire distribuer une demi livre de poudre à tout citoyen muni de la carte de civisme*....................... 394

23 Mai. — *Lettre de Dodieu réclamant le retour de Gaillard en raison des événements*............................ 419

23 Mai. — *Lettre d'Achard et Fillion à Gaillard, pour le mettre au courant des événements de Lyon, réclamer son retour avec des hommes à mettre à la tête des comités*........ 418

23 Mai. — *Arrêté du conseil général de la commune, portant interdiction aux sections de se déclarer en permanence* 416

24 Mai. — *Légalisation par le juge de paix de la Métropole des signatures apposées par les président, secrétaire et scrutateur de la section Saint-Georges à la suite de la délibération du 20 mai*... 414

24 Mai. — *Lettre de Gravier et Gaillard, rendant compte de leurs démarches à Paris et pressant l'organisation de l'armée révolutionnaire*.. 410

24 Mai. — *Lettre comminatoire de François Fournier au*

district de la Campagne, pour réclamer le retour d'un détachement de dragons.. 395

24 Mai. — Lettre de François Fournier, réclamant les dragons réquisitionnés par le district de la Campagne au sujet des troubles de Saint-Pierre-la-Palud, et ce parce que le dimanche suivant peut être un jour de crise à Lyon......... 395

25 Mai. — Adresse du conseil général de la commune de Lyon, rejetant sur le département la responsabilité des événements qui peuvent survenir.. 462

25 Mai. — Lettre adressée aux représentants du peuple pour leur dénoncer les menées contre-révolutionnaires et réclamer leur présence à Lyon... 454

25 Mai. — Arrêté du conseil général du département, autorisant la permanence des sections....................................... 420

25 Mai. — Lettre des représentants Gauthier et Nioche au Comité de Salut Public, au sujet du mouvement contre révolutionnaire et de la constitution de l'armée révolutionnaire... 414

26 Mai matin. — Porte-Froc. — Election du bureau de la section 139

26 Mai, soir. — Porte-Froc. — Lectures d'adresses; envoi d'une députation au Département................................... 140

26 Mai. — Arrêté de la section de Portefroc, portant que les certificats de résidence seront délivrés et les inscriptions de demandes de secours seront reçues tous les jours dans la salle de ses séances, maison de l'Évêché....................................... 466

26 Mai. — Adresse de la section de Portefroc à ses concitoyens 467

26 Mai. — Arrêté du conseil général de la commune de Lyon, confiant au Comité de Salut Public l'organisation de l'armée révolutionnaire et l'émission de mandats impératifs sur les riches.. 455

26 Mai. — Décision du Comité de Salut Public annulant la réquisition du département... 422

25 Mai. — Envoi par le district de Lyon de la réquisition du département convoquant la force armée pour réprimer les troubles.. 422

26 Mai. — La section Rousseau, informée des violences faites contre les sections de Rue Neuve et Rue Buisson, décide de se rendre en armes place de la Fromagerie pour arrêter le désordre, et d'adresser à la Convention une protestation contre la municipalité... 421

26 Mai. — Procès-verbal de la section Saint-Georges, constatant l'opposition faite à la tenue de son assemblée..... 420

26 Mai. — Le comité de surveillance de la section de Rue Neuve constate l'opposition violente faite à la constitution de son assemblée.. 420

26 Mai. — Extrait de la délibération du Comité de Salut Public au sujet de la répression des troubles................. 355

TABLE CHRONOLOGIQUE

27 Mai, matin. — Porte Froc. — *Remise d'une lettre qu'on décide de n'ouvrir qu'à la séance du soir*........................ 141

27 Mai, soir. — Porte Froc. — *Lecture de la lettre de démission du président Pitrat. — Proposition pour assurer la sécurité des citoyens. — Envoi d'une délégation pour remercier le colonel Beaumont*.. 141

27 Mai. — *Propos de Chalier, au club des Jacobins, menaçant 600 têtes*............................ 422, 423, 425

27 Mai. — *Mandats de contribution forcée adressés aux citoyens Belouse frères, négociants*........................ 409

27 Mai ? — *Propos tenus par le citoyen Lafont, lieutenant de l'armée révolutionnaire*.................................... 395

28 Mai. — *Ordre du Comité de Salut Public au commandant de l'Arsenal, de repousser la force par la force*....... 427

28 Mai. — *Lettre de Gravier et Gaillard, au sujet de l'emprunt, de la séance de la Convention, de la nécessité d'agir, de l'arrestation des députés*..................................... 426

28 Mai. — *Lettre de Gravier au maire Bertrand, l'engageant à prendre les grandes mesures*.......................... 426

28 Mai. — *La section Rousseau, à la suite des propos tenus la veille par Chalier au club central, décide de rester en armes en permanence*.. 425

28 Mai. — *Proclamation du Comité de Salut Public affirmant que l'armée révolutionnaire n'est pas constituée pour marcher contre la Vendée*.. 424

28 Mai. — *Extrait de la délibération de la section de la Concorde, déclarant que la municipalité a perdu la confiance de la cité*... 424

28 Mai. — *Déposition des citoyens Poulet et Paral constatant qu'au club des Jacobins, Chalier a déclaré qu'il fallait couper la tête des membres du département et des présidents et secrétaires des sections. Confirmation de cette déposition par le citoyen Piégay*.. 423

28 Mai ? — *Déclaration de Bonaventure Billon, rapportant le propos de Chalier réclamant 600 têtes*..................... 422

28 Mai. — Porte-Froc. — *Compte-rendu de la délégation adressée au colonel Beaumont. — Acceptation de la démission du vice-président Vanal. — Élection d'un président et d'un vice-président. — Avis des menaces dont sont l'objet les membres des bureaux des sections. — Démarches à ce sujet*.. 142

29 Mai. — Porte-Froc. — *Les commissaires envoyés au Département ont trouvé les bureaux vides, ils ont appris que l'entrée de l'Hôtel-de-Ville avait été refusée aux membres du Directoire. — Lecture d'une adresse invitant les citoyens à être assidus aux séances des sections. — Arrivée du vice-président Montviol*... 143

29 Mai. — *Déposition du citoyen Berruyer sur les événements de la journée; confirmation de cette déposition par Joseph Court*............ 458

29 Mai. — *Procès-verbal de la conduite du bataillon de Brutus pendant cette journée*................. 428

29 Mai. — *Proclamation des représentants du peuple aux citoyens pour les engager au calme* 428

29 Mai. —*Ordre du commandant Julliard pour la relève du poste de l'Arsenal*.................. 427

29 Mai. — *Lettre de Chalier au maire Bertrand, lui signalant les menaces dont il est l'objet et demandant protection*... 423

29 Mai. — *Ordre des représentants pour faire évacuer l'Arsenal et déposer les armes*...................... 433

29-30 Mai. — *Procès-verbal des conseils généraux du département et des districts de Lyon et de la Campagne, relatif à l'événement du 29 mai*.................. 438

29-30 Mai. — *Procès-verbal des commissaires des sections de Lyon, réunis en comité*.................. 430

30 Mai. — *Proclamation des représentants du peuple reconnaissant la fausseté des accusations portées contre les Lyonnais.* 447

30 Mai. — *Lettre de Fillion et Gravier, pressant l'organisation de l'armée révolutionnaire*.................. 426

30 Mai. — *Arrêté des commissaires du département relatif à la compagnie des grenadiers de Montbrison*............. 469

30 Mai. — *Déclaration du citoyen Piégay, constatant que l'avant-veille Chalier a menacé de faire guillotiner les présidents et secrétaires des sections*................. 423

30 Mai, matin. — Porte-Froc. — *Un vicaire de la métropole, le service de l'état civil étant désorganisé, demande à la section l'autorisation de procéder à une inhumation.* — *Motion pour l'arrestation immédiate des perturbateurs.* — *Visite chez les boulangers*................... 143

30 Mai, soir. — Porte-Froc. — *Motion pour le désarmement des suspects.* — *Demande de registres de certificats de résidence.* — *Ouverture d'une souscription pour les victimes de la veille.* — *Interdiction de réunions ailleurs que dans le local de la section.* — *Demande d'arrestation de Dodieu, réfugié à Neuville*................ 145

31 Mai. — *Déposition de Jean Millanois sur le rôle joué par le représentant Gauthier dans la journée du 29*............ 457

31 Mai. — *Déposition du citoyen Henri Bels, sur un incident de la journée du 29*.................. 456

31 Mai. — *Proclamation adressée à Achard pour mettre en mouvement les Jacobins et les sociétés populaires*........... 427

31 Mai. — *Déclaration du bataillon du Mont-Blanc, sur sa conduite pendant la journée du 29*................ 461

31 Mai. — *Déclaration d'Audibert Carrel, sur un propos*

tenu par Roullot lors de la nomination de l'abbé Laussel aux fonctions de procureur de la commune..................... 347

31 Mai. — Déposition du jardinier Chasset, rapportant des propos tenus par Thibaudier, sergent du 1er bataillon de St-Vincent.. 393

31 Mai. — Porte-Froc. — Protestation contre l'arrestation du sous-lieutenant Laforest................................. 146

27 Mai-1 Juin. — Proclamation de la section de la Convention.. 470

Juin ? — Déposition de Jean-Pierre Borin, au sujet de propos tenus en novembre ? 1792 et février 1793, par Savin, Doucet, Gache et Riard-Beauvernois............................. 348

1 Juin. — Enregistrement par la section de la Liberté de la déclaration du bataillon du Mont-Blanc.............. 462

1 Juin. — Déposition du citoyen Riche, relatant un propos tenu par le citoyen St-Martin, la veille du banquet fraternel de la place de la Fédération............................. 393

1 Juin, matin. — Porte-Froc. — Demande d'arrestation des représentants du peuple.................................. 147

1 Juin, soir. — Porte-Froc. — Dépôt de pièces aux archives. — Nomination d'un commissaire pour aller à la Convention. — Texte d'une adresse aux autres sections. — Motion pour les poursuites à exercer. — Ajournement de la pétition de l'anglais Schmit. — Constitution d'un bureau pour recevoir les dénonciations............................ 147

2 Juin. — Proclamation des sections de la ville de Lyon aux habitants du département et de toutes les municipalités voisines 472

2 Juin (vers le). — Adresse de la municipalité de Condrieu aux sections de Lyon.. 475

2 Juin. matin. — Porte-Froc. — Radiation d'officiers et sous-officiers du bataillon de la section. — Election du citoyen Guerre comme commissaire pour aller à la Convention, en remplacement du citoyen Chatelus. — Nomination d'un commissaire pour activer la constitution du tribunal................. 151

2 Juin, soir. — Porte-Froc. — Approbation de propositions pour la constitution de la force armée. — Approbation de mesures à prendre contre les fauteurs de manœuvres contre-révolutionnaires. — Lecture de la réponse à la lettre de Dubois-Crancé et Albitte à Gauthier et Nioche. — Motion pour la constitution du tribunal. — Election d'un vice-président et d'un secrétaire. — Constitution d'un bureau pour secourir les victimes du 29 mai. — Prestation du serment civique. — Nomination de commissaires pour rédiger un règlement de police intérieure. — Lecture de l'adresse demandant la constitution du tribunal. — Nomination de commissaires pour étudier l'organisation de la défense de la ville.............. 152

3 Juin. — Le chirurgien Mouthon dépose que la veille il a entendu trois citoyens proposer de couper les arbres de la liberté pour faire croire au mouvement contre-révolutionnaire à Lyon... 459

3 ? Juin. — *Déposition de Loiret sur les événements de la nuit du 6 février*.. 371

3 Juin. — *Déposition de Reverony sur les événements du 6 février*... 374

3 Juin, matin. — Porte-Froc. — *Observations sur l'adresse à envoyer à la Convention. — Projet de constitution du Secrétariat Général des sections. — Lecture d'une adresse aux habitants des campagnes proposée par la section de la Convention. — Avis pour surveiller les étrangers*........... 155

3 Juin, soir. — Porte-Froc. — *Refus des autres sections de constituer le Secrétariat Général. — Lecture d'une adresse de la section de Thionville ci-devant Plat d'Argent. — Mise en liberté du citoyen Colomb, arrêté par la garde Nationale de St-Genis-Laval. — Lecture de la justification de Juliard, ancien commandant de la garde nationale. — Lecture d'une adresse pour provoquer des secours aux victimes de la journée du 29 mai. — Lecture d'une adresse de la municipalité de La Guillotière. — Avis des menées de Roche, officier municipal, de menaces contre les arbres de la Liberté, de la réquisition de canons par Kellermann*............................... 157

3 Juin (après le). — *Déposition de l'épicier Claude Valla, relatant les propos tenus par Lafont, lieutenant de l'armée révolutionnaire*...................................... 395

4 Juin. — *Expédition de l'arrêté du club de St-Georges, du 6 avril, concernant la délivrance des cartes de civisme*...... 392

4 Juin. — *Lettre écrite à la Convention, par le Conseil général du département et les districts de la Ville et de la Campagne, au sujet des événements antérieurs au 29 mai*... 476

4 Juin. — *Explications de Jacques Barbier aux citoyens du bataillon de la section de Brutus, sur son rôle dans la journée du 29 mai*... 480

4 Juin, matin. — Porte-Froc. — *Réception d'une délégation des commissaires des sections à la Convention. — Proposition de l'organisation d'une compagnie de canonniers*........... 159

4 Juin, soir. — Porte-Froc. — *Proposition de renouvellement du jury d'accusation. — Avis de réquisitions de Kellermann. — Demande de mise en jugement de l'ancienne municipalité. — Adresse de remerciements aux municipalités de Vaise et La Croix-Rousse. — Réception d'une délégation de la section Bonne Foi, ci-devant rue Thomassin. — Avis des mesures prises au comité militaire. — Réception d'une délégation de la Fraternité, ci devant place Confort. — Recherche des documents que les commissaires des sections devront emporter à la Convention*................................. 159

5 Juin. — *Déclaration de l'imprimeur Bernard, portant que le texte de la pétition des Augustins, avec la liste des signatures, lui a été remis par Chalier*............................. 388

5 Juin. — *Déclaration de Clapier et Boyriven, au sujet des pillages de septembre 1792*............................... 345

TABLE CHRONOLOGIQUE 621

5 Juin. — *Expédition de la réquisition, du 8 avril, des commissaires de la Convention à la municipalité*............ 392

5 Juin. — *Adresse des trente-deux sections de Lyon aux habitants des campagnes*............................. 482

5 Juin (matin). — Porte-Froc. — *Lecture de la profession de foi de la section de l'Egalité, ci-devant le Plâtre. — Mesures prises pour le renouvellement du jury d'accusation. — Question de la section de Saône au sujet des pouvoirs conférés aux commissaires des sections à la Convention. — Nomination de commissaires pour prendre des renseignements sur Riard*... 161

5 Juin (soir). — Porte-Froc. — *Condoléances à la veuve Mermet, dont le fils a été tué le 29 mai. — Adoption de la proposition de l'Union pour la conservation des armes et munitions. — Dépôt des papiers trouvés au domicile de Riard. — Lecture de la lettre de Jacques Barbier aux citoyens du bataillon et de la section de Brutus. — Nomination de deux membres pour faire partie du jury d'accusation. — Lecture du procès-verbal de la journée du 29 mai, dressé par le bataillon de Vaise. — Réception d'une députation de la Réunion, ci-devant Belle-Cordière. — Lecture de l'adresse de la section de Rue Neuve aux habitants des campagnes. — Invitation à assister au service funèbre qui sera célébré à St-Polycarpe. — Lecture d'un arrêté relatif aux armes et munitions. — Demande de dépositions sur la séance du 5 au 6 février tenue au club central*... 162

6 Juin. — *Déposition du citoyen Gerin sur les événements du 6 février*.. 379

6 Juin. — *Farjon et Fuz, commissaires du département et du district, parafent la lettre écrite le 24 mai précédent, par Gravier et Gaillard*.................................... 410

6 Juin, matin.. — Porte-Froc. — *Nomination d'une délégation pour assister au service de St-Polycarpe. — Demande de levée des scellés apposés sur un placard de la salle des séances. — Demande d'une oraison funèbre pour les victimes du 29 mai, oraison funèbre qui serait prononcée par l'évêque Lamourette* 164

6 Juin, soir. — Porte-Froc. — *Demande de mise en liberté du citoyen Ferrand. — Lecture d'adresses pour la surveillance des étrangers et l'interdiction des assemblées ailleurs qu'à la section. — Avis d'une représentation aux Célestins, au bénéfice des victimes du 29 mai. — Demande de saisie des papiers des anciens officiers municipaux. — Motions pour la police intérieure des sections ; pour une enquête sur le directeur des postes ; pour faire placer le drapeau tricolore à Pierre-Scize et à Fourvière. — Plainte contre Matheron, membre du district. — Explications du lieutenant Parra et du capitaine Gros, absents le 29 mai. — Propositions pour l'exercice militaire.— Dépôt d'un projet de règlement pour la police de l'assemblée.* 164

7 Juin. — *Discours prononcé dans l'église Saint-Polycarpe par l'abbé Rozier, pour le service solennel en l'honneur des victimes du 29 mai*................................... 484

7 Juin. — Porte-Froc. — *Réception d'une députation de la commune de Montbrison. — La section fera établir à ses frais deux affûts de canon et deux caissons. — Nomination d'un troisième vice-président et d'un quatrième secrétaire. — Avis d'envoi de canons à l'armée des Alpes. — Des membres de la section apprendront à fabriquer les munitions. — Réception de députations d'autres sections. — Envoi d'une délégation aux blessés du 29 mai. — Remise de la liste du jury d'accusation. — Recouvrement de la somme nécessaire aux commissaires envoyés à la Convention. — Demande des secours recueillis pour les victimes du 29 mai. — Proposition pour l'organisation du Secrétariat général*........................ 166

7 Juin. — *Les Nantais à tous les départements de la République*... 487

8 Juin. — *Déposition de Denis-Charles Grenier sur les actes de Roullot, le jour de l'Ascension (9 mai)*............ 393

8 Juin (vers le). — *La section Rousseau à ses concitoyens*.. 496

8 Juin (vers le). — *Rapport fait au conseil général de la commune par un des commissaires députés à Paris, sur l'esprit public, l'état de la Convention, les mesures à prendre pour réprimer l'anarchie*................................... 498

8 Juin. — Porte-Froc. — *Dépôt d'une adresse de la section de Bordeaux, ci-devant Hôtel-Dieu. — Liste des jurés d'accusation. — Fixation du service à célébrer pour les victimes du 29 mai. — Dépôt d'un arrêté de la section de Saône. — Centralisation des dons pour secours et frais de voyage des commissaires envoyés à Paris. — Ouverture d'un registre pour déclaration des armes. — Lecture de règlements pour la vente de la poudre et la surveillance des déserteurs. — Nomination de commissaires pour assister au service des victimes du 29 mai. — Délégation envoyée aux autres sections au sujet de la fabrication d'affûts et caissons — Proposition de constitution d'un Secrétariat général*................................. 168

9 Juin. — *Précis des événements arrivés à Lyon le 29 mai 1793, pour servir de première réponse à la dénonciation portée par les sections de cette ville contre les citoyens Gauthier et Nioche, représentants du peuple*....................... 450

9 Juin.— *Adresse de la commune de Neuville à la commune de Lyon*................. 506

9 Juin. — *Adresse de la commune de Bully aux sections de Lyon*.. 529

9 Juin. — Porte-Froc. — *Projet d'une adresse aux Français. — Projet de mesures au sujet du séjour de Robert Lindet. — Motion pour interdire toute assemblée en dehors des locaux des sections. — Lecture de l'adresse de la municipalité à la Convention.— Vœu pour la mise en liberté des Girondins. — Réception de députations de diverses sections. — Motion pour le désarmement des suspects*................. 170

10 Juin. — *Expédition du procès-verbal de la section de Rue Neuve, constatant l'opposition faite à la constitution de l'assemblée*.. 420

10 Juin. — Porte-Froc. — *Invitations au service qui sera célébré le 12 à la métropole. — Réception de députations de sections, projets pour nominations de commissaires chargés de parcourir le département; constitution d'un comité chargé de correspondre avec les autres départements; adresse aux campagnes; nécessité de faire l'exercice; justification du citoyen Nesme*.. 172

11 Juin. — *Délibération de la section Rousseau ordonnant l'impression de l'Adresse des Nantais à tous les départements*.. 495

11 Juin. — *Réponse de la commune de Lyon à l'adresse de la commune de Neuville*.. 507

11 Juin. — *La société des Amis des lois et de la République à ses concitoyens de la ville et canton de Feurs*.. 509

11 Juin. — Porte-Froc. — *Démission du caporal Perraud. — Distribution de secours. — Nomination de commissaires pour vérification des pouvoirs de Robert Lindet. — Lecture d'un arrêté du Comité militaire. — Nomination du Commissaire de police provisoire de la section. — Lecture d'une adresse aux citoyens égarés. — Vœux pour la réorganisation de la société fraternelle et l'interdiction de la sortie des armes*.. 173

11 Juin. — *Les citoyens de la section de Porte-Froc à leurs frères égarés dans la journée du 29 mai et jours précédents*. 507

12 Juin. — *Discours prononcé par l'évêque Lamourette au service solennel pour les victimes du 29 mai*................ 510

12 Juin. — *Délibération de la section de Rue Buisson reproduisant l'Adresse du district de Lons-le-Saulnier à la Convention nationale*.. 515

12 Juin. — Porte-Froc. — *Discussion sur les deux qualités de pain. — Ajournement de la discussion sur les heures de réunion. — Remerciements à Lamourette pour son discours de ce jour. — Secours à la femme Ducret. — Mesures contre les prévenus du 29 mai. — Avis de l'arrestation des commissaires de la Convention. — Certificat délivré au citoyen Champin*... 174

13 Juin. — *Dépositions des citoyens Garnier et Portalet sur des faits de la journée du 29 mai*........................ 456

13 Juin. — Porte-Froc. — *Compte de l'imprimeur Faucheux. — Réception d'une députation de la ville d'Annonay. Projet de secours au département de l'Isère. — Offrande faite par la gendarmerie à pied. — Demande de suspension du directeur des postes*.. 175

14 Juin. — *Les bataillons de Lyon aux bataillons de l'armée des Alpes*.. 518

14 Juin. — *Adresse du peuple de Lyon à la République française*.. 525

14 Juin. — *Gonchon aux citoyens de la section des Quinze-Vingt, faubourg Saint-Antoine*........................ 521

14 Juin. — *Lecture à la section de la Convention de l'adresse de la commune de Bully*........................ 531

14 Juin. — Porte-Froc. — *Demande de dénonciations contre Gaillard. — Lecture d'une adresse à l'armée des Alpes. — Avis pour le désarmement des suspects. — Adhésion au projet d'envoyer des commissaires pour fraterniser dans le département. — Lecture de l'adresse du peuple de Lyon au peuple français. — Projet de rédaction de l'Histoire de la révolution de Lyon*........................ 176

15 Juin. — Porte-Froc. — *Objections de la Fraternité contre l'établissement d'un comité central des sections. — Rapport constatant que le 29 mai il y a eu 43 morts, 115 blessés ; que les secours réunis atteignent 120.224 livres. — Députation au président du tribunal pour hâter le procès des inculpés du 29 mai. — Nomination d'un commissaire pour examiner la question des assemblées primaires*........................ 177

16 Juin. — *Déclaration du juge de paix Floret et de Pierre Horand relatant les propos tenus par Chalier au club central.* 388

16 Juin. — *Déposition du citoyen Dubost, au sujet des menaces proférées le 17 mai par Chalier contre lui, le député Chasset et le conseiller général Santalier*........................ 406

16 Juin-1er Juillet. — *Observations sur les causes de la mort des blessés par les armes à feu dans la journée du 29 mai* 547

16 Juin. — *Adresse de la section de La Guillotière, première division, aux juges du tribunal criminel*........................ 431

16 Juin, matin. — Porte-Froc. — *Députation de la section de la Vieille-Ville, ci-devant Gourguillon. — Nomination de suppléants au comité militaire*........................ 178

16 Juin, soir. — Porte-Froc. — *Réception de députations des sections de St-Vincent et de Paris. — Lecture de l'adresse des citoyens de Nîmes à la Convention. — Vœu pour la convocation des assemblées primaires. — Souscription de la section Jean-Bart à l'adresse aux armées. — Réparations à faire à la salle des séances. — Lecture de l'adresse de la commune de Bully*........................ 178

17 Juin. — Porte-Froc. — *Communication d'un règlement pour les assemblées de section. — Vœu pour le rappel des commissaires députés à la Convention. — Invitation à un service pour les victimes du 29 mai. — Lecture d'une adresse des citoyens de Villefranche*........................ 179

18 Juin. — Porte-Froc. — *Lecture d'une lettre d'un commissaire député à Bordeaux. — Réorganisation de la société fraternelle. — Proposition pour la garde des prisonniers. — Réception d'une députation de la commune de Saint-Etienne..* 180

18 Juin. — *Adresse des citoyens de Beaujeu aux citoyens de Lyon*........................ 533

TABLE CHRONOLOGIQUE   625

19 Juin. — *Tableau du maximum du prix des grains*..... *534*

19 Juin. — Porte-Froc. — *Lecture d'un projet d'organisation de la force départementale. — Invitation à un service pour les victimes du 29 mai. — Autorisation aux femmes d'assister aux séances de la section. — Motion pour le rappel des commissaires députés à la Convention. — Demande de fonte de canons*... *181*

20 Juin, matin. — Porte-Froc. — *Protestation de la commune de Vaise contre le projet de sa réunion à Lyon*........ *182*

20 Juin, soir. — Porte-Froc. — *Excuses de la citoyenne Marguerite Simon. — Dépôt d'une adresse au peuple français et d'un manifeste de Marseille aux républicains français. — Proposition pour la garde des prisons. — Affaire des prévenus du 29 mai, proposition de hâter leur procès, demande de dénonciations, lecture d'un mémoire sur la manière de les juger.* *182*

21 Juin. — Porte-Froc. — *Rapport sur l'anglais Schmidt. — Inscription à la section du notaire Macors. — Invitation à un service. — Protestation contre les décrets de la Convention. — Envoi de commissaires aux députés de la Gironde. — Demande de suspension de maximum. — Projet pour la réception des Marseillais. — Demande de création d'un tribunal militaire pour juger les inculpés du 29 mai. — Demande de suspension du directeur des postes. — Mesures contre les inculpés du 29 mai*.... .... *183*

22 Juin. — *Dépôt, au comité de surveillance de la section Rousseau, par J. Belouse, négociant, des mandats de contribution forcée adressés à lui et à son frère*............... *409*

22 Juin. — *Précis de Rabaut-Saint-Etienne, imprimé par les soins de la section de Portefroc*...................... *536*

22 Juin. — Porte-Froc. — *Rapport sur la police des prisons. — Lecture d'adresses des Marseillais. — Lecture de l'adresse de Rabaud-Saint-Etienne. — Mesures prises pour secourir la veuve Sablonay. — Examen de la question du maximum*............................... .... *184*

23 Juin. — Porte-Froc. — *Explications de Galbois-St-Amand, inculpé du 29 mai. — Demande de création d'une commission militaire. — Projet d'interdiction de sortie des chevaux de luxe. — Opposition au départ des procureurs syndics mandés à la barre de la Convention. — Lecture de la délibération du 14 février créant de faux certificats de résidence. — Mandat sera donné aux députés à élire de délibérer sur le jugement des prévenus du 29 mai. — Demande de suppression de tous les clubs. — Question du maximum. — Avis sur la composition des assemblées primaires. — Question des cartes de section. — Projet de rédaction d'une adresse*............ *185*

25 Juin. — Porte-Froc. — *Demande de l'anglais Schmidt. — Demande d'une revue générale pour prestation du serment de résistance à l'oppression. — Opposition à l'enregistrement des lois postérieures au 31 mai. — Lecture d'une lettre du dé-*

40

partement du Jura au département de l'Ain. — On renonce à l'adresse projetée l'avant veille. — Certificat de civisme du citoyen Flize.. 186

26 Juin. — Porte-Froc. — Lecture de la taxe du pain. — Lecture d'un discours du citoyen Momigny. — Lecture d'une adresse de Saint-Galmier. — Nomination de commissaires pour les prisons.— Lecture d'instructions pour logement des troupes. 187

27 Juin. — Porte-Froc. — Constatation des dilapidations commises par l'ancienne municipalité. — Récit de l'assassinat de l'officier municipal Sautemouche........................ 188

28 Juin. — Porte-Froc. — Demande de suspension du directeur des postes. — Projet de création d'une armée départementale. — Projet d'un Comité central des sections.— Autorisation donnée à l'anglais Schmidt de séjourner en France. — Avis de l'arrivée des députés du département............ 190

29 Juin. — Compte-rendu de la fête civique de ce jour.... 542

29 Juin. — Porte-Froc. — Invitation à être assidus aux séances. — Demande de déclarations de ce qui a été donné pour l'armée révolutionnaire. — Projet d'une pétition pour hâter le jugement des prévenus du 29 mai................ 190

30 Juin. — Porte-Froc. — Adhésion à des propositions pour la sûreté des prisonniers, l'établissement de casernes; opposition au départ des dragons.......................... 191

Juillet. — Adresse des citoyens du bataillon du Port du Temple à tous leurs frères des autres bataillons de la ville de Lyon... 566

1 Juillet. — Porte-Froc. — Nomination de membres du jury d'accusation.— Visite des armes, constitution d'une compagnie de cavaliers. — Renouvellement du bureau. — Question du maximum. — Organisation de la surveillance des prisons.— Lecture d'un arrêté constituant une troupe de 1800 hommes à caserner... 191

2 Juillet. — Porte-Froc. — Election du trésorier et du concierge de la section.— Lecture de la circulaire pour l'impression de l'Histoire de la Révolution de Lyon. — Secours au citoyen Favel. — Demande du citoyen Dujat pour être exempté du service de garde nationale. — Demande de distribution des arrêtés de la municipalité aux sections. — Opposition à la mise en liberté provisoire des inculpés du 29 mai. - Demande du citoyen Lafont pour conserver l'arme qu'il tient de la section de Saône. — Compte de l'imprimeur Leroy. — Attestation de civisme par l'huissier Legavre. — Opposition à l'application du maximum. - Demande d'informations sur les dons faits en mars et avril.. 193

3 Juillet. — Prospectus de l'Histoire de la Révolution de Lyon... 551

3 Juillet. — Porte-Froc. — La séance ne peut avoir lieu, la garde nationale étant tout entière convoquée pour procéder au désarmement des quartiers St-Georges et du Gourguillon. 196

TABLE CHRONOLOGIQUE

4 Juillet. — Porte-Froc. — *Demande d'un suppléant au comité militaire. — Régularisation du compte de distribution de secours. — Lecture d'une adresse de la municipalité de Crémieu. — Demande de déclarer les anciens officiers municipaux solidaires des dilapidations. — Lecture d'une adresse aux armées et à tous les départements.* (Conseil général, tome II, p. 365).— *Projet de création d'une compagnie de Miquelets.— Demande de la section de l'Union pour contribuer aux frais de l'Histoire de la Révolution de Lyon. — Avis de la décision de la Commission populaire de ne pas reconnaître les décrets de la Convention ; envoi d'une délégation à Biroteau.— Nomination de commissaires chargés d'étudier la question de l'impôt nécessaire pour mettre la ville en état de défense*............ *196*

5 Juillet. — Porte-Froc. — *Mesures prises pour le recouvrement des contributions dans la section. — La section décide de publier seule l'Histoire de la révolution de Lyon. — Lecture du règlement pour le service de la garde nationale. — Nomination d'un suppléant au comité militaire. — Vœu pour l'élection du général de l'armée départementale. — Demande de désarmement des suspects. — Proposition de création d'une compagnie de chasseurs dans chaque section. — Difficultés pour l'établissement de l'impôt. — Proposition pour la mise en liberté de Matheron et Pécolet. — Attestations de civisme. — Envoi de commissaires pour traiter des questions des défenseurs d'office et du recouvrement des impositions*............ *199*

6 Juillet. — Porte-Froc. — *Lecture d'une adresse au département du Doubs. — Proposition de déléguer des commissaires aux portes et barrières. — Arrêté relatif aux défenseurs officieux des prévenus du 29 mai. — Lecture de la délibération relative à l'imposition pour organiser la défense. — Payement du charpentier Besson. — Election de suppléants au comité de surveillance de la section. — Election de commissaires aux prisons. — Question relative aux gages du concierge*............ *201*

7 Juillet. — Porte-Froc. — *Envoi d'une délégation au représentant Chasset. — Fixation des gages du concierge. — Félicitations au sauveteur Deschamps. — Adhésion de sections à l'arrêté relatif aux défenseurs officieux.— Demande de rappel des administrateurs absents ; de recensement des chevaux de luxe. — Demande d'organisation de la surveillance des prisons. — Avis de l'hostilité des habitants de Chalon-sur-Saône. — Projet de taxe pour la défense de la ville*......... *204*

8 Juillet. - Porte-Froc. — *Attestation de civisme. — Il ne sera fait aucune coupure dans les pièces de l'Histoire de la révolution de Lyon. — Réception du représentant Biroteau*... *207*

9 Juillet. — Porte-Froc. — *Avis de contraintes à exercer pour recouvrement d'impositions. — Surveillance des prisons. — Demande d'incarcération de représentants du peuple — Interdiction de journaux de Paris. — Nomination du trésorier de l'impôt pour la défense de la ville. — Ordre d'apposer les scellés sur les effets de deux représentants. — Don du vitrier Flachat. — Demande de passeport*................ *209*

10 Juillet. — *Adresse de la commune de Violay*...... 553

10 Juillet. — Porte-Froc. — *Rapport sur la distribution des secours. — Adhésion au projet d'imposition pour la défense. — Surveillance des prisons. — Examen des limites des sections de Porte Froc et Saint-Georges. — Nomination du comité de l'impôt*.......... 210

10 Juillet. — Porte-Froc. — *État des dépenses de la section.* 231

11 Juillet. — Porte-Froc. — *Délivrance d'une autorisation de résidence. — Réception des députés de Marseille. Demande de rectification des assertions des journaux de Paris. — Demande de création du secrétariat général des sections. — Démission du commandant du bataillon de la section. — Paiement du cachet et de la griffe de la section. — Demande de passeport. — Election d'un trésorier du comité d'imposition*.. 212

12 Juillet. — Porte-Froc. — *Résultat de l'élection du trésorier du comité d'imposition. — Vœu pour faire placer le bonnet de la liberté sur l'arbre planté place de la Fédération. — Avis de la délivrance de Pécolet et Matheron. — Dépôt d'un vœu de la section de la Convention. — Dépôt d'une adresse à la garde nationale de Chalon-sur-Saône. — Avis de l'arrivée de Précy. — Demande de vente du mobilier des couvents. — Avis de l'arrivée inopinée du bataillon de la Drôme, mesures prises à ce sujet*...................... 215

13 Juillet. — Porte-Froc. — *Délivrance de passeport. — Lecture de la lettre de Lamourette aux habitants des campagnes. Demande de désarmement des suspects. — Distribution de billets de logement pour la députation de la garde nationale de Roanne*............ 218

13 Juillet. — *Arrêté des commissaires des sections portant organisation du Secrétariat général des sections*.......... 1

14 Juillet. — *Procès-verbal de la Fête de la Fédération célébrée à Saint-Etienne*................ 553

14 Juillet. — Porte-Froc. — *Réception de la garde nationale de Roanne. — Demande de renforcer les postes à l'occasion du procès de Chalier. — Les délégués de Roanne s'offrent pour la garde des prisons. — Demande de 12 ouvriers pour l'impression de l'Histoire de la révolution de Lyon. — Attestation de civisme. — Nomination de membres du Secrétariat général. — Arrosage du quai de l'Evêché*................ 219

15 Juillet. — Porte-Froc. — *Demande d'impression des conclusions contre Chalier. — Demande d'un secours de 2.000 hommes pour les Marseillais. — Lecture d'arrêtés relatifs aux passeports et à la surveillance des étrangers. — Demande d'armes par la ville de Roanne. — Organisation du secrétariat général*.................. 221

16 Juillet. — Porte-Froc. — *Avis de la levée de 2.000 hommes pour secourir les Marseillais. — Demande d'enrôlements pour l'armée départementale. — Nouvelle demande pour l'impression des conclusions contre Chalier. — Réception du détachement de la garde nationale de Roanne*.......... 223

17 Juillet. — Porte-Froc. — *Demande de mesures contre les suspects.* — *Récit de la réception du bataillon de la Côte-d'Or.* — *Demande de déclarations contre Gaillard.* — *Etablissement d'un rôle pour logement des gens de guerre.* — *Pour obtenir des armes la ville de Roanne devra s'adresser au général Précy*.................... 224

18 Juillet. — Porte-Froc. — *Avis de la chûte du pont d'Ainay.* — *Demande d'arrestation comme ôtages des inculpés du 29 mai qui seraient acquittés.* — *Dépôt du bordereau des souscriptions civiques.* — *Compte de l'imprimeur Bernard.* — *Fourniture des registres de la section.* — *Demande de versement à la Commission populaire du montant des souscriptions.* — *Réception des commissaires de retour de Saint-Etienne.* — *Projet d'adresse pour activer les enrôlements*............ 226

19 Juillet. — *Adresse de la municipalité de Saint-Chamond aux braves habitants des campagnes*................... 564

19 Juillet. — Porte-Froc. — *Demande de contrainte contre les témoins aux procès des inculpés du 29 mai.* — *La section Rousseau fait savoir qu'elle s'est enrôlée dans l'armée départementale.* — *Projet de publication de la liste des souscriptions civiques*................... 228

20 Juillet. — Porte-Froc. — *Avance de paye à deux soldats de l'armée départementale.* — *Demande de rappel des représentants Reverchon et Laporte.* — *Demande de création d'un corps de 4.000 hommes pour secourir les Marseillais ; adresses de blâme au comité militaire de la Commission populaire et à un officier municipal.* — *Arrêté de la Commission populaire fixant la souscription patriotique et demandant un état des troupes*................... 229

21 Juillet. — Porte-Froc. — *Confection des rôles des citoyens en état de porter les armes*................... 232

22 Juillet. — Porte-Froc. — *Mesures de contrainte contre les témoins au procès des inculpés du 29 mai.* — *Refus de la démission de l'adjudant général de l'armée départementale.* — *Question posée sur l'uniforme à donner aux chasseurs.* — *Demande d'organisation de l'état de siège*................ 232

23 Juillet. — Porte-Froc. — *Lecture de dénonciations sur les opinions prêtées aux Lyonnais.* — *Demande de réquisition des ouvriers.* — *Demande de cartes de section.* — *Délivrance de laissez-passer.* — *Mesures contre les témoins aux procès du 29 mai.* — *Allocation de la solde de la troupe envoyée à Saint-Etienne*................... 234

24 Juillet. — Porte-Froc. — *Mesures pour fraterniser avec un régiment.* — *Don à la caisse de secours par la compagnie de gendarmerie.* — *Lecture d'une adresse des représentants du peuple.* — *Demande de règlement pour les marchés.* — *Mesures contre les témoins aux procès du 29 mai.* — *Lecture d'une lettre de Kellermann*................... 236

24 Juillet. — *Adresse d'un citoyen de la section de Porte-Froc à la classe des citoyens aisés de Lyon*............... 565

25 Juillet. — Porte-Froc. — *Compte du charpentier Bœuf.
— Demande de dispense de casernement. — Démission d'officiers. — Mesures de contrainte contre les ouvriers.—
Profession de foi de la section de Porte-Froc en réponse à
l'adresse des représentants du peuple*.................... 237

26 Juillet. — Porte-Froc. — *Démission de l'adjudant du
bataillon de la section. — Compte-rendu de la délibération des
commissaires des sections réunies à l'Hôtel-de-Ville, dans la
salle du Commerce, au sujet du rapprochement avec la Convention*.. 239

27 Juillet. — Porte-Froc. — *Compte de fournitures faites
par le concierge. — Convocation de l'assemblée primaire pour
le lendemain. — Démissions d'officiers et sous-officiers du bataillon de la section. — Démission d'un membre du comité de
surveillance. — Réclamation de cotes de la contribution civique*.. 240

28 Juillet. — Porte-Froc. — *Lecture de décrets de la Convention*.. 241

28-30 Juillet. — Porte-Froc. — *Séances de l'assemblée primaire*.. 241

30 Juillet. — Porte-Froc. — *Lecture d'un projet de déclaration du peuple de Lyon. — Compte du menuisier Brochet.—
Levée de la séance pour assister à la proclamation de l'acceptation de la Constitution*.................................... 241

31 Juillet. — Porte-Froc. — *Renouvellement du bureau de
la section. — Démission d'un capitaine. — Demande du contingent d'ouvriers à fournir par la section. — Ouverture d'un
registre pour prêt de literie aux casernes. — Députation à la
Commission populaire*.. 243

Juillet-Août. — *Barbaroux à ses commettants ; appel aux
armes*.. 567

Août. — *Adresse aux défenseurs de Lyon*................... 589

1ᵉʳ Août. — Porte-Froc. — *Demande de constitution des sections en assemblées populaires. — Nomination de commissaires chargés d'aller fraterniser dans les départements voisins.
— Nomination de commissaires pour assister aux séances des
corps constitués. — Réquisition d'ouvriers. — Gages du tambour. — Election du président Ramey en remplacement de
Guerre, absent. — Secours à une victime du 29 mai. — Transport des effets de casernement recueillis dans la section*..... 244

2 Août. — *Adresse de la municipalité provisoire de Lyon à
la Convention nationale*..................................... 570

2 Août. — *Circulaire du district de Saint-Etienne pour la
formation de l'armée départementale*......................... 574

2 Août. — Secrétariat général. — *Communications de la
Commission populaire et du comité de salut public*, 1-3. —
*Les Lyonnais retirés à la campagne seront invités à rentrer
en ville*, 4.. 2

2 Août. — Porte-Froc. — *Fixation de l'heure pour la cessation des fonctions du comité de surveillance. — Nomination*

de commissaires. — *Vœu pour donner à Précy des pouvoirs illimités. — Invitation a être exacts aux séances de la municipalité* 245

3 Août. — Secrétariat général. — *Invitation aux sections de nommer un commissaire pour se rendre au comité de surveillance, 5. — Organisation des dépôts de linge et objets de pansement, 6* 3

3 Août. — Porte-Froc. — *Nomination de suppléants au comité de surveillance. — Commissaires pour visites chez les boulangers.— Mesures contre les citoyens absents.— Demande de rédaction d'adresses aux habitants des campagnes* 245

3-4 Août. — *Extrait des registres de la municipalité de Montbrison relatant les troubles de ces deux jours* 576

4 Août. — Porte-Froc. — *Nomination de commissaires pour aller dans les départements voisins.— Demande de linge pour les blessés. — Demande d'autorisation de sortir de la ville. — Refus de la démission du commandant du bataillon de la section. — Don d'un moulin à bras* 246

4 Août. — *Appel de Jean-Baptiste Aymard, supérieur du séminaire métropolitain* 582

4-5 Août. — Secrétariat général. — *Les imprimés seront déposés au Secrétariat général pour être distribués par lui aux sections, 7. — Remerciements de la section de Saône aux sections de la Croix-Rousse et de La Guillotière, 8. — Desgranges, chirurgien-major général demande la mise sous ses ordres de tous les postes de secours des sections, 9.— Adhésion à l'adresse A tous les Français, 10* 4

5 Août. — Porte-Froc. — *Lecture de l'adresse Le peuple de Lyon à tous les Français. — Demande de déplacement des moulins sur le Rhône. — Demande d'un dépôt unique pour secours aux blessés. — Adhésion à la remise des imprimés au Secrétariat général, avec félicitations adressées à La Croix-Rousse et La Guillotière. — Lecture de la liste des citoyens absents* 247

6 Août. — *Arrêté de la municipalité de Saint-Etienne au sujet des costumes indécents, des rassemblements, des étrangers* 585

6 Août.— Secrétariat général.— *Demande de factionnaires pour garder les arbres de la liberté, 11. — Adhésion à une adresse relative au citoyen Martin, 12* 4

6 Août. — Porte-Froc. — *Avis de rassemblements de suspects. — Demande de factionnaires pour les arbres de la liberté. — Lecture d'une adresse au citoyen Martin. — Projet d'indemnités.— Recherches de lits pour la caserne de la Manécanterie. — Nomination d'un secrétaire* 248

7 Août. — Secrétariat général. — *Invitation aux autorités d'être assiduement à leur poste, projet de nomination de commissaires-surveillants des travaux de défense, 13* 5

7 Août. — Porte-Froc. — *Prix pour transport de fusils*... 209

8 Août. — Secrétariat général. — *Réquisition de balles de*

laine et de coton ; injonction aux non combattants de rester en permanence dans les sections, *14*. — *Réquisition d'ouvriers maçons et charpentiers, 15.*— *Envoi de commissaires au comité des subsistances ; réquisition de pain, 16.* — *Réquisition d'un citoyen ou deux par section pour aider aux travaux de l'Arsenal, 17.* — *Demande de laissez passer pour les membres du Secrétariat général, 18*................................. 5, 6

8 Août. — Porte-Froc. — *Recensement des balles de coton et de laine.* — *Lecture d'arrêtés invitant les autorités à l'assiduité aux séances ; les sections à nommer des commissaires surveillants des travaux*................................. 250

9 Août. — Secrétariat général. — *Ordre de fermer toutes les églises, 19.* — *Demande d'envoi d'émissaires dans les campagnes pour obtenir des secours, 20.* — *Observation sur la nécessité de mettre les ballots de laine à l'abri de la pluie, 21.* — *Ordre aux citoyens chargés seulement du service intérieur de remettre tous les fusils de munition, 22.* — *Invitation de centraliser au comité des subsistances toutes les provisions pour les troupes, 23.* — *Ordre de procéder à une visite domiciliaire chez tous les suspects, 24, 26*..................... 6, 7

9 Août. — Porte-Froc. — *Réquisition des fusils de munition.* — *Réquisition de vivres par le comité des subsistances.* — *Ordre de fermer les églises.* — *Demande de saisie des papiers qui pourraient se trouver dans les cachots des anciens officiers municipaux*................................. 250

10 Août. — *Lettre de Kellermann aux Lyonnais*......... 587

10 Août. — Secrétariat général. — *Réquisition de pain chez les boulangers à raison de l'affluence probable des citoyens de la campagne, 24.* — *Adjonction de membres des sections au comité militaire et des subsistances, 25.* — *Ordre de faire des provisions d'eau et de fumier pour parer aux effets du bombardement, 27.* — *Réquisition de tous les bois disponibles, 28.* — *Projet d'organisation de la police par les vieillards dans chaque section, 29.* — *Avis sur l'utilité de mélanger de la potasse à l'eau pour combattre les incendies, 30*............... 7-9

10 Août. — Porte-Froc. — *Demande de visite des cachots communiquée aux autorités.*— *Réquisition des vieillards pour faire la police dans la section.* — *Ordre de prendre des mesures contre l'incendie.* — *Réquisition du bois.* — *Communication d'avis du secrétariat général*................. 251

11 Août. — *Circulaire du district de Saint-Etienne demandant des secours pour Lyon*......................... 588

11 Août. — Secrétariat général. — *Invitation de faire des dons en nature et en argent à la société fraternelle, 31.* — *Demande de réglementation de la sonnerie du tocsin et de la battue de la générale, 32.* — *Invitation de faire payer immédiatement la totalité de l'imposition pour la guerre 33.* — *Délégation de commissaires surveillants à la prison de Roanne, 34.* — *Avis du comité de surveillance d'avoir à étudier tous les moyens pour le recouvrement des fonds nécessaires au service de la cité, 36*.. 9-11

TABLE CHRONOLOGIQUE

11 Août. — Porte-Froc. — *Patrouilles faites de 1 h. à 5 heures du matin. — Vérification de l'état du pont de bateaux. — Invitation aux membres des comités d'être assidus à leur poste. — Communication des articles 31 et 33 du Secrétariat général* 252

12 Août. — Secrétariat général.— *Avis du comité militaire de suspendre tout envoi de pain, 35. — Convocation des trésoriers de la contribution de guerre. — Invitation de renouveler les provisions d'eau, 36. — Demande de création de cartes spéciales pour les permissionnaires des postes de garde, 37. — Réquisition de commissaires surveillants pour la prison de Roanne, 38*..................................... 11, 12

12 Août. — Porte-Froc. — *Proposition pour la solde des troupes. — Avis d'une désertion. — Secours à un indigent. — Mesures pour recouvrement de l'impôt. — Cartes à délivrer aux soldats absents des postes*............................ 254

13 Août. — Secrétariat général.— *Proposition de taxer les citoyens absents, 40*.................................. 12

13 Août. — Porte-Froc. — *Mesures proposées pour le recouvrement des impositions*.......................... 255

14 Août. — Secrétariat général. — *Transmission d'un arrêté du comité militaire pour la nomination des sergents majors, 39. — Invitation de ne point laisser taxer arbitrairement aux portes les gens qui apportent des approvisionnements, 41. — Avis d'avoir à surveiller les porteurs de laissez-passer, notamment les femmes qui se rendent aux camps de l'ennemi, 42. — Autorisation de célébrer le service religieux dans les églises, le matin des dimanches et fêtes, 43. — Projet de règlement pour le recouvrement de la contribution du siège, 44. — Envoi d'une circulaire du Comité de sûreté pour l'épurement la force armée, 45.— Réquisition de chevaux, 46, 47. — Convocation des bureaux des sections à l'Hôtel-de-Ville, pour le lendemain 15 août, 48*............................ 12-15

14 Août. — Porte-Froc.— *Avis de désertion de canonniers. — Avis de rassemblement dans les rues Saint-Georges et des Prêtres. — Envoi d'un dément à l'hôpital. — Communication des articles 40, 41, 42, 43, 44, 45, 46, 47 du Secrétariat général*... 256

15 Août. — Secrétariat général. — *Avis d'avoir à opérer le recensement des grains, 49. — Réquisition de matelas et couvertures, 50. — Proposition de gratifications et pensions, 51. — Vœu pour l'enlèvement des immondices, 53*........... 15,16,18

16 (15) Août. — Porte-Froc. — *Convocation à l'Hôtel-de-Ville, du bureau de la section pour délibérer sur une lettre des représentants du peuple.— Communication des articles 49 et 50 du Secrétariat général.— Demande d'interdiction du passage des voitures sur le pont de bateaux.— Distribution de secours. — Compte-rendu de la séance de l'Hôtel-de-Ville, lecture de la réponse à Dubois-Crancé et Gauthier*..................... 257

16 Août. — Secrétariat général. — *Demande du recensement des fromages, 52, 54.* — *Renouvellement du bureau du Secrétariat général*.. *17-16*

17 (16) Août. — Porte-Froc. — *Demande d'une revue des troupes et du renvoi à la Guillotière des administrateurs habitants de ce quartier. Communication des articles 52.53,54 du Secrétariat général.* — *Convocation à l'Hôtel-de-Ville pour délibérer sur un message de Dubois-Crancé*............................ *259*

17 Août. — *Adresse de Louis Guyot engageant les Lyonnais à se soumettre à la Convention*........................... *592*

17 Août. — Secrétariat général. — *Avis aux receveurs des sections de produire le bordereau de ce qu'ils ont en caisse, 55.* — *Demande d'une liste des marchands de fromages et d'huile, 56.* — *Vœu pour obliger les boulangers à marquer leurs pains, 57.* — *Protestation contre la hausse du prix du petit salé et du savon, 61*..*19, 20, 22*

17 Août. — Porte-Froc. — *Communication de l'article 55 du Secrétariat général.* — *Compte-rendu de la séance de l'Hôtel-de-Ville.* — *Communication des articles 56, 57, 58, 59, 60, 61 du Secrétariat*....................................... *260*

18 Août. — Secrétariat général. — *Avis d'accaparement du pain chez les boulangers, 58.* — *Avis d'avoir à hâter le recouvrement de l'imposition de guerre, 59.* — *Vœu pour la destruction des chiens, 60.* — *Recensement des suspects, 62.* — *Demande de mise en vigueur des anciennes ordonnances pour la fabrication des pains de quatre livres, 63.* — *Propositions pour la mouture de l'avoine et pour le bois à fournir aux boulangers, 67*......*20-23, 25*

18 Août. — Porte-Froc. — *Allocation d'une somme de 20 livres au citoyen Artaud dit Printemps.* — *Avis d'avoir à opérer le recensement des suspects et d'opérer des poursuites pour recouvrement des impositions*...................... *261*

19 Août. — Secrétariat général. — *Réquisition de matelas pour les casernes St-Pierre, 64.* — *Mesures de surveillance sur les boulangeries, 65.* — *Proposition de fixation de prix pour le fromage et les salaisons, 66.* — *Injonction de faire des provisions d'eau, de terre, de cendre et de fumier, pour combattre les incendies, 68.* — *Ordre de procéder à la nomination de commissaires civils chargés de marcher à la tête des patrouilles, 69*... *23-26*

19 Août. — Porte-Froc. — *Payement de fournitures de bureau.* — *Demande de mise en liberté de Louis Chalet.* — *Communication des articles 63, 64, 65 du Secrétariat.* — *Mesures prises pour multiplier les patrouilles.* — *Communication des articles 66, 67, 68, 69 du Secrétariat*........................ *261*

20 Août. — Secrétariat général. — *Formation d'un corps d'arquebusiers, 70.* — *Interdiction d'étendre dans les rues de la terre provenant des caves, 71.* — *Invitation à faire visiter les femmes qui sortant de la ville pourraient porter des provisions à l'ennemi, 72.* — *Demande de transfert des livres de la bibliothèque, à raison du danger que leur fait courir l'installation*

d'une batterie sur la terrasse de cet établissement, 73. — Proposition de nomination de commissaires pour surveiller la distribution du pain, 74............................. 27-29

20 Août. — Porte-Froc. — Communication des articles, 70, 71, 72, 73 du Secrétariat général.......................... 263

21 Août. — Secrétariat général. — Réquisition de garçons pour la boulangerie de Serin, 75. — Demande de nouvelles des commissaires qui sont allé porter à Paris l'acte d'acceptation de la Constitution, 76. — Proposition de pointage pour éviter les accaparements de pain, 77. — Invitation d'arrêter aux portes les gens qui sortent de la ville avec de la viande ou du pain, 78. — Invitation d'appliquer les anciennes ordonnances sur les marchés pour éviter les accaparements, 79.......... 29-32

21 Août. — Porte-Froc. — Nomination d'un suppléant au Secrétariat général. — Communication des articles 74, 75, 76 du Secrétariat général. — Mesures prises contre la veuve Naudy. — Rejet de la demande de mise en liberté du citoyen Ducret. — Communication des articles 76 et 77 du Secrétariat.. 263

22 Août. — Secrétariat général. — Proposition de nomination de commissaires spéciaux pour la surveillance des marchés, 80. — Projet d'interdiction des pâtisseries et confitures, 81. — Projet de réquisition des anciennes boulangères des couvents, 82. — Ordre d'ouvrir les appartements des citoyens absents pour en enlever les matelas, les comestibles et le combustible, 83. — Arrêté du Comité de surveillance de la section de Brutus, relatif aux indemnités pour achat de pain, 98...... 33,35,41

22 Août. — Porte-Froc. — Communication des articles 78, 79, 80, 81, 82 du Secrétariat général....................... 265

23 Août. — Secrétariat général. — Invitation à être assidus dans les sections pour distribuer les secours, 84. — Ordre d'empoisonner les chiens, 85. — Ordre de faire nettoyer les ruisseaux des rues, 86. — Ordre d'arrestation des suspects, 87. — Nomination de commissaires pour porter secours aux incendiés, 88. — Convocation des sections pour l'élection du président de la commission militaire, 89..................... 35-37

23 Août. — Porte-Froc. — Communication des articles 83-88 du Secrétariat général............................... 266

24 Août. — Adresse des patriotes de Lyon persécutés, à leurs frères des départements et de l'armée..................... 593

24 Août. — Secrétariat général. — Projet de nomination de commissaires civils pour les incendies, 90. — Projet d'arrestation en masse des suspects et des espions, 91. — Invitation à nommer des commissaires pour procéder dans le jour, à l'élection du président du tribunal militaire, 92. — Réquisition de torches, 93. — Projet d'interdiction de la navigation sur la Saône après six heures du soir, 94. — Vœu pour la nomination de commissaires chargés de surveiller les pompes à incendie, 95. — Demande d'un état des voitures, 96. — Projet de la section de Brutus pour la solde en service intérieur, 97. —

Convocation des commissaires des sections pour l'élection du président du tribunal militaire, 99. — Demande de nomination de commissaires pour la répartition d'une nouvelle contribution, 114... 37-41, 47

24 Août. — Porte-Froc. — *Communication de l'article 89 du Secrétariat. — Demande de mise en liberté de Laurent Bercet. — Communication des articles 90-99 du Secrétariat*..... 266

25 Août. — Secrétariat général. — *Avis de l'évasion des prisonniers de Saint-Joseph, 100. — Convocation de commissaires des sections pour dresser l'état des malveillants, 101. — Ordre de délivrer des certificats aux incendiés, 102. — Convocation des sections pour entendre lecture d'une dépêche des représentants du peuple, 103. — Réquisition des maçons et charpentiers, 104*.. 42

25 Août. — Porte-Froc. — *Communication de l'article 100 du Secrétariat. — Ordre d'arrestation de tous les citoyens non munis de leur carte de section. — Communication des articles 101-104 du Secrétariat. — Payement pour transport de matelas. — Remboursement d'avances faites par le chirurgien Collomb pour traitement d'un blessé*...................... 268

26 Août. — Secrétariat général. — *Avis donné aux sections non représentées à l'Hôtel-de-Ville, 105. — Arrêté de Rue Buisson relatif aux cartes de section, à la visite des greniers et des maisons des absents, 106. — Demande d'expulsion des suspects et d'arrestation des malveillants, 107. — Ordre de livrer au tribunal militaire les maçons, charpentiers, pompiers qui n'auront pas répondu à l'appel du Comité de surveillance, 108. — Prescriptions du bureau de secours aux incendiés établi maison de St-Lazare, 110*..................... 43, 44

26 Août. — Porte-Froc. — *Communication des articles 105, 106, 107 du Secrétariat*....................................... 269

27 Août. — Secrétariat général. — *Invitation de tenir des tonneaux pleins d'eau dans les greniers, 109. — Avis de suivre les prescriptions du bureau de secours aux incendiés, 110. — Demande de contrainte contre les citoyens qui, pour éviter les corvées, se réfugient au Chemin Neuf et à St-Just, 110. — Demande de réfection des boyaux des pompes à incendie, 110. — Ordre de visite des greniers, 111. — Réquisition des architectes, maçons, charpentiers, pompiers, 112. — Invitation de laisser quelqu'un dans chaque maison pour avertir de la chûte des bombes, 113. — Appel aux sections pour une nouvelle contribution de guerre ; réquisition de seaux, 114. — Ordre d'illuminer les premiers étages et interdiction d'avoir de la lumière dans les étages supérieurs, 115*........................... 44-47

27 Août. — Porte-Froc. — *Communication des articles 108-114 du Secrétariat général*................................ 269

28 Août. — *Circulaire de la municipalité de Montbrison pour perception de dons*.. 600

28 Août. — Secrétariat général. — *Nouvelle réquisition des ouvriers maçons et charpentiers, 116.— Avis de la nécessité de compléter le Secrétariat général, 117. — Ordre de veiller à l'exactitude des maçons et charpentiers, de faire feu, au besoin, sur les malveillants qui feraient des signaux à l'ennemi, 118. — Réquisition de poudre, 119. — Demande d'autorisation pour les sections de contracter un emprunt pour couvrir la nouvelle contribution, 120. — Réquisition de tous les terrassiers, 121. — Dans la section de Marseille des enfants bouchent les pompes à incendie, 122.— Ordre d'éclairer les dépôts des pompes, 123.— Avis de l'absence de membres du Comité des subsistances, 124. — Demande d'ouverture des magasins de comestibles de 7 heures à midi, 125*............................... 47-50

28 Août. — Porte-Froc. — *Demandes de mise en liberté. — Communication des articles 115-123 du Secrétariat*.......... 270

29 Août. — Secrétariat général.— *Réquisition de charpentiers et maçons dans la grande salle de l'Hôtel de ville, 126. — Ordre d'établir des rôles des ouvriers, 127. — La section de la Réunion propose de prélever dans les caisses publiques le montant de la nouvelle imposition, 128*............................ 50, 51

29 Août. — Porte-Froc. — *Communication des articles 124-127 du Secrétariat*.. 271

30 Août. — Secrétariat général. — *Renouvellement du bureau du Secrétariat général.— Réquisition des maçons et charpentiers pour transporter les meubles des incendiés ; mesures prises pour le transport de ces meubles ; ordre d'enlever les abat-jour du quai du Rhône, 129, 130. — Avis de la Rue Buisson sur la nécessité d'appliquer immédiatement ces mesures, 131. — Demande de jugement immédiat des personnes arrêtées à la suite de l'affaire du 29 mai, 133. — La section de la Réunion demande à être exonérée de la nouvelle imposition, 134*...... 51-54

30 Août. — Porte-Froc. — *Demande de mise en liberté du citoyen Coupat. — Communication des articles 128-130 du Secrétariat*.. 271

31 Août. — *Arrêté portant réintégration des grenadiers du bataillon de la Rue Buisson, accusés d'avoir abandonné leur poste au pont de La Guillotière*........................ 600

31 Août. — Secrétariat général. — *Invitation aux sections de payer régulièrement les journées des ouvriers, 133. — Réquisition de tous les seaux à incendie, 135. — Demande d'un tableau des citoyens à secourir, 136. — Organisation du service des incendies à l'Hôtel de Ville, 137.— Demande de nomination d'adjoints aux commissaires des secours d'incendie, 138. — Demande de nomination de commissaires aux portes pour empêcher la sortie des subsistances, 139. — Réquisition de 200 ouvriers qui devront se trouver au pont Morand le lendemain matin, 140*...................................... 53-56

31 Août. — Porte-Froc. — *Envoi de garnisaires chez les contribuables en retard. — Communication des articles 131-138 du Secrétariat*...................................... 273

1 Septembre. — Secrétariat général. — *Ordre de procéder à la visite de toutes les maisons, 141. — Projet d'arrestation de tous les mendiants, 142. — Motion pour faire donner l'ordre aux commandants aux portes de faire visiter toutes les voitures pour empêcher la sortie des subsistances, 144*...... 56-58

1 Septembre. — Porte-Froc. — *Communication des articles 139-141 du Secrétariat. — Remboursement d'avances au concierge de la section*................. 274

2 Septembre. — Secrétariat général. — *Réquisition d'ouvriers pour travailler aux fortifications, 143. — Réquisition d'ouvriers pour les travaux des Broteaux, 145. — Rappel de la nécessité de faire transporter le mobilier des incendiés en dépôt dans les rues, 146. — Demande de surveillants pour les bâtiments nationaux, 147. — Les surveillants des maisons devront être munis d'une carte délivrée par les sections, 148*... 58-60

2 Septembre. — Porte-Froc. — *Communication des articles 142-148 du Secrétariat*................ 275

3 Septembre. — Secrétariat général. — *Formule pour versement aux sections de la somme à distribuer aux malheureux, 149. — Avis de faire jeter à la rivière les corps des chiens et des chats crevés, 150. — Invitation aux sections de former un comité des transports et déblais, 151. — Avis de nommer des commissaires pour le comité de secours de St-Lazare ; état déplorable des gens entassés aux Récollets, 152. — Réquisition de draps pour l'hôpital des Missionnaires, 153. — Demande des procès-verbaux dressés chez les citoyens absents et chez les épiciers, 154. — Convocation en assemblée générale, pour le lendemain, des trésoriers des sections, 155. — Réquisition d'une somme de 157 l. pour les frais du secrétariat général, 155 bis. — Demande de mesures contre les déserteurs, 156. — Demande de reddition de compte par la caisse patriotique, 157. — Demande de réquisition des draps trouvés chez les citoyens absents 161*................60-62, 64

3 Septembre. — Porte-Froc. — *Lecture de la liste des contribuables en retard ; mesures prises contre eux. — Communication des articles 149-154 du Secrétariat*.... 276

4 Septembre. — Secrétariat général. — *Ordre de saisie chez les citoyens absents, 158. — Mesures prises pour l'enlèvement des meubles en dépôt dans les rues, 159. — Ordre d'illuminer tous les premiers étages, 160. — Nomination de commissaires pour la surveillance des prisons, 162. — Invitation aux boulangers de ne fabriquer qu'une seule qualité de pain, 163. — Demande d'une quête en faveur des femmes et des enfants, 164. — Décision de la Commission populaire républicaine pour demander l'avis des sections sur le cas des accusés du 29 mai qui ne peuvent être légalement jugés, 180.*63-65,76

4 Septembre. — Porte-Froc. — *Communication des articles 155-162 du Secrétariat*... 278

5 Septembre. — Secrétariat général. — *Invitation aux sec-*

tions de veiller à ce que la municipalité soit au complet, 165. — Avis d'avoir à surveiller les équipes d'ouvriers, 166. — Réquisition de 60 hommes pour transporter des meubles de l'Observance aux Carmes déchaussés, 167. — Vœu pour l'interdiction de faire de la pâtisserie, 168. — Demande de commissaires spéciaux pour recouvrement des taxes arriérées, 169. — Avis d'avoir à dresser la liste des citoyens dont les chevaux ont été réquisitionnés, 170. — Destitution du distributeur des farines de la section de Port du Temple, 171. — Demande d'augmentation de la nouvelle imposition pour créer des fonds de secours, 173. — Observations sur la nourriture trop délicate des détenus du 29 mai, 174............................. 65-69

5 Septembre. — Porte-Froc. — *Communication des articles 163-167 du Secrétariat. — Publication de la liste des citoyens de la section qui ont quitté la ville depuis le 29 mai. — Communication des articles 168-170 du Secrétariat*............ 278

6 Septembre. — *Adresse du district de la campagne de Lyon, transféré à Neuville, à toutes les communes de son ressort*... 601

6 Septembre. — Secrétariat général. — *Ordre de faire écouler les eaux stagnantes dans les rues et places, 172. — Ordre d'une visite domiciliaire pour parer aux accaparements; réglementation de la fabrication du pain, 175. — Limitation du prix des loyers dans les hôtels, 176. — Ordre aux boulangers de délivrer du pain indifféremment aux citoyens des diverses sections, 177. — Ordre de surseoir à l'enlèvement des grains et farines, 178. — Réquisition de 40 maçons pour travailler aux fortifications de la Croix-Rousse, 179. — Transmission aux sections de la décision de la Commission populaire au sujet des détenus du 29 mai, 180. — Réglementation de la fabrication du pain, 181*......................... 68-71

6 Septembre. — Porte-Froc. — *Projet de travaux à la fontaine du Chemin-Neuf. — Nomination de commissaires pour la police des marchés. — Communication des articles 171-179 du Secrétariat*............................ 280

7 Septembre. — Secrétariat général. — *Réquisition de poudres, 182. — Apposition des scellés sur les bluttoirs des boulangers, 183. — Envoi d'un modèle de carte pour la délivrance du pain, 184. — Demande d'établissement de moulins à bras, 185. — Renouvellement de l'ordre d'illuminer les premiers étages sauf dans les quartiers hauts, 186. — Vœu pour le remplacement, dans les bureaux, des jeunes gens par des hommes mûrs, 187. — Ordre de procéder à des visites domiciliaires pour découvrir les chevaux cachés, 189*............ 71, 73, 74

7 Septembre. — Porte-Froc. — *Communication des articles 180-186 du Secrétariat*............................ 282

8 Septembre. — Secrétariat général. — *Réquisition des boulangers inoccupés, 188. — Proposition d'un double appel par jour des citoyens qui ne sont pas de service de bataillon, 190. — Invitation à se débarrasser des chiens errants, 191. —*

Invitation aux habitants de ne boire que l'eau des pompes, 192.— Nomination de commissaires pour la signature des billets obsidionaux, 193................................... 74-75

8 Septembre. — Porte-Froc. — *Communication des articles 187-193 du Secrétariat*........................... 283

9 Septembre. — Secrétariat général. — *Réglementation de la distribution du pain, 194. — Réquisition de 30 ouvriers pour la construction d'une redoute, 195.— Réquisition de couvertures, 195. — Invitation à faire observer la taxe des subsistances, 197. — Ordre de saisir les fonds appartenant aux citoyens absents, 198. — Demande d'un recensement des drogues pharmaceutiques, 199*....................... 75-76

9 Septembre. — Porte-Froc. — *Communication des articles 194-199 du Secrétariat*............................ 284

10 Septembre. — Secrétariat général. — *Interdiction d'enrôler des femmes pour les travaux en dehors de l'enceinte,200. — Avis d'avoir à se rationner, 201. — Fixation du prix des grains et farines, 202. — Avis d'avoir à organiser les secours chirurgicaux dans les sections, 203*....... 77-78

10 Septembre. — Porte-Froc. — *Communication des articles 200-203 du Secrétariat*........................... 284

11 Septembre. —Secrétariat général. — *Ordre de surveiller la confection du pain, 204. — Avis de désordres dans les boulangeries, 205. — Demande d'une souscription pour récompenser les mariniers, 206. — Les cartes pour délivrance du pain pour l'Ancienne ville et St-Georges seront distribuées par le comité de l'Ancienne ville et Gourguillon, 207. — Nouvelles mesures de police pour les boulangeries, 210. — Nouvelle réglementation pour la distribution des cartes de délivrance du pain, 211. — Demande du Secrétariat général pour le transfert de ses bureaux qui,au Grand collège, se trouvent sous le feu de l'ennemi, 211 bis*................. 79-81

11 Septembre.— Porte-Froc.— *Communication des articles 204-207 du Secrétariat*........................ 285

12 Septembre. — Secrétariat général. — *Convocation des commissaires pour l'emprunt de trois millions et la caisse patriotique, 208. — Distribution d'une somme de 500 livres à chaque section pour le payement des farines, 209.— Renouvellement partiel des membres du Secrétariat général, 211.— Arrêté portant instructions pour les commissaires aux prisons, 212*................................... 80-81

12 Septembre. — Porte-Froc. — *Demande de transfert du marché du quai de la Baleine sur la place St-Jean. — Communication des articles 208-211 du Secrétariat*... 286

13 Septembre. — Secrétariat général. — *Autorisation au Secrétariat général de transférer ses bureaux à la Manécanterie, 211 bis. — Appel aux sections pour le recouvrement de l'imposition de trois millions, 213. — Remise d'un meuble par le citoyen Jal pour le service du Secrétariat général, 213. — Proposition d'abattre des bois à Perrache, aux Broteaux, aux*

Carmes Déchaussés, *214.* — *Constitution du Comité d'administration de l'hôpital St-Louis, aux Augustins, 212.* — *La section de Saône vote l'impression du discours de son président Morand de Jouffray sur la contribution civique, 223*..82,83,87,88

13 Septembre. — Porte-Froc. — *Communication des articles 212, 213 du Secrétariat.*— *Attestation d'assiduité délivrée à Pierre Rey, commissaire au Comité de surveillance.*— *Ordre de versement à la caisse de secours*................................. 286

14 Septembre. — Secrétariat général.— *Remise de meubles au Secrétariat général, 214 bis.* — *Proclamation de Précy réclamant des combattants, 215.* — *Délégation de commissaires pour examiner la situation des ouvriers sans travail, 216.* — *Invitation de faire connaître les dépôts clandestins de comestibles, 217*................................. 84-85

14 Septembre. — Porte-Froc. — *Ordre de procéder à la vente du vin des absents.* — *Communication des articles 214-216 du Secrétariat*................................. 287

15 Septembre. — *Adresse de Dubois-Crancé, à la Société populaire de Bourg*................................. 603

15 Septembre. — Secrétariat général. — *Nomination de commissaires pour veiller à la délivrance du pain, 218.* — *Ordre de perquisitionner dans les magasins pour saisir le riz et les légumes ; avis de veiller au rationnement du pain, 219.* — *Rappel de Précy pour l'exécution des ordonnances pour la police des rues, 220.*— *Demande de dons pour l'hôpital Saint-Louis, 221.*— *Distribution par la section de Saône du discours de son président, 223 bis.* — *Proposition d'un signe conventionnel pour les cartes des citoyens suspects, 228* 85-89,91

15 Septembre. — Porte-Froc. — *Communication des articles 217-220 du Secrétariat*................................. 288

16 Septembre. — Secrétariat général. — *Réquisition de manœuvres pour les moulins Perrache, 222.* — *Instructions pour la distribution des secours ; proposition d'expulsion des filles de joie, 224.* — *Avis de l'inexactitude d'un commissaire aux prisons, 224 bis.* — *Réquisition de manœuvres, 225.* — *Réquisition de matelas, 226.* — *Vœu pour que seul l'hôpital de la Charité soit autorisé à faire du pain blanc, 234*......88-91,94

16 Septembre. — Porte-Froc. — *Communication des articles 221-226 du Secrétariat*................................. 288

17 Septembre. — Secrétariat général. — *Convocation des commissaires pour l'imposition de trois millions et la caisse patriotique, 227.*— *Demande de déclarations pour les changements de domicile, 229.* — *Réquisition de manœuvres pour les fortifications de La Croix-Rousse, 230.* — *Réquisition du riz, 231.* — *Ordre de perquisition pour trouver les comestibles, 232.* — *Pétition demandant à Précy de ne confier les postes importants qu'à des chefs expérimentés, 233.* — *Ordre d'établir la nomenclature des habitants par maison, 236*............ 91-94

17 Septembre. — Porte-Froc. — *Communication des articles 227-234 du Secrétariat. — Remboursement des avances faites par le concierge.* 289

18 Septembre. — Secrétariat général. — *Réquisition d'hommes par le général Précy, 235. — Réquisition d'ouvriers pour les travaux de La Croix Rousse, 237. — Réquisition de matelas pour la caserne de l'Evêché, 237 bis. — Avis des mesures à prendre contre l'effet des bombes, 238. — Autorisation de la formation d'une compagnie de manœuvres pour le service des convois, 239. — Demande de création de billets obsidionaux de 10 livres et au-dessous, 240. — Réquisition de gardes-paille et matelas pour la caserne de la Déserte, 241. — Invitation de contraindre les propriétaires à payer les gardiens de leurs maisons, 242. — Vœu pour l'incorporation des domestiques, 242 bis. — Difficultés pour le rationnement du pain, 241 ter. — Nouvelle demande de création de coupures de billets obsidionaux, 243* 94-98

18 Septembre. — Porte-Froc. — *Communication des articles 235-241 du Secrétariat. — Démarches faites auprès de Précy pour faire négocier avec l'ennemi la mise en liberté du citoyen Coinde, fait prisonnier le 16 à l'affaire de La Croix-Rousse* 290

19 Septembre. — Secrétariat général. — *Demande d'un rôle des citoyens qui ne pouvant porter les armes pourront être employés aux travaux des redoutes, 244. — Adresse de Précy annonçant l'arrivée de nouveaux officiers, 245. — Réglementation de la récolte des raisins, 246. — Ordre d'appliquer rigoureusement les arrêtés concernant les épiciers, 247. — Convocation des sections pour répondre à la lettre de Châteauneuf-Randon, 248. — Vote de félicitations en réponse à l'adresse de Précy, 249. — Réquisition de mariniers et crocheteurs, 249 bis* 99-102

19 Septembre. — Porte-Froc. — *Communication des articles 242-249 du Secrétariat.* 291

20 Septembre. — Secrétariat général. — *Envoi d'affiches et de mesures pour les rations de pain et de vin, 250. — Proposition de la section Rousseau pour contraindre tous les citoyens valides à prendre les armes, 253. — Mesures proposées contre les citoyens absents, 256* 102, 104, 105

20 Septembre. — Porte-Froc. — *Communication des articles 249 bis, 250 du Secrétariat.* 292

21 Septembre. — Secrétariat général. — *Adresse de félicitations à Précy en réponse à son adresse du 19, 251. — Proposition de la section de Saint-Vincent d'expulser hors de la ville tous les suspects et tous ceux qui manifesteraient l'intention de traiter avec l'ennemi, 252. — Ordre de procéder au recensement des vins qui peuvent se trouver chez les absents, 254. — Réquisition de 20 hommes par section pour travailler aux fortifications, 255. — Autorisation aux vieillards, aux femmes et aux enfants de sortir de la ville, 257. — Réquisi-*

tion de draps, 258. — Réquisition de 10 hommes par section pour les moulins de Perrache, 259. — Instruction pour la délivrance du vin et du riz, 260. — Proposition d'employer les prisonniers aux moulins de Perrache, et d'expulser les femmes et les enfants des suspects absents, 261. — Ordre d'afficher le tableau des contribuables pour l'imposition de guerre, 262... 102-108

21 Septembre. — Porte-Froc. — Communication des articles 251-257 du Secrétariat.............................. 292

22 Septembre. — Secrétariat général. — Arrêté pour le service de santé, 263. — Convocation des commissaires des sections au Comité des finances, 264. — Ordre de ne placer comme surveillants des maisons que des hommes de plus de 55 ans, 265. — Ordre de poursuites contre les contribuables en retard, 266. — Projet pour la fourniture du drap, 267. — Interdiction de fournir directement des vivres à la force armée, 268.. 108,109

22 Septembre. — Porte-Froc. — Communication des articles 258-263 du Secrétariat............................. 292

23 Septembre. — Secrétariat général. — Ordre de remise de vivres aux comités de surveillance des sections, 269. — Suppression de l'indemnité de pain accordée aux combattants, 270. — Demande de citoyennes pour servir dans les hôpitaux, 278. — Mesures proposées pour le recouvrement des contributions, 282................................ 109, 110, 112, 115

23 Septembre. — Porte-Froc. — Communication des articles 264-270 du Secrétariat............................. 293

24 Septembre. — Enlèvement du drapeau noir à l'hôpital militaire... 605

24 Septembre. — Secrétariat général. — Réquisition de quatre manœuvres par sections, 271, 271 bis. — Avis donné par le Secrétariat général pour l'emploi des moulins à gruer, 271 ter. — Les rations sont fixées à une demi-livre de pain et deux onces de riz, 272. — La ration de vin fixée à un demi-setier par jour, 273. — Appel pour le recouvrement des contributions, 274. — Avis d'absences au Secrétariat général, 274 bis. — Nomination de commissaires des sections pour délibérer sur une nouvelle lettre des représentants du peuple, 275. — Avis d'avoir à dresser un état des gruoirs, 276...... 110-112

24 Septembre. — Porte-Froc. — Communication des articles 271-275 du Secrétariat............................. 294

25 Septembre. — Secrétariat général. — Avis pour le nettoiement des rues, 277. — Vœu pour la distribution des farines, 279.. 112, 113

25 Septembre. — Porte-Froc. — Communication des articles 276-278 du Secrétariat. — Nomination d'un commissaire pour l'assemblée de la loge du Change. — Nomination de trois commissaires pour faire part au bataillon de la section des décisions de l'assemblée de la loge du Change............... 294

26 Septembre. — Secrétariat général. — *Procès-verbal du renouvellement du bureau du Secrétariat général.* — *Distribution d'huile dans les sections pour remplacer le beurre,* 280. — *Nouvelles propositions pour la destruction des chiens,* 281. — *Approbation des mesures proposées pour le recouvrement des contributions,* 282. — *Adjonction de commissaires au comité des subsistances,* 283. — *Demande de fixation de la ration d'huile,* 284 bis.. 114, 116

26 Septembre. — Porte-Froc. — *Communication des articles 279-282 du Secrétariat*....................... 295

27 Septembre. — Secrétariat général. — *Réquisitions de matelas et couvertures pour la caserne de l'Évêché,* 284. — *Convocations de commissaires des sections à l'Hôtel de Ville,* 285. — *Distribution de charbon de bois,* 286. — *Demande de recensement de la population pour arrêter la distribution des farines,* 287. — *Demande de réorganisation du service d'incendie,* 288.. 116-118

27 Septembre. — Porte-Froc. — *Communication des articles 283-287 du Secrétariat*....................... 296

28 Septembre. — Secrétariat général. — *Réquisition d'ouvriers,* 289.. 118

28 Septembre. — Porte-Froc. — *Communication des articles 288, 289 du Secrétariat*...................... 296

29 Septembre. — Secrétariat général. — *Demande d'un état des subsistances trouvées, la veille, à la suite d'une perquisition,* 290. — *Réquisition d'ouvriers,* 291. — *Réquisition de charpentiers pour faire un abattis d'arbres,* 292. — *Vœu pour faire interdire aux femmes l'accès des postes et des camps,* 293. — *Les ouvriers travaillant aux redoutes étant nourris comme la troupe ne doivent point recevoir de rations des sections,* 294. — *Réquisition de manœuvres pour la redoute de Loyasse,* 295. — *Rappel de l'obligation d'illuminer les premiers étages,* 296............................... 118-120

29 Septembre. — Porte-Froc. — *Communication des articles 290-295 du Secrétariat.* — *Payement du papier fourni à la section*.. 297

30 Septembre. — Secrétariat général. — *Réquisition d'ouvriers,* 297. — *Ordre de faire de nouvelles visites domiciliaires pour recouvrer des vivres,* 298. — *Proclamation de Précy,* 299. — *Distribution de vin,* 300. — *Demande d'une liste des absents,* 301. — *Réclamation du Secrétariat général au sujet des imprimés irrégulièrement distribués,* 301 bis. — *Demande d'un laissez-passer pour les membres du Secrétariat général,* 301 ter.................................. 120-123

30 Septembre. — Porte-Froc. — *Communication des articles 296-300 du Secrétariat*...................... 298

1 Octobre. — Secrétariat général. — *Réglementation de la vente des raisins,* 302. — *Ordre de rechercher les citoyens qui*

TABLE CHRONOLOGIQUE 645

se cachent, *303*. — *Réquisition de chevaux, 304*. — *Réquisition de manœuvres, 305*............................... *123-124*

1 Octobre. — Porte-Froc. — *Communication des articles 301-305 du Secrétariat. — Payement au vitrier de la section.* *298*

2 Octobre. — Secrétariat général. — *Réquisition de manœuvres, 306.— Instructions pour la distribution de l'huile, 307*.. *124*

2 Octobre. — Porte-Froc. — *Communication des articles 306, 307 du Secrétariat*............................... *299*

3 Octobre. — Secrétariat général. — *Rappel de l'ordre d'illuminer les premiers étages, 308. — Vœu pour l'incarcération de tous les mendiants, 309. — Projet de réquisition des noix, 310. — Demande de convocation d'une assemblée des sections, 312. — Lettre du commandant de la caserne de la Nouvelle-Douane réclamant des draps et des couvertures, les draps n'ayant pas été blanchis depuis le 28 juillet*......... *124-126*

3 Octobre. — Porte-Froc. — *Communication des articles 308-313 du Secrétariat*................................... *299*

4 Octobre.— Secrétariat général. — *Réquisition de manœuvres, 311.— Demande de 350 couvertures pour la caserne de la nouvelle Douane, 313. — Demande de reddition de compte de la vente des subsistances, 314. — Réquisition de tous les moulins utilisables pour faire de la farine, 315. — Demande de poursuites contre les déserteurs, 317.— Vœu pour faire déclarer nulles toutes les dédites données par les propriétaires à leurs locataires, 318*............................. *126-129*

4 Octobre. — Porte-Froc. — *Communication des articles 314, 315 du Secrétariat*................................. *300*

5 Octobre. — Secrétariat général. — *Réquisition d'ouvriers pour travaux à Saint-Just, 316.— Autre réquisition d'ouvriers, 319. — Nouvelle demande de convocation d'une assemblée des sections, 320*..................................... *128-130*

5 Octobre. — Porte-Froc. — *Communication des articles 316-320 du Secrétariat*................................. *300*

6 Octobre. — Secrétariat général. — *Convocation d'une assemblée des sections à la loge du Change, 321.— Ordre de renvoyer les sacs vides à Ste-Marie-des-Chaînes, 322. — Contre-ordre pour l'heure de l'assemblée des sections, 323*...... *130*

6 Octobre. — Porte-Froc. — *Réquisition par la municipalité du moulin Macors qui sera installé dans une chapelle de la cathédrale. — Communication des articles 321, 322 du Secrétariat. — Nomination de commissaires pour l'assemblée de la loge du Change. — Communication de l'article 323 du Secrétariat*.. *300*

7 Octobre. — Secrétariat général.— *Ordre d'arrestation des déserteurs, 324. — Convocation des sections dans l'église Saint-Nizier, 325. — Adresse de Précy repoussant la trêve*

demandée par les commissaires des sections, 326.— *La section du Change communique à son bataillon la lettre des représentants et l'invite à nommer trois commissaires pour délibérer,* 329.. 131, 132

7 Octobre. — Porte-Froc. — *Communication des articles* 324-326 *du Secrétariat*........ 302

8 Octobre. — Secrétariat général.— *Proclamation de Précy appelant au combat,* 327.— *Autorisation de Précy d'appeler, dans l'assemblée des sections, un homme par compagnie,* 327 bis. — *La section de l'Egalité nomme deux commissaires pour se rendre auprès des représentants du peuple,* 328.— *La section de la Réunion accepte sous conditions les propositions de paix des représentants,* 330. — *Pouvoirs donnés aux commissaires envoyés aux représentants,* 331................. 132, 133

8 Octobre. — Porte-Froc. — *Communication des articles* 317-334 *du Secrétariat*.... 303

9 Octobre. — *Avis de la cessation des hostilités*......... .. 606

9 Octobre. — Secrétariat général. — *Convocation d'un commissaire par section à l'Hôtel de Ville pour assurer les services administratifs,* 332, 332 bis.— *Ordre d'illuminer la ville,* 333.— *La section de Rue Buisson donne des pouvoirs illimités à son commissaire Willermoz pour traiter avec les représentants,* 334.— *Semblables pouvoirs donnés à son commissaire par la section de Saône,* 335.............................. 133, 134

9 Octobre. — Porte-Froc. — *Communication des articles* 332, 333 *du Secrétariat*......................... 304

10 Octobre. — Secrétariat général. — *La section de La Croisette propose de demander l'échange des billets obsidionaux,* 336.. 135

10 Octobre. — Porte-Froc. — *Communication des articles* 334 *et* 336 *du Secrétariat général*.. 304

11 Octobre. — Secrétariat général. — *Remise des papiers du Secrétariat général à l'archiviste Levieux*........... ... 135

TABLE ALPHABÉTIQUE

ABBEVILLE (ville d'), 490.
ABRAHAM, de la section de Port-du-Temple, 567.
Absents, 3, 12, 16, 23, 35, 62, 63, 64, 104, 105, 108, 115, 122, 127, 233, 245, 247, 256, 258, 261, 266, 277, 278, 279, 284, 287, 298.
ACHARD, 331, 350, 358, 386, 387, 389, 401, 406, 407, 411, 418, 422, 424, 427, 435, 460 ; — conseiller général, 401, 482 ; — off. municipal, 426 ; — de Montbrison, 577.
ADAM, 60, 62, 70, 71, 75, 76, 82, 86, 87, 91, 92, 93, 95, 100, 101, 104, 106, 108-112, 114, 116, 122, 123, 128, 130, 131.
Administrateurs rappelés, 205.
Adresse — à la Convention, 171 ; — le Peuple de Lyon à tous les Français, 4, 247 ; — aux armées, 197 ; — aux citoyens égarés, 174 ; — aux Français, 170, 241 ; — de la section de Bordeaux aux sections, 169.
ADRIAN, 68, 567.
AGUIRAUD, AGUERAUD, 139-143, 146, 147, 151, 152, 155, 157, 159, 161, 162, 164, 469.
AIN (département de l'), 187, 236, 237, 436, 516.
AINARD, 28.
AINAY (quartier d'), 226, 227, 269 ; — (pont d'), 226.
AIX (ville d'), 471, 543.
ALBE (duc d'), 527.
ALBERT, 474.
ALBITTE, représentant du peuple, 153, 329, 398, 399, 400, 402, 406, 545, 571.
ALHMBURGER, 6.

ALLARD, 51, 81, 91, 93, 111 ; — (Claude), 409.
ALLEMAGNE (l'), 408.
ALLEMAND (régiment), 236.
ALLIER, 25, 31, 32, 50, 344.
ALLIER (département de l'), 500.
ALLIER-BOISSONET, 58, 59, 61, 62, 63, 65, 67, 68, 71, 73.
ALINCOURT (barrière d'), 165.
ALPES (armée des), 158, 160, 168, 176, 259, 339, 341, 402, 405, 406, 409, 410, 414, 428, 430, 431, 432, 433, 435, 436, 444, 447, 454, 456, 462, 478, 518, 521, 544, 571, 587, 589, 599, 600, 603.
AMAND (J.-F.), 84.
AMBOISE, membre du comité des finances, 83.
AMI DES CITOYENS (l'), journal, 491.
AMI DU PEUPLE (l'), journal, 491.
AMIENS (ville d'), 387.
AMIOT, AMYOT, 27, 36, 43, 47, 48, 57, 59, 63, 100, 101.
AMIS DES LOIS (section des), 12-16, 18-22, 27, 28, 32, 35-39, 48-50, 52-54, 56, 60-62, 64-66, 91, 93, 101, 112, 205.
AMIS DES LOIX (société des), 509.
AMIS DE LA LIBERTÉ et de l'égalité (société des), dite des Jacobins, 406.
AMPUIS (Siauve, curé d'), 344.
AMSTERDAM, 408.
Anarchistes, 153, 171, 180, 227.
ANCIENNE-VILLE (section de l'), 4, 17, 19, 51-54, 56-62, 64, 65, 67, 71, 77, 78, 80, 84, 90, 93, 94, 97, 101, 108, 111, 113, 120, 124, 126, 129, 194, 244, 279, 285, v. Gourguillon.
ANDRIEUX, 419.
ANGELOT, 406, 444, 449 ; — président

du district de Lyon, 544.
ANGLAIS (les), 392, 569, 604,
ANGLETERRE (l'), 569, 601.
ANNONAY (ville d'), 175.
Appel, 74, 283.
ANTONIO (le café), 429.
Approvisionnements, 222.
APPRIN?, 69.
Arbres (abattis d'), 119, 297.
Arbres de la liberté, 4, 158, 216, 225, 248, 449, 459, 477, 544, 572.
ARBRESLE (canton de l'), 529, 531.
ARDAILLON, de Montbrison, 576, 581.
ARLES (ville d'), 391, 568.
ARLÉSIENS (les), 313.
Armée départementale, 181, 190, 192, 193, 197, 198, 200, 223, 224, 228-233.
Armée révolutionnaire, 144, 191, 196, 401-404, 410-412, 415, 424, 427.
Armes, 57, 163, 169, 174, 222, 224, 226, 274.
ARMES (place d'), 242 ; — à Saint-Etienne, 554.
ARNAUD, 74 ; — (Aug.), 87, 88 ; — inspecteur des convois, 67 ; officier, 100.
Arquebuse, 27, 263.
ARQUEBUSE (maison de l'), à Bourg, 603.
Arquebusiers, 27.
Arrestation des déserteurs ou réfractaires, 131, 302.
Arrosage du quai de l'Evêché, 221.
ARSENAL (l'), 6, 42, 127, 432, 433, 434, 440-443, 445, 447, 448, 450-453, 479, 519, 595, 596, 597 ; — (poste de l'), 254.
ARTAUD dit Printemps, 261.
ARTOIS (comte d'), 501.
ASSEMBLÉE CONSTITUANTE (l'), 488, 489.
ASSEMBLÉE LÉGISLATIVE (l'), 353, 489.
ASSEMBLÉE NATIONALE (l'), 315, 344, 347.
ASSEMBLÉE POPULAIRE, 244.
ASSEMBLÉES PRIMAIRES, 178, 179, 186, 240, 241, 245.
ASSEMBLÉES PROHIBÉES, 165, 171, 186.
ATHÈNES (ville d'), 527.
ATHÉNOR (Fabre), 567.
AUBERT, 343.
AUBRY, 567.
AUCH (ville d'), 175.
AUDIFFRET, 34.
AUGUSTINS (église des), 87, 172, 288 ; — (assemblée des), 220, 325 ; — (pétition des), 327, 388.
AUGUSTE, 342.
AUTRICHE (l'), 601, 604.
AUXERRE (ville d'), 500.
AUXONNE, Ossonne, (ville d'), 168.
AVIGNON (ville d'), 190, 213.
Avoine, 25, 262.
AY...., 22.
AYEN ?, 51.
AYMARD (Jean-Baptiste), supérieur du séminaire, 582, 585.
AYNARD, 3, 11, 17, 19, 23, 28, 31, 41, 43, 53, 54, 58, 65, 67, 68, 69;—(Joseph), 16.
AYRE ?, 21.

BABYLONE, 363.
BADGER, 388, 474 ; — (Justin), commandant de Washington, 601.
BAILLE, 131, chef de légion, 42, 87, 601.
BAILLY, 406.
BAJARD, de Saint-Chamont, 565.
BAL, 379.
BALEINE (quai de la), 286.
BALLET, 533.
BANCENEL, BANCENET, 10, 19, 51, 81, 82.
BANSSILLON, 393.
BARAUL ?, 84.
BARBAROUX, représentant, 386, 388, 567, 570, 599, 604.
BARBIER (Jacques), commandant du bataillon de Brutus, 163, 340, 428, 429, 430, 433, 451, 482.
BARGE, conseiller général, 134, 577, 580 ; — de Neuville, 506.
BARNAVE, 489.
BARON, de la section de Porte-Froc, 5, 6, 10, 12-17, 21-62, 64, 65, 67-69, 71, 73-75, 77, 79, 82, 83, 85, 90, 92, 94, 97, 101, 102, 106-109, 113-115, 118, 120, 122, 151, 154, 175, 192, 193, 196, 199, 201, 204, 207, 209, 210, 212, 213, 215, 218, 221, 223, 224, 226, 228, 229, 231, 232, 234, 235, 237, 238, 240-245, 248-252, 254-257, 259-261, 263, 265, 266, 268-272, 274-278, 280, 282-300, 302-304, 395, 552.
BARON, BAROU, de la Croisette, 46 ; — de la Paix, 31.
BAROU, BARON, de la section de Marseille, 20-23, 25-29, 31, 33, 34, 39, 49, 474.
BARRAL 19, 21.
BARREL (P.), 21.
BARRÈRE, 502.
BARRET, 13, 22, 92 ; — (L.), 113 ; — député à Paris, 31.
BARROL, 65.
BARROT, 23, 28, 31, 37, 38, 51, 53, 102, 115, 125, 126.
BARRON, BARROU, 129, 567.
BARROUCANSSON, 195.
BASIRE, v. Bazire.
BASSET, 8, 18, 51, 53, 81, 83, 84, 93, 94, 95, 103, 111, 114 ; — (Pierre), de Condrieu, 476.
BASSEVILLE (rue), 422.
BASSIEUX, 390.
BASSON, 406, 438, 443.
BASTILLE (la), 208, 488, 570.
Bataillons (convocation de commissaires des), 126, 130, 299, 300, 301.
BATHÉ, 396.
BAVEY, 406.
BAYLE, chef de légion, 87, v. Baille.
BAZIN, 96, 189.
BAZIRE, représentant, 324, 325, 326, 359, 386, 387, 392, 400, 460, 491.
BEAUCAIRE (foire de), 218.
BEAUHARNAIS, 502.
BEAUJEU (commune de), 533, 534.
BEAUMONT, colonel, 141, 142 ; — père et fils, 397.
BEDOR, REDOR, REDON, 19, 30, 36, 37,

TABLE ALPHABÉTIQUE 649

68, 69, 406 ; — aîné, 29, 393, 459.
BEGOT (Laurent-Louis), juge de paix, 162, 392, 414.
BELAY ?, 6.
BELGES (les), 569.
BELGIQUE (la), 392, 490.
BELLECORDIÈRE (bataillon de), 355, 436, 445 ; — (rue), 54 ; — (section de la rue), puis Réunion, 132, 163, 171, 303, 396, v. Réunion.
BELLECOUR, 393 ; — (bois de), 330.
BELLEMAIN, 68.
BELLET, 80, 285.
BELLEVILLE, off. municipal, 7.
BELLISSEN, 139.
BELOUZE-BELOUSE (Jérôme), 409, 410 ; (Claude), 410.
BELS (Henri), 456.
BELVILLE, conseiller général, 535.
BELZ, 12, 13.
BEMANI, 8, 14, 15, 21, 26, 36, 42, 47, 49, 50, 57, 59, 63, 64, 86, 471, 507.
BÉNEVENT, 71, 75, 134.
BENET, de Moingt, 576.
BÉNÉVANT, 65.
BERAUD, 20, 35, 47 ; — de St-Etienne, 587.
BERCET (Laurent), 266, 267.
BERCHOUD, 74, 79.
BERCHOUX, 8.
BERGEON, 11, 12.
BERGER, 140, 142, 156, 162, 192, 212, 242, 244, 249-252, 254, 258, 259 ; — aîné, 193, 204.
BERGER-SABLON, 211.
BERGER-VILLEMORON, 216, 231, 243, 258.
BERGERON, 406.
BERGIER, 101.
BERLIEZ, 474.
BERNARD, 18, 66, 81, 84, 93, 111, 114, 567 ; — de Charpieux, 211 ; — imprimeur, 228, 350, 388.
BERNADET, 201.
BERNARDINES, 52.
BERRUYER, 54, 62, 64, 65, 67, 68, 69, 73, 74, 75, 92, 93, 108, 125, 126, 129, 130, 458, 606 ; — général, 490, 491.
BERTACHON, 406, 422, 435, 445.
BERTAUD, 5, 13, 70, 73, 79.
BERTAUD-DURY, 60.
BERTAUT, 87.
BERTHELET, huissier de l'Ass. Nat., 344.
BERTHIER, le borgne, 409.
BERTHOLA, lieutenant à Condrieu, 476.
BERTHOLON, 322, 357, 353.
BERTIN-DUVILLARD, 277.
BERTRAND, 368, 369, 406 ; — maire, 158, 324, 399-422, 423, 426, 427, 435, 445, 451, 458 ; — off. municipal, 386.
BERTUGAT, 127.
BESSON, 140, 176, 258, 298, 299 ; — charpentier, 203.
BEUCHOT (Pierre), 212, 213.
BEUF, frères, 408.
BÉZIERS (ville de), 491.
Bibliothèque de la ville, 28, 263.

BICON, 406.
BIG ?, 68.
BIGNAU, BIGNAN, 85, 101, 122.
BIGNON, 68.
BIGOT (Ant.), 425.
BILLEMAS, 38.
BILLET, 474.
Billets de logement, 219.
Billets obsidionaux, 96, 98, 135, 283, 290, 291, 304.
BILLIEMAZ, 17, 22, 38, 85.
BILLIET, 63.
BILLON (Bonaventure), 422.
BILLOTET, 310, 344, 353.
BINARD, 139, 140, 144, 146, 151, 152, 155, 244, 420 ; — le jeune, 187.
BINET, 567.
BIOLLET, 357.
BIRON, général, 568.
BIROTEAU, 198, 208, 209, 599.
BISCARRAT, BISCARA, 21, 22, 30, 41.
BISSUEL, 19.
BLACHIER, 101, 219, 248, 249, 294.
BLACHON, conseiller général, 420, 439, 443.
BLAIN, 207, 210.
BLANC, 17, 42 ; — chef de légion, 189 ; — (Etienne), aubergiste, 215 ; — officier municipal, 122.
BLANCHARD, 111.
BLANCHON, 34, 135.
Blé, 78, 241, 285.
Blessés (secours aux), 78, 248, 285 ; — du 29 mai, 547.
BLOIS (ville de), 569.
BLOND, BLOUD, 111, 114.
Blutoirs, 72, 80, 283, 286.
BOCHET, 62.
BOEN (ville de), 579, 580.
BŒUF, charpentier, 226, 237 ; — (la veuve), 384.
BŒUF (rue du), 457.
BOIRON, 419.
Bois, 9, 25, 43, 63, 252, 287.
BOISNI, 396.
BOISSIEUX (de), 34.
BOISSON (Louis), 474.
BOISSONAT, 25, 31, 32, 74, 90, 92, 94, 98, 99, 101, 109, 115, 116, 117, 118, 119, 220.
BOISSONET, 58, 124, 125, 126, 127.
BOISSONNAT, 50, 58, 112, 325.
BOISSONNET, 58, 65.
BOMBARDE (rue de la), 204, 209, 210, 272.
Bombardement, 92, 289.
Bombes, 27, 46, 96, 290.
BON, papetier, 261, 297.
BONAMOUR, conseiller général, 398, 420, 448, 535.
BONARDET, 277.
BONDON, 190.
BONJOUR, domestique.
BONNAUD, maire de Condrieu, 476.
BONNET, 18, 19, 22, 28, 38, 74, 75, 129.
Bonnet de la Liberté, 216.
BONNEFOI (section de), ci-devant Thomassin, 160.

BON-RENCONTRE (bataillon de), 355, 445 ; — quartier de), 55 ; — (rue), 439 ; — (section du), 396, 474.
BONT, 17, 101.
BORDE, 361, 420.
BORDEAUX (ville de), 175, 180, 230, 416, 418, 436, 471, 491, 546, 572, 573, 604.
BORDEAUX (section de), ci-devant Hôtel-Dieu ou Rue de l'Hôpital, 5, 17, 18, 44, 50, 90, 94, 96, 102, 109, 112, 113, 169, 236, 259, 396, 474.
BORGEO, 419.
BORIN, 214, 278, 280 ; — (Jean-Pierre), 348.
BORRIN, 180.
BOTTIN, 399.
BOUCHARLAT, 606.
BOUCHER, chirurgien, 549.
BOUCHERS (rue des), 393.
BOUCHES-DU-RHÔNE (département des), 516, 570.
Bouches inutiles, 103.
BOUCHOTTE, ministre de la guerre, 502.
Boulangers, 8, 11, 20, 24, 29, 30, 31, 34, 35, 63, 64, 66, 68, 72, 80, 86, 94, 102, 109, 111, 113, 114, 145, 245, 260, 262, 264, 265, 278, 279, 281, 282, 283, 285, 286, 287, 288, 293, 295 ; — (garçons), 74, 283.
BOULAI, 155.
BOULAT, commandant, 237.
BOULAY, 141.
BOULET, 178.
BOULLAY, 196, 392, 414, 421, commandant, 127.
BOUQUERA, 13.
BOUQUEROT, 13, 24, 43, 102, 393.
BOURBON, 19, 57, 58, 63, 66, 67, 69, 77, 85, 90, 113, 120, 122, 125, 126, 406, 445 ; — procureur syndic du district, 160, 422, 435.
BOURBONS (les), 387, 488, 492.
BOURCHENU, 406.
BOURDATTET, 379.
BOURDEAU, 47.
BOURDEAUX, 69.
BOURDIN, 258, 263, 269, 348.
BOURG (ville de), 461, 600, 603, 605.
BOURG, de Montbrison, 576, 581.
BOURCHANIN (rue), 54, 396.
BOURGEOIS, 460.
BOURGNEUF — (rue), 79, 285 ; — (place), 123.
BOURNONVILLE, 392.
BOUSSUGE, 3.
BOUTTAT, père, 344.
BOUVARD, 63, 66, 170, 203.
BOUVIER, de Beaujeu, 534.
BOY, 184 ; — (G.), de Condrieu, 476.
BOY-DE-LA-TOUR, 101, 409.
BOYER, imprimeur, 564, 565, 587.
BOYET (Étienne), 359 ; — (Jean-Baptiste), 169 ; — officier municipal, 386.
BOYRIVEN (Benoît), teneur de livres, 345.
BRAC-MONTPINAY, 242.
BRACHET, 61, 446.

BREGNIER, 47, 438, 443, 449.
BRESSAN, off. municipal, 35.
BRET, 201, 219, 258.
BRETAGNE (la), 392.
BRETONS (les), 569.
BRETTE, 29, 420.
BRÉVARD, 135.
BRISSOT, représentant, 359, 392, 405, 489, 490, 492, 568, 599, 604.
BROCHE, menuisier, 242.
BROCHET, 27, 28, 62, 65, 66, 101 ; — accusateur public, 221 ; — de Bully, 531.
BROE, 53, 94.
BROLMAN, 408.
BROS, 424.
BROSSARD, sergent, 235.
BROSSAT, drapier, 408.
BROUSSETTE, 219.
BROTEAUX, BROTTEAUX (les), 59, 83, 275, 283, 325.
BRUGÈRES, 179, 227.
BRUN, 191, 258, 278 ; — (J.-B.), 408 ; — vicaire, 583, 584.
BRUNEL, officier municipal, 15.
BRUNEL, représentant, 491, 572.
BRUNET, 126 ; — (Antelme), charpentier, 253.
BRUNO (Jean-Marie), 169.
BRUNSWICK, 595.
BRUTUS, 352.
BRUTUS (bataillon de), 163, 339, 340, 428, 429, 433, 442, 451, 458, 459, 480, 481, 519, 522 ; — (section de), ci-devant Pêcherie, 21-26, 28-32, 37-41, 44, 55, 58-60, 64, 65, 67, 68, 98, 102, 112, 120, 172, 187, 193, 267, 278, 425, 474.
BRUYAS, 63, 288 ; — cadet, 272, 274 ; — membre du district de Montbrison, 579, 580.
BRUYÈRE, 3, 407.
BRUYSET, imprimeur, 551.
Bûcherons, 244.
BUFFETON (Jean-Marie), 256.
BUHNER, 41.
BUIRON-GAILLARD, 535.
BUISSON, 399.
BUISSON, v. Rue-Buisson.
BUIT, 25.
BULLIOD, de Saint-Chamond, 565.
BULLY (commune de), 179, 529, 530, 531.
Bureau (employés de), 73, 283.
BURDEL, 203, 246, 580 ; — conseiller général, 579.
BURDET, 201, 219.
BURELLIER, 15.
BURLAT, 14, 19, 22, 24, 25, 28, 29, 32, 51, 56.
BURNET, 461.
BURRAT, 93.
BURTIN, 3, 5.
BUSSAT, 358, 406, 444.
BUZOT, représentant, 325, 490, 599, 604.
BYOLET, graveur, 345.

TABLE ALPHABÉTIQUE

C., secrétaire de Violay, 553.
CABUCHET, 17. 50.
CACUS (antre de), 517.
CADIER, 4.
CAEN (ville de), 570.
CAGE (rue de la), 388, 457, 458.
CAGNON, 16.
CAILLAT (Charles), 531.
CAILLOT, boulanger, 30 ; — munitionnaire, 74.
CAIRE, 41.
Caisse patriotique, 62, 80, 91, 278, 286, 289.
CALONNE, 567.
CALUIRE, 444, 445, 599.
CAMINET, 19, 38, 57. 58, 475 ; — (Simon), 495, 497.
CAMPAGNE (district de la), 149, 150, 186, 216, 228, 246, 395, 402, 419, 431, 438, 439-444, 446, 448, 449, 476, 510, 519, 522, 531, 534, 536, 546, 597, 601, 602, 603.
CAMPAGNE, CAMPAGNES (habitants de la, des), 7, 13, 32, 156, 163, 218, 234, 246, 256, 265 ; — (adresse aux habitants des), 156, 163, 173.
CANDY, 25, 26 ; — (Luc), 29.
Canonniers, 159, 225.
Canons, 158, 159, 162, 167, 169, 181, 222, 224, 226.
CANTAL, de Moingt, 576, 577.
CAPET (Louis), 353, 357, 418.
CAPINAUD, lieutenant, 601.
CAPUCINS du Petit-Forez, 52, 217.
CARLE, 409.
CARME, 40.
CARMÉLITES (côte, montée des), 40, 73, 393.
CARMES (place des), 340, 429, 434, 453, 523.
CARMES déchaussés (les), 66, 83, 279.
CARRA, 353.
CARREL (Audibert), teneur de livres, 348.
CARRET, 127 ; — chirurgien, 549 ; — (F.), 474 ; — (François), 91, 116 ; — (maison), 70.
CARRIER, 405, 592.
Carrioles (réquisition de), 63.
CARROUGE (district de), 450.
Carrousel (le), à Paris, 568, 569.
CARTEAUX (le général), 571.
CARTERON, 406, 458, 459.
Cartes, — de civisme, 195, 201, 207 ; — délivrées aux soldats, 11, 255 ; — d'identité, 60, 275 ; — de section, 183, 186, 225, 235, 240, 268, 287 ; — des suspects, 91 ; — pour le pain, 70, 72, 76, 80, 81, 86, 98, 102, 114, 282-285.
CARTHAGE, 555.
Casernement (effets de), 245.
Casernes, 191, 244.
CATELIN, 125.
Cathédrale (la), 169.
CATHELIN, 92, 93, 97, 125, 126.
CATILINA, 318, 322.
Caves (terre des), 27, 263.
CAVORET, 376.
CAYRE, 41.

CÉLESTINS (Pierrefeu, directeur du théâtre des), 165.
Centre (le), 318.
CERIZIAT, 368.
Certificats, de civisme, 175, 187, 220 ; — de résidence, 145, 185, 287, 320, 465, 466 ; — de vie et mœurs, 165.
CERVIÈRES (commune de), 580.
CÉSAR, 352, 569.
CHABOT, représentant, 359, 491, 503.
CHABRIER (G.-J.), 64.
CHABRIERAT, de Montbrison, 576, 581.
CHAIX, 30.
CHAIZE, 226.
CHALET (Louis), 262.
CHALIER, 149, 220, 221, 224, 309, 310, 317, 319, 322, 324, 325, 327, 329, 332, 334, 335, 336, 338, 344, 347, 351, 353, 357, 363, 372-375, 377, 379, 385-388, 390, 394, 396, 398-400, 406, 407, 410-412, 422-426, 444, 459, 460, 501, 521, 522, 583.
CHALINS, 114.
CHALLION, 68.
CHALAN, 114.
CHALON, 384.
CHALON-SUR-SAONE, 205, 216.
CHAMBON, commis. des guerres, 436.
CHAMBOVET (J.), de Saint-Chamond, 565.
Chambres garnies, 70, 282.
CHAMBÉRY (ville de), 216, 337, 391, 397, 414, 450, 545.
CHAMPAGNE (la), 559.
CHAMPAGNEUX 359.
CHAMP-DE-MARS (le), 311, 317, 334, 380, 381.
CHAMPEAUX, 17, 19.
CHAMPEREUX (J.-C.), 567, 606.
CHAMPFORT, 490.
CHAMPIN (Gabriel-Philippe), 175.
CHANEL, 396 ; — teinturier, 279.
CHANET, 277.
CHANGE — (bataillon du), 132, 189, 303 ; — (loge du), 101, 112, 126, 130, 294, 295, 299-302 ; — (section du), 10, 12, 13, 14, 17, 19, 23, 24, 28, 39, 53, 55, 73-75, 84, 91, 94, 102, 107, 112-114, 126, 132, 171, 172, 177, 185, 222, 223, 229, 263, 267, 273, 289, 295, 303, 423, 474.
CHANTEMERLE, de Montbrison, 576, 578, 581.
CHANTENOT, 220.
CHANTEREL, 93.
CHAPAS (Benoit), sergent à Condrieu, 476 ; — (Pierre), capitaine à Condrieu, 476.
CHAPEAU, 459.
CHAPELLE, 169.
CHAPOT, de Bully, 531.
CHAPPUIS, off. d'artillerie, 99.
CHAPUIS, 23.
CHAPUIS-MAUBOUT, 576, 581.
CHARBOGNE, 101, 160, 193, 201, 294.
Charbon, 117, 296.
CHARBONIÈRES (commune de), 247.
CHARBONNIER, 474.
CHARCUN, v. Charens.

CHARENS, Charent, Charen, Charein, Charcun, 22, 24, 25, 27, 31, 32, 33, 34, 36, 37, 50, 62, 71, 73, 89, 90, 93, 102, 113, 125, 126, 130, 135.
CHARITÉ (la), 94, 281 ; — (place de la), 567.
CHARLEVILLE (ville de), 392.
CHARLY (commune de), 444.
CHARPENAI, Charpenay, 162, 174, 224, 226.
CHARPENET, 169, 180, 392 ; — cadet, 179.
CHARPIEUX (Bernard de), 211.
CHARRASSIN, 22, 30.
CHARRASSON, 21, 41, 152.
CHARRENS, 75.
CHARRIER, 125.
CHARTELLE, 11.
CHARTRE, 474.
CHARVIN, 474.
CHASPOUL, 43.
CHASSAGNIEUX, de Condrieu, 476.
CHASSAIGNON, de Montbrison, 576, 581, 600.
CHASSÉRIAU, 112, 459, 474.
CHASSERIAUD, Chasseriaux, 27, 39.
CHASSET, jardinier, 393.
CHASSET, représentant, 204, 316, 335, 406, 407, 426, 599.
Chasseurs, 97, 200, 233.
CHASTAIGNER, 113.
CHASTAGNIER, 28.
CHATAGNIER, 24, 29, 34, 38, 92, 103, 125, 126.
CHATAIGNÉ, Chataigner, 16, 17, 27.
CHATAIGNIER, 23, 24, 27, 31, 72, 92, 93.
CHATEAUNEUF-RANDON, 101, 103, 291.
CHATELAIN, 406.
CHATELARD, 510.
CHATELLUS, 172.
CHATELUS, 152, v. Dechâtelus.
Chats, 60, 277.
CHATTAIGNÉ, 38.
CHAUFFARD, 60.
CHAUMONT (veuve), 210.
CHAUSSOT, 267.
CHAUVOT, de Montbrison, 577.
CHAVANCE, 474.
CHAVANE, 30, 94.
CHAZAL, 29.
CHAZEAUX, Chazaux, Chazots, Chezaud (les, hôpital des), 42, 52, 248, 249, 293.
CHAZOT, officier municipal, 386.
CHAZOTTIER, 82, 161, 166, 167, 168, 170, 172-177, 180, 181, 183-187, 190-193, 202, 235, 243-247, 249, 255-261, 263, 265, 266, 268-272, 274-278, 280, 282-300, 302, 303, 304, 509, 520, 542 ; — cadet, 163.
CHÉDEL (Moyse), 16.
CHEMIN-NEUF (le), 45, 280 ; — (fontaine du), 280.
CHENAUD, 24.
CHEVALARD, capit. des grenad. de Montbrison, 469.
CHEVALIER, 396.
CHEVALLIER, 357.
Chevaux, 15, 67, 74, 123, 185, 205, 257, 280, 283, 298.

CHEVRIER, de Neuville, 506.
CHEVRILLON, 142, 173, 176, 180, 199, 264, 268, 295, 395 ; — père, 142, 151, 154.
CHEVROTIER, 408.
CHEYSSAC, 71.
CHICOT, 419.
Chiens, 21, 35, 60, 75, 114, 115, 260, 266, 277, 283, 296.
CHIRAT, 7, 11, 102, 118, 154, 567 ; — père et fils, 408.
CHMITT, lieutenant, 76.
CHOFFETTE, 134.
CHOL, 139.
CHOMAR, 396.
CHOMAT, de Saint-Etienne, 562, 587.
CHOMET, de Neuville, 506.
CHOUDIEU, représentant, 490, 491.
CHOULIAGUET, 94, 101.
CHRONIQUE (la), journal, 491.
CICÉRON, 322.
Citoyennes (les), de Lyon, 381.
CLAPISSON, 448.
CLAPIER (Jean-Bapt.-François), négociant, 345.
CLAUDET, 406.
CLAVEL, 40.
CLAVIER, 3.
CLAVIÈRE, 16, 22, 64, 71, 74, 75, 126, 529.
CLÉMENT, 406.
CLEPU, 85 ; (A.), 87.
CLERC, 10, 51, 93 ; (C.), 18.
CLERGIER, Clerjier, 3, 9, 22, 51, 53, 54, 57, 58, 60, 61, 62, 69, 71, 73, 74, 84, 85, 90, 93, 96, 106, 108, 109, 113, 120, 125, 127, 133.
CLERMONT (rue), 459.
CLERY, colonel, 99.
CLOOTZ (Anacharsis), 341.
CLUB CENTRAL (le), 36, 226, 266, 314-317, 319, 320, 321, 327, 348, 353, 357, 358, 360, 363, 365, 366, 371, 376, 377, 379, 388, 425, 477, 507, 509.
CLUB DES JACOBINS, à Lyon, 392, v. Jacobins.
COBLENTZ (ville de), 508.
COBOURG, 572, 573, 604.
Cocarde blanche, 153, 446, 473.
CŒUR (café Le), 481.
COGNET, 169 ; (les sœurs), 334.
COINDE, Coindre, 151, 153, 155, 160-162, 166, 167, 178, 179, 181, 185, 186, 192, 193, 196, 199, 201, 203, 204, 206, 207, 209, 210, 212, 213, 214, 215, 218, 220, 221, 222, 223, 228, 229, 231, 232, 234, 235, 237, 258, 240, 241, 243, 244 ; — aîné, 178, 186 ; — cadet, 193 ; — grenadier, 290, 291 ; — (la citoyenne), 291.
COINDRE, 15, 100, 184 ; maire provisoire, 507, 544.
COLAS, proc. de la commune de Neuville, 506.
COLLÈGE DE LA TRINITÉ, 81 ; (le grand), 392.
COLLÈGE (place du), 61.
COLLET, 245, 263, 278.
COLLIGNANT, officier, 99.
COLLOMB, 91, 92, 113, 115, 168, 169, 209, 246 ; aîné, chirurgien, 237, 269,

TABLE ALPHABÉTIQUE 653

295; — cadet, 262; — chapelier, 172, 180; — frère et sœur, 272; — le jeune, 180; — médecin, 218, 268.
COLLOT D'HERBOIS, 359.
COLOMB, 44, 120, 127, 157, 160, 202, 376; — chirurgien, 194, 256.
COLOMBET, 567.
COLOMBIER, 37.
COMBE, — adjud. général, 42; — père et fils, 407.
COMBET, — de Neuville, 506; — lieutenant, de Porte-Froc, 151, 152.
COMBRY, 8, 9, 21, 43, 57, 59, 63, 70, 72, 78, 80, 86, 96, 101.
Combustible, 63, 278.
COMÉDIE (place de la), 95, 291, 393.
Comestibles, 63, 85, 100, 118, 122, 128, 278, 288, 291, 297, 300.
COMITÉ CENTRAL DES SECTIONS, 156, 157, 168, 177, 190.
COMITÉ MILITAIRE, 49, 230, 271.
COMMANDERIE (dépôt de charbon de la), 117.
COMMERCE (salle du), à l'Hôtel-de-Ville, 236, 239, 242.
COMMERCY (ville de), 568.
COMMOY (F.), 18.
Commissaires de la Convention, 147, 149, 386, 392, 432, 477, 479, v. Représentants, Convention.
Commissaires de Police, 33, 173, 265.
COMMISSION MILITAIRE, 37, 266.
COMMISSION POPULAIRE, RÉPUBLICAINE ET DE SALUT PUBLIC, 1, 2, 190, 191, 198-201, 205, 207, 209, 217, 219, 222, 223, 225-234, 237, 239, 244.
COMTE (Simon), de Neuville, 506.
CONCORDE (section de la), ci-devant Port et Place Saint-Paul, 5, 12, 13, 16, 19-23, 25, 26, 31-41, 44, 53-56, 61, 64, 65, 67-69, 71, 73, 75, 91, 93, 102, 107, 133, 168, 205, 278, 424, 474.
CONDANTIA, 56.
CONDÉ (le prince de), 573.
CONDORCET, 359, 392, 490.
CONDRIEU (municipalité de), 475.
Confiseurs, 33, 265.
CONFORT (pyramide de la place), 331; — (rue), 54, 334, 518, 525, 570.
CONSEIL GÉNÉRAL (le), v. Département.
Constitution (la), 213, 242.
Contraintes, 14, 67, 255-257, 261, 273, 276, 280, 293.
Contrat social (le), 528; — (section du), à Paris, 537.
Contribution civique, 10, 80, 108, 254, 255, 276, 284, 286.
CONVENTION NATIONALE (la), 147-150, 159, 163, 168-171, 173, 175, 179, 183, 192, 198, 201, 202, 208-210, 213, 237-239, 241, 287, 315, 316, 321, 324, 327-329, 331, 332, 334, 335, 339, 341, 346, 348, 352, 353, 357, 358, 360, 363, 386, 387, 389, 392, 396, 397, 398, 399, 402, 406, 407, 414, 416, 417, 420, 421, 423, 424, 426, 432, 434, 436, 437, 443, 448, 451, 452, 454, 456, 457, 470, 472, 476-479, 483, 488-493, 498, 500-502, 515, 521, 527, 528, 536-542, 552, 556, 558-561, 567, 569, 570, 572, 574, 581, 584, 585, 588, 592, 593, 595, 597-599, 602, 603.
CONVENTION (rue de la), 423.
CONVENTION (section de la), 12-14, 16-18, 20, 24, 25, 28, 29, 31-34, 38, 48-50, 53, 54, 57-59, 61, 62, 64, 65, 67, 68, 70, 73-75, 77, 79, 84, 90-93, 97, 98, 102, 108, 109, 112, 113, 115, 118, 119, 122, 125-127, 129, 130, 156, 171, 178, 179, 181, 190, 191, 192, 214, 216, 222, 226, 229, 271, 283, 291, 298, 299-301, 423, 456, 457, 470-472, 474, 531, 605.
CORDELIERS (les), 522; — (place des), 434; — de l'Observance, 66, 279.
CORDERIER, 25, 57.
CORNATON, 111.
CORNU, Cornus, 474, 567.
Correspondance avec les départements, 170, 172.
CORSET, 35, 109, 124, 375, 388, 474.
CORTEY, de Beaujeu, 534.
COSOMIER, de Neuville, 506.
COSON, 79.
COSTE, Costes, 72, 83, 130; — de Boen, 579; — frères, 408; — juge de paix à Montbrison, 578.
CÔTE (bataillon de la), 445; — (2ᵉ bataillon de la), 355.
CÔTE (section de la), 34, 75, 365, 459; 1ʳᵉ division, 176, 186; 2ᵉ division, 33, 34, 57, 58, 60, 65, 74, 84, 97, 99, 102, 112, 113, 119, 120.
CÔTE-D'OR (bataillon de la), 225; — (département de la), 246, 500.
Coton, 5, 7, 259.
COTOY, perruquier, 395.
COUDERC, 72, 78, 80, 81; père et fils, 408.
COUHERT fils, 510.
COULET, 53.
COUPAT, tailleur, 272; — la citoyenne, 271.
COUPIER — fils, 212, 231; — fils aîné, 231; — père, 180.
COURT, 65, 108, 125; — (Joseph), 458, 459.
COURVOISIER, 374, 462, 474.
COUTHON, 134.
COUTURIER, — conseiller général, 398, 406, 420, 439, 443, 535; — officier municipal, 9.
Couvertures, 16, 127, 258, 284, 300.
COZE, médecin, 549.
COZON, 91; — président du tribunal, 178.
CRAPONNE (village de), 84.
CRÉMIEU (ville de), 197.
CRÉPU, 17, 19, 21-33, 35-45, 48-50, 52-56, 61, 64, 67, 69, 79, 80, 84, 85, 88, 90, 92-94, 97, 99, 102-109, 112, 113, 115, 124, 126, 129, 133.
CROISETTE, Croizette (section de La), 5, 17, 19-33, 35-46, 48-56, 61, 64, 67, 69, 71, 79, 80, 84, 85, 90, 92, 93, 94, 97, 99, 102-109, 112, 113, 115, 124,

126, 129, 133, 135, 184, 200, 224, 304, 335, 394, 396, 407, 474.
CROIX-DE-MALTE (place de la petite), 264.
CROIX-ROUSSE (La), 4, 14, 61, 70, 92, 95, 160, 166, 171, 172, 247, 257, 282, 289, 290, 295, 301, 432; — (portes de La), 379, 445.
CROMWEL, 488, 569.
CROTTIN, lieutenant, à Condrieu, 476.
CROUZAT, du dist. de Saint-Etienne, 556, 575, 589.
CUIZIAT (Claude-Antoine), voiturier, 250.
CUNY, 481.
CURET, 384.
CURTIL, 17, 22.
CUSSET — aîné, 419; — cadet, 419; — femme, 143, 144.
CUSSET, représentant, 315, 316, 347-352, 356, 360, 361, 387, 396, 426.
CUSTINE, 392, 569, 604.
CUTTY (Louis), 567.

D., 4, 19.
DACIER, 101, 244, 247.
DAGUILLON, 85, 92, 97, 103.
DAINVAL, 64.
DALAIN, 94.
DALAINE, 151.
DALAIRE, 152, 235, 406.
DAMONCEAUX, Damousseaux (Jacques), 212, 213.
DANIEL, 53, 63.
DANTIGNY, 22, 30, 61, 73, 74, 75, 85, 98, 99, 102, 106, 113, 121, 123, 125, 127.
DANTON, 329, 356, 387, 460, 488, 489, 490, 491, 492, 501, 502, 560, 568.
DARDILLY (village de), 25.
DASSAT, 53.
DATIGNY, 75, l. Dantigny.
DAVALLON, 606.
DAVID, 72, 484, 567; — (Louis), capit. à Condrieu, 177; — officier municipal, 606.
DAVIN, 11, 64.
DAVOIEUX, 201.
DAVRIEUX, 203, 205.
Déblais (comité des transports et), 60, 277.
DEBEAUNE, 18.
DEBROSSE (veuve), 409.
DECHASTELUS, Dechatelus, 139, 148, 154, 161, 173, 178, 184.
Déclaration du Peuple de Lyon (projet de), 242.
Dédites (annulation des), 129, 300.
DEFARGE, Defarges, 32, 50, 55, 62, 65, 69, 72, 73, 74, 77, 91, 93, 109.
DÉFENSEUR DU PEUPLE (le), journal, 491.
Défenseurs officieux, 201, 202, 205.
DÉFLECHE, 419.
DEFRESSE, 127.
DEGEAIX, 25.
DEGRAIX, 22, 102, 120; — (J.-M.), 407.
DEGRANGE, 101.
DEGRIEUX, 74.

DELACROIX, conseiller général, 398, 406.
DELAMORTE, 94.
DELAPORTE, représentant, 230, 238, 239, v. Laporte.
DELAUP, 96.
DELCAIRE, 8.
DELESSART, 408.
DELEZAN (citoyenne), 408.
DELISLE, 567.
DELORME, 18, 113; (Denis), 53, 94, 474.
DELOTE, 190.
DELPECH, représentant, 491.
DEMANY, 9.
Dénonciations, 81, 85, 150, 151, 183.
Denrées (taxe des), 284, 381, 383.
DENYS-DELORME, 53, v. Delorme.
DÉPARTEMENT (le), 113, 160, 179, 196, 309, 310, 316, 319, 322, 330, 331, 332, 337, 338, 339, 341, 356, 358, 366, 368, 369, 370, 371, 376, 377, 378, 398, 399, 400, 415, 416, 420, 422, 423, 424, 425, 430, 431, 438, 442, 443, 445, 453, 462, 465, 470, 475, 476, 478, 479, 510, 519, 522, 534, 536, 552, 571, 597.
Députés des Sections, — à Bordeaux, 180; — à la Convention, 30, 31, 148, 149, 152, 156, 159, 162, 163, 168, 181, 265; — dans le département, 172, 177; — dans les départements, 244, 246; — dans les campagnes, 6, 246.
DERGUILLON, 72.
DERIEUX, 53, 358.
DERIOU, Derrieu, 6, 26, v. Desrioux.
DERIOUX, Derrioux, 90, 101, 126, 129, v. Desrioux.
DERVIEU, de Saint-Etienne, 587.
DERVIEU-VAREY, 82, 114, 127, 135.
DERVIEUX, 190.
DERVIEUX-GOIFFIEN, 118, 122, 125, 126.
Désarmement, 14, 172, 176, 196, 200, 257.
DESARNO, 347.
DESCHAMPS, 29, 31, 32, 33, 34, 35, 39, 40, 41; — sauveteur, 204, 205.
DESCIZIER, 7.
DÉSERTE (caserne de la), 97, 290.
Déserteurs, 62, 128, 278, 300.
DESFARGES, 32, 84, 85, 97, 99, 102.
DESFARGUES, 29.
DESFIEUX, 567.
DESGRANGES, 87, 88, 151, 167, 173, 178, 192, 567; — chirurgien, 4, 79, 247, 285; — l'aîné, 155, 161; — l'aîné, commandant du bataillon de Portefroc, 196, 214, 217, 240, 247, 520.
DESILLES, 503.
DESJARDIN, 25, 26, 38, 126, 129.
DESRIEUX, 62, 64.
DESRIOUX, Desrious, 7, 65, 67, 71, 101, 124, v. Deriou.
DESTEPHANIS, 406.
DESMARTINOT, 13.
DESTOURNELLES, ministre des finances, 502.
DESVIEUX, 62.
DESVIGNES, 234.

TABLE ALPHABÉTIQUE

Détenus, 172, du 29 mai, 53, 175, 194, 202, 205.
DETOUR, sous-lieutenant, 601.
DEUX-COUSINS (rue des), 206.
DEUX-SÈVRES (département des), 401.
DEVIENNE, 246.
DEVILLAS, 25 ; (J.), 408.
DEYRIEU, Deyrieux, 176, 393.
DIAN, 3.
DIDIER, canonnier, 245.
DIJON (municipalité de), 500.
Discipline militaire, 173.
DODAT, 419.
DODIEU, juge, 146, 310, 343, 344, 349, 358, 361, 406, 419, 444.
DODIEU, 41.
DOINOT, 258.
DOLE (le cit.), 277.
Domaines nationaux, 59, 275.
DOMBEY, officier, 99.
Domestiques, 98.
DONNET, 12, 69, 106, 113, 115, 118.
DOREL, Doret, chocolatier, 110.
DOUBS (département du), 201, 202.
DOUCET, 348.
Dragons, 191.
Drap calmouck, 106, 109, 292, 293.
Drapeau tricolore, 165.
DROITS DE L'HOMME (section des), ci-devant rue Tupin, 5, 11, 16, 19, 21, 22, 28-31, 33, 34, 38, 39, 40, 43, 44, 45, 52, 57, 58, 65, 68, 69, 84, 91, 93, 97, 99, 102, 112, 115, 120, 126, 129, 186, 190, 201, 202, 205, 210, 259, 267, 269, 495, 601.
DRÔME (bataillon de la), 217.
DROUET, représentant, 503.
DUBESSAY, 358.
DUBESSEY, 389, 406, 444.
DUBIÉ, 163.
DUBOIS, 406 ; off. municipal, 396, 413, 420, 421.
DUBOIS-CRANCÉ, 103, 153, 176, 198, 201, 205, 216, 217, 222, 225, 229, 259, 260, 261, 329, 353, 359, 399, 400, 402, 406, 418, 544, 545, 571, 605.
DUBOST, — président du Conseil général, 398, 420, 439, 443, 449, 450, 535 ; — président de la section de la Croisette, 335, 407, 474 ; — (Hugues), 407.
DUBOT, 245.
DUBOUTHEL, 23.
DUCAUNE, américain, 390.
DUCHAMBON, 227, 452.
DUCHÊNE, 170, 187, 205, 209.
DUCHESNE, 212, 216, 230, 231 ; — (le Père), 353.
DUCLOS, 235, 540.
DUCRET, 143, 174, 196, 200, 224, 226, 264, 265 ; — adjudant, 214, 239, 240 ; — (femme), 174.
DUCRUET, 139, 140, 142, 161, 192.
DUFOUR, 111, 406.
DUFRAICHOUD, 169.
DUGAS, de Montbrison, 576.
DUGÈNE, 156, 169, 191, 201 ; — homme de loi, 303.

DUGENNE, 147, 186 ; — homme de loi, 302, 304.
DUGUET, de Montbrison, 576, 581.
DUIVON, 167.
DUJAT, 194.
DUMANOIR, Dumanoi, comédien, 337, 419, 444.
DUMAREST, 474.
DUMAS, — caporal, 428, 429 ; — maire de Beaujeu, 534.
DUMONT, 226, 392.
DUMONTET, 219.
DUMOURIN, 490, 492, 524, 526, 568, 572, 573, 594, 601.
DUNAND, 4, 5, 17, 19.
DUPENBLE, 7, 35.
DUPLAGNIEUX, 396.
DUPOIZAT, de Bully, 531.
DUPORT, 20, 408, 606 ; — boulanger, 30 ; — le jeune, 474.
DUPRAT, 387.
DUPUIS, 142, 143, 154, 160, 166, 174, 185, 199, 200, 204, 238, 239, 240, 277 ; — fils, 184 ; — homme de loi, 279, 284.
DUPUY, 186, 203 ; de Lézigneux, 576.
DURAND, 17, 18, 24, 25, 28, 29, 31, 32, 33, 34, 38, 40, 49, 50, 53, 54, 57, 58, 59, 61, 62, 64, 65, 67, 68, 70, 73, 75, 77, 79, 84, 90, 91, 92, 93, 97, 98, 99, 102, 108, 113, 115, 118, 119, 122, 419 ; — aide de camp, 67, 74, 105 ; — (J.-B.), 61 ; — de Bully, 531 ; — (Pierre), 270.
DURCY, 109.
DURET, 139.
DURIEUX, 170, 187.
DURIEUX-VITRY, 439, 443, 535.
DURRIS, 124.
DURY, 5, 15, 26, 70, 73, 79 ; — (Bertaud), 60.
DUSSOL, 175.
DUSURGET, 102.
DUTEL, 396.
DUTREIL, 567.
DUVIGNAU, Duvigneau, Duvigneaux, 8, 18, 81, 83, 84, 93, 474.
DUVILLARD (Bertin), 277.

E_{aux} (écoulement des), 68, 281.
EGALITÉ (Philippe), 492.
EGALITÉ (section de l') ci-devant le Plâtre, 3, 5, 9, 10, 11, 13, 17, 19-22, 24, 25, 28, 32-34, 39, 40, 45, 49, 57, 58, 60-62, 64, 65, 67-69, 85, 91, 92, 102, 107, 112, 113, 115, 120, 122, 127, 132, 164, 172, 182, 183, 185, 186, 191, 211, 216, 217, 218, 246, 254, 267, 277, 303, 333, 371, 394, 407, 422, 474.
Eglise métropolitaine, 510.
Eglises, 6, 13, 251, 257 ; (mobilier des), 217.
EGYPTE, 363.
EISEN, 406.
EMERY, 404, 406.

Emprunt de 3 millions, 241, v. imposition.
ENFANT-QUI-PISSE (rue de l'), 212.
Enregistrement des lois (refus d'), 184.
Epicerie (boutiques d'), 50, 271.
Épiciers, 61, 93, 190, 277, 289, 291.
ESPAGNE (l'), 470, 527, 601 ; (roi d'), 573.
ESPER (d'), représentant, 572.
Espions, 98.
ESTANSSANT, Estoussant, 35, 36, 37, 38, 39, 40, 41, 43, 44, 46, 47, 50, 53, 54, 55, 56, 58, 59, 71, 73, 74, 374, 162.
ESTANSTANT, 471.
ESTIENNE, greffier de police, 386.
État civil (bureaux de l'), 143.
ÉTATS GÉNÉRAUX (les), 111.
ÉTOILE (auberge de l'), 215.
Étrangers, 2, 24, 156, 165, 169, 222, 262, 309, 380, 404, 411.
ÊTRES (rue des), 212.
EURE-ET-LOIR (bataillon d'), 568.
EUROPE (l'), 307, 362, 437, 488, 492, 526, 569, 574, 591.
ÉVÊCHÉ — (caserne de l'), 91, 95, 116, 289, 296 ; — (dépôt de charbon de l'), 117 ; — (magasin de l'), 217 ; — (maison de l'), 139, 142, 143, 145, 466 ; — (port de l'), 204 ; — (poste de l'), 256, 261, 267 ; — (quai de l'), 139, 141, 221, 299 ; — (salle de l'), 240.
ÉVÊQUE (l'), 218, 251, 257, v. Lamourette.
ÉVREUX (ville d'), 501.
Exercice militaire, 153, 166, 173.
EYNARD (J.), 3, 85.

FABRE, 86.
FABRE-ATHÉNOR, 567.
FABRE-D'EGLANTINE, 491, 568.
Fagots, 25, 43, 84, 262.
FAIDY (D.), 44.
FAIN (L.), 326.
FARGE, 567.
FARGES (rue des), 279.
FARGES, de Bully, 531.
Farines, 64, 66, 68, 70, 78, 80, 94, 113, 117, 279, 281, 282, 285, 286, 295.
FARJON, 398, 410, 439, 443, 535.
FASION, 410, lire Farjon.
FASSIER, 409.
FAUCHET, 61.
FAUCHETTY, 101.
FAUCHEUX, 16, 17, 21, 22, 27, 28, 29, 30, 37, 38, 39, 40, 50, 57, 58, 61 ; — imprimeur, 175, 497, 529.
FAURE, 113 ; — frères, 408 ; — de Montbrison, 576, 581.
FAUSSON, 398, lire Farjon.
FAVEL, 194, 258 ; — aîné, 29.
FAVRE, 2, 8, 12, 27, 36, 44, 45, 57, 69, 72, 78, 80, 81, 100, 101, 142, 438, 443 ; — l'aîné, 198.

FAYE (J.-B.), 60, 70, 73, 120 ; — (Jean) dit Gros, maçon, 270, 277.
FAZY, 407.
Fédération (fête de la), 216, 218, 219, 591 ; — à Paris, 30, 31, 265 ; — à St-Etienne, 553.
Fédération — (bataillon de la), 355 ; — (canton de la), 20, 334 ; — (place de la), 84, 216, 339, 393, 521, 543, 544 ; — (section 1re de la), de Saône, 152, 155, 474 ; — (section 2e de la), puis Marseille, 168, 474.
FELIX, 408.
FELLOT, off. municipal, 89, 90.
Femmes, 13, 21, 28, 34, 35, 41, 65, 68, 77, 107, 112, 119, 120, 128, 181, 252, 256, 263, 265, 279, 281, 285, 297, 300.
FERLAT, 63, 68.
FERNEX, 358, 366, 406, 444.
FERONET, 411.
FEROUILLAT, 420.
FEROUSSAT, 224, 226.
FERRAND, 164, 165, 535.
FERRIER, 167, 170, 224, 226.
FERRIOL, 259, 260, 476.
FERROUILLAT, 576.
FERRUS, 165, 169, 181 ; — fils, 162, 205 ; — maison, 144.
FERTHIER, 568.
FEUGA, 18.
FEUGENS, 122.
FEUILLET, 475.
FEURNIEU ?, 30.
FEURS (ville, canton de), 509.
FÉVRIER, 170.
FICHET, aîné, 474.
FIGUET (A.), 48, 82.
Filles de joie, 90, 288.
FILLION, 316, 346, 347, 348, 350, 351, 353, 354, 356, 386, 387, 389, 390, 410, 418, 422, 426, 460 ; — capitaine de grenadiers, 375.
FILLON, 404, 482.
FINIELS, Finielz, 83, 474.
FLACHAT, 168, 181, 212, 224, 226, 231, 237, 253, 258, 262, 280 ; — vitrier, 210.
FLÉCHET, 57, 58, 59, 93, 94, 97, 108, 113.
FLANDIN, 237.
FLANDRIN, 146, 224, 226.
FLIZE, 187.
FLORENTIN PETIT, 18.
FLORET (C.), juge de paix, 388.
FOIRET, 46.
FOMENT, 28.
FOND (Ant.), lieut. de Condrieu, 476.
FONTAINES (commune de), 444.
FOREL, 120.
FOREST, 35, 43, 48, 76, 96, 102, 145, 169, 173, 178, 180, 183, 184, 396, 406, 438, 439, 441, 443 ; — fils, 406.
FORÊT, 102.
FORGE, 87, 88.
FORGES (Jean), 87.
FORREL, 88, 118, 119, 120.
FORRET, 128.
FOUCHEROT (J.-B.), 410.
FOUGAS, 220.

TABLE ALPHABÉTIQUE

FOURNIER, 227 ; —. (François), 395 ; — officier, 425, 444 ; — (Pierre), 235.
FOURVIÈRE, 73, 165.
Français (adresse aux), 170.
FRANCALET, 406.
France (la), 89, 148, 151, 208, 305, 306, 307, 315, 326, 327, 329, 332, 336, 360, 361, 362, 389-392, 473, 482, 487, 489, 492, 494, 495, 500, 504, 505, 510-513, 517, 518, 526, 527, 533, 542, 546, 568, 569, 572, 574, 584, 594.
FRANCHET, 201.
FRANCLIEU, hussard, 447.
FRATERNITÉ (section de la), ci-devant Place ou Rue Confort, 4, 5, 6, 12, 13, 17, 19-23, 25-27, 44, 79, 82, 84, 94, 96-98, 112, 113, 125, 126, 128, 161, 177, 193, 197, 290, 291, 300. V. Place Confort, Rue Confort.
FRÉMINVILLE, 431, 437.
FRÈREJEAN, vicaire de Condrieu, 476.
FRESCE, 96.
FRESSINET, 53.
FROMAGE, 51, 53, 54, 57, 58, 71, 84, 85, 94, 102, 113, 126, 129.
FROMAGERIE (place de la), 419, 421.
Fromages, 16, 19, 20, 24, 259, 260, 262.
FROMENT, 17, 18.
FROMENTAL, 38, 61.
FUCHET, 77.
FULCHIRON, 51, 53, 54, 57, 58, 68, 69, 71, 73, 84, 91, 94, 96, 108, 113, 126, 129 ; — (A), 85, 94.
Fusils, 192, 250.
FUZ, 406, 410, 444.

G., 306 [Guerre].

GACHE, 30, 348.
GAGNAIRE, 567.
GAGNEUR, l'aîné, 66.
GAIDON, 263.
GAIET ANCIEN, 60, lire Gayet-Lancin.
GAILLARD, 107, 173, 176, 226, 316, 330, 331, 332, 334, 335, 337, 346, 347, 349, 351, 357, 387, 389, 390, 398, 399, 400, 406, 410, 418, 419, 426, 444, 501, 545.
GALBOIS-ST-AMAND, 185, 444.
GALIBET, 169.
GAMALIEL, 486.
GANIÈRE, 140, 396.
GARAND (Pierre), de St-Chamond ; fils, de St-Chamond, 565.
GARBE, 179.
Garde d'honneur des représentants, 147, 171.
Garde Nationale (commandant de la), 143.
GARE (pont de la), 107.
GAREL, 25.
GARET (rue du), 393.
GARILLOUX, 419.
GARNIER, 139, 143, 169, 178, 183, 229 ; — cadet, 193 ; — conseiller général, 398 ; — fils aîné, 262 ; — (Jacques-Amable), 456, 457 ; — (le café), 188 ;

— (Pierre), 210.
Garnisaires, 114, 273, 276.
GASNIER, 203, 212, 219, 226, 227, 231, 245 ; — capitaine, 256 ; — commandant, 254 ; — officier, 224.
GASSENDI, 396.
GAUDIN, affaneur, 268.
GAUGET, Gaujet, 27, 28, 32, 36, 37, 39, 40, 41, 53, 54, 67, 73, 84, 85, 122, 408 ; — l'aîné, 19.
GAUJELIN (J.-M.), 474.
GAULTIER, 172.
GAUTHIER, 181, 227, 421.
GAUTHIER, Gautier, représentant, 147, 153, 171, 177, 259, 329, 337-341, 399, 402, 406, 414, 428, 430, 433-437, 439, 441, 444-452, 454, 457-459, 461, 462, 479, 482, 545.
GAUTIER, Gauthier, notable, 401, 404, 406.
GAUTIER, 201, 229.
GAY, 129, 232, 446 ; (la citoyenne), 173.
GAYET, 52, 53, 54, 57, 58, 62, 65, 67, 68, 69, 75, 79, 82, 84, 108, 109, 112, 113, 125, 127 ; — cadet, 102, 474 ; — de Neuville, 506 ; — (maison), 457.
GAYET-LANCIN, 3, 18, 19, 21-24, 29, 30, 34, 38, 43-52, 60, 62, 70, 77, 84, 85, 91-93, 96, 97, 99, 110, 113, 115, 119, 122, 129, 135.
Gendarmerie, 176, 236.
Général de l'armée départementale, 200, 217.
Générale (la), 10.
GENET (Gilbert), de Moingt, 576.
GENÊT-BRONZE, 7, 11, 12, 17, 19, 21-25, 27, 28, 31-34, 37-42, 44, 48, 60, 72, 78, 80, 81, 83, 102, 118, 474.
GENÈVE (ville de), 572, 573.
GENOUX, 419.
GENSONNÉ, 359, 490, 604.
GENTIL, 567.
GENTIL (rue), 394.
GEOFFROI, faussaire, 492.
GÉRARD, 407 ; — (J.), 408.
GERBERT, limonadier, 326.
GÉRENTET, 168.
GERIN, 379, 380.
GERMAIN — (Ch.), 87, 88 ; — (Joseph), 460.
GEVRY, 4.
GILIBERT, 36, 43, 44, 47, 60, 62, 70, 71, 75, 76, 82, 87, 168, 456 ; — (Jean), aîné, 474 ; — maire, 324, 477.
GILIBERT-MARGOT, 229.
GIRARD, 64 ; père, 408.
GIRAUD, 380, 567.
GIRAUDOT (Maximilien-Charles-François), 212, 213.
GIRERD, 461.
GIROD, 83, 109, 419.
GIRONDE (bataillon de la), 505, 594 ; — (députés de la), 184, 198, 230, 547 ; — (département de la), 516, 544.
GIROT, 379.
GIROUD, 129.
GIVORS (ville de), 157, 475.
GLAISE, Glaize, 68, 228.
GLAS, 37, 83, 94, 744.

42

GLEIZE, Gleyse, 13, 17, 19, 57.
GOBET, 180.
GOBIN, 167, 199, 204, 212, 219, 226, 231, 244; officier, 224 ; — serrurier, 226, 249.
GOGUILLOT, 474.
GOIBET, 408.
GOIFFON, 22.
GOIRAN, 203, 448.
GONCHON, 521, 524, 525.
GONIN, 32 ; — (veuve), 268.
GONON, secrétaire général du département, 377, 420, 449, 450, 480, 536.
GORSAS, 405.
GOUJU, 567.
GOUNET, 474.
GOURGUILLON (bataillon du), 355, 445 ; — (section du), puis Vieille ou Ancienne Ville, 80, 178, 285, 363, 396, 474 ; — (quartier du), 45, 73, 196.
GOUTENOIRE, 201.
GOUTORBE, de Montbrison, 576, 581.
GRAFFE, 123.
Grains, 15, 258, 281.
GRAINVILLE, 131.
GRAMMONT, officier, 100.
GRAND (le café), 459.
GRAND-COLLÈGE (le), 9, 11, 200, 252, 482 ; — (dépôt de charbon du), 117.
GRAND'CÔTE, Grande Côte (la), 73, 352, 379, 380 ; — (comité de surveillance de la), 393 ; — (section de la), 44, 65, 77, 109, 396 ; — (section de la), 1re division, puis Unité, 159, 164, 169, 474 ; — (section de la), 2e division, 171, 474 ; — (société populaire de la), 375.
GRANDEAU (Joseph), 422.
GRANDVAL, 15.
GRANGE, de Saint-Etienne, 587.
GRANGENEUVE, de Boën, 579.
GRANJON, de Montbrison, 576, 581.
GRAS, 230, 237 ; — cadet, 409 ; — procureur syndic de Montbrison, 577, 581.
GRASSOT, chirurgien, 549.
GRAVIER, 173, 351, 386, 387, 389, 396, 406, 410, 426, 460.
GRÉGOIRE, 28, 406.
GREMANT, 245.
GREMAUT, 180.
Grenette (la), 4 ; — (les halles de la), 480, v. Halles ; — (rue), 407.
GRENIER (Denis-Charles), 393.
Greniers, 43, 44, 269.
GRENOBLE (ville de), 177, 216, 236, 363, 451, 545 ; — (grand prévôt de), 344.
GRENOUILLE (place), 387, 389, 390, 427.
GRIFFE (Jules), 409.
GRIFFON — (grenadiers du), 375 ; — (section du), 396.
GRILLET, 141, 142, 143, 145, 147, 155, 156, 159, 161, 162, 164, 166, 169, 175, 201, 469 ; — fils, 140, 163 ; — (Joseph), 174.
GRILLON, 172.
GRIMAUD, 201, 203.
GRIVET, 406.
GROGNARD, 72, 74, 75, 109, 129 ; — de Bully, 531.

GROGNIARD, 111, 113, 118.
GROGNIER, 8.
GROJEAN, 567.
GRÔLÉE (rue), 384.
GROS, 139 ; — capitaine, 151, 166 ; — (Jean Faye, dit), maçon, 270, 277.
Gruaux, 282.
GRUEL, 94.
Gruoirs, 110, 112, 294.
GUADET, représentant, 359, 392, 489, 604.
GUERAUD, de Condrieu, 476.
GUÉRIN, 37 ; — chirurgien, 408.
GUERRE, 152, 159, 171, 173, 176, 177, 181, 184, 185, 186, 192, 203, 220, 223, 228, 243, 245, 246, 249, 279, 306, 552.
GUICHARD, 436.
GUIFFRAY, 495.
GUIGNARD, 236.
GUILLARD, 84.
GUILLAUD, 61, 62, 65, 66, 71, 73, 75, 79, 85, 90, 91, 92, 102.
GUILLAUME, 139, 169.
GUILLAUME TELL (section de), 13, 17, 19, 21-24, 27, 28, 30-32, 37-41, 51, 53, 54, 56, 62, 64, 65, 67, 68, 69, 73-75, 84, 92, 93, 102, 105, 106, 107, 113, 115, 118, 125, 126, 129, 130, 158, 179, 184, 189, 197, 210, 217, 236, 245, 258, 263, 267, 278, 279, 280, 281, 292, 293, 299, 470, 474, 546, 606.
GUILLET, 147.
GUILLIN, 310, 344.
GUILLIAUD, Guillioud, 3, 32, 33, 34, 38, 39, 40, 41, 43, 94, 97, 102, 103, 107, 109.
GUILLIOUD, 31, 49.
GUILLIOUX, 25, 26.
GUILLON, 60, 67.
GUILLOT, 23, 27, 33, 34, 145, 180, 181, 237, 262 ; — (Louis), 245 ; — maçon, 302, 303.
GUILLOTIÈRE (la), 4, 36, 181, 217, 247, 259 ; — (municipalité de la), 158 ; — (pont de la), 153, 600 ; — (sections de la), 4, 396 ; — 1re division, 186, 475, 531, 533 ; — 2e division, 475.
Guillotine (la), 318, 319, 329, 330, 331, 365, 366, 368, 369, 371, 377, 378, 393, 478, 504.
GUILLOUD, 28, 83.
GUIOT, 22, 45.
GULLIARD, 474.
GUOIRAN, 29.
GUSMAN (comte de), 567.
GUY, 15, 164, 169, 180, 201, 236, 257, 258, 280.
GUYE, commandant, 235.
GUYOT, 10, 13, 19, 40 ; — (Louis), 592, 593.

H*alles* de la Grenette (les), 472, 480, 495, 533.
HALMBURGER (A.), 35, 80, 285.
HAMON, 35.
HASSENFRATZ, 568.
HAUTEROCHE, officier, 99.

TABLE ALPHABÉTIQUE 659

Haute-Saône (département de la), 246.
Hautes-Alpes (département des), 215.
Hébert, 426, 502, 540.
Hébrard, 376.
Henri (le citoyen), 413.
Henri IV (salle), à l'Hôtel-de-Ville, 89, 287.
Henriot, commandant de la garde nationale de Paris, 502, 567.
Henry, 23, 24, 343, 414.
Hérault (département de l'), 402, 478, 595.
Héraut, 398.
Hercule, 352.
Hesmayer, 67.
Hesse (Charles de), 380.
Histoire de la Révolution de Lyon, 177, 193, 194, 197, 200, 207, 220, 305, 551.
Hobitz, 94.
Hodieu, 18, 90, 94, 96, 114, 127; — fils, 51.
Hôpital — ambulant, 61, 78, 277; — de la section de Portefroc, 269; — militaire, 547, 549, 550, 606.
Hôpital — (grande rue de l'), 347, 351; — (rue de l'), 21.
Hôpitaux, 113, 294.
Horand (Pierre), 388.
Hôtel commun (magasin de l'), 217.
Hôtel-Dieu (l'), 61, 87, 281, 384, 547, 548, 549.
Hôtel-Dieu — (bataillon de l'), 355, 445; — (canton de l'), 272; — section de l') puis Bordeaux, 169, 396, v. Bordeaux.
Hugonet, 134; — (compagnie), 345.
Huguenin (Sulpice), commissaire du pouvoir exécutif, 312, 313, 314, 383, 384.
Huile, 20, 117, 124, 260, 295, 299.
Hutte, 37.
Hydins, 358, 372, 406, 444.

Illuminations, 47, 63, 73, 120, 124, 134, 144, 270, 278, 283, 298, 299, 304.
Imbert, 394.
Immondices, 18, 259.
Imposition, 12, 256; — civique, 51, 88, 272, 287, 288; — de guerre, 14, 21, 46, 108, 199, 203, 205, 206, 210, 211, 257, 260, 270, 293; — de 3 millions, 82, 83, 91, 111, 115, 286, 296.
Impression, 228; — d'adresses, 140, 143; — du réquisitoire contre Chalier, 221, 224.
Imprimés du Secrétariat général, 4, 122, 247.
Incendies, 8, 9, 26, 36, 37, 42, 45, 46, 47, 52, 55, 59, 97, 252, 263, 267, 268, 269, 272, 273, 274, 275.
Indigents, 255.
Isère (département de l'), 175, 176, 177, 516, 543, 544, 546.
Israel, 484.
Italie (l'), 324; — (armée d'), 587.
Izaac, 151.

Jacob, 51, 114, 406.
Jacobins (les), 308, 328, 330, 333, 461; — de Lyon (club des), amis de la liberté et de l'égalité, 308, 309, 314, 315, 316, 326, 327, 331, 345, 390, 392, 398, 401, 406, 422, 423, 424, 478, 521; — (salle de la bibliothèque des), 431; — de Paris, 306, 315, 326, 333, 353, 356, 359, 387, 389, 390, 391, 406, 490, 491, 492, 499, 501, 502, 526, 537.
Jacquenod, libraire, 552.
Jacquet, homme de loi, 256.
Jacquier, 118, 543.
Jacquin, 567.
Jal, 83, 101, 110, 154, 196, 197, 248; — l'aîné, 180, 192, 199, 209, 214, 250, 251, 252, 264, 295; — cadet, 161, 294; — père, 176, 203.
Jamier, maire de Montbrison, 576, 578, 580, 581.
Jantet, 8, 72, 78, 80, 81.
Janvier, 507.
Japon (le), 527.
Jaquand, capitaine, 237.
Jaquant, 219.
Jaquet, 246.
Jargnieu, 113.
Jaricot, 219.
Jarnieux, 60.
Jars, cirier, 39, 267.
Jean-Bart (section de), ci-devant rue Tupin, 179, v. rue Tupin.
Jean-St-Denis (rue), à Paris, 418.
Jemmapes (bataille de), 559.
Joachim, 567.
Joliclerc, 168.
Jolyclerc, Jolyclair, vicaire, 143.
Jolyclerc, 279.
Jonar (Jean), chocolatier, 143.
Jonathas, 484.
Josserand, 22, 74, 79.
Jossinet, colonel, 99.
Jouchefeu, 394.
Jouffray (Morand), 75, v. Morand.
Jourdan, 392.
Journal de Lyon (le), 205, 214, 318, 542.
Journal des Débats, 491.
Journaux, 405; — de Paris, 210, 214.
Jouvard, 567.
Jouvene, 35.
Jouin (J.-Bapt.), de St-Etienne, 587.
Juiverie — (bataillon de la), 355; — (club de la), 310; — (section de la), 310, 344, 396, 474.
Julien, 396; — juge au tribunal révolutionnaire, 392.
Julin, 567.
Julliard, Juliard, 11, 385; — commandant de la garde nationale, 157, 158, 338, 422, 427, 428, 458, 481.
Jullien, 406; — adjudant général, 233.
Jura (département du), 187, 515, 516, 517, 518.
Jura (section du, du Mont), 3, 5, 13, 14, 16, 17, 19-22, 28-30, 32, 35-38, 40,

50, 53, 55, 58, 60, 62, 65-69, 72-74, 77, 84, 85, 91, 93, 97, 99, 102, 109, 129, 133, 233, 287.
Jury d'accusation, 148, 149, 159, 160, 161, 163, 166, 168, 169, 192.
JUSSERAND, 21, 23, 26, 31, 32, 37.

KAUNITZ (prince de), 567.
KELLERMANN, 7, 158, 160, 236, 358, 587, 592.

L., 19.
LABAUME, 294.
LABEAUME, 268.
LABORÉ, 18, 94, 96, 102.
LABORI, 90.
LABORY, 109.
LACENAIRE, 118.
LACOLONGE (André), 218.
LACOMBE (Plasson), 510.
LACOSTAT, 17, 19, 25, 32, 58, 60, 65.
LACOSTE, 161, 419.
LACOUR, 21, 32, 33, 34, 92, 97, 113, 127, 130, 234, 431 ; — (A.), 53 ; — (C.-A.). 93 ; — (Mathon), 3, 71, v. Mathon.
LACROIX, 142, 162, 182, 184, 348, 419 ; — (François), 353 ; — représentant, 489, 503, 568.
LAFABRÈGUE, 18, 22, 25, 27, 28, 32, 33, 34.
LAFAYE, 129.
LAFAYETTE, 358, 492, 594, 604.
LAFOND, 461 ; — de Beaujeu, 534.
LAFONT, 15, 194, 395, 567 ; — sous-lieutenant, 151, 152.
LAFOREST, sous-lieutenant, 146, 147.
LAFOREZ, 151.
Laines, 5, 7, 250.
Laissez-passer, 6, 13, 235, 257.
LAMARCHE, 407.
LAMAREUILHE, 3.
LAMBERT, 14, 17, 19, 22, 23, 24, 25, 28, 29, 31, 32, 33, 34, 38, 39, 43, 50, 53, 54, 61, 62, 63, 66, 67, 68, 72, 73, 77, 79, 90, 92, 111, 113, 116, 125, 126 ; — de Montbrison, 576, 581.
LAMETH, 489.
LAMORLIÈRE, imprimeur, 220.
LAMOTHE, de Neuville, 506.
LAMOURETTE (Adrien), 164, 169, 177, 181, 218, 268, 510, 542.
LANDAU (ville de), 459.
LANDOZ, 66, 106.
LANJUINAIS, représentant, 392.
LANTHENAS, 359.
LAPALU (lieu dit), 222.
LAPLACE (maison), 457.
LAPLAGNE, maire de Montbrison, 577, 578.
LAPORTE (Séb. de), représentant, 230, 238.
LAPRADE, 185.
LARDIÈRE (G.), de Neuville, 506.

LARDON, 575, 589.
LAREVOLLIÈRE, 48, 120, 124.
LARGNIER, 73.
LARIVOIRE, officier, 100.
LARIVOLLIÈRE, Larivollière, 7, 82.
LAROCHE, de Bully, 531.
LAROQUE, 68.
LASSAUCE, 168.
LASSAUSSE, 209.
LASERRE, de Neuville, 506.
LATANERYE, de Montbrison, 576, 581.
LATOUR, 98, 129, 567.
LAUGIER, 407.
LAURENÇAY, 101.
LAURENCET, 83, 111, 161, 199, 212, 214, 216, 231, 255, 270, 271, 287, 291, 294, 302.
LAURENSET, 160.
LAURENSON, conseiller général, 535.
LAURENT, de Bully, 530.
LAURIOL (C.-A.), 474.
LAUSSEL (l'abbé), 310, 318, 319, 324, 326, 344, 347, 353, 372, 373, 477.
LAVALS (P.), de Saint-Chamond), 565.
LAVASEPIERRE, officier, 99.
LAVAURE, 392, 413, 414, 421.
LAZARISTES (maison des), 42, 266.
LEBLANC, 167, 169, 172.
LEBON, officier, 100.
LEBRUN, 460.
LECAMUS, 383.
LECLERC, 18, 356, 396, 398.
LECOMTE (Philippe), ferblantier, 270, 280, 302, 303 ; — de Montbrison, 576, 581.
LECUYEUX, 301.
LEDOYEN, adjud. général, 339, 432, 434, 452, 461.
LEGAVRE, 204, 227, 245 ; — huissier, 195.
LEGENDRE, représentant, 324, 325, 353, 357, 359, 386, 388, 400, 460, 491, 500, 541.
LEGOUVÉ, de Saint-Etienne, 587.
LEGRAND, 360.
Légumes, 15, 78, 258, 282.
LEMELLETIER, Lemeletier, 35, 46, 52, 59, 68, 91, 92, 96, 107, 118, 119, 120, 126, 129.
LEMOINE, 408.
LEMPERIÈRE, 23.
LEMYRE, 63.
LENTILLY (village de), 25.
LEPELLETIER - SAINT - FARGEAU, 317, 358, 385.
LEROI — aîné, 154, 244 ; — cadet, 151.
LEROY, 166, 214, 474 ; — aîné, 186, 214, 277 ; — cadet, 203, 212, 231, 277 ; — (Amable), imprimeur, 195, 220, 509, 520.
LESBROSSE, 495.
LESCUIER, père, 420.
LETOURNEUR, représentant, 491.
Lettre pastorale, 218.
LEVASSEUR, 178, 474.
Levée — de 2000 hommes, 222, 223 ; — de 4000 hommes, 230.
LEVIEUX, 18, 51, 81, 82, 83, 84, 110, 111, 112, 114, 135.

TABLE ALPHABÉTIQUE 661

Leviste (place), 54.
Levrat, 379, 380.
Lezigneux (commune de), 576.
Liberté (place de la), ci-devant Terreaux, 242, 369, 429, 431, 434, 449, 461, 481, 519, 522, 523 ; — (quartier de la), 272.
Liberté (section de la), 18, 19, 20, 22, 24-28, 30-40, 43, 44, 46, 47, 50, 53-56, 58-65, 67, 68, 71, 73, 74, 90, 92, 94, 97, 99, 101, 102, 104-109, 113, 115, 116, 118, 119, 124-127, 129, 130, 179, 209, 220, 265, 271, 275, 291, 293, 295, 296, 461, 462, 474.
Liberté (statue de la), 323, 477.
Liebault, vicaire, 584.
Liebaux, 25.
Lignau, 107.
Limeau, vicaire, 277.
Linart, 261 ; commandant, 256.
Lindet (Robert), 171, 173, 545.
Linges, 246.
Linz, commandant du bat. du Mont-Blanc, 147, 461.
Lits, 244, 248.
Lobreau, maire de Neuville, 506.
Logement des gens de guerre, 187.
Loir, 5, 12, 31 ; — (Pierre), 393.
Loire (la) 504, 569.
Loiret (le citoyen), 374.
Long, de Saint-Etienne, 587.
Longchamp, 154, 155, 161, 166, 174.
Longchant, 235.
Lons-le- Aulnier (district de), 515, 516.
Loras, 6, 15, 94.
Lorient (ville de), 491.
Lorraine (régiment de), 141.
Louel, 84.
Louet, 23, 24, 39, 53, 56, 91, 94, 107, 113, 115, 126, 132.
Louette, 28.
Louis XVI, 317, 352, 353, 416.
Louis XVII, 153, 572, 604.
Louis (J.), maire de Bully, 531.
Loyasse (redoute de), 120.
Loyer, 62, 64, 456, 568.
Luizerne (rue), 350.
Luneau, 180, 246 ; — prêtre, 279.
Lupin, aîné, 459.
Lyon (district de), 402-406, 409, 420, 422, 423, 431, 438, 440-444, 448, 449, 476, 510, 519, 522, 534, 536, 546.
Lyonnaise (la), 344.

Machabeo, Macabeo, 160, 401, 404, 406, 409, 413, 449.
Machecoul, 569.
Macon (ville de), 229, 236, 238 ; — (tribunal de), 386, 477.
Maçon (le citoyen), 147.
Macors, 181, 219, 224, 239, 244, 245 ; — notaire, 245, 247, 301 ; — (Balthazard-Jean), notaire, 183.
Madiné, 396.
Madinier, 432, 435, 442 ; — commandant de la Garde nationale, 523' 544, 600, 601.
Magnien (Marc), imprimeur, 470, 581.
Magot, 396, 400, 406, 411, 456, 462.
Mahomet, 488.
Mai, 567.
Aillan, 236-238, 401, 404, 406, 407, 413, 427, 435, 445, 535.
Maillet, 193.
Maisonneuve, 15, 56, 133.
Maisons (château de), 501.
Malafosse, 33, 34.
Malchard, 8.
Malinas, 567.
Mallard, 108.
Mallet, 201.
Malte (place de la petite croix de), 264.
Malveillants, 176, 225, v. Suspects.
Manécanterie (la), 82, 84, 133, 268, 299 ; — (nouvelle), 248, 249.
Manin, 151, 164, 168, 180, 395 ; — aîné, 199, 203, 224, 226, 243, 248, 250, 262 ; — cadet, 172, 199, 200, 213, 216, 224, 252, 258.
Manis, 8.
Manifacier, 567.
Manœuvres (compagnie de), 96, 290.
Manteville, 21.
Marais, 174.
Marandan, 474.
Marat, 325, 326, 327, 329, 387, 389, 391, 460, 461, 490, 491, 492, 493, 501, 502, 528, 560, 565, 568, 569.
Marchand, 122.
Marché (place du), à Montbrison, 576.
Marchés, 13, 33, 173, 236, 280, 286.
Marcy (village de), 84.
Marduel, 419 ; commandant, 601.
Marest, 156, 161, 169, 170, 178, 184, 186, 191, 201.
Maret, 101, 159, 243, 245, 246, 247, 294.
Margaron, 459.
Margeron, 393.
Margot (Gilibert), 229.
Margotton, 84.
Mariet, 19.
Marietan, Mariettan, 151, 161, 170, 180, 181, 186, 273, 276, 395 ; — fils, 187.
Mariniers (les), 79, 102, 285, 292.
Marillier, 220.
Mariotte, 21.
Marius, 527.
Marmite de Saint-Paul (dépôt de charbon des sœurs de la), 117.
Marnet (J.-B.), 133.
Marque du pain, 20.
Marret, de Neuville, 506.
Marseillais (les), 149, 185, 213, 214, 222, 223, 230, 313, 314, 324, 325, 345, 346, 387, 389, 391, 393, 427.
Marseille — (bataillon de), 385, 386 ; — (section de), ci-devant du Rhône et Fédération 2e division, 3, 4, 5, 10, 13-15, 18-34, 38-41, 43, 49, 50, 56-58, 61, 62, 64-66, 71, 73, 75, 79, 84,

85, 90-92, 94, 97, 102, 103, 107-109, 112, 115, 118, 122, 125, 126, 168, 172, 185, 190, 218, 248, 260, 262, 265, 267, 271, 274, 285, 289, 474.
MARSEILLE (ville de), 182, 184, 185, 213, 280, 313, 345, 346, 363, 416, 418, 426, 436, 471, 505, 543, 544, 546, 547, 568, 572, 573, 582, 598, 599, 604.
MARTEL, 26.
MARTERON, 201, 216, v. Matheron.
MARTHOUS, 567.
MARTIN, 5, 23, 24, 28, 32, 37, 39, 40, 41, 53, 57, 58, 63, 64, 68, 133, 140, 248, 419, 598.
MARTINIÈRE, 438, 439, 441, 443, 444.
MASSET, 27, 44.
MASSON (rue), 73.
Matelas, 16, 23, 35, 63, 91, 95, 97, 116, 244, 258, 262, 266, 268, 278, 289, 290, 296.
MATHERON, 42, 56, 166, 201, 216, 241, 400, 406, 411, 443, 546 ; — (Louis), 399.
MATHIEU, 220, 254.
MATHON, 10.
MATHON-LACOUR, 3, 5, 71, 97.
MAURICE, 87, 88.
MAURIENNE (la), 450.
MAUPETIT, 19, 64, 126.
Maximum (le), 179, 184, 185, 186, 192, 195, 534.
MAZARD, 26.
MAZEYRIE, aide-major, 549.
MAZUET, 425.
Médicaments, 76, 284.
MEINO ?, 19.
MEMO ?, 52.
Mendiants, 57, 125, 275, 299.
MENIO ?, 19.
MÉNOCHET, 567.
MENU, 17, 27.
MERCIER, 92, 145, 251, 278 ; — fils, 140 ; — père, 204, 229.
MERCIÈRE (grande rue), 497, 529, 552 ; — (petite rue), 345.
MÉREST, 84.
MERGER, 606.
MERLES, 419.
MERLIN, représentant, 369, 490.
MERLINOS ?, 18.
MERMET (veuve), 162, 173, 211.
Messe (la), 13, 257.
MESSEL, fils, 140.
MESTRALET, 126.
MESTRAT, 120.
MÉTROPOLE (canton de la), 162, 199, 392 ; — (église de la), 84, 174 ; — (vicaire de la), 143, 144, 277.
METZ (ville de), 157.
MEUNIER, 151.
MEYET, 146.
MEYNARD, 408.
MEYNIS, proc. gén. syndic, 332, 370, 399, 406, 420, 439, 443, 536.
MÉZIÈRES (ville de), 392.
MICHALET (J.), ouvrier en soie, 270.
MICHAU, chef d'atelier, 70.
MICHAUD, de Boën, 579.
MICHEL, 227, 419.

MICHOT, commissaire du pouvoir exécutif, 383.
MICHOUD, 51, 81, 111.
MICHU, commissaire de la ville de Paris, 312, 313, 314.
MIDI (hôtel du), 43.
MIDI (le), 34.
MILAN (hôtel de), 386, 458, 459.
MILANOIS, 91 ; — imprimeur, 4.
MILIEU, 84.
MILLANOIS, 80, 116, 606 ; — (Jean), 457, 458.
MILLIET, 6, 474.
MILLIEU, Millien, 17, 19, 20-23, 25, 26, 79, 82, 84, 92, 94, 97, 112, 113, 125, 127.
MILLON, 96 ; — colporteur, 215.
MILOU, 406.
MINOYA, 18.
Miquelets, 197.
MIRALLET, ouvrier en soie, 457.
MISÉRICORDE (église de la), 174, 184 ; — (salle des Pénitents de la), 430.
MISSIONNAIRES (église des), 61, 64, 191, 400, 406.
Mobilier des églises des communautés, 217.
MŒNIS, 44.
MOING (commune de), 576-579.
MOLARD, 72, 73, 113.
MOLINARD, 3, 19, 32, 33, 34, 43, 53, 54, 58, 67, 85, 92, 93, 134.
MOLINAS, 69, 72.
MOLINAUD, 16.
MOLINET, 30.
MOLINOS, 41.
MOLLARD, 92, 94, 102.
MOLLIÈRE, 52, 53, 54.
MOMIGNY, 187, 430.
MONDET, 424, 474.
MONDON, 470, 510.
MONCINY, de Saint-Chamond, 565.
MONGEZ, 474.
MONGIN, 388, 393.
Moniteur (le), 491.
MONNATE, de Saint-Chamond, 565.
MONNET, 40.
MONSOUZE, 406.
MONSSIGNY, 6, 42.
Montagne (la), 209, 210, 315, 386, 387, 426, 490, 491, 501, 502, 505, 537, 560.
MONTALAN, 394 ; — (Antoine), 394.
MONTANIER, 30, 410.
MONTAUD, 354.
MONTAUT, 353, 359.
MONT-BLANC (bataillon du), 147, 340, 434, 435, 437, 446, 447, 457, 461, 519, 520, 522, 523 ; — (département du), 592.
MONTBRISON (ville de), 91, 99, 167, 334, 362, 469, 470, 576-581, 600 ; — (chasseurs de), 95, 116, 296 ; — (curé de Saint-Pierre de), 579 ; — (district de), 397, 414, 419, 455, 469, 470, 536.
MONTERAT, Montera, Monterrad, Monterrat, 90, 92, 94, 98, 99, 101, 104, 105-109, 113, 117, 118, 119.
MONTFALCON, Monfalcon, 318, 350, 351, 380, 406.

TABLE ALPHABÉTIQUE

Monsigny, 6, 42.
Mont-Jura (section du), 233, v. Jura.
Montluel (district de), 436.
Montmey, 567.
Montpinay, 236 ; — (Brac), 242.
Montviol, 9, 86, 91, 92, 93, 95, 100, 101, 104, 106, 107, 108, 109, 112, 114, 116, 117, 121, 122, 123, 124, 128, 130, 131, 142, 143, 144-147, 151-153, 155-157, 160, 164, 166-168, 170, 172-179, 181, 185, 186, 190, 267, 268, 474, 520, 542.
Morand, 52, 71, 135.
Morand (le pont), 56, 274, 373, 377.
Morand-Jouffrey, 24, 25, 26, 28, 38, 39, 75, 89, 90, 93.
Morard, 221, 224.
Moreau (Henri), 473.
Morel, 8, 44, 101, 109, 154, 241, 294, 408 ; — (Alex.), 471, 472, 474, 531 ; — (café), 459 ; — de Saint-Chamond, 565 ; — receveur du district de la campagne, 228 ; — (Roch), de Condrieu, 476.
Morenas, 3, 4, 13, 16, 17, 19, 22, 25, 27, 29, 31, 32, 34, 38, 53, 54, 57, 58, 66, 68, 69, 71, 73, 77, 84, 90, 94, 96, 101, 106, 107, 120, 125, 126, 133, 567 ; — cadet, 567.
Morguet, Mourguet, concierge de Porte-Froc, 193, 204, 240, 275, 304.
Moricaud, Moricot (rue), 76, 284.
Moselle (armée de la), 392.
Mottet, 422, 499.
Mottin, conseiller général, 420, 439, 443, 535.
Moujeau, 375.
Moulins, 247 ; — à bras, 72, 110, 128, 247, 283, 300, 301.
Moulins (ville de), 31, 500.
Mouthon, chirurgien, 459.
Mouton, capitaine, de Condrieu, 476.
Moyer (A.), 474.
Moynier (Antoine), 407.
Moyse Chédel, 16.
Mugnier, 20, 25-33, 37-43, 59-63, 65, 67-69, 73-75, 83, 85, 90-92, 97, 101, 107, 120, 129.
Mugu ?, 59.
Mugue, 63.
Mulatière (La); 102, 292.
Municipalité (la), 143 ; — (ancienne), 36, 160, 165, 188, 191, 197, 231, 266.
Munitions, 153, 160, 162, 163, 167, 168, 169, 174.
Murard (la citoyenne), 241.
Musset, 36.
Myr, 268.

Nancy (ville de), 503.
Nantais (les), 487.
Nantas, 409.
Nantes (ville de), 490, 495, 568, 569.
Naples (royaume de), 568.
Napoly, 431, 437, 447.
Nardon, 205.
Naud, 18.
Naudy (veuve), 264.
Néreis, 92, 94.
Néron, 322, 527.
Nervo (O.), 606.
Nesme, 140, 173.
Nesmes, 348.
Neuve (rue), 334.
Neuville-sur-Saône (ville de), 146, 361, 362, 506, 507, 601, 602, 603.
Neyrac, Neyrat (la maison), 59, 275, 290.
Neyreis, 129.
Neyret (rue), 73.
Nezeis, 36.
Nimes (ville de), 179, 471.
Nimois (les), 313.
Nioche, représentant, 153, 171, 176, 177, 329, 337-341, 399, 402, 406, 414, 428, 430, 432-434, 436, 437, 440, 441, 443-454, 462, 479, 521, 522, 545, 571.
Niogret, 68, 69, 85.
Nivière-Chol, 313, 316, 319, 322, 323, 357, 358, 363, 366, 370, 374, 377, 378, 379, 460, 477, 499.
Noally, commandant du bataillon de Vaise, 163 ; — de Roanne, 219.
Nochaud ?, 93, 94 [Rochand] ?
Noel, 406, 461.
Noir, 123.
Nord (armée du), 568.
Normandie (la), 392, 502.
Normands (les), 569.
Notaires (les), 358.
Notre-Dame (collège), 82.
Nouvelet, 68.
Nouvelle-Douane (caserne de la), 127-300.
Nuguillon ?, 17.

Oberstad, 459.
Observance (Cordeliers de l'), 66, 279.
Obsan, 539, 540.
Obus, 286.
Officiers, 99, 291.
Officiers municipaux (absence des), 65, 279.
Olivier, 93, 94, 113, 115.
Oratoire (maison de l'), 28, 52, 61, 272.
Oratoriens (salle des), 379, 425.
Orcel, 45, 79.
Orelut, de Saint-Chamont, 565.
Oriol (maison), 458.
Orléans — (ville d'), 310, 344, 569 ; — (club d'), 537.
Orléans (duc d'), 492, 560 ; — (Philippe d'), 526, 568.
Ornac (le général d'), 461.
Orsel, 50, 62, 74, 83, 199.
Ossonne (ville d'), 168 ; Auxonne.
Otages, 227.
Outre-Furens (municipalité d'), 554.
Ouvriers — (compagnie d'), 55, 274 ; — (immatriculation d'), 47, 270 ; — (réquisition d'), 6, 42, 44, 46, 48, 49, 50, 52, 56, 58, 59, 63, 66, 70, 76, 88, 91, 92, 95, 105, 107, 110, 118, 119,

120, 123, 124, 126, 128, 129, 237, 244, 268, 269, 270, 271, 272, 274, 275, 279, 282, 284, 288, 289, 291, 292, 293, 294, 296, 297, 298, 299, 300 ; — (salaire des), 54, 118, 234, 273, 296 ; — sans travail, 85, 89, 90, 287, 288 ; — (surveillance des), 66, 279.

Pache, maire de Paris, 389, 491, 502, 508.
Paganucci, 110, 111, 121, 130, 474, 529.
Paillard, 448.
Paillasson, 37.
Paillet, affaneur, 268.
Pain, 6, 7, 8, 11, 20, 23, 24, 25, 29, 31, 32, 33, 35, 64, 66, 72, 77, 79, 80, 81, 86, 94, 98, 102, 107, 109, 110, 114, 144, 145, 174, 187, 196, 251, 260, 262, 265, 278, 279, 282-286, 288, 289, 293, 294, 381, 383, 449 ; — (indemnité de), 267 ; — (marque du), 20, 65.
Paix (la), 132, 303.
Paix (hôtel de la). 344.
Paix (section de la), 3, 5, 10, 12, 13, 15, 16, 18-20, 22, 23, 25, 27-34, 38-41, 43, 47, 51, 53, 54, 57, 58, 68, 69, 71, 73, 84, 85, 91, 93, 94, 96, 102, 108, 113, 126, 129, 265, 289, 300.
Pallet, 30.
Pallier, 85, 103.
Pallut, 130.
Paluit, 129.
Pansement (effets de), 246.
Panthot, rentier, 279.
Pape (La), 42, 268, 603.
Papier monnaie, 381.
Papillon, 379.
Papon, 567.
Paquet, 567.
Paradis — (maison), 76, 284 ; — (rue), 347, 351.
Paral, 423.
Parantoux, 396, 406.
Paraudier, 51, 81, 82, 93.
Parcin, 157.
Paris (ville de), 30, 31, 150, 159, 161, 170, 181, 184, 198, 210, 212, 214, 220, 265, 309-314, 316, 317, 325, 326, 329, 330, 335, 343-351, 353, 356, 357, 361, 364, 387, 388, 390, 391, 393, 396, 398, 410, 418, 426, 427, 436, 460, 471, 489, 490, 493, 498-505, 517, 518, 527, 537, 539, 542, 559, 567, 568, 569, 571, 572. — (députés des sections de Lyon, à), 498, voir députés ; — (Jacobins de), 306, 315, 326, 327, 406, voir Jacobins.
Paris (section de), ci-devant Pierre-Scize, 22, 30, 37, 40, 44, 47, 48, 61, 68, 69, 73-75, 84, 85, 98, 99, 102, 104, 106, 113, 121, 123, 125, 127, 179.
Pariset, 425.
Parisiens (les), 208, 389.
Parmentier, cadet, 245.
Parmilieu, 146.
Parra, lieutenant, 166.
Parrel, 406.
Parret, 17.

Parrin, 71, 90, 97, 106, 107, 108, 113, 120, 474.
Parsin, 226.
Pas..., 22.
Pas-Etroit (rue), 379.
Pascal, l'invalide, de St-Chamond, 565.
Passavant, 408.
Passeports, 157, 210, 215, 218, 222, 225.
Pâtisserie, 33, 282.
Pâtissier, 181, 201 ; — lieutenant à Condrieu, 476.
Pâtissiers, 33, 66, 265, 279.
Patrin, 235, 359.
Patriote (le), journal, 491.
Patrouilles, 26, 36, 43, 86, 262, 263, 269 ; — de vieillards, 9, 252, 253.
Paturat, 277.
Paulhier, 142.
Pautard, 170.
Pauvres, 74 ; — (caisse des), 62.
Pavy, 28, 53, 60.
Pêcherie — (bataillon de la), 451 ; — (section de la), puis Brutus, 396, 522, voir Brutus.
Pêcherie (place de la), 212.
Pécolet, Pécollet, 5, 7, 8, 9, 11, 27, 36, 43, 44, 200. 216, 438, 443, 449, 546.
Pelissier, 101, 154, 158, 181, 193, 194, 195, 197, 199, 204, 211, 215, 275, 256, 258, 261, 263, 264, 266, 287, 289, 290, 294, 297, 299, 304, voir Pellissier.
Pelisson, 126, voir Pellisson.
Pellegrin, 38, 44, 45.
Pelletier, adjudant, 374, 375, 444.
Pelletot, 227, 331, 336, 395, 396 ; — fils, 410, 411 ; — père, 396.
Pellin, 87, 88; chirurgien, 78.
Pellissier, 169, 173, 180, voir Pelissier.
Pellisson, 419, voir Pelisson.
Pelussin (commune de), 534.
Pelzin, 31, 351, 386, 388, 389, 543, 544, 546.
Pénitents, (église des), 176 ; — (salle des) de la Miséricorde, 430.
Pensions et secours aux blessés, 16.
Pérard, lieutenant, 151, 152 [Parra] ?
Perdraux, 567.
Pères (près les), 70.
Périgaud, 6, 13, 47, 48, 50, 54, 56, 77, 78, 80, 81, 92, 110, 119, 124, 130, 474.
Perillon, 379.
Périsse (Jean), 606.
Perochia, 347, 407.
Perra, aîné, 162 ; — lieutenant, 152.
Perrache, Peyrache — (chaussée), 124, 299 ; — (moulins), 88, 107, 288, 293 ; — (porte), 133 ; — (quartier), 63 ; — (travaux), 83.
Perraud, 169, 192 ; — caporal, 173.
Perraut, 209.
Perrelle (Vincent), 66.
Perret, 106, 374, 419 ; — (la citoyenne), 277.
Perreton, 406 ; — de Bully, 531.

Perricaud, 474.
Perrier, 3.
Perrin, 73, 79, 83, 115, 224 ; — drapier, 408.
Perrin-Précy, Pressy, 93, 217, 226, 245, 289, v. Précy.
Perrochiat, 347, 407.
Perrodier, 51.
Perrolt, 295.
Perrot, 263 ; — (Jean-Baptiste), architecte, 226, 253, 267, 280.
Perrotier, 379
Personat, 67, 130.
Personaz, 62.
Personnat ? 106.
Pessoneau, 68.
Pétion, 359, 489, 604.
Petit, 18, 19, 81, 142, 151, 156, 160, 161, 168, 174, 176, 177, 181, 192, 196, 198, 200, 203, 204, 207-210, 212, 213, 215, 218, 221, 224, 226, 228, 230, 240, 265 ; — (Florentin), 31, 82, 84 ; -- (D.-M.), 567.
Petit-Forez (Capucins du), 52, 217.
Peurière, de Saint-Etienne, 587.
Pey, 567 ; — cadet, 567.
Peyrachon, 379
Peyron, 55, 83.
Phelips, 81.
Phelip, 81, 83, 84, 110.
Philip, 114.
Philipon, 101 ; — (C.G.), imprimeur, 600, 605.
Picot, 407.
Piégay, 71, 96, 120, 127 ; — (Pierre), 423.
Piémont (le), 573, 601.
Pieron, 46, 50, 52, 66, 99, 112, 124, 606.
Pieron, Pierou, 50, 124, 606.
Pierre (pont de), 36, v. Saône.
Pierre-Scize, 164, 165, 309, 311, 323 ; — (rue), 30, 40.
Pierre-Scize — (bataillon de), 355, 445 ; — (section de), puis Paris, 179, 396, 474, v. Paris.
Pierrefeu, directeur des Célestins, 165.
Pierron, 77, 91, 95, 192.
Pierroux, 139, 140, 142, 154, 348.
Pignard, de Bully, 531.
Pignière, 345.
Pilot, 389 ; — directeur des postes, 176, 184, 190.
Pinet, 18 ; — graveur, 214 ; — (Ph.-J.) imprimeur, 603.
Pio, secrét. d'ambassade, 568.
Pipon, 358, 404, 406, 435.
Pipy, 40.
Piques, 7, 250.
Piquet, 201.
Piron, 16, 51 ; — (Antoine), 51.
Piston, 567.
Pitiot, 474.
Pitra, 142, 146, 155, 162, 166, 168, 216, 219, 244 ; — (Guillaume), 141, 201, 234.
Pitrat, 186 ; — (Guillaume), 139, 141, 142.
Pitt, 470, 490, 524, 569, 572, 573, 604.
Place-Confort — (bataillon de), 355, 445 ; — (section de), puis Fraternité, 161, 177, 188, 356, 396, 474, v. Fraternité.
Place-Neuve — (bataillon de), 174 ; — (section de), puis Union, 143, 217, 396, 474, v. Union.
Place St-Paul (section de la), puis Concorde, 424, v. Concorde, Port St-Paul.
Placy, 42, 46, 126, 128, 471, 606.
Plaine, (section de la), 396.
Plaine (la) 505.
Plantard, Plautard, 146, 169.
Plasse, conseiller général, 406.
Plasson, de Condrieu, 476.
Plasson-Lacombe, 510.
Plat-d'Argent — (bataillon de), 355 ; — (section de), puis Thionville, 157, 396, 475, v. Thionville.
Plâtre (place du) 459.
Plâtre (section du), puis Egalité, 161, v. Egalité :
Pléney, 17, 22, 23, 24, 28, 29, 30, 31, 34, 35, 37, 38, 39, 50, 55, 57, 58, 60, 61, 68, 69, 91, 93, 97, 99, 106, 107, 115 ; — (J.-B.), 77, 92, 120.
Pochon, de Beaujeu, 534.
Poirat, (maison), 425.
Poirier, artisan, 229.
Poleymieux (commune de), 310.
Polichon, 99.
Polingue, 475.
Pomerol, (veuve), 408.
Pompes, 75, 283 ; — à incendie, 9, 39, 45, 49, 59, 232, 267, 271.
Pompiers, 39, 267.
Poncet, 263.
Ponchon, 408.
Ponçon, 168.
Ponson, 54, 258 ; — vicaire, 583.
Pont de bateaux, 253, 258.
Pont-St-Esprit (le)
Pontalier, 347.
Ponteuil, comédien, 337, 419.
Porsenna, 394.
Port-du-Temple — (bataillon du), 189, 373, 566 ; — (section du), 3, 4, 5, 11, 12, 13, 16, 17, 19-22, 25, 27, 29, 31, 32, 34, 38, 53, 54, 57, 58, 64, 66, 68, 71, 73-75, 77, 84, 90, 93, 94, 96, 101, 102, 106-108, 112, 120, 125, 126, 133, 143, 147, 153, 165, 169, 172, 177, 182, 183, 184, 186, 202, 214, 218, 223, 225, 230, 245, 256, 266, 274, 275, 281, 337, 339, 355, 356, 364, 372, 396, 415, 416, 431, 457, 470, 474, 482, 529.
Port-Saint-Paul — (bataillon de), 355 ; (section de), puis Concorde, 143, 168, 396, 460, 474, v. Concorde, Place St-Paul.
Portalet, (Jean-François), 456, 457.
Porteproc, Porte-Froc — (bataillon de), 151, 174, 196, 200, 214, 217, 218, 219, 224, 228, 237, 239, 240, 244, 247, 250, 254, 256, 257, 262, 267, 290, 295, 301, 302 ; — (bureau de la section de), 139, 140, 141, 142, 154, 167, 192, 193, 242, 245, 249, 253, 264 ; — (cachets de la section de), 214 ; — (caisse de se-

cours de),287 ;—(canonniers de),256; — (comité de surveillance de), 203, 241, 245, 395 ; — (comité d'impositions de), 211, 215, 216 ; — (délégations du bataillon de), à St-Etienne, 235 ; — (frais de bureau de la section de), 228, 231, 275, 280, 297, 298, 304 ; (hôpital de la section de), 269 ; (inspecteurs de la salle de la section de), 181 ; — (limites de la section de), 211 ; — (police de la salle de la section de), 154 ; — (section de), 4-6, 10, 12-17, 19-62, 64, 65, 67-69, 71, 73-75, 77, 79, 83, 85, 92, 94, 97, 101, 102, 106-109, 113-115, 118, 120, 122, 139-304, 334, 348, 395, 396, 438, 439, 441, 456, 465-467, 474, 507, 509, 542, 551, 552, 566.
Portes de la ville, 13, 28, 32, 58, 202, 225, 233, 234, 275.
Portraits des échevins, 311.
Ports, 39, 267.
PORTUGAL (le), 527.
Postes (directeur des), 165, 350, 351.
Potasse, 9, 252.
POULAILLERIE (rue), 425.
Poudre, 48, 71, 270, 282.
POULET (Philippe), 423.
POUTEAU (citoyenne), 408.
PRA, 396.
PRAIRE-ROYER, maire de St-Etienne, 587.
PRAT (Jacques), 474.
PRÉCY, Précis, Pressy, 59, 74, 85, 93, 95, 99, 102, 119, 121, 132, 217, 226, 245, 256, 274, 275, 287, 290-292, 297, 298, 303, 600. v. Perrin.
PRENAUD, 29.
PRESLE, 220.
PRESSAVIN, 139.
PRÊTRES (rue des), 175, 256, 279.
Prévenus du 29 mai, 69, 183-186, 281.
PRÉVERAUD, de Villefranche, 344.
PRIER, 567.
PRIMAT, 180, 212, 225.
PRINTEMPS (Artaud dit), 261.
Prisonniers, 69, 107, 180, 191, 281, 282, 286, 293.
Prisons, 11, 12, 64, 82, 182, 184, 187, 193, 203, 205, 209, 210, 211, 217, 220, 251, 278.
PRIVAT, Privas, 5, 6, 35, 43, 48-50, 52, 54, 55, 58, 59; 61, 68, 77, 91, 92, 95, 96, 99, 102, 107, 110, 119, 120, 126, 128, 129, 140, 141, 142-144, 170, 173-177, 180, 183-185, 187, 190, 191, 606 ; — fils, 88.
Privilèges (actes des), 381.
PRODON, curé de St-Pierre de Montbrison, 579.
Profession de foi, adresse de la section de l'Egalité, 161.
PROLI, 567.
PROSJEAN, représentant, 572.
PROST, 21, 55, 61.
PROTAIX, 539, 540.
PROVENCE (hôtel de), 43.
PROVIDENCE (sœurs de la), 583.
PRUDHOM, 4.

PRUDHOMME, 344, 353.
PRUSSE, (la), 601 ; — (le roi de), 604.
PUGNET, de Montbrison, 577, 578.
PUJAT (Claude), 603.
PUNITROT ? 277.
PUPEL, 25.
PUPIER, 20, 21, 22, 23.
Puits, 283.
PYRÉNÉES (les), 572.
PYRÉNÉES-ORIENTALES (armée des), 167.

Q*uais*, 39, 63, 267, 278.
QUINSEAU, 348.
QUINZE-VINGT (section des), à Paris, 521.
QUIZARD, 408.
Quotidienne (la), journal, 405.

R*abaut* S*t*-ETIENNE (J.-P.), 185, 536, 542.
RAIMOND, 30, 567.
Raisins, 100, 123, 125, 291, 298, 299.
RAJAT, 30, v. Rayat.
RAMBAUD, 3, 4 ; — de Bully, 531.
RAMEY, 101, 245, 294.
RANCHON, 97, 99.
RAPOUX, 567.
RAST, 474.
RATER, 88, 120 ; fils, 52, 66, 95, 96, 102, 107, 110, 112, 118, 119, 124, 128.
RAUCHARD, 84.
RAUD, 18, 109.
RAVIER, 22, 139, 140, 154.
RAVOIR, 21, 30, 41.
RAY, 348 ; (F,), 475 ; v. REY.
RAYAT, Rajat, 3, 16, 18-20, 22, 23, 25, 27-30, 32-34, 38-41, 43.
RAYMOND, 106 ; (J.), 66 ; — de Bully, 531.
RAYRE, 80, 81, 142, 151, 171, 200, 201, 203, 206, 238-240, 267, 268, v. REYRE.
Recensement de la population, 117, 281, 296 ; — des citoyens, 225 ; — des non-combattants, 99, 291.
RÉCOLLETS (les), 61, 277.
REDON ?, 35, v. Bedor.
REDOR ?, 36, v. Bedor.
RÉGIPAS, de Bully, 531.
REGNAULT, imprimeur, 305.
REGNY, 53, 94.
REIHAUSEN (ville de), 459.
REMILHE, 142, 203, 214, 228, 241.
RENARD, 49, 67 ; — avoué, 279.
RENAUD, 53 ; (veuve Vernay), 40.
RENAUDIN, 396 ; luthier, 418.
RENÉ, 396.
Repas fraternel, 393.
REPELEIN, Repellin, 41.
REPELLIER, 21, 22, 23, 35, 36, 37, 38, v. Repellin.
REPELIN, Repellin, Repellier, 23, 25, 33, 34, 53, 91, 94.

TABLE ALPHABÉTIQUE 667

Repellin, 25, 32, 34, 39, 53, v. Repellier.
Reppelin, v. Reppellin, Repellier, Repelin, 53, 54, 55, 56, 61, 65, 67, 68, 69, 71, 73, 134.
Représentants du peuple, 15, 42, 132, 133, 134, 135, 236-238, 258, 268, 295, 303, 304, 401, 402, 405, 406, 409, 410, 414, 428, 435, 519 ; — (arrestation de), 209, 210 ; — gardés à vue, 147 ; — v. Albitte, Dubois-Crancé, Gauthier, etc.
Représentation aux Célestins, 165.
Résidence (autorisation de), 212, v. certificats.
Ret, 379.
Retourna, 359.
Réunion (section de la), ci-devant Bellecordière, 3, 4, 5, 6, 10, 11, 16, 19-23, 25, 26, 28, 29, 44, 51, 54, 57, 58, 60-62, 65-69, 71, 73, 74, 84, 85, 90, 92, 93, 96, 97, 99, 102, 106, 108, 109, 113, 120, 125, 127, 132, 133, 163, 171, 248, 255, 272, 273, 303, 474 ; v. Bellecordière.
Réveil des Lyonnais (le), hymne, 562.
Revendeuses, 32, 265.
Reverchon, de la section de l'Ancienne ville, 55, 56, 58-60, 93, 108, 113, 120, 124, 279.
Reverchon, représentant, 229, 238, 239.
Revbrol, 396.
Revérony, 64, 72, 80, 109, 118, 241 ; — (Louis), 374, 375 ; — (P.-J.), 118.
Revol, 30, 37, 40, 48, 61, 84, 104, 106, 123, 474 ; — fils, 406.
Revolière (La), officier municipal, 13.
Révolution (place de la), à Paris, 567.
Revue, 186, 259.
Rey, 153, 156, 166, 168, 176, 177, 191, 198, 199, 203, 204, 206, 209, 210, 212, 214, 215, 220, 221, 222, 223, 230, 231, 241, 244, 246, 253 ; — (Pierre), 287 ; — v. Ray.
Reynard, 10, 393, 416, 567.
Reyre, 139, 152, 156, 166, 173, 177, 184, 185, 186, 190, 244, 268 ; v. Rayre.
Reyssié, lieut. colonel, 100.
Rhimberg, v. Rimberg.
Rhône (le), 55, 79, 102, 110, 247, 285, 319, 326, 329, 341, 373, 394, 452, 500, 523 ; — (quai du), 340, 393, 456, 520, 522.
Rhône — (bataillon du), 355, 445 ; — (section du), puis Marseille, 172, v. Marseille.
Rhône-et-Loire — (commission départementale de), 597, 598, 602 ; v. Commission populaire ; — (département de), 139, 236, 237, 347, 377, 378, 392, 394, 398, 400, 401, 402, 405, 406, 411, 416, 420, 422, 427, 438, 442, 443, 455, 478, 531, 534, 545, 573, 574, 575, 588 ; — (députés de), 344 ; — (synode métropolitain de) 582 ; — (tribunal criminel de), 149, 150 ; — v. Département.
Riard, 142, 151, 340, 345, 385, 444, 459, 460 ; — chef de légion, 162, 420, 429, v. Ryard.
Riard-Beauvernois, 314, 348, 357.
Richard, 5, 9, 12, 35, 36, 37, 38, 39, 48, 52, 57, 63, 64, 101, 139, 178, 192, 196, 248, 262, 356, 404, 406, 409, 413, 567 ; — aîné, 11, 12, 27, 32, 39, 43, 47, 49, 50, 54, 56, 60, 61, 393 ; — aîné, conseiller général, 420, 439, 443, 448, 536 ; — officier, 237, 250 ; — officier municipal, 401.
Riche, 17, 141, 142, 143, 186, 192, 203, 216, 220, 245, 301.
Richoud, 268.
Rimberg, 99.
Ringard, 419.
Ripond, Ripoud, 6, 15, 106, 262.
Rivaud, 409.
Rivière, 343, 474.
Riz, 86, 92, 107, 111, 288, 289, 292, 293, 294.
Roanne (prison de), à Lyon, 12, 69, 189, 217, 251, 270, 272, 281, 359, 360, 365, 368, 369, 370, 371, 378, 384.
Roanne (ville de), 219, 220, 222, 224, 226 ; — (commandant du détachement de la garde nationale de), 224 ; — (district de), 536, 580.
Robbin (François), 169.
Robert, 3, 16, 353, 419 ; — sous-lieutenant, 601.
Robespierre, 327, 329, 359, 387, 391, 460, 488, 489, 491, 492, 501, 502, 560, 568.
Robin, 169.
Roch, 352, 356, 404, 407, 411 ; — officier municipal, 386, 401 ; — secrétaire du Change, 474.
Roch-Morel, de Condrieu, 476.
Rochand, 35, 36, 94, 134.
Rochard, 36, 37.
Roche, 2, 13, 19, 21, 22, 23, 47, 70, 73, 79, 120, 124, 134, 237, 390, 422 ; — officier municipal, 158.
Roches, 82.
Rochette, 474.
Rodié, 22.
Roé, 3.
Roger (J.), imprimeur, 518, 525, 570.
Rogniat, 567.
Roi (Le), v. Leroi.
Roland, 94, 357, 359, 386, 387, 392, 491, 492.
Rôle pour le logement des gens de guerre, 226.
Rollet, médecin, 605.
Rolichon, Rolichon, 51, 54, 65, 66, 67, 68, 71, 97, 102.
Romains (les trois cent), 394.
Rome, 318, 322, 352, 493, 495, 517, 527, 546, 555.
Ronchet, secrét. de la municipalité, 574.
Rondeau, 69.
Rondelet, 5, 6, 22, 23, 25, 26, 28, 29, 73, 74, 84, 90, 125, 133.

RONDELLET, 3.
RONIN, 19, 27, 28, 38; — (Joseph), 17, 44.
RORET, 168.
ROSE, 73, 74, 80, 126, v. Roze.
ROSIER, 419, v. Rozier.
ROSSET — (J.-J.), 97; — (M.-L.), 529.
ROUBIÉS, 14, 23, 26, 27, 36, 37, 42, 45, 46, 49, 50, 55, 71.
ROUCHAN, 109.
ROUCHET, 246.
ROUCHOIS, 65.
ROUCHON, 113, 129.
ROUERIE (s^r de la), 503.
ROUGEOT, 567.
ROUHER, de Neuville, 506.
ROUL, serrurier, 379.
ROULEAU, 185, 398, l. Roullot.
ROULLOT, Roulot, 185, 320, 321, 330, 331, 347, 373, 393, 398, 406, 458, 459, 501.
ROUSSEAU, secrét. du comité de surveillance, 3.
ROUSSEAU — (buste de J.-J.) 323, 477; — (salle), à l'hôtel de ville, 41, 46, 85, 116, 244, 267, 270, 274, 406, 407.
ROUSSEAU (section), ci-devant Saint-Nizier, 5, 9, 10, 12, 16, 18-20, 22, 25, 28, 30, 31, 32, 33, 38, 40, 51, 57, 58, 64, 68-70, 73-75, 77, 94, 99, 103, 106, 112, 113, 126, 168, 170, 183, 226, 229, 245, 256, 265, 265, 272, 281, 292, 338, 345, 409, 421, 425, 475, 495, 496.
ROUSSEL, 97.
ROUSSET, 3, 37, 127, 129, 130.
ROUSSY, 263.
ROUX, 17, 27, 28, 38, 45, 406, 474, 495; — (F.), 49, 96, 112, 120; — Fleury, 48, 56, 59, 61, 66, 68, 70, 76, 91, 99, 107, 124, 128, 129; — avoué, 277; — notable, 481.
ROUYER, représentant, 491, 572.
ROVÈRE, représentant, 324, 386, 392, 400, 491, 492.
ROYAL-POLOGNE (officiers de), 345.
ROYALE (rue), 344.
ROYER, 13, 35, 95, 116; — off. municipal, 95.
ROYET, 127.
ROZE, 91, 109, 125, 130; — (C.-M.), 47, 112, v. Rose.
ROZET, de Neuville, 506.
ROZIER (Pierre), colporteur, 218.
ROZIER, conseiller général, 439, 443, 444, 535.
RUCHAR, 58.
RUE-BELLECORDIÈRE (section de), puis Réunion, 474, v. Bellecordière, Réunion.
RUE-BUISSON, — (bataillon de), 600, 601; — (section de), 3, 5, 11, 14, 16, 17, 19, 20, 21, 23, 27, 28, 31-33, 41, 43, 52-54, 58, 62, 65, 67-69, 72, 84, 85, 92, 93, 97, 102, 127, 129, 130, 134, 168, 175, 194, 248, 265, 269, 273, 278, 288, 289, 304, 421, 474, 515.
RUE DE L'HÔPITAL (section de la), 474.
RUE-JUIVERIE (bataillon de), 445; v. Juiverie.

RUE-NEUVE (section de), 3, 5, 14, 16, 17, 19-25, 28, 29, 31-34, 38, 39, 43, 50, 51, 53, 54, 56, 57, 58, 62, 63, 66-69, 72, 73, 77, 79, 85, 90, 92, 93, 101, 102, 112, 113, 120, 122, 125, 126, 163, 190, 191, 193, 205, 211, 257, 262, 264, 278, 338, 396, 420, 421, 474, 482; — (club de), 394.
RUE-NEYRET, (section de), 396.
RUE-TERRAILLE (section de), 168, 180, 185, 474.
RUE-THOMASSIN — (bataillon de), 355, 445; — (section de), puis Bonnefoi, 5, 12, 13, 16, 17-22, 25, 27-30, 37-40, 50, 57, 58, 61, 87, 94, 101, 112, 160, 193, 201, 396, 474.
RUE-TUPIN (section de), puis Jean-Bart et Droits-de-l'Homme, 179, 445, 474, 495, v. Droits de l'Homme, Jean-Bart.
RUEL, 537.
RUFFIÉ, 351.
Ruisseaux, 36, 266.
RYARD, 142, 162, v. Riard.

SABLES (Les) [d'Olonne] 568.
SABLON (Berger), 211.
SABLON-DUCORAIL, 360.
SABLONAY, 157; (veuve), 185.
SABLONET (veuve), 185.
SACONO? 72.
Sacs (réquisition de), 130, 301.
SAGE, 81, 83, 84, 95.
SAGET, 408.
SAGUNTE (ville de), 394.
SAILLARD, de Lons-le-Saulnier, 518.
SAIN, 4, 102, 125, 126, 134.
SAINT-AMAND, St-Amant, comédien, 337, 417; — (Gulbois), 185, 444.
SAINT-ANTOINE (faubourg), à Paris, 521, 524, 525.
SAINT-BARTHÉLEMY (la), 326, 377.
SAINT-BENOÎT (prieuré de), 428.
SAINT-BONNET-LE-TRONCY (le curé de), 344
SAINT-CHAMOND (ville de), 397, 439, 565.
SAINT-CHARLES (séminaire), 582.
SAINT-CLAIR — (barrière), 43, 269; — (pont), 61, 77, 285, 319, 522; — (porte), 6; — (quai), 457.
SAINT-CÔME (petite rue), 457.
SAINT-ÉTIENNE — (assemblée électorale de), 347; — (district de), 444, 534, 574; — (ville de), 180, 181, 228, 235, 362, 553, 554, 558, 561, 562, 564, 565, 574, 575, 576, 578, 579, 585, 586, 587, 588, 589.
SAINT-GALMIER (commune de), 187.
SAINT-GENIS-LAVAL, 25, 157.
SAINT-GENIS-[les-Ollières], 84.
SAINT-GEORGES (Loire), 589.
SAINT-GEORGES (porte), 133, 226, 227, 234; — (quartier), 196; — (rue), 218, 236, 318, 375.
SAINT-GEORGES — (bataillon), 355, 445; — (club), 392; — section, 17,

TABLE ALPHABÉTIQUE 669

19-33, 35-42. 44, 57-65, 67-69, 71, 73-75, 77, 79, 80, 83, 85, 90-97, 101, 102, 106-108, 113, 115, 120, 122, 127, 129, 143, 172, 211, 269, 285, 337, 338, 396, 413, 420, 474.
Saint-Germain (Loire), 580.
Saint-Honoré (rue), à Paris, 418.
Saint-Irénée — (église), 178 ; — (séminaire), 582, 583.
Saint-Jean — (église), 84, 301 ; — (place), 152, 264, 286, 301, 520 ; — (rue), 215.
Saint-Joseph — (congrégation de), 582 ; — (hôpital), 278 ; — (prison), 42, 268.
Saint-Just — (porte), 133 ; — (poste de), 13. 606 ; — quartier, 38, 45, 73, 128, 280, 300.
Saint-Laurent (le citoyen).
Saint-Lazare (maison de), 42, 44, 61, 78, 269, 277.
Saint-Louis — (église), 178, 179 ; — hôpital, 87, 88, 288, 293.
Saint-Marcelin (commune de), 581.
Saint-Martin (le citoyen) 393.
Saint-Michel (H^tes-Alpes), 215.
Saint-Nizier (église), 55, 131, 133, 135, 303.
Saint-Nizier (section de), puis Rousseau, 143, 168, 356, 396, 409, 495, v. Rousseau.
Saint-Paul (dépôt de charbon des sœurs de la Marmite de), 117.
Saint-Paul — (bataillon), 445 ; — (section), 102 ; v. Port-St-Paul.
Saint-Pierre — (abbaye, monastère), 217, 436, 458, 459 ; — (caserne), 6, 8, 23, 40, 67, 96, 256 ; — (magasin), 217 ; — (place), 340, 457 ; — (poids), 68 ; — (rue), 457.
Saint-Pierre-la-Palud (commune de), 395.
Saint-Polgue (canton de), 580.
Saint-Polycarpe — (curé de), 163, 164, 484 ; — (église de), 1, 163, 484.
Saint-Rambert (ville de), Loire, 580, 581.
Saint-Robert (le citoyen), 4.
Saint-Romain (place), 143.
Saint-Romain-le-Puy, 580.
Saint-V... (marquis de), 459.
Saint-Vincent (dépôt de charbon de l'église), 117 ; — (quai), 428.
Saint-Vincent — (bataillon de), 355, 393, 428, 445 ; — (club de), 393 ; — (section de), 16, 17, 23, 24, 27-29, 31, 34, 38, 47, 72, 73, 85, 92, 93, 97, 102, 113, 125, 126, 178, 283, 289, 294, 334, 396, 413 ; — (section de), 1re division, 112, 165, 474 ; — (section de), 3e division, 474.
Sainte-Eugénie (maison), à Montbrison, 577.
Sainte-Marie-des-Chaines (greniers de), 130, 301.
Sainte-Foy, (commune, quartier général de), 133, 256, 304, 444, 606.
Saladin, 490.
Salavin, 379.

Salé, 22, 24, 260, 262.
Sallière, 357.
Salvador, officier, 99.
Samnis, 460.
Samson, 486.
Sancey aîné, 122.
Santalier, Santallier, conseiller général, 398, 406, 407, 535.
Santerre, 537, 568.
Saône (la), 39, 84, 102, 107, 267, 329, 340, 394, 500, 523 ; — (quai de la), 522.
Saône — (bataillon de), 127, 300 ; — (section de), 4, 5, 19, 21, 24-27, 31-34, 36-39. 50, 52, 62, 71, 73-75, 88-90, 93, 102, 111-113, 125, 126, 130, 162, 163, 165, 169, 181, 194, 195, 247, 264, 283, 288, 524.
Saône-et-Loire (département de), 236, 237, 246.
Sardaigne, (roi de), 573.
Sarthe (la), 569.
Satin, 396, 567.
Saumur (ville de), 504, 568.
Saunier, 68.
Sautemouche, 188, 189, 334, 406.
Sauvain, de Montbrison, 600.
Sauvaneau, 141, 161 ; v. Souvaneau.
Sauzéas, 443 ; —(A.), conseiller général, 398, 420, 439, 535.
Sauzéon, 567.
Savaron, 595 ; — officier, 100.
Savi, 167, 168, 169, 180, 192.
Savin, 348 ; — lieutenant, 151, 152.
Savon, 22, 260.
Savy, 58, 179, 209, 219, 237, 244 ; — commandant, 237 ; — entrepreneur, 226.
Scevola (section), ci-devant St-Vincent, 2e division, 5, 12, 14, 17, 19, 21-25, 27, 28, 31-34, 37-41, 44, 60, 90, 94, 101, 102, 183, 234, 275, 287, 334, 474.
Schaleymer, 407.
Schemit, anglais, 186.
Scherb, 408.
Scherer, 24 ; (H.), 408.
Schmith, Schmit, anglais, 150, 190.
Schutz, 16, 25, 51, 69, 71, 99, 104.
Secrétariat général des sections, 1-135, 214, 220, 222, 223 ; — (absences au), 48 ; — (bureau du), 51, 81, 114 ; — (dépenses du), 62, 278 ; — (laissez passer pour le), 123 ;— (membre du), 112 ; — (mobilier du), 83, 84 ; — (papiers du), 135 ; — (salle des séances du), 81, 82, 83.
Secours 9, 10, 55, 60, 68, 89, 173, 185, 194, 210, 234, 254, 258, 274, 277, 281, 287, 288 ; — (caisses de), 236, 287 ; — (dépôts de), 3, 4, 247 ; — aux blessés, 248 ; — aux victimes du 29 mai, 168, 169, 211.
Sections — (assemblée des commissaires des), 133, 259, 260, 304 ; — (convocation de commissaires des), 3, 6, 8, 9, 11, 12, 14, 15, 27, 36, 37, 41, 42, 43, 46, 61, 62, 80, 85, 89, 91, 101, 103, 108, 112, 115, 116, 117, 126, 130, 131, 132, 134, 252, 255, 256, 257,

258, 259, 266, 267, 268, 269, 270, 272, 277, 278, 286, 289, 293, 294, 295, 296, 299, 300, 301, 302, 303, 304 ; — (députés des), à la Convention, 30, 265, v. députés ; — (distribution des arrêtés aux), 194 ; — (police des assemblées de), 165, 166, 179 ; — (receveurs des), 260 ; — (séances des), à rendre intéressantes, 187 ; — V. Amis des lois, Ancienne Ville, Belle-cordière, Bonne-Foi, Bon-Rencontre, Bordeaux, Brutus, Change, Concorde, Convention, Côte, Croisette, Droits de l'Homme, Egalité, Fédération, Fraternité, Gourguillon, Grand'Côte, Guillaume-Tell, Guillotière, Hôtel-Dieu, Jean-Bart, Juiverie, Jura, Liberté, Marseille, Mont-Jura, Paix, Paris, Pêcherie, Pierre-Scize, Place-Confort, Place-Neuve, Place-St-Paul, Plat-d'Argent, Plâtre, Port du Temple, Port St-Paul, Portefroc, Réunion, Rhône, Rousseau, Rue-Bellecordière, Rue-Buisson, Rue-de-l'Hôpital, Rue-Juiverie, Rue-Neuve, Rue-Neyret, Rue-Terraille, Rue-Thomassin, Rue-Tupin, Saint-Georges, Saint-Nizier, Saint-Paul, Saint-Vincent, Saône, Scævola, Simoneau, Thionville, Thomassin, Union, Unité, Vieille-Ville.
SEINE-ET-OISE (département de), 500.
SELLON, 57, 58, 70, 73, 77, 90, 92, 93, 97, 99, 102, 108, 115, 118, 122, 126, 130.
SELON, 49.
Séminaire (le), 248, 268.
SENDAR ? 134.
SEPOLINO, 96.
Serment, 141, 154, 186, 225.
SERÉE, 140, 184.
SERIN (boulangerie de), 29, 30, 74.
SERIZIAT, commandant du bat. de Vaise, 163.
SERRE, 102.
SERRET, 165.
SERREY, 167.
SERRIE, caporal, 240.
SERVAN, 94, 106, 113, 126 ; — conseiller général, 535, 420.
SERVANT, 33.
SERVE, 94.
Service pour les victimes du 29 mai, 163, 164, 168, 169, 171, 172, 174, 178, 179, 181, 183.
SERUZ, 161.
SIAUME, de Montbrison, 576, 581.
SIAUVE, curé d'Ampuis, 344.
SIBERT, 3, 10, 11, 13, 17, 19, 22, 25, 28, 32, 33, 34, 40, 45, 49, 58, 60, 61, 62, 65, 68, 69, 88, 91, 92, 101, 107, 113, 115, 120, 122, 127, 132.
Signaux suspects, 48.
SIMON, 15, 17, 25, 26, 38, 39, 91, 94, 113, 115, 126, 132, 406 ; — (Marguerite), 482 ; — représentant, 398.
SIMOND, 28, 53, 56, 73, 74, 75.
SIMONEAU (section), 3, 9, 17, 19, 21-24,
27-32, 34-41, 50, 52-54, 57, 58, 60-62, 64, 67-69, 71, 73-75, 77, 83-85, 90, 92, 93, 97, 99, 102, 106-109, 111-113, 118, 120, 122, 126, 129, 252.
SIMONDAN, père, 180.
SIMONOT, 396.
SIMONOT, fils, 396.
SINGOU, 533.
SIONEST, 106.
SIXTE, 567, fils, 567.
SMITH, anglais, 183, 190 ; v. Schmith.
Soc, 419.
Société fraternelle (la), 10, 22, 31, 69, 174, 180, 196, 254, 264, 281, 329, 460.
Sociétés Populaires, 146.
Solde, payé, 40, 254, 267.
SONIER, 396.
SORET (J.), 409.
SOUCHET, 419.
SOUCHON, 111, 114.
SOULET, 353, 357, 359, 393, 406.
SOULIGNÉ, 53.
Souscription, subvention civique, 11, 227, 228, 229, 255 ; — de trois millions, 230 ; — pour les victimes du 29 mai, 145, 154, 158.
Souscriptions, 145, 154, 209.
SOUVANAU, 169.
SOUVANEAU, capitaine, 224, 240, v. Sauvaneau.
SPARTE, 555.
Spectacle (le), 325.
SPOLINA, 74.
STRASBOURG (ville de), 491.
SUBRIN, 101, 141, 142, 180.
Subsistances, 56, 58, 274, 275, 292.
Subvention civique, 48, 54, 261, 271, 273.
Suspects, 7, 8, 36, 38, 42, 43, 57, 91, 95, 108, 145, 151, 164, 172, 186, 200, 248, 261, 266-269, 274, 289, 290.
SUISSE (la), 408, 572.
SURVEILLANT (le), journal, 344.
SURY (commune de), 580, 581.
SYLLA, 342, 527.

T ABARD, 30.
Tableaux, 381.
TACITE, 305.
TALLIEN, 324, 325, 357, 477, 491, 499.
TAMEN, 23, 24, 25, 26, 28, 29, 32, 37, 38, 39, 41, 55, 58, 59, 60, 64, 65, 67, 68, 98, 102, 120.
TAMERLAN, 488.
TARDY, conseiller général, 420, 439, 440, 443 ; — (J.-M.), de St-Chamond, 565.
TARENTAISE (la), 450.
TARPAN, cadet, 357.
TARPANT, 419.
TEILLARD, 180, 258, 295, 379 ; — l'aîné 252, 437.
Témoins, 229, 232, 235, 236.
TEMPLE (le port du), 121, 122.
TEPEY, 240.
TERRARD, 419.
TERRASSE (Octavian), 218.
TERREAUX — (arbre de la liberté des),

TABLE ALPHABÉTIQUE

323 ; (cafés des), 345 ; — (place des), puis de la Liberté, 152, 319, 338, 340, 364, 373, 374, 386, 449, 451, 458, 519, 523, 544 ; — (théâtre des), 322, 546.
TERREL, 80,
TERRET, 72, 80, 81, 109, 118.
TÉVENET, 396.
TEYTER, de St-Etienne, 575, 589.
THAULOT, 101.
THÉNET, de Moingt, 577.
THÉVENET, 39, 40, 57, 58, 91, 93, 97, 99, 102 ; — sous-lieutenant, 428, 429.
THEVILLON, 567.
THIBAUDIER, 379, 380 ; — sergent, 393.
THIÉRY, 19, 23.
THIONVILLE (section de), ci-devant Plat d'Argent, 5, 44, 94, 102, 112, 157, 475.
THOMASSIN (section de Rue-), 112, v. Rue Thomassin.
THONION, 160, 309, 343, 345, 351, 356, 401, 404, 406, 422, 424, 435, 445, 446, 603.
THOUVEREY, de Lons-le-Saulnier, 518.
THURIN, off. municipal, 386, 406.
THURIOT, représentant, 501, 502.
THIBÈRE, 322, 527.
TISSOT, chirurgien, 547, 548, 551.
Titres — de noblesse, 311 ; — féodaux, 591.
TUCHAR, 57.
Tocsin (le), 10.
Tocsin des vrais républicains (le), hymne, 562.
TOLLOS, 90.
TONION, 160.
Torches, 39, 267.
TORING, 409.
TOULIEUX, Tonlieux, Toullieux, 52, 71, 90, 94, 97, 111, 113, 120, 474 ; (F.), 51.
TOULON (ville de), 601, 604.
TOURNACHON, 11, 17, 19, 21, 22, 28, 29, 30, 31, 33, 34, 39, 43, 52, 65, 68, 69, 84, 115, 120, 126.
TOURNIER (Ennemond), maçon, 144.
TOURETTES (les), à Montbrison, 576, 581.
TOURS (ville de), 569.
TOYARD, 119.
TRABLAINE, de St-Etienne, 555, 575, 589.
TRAGOL, 84, 119.
Traiteurs, 33, 265.
TRAMASSAC (rue), 164, 235, 270, 395.
TRANCHANT, 474.
Travaux publics, 234.
TREILLE, 234.
TRÉVOUX (ville de), 235.
Tribunal — criminel, 152, 153, 155, 183, 191, 229, 531, 533 ; — correctionnel, 264 ; — du distric de Lyon, 155 ; — militaire, 38, 41, 184, 185, 267 ; — révolutionnaire, 319, 329, 330, 387, 393, 406, 424, 430, 478, 503.
TRICAUD, de Bully, 531.
TRICHARD, 404, 406, 409, 422.

TRINITÉ — (collège de la), 168 ; — (place de la), 270 ; — (salle du jeu de la), 379.
TRIOMPHANT, capitaine, 244.
TRIQUET, 409.
TROIS-CARREAUX (rue), 409.
TROIS-CENT (comité des), 343.
TRUNEL (maison), à Montbrison, 580.
TUILERIES (les), à Paris, 568.
TUPIN (rue), 390, (section de), v. Rue Tupin.
TURGE, 111.
TURIN, de la section de Rue Neuve, 29, 101 ; — off. municipal, 386, 406.
TURQUAIS, de Montbrison, 576, 581.

UCHAR, 58.
Uniforme, 233,
UNION — (bataillon de l'), 235 ; — (section de l'), ci-devant Place-Neuve, 3, 4, 5, 11, 12, 13, 17-24, 29-35, 38-41, 43-54, 57, 58, 60, 62, 65, 67-70, 76, 77, 82, 84, 85, 91-93, 96, 97, 99, 101, 102, 108-110, 113, 115, 119, 122, 129, 135, 152, 162, 165, 182, 184, 185, 186, 197, 200, 208, 217, 232, 233, 235, 236, 250, 251, 265, 280, 284, 286, 297, 472.
UNITÉ (section de l'), ci-devant Grand'-Côte, 1re division, 164.
URSULES DE LA VIEILLE MONNAIE, (église des), 183.

VACHON, 20, 30.
VAISE, 14, 160, 166, 171, 172, 182, 257, 295, 301 ; — (bataillon de), 163, 447 ; — (municipalité de), 432.
VALBENOÎTE (commune de) 554.
VALENCE (ville de), 571.
VALENCE (le général), 392.
VALENTIN, 430.
VALETTE, conseiller général, 406, 470.
VALIEN ? 21.
VALIOUD, 21, 22, 84, 102.
VALLA (Claude), épicier, 395.
VALLETON, 72, 78, 118, 130.
VALLIOUD, 31, 38.
VALLOIS, 245.
VALLOUIS, 406.
VALOIS, 4, 142, 146, 151, 156, 161, 165, 166, 178, 186, 198, 243, 395.
VALTON, 109.
VANAL, 139, 140, 142, 180, 218, 258, 294.
VANAT, 203, 262.
VANEL, de St-Etienne, 575, 589.
VANRISAMBOURG, 357.
VAR (département du), 516.
VAREY (Dervieu), 82.
VARLET, 540.
VARRA, 63.
VASSAL, 101.
VASSELIER, 10, 15, 19, 20, 22, 50, 57, 58.
VATAR-DELAROCHE (Aimé), imprimeur, 443, 450, 472, 475, 480, 495, 515, 531, 533, 574, 601.
VAUGIRARD, maréchal de camp, 99.

VAUZELLE (le commandant), 461.
VEILLARD, 19.
VENDÉE (la), 158, 332, 340, 362, 392, 397, 399, 401, 402, 405, 409, 423, 424, 455, 461, 478, 503, 504, 521, 522, 537, 568, 572, 595, 596, 599, 601, 602, 604.
Vente du mobilier des communautés, 217.
VERCHERG, de St-Chamond, 565.
VERCHÈRE, 227.
VERCHÈRES, 147.
VERGNIAUD, représentant, 359.
VERGNIAUD, de l'Ancienne Ville, 126.
VERMON, 172.
VERMOT, 180, 236, 257, 258.
VERNAY (veuve), 40.
VERNE, 68, 281.
VERNOT, 15.
Verre (débris de), 112, 294.
VERRIER (Grégoire), 64.
VERSAILLES ville de, 313, 314, 489.
VERSET, 172, 199, 200, 241, 294.
VERTAMY, de Condrieu, 476.
Vétérans, 251, 262.
VIAL, 396 ; — fils, 118 ; — Jean, 409.
VIALLET, lieutenant, de Condrieu, 476.
VIALLETON, de St-Etienne, 587.
VIALLON (Mathieu), fabricant, 215.
Viande, 7, 32, 251.
VIBERT, 57 [Sibert]?
VIDALIN, 111.
Vieillards, 5, 9, 251, 252, 253, 295.
VIEILLE (rue de la), 30.
VIEILLE-MONNAIE — église des Ursules de la), 183 ; — (rue), 379, 393.
VIEILLE-VILLE (section de la, ci-devant Gourguillon, 178.
VIENNE (ville de), 444, 450.
VIGNARD, 258.
VIGNON, 94.
VILLAR (Jacques de), 83.
VILLARD, 143 ; — lieutenant de gendarmerie, 217, 366, 371, 378 ; — procureur de la commune, 406 ; — (Simon), 218.
VILLEFRANCHE (ville de), 166, 180, 334, 314, 419, 536, 603 ; — (district de), 397, 414, 444, 534.
VILLEMORON, 192 ; — (Berger), 216, 231, 243, 258.
VILLERMOZ, Villermot, v. Willermoz.
Vin, 7, 35, 102, 104, 107, 111, 121, 122, 128, 251, 266, 287, 291, 292, 293, 294, 298.
VINANT, 439.
VINCENT, 106, 474.
VIOLAY (commune de), 553.
VIONNET, 87, 88.
VIRET, 10, 12, 16, 18, 19, 22, 25, 28, 31, 32, 33, 38, 40, 51, 57, 58, 64, 68, 69, 71, 73, 74, 75, 77, 94, 99, 104, 106, 113, 126.
VIRICEL (Jacques), 169.
Visites domiciliaires, 7, 8, 48, 56, 69, 85, 86, 100, 118, 120, 123, 270, 274, 281, 282, 289, 297, 298.
VITAL, 406.
VITET, 357, 358.
VITTE, 258.
Voitures, 5, 40, 267.
VOLAND, 155.
VOLIOUD, 102.
VOLLANT, 212, 231.
VORON, 474.
VOLTAIRE, 342.

WASHINGTON (bataillon de), 601.
WILLERMOZ, Villermoz, 27, 131, 134, 304, 358, 406.
WORMS (ville de), 508.

YONNE (département de l'), 500.
YORCK (duc d'), 604.
YVON, de Saint-Etienne, 554, 587.

TABLE DES MATIÈRES

Avertissement....p.	v
Registre du Secrétariat Général des sections de la ville de Lyon..................	1
Procès-verbaux des séances de la section de Porte-Froc. .	139
Histoire de la Révolution de Lyon...................	305
Annexes..	465
Table chronologique..	609
Table alphabétique.............................	647

DES PRESSES

DE Jules JEANNIN, IMPRIMEUR

RUE DU PORT

TRÉVOUX

—

1907

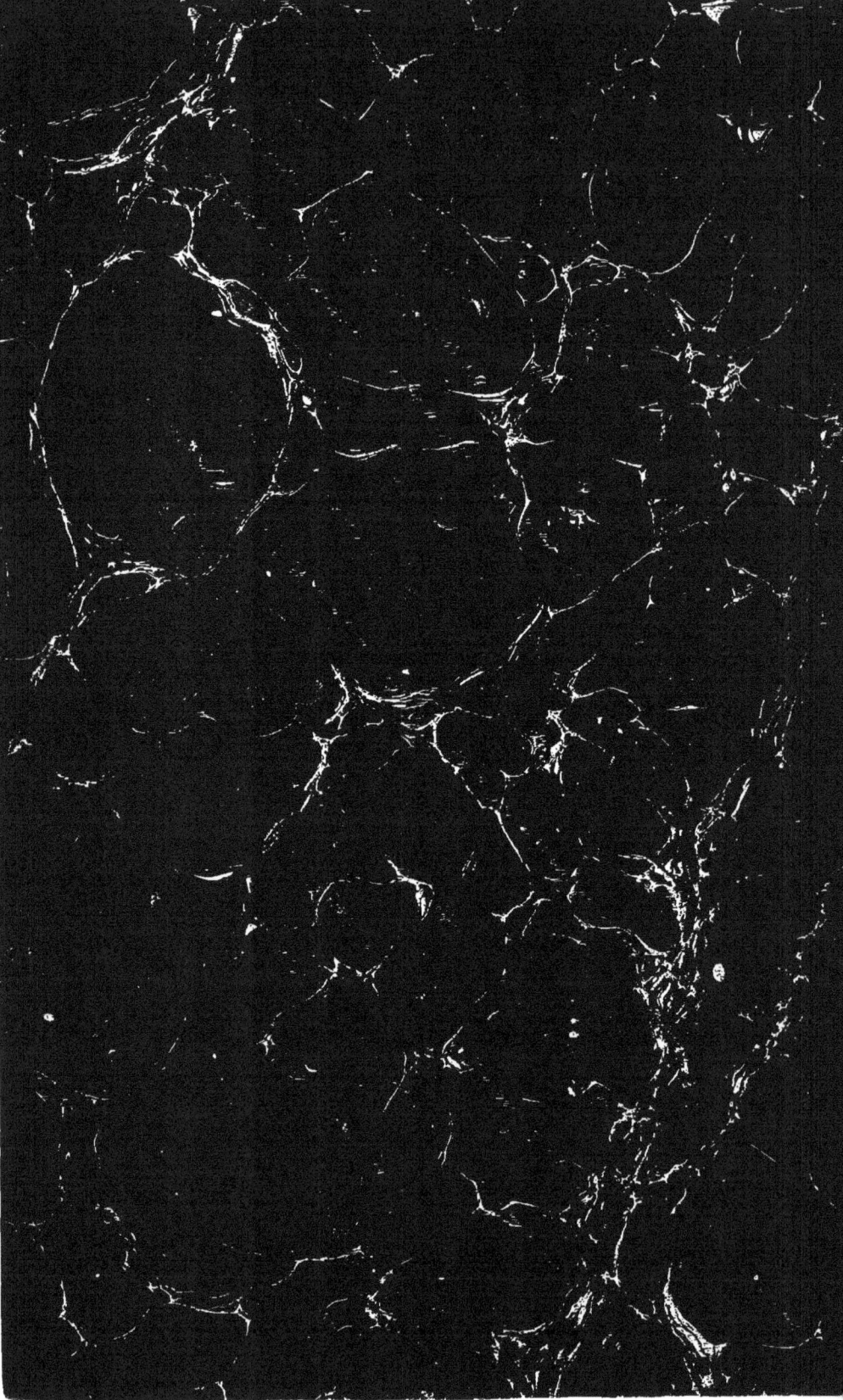

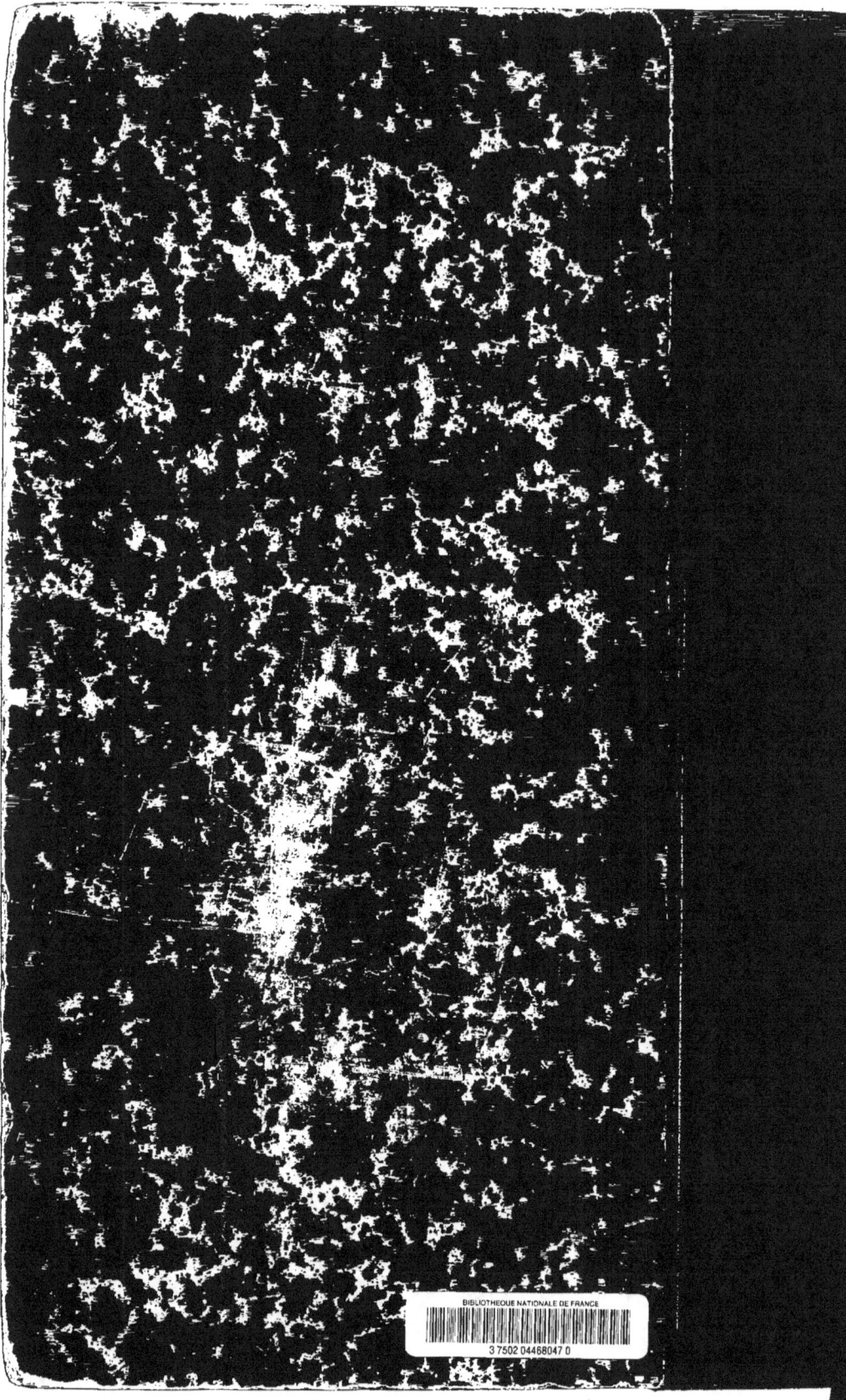

www.ingramcontent.com/pod-product-compliance
Lightning Source LLC
Chambersburg PA
CBHW050321020526
44117CB00031B/1322